熊本日日新聞

特別縮刷版

熊本日日新聞社

熊本日日新聞 特別縮刷版

平成28年熊本地震

1カ月の記録

2016年4月15日〜5月15日

目次

1　5版　平成28年（2016年）4月15日　金曜日　熊本日日新聞　（昭和17年4月1日第3種郵便物認可）　第26619号　日刊

益城町 震度7

M6.5

2人死亡 けが200人超

県内各地 強い揺れ

地震で倒壊した家屋から助け出される住民＝14日午後11時30分ごろ、益城町惣領（大倉尚隆）

14日午後9時26分ごろ、益城町で震度7、熊本市などで震度6弱となるなど熊本県を中心に西日本の広い範囲で強い揺れを観測した。県内では、その後も震度6強を観測するなど、余震とみられる強い地震が続いた。益城町を中心に被害が相次ぎ、少なくとも2人が死亡した。ほかにもがれきで生き埋めになったとの情報もある。各病院では少なくとも200人が手当てを受けている。【2、3、34、35面に関連記事】

気象庁によると、震度7の地震の震源地は熊本地方で、震源の深さは約11㌔。地震の規模を示すマグニチュード（M）は6・5と推定。国内で震度7を観測したのは東日本大震災の2011年3月11日以来、九州では初。益城町には近くに布田川・日奈久断層帯がある。気象庁は14日に記者会見し「今後1週間、震度6弱程度の余震が発生する恐れがある。断層との関係は不明」としている。

県警などによると、県内で家屋などの倒壊が19件。建物などへの閉じ込めが9件、下敷きは8件になった。閉じ込められている人の中には乳児も含まれているという。道路の陥没や停電も相次いだほか、熊本城の石垣も崩壊した。

安倍晋三首相は14日、被害状況の把握や災害応急対策に全力を尽くし、国民に情報を提供するよう関係省庁に指示。首相官邸の危機管理センターに官邸対策室を設置した。県は自衛隊に災害派遣を要請。九州各県に緊急消防救援隊の派遣を求めた。全45市町村に災害救助法を適用した。

JR九州によると、熊本市の熊本駅―熊本総合車両所間で、九州新幹線の下り回送列車（6両編成）が本線上で脱線した。

各地域の主な震度（14日午後9時26分ごろ）

×震源　数字は震度　7…震度7　5…震度5弱

県内の震度は次の通り。

【震度7】益城町宮園

【6弱】玉名市天水町、西原村小森、宇城市松橋町、宇城市不知火町、宇城市小川町、宇城市豊野町、東区佐土原、西区春日、南区城南町、南区富合町

【5強】玉名市横島町、大津町大津、菊陽町久保田、御船町御船、美里町永富、美里町馬場、山都町下馬尾、氷川町島地、合志市竹迫、中央区大江、北区植木町

【5弱】高森町高森、阿蘇市内牧、南阿蘇村吉田、南阿蘇村河陽、八代市平山新町、八代市松江城町、八代市千丁町、八代市鏡町、大津町引水、甲佐町豊内、菊池市泗水町、長洲町長洲、和水町江田、上天草市大矢野町、上天草市松島町、天草市五和町

【4】産山村山鹿、阿蘇市一の宮町、阿蘇市波野、南阿蘇村中松、南阿蘇村河陰、八代市泉町、八代市東陽町、八代市泉支所、八代市坂本町、宇城市三角町、玉名市中尾、玉名市岱明町、山鹿市老人福祉センター、山鹿市菊鹿町、山鹿市鹿本町、山鹿市鹿央町、山鹿市鹿北町、菊池市旭志、菊池市隈府、宇土市浦田町、玉東町木葉、南関町関町、山都町大平、人吉市西間下町、人吉市蟹作町、山都町今、和水町板楠、天草市牛深町、天草市本町、天草市新和町、天草市栖本町、天草市倉岳町、天草市河浦町、天草市御所浦町、天草市有明町、多良木町多良木、湯前町役場、水上村岩野、相良村深水、五木村甲、球磨村渡

【3】南小国町赤馬場、小国町宮原、錦町一武、あさぎり町免田東、あさぎり町上、あさぎり町須恵、あさぎり町深田

おわびとお断り

地震の影響で15日付朝刊が一部地区で配達できなかったり、遅れたりしました。本日の夕刊も配達に遅れが予想されます。大変ご迷惑をおかけしますが、ご了承ください。
熊本日日新聞社

新生面

2016.4.15

自宅にいるのが怖かったのだろう。急きょ、会社に向かう道端で、家族ら多くの人が不安そうに固まっていた。昨夜、熊本地方を襲った大地震。途切れなく余震が続く▼益城町では震度7を記録。倒壊した民家も多かったという。そのほかの県内も、震度3から6強。被害の実態はまだ分からない。5年前の東日本大震災の記憶がよみがえり、パソコンを打ちながら、指先が震えた▼テレビでは、ヘリから倒壊した民家の救出作業を中継している。「熊本」というテロップが流れるたびに息をのんだ。地震はいつどこで起きるか分からない。備えをしておかなければ、と常々考えていてもまさかの思いが込み上げる▼熊本地方は活断層が縦断しており、「地震の巣」といわれている。だが、これほどの規模の地震が起きると予想した人はいただろうか。再稼働している鹿児島県薩摩川内市の川内原発に異常はないというが、そうした不安も募る▼地震の時の対応マニュアルを思い出す。まずは火の用心。倒れやすい家具の近くから離れておく。停電のところは不安も増幅されているだろうが、安全な場所を確保して身を寄せる。とにかく冷静に対応することが大事だ▼余震はまだ続くのだろうか。被害が大きく広がらないことを願う。地盤が緩んだところは土砂崩れの恐れもある。天気も心配。不安は尽きないが、情報を共有して備えたい。新たな被害を生まないためにも。

たから箱

「バッタ」
熊本市立桜木東小3年　佐々木　るい

バッタはとぶ
たかくとぶ
まるでなにかに
うごかされてるみたい

きょうの天気

15日は高気圧に広く覆われ、一日を通して穏やかに晴れる。日中は暑さを感じ、紫外線も強い。北のち西の風、波は熊本、芦北0.5㍍、天草1㍍。16日は南よりの風、晴れのち一時雨。波は熊本、芦北0.5のち1㍍、天草1.5のち3㍍。

	荒尾玉名	山鹿菊池	甲佐山都	阿蘇	熊本	八代	人吉	水俣	天草
紫外線	3	3	3	3	3	3	3	3	3
気温	11～24℃	9～24℃	11～24℃	8～22℃	12～25℃	11～23℃	12～25℃	11～22℃	11～23℃
朝	0	0	0	0	0	0	0	0	0
昼	0	0	0	0	0	0	0	0	0
夜	0	0	0	0	0	0	0	0	0

のち／一時、時々／%降水確率／①～⑤紫外線

あすからの8日間　予想は熊本地方

16(土)	17(日)	18(月)	19(火)	20(水)	21(木)	22(金)	23(土)
12～24℃	16～22℃	12～23℃	12～22℃	11～25℃	14～24℃	17～22℃	15～16℃
60	80	20	20	30	50	50	50

2016年（平成28年）4月15日 金曜日

熊本日日新聞
発行所 熊本日日新聞社
〒860-8506 熊本市中央区世安町172
電代表(096)361-3111
© 熊本日日新聞社 2016年

ぶれすけおすすめ

こいのぼり 坪井川に600匹

熊本市西区高橋校区の坪井川に、こいのぼりがたくさん泳いでいるよ。23年続く、春の風物詩なんだ。　都市圏 23

前日の購読・配達のご用は 0120-374625（ミナヨムニッコリ）
紙面のお尋ねは 096-361-3115（日曜・祝日除く 9：00～17：00）
パソコン版くまにちコム kumanichi.com

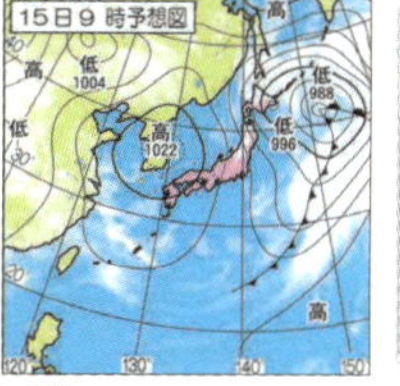

32面に くまにち 金曜 不動産速報

社説　TPP審議

腰を据え本質的な議論を

政府、与党が今国会で環太平洋連携協定（TPP）の承認案と関連法案の承認や成立を見送る公算が大きくなった。約1週間続いた国会空転の影響で、審議日程が窮屈になってきたためだ。今国会中の成立を目指す構えも崩してはいないようだが、衆院で継続審議とし、秋の臨時国会で成立を目指す案が有力になっているという。

事実上の会期末とみられている5月下旬の主要国首脳会議（伊勢志摩サミット）までに強行採決する手段も残されている。しかし、今夏の参院選への影響を考慮して、無理をするべきではないとの判断に傾いているようだ。先送りとなれば、サミットの場で関係国に早期発効をアピールするという安倍晋三政権のシナリオは練り直しが必至となろう。

安倍首相はTPPについて「成長戦略の切り札」「国家百年の計」と繰り返してきた。しかし、先送りを図ろうとする背景には大事な選挙を控える中、TPPに反対姿勢が強い農村票の離反を避けたいとの思いも透けて見えるようだ。そうだとすれば、党利党略を優先して、審議から逃げていると批判されても仕方なかろう。

国会空転の発端は、衆院で審議入りした5日、政府が開示した黒塗りの資料だった。日米交渉の議事録などの公開を求めた民進党に対し、政府はタイトルと日付以外を黒く塗りつぶした資料を開示。さらに衆院TPP特別委員会の西川公也委員長が出版予定だったTPPに関する内幕本をめぐる紛糾が追い打ちをかけた。

開示資料について、安倍首相は「交渉結果が全て」と野党側の求めを突っぱねてきた。交渉参加国との約束で交渉内容を秘密にしなければならない事情は理解できるが、TPPの合意内容は国民生活に幅広く影響が及ぶ。国民に対してできる限りの情報開示に努めるのが筋だろう。「のり弁」にも例えられた開示文書からは、その姿勢は微塵もうかがえない。

15日から特別委での審議が再開される。ただ、政府の情報非開示や西川委員長の出版問題に加え、TPPの交渉責任者だった甘利明・前経済再生担当相の参考人招致問題も横たわり、先行きが見通せない状況に変わりはない。

TPPをめぐっては国内農業への影響など議論すべき課題が山積している。政府は国内農業の生産額減少が最大2100億円にとどまると主張するが、現場の不安は根強い。「聖域」とされた農業分野の重要5項目が守られたかどうかの精査もまだだ。

今の国会は本質的な政策論議が深まらないまま、政局に翻弄されているのが実態だろう。衆参同日選の観測もあって、国会議員も浮足立ってはいないか。

11月に大統領選を控える米国では議会の承認手続きに入るめどさえ立っていないという。日本も「国家百年の計」の国会審議に十分な時間を掛けることは当然のことだろう。ここはじっくり腰を据え、本質的な議論を積み重ねていくべきだ。

2016.4.15

射程　売り手市場下の中小企業

来春卒業予定の大学生の採用に向けた会社説明会がたけなわだ。

3月1日の企業による広報活動の解禁から1カ月余り。個別や合同での開催のほか、大学によっては〝出前〟説明会も頻繁に開かれている。最近では地方の学生向けに、インターネットを活用したウェブ説明会もあるという。今年は、採用面接の解禁までの期間が昨年より2カ月短い「短期決戦」。企業側の人材確保への動きが激しくなっている。

昨年に続き今年の採用活動は「売り手市場」と言われている。熊本日日新聞社と地方経済総合研究所（熊本市）が県内主要企業を対象に実施した新卒採用アンケートでは、回答した153社のうち、今春の実績見込みより採用数を「増やす」と答えた企業が10年ぶりに2割を超えた。

背景にあるのは、とりわけ中小企業で深刻な人手不足だ。先のアンケートで今春の実績見込みを見ても、採用が計画より「下回った」企業が3割を超えていた。その理由として6割近い企業が挙げたのが「企業間競合の激化」や「内定辞退」。従業員の不足を訴えている企業も4割近くあった。今や人材確保は地方経済を悩ます重要課題となっている。

人材確保には魅力ある社風はもちろん、多様な働き方の提示など若手に支持される労働環境が不可欠だろう。学生は自分の力を発揮できる企業を望んでいるはず。学生一人一人に、どんな部分に期待しているのか、明確に伝えることも重要だ。

「あらゆる仕事に命を吹き込むのは優れた人材であって、優れた戦略ではない」。〝カリスマ経営者〟と呼ばれた米ゼネラル・エレクトリック（GE）の元会長ジャック・ウェルチ氏も人材の重要性を説く。

採用活動で優秀な人材を確保することは、企業の成長戦略には欠かせない。売り手市場の中、中小企業が勝ち抜くには何が必要なのか、もっと知恵を絞りたい。（田端美華）

北朝鮮　ミサイル展開

日本政府 警戒強化　韓国筋「きょう発射も」

北朝鮮が車両発射台に載せた新型中距離弾道ミサイル「ムスダン」（射程2500～4千キロ）を1～2基、20日余り前に日本海に面した東部、元山付近に展開し、まだ撤収していないことが分かった。聯合ニュースが14日、複数の韓国政府筋の話として報じた。韓国政府筋は、北朝鮮が15日の故金日成主席の誕生日に合わせて発射する可能性が「高い」と述べたという。日本政府は14日、発射への警戒を強めた。監視態勢に万全を期す。

中谷元・防衛相は3月に発令した自衛隊によるミサイル迎撃を可能とする破壊措置命令を維持。米韓両国と連携し、発射阻止へ北朝鮮に対する圧力を強める。19日にはソウルで日米韓3カ国の外務次官協議を開き、結束を確認する見通しだ。

安倍晋三首相は14日、官邸で谷内正太郎国家安全保障局長らから最新の情勢報告を受けた。防衛省は同省（東京・市谷）と、朝霞（東京、埼玉）、習志野（千葉）の自衛隊施設に航空自衛隊の地対空誘導弾パトリオット（PAC3）の配備を継続中で、首都圏防衛に即時対応できる態勢を整えた。日本周辺海域ではイージス艦を展開させているとみられる。

菅義偉官房長官は記者会見で、北朝鮮がムスダン発射など新たな挑発行為に出るかどうかについて「政府として十分視野に入れながら情報収集している」と述べた。首相周辺は「ムスダンはいつ撃たれても、おかしくない」と指摘。政府筋は「15日の発射も十分あり得る」と語った。

国会正常化　審議再開へ

国会は14日、自民、民進両党が衆院環太平洋連携協定（TPP）特別委員会の審議再開で合意したことを受け、衆院本会議や衆参両院の各委員会が開かれ、正常化した。民進党は審議拒否方針を転換し、各委員会の質疑に加わった。特別委は15日に安倍晋三首相が出席して審議を再開する。

直下型　断層ずれ？

県内で今回と同規模の大きな地震があったのは1975（昭和50）年以来41年ぶり。布田川断層の一部がずれて起きた直下型地震とみられる。研究者の間では「マグニチュード（M）6超の地震は、県内でいつ起きてもおかしくない」と言われていた。【1面参照】

元京都大助教授で阿蘇火山博物館（阿蘇市）の学術顧問、須藤靖明さん(72)によると、1889（明治22）年7月28日に立田山断層が活動したM6・3のものがある。この地震では熊本市を中心に半径20キロに被害が発生。県内で家屋239棟が全壊し、死者20人が記録されている。

1900年以降は、75年1月23日に阿蘇地方で負傷者が出る地震があったほかは、目立った地震は県内で起きておらず、研究者らの間で「県内の活断層を震源とするM6超の地震は、いつ起きても不思議ではない」と言われていたという。

今回の地震について須藤さんは「布田川断層のずれの大きさは数メートル程度に達した可能性がある」と指摘。今後、同断層の別の部分が活動するかどうかは分からないという。

須藤さんによると、この規模の直下型地震では、人が感じるような余震は小さくなりながら数日間ほど続くことが多い。「ただし本震を超えるような大きな揺れは考えにくく、落ち着いて行動してほしい」と話している。（鹿本成人）

県内の過去の主な地震

1889年7月　熊本市の金峰山付近を震源にマグニチュード（M）6.3。死者20人、負傷者52人。

94年8月　阿蘇市旧阿蘇町で家屋土蔵破損、石垣倒壊、M6.3。

95年8月　西原村で土蔵が破損。M6.3。

1916年12月　水俣、芦北で数十回の地震、石垣崩落。M6.1。

75年1月　阿蘇市旧一の宮町に被害集中。10人負傷。M6.1。

余震への警戒必要

熊本県で震度7を記録した地震は、震源が浅く規模の割に揺れが強いことから、1995年の阪神大震災のような、内陸活断層による直下型地震との見方が、専門家の間で強まっている。

活断層に詳しい名古屋大の鈴木康弘教授（変動地形学）は「今回の地震は、断層帯全体が動いたにしては規模が小さい」と指摘。広島大の中田高名誉教授（変動地形学）は「断層帯の一部で、北東部にある布田川断層が活動したと考えられる。右横ずれの活断層で、今後の現地調査が重要だ」と話している。

今後の余震への警戒も欠かせない。東北大の遠田晋次教授（地震地質学）は「今回は一部が割れただけで、今後、周辺が連鎖的に割れる可能性も考えなければならない」と話す。東京大地震研究所の古村孝志教授も「最大M5～6の余震には注意が必要だ」とする。

地震の震度

震度	状況
4	・かなり多くの人が驚く ・電灯などのつり下げものは大きく揺れる
5弱	・多くの人が恐怖感を覚え、物にすがりたいと感じる ・電灯などのつり下げものは激しく揺れる
5強	・物につかまらないと歩けない ・棚にある食器類の多くが落ちる。たんすなどの大型の重い家具が倒れることがある
6弱	・立っていることが困難になる ・固定していない大きな家具の多くが移動、転倒する ・かなりの建物で壁のタイルや窓ガラスが破損、落下する ・山間部で地割れや山崩れが起こる
6強	・立っていることができず、はわないと動けない ・木造建物の耐震性の低いものは、倒れるものが多くなる
7	・耐震性の高い木造建物、鉄筋コンクリートの建物も傾くことがある ・大きな地割れや地滑り、山崩れが発生し地形が変わることもある ・堤防、橋桁は広範囲で被害が予想される

自民議員「キャバクラ」発言　与野党から苦言相次ぐ

民進、共産両党は14日、自民党の赤枝恒雄衆院議員が「仕方なく親に行けと言われて進学しても勉強しない。女の子はキャバクラに行く」などと発言したことに関し「不適切だ」（民進党幹部）などと批判した。政府、与党からも発言に対する苦言の声が相次いだ。

民進党の蓮舫代表代行は記者会見で、赤枝氏発言が貧困対策を推進する超党派議連の会合で出たことについて「そうした場所で持論を展開するのは、あまりにも自己中心的だ」と強調した。共産党の志位和夫委員長も会見で「とんでもない発言。根本にあるのは全て自己責任だという考え方で、政権党の堕落とおごりの表れだ」と指摘した。

自民党の稲田朋美政調会長も会見で「誤解を招かないよう、緊張感を持って発言すべきだ」とした。公明党の漆原良夫中央幹事会会長は会見で「言語道断だ。国会議員として恥ずかしい」と話した。

きょうの歴史　4月15日

くまもと漱石倶楽部の結成総会で、「草枕」の一節に耳を傾ける参加者

▽2001（平成13）年

夏目漱石とその文学を楽しむ「くまもと漱石倶楽部」が結成され、熊本市の漱石内坪井旧居に約100人が集まり総会があった。

▽1953（昭和28）年　熊本電鉄が藤崎宮前－上熊本駅間2.1キロを熊本市に260万円で譲渡することを決めた。市電の同区間は70年4月末限りで廃止された。

住民恐怖　不安な夜

地震で崩れた熊本城二の丸の石垣＝14日午後10時40分ごろ、熊本市中央区

地震で倒壊した琴平神社の門＝14日午後10時ごろ、熊本市中央区

ホテルの外で余震におびえる外国人観光客ら＝14日午後9時45分ごろ、熊本市中央区

余震が続く中、ホテルから外に出て、座り込む人たち＝14日午後10時18分ごろ、熊本市東区

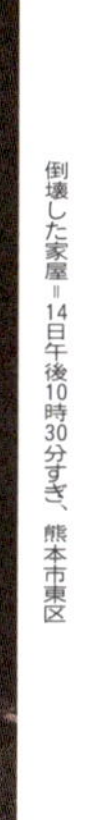

倒壊した家屋＝14日午後10時30分すぎ、熊本市東区

（第３種郵便物認可）　熊本日日新聞　平成28年（2016年）4月15日　金曜日　5版　社会　34

静寂一変　悲鳴響く

急いで屋外に　「こんなの初めて」

地面が揺れるたびに商品が散乱し、悲鳴が響き渡った。14日夜、県内を襲った地震は熊本市でも震度6強を記録。家族とのだんらんや友人との飲食を楽しんでいた市民らは、収まらない余震に肩を震わせた。

同市中央区下通の居酒屋では、棚から落ちた酒瓶の破片が床に散らばった。人であふれる店外の道路。ビルの外壁は崩れ落ち、地面にはコンクリートの破片が散らばった。

入浴していた近くのマンションの主婦(39)は、髪が濡れたまま7カ月の長男を抱いて屋外へ。「室内は足の踏み場もないほどぐちゃぐちゃ。どうしていいのか分からない」と天を仰いだ。

スナックの女性経営者(48)は「カウンターにいると店全体が揺れて、棚のグラスやウイスキーの瓶が落ちて割れた。こんなの初めて。どうしよう」と途方に暮れていた。

同区上通町の駐車場には、ホテルから飛び出してきた外国人観光客ら数十人が肩を寄せ合った。中国・蘇州から社員旅行で熊本に来た蘭雪花さん(33)は「5階の部屋が大きく揺れて、ホテルの誘導で外に出た」と不安そうに話した。

同区本山町の江南中グラウンドに逃げた女性(80)の住まいはマンション10階。洗い物中に地震に遭い、「流しにしがみつくのが精いっぱいだった」と振り返った。同市によると、15日午前1時現在、東区役所や南区の火の君文化センター、小中学校などに少なくとも4500人を超える避難者が集まった。

熊本城総合事務所の職員によると、熊本城の大天守の石垣が崩れ、入り口がふさがれているという。

地震で商品が散乱したコンビニエンスストア＝14日午後10時ごろ、熊本市中央区

余震が続き、店外で不安そうにする人たち＝14日午後10時45分ごろ、熊本市中央区

余震に備えてアパートの外に避難した住人たち＝14日午後10時25分ごろ、熊本市北区楡木

熊本市で水道破損

熊本地方で震度7を記録した地震を受け、電気や水道、ガスといったインフラ事業者は被害の確認を急いだ。JR九州や航空各社も熊本県周辺の鉄道や空港などの安全確認に追われた。

熊本市上下水道局によると、14日午後11時現在、水道管が破裂し少なくとも8カ所で漏水が発生。一部地域で道路が冠水した。

西部ガスによると、都市ガスの供給停止は熊本市内の最大約3万8千戸。ガス漏れなどの確認を急いだ。

九州電力によると午後11時現在、県内約1万6300戸が停電している。国土交通省熊本空港事務所によると、滑走路を一時閉鎖したが、地震発生直後の午後9時半に運用時間が終わり、運航便への影響はなかった。空港では強い横揺れが10～15秒続き、消火器が倒れたり売店の商品が散乱したりしたが、けが人はなかった。

日航、全日空によると、福岡、北九州、大分の各空港でも滑走路が一時閉鎖された。

JR九州によると、九州新幹線は安全確認のため上下全線で運転を見合わせ。在来線でも、鹿児島線など一部路線で運転を見合わせたり、徐行したりした。

JR九州の担当者は午後10時ごろ、「今のところ、九州新幹線の高架橋など鉄道施設に被害は確認していないが、点検を急いでいる」と慌ただしそうに話した。

高速道路は九州自動車道の南関－えびの間、南九州西回り自動車道の八代－津奈木間が通行止めとなった。

NTTドコモによると午後11時現在、熊本地方を中心に一部機種で最大50%の発信規制をかけた。安否情報を確認できる「災害用伝言板サービス」と「災害用音声お届けサービス」の運用を全国で開始した。

川内原発　異常なし

九電・玄海も

熊本県で震度7を観測した地震で、九州電力は14日、鹿児島県薩摩川内市の川内原発と運転停止中の佐賀県玄海町の玄海原発に異常はないと明らかにした。

災害用伝言ダイヤル開始

NTT西日本とNTT東日本は14日、熊本県を震源とする地震を受け、親族らに安否を知らせるための「災害用伝言ダイヤル（171）」の運用を始めたと発表した。

「171」に電話し、案内に従って操作すれば、無事を知らせたり、連絡を求めたりする伝言の録音や再生ができる。パソコンや携帯電話などを使ってインターネット上で安否確認ができる「災害用伝言板（web171）」の運用も始めた。サイト（https://www.web171.jp/）にアクセスすると、伝言の登録や確認ができる。

◇お断り　連載「家族　らい予防法廃止20年」は休みました。

カンちゃん　フジヤマジョージ

4月15日の飛来予測

		6-12	12-18	18-24	16日
九州北部	大気汚染粒子	やや多い	やや多い	やや多い	やや多い
九州北部	黄砂	少ない	少ない	少ない	少ない
九州南部	大気汚染粒子	やや多い	やや多い	やや多い	やや多い
九州南部	黄砂	少ない	少ない	少ない	少ない

非常に多い　注意喚起レベル　多い　環境基準値程度
やや多い　大気が少しかすむ　少ない　清浄
予測システム「スプリンターズ」開発チーム提供

9日間の天気　Weather Report

15(金)　16(土)　17(日)　18(月)　19(火)　20(水)　21(木)　22(金)　23(土)

札幌　東京　名古屋　大阪　広島　福岡　熊本　長崎　佐賀　大分　宮崎　鹿児島　那覇

／のち　｜時々

きのうの気温　14日

（天気・湿度は15時、県内の気温は０時―17時、△印は低め）

	最高	平年比	最低	平年比	湿度	天気
熊本	27.0	6.1	16.6	6.4	26%	晴
牛深	23.6	3.8	17.7	5.3	65%	―
人吉	26.5	5.9	15.1	6.5	49%	―
阿蘇	22.8	5.5	13.3	7.7	―	―

（阿蘇山上の最高気温は18.6度、最低気温は11.3度）

	最高	最低	天気
福岡	21.5	15.6	晴
佐賀	26.5	15.3	快晴
長崎	25.1	16.8	快晴
大分	25.6	15.0	快晴
宮崎	23.7	15.2	曇
鹿児島	28.2	16.9	曇
那覇	24.7	21.0	晴
松江	21.3	12.7	曇
広島	26.4	14.9	快晴
高松	25.5	14.2	晴
大阪	23.2	14.7	晴
京都	24.8	14.3	晴
名古屋	26.0	12.4	晴
長野	21.9	10.6	晴
東京	17.6	13.1	曇
新潟	18.1	11.2	晴
仙台	18.8	11.4	曇
秋田	18.5	10.8	晴
札幌	15.3	7.5	曇

潮ごよみ

旧暦3月9日（15日）　小潮・月齢　7.7
日出　5時48分　日入　18時47分　月出　12時40分　月入　1時36分

	満潮	干潮
三角	3.08 / 15.07	9.22 / 21.54
水俣	3.11 / 15.01	9.20 / 21.48
牛深	3.09 / 14.39	9.11 / 21.16
玉名	3.18 / 15.17	9.32 / 22.04

旧暦3月10日（16日）

	満潮	干潮
三角	4.43 / 17.00	11.08 / 23.20
水俣	4.46 / 16.54	11.06 / 23.16
牛深	4.31 / 16.23	10.46 / 22.38
玉名	4.53 / 17.10	11.18 / 23.30

親子の入れ替わり劇、再び！この春、2週連続で『民王』に会える！
待望のカムバック!!
民王 たみおう
第1週　民王スペシャル　～新たなる陰謀～　今夜11時15分
第2週　民王スピンオフ　～恋する総裁選～　22日よる11時15分

35　社会　5版　平成28年（2016年）4月15日　金曜日　熊本日日新聞　新聞定価1カ月　朝刊のみ＝3,093円(税込み)、朝夕刊セット＝3,460円(税込み)　朝刊1部売り＝120円(税込み)

くまモン　作：サダタロー／監修：小山薫堂

指揮

いきなり激震「ドン」

益城町　避難者続々

恐怖の揺れが県民を襲った。14日午後9時26分、益城町で震度7を観測した地震。同町を中心に家屋の倒壊や負傷者が相次ぎ、ガス漏れや停電などライフラインを寸断した。断続的に余震が続き、避難者らは不安の夜を過ごした。【1面参照】

益城町中心部の県道熊本高森線沿線では、多くの2階建て家屋などが倒壊。路上に瓦やガラスが散乱した。車が渋滞し、緊急車両がサイレンをけたたましく鳴らして前へ進んだ。

町役場駐車場には災害対策本部が設置され、町職員が状況把握に努めた。駐車場は避難所にもなっており、多くの住民が毛布をかぶりながら集まった。午後11時すぎには、自衛隊が到着。頭や手にけがをした人たちが、町職員らの手当てを受けた。

妻(29)と長女(1)と避難してきた同町宮園の会社員、野口幸生さん(28)は「いきなりドンときて、身動きが取れなかった。電線が切れたようで、すぐに停電した。けがはなかったが不安です」と話した。

同じく宮園に1人暮らしの東田フジ子さん(90)は「家で食事中に地震が起きた。とっさにテーブルの下に隠れた。家の中は冷蔵庫もテレビも倒れてぐちゃぐちゃになった。停電して怖かったが、近所の人が大丈夫ですかと声をかけてくれ、一緒に避難した。着の身着のままです」と不安そうだった。

倒壊した家屋＝14日午後10時35分ごろ、益城町木山

体育館前　住民数百人

益城町の広安小体育館前には余震が続くなか、数百人の住民が避難した。体育館は古くライトなどが落ちて危険なため、外に敷かれたござなどの上で不安な一夜を明かした。

生まれて十数日の孫や娘らと避難した益城町惣領の澤田智佐子さん(64)は「みんな無事で良かったが、家じゅうがめちゃくちゃ。生まれたばかりの孫もいるし、明日からの生活がどうなるか不安です」と心配そうに語った。

益城町馬水の永山精一さん(81)と妻千鶴子さん(84)は夫婦で近所の女性とともに避難。「突然、経験したことのない揺れとともに停電になり、慌てて避難してきた。手がかりはラジオだけ。余震が収まるまでここにいます」と、ぼう然とした表情だった。

隣接する益城町保健福祉センターには、近隣住民ら数百人が避難した。ロビーや多目的室で、家族で体を寄せ合って不安そうな表情を浮かべていた。午後11時20分ごろには、町が用意した非常用のミネラルウオーターが配られ、のどを潤した住民らに笑顔が戻った。

夫と長女の3人で避難した同町安永の野上恵子さん(31)は「初めて体験する揺れにびっくりした。娘の荷物だけ持って来ました。避難所に来てようやく落ち着いた。娘が小さいのですぐに帰られるか心配。2月に新築した家はどうなっているだろうか」と複雑な表情。長女を抱きしめながら、スマートフォンで地震情報を確認していた。

余震のたび　ミシミシ

益城町安永の住宅街では多くの民家が倒壊し、火災も発生した。寝間着姿などで外に避難した住民らは、こわばった表情で消防や警察の活動を見守った。

倒壊した家屋に人が下敷きになった現場では、余震のたびに建物がミシミシと音をたて、作業員らは「ストップ」と手を止めた。男性1人が助け出されたが、ぐったりした様子。一帯には漏れたガスの臭いも充満した。

火災が起きた民家では、消防署員らが放水中。炎は見えなくなったものの、黒焦げの柱の間から白い煙が立ち上り、住民らが遠巻きに見守った。

震度7の地震後、民家を全焼した火災現場＝14日午後11時半ごろ、益城町安永

	軽自動車	登録車
①〜⑮無料点検も実施!	4,000円(税込)	5,000円(税込)
オイルフィルター	1,112円(税込)	1,296円(税込)
カストロールオイル交換	540円(税込)	

熊本日日新聞
発行所
熊本日日新聞社
〒860−8506
熊本市中央区世安町172
☎代表（096）361−3111

号外

9人死亡 860人負傷

熊本激震

避難4万人超

14日午後9時26分ごろ、益城町で震度7、熊本市などで震度6を観測した地震で、県警は15日午前、建物の倒壊などにより、病院で両市町の9人の死亡を確認したと発表した。県災害対策本部によると午前6時現在、県内の負傷者は少なくとも860人で、うち53人が重傷。505カ所の避難所に、約4万4千人が避難した。

地震で崩れ落ちた熊本城天守閣の瓦＝15日午前6時43分、熊本市中央区

県警と消防、自衛隊は被災者の救助作業を徹夜で続け、夜明けから被害状況の確認を急いでいる。

余震とみられる強い地震が続き、15日午前0時3分ごろにも震度6強を観測。蒲島郁夫知事は15日午前8時すぎから、首相官邸の安倍晋三首相らとのテレビ会議に臨み、被害状況を報告。「今後、時間の経過に伴って被害拡大が懸念される」と述べ、国に激甚災害の早期指定など全面支援を求めた。

JR九州は15日、九州新幹線の全区間で始発から運転を見合わせた。九州自動車道は路面の陥没や隆起が多数発生し、南関インターチェンジ以南は通行止め。一般道でも陥没などが相次いだ。両市町などでは停電や断水も続いており、多くの小中高校が15日の休校を決めた。

熊本日日新聞　平成28年（2016年）4月15日　金曜日　☆　2

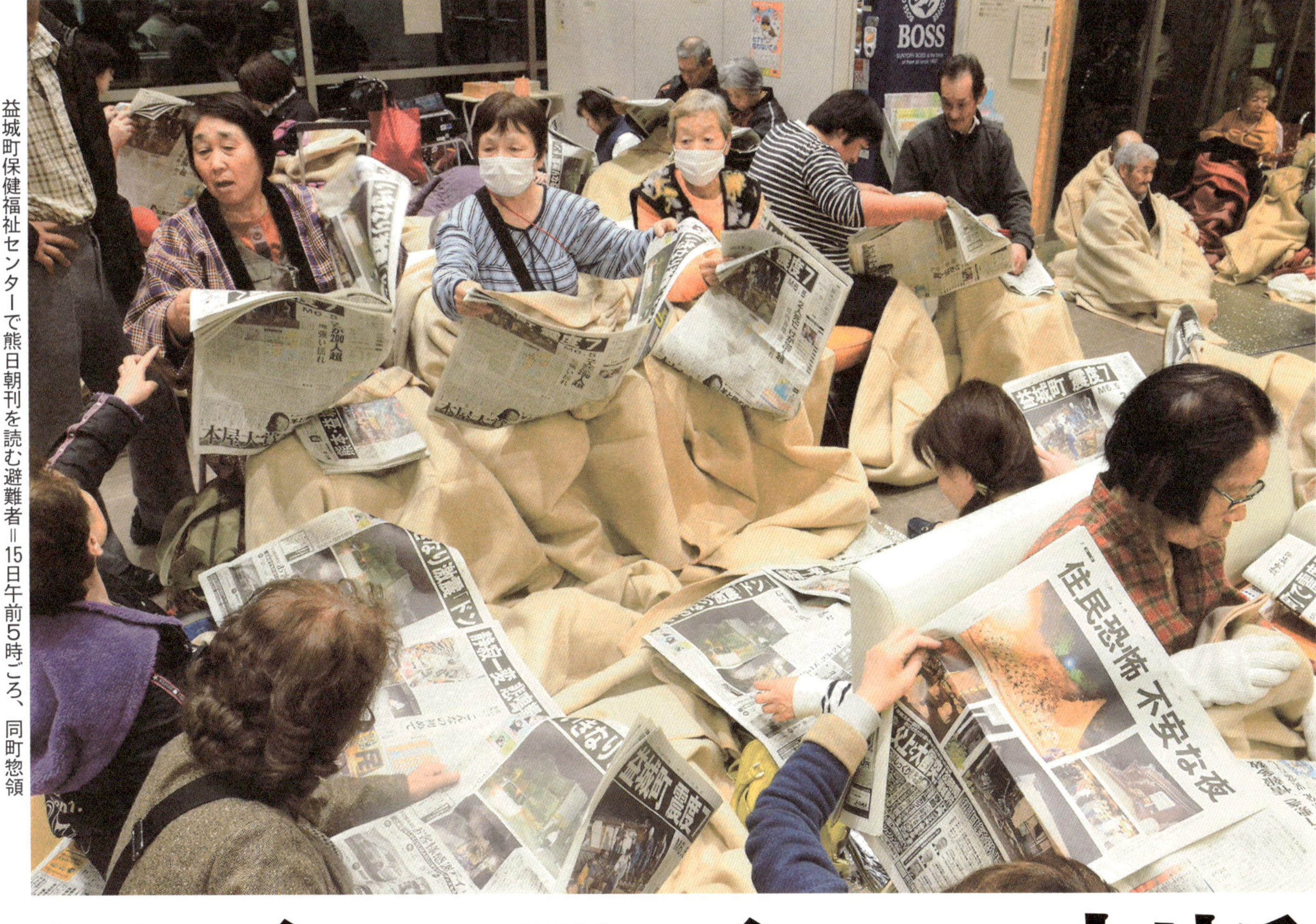

益城町保健福祉センターで熊日朝刊を読む避難者＝15日午前5時ごろ、同町惣領

ライフライン　寸断

県内の交通機関、電気、ガス、水道などの状況は次の通り。

【運転見合わせ】
九州新幹線、鹿児島線、豊肥線、肥薩線、三角線、くま川鉄道、南阿蘇鉄道、肥薩おれんじ鉄道

【一部運休】
都市バス、熊本バス（迂回多数）、九州産交グループ

【通行止め】
九州自動車道南関IC―えびのIC、南九州西回り自動車道八代JCT―津奈木IC、九州中央自動車道嘉島JCT―小池高山IC

【欠航】
ソラシドエア熊本―羽田（1往復2便）、全日空の熊本発東京、大阪行き（各1便）

【電気】
約1万戸が停電（午前10時現在）。主な地域は益城町の6900戸を中心に熊本市中央区、東区、南区、御船町、嘉島町、甲佐町。

【ガス】
熊本市南区の約1100戸（午前6時現在）が供給停止。ガス漏れの通報件数は54件（同）。

【水道】
宇城市が松橋町と小川町の全域、豊野町巣林で断水（午前6時45分現在）。

熊本市が北区龍田、東区長嶺地区などで約5万7000戸、南区城南町で約1400戸、南区富合町で約500戸が断水（午前9時現在）。

【通信】
NTTドコモが午前6時20分ごろから益城町と甲佐町の一部で携帯電話がつながりにくい状況。

同社とNTT西日本は、被災地域の安否情報を確認できる「災害用伝言ダイヤル（171）」とウェブ用「災害伝言板」を運用中。

1　（昭和17年4月1日第３種郵便物認可）　第26619号（日刊）

熊本地震で特別紙面

１面の「天気」「一筆」は２面に移しました。スポーツ芸能面は休み、テレビ欄は７面に変更しました。

熊本日日新聞　夕刊
発行所　熊本日日新聞社　〒860-8506　熊本市中央区世安町172　☎代表（096）361-3111　©熊本日日新聞社2016年
2016年（平成28年）4月15日　金曜日

熊本地震　９人死亡860人負傷

避難４万人超　救助続く

地震で崩れ落ちた熊本城天守閣の瓦＝15日午前６時43分、熊本市中央区

14日午後９時26分ごろ、益城町で震度７、熊本市などで震度６を観測した地震で、県警は15日午前、建物の倒壊などによる両市町の９人の死亡を確認したと発表した。県災害対策本部によると午前６時現在、県内の負傷者は少なくとも８６０人で、うち53人が重傷。５０５カ所の避難所に、約４万４４００人が避難した。

【２、３、８面に関連記事】

最も被害の大きい益城町では、33件の救助要請があった。県警と消防、自衛隊は被災者の救出作業などを徹夜で続けた。15日午前７時から10時半すぎまで、３８０人体制で家屋被害の大きい地域をローラー捜索。新たな行方不明者の情報はなかった。被害状況の確認を急いでいる。

県内は余震とみられる強い地震が続き、15日午前０時３分ごろには震度６強を観測。気象庁によると、同日午前９時までに震度１以上の余震を１２０回観測した。今後も激しい揺れを伴う余震への警戒を呼び掛けている。

蒲島郁夫知事は同日午前８時すぎから、首相官邸の安倍晋三首相らとのテレビ会議に臨み、被害状況を報告。「今後、時間の経過に伴って被害拡大が懸念される」と述べ、国に激甚災害の早期指定など全面支援を求めた。

首相は、官邸で記者団に「住民の安全を第一に救命、救出、救助に総力を挙げて取り組んでいく」と述べた。政府は松本文明内閣府副大臣を団長とする調査団を派遣し、支援態勢を強化。気象庁は今回の地震を「平成28年（２０１６年）熊本地震」と命名した。

県警によると、死亡が確認された９人のうち、８人は倒壊家屋の下敷きになり、１人は自宅内で転倒して亡くなった。

ＪＲ九州は15日、九州新幹線の全区間で始発から運転を見合わせたほか、在来線も運休した。県内の九州自動車道には路面の陥没や隆起が多数発生し、南関インターチェンジ以南が通行止め。一般道にも陥没などが生じ、渋滞も発生した。

両市町などでは停電や断水、ガスの供給停止が続いており、多くの小中高校が15日の休校を決めた。スーパーマーケットなどの休業や週末のイベント中止も相次いだ。熊本市中央区の熊本城は石垣が７カ所崩落したほか、天守閣の瓦がはがれ落ちた。

「平成28年熊本地震」と命名

気象庁は15日、熊本県で14日夜に震度７を観測した地震を、「平成28年熊本地震」と命名した。

地震で亡くなった方（県警調べ判明分）

益城町広崎、伊藤俊明さん(61)▽益城町惣領、荒牧不二人さん(84)▽益城町安永、福本末子さん(54)▽熊本市東区戸島本町、坂本龍也さん(29)▽熊本市東区秋津町秋田、松本由美子さん(68)▽益城町木山、村上ハナエさん(94)▽益城町木山、村上正孝さん(61)▽益城町馬水、宮守陽子さん(55)▽益城町寺迫、富田知子さん(89)

地震で路面が陥没した九州自動車道＝15日午前６時46分、益城町

地震対策本部　与野党が開催

与野党は15日、熊本県で震度７を記録した地震を受け、情報収集や対応を急いだ。自民党は対策本部を開催。トップに就いた谷垣禎一幹事長は「被害の全容が明らかになってきている。政府には救命救助を最優先に災害・応急対策に全力を尽くしてほしいと要請した」と述べた。冒頭、犠牲者に黙とうをささげた。

公明党も対策本部の会合を国会内で開き、内閣府や防衛省から被害状況を聴取した。山口那津男代表は「余震が続いているのも心配だ」と述べ、政府と協力し対応に万全を期す考えを示した。

民進党が開いた対策本部では、本部長の岡田克也代表が「野党第１党として、できる限り対応する。気付いたことを政府に提案したい」と強調した。共産党も対策本部を設置した。

黙鼓子

団欒を襲った震度７。熊本地震、９人死亡８６０人負傷。続く余震に眠れぬままの一夜。

◇

「中にまだ」。未明の益城町、倒壊家屋で懸命の救助も届かなかった家族の祈り。悲痛。

◇

「仕方なく進学しても女の子はキャバクラに…」。自民議員、また問題発言。懲りないね。

◇

卓球の15歳伊藤選手、世界女王撃破。大金星に本人もびっくり。リオ五輪へ大きな自信。

（第３種郵便物認可）　熊本日日新聞　（夕刊）平成28年（2016年）4月15日　金曜日　2

余震　眠れぬ一夜

避難所となった益城町役場の駐車場で不安な夜を明かす住民たち＝15日午前0時30分ごろ、益城町（横井誠）

毛布くるまり「寒い」
益城町の避難所　野外で過ごす人も

熊本市に近い益城町西部の惣領地区にある町保健福祉センター。同町の避難所では最も多い約900人が地震発生直後から続々と訪れ、不安な一夜を過ごした。

14日深夜から15日未明にかけ、ぐっと冷え込んだ避難所。近くの医療事務坂本優子さん（52）はセンターの外で毛布にくるまった。そばにシバイヌ2匹。「犬を嫌いな人もいるだろうし、中には入れない。我慢できる範囲だけど寒い」と肩をすぼめた。

同センターには午前4時半ごろ、熊日の朝刊が届いた。家族6人で避難した近くの主婦大脇志津子さん（77）は「何も分からず家を飛び出した。熊日を見て、改めて被害の大きさに驚いた」。

午前7時45分ごろ、初めての食料となる乾パンが配られた。近くの岩本典雄さん（89）は「夕食を食べて以来の食べ物。余震とけがの痛みで眠れず、時間が長く感じていた。乾パンを食べてほっとした」と話した。

近くの広安小（同町馬水）では「体育館の窓ガラスやライトが落ちるかもしれない」と校庭にマットを並べて寝た人も。家族5人で来た同小4年の渡邊朱眞君は「寒かったし怖かった。早くほっとできる場所に行きたい」と不安そう。

同町砥川の飯野小には、避難した住民の車約40台が校庭に並び、車内で朝を待った。藤川寛教頭（50）は地震後、校庭を開放した。1台1台回って毛布を配り、自身も車内で夜を明かした。「自宅に家族がいなかったのが幸い」と話し、15日午前5時半ごろから避難住民にパンなどを配った。

近くの会社員松下邦昭さん（36）は帰宅中に被災。車を飛ばして家に戻ると、外にいた妻子を連れ同校へ向かった。「底冷えはするし、サイレンの音も鳴り止まない。余震で寝付けなかった」と赤い目をこすった。

「家ぐちゃぐちゃ」
熊本市　深刻な被害に衝撃

14日の地震発生を受け、熊本市内の避難所には2万6千人以上が身を寄せ、恐怖と不安の一夜を過ごした。15日朝から自宅や店の片付けを始めた市民も、被害の大きさに徒労感を募らせた。

約280人が避難した南区の日吉東小体育館。娘と避難した市非常勤職員立石直美さん（55）は「ずっと余震が続いて眠れない。また揺れたらと思うと怖くて、大丈夫と確認してから帰りたい」と疲れきった表情。会社員関根智さん（32）も長女（2）をあやしながら、「東京で東日本大震災を体験したが、もっと激しい揺れに感じた。子どもが小さいので心配」と不安げだ。

午前7時すぎから、アルファ米の炊き込みご飯など朝食が配布されると、体育館にうずくまっていた子どもたちにも、ようやく笑顔が浮かんだ。

南区の力合小に家族7人で身を寄せたパート中村和代さん（36）は「今日は遠足だったのにかわいそう。家の中もぐちゃぐちゃです」。東区の若葉小に避難した会社員江島輝明さん（73）は「部屋には食器などが散らかって、屋根の瓦も何枚かはがれていた。早く様子を見に行きたい」と自宅の被害を気に懸けた。

市中心街の飲食店では、店主らが食器や酒瓶などが散乱した店内の片付けに追われた。下通アーケードの居酒屋「さつまキング」店内は地震直後、棚から落ちて割れた食器の破片で、足の踏み場もないほど。冨田賢史店長（28）は「グラスと皿700個、酒瓶30本が割れた。笑うしかないほどひどい状況。食器をそろえないと、営業再開は無理ですね」とため息をついた。

停電、断水、運休相次ぐ

県内の交通機関は15日、JR九州が始発から九州新幹線など上下全線で運転を見合わせた。空港でも欠航が相次ぎ、路線バスは一部区間で運休した。電気やガス、水道も一部で停電や断水が発生。各事業者は被害の確認を急いだ。

JR九州は安全確認のため、九州新幹線をはじめ、鹿児島線や豊肥線、肥薩線、三角線の在来線、くま川鉄道、南阿蘇鉄道、肥薩おれんじ鉄道の第三セクター鉄道も上下全線で運転を見合わせた。新幹線は熊本駅の南1・3キロ地点で6両編成の回送列車が脱線。同社は「現場調査を急いでいるが、まだ詳細は不明」と話している。復旧の見通しは立っておらず、終日運転を見合わせる。

熊本空港では欠航が相次いだ。ソラシドエア熊本―羽田間は1往復2便、全日空の熊本発東京、大阪行きは各1便が欠航した。地震の発生直後を除き、滑走路の一部閉鎖はなかった。

路線バスは熊本電鉄が通常運行したが、そのほかのバスは一部運休や迂回運転した。福岡、熊本など主要な高速バスも運行を見合わせた。九州産交バスは「高速道路の復旧状況が全く読めず、運行再開は何とも言えない」とした。

高速道路は一部陥没などがみられ、正午現在、九州自動車道植木IC―えびのICや南九州西回り自動車道八代JCT―津奈木IC、九州中央自動車道嘉島JCT―小池高山ICがそれぞれ通行止めになっている。

電気・ガス・水道のインフラも被害が相次いだ。九州電力によると、正午現在、益城町を中心に1万1400戸が停電。西部ガスは熊本市南区の約1100戸（午前11時現在）を供給停止にした。水道は熊本市で午前10時現在、5万7千世帯で断水している。

NTT西日本によると、午前の時点で、固定電話が通話できないような大きな障害はなかった。携帯電話は益城町と甲佐町の一部でつながりにくい状況になっている。

百貨店、スーパー休業
田崎市場　水産の競り中止

県内の百貨店やスーパーでは臨時休業や開店時間の見合わせなどが相次いだ。

熊本市の鶴屋百貨店は、本館・東館のほか、「フーディワン」5店の休業を決めた。

イズミ（広島市）は県内9店舗のうち、3店舗の通常営業を見合わせ、開店時間などを遅らせた。熊本市南区のゆめタウンはませんは、店舗の一部停電や天井の崩落の恐れがあり、臨時休業した。ゆめマートは宇土、江津、九品寺、島崎の4店は営業を見合わせ、残り県内20店は営業している。

イオン九州（福岡市）もイオン宇城店と熊本店が天井の一部崩落や配管の破損などのため、店頭販売で対応した。熊本中央店などでは、食品売り場のみを開放して対応した。

一方、ロッキーは熊本市東区の佐土原店の開店時間を30分遅らせたが、全店で営業した。

熊本地方卸売市場（田崎市場）は、集客状況を考慮して、水産の競りを中止。青果は通常どおりに競りを実施したが、集客状況は通常に比べて3割少なかった。

益城町役場で自衛隊の炊き出しに並ぶ人たち＝15日午前8時23分

水は…食料は…　生活情報

県内を襲った地震から15日、一夜が明けた。水や食料の配布、ゴミ出しなど生活情報をまとめた。

【益城町】町保健福祉センター、広安小、広安西小など16カ所（15日午前7時現在）の避難所で、飲料水、保存食、毛布、簡易トイレ、おむつなどを配布している。センター☎096（234）6123。家庭ごみ回収は一時見合わせているが、がれきなどの災害ごみは旧益城中央小（福原）に運び込むことができる。役場☎096（286）3111。

【熊本市】避難所は小学校など約220カ所。早朝には朝食の配布を始めた。市は「備蓄分では足りない。支援物資が届いたら順次、各避難所に運ぶので、物資に困ったら各避難所に寄ってほしい」としている。

災害ごみは普段のごみステーションに出すことができる。指定袋でなくてもよい。東部・西部環境工場や扇田環境センターに持ち込んでも手数料は免除。市電は徐行運転で動いている。ひごまるコール☎096（334）1500。

市上下水道局は「水の濁りが生じた場合は飲用に適さない」として、濁った水はトイレの洗浄など生活用水として使用するよう呼び掛けている。同局☎096（381）1133。

熊本市は、うまかな・よかなスタジアムのピロティに、支援物資の受け入れ所を開設。〒861の8012、同市東区平山町2丁目9の1。市地域政策課☎096（328）2031。

【甲佐町】甲佐小、甲佐中など10カ所の避難所で飲料水や食料を配るほか、役場近くのコメリでも物資を無料で提供する予定。災害ごみ回収は御船甲佐クリーンセンターが停止しているため、15日午前8時半までにめどが立っていない。役場☎096（234）1111。

【嘉島町】公民館や小学校など複数箇所の避難所に物資を届けている。飲料水や食料が必要な人は役場でも配布。災害ごみは浮島の北側駐車場に運び込める。役場☎096（237）1111。

【御船町】公民館など25カ所の避難所で飲料水や食料を提供。給水車の巡回も予定。災害ごみは滝川みんなの広場と自然運動公園駐車場に仮置き場を設置した。役場☎096（282）1111。

【合志市】15日のごみ収集は予定通り実施。災害ゴミ受け入れについては未定。市環境衛生課☎096（248）1202。

あすの天気

15日9時

熊本	晴れのち雨 10	12～25℃
人吉	晴れのち雨 10	11～23℃
阿蘇	晴れのち雨 10	7～21℃
天草	晴れのち雨 10	15～23℃

福岡　佐賀　長崎　大分　宮崎　鹿児島　那覇　大阪　東京　札幌

あす夜から雨に

県内はあす夜からあさって昼ごろにかけて雨が降る。地震の揺れが強かった地域では、土砂災害などに警戒が必要。

あす夜から低気圧が発達しながら朝鮮半島付近を通る。県内はややまとまった雨が降り、雨脚が強まる所も。風も強まり荒れた天気になる恐れがある。

地震で地盤が緩んでおり、土砂災害などが非常に起こりやすくなっている。危険ながけから離れるなど早めの対策を。

あすは晴れのち曇りで夜雨。

【正午の気温】（　）内はけさの最低

熊本	24.3（12.0）
人吉	26.0（9.8）
阿蘇	19.2（6.7）
牛深	23.6（14.4）

【16日】〈長潮〉旧暦 3月10日　日出 5時46分　日入 18時48分

（三角港）満潮 4時43分　17時00分　干潮 11時08分　23時20分

一筆

県子ども未来課長　奥山 晃正

気軽に子ども食堂へ

最近、近所に子ども食堂ができた。貧困などが理由で満足に食べられない子どもに、無料や低価格で食事を提供する取り組みとして注目されている。

ところが、子ども食堂では今、どうやって困っている子どもたちに来てもらうかが課題となっているそうだ。その要因は、貧困かどうかが周囲から見えづらいためアプローチしにくいことや、「貧困家庭向け」の印象が強すぎて、行くのをちゅうちょしてしまうことにあるようだ。

日本の子どもの6人に1人が貧困と言われているが、実際のところ、食べるものが毎日ないような極端な貧困はそれほど多くない。食事を取れない背景には、親の深夜労働やひとり親家庭、ネグレクトなどがあり、1人で食べることが多い「孤食」の子や、外で買って食べる子が多くなっている。そういった子どもや親たちに、気を使わずに家族だんらんの時間を過ごしてもらう食堂と言った方がしっくりくるのではないか。

東京の子ども食堂の開設者は「多くの家族に気軽に集まってもらい、その中に普段、独りで食べる子や、温かい食事を取っていない子が1人でもいてくれれば大成功」と言っていた。それくらいの気軽さ、開放感も必要だと思う。

実は、近所の子ども食堂に4歳の娘と行ってみた。娘はとても楽しかったようで、「また食べに行きたいね」とのこと。子どもの笑顔をつくる子ども食堂の取り組みは素晴らしいと思う。多くの子どもが気軽に集えるような居場所がこれからも増えていくよう、知恵を絞っていきたい。

2016.4.15

新聞定価1カ月 朝夕刊セット=本体価格3,204円、消費税256円(税込み3,460円) 夕刊1部売り=50円(税込み)

家族まだ中に…

懸命の救助かなわず

益城町 木山地区

倒壊した家屋、逃げ遅れた家族を呼ぶ声、鳴り響く救急車のサイレン、救出作業を祈りながら見守る住民―。被害が集中した益城町一帯は、15日未明から朝にかけて重苦しい空気に包まれた。

【1面参照】

倒壊した家屋から女性を救助する救急隊員ら=15日午前2時30分ごろ、益城町

15日未明、益城町木山の倒壊した民家には、村上ハナエさん(94)と長男正孝さん(61)の親子2人が取り残されていた。正孝さんの妻恭子さん(53)と息子2人は逃げ出して無事。県道に面した2階ベランダは地面に接し、つぶれた1階部分のがれきを除きながら、消防隊員が慎重に屋内に進入した。

隣に住む税理士富田正寿さん(67)は強い揺れが収まってすぐ、通りに飛び出した。「中にまだ家族がいる!」。恭子さんが「お父さん、正孝」と何回も呼び掛ける。富田さんも声をかけるが、返事がない。

「とても手が付けられない状態だった」と富田さん。救助活動を見守りながら「ばあちゃん(ハナエさん)は足が弱っていた。早く助け出して」と祈ったが、その願いは届かなかった。

恭子さんは15日午前9時過ぎ、倒壊した自宅を訪れ、近くの駐車場に避難していた近所の人たちと肩を抱き合って夫と義母の死を悼んだ。

恭子さんが、夜勤に備えて休んでいた正孝さんを起こしたのが午後9時ごろ。それから何回か声をかけたが、この日だけはなかなか起き上がらず、正孝さんは横になったまま被害に遭った。

「普段なら起き出して2階で着替えている時間。何でこんなときに」。恭子さんは、悔やんでも悔やみきれない様子で地震発生当時を振り返った。

長男(17)と1階の居間にいた恭子さんは、揺れに気付いてこたつ布団の中に潜り、気付くと倒れてきた食器棚とふすまが作ったすきまにいた。はい出すように靴下のまま外に出て後ろを振り返ると、信じられない光景があった。「家がぺちゃんこになるなんて」

2階にいた次男(14)はベランダ伝いに避難。屋内に呼び掛けるとハナエさんの声がかすかに聞こえたが、正孝さんの応答はなかった。

「正孝さんは、足が悪いばあちゃんの面倒をよく見ていた。何でこんなことに」と近くの無職腰尾文人さん(68)。恭子さんは「本当に優しい人だった。2階にさえいれば、何とかなったのに」と唇をかみながら、気丈に語った。

木山地区では、近くの2階建てアパートも1階部分がつぶれ、豊世武士さん(70)の長女美文さん(33)が入浴中に被害に遭った。

約5時間の救出劇。翌朝、武士さんが「当分は入院みたいだけど、軽傷で済みました」と自宅前に避難していた住民に報告すると、拍手が沸き起こってみんなで無事を喜んだ。近くの古田妙恵さん(69)は「1人でも元気でいてくれれば」と感激した様子だった。

新幹線脱線で調査

運輸安全委

地震の際、回送中の九州新幹線が熊本市内で脱線した事故で、運輸安全委員会は15日、鉄道事故調査官3人を現地に派遣した。現場で同日、調査を始めた。

JR九州によると、列車(6両編成)は14日午後9時26分ごろ、熊本駅から熊本総合車両所に向けて時速約80㌔で走行中、運転士が激しい揺れを感じて非常停止させたが、全車両が脱線した。

国土交通省によると、九州新幹線の脱線は初めて。1964年の新幹線開業以来、列車が脱線したのは4例目だが、全車両の脱線は初。

現場は熊本駅ホームから約1・3㌔南の営業運転で使用する線路上で、復旧の見通しは立っていない。

脱線したのは、レールの内側に平行して設置する「脱線防止ガード」がない場所で、車両には転覆などの大きな被害を防ぐために台車に取り付ける「逸脱防止ストッパ」もなかった。

この列車以外にも複数の列車が駅間に停止したが、乗客は最寄りの駅まで歩くなどして、15日朝までに全員が避難した。

地震で脱線した九州新幹線の回送車両=15日午前6時37分、熊本市

大きな余震に細心の注意を

専門家指摘

益城町で震度7を観測した地震では建物倒壊が相次いだ。専門家は「日本各地に活断層はあり、同様の局所型の地震はどこでも起こり得る。南海トラフ級の巨大地震に限らない広範な備えが必要だ」と指摘する。

地震は14日午後9時26分ごろに発生。益城町は熊本市のベッドタウンで住宅街も多い。マグニチュード(M)は6・5と推定され、阪神大震災の7・3、東日本大震災の9・0と比べると小さかったとはいえ、九州での震度7は初めてだった。

神戸大の石橋克彦名誉教授(地震学)は「未知の活断層も多く、同様の地震は日本列島のどこで発生してもおかしくない」と指摘。「14日夜よりも大きな揺れが来ないという保証はなく、救助活動や避難生活には細心の注意が必要だ」と話す。

あふれ返るけが人

熊本赤十字病院 300人以上受け入れ

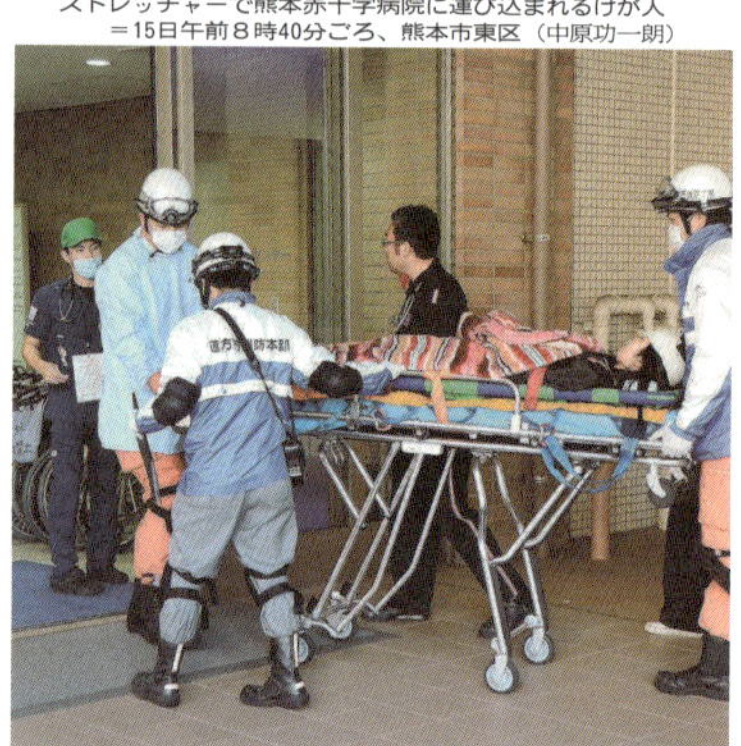

ストレッチャーで熊本赤十字病院に運び込まれるけが人=15日午前8時40分ごろ、熊本市東区(中原功一朗)

熊本市東区の熊本赤十字病院は地震の発生直後から、300人を超すけが人を受け入れた。本館1階ロビーは処置を終えたけが人らであふれ返った。

益城町安永の会社員古川英児さん(46)は、落ちてきた掛け時計で頭をけがした母喜代美さん(71)を連れて来院。「食器棚もたんすも全て倒れた」と嘆いた。

同町宮園の後藤光政さん(72)方では、長女舞子さん(13)が入浴中に左足を10針縫うけがを。光政さんはがれきのない所を縫うように車を走らせ、「必死の思いでたどり着いた」という。

近くの宮田澄子さん(70)は相次ぐ余震に恐怖を覚え、同病院に避難して一夜を明かした。スタッフから温かいお茶や毛布を出してもらい、「こんなに優しくしてもらってうれしい」と涙ぐんだ。

県によると、熊本市民病院も250人以上を受け入れ、県内の医療機関の受け入れ総数は千人近くに上った。

両陛下がお見舞い

天皇、皇后両陛下は15日、熊本県で起きた地震災害について、犠牲者への哀悼と被害者へのお見舞いの気持ちを、河相周夫侍従長を通じて熊本県の蒲島知事に伝えられた。災害対策に従事している関係者へのねぎらいの気持ちも伝えた。

第2ラウンド以降 地震を受け中止

バンテリンレディス

菊陽町の熊本空港カントリークラブで開催予定だった女子プロゴルフの「KKT杯バンテリンレディスオープン」は15日、県内で14日に発生した地震を受けて初日の第1ラウンドを中止したのに続き、第2ラウンド以降の中止を決めた。

◇第47回熊本市春季クラス別ナイターソフトボール大会(14日・水前寺野球場ほか)

【Bクラス】▽1回戦 ミニテラーズ15―0アトムズ、稲葉会3―1東匠

【Eクラス】▽2回戦 教友ク(不戦勝)K2、東急イレブン8―7源工業

◆東京市場(15日)

円相場(正午)	対ドル	109.72－109.73円	(0.41円安)
	対ユーロ	123.55－123.57円	(0.55円安)
株式(前場終値)	日経平均	1万6854.37円	(56.68円安)
	TOPIX	1361.96	(9.39円安)

あんずちゃん

田中しょう

県外フラッシュ

◆神戸山口組本部を家宅捜索

京都府警は15日、強要未遂容疑で、神戸山口組系組長の鶴谷佳一容疑者(68)=京都市伏見区向島庚申町=を逮捕し、兵庫県淡路市にある神戸山口組の本部を家宅捜索した。指定暴力団に指定後、神戸山口組の本部を家宅捜索するのは初めて。捜索は約60人態勢。逮捕容疑は昨年10月8日午後2時30分ごろ、知人男性(39)から譲り受けたペットのシェパードが死んだ際の処分費用約4700円を京都市に支払うよう、知人男性に強要しようとした疑い。

◆原発作業員の労災請求棄却

中国電力島根原発(松江市)と日本原電敦賀原発(福井県敦賀市)で作業員として働き、被ばくして心筋梗塞になったとして、福岡市早良区の梅田隆亮さん(81)が、労災と認めない松江労働基準監督署の処分取り消しを求めた訴訟の判決で、福岡地裁(山口浩司裁判長)は15日、請求を棄却した。訴状によると、梅田さんは1979年3月に島根原発の原子炉格納容器内で点検作業をし、同5、6月には敦賀原発の炉心近くで溶接作業などに従事。帰宅後は鼻血が出やすくなり、全身の倦怠感やめまいに悩まされ続け、2000年3月に心筋梗塞となった。

四季の森

土肥あき子

あたたかや鼻巻き上ぐる象の芸 吉屋信子

象が初めて日本の土を踏んだのは室町時代。今では童謡にも登場する日本中が愛してやまない動物となった。しかし、野性と比べ動物園で暮らす象の寿命は半分に満たない。天敵もなく、食べ物の心配もない飼育下での死亡原因は肥満と過度のストレスによるものといわれる。今日は象供養の日。大正15年から象牙など象からの恵みに感謝を捧げる法要が営まれる。遠い地で命を落とした全ての象に祈りを捧げる。

2016・4・15

お知らせ

本日四月十五日から十七日の三日間、グランメッセ熊本で予定しておりました「すばらしいカントリー&クラフトフェア」は、十四日に発生した地震による影響を鑑み、中止とさせていただきます。謹んでお知らせ申し上げます。

熊本日日新聞社 業務推進局

（第3種郵便物認可）　熊本日日新聞　（夕刊）平成28年（2016年）4月15日　金曜日　8

4・14 奪われた日常

地震で被害を受けた益城町の家屋＝15日午前6時53分

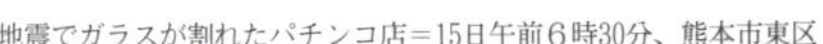

地震でガラスが割れたパチンコ店＝15日午前6時30分、熊本市東区

避難所で疲れた表情を見せる人たち＝15日午前4時59分、益城町

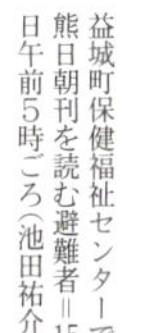

益城町保健福祉センターで熊日朝刊を読む避難者＝15日午前5時ごろ（池田祐介）

地震で散乱した商店内を片付ける女性＝15日午前8時18分、益城町

テレビ欄は7面に移しました

1　3版　平成28年（2016年）4月16日　土曜日　熊本日日新聞　（昭和17年4月1日第3種郵便物認可）　第26620号　日刊

2016年（平成28年）4月16日 土曜日

熊本日日新聞
発行所 熊本日日新聞社
〒860-8506 熊本市中央区世安町172
代表(096)361-3111
© 熊本日日新聞社 2016年

折れた電柱の下で、大きな荷物を運ぶ女性＝15日午後5時15分ごろ、益城町（小野宏明）

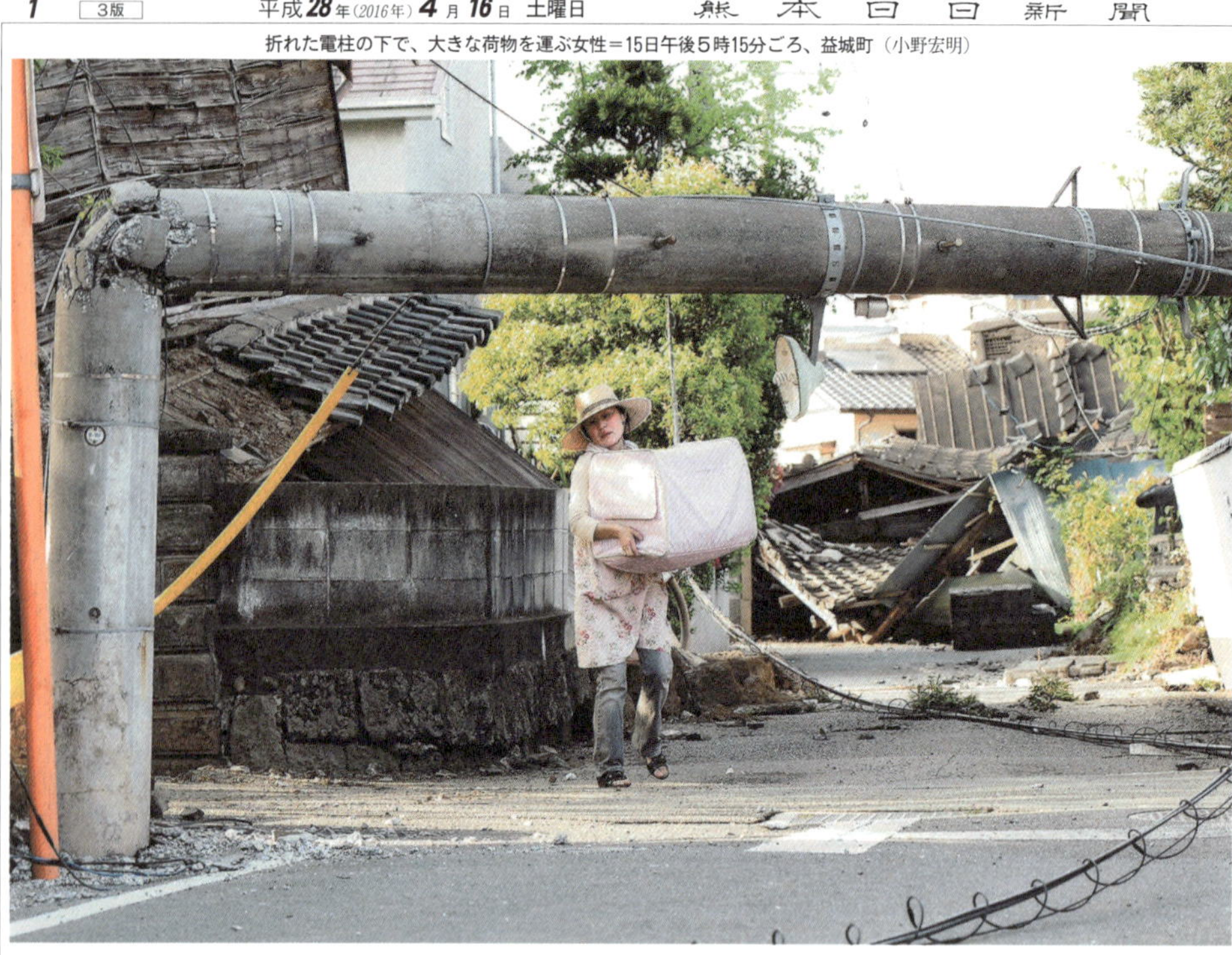

運動会の花形ともいわれる組み体操。危ないという声が強まり、国は「学校判断で中止」の通知を出しました。 12～13

死者9人 負傷1000人超

平成28年熊本地震　続く余震、不安

益城町で14日夜に最大震度7、熊本市でも震度6弱を観測した地震で、県警は15日、建物の倒壊などによる9人の死亡を確認したと発表した。県災害対策本部によると、15日午後11時までに県内の負傷者は1006人に上り、うち53人が重傷。20軒以上の家屋が倒壊した。避難者は同日朝までに約4万4400人に増え、午後3時現在で避難所375カ所に約7200人が避難した。

県内は余震とみられる強い地震が続き、15日午前0時3分ごろには震度6強を観測。気象庁によると、同日午後11時までに震度1以上の余震を149回観測した。今後も激しい揺れを伴う余震への警戒を呼び掛けた。気象庁は今回の地震を「平成28年（2016年）熊本地震」と命名した。

県警によると、死亡が確認された9人のうち、8人は倒壊家屋の下敷きになり、1人は自宅内で転倒して亡くなった。

最も被害の大きい益城町では、地震直後から計40件の救助、出動要請があった。県警と消防、自衛隊は被災者の救出作業などを徹夜で続け、家屋被害の大きい地域をローラー捜索した。地震による行方不明者の情報はないという。

蒲島郁夫知事は同日午前、安倍晋三首相に激甚災害の早期指定など全面支援を要請。首相は16日、益城町の避難所などを視察する。政府の非常災害対策本部会合で「現場を自らの目で確かめ、被災者の生の声に接し、今後の対策に生かす」と述べた。

九州新幹線は地震による回送列車の脱線事故のため、全区間の運転を見合わせた。JR九州によると、復旧の見通しは立っていないという。路面の陥没や隆起が発生した九州自動車道は、益城熊本空港―松橋インターチェンジ間を通行止め。空や海の便なども一部乱れた。

熊本市と益城町では停電や断水などが続いた。多くの小中高校が休校した。大型店、スーパーマーケットなどの臨時休業も相次いだ。

18日まで 震度6以上20%

熊本地震で気象庁は15日、記者会見を開き、同日午後4時から3日間に震度6弱以上の余震が発生する確率は20%、震度5強以上は40%と明らかにした。余震は内陸や沿岸部を震源とする同規模の地震と比べて多発しており、1995年以降では過去3番目のペースで推移しているという。

担当者は「余震は徐々に落ち着きつつあるがまだ多発している状態で、家屋倒壊などの危険性が高まっている」として注意を呼び掛けた。熊本県では16日夜から大雨の恐れがあり、地震で地盤が緩んだ地域では土砂災害への警戒も必要だ。

同庁によると震度1以上の余震は15日午後11時までに149回観測（表）。うち震度6強、6弱は各1回、5弱は2回、4は18回。

95年以降に内陸や沿岸部で起きたマグニチュード（M）6・5以上の地震で、M3・5以上の余震回数を比べると、今回は2004年の新潟県中越地震、08年の岩手・宮城内陸地震に次いで過去3番目のペースで発生している。余震発生確率は、18日午後4時から3日間では震度6弱以上が10%未満、震度5強以上は10%という。

震度7を観測した地震の震源の深さは約11キロで地表に近い場所だった。地殻は、浅い場所ほど強度が弱い傾向がある。

熊本地震の余震回数

（気象庁による）

日	時間帯	回数
14日	午後9時26分～	8
	午後10時～	18
		13
15日	午前0時～	15
		12
	午前2時～	9
		11
	午前4時～	9
		8
	午前6時～	4
		8
	午前8時～	5
		3
	午前10時～	1
		1
	正午～	4
		2
	午後2時～	3
		1
	午後4時～	3
		4
	午後6時～	2
		0
	午後8時～	3

震度：6強、6弱、5弱、4、1～3

平成28年熊本地震　2～7、11、13、16、20～23

熊日の購読・配達のご用は 0120-374625
紙面のお尋ねは 096-361-3115（日曜・祝日除く9:00～17:00）
パソコン版くまにちコム kumanichi.com

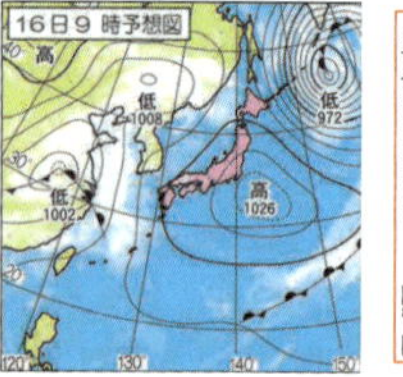

新生面

2016.4.16

無残に倒壊した家屋、避難所となった役場の駐車場で毛布にくるまる住民…。一夜明け、夕刊に掲載された写真を見てあらためて今回の地震のすさまじさを思い知った▼益城町で震度7を観測するなど一昨日夜から昨日未明にかけて県内を襲った大地震。マグニチュード（M）は6・5。多数の死傷者を出し、不安を煽る余震は今も続く。昨夜も多くの人が不自由な避難所生活を強いられた▼マグニチュードは1違えばエネルギー量で30倍の差があるという。M9の東日本大震災に匹敵する揺れは直下型だったからのようだ。規模は小さくとも破壊力が大きい▼「平成28年熊本地震」と命名された。内陸や沿岸部を震源とする同規模地震と比べ、余震が多いことも特徴だ。1995年以降では過去3番目の多さで推移しているという。気象庁は「今後1週間、震度6弱程度の余震が発生する恐れがある」と警戒を呼び掛けている。油断は禁物だ▼夏目漱石の教え子で物理学者の寺田寅彦の有名な言葉が胸をよぎる。〈天災は忘れたころにやってくる〉。東日本大震災から5年がたち、どこか気持ちの緩みを突かれたかのようだ▼会社の同僚は、ディスカウントストアの駐車場に避難し、車の中で不安な一夜を過ごした。ただ、うれしい出来事もあった。「マンションの隣の方が『子どもさんに』と言って、ペットボトルを差し入れてくれたんです」▼不安を和らげてくれるのはやはり人の温もりだろう。こんな時だからこそ、互いを気遣う心を忘れたくない。

たから箱

「ぼく」
熊本市立桜木東小3年　ししど　ひかる

ぼくは学校がきらい
でも
学校に行くと楽しい
どっちが本当のぼくかな

きょうの天気

16日は下り坂。晴れのち曇りで夜は雨になる。地盤が緩み、土砂災害に警戒を。南の風、波は熊本、芦北0.5のち1メートル、天草1.5のち3メートル。17日は西よりの風初めやや強く、雨のち曇り。波は熊本、芦北1のち0.5メートル、天草4のち2メートル。

	荒尾玉名	山鹿菊池	甲佐山都	阿蘇	熊本	八代	人吉	水俣	天草
気温	10～24℃	9～24℃	11～25℃	6～21℃	11～25℃	12～24℃	10～22℃	11～23℃	11～22℃
朝	10	10	10	10	10	10	10	10	10
昼	20	20	20	20	20	20	20	20	20
夜	60	60	60	60	60	60	70	60	60

のち　%降水確率　一時、時々　紫外線

あすからの8日間

予想は熊本地方

17(日)	18(月)	19(火)	20(水)	21(木)	22(金)	23(土)	24(日)
16～23℃	12～21℃	11～25℃	12～25℃	15～24℃	15～25℃	15～25℃	12～25℃
90	40	20	30	50	40	40	30

（第3種郵便物認可）　熊本日日新聞　平成28年（2016年）4月16日　土曜日　総合　2

「生活再建に全力」

首相官邸で開かれた非常災害対策本部の会合。蒲島郁夫知事がテレビ会議で被害状況を報告した＝15日午前

県庁に現地対策本部
政府調査団　情報共有し調整

14日夜に発生した熊本地震を受け、政府調査団の松本文明内閣府副大臣らが15日午前、熊本に入り、災害対策基本法に基づき、県庁に政府の前線基地となる現地対策本部を設けた。同本部には、内閣府や国土交通省、防衛省、林野庁などの職員ら約40人が詰める。県の災害対策本部と情報を共有し、国と県の調整などに当たる。

松本氏は、蒲島郁夫知事との意見交換で、「被害の全体像を把握することが最優先。激甚災害指定など財政支援にも速やかに対応したい」と述べた。午後から、県との合同会議を開いた後、被害が大きい益城町などの現状を視察した。一方、県議会は同日、正副議長や議会運営委員ら20人でつくる災害対策協議会を開催。村田信一副知事らから被害状況の説明を受け、全容が明らかになり次第、県議会として対応することを申し合わせた。（並松昭光、蔵原博康）

首相、きょう益城入り

安倍晋三首相は16日、熊本地震の被災状況を視察するため来熊する。15日あった政府の3回目の非常災害対策本部会合で「現場を自らの目で確かめ、被災者の生の声に接し、今後の対策に生かす」と述べた。

首相は、被害が集中する益城町に入り、住宅の倒壊現場を見るほか、避難所の小学校を訪ね、被災者を激励。県庁で蒲島郁夫知事とも面会する。同日は、石井啓一国土交通相も益城町役場などを訪ねる予定。

会合で首相は「救命、救助は今日が正念場だ。底力を発揮し、全力を尽くしてほしい」と強調。「住宅を失った方々に対する住環境の整備など、先を見据えた対策をどんどん進めてほしい」と指示した。

首相は15日午前、建物の倒壊などにより死者が出たことについて「ご冥福をお祈りしたい。ご遺族の皆さまにお悔やみを申し上げたい」と記者団に述べた。閣議後の閣僚懇談会では「関係各省庁が全力を挙げて二次災害を防止するよう協力してほしい」と求めた。

政府は16日に現地の天候の悪化が予想されることを踏まえ、屋外の被災者のため、屋内の避難場所を確保する方針。河野太郎防災担当相は記者団に「（今後の政府の対応は）被災者の生活再建の局面に入っている」と述べた。

菅義偉官房長官は記者会見で、県が要望する激甚災害の早期指定について「政府一体で、スピード感を持って判断することになる」とした。

「緊急事態条項」検討の意義強調　官房長官

菅義偉官房長官は15日の記者会見で、熊本地震を踏まえ、憲法の新設項目として非常時に首相の権限を強化する「緊急事態条項」を検討する意義を強調した。「緊急時に国民の安全を守るため、国家、国民が果たすべき役割を憲法にどう位置付けるかは極めて重く、大切な課題だ」と述べた。

同時に、改憲に向けては「国民の理解と議論が深まることが重要だ」と指摘した。自民党は国民の権利制限を含む緊急事態条項を党の憲法改正草案に盛り込んでいる。

与野党も対応急ぐ
政府に提案、協力

与野党は15日、熊本県で震度7を記録した地震を受け、情報収集や対応を急いだ。自民党は対策本部を開催。トップに就いた谷垣禎一幹事長は「被害の全容が明らかになってきている。政府には救命救助を最優先に災害・応急対策に全力を尽くしてほしい」と要請した。冒頭、犠牲者に黙とうをささげた。

公明党も対策本部の会合を国会内で開き、内閣府や防衛省から被害状況を聴取した。山口那津男代表は「余震が続いているのも心配だ」と述べ、政府と協力し対応に万全を期す考えを示した。

民進党が開いた対策本部では、本部長の岡田克也代表が「野党第1党として、できる限り対応する。気付いたことを政府に提案したい」と強調した。共産党、おおさか維新の会も対策本部を設置。民進、共産、社民、生活4党は幹事長・書記局長会談で、政府に協力する方針を確認した。

衆院委員会質疑　地震対応を優先　自民、民進が一致

自民党の佐藤勉、民進党の安住淳両国対委員長は15日、衆院の委員会質疑を巡り国会内で会談し、熊本地震への対応を優先することで一致した。衆院環太平洋連携協定（TPP）特別委員会は、安倍晋三首相が地震の被災状況を説明した後、質疑せず休憩に入り、最終的に散会した。審議は18日に仕切り直すことで与野党が合意した。

与野党は15日の委員会終了後、集中審議や公聴会など今後の日程協議を行う予定だったが、これも18日に先送りとなった。与党が目指す4月中の承認案と関連法案の衆院通過は依然、厳しい状況が続いている。

◆民進、自民中傷ツイッターを不適切と認め削除

民進党は15日、党公式ツイッターに2011年の東日本大震災の対応に関し、自民党を中傷する不適切な内容を記載したとして削除した。枝野幸男幹事長が記者団に「党職員が党の見解でなく、個人見解を書き込んだ。厳しく対応したい」として非を認めた。

削除した記載は14日に起きた熊本地震を巡る投稿への回答。「東日本大震災時の自民党のような対応を望みます」との投稿に「それじゃあダメでしょうね」「一部の自民党の有力議員が原発対応についてデマを流して（当時の民主党）政権の足を引っ張ったのも有名な話です」と書き込んだ。

民進党は削除後のツイッターに「皆さまに誤解を与え、大変不快な思いをさせてしまいました。深くおわび申し上げます」と謝罪文を載せた。

社説
余震に警戒、今後も備えを
震度7「熊本地震」

地震災害はどんなときも、どんなところでも起こり得ることを、あらためて思い知らされた。

14日夜、益城町で震度7を観測した地震は、同町や熊本市を中心に建物の倒壊などが相次ぎ、死者9人、けが人は約千人に上り、うち53人が重傷を負うという、甚大な被害をもたらした。

国内で震度7を観測したのは、東日本大震災の2011年3月11日以来。九州では初めてという。地震の規模を示すマグニチュード（M）は6・5と推定される。気象庁は15日、今回の地震を「平成28年熊本地震」と命名した。

ライフライン、交通インフラもずたずたにされた。広域で停電、断水が続き、ガスの供給が止まったままのところもある。

九州新幹線は熊本駅近くで回送中の車両が脱線。博多─鹿児島間の新幹線は運転を見合わせ、在来線も運休している。九州自動車道は路面の陥没や隆起が多数発生。復旧の見通しは立っていない。

気象庁によると、震度1以上の余震を140回以上観測。うち震度6強と6弱が各1回、5弱も2回あった。余震多発や揺れの大きさと関連しているとみられるのが震源の深さだ。今回の地震は約11キロと、地表に近い場所が震源だった。地殻は浅い場所ほど強度が弱い傾向にあるため、今後も強い揺れを伴う余震が予想される。

避難を強いられている住民は一時、4万人を超えた。寝食は無論のこと、何をするにも不自由な状況は察して余りあるが、建物だけでなく、場所によっては地震で地盤が緩み、土砂災害が起きやすくなっている可能性がある。16日からは雨の予報。二次災害も含め、まだ十分な警戒が必要だ。

今回の震災について熊本県は政府に対して、災害復旧事業で補助金が上積みされる「激甚災害」の早期指定を求めている。河野太郎防災担当相は15日の会見で「現地の情報収集を受けて、必要なら動きたい」と検討を急ぐ考えを示した。国、県、地元市町は一刻も早く被害の詳しい実態を把握するとともに、被災者へ十分な支援の手を差し伸べなければならない。

熊本県内で大きな地震があったのは、阿蘇市を中心に被害をもたらした1975年1月以来41年ぶりだが、今回の地震は1995年の阪神大震災と同様の、内陸活断層のずれによる直下型との見方が専門家の間で強まっている。

震源付近には「布田川断層帯」「日奈久断層帯」という二つの断層帯が接するように延びている。さらに多くの断層が枝分かれしたり、並走したりして複雑な帯を形成しており、140回超の余震もその帯に沿って起きている。

東日本大震災から5年余り。私たちの国土が〝地震列島〟であることをもう一度、突き付ける今回の地震だった。震源となる断層帯は、それこそ全国各地に無数にある。震災は「万一」のことではあるまい。災害への備えは常に万全を期す必要がある。そして、その列島の上に、原発がひしめいていることも忘れてはなるまい。

2016.4.16

射程　わが家の防災対策

避難所を初めて体験した。14日夜の「熊本地震」発生から数時間後。会社から帰宅する前に家族に連絡すると、避難所として急きょ開放された近くの公的施設に移っていた。頻発する強い余震が恐ろしかったからだという。

日中は暑さを感じるほどだが、夜半から明け方の空気はまだ冷たい。避難者が多く、硬い玄関ホールの床に段ボールを敷いたスペースしか空いていなかったので、配られた毛布の暖かさがありがたかった。気分が少し落ち着いたときに、ふと思い出したことがあった。「わが家は緊急避難用品をそろえていたのか」

地震や水害など自然災害の恐ろしさは分かっていたつもりだし、被災者の体験談などから、「日ごろの備えが大切」と、家族とも話し合っていた。預金通帳など貴重品類はできる限りまとめて保管し、ペットボトルの水や非常食もある程度は用意していた。

しかし、それ以上徹底していなかったのはなぜか。「自分はそんなにひどい被害に遭うはずがない」─。どこか、ひとごとのような感覚が残っていたのではないだろうか。

防災の専門家らによると、避難時に必要な品をまとめた袋を準備しておけば慌てずに済む。そこまでしていなければ意味がないことを痛感した。持ち出し袋に入れる物品のチェックリストも作っていなかった。

家族間で避難の方法や避難先を話し合っておくことも重要だ。二次災害の恐れがあるため、家族が互いに捜し合うのは危ないという。阪神大震災に見舞われた神戸市が「家族会議」を開くよう勧めているのは参考になりそうだ。

周囲の人との交流が災害時に力を発揮することも忘れてはならない。隣近所があいさつを交わし、信頼関係が築かれている地域は助け合えるという。わが家の防災対策は点検すべき点が多い。（野口和紀）

震源浅く 揺れ強烈

熊本地震

「日奈久断層」北部で発生

政府の地震調査委員会は15日、熊本地震は「日奈久断層帯」の北部区間がずれて発生した可能性が高いとする評価をまとめた。震源が深さ約10キロと浅く、地盤も軟らかいことから、最大震度7という強烈な揺れが襲ったと推測。余震は活発で、阿蘇山との関連を指摘する研究者もある。

【1面参照】

「日奈久断層帯の北部では、1999～2000年にマグニチュード（M）4程度の地震が起きており、（今回のような）地震が起きる場所だとは思わなかった」。同委員会メンバーで九州大地震火山観測研究センターの清水洋教授は語る。

同委員会によると、日奈久断層帯は益城町付近から芦北町を経て八代海南部に至る全長約81キロと推測され、3区間に分かれている。今回は最も北側の「高野—白旗区間」（益城町木山～宇城市豊野町付近、16キロ）がずれたとみられる。

この区間にたまったエネルギーがこれまで全て解放されたかどうかについては、同委員会でも結論は出なかった。ただ、清水教授は「高野—白旗区間で、本震を超えるような余震が起きるとは考えにくい」と話す。

同委員会などによると、今回の震源域の真上は比較的地盤が軟らかく、地震動が大きくなりやすかった。さらに震源が浅く近かったことから、特に被害が集中したのではないかという。

気象庁によると、熊本地震は95年以降に内陸や沿岸部で起きた同規模以上の地震と比べ余震が多発し、過去3番目のペースで推移している。震源が浅い陸域の地震では余震が多い傾向があるとしつつ「詳しい理由は分からない」と気象庁。東北大の遠田晋次教授（地震地質学）は「（震源近くの）断層は分岐したり、横並びに分布していたりする。そういうところでは地震が起きやすく、必然的に余震も多くなるのではないか」と推測した。

京都大火山研究センター（南阿蘇村）の大倉敬宏教授は、阿蘇山との関連を指摘する。大倉教授によると、11年の東日本大震災の後、阿蘇山をはじめ全国の火山が活発化した例があるという。「阿蘇中岳の活動に変化はなく安定している」とするが、注視していくという。

気象庁は15日の会見で、同日午後4時から3日間で震度6弱以上の余震が発生する確率は20%、5強以上は40%と発表した。同庁地震予知情報課の橋本徹夫課長は「家屋倒壊や土砂災害などの危険が高まっており、十分注意してほしい」と呼び掛けている。

熊本地震の主な震源と断層帯

5km
熊本市
益城町
御船町
宇土市
布田川断層帯
日奈久断層帯
（震度6弱）14日午後10時7分ごろ
本震 14日午後9時26分ごろ（震度7）
15日午前0時3分ごろ（震度6強）
震源

※気象庁の資料を基に作成

横ずれの活断層型／余震多く警戒必要

Q&A　熊本地震の仕組み

熊本県で震度7の地震がありました。

Q　大きな揺れだね。

A　地震の規模を示すマグニチュード（M）は6・5と中規模でしたが、震源の深さが11キロと浅かったために、震源に近い地域で震度7と大きな揺れになりました。震度7を記録したのは1995年の阪神大震災、2004年の新潟県中越地震、11年の東日本大震災に続く4例目です。

Q　どんな地震？

A　地震には、大きく分けると内陸の活断層が動く活断層型と、地表を覆う厚いプレートの境界付近で発生する海溝型があります。今回は活断層型です。

Q　活断層って。

A　地下の地層の中に力が加わってできた割れ目のことを断層と呼びます。このうち過去数十万年以内に繰り返し動き、将来も動く可能性があるものが活断層です。今回の地震は、活断層が南北方向に引っ張られて動いた横ずれ活断層型です。

Q　東日本大震災を起こした地震と仕組みは違う？

A　東日本大震災は、太平洋プレートが陸側のプレートの下に沈み込んで起きた海溝型で、熊本地震とは異なります。活断層型地震には、阪神大震災や新潟県中越地震があります。海溝型は津波を伴うことがあるのに対し、内陸で起きる活断層型は基本的に津波が発生しません。しかし私たちの足元で起きるため、地震の規模が小さくても局地的に激しい揺れとなり被害が拡大する恐れがあります。熊本地震では震源近くの狭い範囲で震度7を記録し、揺れは震源から遠ざかるにつれて同心円状に弱くなりました。

Q　余震が多いね。

A　地震が発生すると岩盤が不安定な状態になり、それを解消するために余震が起きます。特に活断層型地震で震源が浅い場合は、余震が多くなる傾向があり、今回も本震から半日間で震度1以上の余震が100回以上発生し、震度6弱や6強と強いものもありました。急斜面に近寄らないなど、引き続き警戒が必要です。

最近の主な地震

活断層型	阪神大震災（M7.3）	1995年、震度7／死者6434人
活断層型	新潟県中越地震（M6.8）	2004年、震度7／死者68人／新幹線が脱線
活断層型	熊本地震（M6.5）	2016年、震度7
海溝型	十勝沖地震（M8.0）	2003年、震度6弱／死者1人
海溝型	東日本大震災（M9.0）	2011年、震度7／死者・行方不明者1万8000人以上／福島第1原発事故

識者談話

低層住宅に被害出る周期

東北大災害科学国際研究所の大野晋准教授（地震工学）　益城町の町役場の北東約1キロにある観測点などを分析すると、今回の地震は、低層の一般住宅に被害が出やすい周期1～2秒の揺れが強いのが特徴だ。この一帯は地盤が軟らかく、揺れの周期が長くなる場合があり、中層階の建物も注意が必要だ。既に被害が出た建物やブロック塀も危険なので、近づかないようにしてほしい。

断層帯南側に依然ひずみか

東北大災害科学国際研究所の遠田晋次教授（地震地質学）　余震を含めて分析した結果、長さ10～15キロの範囲で断層が動いた可能性があることが分かった。震源付近に走る日奈久断層帯の北側部分では約1200年前にずれた跡が確認されており、今回の地震の発生場所とよく似ている。南側ではさらに長い間、断層が動いた形跡が今回も含め確認できていない。ひずみがたまっている恐れがあり、今後も注意が必要だ。

「高野—白旗区間」活動か

地震調査委が評価まとめ

熊本地震を受けて臨時で開かれた地震調査委員会で、あいさつする平田直委員長（右）＝15日午後、文科省

政府の地震調査委員会は15日、震度7を観測した熊本地震は、活断層の「日奈久断層帯」の北側の一部区間がずれて起こったとする評価をまとめた。国土地理院は地下の断層が長さ18キロ、幅10キロにわたって60センチずれたとの解析結果を発表した。

気象庁によると、熊本地震の震源の深さは約11キロで、規模を示すマグニチュード（M）は6・5。調査委の委員長を務める平田直東大教授は「深さは内陸地震では典型的。M6・5は大きな地震ではないが、浅いところで起きて直上の地点が強く揺れた」と説明した。

日奈久断層帯は全長約81キロで、益城町から芦北町を経て八代海まで北東—南西方向に延びている。調査委の評価では、この断層帯の北側部分にある長さ約16キロの「高野—白旗区間」が活動した可能性が高い。100回を超す余震も、この区間に沿って約20キロの領域で起きていた。

調査委は2013年2月に公表した断層評価で、同区間が活動するとM6・8程度の地震が発生する可能性があり、30年以内の発生確率は不明としていた。

地震の瞬間的な揺れの大きさを示す最大加速度は1580ガルで、04年の新潟県中越地震と同程度だった。

◆全国知事会が熊本県の支援確認

全国知事会は15日、各都道府県の東京事務所長会議を開き、震度7の地震があった熊本県に対し、食料や水といった緊急物資の提供や、住宅の安全性を確認する人員の派遣などで支援していくことを確認した。

危機管理・防災特別委員長の泉田裕彦新潟県知事は「知事会が結束して対応し、被災者に安心してもらえるよう支援したい」と述べた。

◆消防援助隊594人が出動

総務省消防庁は15日午後、熊本県の地震に対応するため、午後2時半時点で岡山、広島、高知、福岡、佐賀、長崎、大分、宮崎、鹿児島の9県から緊急消防援助隊計594人が出動したと発表した。

消防庁は午前11時時点で出動人数を605人としていたが、精査の結果、数字を修正した。

◆被災自治体に交付税前倒し配分へ

高市早苗総務相は15日、熊本地震で被災した自治体に普通交付税を前倒しして配分する考えを明らかにした。災害への応急対応や復旧事業で、自治体が必要な財源を確保できるようにする。省内の非常災害対策本部会議で指示した。

対象となる自治体や、配分する金額、時期などは、今後詰める。自治体の財源不足を補う普通交付税は、年4回配分する。次の配分時期は6月。

◆ホテル旅館に避難住民受け入れ要請

観光庁は15日、熊本県内のホテルや旅館に対し、熊本地震で自宅が損壊し、屋外に避難している住民を受け入れるよう要請した。16日は朝の冷え込みや降雨も予想されている。全国旅館ホテル生活衛生同業組合連合会（全旅連）と日本旅館協会を通じて呼び掛けた。観光庁によると、全旅連は県との間で、災害時の高齢者らを中心とした避難者受け入れに関する協定を締結済みという。

熊本県旅館ホテル生活衛生同業組合は要請を受け、加盟施設に受け入れ可能な人数を照会するなど対応に追われた。ただ熊本市内では地震被害が出たり、復旧関係者の予約が入ったりしたために対応が難しい施設も多いという。

◆がれき処理で環境省職員ら派遣

環境省は15日、熊本地震で発生したがれきなど災害廃棄物の処理を円滑に進めるため、同省職員と専門家の計10人を熊本市に派遣した。被害状況を調査した上で、自治体に適切な廃棄物の処理方法を助言する。

「命守るため耐震化を」

倒壊恐れ 全国900万戸

熊本地震では家屋の倒壊で住民らが下敷きになり、大きな被害をもたらした。国は阪神大震災を教訓に住宅の耐震化を急いでいるが、今なお全国の約900万戸は強度が足りず今回と同規模の地震で倒壊する恐れがある。専門家は「命を守るため、自分の家は大丈夫なのか、まずは耐震診断を」と呼び掛けている。

国土交通省によると、1995年の阪神大震災では、81年以前の古い耐震基準で建てられた住宅に被害が集中した。このため国や自治体が耐震改修費用の補助制度を設けるなどしているが、地方はまだ強度不足の一戸建てが多い。2013年時点で住宅全体の耐震化率は推計約82%。20年に95%まで引き上げるのが国の目標だが、なかなか進んでいない。

一般的に、建物の強度を調べる耐震診断は10万～20万円程度、柱や屋根などの耐震改修で100万～200万円程度の費用がかかる。住んでいる自治体や住宅の状況によって違いはあるが、制度を利用すれば耐震改修費用の2割程度は補助される場合がある。

長岡造形大の沢田雅浩准教授（都市防災）は「改修が必要な古い家の住人はお年寄りが多く、なかなか改修にお金をかけられない。家全体ではなく、寝室だけといった部分改修の検討も必要だろう」と話す。防災に詳しい危機管理教育研究所の国崎信江代表は「大規模地震はどこで起きてもおかしくない。防災には住宅の耐震化が最も重要。行政の助成も活用して」と呼び掛けている。

住宅の耐震化率

※国土交通省の推計、20年は目標

震度7「熊本地震」ドキュメント

【14日】

21時26分　益城町で震度7の地震

同58分　熊本市中央区下通でビルの外壁が散乱。スマートフォンをかざす通行人に警察官は「近寄らないで」

22時25分　熊本市西区のマンションで、エレベーターに閉じ込められた女性会社員(45)を1時間ぶり救助

同40分　蒲島郁夫知事が自衛隊に災害派遣を要請

店外で不安そうにする人たち＝14日午後10時40分ごろ、熊本市中央区

23時　「地震発生後すぐ公邸から県庁に向かった。被害の確認を急ぐよう指示した」と蒲島知事。熊本城で櫨方門脇の石垣が崩れているのが見つかる

同6分　日赤DMATが益城町体育館へ向けて出発

同20分　政府が地震非常災害対策本部の第1回本部会議。安倍晋三首相が「住民の安全確保、確実な避難、必要な物資・医療の提供に万全を期して取り組んでほしい」と指示

同24分　ホテル熊本ニュースカイの宿泊客が屋外へ避難

同47分　熊本市中央区の「桜の馬場　城彩苑」で20代の女性たちが、ホテルから飛び出した韓国人老夫婦と手をつなぎ座り込む

【15日】

0時3分　震度6強の余震。益城町役場前の避難者から悲鳴

3時46分　崩れ落ちた住宅から、生後8カ月の赤ちゃん救出

4時44分　益城町の避難所に熊日朝刊が配られる

6時27分　県警が9人の死亡を確認と発表

同43分　熊本城天守閣の屋根瓦が崩れているのを上空のヘリから確認

8時59分　JR熊本駅員が切符の払い戻しに追われる

10時30分　気象庁が今回の地震を「平成28年(2016年)熊本地震」と命名したと発表

11時すぎ　遺体安置所となった熊本市の県警察学校。遺族に付き添われた遺体が運び出される

11時半　熊本市が緊急節水警報

12時10分　熊本市西区の新幹線脱線現場を国土交通省の鉄道事故調査官が調査

13時半　益城町の西村博則町長が報道陣の取材に「町民が困らないようにしたい」

14時20分　益城町の公園で近くの主婦(44)が愛犬のトイプードルを抱き、強い日差しを避けて車に避難

18時40分　益城町の避難所でボランティアがカレーの炊き出し

炊き出しのカレーライスを振る舞うボランティア＝15日午後6時40分ごろ、益城町

19時20分　自衛隊が益城町の避難所に簡易浴場を設置

20時半　自宅で過ごすのが不安な住民延べ200人を受け入れた益城町の特別養護老人ホーム「ひろやす荘」の永田恭子施設長(50)は「地域で助け合い役に立ちたい」

22時すぎ

益城町の担当者が報道陣に現状報告。「21時時点で、町内7カ所の避難所に1890人以上が避難していると把握している」

きょうの歴史　4月16日

▽1997(平成9)年

熊本市で職員がふだん着で勤務する「カジュアル・ウェンズデー（水曜日）」の試行が始まった。派手な色の服装などに苦情が絶えず、職員の不祥事が相次いだことなどから02年7月に廃止した。

▽1984(昭和59)年　旧八代城主松井家伝来の美術工芸品の保存と一般公開を目的とした財団法人「松井文庫」が発足した。

（第3種郵便物認可）　熊本日日新聞　平成28年（2016年）4月16日　土曜日　経済　6

熊本地震

土日に一部臨時営業

県内で発生した地震の被災者の預貯金払い出しに対応するため、県内の3信用金庫と県信用組合、日本郵便は、土日の16、17日に一部店舗や郵便局を臨時営業する。

熊本第一信金は、激しい被害に遭った益城町の益城支店を開店できず、店舗も被災したが、15日も通常通り営業した。停電中のため、現金自動預払機（ATM）は自家発電で動かした。

熊本信金は熊本市東区の秋津支店、熊本中央信金は同市中央区の本店、県信組は大津町の大津支店で対応する。日本郵便は益城町の益城、惣領、福田、津森、砥川の5局で臨時営業する。

営業時間は、3信金と県信組が午前9時～午後3時、郵便局は午前9時～午後4時。通帳やキャッシュカードを紛失した場合も本人と確認できれば、払い出しに応じる。熊本第一と熊本は10万円、熊本中央と県信組、郵便は20万円まで。

九州財務局と日銀熊本支店が15日、各金融機関に被災者への特別措置を要請した。肥後銀行や熊本銀行も通帳やカードを紛失した預金者への払い出しに応じる。（小林義人）

県内金融機関の対応

専用相談窓口を設置

県内の金融機関は15日、被災者を対象にした専用相談窓口を設置した。

肥後銀行は全店に開設。企業の事業資金や個人の住宅ローンに関する相談は専用電話☎0120（15）8911でも応じる。一部店舗と電話は土日も対応。同じ九州フィナンシャルグループの鹿児島銀行も熊本支店に相談窓口を設けた。

住宅金融支援機構（東京）は、住宅の補修や新たな住宅購入に必要な資金の融資を受け付けている。相談窓口は☎0120（086）353。土日も対応する。

日本政策金融公庫は中小企業や農林漁業者を対象にした相談窓口を熊本支店と八代支店に設置した。

県信用保証協会も中小企業向けに相談窓口を設け、通常の保証と別枠で融資の全額を保証する制度を始める。商工中金熊本支店と県内各地の商工会議所、商工会も相談窓口を設けた。（猿渡将樹）

【1面参照】

百貨店　スーパー

相次ぐ休業 品薄も

営業店舗 売れ行き急増

県内の百貨店やスーパーは15日、相次ぎ臨時休業した。銀行も一部の支店が被災し、営業を取りやめた。

熊本市の鶴屋百貨店は、本館・東館のほか「フーディワン」5店の開店を見合わせた。16日も本館などは休業する予定だが、「New-S」や「フーディワン」の浜線、新大江、楠、森都心の4店は営業する見込み。

スーパーも熊本市や近郊の店が臨時休業。ゆめタウンやゆめマートを展開するイズミ（広島市）は、ゆめタウンはませんなど5店の開店を見送った。その他の店は開店時間を遅らせ、食品売り場を中心とした一部の開店が目立った。はませんと九品寺、城山は引き続き営業を見合わせる。

イオン九州（福岡市）は、イオン宇城店と熊本店が天井の部分崩落などのため、店舗前に臨時の売り場を設けた。

サンリブを運営するマルショク（大分市）は9店、マックスバリュ九州（福岡市）は2店で営業を中止した。各店とも16日は営業を再開する見通し。

一方、営業したスーパーやコンビニでは、食料品などの売れ行きが急増した店舗も。

ロッキー（益城町）は県内全21店で営業。熊本市東区の佐土原店では、住民が開店と同時に食品売り場などに詰め掛けた。

コンビニのセブン－イレブンも県内全289店で営業を続けた。ただ、おにぎりやパンを置いた棚が空になるなど品薄状態に陥った店舗も目立った。同市中央区の熊本本荘町店では、店員が「物流が滞っているのか、仕入れが遅れている」と説明に追われた。

金融機関は被害が大きかった益城町を中心に影響が出た。肥後銀行は益城町の木山支店と広安支店、熊本銀行は同町の益城支店と熊本市中央区の中央支店をそれぞれ臨時休業した。いずれも店舗内部の倒壊などで、業務に支障が生じた。（経済取材班）

スーパーで水を大量購入する買い物客ら＝熊本市のロッキー佐土原店

熊本・九州 けいざい

情報処理技術者 春季試験を中止

熊本試験地

独立行政法人情報処理推進機構・情報処理技術者試験センターは15日、17日に実施予定の「春季情報処理技術者試験」のうち、熊本試験地（熊本大学）での試験を中止すると発表した。14日夜に発生した熊本地震による影響を考慮した。その他の試験地は予定通り実施する。

熊本試験地または災害救助法適用市町村に該当する地域に住所登録している受験者を対象に、次回試験への振り替え、または受験手数料の返還を行う。同センター企画グループ☎03（5978）7600。

被災者の県税減免

県は15日、熊本地震で被災した納税者に対し、個人事業税、自動車税、不動産取得税を減免すると発表した。一定の要件を満たし、被害を受けた日、もしくは納税通知書を受け取った日から2カ月以内に申請する必要がある。納税期限の延長措置もある。手続きは県のホームページや県内4広域本部で案内している。

保険、証券各社が被災者に特別措置

生命保険協会県協会は15日、災害救助法が適用された県内全市町村の居住者の契約について、各保険会社が保険料の払い込み期間を最長6カ月延長すると発表した。保険金や給付金、貸付金の支払いに必要な本人確認も簡略化する。

大熊本証券は、被災者が株式などの有価証券を売却した場合に代金を規定より早く支払う特別措置を実施すると発表した。本人確認も簡略化し、印鑑を紛失した被災者に配慮する。野村証券、みずほ証券など大手も同じ措置を取る。

ソニー、ホンダ稼働停止

再開 めど立たぬ工場も

県内で発生した地震の影響で、ソニーやホンダなど県内に立地する工場の多くが15日、稼働を停止した。地震発生時に、24時間稼働の製造ラインを緊急停止した工場もあり、被害状況や安全確認を急いでいる。

半導体関係ではソニーセミコンダクタマニュファクチャリング（菊陽町）が、稼働中の製造ラインを緊急停止した。従業員にけがはなく、安全確認を急いでいる。東京エレクトロン九州（合志市）は一時稼働を停止したが、再開。ルネサスエレクトロニクスの川尻工場は稼働停止、錦工場は通常通り操業した。三菱電機の半導体関連工場（合志市）は稼働を停止した。

ビールや清涼飲料製造のサントリー九州熊本工場（嘉島町）は操業を停止。「再開のめどは立っていない」という。

工業用ゴムホースなどを製造するブリヂストン熊本工場（玉名市）も製造ラインを緊急停止。液晶パネル部品製造の富士フイルム九州（菊陽町）も全ラインを止めた。三菱電機は液晶関連工場（菊池市）の稼働を停止、早期の再開を目指し安全確認をしている。

ホンダの国内唯一の二輪生産拠点である熊本製作所（大津町）や、SCREENホールディングスの熊本工場（益城町）も終日、操業を停止。建屋の倒壊など大きな被害はなかったという。

地場企業ではコンクリート製品メーカーのヤマックス（熊本市）が、宇城市の2工場で在庫の一部が破損。操業再開に向け安全確認を進めている。

東海カーボン田ノ浦工場（芦北町）は、工場内の停電が発生、全製造ラインが一時停止した。JNC水俣製造所（水俣市）も安全確認のため一時製造ラインを停止したものの、操業を再開した。

生産設備メーカーの平田機工（本部・熊本市）は人的被害、生産拠点への被害はなく平常通り操業。化学及血清療法研究所（熊本市）も厚生労働省の業務停止命令の対象外となった血液製剤の製造について「大きな支障は出ていない」と話している。

食品関連では県酪農業協同組合連合会（らくのうマザーズ）が熊本工場（熊本市）の操業を止め、設備に問題ないか確認している。（経済取材班）

◉畜産せり市（含消費税）

◇らくのうマザーズ枝肉市場（15日）

	育成牛	経産牛	初妊牛
入場	13頭	21頭	72頭
売買	13頭	21頭	72頭
最高	412,560円	800,280円	993,600円
最低	174,960円	286,200円	543,240円
平均	315,609円	486,823円	776,385円
前回比	—	—	—

次回 5月20日

◇熊本県家畜市場（15日）

	肉馬雌	肉馬去勢	ブルトン去勢	ペル系去勢	ポニー雌	ポニー去勢	軽種雌
入場	2頭	2頭	1頭	1頭	7頭	4頭	2頭
売買	2頭	2頭	1頭	1頭	2頭	2頭	2頭
最高	1,198,800円	1,650,240円	1,629,720円	1,875,960円	183,600円	236,520円	781,920円
最低	276,480円	434,160円	1,629,720円	1,875,960円	85,320円	129,600円	401,760円
平均	737,640円	1,042,200円	1,629,720円	1,875,960円	134,460円	183,060円	591,840円
前回比	579,960円安	57,960円安	—	—	—	81,540円高	357,480円高

次回 7月25日

●畳表（JAやつしろい業センター）

麻引本間八	3450-2380
岡引本間八	2286-1171
綿引本間五八	2410-1315
同 五八	1813-570
さらさ本間	7000
同 五八	—
集荷枚数	3,098枚
落札枚数	3,098枚

熊本地震

県内スポーツ界 直撃

14日夜の熊本地震は週末の16、17日を中心に県内各地で予定されていたスポーツ大会も直撃。中止や順延となる競技会が相次いだ。

競技会の中止、順延相次ぐ

【1面参照】

熊本陸上競技協会は県選手権（うまかな・よかなスタジアム）を16、17日から5月5、6日に順延。同7、8日に同スタジアムで予定していた長距離記録会とレディーストの江津湖リレーマラソンは16、17日ともに中止し、後日開催の是非を今後検討する。

高校スポーツではハンドボールの全九州大会県予選（山鹿市鹿本体育館ほか）が中止だけ、九州大会出場チームを県総体で選ぶことを決めた。バレーボールの県協会長杯（県立総合体育館ほか）は23、24日に延期の方向で調整中。ボクシングの県大会（東海大星翔高）は16日を中止、会期を23、24日の2日間に短縮した。九州4県対抗県予選会は会場の第一高体育館天井の天板が崩落したため、23、24日に延期した。

九州大学サッカー連盟は16、17日に益城町運動公園多目的競技場などで予定していた九州大学リーグを延期。

災害救援拠点に 18日まで休園 県民総合運動公園

県民総合運動公園の指定管理者、県スポーツ振興事業団・ミズノは15日、同公園が熊本地震の災害救援拠点となっていることから、18日まで休園することを決めた。メーン駐車場が緊急車両の駐車スペースとして使用されているほか、うまかな・よかなスタジアムの一角が熊本市の救援用食料や飲料水の集積場となっている。同スタジアムには他県から応援で来熊した警察官ら約600人が宿泊する予定。

藤崎台など損壊

県教委は15日、熊本地震を受けて体育施設の被害状況を収集。熊本市の藤崎台県営野球場のバックスクリーン上部3分の1が損壊し、今後は仮設で対応する方針。パークドーム熊本は天井のクッション材の一部が落下、益城町の県総合射撃場エアライフル射場では、つり天井が落ちたという。ともに復旧期間など影響は不明。

Gラークス棄権 社会人野球 岡山大会

社会人野球の岡山大会に出場している鮮ど市場ゴールデンラークスは15日、熊本地震を受け、急きょ帰熊するため、16日に倉敷市営球場で行う予定だった三菱重工広島戦を棄権した。

◇社会人野球日立市長杯第1日（15日・日立市民ほか）

【1次リーグ】

▽A組

三菱日立パワーシステムズ横浜（1勝）	1	0	0	0	0	0	0	0	0	1
ホンダ熊本（1敗）	0	0	0	0	0	0	0	0	0	0

地震で大会中止が決まり、クラブを片付ける笠りつ子選手＝15日午前10時20分すぎ、菊陽町の熊本空港カントリークラブ

恐怖…疲労の色濃く

バンテリンレディス中止 車で一夜の選手も

菊陽町の熊本空港カントリークラブで開催予定だった女子プロゴルフのバンテリンレディスは15日、県内で14日に発生した地震の影響で第1ラウンドを中止したのに続き、16日からの第2ラウンド以降も中止を決めた。

コースに亀裂や倒木などの異変はなかったが、主催者の熊本県民テレビ（KKT）と日本女子プロゴルフ協会（LPGA）などが協議し、余震が1週間以上続くと予想される中、ギャラリーや選手らの安全確保を考慮したとしている。

中止が決まり、選手たちは荷物を取りにクラブハウスに訪れた。地震発生時、御船町の実家にいた一ノ瀬優希選手は「恐怖しかなかった。駐車場の車の中で1、2時間仮眠しただけ」と疲れた様子。本年度のミーティング委員長（選手会長）を務めているが、「私にできることはゴルフしかない。チャリティーなどのことを考える余裕がない」と話した。

ホテルに滞在していた笠りつ子選手は「パニックで眠れなかった」と着の身着のまま、菊陽町の実家に避難。一ノ瀬選手同様に車で夜を明かしたという。

LPGAの松尾恵理事は「大変残念だが、致し方ない。選手は精神的にも肉体的にも疲れている。東日本大震災を思い出す選手もいた」と険しい表情だった。

LPGAによると2011年、東日本大震災の影響で3大会連続で中止したことがあったが、会場地が被災地になったのは初めて。来週のフジサンケイ・レディースは予定通り実施する方針。

KKT事業部によると、バンテリンレディスの前売り券は払い戻す予定。22日ごろまでに大会ホームページで告知する。☎096（363）6175。（山下友吾）

決勝を中止、優勝者決定

熊日トーナメントゴルフ Mシニア、シニア

2016熊本ゴルフ選手権熊日トーナメントの主催者は15日、ミッドシニアの部（15日・高遊原CC）とシニアの部（19日・チサン御船）の決勝を中止し、それぞれ第1戦の首位を優勝者とすることを決めた。14日夜の熊本地震のため、競技続行が困難と判断した。ミッドシニアの部優勝は緒方孝則（グランドチャンピオン）、シニアの部優勝は田口保（くまもと中央）となった。

緒方孝則

田口保

ゴルフ

永野 2位に後退 重永は6位

第2日、7番でアプローチショットを放つ永野竜太郎。通算5アンダーで2位＝東建多度CC名古屋

国内男子　東建ホームメイト・カップ第2日（15日・三重県東建多度CC名古屋＝7081ヤード、パー71）12位で出た昨季賞金王の金庚泰（韓国）が1イーグル、3バーディー、1ボギーの67で回って通算7アンダーの135とし、単独首位に浮上した。首位スタートの永野竜太郎は72で回り、2打差の2位に後退した。

通算30勝へあと1勝の片山晋呉と池田勇太らが通算4アンダーの3位。さらに1打差の6位に重永亜斗夢が続いた。通算4オーバーまでの61選手が決勝ラウンドに進み、宮里優作は6オーバーで予選落ちした。（出場130選手＝アマ2、晴れ、気温19・7度、北西の風6・1メートル、観衆3236人）

◇東建ホームメイト・カップ

第2日成績（パー71）

-7	①金　庚泰（韓）	135	68	67	(35	32)
-5	②永野竜太郎	137	65	72	(33	39)
-4	③片山　晋呉	138	69	69	(34	35)
	③朴ジュンウォン（韓）	138	67	71	(34	37)
	③池田　勇太	138	66	72	(37	35)
-3	⑥重永亜斗夢	139	65	74	(37	37)
-2	⑦近藤共弘、高山忠洋、今平周吾ら7人＝140					

「とりあえず集中」

○…首位スタートの重永は2バーディー、5ボギーで三つスコアを落とした。6位に後退し「強風の影響で打ち急いだ。すべてがよくなかった」と悔やんだ。

地震があった熊本市には妻と子どもが住む。家族は自宅から避難し、午前3時すぎまで車の中で過ごしていたといい「気が気じゃなかった」と疲れ切った表情で振り返った。

首位とは4打差と逆転圏内。「いい位置なんで、とりあえず集中して頑張っている姿を見せたい」と言葉に力を込めた。

藍と野村26位 米女子

【カポレイ（米ハワイ州）共同】米女子ゴルフのロッテ選手権は14日、ハワイ州カポレイのコオリナGC（パー72）で第2ラウンドが行われ、77位から出た宮里藍が5バーディー、1ボギーの68をマークし、通算1アンダーの143で野村敏京と並ぶ26位に浮上した。トップとは9打差。

69で回った宮里美香は通算2オーバーの63位で予選通過。アマチュアの山口すず夏（東京・共立女二高）は72で、74だった横峯さくらとともに4オーバーで予選通過に2打及ばなかった。76をたたいた上原彩子は5オーバーで予選落ち。

66と伸ばしたミンジ・リー（オーストラリア）が通算10アンダーで首位。ケイティ・バーネット（米国）が2打差の2位につけた。

▼米男子、岩田36位発進　米男子ゴルフのRBCヘリテージは14日、サウスカロライナ州ヒルトンヘッドのハーバータウン・リンクス（パー71）で第1ラウンドが行われ、岩田寛は3バーディー、3ボギーの71でトップと5打差の36位につけた。66で回ったルーク・ドナルド（英国）とブランデン・グレース（南アフリカ）が首位。（共同）

変なプレーできない／普段以上のもの出す

県関係選手ら思い新た

スポーツ界には被災地にゆかりのある選手や関係者も多く、心配や気遣いの声が上がった。

三重県で開催中の男子ゴルフツアーで14日の第1日に首位発進した永野竜太郎選手は益城町出身。傷ついた故郷の映像に「あぜんとした」と言う。現在も住む祖父や友人の無事を確認して臨んだ15日の第2ラウンドで2位に踏みとどまり「変なゴルフはできない」と言葉に力を込めた。

プロ野球、ロッテの伊東勤監督は熊本市出身。実家は無事だったものの、余震が頻発しており「家の中にいられず（14日）夜は車の中で寝たみたいだった」と気遣った。菊陽町出身の中日、荒木雅博内野手は「見慣れたところがあんなことになり、つらさはある」と伏し目がち。19日に熊本で巨人戦が予定されており「やるのであれば、普段以上のものを出していきたい」と意気込んだ。巨人は試合開催に前向きであるとしたが15日は結論が出なかった。地震の影響を詳細に検討するためで、16日に最終決定する方針。

ナゴヤドームでの中日―阪神では両チームの選手が喪章をつけ、試合前には黙とう。各地の球場で募金活動などが行われた。

数々の強豪を熊本県から輩出した柔道界では関係者が安否確認に追われた。講道館の上村春樹館長は「14日夜に連絡し、家は大丈夫だった」と胸をなで下ろした。関係者によると全日本柔道連盟の山下泰裕副会長、2012年ロンドン五輪女子78キロ級代表の緒方亜香里選手（了徳寺学園職、宇城市出身）も家族らの無事を確認したという。

NBL

ヴォルターズ 6連敗

第49戦

バスケットボール男子のナショナルリーグ（NBL）は15日、川崎市とどろきアリーナで12チーム中10位の熊本ヴォルターズが3位の東芝神奈川と第49戦を行い、75―98と大敗した。熊本は6連敗で通算13勝36敗で順位は変わらなかった。

前の試合でプレーオフ進出が消えた熊本は開始直後から連続失点し、第1クオーターは18―25。第2クオーターは攻撃陣が抑え込まれ、前半を終え29―51と差を広げられた。後半は高島一貴がスティールからのレイアップシュートを決めるなど、一進一退の展開に持ち込んだが、前半からの差を縮められなかった。

また、この日は熊本地震の被害と犠牲者を悼み、両チームが喪章をつけてプレー。義援金の募金活動も行った。

熊本は次戦、16日午後3時から同会場で東芝神奈川と対戦する。

東芝神奈川（34勝16敗）	98	24-24 23-22 26-11 25-18	75	熊本（13勝36敗）

ガンバレ！ ROASSO KUMAMOTO

益城町出身 4選手所属

惨状にショック隠せず

ロアッソ熊本には平成28年熊本地震で最大震度7を記録した益城町出身選手が4人所属する。15日の練習にはGK畑実を除くMF嶋田慎太郎、MF上村周平、DF森川泰臣の3選手が参加。町の惨状にショックを受けた様子だった。

嶋田選手は深夜に熊本市の自宅から益城町の実家に向かった。家族と連絡はついたが、「実家は1階も2階もぐちゃぐちゃ。昨夜はほとんど寝ていない。でも、試合が近いので集中したい」と話した。

上村選手は実家で地震に遭遇。激しい揺れに「何が起きたか分からなかった」。余震が続いたため、車中で一夜を過ごした。「友人の家は全壊した。気持ちを切り替えないといけないが、自分の中では地震のことを消化し切れていない」と動揺を隠しきれなかった。

森川選手は外出中に激しい揺れに驚き、急きょ実家に帰った。「壁が崩れ、瓦が落ち、ひどい光景だった。益城の人たちのためにも勝つことが一番なので、サッカーを頑張る」と気丈に振る舞った。（野方信助）

Jクラブに支援の動き

熊本地震を受けて、Jリーグの各クラブに被災地支援の動きが広がっている。

5年前に東日本大震災を経験したJ1仙台は15日、ロアッソ熊本の運営会社アスリートクラブ熊本（AC熊本）を通じて、被災地に50万円を贈ったほか、試合会場で義援金の募金に取り組むことを発表した。また、11年連続で開幕前後に熊本でキャンプを張っているJ2札幌は、小野伸二ら選手が札幌市の目抜き通りで街頭募金を呼び掛けた。

J1のG大阪など他クラブにも募金活動の動きが出ており、AC熊本の池谷友良社長は「Jリーグ全体に支援の輪が広がっている。行政とも相談しながら、被災者が一番必要としている使い道を考えたい」と話した。

また、池谷社長はクラブ独自の被災者支援策として「選手による被災地でのボランティア活動も検討している」と表明。

23日のうまかな・よかなスタジアムでの横浜FC戦に関しては、「スタジアムが救援拠点となっており、今後の状況を見ながら、開催できるかJリーグ側と相談していく」とした。（野方信助）

被災者勇気づける戦いを

明治安田J2第8節の17日、5位ロアッソ熊本は午後4時から京都市の西京極陸上競技場で12位の京都と対戦する。大地震直後の一戦に、主将のMF岡本賢明は「難しい面もあるが、自分たちにはサッカーしかない。熊本のために力を出し切る」と誓う。

県民総合運動公園内のクラブハウスや練習で使うサッカー場に被害はなかった。ただ、15日の練習は時間を午前から午後に変更。余震が続く中、練習メニューも軽めの内容に変更した。

清川浩行監督は「避難してご飯を食べていなかったり、寝ていなかったりした選手がほとんど」と説明。「休みにすることも考えたが、2日間連続の休日になり、体を動かすことを重視した内容の練習にした」と話した。

熊本は直近2試合で共に2失点を喫し、2連敗中。特に前節の山口戦は相手のパスワークに翻弄（ほんろう）され、開始直後に失点し、そのまま後手に回った。清川監督は「今週の練習は守備の立て直しを重視してきた。タレントがそろう京都を相手に守備でしっかり耐えないといけない」と言う。

指揮官は「被災者を勇気づけるため、勝って熊本に帰る。戦術うんぬんより、ハードワークをすることが大切。選手もそのことを分かっているはず」と強敵相手の一戦を見据えた。チームは当初の予定通り、16日に空路で現地へ向かう。（野方信助）

あすアウェーで京都戦

ロアッソの京都戦先発予想メンバー

清武　平繁
嶋田　岡本
上村　上原
黒木　植田　園田　蔵川
佐藤

広島辛勝 柏2連勝

明治安田J1第1ステージ

J1第7節第1日（15日・エディオンスタジアム広島ほか＝2試合）昨季王者の広島はホームで新潟をミキッチのゴールによる1―0で下し、勝ち点11で暫定4位に浮上した。前節に初勝利を挙げた柏はディエゴオリベイラが移籍後初得点し、敵地でG大阪に1―0で勝利。勝ち点をG大阪と同じ9に伸ばした。

第7節の残り7試合は16日に行われ、勝ち点14で首位の川崎はFC東京とのアウェー戦に臨む。

きのうの結果

※左がホームチーム

G大阪0―1　柏
広　島1―0新　潟

▽吹田ス　13,731人

G大阪（3勝4敗）0（0―0、0―1）1　柏（2勝3分け2敗）

▽得点経過
後26分【柏】ディエゴオリベイラ①

G大阪		柏
東口	GK	中村
呉宰碩、丹羽、金正也、藤春	DF	伊東、増嶋、中谷、輪湖
今野、遠藤、阿部、アデミウソン	MF	茨田、大谷、小林、中川
宇佐美、長沢	FW	武富、ディエゴオリベイラ
8	シュート	14

▽交代【G】後21分アデミウソン→大森、後30分阿部→倉田、後30分長沢→パトリック【柏】後1分大谷→田中、後42分ディエゴオリベイラ→エデルソン、後50分小林→栗沢

▽警告【G】丹羽【柏】ディエゴオリベイラ、中谷、中村

▽Eスタ　8,602人

広島（3勝2分け2敗）1（0―0、1―0）0　新潟（2勝1分け4敗）

▽得点経過
後11分【広】ミキッチ①

広島		新潟
林	GK	川浪
塩谷、千葉、水本	DF	酒井、増田、大野、コルテース
ミキッチ、森崎和、青山、柏	MF	小泉、加藤、レオシルバ、田中
柴崎、茶島、ウタカ	FW	ラファエルシルバ、山崎
11	シュート	9

▽交代【広】後33分柏→清水、後42分森崎和→丸谷、後44分ウタカ→皆川【新】後33分田中→小塚、後36分コルテース→前野、後36分山崎→平松

▽警告【広】茶島、森崎和、千葉【新】レオシルバ、酒井

J1 勝敗表 第1ステージ（15日現在）

	勝ち点	試合数	勝数	分け数	敗数	得点	失点	得失差
①川崎	14	6	4	2	0	14	7	7
②鹿島	13	6	4	1	1	9	3	6
③浦和	13	6	4	1	1	9	4	5
④広島	11	7	3	2	2	13	9	4
⑤横浜M	11	6	3	2	1	7	5	2
⑥神戸	10	6	3	1	2	10	8	2
⑦大宮	10	6	3	1	2	8	9	−1
⑧磐田	9	6	2	3	1	9	8	1
⑨G大阪	9	7	3	0	4	8	8	0
⑩柏	9	7	2	3	2	8	9	−1
⑪F東京	9	6	3	0	3	6	7	−1
⑫名古屋	7	6	2	1	3	9	10	−1
⑬甲府	7	6	2	1	3	7	9	−2
⑭新潟	7	7	2	1	4	10	14	−4
⑮仙台	6	6	2	0	4	5	10	−5
⑯鳥栖	5	6	1	2	3	5	7	−2
⑰福岡	3	6	0	3	3	4	8	−4
⑱湘南	2	6	0	2	4	9	15	−6

第837回 サッカーくじ 速報結果

【トトゴール2】（数字は得点）
①G大阪0　②柏1
③広島1　④新潟0

	当せん金	口数
1等	9528円	892
1等繰越金	0円	
売上金	1699万8800円	

プロ野球 きょうの予告先発

巨人（田口）―広島（黒田）＝14時・東京ドーム
ヤクルト（石川）―DeNA（井納）＝13時・松山
中日（山井）―阪神（岩貞）＝15時・ナゴヤドーム
日本ハム（加藤）―ロッテ（大嶺祐）＝14時・札幌ドーム
オリックス（金子）―西武（十亀）＝14時・ほっともっとフィールド神戸
ソフトバンク（バンデンハーク）―楽天（塩見）＝14時・ヤフオクドーム

Jリーグ

◇明治安田J1第1ステージ第7節最終日
福岡―名古屋（13時・レベスタ）浦和―仙台（14時・埼玉）FC東京―川崎（15時・味スタ）大宮―甲府（16時・NACK5）湘南―鹿島（16時・BMWス）磐田―横浜M（18時30分・ヤマハ）鳥栖―神戸（19時・ベアスタ）

◇明治安田J2第8節
群馬―岡山（16時・正田スタ）

きょうのスポーツ

【野球】東京六大学リーグ　東大―明大、法大―立大（11時・神宮）▽関西学生リーグ　立命大―京大、近大―同大（10時30分・大津市皇子山）▽首都大学リーグ　日体大―桜美林大、東海大―城西大（12時・大田スタジアム）

【ゴルフ】東建ホームメイト・カップ第3日（8時10分・三重県東建多度CC名古屋）

【サッカー】プレナスなでしこリーグ第4節第1日（12時・あきぎんスタジアムほか）

【バスケットボール】ナショナルリーグ　熊本ヴォルターズ―東芝神奈川など6試合（15時・川崎市とどろきアリーナほか）▽TKbjリーグ　大阪―大分・愛媛など12試合（17時・府民共済スーパーアリーナほか）

【ボクシング】日本ライト級タイトルマッチ　徳永幸大（ウォズ）―荒川仁人（ワタナベ）10回戦（17時・島津アリーナ京都）

（第３種郵便物認可）　熊本日日新聞　平成28年（2016年）4月16日　土曜日　16

Readers' square　熊日情報プロジェクト班　TEL096（361）3213　FAX096（361）3380　dengon@kumanichi.co.jp

読者ひろば

14日に発生した熊本地震は、家屋が倒壊したり、ライフラインが寸断されたり、甚大な被害が出ました。余震の恐怖におびえながら避難所生活を余儀なくされている被災者が多数います。大切な家族や知人を失った人、負傷した人、体調を崩した人も少なくありません。そんな方々を励ます声が、フェイスブックなどを通じて、県内外から熊日に届いています。被災者の気持ちに寄り添う温かいメッセージを紙面でも紹介します。【1面参照】

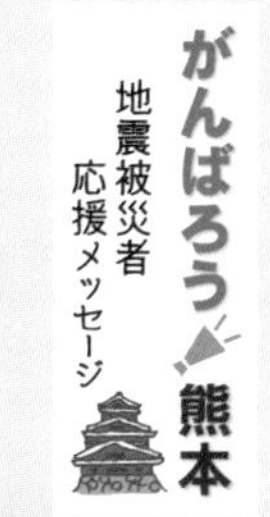

熊本加油（頑張れ）!!

弊社は台湾に本社のある企業ですが、先日台湾で地震があった際、日本の方々は多大なご支援をしてくださいました。今後は、台湾が熊本のために頑張る時だと思います。微力ながら何らかの支援企画を考えていきたいと思います。熊本加油（頑張れ）!!　日本加油!!（アパー・インフォメーション株式会社、台湾）

テレビの前で涙

くまモンが大好きで、熊本にも2回行きました。市内だけでなく車旅だったので、あちこち回り、行く先々でおいしいもの、素晴らしい景色や温かい人たちに出会うことができました。今年も夏休みに行こうと思っていました。何もできず、自分が情けなくテレビの前でただただ涙です。これ以上被害が大きくならないように遠くから祈ります。（野田淑子・57、横浜市）

胸が張り裂けそう

2010年から15年9月まで、今回大きな被害が出た益城町広崎のさくら病院に勤めていました。たくさんの患者さんやご家族、病院のスタッフと共に過ごした思い出の場所がぐちゃぐちゃになっていて、胸が張り裂けそうです。これ以上の被害が出ないように。一日も早く普段の生活が戻りますように。沖縄より祈っています。（平川千鶴・44、沖縄県うるま市）

避難所となった益城町保健福祉センターで朝刊を読む避難者＝15日午前5時ごろ、同町惣領

全国が復興協力

生まれ育った熊本でこんなことが起こるなんて…。4年前の水害の時もですが、みんなで力を合わせて乗り越えていきましょう！　日本全国が熊本の復興の協力者です！　慌てんちゃよか。ぼちぼち歩んでいこい！（町田幸三郎・39、兵庫県姫路市）

熊本は第二の故郷

熊本は幼いころに育った場所で、私にとっては第二の故郷です。熊本の皆さんに一日も早く平穏が戻りますよう心から祈り、願っています。（Yukari Matsuoka・41、大分市）

京都で大震災に

出身は兵庫県尼崎市です。阪神淡路大震災の時には、京都に住んでいましたが、恐ろしく揺れました。死の恐怖を感じました。東日本大震災が起きた東北に何度かボランティアに行きました。今年の3月11日は気仙沼市の追悼式に参加しましたが、5年たってもさまざまな問題があります。熊本、周辺地域の方々に、心よりお見舞い申し上げます。日本中で、心配や応援している者はたくさんいます。とにかく、一日も早く、安心して眠れますように、お祈りします。（大城福子・54、京都市）

熊本地震で被災した方々への応援メッセージを募集します。文面の長さは問いません。①住所②氏名③年齢④職業（学校名と学年）⑤電話番号―を書いて、〒860―8506、熊日編集局「がんばろう熊本　地震被災者応援メッセージ」係。ファクス番号は096（361）3380、メールアドレスdengon@kumanichi.co.jpに送ってください。

地産地消メモ　OISHĪ YO♪ TANOSHĪ YO♪

●は物産館・直売所　★は食のイベント・キャンペーン

県北

★荒尾市物産館「まるごとあらお」2周年感謝祭　17日10～16時、同市緑ケ丘のあらおシティモール内。特産品が当たる抽選会、くじ引き（1回100円）、マジャッキーとの撮影会（3回）がある。館内には、特産のナシを使った酢、ドレッシング、ジェラートなど加工品が豊富。レトルトの「くまもと荒尾梨カレー」（200㌘入り、432円）は牛骨、鶏がら、アサリなどのスープにすりおろしたナシなどを加え、「コクがありフルーティーで子どもも食べやすい。パッケージはかわいい絵柄でお土産にお薦め」と同スタッフ。取り寄せ可。有明海産ノリのエキス入りしょうゆ、つくだ煮、ふりかけなどもある。同館☎0968（66）0939。

★道の駅かほく・小栗郷「創業19周年感謝祭」　23・24日10時半、山鹿市鹿北町岩野の同所。同日、野菜や果物の「競り市」（14時半）や餅まき、平山温泉宿泊券や農産物が当たる抽選会、太鼓やダンスのステージなどがあり、卵とソフトクリームを特別価格で販売（卵は各日100パック）。館内には、イチゴやスイカ、タケノコ、ワラビ、フキ、アスパラガス、スナップエンドウ、ニンニクの芽、新タマネギ、新ジャガイモなどが並ぶ。営業８～19時。同館☎0968（32）4111。

県南

★牛深まるごと朝市　17日９～15時、天草市牛深町のハイヤ通り商店街５番街駐車場（ハイヤ大橋横芝生広場近く）。第３日曜開催。漁師や加工業者らが出店。タイ、クルマエビ、ウニ、ヒオウギガイ、ナマコの加工品（乾燥ナマコ、このわたなど）、ブリの切り身、アオサ、ゆでたタコ、アジの一夜干しなどの海産物を販売する。近くのビルで10時から営業する「朝市食堂」では、刺し身や海鮮丼、アジやイワシのフライ、アオサ入りみそ汁などを販売する（売り切れ次第終了）。ハイヤの駅牛深朝市会☎0969（73）4801。

ピックアップ Pick Up

★クラッシーノ・マルシェ「春のお花とすいか直売会」　23・24日９～15時、合志市野々島のユーパレス弁天内。市物産館「弁天」が２月にリニューアルして「クラッシーノ・マルシェ」に名称変更。地元の生産者によるスイカの試食販売会があるほか、タケノコやフキ、タラの芽、アスパラガス、新ニンジン、高菜などが豊富に並ぶ。23日は花農家によるガーベラやダリア、マリーゴールドなどの花苗や鉢物の販売、栽培のアドバイスがある。営業９～19時。第２木曜休館。同館☎096（342）5554。

試食するなどしてスイカを品定めする来場者＝合志市

日程、内容は変更される場合があります

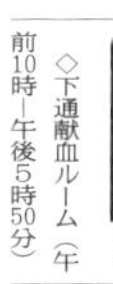

交通規制　17日

【全面通行止め】国道445号（五木村瀬目トンネル）▽県道菊池鹿北線（山鹿市鹿北町岩野）▽県道大津植木線（大津町外牧・代官）▽県道福本木部田線（宇城市豊野町上）▽県道幸野宿田線（湯前町浜川）▽県道本渡牛深線（天草市北町志岐）▽県道河内矢部線（山都町麻山）【大型通行止め】県道坂瀬川鬼池港線（天草市五和町鬼池）※規制が早めに解除される場合があります。日本道路交通情報センター☎050（3369）6643。

献血　17日

◇下通献血ルーム（午前10時～午後5時50分）

献血ありがとう　15日

◇日赤プラザ献血ルーム＝9人▽下通献血ルーム＝14人▽33人（成分11人）

がん検診　17日

◇胃がん　多良木町保健センター（午前7時～同10時半）

囲碁・将棋

●嘉島囲碁同好会3月例会　▽Ａ組①緒方光雄②村龍一▽Ｂ組①原田研③広田宏④広重毅▽Ｃ組①下田健次②宮本恵③山下朋美

●益城町囲碁クラブ3月例会　▽Ａ組①中村国博②青木国広③坂田敏郎▽Ｂ組①赤隈雄②下田健次③米村伸二▽Ｃ組①秋月光博②杉尾俊和③堀川隆則▽Ｄ組①康嘉②吉田博之③西嶋勇一▽Ｅ組①尾博②鶴田静雄③寺本勝▽Ｆ組①安田正③松田賢明②久保木男②岩崎泰治③荒木重則

●牛深棋友会3月例会　①堀田貢②伊崎久展③野田郎④小牧好夫⑤宮本博保⑥出水直人

●京塚囲碁クラブ第3日曜　①田中一史②豊岡祥晃

●京塚囲碁クラブ3月例　①渕上勝②永松光悦③赤沢孝一

開かれています EXHIBITION

◆県立美術館分館　第100回記念二科展巡回展熊本　17日まで。☎096（351）8411。

◆県伝統工芸館　杉と桧の息吹展▽家具工房橙　木の仕事展▽吉村満　手づくり木工展▽草木染め遊牧民絨毯「ギャッベ」展▽茶ノ湯　17日まで▽「工芸を透して感じるその時代」展　6月5日まで。☎096（324）4930。

◆くまもと工芸会館　楽描会展　17日まで▽とんぼ玉展　5月31日まで。☎096（358）2571。

◆熊本市食品交流会館　熊本写真研究会写真展　30日まで。☎096（245）5111。

◆玉名市立歴史博物館　企画展「幕末維新を生きた人々」　5月8日まで。☎0968（74）3989。

◆菊池夢美術館　菊池一族と延寿鍛冶展　30日まで。☎0968（23）1155。

◆坂本善三美術館　坂本善三のあしあと～小国に生きる作品たち　5月29日まで。☎0967（46）5732。

◆つなぎ美術館　赤崎水曜日郵便局「水曜日の消息」後期▽境野一之展　抽象世界へのいざない　17日まで。☎0966（61）2222。

※県内施設から抜粋しています。

航空券案内（15日午後２時現在）

■熊本発時刻■

【東京＝羽田】	日16	17	18	19
7・35SNA	○	○	○	○
(ANA)	●	▽	●	▽
7・35JAL	○	○	○	○
8・40ANA	●	○	○	○
9・10JAL	○	○	○	○
9・40SNA	▽	○	○	○
(ANA)	●	○	▽	▽
10・40JAL	○	○	○	○
10・55ANA	○	○	○	○
12・30ANA	○	○	○	○
12・40JAL	○	○	○	○
14・05JAL	○	▽	○	○
14・35SNA	○	○	○	○
(ANA)	●	●	●	●
15・35JAL	○	▽	○	○
16・20SNA	○	○	○	○
(ANA)	▽	●	▽	●
17・20ANA	○	●	○	○
18・40JAL	○	●	○	○
18・45SNA	○	▽	○	○
(ANA)	●	●	●	●
20・20ANA	○	●	○	▽
20・25JAL	○	●	○	○
【東京＝成田】				
11・20JJP	○	○	○	／
19・00JJP	▽	○	▽	▽
【大阪＝伊丹】				
7・40ANA	○	○	○	○
9・25ANA	●	▽	▽	●
9・35JAL	▽	○	●	○
10・55AMX	○	○	○	○
(JAL)	▽	●	▽	▽
12・10JAL	▽	▽	○	○
12・40ANA	●	●	▽	▽
16・10ANA	○	●	▽	▽
17・25ANA	○	●	○	○
18・20ANA	○	●	○	○
19・30JAL	○	●	○	▽
【名古屋＝中部】				
10・20ANA	○	▽	○	○
14・55ANA	○	▽	▽	▽
20・10ANA	○	▽	○	○
【名古屋＝小牧】				
9・50FDA	▽	▽	○	○
(JAL)	▽	▽	▽	○
15・00FDA	●	▽	▽	○
(JAL)	▽	▽	▽	▽
20・20FDA	○	▽	○	／
(JAL)	▽	▽	▽	／
【沖縄】				
11・15ANA	●	●	●	▽

■熊本着時刻■

【東京＝羽田】
8・25 JAL
9・00 SNA (ANA)
9・55 JAL
10・15 ANA
11・45 ANA
11・55 JAL
13・20 JAL
14・00 SNA (ANA)
14・50 JAL
15・45 SNA (ANA)
16・35 ANA
17・40 JAL
18・05 SNA (ANA)
19・25 ANA
19・40 JAL
20・45 ANA
20・55 JAL
21・00 SNA (ANA)
【東京＝成田】
10・50 JJP
18・30 JJP
【大阪＝伊丹】
8・55 ANA
9・05 JAL
10・40 ANA
11・40 JAL
12・10 ANA
14・20 AMX (JAL)
15・35 ANA
17・45 ANA
19・00 JAL
20・45 ANA
【名古屋＝中部】
9・45 ANA
14・25 ANA
19・35 ANA
【名古屋＝小牧】
9・25 FDA (JAL)
14・30 FDA (JAL)
19・50 FDA (JAL)
【沖縄】
16・50 ANA

ANA・NH☎0570（029）222／JAL・JEX☎0570（025）071／ソラシドエア（SNA）☎0570（037）283／AMX（天草エアライン）☎0969（34）1515／FDAコールセンター☎0570（55）0489／JJPコールセンター☎0570（550）538／Cーコールセンター☎096（285）1814／HXコールセンター☎098（987）0622（平日のみ）

○＝空席　▽＝空席少し　●＝満席　／＝運休

天草エアライン　天草発着分

【天草→熊本】	16	17	18	【熊本→天草】	16	17	18
10・05AMX	○	○	○	14・50AMX	○	○	○
(JAL)	▽	▽	▽	(JAL)	▽	▽	▽
【天草→福岡】				【福岡→天草】			
7・55AMX	○	○	○	9・05AMX	○	○	○
(JAL)	●	▽	▽	(JAL)	●	●	●
15・40AMX	○	○	○	16・50AMX	○	○	○
(JAL)	●	▽	▽	(JAL)	●	▽	▽
18・05AMX	○	○	○	19・15AMX	○	○	○
(JAL)	▽	▽	▽	(JAL)	▽	▽	▽

ソウル便

【熊本発】	日16	17	18	19	【熊本着】
12・00OZ	○	／	○	／	11・00 OZ
(NH)	▽	／	▽	／	(NH)

※月曜は18・20

台湾・高雄便

【熊本発】	日16	17	18	19	【熊本着】
17・30CI	／	○	／	▽	16・30 CI

※金曜は19・10　※金曜は18・10

香港便

【熊本発】	日16	17	18	19	【熊本着】
16・00HX	／	／	○	／	15・00 HX

※金曜は17・10　※金曜は16・10

ＪＲ指定席（15日午後２時現在）

九州新幹線　新大阪発着分

【熊本発】	日16	17	18
6・00さくら	▽	○	○
7・42みずほ	○	○	○
8・00さくら	●	▽	▽
8・42みずほ	○	○	○
9・00さくら	●	○	○
9・38みずほ	○	○	○
9・59さくら	○	○	○
10・28さくら	○	○	○
11・28さくら	○	○	○
12・02さくら	○	○	○
12・28さくら	○	○	○
13・28さくら	○	▽	○
14・28さくら	○	▽	○
15・27さくら	○	○	○
15・58さくら	○	▽	○
16・42みずほ	○	○	○
17・04さくら	○	▽	○
17・23さくら	○	○	○
18・01さくら	○	○	○
18・44みずほ	○	○	○
19・00さくら	○	○	○
19・26さくら	○	○	○
20・33みずほ	○	○	○

【熊本着】
9・04みずほ
9・47さくら
10・10さくら
10・36さくら
10・53みずほ
11・19さくら
12・01みずほ
12・44さくら
13・14さくら
14・14さくら
15・14さくら
16・14さくら
17・14さくら
18・14さくら
18・47さくら
19・14さくら
19・43さくら
20・05みずほ
20・43さくら
21・00みずほ
21・42さくら
22・14さくら
23・00みずほ

JR九州予約センター☎050（3786）3489

SL人吉

【熊本発】	16	17	18	【人吉発】	16	17	18
9・45	●	●	○	14・38	○	○	▽

※九州新幹線とＳＬ人吉は、熊本地震の影響で運行再開の見通しは立っていません。

中③ 学習ルーム　親子でチャレンジ！　英語 No.03

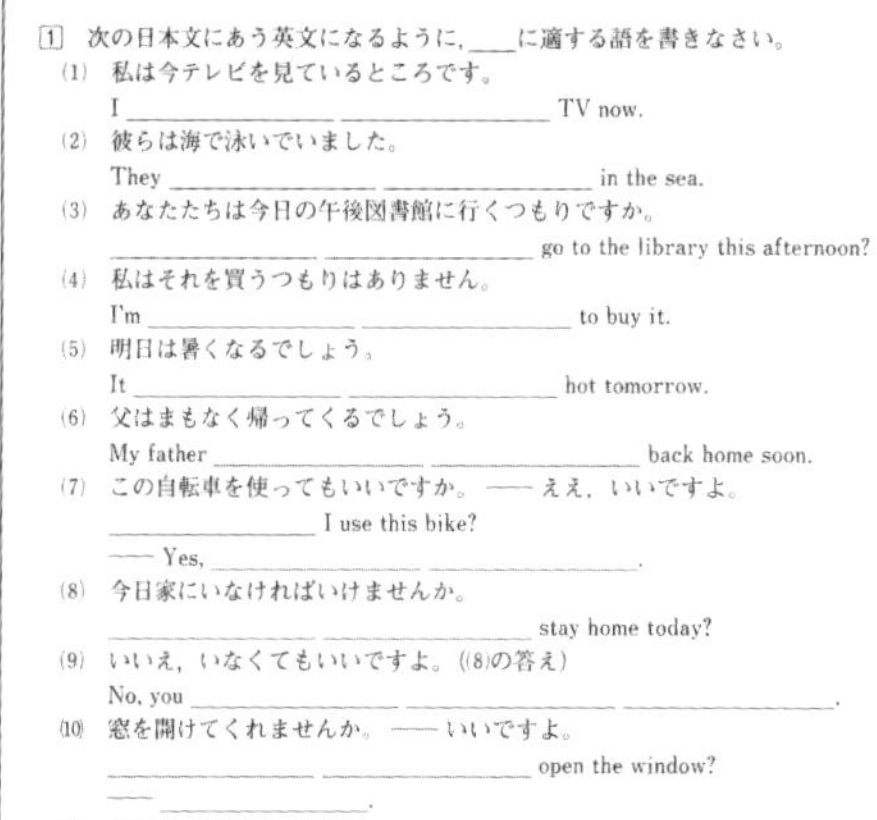

1　次の日本文にあう英文になるように，＿＿に適する語を書きなさい。

(1) 私は今テレビを見ているところです。
I ＿＿＿＿ ＿＿＿＿ TV now.

(2) 彼らは海で泳いでいました。
They ＿＿＿＿ ＿＿＿＿ in the sea.

(3) あなたたちは今日の午後図書館に行くつもりですか。
＿＿＿＿ ＿＿＿＿ go to the library this afternoon?

(4) 私はそれを買うつもりはありません。
I'm ＿＿＿＿ ＿＿＿＿ to buy it.

(5) 明日は暑くなるでしょう。
It ＿＿＿＿ ＿＿＿＿ hot tomorrow.

(6) 父はまもなく帰ってくるでしょう。
My father ＿＿＿＿ ＿＿＿＿ back home soon.

(7) この自転車を使ってもいいですか。――ええ，いいですよ。
＿＿＿＿ I use this bike?
―― Yes, ＿＿＿＿ ＿＿＿＿.

(8) 今日家にいなければいけませんか。
＿＿＿＿ ＿＿＿＿ stay home today?

(9) いいえ，いなくてもいいですよ。((8)の答え)
No, you ＿＿＿＿ ＿＿＿＿ ＿＿＿＿.

(10) 窓を開けてくれませんか。――いいですよ。
＿＿＿＿ ＿＿＿＿ open the window?
―― ＿＿＿＿.

(11) 彼は病気かもしれません。
He ＿＿＿＿ ＿＿＿＿ sick.

(12) コーヒーを飲みませんか。
＿＿＿＿ ＿＿＿＿ have some coffee?

2　次の文を（　　）内の指示にしたがって書きかえなさい。

(1) My brother listens to music.（nowを加えて進行形の文に）

(2) He was watching a soccer game then.（疑問詞を使い，下線部をたずねる文に）

(3) She is studying English in her room.（疑問詞を使い，下線部をたずねる文に）

(4) Nancy is busy.（tomorrowを加えて５語の未来の文に）

3　次の日本文にあう英文を書きなさい。

(1) 私は彼の宿題を手伝わなければなりませんでした。

(2) 次に何をしましょうか。

(3) あなたの名前を教えてくれませんか。

(4) 私たちと昼食を食べませんか。

配点　各１点　20点満点　（0　C　11　B　16　A　20点）

4月15日理科No.3　標準解答　（熊本ゼミナール監修）

1　(1) ウ　(2)〔例〕水が急に沸騰しないようにすること。　(3) ① 融点　② エ（完答）　(4) 純粋な物質（純物質）　(5) 状態変化　(6) イ

解説は「くまにちコム」http://kumanichi.com/で。

おくやみ

日付は受付日

※市町村役場に死亡届を出される際に、掲載を希望される方のみ掲載しています。葬儀の日程などは分かりません

長洲町＝15日
宮本サツエさん（87）腹赤1308-2

玉名市＝15日
谷口アサエさん（89）大倉732-3

山鹿市＝15日
松永靖子さん（64）中央通711
鬼塚隆夫さん（77）鹿央町持松1381
石原ツミコさん（92）鹿央町合里3470

菊陽町＝15日
岩下法子さん（92）戸次296

阿蘇市＝15日
平田ノブ子さん（77）黒川1351

熊本市＝14日
大塚勝喜さん（93）西区河内町岳1360
荒木賢一さん（79）南区城南町宮地1291-1-8

＝15日＝
緒方タズ子さん（65）東区健軍4-16-3
中島康幸さん（51）東区戸島町1095-4
野田幸誠さん（48）南区奥古閑町4296-2

入田潔さん（72）益城町辻の城

益城町＝15日
永田健一さん（63）宮園685
守住逸雄さん（73）安永948-3

宇土市＝15日
内田タツさん（99）網津町3361

上村慶子さん（82）戸口町

宇城市＝15日
枝森直さん（82）三角町波多873-3
佐伯喜久夫さん（68）三角町三角浦190-13

八代市＝15日
緒方照子さん（88）郡築三番町73-2
黒田和子さん（68）東陽町南

津奈木町＝15日
佐々木緑さん（84）福浜669-2

水俣市＝15日
大川恵吉さん（99）大川651

錦町＝15日
吉村チドエさん（95）一武2194-5

上天草市＝15日
宮川淳さん（47）龍ケ岳町大道1694

天草市＝15日
塔崎スミエさん（93）五和町二江3446-4

明かせぬ被害 救済を

〝逃げ場〟なく耐える人々

家族　らい予防法廃止20年　③

再会（下）

2001年5月、熊本地裁は志村康さん(83)ら原告側の主張をほぼ全面的に認め、「らい予防法の違憲性は明白」と断じた。

「貴男が同病の方々何万人の心の解放を成し遂げてくれたことに、（元患者らが）感謝の念、喜びの念を送ってくれていることと思います」

「本当に次々と難問題が出てくるものですね。元気なうちに一つでも片付けてください」

菊池恵楓園（合志市）入所者自治会長の志村さんにこそし届いた母フミさん(102)＝仮名＝からの手紙。元患者の代表として、残されたいくつもの課題に立ち向かう息子への励ましで結ばれていた。

母と同居する妹夫婦も、何かにつけて贈り物などをして気遣ってくれる。「応援してくれる家族がいるから、頑張れる」と、志村さんは笑顔を見せる。

◇

志村さんが入所して以来、家族は志村さんを表向き「いないこと」にして耐えてきた。おいやめい、その子どもたちが年ごろになると、結婚や就職に影響が出ないかと恐れた。「身内に患者がいると知られれば大変なことになる。絶対にばれないようにと、息を潜めて生きてきた」。妹の喜美子さん(76)＝同＝は打ち明ける。

「社会に染み付いた偏見は、そう簡単にはなくならない」と喜美子さん。きょうだいの数を聞かれて「3人」と答える度に、恵楓園で暮らす兄と弟への申し訳なさで胸が締め付けられる。

心の支えは、兄たちが15年前に勝ち取った勝訴判決だ。「もし秘密が知られたとしても、『国の隔離政策が間違っていた』と反論できる。それが励みなんです」

母との再会から10日後の3月29日、志村さんの姿は熊本地裁にあった。元患者の家族が「隔離政策により差別や偏見を受けた」として、国に謝罪と損害賠償を求めて起こした裁判の追加提訴。第1陣の59人と合わせて、原告は568人の大規模訴訟となった。

「家族がようやく一人称で被害を語れるようになった」。志村さんは心強く感じる一方、妹たちのように原告に加わらず、被害を明かせずにいる数多くの人に思いを寄せる。

「患者は療養所に入れば社会の差別から逃れることができたが、家族はどこにも〝逃げ場〟がない。声を上げたくても上げられない人々を、どう救済していくかが問題だ」

◇

志村さんは10年前、阿蘇の山並みを望む高台に墓を建てた。今は父と、11年前に亡くなった妻嘉子さんが眠る。いずれはここにフミさんを迎えるつもりだ。

「墓は嘉子の妹がいつもきれいにしてくれてる。何も心配せんでよかよ」。再会の日の別れ際、志村さんが優しく語り掛けると、母はまた涙ぐんだ。（森紀子）

母の部屋で、父の位牌（いはい）に手を合わせる志村康さん

2016・4・16

警察学校に遺体安置所
肩落とす遺族

熊本市中央区渡鹿の県警察学校には15日午前、地震で亡くなった人たちの遺体安置所が設置された。

検視が終わった遺体が運び込まれたのは、同学校の体育館。入り口のガラス戸越しに、遺族らしき数人が肩を落とす姿も見られた。内部の様子をうかがい知ることはできず、取材に対応した警察官は「昨晩のことで遺族もまだ混乱している」。遺族への配慮を求めた。

保護者に知らせず津波避難訓練実施
芦北町・田浦小中

芦北町の田浦中と田浦小が15日、熊本地震の余震が続く中、合同の避難訓練で児童生徒を校外の高台へ向かわせた。まだ安全優先の時期では、と保護者からは疑問の声が出た。

隣接する両校は御立岬公園への合同遠足を計画したが、地震を受け海岸に近づくのをやめ、「余震が続く間に身を守る判断力を身に付けさせよう」と津波想定の避難訓練にした。児童生徒約300人は机の下に隠れる訓練後、約500㍍先の標高約30㍍の高台へ徒歩で向かった。

しかし、両校は変更を保護者に伝えておらず、生徒の母親は「まだ余震が心配な時期なのに配慮してほしかった」と残念がった。

両校の校長は「遠足ができなかったため、小中合同の訓練を優先させた」などと説明。同町の竹浦裕道教育長は「子どもたちへの配慮を欠いた」としている。（福山聡一郎）

ライオン逃げてません　熊本市動植物園
デマ対応大わらわ

地震発生時、短文投稿サイト「ツイッター」などで、熊本市東区の市動植物園で「ライオンが逃げ出した」というデマが流れ、同園は15日午前まで、相次ぐ電話の対応に追われた。「哺乳類は現在、獣舎の寝室で管理している。二重の鉄柵があり、逃げ出す心配はない」と同園。獣舎の目立った損傷もないという。

水俣湾埋め立て地異常なしと県確認

県港湾課は15日、水俣市の水俣湾埋め立て地を調査し、熊本地震の影響による液状化や護岸の破損はなかったと確認した。埋め立て地には水俣病を引き起こした水銀ヘドロが封じ込められている。

原因企業チッソの事業会社JNCは、水銀を含む汚染土があると指摘されている同市の廃棄物処分場跡（通称・八幡プール）を調査。異常がないことを確認した。

ボランティア21日から
益城町社協
熊本市きょうから東区で

益城町社会福祉協議会は、震度7の揺れで家屋が損壊するなどの被害が出た町内でのボランティアの受け入れ開始を21日に予定している。既に県内外から問い合わせが数件来ているが、町社協は「崩れた家屋などは余震で崩れる危険がある。気持ちはありがたいが、態勢が整うまで待ってほしい」としている。

町社協が災害ボランティアセンターを設置し、受け付けや参加したい活動とのマッチング、資材の貸し出し、送迎などを行う。活動内容は、住居内で倒れた大型家具の片付けなどを想定している。

センターの設置場所は未定。設置までに避難所でチラシを配るほか、民生委員らを通じて被災者のニーズの把握に努めるという。安全に活動できる場所の選定も進める。準備が早く進めば、21日より早まる可能性もあるという。

「ボランティアのみなさんと一緒に、この状況を乗り越えたい」と町社協。県社協や町社協のホームページで近日中に告知する。

一方、熊本市社会福祉協議会は16日から、東区事務所（東区錦ケ丘）に市災害ボランティアセンターを設け、被災家屋の片付けに協力してくれる県内の個人・団体を受け入れる。20日まで。被災者からの支援要請も受け付ける。

ボランティア希望者は午前8時半までに同事務所に集合。センターが主に熊本市内の高齢者や障害者などの被災者宅へ送迎する。同事務所☎096（282）8379。

義援金の募集開始
県や日赤

県や日赤は15日、熊本地震の義援金の募集を始めた。セブン&アイ・ホールディングスやローソン、イオン、ユニーグループ・ホールディングスの流通4社も募金を始める。

県は、県庁や各地域振興局など15カ所に募金箱を置くほか、「熊本地震義援金 県知事 蒲島郁夫」の名義で、肥後銀行県庁支店（普）1639261と、熊本銀行県庁支店（普）3012170の口座を開設した。

日赤と県共同募金会の口座は、「日赤県支部 支部長 蒲島郁夫」名義が肥後銀三郎支店（普）591893と熊本銀日赤通支店（普）3087071、「社会福祉法人県共同募金会」名義が肥後銀水道町支店（普）1281400、熊本銀花畑町支店（普）0025449。いずれも「熊本地震」の義援金という名称で6月末まで募集する。

流通4社は全国の店舗に募金箱を設置。支援を呼び掛ける。

熊日号外 避難所などで配布

熊本地震の号外を受け取る人たち＝15日午後1時ごろ、益城町

熊本日日新聞社は15日、「平成28年（2016年）熊本地震」の最新情報を伝える号外を1万部発行した。震度7を観測した益城町の各避難所に計2千部を配ったほか、熊本市中央区のびぷれす広場など県内各地で配布した。

号外は9人が死亡したことのほか、505カ所に4万人超が避難したことを報じた。益城町惣領の町保健福祉センターで見入っていた近くの西八千代さん(66)は「避難所ではテレビが見られず、情報収集は新聞が役立つ。これ以上被害が広がらないでほしい」と案じていた。

熊本地震救援物資
15日受け付け

◇JAグループ熊本　益城町役場に県産米1㌧、ミニトマト150㌔、ペットボトル入りの緑茶1200本。

◇MrMax　熊本市東区の物資集積所にミネラルウオーター、カップ春雨スープ、紳士・婦人肌着各1000点。

山岸章さん死去
86歳 初代「連合」会長

連合は15日、初代会長の山岸章（やまぎし・あきら）さんが10日に死去していたと明らかにした。86歳だった。大阪市出身。葬儀・告別式は既に行った。後日、連合がお別れの会を開く。

1948年、旧逓信省の金沢逓信講習所を卒業し、富山県の郵便局に配属。その後、旧全電通（現NTT労組）委員長、情報労連委員長などを歴任。89年に発足した連合の初代会長に就任し、健康問題から94年に任期途中で辞任した。細川連立政権の「仕掛け人」として知られた。

川崎老人ホーム転落死事件
元職員 殺人罪で追起訴

川崎市の介護付き有料老人ホーム「Sアミーユ川崎幸町」の入所者3人転落死事件で、横浜地検は15日、3人目の女性に対する殺人罪で、施設元職員の今井隼人容疑者(23)を追起訴した。起訴は3回目。神奈川県警は同日、捜査を終結したと明らかにした。

起訴状によると、2014年12月31日午前1時10分ごろから同2時ごろまでの間に、入所者の浅見布子さん＝当時(96)＝の体を抱え、6階ベランダから約16・8㍍下の裏庭に投げ落として殺害したとしている。

浅見さんは転落した601号室ではなく609号室で生活していた。幸署捜査本部は、今井被告が寝ている浅見さんを起こし、人目に付きにくい裏庭に面した601号室のベランダまで連れて行ったとみて調べていた。

転落死は14年11、12月に相次いで発生。いずれも当直時間帯で、全ての時間帯に勤務していた職員は今井被告だけだった。

他にも2人に70万円提供か
田母神容疑者陣営

2014年2月の東京都知事選に出馬した元航空幕僚長の田母神俊雄容疑者(67)の陣営による運動員買収事件で、逮捕容疑となった6人に対する計480万円以外にも、陣営幹部ら2人に計70万円が報酬として支払われていたとみられることが15日、関係者への取材で分かった。

東京地検特捜部は、資金の流れや趣旨の解明を進めている。

田母神容疑者は特捜部の調べに「事実と違う。認めない」と容疑を否定している。

◇お断り　連載「私たちの最期は・自宅でみとる」は休みました。

肥後狂句
安藤 黒竜選

へのかっぱ　梅干の種噛み割らす　宇土　伊豆野踊子

昔は弁当箱にも握り飯にも梅干は欠かせないものだったが、噛み割った種の中から出てきた〝天神さん〟まで、粗末にせずに頂いたものだ。

へのかっぱ　蔦に弟子入りするとええ　八景水谷　鳴神　景勝

入りきらん　もうジッパーがはち切るる　美里　砥用あきら

へのかっぱ　太ェ保険の掛けてある　良町　成松　久雄

へのかっぱ　昔仕事でしおったつ　合志　野中　山行

ダイレクトメール　その土地の味取り寄せる　小峯　岩男ひとみ

入りきらん　前はも少し詰めてくれ　南小国　平野　康則

へのかっぱ　打たれ強さじゃ負けてない　京塚本　大群　和史

入りきらん　どうしてこぎゃん肥えたろか　八代　遠山　桜

ダイレクトメール　ほかの手紙はなにもなか　池田　高本　レオ

第156回ロト7宝くじ（15日）

本数字
04 09 16 19 22 33 34

ボーナス数字
17 36

等級	条件	当せん金	口数
1等	本数字7個一致	2億5966万3500円	1口
2等	本数字6個とボーナス数字1個一致	1699万5300円	5口
3等	本数字6個一致	86万2000円	138口
4等	本数字5個一致	1万2300円	5663口
5等	本数字4個一致	2000円	82668口
6等	本数字3個とボーナス数字1個または2個一致	1100円	131839口
キャリーオーバー		0円	

第4383回数字選択式全国自治宝くじ（15日）

ナンバーズ3

◇抽せん数字　836

種類	当せん金	口数
ストレート	9万1200円	67口
ボックス	1万5200円	591口
セット・ストレート	5万3200円	192口
セット・ボックス	7600円	1106口
ミニ（下2ケタ）	9100円	683口

ナンバーズ4

◇抽せん数字　8459

種類	当せん金	口数
ストレート	90万9900円	14口
ボックス	3万7900円	417口
セット・ストレート	47万3900円	102口
セット・ボックス	1万8900円	1776口

21 社会　平成28年(2016年)4月16日 土曜日　熊本日日新聞　(第3種郵便物認可)

届け「元気」 広がる支援

避難所に設けられた浴場でくつろぐ被災者ら＝15日午後7時ごろ、益城町（上杉勇太）

浴場でリフレッシュ

救援物資も　益城町民ら「感謝」

いまだ大きな余震が続く中、被災者らは不安を抱えたまま2回目の夜を迎えた。避難所には、被災者らを元気づけるように救援物資が届き、自衛隊が浴場を設置。支援の輪が広がった。

15日午後4時ごろ、益城町砥川の飯野小。水道が止まっていたり、濁っていて飲めなかったりした住民約60人が、運動場に設置されたテントで長い列をつくっていた。

住民らは校門から自衛隊の給水トレーラーが見えると、「来た来た」「良かった」と大喜び。2時間半給水を待ち続けたという高森末広さん(80)＝同町小池＝は「電気やガスは使えて問題ないが、今朝から水道が止まって困っていた。自衛隊の方には感謝です」と表情を輝かせた。

同5時すぎ、今度はJAあまくさなどから20㍑のミネラルウオーター100ケースが到着。災害用トイレや食料なども次々と届いた。東日本大震災で被災した子どもの支援などに取り組むNPO法人「ピースプロジェクト」（東京）も駆けつけ、カレー200食分を住民に振る舞った。同プロジェクトの加藤勉理事長(59)は「同じ日本人として、益城町の人を元気づけたい。16日も炊き出しをする」と意気込んだ。

陸上自衛隊第8後方支援連隊は同6時、同町惣領の保健福祉センター敷地内に浴場を設置した。

浴場名は「火の国の湯」。自衛隊OBという男性(78)は「お湯のありがたさが身に染みる」と笑顔を見せ、自宅の断水が続いているという同町福富の会社員、小門治さん(43)は「良い気分転換になりました」と話した。

「被災者の方々には一時のリフレッシュで明日への活力を養ってほしい」と、同隊の後川裕一補給隊長(41)。

県は、野外で夜を明かす人たちを収容できるようグランメッセ熊本を開放した。

一方、県警は空き巣などを警戒してパトカーで町内を巡回。途中で避難所に立ち寄り、被災者の困り事などを聞いて回った。

屋根瓦やしゃちほこが崩落した熊本城の天守閣＝15日午後、熊本市中央区（横井誠）

熊本城 深手負う

石垣、瓦…崩落　国重文長塀も

熊本市中央区の熊本城では、天守閣の石垣の一部が崩落し、屋根瓦やしゃちほこも崩れ落ちた。国重要文化財の長塀も100㍍にわたって倒れた。【1面参照】

熊本城総合事務所は15日午前6時半から被害状況を調査。天守閣入り口付近や飯田丸など7カ所で、「武者返し」の異名を持つ石垣の崩落を確認した。頬当御門前では、正面と右手側のいずれも高さ8㍍ほどが崩れ、通路をふさいだ。

長塀（約240㍍）は昨年8月の台風被害を免れた東側が100㍍にわたって倒れた。平櫓などの漆喰壁も多数はがれ落ちた。

同事務所は「これまでも台風や大雨で被害がでることはあったが、これだけ大規模なものは記録が残る中では初めて」と話している。15日から休園とし、「しばらく再開は難しい」とみている。（石本智）

崩落した飯田丸の石垣＝15日午前（石本智）

◀地震で崩落した頬当御門前の石垣。後方は天守閣＝15日午後（横井誠）

地震で約100㍍にわたって倒れた国重要文化財の長塀＝15日午後（横井誠）

最大余震「眠れず」 宇城市 美里町

震度6強の県内最大の余震に見舞われた宇城市と隣接する美里町などでは15日、家屋倒壊に断水や店舗の臨時休業などが重なり、市民の生活は混乱した。

「自宅が崩れかかり、とりあえず親の家で暮らすが、ずっといるわけにもいかない」。同市では、民家の全・半壊や一部損壊が約330戸に上った。市の災害相談所を訪れた男性会社員(41)＝同市松橋町＝は「仕事も出掛けられない」と不安を募らせた。

同市では最大約1万1千世帯が断水。美里町でも約600世帯が断水した。同町砥用庁舎近くの国道218号沿いでは自衛隊の給水が続けられ、藤本公也さん(53)＝同町古閑＝は「20㍑を確保したが、足りない。風呂は我慢するしかない」。

宇城市松橋町では臨時休業が目立った。スーパーで食料品を購入した女性(74)は「食料を確保できて良かった。昨夜は恐ろしくて眠れんかった」と疲れた表情を見せた。

宇城広域連合が管理する浄化センター（宇土市松原町）ではタンクの配管が破損し、浄化前のし尿の一部が用水路に漏れ出すトラブルが発生。くみ取りや処理施設への搬送などの作業に追われた。（田中祥三、臼杵大介）

「派遣県職員 帰熊を」

被災地宮城が提案

今度は地元のために頑張って―。熊本地震の発生を受け、宮城県は15日、東日本大震災の被災地支援のために派遣されている熊本県職員に地元へ帰るよう促した。

宮城県庁では、熊本県の応援職員5人が港湾や道路の復旧工事などに携わっている。

宮城県人事課によると、「被災者の気持ちは身に染みて分かる。家族の無事を直接確認しないと落ち着かないと思う」と帰省を提案。「地元で人手が足りなければ、そのまま働いてもらっても構わない」と、期限を定めずに送り出した。

熊本県と熊本市の職員計5人が働く宮城県東松島市も同様の対応をとる。小山隆総務課長は「必要な物資などがないか確認することもお願いした。できることは支援したい」と熊本への〝恩返し〟を誓っていた。（内田裕之）

学校、文化財に打撃

熊本市民　復旧へ一歩ずつ

壁が剥がれ落ちたジェーンズ邸＝熊本市中央区

長時間待ち、給水タンクから水を注いでもらう住民＝熊本市北区の龍田小

熊本地震の余震が続く熊本市では15日、未曽有の揺れによる傷痕が次々と明らかになった。一方で市民は、復旧に向けて少しずつ動き始めている。

●給水待ち続け

市内各地では断水が相次いだ。北区の龍田小では、袋やポリタンクを持った住民ら40人以上が並び、給水車の水が足りなくなる事態に。うだるような暑さの中で約2時間、次の給水を待ち続けた。北区武蔵ケ丘の主婦(74)は「飲み水もトイレの水もないんです」。午後4時前に給水車が姿を見せると歓声が上がった。近くの主婦亀田有香さん(32)は「これで子どもたちのご飯が作れる」と胸をなで下ろした。

●鉄筋むき出し

東区の東野中では、渡り廊下と校舎をつなぐ接ぎ目の一部でコンクリートが割れ、鉄筋がむき出しに。段差も生じ、コンクリート壁には亀裂も。確認した異常は50カ所以上で、松永洋校長は「子どもの安全が確保できる状態ではない」。

南区砂原町の飽田東小では、グラウンドの一部が液状化。強い余震のたびに砂混じりの水が噴出した。18日に授業を再開、来月末には運動会を予定。「早く原状回復を図りたい」と荒木英文教頭。

●アーケード街

中心街のサンロード新市街は「頭上危険」のため安全が確認されるまで立ち入り禁止に。下通でも、割れたガラスやコンクリート片が散乱した。天井付近のパネルも落下しており、ビルオーナー秋吉健一郎さん(41)は「けが人がなくて幸いだが、危なくて近づけない」と嘆いた。

●ジェーンズ邸も

県内最古の洋館で、県指定重要文化財のジェーンズ邸（中央区水前寺公園）は、1階部分の外壁の大半が剥がれ落ちた。扉も開けられないという。県立美術館本館（中央区二の丸）で展示されていた人間国宝の人形作家・平田郷陽の作品も一部破損した。

●住宅街で

中央区京町の愛染院（古賀隆昭住職）では、寺のシンボル、高さ約3㍍の弘法大師の石像が、足首部分で折れて台座から落下した。

同区船場町のマンション9階では、主婦金子恵さん(43)が途方に暮れていた。部屋一面に日用品が散らばり、壁に飾っていた額は落ちてガラスが割れ、棚から落ちた食器や鍋類がキッチンを埋め尽くす。「出勤している夫が戻ってから片付けます。でも家族4人が無事でよかった」

地震の余波 大津、八代も

地震の余波は益城町や熊本市、宇城市以外にも広がった。

大津町陣内の国指定重要文化財「江藤家住宅」では、最も古い築244年の「中の蔵」の白壁の一部が崩れ落ちた。1830年建築の母屋の瓦や外壁なども一部が壊れた。

八代市は同市松江城町の市役所が耐震基準を満たしていないことから、市民が2階以上に立ち入ることを制限した。制限は、余震の状況を見ながら当面続ける。

（第3種郵便物認可）　熊本日日新聞　平成28年（2016年）4月16日　土曜日　社会　22

交通寸断 暮らし混乱

高速道陥没 断水8万世帯

県内の交通機関は15日、JR九州が始発から九州新幹線など上下全線で運転を見合わせるなど、大きく乱れた。電気やガス、水道も一部で停電や断水が発生。各事業者は被害の確認や復旧作業を急いだ。

JR九州は九州新幹線をはじめ、鹿児島線や豊肥線、肥薩線、三角線の在来線を始発から運転休止。鹿児島線は荒尾—熊本の安全が確認されたことから午後3時に運転を再開。運行できない新幹線の代替として、博多—熊本で在来線を使った臨時の特急列車を走らせた。その後、同線の熊本—宇土と三角線の全線も再開した。残る在来線は16日の始発から運転再開する見込み。

第三セクターの南阿蘇鉄道、肥薩おれんじ鉄道、くま川鉄道も運転を見合わせたが、南阿蘇鉄道以外は再開した。

路線バスは熊本電鉄が通常運行したが、そのほかのバスは一部運休や迂回運行だった。

福岡—熊本など主要な高速バスも運行を見合わせた。九州産交バスは「高速道路の復旧状況が全く読めず、運行再開は何とも言えない」とした。

高速道路は一部陥没などがみられ、一時、県内の全路線が通行止め。九州自動車道益城熊本空港IC—松橋ICと九州中央自動車道嘉島JCT—小池高山ICが通行止めとなっている。

フェリーは熊本港の可動橋の支柱が変形し使用できないため、熊本—島原を結ぶ九商フェリーが全便欠航。同じ航路を運航する熊本フェリーはこの日、定期点検中だった。県によると、可動橋の修復には最短でも3週間必要としている。熊本空港発着の便は、朝からの4便が欠航した。

電気・ガス・水道のインフラも被害が相次いだ。九州電力によると、益城町を中心に一時約1万7千戸が停電。最大で1300人態勢で作業に当たり、15日午後11時に全面復旧した。西部ガスは安全確認のため、熊本市南区の約100戸を供給停止にした。水道は熊本市で8万5千世帯が断水した。

携帯電話の通信にも影響が出た。NTTドコモによると、15日午前6時20分ごろから、益城町と甲佐町の一部で携帯電話がつながりにくい状況になった。

地震による停電で、基地局が機能しなくなったため。電源車を派遣するなどして甲佐町では復旧したが、益城町の一部では通信障害が続いた。

新幹線脱線を調査
国交省安全委

緊急停車した新幹線車両から、線路沿いの補修用の通路を歩いて移動する乗客ら＝15日午前1時ごろ、玉名市のJR新玉名駅

熊本地震の影響で九州新幹線は14日夜、玉名市の新玉名駅近くなどで計3本が立ち往生。国土交通省運輸安全委員会は15日、熊本市の回送列車脱線現場に調査官を派遣した。

JR九州によると、下りのつばめ349号は新玉名駅から約1キロの地点で緊急停車した。乗客は58人。車両内で約3時間半待機した後、懐中電灯を手にしたJR職員の誘導を受けながら、線路沿いの補修用の通路を1列になって新玉名駅へ歩いて移動した。

荷物を手にしたサラリーマンや旅行者らは、疲れた表情ながら落ち着いた様子。通勤先から帰宅途中だった会社員男性(49)は「新玉名駅を出てすぐ停車した。空調も止まり、不安だった」と話した。

熊本駅—新玉名駅間には、上りのつばめ350号も停車。乗客28人が徒歩で移動した。

JR豊肥線でも、熊本発宮地行き普通列車が、地震発生直後に瀬田—立野間で停車。乗客らによると、車両内に約40人が約4時間とどまり、消防隊員に救助された。阿蘇市の男性(18)は「緊急地震速報と同時に停車し、騒然となった」と疲れた表情だった。

熊本駅では15日午前5時半から、新幹線口前で切符の払い戻しに対応。駅構内の安全点検が終わっておらず、駅員は入り口前で対応に追われていた。

副駅長の平瀬径寿さん(52)は「ビジネスマンや旅行客など、数え切れない人がやって来ている」。地震発生時、駅にいたという自営業男性(68)は「かなり揺れて立っていられなかった。昨夜は近くの春日小で過ごしたが、周りの方が親切に対応してくれた」と話した。

一方、運輸安全委員会の調査官3人は15日午前11時前、脱線現場に近いJR熊本新幹線工務所に到着。概要について説明を受けた後、午後0時10分から現場に入った。

調査を終えた長田実鉄道事故調査官(57)は「脱線の状況などを確認した。現場は右カーブで、脱線の方向は車両によって左右まちまち。今後は地震のデータを基に調査を進める」と述べた。

今夜から大雨
「夏日」一転 寒暖差注意

今年一番の「夏日」となり、現地入りした警察官たちの足元には逃げ水もみられた＝15日午後2時ごろ、益城町惣領（小野宏明）

熊本地震から一夜明けた15日、益城町は最高気温が今年一番の26・1度まで上がる「夏日」となり、住民らは汗をにじませながら復旧作業に当たった。一方、熊本地方気象台は同日、16日夜から17日にかけ、県内の多いところで24時間に100～150ミリの大雨が降る恐れがあると発表。被災者らへ十分な注意を呼び掛けている。

気象台によると、15日の最高気温は、熊本市でも27・2度と5月下旬並みまで上昇した。16日は放射冷却により、朝の最低気温は11度、最高気温は25度と寒暖差が大きくなる。夜には低気圧の急速な発達で雨風が強まる見込み。

気象台は「昼までにブルーシートなどを準備するなど雨対策を。作業中の熱中症予防や朝晩の冷え込みにも気を付けてほしい」と呼び掛けている。（岩下勉）

医療施設 機能ストップ
患者の転院に奔走

犬飼理事長（右）と現場の状況などを確認するDPATの医師（中央）＝15日午後3時ごろ、益城町惣領

県内の医療施設でも15日、施設損壊や電気・水道などライフラインのストップが相次ぎ、対応に追われた。益城町惣領の益城病院はライフラインが断絶。町は高齢者や障害者ら避難所生活が難しい人たちを受け入れる福祉避難所を設けていないため、精神疾患や認知症の患者ら約200人の転院先確保が課題になった。

支援したのが災害派遣精神医療チーム（DPAT）。精神科医や看護師、精神保健福祉士らのチームで、被災した精神障害者らのケアを専門的に行う。同病院には4、5チームが派遣され、患者の移動に付き添うなど献身的にサポート。宮崎県立宮崎病院精神医療センター（宮崎市）の中武大志医師(33)は「災害で病院内のマンパワーが下がるが、患者が不利益を受けないようにしたい」と表情を引き締めた。

同日夕までに退院や転院先がほぼ決定。益城病院の犬飼邦明理事長(64)は「被災した病院が益城町周辺だけで、無事だった病院に転院できたのは幸運だった」と話した。

腎不全患者が体外に老廃物を排出するため1～2日おきに受ける人工透析。県透析施設協議会（久木山厚子会長）によると同日、内科熊本クリニック（熊本市東区）と陣内病院（同市中央区）、益城中央病院（益城町）で透析ができなくなり、近隣の病院への受け入れ要請があった。

あけぼの第2クリニック（同市中央区）では透析機器の配管が外れたが、その後復旧。週3回受けるという近くの女性(61)は「心配していたが、ほっとしました」。県災害対策本部によると、希望ケ丘病院（御船町）はライフラインがストップし、入院患者177人を熊本市東区の東稜高に搬送した。

九州7県の医師ら245人支援

災害発生の現場で活動する九州各県の災害派遣医療チーム（DMAT）が益城町に派遣され、治療の優先順位を付けながら、けが人の対応に当たった。

派遣されたのは医師や看護師らで構成する九州7県の53チーム245人。町役場では、右足などをやけどした町職員の深江健一さん(53)が唐津赤十字病院DMATの手当てを受けた。「日がたつにつれて体調に変化が表れるので、不調を感じたら近くの隊員に声を掛けてほしい」と、同DMATの小川和隆さん(48)。

肩などに切り傷を負った同町宮園の女性(32)は「病院外でも応急処置を受けることができ、助かる」と話した。

DMATは、阪神大震災を契機に導入され、県内チームは2010年に発足した。

支援の輪は全国に広がっている。阪神大震災を経験した兵庫県教育委員会は、被災した学校を支援するチーム「EARTH」を派遣することを決めた。16日に先遣隊2～3人が熊本入りし、どこの学校で子どもたちの心のケアや学校再開の支援に当たるかなどを熊本県教委と協議する。

横浜市のソフト開発会社「富士ソフト」は、スマートフォンやタブレットで文書や写真を安心・安全に共有できるクラウドサービス「moreNOTE」を無償提供する。被災地域と自治体や企業が、情報を即時に共有できるようにするという。

カンちゃん
フジヤマジョージ

あれ！動かなくなっちゃった！

困ったなァー
こりゃあとてもわしの手には負えないぞ…！

動くようになってよかったね…！

生活情報・催し中止

熊本地震の被災者向けに、飲料水や食料の配布場所、ゴミ出しの方法など生活情報をまとめた。救援物資として、特に乳幼児の食事やおむつなどが不足している。

●生活情報

【益城町】町保健福祉センター、広安小、広安西小など15カ所（15日午後4時現在）の避難所で、飲料水、保存食、おむつなどを配布している。役場近くの町商工会でも物資を配っている。ただいずれも、数に限りがあるという。家庭ごみ回収は一時見合わせているが、がれきなどの災害ごみは旧益城中央小（福原）に運び込むことができる。役場☎096(286)3111。

【熊本市】避難所は小学校など約200カ所（15日午後4時現在）。市は各避難所で毛布や飲料水、食料などを配布している。災害ごみは普段のごみステーションに出すことができる。指定袋でなくてもよい。東部・西部環境工場や扇田環境センターに持ち込んでも手数料は免除となる。市電は通常運行している。市役所☎096(328)2111。

熊本市内では15日午後5時現在、8万5千世帯が断水。市は給水車を配置し、地域住民に飲料水を提供している。給水ポイントは上下水道局へ問い合わせを。☎096(381)1133。濁った水は飲用に適さないとして、トイレの洗浄など生活用水として使用するよう呼び掛けている。「緊急警報」を出し節水も求めている。

熊本市がうまかな・よかなスタジアムに15日開設した支援物資の受け入れ所には、飲料水やおにぎりなどが集まっている。ただ、避難者らの要望の多いおむつやポータブルトイレはほとんど寄せられていない。市が独自に購入して被災地に運ぶほか、支援を引き続き求めている。〒861—8012、同市東区平山町2丁目9の1。市地域政策課☎096(328)2031。

市は16日から、被災時に利用できる中小企業向けの融資制度などを紹介する相談窓口を西区春日のくまもと森都心プラザビジネス支援センターに開設する。相談は午前10時～午後8時まで（日曜日・祝日は午後6時まで）。面談のほか電話でも相談できる。センター☎096(355)7402。

中央区本荘の「竜之介動物病院」はビルの3階を、ペット同伴可の避難所として開放。水とペットフードも提供。同病院☎096(363)0033。

県、市などが県内公共施設や交通拠点で運用している「くまもと無料WiFi」は災害措置で、登録なしで接続できる。1回15分で回数は無制限。

【甲佐町】町保健福祉センターなどの避難所で飲料水や食料を配っている。救援物資として長持ちするパンなどを求めている。ブロック塀などの災害ごみは中甲橋グリーンパークに仮置き場を設けた。役場☎096(234)1111。

【嘉島町】町民会館1カ所となった避難所で弁当や飲料水などを配布している。今のところ物資は足りているという。災害ごみは浮島の北側駐車場に運び込める。役場☎096(237)1111。

【御船町】公民館など20数カ所の避難所を開放。15日午後4時現在で、食料などがなくなったという。断水しているので特に水が必要という。おむつやミルクを求める声も出ている。災害ごみは滝川みんなの広場と自然運動公園駐車場に仮置き場を設置した。役場☎096(282)1111。

【宇城市】市内の体育館や公民館、小学校など13カ所に避難所を設置。災害ごみは、28日まで手数料無料で宇城クリーンセンターに搬入できる。事前に市役所か支所で手続きが必要。市役所☎0964(32)1111。

【美里町】町役場中央庁舎や町福祉保健センター「湯の香苑」など3カ所に避難所を設けた。自衛隊による給水活動を継続する。町役場中央庁舎☎0964(46)2111、町役場砥用庁舎☎0964(47)1111。

【合志市、大津町、菊陽町、菊池市泗水町】16日午前8時半～正午、菊池環境保全組合の東部清掃工場（大津町）に、焼却ゴミを搬入できる。同工場☎096(293)5245。災害ゴミについては、大津町が16日まで杉水の最終処分場で、菊陽町が17日まで津久礼のし尿処理場跡地で搬入を受け付ける。合志市と菊池市は特別な受け入れ態勢を取らない。

【全県】日本郵政によると、熊本、宮崎、鹿児島の南九州3県を発着する郵便物の配送は、最大で1日程度遅れる見通し。

地震で壊れた太陽電池パネルについて、資源エネルギー庁は「素手で触らないで」と注意を呼び掛けている。壊れていても太陽光が当たっていれば発電している可能性があるという。取り扱い方法は太陽光発電協会のホームページ。☎03(6268)8544。

●イベント中止

【熊本市】（16日）STARDUST REVUEデビュー35周年記念ツアー「スタ☆レビ」（延期）、（17日）スカイフェスティバルin小島、オペラ公演「椿姫」（延期）、びぷれすの集い・さくらコンサート

【益城町】（～17日）すぱいすカントリー＆クラフトフェア

【天草市】（～17日）牛深ハイヤ祭り、同写真コンテスト

【八代市】市立博物館未来の森ミュージアム「円山応挙展」の開幕を19日に延期。

【山鹿市】（16日）公演「遊女夕霧」

【あさぎり町】（16日）くまにち・あれんじ子育てパーク「鮎の姿のあんこ巻きを作ろう！」

【山江村】（17日）やまえつつじ祭

【五木村】（17日）緑散策八原ウォーキング

【多良木町】（17日）花まつり お寺バザー＆野外フェス

【山都町】通潤橋の放水を当面休止

【水俣市】（16日～17日）みなまた春まつり

【大津町】（17日）大津つつじ祭と「大林牛舞い」などすべての関連イベント、「江藤家住宅」一般公開

【氷川町】（17日）九州ヘラブナ釣り大会

◇お断り　16日付の「くまにち・あれんじ」の記事やイベント情報は、14日に発生した地震の影響で変更されている場合があります。問い合わせ先へお確かめください。

阿蘇山の風向予想（日本気象協会 tenki.jpより）

16日　午前9時 4m　午後3時 6m

4月16日の飛来予測

		6-12	12-18	18-24	17日
九州北部	大気汚染粒子	少ない	少ない	少ない	やや多い
	黄砂	少ない	少ない	少ない	少ない
九州南部	大気汚染粒子	やや多い	少ない	やや多い	多い
	黄砂	少ない	少ない	少ない	少ない

非常に多い：注意喚起レベル　多い：環境基準値程度　やや多い：大気が少しかすむ　少ない：清浄

予測システム「スプリンターズ」開発チーム提供

9日間の天気 Weather Report

16日(土)　17日(日)　18日(月)　19日(火)　20日(水)　21日(木)　22日(金)　23日(土)　24日(日)

札幌　東京　名古屋　大阪　広島　福岡　熊本　長崎　佐賀　大分　宮崎　鹿児島　那覇

のち　時々

きのうの気温　15日

（天気・湿度は15時、県内の気温は0時—17時、△印は低め）

	最高	平年比	最低	平年比	湿度	天気
熊本	27.2	6.1	12.0	1.6	23%	晴
牛深	25.7	5.7	14.4	1.9	32%	—
人吉	27.8	7.0	9.8	1.0	31%	—
阿蘇	21.6	4.2	6.7	1.0	—	—

（阿蘇山上の最高気温は17.3度、最低気温は6.1度）

	最高	最低	天気
福岡	21.6	13.6	快晴
佐賀	25.3	13.1	快晴
長崎	26.2	14.4	快晴
大分	21.6	13.8	快晴
宮崎	22.3	12.1	晴
鹿児島	25.0	14.8	晴
那覇	26.2	20.1	快晴
松江	15.7	10.8	快晴
広島	23.4	13.7	快晴
高松	20.9	12.6	快晴
大阪	20.7	13.1	快晴
京都	19.5	12.6	快晴
名古屋	22.2	12.2	快晴
長野	14.1	8.9	快晴
東京	21.4	14.1	快晴
新潟	12.5	7.1	晴
仙台	14.1	10.6	快晴
秋田	10.7	6.7	曇
札幌	7.8	3.7	曇

潮ごよみ

旧暦3月10日（16日）　長潮・月齢 8.7

日出 5時46分　日入 18時48分　月出 13時36分　月入 2時18分

	満潮	干潮
三角	4.43 / 17.00	11.08 / 23.20
水俣	4.46 / 16.54	11.06 / 23.16
牛深	4.31 / 16.23	10.46 / 22.38
玉名	4.53 / 17.10	11.18 / 23.30

旧暦3月11日（17日）

	満潮	干潮
三角	5.52 / 18.09	—.— / 12.13
水俣	5.52 / 18.05	—.— / 12.11
牛深	5.24 / 17.27	11.38 / 23.35
玉名	6.02 / 18.19	—.— / 12.23

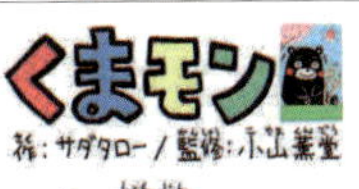

爪痕深く 立ち尽くす

熊本地震 ルポ「震度7」

ひび割れた道 つぶれた家々
「一瞬でこぎゃんなった」

ひび割れた道、つぶれた家々を前に、町民は立ち尽くしていた。県民が経験したことのない「震度7」に襲われた益城町。家屋の倒壊被害が目立つ町の中心部を歩けば、東日本大震災の記憶が頭をよぎる。平穏な日常を切り裂いた熊本地震の爪痕は、あまりにも深い。

【1面参照】

15日未明、益城町木山の県道熊本高森線。道沿いの家屋は軒並み傾き、車道にガラスやコンクリート片、土砂が散乱している。記者が乗ったタクシーは停電の街をそろりそろりと進む。

車から降りようとした瞬間、座席が尻を突き上げた。余震だ。車体は大きく揺さぶられる。しばらく待って車外に出た。足の裏に揺れを感じる。沿道の住民の顔はみんな脅えている。

避難者が続々と身を寄せた町役場。同町宮園の女性(72)と車いすの夫(71)は、自衛隊員に付き添われて来た。「一瞬のことで何が起きたのか…。車いすの夫を気遣い、近所の人が駆け付けてくれて、ありがたくて」

夜が明けた。役場から約1・5キロ、馬水地区を歩いた。道をふさぐブロック片や瓦を踏み締める。塀、墓石、ミラー…。あらゆる物が形を失い、散らされていた。2階建てのはずだが1階がない。屋根や壁は模型のように壊れた。断熱材などの建材がむき出しだ。2階建てアパートも建物全体が波打ったように地に伏せた。

「築40年、大事に手入れしてきたのに、一瞬でこぎゃんなった。言葉も出らん」。窓枠が外れ落ち、傾いた自宅。その前で、浜竹義継さん(72)は深いため息を吐いた。玄関からのぞく室内は足の踏み入れようもない。

「激しい揺れでテレビが倒れ、停電になった。携帯電話の明かりで足場を照らし、妻と外に逃げた」。庭に刺していた太陽電池式ライトを頼りに、一夜を過ごした。余震の連続で、車庫の車は1メートルほど動いた。

「東北の人々はこんなきつい目に遭ったのか」。浜竹さんが言ったその時、また余震が襲った。ガラ、ガラ、ガシャ、ガシャ…。あちこちで気味悪い音が響く。「余震がやまないので恐ろしか」。妻秀子さん(72)のつぶやきは悲鳴のようだ。

隣の安永地区も同じ光景が続く。なだれのように崩れ落ちた納屋の大屋根。その隙間に軽トラックや軽乗用車の車体がのぞく。「車3台と農業機械が全部つぶされた。母屋も傾いた」。西山直喜さん(68)は、ぼう然と立ち尽くしていた。左のこめかみのばんそうこうに血がにじんでいる。

取材中、携帯電話に余震を伝える緊急情報メールが絶え間なく届く。その中に見覚えのある名前があった。東北で取材した大震災の被災者からだ。〈大丈夫ですか。余震に気を付けて〉

2階の外壁が大きくはがれ落ちかけた家から住人女性(63)が出てきた。「こんなにひどい。見てほしい」。室内に上げてくれた。衣類、雑誌、文房具、総菜が入ったままの容器…。いつもと変わらないはずの日常は、容赦なく荒らされた。義父と夫の仏壇が無事だったのが救いだ。

廊下の奥には義母の寝室。ベッドにタンスが二つ、ずしりとのしかかっていた。「義母が就寝前だったから助かった。ベッドに寝ていたら命を落としていたかもしれない」

東日本大震災から5年、阪神大震災から21年。「二つの大震災とも人ごとと思っていたけど、そうじゃなかった。何の備えもしていなかった。被害に遭ってやっと分かった」。女性は力なく、表情をこわばらせた。(中村勝洋)

▲散乱した自宅のがれきを片付ける浜竹義継さん＝15日午前11時ごろ、益城町馬水(高見伸)

▼地震で倒壊した西山直喜さん方の納屋＝15日午前8時40分ごろ、益城町安永(中村勝洋)

小さな命 母手繰り寄せ
8カ月女児 無事に救出

倒壊した民家から救出された生後8カ月の西村美玖ちゃん＝15日午前4時前、益城町安永(県警提供)

崩れ落ちた大きなはりと、たんすのわずかな隙間で守られた小さな命。懸命に伸ばした母の手が、奇跡を手繰り寄せた―。

益城町安永の農村部の民家。子どもたちを連れて実家に帰っていた西村亜沙美さんを地震が襲ったのは、生後8カ月の長女美玖ちゃんを1階の寝室に寝かしつけた直後だった。

ドーンという激しい揺れ。2階が崩れ落ち、1階はつぶれた状態になった。

居間にいた亜沙美さんと祖父(62)ら4人は自力で何とか脱出できたが、寝室の美玖ちゃんは残されてしまった。亜沙美さんと祖父は美玖ちゃんを助けるため、崩壊した家に再び飛び込んだ。

泣き声は聞こえるが、大きなはりが2人を遮る。亜沙美さんが声のする場所に手を突っ込むと、そこには美玖ちゃんの手があった。「元気だ」。だが、隙間が狭くて助け出すことができない。

やがて、消防署員や警察官ら50人以上が次々と駆け付けた。亜沙美さんら2人からの情報を頼りに位置を確認し、屋根の上から穴を開けて救出を試みる消防隊員ら。余震が襲うたびに家の崩壊が進み、救出作業は困難を極めた。

午前4時前、がれきの中から、毛布に包まれた美玖ちゃんが姿を現す。消防隊員や警察官たちのリレーで運び出されると、見守った大勢の人たちから歓声と拍手が湧き起こった。

※動画(県警提供)はパソコン版くまにちコムで閲覧できます。

最愛の家族 無念の別れ

「おかあさーん、置いていかないで。みんな助かったのに、何で。お願い、生き返ってよ」

15日午前3時20分ごろ、益城町馬水の宮守陽子さん(55)宅。ヘリコプターと救急車のサイレンが遠くに聞こえる中、約15分間、若い女性の声が悲しく響いた。

現場は、納屋や小屋を備える昔ながらの農家の家が立ち並ぶ地区。塀という塀は軒並み倒れ、崩れた小屋が道路をふさぐ。

屋外に敷いたブルーシートや車の中で、身を寄せ合うように体を休める住民たち。余震がある度に悲鳴が上がり、眠れぬ夜を過ごしていた。

夜が明けると、近くの住民や親族が宮守さん宅前で手を合わせて冥福を祈り、早すぎる別れを惜しんだ。

住民らによると、宮守さんは5年ほど前に事故で夫を亡くし、女手一つで娘2人を育てていたという。近くの親族男性(50)は、「正月前には玄関を親子仲良く掃除するなど、しつけもきちんとしていた。いつもの明るい笑顔が忘れられない。次女は今年成人したばかり。まだまだ親の愛情が必要だったのに。信じられず悔しい」と涙ぐんだ。

村上恭子さん(53)は15日午前9時過ぎ、益城町木山で倒壊した自宅を訪れた。数時間前に「お父さん」と声を振り絞った場所だ。思いは届かず、夫の正孝さん(61)と義母ハナエさん(94)を亡くした。

夜勤に備えて休んでいた正孝さん。地震発生の30分ほど前、村上さんは何回か声を掛けたが、なかなか起き上がらなかった。「普段なら2階で着替えている時間だったのに…」と唇をかんだ。

町内に住む正孝さんのいとこの無職村上千城さん(76)は、ラジオで訃報を聞いて現場へ駆け付けた。正孝さんとは地震の前日に会ったばかり。「ばあちゃんの体は大丈夫かいと話したのに」と悔しがった。

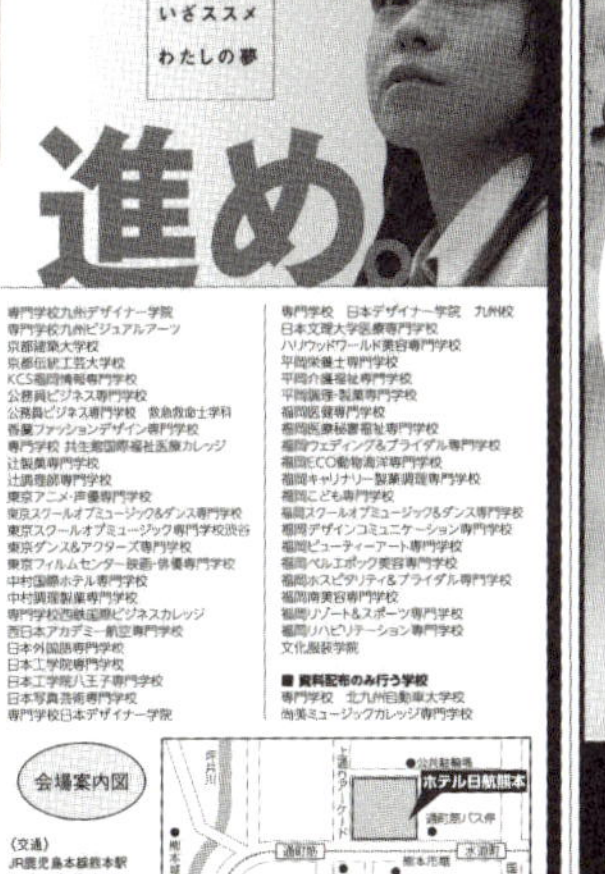

会場案内図
ホテル日航熊本
エイビ進学ナビ
http://eibi-navi.com
【主催】熊本日日新聞社 【後援】熊本県教育委員会、熊本県立高等学校長会 【運営】栄美通信
お問い合わせ先 熊本日日新聞社 業務推進局営業企画部 進学相談会係 TEL.096(361)3344

餃子の王将
日本を美味しく
春巻
パリッと香ばしい皮!!
旨みあふれるジューシーな具がたっぷり!!
通常価格 3本 400円+税が
1本130円+税
西日本フェア
フェア期間中は1本からご注文いただけます!!
フェア期間 4月30日(土)まで好評開催中!
お問い合わせ先. フリーダイヤル 0120-883-364
http://www.ohsho.co.jp/
次回掲載予定 5月1日(日)
焼き・生餃子 試食券
この券1枚で、餃子1人前(店内飲食またはお持ち帰り)を無料にてご提供させていただきます。
餃子の王将
平成28年5月15日まで

（第３種郵便物認可）　熊本日日新聞　平成28年(2016年)4月16日　土曜日　4

内被害深刻

阿蘇大橋崩落

地震の被害を受けた南阿蘇村。山では土砂崩れが発生し、阿蘇大橋が崩落した
＝16日午前６時43分

熊本日日新聞

発行所
熊本日日新聞社
〒860-8506
熊本市中央区世安町172
☎代表(096)361-3111

号外

M7.3 県内

生き埋め多数

16日午前1時25分ごろ、熊本市、宇城市、南阿蘇村、菊池市、合志市、宇土市、大津町、嘉島町で震度6強の地震が発生し、その後も震度6強の地震など強い揺れが続いた。県災害対策本部によると、南阿蘇村などで家屋の倒壊など甚大な被害が出ている。県警は午前7時半までに2人の死亡を確認し、さらに増える可能性がある。熊本地震の死者は計11人になった。

14日午後9時26分ごろ、益城町で最大震度7を観測した地震後、震度1以上の地震が165回発生。気象庁は記者会見で「今回が14日以降に発生した地震の本震と考えられる」との見方を示した。

県警などによると、南阿蘇村でアパートの倒壊が相次ぎ、数人が見つかっていない。嘉島町、益城町、西原村などでも、家屋の倒壊などが発生し、救助作業が続いている。16日午前、南阿蘇村の阿蘇大橋が崩落した。

震度6強の地震の規模はマグニチュード（M）7・3と推定される。震源の深さは約12キロ。気象庁は有明・八代海に一時、津波注意報を出した。

JR九州は16日、始発から全線の運転を見合わせ。県内の九州自動車道は植木インターチェンジ以南が通行止め。国道3号など一般道の通行止めも相次いだ。熊本市などで停電や断水が続いている。

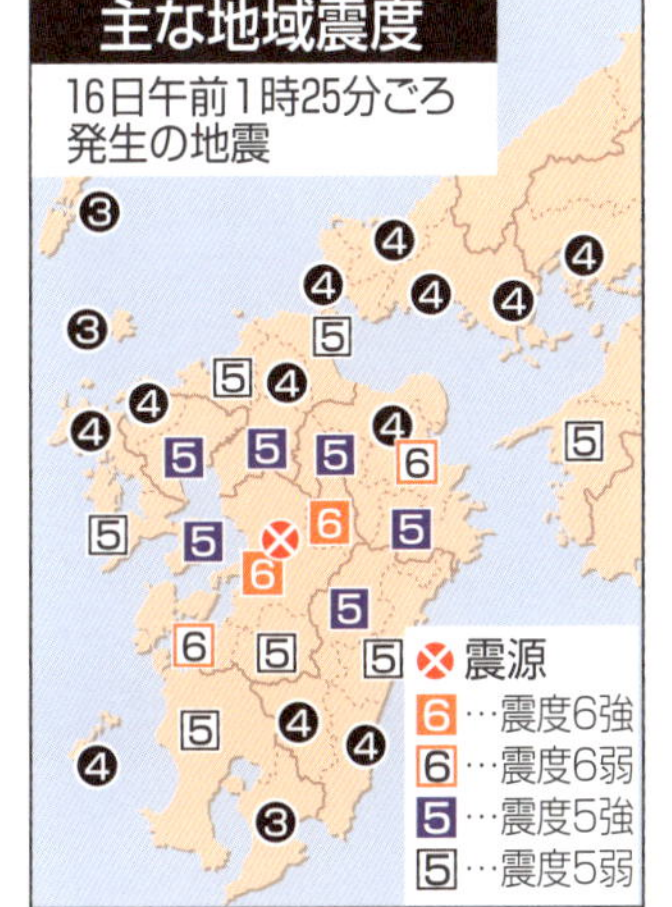

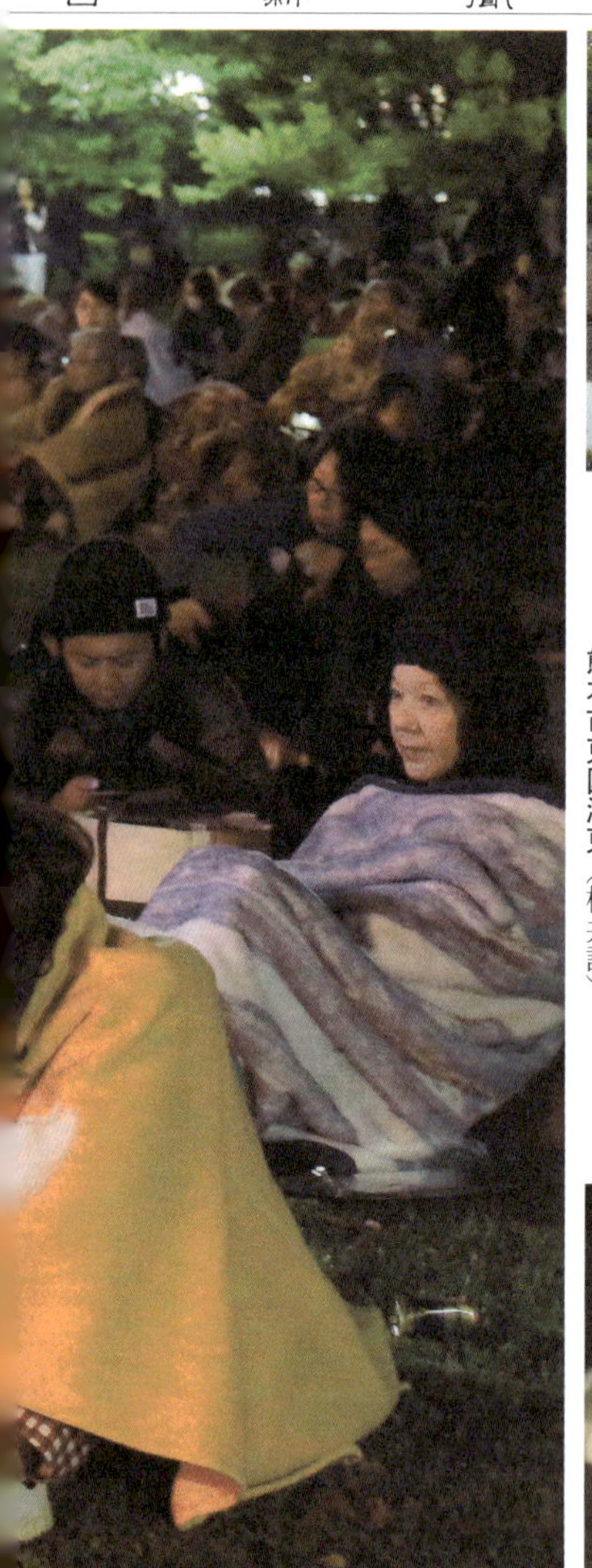

難した住民ら＝16日午前3時8分

干上がった水前寺成趣園の池＝16日午前6時50分、熊本市中央区（高見伸）

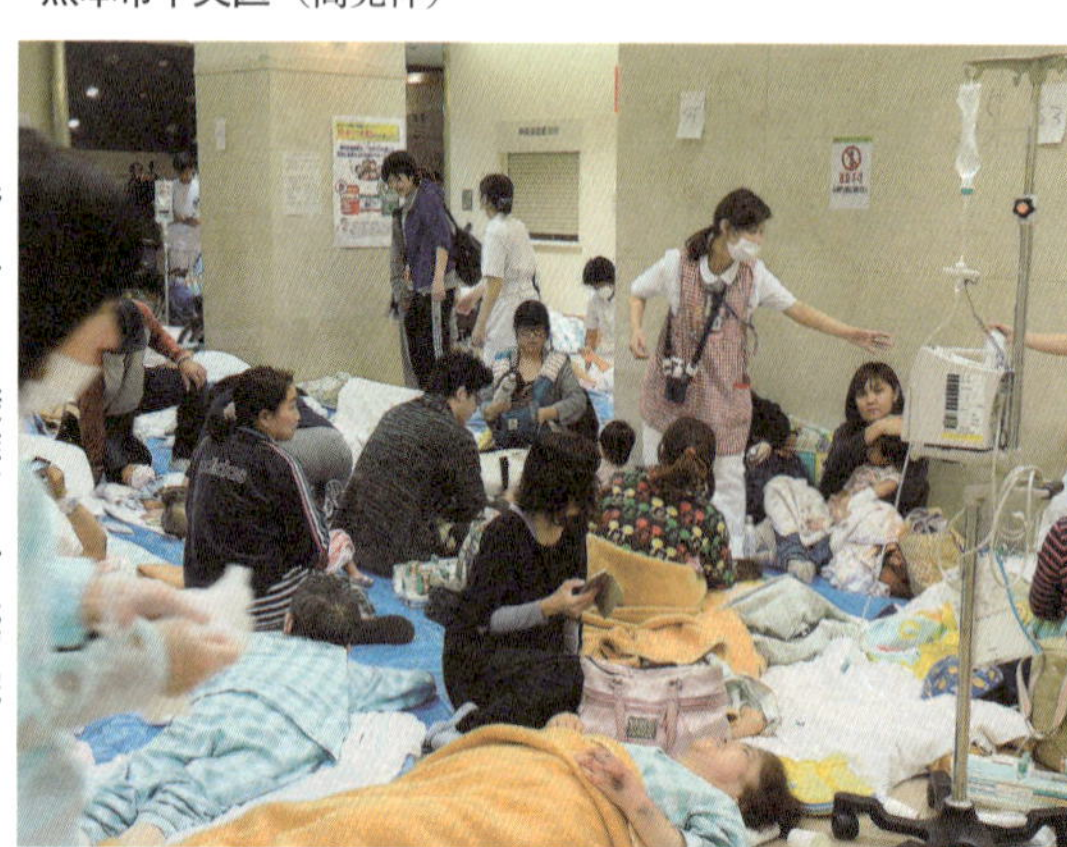

1階ロビーに避難する市民病院の患者ら＝16日午前4時10分ごろ、熊本市東区湖東（横井誠）

県立大に避難し、新聞紙で暖をとる人たち＝16日午前4時14分、熊本市東区

強い地震で公園に避難し、泣きながら電話をかける女性＝16日午前3時6分、熊本市

1階の駐車場部分がつぶれたマンション＝16日午前4時50分ごろ、熊本市中央区京町本丁（谷川剛）

フラッシュ

県災害対策本部は県警からの情報として16日午前7時半現在、嘉島町上六嘉、奥田久幸さん(73)が圧死で、熊本市東区沼山津2丁目、矢野悦子さん(95)が多発外傷でそれぞれ亡くなったと発表した。同本部に入った主な被害情報は次の通り。

【阿蘇】

阿蘇大橋（通称・赤橋）が崩落。「西原村小森で3人が生き埋めになった」「俵山トンネルが崩落した」「南阿蘇村河陽地区で多数の家屋倒壊やがけ崩れが起き、複数が生き埋めになっている」といった情報がある。西原村の大切畑ダムでは堤防から大量に漏水し、村が約300世帯に避難指示した。

【熊本】

熊本市東区のサンリブ健軍店が半壊。

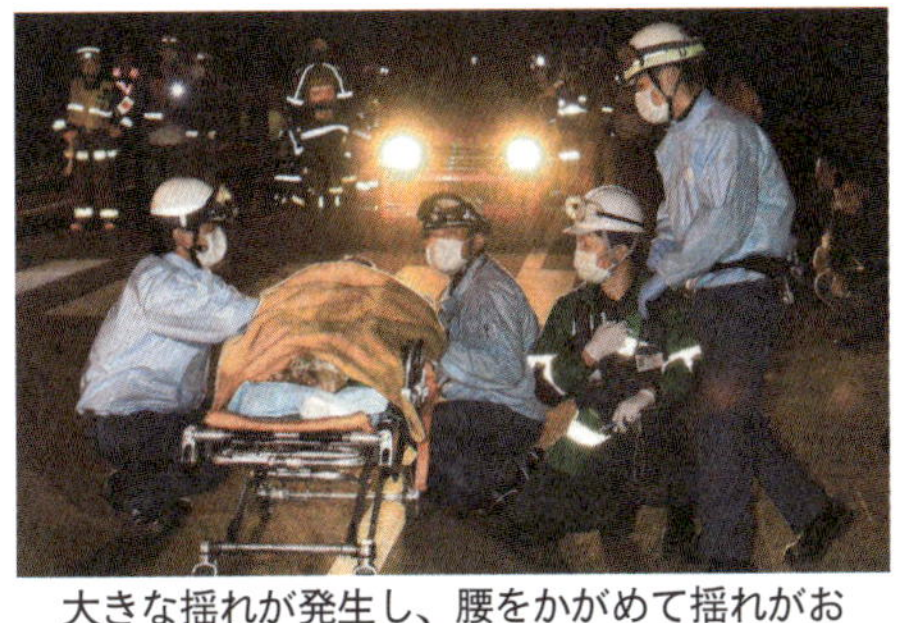
大きな揺れが発生し、腰をかがめて揺れがおさまるのを待つ救急隊員ら＝16日午前１時25分すぎ、益城町の東熊本病院（岩崎健示）

八代市松崎町でアパートと民家を全焼した火災＝16日午前４時ごろ（平井智子）

強い地震で、熊本市の白川公

強い地震のため、路上に避難した人たち＝16日午前２時５分、熊本市中央区中央街

鉄筋コンクリート５階建ての宇土市役所。未明の強い余震で外側の柱が折れ半壊状態となった＝16日午前４時35分すぎ（丸山宗一郎）

地震で倒壊した健軍商店街にあるサンリブ健軍店＝16日午前５時40分ごろ、熊本市東区（高見伸）

があったが、落下ではなく段差の発生と判明。国道3号が全面通行止めになっている。熊本市によると、国の重要文化財に指定されている熊本城の宇土櫓（やぐら）の一部が崩壊した。東十八間櫓（ひがしじゅうはちげんやぐら）も東の熊本大神宮側に崩れ落ちた。南大手門の石垣も崩れて御幸坂をふさぎ、通行できない状況という。

【嘉島】

嘉島町では家屋全壊が相次ぎ、２人が心肺停止になっている。

【宇土】

宇土市役所が半壊。修復不能とみられている。人的被害はなかった。

【八代】

八代市松崎町のアパート火災で死者１人を確認。

※県警に入った１１０番などの通報は午前7時現在、計１８７件。このうち生き埋め・下敷きが36件、家屋などの倒壊や閉じ込めが１０４件、火災が５件、その他が42件に上っている。

（第3種郵便物認可）　熊本日日新聞　（夕刊）平成28年（2016年）4月16日　土曜日　8

地震「本震」と同規模

今後1週間 余震に警戒

16日午前1時25分ごろに震度6強を観測した熊本県の地震について、気象庁は同日午前、記者会見し「14日以降に発生した地震の本震と考えられる」との見解を示した。担当者は「熊本県から大分県にかけて地震活動が活発化している」と述べ、今後1週間程度、最大震度6弱の余震などに警戒を呼び掛けた。

気象庁によると、今回の震度6強の地震はマグニチュード（M）7・3で、1995年の阪神大震災と同規模。エネルギーは震度7を観測した14日の地震（M6・5）の約16倍。

この地震後、阿蘇地方や大分県で活発になっている地震活動について、担当者は「余震ではなく、別の地震と考えている」と説明した。誘発されたかは分からないとしつつも「何らかの影響は考えられる」と話した。気象庁は今後の推移に警戒している。

この地震は「横ずれ断層型」とみられる。

震源から遠く離れた場所でも高層ビルなどを大きく揺らすことがある長周期地震動は、4段階のうち最も強い「階級4」（立っていることができない）を熊本県内で観測した。

熊本県を中心とした一連の地震は、14日午後9時26分ごろの震度7の地震以降、16日午前8時までに震度1以上の地震を226回観測。うち震度7は1回、6強は3回、6弱は2回、5強は1回、5弱は5回、4は38回だっ

地震の被害を受けた南阿蘇村。山では土砂崩れが発生し、阿蘇大橋が崩落した＝16日午前6時43分

阿蘇大橋崩落

地震で崩れ落ちた阿蘇大橋＝16日午前6時35分、南阿蘇村

崩れる前の阿蘇大橋＝2009年5月、阿蘇市

宇土市役所半壊

鉄筋コンクリート5階建ての宇土市役所。未明の強い地震で外側の柱が折れ半壊状態となった＝16日午前4時35分すぎ（丸山宗一郎）

救助犬も使った捜索＝16日午前9時ごろ、益城町平田（岩崎健示）

夕刊

熊本日日新聞

発行所　熊本日日新聞社　〒860-8506　熊本市中央区世安町172　☎代表（096）361-3111　©熊本日日新聞社2016年

2016年（平成28年）
4月16日
土曜日

熊本地震で特別紙面

「文化」「スポーツ芸能」「こちら編集局増刊号」面は休みました。テレビ欄は4、5面です。1面の「天気」「一筆」は2面に移しました。

M7.3 熊本

きょう未明　新たに死者10人

阪神大震

16日午前1時25分ごろ、熊本市、宇城市、南阿蘇村、菊池市、合志市、宇土市、大津町、嘉島町で震度6強の地震が発生し、その後も震度6弱以上が断続的に発生。県災害対策本部によると、南阿蘇村や西原村などで家屋の倒壊による甚大な被害が出ている。県警は午前11時半までに、新たに10人の死亡を確認した。14日夜以降の死者は計19人になった。さらに増える可能性がある。

【2、3面に関連記事】

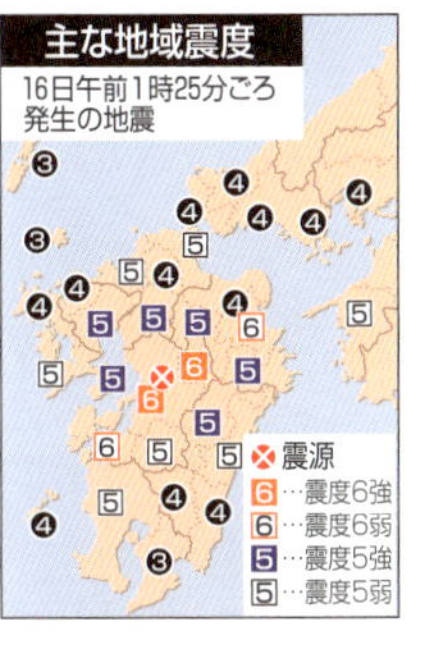

14日以降に発生した主な地震（気象庁の資料を基に作製）

14日午後9時26分ごろ、益城町で最大震度7を観測しているが、気象庁は「今回の震度6強が、14日以降に発生した地震の本震と考えられる」との見方を示した。16日午前9時までに発生した震度3以上の地震は62回に上った。

最初の震度6強の震源は熊本地方で、深さは約12キロ。マグニチュード（M）は7・3と推定される。気象庁は有明・八代海に一時、津波注意報を出した。

県警などによると、家屋倒壊による生き埋めなどが相次ぎ、益城町と嘉島町のそれぞれ3人、西原村の2人、熊本市の2人が死亡した。南阿蘇村では複数のアパートが倒壊し、住人が下敷きに。土砂崩れも発生し、黒川をまたぐ阿蘇大橋が崩落した。宇土市庁舎は半壊。八代市では火災で1人が死亡した。県内の広い範囲で多数のけが人が出ている。

県内のJRは、始発から運転を見合わせ。熊本空港はターミナルビルが壊れたため、閉鎖した。九州自動車道は植木インターチェンジ以南が通行止め。国道3号など一般道の通行止めも相次いだ。熊本市などで停電や断水が続いている。

気象庁によると、県内は16日夜から雨が強まり、17日は多い所で1時間に60ミリ、合計雨量は150ミリに達する恐れがある。「地震の揺れが大きかった場所は地盤が緩んでいる。少ない雨でも土砂災害に警戒が必要」と呼び掛けている。

16日の地震で亡くなった方（県災害対策本部発表）

16日の地震で亡くなり、身元が確認された方は次の通り。（県災害対策本部発表、午前11時25分現在）

嘉島町上六嘉、奥田久幸さん(73)▽熊本市東区沼山津2丁目、矢野悦子さん(95)▽同市中央区本荘5丁目、高村秀次朗さん(80)▽西原村鳥子、野田洋子さん(83)▽同村布田、内村政勝さん(77)▽嘉島町鯰、田端強さん(67)▽益城町平田、内村宗春さん(83)▽嘉島町鯰、冨岡王将さん(84)▽益城町平田、西村正敏さん(88)、美知子さん(82)

被災地視察　首相が中止

安倍晋三首相は16日未明、熊本地震の被害状況を確認するため、同日午前に自衛隊機で熊本県入りする予定を急きょ取りやめた。未明に新たに起きた地震を受け、被害の全容把握や被災者支援に万全を期す必要があると判断した。当初、自衛隊のヘリコプターで熊本市を上空から視察し、熊本県庁では蒲島郁夫知事から説明を受けるほか、益城町の避難所も訪れて被災者を激励するつもりだった。

石井啓一国土交通相も同日、益城町役場などを訪ねる予定だったが、中止した。

干上がった水前寺成趣園の池＝16日午前6時50分、熊本市中央区（高見伸）

黙鼓子

未明、震度6強の「本震」。家屋倒壊、死傷者多数。阿蘇大橋も崩落。揺れ、いつまで。

◇

暗闇の中「また来た」の叫び。停電、断水…ライフラインもずたずた。不安募るばかり。

◇

熊本市動植物園で「ライオン逃げた」。地震発生時、デマ流れる。冷静さ保つのが肝要。

◇

北朝鮮、新型中距離ミサイル発射失敗か。空中爆発？　威信に傷。さらなる企て警戒を。

おわび

地震の影響で16日付朝刊、夕刊が一部地区で配達できなかったり、遅れたりしました。大変ご迷惑をおかけしました。

熊本日日新聞社

（第3種郵便物認可）　熊本日日新聞　（夕刊）　平成28年（2016年）4月16日　土曜日　2

止まらぬ震え　ため息

今夜から暴風雨警戒
少雨でも土砂災害恐れ

気象庁は16日、低気圧の発達に伴って同日夜から17日にかけ、九州地方で激しい雨や暴風、高波が予想されるとして警戒を呼び掛けた。17日には局地的に1時間で50㍉以上の大雨になる見通し。

震度7の地震が発生した14日以降、16日にも強い地震が続く熊本県や周辺で揺れの大きかった地域は、地盤の緩みで少ない雨量でも土砂災害の恐れがある。九州以外の西日本や北陸などでも暴風や高波に警戒が必要。

気象庁によると、九州では16日夜から雨が強まる見込み。熊本県では17日の未明から明け方にかけ局地的に雷を伴う激しい雨となるとしている。前線を伴った低気圧が急速に発達しながら17日にかけて黄海から日本海、北日本方面へと進み、この低気圧に向かって南からの湿った空気が流れ込み大気の状態が不安定になるのが要因。

17日午前6時までの24時間予想雨量は多い所で長崎県150㍉、熊本県120㍉。1時間雨量は長崎県60㍉、佐賀県と熊本県40㍉。17日にかけては熊本県を含む九州北部のほか四国や近畿、北陸も最大瞬間風速30～35㍍の強風が予想される。

停電、断水、ガス停止相次ぐ

熊本市などで震度6強を観測した16日未明の地震で、県内の交通機関やライフラインは再び大きな被害に見舞われた。

JRは九州新幹線、在来線とも、始発から県内の全線を運休した。第三セクターの南阿蘇鉄道、くま川鉄道も運休。肥薩おれんじ鉄道は肥後高田―川内（鹿児島）間で再開した。熊本市電と熊本電鉄も運行を見合わせた。

路線バスは、道路の破損や余震で安全な運行を確保できないとして、熊本市周辺を中心に運行を見合わせた。福岡―熊本間など主要な高速バスも終日運休が決まっている。

航空各社は、臨時便を含む熊本発着便を全便欠航する。空港ターミナルビルが、天井の一部崩落やガラスの飛散で閉鎖されたため。滑走路に異常はみられないという。

フェリーは、熊本港の可動橋の損壊などで、島原港（長崎）と結ぶ熊本フェリー、九商フェリーが運休。長洲―多比良（長崎）間の有明フェリーは通常通り運航している。

九州電力熊本支社によると、午前11時現在、熊本市東区、中央区、南区を中心に、20市町村で約15％に当たる16万1300戸が停電。電柱の倒壊や電線の断線が原因という。

西部ガスは、安全確保のため午前1時50分から、熊本市全域と周辺の6市町で9割を超える約10万5千戸の供給を停止している。

水道は、熊本市のほぼ全域に当たる約32万戸で断水した。震度6以上で緊急遮断弁が自動的に作動した。

電気、ガス、水道とも復旧の見通しは立っていない。

固定電話と携帯電話は、ともに阿蘇市や高森町、南阿蘇村を中心に利用できないか、つながりにくくなっている。NTT西日本は県内全ての公衆電話の利用を無料にしている。

雨対策で配布されたビニールシート＝16日午前7時ごろ、益城町役場（岩崎健示）

給油のためガソリンスタンドに並ぶ車＝16日午前9時52分、熊本市東区

熊本市職員から水やパンを受け取る住民ら＝16日午前11時ごろ、熊本市中央区手取本町の熊本市役所（横井誠）

地震で大きく割れた道路＝16日午前、益城町

避難所で食料品　日用品は不足

生活情報

熊本地震の被災者向けに、飲料水や食料の配布場所、ゴミ出しの方法、銭湯の無料開放など生活情報をまとめた。16日未明に熊本市などで発生した最大震度6強の地震以降、避難者の数が増えるなどして十分な支援物資が届いていない。

【熊本市】避難所は小学校など約200カ所。市はおにぎりやパン、ペットボトルの水や茶、毛布などを各避難所で配布。しかし16日未明の地震で避難者が増え、避難所に食料や飲料を届けるための人や車両が不足している状況。紙おむつや生理用品、タオルやティッシュなど日用品は依然として不足している。

市上下水道局は16日午前から、市内の避難所など21カ所で順次、飲料できる水の提供を始めた。飲料水をくめるのは健軍水源地だけのため、巡回には時間がかかっている。上下水道局☎096（381）1133。予定の提供場所は次の通り。（量に限りがある）

▽中央区　一新小、黒髪小、五福小、白川公園、熊本市役所

▽北区　龍田小、弓削小、武蔵中、清水岩倉台、龍田西小、武蔵小、北部総合出張所

▽南区　舞原公民館、下益城城南中、日吉小

▽東区　日下部公民館、託麻西小、長嶺小、健軍水源地

▽西区　城西小、城西中、花園小

このほか以下の公園でも備蓄の水を提供する。市災害本部☎096（311）1111。

▽中央区　渡鹿公園（渡鹿1丁目）、八王寺中央公園（八王寺）、白川公園（草葉町）

▽東区　錦ケ丘公園（錦ケ丘）、秋津中央公園（東野2丁目）、山ノ内中央公園（山ノ内3丁目）

▽西区　蓮台寺公園（蓮台寺4丁目）、池上中央公園（池上町）

▽南区　平成中央公園（馬渡1丁目）

▽北区　楠中央公園（楠3丁目）

災害ごみは普段のごみステーションに出すことができる。指定袋でなくてもよい。東部・西部環境工場や扇田環境センターに持ち込んでも手数料は免除となる。受け付け時間は午前8時半～午後4時半。日曜の17日もごみ回収は実施。持ち込みも受け付ける。市役所☎096（328）2111。

市がうまかな・よかなスタジアムに開設した支援物資の受け入れ所には、飲料水やパンなどが続々集まっている。しかし日用品、特におむつなどの消耗品は不足。市が独自に購入して被災地に運ぶほか、支援を受け付けている。市地域政策課☎096（328）2031。

市中央区花畑町の市国際交流会館は、外国人向けの緊急避難所を開設。日本語だけでなく、英語で対応可能。同館☎096（359）2121。

市社会福祉協議会は、16日に予定していた「市災害ボランティアセンター」の設置を延期。今後の状況を見て、受け入れを始める。同協議会☎096（322）2331。

市が16日から、くまもと森都心プラザビジネス支援センターに設置を予定していた中小企業向け相談窓口は、施設破損のため開設を延期した。

【甲佐町】甲佐中など避難所9カ所で、パンや炊き出しのおにぎり、ペットボトル（2㍑）の飲料水を配る。道路をふさぐがれきなど災害ごみは、中横クリーンパークで受け付ける。役場☎096（234）1111。

【嘉島町】役場横の町民会館前で、飲料水や毛布などを配布。災害ごみは午後6時半まで浮島の北側駐車場で受け入れる。役場☎096（237）1111。

【御船町】避難所を中心に約30カ所で、菓子パン、フリーズドライのおかゆなどを配布。給水車は公民館や学校施設を中心に巡回させ、1人18㍑まで飲料水を提供している。がれきなどの災害ごみは、高木運動公園駐車場と滝川みんなの広場の2カ所に置くよう呼び掛けている。役場☎096（282）1111。

銭湯無料開放

熊本県公衆浴場業生活衛生同業組合に加盟する五つの銭湯では、無料で入浴できる。氏名、住所、年齢の記帳が必要。銭湯は以下の通り。▽熊本市北区植木町の松の湯（午前8時～午後9時半）▽宇土市赤瀬町の仙望湯（午前10時～午後9時）▽山鹿市山鹿のサンパレス松坂（午前11時～午後10時半）▽玉名市立願寺の玉名ファミリー温泉（午後4時～午後9時）▽長洲町長洲の潮湯センター海老屋（午前9時～午後8時）。

あすの天気

地点	降水確率(%)	気温
熊本	50	17～22℃
人吉	60	16～23℃
阿蘇	70	12～20℃
天草	50	18～21℃

福岡　佐賀　長崎　大分　宮崎　鹿児島　那覇　大阪　東京　札幌

16日9時

／のち　｜一時、時々　% 6時～12時降水確率

大雨に厳重な警戒を

県内では今夜からあす朝にかけて雨が降る。特にあす未明から明け方にかけて、激しい雨が降る見込み。14日夜からの地震に続き、きょう未明からの大地震で、各地で著しく地盤が緩んでいる。阿蘇地方などではすでに大規模な土砂災害が発生しており、今夜からの雨によりさらに被害が拡大する恐れがある。大雨に厳重に警戒し、雨が降り出す前に安全な場所へ避難を。あすは朝まで雨が降る。

◇お断り　16日正午の阿蘇の気温は地震のため観測できませんでした。

【正午の気温】（）内はけさの最低	【17日】〈若潮〉	（三角港）
熊本23.6(13.1)	旧暦　3月11日	満潮　5時52分
人吉20.5(8.1)	日出　5時45分	18時09分
阿蘇　－（－）	日入　18時49分	干潮　×時　×分
牛深21.5(14.8)		12時13分

一筆
熊本地震

熊本放送アナウンサー　木村　和也

2016.4.16

4月14日午後9時26分。最大震度7を観測する地震が発生し、県内に甚大な被害をもたらしました。入ってくる被災地の状況は、知れば知るほど胸が痛みます。

可能性はゼロではなかったとはいえ、熊本でこれほどまでの大地震が起きるとは、正直想像をしていませんでした。東日本大震災以降、緊急地震速報や地震災害報道に関しては何度となくシミュレーションをしてきましたが、いざそれが現実となると生じる大きなギャップ。自分が試されている感じがします。

地震発生の瞬間、私は番組スタッフと外で食事中でした。突然の大きな揺れとともに体が左右に振られ、テーブルにしがみつく。悲鳴に加えグラスや皿が激しく割れる音。経験したことのない揺れの大きさに動揺し、何が何だかの思いのまま、気が付けば必死に会社へ向かっている自分がいました。辺りを見回すと建物の看板は落ち、コンクリートの壁が剥がれ、砕けている。しかし、まずはスタジオからの一報を優先。到着は発生から約15分後でしたが、テレビとラジオからの第一報は既に伝えられていました。

家族との連絡も取れないままの災害報道は、心の切り替えも難しい。けれど、その気持ちは皆一緒。友人からは「報道も大事だが、被災者に力を与える放送と情報も頼む」というメッセージ。多くの支えを糧に、まずは少しでも有益で少しでも前に進める情報を発信し続けるしかないと言い聞かせています。これからが新たな正念場。日本中から集まるであろう前向きエネルギーも力に変えて！

3　（夕刊）　平成28年（2016年）4月16日　土曜日　熊本日日新聞　新聞定価1カ月　朝夕刊セット＝本体価格3,204円、消費税256円（税込み3,460円）　夕刊1部売り＝50円（税込み）

暗闇の中「また来た」

県立大学に避難し、新聞紙で暖をとる人たち＝16日午前4時14分、熊本市東区

熊本城東十八間櫓 崩れる

16日未明に地震が起きた後、県災害対策本部に入った主な被害情報は次の通り。

【阿蘇】南阿蘇村の黒川に架かる阿蘇大橋（通称・赤橋）が崩落。「西原村小森で3人が生き埋めになった」「俵山トンネルが崩落した」「南阿蘇村河陽地区で多数の家屋倒壊やがけ崩れが起き、複数が生き埋めになっている」といった情報がある。西原村の大切畑ダムでは堤防から大量に漏水し、村が約300世帯に避難指示した。阿蘇市の阿蘇神社では、拝殿と国指定重要文化財の楼門が倒壊した。

【熊本】熊本市東区のサンリブ健軍店が半壊。アーケードの支柱もゆがみ、健軍商店街の通行が規制された。「中央区で松崎跨線橋が落下」との情報があったが、落下ではなく段差の発生と判明。国道3号が全面通行止めになっている。熊本市によると、国の重要文化財に指定されている熊本城の宇土櫓の一部が崩壊した。東十八間櫓も東の熊本大神宮側に崩れ落ちた。南大手門の石垣も崩れて行幸坂をふさぎ、通行できない状況という。熊本市中央区の水前寺成趣園では、池が干上がった状態になっていることが確認された。参道の鳥居も崩壊した。

【嘉島】嘉島町では家屋全壊が相次ぎ、3人が死亡した。

【宇土】宇土市役所が半壊。対策本部の職員は、暗闇の中で庁舎を見上げ「大きな地震がまた襲ってくるなんて。ぞっとした」と話した。人的被害はなかった。

【八代】八代市松崎町のアパート火災で死者1人を確認。

※県警に入った110番などの通報は正午現在、233件。このうち生き埋め・下敷きが40件。家屋の倒壊や閉じ込めが118件、火災9件、その他が66件に上っている。

自衛隊など派遣要員増強

政府は熊本県で16日未明に起きた地震による被害拡大を踏まえ、救助や復旧に当たる自衛隊や警察などの派遣要員を増強する方針を決めた。安倍晋三首相は4回目となる同日朝の非常災害対策本部の会合で「住民の安全確保を最優先にし、災害応急対策に政府の総力を結集し取り組む」と強調した。中谷元・防衛相は自衛隊の派遣規模を16日中に1万5千人に、17日以降2万人規模とし、さらに必要に応じ5千人を増派する考えを示した。

現在1800人規模の警察の派遣隊をさらに約千人増やす。消防も派遣要員を倍増し約2700人態勢とする。熊本県の蒲島郁夫知事から広域緊急援助隊の規模を3倍程度にしてほしいとの要請を受けた措置。政府は今後も被災自治体と緊密に連携を図り、被災者の救命、救助に当たる。

ソフトバンク試合中止発表
Jリーグ、バスケも

プロ野球のソフトバンクは16日、熊本県などで続いた地震の影響で、福岡市の本拠地ヤフオクドームで同日予定していた楽天戦を中止すると発表した。地震による交通機関への影響と、試合を開催した際の観客の安全確保が考慮された。17日に同球場で予定している楽天戦については今後の状況で判断する。19日に熊本市の藤崎台県営野球場で予定されていた巨人―中日も中止が決まった。

サッカーは16日に開催予定だったJ1第7節の福岡―名古屋（レベスタ）と鳥栖―神戸（ベアスタ）、17日のJ2第8節の長崎―水戸（長崎）と京都―熊本（西京極）が、いずれも地震の影響で16日に中止が発表された。

16日はバスケットボール男子のナショナルリーグ（NBL）の東芝神奈川―熊本も中止になった。

熊本大神宮の上に崩落した熊本城の東十八間櫓＝16日午前8時25分ごろ、熊本市中央区（横井誠）

あんずちゃん　田中しょう

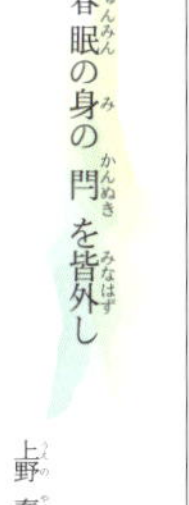

湯布院や別府でも
観光客「眠れなかった」

「こんな大きな地震は初めて」「もう嫌だ」。16日未明から続いた地震で、大分県内でも家屋が倒壊し、けが人が相次いだ。温泉地・湯布院や別府では、観光客や住民が避難所などで眠れぬまま朝を迎えた。

湯布院がある由布市の住宅街は民家のブロック塀が倒れ、割れた窓ガラスが散乱。江藤孝夫さん(72)宅は、地震で家具などが部屋一面に散らばり、手が付けられない状態だ。「四十数年ここに住んでいるが、こんな地震は初めてだ」と不安そうな表情で話した。

湯布院の避難所となった小学校には、住民だけでなく、キャリーケースを持った観光客の姿も。大きな余震が続き、悲鳴が上がった。インドから来たという夫婦は「不安で仕方ない。余震のたびに目が覚めて眠れなかった」とため息をついた。自宅から小学5年の娘と避難したパートの女性(42)は「こんな地震が来るなんて、まだ信じられない」とうつむいた。

別府市では、市中心部にある自動車販売店で高さ約5㍍、幅約3㍍のショーウインドー2枚がこなごなに割れ落ち、従業員が朝から片付けに追われた。

別府大には一時、留学生や住民ら約500人が避難。避難場所の体育館には中国語などでの案内表示も準備した。

夫と避難した菅井智美さん(34)は「本当に怖かった。熊本地震を受け、枕元に懐中電灯を準備していたので、暗闇の中でもすぐに避難できた」と話した。友人と避難した別府大3年の野口謙史郎さん(23)は「大きな地震は九州ではめったに来ないので不安だ。早く収まってほしい」と表情を曇らせた。

国道387号を寸断する落石や樹木＝16日午前7時54分、大分県日田市

四季の森　土肥あき子

春眠の身の閂を皆外し　上野泰

「春眠暁を覚えず」「春宵一刻値千金」の言葉通り、あたたかな陽気に、夢と現を行き来するまどろみの時間は何にもかえがたい幸せを覚える。作者はそのいかにも無防備なありようを「閂を外す」と表現した。大いに共感しつつ、普段知らず知らずのうちに身にまとっている大小の閂は一体いくつあるのだろうとも思う。目が覚めると同時に、またその数え切れない閂の施錠をしていく。

2016・4・16

1　3版　平成28年（2016年）4月17日　日曜日　熊本日日新聞　（昭和17年4月1日第3種郵便物認可）　第26621号　日刊

M7.3 死者41人に

立野側の大規模な土砂崩れで、橋桁が崩れ落ちた阿蘇大橋＝16日午前10時10分ごろ、南阿蘇村河陽（大倉尚隆）

熊本地震「本震」

9万人超避難　不明者も

16日午前1時25分ごろ、熊本市、南阿蘇村など県内の広い範囲で震度6強の地震があった。その後、震度6弱以上が3回発生し、南阿蘇村や西原村などで家屋倒壊、大規模な土砂崩れが続発した。県警によると、午後8時55分までに、新たに32人の死亡を確認し、14日夜以降の死者は計41人となった。南阿蘇村などにはなお不明者がいるとみられ、懸命の救出作業が続いた。

最初の震度6強の震源は熊本地方で、深さは約12キロ。マグニチュード（M）は7・3と推定され、阪神大震災と同じ規模。14日夜に益城町で最大震度7を観測したが、気象庁は「今回の震度6強が、一連の地震の本震と考えられる」との見方を示した。気象庁は有明・八代海に一時、津波注意報を出した。

県警などによると、家屋倒壊による生き埋めが多発。南阿蘇村ではアパート1階が損壊し、下敷きになった東海大の学生らが死亡。熊本市や益城、嘉島の両町、西原村では高齢者の死亡が相次いだ。大規模な土砂崩れで、黒川をまたぐ阿蘇大橋が壊れたほか、俵山トンネルが崩落。宇土市庁舎は半壊した。八代市では火災で女性1人が死亡した。

県災害対策本部によると、午後2時半までの負傷者は784人で重傷は184人、避難者は延べ約9万1700人に上った。土砂災害の危険性が高まったとして、市町村による避難指示・勧告も相次いだ。

県内のJRは始発から運転を見合わせ、熊本空港発着便もターミナルビル閉鎖のため、全便を欠航。ともに17日も運休、欠航する。九州自動車道植木―八代インターチェンジのほか、国道3、57号など幹線道路の一部は通行止め。熊本市などで停電、断水など生活への深刻な影響も続いている。

熊本地方気象台によると、県内は16日夜から雨が降り始め、17日朝までに多い所で1時間40ミリ、合計雨量は150ミリに達する恐れがある。地震が続いて地盤が緩んでおり、「土砂災害に警戒が必要」と呼び掛けている。

熊本地震で亡くなった人数

西原村 5人
南阿蘇村 7人
熊本市 5人
益城町 18人
嘉島町 3人
御船町 1人
県外 1人
八代市 1人
※県警調べ 判明分（16日午後8時55分現在）

地震で亡くなった方

14日以降の地震で亡くなった方は次の通り。（県警調べ判明分、16日午後8時55分現在）

【益城町＝18人】伊藤俊明さん（61）▽荒牧不二人さん（84）▽福本末子さん（54）▽村上ハナエさん（94）▽村上正孝さん（61）▽宮守陽子さん（55）▽富田知子さん（89）▽内村宗春さん（83）▽西村正敏さん（88）▽西村美知子さん（82）▽園田久江さん（76）▽村田恵祐さん（84）▽島崎京子さん（79）▽河添由実さん（28）▽城本千秋さん（68）▽吉永和子さん（82）▽松野ミツ子さん（84）▽山内由美子さん（92）

【南阿蘇村＝7人】片島信夫さん（69）▽高田一美さん（62）▽増田フミヨさん（79）▽橋本まち子さん（66）▽清田啓介さん（18）▽脇志朋弥（しほみ）さん（21）▽男性＝氏名、年齢調査中

【西原村＝5人】野田洋子さん（83）▽内村政勝さん（77）▽大久保重義さん（83）▽加藤カメノさん（90）▽加藤ひとみさん（79）

【熊本市＝5人】坂本龍也さん（29）▽松本由美子さん（68）▽矢野悦子さん（95）▽高村秀次朗さん（80）▽椿節雄さん（68）

【嘉島町＝3人】奥田久幸さん（73）▽田端強さん（67）▽冨岡王將さん（84）

【御船町＝1人】持田哲子さん（70）

【八代市＝1人】氏名不詳の女性

【県外＝1人】福岡県宗像市、福田喜久枝さん（63）

新生面

2016.4.17

1923（大正12）年9月1日は風の強い日だったようだ。空が急に曇り、細かい雨も降り始めた。〈日まさに午ならむとする時天地忽鳴動す〉―。作家の永井荷風は、関東大震災を日記にこうつづっている▼棚から書物が落ちてきた。窓を開けても外の様子は分からない。逃げる準備をしていると、再び揺れた。庭に出て数分後、またしても激しい揺れが襲う。〈身体の動揺さながら船上に立つが如し〉▼まるで船の上のよう、という荷風の比喩がつくづく身に染みる。いつ果てるともない「熊本地震」である。これだけ揺れが度重なると、実際は揺れていなくとも足元が動いているのでは、と不安にかられもする▼荷風が震災に遭ったのは昼間だが、きのうの震度6強は多くの人が眠る未明。それだけに、広い範囲で甚大な被害をもたらした。14日夜の最大震度7の後、余震はあっても次第に小さくなるはず、と思った方も多かろう。ところが、きのうの方が「本震」だったとは▼安倍晋三首相はきのう熊本入りする予定だったが、急きょ取りやめた。被害の全容把握や被災者支援に万全を期すためだそうだが、それだからこそ実情を自らの目で見る必要があったのでは、とも思う▼真っ暗闇の中、大勢が着の身着のままでスーパーの駐車場や公園などに避難していた。母親に抱かれた赤ちゃんや、親族に手を引かれたお年寄りの姿がそこここにあった。避難生活が長期化する恐れもある。一刻も早い終息を、と願うしかない己の無力さに、暗然とする。

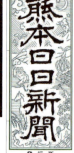

熊本日日新聞
発行所
熊本日日新聞社
〒860−8506
熊本市中央区世安町172
☎代表（096）361−3111
© 熊本日日新聞社 2016年

4月17日
日曜日

おわび

地震の影響で17日付朝刊が一部地区で配達できなかったり、遅れたりしました。大変ご迷惑をおかけしました。　熊本日日新聞社

熊日の購読・配達のご用は
ミナヨムニッコリ
0120-374625
（月曜〜金曜9:00〜17:00）

紙面のお尋ねは
096-361-3115
（日曜・祝日除く9:00〜17:00）

パソコン版くまにちコム
kumanichi.com

◇お断り　「きょうの天気」は2面、「くまにち論壇」は5面に移しました。

（第3種郵便物認可）　熊本日日新聞　平成28年（2016年）4月17日　日曜日　総合　2

社説 地震多発

避難長期化に万全の策を

阿蘇大橋や阿蘇神社楼門が倒壊し、土砂崩れも相次いだ。宇土市役所は半壊状態。熊本城はやぐらなどが崩落した。目を疑うような光景が次々と飛び込んでくる。

14日夜の震度7以降立て続けに起きている地震は、県内に甚大な被害をもたらしている。これ以上拡大しないよう、一刻も早く沈静化することを願うしかない。

気象庁によると、今回の地震発生回数は、2004年の新潟県中越地震に次いで過去2番目のペースで多発している。被害が広範囲にわたり、土砂崩れで道路が寸断されていることもあり、全容はまだ明らかになっていない。警察と消防、自衛隊は被災者の救出、確認に全力を挙げてほしい。

16日午前1時25分ごろには、熊本市や宇土市、南阿蘇村などで震度6強の地震があった。規模はマグニチュード（M）7・3と一連の地震で最も大きく、震度7を観測した14日夜のM6・5の地震に比べて、エネルギーが16倍も大きい。1995年の阪神大震災と同じ規模だ。気象庁は、この地震を「本震」とし、それ以前の地震は結果的に「前震」と位置付けた。

この本震の後、震度6弱以上の地震が短時間のうちに断続的に発生した。専門家は、九州中央部を北東―南西方向に延びる活断層「日奈久断層帯」がそれまでの地震を起こしたのに対して、M7・3の地震から新たな段階に入り、東北東―西南西方向に延びる「布田川断層帯」に活動が移って広域化したとみている。

本震の後に阿蘇地方や、布田川断層帯の東北東側に位置する大分県でも地震が多発した。気象庁の担当者は、これらは余震ではなく、本震が別の地震を誘発した可能性を指摘する。地震がこれほど広域的に続けて起きるケースは珍しいという。また、16日に阿蘇中岳が小規模噴火したことについては、一連の地震とは直接の関係はないとみている。

震源が浅い内陸直下型は真上で揺れが非常に強くなり、住民の恐怖や不安は募る一方だ。避難所に向かう人たちが増え、避難が長期化する可能性もある。避難所運営が今後の大きな課題となる。

今回と同様に余震が活発だった新潟県中越地震では、自宅倒壊を恐れた多くの住民が長期間、車中で寝泊まりを続けて「エコノミークラス症候群」を発症した。東日本大震災では劣悪な環境の避難所で多くの高齢者らが体調を崩し、震災関連死が相次いだ。

県内で避難している人たちも続発する地震に神経をすり減らし、先の見えない生活を送る。まず優先すべきは身体的な安全の確保。次に生活物資の支援なども求められるが、避難所での生活が長引けば長引くほど、よりきめ細かい対策が必要になることは東日本大震災などの教訓が示す通りだ。

今後1週間は震度6弱程度の余震に注意すべきだという。危険と思われる建物や道路、橋などには近づかないなど、それぞれが命を守るための冷静な行動を心掛けたい。

2016.4.17

射程　助けを待っている

壊れた家屋や無残な山肌。公園で肩を寄せる親子…。編集局に集まる写真に胸がつぶれる。強烈だった熊本地震の「本震」。いつ襲ってくるか分からない余震におびえる被災者の不安な表情が痛々しい。

もし自分の体が思い通りにならない状態だったら、不安はさらに募るばかりだろう。真夜中、病院近くの道路に敷いたブルーシートの上で転院先への搬送を待つ患者の姿を見て思った。「助けを待っている」―そう訴えかける表情だった。

病院の被災が相次ぎ、ライフラインが被害に遭い、患者への対応に苦慮するところも増えている。水道水が止まったり汚濁したりして、人工透析が受けられなくなる病院も。腎不全患者にとっては深刻な事態だ。体外に老廃物を排出するため、1～2日おきに透析が必要になるからだ。自治体と医療機関の連携で、患者の不安を取り除きたい。

「災害弱者」とされる高齢者や障害者らへの支援の在り方は、東日本大震災でも課題とされた。これまでの備えは十分だったのか。

2月末の共同通信の全市区町村アンケートによると、災害弱者の避難を手助けする人の氏名や避難先を明記する「個別計画」を作成済みの自治体は、わずか12・2％。県内でも26・7％で、対策が進んでいないことが浮き彫りになった。

ただ、地震が続く今、災害弱者に対してできることは何か。少しでも具体的に考えることが急務だ。今回、災害派遣精神医療チームの支援で転院がスムーズに実現した例がある。

余震がやむ気配はなく、避難所に身を寄せる人は増える一方だ。高齢者ら災害弱者の表情には、疲労の色も濃い。避難生活が長引けば、負担は増すばかりだ。きめ細かな健康管理や心のケアも重要になる。

支え合って、この震災を乗り越えたい。（岩瀬茂美）

飲食物、トイレ 調達急ぐ

県と政府 メーカーなどに要請

県災害対策本部と政府現地対策本部は16日、県庁で合同会議を開き、14日夜から続く地震で避難生活を強いられている人などに向け、飲料水や食料品、避難所の仮設トイレの調達などを急ぐ方針を確認した。

対策本部によると、避難生活を強いられている住民は9万人を超えた（16日午後2時半現在）。県内各地では、同日未明の地震で道路の通行止めがさらに増え、食料品を中心に品薄になるスーパー、コンビニや、休業する飲食店が相次いでいる。また、熊本市を中心に断水が続き、飲料水や生活用水も不足している。

このため県は、政府に対し、あらゆる物流ルートを使って飲料水や食料品を熊本に送るようメーカーや運送業界への働き掛けを要請。市町村と調整しながら、給水車の手配なども進めている。

政府現地対策本部の松本文明内閣府副大臣は「店舗には早く再開してもらい、通常以上に商品を並べるよう求めたい」と述べた。

断水している地域では、水洗トイレが使えない。このため県は、事業者や他県などから避難所用の仮設トイレを借り入れる。さらに、水を使わない携帯型簡易トイレを数万個単位で政府に提供を求めている。（蔵原博康、太路秀紀）

自衛隊2万5千人態勢に　政府

政府は16日、熊本地震による被害拡大を踏まえ、被害の全容把握と被災者の救命、救出活動に全力を挙げた。安倍晋三首相は同日朝の4回目の非常災害対策本部会合で「住民の安全確保を最優先に、災害応急対策に政府の総力を結集し取り組む」と強調した。自衛隊は1万5千人の派遣規模を18日までに、2万5千人態勢に拡充する。

政府は南阿蘇村を中心に道路寸断などのため孤立している住民らへの救援を急いだ。首相は①倒壊家屋に取り残された人の救出②避難場所の確保③物資や医療の提供―に万全を期すよう指示。「情報を正確に国民にお伝えしていく」と官邸で記者団に説明した。

政府は午後に6回目の対策本部会合を開催。首相は「夜間の救命、救出活動は極めて困難になるが、人命第一で全力を尽くしてもらいたい。被災した高齢者や、乳幼児らに十分な目配りが必要だ」と述べた。被災者の避難長期化に備えて「住環境の確保などに万全を期してほしい」と訴えた。被災地では天候悪化が予想されており、首相は記者団に対し「土砂崩れなどの二次被害が懸念される。被害拡大防止に万全を期す」と決意を示した。

非常災害対策本部会合で発言する安倍首相（左から2人目）＝16日午後、首相官邸

識者評論　熊本地震

誘発繰り返し広がる

名古屋大地震火山研究センター教授　山岡 耕春

地震は地下の岩盤が突然ずれ動くことで発生し、その岩盤のずれを断層と呼んでいる。いったん断層がずれると、ずれた断層面が不安定になると同時に、周辺にひずみのしわ寄せを与える。このことによって多くの地震が誘発される。誘発された地震はさらに別の地震を誘発するものの、地震活動は盛衰を繰り返しながら収まっていくのが通例である。

地震学の約束として、一連の地震のうち最もマグニチュード（M）の大きな地震を「本震」と呼び、本震の前に発生した一連の地震を「前震」、本震の後に発生した地震を「余震」と呼んでいる。これらの呼び方は単なる約束事だ。多くの場合、最初に発生した地震の規模が最大となることが多く、その場合最初の地震を本震と呼ぶ。

しかし、誘発された地震のほうが大きくなることもそれほど珍しくない。その場合は最初の地震は前震と呼ばれることになる。どちらの場合も、発生した地震が周辺の地震を誘発することには変わりがない。

地震によって断層がずれ動くと、その両側にひずみのしわ寄せが起きる。つまり、ずれた断層の両側が最も地震が誘発されやすい場所になる。熊本地震は、北東から南西方向に延びた日奈久断層の北東部がずれて発生した。4月15日未明に発生した地震（M6・4）は、4月14日に発生した熊本地震（M6・5）でずれた断層の南西側で発生した。同じように、4月16日未明のM7・3の地震は、北東側で発生した。この地震によってずれた断層は北東に延びて阿蘇山の外輪山内部にまで達し、誘発の原因となった熊本地震よりも規模が大きかった。このように、熊本地震に端を発する一連の地震は、誘発に誘発を繰り返しながら活動域を広げていった。

気になるのは、一連の地震の北東延長上に当たる大分県で発生した地震だ。震源分布をみると熊本から大分にまで断層がずれ動いた形跡はない。別府付近の地震は、ひずみのしわ寄せによる誘発ではなく、ひずみの変化や強い揺れによって地下の熱水やマグマの活動に変化をもたらしたことによる活動と見なすことも可能である。火山や地熱地域では、このような地震活動がしばしば発生する。ただし、現在はM5クラスの地震であるが、一回り大きなM6クラスの地震発生も想定すべきであろう。

熊本から大分を越えたさらにその東側には、中央構造線断層帯という第一級の活断層が控えている。この活動にまで影響を及ぼすかどうか。万一、大分付近で大きな地震が発生するようなことがあればそこまで想定する必要はあるが、現時点で判断するのは時期尚早であろう。

◇やまおか・こうしゅん　1958年新潟県生まれ。東京大大学院修了。東京大地震研究所助手などを経て現職。地震予知連絡会副会長、火山噴火予知連絡会委員。

熊本入り中止

首相、被害拡大で

与野党は16日、熊本地震の被害拡大を受け、安倍晋三首相（自民党総裁）が衆院北海道5区補欠選挙の応援のため検討していた17日の現地入りを取りやめるなど、幹部の予定変更が相次いだ。

首相は16日の被災地視察も中止した。首相出演で17日に放送する予定だったフジテレビのバラエティー番組も、地震の特別番組に差し替えると同社が発表した。

首相の動静　16日

【午前】3時28分、公邸から官邸。報道各社のインタビュー。29分、危機管理センターで世耕弘成官房副長官ら。5時10分、地震非常災害対策本部会議。24分、高市早苗総務相、塩崎恭久厚生労働相、林幹雄経済産業相、石井啓一国土交通相、河野太郎防災担当相。43分、危機管理センターで河野防災担当相ら。11時18分、危機管理センターで菅義偉官房長官、河野防災担当相。34分、地震非常災害対策本部会議。【午後】0時33分、菅官房長官。1時55分、西村泰彦内閣危機管理監。6時20分、危機管理センターで菅官房長官、河野防災担当相。9時17分、報道各社のインタビュー。49分、公邸。宿泊。

きょうの天気

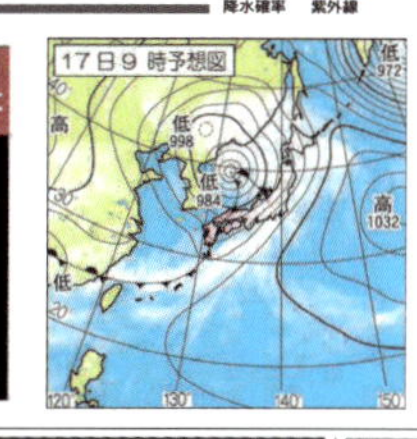

のち　一時、時々　%降水確率　1～5紫外線

17日は初め大雨の恐れ。地盤が緩み、土砂災害に十分警戒を。午後は晴れる。南西の風、波は強くのち西の風、波は熊本、芦北1.5のち0.5メートル、天草4のち1.5メートル。18日は北の風のち西の風、曇り一時雨。波は熊本、芦北0.5メートル、天草1.5メートル。

	荒尾玉名	山鹿菊池	甲佐山都	阿蘇	熊本	八代	人吉	水俣	天草
紫外線	3	3	3	3	3	3	3	3	3
気温	16～21℃	15～21℃	16～22℃	13～19℃	17～22℃	16～21℃	15～22℃	15～20℃	13～21℃
朝	50	50	50	50	50	50	50	40	40
昼	10	10	10	10	10	10	10	0	0
夜	0	0	0	0	0	0	0	0	0

あすからの8日間　予想は熊本地方

18(月)	19(火)	20(水)	21(木)	22(金)	23(土)	24(日)	25(月)
12～17℃	11～24℃	12～26℃	15～24℃	16～25℃	16～24℃	13～23℃	10～23℃
60	10	30	70	40	40	30	30

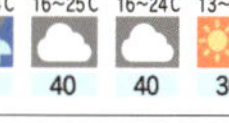
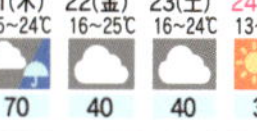
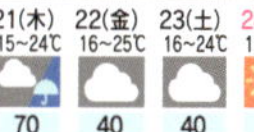
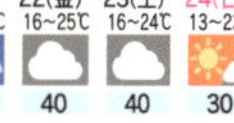
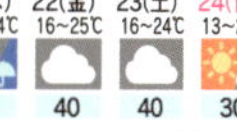
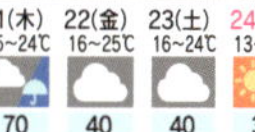

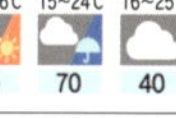
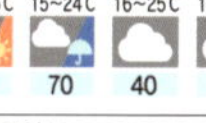

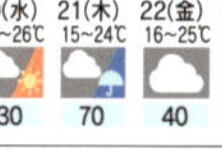

3　総合　平成28年（2016年）4月17日　日曜日　熊本日日新聞　（第3種郵便物認可）

阿蘇、大分へ　想定外の拡大

熊本地震 M7.3

さらなる連鎖 可能性も

14日に震度7を記録したマグニチュード（M）6.5の地震後、余震が減る傾向が続いていた熊本地震は、16日未明の震度6強（M7.3）を境に、これまでにない動きを見せた。地震は当初から集中した「日奈久断層帯」から、隣接する「布田川断層帯」へ、さらに離れた阿蘇地方や大分県域へ拡大。阿蘇山の火山活動への影響も懸念されている。【1面参照】

「過去100年間、日本の内陸で起きたM6・5前後の地震は（大きな地震の後、小さな地震が続く）本震―余震型だった。今回もそう推移すると思った」。16日午後の記者会見で、気象庁の橋本徹夫地震予知情報課長は語った。気象庁は14日の会見で「1週間は震度6程度の余震に注意を」と呼び掛けたが、「阿蘇や大分に拡大するとの想定はなかった」と橋本課長は振り返る。

導火線

震度1以上の地震は15日朝から1時間に4回以下まで減っていたが、16日未明に急増。午前4時台には14回に達した。午前中に震度6強が2回、6弱が2回と、大きな地震が起きた。

熊本、阿蘇、大分。震源は布田川断層帯を北東方向に延長したほぼ一直線上に並ぶ。青木元・地震津波監視課長は「何らかの関係はあると思うが、どういう関連かは分からない」と話す。

なぜ地震の発生は拡大したのか。産業技術総合研究所の吾妻崇主任研究員（変動地形学）は「大きな地震が起きると、地殻変動や地震波によって、周辺で地震が誘発されることがある」と説明する。名古屋大の鷺谷威教授（地殻変動学）も「もともと力がたまっていて、（動く）準備はできていた。その導火線に火が付いたような形だった」とみる。

大分の地震を引き起こしたのは「別府―万年山断層帯」とみられる。熊本側の断層帯とどの程度強い関係にあるかははっきりしないが、一続きの構造だとみられている。

一方、熊本―大分の延長線上には、本州を横切るように走る中央構造線断層帯があり、四国電力伊方原発が立地する愛媛県の佐田岬半島と並走している。

地震の連鎖が四国まで及ぶかどうかについては、吾妻研究員は「16日未明のM7・3の地震が直接影響するとはあまり考えられない」と否定的だ。だが「別府―万年山断層帯でもっと大きな地震があれば、連鎖が起きる可能性はある」とする。

活発化

もう一つの懸念は阿蘇山への影響だ。16日は午前4時前に周辺で震度6強が発生。午前8時半には小規模噴火があった。気象庁は現状について「周辺の火山活動に特に活発化している様子はない」と説明する。ただ、阿蘇火山博物館（阿蘇市）の須藤靖明学術顧問（火山物理学）は「今のところ灰を出すだけだが、それで済むかは分からない」と危ぶむ。

須藤顧問は「熊本から大分まで、九州を横切る大きな断層の一つで地震活動が活発化したように見える。その真ん中にあるのが阿蘇山だ」と指摘。一連の活動の影響により「中岳第1火口で昨年まであった活動がぶり返す可能性がある。2年ほど前に見つかったマグマだまりには、まだマグマが残っており、それが出てくるような噴火になるかもしれない」と話す。

表層深層

地表に割れ目「横ずれ」確認

益城町の断層帯ルポ

阿蘇火山博物館・須藤学術顧問と歩く

16日未明、県内を襲い大きな被害を出したマグニチュード（M）7・3の地震。元京都大教授で阿蘇火山博物館（阿蘇市）の学術顧問、須藤靖明さん(72)と益城町を歩き、地下でずれた断層が地表に現れている状態を確認した。（鹿本成人）

◇　◇

同町上陳の津森小近く。黄土色の農地に目をこらしながら車を走らせると、東西に伸びる黒っぽい1本の線が現れた。「あれだ」。須藤さんが指差す先では、農地に段差ができていた。

この周辺は、地震を起こした「布田川断層帯」にあたり、地下で活動した断層が地表に達したとみられる。地面は左右に約50センチ、高さ30センチほどのずれがあり、割れ目は幅15センチほど開いている。「地盤が南北に引っ張られた結果できる『横ずれ断層』だ」と須藤さん。断層はうねりながら農地を進み、ハウスをくぐって水路を横切り、1キロほど先の集落まで続いていた。

「集落の向こうに、V字形の谷が見える。この断層は、あの谷へ続いているはずだ」。須藤さんは表情を硬くする。

集落では、被害の深刻さに目を覆いたくなる。民家は傾き、石垣やブロック塀が崩れている。断層はいくつにも枝分かれして集落を縦横に走る。道路を横切って段差をつくり、ブロック塀を壊して民家の下に延びている場所もある。

自宅前の道路にできた段差を補修していた会社役員の男性(59)は「（16日未明の地震では）たんすの下敷きになったが、助かって良かった。だが家は傾いてしまった」。作業の手を止め、複雑な表情で自宅を見上げた。

須藤さんは、民家のすぐ横を通る断層を見つめながら「日本に住む限り、地震を起こす断層を避けることはできない」とつぶやいた。

須藤靖明さん

写真左は、16日未明に起きたM7.3の地震に伴い地表に現れたとみられる横ずれ断層。この場所では左右に約50センチ、高さ30センチずれていた＝16日午後3時40分ごろ、益城町上陳付近。右は益城町内で地表に出現した断層（右上から左下）

熊本地震 教訓と課題 (中)

2016.4.17

熊本県は14日夜の震度7の後、激しい揺れに繰り返し襲われ、16日には震度6強が相次いだ。多数の家屋が倒壊しており、大半の住民が自宅で命を落とした。災害時に対応拠点となるはずの市役所が損壊したケースもあった。専門家は「命を守るために耐震化を急がなくてはいけない」と訴える。

14日夜に震度7を記録した益城町では16日、倒壊した住宅から女性の遺体が運び出された。母親によると、余震を警戒し「車で眠るようにしよう」と家族と話していたが、15日は電気がついたので部屋を片付けた後、女性は1階の寝室で寝ていたという。そこを揺れに襲われ、犠牲になった。

1995年の阪神大震災の発生直後、被災者を調査した東京女子大の広瀬弘忠名誉教授（災害心理学）は「当時は本震が強烈だったため、怖くて自宅に戻りたくないという人が多かった」と話す。一方、今回はいったん避難所に身を寄せた後、自宅に戻った人も多かったとみられる。

被災地では建物の安全性を診断する専門家が不足しており、自宅が安全かどうかはすぐには分からない。「傾きなどで居心地が悪かったり、建物が揺れやすくなっていたりといった変調があれば、危険な可能性がある」。東京工業大の山田哲教授（建築構造）はそう指摘する。

広瀬氏も「一見して分からない弱い部分が生じている可能性がある。身の安全を守るために、なるべく自宅に戻らない方がいい」と強調する。

阪神大震災では、81年以前の古い耐震基準で建てられた住宅に被害が集中。国は補助制度を作って耐震改修を促しているが、国土交通省によると、2013年時点で住宅全体の耐震化率は推計約82%にとどまる。

多数の家屋倒壊　耐震補強徹底されず

阪神大震災では、柱だけで支えるピロティ形式の1階部分がつぶれるケースが相次いだ。今回も1階部分が押しつぶされた建物が目立つ。

室崎益輝神戸大名誉教授（防災計画）は、耐震補強が徹底されなかったことが原因との見方を示し「助かった命もあったはずだ」とみる。

16日未明の地震では宇土市の市役所も損壊。築50年以上といい、03年度に「震度6強程度で大きな被害を受ける可能性が高い」と判定され、市が建て替えを検討中だった。

公共施設の多くは高度経済成長期に建ち、全国的に更新時期を迎えている。災害時に避難所になる公立小中学校は国の手厚い補助もあり、文部科学省によると、15年4月1日時点で95・6%が耐震化を完了。一方、市役所や役場などの庁舎は総務省消防庁の15年3月末時点調査で74・8%と「財政力の弱い自治体ほど対策が後回しになっている」（自治体関係者）のが実情だ。

大規模地震に耐えうる新耐震基準で建てられた建物なら、震度6強の揺れが繰り返しても「まだ余裕はあるはずだ」と山田教授は言う。「老朽化した建物が使われているのは危険で、耐震化を急ぐべきだ」と指摘した。

公共施設の耐震化率

施設種別	耐震化率
公立小中学校	95.6%
消防本部・消防署	86.1
診療施設	85.2
庁舎	74.8

※2015年3月末時点、総務省消防庁調べ。公立小中学校は15年4月1日時点、文部科学省調べ

Q&A 広がる震源

布田川断層の延長／地下の圧力変化か

熊本県の地震が活発化しています。

Q 活断層が地震を起こしているの？

A はい。日本列島の地殻はプレート（岩板）運動などの影響で圧力がかかっています。活断層はこの力でずれて、地震を起こします。国内には、水平方向に押しつぶす力でずれる断層が多いのですが、九州では水平方向に引き延ばす力でずれる断層も多いです。

Q 16日の地震を起こした断層は？

A 地震後に地表に現れた断層を研究者が確認しました。地震を起こした「布田川(ふたがわ)断層帯」の一部とみられます。南北に引っ張られてずれる断層で、断層を挟んで反対側が右にずれる「右横ずれ」を起こします。

Q 14日夜の地震も同じ断層で起きたの？

A 政府の地震調査研究推進本部は、布田川断層帯の隣の、日奈久断層帯の一部が動いたとしていますが、複数の活断層研究者が「二つは布田川断層帯が動いたことによる地震と考える方が自然だ」としています。

Q 阿蘇山や大分県でも地震が起きているの？

A 布田川断層帯の北東延長方向にある阿蘇山の内側や大分県でも地震が起きています。関連性はよく分かりませんが、16日未明の地震で地下の圧力などに変化が起きて、阿蘇山の地下での活動が活発化し、大分側の地震を誘発したとの見方も出ています。

Q 断層が大分まで延びているの？

A 火山の地下は熱で軟らかくなっていて割れにくく、断層ができにくいと考えられています。噴火で出た火山灰などが厚く積もっていて、断層があっても見つけるのは難しいそうです。大昔にできた巨大断層が阿蘇山の地下を通っているとの指摘もありますが、大分県側と熊本県側では断層のずれ方が異なっていることから、同じ断層ではないと考えられます。

Q ほかの断層が動いたりしないのかな？

A 大分県の対岸に当たる四国には、東西方向に延びる中央構造線断層帯という巨大な活断層があります。研究者によると、中央構造線への圧力のかかり方が九州の断層とは異なっており、直ちに影響すると考える研究者は少なそうです。むしろ、今回の震源断層につながる活断層で不安定になっているものがあり、これらが動いて地震が起きることを心配する専門家は多いようです。

地震多発 過去2番目　気象庁

気象庁は16日、熊本地方で14日夜に震度7を観測して以降、一連の地震発生回数が、2004年の新潟県中越地震に次ぐ過去2番目のペースで多発していると明らかにした。16日午後8時現在、322回発生し、うち震度7は1回、6強3回、6弱3回、5強1回、5弱6回、4は52回に上る。

16日午前1時25分ごろに起きた震度6強について、気象庁は記者会見で「14日以降に発生した地震の本震と考えられる」との見解を示した。担当者は「熊本県から大分県にかけて地震活動が活発化している」と述べ、今後1週間程度、最大震度6弱の余震に警戒を呼び掛けた。16～17日には周辺で大雨が見込まれ、土砂災害にも注意を求めている。本震とみられる地震のマグニチュード（M）は7・3で1995年の阪神大震災と同規模。「横ずれ断層型」とみられる。長周期地震動は最も強い「階級4」（立っていることができない）を県内で観測した。

小規模噴火を観測　地震との関連不明　阿蘇中岳

福岡管区気象台は16日、阿蘇中岳で午前8時半ごろ、高さ約100メートルの噴煙を伴うごく小規模な噴火を観測したと発表した。14日から続く一連の地震との関連は現時点では不明という。噴火は3月4日以来。

阿蘇市役所に常駐する気象台職員が、火山灰を含む乳白色の噴煙を目視で確認した。断続的な地震にかき消され、火山性微動は正確に観測できていないという。

気象台は「依然として噴火警戒レベル2（火口周辺規制）の範囲内で、引き上げる必要はない。引き続き注視する」としている。（上杉勇太）

情報処理技術試験　九州地方全て中止

独立行政法人情報処理推進機構・情報処理技術者試験センターは16日、17日に実施予定の「春期情報処理技術者試験」のうち熊本など九州7県（沖縄を除く）での試験をすべて中止すると発表した。熊本、大分を中心にした地震による影響を考慮した。

九州7県の8試験地か、災害救助法適用市町村に該当する地域に住所登録している受験者は、次回への振り替え、または受験手数料の返還を行う。対象者は約9000人に及ぶ。同センター企画グループ☎03（5978）7600。

県内の本震震度

16日午前1時25分ごろ発生した地震の県内の震度は次の通り。

【震度6強】南阿蘇村河陽、菊池市旭志、宇土市浦田町、大津町大津、嘉島町上島、宇城市松橋町、宇城市小川町、宇城市豊野町、合志市竹迫、中央区大江、東区佐土原、西区春日

【6弱】阿蘇市一の宮町、阿蘇市内牧、南阿蘇村中松、南阿蘇村河陰、八代市鏡町、玉名市横島町、玉名市天水町、菊池市隈府、菊池市泗水町、大津町引水、菊陽町久保田、御船町御船、美里町永富、美里町馬場、宇城市不知火町、山都町下馬尾、氷川町島地、合志市御代志、和水町江田、南区城南町、南区富合町、北区植木町、上天草市大矢野町、天草市五和町

【5強】南小国町赤馬場、小国町宮原、産山村山鹿、高森町高森、南阿蘇村吉田、八代市平山新町、八代市松江城町、八代市千丁町、玉名市中尾、山鹿市菊鹿町、山鹿市鹿本町、山鹿市鹿央町、菊池市七城町、玉東町木葉、長洲町長洲、甲佐町豊内、氷川町宮原、芦北町芦北、芦北町田浦町、上天草市松島町

【5弱】阿蘇市波野、八代市東陽町、八代市泉支所、八代市坂本町、荒尾市宮内出目、玉名市岱明町、山鹿市老人福祉センター、山鹿市山鹿、南関町関町、宇城市三角町、山都町大平、山都町今、和水町板楠、人吉市西間下町、あさぎり町須恵、山江村山田、水俣市牧ノ内、津奈木町小津奈木、上天草市姫戸町

【4】八代市泉町、玉名市築地、山鹿市鹿北町、人吉市蟹作町、錦町一武、あさぎり町免田東、あさぎり町上、あさぎり町岡原、あさぎり町深田、多良木町多良木、多良木町上球磨消防署、湯前町役場、水上村岩野、相良村深水、五木村甲、球磨村渡、水俣市陣内、苓北町志岐、上天草市龍ケ岳町、天草市本町、天草市牛深町、天草市天草町、天草市倉岳町、天草市河浦町、天草市有明町、天草市栖本町

【3】天草市新和町、天草市本渡町本渡、天草市御所浦町

きょうの歴史　4月17日

▽1962（昭和37）年

全国で初めての移動厚生省が蘇陽町（現山都町）で開かれ、へき地の保健福祉水準に関する調査などがあった。

▽1934（昭和9）年　山田珠一・熊本市長が死去した。68歳。九州日日新聞社長、衆院議員を務めた。県近代文化功労者。

きょうの動き

■ 首長の日程 ■

【大西熊本市長】終日　庁内打ち合わせ
【山下荒尾市長】地震災害対応
【高嵜玉名市長】地震災害対応
【荒木合志市長】地震災害対応
【元松宇土市長】地震災害対応
【守田宇城市長】地震災害対応
【中村八代市長】地震災害対応
【中村天草市長】終日　庁内協議

（第３種郵便物認可）　熊本日日新聞　平成28年（2016年）4月17日　日曜日　総合　4

震える大地　生活引き裂く

4・16 熊本地震ドキュメント

【1面参照】

１時25分	南阿蘇村や菊池市、宇土市、大津町、嘉島町、宇城市、合志市、熊本市で震度６強の地震
同	南阿蘇村の市原スミ子さん（60）は同村の黒川に架かる阿蘇大橋が崩れるのを目撃。「地震がドーンときてワリワリワリと音がした」
同	宇土市役所は半壊。元職員の池田信夫副市長は「やりきれない思いだ」と嘆いた
１時30分	菊池市が市内全域の１万8688世帯に避難指示
２時20分	俵山トンネル崩落との情報
２時35分	熊本市中央区で松崎跨線橋が落下との情報。その後、落下ではなく段差の発生と判明。国道３号が全面通行止めに
２時40分	西原村小森で３人生き埋めとの情報
４時30分	阿蘇神社の楼門と拝殿の倒壊を知った市民ら落胆。「阿蘇の魂が崩れた」
同	倒壊の恐れありとされた熊本市民病院の総務課長が「病院内は混乱しており、万一に備えて患者らを１階に待機させた」
４時39分	八代市松崎町のアパート火災で死者１人を確認
４時50分	南阿蘇村河陽地区で「多数の家屋倒壊やがけ崩れで複数が生き埋めになっているもよう」との情報
４時55分	西原村の大切畑ダム堤防から大量に漏水し、村が住民に避難指示
５時50分	嘉島町で家屋全壊が相次ぎ、２人が心肺停止
６時30分	八代市松江城町の八代城跡の石垣が高さ約３㍍、幅約２㍍にわたり崩れているのを市職員が発見
７時30分	気象庁は会見で「16日午前１時25分発生の地震が、今回の一連の地震活動の本震」と発表
同	嘉島町鯰の家屋倒壊現場。80代の父親の死亡が確認された長男（53）は無念の表情で「まだ生きてほしかったが、自然の力にはかなわない」
９時50分	避難者が集まっている熊本市中央区の白川公園などで熊日の号外配布
11時40分	石垣の崩壊が相次いだ熊本城。飯田丸五階櫓は今にもずり落ちそうな状態
12時50分	断水が続く熊本市で、市役所前に給水車
13時50分	歌舞伎俳優の市川海老蔵さんらが京都市の京都劇場で公演後、ロビーで募金活動
15時40分	東海大の学生が南阿蘇村のキャンパスにできた地割れをのぞき込み驚く
15時45分～	阿蘇市や八代市などが避難勧告
17時50分	避難勧告した県内の市町村数を聞かれた県の担当者は「集計するまで手が回っていません」

救いたい

約６時間ぶりに救出され、担架で運ばれる女性
＝16日午前７時25分ごろ、南阿蘇村河陽の黒川地区（植山茂）

SOS

阿蘇市立宮地小学校のグラウンドに描かれたＳＯＳの文字＝16日午前11時15分

猛威

地震の被害を受けた南阿蘇村。山では土砂崩れが発生し、阿蘇大橋が崩落した
＝16日午前６時23分

焼失

八代市松崎町でアパートと民家を全焼した火災＝16日午前４時ごろ（平井智子）

脱線

ＪＲ豊肥線の赤水駅付近で脱線した回送列車＝16日午前、阿蘇市

崩れ落ちる

地震で崩れた熊本城の石垣＝16日午後１時50分ごろ、熊本市中央区（横井誠）

伝える

未明に発生した地震の被害を報じる熊日の号外を受け取る人たち
＝16日午前９時45分ごろ、熊本市中央区（園田琢磨）

（第３種郵便物認可）　熊本日日新聞　平成28年（2016年）4月17日　日曜日　スポーツ　10

地震の影響で熊本武道館の外壁を覆っていた石垣が崩壊した＝熊本市中央区

熊本地震 スポーツにも影

平成28年熊本地震の影響がスポーツ界で拡大している。16日にはサッカーＪ２のロアッソ熊本やバスケットボールの男子ナショナルリーグ（ＮＢＬ）の熊本ヴォルターズ、プロ野球の巨人戦などの試合中止が次々と決まった。競技施設へのダメージも出ており、今後も影響は長引く見込みだ。【１面参照】

ロアッソ、活動休止 あすまで

Ｊリーグは16日、京都市で17日に開催予定だったＪ２ロアッソ熊本―京都サンガ戦の中止を発表した。熊本地震の被害が拡大していることを受けた措置。ロアッソは当初、16日に空路で関西入りする予定だった。代替日は未定。

また、ロアッソの運営会社アスリートクラブ熊本は16日、全選手とスタッフの安全を確認し、18日までトップチーム、ユースを含めた全活動を休止することを決めた。活動再開は週明けに判断する。23日に熊本市のうまかな・よかなスタジアムで予定されている熊本―横浜ＦＣ戦の開催についても、今後の状況を見ながら決定する。

16、17両日に予定されたＪ１福岡やＪ２長崎、Ｊ３大分など九州Ｊチームのホーム戦５試合の中止も決まった。（野方信助）

19日藤崎台の巨人戦中止

19日に熊本市の藤崎台県営野球場で予定されたプロ野球の巨人―中日の中止が16日決まった。巨人の堤辰佳ゼネラルマネジャー（ＧＭ）は「来場者の安全を確保する。うちも中日も宿や移動が厳しい状況」と説明し、20日に鹿児島市の鹿児島県立鴨池野球場で組まれている中日戦の開催は検討中とした。また、ソフトバンクは、県内などで続いた地震の影響で、福岡市の本拠地ヤフオクドームで16日予定していた楽天戦を中止した。地震による交通機関への影響と、試合を開催した際の観客の安全確保を考慮した。17日に同球場で予定している楽天戦については今後の状況で判断する。

プロ野球の地震による中止は２００８年６月14日に岩手・宮城内陸地震のため、仙台市のコボスタ宮城（当時Ｋスタ宮城）で予定された楽天―巨人が中止になって以来。

各カードとも、入場券の取り扱いや今後の試合開催日程について、決まり次第告知する。

バックスクリーンが崩れた藤崎台県営野球場。19日に開催予定のプロ野球・巨人―中日は中止となった＝16日午後

水前寺競技場、武道館も被害

熊本市中央区の水前寺付近のスポーツ施設でも、16日未明の地震で被害が拡大した。

以前から老朽化が指摘されていた水前寺競技場（1951年完成）では、耐震工事の最中だったメインスタンドの一部が崩壊。グラウンド通りに面した土留めの擁壁部分も崩れ、自動車よりも大きなコンクリートの塊が歩道に転がっていた。

熊本武道館では、外壁を覆う石垣が崩壊。一部の石はガラス戸を突き破り、屋内になだれ込んだ。３階の柔道場は、天井を覆うボードが崩れ、畳の上に散乱していた。

同武道館の佐藤善衛事務局長は「昨日（15日）はほこりが落ちていたぐらいだった。せっかく掃除したが、やり直し。しばらくは練習にも使えないだろう」と疲れた表情を浮かべていた。

ヴォルターズ 東芝戦を中止

バスケットボール男子のナショナルリーグ（ＮＢＬ）は16日、川崎市で開催予定だった熊本ヴォルターズ―東芝神奈川戦を中止したと発表した。代替日は未定。

ヴォルターズによると、熊本地震の影響で選手の家族らが避難所におり、試合をできる精神状態にはないという。また、練習場の益城町総合体育館が避難所になっているため、今季の残り試合は敵地での試合を含め、「参戦を見送る可能性もある」としている。

15日の試合会場ではヴォルターズと東芝の選手らが被災地への義援金を呼び掛け、44万円余りの募金が集まったという。（野方信助）

ホンダ熊本が日立市長杯棄権 熊日旗中学生バレーは中止

茨城県日立市で開催中の社会人野球、日立市長杯に出場していたホンダ熊本は16日以降の試合を棄権した。

第19回熊日旗熊本市地区中学生バレーボール大会（23～24日、富合中など）は中止が決定した。

サッカー高円宮杯Ｕ―18プレミアリーグ西地区は、17日に大津町運動公園で実施する予定だった大津高―東福岡高は延期となった。実施日は未定。

18、19日に第１週を延期していた熊本四大学野球は、23、24日に再び開幕を延期した。会場は藤崎台県営野球場。

リオ「金メダル目指す」

ボクシング男子ライト級 成松 大介（熊本農高出）

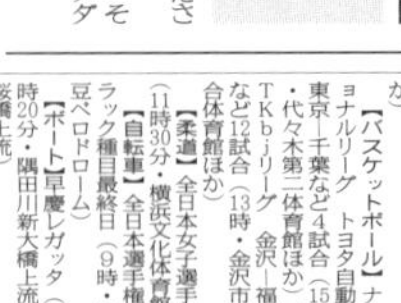

リオデジャネイロ五輪に向けて意気込みを語るボクシング男子ライト級の成松大介（自衛隊体育学校、熊本農高出）＝熊日本社

ボクシングのリオデジャネイロ五輪アジア・オセアニア予選（中国・遷安）の男子ライト級で３位となり、五輪出場を決めた熊本農高出身の成松大介（自衛隊体育学校）が15日、熊日本社を訪れ、「金メダルを目指す」とリオ五輪への意気込みを語った。

―出場を決めた時の気持ちはいかがでしたか。

「すごくうれしかった。４年前のロンドン五輪に行けなかったので『次は自分が行くんだ』と思って頑張ってきた」

―準決勝は悔しい敗戦でした。

「１度勝っている相手だったので、負けるイメージはなかった。どう攻めればいいか、イメージ通りに試合を運べたので、勝ったと思っていた。負けはしたが悔いはなかった」

―準決勝で敗れたショックを引きずらず、３位決定戦を勝ちましたね。

「準決勝で負けて落ち込みはしたけれど、『次を勝てば五輪に行ける』と切り替えた。３位決定戦では、第１ラウンドから圧倒的に差をつけて、自分のペースに持っていこうとした。第３ラウンドは体力が落ちたが、第１、第２ラウンドの貯金が効いた」

―五輪での目標を教えてください。

「出場することが目標では、その先はない。出るからには金メダルを目指す」

園田・嘉村組（八代東高出）決勝へ

バドミントン シンガポールＯＰ

バドミントンのシンガポール・オープンは16日、シンガポールで各種目の準決勝が行われ、ダブルスは女子の高橋礼華、松友美佐紀組（日本ユニシス）と男子の園田啓悟、嘉村健士組（トナミ運輸、八代東高出）がともに中国ペアを破って決勝へ進んだ。女子シングルスでは山茜（再春館製薬所）が世界ランキング２位のラチャノック・インタノン（タイ）に敗れた。

◇

バドミントンのシンガポール・オープンは15日、シンガポールで各種目の準々決勝が行われ、女子シングルスで山口茜（再春館製薬所）が世界ランキング１位のカロリナ・マリン（スペイン）を２―１で破り、４強入りした。

ダブルスは福万尚子、與猶くるみ組（再春館製薬所）が韓国ペアに敗れた。混合の数野健太、栗原文音組（日本ユニシス）は敗退した。

ボクシング

▽日本ライト級タイトルマッチ10回戦（16日・島津アリーナ京都）

荒川仁人（ワタナベ）　判定　徳永幸大（ウォズ）

61・0㌔　61・0㌔

（荒川は新王者）

◇第47回県高校ソフトテニス選手権八代大会（９、10日・八代コミュニティ広場）

【男子】▽準決勝　江崎・荒木（文徳）４―３中尾・関（玉名工）、緒方駿・緒方智（文徳）４―２古田・佐藤（済々黌）▽決勝　江崎・荒木４―２緒方駿・緒方智

【女子】▽準決勝　中川・小村（八代東）４―０千葉・佐藤（天草工）、山本・平野（八代東）４―２竹原・上田（同）▽決勝　中川・小村４―１山本・平野

東建男子ゴルフ第３日

重永、永野 ４打差２位

第３日、キャップに喪章を付けラウンドした重永亜斗夢＝東建多度ＣＣ名古屋

東建ホームメイト・カップ第３日（16日・三重県東建多度ＣＣ名古屋＝7081ヤード、パー71）昨季賞金王の金庚泰（韓国）が５バーディー、１ボギーの67で回って通算11アンダーの202とし、首位を守った。

６位スタートの重永亜斗夢が67で回って、永野竜太郎、近藤共弘とともに４打差の２位。さらに３打差の５位に薗田峻輔ら３人が続いた。

３位で出た池田勇太と片山晋呉はスコアを落として８位に後退した。（出場61選手＝アマ１、晴れ、気温18・８度、南南西の風２・６㍍、観衆7853人）

◇東建ホームメイト・カップ　第３日成績（パー71）

-11	①	金　庚泰（韓）	202=68 67 67（33 34）
-7	②	[illegible]	206=[illegible]
	②	[illegible]	206=[illegible]
	②	[illegible]	206=[illegible]
-4	⑤	[illegible]	209=[illegible]
	⑤	[illegible]	209=[illegible]
	⑤	[illegible]	209=[illegible]
-3	⑧	[illegible]	210=[illegible]
	⑧	[illegible]	210=[illegible]
	⑧	[illegible]	210=[illegible]
	⑧	Ｊ・パグンサン（比）	210=[illegible]
	⑧	池田　勇太	210=66 72 72（34 38）

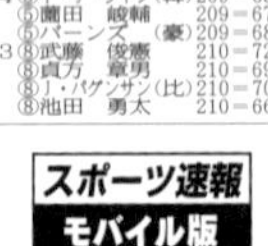

地震襲う故郷 熊本のため…

「最後 入れたかった」

四つスコアを伸ばして迎えた最終18番。３㍍のバーディーパットがカップをかすめるようにして止まると、重永亜斗夢は思わず天を仰いだ。首位とは４打差の２位。昨季賞金王にもう一歩迫れず「最後が悔やまれる。何としても入れたかった」。言葉に実感がこもった。

熊本市出身。故郷を地震が襲っている。帰りを待つ娘２人は、身を守るために昨夜は車内で過ごしたという。「すぐにでも帰りたい」との気持ちだが、妻の和歌子さんからは「こっちのことは任せて。義援金ができるくらい稼げるように頑張って」とハッパを掛けられた。

益城町出身で、同い年の永野竜太郎とともにキャップに喪章を付け「下手なスコアでは回れない」。２番（パー４）で２打目を逆風の中、ピン横１㍍に落としてバーディー。昨シーズン後半からフォームを改造したティーショットが安定しない中、小技でカバー。５番、11番はチップインバーディーで観客を沸かせた。

簡単な差ではないが、逆転でのツアー初優勝はあきらめていない。「竜太郎とどうにかしてやろうという気持ち。何とか踏ん張っていきたい」。故郷へ、そして家族に最高の結果を届けたい。（藤原慎）

地元のため全力で

◎…益城町出身の永野竜太郎は４バーディー、２ボギー。最終18番では10㍍のパットを沈め、大歓声を浴びて「温かい声援をもらっているので応えないといけないと思った」と振り返る。16日未明の地震で熊本市の実家マンションの玄関が開かなくなった。隣の住民にバールでこじ開けてもらい、母と祖母は一夜を駐車場で明かした。「どんどん状況がひどくなる」とプレー中も家族の様子が頭をかすめる。体調も万全とは言えないなか、ツアー初優勝に望みをつないで迎える最終日。「全力でやって、少しでも地元のためになれたら」と表情を引き締めた。

第３日、13番でティーショットを放つ永野竜太郎。通算７アンダーで２位＝東建多度ＣＣ名古屋

野村、12位浮上 米女子

【カポレイ（米ハワイ州）共同】米女子ゴルフのロッテ選手権は15日、ハワイ州カポレイのコオリナＧＣ（パー72）で第３ラウンドが行われ、26位から出た野村敏京が５バーディー、ボギーなしの67で回り、通算６アンダーの210で首位と７打差の12位に浮上した。

宮里美香は６バーディー、２ボギーの68で通算２アンダーとして63位から32位に。宮里藍は73と一つ落とし、イーブンパーの45位。ケイティ・バーネット（米国）が67をマークし、通算13アンダーで単独トップに立った。

岩田63位で予選を通過 米男子

米男子ゴルフのＲＢＣヘリテージは15日、サウスカロライナ州ヒルトンヘッドのハーバータウン・リンクス（パー71）で第２ラウンドが行われ、36位から出た岩田寛は１バーディー、３ボギーの73とスコアを落とし、通算２オーバー、144の63位で予選を通過した。ジェーソン・デー（オーストラリア）とチャーリー・ホフマン、ケビン・チャペル（ともに米国）が通算６アンダーでトップに並んだ。（共同）

きょうのスポーツ

【野球】東京六大学リーグ　立大―法大、明大―東大（11時・神宮）▽関西学生リーグ　同大―近大、京大―立命大（10時30分・大津市皇子山）▽首都大学リーグ　桜美林大―帝京大（13時・大田スタジアム）

【ゴルフ】東建ホームメイト・カップ最終日（８時・三重県東建多度ＣＣ名古屋）

【陸上】日本選手権50㌔競歩（７時30分・輪島市日本陸連公認コース）

【サッカー】プレナスなでしこリーグ第４節最終日（13時・浦和駒場スタジアムほか）

【バスケットボール】ナショナルリーグ　トヨタ自動車東京―千葉など４試合（15時・代々木第二体育館ほか）▽ＴＫｂｊリーグ　金沢―福岡など12試合（13時・金沢市総合体育館ほか）

【柔道】全日本女子選手権（11時30分・横浜文化体育館）

【自転車】全日本選手権トラック種目最終日（９時・伊豆ベロドローム）

【ボート】早慶レガッタ（15時20分・隅田川新大橋上流―桜橋上流）

【ボクシング】東洋太平洋ライト級タイトルマッチ　中谷正義（井岡）―闘将青木誠（グリーンツダ）12回戦、日本スーパーフライ級タイトルマッチ　石田匠（井岡）―船井龍一（ワタナベ）10回戦ほか10回戦１試合（17時・エディオンアリーナ大阪）▽日本スーパーウエルター級タイトルマッチ　野中悠樹（井岡弘樹）―清水優人（木更津グリーンベイ）10回戦（12時30分・エディオンアリーナ大阪）

【競馬】皐月賞（15時40分・中山）

プロ野球 きょうの予告先発

巨人＜今村＞―広島＜福井＞＝14時・東京ドーム

ヤクルト＜原樹＞―ＤｅＮＡ＜山口＞＝13時・松山

中日＜ネイラー＞―阪神＜岩田＞＝14時・ナゴヤドーム

日本ハム＜大谷＞―ロッテ＜スタンリッジ＞＝14時・札幌ドーム

オリックス＜西＞―西武＜バンヘッケン＞＝13時・ほっともっとフィールド神戸

ソフトバンク＜武田＞―楽天＜釜田＞＝13時・ヤフオクドーム

Ｊリーグ

◇明治安田Ｊ２第８節最終日　金沢―愛媛（13時・石川西部）　清水―讃岐（13時・アイスタ）　岐阜―松本（13時・長良川）　徳島―山口（13時・ポカリ）　山形―札幌（14時・ＮＤスタ）　千葉―町田（16時・フクアリ）　Ｃ大阪―北九州（16時・ヤンマー）　横浜ＦＣ―東京Ｖ（17時・ニッパツ）

ライフライン断裂 より深く

断水37万戸、停電8万戸

熊本市などで震度6強を観測した16日未明の地震で、電気、ガス、水道、交通といった県内のライフラインは再び大きな被害に見舞われた。【1面参照】

九州電力熊本支社によると、一時約20万戸が停電。午後8時以降も熊本都市圏や阿蘇地方を中心に約8万戸が停電した。電柱の倒壊や電線の断線が原因で、3600人態勢で復旧に当たっている。

水道は全県で約37万戸が断水。熊本市や益城町、大津町、菊陽町がほぼ全戸で断水した。ほかにも戸数が把握できない市町村や濁水が生じている地域もある。

西部ガスは、火災など二次災害を防止するため、熊本市全域と周辺の6市町で約10万5千戸の供給を停止した。

NTTの固定電話は阿蘇地方などで不通。携帯電話も同地方で利用できないか、つながりにくい状態。

公共交通機関もまひ状態。JRは九州新幹線、在来線とも、始発から県内の全線を運休した。第三セクターの南阿蘇鉄道、くま川鉄道も運休。熊本市電と熊本電鉄も運行を見合わせた。肥薩おれんじ鉄道は肥後高田―川内（鹿児島）間で再開した。

路線バスは、道路の破損や余震で安全な運行を確保できないとして、熊本市周辺を中心に運行を見合わせた。

高速道路は九州自動車道植木IC―八代IC間などが通行止め。このため、福岡―熊本間など主要な高速バスも17日までの終日運休が決まっている。

航空各社は、熊本空港ターミナルビルが天井の一部崩落やガラスの飛散で閉鎖されたため臨時便を含む熊本発着便を全便欠航した。17日も全便欠航する。

フェリーは、熊本港の可動橋の損傷などで島原港（長崎）と結ぶ熊本フェリー、九商フェリーが運行できない状態が続いている。

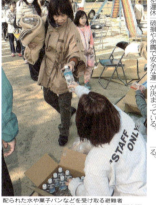

給水所で持参したポリタンクに水をためる住民＝16日午後0時ごろ、熊本市中央区（富田ともみ）

水や食料を求めて列をつくる買い物客ら＝16日午後2時50分ごろ、熊本市南区（高宗亮輔）

配られた水や菓子パンなどを受け取る避難者＝16日午前8時10分過ぎ、熊本市中央区（石本智）

休業、品切れ相次ぐ

小売店　給油に長蛇の列

16日未明に熊本市などで発生した最大震度6強の地震を受け、県内では、休業する小売店が相次いだ。営業中の店は水や食料、日用品を買い求める住民であふれたが、商品の補充が難しく、品切れが目立った。

マックスバリュ九州はスーパー2店を通常通り営業。熊本市西区の新土河原店では、水やインスタント食品のほか、カットフルーツ、総菜などが飛ぶように売れた。水は通常の30倍を発注したが「日用品も含めて道路の状況次第。明日以降も商品をそろえられるかは分からない」と話した。17日は休業する可能性があるという。

鶴屋百貨店の「フーディワン」4店は、屋外に臨時売り場を設けた。同市東区の御領店では、飲料、弁当、ティッシュなどを販売。担当者は「物流が間に合わない。店員と最低限の商品がそろい次第、あすも臨時の売り場を設けたい」。嘉島町のイオンモール熊本も駐車場で食料品などを販売した。

MrMaxは熊本市や宇城市のディスカウントストア3店、DCMダイキは熊本市のホームセンター3店を屋外での販売に切り替えた。同市中央区のダイキ本山店は電池や防災用品を買い求める客が殺到。担当者は「再入荷の予定はない。売り切れ次第営業は終了する」と話した。

コンビニも、商品棚の倒壊や欠品が相次ぎ、休業が増えた。ローソンは県内141店中、停電などを免れた店で営業。「高速道路などが寸断され、店への配送が困難になっている。迂回路を探すなどして、一刻でも早く品物を届けたい」。県内289店を展開するセブン―イレブンも、「フランチャイズ店は経営者の判断で対応している」として、営業を中断する店が目立った。

一方、各店に詰め掛けた買い物客からは「食料が手に入らないので菓子で食いつなぐしかない」（熊本市南区の男性会社員）、「自宅のトイレが壊れたので、簡易トイレを買いに来た」（同市中央区の主婦）、「食品を買えて安心した」（同市西区の男性公務員）など、切羽詰まった声が多かった。

中食や外食も休業が目立った。弁当・総菜店のヒライは、店内に商品が散乱し、県内99店の約半数が休業。味千ラーメンは、各地で断水したため、県内60店の大半で休業した。弁当店「ほっともっと」と定食屋「やよい軒」は、停電と断水のほか、従業員が出勤できず、県内計97店の約8割を休業。ファミリーレストランのジョイフルやロイヤルホストも県内の営業を見合わせた。

ガソリンスタンドにも給油する車の長蛇の列ができた。熊本市中央区のセルフ世安SSは「石油元売りから補給されては、売り切れる状態が1日中続いた。給油する際は事前にスタンドに状況を確認した方が無駄足を避けられる」と話した。（経済取材班）

土日営業一部中止

県内4カ所での預貯金払い出し

熊本地震の被災者の預貯金払い出しに対応するため、県内の3信用金庫と県信用組合、日本郵便が、16、17日に益城町を中心に計9カ所の店舗や郵便局で予定していた土日の臨時営業は、16日未明の地震発生を受け、4カ所が中止となった。

熊本第一信金が益城町の益城支店、熊本中央信金が熊本市中央区の本店、日本郵便が益城町の津森局と福田局で予定していた臨時営業を見合わせた。店舗が激しく損傷したり、停電したりしたため。

「ゆうパック」の引き受け一時停止

県内宛て

日本郵便は16日、熊本地震の発生を受け、熊本県内を宛先とする宅配便「ゆうパック」の引き受けを一時停止すると発表した。

生活情報

熊本地震の被災者向けに、飲料水や食料の配布場所、ごみ出しの方法など生活情報をまとめた。熊本市などは各避難所におにぎりやパン、ペットボトルの水やお茶などを配送しているが、避難者の増加に追いついていない。

【全県】県などが県内公共施設や交通拠点で運用している「くまもと無料Wi-Fi」を登録なしで接続できる。1回15分で回数は無制限。ただ、停電した建物では、電気が復旧した後もつながらなくなる場合があるという。

トヨタは地震の影響を受けたエリアの「通れた道マップ」をネットで公開。車に搭載した情報端末から得た通行実績を基に、参考情報として1時間ごとに更新している。

【小国町】避難所は小国ドーム、旧万成小、旧北里小、西里多目的集会所など6カ所。毛布や飲食物などは各自持参。

【南小国町】避難所は町役場ホール、元気プラザ、中原小、りんどうケ丘小、市原小の5カ所。毛布や飲食物はできるだけ持参を。

【阿蘇市】一の宮小や阿蘇小など6カ所の避難所のほか、老人福祉施設や宿泊施設が自主的に避難所を設けた。保健師が巡回し、健康相談などに応じる。自衛隊が一の宮小などで給水、炊き出しをする。一部避難所では毛布や乾パンなども配布。市役所☎0967(22)3111。

【産山村】産山小など4カ所の避難所と、村役場で飲料水や生活用水を提供。村役場☎0967(25)2211。

【高森町】避難所は高森総合センター、芙蓉館、草部総合センターなど10カ所。飲食物の配布はあるが、毛布などは各自持参。

【南阿蘇村】旧長陽西部小や白水体育館、あそ望の郷など20カ所に避難所を開設した。

【西原村】避難所は河原小、山西小、西原中、村民体育館の4カ所。自衛隊が村内で給水する。村役場☎096(279)3111。

【山都町】避難所は町役場本庁、清和支所、蘇陽支所など20カ所。本庁と蘇陽支所で給水する。本庁☎0967(72)1111。

【益城町】町保健福祉センターや広安小など12カ所（16日午後5時現在）の避難所で、飲料水や食料、おむつなどを配布している。家庭ごみ回収は一時見合わせているが、がれきなどの災害ごみは福原の旧益城中央小に運び込むことが可能。被災して町役場が使用できないため、電話での問い合わせはできない。

【甲佐町】甲佐中など避難所9カ所で、炊き出しのおにぎり、飲料水を配る。道路をふさぐがれきなど災害ごみは午前8時から午後4時まで、中甲橋グリーンパークで受け付ける。町役場☎096(234)1111。

【嘉島町】役場横の町民会館前で、食料などを配布する予定。災害ごみは午後6時半まで浮島の北側駐車場で受け入れる。町役場☎096(237)1111。

【御船町】避難所を中心に約30カ所で、パンなどを配布。給水車を学校施設を中心に巡回させ、飲料水を提供する。がれきなどの災害ごみは、高木運動公園駐車場と滝川みんなの広場の2カ所に置くよう呼び掛けている。町役場☎096(282)1111。

【荒尾市】避難所は市役所、市民病院、万田炭鉱館、荒尾総合文化センター、有明小、清里小、荒尾第一小、荒尾第四中など19カ所。飲食物や毛布などは各自持参。

【長洲町】避難所は中央公民館、地域福祉センター、長洲中など7カ所。飲食物や毛布などは各自持参。

【南関町】町役場、ふれあい広場、南関第三小、うから館、四ツ原集会所など8カ所。飲食物や毛布などは各自持参。

【和水町】避難所は中央、三加和両公民館の2カ所。飲食物や毛布などは各自持参。

【玉名市】避難所は市福祉センター、岱明ふれあい健康センター、横島町公民館、天水ふれあい館の4カ所。飲食物や毛布は持参。

【玉東町】町武道館、町中央公民館、町福祉センターの3カ所で毛布と飲料水を配布する。

【山鹿市】避難所は市カルチャースポーツセンター、鹿北、菊鹿市民センターなど8カ所。飲食物や毛布などはできる限り持参。

【菊池市】菊池市体育館や市福祉会館など避難所は計28カ所。毛布が不足しており、持参を呼び掛けている。自衛隊と市水道局が給水している。市役所☎0968(25)7203。

【合志市】避難所は市総合センターふれあい緑地など19カ所。毛布や飲食物は持参を。17日の給水は未定。地震がれきの仮置き場は須屋のみずき台グラウンド砂利駐車場、幾久富の学校給食センター北側空き地の2カ所。30日までの午前9時～午後4時半、ブロック、瓦、陶器類、家屋廃材などを受け入れる。

【大津町】町総合体育館、大津中など33カ所に避難所を設置。毛布と食料はなるべく持参。自衛隊と大津菊陽水道事業団が給水している。町役場☎096(293)3111。

【菊陽町】避難所は光の森町民センターなど11カ所。昼食などを配布しているが、持参を呼び掛けている。水道事業団と自衛隊が同センターと役場で給水する。町役場☎096(232)2111。

【宇土市】市内小中学8校など16カ所を避難所に開放。自衛隊と市が市民体育館、花園コミュニティセンターなど6カ所で、午前7時～午後9時給水。市民体育館で昼と夜の2回、炊き出しをする予定。市役所☎0964(22)1111。

【美里町】町中央庁舎、町砥用庁舎、町福祉保健センター「湯の香苑」など5避難所でおにぎりを配布。中央、砥用の両庁舎と東部出張所で給水予定。中央庁舎☎0964(46)2111。

【宇城市】避難所に不知火小、豊川小などを加え、19カ所に拡大。午前7時から自衛隊による給水を市役所など7カ所で実施する。市役所☎0964(32)1111。市の要請で、第十管区海上保安本部（鹿児島市）の巡視船2隻が三角港での給水支援を始めた。熊本海上保安部☎0964(52)3103。

【八代市】小中学校や公民館など65カ所に避難所を開設。毛布や飲食物は持参を。

【氷川町】町文化センターなど4カ所に避難所を開設。飲食物や毛布は各自で持参。

【人吉市】市役所本庁舎など8カ所で給水車による給水を行う。避難所は東西コミュニティセンター、人吉高校など8カ所。食事や飲み物は持参を。

【上天草市】市庁舎、集会所など7カ所を避難所に。

【天草市】市コミュニティーセンターや集会所など避難所約60カ所を開放。一部では飲料水や軽食も配布する。市防災危機管理課☎0969(23)0005。

【苓北町】公民館など避難所4カ所を開放。☎0969(35)1111。

【芦北町】避難所を女島活力推進センターゆめもやいなど21カ所に拡大。飲食物や毛布など身の回り品はできるだけ持参を。

【津奈木町】避難所は農業就業改善センターなど3カ所。飲食物や毛布など身の回り品はできるだけ持参。

【熊本市】市上下水道局は17日午前7時をめどに、市内の避難所など23カ所で順次、飲料できる水の提供を始める。飲料水をくめるのは健軍水源地だけのため、巡回には時間がかかっている。上下水道局☎096(381)1133。予定の提供場所は次の通り。

▽中央区　一新小、黒髪小、五福小、白川公園、熊本市役所、熊本刑務所　▽北区　龍田小、弓削小、武蔵中、清水岩倉台、龍田西小、武蔵小、北部総合出張所　▽南区　舞原公民館、下益城城南中、日吉小　▽東区　日下部公民館、託麻西小、長嶺小、健軍水源地　▽西区　城西小、城西中、花園小

災害ごみは普段のごみステーションに出すことができる。指定袋でなくてもよい。東部・西部環境工場や扇田環境センターに持ち込んでも手数料は免除。受け付け時間は午前8時半～午後4時半。日曜の17日もごみ回収を実施、持ち込みも受け付ける。18日以降も同様の予定。市役所☎096(328)2111。

中央区花畑町の市国際交流会館は、外国人向けの緊急避難所を開設。日本語だけでなく、英語で対応可能。同館☎096(359)2121。

市社会福祉協議会は、16日に予定していた「市災害ボランティアセンター」の設置を延期。同協議会☎096(322)2331。

中央区本荘の「竜之介動物病院」は、ビルの3階をペット同伴可の避難所として開放している。15日夜から16日朝にかけては約60組が身を寄せた。同病院☎096(363)0033。

熊本学園大は16日から、中央区大江の同大14号館高橋守雄記念ホールで車いすの避難者を受け入れ始めた。24日まで。同大社会福祉学部の教授や学生ボランティアが対応。車いすを降りて横になれるスペースも用意する。同大緊急対策本部☎096(364)5161。

市内で迷子になった犬猫の情報は熊本市東区小山の市動物愛護センター。17日午前9時～午後3時は電話での照会や引き取りもできる（被災状況では対応できない可能性も）。市内の公園などでの狂犬病予防の集合注射は、4月22日まで中止する。同センター☎096(380)2153。

市は支援物資を、東区のうまかな・よかなスタジアムで受け付けている。市地域政策課☎096(328)2031。

給油しようとガソリンスタンドに集まる車＝16日午後7時40分ごろ、熊本市中央区（高宗亮輔）

主な医療機関

熊本赤十字病院（熊本市東区）救急。☎096(384)2111。

国立病院機構熊本医療センター（同市中央区）救急。☎096(353)6501。

済生会熊本病院（同市南区）救急。☎096(351)8000。

熊本大病院（同市中央区）救急。☎096(373)5555。

熊本中央病院（同市南区）救急。☎096(370)3111。

宇城総合病院（宇城市）軽症患者を中心に受け入れ。☎0964(32)3111。

公立玉名中央病院（玉名市）被災による患者は可能な限り受け入れ。☎0968(73)5000。

山鹿市民医療センター（山鹿市）救急。☎0968(44)2185。

川口病院（菊池市）救急、午前9～12時、午後1時半～5時半。☎0968(25)223

阿蘇医療センター（阿蘇市）救急。☎0967(34)0311。

矢部広域病院（山都町）救急、午前9～12時、午後2～5時半。

熊本労災病院（八代市）救急。☎0965(33)4151。

熊本総合病院（同市）救急。透析患者も受け入れ。☎0965(32)7111。

人吉医療センター（人吉市）救急。☎0966(22)2191。

※救急を優先、通常診療は在宅医の利用を。熊本市民病院（同市東区）と熊本地域医療センター（同市中央区）は施設損傷などで受け入れていない。16日夕調査。

銭湯無料開放

植木温泉旅館組合（熊本市北区）と県公衆浴場業生活衛生同業組合は、被災者向けに浴場・銭湯を無料で開放する。対象施設は次の通り。

▽植木温泉　和風旅館鷹の家、旅館平山、旅館ややの湯、旅館松乃湯、旅館龍泉閣

▽銭湯　松の湯（熊本市北区）、仙望湯（宇土市）、サンパレス松坂（山鹿市）、玉名ファミリー温泉（玉名市）、潮湯センター海老屋（長洲町）

イベント中止

【山鹿市】23、24日の「道の駅かほく小栗郷創業19周年感謝祭」（延期）

【菊池市】17日「養生祭」

【八代市】17日「球磨川河口シギ・チドリ探鳥会」

【多良木町】17日　えびす神社例大祭

【水上村】17日「猫寺」として知られる生善院の春の大祭

（第3種郵便物認可）　熊本日日新聞　平成28年（2016年）4月17日　日曜日　社会　20

地域の宝 無残な姿

地震で倒壊した阿蘇神社の楼門＝16日午前6時45分、阿蘇市

踏ん張れ「飯田丸」／本妙寺 石塔ごろり／ジェーンズ邸全壊

築城400年の櫓が崩れ、近代の学びやが粉々になった。16日未明の激しい揺れは、すでに傷ついていた熊本の文化財に、壊滅的な一撃となった。熊本の「歴史」が失われていくのを、市民はぼうぜんと見つめていた。

14日夜から続く地震で、熊本城では天守閣の石垣や屋根瓦が崩れ落ち、国重要文化財の長塀が一部倒壊。16日の揺れでは、数々の戦火を生き延びた国重文・宇土櫓の一部や東十八間櫓が壊れ、天守閣最上層の瓦もほぼ落ちて、満身創痍の姿に。

飯田丸五階櫓を支える石垣も崩れ、わずかな石積みに支えられて持ちこたえている状態。「テレビで見て、心配になって見に来た。何とか踏ん張ってほしい」と20代男性。

加藤清正の菩提寺、熊本市西区花園の本妙寺では、「胸突雁木」と呼ばれる急勾配の石段に並ぶ石灯籠の約半数が倒れ、清正像が手にするやりの先端も折れた。近くの室山金二郎さん(78)は地震のつめ痕に「熊本城だけではなく、勇ましい銅像までこんな姿になるなんて」と言葉を無くした。

中央区水前寺公園に移築された県内最古の洋館、県重要文化財「ジェーンズ邸」は全壊し、がれきの山と化した。変わり果てた姿に末次直人代理館長(62)は「まさかこんなことに」と絶句。保存のため、解体修理を計画中の出来事で、向かいに住む樋口欣一さん(94)は「大きな音もなく、朝起きたら無くなっていた。毎朝、館を眺めるのが日課だったが…」と寂しげにつぶやいた。

（西國祥太、石本智）

本妙寺の胸突雁木で倒れた石塔＝16日午前9時20分すぎ、熊本市西区（西國祥太）

連日の強い地震で全壊したジェーンズ邸＝16日午前9時45分すぎ、熊本市中央区（石本智）

阿蘇神社の楼門、拝殿 まさか…

阿蘇のシンボルがまさか—。阿蘇市を襲った震度6弱の地震は、阿蘇神社（同市一の宮町）の拝殿と、国指定重要文化財の楼門をなぎ倒した。阿蘇観光の要の無残な姿。地元住民は、悲痛な表情で立ち尽くした。

楼門を支える幹回り1㍍ほどの柱は、真っ二つ。倒壊の衝撃で銅板ぶきの屋根は折れ曲がり、さびていない輝く裏面を不自然にさらす。断続的に襲う余震が「メキメキ」というきしみ音を不気味に響かせ、境内には木材の破片が散乱していた。

同神社の創建は、約2300年前と伝えられる。通年で執り行われる国の重要無形民俗文化財「阿蘇の農耕祭事」で知られ、毎年多くの観光客が訪れる。現在の拝殿と楼門は、約200年前に再建された。

当直で拝殿隣の社務所にいた出仕の山田怜央奈さん(22)によると、倒壊する音は食器の割れる音や地震を知らせるアラームにかき消されて聞こえなかった。午前1時半ごろ外に出ると、暗闇の中につぶれた拝殿と楼門がうっすら見えたという。

近くの会社員西村幸泰さん(62)は「2012年の豪雨にも耐えたのに、なぜ…」。参道につながる門前町商店街で営む山部富美恵さん(55)は「地元の活気を支えてくれた神社。自宅が壊れるよりつらい」と寂しがった。

阿蘇治隆宮司(63)は「神殿にも被害があった。かかる費用と時間は見当もつかないが、必ず元に戻したい」と再建を誓った。

（上杉勇太）

震度6を超える地震が続いた16日朝から、底が見えるまで水位が下がった水前寺成趣園＝16日午前10時45分すぎ、熊本市中央区（石本智）

石垣が崩れ、今にも崩れ落ちそうな飯田丸五階櫓＝16日午後1時20分ごろ、熊本市中央区（横井誠）

干上がる 水前寺成趣園の池

熊本市中央区の水前寺成趣園で16日未明、池が干上がった状態になっていることが確認された。管理者の男性は「水脈が変わった可能性がある」と指摘。「今後、江津湖もどうなるのだろうか」と心配した。

古い歴史がある参道の鳥居も崩壊。鳥居の一部が土産物店に突き刺さり、石灯籠も全て倒れた。土産物店の奥山勝英さん(70)は「半世紀以上見てきたが、こんな姿は…」と絶句した。

医療機関、高齢者施設も打撃
入院患者ら移送も

16日未明の震度6強の地震で、県内の医療機関や高齢者施設も被害が広がった。患者や高齢者、障害者らは、不安げな表情で避難先などに身を寄せた。

県の調べでは、物的被害を受けた医療機関は234件。熊本市中央区の熊本地域医療センターは渡り廊下が破断。水道管も破裂して病室や廊下が水浸しになった。避難に備えて、病室から1階のリハビリ室に移された入院患者も。西貞明さん(66)＝同区＝は「揺れるたびに、みんなおびえていた。自宅も気になる」。医薬品も足りないため、患者の受け入れを中止した。

同市東区の熊本市民病院も、施設の損壊で入院患者を移送。水道水の問題などで人工透析ができない医療機関は22施設に増え、受け入れ先の確保などの対応に追われた。

高齢者や障害者の施設の被害も、それぞれ177件と61件に上った。甲佐町のグループホームは、認知症のある入所者8人が町の施設に避難。開設者の高橋恵子さん(51)は「地域の人たちが温かく受け入れてくださり助かった。米や水、おむつ用品などの物資援助が欲しい」。

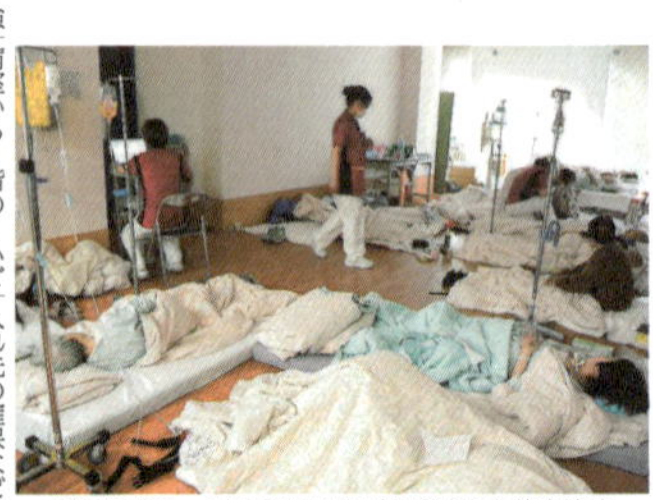

避難に備え、1階のリハビリ室に移された熊本地域医療センターの入院患者＝熊本市中央区

重度の障害がある西田夏千花さん(8)と母親のあかりさん(44)＝同市西区＝は、自宅から通学する支援学校に避難した。「ここだと電気を確保できるので安心。ただ、医療器具を洗う水が足りないのが困る」と訴えた。

避難者ケアへ 救護班を派遣
日赤県支部

日赤県支部は、益城町体育館に救護班を派遣した。医師や看護師らのチームが、24時間態勢で避難者の診療に当たる。

九州や山口、広島から11チーム約100人が応援。ベッドを備えた特殊医療救護車両を配置し、体調を崩した人をケアする。藤島敦総務課長は「全国の支部に協力を要請し、多くの避難所に救護班を派遣したい」と話した。

県出身の高良さん、水前寺さん
被災者にエール

熊本地震を受け、俳優の高良健吾さんや歌手の水前寺清子さんら熊本県出身の芸能人が16日、ブログで被災者にメッセージを送った。

高良健吾さん

水前寺清子さん

高良さんは「自分の大切にしている場所が大変なことになってて。九州のみなさん心配です。熊本のみなさん心配です」と悲痛な心境を吐露。その上で「力を貸してくれる人たちもたくさんいます。自分にできることはすべてやりたい」とつづった。

また、水前寺さんは同日、支援物資を届けるために熊本に行く予定にしていたが、熊本空港発着便が全便欠航したため中止に。「自分の無力さを感じています。早くいつもの美しく優しい故郷に戻ることを祈ってます」とした。

カナダで発見の遺体は吉窪さん
DNA鑑定

【ニューヨーク共同】カナダ連邦警察は北部ノースウェスト準州イエローナイフ付近の森の中で昨年8月に見つかった遺体について、宇土市出身の吉窪昌美さんとDNA鑑定で確認した。事件性はないとしている。日本のカルガリー総領事館が15日、明らかにした。

吉窪さんは2014年10月、オーロラ観光で知られるイエローナイフを1人で訪問。同月22日に道路を歩いているところを目撃されて以降、行方が分からなくなっていた。

◆「1回戦負けしろ」滋賀県議が謝罪

選抜高校野球に初出場した滋賀学園の選手らに「1回戦負けしろ」という趣旨の発言をしたとされる吉田清一滋賀県議(68)＝自民党＝が、学校側へ謝罪していたことが16日までに、分かった。

学校によると、14日昼ごろ吉田県議から電話があり「今回の件は誠に申し訳なかった。言葉足らずで十分に伝わらなかった」と話したという。校長が対応し「今後は応援よろしくお願いします」と伝えた。

吉田県議は、3月16日に県庁で行われた滋賀学園の選手らの激励会後、送迎バスの停車位置を巡ってトラブルとなり「1回戦負けしろ」と受け止められる発言をしたとされる。

◆東京や富士山が人気

公益財団法人の新聞通信調査会（長谷川和明理事長）は16日、米、英、フランス、中国、韓国、タイの各千人に対する世論調査の結果を公表した。日本で行きたい場所は「東京」や「富士山」が上位を占めた。

日本で行きたい場所を選択肢の中から尋ねると、すべての国で東京が1位。富士山や北海道が続いた。日本でしたいこととしては、京都などでの歴史観光や、日本食を食べたり温泉に入ったりすることが挙げられた。

◆滝沢秀明さん舞台で募金始まる

熊本地震を受け、人気デュオ「タッキー&翼」の滝沢秀明さんが主演する舞台「滝沢歌舞伎2016」を上演中の東京・新橋演舞場で、16日までに募金が始まった。

ジャニーズ事務所によると、集まった募金は東日本大震災の際に設立した復興支援団体「マーチングJ財団」を通して、被災者支援に役立てるという。

また、歌舞伎俳優の市川海老蔵さんは16日、京都市の京都劇場で昼の部の公演終了後、ロビーで観客に募金を呼び掛けた。

21　社会　平成28年(2016年)4月17日　日曜日　熊本日日新聞　(第3種郵便物認可)

暗闇 市民逃げ惑う

公園、校庭… 肩を寄せ

炊き出し 震える体温め

校舎内が開放され、続々と入っていく避難者たち＝16日午前3時45分すぎ、熊本市中央区の五福小（谷川剛）

「余震」を警戒していた人たちを、前を上まわるような突然の激しい揺れが襲った。16日未明、闇を切り裂くような「震度6強」の揺さぶりに、熊本市の住民らは再び身をすくませた。【1面参照】

「横になって休んでいたらガタンと揺れて…」。熊本市中央区草葉町の主婦(65)は近くの白川公園に逃げた。草むらに座り込んだり、ベンチに横になったりして、多くの人が夜を明かした。

会社員松岡淑子さん(25)は、4歳の娘と入浴中だった。浴槽の湯が天井に跳ね上がるほど激しい揺れ。「余震が来ると聞いていたが正直、油断していた。身の危険を感じた」とおびえた。

同区本山町の江南中にも、続々と住民が避難。近くの男性(51)は「周りに何もない方がいい」と、運動場の真ん中で妻(47)と肩を寄せた。建物の倒壊を恐れる人たちは、肌寒くても屋外での避難を選択。その後も揺れを繰り返すたびに、体育館から避難者が飛び出してきた。

1歳の息子を抱いた主婦坂本和江さん(32)は「子どもを守るだけで精いっぱい。もう地震は嫌」と顔をゆがめた。

西区蓮台寺の白坪小体育館では、天井がミシミシと音を立て始めたため、避難者が毛布やシーツを抱えて校舎の中へ移動。校庭にブルーシートを張った女性(45)は「人が多くて校舎に入りきれない。雨や夜間の時はどうすればいいんでしょう」と途方に暮れた。

着の身着のままで逃げてきた人たちは、夜が明けて、炊き出しや物資の配布を長蛇の列で辛抱強く待った。中央区のホテル「メルパルク熊本」では朝から、おにぎりやみそ汁が振る舞われ、寒さに震える市民を温めた。熊本市役所でもペットボトルの水やパンが配られた。

中央区新町の一新小には、余震が続くにつれて人が増え始め、千人近くが集まった。息子夫婦らと一緒に避難した西阿佐子さん(76)は「食べ物をほとんど持ってこなかったので本当に助かります」と、ほっとした様子でおにぎりを頬張った。

一方、同小から200メートルほど離れた西山中には、16日午前中まで救援物資が届かなかった。精神保健福祉士の男性(39)は「こちらにも多くの避難者がいるのに、市の救援情報が入ってこない」といら立った。（冨田ともみ、馬場正広、石本智）

強い地震で、熊本市の白川公園に避難した住民ら＝16日午前3時8分

◆宇土市役所が使用不能

半壊状態の宇土市役所本庁舎には、外壁の柱に大きなひびが入っていた＝16日午前10時ごろ（丸山宗一郎）

宇土市役所の5階建て本庁舎は、はりが折れた4階部分が大きく壊れ、激しい揺れが災害時の拠点を使用不能にした。隣の別館に職員や住民約40人がいたが、けがはなかった。

「これはでかいと瞬間的に思った」と対策本部にいた渡辺佳助参事。暗闇の中で見上げると、上階が大きく壊れ「ぞっとした」。まもなく余震におびえた市民の車が押し寄せ、隣接の広場では人々が寒さに震えた。

元松茂樹市長は「修復は大変厳しく、業務は難しいだろう」と懸念し、「戸籍情報など市民生活に欠かせないサービスは維持したい」と述べた。本庁舎は築51年。震度6強で倒壊の危険性が高いと指摘されていた。

◆熊本空港ビル閉鎖

終日欠航が決まった熊本空港は、人影はまばら。時折、利用者が訪れるが、ターミナルビルが閉鎖されているのを知ると引き返していた。

電気が止まって薄暗い国内線ターミナルの館内は、天井の一部が崩れ落ち、床の至る所にがれきが散らばっている状況。入り口には、他の空港の利用や、インターネットでの払い戻しなどを案内する紙が張り出されていた。

観光のため沖縄から来熊した20代の男性2人は「まさかこんなことになるとは。仕事があるが、どうしようもない」。2人は14日に熊本入りして被災し、15日は避難所で過ごしたという。「揺れが続いて怖い。とりあえず福岡空港に行きます」と話した。

◆大型店原形とどめず

地震で半壊したサンリブ健軍店＝16日午前5時40分ごろ、熊本市東区（高見伸）

熊本市東区のサンリブ健軍店は、建物の外壁が大きくめくれ上がり、原形をとどめない半壊状態になった。アーケードの支柱もゆがみ、健軍商店街の通行が規制された。同店の隣で果物店を営む森田憲一さん(64)は「商店街は一体どうなってしまうのか」とこわばった表情で語った。

近くの若葉小には近くの住民が避難し、体育館や渡り廊下は人であふれた。ただ、あまりに多くの人が押しかけてトイレが流れず、バケツリレーでプールの水をくみ上げて対応した。近くの山田征枝さん(78)は「やっと昨日、家の中を片付けたのにまたメチャクチャ。いつまで続くのか」と嘆いた。

◆けが人あふれる熊本赤十字病院

熊本市東区の熊本赤十字病院は地震発生直後から、けが人があふれ返った。傷口を押さえるタオルは血まみれ。ストレッチャーに横たわる人に、馬乗りの職員が心臓マッサージを施しながら院内へ入る姿もあった。

倒れた柱で頭を2針縫うけがをした御船町の木山成雄さん(92)は、やっとの思いで妻禎子さん(87)と家から脱出。「地震の時、横に寝ていた妻をとっさに呼んだ。なんとか生きてやろう、という思いだった」

院内は救命救急センターも停電で使えず、一般外来の通用路にベッドなどを出して治療。加藤陽一救急医(39)は「『まさか』という気持ち。患者が増えるが、なんとかスペースを確保して対応する」と話した。

ただ、停電と水不足で人工透析も機能がまひ。熊本市中央区の教員大窪光さん(64)は「県外の病院を紹介されてもJRも止まり、車の免許もない」と途方にくれた。

救急外来でトリアージに当たる熊本赤十字病院の職員＝16日午前2時ごろ、熊本市東区（林田賢一郎）

◆新潟市が消防職員派遣

新潟県中越沖地震などを経験した新潟市は、被災地での活動経験がある消防職員3人を、熊本地震で被害が出ている熊本市に派遣した。

◆寝たきり高齢者を搬出

電気の復旧が進んでいなかった益城町の東熊本病院は午前1時すぎから急きょ、患者30人を転院させる作業中だった。ところが約20分後、ドーンと突き上げる激震。土ぼこりやガス臭とともに患者は恐怖に包まれた。患者の多くは寝たきりの高齢者。激しい揺れに建物倒壊の危険を感じた救急隊員らは搬出を急ごうと、患者をまず路上のブルーシートへ。「揺れたらすぐしゃがんで」「名前が分からん」。緊迫したやりとりが続き、救急車やパトカーを動員して、患者を熊本市の病院へ運んだ。

転院作業中に大きな揺れに見舞われた東熊本病院の入院患者ら。道路に敷いたブルーシート上で搬送を待った＝16日午前2時30分ごろ、益城町惣領（岩崎健示）

◆熊本市民病院のロビー埋まる

熊本市東区の市民病院では地震直後の午前1時40分すぎ、生後まもない乳児を抱く女性や高齢者ら入院患者が1階ロビーを埋めた。

床に横たわり点滴を打つ人もいた。1階中央エレベーター付近の天井が落ち、周囲は立ち入り禁止に。余震のたびに患者らは不安そうな表情を浮かべ、医師は「近隣の病院はみんな同じ状態のようだ。患者を移動させようとしても受け入れ先が無い」と話した。

熊本市民病院1階ロビーに避難し、生まれたばかりの乳児を抱く女性＝16日午前4時5分ごろ、同市東区（横井誠）

避難生活いつまで

益城町民「体力もたない」

「むつまじかった夫婦がなぜ」「早く終息して」―。16日未明、14日に震度7を記録した益城町を再び強い揺れが襲った。平田の西村正敏さん(88)と美知子さん(82)夫妻は、倒壊した自宅の下敷きになって亡くなった。

2人ともゲートボール好き。美知子さんは数年前から、寝たきりになった正敏さんを介護していた。「穏やかな性格で本当に仲が良かったのに…」。近くの西村義行さん(68)は唇をかんだ。

安永の山内由美子さん(92)も、倒れた自宅の中にいた。余震を縫って消防隊の懸命な捜索が続いたが、既に息絶えていた。娘婿の坂田龍彦さん(75)は「怒った顔を見たことがない。優しい人だった」と涙ぐんだ。

町民の非日常的な暮らしが続く。炊き出しに並んでいた宮園の会社員市原雄裕さん(46)は公園で車中泊。「こんな暮らしがいつまで続くのか」と不安そうに語った。同じ列にいた辻の城の仲道憲一さん(75)の悩みは、やまない余震。「夜中に何度も起こされるのがきつい」と恨めしそうだった。

同町では、今も約7千人が避難生活を続ける。広崎の小笠原絢子さん(78)は「本当にくたびれた。家でゆっくりしたい」。惣領の大脇志津子さん(77)は「何日も続くと体力がもたない。帰りたいけど、揺れが続いていて不安」ともどかしげに話した。（内海正樹、九重陽平）

余震が続き、益城町役場に避難した住民らも不安そうな表情を浮かべていた＝16日午前5時40分ごろ（岩崎健示）

緊急地震速報 気象庁が誤報

「震度予測過大」

気象庁は16日午後、記者会見を開き、同日午前11時29分の緊急地震速報は「震度予測が過大だった」と発表し、誤報を謝罪した。震源は日向灘でマグニチュード(M)6・9、大分県で最大震度7と予測したが、実際には熊本県阿蘇地方と大分県中部を震源とする地震がほぼ同時に発生し、最大震度は熊本3、大分2だった。

日向灘は南海トラフ巨大地震で想定されている震源域の西端に当たる。気象庁は「二つの地震データを同時処理した結果で、大変申し訳ない」としている。

また、15日に余震発生確率を「震度6弱以上が15日午後4時から3日間に約20%の確率で起きる」などと発表したが、16日に地震活動が広がったため撤回した。

一連の地震は16日午後10時現在、338回発生。うち震度7は1回、6強3回、6弱3回、5強1回、5弱6回、4は53回に上る。

震源域は当初の熊本県熊本地方から北東に拡大。阿蘇地方や大分県を震源とする地震も相次いでいる。16〜17日には周辺で大雨も見込まれ、気象庁は地震活動の広がりや土砂災害に警戒を求めている。

原発の停止 九電に要請

広河さんら

九州で相次いでいる地震を受け、フォトジャーナリストの広河隆一さんら文化人6人が連名で16日、全国で唯一稼働中の川内原発（鹿児島県薩摩川内市）の即時停止を求める要請文を、九州電力に送ったと明らかにした。

要請したのは他に、作家の落合恵子さん、沢地久枝さん、ジャーナリストの鎌田慧さんと、若者のグループSEALDs（シールズ）の山田和花さん。

要請文では「異常があってからでは遅いということは、東京電力福島第1原発事故の経験から、誰の目にも明らか。人々は、次の大地震が川内原発を襲うのではないかという恐怖にさいなまれている」と記した。

土砂災害警戒を 明け方まで大雨の恐れ

震度7〜6の地震が相次いだ熊本県を含む九州北部地方は16日夜から前線を伴う低気圧の影響で雨を観測し、大雨や暴風の危険が高まった状態となった。気象庁は既に土砂災害が発生したり、強い揺れが続いたりした地域などで地盤が緩んだ所では、少ない雨でも大規模な被害の恐れがあるとして警戒を呼び掛けた。

気象庁によると、17日の明け方まで局地的に雷を伴った大雨の恐れが継続。1時間の予想雨量は熊本県の多い所で40ミリ。ほか各地は長崎県60ミリ、山口、福岡、佐賀、大分各県で30〜40ミリ。

17日午後6時までの24時間予想雨量は熊本、長崎両県が150ミリで、ほかの九州北部は100〜80ミリ。最大瞬間風速は陸上で35メートル、波の高さは5メートルと見込まれた。

16日から17日にかけ、前線を伴った低気圧が急速に発達しながら黄海から日本海、北日本へ進行。南からの湿った空気が太平洋側の高気圧の外側を通るような形で低気圧に向かって流れ込み、大気の状態が不安定となった。九州以外の西日本各地や北陸でも暴風や高波、落雷などの恐れが強まった。

県内

生きてほしかった

嘉島町　倒壊家屋から救出も

倒壊した嘉島町鯰地区の民家＝16日午前７時５分ごろ（小野宏明）

「起きてるね、大丈夫ね、大丈夫ね」。嘉島町鯰では、自宅１階で寝ていた冨岡王将さん(84)が下敷きに。長男謙蔵さん(53)ら家族の呼び掛けに返事はなく、駆け付けた消防や警察が助け出したが死亡が確認された。

謙蔵さんによると、植木職人だった冨岡さんは、地元区長を務めたり、趣味の魚釣りや野菜作りに励んだりと「いっときもじっとしてない人だった」という。「まだまだ生きてほしかったけど、自然の力には勝てない」。謙蔵さんは全壊した自宅を無念そうに見つめた。

近くの住民に助けられたのは、同町上六嘉の徳臣太八郎さん(83)。「揺れで目覚めると、天井がドサッと落ちてきた」。１階寝室で動けなくなり「助けてくれ」と叫んだ。

２階から脱出した次女の藤田良美さん(56)夫婦が助けようとしたが動かせない。近所の人が救助隊を呼び、天井などを切断して救出した。「もうだめと思ったが、命拾いした」と徳臣さん。藤田さんは「奇跡としか思えない」と胸をなで下ろした。

同町上仲間の80代夫婦が閉じ込められた民家では、近隣住民３人が約１時間かけて妻を救った。夫も到着した救助隊に助け出された。協力した近くの加藤良二さん(29)は「幼なじみの女の子の両親だったので、無事でほっとした」と話した。（中村勝洋）

西原村　５人犠牲に

大切畑ダム　決壊恐れ

倒壊家屋から、女性を救出する警察官たち＝16日午前８時45分ごろ、西原村小森（谷川剛）

「まさか、ここまで大きな地震に襲われるとは…」。16日未明の地震で村民５人が犠牲となった西原村。同村小森の自宅が倒壊し、同居する母親と伯母の２人を失った男性(53)は、兵庫県警機動隊員らの捜索を懸命に見守り続けた。

男性は７人暮らしで、当時は妻を除く６人が就寝中だった。「前日からほとんど寝ておらず、15日夜は全員がぐっすり寝ていた」。突然、体を打ち付けるような揺れに見舞われ、自宅は一気に崩れた。１階に寝ていた父親(81)は助け出したが、母親の加藤ひとみさん(79)は病院で死亡が確認され、伯母カメノさん(90)は午前８時40分すぎに遺体で収容された。

男性は「自宅は14日夜の激しい揺れには耐えたのに…」と唇をかんだ。

同村布田の倒壊した自宅で亡くなった内村政勝さん(77)は、子や孫の３世代家族６人暮らしだったという。妻が１階部分がつぶれた自宅から、はい出て助けを求め、近くの住民らが孫ら４人を家屋から引き出した。しかし、折れたはりなどが邪魔して、内村さんには近付けなかった。

救助に加わった住民の１人は「内村さんは脳梗塞を患って体が不自由だった。最近は散歩が出来るまで回復していたのに…」と肩を落とした。

一方、村は午前４時49分、農業用ため池「大切畑ダム」が決壊の恐れがあるとして、下流の鳥子川流域に避難命令を発令した。えん堤の一部が壊れて水が流れ出し、えん堤上の県道にも多くの亀裂が入った。

同ダム近くの斜面に広がる大切畑地区は、倒壊家屋が集中したものの、住民が助け合って家屋に閉じ込められた高齢者らを救助し、死者はゼロだった。掘りごたつに逃げ込んで助かった男性(75)は「住民同士の絆が深く、互いに助け合う気持ちが死者ゼロにつながった」とつぶやいた。

（横山千尋、上田良志）

多くの亀裂が入り、通行止めとなった大切畑ダム横の県道熊本高森線＝16日午前11時すぎ、西原村小森

◇お断り　連載「私たちの最期は・自宅でみとる」と「家族　らい予防法廃止20年」は休みました。

ガンちゃん　フジヤマジョージ

茶柱が立ってる！
こりゃあ何かいい事ありそうだぞ!!
アイス食べたいな　お金持ってくればよかったね…！
おじいちゃんに
あそこで待ってればきっと来るよ！
宝くじ
ね
ほんとだ

4月17日の飛来予測

		6-12	12-18	18-24	18日
九州北部	大気汚染粒子	やや多い	やや多い	やや多い	やや多い
	黄砂	少ない	少ない	少ない	少ない
九州南部	大気汚染粒子	多い	やや多い	やや多い	やや多い
	黄砂	少ない	少ない	少ない	少ない

非常に多い　注意喚起レベル　多い　環境基準値程度
やや多い　大気が少しかすむ　少ない　清浄
予測システム「スプリンターズ」開発チーム提供

9日間の天気　Weather Report

17(日)　18(月)　19(火)　20(水)　21(木)　22(金)　23(土)　24(日)　25(月)
札幌　東京　名古屋　大阪　広島　福岡　熊本　長崎　佐賀　大分　宮崎　鹿児島　那覇
のち　時々

17日　午前9時 6m　午後3時 5m
阿蘇山の風向予想（日本気象協会 tenki.jpより）

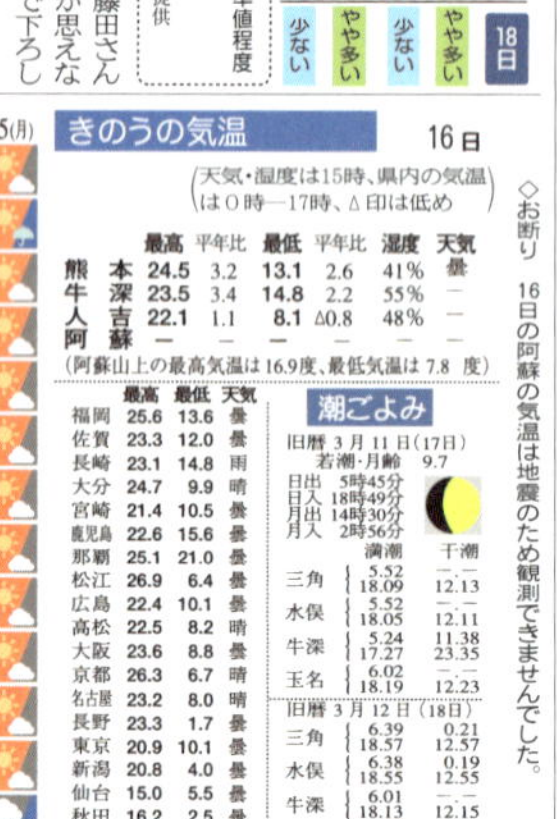

きのうの気温　16日

（天気・湿度は15時、県内の気温は０時―17時、△印は低め）

	最高	平年比	最低	平年比	湿度	天気
熊本	24.5	3.2	13.1	2.6	41%	曇
牛深	23.5	3.4	14.8	2.2	55%	―
人吉	22.1	1.1	8.1	△0.8	48%	―
阿蘇	―	―	―	―	―	―

（阿蘇山上の最高気温は16.9度、最低気温は7.8度）

	最高	最低	天気
福岡	25.6	13.6	曇
佐賀	23.3	12.0	曇
長崎	23.1	14.8	雨
大分	24.7	9.9	晴
宮崎	21.4	10.5	曇
鹿児島	22.6	15.6	曇
那覇	25.1	21.0	曇
松江	26.9	6.4	曇
広島	22.4	10.1	曇
高松	22.5	8.2	晴
大阪	23.6	8.8	曇
京都	26.3	6.7	晴
名古屋	23.2	8.0	晴
長野	23.3	1.7	曇
東京	20.9	10.1	曇
新潟	20.8	4.0	曇
仙台	15.0	5.5	曇
秋田	16.2	2.5	曇
札幌	12.8	2.6	曇

潮ごよみ

旧暦３月11日（17日）　若潮・月齢 9.7
日出 5時45分　日入 18時49分　月出 14時30分　月入 2時56分

	満潮	干潮
三角	5.52 / 18.09	－.－ / 12.13
水俣	5.52 / 18.05	－.－ / 12.11
牛深	5.24 / 17.27	11.38 / 23.35
玉名	6.02 / 18.19	－.－ / 12.23

旧暦３月12日（18日）

	満潮	干潮
三角	6.39 / 18.57	0.21 / 12.57
水俣	6.38 / 18.55	0.19 / 12.55
牛深	6.01 / 18.13	－.－ / 12.15
玉名	6.49 / 19.07	0.31 / 13.07

◇お断り　16日の阿蘇の気温は地震のため観測できませんでした。

くまモン
作：サダタロー／監修：小山薫堂
理由

天井 いきなり落下

南阿蘇村

優しい先輩「まさか」

学生アパート3人死亡

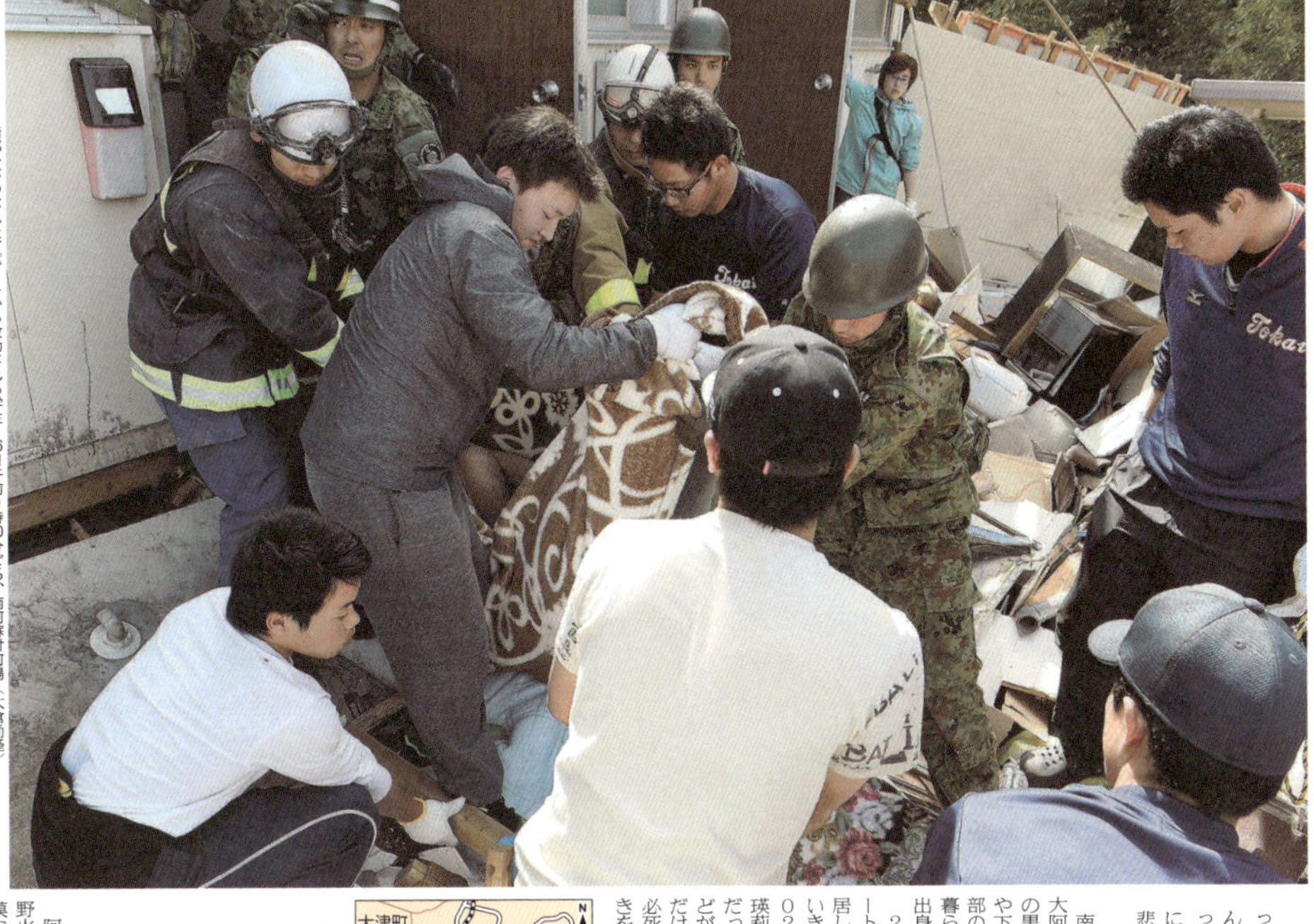

1階部分がつぶれたアパートから救助される学生=16日午前9時40分ごろ、南阿蘇村河陽(大倉尚隆)

山肌をえぐる爪痕が南阿蘇の玄関口となってきた阿蘇大橋をのみ込んだ。傍らで学んできた学生3人がアパートの下敷きとなって死亡。「穏やかで優しい先輩だったのに」。16日未明に襲われた地震への恐怖と悲しみに、学生らは声を震わせた。

【1面参照】

南阿蘇村河陽の東海大阿蘇キャンパス近くの黒川地区。アパートや下宿が密集し、農学部の学生約800人が暮らす。約8割が県外出身者だという。

2階建ての竹原アパート1階には5人が入居していた。「天井がいきなり落ちた」。1 02号室の1年、佐藤瑛莉さん(19)は就寝中だったが、崩れた柱などが重なり「体を出すだけの隙間があった」。必死にはい出し、事なきを得た。

104号室の1年、中島勇貴さん(18)は発生から約6時間半後に消防隊員らに助け出された。「うつぶせで閉じ込められたが、辛うじて首が動く隙間があり、呼吸できた」。救出後、つぶれたアパートにぞっとした。「こんなひどい状態でよく助かった」。ほっとした表情だった。

一方、佐藤さんの隣に住む2年の男子学生(20)は、地震発生から約14時間後、心肺停止状態で見つかった。同じテニスサークルに所属し、授業の相談にも乗ってくれるなど「面倒見のいい優しい先輩だった」と佐藤さん。「まさか、こんなことになるなんて」。大粒の涙を流した。

2階建てのグリーンハイツで下敷きになった学生のうち、4年の脇志朋弥さん(21)と1年の清田啓介さん(18)は発見時、心肺停止状態だった。

「僕が2階に住んでいたから、1階の人に迷惑を掛けた」。無残な姿になったアパートを見つめ、男子学生が自らを責めるように涙を浮かべた。階下に住んでいたのが脇さん。「明るくて楽しい人。絶対に助かってほしい」。願いはかなわなかった。

脇さんを慕い、2部屋隣に住んでいた2年の権田萌恵子さん(19)は「よく声をかけてくれた穏やかで優しい先輩」と言い、最悪の結果にうなだれた。

アパートをつぶした強烈な揺れは、近くの阿蘇大橋を跡形もなく失わせた。黒川を渡る大橋は1990年代前半まで赤く塗装され、熊本市方面や阿蘇谷と南郷谷をつなぐ「阿蘇の赤橋」と呼ばれた。その名所が落下したのは午前1時25分の震度6強の地震。4年の植野涼さん(21)は「揺れと一緒にドンと響いた。そばのアパートが倒れたのかと思ったが、外に出てみると橋がなくなっていた」。「いまだに信じられない」とぼうぜん自失だった。

大津町
阿蘇大橋
阿蘇ファームランド
豊肥線
東海大農学部学生アパート
南阿蘇鉄道
南阿蘇村

「痛恨の極み」 東海大学長

南阿蘇村で東海大の学生2人が死亡したことを受け、山田清志学長は16日、「残念ながら2名の学生が亡くなられたことを確認しました。学長として痛恨の極みであり、ご家族の皆様には心からの哀悼の意を表します」とのコメントを大学のホームページで公表した。

津波注意報に緊張 有明・八代海

16日午前1時25分ごろ発生した強い地震に伴って有明・八代海に津波注意報が発令され、沿岸住民に緊張が走った。住民らはマイカーなどで次々と避難所に詰め掛け、注意報の解除を待った。

有明海に面する荒尾市。注意喚起のサイレンが各所で鳴り響き、多くの住民が自主避難を始めた。市はすぐに避難所17カ所(午前3時現在)を開設し、受け入れた。

海抜約30メートルの高台にある市民体育館には市民が殺到。多くの避難者は駐車場に停めた車の中で、余震に脅えた。小学3年の長男ら息子3人と避難していた同市の男性会社員(38)は「津波を見たことないから、恐くて。子どもが小さいからすぐに逃げることはできないだろうと思い、早めに避難した」と引きつった表情で話した。

宇城市役所の駐車場には約1500人が避難し、満杯に。同2時15分ごろ、防災無線で津波の心配がないことが伝えられると、路上で毛布にくるまっていた住民たちから「良かった」と安どの声が上がった。

妻(58)と2人で避難した同市松橋町の元団体職員梅田浩二さん(59)は「自宅ではすぐ避難できるように着替えを枕元に置き、こたつで寝ていた。前日も避難したが、横揺れがひどく、身の危険を感じた。今回でピークを過ぎ、揺れが弱まってほしい」と祈るように話した。

芦北町田浦町の町地域活性化センターにも100人を超す地元住民らが集まった。

近くの無職島本昇さん(65)は、92歳の母と妻、孫娘2人と一緒に避難。「これまでで1番強い揺れだった。自宅は海が近いので、津波注意報に身の危険を感じ、いてもたってもいられなくて」と、横になっている母を見やった。

天草市は全域に避難指示を発令し、65カ所の避難所を開設。一時619人が避難した。

今度は地震 肩落とす

立野・河陽 九州北部豪雨に続き

阿蘇外輪山を裂く立野火口瀬の両岸で大規模な土砂崩れがあり、南阿蘇村の立野と河陽の両地区ではアパートの下敷きとなった学生3人を含む計7人が犠牲となった。複数の行方不明者が出ている。

2012年7月の九州北部豪雨でも大きな被害を受けた住民らは、再び落胆と悲しみに包まれた。

今回の地震で2人が亡くなり、1人が行方不明となった立野。4年前の豪雨で2人の命を奪う土砂災害が起こった山林の中腹で16日午前、家屋が倒壊。心肺停止した片島信夫さん(69)が見つかると、訃報は住民にも伝わった。「前は土砂、今度は地震。自然災害が憎らしい」。新所区の山内博史区長(62)は肩を落とした。

豪雨災害以降、住民は避難訓練を重ねて雨に備える。「雨が降ると災害の記憶がよみがえる。被害を出したくない一心で取り組んできた。ただ、地震で家が倒壊するとどうしようもない」と山内区長。

行方不明の片島さんの妻に「生きていてほしい」と願った。

一方、河陽の京都大火山研究センター一帯の丘陵では、地滑りが多発。ペンションや別荘など10軒以上が土砂にのまれた。午後4時現在で、少なくとも5人と連絡が取れていない。

生き埋めとなった人もいるとみられるが、別荘地に入った男性消防団員は「土砂で道路が分断され、重機も入れない。どこから手をつけていいのか…」と立ち尽くした。

(堀江利雅、後藤幸樹)

土砂が崩れた新所地区で続く不明者の捜索=16日午後2時10分ごろ、南阿蘇村立野(高見伸)

選対局長「他言するな」

田母神容疑者現金提供事件 運動員を口止めか

田母神俊雄氏

2014年の東京都知事選に出馬した元航空幕僚長の田母神俊雄容疑者(67)らが公選法違反容疑で逮捕された事件で、運動員に現金を提供したとされる当時の選対事務局長島本順光容疑者(69)が、運動員に「他言するな」と話していたことが16日、関係者への取材で分かった。

東京地検特捜部は、島本容疑者が選挙運動の報酬だったと十分に認識した上で、口止めしたとみて調べている。

関係者によると、島本容疑者は選挙後に選対スタッフを務めた男性を呼び出した上、20万円を提供。「頑張った特定の人に渡している。他言するな」と発言したという。

男性は共同通信の取材に「選挙運動に対する謝礼とは言われなかったが、当然そうだと思った」と話した。

地検によると、田母神、島本両容疑者は選挙後の14年3～5月、運動員5人に現金計280万円を提供したほか、田母神容疑者は島本容疑者に200万円を渡したとされる。

給与削減違法訴訟 教職員ら551人敗訴

佐賀地裁

佐賀県高等学校教職員組合に加入する教職員ら551人が、県が2013年7月～14年3月までの間に給与を削減したのは、地方公務員法に反し無効などとして、約1600万円の支払いを県と国に求めた訴訟の判決で、佐賀地裁は15日、請求を棄却した。原告側は控訴する方針。

1　3版　平成28年（2016年）4月18日　月曜日　熊本日日新聞　（昭和17年4月1日第3種郵便物認可）　第26622号　日刊

熊本日日新聞
発行所
熊本日日新聞社
〒860−8506
熊本市中央区世安町172
☎代表(096)361−3111
© 熊本日日新聞社 2016年

4月18日
月曜日

余震 過去最多

熊本地震

南阿蘇村の捜索難航

県内避難者 18万3千人

行方不明者の捜索で、がれきを取り除く自衛隊員ら＝17日午後0時40分ごろ、南阿蘇村河陽（谷川剛）

最大震度7を14日夜に観測以降、強い揺れが続く熊本地震で、県内外の警察、消防、自衛隊などは17日、被災地で不明者の捜索を続けた。連絡が取れない8人のうち、南阿蘇村立野の土砂崩れ現場で女性1人を救助したが、死亡が確認された。14日以降の死者は計42人となった。17日朝までに県内の避難者は855カ所で約18万3千人に上り、避難所では生活物資の不足が深刻化している。

気象庁によると、14日から17日午後9時までに観測した震度1以上の地震は478回。17日も余震が続き、マグニチュード（M）3・5以上の発生回数は2004年の新潟県中越地震を上回り、過去最多となった。

震度	回数
7	1回
6強	3
6弱	3
5強	1
5弱	6
4	65
1～3	399
計	478

熊本県を中心とした地震の回数（17日午後9時現在）

南阿蘇村立野、河陽地区の捜索は数千人態勢で展開し、土砂と倒壊家屋を除去した。同日午後6時前、立野地区で行方が分からなくなっていた片島利榮子さん(61)を心肺停止の状態で救助したが、死亡が確認された。

現地の対策本部によると、捜索作業は午後7時に終了した。余震の恐れがあるとして、夜間の作業を見送ったという。河陽地区は重機の搬入などが困難な上、土砂の量も多いため、2カ所計7人の不明者捜索は難航している。

犠牲者が最も多い益城町などでも、自衛隊や警察が倒壊家屋を回り、被害を確認した。

県災害対策本部によると、負傷者は1039人で、重傷は201人。県内の避難者は午後2時半までに、約11万人に減った。このうち約5万人を占める熊本市を中心に、食料品の入手などが困難になっている。同市などでは停電や断水、ガス供給停止も続いており、慣れない生活に不安が広がっている。

地震の影響で、県内のJRは終日運転を見合わせ、熊本空港発着便も欠航した。いずれも運転再開の見通しは立っておらず、九州自動車道の通行止めなどを含め、交通の不便さ解消のめどは立っていない。多くの小中高校は18日も休校する。（熊本地震取材班）

主な地震の回数（マグニチュード3.5以上）

熊本県を中心とした地震（2016年）
新潟県中越地震（2004年）
岩手・宮城内陸地震（2008）
阪神大震災（1995）
福岡県西方沖地震（2005）
鳥取県西部地震（2000）
鹿児島県薩摩地方の地震（1997）
200回 150 100 50 0
0 1 2 3
発生からの日数
※気象庁による

災害対策本部が死亡者名を訂正

県災害対策本部は17日、熊本地震で亡くなった人として16日発表した益城町の松野ミス子さんは、松野ミツ子さんの誤りだったと訂正し、氏名などを調査中だった南阿蘇村の男性は大野睦さん(20)と発表した。

平成28年熊本地震で救援募金 あすから受け付け

4月14、16日をはじめ熊本県内を中心に西日本の広い範囲で激しい揺れに見舞われている大地震で、益城町や南阿蘇村など県内は甚大な被害を受けました。熊本日日新聞社、RKK熊本放送、熊本善意銀行は、「平成28年熊本地震救援金」を募ります。ご協力をお願いします（現金のみで、物資は受け付けません。直接持参か現金書留、銀行振り込みとなります）。

【直接持参、現金書留の場合】窓口は〒860−8506、熊本市中央区世安町172、熊本日日新聞社事業局と熊日の支社、総・支局。および〒860−8611、熊本市中央区山崎町30、RKK熊本放送事業局販促事業部、RKKカルチャーセンター（同市東区長嶺南）。現金書留は「平成28年熊本地震救援金」係と明記してください。

【銀行振り込みの場合】窓口で「救援金」と申し出れば手数料は無料です。口座名はいずれも「平成28年熊本地震救援金」です。

▽肥後銀行　水道町支店　普通預金　2722191
▽熊本銀行　本店営業部　普通預金　3127424
▽熊本第一信用金庫　本店営業部　普通預金　1212793

※受け付け期間　5月31日（火）まで（持参の場合は平日の午前9時から午後5時まで。土・日・祝日の受け付けはできませんのでご了承ください）。千円以上の募金は、熊日紙上に金額、氏名を掲載し、領収書に代えさせていただきます。匿名でも受け付けます。主催3者は次の通り寄付いたします。

▽100万円　熊本日日新聞社▽100万円　RKK熊本放送
▽50万円　熊本善意銀行
計250万円

「熊本地震」名称再検討 気象庁

熊本県などで相次いでいる地震で、気象庁は17日、いったん命名した「平成28年熊本地震」について、今後の地震活動の状況を見た上で再検討すると明らかにした。

余震の震源が広範囲にわたり、強い揺れが相次ぐなどの状況に、気象庁は「特殊な地震活動のため、全体の結果を見ないと名前は決まらない」としている。

たから箱

「桜」
熊本市立桜木東小6年　関　和夏

春になり
桜のつぼみが
できるころ
満開の桜を
想って笑う

新生面

2016.4.18

本紙朝刊「読者ひろば」面には連日、全国から被災者に寄せた応援メッセージが掲載されている▼「生まれ育った熊本で、こんなことが起こるなんて」と心を痛める県出身者。「熊本の皆さん、全国の方々が応援してます」。東日本大震災を経験した地域の人からの励ましの声も続々届いており、胸が熱くなる▼震度7を観測した最初の地震からきょうで4日目。余震は今も続き、自然の脅威はなかなか収まる気配をみせてくれない。大切な家族や友人を亡くし、悲しさと悔しさで胸が張り裂けそうな人もいるだろう。心細さと寝不足で、心身ともに疲れ果てている人も多いに違いない▼まずは自分の命を守ることを最優先したい。無理をせず、体力の温存を図ることも大事になる。そして少し落ち着いたら、家族や友人、ご近所と声を掛け合い、できることから一つずつ解決していこう。自分より弱っている人がいないか、周囲に目を向けることも忘れたくない▼不便な避難所での生活を余儀なくされた人は、県内で一時18万人を超えたという。「いつまでこんな暮らしが続くのか」と不安を漏らす被災者が増えている。避難所生活の長期化が予想されるが、安心して眠れる日は必ずやってくる▼応援メッセージの末尾には、連夜の強い揺れに不安を募らせながら、水道や電気の復旧を待ちわびている被災者を気遣う一言が付け加えられている。「つらい時は、つらいと声に出して」「慌てんちゃよか。ぼちぼち歩んでいこい！」。私たちは一人じゃない。

熊本地震 特別紙面

おわび

地震の影響で18日付朝刊が一部地区で配達できなかったり、遅れたりしました。大変ご迷惑をおかけしました。　熊本日日新聞社

熊日の購読・配達のご用は
ミナヨムニッコリ
0120-374625
（月曜～金曜9:00～17:00）

紙面のお尋ねは
096-361-3115
（日曜・祝日除く9:00～17:00）

パソコン版くまにちコム
kumanichi.com

◇お断り　「きょうの天気」は2面に移しました。

(第3種郵便物認可)　熊本日日新聞　平成28年(2016年)4月18日 月曜日　総合 2

万一に備えた安全確保を

新幹線脱線

社説

県内に甚大な被害をもたらした熊本地震は、九州を南北に貫く大動脈もストップさせた。14日夜に起きた最大震度7の激しい揺れで、回送中の九州新幹線が脱線した。レールからずり落ちた車両は今も高架上にとどまっており、復旧のめどは立っていない。

JR九州によると、現場は熊本駅の南約1・3キロの本線上で、急な左カーブ。列車は熊本駅から熊本総合車両所に向けて時速約80キロで走行中、運転士が強い揺れを感じ非常ブレーキをかけたが、全6両とも脱線した。回送のため乗客はおらず、運転士にけががなかったのが不幸中の幸いだった。

地震の初期微動を検知し、送電を自動的に止めて停車させる「対震列車防護システム」も作動したが、脱線を防ぐことはできなかった。初期微動と本格的な揺れがほぼ同時に到達する直下型には効果が薄いことが指摘されていたが、実証された形となった。

新幹線の脱線は、1964年に東海道新幹線が開業して以降、今回で4例目。旧国鉄時代の73年に大阪で起きた回送列車の運転ミス以外はいずれも地震が原因だ。

JR各社は営業運転中では初めて上越新幹線が脱線した2004年の新潟県中越地震を教訓に、設備面での脱線対策を進めている。

JR九州もレールと車両の双方に脱線防止設備の設置を進めていた。防止設備はレールの内側に並行して設置する「脱線防止ガード」と、台車中央に取り付ける突起状の「逸脱防止ストッパ」。車輪をレールと防止ガードで挟み込んで外れないようにし、脱線してもストッパが防止ガードに引っかかって転覆などを防ぐ仕組みだ。

ただ残念なことに、今回の脱線現場は防止ガードが設置されておらず、脱線した車両もストッパを設置していなかった。

ストッパはJR九州の新幹線全20編成に設置する計画だが、今回の車両は本年度中に取り付ける予定だった。一方、防止ガードの設置は博多―鹿児島中央の上下線計約578キロのうち約55キロ(約48キロは設置済み)のみ。同社が専門書を基に活動の可能性が最も高いとされる活断層と交差する区間を優先したもので、熊本地震を引き起こしたとされる日奈久断層帯と布田川断層帯は、どちらも対象としていない。いわば「想定外」の事態だったことになる。

防止ガードの設置には延長1キロ当たり1億円程度の費用がかかるとなれば、優先順位をつけて進めるのは致し方ない面もあろう。だが、今回の現場のような急カーブの区間を整備対象から外す判断は果たして正しかったのか。ほかにも新幹線9本が緊急停止したが、いずれも直線で、防止ガードがない区間でも脱線は免れた。運輸安全委員会の調査結果を踏まえ、十分検証してほしい。

地震などの自然災害は時に想定を超えて襲いかかる。新幹線の脱線は大惨事に直結することを肝に銘じ、JRは最新の技術や知見を集めて万一の場合に備えた安全性の確保に努力してもらいたい。

2016.4.18

射程　注目される知事会の提言

衆院選挙制度改革について、自民・公明両党は新たな議席配分方法「アダムズ方式」を導入する公選法改正案などを衆院に共同提出、今国会で成立する見通しだ。与党案は2020年の導入に先立ち、15年簡易国勢調査の結果を踏まえ、小選挙区を「0増6減」して区割りを見直し、比例代表を「0増4減」する。

小選挙区では、議員1人当たりの人口が少ない熊本など6県が定数1減となる見込みだ。県政界からは「このままでは地方出身の国会議員が減り、地方の声が届かなくなってしまう」と危ぐする声が上がる。

1票の価値を平等に近づける改革が必要なことに異論はないが、同時に大都市だけでなく地方の声が国政に届く仕組みも必要だろう。識者の間には解決策として、参院を「都道府県代表」と位置付けてバランスを取る、という意見もある。

参院選挙区の合区解消策を検討する全国知事会の有識者研究会も同様の提言を行った。報告書は、合区によって都道府県ごとに集約されてきた民意が国政に届きにくくなり、自治体間に不平等が生じると指摘。憲法に参院の地域代表制を明記し、現行憲法が認める投票価値の平等と同等の位置付けにすべきだとした。

総務省などには「最高裁が投票価値の平等を重視する現状では、改憲以外の方法はない」との見方もある。ただ、それには相当の時間を要することから、報告書は臨時的な対応として、選挙区定数を増やし「1票の格差」を是正する案や、国会法などに参院は「都道府県代表」と明記する案も示した。

全国の知事に意見を聞き、5月上旬にも最終提言をまとめ、与野党に実現を働き掛ける考えだ。知事会には護憲派や道州制推進派もおり、異論も予想されるが、この提言をたたき台にして選挙制度の抜本改革に向けた国民的議論を喚起してもらいたい。

(金子秀聡)

衆院ダブル補選情勢
北海道 与野党横一線
京都は民進リード

共同通信社は16、17両日、衆院ダブル補欠選挙(24日投開票)が行われている北海道5区と京都3区の有権者に電話世論調査を実施、取材も加味し情勢を探った。与野党対決の構図となった北海道5区では無所属新人池田真紀氏(43)=民進、共産、社民、生活推薦=と、自民党新人和田義明氏(44)=公明、日本のこころ推薦=が横一線で並んでいる。京都3区は民進党前職がリードしている。

ただ投票する候補者をまだ決めていないとする人が、北海道5区で2割超、京都3区で5割近くあり、今後、情勢が変化する可能性がある。

特に与野党一騎打ちの北海道5区の選挙結果は、今後の野党共闘の行方や安倍晋三首相の政権運営に影響を与えるとみられる。争点として「集団的自衛権など外交、安全保障」がトップ。「社会保障と福祉、子育て」が続いた。野党統一候補の擁立に対し「評価する」が「評価しない」をわずかながら上回った。

京都3区は「育休宣言」後に不倫が発覚した前衆院議員(自民党離党)の議員辞職に伴う補選。与党は世論の反発を踏まえ候補者擁立を見送り、野党3党が与党票を奪い合っている。

首相
米軍支援受け入れ表明
「あらゆる手段尽くす」

安倍晋三首相は17日、熊本地震に関する非常災害対策本部会議などで、復旧事業への国の補助率を引き上げる激甚災害指定の早期実施や、2016年度予算の普通交付税の繰り上げ交付、予備費投入に言及し「あらゆる手段を尽くす構えだ」と強調した。米軍航空機による輸送支援を受け入れる考えを表明。菅義偉官房長官は記者会見で、米海兵隊の輸送機オスプレイを使用する可能性があるとの認識を示した。16年度補正予算案編成の可能性にも言及した。

オスプレイ使用も　菅氏

住民生活の手助けを担う「被災者生活支援チーム」を設置。首相は熊本県内のスーパーやコンビニでの食品の品切れ解消に向けて「店頭に17日中に70万食を届ける」と記者団に語った。

これに先立ち、首相は17日朝、記者団に「いまだに行方不明者が存在する。今後、(自衛隊などの)態勢を2万5千人規模に拡充し、さらに万全を尽くす」と述べた。避難所での滞在が長期化しないよう宿泊施設の確保に取り組むよう関係省庁に対応を指示したことも明らかにした。「被災者に対する食料、医療、水などの提供態勢をしっかりしていくよう強く指示した」と説明した。菅氏は会見で、予備費が足りなければ補正編成を検討するかと問われ「できることは全てやるということだ」と述べた。

首相は当初、米軍による支援に関し「支援の申し出があるが、直ちに必要な状況ではないと考えている」としていたが、米側から航空機による輸送支援が可能との連絡が入ったことから「輸送ニーズを調整し、整い次第、直ちに実施したい」と受け入れる考えを示した。主に生活物資、人員の輸送を想定している。

菅氏は会見でオスプレイが使われる可能性について「物資の輸送であれば、当然調整の中に入ってくるのではないか」と述べた。その後の会見では「現在、調整中だ」と指摘した。

首相は17日午前8時10分すぎに首相公邸から徒歩で官邸に入った。危機管理センターで被害状況に関する情報を収集し、菅氏や中谷元・防衛相、林幹雄経済産業相に、ライフラインの復旧などに早急に当たるよう指示した。

首相官邸で行われた非常災害対策本部会議＝17日午前

ひとり親に満額支給
被災者の児童扶養手当

熊本県を中心に相次いだ地震を受け、厚生労働省は17日までに、所得が低いひとり親家庭に支払う児童扶養手当について、住宅など財産のおおむね2分の1以上の損害を受けた家庭には、所得制限をせずに満額を支給することを決めた。来年7月までの特例措置。

被災により所得が大幅に減る可能性があるため。ただ、結果的に今年1年間の所得が一定額を超えた場合は、さかのぼって手当の返還を求める。

国民年金保険に関しては、財産のおおむね2分の1以上の損害を受けた被災者に対し、保険料の支払いを免除する。期間は今年3月分から2018年6月分まで。

また、被災した要介護の高齢者で、介護サービスの利用料を支払うことが困難な人には、自己負担の減免などを配慮するよう熊本県内の自治体に要請した。

即応予備自衛官招集を閣議決定
最大300人規模に

政府は17日午後の持ち回り閣議で、熊本地震の被害拡大を踏まえ、自衛隊OBで構成する「即応予備自衛官」を招集する方針を決めた。中谷元・防衛相は閣議決定後、直ちに招集するための命令を出した。招集は東日本大震災以来で2回目となる。最大で300人規模になる見通しだ。

陸上自衛隊第8師団(熊本市)に登録している地元の事情に精通した即応予備自衛官が対象で、招集後は被災者の食事や入浴などの生活支援に従事する部隊で活動する予定だ。

TPP審議 地震影響も
政府、対応優先か

熊本地震が環太平洋連携協定(TPP)を中心とする国会審議に影響を与えそうだ。18日から安倍晋三首相出席による衆院TPP特別委員会の質疑が再開される予定。政府が地震への対策に追われる展開も予想され、当面は地震対応を優先する可能性を指摘する声もある。6月1日の会期末を控え、日程は窮屈さを増している。

後半国会の目玉のTPP関連を巡る審議は7日に特別委で開始。直後の8日に民進党が西川公也委員長(自民党)の議事運営に反発し、審議拒否の状態となった。再開した15日は直前の熊本地震の発生を受け、首相が冒頭で被災状況を説明してすぐに退席し、質疑は見送られた。

地震は14日夜に発生後も16日未明に震度6強の地震が起きるなど被害は拡大している。民進党の枝野幸男幹事長は16日、自民党の谷垣禎一幹事長と電話で会談し「国会審議の日程を含め、最大限協力する」と伝えた。

不明者捜索や被災者支援を
西部方面総監に 蒲島知事が要請

蒲島郁夫知事は17日午後、県庁で、陸上自衛隊の小川清史西部方面総監、岸川公彦第八師団長と会い、阿蘇地域での不明者の捜索や被災市町村への支援物資の輸送など、被災地への支援を要請した。

小川総監は、陸海空の災害派遣部隊を一元的に指揮する統合任務部隊指揮官に任命されたと説明。「陸海空の部隊を駆使して全面支援する」と述べた。

きょうの天気

のち　一時、時々　%降水確率　①～⑤紫外線

18日9時予想図

掲載写真お分けします　お問い合わせ 熊日サービス開発 ☎096(361)3256

18日は上空を気圧の谷が通過する。県内は曇りで、昼前まで雨が降る所も。少しの雨でも土砂災害に警戒を。夜は晴れ。北の風のち南西の風、波は熊本、芦北0.5メートル、天草1.5のち1メートル。19日は西の風、晴れ。波は熊本、芦北0.5メートル、天草1メートル。

	荒尾玉名 ③	山鹿菊池 ③	甲佐山都 ③	阿蘇 ③	熊本 ③	八代 ③	人吉 ③	水俣 ③	天草 ③
気温	9～19℃	7～19℃	8～18℃	7～15℃	11～18℃	9～18℃	9～17℃	9～17℃	11～20℃
朝	30	30	30	30	30	30	40	40	40
昼	10	10	10	10	10	10	10	10	10
夜	0	0	0	0	0	0	0	0	0

あすからの8日間　予想は熊本地方

19(火)	20(水)	21(木)	22(金)	23(土)	24(日)	25(月)	26(火)
9～22℃	10～26℃	16～24℃	15～25℃	15～24℃	14～23℃	13～25℃	11～26℃
10	30	80	30	40	40	30	30

熊本地震で物資不足

地震で甚大な被害が出た熊本県などで、水や食料など生活に不可欠な物資の不足が深刻化。休業するスーパーやコンビニが目立ち、営業していても在庫不足。交通網の寸断や流通拠点の機能まひが要因だ。政府は被災地支援の強化を打ち出し、企業サイドも懸命に対応に当たるが、専門家からは「非常時を想定した計画が甘かったのではないか」との指摘も出ている。【1面参照】

流通拠点 機能まひ

非常時計画に甘さ

表層深層

在庫不足で空になったコンビニエンスストアの商品棚＝17日午後2時25分、合志市

「店頭に17日中に70万食を届ける」。安倍晋三首相は同日午前、そう宣言した。「不安を払拭し、スピード感を持って対応しているとアピールしたい」（政府関係者）との狙いがある。

熊本県は災害発生に備え、物資をすぐ供給してもらえるよう大手スーパーやコンビニを含む10の会社、団体と協定を締結しており、16日未明にあった地震を受け避難所向けのおにぎりやパン、水などの提供を求めた。

だが17日午後になっても到着日程が決まらない品物があった。避難所にスムーズに物資が行き渡らないため、避難者が自分で調達しようと店に並ぶ事態になっている。

人海戦術

熊本市中央区のコンビニでは17日朝、食品がトラックで運び込まれるとすぐに完売。「水ある?」と尋ねる客に、男性店員は「ないです。道が駄目でトラックが来なくて」と頭を下げていた。

「商品はあるのに届けられない」。ファミリーマートの広報担当者はもどかしそう。流通拠点に商品はあるが、道路の損傷や通行止めにより、輸送に遅れが出ている。

ローソンは熊本県の配送センターの運転手らが確保できない事態に。17日は佐賀県から熊本市内の直営店に商品を運び入れ、応援に入った本社社員が各店舗に運ぶという人海戦術で対応した。

地震の影響で営業できない店舗も多数ある。経済産業省のまとめによると、17日正午までに熊本県内のセブン-イレブン・ジャパン、ローソン、ファミリーマートのコンビニ大手3社で営業しているのは約7割の424店舗。イオンなどの主要スーパーは半数の29店舗にとどまる。

休業状態

生活の足を支えるガソリン供給への影響も出た。石油元売り最大手のJXエネルギーは、17日午前8時現在で84カ所の系列ガソリンスタンド（GS）が休業状態に。うち4分の1超で在庫不足に陥っていた。道路損傷で一部のGSへの供給が遅れたほか、不安に駆られ「とりあえず満タンに」という顧客が行列をつくったことが追い打ちを掛けたと関係者は言う。

現地では、停電のため休業に追い込まれたGSもあり、大手元売り関係者は「東日本大震災後、給油所に自家発電の導入を広げようとしたが、熊本までは手が回っていなかった」と声を落とす。

石油連盟（東京）の担当者は「一時的な供給不足はあるかもしれないが、パニックにならないようにしてほしい」と呼び掛けた。

防災システム研究所の山村武彦所長は「南海トラフなどの巨大地震で大きな被害が想定される地域では、災害時の流通計画や在庫備蓄が進んでいる所もある」と指摘。「日本中、どこでも今回のような連続地震は起こり得ることを前提に、十分な計画を立て、企業は供給責任を果たしてほしい」と話した。

高速道路の被害状況

（17日午後9時半現在。背景画像はカシミール3Dで作製）

布田川断層 数キロ延伸

地震調査委評価 阿蘇カルデラまで

地震調査委員会の評価のポイント

- 16日に熊本県で発生したマグニチュード（M）7.3の地震は布田川断層帯の布田川区間が活動した
- 布田川区間は従来の評価より長いことが判明、東端は阿蘇山カルデラの中に達していた
- 断層帯の南側にある観測点が南西方向に97センチ移動する地殻変動を確認
- 地下の断層が長さ27キロ、幅12キロにわたり3.5メートルずれたと推定した

政府の地震調査委員会は17日の臨時会で、熊本県で16日未明に起きたマグニチュード（M）7・3の地震は「主に布田川断層帯の布田川区間の活動による」との評価をまとめた。この区間の東側は従来知られていたより数キロ長く、阿蘇山のカルデラの中まで延びていたとみられることも新たに分かった。

調査委は火山活動への影響評価はしていないが、終了後に記者会見した委員長の平田直東京大教授は「マグマだまりの近くにまで断層があると、断層運動によって刺激され火山活動が活発になり得る。監視活動を強化してほしい」と注視を呼び掛けた。

火山では土砂崩れなどで断層活動の痕跡が見えなくなることが多く、従来は地表の調査で断層の東端をカルデラ西側の外縁までとしていた。だが今回の地震活動で生じた地上の観測点の移動や余震分布を詳しく調べた結果、それより数キロ東に断層が延びていると調査委は判断した。

大分県域での地震について平田氏は「（熊本県での）M7・3の地震に影響されて発生したと考えているが、大分にある別府―万年山断層帯の活動かは分からない」と話した。四国方面に延びる中央構造線断層帯への影響についても「分からない」とした。

国土地理院によると、九州の中部を東北東―西南西方向に走る布田川断層帯の南側で、観測点が南西に97センチ、北側の観測点が東北東に75センチと大きく動いた。断層の一部が長さ27キロ、幅12キロにわたって3・5メートルずれたとみられる。

調査委は有識者19人で構成され、人命に被害が出るなどの大きな地震が発生した際に臨時会を開く。臨時会は14日に起きたM6・5の地震を受けて15日にも開かれており、これほど短い間隔で開かれるのは異例。

熊本県の地震と断層帯（地震調査委員会の資料を基に作製）

火山活動 変化の可能性も

九州大地震火山観測研究センター長 清水洋教授に聞く

熊本地震は県内に甚大な被害をもたらし、今なお余震が続く。政府の地震調査委員会の委員で九州大地震火山観測研究センター長の清水洋教授に、余震が多い原因や阿蘇の火山活動への影響などを聞いた。（内田裕之）

―地震回数は内陸・沿岸地域で発生した1995年以降で最多の回数となりました。

「九州中部は不均質な断層が多く、地盤が弱い。小さい傷痕の集合体のようなもの。地盤の割れ方が複雑で、余震が活発になりやすい。本震と同じような大きな余震がよく起きるのも特徴だ」

―14日にマグニチュード（M）6・5の地震が発生し、16日にM7・3の「本震」が起きました。

「14日の地震は益城町から南西に伸びる日奈久断層で起き、16日は益城町から北東の阿蘇へ、布田川断層に乗り移る形で広がった。悪いケースとして地震の誘発を危惧していたが、率直に言って驚いたし、ショックだ」

―地震の範囲が広がったのはなぜですか。

「一般論だが、まずは地盤の強度が弱い。それから阿蘇などの火山があり、地下に熱水のような形で豊富に流体が分布しているので、地震を誘発しやすい」

―益城町から南西の地域で地震が増えています。さらに大きな地震が起きる可能性は。

「一番可能性が高いのは、このまま少しずつ収まっていくシナリオ。ただ、今回壊れたのは一部の断層。布田川断層の宇土方面、日奈久断層の八代方面などに残っている断層がある。そちらで地震が起きる可能性はあり、注意する必要がある」

―阿蘇の火山活動への影響は。

「本震を起こした断層は阿蘇のカルデラの下まで伸びている。影響を受け、阿蘇の火山活動が変化する可能性はある。今のところ活動は活発化していないが、今後は保証できない。火山性微動や山の膨張など火山活動の前兆も心して見ていかないといけない」

川内原発など状況確認へ

原子力規制委 きょう会合

九州、中四国の原発と主な地震の震源

熊本、大分両県を襲った地震を受け原子力規制委員会は17日、臨時会合を18日に開き、稼働中の九州電力川内原発（鹿児島県薩摩川内市）など九州、中四国地方の原発の安全性に影響がないか、確認することを決めた。地震活動が広域化し、国民の間で原発への影響に不安が広がっていることから、状況を改めて確認する。

今回の一連の地震による立地市町村の震度は、14日から16日にかけて薩摩川内市と、四国電力伊方原発がある愛媛県伊方町で観測された4が最大。規制委は原発の安全性に影響が出る大きさではないとみている。

臨時会合後、田中俊一委員長が記者会見して規制委としての見解と対応を説明する。

九州、中四国地方にはこのほか、佐賀県玄海町に九電玄海原発、松江市に中国電力島根原発がある。7月の再稼働が見込まれる伊方原発は、熊本・大分で大きな揺れを観測した地点のほぼ延長線上に位置する。

原発は一定以上の揺れの強さが観測されると原子炉を自動停止する仕組みになっており、川内の場合、原子炉建屋に隣接する補助建屋の地下で、水平方向で160ガル、垂直方向で80ガルに達すると自動停止する設計。14日以降の観測値は最大でも数ガルで、自動停止の設定値までには余裕があることから、九電は運転を継続している。

熊本地震 教訓と課題（下）

2016.4.18

住民の避難

弱者支援態勢 難しく

繰り返す揺れや不便な避難生活に、人々の不安やストレスは募る。一連の地震で被害は拡大し、行政による住民の避難や広域支援の面で課題も浮かび上がる。

「電気や水道が復旧しても余震が怖く、いつ帰れるか分からない。涙が出る」。犠牲者の多くが集中し、今も余震が続く益城町。山口美子さん(82)は、約千人が身を寄せる保健福祉センターの狭い廊下で過ごす。周辺の住宅は16日未明の地震でほとんど倒壊したが、築10年の自宅は無事だった。それでも、まだ避難所を離れるつもりはない。

「被災者の不安に寄り添う対応を進めたい」。安倍晋三首相は17日、記者団に、食料や水などに加え、トイレや医薬品の確保に全力で取り組む姿勢を示した。一方で物流網の寸断もあり、被災地に十分な物資は行き渡っていない。

河田恵昭関西大教授（防災減災学）は「物流まひが長期化すれば、飲料水すら入手が困難になっている被災者をさらに追い詰めることになる。国や県が主導して、道路の復旧を急ぐべきだ」と警鐘を鳴らす。

政府は避難先となるホテルや旅館の確保も急ぐが、被災施設もあり難航。国土交通省幹部は「仮設住宅も含めどれだけの規模が必要かは、今後の状況次第だ」と先が見通せない状況を語る。

被害が広がる中で、政府は、断続的に緊急消防援助隊の追加派遣を各都府県に要請。20都府県の約2千人が救助や捜索に当たった。

阪神大震災を機に発足した仕組みは定着した。ただ大災害が連続する事態は想定外で、鹿児島県は「状況が刻々と変わり、どのくらいの部隊を待機させるかなど対応が難しい」と説明。大分県は、応援部隊を呼び戻す異例の対応となった。南海トラフ巨大地震などに備え、平時から派遣や受け入れの訓練を重ねる必要がありそうだ。

お年寄りの犠牲も目立つ今回の地震は、災害弱者の避難という課題も突き付けたが、行政の態勢づくりは進んでいない。

東日本大震災後に、自力避難が困難な住民の名簿作成が自治体に義務付けられ、政府は一人一人の避難方法を定めた計画作りも求めた。共同通信が1～2月に実施した全自治体アンケートによると、計画の作成済みは全国で12%にとどまった。熊本県内の自治体からは「山間部は支援者の確保が困難」「災害弱者の避難誘導に不安がある。自主防災組織も高齢化し、苦慮している」と悲鳴が上がる。

多くの人が繰り返しの揺れで倒壊した家屋の下敷きとなったことに関し、明治大危機管理研究センターの中林一樹特任教授（都市防災）は、専門家による建物の危険度判定の態勢充実を訴え「安全が確認されるまでは、戻らずに避難所で過ごすべきだ」と指摘する。

熊本地震・政府の対応

救助や捜索活動	自衛隊の態勢を2万5000人規模に拡大。緊急消防援助隊は20都府県約2000人
被災者の生活支援	支援チームを設置し、政府職員を被災市町村に派遣
救援物資	3日間で非常食90万食と粉ミルク1トン、非常用トイレ1万個、子ども用紙おむつ6万枚を提供。熊本県内のコンビニなどにも70万食

ホテルや旅館 無料受け入れ

高齢者や障害者ら 観光庁が部屋確保

観光庁は17日、熊本地震で被災して避難所にいる人のうち、お年寄りや障害のある人、熊本県が必要と認める人を、県内のホテルや旅館で受け入れると発表した。約1500人分の部屋を確保した。希望者は、各避難所にいる自治体職員を通じて申し込みができる。

宿泊や食事費用は国や県が負担するため無料。受け入れ期間は、仮設住宅などが整備されるまでを想定している。

一方、国土交通省は被災者の受け入れ先として、公営住宅の空き室は計2215戸と明らかにした。内訳は熊本県内が232戸、大分県内が209戸、両県以外の九州各県が計1774戸。地震による破損などで戸数は増減する可能性があるという。

◆全国学力テスト、県内は延期

小学6年と中学3年を対象として19日にある文部科学省の「全国学力・学習状況調査」（全国学力テスト）について、県内は実施を延期する見込みとなった。熊本市教委は17日に決定済み。県教委は18日に文科省の判断を待つ。

問題と正答例が実施直後に公表されるため、両教委とも「全国一斉に受けなければ（テストの結果は）正確なデータとして扱えない」と話している。

文科省によると、問題冊子や回答用紙は実施前日までに学校に届けることになっているが、被害が大きい地域への配送が難しい状況。大分県教委も一部の小中学校で実施できない可能性がある。

2011年に東日本大震災が起きた際には文科省は直後に延期を決定。都道府県別の成績集計も見送り、事実上の中止となった。

◆船室を避難所代わりに

石井啓一国土交通相は17日、熊本地震の被災者を熊本港（熊本市西区）で受け入れるため、フェリー2隻を用意したと明らかにした。一時的に避難所として利用してもらう。首相官邸で記者団に語った。

2隻は熊本フェリー「オーシャンアロー」（430人乗り）、九商フェリー（長崎県島原市）の「フェリーくまもと」（600人乗り）＝写真。ともに地震による損傷はなく、個室はないが水道や電気は使える。船は地震で大きな揺れがあっても、津波さえなければ安全だという。

一連の地震で熊本港の設備が被害を受けたため利用客の車を載せられず、停泊したままだ。国交省によると、受け入れる被災者や開始日は県が調整し、2隻が運航を再開するまで使う予定だ。被害の大きかった益城町などからの避難を想定している。

石井氏は、被災者の受け入れ先を確保するため、福岡県など熊本県近隣の民間住宅やホテル、旅館も調査する方針を示した。

きょうの歴史　4月18日

▽1993（平成5）年

王貞治さんらプロ野球名球会の会員が山鹿市民球場を訪れ、少年野球教室や親善試合で交流した。

▽1967（昭和42）年　熊本甘夏ミカンの冷温貯蔵所が埼玉県上尾市に落成した。2月下旬から4月いっぱいまでだった販売シーズンを伸ばす全国初の試み。

熊本城400年「最大級被害」

熊本大神宮の上に崩落した熊本城の国指定重要文化財・東十八間櫓＝16日午前11時40分ごろ、熊本市中央区（横井誠）

熊本市は17日、熊本地震に伴う熊本城の被害状況をまとめた。加藤清正が築城した当時から残る櫓などの国指定重要文化財（重文）の建造物13件のうち、5件が崩落や倒壊など甚大な損害を受けており、400年を超える歴史の中で「最大級の被害」（熊本城総合事務所）という。【1面参照】

同事務所によると、重文のうち東十八間櫓、北十八間櫓、五間櫓、不開門が崩落・倒壊。長さ100メートルの長塀は半分が倒壊し、半分が傾いている。残る8件も、宇土櫓の廊下部分（続櫓）30メートルが崩れるなど損傷は大きい。

熊本城の敷地は国指定史跡で、約100の建造物がある。大天守も土台の石垣の一部が崩れ、北側に傾いているほか、石垣の崩落は「数え切れないほど」（同事務所）。これほど全域に及ぶ被害は例がないと話す。

熊本城は1607年築城。1877年の西南戦争では天守閣を焼失した。1889年の熊本大地震でも、15の建造物や石垣の倒壊などはあったが、櫓の崩落などの記録はない。

文化庁 修復に向け調査へ

文化庁も後日、調査し、同庁や有識者らでつくる専門部会との協議を経て、修復に着手する予定。河田日出男・同総合事務所長は「激甚災害に指定されれば、修復費の8～9割が補助されるが、どれだけの建造物が対象になるのか…。修復に掛かる費用は、全く想像がつかない」。修復が終わるまで、20年近くかかる可能性もあるという。

大西一史市長も「修復については今は考えられる状況にない」と話した。

現在、熊本城内や周辺道路は立ち入り禁止になっており、再開のめどは立っていない。（高橋俊啓）

地震で瓦が落下した熊本城天守閣＝16日午前11時40分ごろ、熊本市中央区（横井誠）

石垣が大きく崩れた戌亥櫓付近の石垣。奥の右は宇土櫓、左は天守閣＝17日正午すぎ、熊本市中央区（横井誠）

避難生活 エコノミークラス症候群に注意
足の運動、水分補給を

山田周医師

地震で余儀なくされた車中泊や避難所での生活。長時間、同じ姿勢になりがちで、血の塊（血栓）が肺に詰まる、いわゆるエコノミークラス症候群などが懸念される。避難生活で気を付けたい健康管理のポイントを、国立病院機構熊本医療センターの山田周医師（36）に聞いた。

山田医師自身、病院駐車場での車中泊を続ける被災者でもある。

同症候群の対策のポイントは「小まめな水分補給と、体を伸ばし動かす」。2時間に1回、足の運動を心掛けているという。水分不足や運動不足によって血流が悪くなると血栓ができやすい。筋肉を動かすと、血管も伸び縮みして血流をつくる。

狭い車内でできる簡単な動きは、①足の付け根と膝、足首を一直線に伸ばす②つま先を上下させる。または、ふくらはぎをもむ③膝を上げ下げする—の三つ。「就寝中、ふと目が覚めた時に実践してほしい」と山田医師。

狭い運転席には、子どもを寝かせるなど、皆の体が動かしやすい工夫も提案する。

日中は外での散歩を勧める。また寒暖差が大きい時期で暑さに体が慣れていないため、昼間は熱中症の危険もある。車内の換気や、屋外では日陰で過ごすことも心掛けたい。買い物の行列に並ぶ場合は、炎天下に備えて帽子やタオルも必要だ。

水不足で歯磨きがしにくい状況もある。山田医師によると、乾燥すると口内に雑菌が繁殖しやすく、その唾液が肺に入ると肺炎を招くこともある。歯磨きできない場合、タオルで拭くだけでもよい。夜は冷え込むため、うがいは風邪の予防にも効果的という。

心のケアも重要だ。余震がやまず、ふとした物音で恐怖を感じてしまう。ショックを引きずらないためにも、「とにかく人と話してほしい。怖かった経験をため込まず、1人でいる避難者には声を掛けてほしい。みんなで助け合って乗り切ろう」と助言する。（林田賢一郎）

熊本地震情報 訪日客へ発信
政府観光局HP

政府観光局は、訪日中の外国人旅行者向けに、熊本地震関連の情報発信を強化している。地震の発生時刻や規模、交通機関の運行状況を英語でホームページ（HP）に掲載。英語による電話相談にも24時間態勢で応じている。HPのアドレスはhttp://www.jnto.go.jp/eq/kumamoto.htmlで、相談窓口は☎03（3201）3331。

HPでは「17日の熊本空港は全便運休だが他の九州の空港は利用可能」など、空港や鉄道、高速道路の現状を詳しく提供。緊急地震速報を受信できる無料アプリ（英語、中国語、韓国語）も入手できる。電話相談は、午前9時～午後5時は英語、中国語、韓国語、日本語で対応。午後5時～翌日午前9時は英語と日本語で受け付けている。

熊本市西区 助産師・甲斐さん

マッサージ、避難所で母乳相談
「水分、休息 十分に」

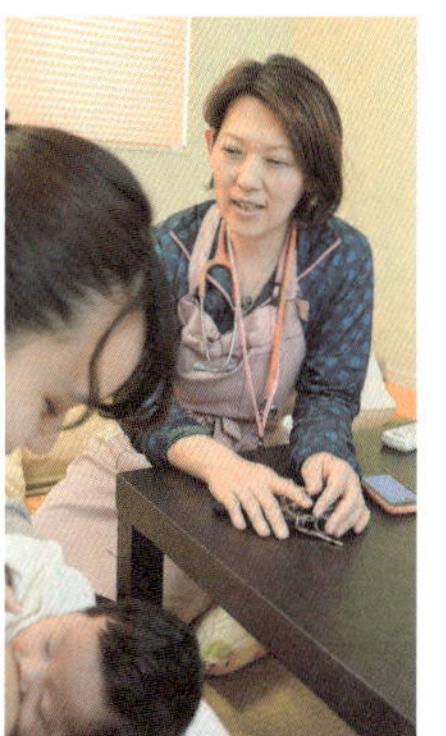
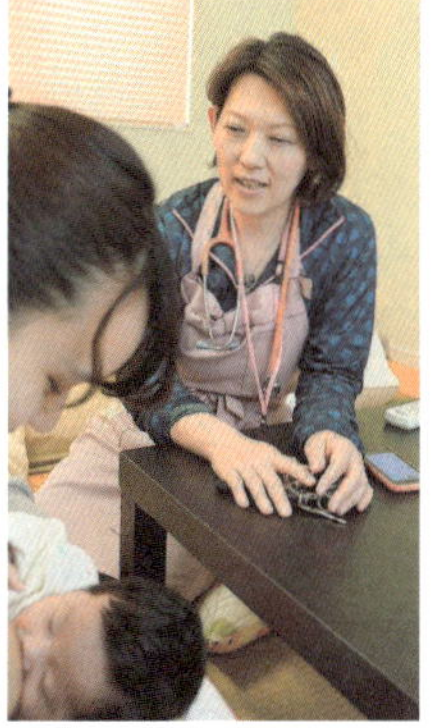
助産院を開放して、授乳についてアドバイスをする助産師の甲斐由香さん＝17日、熊本市西区

避難生活のママにおっぱいケアを—。熊本市西区の助産師、甲斐由香さん（38）は、運営する由来助産院で、被災者対象におっぱいマッサージをしたり、避難所で母乳相談に乗ったりしている。

甲斐さんによると、避難生活では母乳が出にくくなる人が多いという。避難所では水が手に入りにくいほか、トイレを心配して水分を控えたり、ストレスも影響したりするためだという。

「おっぱいに痛みがあるんです」。17日、助産院を訪れた主婦の濵田沙久良さん（25）＝同市南区＝は甲斐さんに相談した。1カ月前に長女雅ちゃんが生まれたばかり。「地震の後、車で2泊した。なかなか授乳ができず痛みを感じるようになった」という。

マッサージの後、授乳方法の指導もあり、濵田さんは「痛みが軽くなりました」と笑顔になった。甲斐さんは「母乳は赤ちゃんにとってライフライン。ママは水分を十分に取って、できるだけ体を休めてほしい」と話す。

甲斐さんはフェイスブックでも支援を呼び掛けたところ、紙おむつやお尻ふきなどの提供があった。避難所では、赤ちゃんを抱えた女性におむつなどを配りながら、母乳で困っていることがないか聞いて回っている。

甲斐さんは「助産師仲間に活動参加を呼び掛けたが、被災で活動できない人もいる。できる限り支援していきたい」と話している。（森本修代）

※由来助産院☎096（277）1138。

食料や水不足 医療機関 悲鳴
転院、退院の動きも

慈恵病院に届けられた食料などの支援物資＝17日、熊本市西区

地震でライフラインが途絶え、県内の医療機関で食料や水の備蓄が尽きそうな事態が広がっている。厚生労働省によると、建物が損壊した医療機関は4カ所で、ライフラインが途絶えたのは30カ所。このため入院患者の転院・退院を進める動きも加速している。

熊本機能病院（熊本市北区）は食料備蓄が乏しくなり、18日以降、入院患者の食事を1日2食に減らさざるを得ない可能性があるという。刻み食など特別対応も難しい状況で、米満弘一郎理事長（43）は「特に高齢者の栄養不足や健康状態が不安。牛乳もない。物流が元に戻らなければ、もっと厳しくなる」と表情を硬くした。

慈恵病院（熊本市西区）も一時、18日分で備蓄が尽きそうな危機に。フェイスブックなどで提供を呼び掛け、17日夕には約50の企業・団体などから水や食料が届いた。「とても感謝しています。ほかの病院も支援してほしい」と竹部智子・看護部長。

一方、建物に亀裂が多数入った熊本市民病院（同市東区）は17日までに、310人の入院患者全員の転院・退院を終えた。くまもと森都総合病院（同市中央区）は2病棟のうち1病棟が損壊、患者96人が転院した。西村病院（益城町）や東熊本病院（同）も入院患者を転院させた。（林田賢一郎、森本修代）

水道設備の復旧へ 政令市が職員派遣
熊本市に20人

20の政令指定都市でつくる指定都市市長会や東京都などは17日、地震被害のあった熊本市の水道設備を復旧するため、技術職員を応援で派遣することを決めた。熊本市からは20人の派遣要請があり、東京都や広島市の職員が早ければ17日中にも現地に向かう。

指定都市市長会は17日、熊本市に現地支援本部を設置。当面は広島、岡山、北九州、福岡の4市の職員13人で、必要な物資の把握など支援業務を始めた。食料や水が不足しており、全政令市から協力を求める方針。

全国知事会は、建物の応急危険度判定を行う専門職員を各地の自治体から送り込む予定だったが、熊本県から要請をいったん取り下げるとの連絡があり、当面の派遣は見送った。

障害ある子ども ICT活用を 参加校募集

障害のある子どもの学習や生活を支援しようと、ITや教育関連の企業団体と東大が連携して、情報通信技術（ICT）を学校に提供し、活用法を指導するプログラムを18日始めた。参加を希望する学校を募集し、相談も受け付けている。

障害がある子どもの学ぶ機会を保障するため、大きな負担にならない範囲で学校に「合理的配慮」を求める障害者差別解消法が1日に施行された。今回のプログラムは、読み書きが苦手な子どもがデジタル教材で学習したり、身体障害のある子どもがタブレット型パソコンでテストを受けたりするのを想定している。

支援が必要な児童・生徒の人数や状況などを書いて電子メールで応募する。都道府県や市町村の教育委員会や私立学校が募集対象だが、教員や保護者からの相談も受け付ける。宛先のアドレスはwic-consortium@seminar.jp

◇最高裁人事（18日）

東京高裁判事（福岡高裁事務局長）永渕健一▽福岡高裁事務局長（福岡高裁判事）安永健次

首相の動静 17日

【午前】8時11分、公邸から官邸。14分、危機管理センターで林幹雄経済産業相、中谷元・防衛相、菅義偉官房長官。37分、報道各社のインタビュー。56分、林経産相。10時26分、中谷防衛相、森健良外務省北米局長、防衛省の前田哲防衛政策局長、河野克俊統合幕僚長。11時、報道各社のインタビュー。37分、地震非常災害対策本部会議。

【午後】1時28分、自民党の谷垣禎一幹事長、二階俊博総務会長、稲田朋美政調会長。57分、谷垣自民党幹事長。5時3分、地震被災者生活支援チーム会議に出席し、訓示。6時32分、地震非常災害対策本部会議。7時5分、麻生太郎副総理兼財務相。9時42分、公邸。宿泊。

きょうの動き

■ 国内・国際 ■

▽原発事故に伴う福島県内の除染廃棄物を中間貯蔵施設予定地（福島県大熊町）へ本格輸送開始（双葉町側への開始時期は未定）

■ 首長の日程 ■

【蒲島知事】地震災害対応
【大西熊本市長】終日　庁内打ち合わせ
【山下荒尾市長】8時半　庁議▽9時半、10時半　来客応対▽13時半　市行政経営会議▽18時半　タウンミーティング
【高嵜玉名市長】終日　庁内打ち合わせ
【中嶋山鹿市長】地震災害対応
【江頭菊池市長】9時　庁議▽15時　庁内協議
【荒木合志市長】地震災害対応
【佐藤阿蘇市長】地震災害対応
【元松宇土市長】地震災害対応
【守田宇城市長】8時半　地震災害対応▽9時半　宇城広域連合協議▽11時　宇城地域活性化協議会来訪▽13時　地震災害対応
【中村八代市長】13時、13時半、15時　庁内協議
【松岡人吉市長】9時　社会教育課協議▽13時半　来客応対▽14時半　お城まつり実行委員会臨時正副部長会議▽18時　市スポーツ推進委員協議会委嘱状交付式・総会
【西田水俣市長】9時　庁内協議
【堀江上天草市長】8時半　庁内協議▽10時半、13時　来客応対
【中村天草市長】7時半　益城町災害ボランティアセンター設置支援出発式▽9時、9時半、16時　庁内協議

「熊本のため」永野3位

東建ゴルフ最終日　重永は後退4位

◇東建ホームメイト・カップ

		最終日成績（パー71）
-13	①金　庚泰（韓）	271＝68 67 67 69(33 36)
-13	②近藤　共弘	271＝69 71 66 65(32 33)
-12	③永野竜太郎	272＝65 72 69 66(35 31)
-6	④薗田　峻輔	278＝67 74 68 69(34 35)
	④重永亜斗夢	278＝65 74 67 72(35 37)
-5	⑥☆亀代　順哉	279＝69 68 76 66(33 33)
	⑥宮本　勝昌	279＝70 72 68 69(33 36)
	⑥金　亨成（韓）	279＝70 71 70 68(35 33)
	⑥池田　勇太	279＝66 72 68 73(35 38)
	⑥J・パグンサン（比）	279＝70 70 70 69(36 33)

（☆はアマ）

東建ホームメイト・カップ最終日（17日・三重県東建多度CC名古屋＝7081ヤード、パー71）昨季賞金王の金庚泰（韓国）が4バーディー、2ボギーの69で回り通算13アンダーの271で近藤共弘と並び、プレーオフを3ホール目で制して今季初優勝した。優勝賞金は2600万円。1打差の3位には永野竜太郎が入った。前日2位の重永亜斗夢は薗田峻輔とともに通算6アンダーの4位。さらに1打差の6位に池田勇太、アマチュアで大阪学院大4年の亀代順哉ら5人が続いた。片山晋呉は39位だった。（出場61選手＝アマ1、晴れ、気温20・5度、南の風3・9メートル、観衆4307人）

重永、意地の17番

○…最終組で回った重永は前半からパットの距離感が合わずに4位。ツアー初優勝には届かず「自分の中では踏ん張れた方だが、（結果は）残念な一日になった」と悔やんだ。熊本市出身。妻と娘2人が被災地に残す中で「頭の中がごちゃごちゃだった」と振り返る。それでも17番にはバーディーを奪って意地を見せた。

ツアーが続き、故郷に帰るのは早くても5月に入ってからという。ラウンド後はチャリティーサイン会に参加して義援金を呼び掛けた。「地元がすごく好き。水とか物資とか一番必要なものをすぐにでも届けたい」と切実な思いを口にした。

最終日、18番でバーディーを決め、ガッツポーズする永野竜太郎。通算12アンダーで3位＝東建多度CC名古屋

益城町出身の永野

終盤　怒濤6バーディー

前半が終わった時点で首位とは6打差。だが、27歳の永野の見せ場はここからだった。益城町出身。青木功さんからも「熊本のために笑顔で頑張れ」と活を入れられて挑んだ残り9ホールで怒濤（どとう）の6バーディー。ツアー初優勝は惜しくも届かなかったが、3位に。「（声援に）背中を押された」と満足げに振り返った。

雨の影響で1時間半遅れのスタート。序盤から好調なショットでピンそばに寄せるも、球が重くなる。7番は3パットでボギーをたたき、「いつもなら崩れていた自分がいた」。踏みとどまらせたのは、地元の被災者の存在。「自分の苦しさなんて比じゃない」と気持ちを切り替えた。

11、12番の連続バーディーでパターの感覚に手応えをつかむと、大きな拍手で迎えられた18番では6メートルのバーディーパットをねじ込み、何度も右拳を振り下ろして喜びを表現。「忘れられない、忘れちゃいけない大会になった」。

熊本市出身で同級生の重永とともに、次戦以降もツアー初制覇を狙う。永野は「優勝が自分たちにとっても地元にも最高の形」。誰よりも濃密に過ごしたこの4日間。大きな糧に最後の壁を乗り越える。（藤原慎）

最終日、6番でアプローチショットを放つ重永亜斗夢。通算6アンダーで4位＝東建多度CC名古屋

地震の被災地支援のため募金活動をする（右から）柔道のリオ五輪女子代表の近藤亜美、田知本遥、全柔連の山下泰裕副会長ら＝17日、横浜文化体育館

全日本柔道連盟副会長　山下泰裕さん

目潤ませ「復興、天に祈る」

全日本柔道連盟の山下泰裕副会長は17日、故郷の熊本県などに被害をもたらした地震について「早く収まり、被害がこれ以上広がらないように祈る気持ちだ。一日も早く本来の生活が戻るために支えていきたい」と目を潤ませながら話した。

東海大阿蘇キャンパスに通う学生から、損壊したアパートの下敷きとなる複数の犠牲者が出た。同大副学長も務める山下さんは「非常に心を痛めている。心からお悔やみ申し上げたい」と述べた。

全日本女子選手権が開かれた横浜文化体育館では試合前に黙とうがささげられ、山下副会長や52キロ級の中村美里（三井住友海上）らリオデジャネイロ五輪女子代表3人を含めた関係者が募金箱を手に会場入り口で呼び掛けた。義援金活動に加わった日本男子の井上康生監督は宮崎県出身。「幼少のころは親しみもあるので非常にショック。五輪では日本の底力を見せたい」と話した。

恩返し／励ます／元気を　県出身選手

熊本を襲った地震の影響は、17日になっても終息の気配が見えない。県関係のトップアスリートたちも県内に残る家族や友人を心配しながら、避難所や車中泊など不自由な生活を強いられ、不安な気持ちでいる被災者を励ますコメントを寄せた。（荻原亮平）

◇陸上長距離の前田彩里（ダイハツ、信愛女学院高出）大津町に母を一人で残しており、心配しています。私は、多くの人に支えてもらって走ることができたし、恩返しの気持ちで、自分の走りでみんなを元気づけたい。熊本の子たちにも、走り続ける気持ちを持ってもらえるように頑張ります。

◇大相撲の正代（時津風部屋、宇土市出身）実家も被害を受けているので、大変さは分かります。被災者の方々は、テレビ観戦ができるかどうかも分からない状況だと思いますが、5月にある夏場所で皆さんの励みになるような相撲を取りたいです。

◇リオデジャネイロ五輪柔道女子日本代表の梅木真美（環太平洋大、阿蘇中央高出）阿蘇は、自分が育った場所なので心配しています。友人が避難していると聞いてます。亡くなった人もいて悲しい。でも、こういう時だからこそ、全力を尽くし、スポーツで元気を与えたい。大好きな柔道ができない子供もいると思うけど、またプレーできるように頑張ってほしい。

前田彩里

正代

梅木真美

スポーツ界　熊本にエール

【1面参照】

ガッ ン　大久保2得点　川崎が首位堅守

浦和後半大あ バ レ　今季最多3G　阿部アシスト　100連続でフル出場

終盤に真価　逆転勝利

甲府　手欠 く

ま たも斎藤弾

鹿島攻守に 本 領　湘南を完封

FC今治地元○なるか

「ガンバレくま本」の見出しカットが踊る愛媛新聞の17日付紙面（同社提供）

愛媛新聞　踊る応援見出し

「頑張れ熊本」―。14日以降、震災で混乱や不安な状態が続く熊本を応援しようと、愛媛新聞（松山市）が17日付朝刊スポーツ面の見出しの文字を巧みに配置し、被災地へのエールを発信した。

紙面は16日にあったサッカーJ1の試合結果を伝えたもの。大きめの見出しに1、2文字ずつ白抜き文字を使い、つなげて読むと「ガンバレくま本」というメッセージになるよう工夫した。

同社によると、紙面を担当したのは整理部の40歳代男性記者。「地震発生以降、何かできることはないか」と考え、16日に、大津高出身の植田直通（J1鹿島）が被災地を思い涙を流した、との記事を読んだことから「見出しにメッセージを込めることを思い付いた」という。

同社編集局は「熊本を元気づける気持ちと同時に、愛媛の人たちに何かしらの支援を考えるきっかけにしてもらいたかった」と説明している。

地震の被災地支援で募金活動を行うソフトバンクと楽天の選手たち＝17日、福岡市のヤフオクドーム

各球場で募金活動

プロ野球選手　呼び掛け

県内などで続く地震を受け、プロ野球は17日も各球場で選手が募金活動を行った。ヤクルトは松山市の松山中央公園野球場で行われたDeNAとの試合前に選手会長を務める川端慎吾内野手ら選手5人が募金を呼び掛けた。玉名市出身の松岡健一投手は「プロ野球選手としてやれることを精いっぱいに。皆さんの復興に向けて力になれたら」と被災地を思いやった。ヤクルトは集まった募金に300万円を加えて寄付する予定。

中日―阪神が行われたナゴヤドームでは15日から3日連続で募金活動が行われ、239万9335円が集まった。観客席には「がんばろう熊本」と書かれた横断幕が掲げられた。県出身の阪神の岩貞祐太投手は「本当は帰って手伝ったり、助けたりしたい気持ちはあるけど、できないので。投球で熊本の皆さんに少しでも元気を出してもらえるように頑張る」と話した。

札幌ドームでは日本ハムOBの稲葉篤紀氏が募金活動に参加。また、日本ハムは球団と選手会で計200万円の義援金を送ることも決めた。楽天も選手会と球団および首脳陣が100万円ずつ計200万円を義援金として送ると発表した。

本田圭佑「イタリアから心配」

サッカーのイタリア1部リーグ（セリエA）、ACミランの日本代表MF本田圭佑は16日、自身の公式サイトで熊本地震の被災者を思いやるコメントを掲載した。「僕にできることは微力で何もありませんが、日本人としてイタリアからただただ気にしています。心配しています。応援しています。みなさんは決して一人ではありません」と記した。

吉田麻也「アクション起こす」

【リバプール（英国）共同】サッカーのイングランド・プレミアリーグ、サウサンプトンの日本代表DF吉田麻也は16日、英国のリバプールで行われたエバートン戦後、熊本、大分両県を襲った地震の被災者を支援するため「チャリティーなど、アクションを起こしていきたい」と語った。吉田は長崎市の出身。

バレー男子日本代表も募金活動

リオデジャネイロ五輪出場を目指すバレーボールの男子日本代表と沖縄県バレーボール協会が17日、合宿が行われている沖縄市体育館での紅白戦後に、熊本地震の被災地支援のため募金活動を行い、42万2802円が集まった。沖縄県協会から熊本県協会へ義援金として送られる。

募金箱を手に呼び掛けた南部正司監督（48）は「被害に遭われた地域の、一日も早い復興を願うばかり。バレーボールを通じて、日本の皆さんに元気を届けられるように頑張りたい」と話した。

ゴルフ松山も　サイン会で

熊本県を中心に相次ぐ地震を受け、米男子ゴルフツアーで活躍する松山英樹選手（24）が17日、神奈川県藤沢市のゴルフ練習場でサイン会を開き、募金を呼び掛けた。約千人のファンに笑顔で筆を走らせ「たくさんの人が来てくれて本当に感謝している。こういう形で少しでも力になれれば」と述べた。

10日まで米ジョージア州オーガスタで開催されていたマスターズ・トーナメントで7位に入った松山選手は、一時帰国中。「すごい衝撃を受けた。何かしなければいけない」と急きょさまざまな関係者に連絡し、イベント開催にこぎ着けた。

自身も東北福祉大在学中に起きた東日本大震災では避難所で夜を過ごしたことがある。状況の過酷さを知るだけに「本当に困っている人に物が届いていないと感じた。届けられるようにしたい」と真剣な表情だった。

サイン会には女子の香妻琴乃選手（24）も参加。15日に熊本空港CCで開幕予定だったKKT杯バンテリン・レディースが地震で中止となり、香妻選手も宿舎のホテルで大きな揺れを経験した。「今回のチャリティーが少しでも復興の役に立てば」と話した。

募金を呼び掛けるサイン会を開いた男子ゴルフの松山英樹選手＝17日、神奈川県藤沢市

▼マ軍社長がお見舞いの言葉　マーリンズのサムソン球団社長が熊本地震の被災者に「昨年、今年と続けて日本を訪れている。特別な場所。現地の方々のことをとても心配している」とお見舞いの言葉を送った。

今年2月にヒル・ゼネラルマネジャー（GM）と共にオリックスの宮崎キャンプを訪問したばかりで「野球は大事だが、このような状況では一番大事ではない」と神妙な表情で語った。

シニア開幕戦　飯合が制す

男子ゴルフの国内シニアツアー今季開幕戦、金秀シニア沖縄オープンは17日、沖縄県喜瀬CC（6862ヤード、パー72）で、最終ラウンドが悪天候のため9ホールに短縮されて行われ、首位で出た62歳の飯合肇が通算2アンダー、106で並んだ倉本昌弘とのプレーオフを制して優勝した。

1打差の3位に真板潔と中根初男が入った。

野村は15位　米女子

【カポレイ（米ハワイ州）共同】米女子ゴルフのロッテ選手権は16日、ハワイ州カポレイのコオリナGC（パー72）で最終ラウンドが行われ、6位から出たミンジ・リー（オーストラリア）が1イーグル、6バーディーの64をマークして通算16アンダーの272でツアー通算2勝目を挙げた。賞金27万ドル（約2940万円）を獲得。

12位から70で回った野村敏京は通算8アンダーの15位。45位から出た宮里藍は8バーディー、1ボギーの65と好スコアを出し、7アンダーの20位となった。69で回った宮里美香は5アンダーの23位。

ひとこと

野村敏京　序盤に2ボギーから始まって、結局2打伸ばせたので良かった。4日間通じて飛距離が出ていた。もったいないボギーが何度かあった。課題はパター。

宮里藍　風があまりない状況で、頑張ればそれだけスコアに反映された。1日を通していい流れだった。最終日に自分のゴルフをして伸ばせるのは大きなこと。

岩田14オーバー　最終Rに進めず　米男子

米男子ゴルフのRBCヘリテージは16日、サウスカロライナ州ヒルトンヘッドのハーバータウン・リンクス（パー71）で第3ラウンドが行われ、63位で出た岩田寛は83と崩れて通算14オーバー、227の82位に後退し、70位までに絞られる最終ラウンドに進めなかった。ルーク・ドナルド（英国）が69で回って7アンダーの首位に浮上した。

女子スプリント　前田が8連覇　全日本自転車

自転車の全日本選手権トラック種目最終日が17日、静岡県の伊豆ベロドロームで行われ、スプリントは女子で前田佳代乃（京都府連盟）が8連覇し、ケイリンとの2冠に輝いた。男子でもケイリンを制した河端朋之が勝ち、リオデジャネイロ五輪代表で中川誠一郎（以上日本競輪選手会）は地震に遭った地元熊本に戻ろうとして棄権した。

女子団体追い抜きは「Ciel Bleu鹿屋」が唯一の出場で優勝し、メンバーのリオ五輪代表塚越さくらは3種目を制した。ポイントレースは男子の今村駿介（中大）と女子の梶原悠未（筑波大）が優勝した。

心配そうな中川

○…男子スプリントを棄権した真和高出身の中川誠一郎は、親が暮らす家が地震で被害を受けたという。親は一時、避難所にいた。中川は前日から熊本入りを試みていたが、かなわなかった。「天災だから仕方ないが…。できることがあれば協力していきたい」と心配そうに話した。

きょうのスポーツ

【野球】東京六大学リーグ　立大―法大、明大―東大（11時・神宮）▽関西学生リーグ　京大―立命大、同大―近大（10時30分・大津市皇子山）▽関西六大学リーグ　龍谷大―大商大、京産大―大院大（10時・わかさスタジアム京都）

水 不足 解消早く

熊本市

13万5千戸に試験供給　全世帯復旧 きょう目標

避難所で給水する日本水道協会佐賀県支部の職員ら＝17日午後、熊本市中央区新町の一新小（横井誠）

断水の続く熊本市で17日、市上下水道局が一部地域に試験的な配水を始めた。しかし、市民の間で水不足は続いており、大西一史市長は「18日中を目指して全世帯で水の供給を始めたい」と目標を話した。【1面参照】

熊本市では通常、各水源地の計96本の井戸から地下水をくみ上げている。その後、高台にある配水施設に送られ、高低差を使って各世帯に届けられる。平地から加圧ポンプで配水しているところもある。

各配水施設の貯水池には緊急遮断弁があり、震度6以上の揺れなど、異常を感知すると作動。出ていく水をせき止め、蓄えるようになっている。

市上下水道局によると、最初の地震があった14日から15日までに、すべての配水施設でこの弁が作動。市内の全域で水の供給が止まった。しばらくして、貯水池にたまった水を少しずつ流したが、「本震」の16日以降、配水管などの復旧に全力を挙げるため完全に断水させた。

現在、全ての井戸の水に異常はないことを確認したが、水源地から配水施設までの管路に修復できていないところがある。同局は破損箇所の修復を急ぎ、機能が回復したところから順次、各世帯へ試験的に配水。配水施設より先の漏水状況を調べ、修復作業を進める。

この間、多くの世帯で水が出るようになるが、漏水が深刻な場合、再度断水することもある。

東区の健軍水源地にある配水施設は、市内の4分の1以上の世帯をカバーしており、優先して修復を進めた。17日午前10時半ごろ、準備が整ったとして約13万5千戸に試験配水を開始した。

熊本市の配水網は複雑に張り巡らされており、隣り合う地域でも全く別の配水施設から水が来ている場合がある。配水開始時期にも違いがでる。

市上下水道局によると、市内を巡回している給水車は22台。市民の需要には応えられていないのが現状だ。（益田大也）

避難所

住民ら 支え合う

炊き出し、子どものケア

スマートローリングを楽しむ子どもたち＝17日午後3時50分ごろ、熊本市中央区

プールからくんだトイレ排水用の水を運ぶ「親路の会」のメンバーら＝17日午前9時40分ごろ、熊本市北区

地震発生から4日目となる17日も、多くの人が避難所や車中で朝を迎えた。先の見えない不安と不自由な生活にさらされるストレスが高まる中で、被災者である住民自ら、支え合い、助け合って苦境を乗り越えようとしている。

熊本市中央区島崎の西山中グラウンドには、屋外で一晩を過ごす車の列ができた。軽自動車に家族5人で泊まっていた安枝千代美さん（39）＝同区島崎＝は「体が痛いし、全然眠れない。でも1歳の娘もいるし、余震の恐怖を思うと建物には入れなかった」と疲れた表情を見せた。

現在、千人を超える人が身を寄せる北区高平の高平台小。避難所の運営には保護者らでつくる「親路の会」が尽力した。学校側と協議し、炊き出しや水の確保に奔走している。

地元住民に米の提供を呼び掛け、おにぎりやおかゆをふるまう。プールから水をくみ出し、トイレの排水に使う。近くの湧水地からくんだ水300㍑を配る—。「避難所のきちんとした体制をつくりたかった」と同会会長で運送業の田嶋成憲さん（49）。ただ18日からは、メンバーの多くが仕事に復帰し、避難所を離れるのが気掛かりだという。

子どもたちの心のケアをしようと、遊びの機会をつくる動きも。中央区出水の神公園では、地元老人会（瀧井寛一会長）が「スマートローリング」というボール投げ遊び大会を企画。十数人が参加した。避難生活を送っている下田翔大君（6）は「楽しかった」と笑顔を見せた。

（石本智、中原功一朗、西國祥太）

湧水地や井戸 市民奔走

4日目を迎えた被災生活で、市民が渇望しているのは「水」だ。コンビニなどでは売り切れが続出。各地の給水所でも入手できず、湧水地に足を延ばす人もいる。敷地内にある井戸を開放した会社には、水を求める長蛇の列ができた。

地震の影響で断続的に断水となった宇土市。同市宮庄町の「轟水源」には17日朝から、生活用水を求めて人が殺到した。

同市入地町の主婦村セイ子さん（69）も、家中の容器をかき集めてやって来た。「顔も洗えなければ、歯も磨けない。水源があってよかった」。熊本市南区の無職宮岡昇さん（67）は取水口近くで米8合をといでいた。自宅で米を炊き、避難所の姉に届けるという。

西区島崎の「延命水」の水は濁っていたが、近くの長澤栄治さん（67）は「トイレの水に使えるだけでもありがたい」。

水に関する情報は、ネットを通じて瞬く間に拡散する。「飲み水がもらえる」と聞き、北区八景水谷の市「水の科学館」にはバケツなどを手にした住民たちが集まってきた。

徳永修一副館長（45）は「上水だが地震の影響でにごりが出て、金属の味が強い。皿洗いや米とぎで使って」と呼び掛けた。

南区砂原町の「あきた斎場」では、16日から井戸を開放、飲用可能な水を24時間体制で提供している。待ち時間が少ないとネットで話題になると続々と人が訪れ、朝は20分だった待ち時間が午後には1時間ほどになった。

それでも南区の主婦（45）は「給水所となった小学校では2時間並んだが、水がなくなってもらえなかった。飲める水は本当に貴重。助かります」。

（丸山宗一郎、石本智、上田良志）

▲ポリタンクなどを持参した市民らが次々とやって来た轟水源。洗濯をする人の姿もある＝17日午前8時10分ごろ、宇土市

▲水の科学館でバケツなどに水をもらう住民たち＝17日午後1時10分過ぎ、熊本市北区

災害ごみ

不燃物量 5倍超

扇田環境センター 受け入れ増

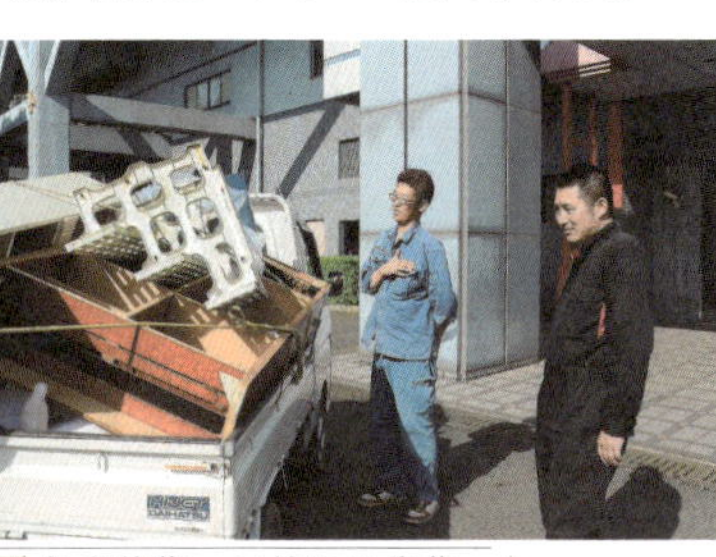
地震被害を受けた実家の燃えるごみを処理施設に運んだ松村一功さん（中央）＝熊本市東区

熊本地震で発生した災害ごみの搬出と収集が熊本市内で始まっている。とくに不燃物を埋め立て処分する市北部貢町の扇田環境センターは17日、ブロック塀やかわらなど、通常の5倍超の450㌧余りを受け入れた。余震が落ち着き、家庭などでの復旧作業が本格化すれば持ち込みも一層増えるとみられる。

熊本市は地震発生直後の15日から、災害ごみの収集を開始。曜日に関係なく、透明の袋に可燃物と不燃物を分けて、ごみステーションに出せば収集する。

個人が市のごみ処理施設（東部・西部の環境工場、扇田環境センター）に災害ごみを持ち込むのも可能。ごみ処理料減免の手続きが必要となる。月～土曜の午前8時半から午後4時半。地震直後の日曜となった17日は受け入れたが、今後の週末の対応は検討する。

可燃物を処理する東区戸島町の東部環境工場に、熊本市の実家の災害ごみを軽トラックで運び入れた玉名市岱明町の会社員松村一功さん（34）は大量のごみを前に「熊本でこんな大災害が起きるなんて」と驚いていた。

同市植木地区の場合は山鹿植木広域行政事務組合の処理施設に無料で持ち込める。月～金曜まで。北区役所での手続きが必要。

（中原功一朗）

2度の地震「想定外」

大西市長「十分対応できず」

避難者への救援物資の提供を「十分でない」と語る熊本市の大西一史市長＝熊本市役所

熊本市の大西一史市長は17日、市役所で記者団に対し「震度7クラスの地震が2度も起こる想定はなかった。救援物資が避難者に届いておらず、市が十分に対応できたとは言い難い」と述べた。

市地域防災計画では、大地震の際、全市民の約5％、3万6500人が避難すると想定し、2日分の食料を備蓄していた。市は14日夜の震度6弱の地震後、備蓄した食料の提供を開始。16日未明の震度6強の地震から、避難者は最大で11万人に上ったため、物資が不足したという。

大西市長は「16日現在で避難者の約4割にしか届けられていない」との認識を示した上で「想定外の事態に、どう行動できるかが問われている。全国から救援物資も届き始めた。早くすべての避難者に届けられるようにしたい」と述べた。

（高橋俊啓）

避難生活 ブログで生々しく　熊本市出身の井上晴美さん

井上晴美さん

熊本市出身で県在住のタレント井上晴美さん（41）が、熊本地震の影響で実家が全壊するなどの被害を受けたことや、厳しい避難生活の生々しい様子をブログで伝えている。

震災関連の記述は14日午後11時10分ごろから始まり「ひどい揺れです」「こわい…泣」「救急車も消防車もサイレンが」とつづった。この夜は野外に避難し、たき火で暖をとって夜明かし。その後、友人家族とのテント生活や、実家が全壊したことなどを報告した。

物資の不足は深刻で、17日は「私たちには何もない」「ただ普通に生活が出来るものがあれば」などと訴えた。幼子を抱えながらの避難生活に「涙が出てくる」「人生再出発どうやって…」と落ち込む一方で「泣くのは子どもが寝てる間だけと決めよう」と自らを奮い立たせるように書き込んだ。

思い受け継ぎ前向く

一時避難 長崎へ続々

有明フェリー増便 「古里復興へ」帰郷も

17日午後、長崎県雲仙市の多比良港ターミナル。長崎市の会社員男性(59)が、港に近付くフェリーを見詰めていた。甲板で幼子を抱えた女性が小さく手を振った。「いたいた。義理の娘と1歳の孫です」

同港と長洲港(長洲町)との間を片道約40分で結ぶ有明フェリー。到着した船から熊本ナンバーの車が次々と滑り降りてきた。中には布団や毛布、ボストンバッグなどの荷物を積み込んだ車も見える。

熊本地震収束の予測が付かない中、親戚や知人を頼って、熊本県から長崎県に一時避難する被災者が増えている。「増便して対応しているが、満船になる便も多い」と船会社の担当者。

男性の長男は熊本市東区の病院に勤務しており、仕事で被災地を離れることができない。「せめて(義理の)娘と孫だけでも心と体を休めてもらいたい」と男性。

一方で長洲港行きに乗り込む熊本県民も。熊本市北区の薬局勤務の男性(52)は、妻と母、長男を連れて地元を離れ佐賀県の旅館で過ごした。被災者だと告げると、旅館の従業員が2㍑のペットボトルに8本分の水を入れて用意してくれた。親切が胸に染みた。

不安も怖さもあるが、一度、家族みんなで熊本に戻ることにした。地震で倒れた自宅のブロック塀のことが心配だし、何より、「1日も早く自分たちの手で古里を復興させないといけないですから」。

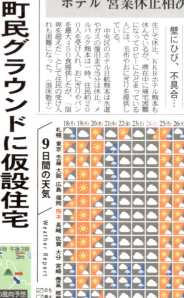

男性はそう言って、足早にフェリーに乗り込んだ。船の名前は「きぼう」だった。(長崎新聞社)

「良かったねえ。誰もけがせんで」。多比良港では、熊本県からフェリーで避難してきた人を親族らが出迎え、お互いの無事を喜び合った＝長崎県雲仙市

益城町の自宅で犠牲 村田さん

「厳しく優しかった」

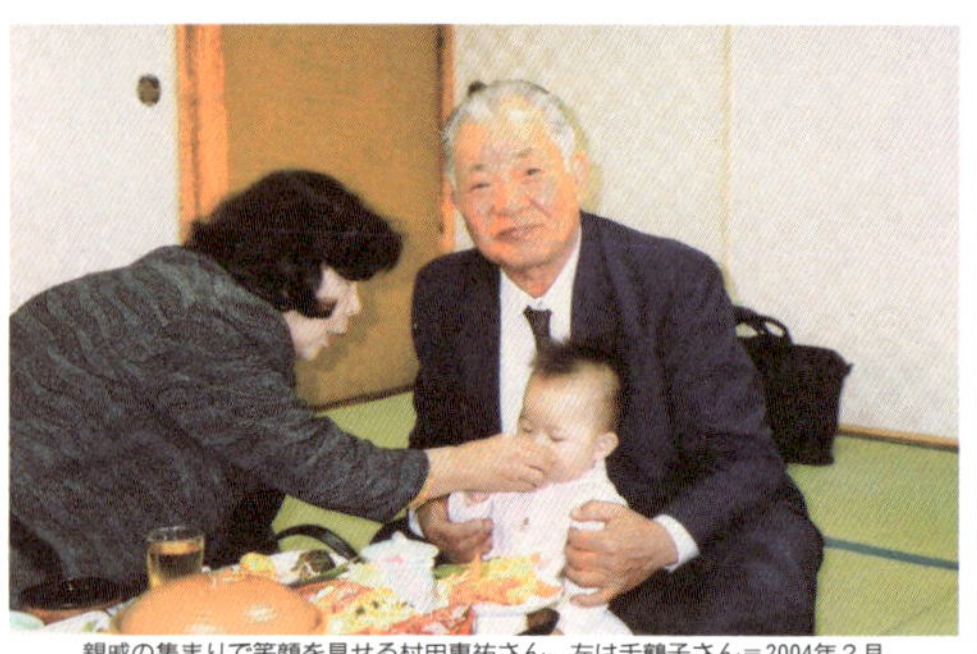
親戚の集まりで笑顔を見せる村田恵祐さん。左は千鶴子さん＝2004年2月

16日未明の地震で自宅が倒壊し犠牲となった村田恵祐さん(84)＝益城町寺迫＝は、家族を愛し、地域に尽くした人だった。

農家の長男として生まれた村田さんは熊本農業高を卒業後に就農。コメやスイカなどを手掛ける一方、20代で父を亡くした後は、妻の千鶴子さん(82)とともに祖父母や母の面倒をみながら5人の妹弟の将来にも気を配った。

近くに住む弟の武尚さん(71)は「おやじのような存在。厳しく、そして優しかった」と振り返る。

村田さん夫婦に子どもはいなかったが、常々、「今があるのは、おかあさんのおかげ」と千鶴子さんへの感謝の言葉を口にしていたという。

青年団活動をはじめ、町議会議員や議長を務めるなど地域にも貢献。義弟にあたる岡本忠篤さん(75)＝同町小谷＝は「とにかく働き者で、町をよくしたいという思いを強く持っていた」と語る。

村田さん宅は14日夜の地震で南側に傾き、玄関が壊れるなどの被害を受けた。親戚から避難を勧められたが、村田さんは「家にいたい」と千鶴子さんとともに残った。

そして16日未明、マグニチュード(M)7・3の地震発生時、村田さんは、落ちてくる木材から守るように1階の部屋で一緒に寝ていた千鶴子さんに覆いかぶさった。救出された千鶴子さんはけがを負い、熊本市内の病院に運ばれたが、命に別条はないという。

17日午後、益城町内の斎場で、親族らによる村田さんの密葬が営まれた。駆け付けた千鶴子さんは棺に横たわった夫に車いすで近づき、「おとうさんがおらんと生きていけん」と声を上げた。

周囲の親戚から「恵祐さんのためにも長生きせんと」と励まされると、うなずきながら前を向き、涙をぬぐった。(奥村国彦)

町民グラウンドに仮設住宅

益城町 着工時期は未定

熊本地震で多数の家屋が倒壊した益城町は17日、同町宮園の町民グラウンドに被災者向けの仮設住宅を建設する方針を固めた。倒壊した家屋の数の確定に時間を要するため、着工時期は未定。まずは家屋の被災状況の調査を急ぐ。

町は「町有地で広いスペースを確保できる」として、建設場所に選んだ。町によると、野球のグラウンドが2面取れる広さがあり、プレハブを建設する見込み。町民グラウンドだけで対応できない場合は、各校区のグラウンドなどへの追加建設も検討するという。

全壊した家屋や半壊した家屋の総数を調査した上で、ほかの建設事例を参考にしながら、入居条件などを決める。

県によると、17日午後2時半現在、益城町では10カ所に1万760人が避難している。施設内に入りきれず、屋外での寝泊まりや車中泊を余儀なくされる避難者が多数いるほか、配給される食料の不足も問題となっている。(潮崎知博、浪床敬子)

ホテル 営業休止相次ぐ 住民受け入れ困難に

14日の熊本地震でホテルに宿泊して避難生活を送るケースがあったが、16日未明の「本震」後はホテル自体が被害を受け、営業休止を強いられている。

熊本市中央区の熊本ホテルキャッスルは18日までにキャンセルが相次ぎ、宿泊や宴会などの予約も断った。建物の壁にひびが入り、揺れの激しさを物語っている。西区のホテルニューオータニ熊本や中央区のANAクラウンプラザ熊本ニュースカイも建物に不具合が生じて休止。KKRホテル熊本も休んでいるが、滞在中に帰宅困難になってロビーにとどまっている人には、毛布やおにぎりを提供している。

壁にひび、不具合…

中央区のホテル日航熊本は水道やガスの復旧まで当分は休止。メルパルク熊本は一時、住民約200人を受け入れ、おにぎりやパンを最大450食提供したが、「限界を超えた」として住民の受け入れも困難になった。(浪床敬子)

食物アレルギー被災者相談窓口 NPO法人

熊本県を中心に相次いでいる地震で、食物アレルギーを持つ被災者を支援するため、NPO法人「アトピッ子地球の子ネットワーク」(東京)が食料提供などの相談連絡先を記したポスターを作り、ホームページに掲載した。避難所への掲示やインターネットでの周知を呼び掛けている。

同法人は20年以上前から各地の災害で支援活動をしてきた。

心の支援で女性警官派遣 九州4県警

警察庁は17日、熊本県で被災した住民の心の支援や防犯相談のため、福岡、長崎、佐賀、鹿児島の4県警の女性警察官計約20人を18日に熊本県へ派遣し、避難所を巡回させると明らかにした。

被災地の避難所では、女性の高齢者や女児も多い。女性警察官が巡回して対応することで「被災者の悩みや困り事にも対応し、少しでもストレスを軽減させたい」(警察庁担当者)としている。

犠牲の椿節雄さん 地域の掃除を率先

椿節雄さん

熊本市南区の椿節雄さん(68)は、地域の排水溝や神社を率先して掃除していた。椿さんは中学を卒業後、熊本を離れ関西で集団就職。10年以上前に実家に戻り、1人暮らしで親族の建設会社の作業員をしていた。

地域で同じ班だった女性(50)は「年に数回の掃除のときにいつも会い、熱心な人だった」という。小中学校が一緒だった近くの男性(68)は残念そうに「1人でなければ助かったかもしれない」。5月には小学校の同窓会が開かれる予定だったとされ、別の近所の女性は「きっと楽しみにしていただろう」と話した。

◇お断り　連載「私たちの最期は・自宅でみとる」と「家族らい予防法廃止20年」は休みました。

カンちゃん　フジヤマジョージ

冬物を片付けてるの…？
そうよ！
明日はまた寒くなりそうです
まだ少し残しといた方がよさそうね…
ぼくも少し残しとこ…！
冬毛

4月18日の飛来予測

	九州北部 大気汚染粒子	九州北部 黄砂	九州南部 大気汚染粒子	九州南部 黄砂
6-12	少ない	少ない	やや多い	少ない
12-18	少ない	少ない	やや多い	少ない
18-24	少ない	少ない	やや多い	少ない
19日	やや多い	少ない	やや多い	少ない

非常に多い：注意喚起レベル　多い：環境基準値程度　やや多い：大気が少しかすむ　少ない：清浄
予測システム「スプリンターズ」開発チーム提供

9日間の天気 Weather Report

18(月) 19(火) 20(水) 21(木) 22(金) 23(土) 24(日) 25(月) 26(火)
札幌　東京　名古屋　大阪　広島　福岡　熊本　長崎　佐賀　大分　宮崎　鹿児島　那覇

阿蘇山の風向予想

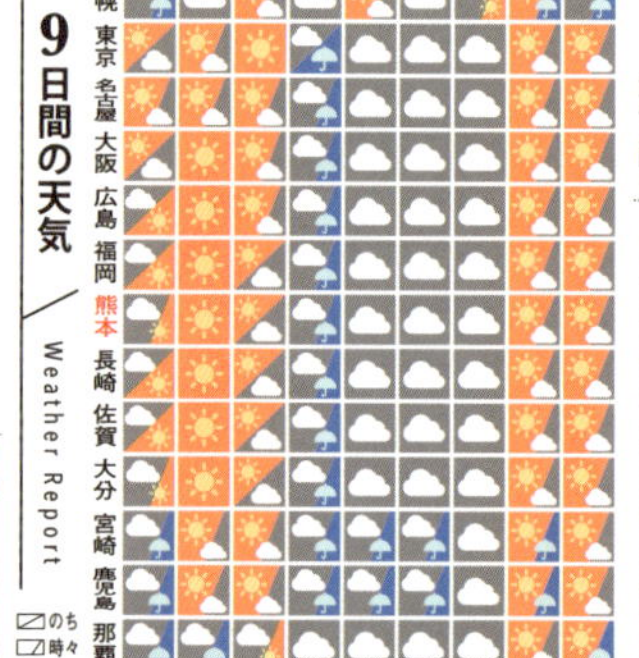

(日本気象協会 tenki.jpより)

きのうの気温　17日

(天気・湿度は15時、県内の気温は0時〜17時、Δ印は低め)

	最高	平年比	最低	平年比	湿度	天気
熊本	20.2	Δ1.3	15.4	4.8	57%	晴
牛深	20.7	0.4	16.4	3.7	64%	―
人吉	21.7	0.6	15.0	6.0	53%	―
阿蘇	―	―	―	―	―	―

(阿蘇山上の最高気温は13.7度、最低気温は7.5度)

	最高	最低	天気
福岡	20.8	14.9	快晴
佐賀	20.4	14.3	快晴
長崎	20.7	15.7	晴
大分	26.8	17.2	快晴
宮崎	26.0	17.2	快晴
鹿児島	23.1	17.2	快晴
那覇	24.8	21.3	曇
松江	23.5	15.8	快晴
広島	24.0	14.9	快晴
高松	26.4	15.8	快晴
大阪	25.9	16.1	快晴
京都	27.4	15.2	快晴
名古屋	26.3	15.9	快晴
長野	26.6	14.7	晴
東京	22.3	16.6	晴
新潟	26.7	15.5	晴
仙台	16.5	9.0	曇
秋田	18.6	9.5	曇
札幌	8.7	7.1	曇

潮ごよみ

旧暦3月12日(18日) 中潮・月齢10.7
日出5時44分　日入18時49分　月出13時24分　月入3時32分

	満潮	満潮	干潮	干潮
三角	6.39	18.57	0.21	12.57
水俣	6.38	18.55	0.19	12.55
牛深	6.01	18.13	―	12.15
玉名	6.49	19.07	0.31	13.07

旧暦3月13日(19日)

	満潮	満潮	干潮	干潮
三角	7.16	19.37	1.07	13.34
水俣	7.15	19.35	1.06	13.31
牛深	6.31	18.51	0.18	12.47
玉名	7.26	19.47	1.17	13.44

◇お断り　17日の阿蘇の気温は地震のため観測できませんでした。

くまモン　作：サダタロー／監修：小山薫堂

お昼寝ミステリー

「何とか無事でいて」

熊本地震 続く救助

南阿蘇村　困難極める捜索

熊本地震の「本震」による地滑りが起きた南阿蘇村の河陽、立野両地区では17日、行方不明者8人の救出作業が続いた。全国から駆けつけた消防や警察、自衛隊の総勢約2900人が投入されたが、土砂とがれきに圧倒され、夕暮れに見つかったのは女性1人。既に息絶え、山里は重苦しい空気に包まれた。

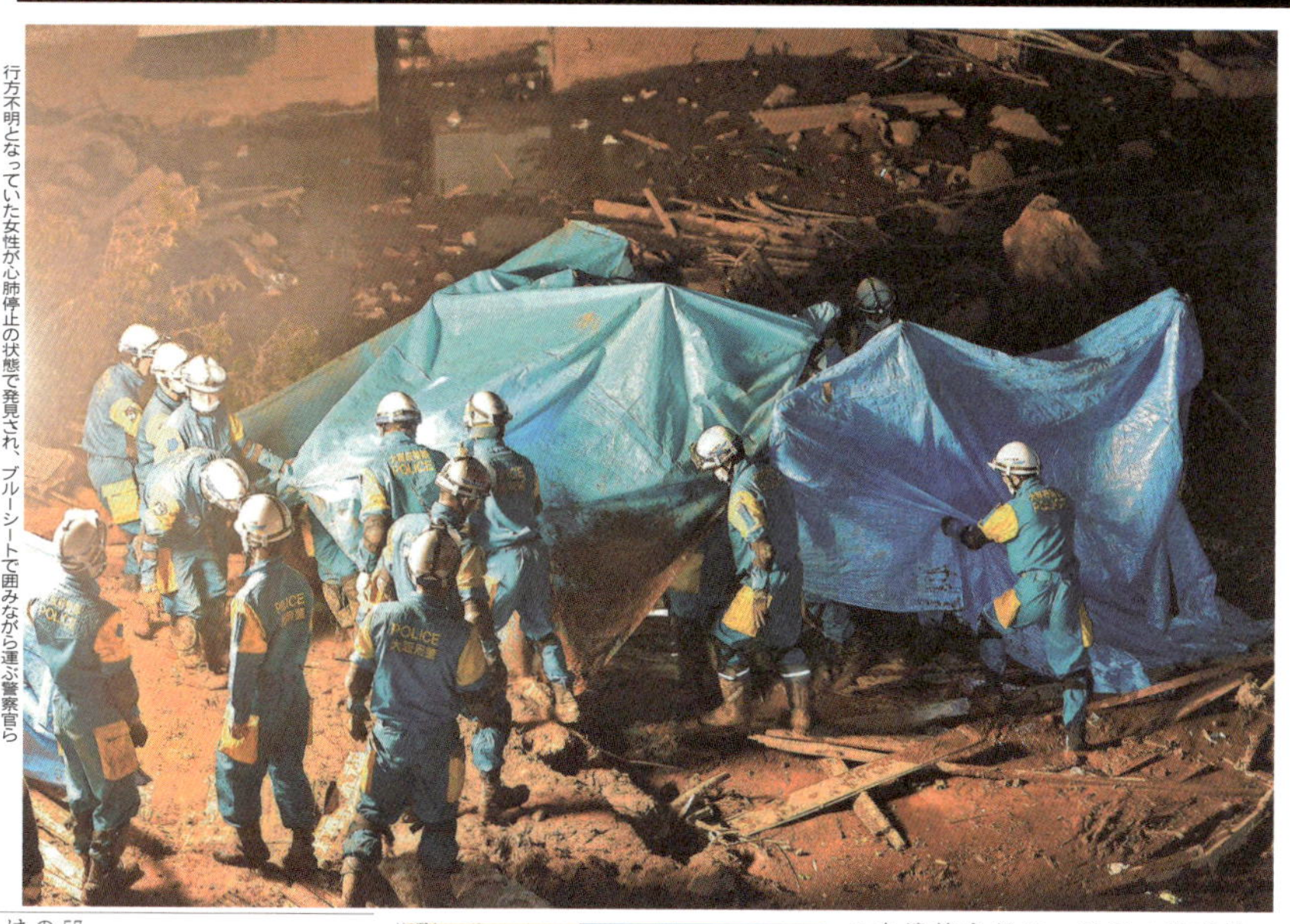

行方不明となっていた女性が心肺停止の状態で発見され、ブルーシートで囲みながら運ぶ警察官ら＝17日午後7時半ごろ、南阿蘇村立野（高見伸）

【1面参照】

立野地区の地滑り現場。16日未明から行方不明になった住民で、唯一見つかっていなかった片島利榮子さん(61)が心肺停止の状態で発見された。

救出作業は午前9時に始まった。警察官らが土砂に流された片島さん宅周辺を重点的に捜索。しかし、前日に遺体で見つかった夫信夫さん(69)がかわいがっていたシバイヌの死骸はあったが、利榮子さんが見つからないまま、じりじりと時が過ぎた。

行き詰まりかけた午後5時50分ごろ。地元消防団の提案で自宅から100㍍近く斜面を下った所を探し始めると、間もなく、がれきと岩の間に土砂にまみれた利榮子さんが見つかった。

「とても仲の良い夫婦だった」。住民によると、信夫さんは毎日2回の愛犬との散歩と、晩酌を欠かさなかった。利榮子さんはカラオケが大好きだった。地元の新所区の山内博史区長(62)は「残念以外の言葉がない」と涙ぐんだ。

一方、河陽の高野台団地では住宅5棟が土砂にのまれ、男性3人と女性2人が行方不明になっている。むき出しの黒い火山灰土に、自衛隊員らがスコップで立ち向かった。

周辺の道路は土砂崩れや崩壊の危険から寸断され、重機を持ち込めずにいる。現場を指揮する村消防団の今村輝宏副団長(44)は「重機を入れようにも、路上の土砂を撤去するだけで相当の日数がかかりそう。人力では手に負えない」と険しい表情を浮かべる。

旧長陽村が、若者の定住を促そうと15年ほど前に分譲を始めた新興住宅地。13棟のうち東側の5棟が土砂にのまれた。行方不明になっている前田友光さん(65)の妻和子さん(61)は「こんなに埋まってしまって、どうしようもない」と涙をぬぐいながらも、発見を願う。長男友和さん(36)は「（父は）最初の地震で熊本市にいったん避難したが、『仕事があるから』と1人で帰った。くそ真面目なおやじです」と沈痛な表情で捜索の様子を見守った。

団地に住む井広生さん(51)は「そこまで傾斜が急でないのに、これだけの地滑りを起こすとは思いもしなかった」。被害に遭ったうちの1棟にいた女性(39)は「1階で家族4人で寝ていたら夜中にバリバリと聞こえ、雷と思った」。落ちた天井と床の隙間で朝まで動けず、やっとの思いで自力で全員が脱出したという。あらためて隣人らと現場を見つめ、「何とか無事でいてくれれば」と行方不明者に思いを寄せた。

団地東側の山荘「火の鳥」でも宿泊中の男女各1人が行方不明になっている。ただ、大量の土砂が覆い尽くす。捜索は困難を極めている。

（熊本地震取材班）

地震で崩落した阿蘇大橋＝17日午後4時46分、南阿蘇村（小型無人機から）

山荘「火の鳥」が巻き込まれた土砂崩れ現場で、続けられる行方不明者の捜索＝17日午後5時8分、南阿蘇村

「本震」から72時間 あす未明

生存率低下 専門家「諦めないで」

災害に巻き込まれ、救助を待つ人の生存率が著しく下がるのは72時間を過ぎてからといわれる。16日未明の「本震」とされる地震では、今も10人前後の安否が分かっておらず、19日未明に節目を迎える。専門家は「個人差もあり、経過しても救出を諦めないでほしい」と呼び掛けている。

専門家によると、建物やがれきの下敷きになった人が、救出されずに72時間経過した後は、生存率が大幅に下がる。体から水分が無くなることなどが原因とされており、阪神大震災でも同様だった。

震度7を観測した最初の地震を起点にすると、17日夜に72時間を迎える。ただ、この地震で行方不明になった人は確認されていない。次の節目は19日未明で、警察や自衛隊、消防が懸命に捜索を続けている。

危機管理教育研究所の国崎信江代表は「72時間は人が水分補給せずに生き延びられる一つの目安。今回は比較的気温が高く、汗をかき水分が放出されやすいというリスクがある」と懸念を示す。

一方、東日本大震災では、9日ぶりに高齢女性と孫が救出されたケースもある。国崎代表は「個人差もあるので諦めてはいけない。声を掛け合うなど気持ちを正常に保つことが重要だ」と指摘している。

◆建物調査、「危険」判定相次ぐ

県は17日、地震被害が集中した益城町で、建物に立ち入れるかどうか判断する応急危険度判定を再開した。余震などによる二次被害を防ぐためで、傾くなどして「危険」と判定される建物が相次いだ。県は被害の大きかった他の市町村でも順次、判定を進める。

この日は熊本のほか、静岡、鳥取、福岡、鹿児島4県の職員や建築士計約70人が安永地区を中心に訪問した。柱の傾きや地盤の状況、落下物の有無などを参考に、立ち入り禁止を示す「危険」（赤色）、注意を促す「要注意」（黄色）、使用可能な「調査済」（緑色）の3段階で判定し、ステッカーを貼っていた。

◆福岡県、公営住宅あっせん窓口開設

福岡県は17日、熊本、大分で相次いだ地震の被災者に、県営住宅などへの一時入居をあっせんすると発表した。18日に相談窓口を設置する。空き室は市町村営住宅も含め100室以上あり、半年から1年間の入居が可能。家賃と敷金は免除する。光熱費は自己負担。

相談窓口の開設時間は午前8時半～午後5時15分。問い合わせは県庁☎092（643）3870。

阿蘇市

国道57号断絶、大橋崩落…　〝孤立〟広がる不安

熊本地震による国道57号の寸断や阿蘇大橋の陥落などで、阿蘇市は交通アクセスが制限される状態となっている。断水と停電が長引く見込みで、住民からは「食料や燃料の確保が心配」という声が上がっている。

16日未明の地震によって南阿蘇村立野付近で土砂崩れが発生し、国道57号はJR豊肥線とともに崩落。高森町方面とつながる阿蘇大橋も陥落した。大津町から伸びる県道339号（通称ミルクロード）も落石などで通行止めになり地域全体が孤立に近い状況となった。

阿蘇市は広域で停電が続いており、ガソリンスタンドには長い行列が発生。スーパーやコンビニ、飲食店はほとんど店を開けておらず、飲料水や食料品は極めて手に入りにくくなっている。

大分県竹田市側から送電を受けている道の駅波野「神楽苑」は通常通り営業してきたが、地元の住民らが次々と訪れ、弁当や総菜は店頭に並んだ途端に売り切れた。運営会社の古澤新一社長(70)は「食材の調達が不十分で、通常通りの営業は17日までが限界。その後は、あるものでぎりぎり営業を続けたい」としている。

竹田市など大分方面に買い出しに向かう人も多く、阿蘇市宮地の主婦、後藤リツコさん(66)は「お風呂にも入れないし携帯電話の充電もままならない。ガソリンの補充も兼ねてこれから竹田市に買い出しに行きます」と疲れた表情で話した。

（岡本幸浩、上杉勇太）

宮城県が職員派遣

支援物資の調整経験者

宮城県は17日、東日本大震災で支援物資の調整を経験した職員ら4人を熊本県庁へ派遣することを決めた。18日朝、現地へ向けて出発する。

宮城県危機対策課によると、「支援物資を調整する職員が必要」と熊本県から国を経由して応援要請があった。

4人は、ほかに東日本大震災で熊本県へ避難した被災者の安否確認もする。復興庁によると、東日本大震災で各地から熊本県に避難しているのは、3月10日現在で357人。

九州道と交わる陸橋崩落　甲佐町

甲佐町の九州自動車道御船―松橋インターチェンジ間で、高速道の上に架かる県道小川嘉島線の陸橋が16日未明の本震で崩落した。高速道は14日深夜の前震後、通行止めが続いており、通行車両はなかった。

県によると、陸橋は本震発生時に通行できる状態だったが、被害の報告はないという。現在、九州道の植木―八代インター、陸橋ともに通行止め。いずれも復旧のめどは立っていない。

地震で九州自動車道上に崩落した県道の陸橋＝17日午後6時すぎ、甲佐町（岩崎健示）

（お知らせ）
この度の平成二十八年熊本地震の影響により、熊日女性文化の会（4月20日）および熊日情報文化懇話会（4月21日）の4月例会を中止いたします。
熊本日日新聞社
熊日サービス開発

生活関連情報

熊本日日新聞社は、熊本地震の被災者向けに、給水の予定、商業施設の営業状況などの生活情報を「熊本日日新聞社公式フェイスブック」でも発信しています。「避難生活で困っていること」など被災者の声も発信しています。

店舗情報

【玉名市】「ゆめタウン玉名」、マルエイ5店舗などが営業中。

【菊池市】ビッグミカエル菊池店（片角）などが営業中。

【阿蘇市】停電のため多くは当面の間休業。

【嘉島町】イオンモール熊本は当面休業。

【宇土市】宇土シティモール、スーパー・ドラッグストアなど大型量販店の再開はいずれも未定。

【宇城市】不知火温泉ロマンの湯の温泉、レストラン、物産館は17日から営業を再開した。

【八代市】ゆめタウンやイオン八代ショッピングセンターなどは通常通り営業。水やパンなどの食料品が品薄状態になっている。

【芦北町】【津奈木町】各店ほぼ通常営業も、ミネラルウオーターはいずれも在庫なし。赤ちゃんの紙おむつはロッキー、コメリ、ナフコに在庫あり。

【水俣市】市内のスーパーやコンビニは通常営業しているが、水、パン類が不足。

【人吉市】地元のスーパー「イズミ」本店（九日町）によると、パン類が在庫切れ。「入荷がない」という。水は品薄状態だが、週明けには解消しそう。

【あさぎり町】【多良木町】【湯前町】【水上村】通常通りの営業が多いが、ほとんどの店でミネラルウオーターやパンが在庫切れ。

【上天草市】Aコープ大矢野店、ショッピングプラザ「キャモン」（大矢野町）、直江ショッピングセンター（同町）、ゆめマート松島店は営業する。ドラッグストアやホームセンターも営業する店舗がある。カップ麺やミネラルウオーターの在庫がない店舗がほとんどで、パンも品薄状態。懐中電灯は、数は少ないが残っているホームセンターも。

【天草市】市中心部の大型スーパーやコンビニでは飲料水やパン、カップ麺、懐中電灯などが売り切れ、または品不足。

【苓北町】町内のスーパーでは飲料水や牛乳などが品薄状態。

【18日に営業するスーパーなど】（17日夕の取材時点。18日になって営業の可否を決める店舗もあります）

▽鶴屋百貨店 鶴屋フーディワンの浜線店、新大江店、御領店、楠店が屋外に臨時売り場を設ける。売り切れ次第、終了。

▽ゆめタウン 八代、玉名、あらお、大江の各店が営業。

▽ゆめマート 田崎、多良木、牛深、人吉、山鹿、鏡、東山鹿、八代、松島、三角の各店が営業。松橋も営業を再開する予定。

▽マックスバリュ 山鹿店、荒尾店、桜山店、八代店、御幸笛田店、長嶺店、田崎店、内坪井店、永江団地店、光の森店、西熊本店、エクスプレス神水店、サンロードシティ熊本店、ザ・ビッグ川尻店、ザ・ビッグ新土河原店が営業。部分営業や閉店時間を早める場合がある。国府店も営業を再開する予定。

▽ロッキー 川尻店、水前寺店、島崎店、本山店、徳王店、玉名店、鹿本店、長洲店、本渡店、牛深店、水俣古賀店、芦北店、佐伊津店、水俣南福寺店、人吉店、甲佐店が営業。在庫がなくなり次第、終了する。

▽サンリブ・マルショクグループ マルショクの薄場店、白藤店、横手店、泗水店、芦北店、日奈久店、松橋駅前店、御船店、須屋店、人吉店、八代店、サンリブ本渡が営業する。

避難所

【荒尾市】市役所、市民病院、万田炭鉱館、荒尾総合文化センター、有明小、清里小、荒尾第一小、荒尾第四中など19カ所。毛布や食事持参。

【南関町】町役場のみ。毛布や食事持参。

【玉名市】市福祉センターなど4カ所。食料や毛布は各自持参。

【玉東町】町福祉センター。毛布と飲料水を配布する。

【山鹿市】各市民センターなど8カ所。飲食物、毛布など持参。

【菊池市】隈府小体育館など27カ所。毛布や食料など持参。

【合志市】市保健福祉センターふれあい館など21カ所。18日以降、小中学校や市庁舎など12カ所を閉鎖し、9カ所に集約する。

【大津町】町総合体育館など73カ所。

【菊陽町】光の森町民センターなど13カ所。

【西原村】河原小など6カ所。

【小国町】小国ドーム、旧下城小など6カ所。飲食物や毛布などは各自持参。

【南小国町】りんどうケ丘小、元気プラザ中原、町役場きよらホールの3カ所。飲食物や寝具は各自持参。

【阿蘇市】市が開設する一の宮小など9カ所のほか、公民館など任意の約20カ所。市の避難所には支援物資の毛布がある。自衛隊の炊飯車を2カ所に配備。

【高森町】高森総合センター、芙蓉館など13カ所。飲食物の配布はあるが、毛布などは各自持参。

【南阿蘇村】長陽体育館や白水保健センターなど19カ所。飲食物や毛布は各自持参。

【産山村】産山小など5カ所。

【御船町】町カルチャーセンター御船中など15カ所。

【益城町】町保健福祉センターや町総合体育館など避難所12カ所で弁当、食料品、飲料水、生活必需品などを配布。町総務課によると、18日はより多くの量を提供できる見込み。

【嘉島町】町民会館、嘉島西小、上六嘉公民館など6カ所。

【甲佐町】全避難所10カ所で、おにぎりや飲み水などを提供。

【宇土市】宇土小、鶴城中など15カ所。

【美里町】中央庁舎と砥用中体育館、佐俣苑の3カ所で、食事物を準備している。

【宇城市】ウイングまつばせなど19カ所。全てで飲み物やパンなどを提供。

【氷川町】町文化センターなど5カ所。毛布や飲食物は持参。

【八代市】小中学校や公民館など62カ所。毛布や飲食物は各自持参。

【人吉市】東西コミュニティセンターなど8カ所。飲食物は各自持参。

【相良村】四浦東の林業総合センター。飲食物を提供する。

【あさぎり町】総合福祉センターに開設。毛布や食事は持参。

【多良木町】町役場で毛布や食事は持参。

【上天草市】大矢野総合体育館、市松島庁舎、姫戸・龍ケ岳の両統括支所の計4カ所。毛布や飲食物は持参。

【熊本市】17日午後5時現在、市内の避難所など88カ所で水やトイレを設置済み。18日中には西区の13カ所に新たに設ける（場所は次の通り）。三和中、高橋小、古町小、城山小、池田小、花園小、春日小、白坪小、池上小、松尾東小、井芹中、城西小、熊本西高

熊本学園大は、中央区大江の14号館高橋守雄記念ホールで、車いすの避難者を受け入れている。同大社会福祉学部の教授や学生ボランティアが対応。車いすを降りて横になれるスペースも用意。同大☎096（364）5161。

中央区本荘の竜之介動物病院は、ペット同伴の避難所として開放中。同病院☎096（363）0033。

中央区花畑の市国際交流会館は、外国人向けの緊急避難所を設け、20日まで受け入れている。日本語だけでなく、英語、中国語で対応可能。同館☎096（359）2121。

熊本信愛女学院高、開新高、慶誠高、ルーテル学院高、熊本国府高、文徳高、熊本学園大付属高、鎮西学園、九州学院高は被災者を受け入れる。

給水・水道

【玉名市】横島支所前駐車場など5カ所で午前7時～午後8時、給水を実施する。

【玉東町】町役場駐車場で給水を実施＝時間など問い合わせは町役場☎0968（85）3111。

【菊池市】旧菊池市と旭志地区の一部で断水が続き、復旧のめどは立っていない。旭志総合支所、隈府小、戸崎小、菊之池小で自衛隊が給水支援（1人5ﾘｯﾄﾙまで）。七城温泉ドームや菊池温泉の旅館・ホテルの一部が指定時間のみ、浴場を開放している。

【合志市】合志庁舎と西合志庁舎の2カ所で午前10時～午後5時。容器を持参、1世帯4ﾘｯﾄﾙまで。

【大津町】生涯学習センターと運動公園で午前7時～午後7時。

【西原村】西原中、山西小、河原小の3カ所。

【小国町】杖立温泉観光協会の無料駐車場で、時間未定。

【南小国町】町自然休養村管理センターで、午前8～午後9時。

【阿蘇市】午前8時から内牧支所など8カ所で。

【高森町】役場庁舎、町観光交流センター、湧水トンネル公園で午前9～午後4時。

【南阿蘇村】未定。

【御船町】御船中、高木小、七滝中央小などで実施予定。

【益城町】自衛隊の給水車が給水活動。

【嘉島町】役場駐車場で午前8時ごろ～午後9時ごろまで。

【甲佐町】乙女地区の約10カ所に給水所を設け、生活用水を供給している。

【宇土市】市民体育館、花園コミュニティセンター、市民広場、JAカントリーエレベーター、宇土東小、走潟小で午前7時～午後9時まで。

【宇城市】松橋町と小川町、豊野町の9カ所で実施するほか、三角港では第10管区海上保安部（鹿児島市）による給水もある。

【上天草市】市水道局は17日午後10時から18日午前6時まで計画断水で節水に努める。

【熊本市】市上下水道局は18日午前7時をめどに、市内の避難所など約27カ所で順次、飲料できる水の提供を始める。上下水道局☎096（381）1133。最新の給水場所は市ホームページで確認できる。27カ所は以下の通り。

▽中央区 一新小、黒髪小、五福小、白川公園、熊本市役所、熊本市上下水道局
▽北区 龍田小、弓削小、武蔵中、清水岩倉台、龍田西小、武蔵小、北部総合出張所
▽南区 舞原公民館、下益城城南中、日吉小
▽東区 託麻西小、長嶺小、健軍水源地、日下部公民館、東野中、東町中、第二高
▽西区 城西小、城西中、花園小、熊本新港船着き場（午前8時～午後7時）

また、以下の八つの公園でも備蓄水を配っている。ただ、量に限りがあり、給水する時間も未定。市災害本部☎096（311）1111。

▽中央区 八王寺中央公園（八王寺）、白川公園（草葉町）
▽東区 秋津中央公園（東野2丁目）、山ノ内中央公園（山ノ内3丁目）
▽西区 蓮台寺公園（蓮台寺4丁目）、池上中央公園（池上町）
▽南区 平成中央公園（馬渡1丁目）
▽北区 楠中央公園（楠3丁目）

◇

熊本市の要請で、国土交通省九州地方整備局の船2隻が熊本港で給水支援を行っている。容器持参で、だれでも可。午前7時～午後9時。同局☎092（418）3375。

※井戸水を提供している企業は次の通り。

栄宏設備工業（熊本市東区画図町重富660の1）。24時間開放。☎096（379）3434。

あきた斎場（熊本市南区砂原町488の1）。飲用可、24時間開放。☎096（227）3355。

クオリティコントロールセンター（熊本市東区長嶺南3の2の86）。飲用可、念のため煮沸を。午前8時～午後7時。☎096（383）0855。

避難所で給水する日本水道協会佐賀県支部の職員ら＝17日午後、熊本市中央区新町の一新小（横井誠）

銀行

肥後銀行は益城町の木山支店と広安支店、熊本市の味噌天神支店と東町団地支店、託麻支店を休業する。広安を除く4支店は、現金自動預払機（ATM）のみ稼働する可能性がある。

熊本銀行は益城町の益城支店と熊本市の中央支店、日赤通支店と託麻支店を休業。益城支店と日赤通支店は、ATMのみ稼働する。益城支店では簡易窓口を設け、預金者らの相談に応じる。

両行など各金融機関は、通帳やキャッシュカードを紛失した場合も本人と確認できれば預金の払い出しに応じる。

電気・ガス・通信

【停電＝午後9時現在】▽益城町＝890戸（赤井、小池、谷、上陳、木山、古閑、島田、下陳、寺中、杉堂、惣領、田原、寺迫、砥川、平田、広崎、福富、福原、馬水、宮園、安永、辻の城＝停電率48・6％、復旧見込み）▽阿蘇市＝1万5300戸（赤水、跡ケ瀬、坂梨、三野、手野、中通、宮地、今町、内牧、小倉、乙姫、小野田、狩尾、蔵原、黒川、黒流町、小池、竹原、永草、波野、中江、西小園、西町、西湯浦、的石、三久保、南宮原、役犬原、山田、湯浦＝停電率80・4％、状況確認中）▽高森町＝3800戸（尾下、上色見、河原、草部、色見、高森、中、矢津田＝停電率75・3％、状況確認中）▽南阿蘇村＝9300戸（一関、河陰、河陽、下野、白川、立野、長野、中松、久石、吉田、両併＝停電率95・2％、状況確認中）▽熊本市◇中央区＝復旧◇東区＝復旧見込み◇南区＝復旧▽菊池市＝400戸（復旧見込み）▽大津町＝復旧▽西原村＝2000戸（復旧見込み）▽御船町＝復旧▽嘉島町＝700戸（復旧見込み）▽山都町＝復旧

【ガス供給停止＝西部ガス】10万5千戸（熊本市のほぼ全域と菊陽町、合志市、益城町、大津町、嘉島町、御船町の6市町の全域）。火災など二次災害防止のため、1350人態勢で安全確認中。数日中の復旧は難しい見込み。

【携帯電話＝17日の状況】阿蘇地域を中心に電話がつながりにくくなっており、各社とも移動基地局を設置するなどして復旧を進めている。

各社は避難所などで、携帯電話を充電できるコーナーや公衆無線LANサービスを整備している。提供場所は各社のホームページで確認できる。

銭湯・浴場

【全県】県公衆浴場業生活衛生同業組合の加盟施設が被災者向けに銭湯を無料開放。（17日13時現在）あしはらの湯（熊本市北区植木町）、松の湯（同植木町）、サンパレス松坂（山鹿市）、玉名ファミリー温泉（玉名市）、潮湯センター海老屋（長洲町）

【熊本市】植木温泉観光旅館組合は18日の9～19時まで、被災者を対象に、加盟7旅館の浴場を無料開放する。旅館名は次の通り。和風旅館鷹の家、旅館平山、旅館ややの湯、旅館松乃湯、旅館龍泉閣、旅館いろは、旅館大月苑

【八代市】日奈久地区の日奈久温泉旅館組合は18、19日、被害が少ない7軒で温泉を無料開放する。だれでも無料で入浴できる。日奈久温泉観光案内所☎0965（38）0267。7旅館と時間は次の通り。▽あたらし屋旅館（15～20時）▽金波楼（15時半～21時）▽ひらやホテル（15～20時）▽鏡屋旅館（10～15時）▽しのはらホテル浜膳（16～22時）▽不知火ホテル（10～16時）▽武士屋（8～20時）

日奈久中町の日奈久温泉センター「ばんぺい湯」と日奈久浜町の東湯も18日、温泉を無料開放する。ばんぺい湯は10～22時、東湯は6～22時。ばんぺい湯☎0965（38）0617。

【玉名市】立願寺の「立願寺温泉ホテル」は県内の被災者を対象に9～22時、温泉を無料開放している。断水の復旧まで当面続ける。同ホテル☎0968（72）6411。

【山鹿市】鹿北町の健康増進施設「幸の国健康館ゆーかむ」が20日まで入浴施設を被災者に無料開放。10～19時。同施設☎0968（42）5100。

道路・交通

【通行止め解除（午後3時現在）】▽宇城市豊野町新山崎橋（国道218号）豊野寺村（国道218号）宇土市原国道57号跨道（川尻宇土線）惣領交差点、惣領橋（益城菊陽線）寺迫第二畑中橋（益城甲佐線）山都町御所（矢部阿蘇公園線）山都町水ノ田尾―御船町（益城矢部線）甲佐町白旗松ケ崎橋（嘉島甲佐線）嘉島町中ノ瀬（国道266号）大津町境―菊陽町戸次（大津田熊本線）俵山トンネル（熊本高森線）南阿蘇村久石―グリーンロード交点（矢部阿蘇公園線）南阿蘇村吉田山頂（阿蘇吉田線）南小国町赤馬場馬場トンネル（国道212号）五木村大通峠―小鶴峠（宮原五木線）

【高速道路＝17日の状況】九州自動車道植木IC―八代IC間と九州中央自動車道嘉島JCT―小池高山IC間が通行止め。高速バスも運休。

【フェリー】熊本港発着の熊本フェリーと九商フェリーが可動橋損壊のため、20日まで欠航。長引く可能性もある。

【航空】熊本空港ターミナルビルが閉鎖されているため、18日も全便欠航。

【鉄道＝17日の状況】JR九州は、九州新幹線と在来線の鹿児島線、豊肥線、三角線、肥薩線の県内区間すべてで運転を見合わせている。18日も始発から運転を見合わせる。いずれも復旧のめどはたっていないが「新幹線の代替として新幹線の博多―熊本間の臨時特急を早期に運行開始できるよう調整中」としている。肥薩おれんじ鉄道は18日も肥後高田―川内（鹿児島）間の運行を再開。南阿蘇鉄道は全線で運休。

【路線バス＝17日の状況】▽熊本バス 全路線で運休▽熊本電鉄バス 合志市レターバス、北熊本エアポートバスを除き運休◇阿蘇市 全路線で運休◇高森町 全路線で運休◇小国町 全路線で運休▽熊本都市バス 周遊バスの7路線を運休。アクアドーム線、秋津健軍線、上熊本線、熊本城線は18日も運休。

支援物資募集

【熊本市】支援物資を東区のうまかな・よかなスタジアムで受け付けている。パンなど日持ちする食料品、紙おむつ、ウエットティッシュを求めている。市地域政策課☎096（328）2031。

献血

【全県】熊本地震のため、県赤十字血液センターは18、19日、県内全会場の献血を中止する。20日以降も中止する可能性があるという。

20面へ続く

どぎゃんかしよう！

――みんなの声 届けます

★ボランティア何を　被災者のために行動したいのですが、どこで何をどうすればいいのか把握できていません。ボランティアをしたいです。邪魔になってもダメなので、ニーズに合ったボランティアをしたいです。自分は熊本にいます。

（熊日フェイスブックへの投稿）

★ミルク作れない　兄一家が熊本市のある中学校に避難。1歳の子どもと3カ月の赤ちゃんを抱えており、避難場所から離れた給水ポイントまで水をもらいにいくことは厳しいです。ミルクが作れない、ほ乳瓶も洗えずで、本当に困っています。

（熊日フェイスブックへの投稿）

★仮設トイレを増やして　熊本市東区の者です。仮設トイレを増やしてください。避難場所に入れない人、車中泊をしてる人…。寝床の確保はできてもトイレはどこででもできません。特に女性は大変な思いをされています。例えば、各スーパーやディスカウント店の駐車場、公民館などに設置してほしいです。

（熊日フェイスブックへの投稿）

★透析できない　水がないと透析ができません。給水車の手配か患者の移送手段の手配をお願いします。県外移送も検討時期です。「日本透析医会」ホームページに具体的な支援が必要な病院・クリニックと被害状況がまとまっておりますので、行政のみなさまよろしくお願いします。

（熊日フェイスブックへの投稿）

投稿募集

熊本地震で「避難生活で困っている」「こんな支援があるとありがたい」「どんな支援をしたらいいのか？」などの声をお寄せください。①住所②氏名③年齢、職業④電話番号―を書いて、〒860―8506、熊日編集局「どぎゃんかしよう！」係。ファクスは096（361）3380、メールはdengon@kumanichi.co.jpへ。

●避難生活 水分補給を（4面）●ペット混乱 迷子多発（20面）●がんばれ熊本広がる（20面）

テレビ面は19面に移しました

1　（昭和17年4月1日第3種郵便物認可）　第26622号　（日刊）

熊本日日新聞　夕刊

発行所　熊本日日新聞社　〒860-8506　熊本市中央区世安町172　☎代表（096）361-3111　©熊本日日新聞社2016年

2016年（平成28年）4月18日　月曜日

あすの天気

熊本 0　7〜21℃
人吉 0　6〜21℃
阿蘇 0　3〜18℃
天草 0　12〜21℃

福岡　佐賀　長崎　大分　宮崎　鹿児島　那覇　大阪　東京　札幌

18日9時

冷え込みに注意

県内は、今夜からあすにかけて晴天が続く。

あす朝にかけては放射冷却が強まり、内陸部を中心に冷え込みが強まる。あす朝の最低気温は、阿蘇市乙姫で3度、熊本市で7度の見込み。寒さで体調を崩さないよう十分注意を。あす日中の最高気温は20度前後で、平年並みの暖かさになる。

20日には次第に雲が広がり、天気は下り坂へ。21日には次の雨が予想される。

あすは晴れ。日較差大きい。

◇お断り　18日の阿蘇の気温は地震のため観測できませんでした。

【正午の気温】（　）内は けさの最低
熊本 16.1（12.1）
人吉 12.6（9.9）
阿蘇 −（−）
牛深 16.1（12.4）

【19日】〈中潮〉（三角港）
旧暦 3月13日　満潮 7時16分 19時37分
日出 5時43分
日入 18時50分　干潮 1時07分 13時34分

◪のち　◪一時、時々　% 6時〜12時降水確率

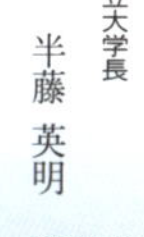

一筆
新聞は面白い
熊本県立大学長　半藤 英明

新聞は面白い。紙面には人くささが満載である。

仕上げは機械であっても、記事ネタを探し、記事を起こし、推敲し、紙面をデザインするのは人の業である。新聞もまた人の手になる産物であり、そこには見えざるぬくもりがある。合理性に優れたインターネットやSNSにも人の息遣いは見えるが、新聞だと制作者の努力と苦悩がにじみ出る。紙面づくりには相応の時間と手間がかけられている。私は、どれほど機械化、省力化されようと、新聞には人の匂いと痕跡が必要であると思う。新聞から人くささがなくなったら、見るべき味わいはなくなってしまうだろう。

事実と正確さと新しさが新聞報道の使命、価値であることは承知しているが、事件、事故などの客観報道にも表現者の力量が現れる。言葉の使い方一つで無味乾燥な事実報道にもなるし、血の通った記事にもなる。文章の構成を変えるだけでひきつけられ方も変わってくる。新聞の署名記事を品定めしながら、今日も楽しく私は新聞を読む。この表現はうまい、この文章はさすがだと、一つ一つ。

新聞を売店で購入するのも手だが、毎朝毎夕届けてもらうのは、ご苦労なことだが、ありがたい文化である。日本の誇るべきおもてなしの精神が私たちの普遍的価値として長く残ってほしい。

新聞は人の創造物である。生命の価値とは創造主であること。人は誰でも何かを生み出し、そして誰かに与えることができる。もしも消費するだけの人生であれば、その人の幸福感はすぐに行き詰まるに違いない。

2016.4.18

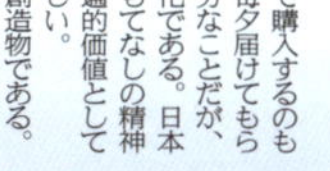

生活関連情報

漏水多発 情報提供を　熊本市

一部地域で試験的通水を開始した熊本市では18日、各所で漏水が確認された。断水解消には、破損した配水管の修復が前提となるため、上下水道局は「道路や橋で水が漏れているのを見つけたら連絡してほしい」と呼び掛けている。

大西一史市長も、短文投稿サイト「ツイッター」を通して、市民に協力を求めた。

市は正午現在、市内の配水区13ブロックのうち、7ブロック24万7千世帯（全世帯の76%）に向けて送水を開始。修復の進み具合によって、隣り合う地域でも出具合が変わる場合がある。濁った水が出た場合、飲用はできないがトイレなどには使える。市ホームページの「緊急情報一覧」で、1時間ごとに復旧作業の進行状況を公開している。

市は18日中に市内全域での送水を目指すが、漏水箇所の修復が進まなければ全面復旧には至らない。同局は「漏水の速やかな発見が、早期復旧につながる。どうか協力を」と話している。同局水相談課☎096（381）5600。　（益田大也）

停電は復旧した地区でも個別の事情で電気が通じない場合もあります。九州電力の最寄りの営業所に連絡ください。俵山トンネルは通行止めが続いています。

黙鼓子

阿蘇市の避難所で77歳女性死亡。死因は急性心不全、初の関連死か。心と体のケアを急げ。

◇

「医療ニーズは高い」と仮設診療所に派遣の医師。片付け中のけがや脱水症状に注意を。

◇

不衛生、避難所のトイレ問題が切実。水分控え、健康状態悪化の被災者も。命に関わる。

◇

16世紀の豊後地震と似る。震源域、中央構造線断層の延長線上に拡大。怖い大災害の連鎖。

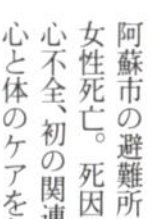

熊本地震　避難所 女性が死亡

土砂崩れ現場で行方不明者を捜索する自衛隊員＝18日午前9時43分、南阿蘇村河陽地区

熊本地震の被災地は18日、本震後初めての平日を迎えた。県内は停電や断水などが復旧せず、10万人超が避難所にとどまったまま。阿蘇市では、避難所に避難していた同市の女性（77）が急性心不全で17日に死亡していたことが、阿蘇署への取材で分かった。初の震災関連死の可能性があるとみられる。

署によると、女性は17日午前9時すぎ、避難していた市農村環境改善センター隣のトイレで倒れているのが見つかったという。

南阿蘇村の現地対策本部によると、警察や消防、陸上自衛隊などは18日午前6時、2500人態勢で捜索を再開。6人が不明になっている河陽地区を中心に、地滑りの土砂を撤去した。

19日未明、被災者の生存率が著しく下がるとされる「地震発生後72時間」を迎える。現場に重機が続々と到着し、捜索作業は一気にスピードアップ。陸自46普通科連隊（広島）の中村薫中隊長（41）は「一刻も早く発見できるように全力を尽くす」と話した。宿泊客の40代男女が行方不明となっている同村長野の山荘でも捜索している。

宇土市は18日午前10時、同市花園台町の道路や民家敷地内に数㌢の亀裂が見つかり、地滑りの恐れがあるとして、高齢者福祉施設の入所者など99人に避難指示を出した。

市役所庁舎が崩壊寸前の宇土市、倒壊の恐れがある八代市は庁舎を封鎖。県内の小中高校の休校も相次いだ。　（熊本地震取材班）

ニュース速報　詳しくはあすの朝刊で

トヨタ、生産停止へ

県内を中心に相次ぐ地震で、トヨタ自動車は、全国の車両組立工場のほとんどで生産を18日から段階的に停止する。県内は部品工場が多く、調達に支障が出る見通しになったため。自動車や電機など多くのメーカーで生産再開のめどが立たず、サプライチェーン（部品の調達・供給網）寸断の悪影響が広がっている。

トヨタは、14日の地震を受けて15日に停止したトヨタ自動車九州の宮田工場（福岡県宮若市）の生産に関し、18〜23日も止めると決定。本社のある愛知県のほか宮城県、岩手県などの工場の生産ラインも19日以降、段階的に停止する。グループの日野自動車、ダイハツ工業も対象となる。

メーカー各社の生産対応

トヨタ自動車	全国の車両組立工場のほとんどで生産を18日から段階的に停止
ホンダ	二輪車を生産している熊本製作所（大津町）の18〜22日の稼働を休止
三菱自動車	軽自動車などを生産する水島製作所（岡山県倉敷市）の19日の操業を全面停止
ブリヂストン	工業用ホースを製造する熊本工場（玉名市）は生産再開の見通し立たず
ソニー	一部装置が停止した長崎県諫早市と大分市の画像センサー用などを手掛ける半導体工場の稼働を再開

九州新幹線 脱線車両撤去へ

ＪＲ九州は18日、地震により熊本市内で脱線した九州新幹線の車両の撤去作業を午後に始めると発表した。脱線復旧用のジャッキを使って車両6両を1号車から順にレールに載せていく。ただ、作業は時間がかかる上、新幹線の設備に約100カ所の損傷があることも見つかり、運転復旧のめどは立っていない。

在来線が一部運行再開へ

ＪＲ九州は18日、地震の影響で運転を見合わせている在来線の鹿児島線について、荒尾—熊本間の運転を同日午後にも再開する見通しを明らかにした。時間は未定。

同日午前現在、レールなど路線の安全点検を進めている。同区間の運転が再開すれば、熊本—博多間を普通列車で行き来できるようになる。臨時特急列車の運行も19日以降、検討する。

豊肥線、肥薩線、三角線の県内区間は終日運休する。

東証、一時500円超安

週明け18日午前の東京株式市場はほぼ全面安の展開となった。日経平均株価（225種）は大幅続落し、下落幅は一時500円を超えた。主要産油国が原油の増産凍結で合意できず原油先物価格が急落し、外国為替市場で円高ドル安が急速に進み、投資家の不安心理が強まった。熊本県を中心とする地震で製造業の部品調達に支障が出ており、企業業績の先行きへの懸念も重荷となった。

首相「あらゆる手段講じる」

安倍晋三首相は18日の衆院環太平洋連携協定（ＴＰＰ）特別委員会で、熊本、大分両県を中心に相次ぐ地震の復旧・復興費用を盛り込んだ補正予算案を編成する可能性を問われ「必要なあらゆる手段を講じていきたい」と強調した。同時に、激甚災害指定について「その方向に向けて決定していきたい。復旧復興にしっかりと国が支援していく。早期に指定していきたい」と表明した。

ドローン撮影動画を公開

国土地理院（茨城県つくば市）は18日までに、県を中心とした地震の被災地を小型無人機「ドローン」で撮影し、動画や画像の公開をホームページで始めた。二次災害の防止や復旧作業に役立てるのが狙い。

オスプレイ 救援物資輸送

熊本、大分両県を中心に相次ぐ地震の被災者支援活動に参加するため、米軍普天間飛行場（沖縄県）所属の新型輸送機ＭＶ22オスプレイが18日、米軍岩国基地（山口県）を離陸する。水や食料、毛布などの救援物資約20㌧を益城町の陸上自衛隊高遊原分屯地で積み込み、南阿蘇村に輸送予定。日本の災害支援でのオスプレイ投入は初めて。

安全保障関連法で日米同盟がより強固になったことをアピールするほか、陸自が導入し佐賀空港に配備を計画しているオスプレイの安全性への懸念を払拭する狙いがあるとみられる。

地震の被災者支援活動に参加するため、米軍岩国基地で離陸を待つオスプレイ＝18日午前10時54分、山口県岩国市

きょうの紙面

◇お断り　「スポーツ芸能」は休みました。テレビ欄は7面です。

（第３種郵便物認可）　熊本日日新聞　（夕刊）平成28年(2016年) 4月18日 月曜日　8

避難所トイレ　快適に整えて

専門家「健康悪化の恐れも」

管理・安全 女性視点を

県内などの被災地で多数の住民が身を寄せる避難所。切実なのがトイレ問題だ。断水の影響で不衛生になったり、仮設トイレの使い勝手が悪かったりすると、なるべく行かずに済むよう食事や水分の摂取を控えてしまう場合も。専門家は「健康状態が悪化する恐れがあり、命に関わる重要な課題だ」と指摘、できるだけ快適な環境を整える必要があると訴える。

益城町の避難所に設置された仮設トイレ＝16日

避難所の仮設トイレは数が不足しがちな上、「離れた場所にある」「プライバシーが守られない」「汚い」などの問題点が指摘されてきた。

体調崩しがち

災害時の排せつ問題に詳しい、さいたま市立病院の中野美和子小児外科部長は「被災者があまりトイレに行きたがらず、食べる量を抑えたり、水分を控えたりする。体調を崩す例は珍しくない」と指摘する。

災害時はストレスに加え、メニューが偏りがちな避難所の食事などが排せつの不調につながりかねない。特に注意が必要なのは高齢者や幼児だという。中野さんは「不調があっても、本人が症状を自覚していなかったり、訴えにくかったりする。周囲が気を付けてあげてほしい」と話す。

「災害時のトイレ確保は命に関わる重要な課題」と強調するのは、NPO法人「日本トイレ研究所」（東京）の加藤篤代表だ。「災害時は子どもや女性の視点が抜け落ちやすい。トイレの管理方法を話し合ったり、被災者から相談を受けたりする場合に、女性にも関わってもらうことが重要になる」と語る。

同研究所は、被災者が安心して使えるトイレ環境整備のポイントをまとめ、ホームページで公開している。

安全面の観点から、人目に付きやすい場所に男女別に設置したり、照明や鍵を付けたりすることなどを挙げている。

また衛生面では、感染症予防のため、こまめな手洗いや消毒を呼び掛けるとしている。

自宅でも備え

内閣府は東日本大震災の教訓を踏まえ、バリアフリー対応を含む仮設トイレの備蓄や、避難所での男女別トイレの確保などを盛り込んだ自治体向け指針を2013年に策定した。さらに具体的な内容をガイドラインとして取りまとめ、近く公表する予定だという。

内閣府の中村裕一郎参事官は、自治体にとって備蓄しやすい組み立て式の仮設トイレなどの活用を勧める。

「人間にとって食べることと同じぐらい、排せつは大切」と話す中村さん。非常時に使う袋状の携帯トイレも販売されており「住民も自宅に常備しておくことが望ましい」として、いざという時の備えを求めた。

災害時のトイレ環境整備の主なポイント

管理面	・男女共同で管理し、相談に対応 ・トイレに行くよう声掛け ・女性や子ども、要配慮者の要望を聞く
安全面	・人目に付きやすい場所に男女別に設置する ・トイレの中と外に照明を付ける。施錠できる
衛生面	・こまめに手洗い、消毒するよう呼び掛ける ・トイレ用の履物を用意 ・定期的に掃除し、トイレットペーパーなどの有無を確認

（NPO法人日本トイレ研究所による）

無料温泉「生き返った」

熊本市北区の旅館7カ所

無料開放された温泉に入浴後、アイスクリームをほおばる築地原啓仁君（左）ら＝17日午後、熊本市北区

断水でお風呂に入れない熊本地震の被災者にゆっくりしてもらおうと、熊本市北区の旅館7カ所が17日、温泉を無料開放した。訪れた人たちは、久しぶりの入浴に「生き返った」と表情をほころばせた。18日まで実施し、延長も検討している。

開放されたのは植木温泉観光旅館組合に加盟する施設の一部。北区の小学3年築地原啓仁君(8)は家族らと和風旅館「鷹の家」を訪れ、入浴後は「気持ちよかった」とニコニコしながらアイスクリームをほおばった。

旅館「平山」では、朝から問い合わせの電話が鳴り、浴場に続く廊下は行列ができた。若おかみの平山愛さん(41)は「困っている人が大勢いる。少しでも癒やしの時間を提供したい」と話した。

植木温泉周辺は2012年の九州北部豪雨で被災。ボランティアが泥の撤去などを手伝っており、平本敦組合長は「みんなに助けてもらった恩返し。元気になってほしい」と力を込めた。

地震5日目　週明けの朝

県内は18日、熊本地震の発生から4回目の朝を迎えた。

午前9時現在、避難生活を続ける県民は約10万4900人。学校などに設けられた避難所では不安な生活が長期化し、住民の表情は沈みがち。早朝から支援物資を受け取る列ができ、スマートフォンを充電する電源にはコードが入り乱れた。自宅を片付けようと避難所をいったん離れる人もいた。

郵便局の赤いバイクは、給油のためにガソリンスタンドへ。震災後初めて迎えた平日、オフィス街では余震の不安におびえながらも職場へ向かう人の姿もあった。

物資

小学校の体育館で、水やご飯などの支援物資を受け取る避難者ら＝18日午前8時41分、熊本市中央区

行列

熊本市の給油所に行列する郵便局のバイク＝18日午前

充電

避難所に設けられた電子機器の充電コーナー＝18日午前9時2分、益城町

落下

地震で施設の壁が崩れた宇土市役所＝18日午前

通勤

週明けの月曜日に、オフィス街を歩く市民＝18日午前8時45分、熊本市中央区

帰途

地震の本震から初めての平日の朝、避難所からは多くの人が家路に就いた＝18日午前6時45分ごろ、熊本市東区の泉ケ丘小（岩崎健示）

1　3版　☆　平成28年（2016年）4月19日　火曜日　熊本日日新聞　（昭和17年4月1日第3種郵便物認可）　第26623号　日刊

熊本日日新聞
発行所 熊本日日新聞社
〒860―8506
熊本市中央区世安町172
☎代表（096）361―3111
© 熊本日日新聞社 2016年

4月19日
火曜日

熊本地震 2人死亡確認

犠牲44人 避難所女性 関連死か

熊本地震で多数の家屋が倒壊した南阿蘇村で、警察や消防、自衛隊は18日、土砂崩れ現場で行方不明者の捜索を続けた。河陽地区で女性1人、長野地区で男性1人をそれぞれ心肺停止の状態で救助したが、いずれも死亡が確認された。14日以降の死者は計44人となった。阿蘇市の避難所で同市の女性(77)が急性心不全で17日に死亡し、初の震災関連死とみられることが、阿蘇署への取材で分かった。

18日午後8時41分ごろ、阿蘇市と産山村で震度5強、南阿蘇村などで震度5弱の余震を観測。震源は阿蘇地方で深さは約10キロ、マグニチュード（M）は5・8と推定される。気象庁は「活発な地震活動が続いている。強い揺れ、土砂災害に警戒してほしい」と呼び掛けた。再検討するとしていた「熊本地震」の名称は変更しない方針を示した。

南阿蘇村の現地対策本部によると、同日は約2500人体制で捜索に臨んだ。死亡した女性と男性はいずれも氏名不詳。同村で行方不明となっている9人のうちの2人とみて調べている。土砂崩れの規模が大きい上、強い余震が続いているため、捜索は難航している。

阿蘇署によると、避難所で亡くなった女性は17日午前9時すぎ、トイレで倒れていたという。

県災害対策本部によると、県内の避難者は18日午後1時半現在、632カ所約9万3千人。負傷者は1055人で、うち重傷者は204人。全壊した家屋は952棟。

庁舎が被災した宇土市、八代市は一部機能がストップ。政府の被災者支援チームは益城町、南阿蘇村などに職員を派遣し、米軍の新型輸送機オスプレイMV22が物資輸送を始めた。

ライフラインの復旧は進んでいるが、熊本市などで停電、断水などが続いた。JR鹿児島線は18日、一部区間で運転を再開。ターミナルビルが破損し、閉鎖していた熊本空港発着便は19日、一部の便が運航を再開する。（熊本地震取材班）

新たに発見された行方不明者を救急車まで運ぶ捜索隊員＝18日午後5時15分すぎ、南阿蘇村河陽の高野台団地（大倉尚隆）

車中泊の女性死亡

エコノミークラス症候群

熊本地震の発生後、血の塊（血栓）が肺に詰まる「エコノミークラス症候群」で、車中泊していた熊本市の50代女性が死亡したことが18日、分かった。同症候群で死亡した避難者は初めて。このほか、少なくとも16人が同市内の5医療機関に救急搬送されるなどしており、このうち、いずれも60代女性の2人は一時心肺停止の重体。搬送された患者のほとんどは、避難のため車中泊していたという。

関係者によると、死亡した女性は同日朝、自宅近くに止めた車内から降りた時に不調を訴えた。病院に運ばれたが、まもなく死亡した。

ほかの患者16人のうち15人が車中泊していた。もう1人の状況は不明。

死亡した患者も含む17人の男女の内訳は、女性15人、男性2人。年齢は、60代以上11人、50代3人、30～40代2人。1人は不明。17人のほか、20代男性と40代女性の計2人に同症候群の疑いがあった。

各医療機関によると、患者は朝方運ばれる例が多い。就寝中にできた血栓が、起き上がって血流が再開した後、肺に運ばれたとみられる。搬送先の一つの済生会熊本病院（南区）の坂本知浩・循環器内科部長は「17日より、18日の方が症状が重い」と話している。

患者に女性が多いことについて、熊本赤十字病院（東区）の角田隆輔・循環器内科部長は「女性の場合、トイレを気にして水分を控える傾向にある。夜間も足を動かすなど気を付けてほしい。避難先に設置するトイレの充実や、飲料水を十分に行き渡らせることも重要」と話している。（林田賢一郎）

トヨタ 全国で生産停止

県内工場 部品供給できず

県内を中心に相次ぐ地震で、トヨタ自動車は18日から全国の車両組立工場のほとんどの生産を段階的に停止する。県内に部品工場が多く、調達に支障が出る見通しとなったためで、生産停止は23日までを予定している。このほか、県内の半導体関連工場の多くも稼働しておらず、サプライチェーン（部品の調達・供給網）寸断の影響が全国に広がっている。

トヨタは、15日に停止したトヨタ自動車九州の宮田工場（福岡県宮若市）のほか、愛知県、宮城県、岩手県などにある組立工場の稼働を段階的に止める。

同社のドアフレームやエンジン部品を製造しているアイシン精機の熊本市の子会社や関連会社は、生産を停止中で、再開のめどは立っていない。

アイシンから部品の供給を受けている三菱自動車の水島工場（岡山県倉敷市）も、軽自動車や電気自動車（EV）の生産シフトの一部を、19日まで停止する。「生産再開は部品の供給状況を見ながら判断する」と同社。

半導体関連では、スマートフォンなどのカメラに使われる画像センサーを生産するソニーの工場（菊陽町）や、自動車向けを生産するルネサスエレクトロニクスの川尻工場（熊本市）、三菱電機の工場（合志市）がいずれも生産を停止、再開のめどは立っていない。

ルネサスは「工場内で危険な薬品や有毒ガスを使っているため安全確認が難しい。取引先への影響はまったく見通せない」とする。

地場企業では生産設備メーカーの平田機工（本部・熊本市）が生産を続けているものの、「部品調達先にも地震の被害が及んでおり、今後影響が出るかもしれない。高速道路が一部使えないので、県外からの物流経路を考え直す必要がある」と話す。

県工業連合会の足立國功会長(71)は「稼働を再開しようとしても、余震が怖くて安全確認が進まないところもあるようだ。県内製造業への影響は小さくないだろう」と話した。（髙宗亮輔）

生産停止中の県内の主な工場は次の通り。

東京エレクトロン九州（合志市）▽ホンダ熊本製作所（大津町）▽サントリー九州熊本工場（嘉島町）▽ブリヂストン熊本工場（玉名市）▽富士フイルム九州（菊陽町）▽スクリーン熊本（益城町）▽ヤマックス（熊本市）▽東海カーボン田浦工場（芦北町）▽メルコ・ディスプレイ・テクノロジー（菊池市）

熊本地震 県内の被災状況

（18日午後時点、熊日まとめ）

最大震度	前震 震度7（14日、益城町）
	本震 震度6強（16日、熊本市など）
死亡	44人
安否不明	7人
負傷者	1055人（うち重傷204人）
建物	全壊 952棟
	半壊 1,275棟
避難	避難所 632カ所
	避難者 93,874人
交通	九州新幹線運転見合わせ
	豊肥線など運転見合わせ
	九州自動車道植木―八代通行止め
電気	停電 23万5千戸
水道	少なくとも6万5千世帯断水（熊本市）
都市ガス	供給停止 約10万5千戸（西部ガス）

※県災害対策本部などの集約分

おわび

地震の影響で19日付朝刊が一部地区で配達できなかったり、遅れたりしました。大変ご迷惑をおかけしました。　熊本日日新聞社

熊日の購読・配達のご用は
ミナヨムニッコリ
0120-374625
（月曜～金曜9:00～17:00）

紙面のお尋ねは
096-361-3115
（日曜・祝日除く9:00～17:00）

パソコン版くまにちコム
kumanichi.com

◇お断り　「きょうの天気」は2面に移しました。

新生面

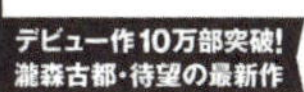

2016.4.19

地震発生からもう5日が過ぎたというのに、余震が収まらない。発生回数は過去最多を更新中だ。ドンと下から突き上げられると、熱い鉄板の上で踊らされている自分の姿が目に浮かぶ。そのたびに疲れがたまっていく▼不思議なことに、余震の直前に予感がある。来る、来ると思ったら必ず来る。周りの人たちも同じように言う。体が何かを感じ取っているのかもしれない。それとも、不安による幻覚だろうか▼気象庁は今回の地震で、長周期地震動の最高レベル「階級4」を初めて観測した。高層ビル内にいる人は立っていられず、はわないと動けない。固定していない家具の大半が転倒する。大規模地震で発生する長周期の揺れは、高層ビルの揺れと共振して大きな被害をもたらす▼熊本地震が起き、東京の高層ビルのエレベーターが安全のため自動停止したという。東日本大震災のときも、震源から約700キロ離れた大阪市の高層ビルでエレベーター停止による閉じ込め事故が発生した。そんなに遠くまで及ぶものかと驚くが、事実として受け止めるほかない▼熊本市内のマンションに住む知人は「ねじれるような揺れだった」と顔をしかめた。10階のわが家まで階段を使って水を運び上げた夫婦がいる。復旧したエレベーターに怖くて乗れない人もいた。快適だったマンションライフが一夜にして奪われてしまった▼自然にも悪意があるのだろうか。そう考えてしまうほど異例ずくめ。余震の責め苦からの一刻も早い解放を願わずにはいられない。

たから箱

「家族」
熊本市立桜木東小4年　北岡芽依

私の家族はお日さまみたい
春夏秋冬いつもぽかぽか
世界にひとつしかない大切なもの
だから私は家族を大切にし愛する

(第3種郵便物認可) 熊本日日新聞 平成28年(2016年)4月19日 火曜日 総合 2

きめ細かい支援が必要だ

避難生活

社説

最大震度7を観測した14日夜の熊本地震発生以降も、強い揺れが収まらない。これまで震度1以上の揺れは500回を超えたが、うち震度4以上は80回以上に上る。気象庁は引き続き強い揺れが起きる恐れがあると警戒を呼び掛けている。

住民の不安やいら立ちは募る一方だ。電気などのライフラインの早期復旧とともに、被災者のニーズにきめ細かく対応した支援態勢の充実を急ぎたい。

16日未明のマグニチュード(M)7・3を記録した「本震」によって地滑りが起きた南阿蘇村では、行方不明者の捜索が今も続く。現地は土砂の量が多く、作業は難航を極めている。余震が続いて危険と隣り合わせの中、懸命な作業に当たっている警察や消防、陸上自衛隊などの関係者の疲労は増していようが、最大限の努力を尽くしてほしい。

各地の避難所や車中などで避難生活を強いられている被災者の心労もピークに達している。避難所生活はプライバシー確保もままならず、不自由さは極まりない。

阿蘇市では、避難所に避難していた同市の女性(77)が17日に死亡していたことが分かった。避難所のトイレで倒れており、急性心不全だった。ストレスや疲労が原因の「震災関連死」の可能性があるとみられている。今後、避難生活が長期化する恐れも指摘される。被災者の心と体のケアに万全を期してもらいたい。

避難所では被災者同士が助け合って苦境を乗り越えようとする光景も見られる。炊き出しや水の確保などに協力したり、子どもたちの遊びを企画したりだ。災害弱者と言われる高齢者や子どもらに一声掛けるなど細かい気配りも必要となろう。力を合わせたい。

避難生活を送る中で、最も深刻なのが水や食料など生活物資の不足だ。各地の避難所では配給を受けるための長蛇の列ができ、スーパーやコンビニエンスストアでは品薄状態が続いている。

安倍晋三首相は「店頭に17日中に70万食を届ける」と宣言した。しかし、交通網が寸断された影響で十分に行き渡っていないところが多い。計画の甘さを露呈した格好だ。国や自治体は被災者の手元に届けるため、あらゆる手だてを講じてほしい。

今回の地震で、道路や橋など社会基盤が大きな打撃を受けた。熊本城や阿蘇大橋などの被害を見ても、復旧にはかなりの時間と費用を要するだろう。政府は激甚災害の指定を急ぐ方針だ。安倍首相は18日、復旧・復興費用を盛り込んだ補正予算案編成の可能性について「あらゆる手段を講じたい」と述べた。復旧・復興の迅速化を図るために、政府は出来る限りの財政支援を行ってもらいたい。

全国各地から支援のスタッフや救援物資が熊本に向かっている。義援金の受け付けも始まっている。善意に感謝するとともに、県民も前向きに一歩ずつ復興への歩みを進めたい。その元気な姿を見せることが善意の返礼にもなる。

射程 みんなで少しずつ前へ

2016.4.19

熊本市内の避難所で家族5人、5回目の夜を明かした。犠牲者が40人を超えている「熊本地震」。いきなりの横揺れに、なすすべもなく翻弄された。恐ろしい生きもののように動き回るたんすや食器棚が、脳裏に焼きついたまま消えない。

これまで災害のたびに避難所生活を取材してきた。被災者の話に幾度も涙がこぼれた。だが、実際の避難生活は正直、想像を絶した。

食事、トイレ、洗面、不眠…。不自由さを挙げればきりがないが、水道やガス、電気が寸断された現状では、それは帰宅者も同じだろう。プライバシーがないこともつらい。高校に入学したばかりの娘はこの一点だけでまいっている。

数年前から避難所用の簡易間仕切りなども開発され、記事で導入を提唱したこともあったが、行政には届かなかった。体育館で雑魚寝する避難者全員が自宅を損傷している。「この状況がいつまで続くのか」との不安が、さらに疲れを増幅させる。

避難者全員に食事が行き届いたのは2日目の夜だった。行政の努力に加え、同じ避難者である米穀店や菓子店の方が提供してくれた。井戸水を分けてくれた方もいる。別の避難所では、食事が足りず、配給をめぐってトラブルになったと聞く。地域の「絆」のありがたさを、これほどかみしめたことはない。

「本震」の直後、車で家族を避難させ、1人で家に引き返して貴重品を布団にくるんで担ぎ出した。ヨタヨタ歩いていると、見ず知らずの若者2人が手伝ってくれた。自分たちも被害に遭っただろうに、2キロの道のりを支え続けてくれた。

「頑張ろう」とは正直、今は言えない。自然の圧倒的な力を見せつけられ、やまぬ余震に不安は尽きない。だが、人間の「絆」の強さも同時に知った。みんなで少しずつ進んでいこう。被災者の1人として、そう呼び掛けたい。(稲田稔丈)

首相 細心の被災地対応

同日選、増税判断見据え

最前線

安倍晋三首相は熊本、大分両県で相次ぐ地震を受け、18日も官邸で被災者支援などの指揮を執り続けた。危機管理で世論の批判を浴びれば求心力は一気に低下しかねない。夏の参院選も見据え、細心の注意を払いながら被災地対応を最優先にする考えだ。政権内では首相が視野に入れる「衆参同日選」など、政権戦略の練り直しは避けられないとの見方が出始めた。

「被災者の皆さんに寄り添って対応したい」。首相は18日朝、地震対応に全力を尽くす意向を官邸で記者団に訴えた。

平時は記者の質問に答えず、無言で通り過ぎることが多いが、14日夜の地震発生以降、17日までは連日2回以上、足を止めて取材に応じている。国民への発信を重視しているのは間違いない。

16日未明の震度6強の地震後に開いた非常災害対策本部では「(救出活動は)日中が勝負だ」と強く指示した。

首相周辺は「被災者の生活を第一に対応しなければならない」と首相の思いを代弁する。ただ「全力での対処」をアピールする背景には、危機管理に失敗して政権が揺らいだ例が首相の脳裏に刻まれている面もある。2001年にハワイ沖で起きた実習船事故で、当時の森喜朗首相は一報を受けた後もゴルフを続け、批判を浴びた。

地震対応の長期化は必至の情勢だ。与党内では、衆参同日選や消費税率10%への引き上げの可否を巡る首相判断に影響するとの観測が浮上している。

自民党の谷垣禎一幹事長は18日の記者会見で「衆院解散の時期を考えるほど気持ちにゆとりはない。まずは震災への対応だ」と強調した。一方、公明党関係者は「被災地はダブル選に対応できない。衆参同日選は不可能だ」と語る。

東日本大震災の際、被災地では直後に予定された統一地方選の時期を延期した。ダブル選となれば参院選単独と比べ、選挙準備などで自治体の負担は確実に重くなる。

消費税再増税を巡り、首相は「リーマン・ショックや大震災級の事態の発生」を再延期の条件としてきた。熊本地震は、トヨタ自動車の生産停止など企業活動に影を落とし始めており、先送り論が強まる可能性がある。

自民党の閣僚経験者は「ダブル選、消費税再増税の可否はどちらも難しい判断になるだろう」と話している。

非常災害対策本部会議で各省庁に指示を出す安倍首相
=18日午後、首相官邸

生活支援を加速

政府 職員派遣や物資輸送

政府は18日、熊本、大分両県を中心に相次ぐ地震による被災者への生活支援を加速させた。政府の被災者生活支援チームは、益城町と南阿蘇村、宇土市に職員を18日中に派遣。米軍の新型輸送機オスプレイも物資輸送を開始した。安倍晋三首相は政府の非常災害対策本部会議で「オスプレイが自衛隊と協力して食料、水などの支援物資を輸送してくれる。米国の友情に心から感謝したい」と述べた。

首相は「いま最も大切なことは、十分な食料と水を被災者一人一人に確実に行き届くようにすることだ」と強調。電気や水道、道路などのインフラの復旧に取り組むと同時に「宿泊先や住宅の確保をはじめ、被災者の生活再建についてできる限りの支援策を講じていきたい」と述べた。

これに先立ち首相は衆院環太平洋連携協定(TPP)特別委員会で、来年4月に予定される消費税率10%への引き上げについて、地震を受け直ちに変えるつもりはないとの認識を示した。

10日ぶりTPP審議

与党「首相の強い意向」

衆院環太平洋連携協定(TPP)特別委員会は18日、中断していた実質審議を10日ぶりに再開した。これに先立つ与野党国対委員長会談で、野党側は熊本地震の被害拡大を受け「TPPの議論を進めるのはいかがか」と慎重姿勢を示したが、与党は「安倍晋三首相の強い意向でTPPを一歩でも前に進めたい」と主張し、予定通りの開催となった。

午前は地震の犠牲者に黙とうをささげた後、国会空転前の8日に審議を途中退席していた民進党の緒方林太郎氏の質疑から再開し、政府の震災対応について質問した。

民進党の篠原孝氏はTPPの関連質疑を行った。米国などで承認手続きが進んでいない中で「日本が急ぐ必要があるのか」とただしたのに対し、石原伸晃経済再生担当相は「(TPPは)人口減少社会の日本にとって意義がある。だから審議をお願いしている」と強調した。共産党の笠井亮氏は、政府が黒塗りの理由に挙げた秘密保持契約の開示を求めたが、政府側はそれも外交機密に当たるとして拒否した。

熊本地震で補正予算

政府 夏の臨時会へ提出検討

政府は18日、熊本、大分両県を中心に相次ぐ地震の復旧・復興事業を進めるための2016年度補正予算案を編成する方向で検討に入った。がれき処理や土砂崩れの復旧工事、崩落した阿蘇大橋(南阿蘇村)など公共施設の再建を念頭に置く。緊急的に必要な支援の経費は、成立済みの16年度当初予算を振り替えたり3500億円の予備費を活用したりして優先的に確保する。

住宅やインフラなどの被害の程度を見極めて予算額を詰める。夏の参院選後に開く臨時国会へ経済対策の補正予算案提出を検討しており、震災復旧費をそれに上乗せする想定だが、復旧予算の確保を急ぐ必要が出てきた場合は地震関連を先行させる可能性がある。

安倍晋三首相は18日の衆院環太平洋連携協定(TPP)特別委員会で、今回の地震を復旧事業への国の補助率を引き上げる激甚災害に早期指定する意向を表明した。補正予算編成の可能性を問われ「必要なあらゆる手段を講じていきたい」と強調。予備費の活用などと合わせ、復旧費を「国がちゃんと負担していく」と述べた。

補正予算案には被災地の復旧工事に加え、仮設住宅の確保や医療面など被災者支援の経費も盛り込む。建設国債を追加発行して財源の一部を賄うことも視野に入れる。補正予算に向けた復旧費の査定は通常だと数カ月かかる。

ズーム

災害復旧・復興事業 地震や台風で被災した道路、河川堤防といった公共施設を再建したり補修したりする事業。地方自治体が国の補助金を得て行う事業が中核となる。熊本、大分両県の地震は国の補助率を引き上げる「激甚災害」に指定される見込み。

きょうの天気

のち / 一時、時々 / %降水確率 / ①~⑤紫外線

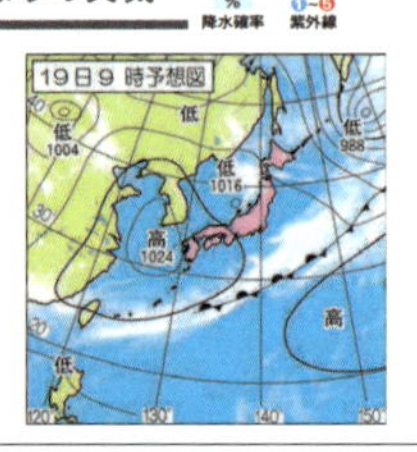

19日は移動性高気圧に広く覆われ、一日を通して晴れる。朝は冷え込むが、日中はこの時季らしい陽気に。北のち西の風、波は熊本、芦北0.5メートル、天草1メートル。20日は南西の風、晴れのち曇り。波は熊本、芦北0.5メートル、天草1のち2.5メートル。

	荒尾玉名③	山鹿菊池③	甲佐山都③	阿蘇③	熊本③	八代③	人吉③	水俣③	天草③
気温	8~21℃	4~21℃	6~20℃	2~17℃	7~21℃	7~20℃	6~21℃	7~20℃	8~21℃
朝	0	0	0	0	0	0	0	0	0
昼	0	0	0	0	0	0	0	0	0
夜	0	0	0	0	0	0	0	0	0

あすからの8日間
予想は熊本地方

20(水)	21(木)	22(金)	23(土)	24(日)	25(月)	26(火)	27(水)
10~25℃	15~23℃	14~25℃	14~22℃	13~25℃	14~24℃	15~25℃	18~26℃
30	90	30	40	30	40	40	40

熊本地震

気象庁「先見通せぬ」
3地域 依然活発な活動

熊本、大分両県を中心に相次いでいる地震で、気象庁は18日、震源域となっている両県の3地域では「依然として活発な地震活動が続いている。レアケースで先が見通せない。発生ペースは下がっているように見えるが、いつまた大きな地震があるか分からない」との見解を示した。【1面参照】

18日午後8時42分ごろには、阿蘇と大分県西部で震度5強の地震があった。気象庁は、少なくとも1週間は震度6弱程度の揺れが起きる恐れがあるとして警戒を求めた。14日以降、震度1以上の地震は550回を超えた。

気象庁によると、熊本地方の南西側でも活動が継続。担当者は「震度7の地震後、さらにマグニチュード（M）の大きな地震があり、それに伴い広域で同時に地震が起きている」と分析する。

3地域以外の地域で活発化を示すデータはない。阿蘇山の活動にも変化はないという。

14日の震度7以降、18日午後9時までに観測した震度1以上は554回に上った。うち震度7は1回、6強と6弱は各3回。5強は2回、5弱は6回、4は69回。18日は、午後9時までに震度1以上が62回あり、最大は震度5強だった。

M3・5以上の地震回数は、1995年以降に内陸や沿岸部で起きた同規模の地震の余震回数（M3・5以上）と比較すると、過去最多ペースで推移。伸び率は緩やかになっており、今後、2004年の新潟県中越地震の同時期を下回る可能性もある。

一方、益城町に設置していた震度計が、16日未明のM7・3の地震で壊れたとみられることが判明。当時、震度7を観測していた可能性もあり、震度計にデータが残っていないか調べている。17日午後10時からは、同町に新たな震度計を設置している。

気象庁は18日、再検討するとしていた「熊本地震」の名称は変更しない方針を示した。

益城町真下 断層を確認　広島大准教授

16日未明に熊本県内で起きたマグニチュード（M）7・3の地震で、現地調査した広島大の熊原康博准教授（地理学）らが18日、広島大（広島県東広島市）で記者会見し、「布田川断層帯」として知られる活断層と、分岐して益城町内の真下に延びる断層を地表で確認した、と発表した。この二つの断層が、16日の大地震を引き起こしたと推定している。

熊本・大分の主な地震と断層帯

玄海原発　福岡　佐賀　長崎　大分　愛媛　伊方原発　熊本　鹿児島　宮崎　川内原発
中央構造線断層帯　別府－万年山断層帯　布田川断層帯　日奈久断層帯　阿蘇山　カルデラ

16日午前3時55分 M5.8 震度6強
16日午前3時3分 M5.8 震度5強
16日午前9時48分 M5.4 震度6弱
16日午前1時25分 M7.3 震度6強 本震
16日午前7時11分 M5.3 震度5弱
18日午後8時41分 M5.8 震度5強
16日午前1時46分 M6.0 震度6弱
14日午後10時7分 M5.8 震度6弱
14日午後9時26分 M6.5 震度7 前震
15日午前0時3分 M6.4 震度6強

14日以降に発生した地震の震源　主な地震　主な活断層

県南部の地震に注意　関係学会合同会見

熊本、大分などを襲った地震について関係学会の合同記者会見が18日、東京の土木学会本部で開かれ、日本地震学会長の加藤照之・東京大教授が「（震源）断層の延長上で地震活動が高まることはある」と述べ、熊本県南部などでの地震発生に注意を呼び掛けた。

加藤氏は、16日に起きたマグニチュード（M）7・3の地震と、その前震とされる14日の地震（M6・5）について「地震予知につながるので、前震の特徴は研究されてきたがよく分かっていない。（どれが本震なのかは）活動が終わってからでないと判断できない」とした。

元日本建築学会長の和田章・東京工業大名誉教授は「今回の地震の揺れは阪神大震災並みだった」と説明。連日の地震で建物にダメージが重なっている上、広い部屋があって柱や壁が少ない木造家屋の1階に被害が集中しやすいと指摘し、他の地域で耐震診断が必要か検討するべきだとした。

日本地すべり学会の落合博貴副会長は、南阿蘇村での土砂崩れについて「阿蘇山から出た火山灰や軽石などが積もっていて水を含みやすい。7日に降った雨が残っていて、土砂が流動化しやすかった」との見方を示した。

規制委員長

川内原発「問題なし」
停止可能性を否定

原子力規制委員会の田中俊一委員長は18日、記者会見し、熊本、大分両県を中心に相次ぐ地震を受け、全国で唯一稼働中の九州電力川内原発（鹿児島県薩摩川内市）を予防的に停止させる可能性について「安全上の理由があれば止めなければならないが、今の状況で問題があるとは判断していない」と否定した。

情報発信が不十分として政府から改善を求められた問題では「率直に反省しないといけない」と陳謝した。

規制委は同日、臨時会合を開き、九州、中四国地方の4原発に異常がないことを確認。観測された揺れは4原発とも、原子炉が自動停止する設定値を大幅に下回った。地震が続いていることから状況を注視する。

規制委は川内1、2号機の新規制基準への適合性審査の中で、今回活動した布田川・日奈久断層帯について、長さ92・7キロにわたって動き、地震の規模がマグニチュード8・1になると想定。だが原発まで約90キロと遠く、影響は限定的とした。

地震が南西方向でも活発化しているが、震源がさらに同方向に移っても同原発の安全性に問題はないとみている。田中委員長は「自動停止する場合でも十分余裕を持って止めるので安全上の問題は起きない」と述べた。

薩摩川内市では14日以降、最大で震度4が観測されたが、九電は安全上影響がないとして発電を継続。政府も「運転を停止する理由はない」（菅義偉官房長官）との見解を変えていない。

自治体職員 全国から続々

熊本地震で被災した県内自治体を支援するため、九州をはじめ全国の自治体職員が19日以降、続々と熊本入りする。人手不足に悩む市町村で避難所の運営や物資の仕分け、ライフラインの復旧などを後押しする。

県総務部によると、職員派遣を決定しているのは九州7県と沖縄、山口、静岡、福島の計11県。全国知事会と関西広域連合も派遣を検討中で、応援職員数は250人を超える見込み。

益城町や南阿蘇村など被害が大きかった8市町村や県庁で活動。連絡調整のため、一部は既に熊本入りしている。熊本市も他の政令指定都市に数百人規模の派遣を求めている。

県が保管する水や食料などの支援物資は被災市町村の要請を受けて集積拠点から配送している。しかし、人員不足などで、600カ所以上ある避難所の中には物資が十分行き渡っていないケースもあるという。県は、派遣職員の力を借りて避難所の円滑な運営につなげたい考えだ。

このほか、被災した住宅が使用可能かどうかを応急的に判定する建築士も、他県の応援を得て拡充。県は19日以降、現在の60人から130人態勢を目指すとしている。（蔵原博康、太路秀紀）

避難生活を送る住民を激励する蒲島郁夫知事（左）＝18日、益城町

益城町民を激励　知事

蒲島郁夫知事は18日、熊本地震で大きな被害を受けた益城町の町保健福祉センター（同町惣領）を訪れ、避難生活を送る住民らを激励した。

蒲島知事に声を掛けられたお年寄りは、「自宅がぺしゃんこになってしまった」と訴えた。

蒲島知事は西村博則町長とも面会。住宅の再建について「仮設住宅も必要だが、県営や町営住宅の活用、民間社宅の借り上げもある。町とも協議しながら考えていきたい」と話した。（中原功一朗、池田祐介）

地震の対応優先 副知事交代延期　知事

蒲島郁夫知事は18日、退任の意向を示している村田信一副知事の後任に田嶋徹知事公室長(59)を起用する人事を延期する方針を固めた。熊本地震への対応を優先させるためで、時期については同地震の影響を見極めた上で再度判断する考え。村田副知事の任期は来年3月末まで。

新たな県教育長に宮尾千加子環境生活部政策審議監(57)を任命し、県監査委員に豊田祐一健康福祉部長(59)を選任する特別職人事は方針通り、19日の臨時県議会に提案し同意を求める。現在の田崎龍一教育長(61)の任期は24日、松見辰彦監査委員(63)は19日で[illegible]

6月県議会 1日開会へ

県議会の議会運営委員会（池田和貴委員長）は18日、6月定例会の会期を、6月1日から21日までの21日間とすることを申し合わせた。

3月に知事選があったため、6月定例会では政策的な経費を盛り込んだ2016年度の「肉付け予算」も審議する。自民党県議団、民進・県民クラブ、公明党県議団の3会派による代表質問は7、8日に予定。主な日程は次の通り。

▽6月1日 開会、議案上程、提案理由説明▽7、8日 代表質問▽8、9、10、13日 一般質問▽14日 特別委員会▽15～17日 常任委員会▽21日 議決、閉会

地震の被災者に向けた救援物資を積んで公園に着陸する米軍のオスプレイ＝18日午後5時11分、南阿蘇村

表層深層

日米同盟 露骨アピール
オスプレイ災害初投入 〝安全性〟も宣伝？

熊本県を中心に相次ぐ地震の支援活動に米軍の新型輸送機MV22オスプレイが初投入された。日本政府は投入の必要性を強調するが、日米同盟のアピールに加え、オスプレイの安全性に対する根強い懸念の払拭（ふっしょく）につなげたいとの思惑が透けて見える。政治的なパフォーマンスとも受け止められかねず、身内であるはずの防衛省幹部も「露骨すぎる」とあきれている。

曇り空にごう音を響かせ、砂をはじき飛ばしながら、南阿蘇村のグラウンドにオスプレイ2機が着陸した。機体後部が開くと、米海兵隊員と陸上自衛隊員が連携し、救援物資が入った段ボール200箱以上を次々と降ろした。

態度を一変

「不安の中で生活している方々に物資を届けないといけない。自衛隊のヘリコプターの能力だけでは十分ではない」。18日の参院決算委員会。中谷元・防衛相はオスプレイによる物資輸送の必要性を訴えた。オスプレイは陸自の大型輸送ヘリCH47に比べ、航続距離や速度が約2倍で展開力に優れている。だが、米軍の活動参加に対する政府内の認識が、当初から統一されていたとは言い難い。

「申し出があるが、今直ちに支援が必要だという状況ではない」。安倍晋三首相は17日朝、官邸で記者団に米軍支援受け入れの可能性を聞かれるとこう強調した。変化が生じたのは、その直後だ。首相は官邸で中谷氏らから情勢報告を受けた。受け入れ指示は、この場で伝えた可能性がある。背景に米側から受け入れを日本側に強く求める申し入れがあったとの推測も出ている。

その2時間半後の午前11時。首相は再び記者団の取材に応じ「米国から航空機による輸送支援が実施可能だとの連絡が入った。大変ありがたい申し出だ」と態度を一変させた。

率直な疑問

「日米同盟のアピールにちょうど良いと思ったのではないか」。そう話すのは防衛省幹部の一人。集団的自衛権行使を可能にし、日米同盟強化を目指した安全保障関連法は3月に施行されたが、国民の間で理解が進んでいるとは言えない状況だ。

幹部は「東日本大震災の時のように自衛隊機が足りないという状況ではない」と指摘。「この状況で米軍を受け入れる必要はあるのか」と首をかしげた。

別の幹部は、陸自が導入予定のオスプレイの配備先を巡る問題が影響しているとの見方を示す。政府は2014年7月、陸自に導入するオスプレイ17機を19年度から佐賀空港（佐賀市）に順次配備することを地元に打診したが、安全面や環境面への不安を理由に同意が得られていない。

被災地支援でオスプレイを活用し、安全性や有用性を訴える—。幹部は「停滞する佐賀配備問題の解決に向け、弾みをつけたいのだろう」とみる。幹部は「だが…」と一拍置き、語気を強めた。

「あまりにも露骨すぎる」

「まさに総力戦。昼夜を問わず、被災者のために働いている」。ある自衛隊員は胸を張る。だが、「オスプレイ使用が政治的パフォーマンスと捉えられ、『こんな時に防衛省・自衛隊は何を考えているのか』という批判につながらないだろうか」と率直な疑問を口にする。「災害を政治の道具にしてはいけない。一番大事なのは被災者の救助、支援なのだから」。隊員はそうつぶやいた。

激甚災害指定「早く進めて」　園田派遣団長

自民党は18日、熊本地震の対策を話し合う合同会議を開き、党所属の県関係国会議員や関係省庁から被害状況を聞いた。

熊本地震対策本部長に就いた谷垣禎一幹事長が「ライフラインの確保や避難環境の改善に向けて政府の取り組みをバックアップしよう」とあいさつ。党現地派遣団の園田博之団長（衆院熊本4区）が「16日の本震で状況が悪化し、医療体制の維持などに苦慮している。激甚災害指定を早期に進めてほしい」と要請した。

終了後、県関係議員5人で今後の対応策も協議。2011年の東日本大震災時に創設された各種制度を適用するよう政府に求めていくことを決めた。（山口尚久）

文科省発表

県内の全小中学校 全国学力テスト見送り

19日に実施される全国学力・学習状況調査（全国学力テスト）について、文部科学省は18日、相次ぐ地震で大きな被害が出た熊本県での実施を全小中学校で見送ると発表した。宮崎県の4町村の中学7校も中止を決定した。いずれも前日までに各学校に届けるはずの問題冊子が配送できなかったことも明らかにした。

文科省によると、当初参加予定だった熊本県内の公立校は小学校360校、中学校167校。多くが休校にしたり、避難所になったりしており、熊本県や熊本市によると18日の時点で、240校以上の小中学校が19日の休校を決めていた。

熊本県教育委員会の担当者は「成績集計からは除外されるが、後日テストを行い、その結果を活用して学習状況の改善に活用したい」と述べた。

また、文科省は児童生徒の安全を最優先し、福岡、大分、宮崎の3県では、実施するかどうかは市町村教委の判断に委ねるとした。

大分県教委によると、県内の一部の学校は19日に臨時休校し、実施を見送る予定。担当者は「児童生徒の安全第一で判断するよう各市町村教委にお願いしている」と話した。

2011年の東日本大震災の際には、文科省は直後に延期を決定。後日希望校のみの実施とし、成績集計も見送ったため、事実上の中止となった。

きょうの歴史　4月19日

▽1990（平成2）年

熊本市龍田町の武蔵塚公園が大掛かりな改修工事を終え、開園式があった。武道場や茶室を備え、総事業費10億円。

▽1948（昭和23）年　県立第一高女と第二高女が合併、熊本女子高として新たに発足した。翌年4月、男女共学で第一高校に改称した。

(第3種郵便物認可)　熊本日日新聞　平成28年(2016年)4月19日 火曜日　総合 4

「避難所に離乳食を」

避難所で米粉と野菜ジュースで作った離乳食を食べる子どもたち=18日、宇城市

避難所に離乳食を—。1歳前後の子どもを持つ親から「避難所では子どもに食べさせる物が少ない」と困惑する声が上がっている。提供されるのは粉ミルクやパンなどが多く、適した食料が少ないのが現状だ。

1歳前後の食べ物 確保困難

配布する管理栄養士も

熊本市の小学校に避難する保育士、西岡麗奈さん(29)は、1歳3カ月の帆椰(はな)ちゃんの食べ物を探していた。「避難所には粉ミルクか大人用の食料はあるが、離乳食がない」と困惑する。

離乳食は通常、生後半年～1歳半ごろまで、つぶした野菜やご飯などを与える。このため管理栄養士、相藤春陽さん(49)=宇城市=は離乳食を避難所に届けている。米粉と野菜ジュース、少量の水、塩を鍋に入れて火にかけ、練り上げるだけ。「米粉は非常食。ご飯の代わりにもなる」

宇城市で家族と避難生活を送る秋岡志季ちゃん(1歳2カ月)は、相藤さんの離乳食をぺろり。母親の里奈さん(29)は「ストックしていたベビーフードがなくなり、食料を探していた。避難所にも離乳食があればありがたい」と話していた。(森本修代)

※離乳食は、熊本市中央区のリストランテ・ミヤモト=☎096(356)5070=でも配布。米粉はカフェ「Budou」(同市南区)=☎070(5810)4568=で40人に限り無料配布している。

米粉と野菜ジュースでつくった離乳食を避難所に届けた相藤さん(右)=18日、宇城市

ノロウイルス感染3人

水不足の避難所 衛生注意を

熊本市

熊本市は18日、市内の二つの避難所に身を寄せた男女計3人が、ノロウイルスに感染したと発表した。避難所で感染したものではないとしているが、水が不足している避難所は衛生環境が悪く、感染症が広がる懸念もある。

市保健所は「体調が悪いと感じたら、早めに会場の市職員に報告してほしい」と呼び掛けている。

保健所によると、感染したのは千原台高(西区)にいた男性1人と、楠中(北区)のきょうだい男女各1人。嘔吐(おうと)などの症状があり、17日に医療機関を受診して分かった。原因は不明だが、両避難所で共通した食事などは出されておらず、関連性はないとみられる。

いずれも軽症で、一緒に避難した家族にも症状は出ていない。「あらかじめウイルスを保有していたのが、被災による体力低下で発症したのではないか」と担当者。市は2カ所の避難者に説明し、トイレを消毒した。

ノロウイルス感染の予防には手洗いが有効だが、水道が完全復旧していない中では難しいのが現状。長引く避難生活によるストレスで免疫力が落ち、体調を崩しやすくなることもある。市保健衛生部は「おにぎりなど食べ物を直接手に持って食べないなど、今できる対策をしてほしい」と話している。(石本智)

小学校の避難所で、給水を受ける住民たち=17日午後、熊本市(横井誠)

医療機関 通常診療できず 県内

地震により県内の医療体制は18日、通常診療ができなくなるなどの影響が続いた。19日も診療の一部を休止する医療機関がある。

県のまとめでは、県内249病院で外壁がはがれるなど建物に被害。厚生労働省によると、大きな損傷のあった病院では入院患者の転院が進んだ。

断水などで一部医療機関で人工透析ができなくなっているが、他の医療機関での受け入れが進み、県内でほぼ対応できている。

18日正午現在、医薬品・医療機器の安定供給には問題は出ていない。

避難所や公園、駐車場には県内外の保健師が巡回。避難者の健康管理と心のケアを行っている。

同省は、被災者が保険証を医療機関に提示しなくても受診できると熊本県などに連絡済み。難病や原爆などの公費負担医療についても、受給者証などがなくても受診可能としている。

医療助成など 振り込み遅れ 熊本市

熊本市は18日、市が支給する医療費助成金の振り込みが遅れると発表した。地震の影響で受給者のデータを管理するシステムが停止したため。本来は20日に振り込む予定だった。4月末ごろまでの支給を目指す。

影響を受けるのは「子ども医療費助成」「ひとり親家庭医療費助成」「重度心身障がい者医療費助成」。対象は合わせて約3850人の受給者と、約3700の医療機関。(益田大也)

債務減免で被災者支援

金融機関 二重ローン防止へ

国内金融機関は、熊本県を中心とする地震で、住宅や自動車などのローンの返済が困難になる被災者に対し、4月から適用が始まった債務整理のガイドラインに基づき、債務免除や減額の手続きに入る。返済中のローンに加え、新たな借り入れが負担となる「二重ローン問題」を防ぐ狙いで、手続きを支援する弁護士らと連携する。

対象は、震災で住宅や自動車、事業性ローンの返済ができなくなる個人と個人事業主。被災者の保有資産を借金返済に充て、残りの借り入れを減免する仕組み。生活再建に必要な手元資金は守られる。債務を整理しても信用情報に問題がある「ブラックリスト」として記録されず、新規ローンやクレジットカードが契約できるようにする。

手続き希望者は、取引金融機関に債務整理を申し出る。その後、弁護士などが務める「登録支援専門家」の支援を無料で受けながら、金融機関と話し合い、減免の条件を詰める。簡易裁判所の特定調停で債務整理を確定させる。

債務整理を巡っては、法的整理に基づかない債権放棄は「基準が不明確で株主への説明責任を果たせない」として、金融機関が慎重になるケースがあった。しかし、二重ローン問題が残ったままでは被災者の生活再建が進まないため、金融機関や弁護士などが協議して、債務整理のガイドラインを策定した。

東日本大震災では、被災者の生活再建を促す措置として2011年8月から運用を開始。運営事務局によると今月15日までに1347件の債務整理が成立した。

今年4月からは東日本大震災以外の自然災害にも適用されるルールが定まり、今回の熊本地震はその第1号案件となる。

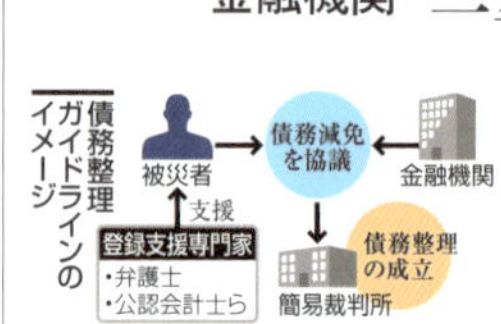

債務整理ガイドラインのポイント

- 住宅や自動車、事業性ローンを抱え、震災で返済できなくなる個人が対象
- 保有資産を借金返済に充てる際、手元に残せる資金の上限を拡張。残りの債務を減免する
- 弁護士ら「登録支援専門家」の手続き支援を無料で受けられる
- 破産手続きなどの法的整理と異なり、信用情報に問題がある「ブラックリスト」として記録されない

ズーム 二重ローン問題 住宅ローンの返済中に自然災害で家屋が被災するなどして、生活再建のために新たな借金を強いられること。東日本大震災の復興対策として、法的整理ではなく金融機関と被災者の話し合いで債務減免を決めるルール「個人版私的整理ガイドライン」が導入された。その後も相次ぐ自然災害に適用するため「自然災害による被災者の債務整理に関するガイドライン」が2015年12月に策定され、16年4月1日から運用が開始された。

益城町の建物 6割が「危険」 国交省まとめ

地震で大きな被害が出た益城町内の建物334件を対象に、町が17日に実施した応急危険度調査で、209件(62・6%)が立ち入り禁止の「危険」(赤色)と判定されたことが18日、国土交通省のまとめで分かった。「要注意」(黄色)は87件(26・0%)、使用可能な「調査済」(緑色)は38件(11・4%)だった。

熊本市でも危険度判定

熊本市は、熊本地震の余震で心配される落下物による二次被害を防ごうと、被災した建造物の危険度の判定を始めた。18日午後3時点で約260件の要請があり、市建築指導課は「被災した建物が多く、二次被害を恐れる声が多い」と対応に追われている。

判定は応急危険度判定士の資格を持つ職員15人が建物の傾斜や破損を調べ、「危険」「要注意」「調査済」の3段階に分類。「危険」ならば赤色など色分けした告知書を建物入り口付近に掲示し、周知を図っている。

判定は幹線道路沿いのビルなど3階建て以上を優先し、約1千件を予定。損害額は査定しない。同課☎096(328)2513。(高橋俊啓)

熊本市の判定後に「調査済み」の告知書が張り出されたマンション=17日午後、同市中央区

崩壊の恐れがある本庁舎から書類や資料を運び出し、車に積み込む市職員=八代市役所

八代市 本庁舎機能 千丁、鏡に

崩壊恐れで支所へ移転

八代市は18日、地震の影響で崩壊の恐れがある本庁舎の機能を千丁、鏡両支所などに移した。市の災害対策本部も防災計画に基づき、千丁支所に移動。住民票の取得などの窓口業務は、5支所で従来通り行う。

市職員約500人がヘルメットをかぶり、当面の業務に必要な書類やコピー機などを公用車で各支所に運んだ。19日以降も余震の状況を見ながら引っ越し作業を進める。

鏡支所には秘書広報課や新庁舎建設課などが、千丁支所にはこども未来課や国保ねんきん課などが配置された。中村博生市長は鏡支所に常駐するが、当面の間は千丁支所で災害対策の指揮をとる。

窓口業務のうち、パスポートの受け取りや船員手帳交付など庁舎でのみ扱っていたものは千丁支所で行う。本庁舎が使えなくなった市内中心部では公共施設などを活用し、窓口の開設を検討している。市は「中心部の市民に不便をかけるが、早く窓口開設ができるよう努力する」としている。(三室久徳)

大津町も庁舎使用不能

一部業務を交流施設で

大津町は18日、熊本地震の影響で、役場庁舎の内部にひびが入り使用できなくなったため、窓口業務の一部を役場南側の町民交流施設オークスプラザに移した。災害対策本部も役場横の電算室に置き対応している。

役場庁舎は築48年と老朽化が激しく、将来的には建て替えを検討中で、耐震補強はしていなかった。オークスプラザの窓口は住民票、印鑑証明などの証明書発行や戸籍の受け付けなど一部業務のみとなる。

同町では地震による死者はいないが、負傷者12人、全壊4棟、半壊2棟などの被害が出ている。(横山千尋)

福岡県・市が住宅提供

被災者に計240戸

福岡市は18日、熊本地震の被災者の一時避難所として市営住宅を無償で提供すると発表した。福岡県も同日から県営住宅(約200戸)への入居希望者の受け付けを始めた。

福岡市は市営住宅40戸を用意。19日から受け付ける。入居は原則6カ月間で、必要に応じて最大1年まで延長できる。敷金や連帯保証人は不要で光熱費のみ自己負担となる。

一方、この日開設された福岡県の相談窓口には、南阿蘇村や益城町などの住民から約200件の相談があった。福岡県住宅課は「予想以上の相談があり、介護の必要な高齢者が目立った。県内市町村にも協力を求め、可能な限り対応したい」と話している。

問い合わせは福岡市住宅管理課☎092(271)2553=午前9時～午後6時、福岡県被災者住宅支援窓口☎092(643)3870=午前8時半～午後5時15分。

阿蘇大橋 復旧へ専門家派遣

国交省 土砂崩れ現場調査

土木技術の専門家ら数十人でつくる国土交通省のチームは18日、南阿蘇村の阿蘇大橋(全長約200メートル)を崩落させた土砂崩れ現場周辺を調査した。橋を架けるための資材を運び込めるよう、国道57号やJR豊肥線にたまった土砂を早く取り除くのが目的。ただ作業が複雑になるため、開通時期の見通しは立たないという。

国交省九州地方整備局によると、チームはこの日、土砂を搬出する大型トラックの進入路を設けるのに妨げとなる家屋を解体したり、竹林を伐採したりした。19日以降、遠隔操作できる重機などを使って土砂の除去作業を始める。

◆**猿橋賞に佐藤たまき氏** 優れた女性科学者をたたえる「猿橋賞」を、福島県で見つかった首長竜「フタバスズキリュウ」の化石を詳細に研究し新種と解明した東京学芸大の佐藤たまき准教授(43)に贈ると「女性科学者に明るい未来をの会」(米沢富美子会長)が18日、発表した。佐藤さんは首長竜や恐竜などの化石を分類し、系統を解析する研究が専門。1968年に見つかり、分類学的な位置付けが不明だったフタバスズキリュウの化石を詳細に調べ、2006年に新種と発表した。カナダや中国を含め国内外で首長竜や恐竜の研究を進めている。贈呈式と受賞記念講演は、5月28日に都内で開催される。

余震で開設めど立たず 県内社協

災害ボランティアセンター

熊本地震の被災家屋などでのボランティア活動に関する問い合わせが相次いでいる。ただ、余震が続いているため、熊本市や県の社会福祉協議会が設置する災害ボランティアセンターは開設のめどが立っていない。

同市社協は「問い合わせで電話がパンク状態」だという。[illegible]し、余震が多発する中では安全を確保できないと判断。被災者への意向調査を基に支援場所を再考している。

県社協は「今は救助や支援物資の搬入が優先。現場に多くの人が入ると混乱する」と説明。建物に対する自治体の「応急危険度判定」も追い付かず、各市町村と協力するセンター設置はめどが立っていない。

それでも県社協の担当者は、「被災者に一日も早く元の生活に戻れるよう、ボランティアの受け入れ態勢を整えたい」と作業を急いでいる。

開設状況は熊本市と県の各社協のホームページで確認できる。同市社協ボランティア・市民活動センター☎096(288)2747、県社協ボランティアセンター☎096(324)5436。(富田ともみ)

首相の動静 18日

【午前】8時12分、公邸から官邸。13分、報道各社のインタビュー。14分、西村泰彦内閣危機管理監、加藤久喜内閣府政策統括官。51分、国会。56分、衆院環太平洋連携協定(TPP)特別委員会。[illegible] 時35分、公邸。宿泊。

◇お断り 連載「全電源喪失の記憶」「生き物こぼれ話」は休みました。

首長の日程

【蒲島知事】9時 庁議▽10時 臨時県議会本会議▽その後 地震災害対応
【大西熊本市長】終日 地震災害対応
【山下荒尾市長】8時半 庁議
【高嵜玉名市長】終日 地震災害対応
【中嶋山鹿市長】地震災害対応
【江頭菊池市長】地震災害対応
【荒木合志市長】地震災害対応
【佐藤阿蘇市長】終日 地震災害対応
【元松宇土市長】終日 地震災害対応
【守田宇城市長】終日 地震災害対応
【中村八代市長】地震災害対応
【松岡人吉市長】在庁
【西田水俣市長】9時 庁内協議▽16時 来客応対
【堀江上天草市長】終日 庁内協議
【中村天草市長】終日 地震災害対応

（第3種郵便物認可）　熊本日日新聞　平成28年（2016年）4月19日　火曜日　経済　6

県内企業の〝爪痕〟深く

建物被災、断水…
営業再開できぬケースも

熊本地震の発生から初の平日となった18日、県内の各企業では復旧に向けた動きが本格化してきた。ただ、建物の被災や断水で、通常通りの営業を再開できない企業も多い。

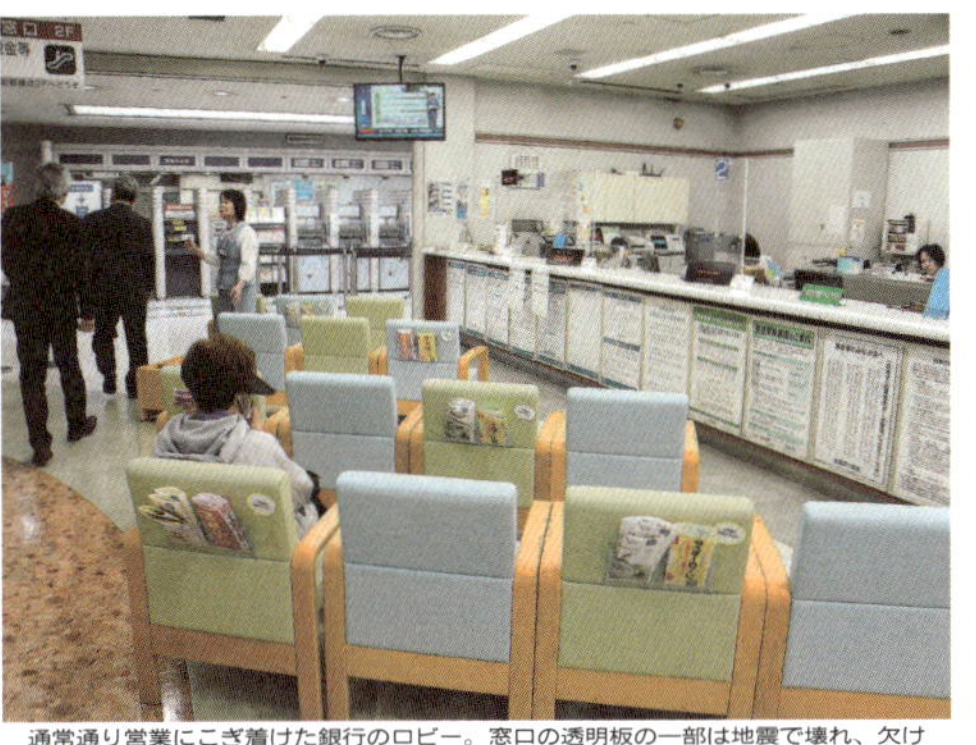

通常通り営業にこぎ着けた銀行のロビー。窓口の透明板の一部は地震で壊れ、欠けている＝18日、熊本市の肥後銀行水道町支店

鶴屋百貨店は、15日から熊本市の本館や東館の営業を見合わせている。「店内の安全確認と清掃を進めている段階。営業再開のめどすら立たない」。食品スーパーの鶴屋フーディワンも、5店のうち4店が店舗前での臨時販売で対応し、1店は機能していない。

肥後銀行は、益城町と熊本市の5店で窓口業務を休止した。うち1店は18日午後に再開し、2店は19日から開く予定。ただ、営業にこぎ着けた店も、被災の傷跡を残したままでの再開となった。

九州産業交通ホールディングスは、入居するビルが立ち入り禁止となり、子会社の事務所で業務を再開した。飲食店や旅行窓口などグループ各社も一部休業している。

味千ラーメンは、断水やガスの停止で熊本市を中心に県内58店の大半が休業している。同市の工場は一部の製造を再開したが、西原村の工場は損傷が激しく、復旧の見通しは立っていない。

弁当・総菜チェーンのヒライは、県内99店の約半数が一時休業した。18日までに休業は15店に減ったが、南阿蘇村など被災地の店では再開に時間がかかる可能性がある。

熊本市の熊本地方卸売市場（田崎市場）は、24日まで鮮魚の競りを中止する。柱の鉄骨がゆがむなど競り場の破損が激しく、復旧のめどは立っていない。当面は少量の近海産のみ扱い、相対取引で対応する。青果は競りを続けている。

（経済取材班）

熊本・九州　けいざい

農業にも被害拡大
牛舎倒壊、工場損傷も

地震で倒壊した西原村の酪農家の牛舎。助け出された乳牛が横たわっている（県酪連提供）

熊本地震により、農業被害が広がっていることが18日までに分かった。畜産関係の生産設備や野菜の選果場などが損壊し、農産物の出荷にも影響が出始めている。

西原村で乳牛45頭を飼う酪農家、斉藤実さん（62）は木造牛舎3棟のうち2棟が倒壊。故障した搾乳機械の取り換えなどで、生乳の出荷再開は1週間近くかかる見通しという。「下敷きで1頭も死ななかったのが救い。1日でも早く復旧させたい」と話す。搾った生乳は当分廃棄せざるを得ず、斉藤さんは「残念だが、堆肥に混ぜるしかない」と声を振り絞った。

県酪連によると、17日までに生乳490トンが廃棄された可能性があるという。熊本市の乳業関連の工場が破損し、牛乳や乳製品の製造は止まった状態。工場の再開は来週以降になる見通し。

県果実連の果汁飲料の生産工場（同市）も損傷し、再開の見通しは立っていない。県によると、野菜選果場12カ所が破損。出荷シーズンを迎えたスイカなどへの影響が懸念されている。

一方、JA熊本中央会は、グループの職員約300人が勤めるJA県会館が被災し、拠点を合志市のJA熊本教育センターに移すことを決めた。

（猿渡将樹）

被災者への支払い 県内全JAで対応

JAバンク熊本は18日、熊本地震の被災者を対象に、口座を持つJA以外でも貯金の支払いに応じると発表した。

JA熊本市、菊池、阿蘇、かみましき、熊本うきの口座が対象。避難先などで通帳がなくても、運転免許証などで本人確認できれば、県内の全てのJAで10万円まで支払う。

JAバンクは、18日正午現在でJA菊池、阿蘇、かみましき、熊本うきの計7店が休業中。現金自動預払機（ATM）15台が稼働できなくなっている。

全製品の製造停止
「再開のめど立たず」
化血研

県内で発生した地震による製造拠点の損傷で、化学及血清療法研究所（熊本市、化血研）は18日、血液製剤やワクチン、動物用医薬品の全79製品の製造を停止し、20日まで臨時休業すると発表した。他社に代替品のない製品も多数あるが、「再開のめどは立っていない」としている。

熊本市北区の本所や菊池市、阿蘇市の研究開発・製造拠点の建屋にひびが入ったり、排水管が破断し漏水したりしているという。全従業員約1900人の無事は確認した。

強い毒性を持つボツリヌス毒素など感染症法で厳格な保管を義務付けられている各種病原体は、施設や設備の異常はなく保管に問題はないという。

化血研の製品では、特定の血友病患者向けの血液製剤やA型肝炎、天然痘ワクチンなど、他社に代替品がないものが20製品ある。化血研は「余震が続いており、状況の確認が難しい。供給不足にならないよう復旧に全力を尽くす」と話すとしている。

化血研は血液製剤の不正製造・隠蔽問題で厚生労働省から5月6日までの業務停止命令を受け、一部製品の製造を停止している。

（高宗亮輔）

中心街はシャッター通り
熊本市

熊本市中央区の中心商店街では18日、店の従業員らが店内の片付けに追われるなど復旧作業を進めた。ただ、店舗の破損が深刻で、営業再開のめどが立たない店が多い。

「アーケードの屋根がビルの壁にぶつかって一部が崩壊した。66年間、ここで店を構えているが、こんなことは初めて」。下通で精肉店を営む村山芳寛さん（37）は「いつ営業が再開できるか…」とため息をついた。

下通や新市街のアーケード内はコンビニやドラッグストアなど一部を除き閉店中の店が多く〝シャッター通り〟に。新市街の居酒屋も「柱がゆがみ、ビル全体が傾いている。今後の営業は難しいかもしれない」と話した。

下通の居酒屋は、おにぎりや手羽先煮込みを通行人に振る舞った。黒川直也マネジャー（34）は「飲食店にできるのは調理だけ。食材を無駄にしたくないと思い決めた」。

店頭でカレーを作ったり、避難所まで食料を配達したりする店もある。

（中尾有希）

シャッターを閉める店舗が多く、人通りもまばらな下通アーケード。漏水する店舗もあった＝18日、熊本市中央区

現金書留の料金を免除
日本郵便

日本郵便は18日、熊本地震の災害義援金を送る際、現金書留郵便の料金（1万円まで430円など）を免除すると発表した。

簡易郵便局を含む全国の全郵便局が窓口で、取り扱い期間は19日～6月30日。封筒の表面に「救助用郵便」と記載する必要がある。送付先は日本赤十字社、県共同募金会、県健康福祉政策課。

同社相談センター☎0120（2328）86。

電気・ガス料金一部支払い免除
九電・西部ガス

九州電力と西部ガスは18日、被災した県内の契約者を対象に使用料金の一部免除や支払期限の延長などの特別措置を実施すると発表した。適用期間はおおむね半年間。

特別措置はいずれも、一定の要件を満たした契約者が対象で、①遠隔地に避難するなどし、全く電気（ガス）を使わなかった月は基本料金を含めて免除②電気（ガス）料金の支払い期限を1カ月間延長―などを行う。

停電日数に応じた、基本料金の免除や、被災に伴う臨時のガス工事費用の全額免除などもある。

適用を受けるには九電は各営業所に、西部ガスはお客さまサービスセンター☎0570（000）312への申し込みが必要。

「KITTE博多」が先行開業
博多駅前 新商業施設

プレオープンした大型商業ビル「KITTE博多」＝18日、福岡市博多区

日本郵政グループの日本郵便は18日、福岡市のJR博多駅前の大型商業ビル「KITTE（キッテ）博多」をプレオープンした。21日の正式開業を前に特別に招待された客が、新しい建物の写真を撮ったり、セール品を買い求めたりする姿が見られ、にぎわった。

1～7階は、核テナントの「博多マルイ」が入居。既存のマルイ店舗よりアパレルショップの構成比率を抑え、生活雑貨などの品ぞろえを強化した。

ビルは博多郵便局の跡地に建設。地上11階、地下3階。8～7階には結婚式場や飲食店などが入り、地下2、3階は駐車場となる。延べ床面積は約6万5千平方メートル。

被災学生 採用試験延期に
経団連要請 大手銀行やメーカー

経団連の榊原定征会長は18日、2017年春に入社する学生の採用活動で、熊本地震で被災した大学生の就職活動に特別な配慮をするよう会員企業に呼び掛けたことを明らかにした。国内の大手銀行や大手メーカーは、通常は6月から始まる採用試験の時期を後にずらすなどの対応を取る。

三菱東京UFJ銀行は、九州全域の大学に通う学生らを対象とした選考を、通常の時期に加えて8～9月にも行うことを決めた。みずほフィナンシャルグループや三井住友銀行も、被災学生らを対象に別日程での選考を行う方針だ。

りそなホールディングスは、面接や筆記試験を受ける会場にりそな銀行福岡支店（福岡市）を選んだ学生を対象に、適性検査を受ける期限を当初の22日から28日に延ばした。採用試験の申し込みの締め切りは15日だったが、震災で影響があった学生は延期する。

メーカーでは、トヨタ自動車が学生ごとに個別に対応する方針だ。日立製作所やソニーなども被災学生が不利益を受けないよう対応を検討している。

九州企業も配慮の動き

九州の主要企業でも2017年春に入社する学生の採用活動で、熊本地震で被災した学生らを配慮する動きが出てきた。

西日本シティ銀行（福岡市）は、通常は6月から始まる採用試験の日程を個別に調整する。エントリーした学生全員に連絡を取り、影響の有無を確認する。

TOTO（北九州市）は「影響を受けた学生には最大限の配慮をする」としているほか、西日本鉄道（福岡市）は「今後の動向を見ながら、検討する」とした。

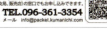

脱線車両の撤去作業開始

九州新幹線　運転再開 めど立たず

脱線した九州新幹線の復旧工事。車両とレールの間に木のくいのようなものが見える＝18日午後５時ごろ、熊本市西区（岩崎健示）

ＪＲ九州は18日、熊本地震の影響で熊本市内で脱線した九州新幹線車両の撤去作業を始めた。ただ、作業は19日以降も続く予定で、運転再開のめどは立っていない。

脱線現場は熊本駅の南約１・３キロ。同社は17日までに車両６両の転倒を防ぐ資材をクレーンで搬入。18日はジャッキ２台で先頭車両を持ち上げた後、レールに乗せるための装置を設置した。応援のＪＲ西日本やＪＲ東海の作業員らを含む約50人態勢で作業に当たった。

ＪＲ九州は「いつ撤去を終えるのか、まだ分からない」としている。

一方、国土交通省は同日、九州新幹線の設備に約130カ所の損傷が見つかったと発表した。脱線現場では約300メートルにわたり、レールを固定するボルトが外れ、枕木が破損しているという。

このほか、新玉名―新八代間では高架橋のひび割れが25カ所以上、防音壁の落下が約80カ所あった。新八代駅ではホームの支柱約20本が折れるなどした。

九州新幹線は14日夜の地震で回送列車が脱線して以降、運休が続いている。（亀井悠吾）

ＪＲ一部運行再開

鹿児島線の荒尾―熊本間

ＪＲ九州は18日午後、鹿児島線の荒尾―熊本間で列車運行を再開した。16日未明の地震発生後、県内のＪＲ線の再開は初めて。

これによって、熊本―博多間を普通列車で行き来できるようになり、同社では今後、運休中の九州新幹線の代替となる臨時特急列車の運行も検討する。

県内では鹿児島線の熊本―八代間のほか、豊肥線、三角線、肥薩線が運休中で、いずれも運行再開の見通しは立っていない。

一方、この日、熊本駅ビルを一時閉鎖して乗客を避難させる騒ぎもあった。

ＪＲ九州熊本支社によると、午後１時23分熊本発、鳥栖行き上り列車の運行再開直後、駅ビル１階南側の店舗横にある柱に亀裂を確認。同社は同２時過ぎ、「ビル倒壊のおそれがある」としてホームや改札付近の乗客約50人を屋外待避させた。点検の結果、支障がないことを確認し、午後６時17分に運行を再開した。

熊本駅ビル（鉄筋コンクリート一部４階建て）は1957年建設。91年にリニューアルした際に一部の柱を補強したが、建物全体の耐震補強はされておらず、今回亀裂が見つかった柱も補強の対象外だった。（並松昭光、亀井悠吾）

運行が再開され、福岡方面への普通列車に乗り込む乗客＝18日午後、ＪＲ熊本駅

阿蘇地域への送電復旧急ぐ

九電、仮設鉄塔建設へ

大規模な土砂崩れで使用不能となっている南阿蘇村の鉄塔（九州電力提供）

九州電力は18日、南阿蘇村の送電鉄塔が大規模な土砂崩れで使用できなくなったが、代替となる仮設鉄塔の建設準備に着手したと発表した。約１週間で工事を完了し、送電を開始する見通し。

鉄塔は阿蘇市、高森町、南阿蘇村への電力供給に使用。16日未明の地震で送電線が使用できなくなったが、鉄塔の地盤に崩落の恐れがあるため修復を断念。近くに仮設鉄塔を建設し、代替の送電ルートを確保することにした。

当面の停電解消策として、高圧発電機車を地区に配置し、通電による火災の危険性がないかを確認した上で順次電力供給を始めている。発電機車は、九電が所有する約40台を投入するほか、全国の大手電力９社にも応援を要請しており、計約120台が20日までに到着する予定。全地区で早期復旧を目指す。

熊本地震による停電は、阿蘇地区のほかがけ崩れや家屋の損壊などで進入できない地区を除き、ほぼ復旧した。（田川里美）

善意つなぐネットの力

物資足りぬ

給水ここで

漏水教えて

ＳＮＳを通じ、熊本北高に集まった支援物資を市民に分けるボランティア＝熊本市北区

ＳＮＳ 新たなライフラインに

先の見えない避難生活を送る被災者を、インターネットのつながりが支えている。ＳＮＳ（ソーシャルネットワークサービス）を通じて、全国から物資が寄せられたり、給水地点やコンビニの在庫を教えあったり。さまざまな情報が瞬時に飛び交うネットは、新たなライフラインとして力を発揮している。

16日未明の本震以降、１千人の避難者がひしめく熊本市北区の熊本北高。食料や毛布が全く足りず、近くの宮川有紀さん(33)や尾崎悠さん(29)ら５人が同日午後、会員制交流サイト「フェイスブック」に「公共の避難物資が一切届きません」などと書き込んだ。

すると投稿は約６万人に拡散。全国から水やオムツ、生理用品などが続々と届いた。余剰分を、物資が不足している病院や避難所、市民に配分するまでになった。尾崎さんは「民間の素早い行動が私たちを救ってくれた」と感謝する。

同市西区横手の弁当店「はらペコキッチン」は16日から、店先でおにぎりを無料配布している。店主の東真理さん(49)の娘(17)が短文投稿サイト「ツイッター」で紹介すると、翌日には福岡県の男性からコメ70キロや水が届けられた。18日も300食以上を配ることができ、東さんは「空腹の子どもたちに温かい食事を届けられた」と喜ぶ。

熊本市も、ネットを活用して情報収集する。市内の漏水箇所を把握するために、大西一史市長がツイッターで「写真を撮り住所をリプ（返信）して下さい」と呼び掛けると、半日で約８千回リツイートされ、多くの写真や住所が寄せられた。

善意をつなぐ一方で、ネット上の情報には真偽不明の虚報も交じる。地震後、「ライオンが逃げ出した」「川内原発で火事」などのデマも広がった。県警は「情報の真偽を信頼できる第三者に確認した後、行動してほしい。不確かな情報の拡散は控えて」と注意している。（馬場正広）

全国からの救援物資の発送作業を急ぐボランティアら

トラックから救援物資を降ろすボランティアら。順番を待つトラックも長い列をつくった＝うまかな・よかなスタジアム

救援物資　幹線渋滞 人手不足　進まぬ配送

集積拠点「うまスタ」

熊本市の救援物資の第１次集積拠点となっている同市東区のうまかな・よかなスタジアムでは18日も、市職員やボランティア、自衛隊の約150人態勢で物資の受け入れと発送を24時間態勢で続けた。救援物資は増えつつあるが、荷降ろしが遅れ、スタジアムの周りにトラックの長蛇の列ができるなど作業は遅れ気味だ。

スタジアムには、大阪や京都など全国各地の自治体から非常食用の米、水、毛布、簡易トイレなどが続々と持ち込まれている。いったん集めた物資は各区役所に運び、そこから各避難所に送る手順になっている。

だが、国道３号北バイパスや国道57号（東バイパス）など幹線道路は一般車両も含めて大渋滞。「午前中に配送に向かったトラックが夕方になっても帰って来ないこともある」と市の担当者。

また、荷物の受け入れも人員不足が目立ち、"パンク"状態に。18日午後２時の時点で順番を待つ県外ナンバーの大型トラック25台がスタジアムを取り囲んだ。

奈良市から米を積んで来た男性運転手(39)は「17日の午後５時ごろ出発し、寝ずに熊本へ向かった。午前４時に到着したが、10時間たっても積み荷を下ろせていない。早く被災者に届いてほしいが……」ともどかしそうな様子で話した。（野方信助）

熊本市動植物園　トラなど避難へ

猛獣舎に隙間

熊本市は18日、熊本地震で市動植物園の猛獣舎のおりに隙間が生じたため、一般公開を控えたウンピョウ２頭などの猛獣計５頭を、22日をめどにほかの動物園へ避難させると発表した。

避難するのはウンピョウのほかにアムールトラ、ライオン、ユキヒョウ各１頭。連日の強い揺れで鉄製のおりの外枠が傾き、壁と枠の間に最大で約20センチの隙間ができるなど、猛獣舎の数カ所で被害が出た。動物は無事だったが、「寝室から出せない状態。健康状態を考えて移設を決めた」と同園。

移設先は現在、日本動物園水族館協会を通じて調整中。同園は今後、猛獣舎の建て替えを含め、復旧策の検討に入るとしている。（石本智）

御船町の被災者　人吉の温泉招待

人吉市矢岳町の温泉宿「かくれ里の湯」（高瀬春径社長）が17～18日、熊本地震のため御船中学校に避難している被災者ら18人を招待した。

高瀬社長(69)が「支援物資が十分に届いていない被災者を手助けしたい」と同町を訪ね、自社のマイクロバスで送迎。１泊２日の日程で食事と温泉を無料で提供した。

参加した同町高木の自営業高田茂信さん(58)、幸代さん(53)夫妻は、「水道、電気、ガスが止まり、久しぶりの入浴だった。布団にも寝られて、本当にありがたかった」と感激した様子だった。

高瀬社長は「今後も町と相談しながら定期的に招待し、人吉球磨での支援の機運を盛り上げたい」と話した。（小山真史）

植木温泉開放　あすまで延長

熊本市北区の植木温泉旅館組合は、2012年の九州北部豪雨の恩返しにと、熊本地震の被災者向けに温泉を無料開放。18日までの予定を20日まで延長した。同豪雨では合志川が氾濫し、同組合の加盟施設で床上浸水などが発生。平本敦組合長(61)によると、「当時は温かい励ましや清掃ボランティアなど多くの方々にお世話になったので、恩返しをしよう」との声が上がり、地震のため営業できない施設を除く６カ所の開放を決めた。

18日に訪れた熊本市東区の女性(40)は「自宅が断水中。４日ぶりに入浴できて、さっぱりした。普段いかに恵まれているか身に染みた」と感謝した。

開放は午前９時～午後７時。施設は▽和風旅館鷹の家、旅館平山、旅館龍泉閣、旅館やまの湯、旅館大月苑、旅館いろは、旅館松乃湯。県民と分かる身分証やタオル、シャンプーなどを持参する。同組合☎096（274）6830。

事件事故

■女性暴行致傷の疑いで男逮捕　熊本東署と県警機動捜査隊は18日、本籍熊本市、住所不詳、無職牟田和見容疑者(33)を逮捕した。逮捕容疑は３月29日午前２時ごろ、同市東区のラブホテルで、デリバリーヘルス（無店舗型性風俗店）が派遣した同市の20代女性に暴行しようとして首を絞め、約２週間のけがをさせた疑い。署によると、女性に抵抗され、部屋から逃げたらしい。容疑について黙秘しているという。

肥後狂句　安藤黒竜選

入りきらん　気に入った服あきらめた　南阿蘇　倉石　晴代

デザインも柄も、もちろん値段も申し分はないのだが、肝心のサイズがどうにもならないのだ。我ながら我が体形が恨めしくなるときだ。

へのかっぱ　ここは勉強したばかり　武蔵ケ丘　有働智磨人

入りきらん　こぎゃん人気のあったつか　楠　富田　稲光

へのかっぱ　さすがに今が食べ盛り　合志　中原　君久

へのかっぱ　サーカスに入らすとええ　津奈木　色葉　二屁

ダイレクトメール　この頃封も切らっさん　菊池　上村　〇子

入りきらん　まだ地方では大スター　宇城　清水　流石

へのかっぱ　叱られるのは慣れてます　天草　西山　富男

入りきらん　えらい太かつ釣り上げた　相良　保山　笑

へのかっぱ　刺身のつまはスライサー　玉名　夢樹乃

◆エクアドル地震、死者350人

【メキシコ市共同】南米エクアドルの太平洋岸で16日夜に起きたマグニチュード（Ｍ）7.8の地震で、ナバス治安調整相は18日、地震による死者が350人になったことを明らかにした。ＡＰ通信が伝えた。大きな被害が出た西部ポルトビエホで17日、記者会見したコレア大統領は、依然多数が倒壊した建物に閉じ込められていることから、死傷者数が「かなり増えるだろう」と話した。

内務省は負傷者が2500人以上としている。

現地の日本大使館によると、在留邦人の被害は確認されていない。西部マナビ州で在留届を出している日本人36人のうち男性４人と連絡が取れていなかったが、菅義偉官房長官は18日の記者会見で「ほとんどの方とは連絡が取れ、安全を確認した」と述べた。

◆ロジテック債権、未回収自治体拡大

東京地裁で破産手続きを開始した新電力大手の日本ロジテック協同組合（東京）に対し、回収できない恐れのある債権を抱える地方自治体が48に上り、総額で48億4800万円に達することが18日、東京商工リサーチの調べで分かった。

３月15日時点の共同通信の調べでは18自治体の計39億円超だったが、破産申立書に基づく集計で拡大した。調査中の債権があり、さらに膨らむ可能性もある。

自治体のうち最も債権額が大きいのは新潟県で10億8600万円。横浜市の７億２千万円、名古屋市の６億200万円が続いた。静岡市は４億800万円、広島市が３億9800万円、熊本市も３億２千万円と多かった。

第4384回数字選択式全国自治宝くじ（18日）

ナンバーズ３

◇抽せん数字　180

ストレート（9万7400円）77口

ボックス（1万6200円）688口

セット・ストレート（5万6800円）206口

セット・ボックス（8100円）1302口

ミニ（下2ケタ）（9700円）396口

ナンバーズ４

◇抽せん数字　5781

ストレート（97万6300円）15口

ボックス（4万600円）520口

セット・ストレート（50万8400円）83口

セット・ボックス（2万300円）1986口

※当せん番号を事前に教えると持ち掛ける詐欺に注意してください。番号発表は本紙掲載の前日です

第1063回ロト６宝くじ（18日）

本数字　06 12 13 34 38 42

ボーナス数字　41

１等　本数字６個一致（1億2744万7200円）2口

２等　本数字５個とボーナス数字一致（4067万3100円）3口

３等　本数字５個一致（47万800円）311口

４等　本数字４個一致（9600円）13335口

５等　本数字３個一致（1000円）210535口

キャリーオーバー（0円）

◇お断り　連載「私たちの最期は・自宅でみとる」は休みました。

(第3種郵便物認可) 熊本日日新聞 平成28年(2016年)4月19日 火曜日 社会 22

避難所生活 いつまで…

「早く家に」何度も

震災関連死か 阿蘇市 三森さん(77)

死亡した三森久子さんが避難していた阿蘇市農村環境改善センター=18日、阿蘇市

阿蘇市内牧の市農村環境改善センターに避難していた同市小里の三森久子さん(77)が17日に死亡していたことが18日、阿蘇署などへの取材で分かった。熊本地震では初の震災関連死とみられる。三森さんは避難直後から「家に帰りたい」と繰り返していた。

署などによると、17日午前9時ごろ、三森さんが同センターのトイレで倒れているのが見つかり、搬送先で死亡が確認された。死因は急性心不全とみられる。

市によると、同センターは市が開設した避難所9カ所のうちの一つ。三森さんは、16日未明に起きた本震後の同日午前10時ごろ、同居の次女(48)と避難した。

三森さんは2012年7月、九州北部豪雨でも被災した。昨年7月に夫を亡くし、次女とアパートで2人暮らし。脚も悪かった。そして、再び被災者に。避難所暮らしの負担に「早く帰りたい」と望む三森さん。次女は買い物に連れ出すなどして、気を配っていた矢先の悲劇だった。

市の避難所には高齢者の姿が目立ち、市は保健師8人を交代で巡回させている。被災者の健康状態把握に努めているものの、各避難所ともに千人前後が暮らしており、目が届かないのが現実だ。

市ほけん課の古木なおみ課長補佐は「支援が必要な高齢者も多い。24時間体制で巡回しており、保健師が足りない」と訴える。

地震による直接的な被害ではなく、避難生活での体調悪化や過労などに起因する震災関連死は、東日本大震災などで問題化した。熊本地震でも、心身を擦り減らす避難生活の長期化が予想される中、避難所の健康管理が課題になりそうだ。(上杉勇太、山本遼)

三森久子さんが死亡していた阿蘇市農村環境改善センターの女子トイレ=18日、阿蘇市

周りの人が目配りを

高齢者に多発 エコノミー症候群

大勢が寝泊まりする避難所の生活は負担が大きく、健康状態の悪化による関連死の増加が懸念される。医療従事者による巡回には限界があり、専門家は「周囲の目配りが必要」と指摘、避難者同士の共助の必要性を訴える。脚の静脈内に血栓ができ、突然死の危険があるエコノミークラス症候群と診断される被災者が相次いだ。定期的に歩くなど予防の心掛けが大切だ。

阪神大震災では、兵庫県が集計した同県内の死者6402人のうち919人が関連死と認められた。高齢者が多く、死因は肺炎や心不全など。神戸協同病院の上田耕蔵院長は「周囲が具合の悪いことにいち早く気付き、病院に連れて行くことが大事」と語る。

東日本大震災でも関連死は多く、復興庁によると昨年9月末現在で岩手、宮城、福島の3県を中心に3407人に上る。9割近くが66歳以上だ。

東日本大震災の被災地で医療に携わった東京医科歯科大大学院の大友康裕教授(救急災害学)は「避難生活者へのサポートが不十分だった。教訓を生かすなら、医療者が全ての避難所を回って劣悪な環境になっていないかチェックしたり、リスクのある人を診たりして、きちんと対応するべきだ」と話した。

被災地の岩手県宮古市の元市長で、内科医の熊坂義裕さん(64)も医療チームによる健康チェックが不可欠と強調。その上で「高齢者は遠慮しがちだが、遠慮せずに周囲を頼ってほしい。医療の専門家ではない地域住民の目配りも、体調不良者の早期発見など関連死の予防に役立つ」と指摘する。

余震が続く熊本県などの被災地では、すぐに逃げられるようにと自家用車の中や、避難所の軒下で過ごす人も多い。

東京医科大の山崎達枝准教授(災害看護学)は「狭い車内や混雑する避難所では負担は大きい」と懸念。トイレの回数を減らそうと水分を控えると、脱水症状を起こすことがある。長時間、同じ姿勢のままでいるとエコノミークラス症候群のリスクもあり、時々歩くなど意識して体を動かすことが必要だ。

山崎准教授は「高齢者の誤嚥性肺炎を防ぐため、うがいの指導などの口腔ケアが必要」とも訴えた。

東京都健康長寿医療センター研究所の前副所長、高橋龍太郎医師は、ストレスで気持ちがふさぎ込んで体を動かさなくなり、持病が悪化する悪循環を危ぶむ。「こまめに体を動かし、周囲の人と交流を図ることが重要だ」と話した。

県立大 避難所を縮小

「学生ら対応 これ以上無理」

熊本地震の避難者を受け入れていた県立大(熊本市東区)が18日、熊本赤十字病院との協定に基づく患者ら10人を残して受け入れをやめた。半藤英明学長は「学生らがボランティアで対応してきたが、これ以上続けるのは無理」と説明している。

県立大は14日夜に最大震度7の地震後、学生や近隣住民約150人が避難してきたため、自主的な判断で施設を開放。ただ、15日の時点で「18日正午まで開放」と知らせる張紙や声かけを実施し、近隣の小学校を避難先として紹介していた。

16日未明の本震発生後、避難者は急増。16日午後2時には約1400人に達し、体育館や武道場、学生ロビーなどを開放した。同大の学生や教職員がボランティアとして活動し、食料や飲料水を配布したという。

17日にも同様の期限を告知。結果的に受け入れ患者5人と、大学が事情を勘案して認めた5人の近隣住民らが残った。

県立大は2013年、熊本市と災害時に市職員が派遣される「指定緊急避難場所」として施設を利用できる協定を結んでいる。地震発生後に同市に相談したが「人手が不足している。独自で運営してほしい」と返答されたという。半藤学長は「人手があれば、状況は変わったかもしれない」としている。

県立大の五百旗頭真理事長は、政府の東日本大震災復興構想会議の議長を務めた。(荻原紀宏)

熊本赤十字病院から受け入れた患者らが残る県立大の武道場=18日午後8時半ごろ、熊本市東区

大切な場所 大好きな人たち

熊本市・高橋小 高良健吾さん給水支援

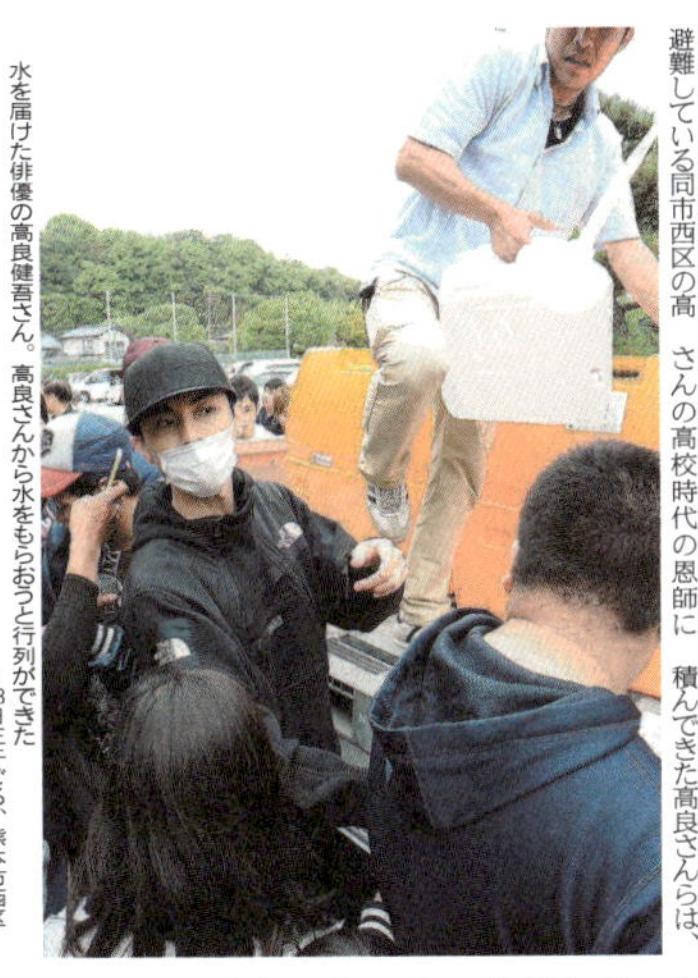

水を届けた俳優の高良健吾さん。高良さんから水をもらおうと行列ができた=18日正午ごろ、熊本市西区

熊本市出身の俳優高良健吾さんと映画監督行定勲さんらが18日、約150人が避難している同市西区の高橋小を訪問。断水が続く地域の住民に水を届けた。

同小に避難している高良さんの高校時代の恩師に「できることはないか」と連絡があったという。トラックの荷台に給水タンクを積んできた高良さんらは、ホースを手にして一人一人に水を注いだ。高良さんを一目見ようと、周囲にはたちまち人垣ができた。

高良さんは地震後、ブログに「大切な場所で大好きな人達が住んでる場所だから」と悲痛な思いをつづり、熊本の人々を気遣っていた。「自分にできることはこれぐらいしかないので」と高良さん。

ポリタンクに水を入れてもらった近くの事務員谷口佳子さん(40)と主婦永田友理さん(40)は「本当にありがたいこと。地震で落ち込んでいましたが、高良さんの顔を見て元気をもらえた」と笑顔で話した。(富田ともみ)

丘陵の住宅街に亀裂

宇土市 99人に避難指示

宇土市は18日午後10時、地滑りの恐れがあるとして、同市花園台町の民家と高齢者福祉施設の計99人に避難指示を出した。

現場は、立岡自然公園近くの丘陵地にある住宅街。対象は北西側の民家14世帯41人と、サービス付き高齢者向け住宅「みなみ園」の36人、南側の有料老人ホーム「マハロガーデン」の22人。

市などによると、北西側では道路や民家の敷地内に数十センチの亀裂が複数見つかり、全体で200㍍程度の大きな亀裂である可能性もあるという。傾いた民家もある。

南側では、マハロガーデンに隣接する空き地(私有地)に最大で長さ約50㍍、深さ約1㍍の亀裂3本がある。

市は、いずれも今後の余震や雨の影響で危険が増すと判断。住民らに近くの花園コミュニティセンターなどへ避難するよう呼び掛けた。

甲佐町も18日午後6時10分、同町坂谷の堂ノ原地区2世帯5人に避難指示を出した。(丸山宗一郎、池田祐介)

花園台町の南側の私有地に入った亀裂=18日、宇土市

亀裂の発生場所(宇土市役所、JR三角線、JR鹿児島線、九州新幹線、宇城市役所、花園台町、立岡自然公園)

オスプレイ 初の災害支援

米軍2機 南阿蘇村に物資輸送

熊本地震の被災者支援活動の一環として、米軍普天間飛行場(沖縄県)所属の新型輸送機MV22オスプレイ2機が18日、南阿蘇村に水や食料などの救援物資約20トンを輸送した。日本の災害支援にオスプレイが投入されるのは初めて。

中谷元・防衛相は18日、東京・市谷の防衛省で記者団に「オスプレイは垂直に離着陸可能なので、山間部や孤立した避難所への物資や人員の輸送に非常に適している」と強調。安全性については「政府として確認している」と述べた。

オスプレイは17日、普天間から岩国基地(山口県)に到着。飛来した4機のうち2機が18日午後3時半ごろ、同基地を離陸。陸自高遊原分屯地(益城町)で物資を積み、同5時すぎ、南阿蘇村白水運動公園に着陸した。

物資は水や食料のほか、簡易トイレやトイレ用テントなど地元の要望が高い7品目で自衛隊などが準備した。

オスプレイは19日以降も、岩国基地を拠点に県内の物資集積所から被災地に輸送を行う。活動中は八代市沖に停泊している海自のヘリコプター搭載型護衛艦「ひゅうが」で燃料補給を受ける予定。

白水運動公園に救援物資を下ろした米軍の新型輸送機MV22オスプレイ=18日午後5時半ごろ、南阿蘇村(堀江利雅)

被災者から 賛否の声

米軍普天間飛行場(沖縄県宜野湾市)の新型輸送機MV22オスプレイが18日、南阿蘇村に救援物資を搬送したことに、県内の被災者からは支援を喜ぶ一方、安全性を危ぶむ声も上がった。

「オスプレイは事故が多いと感じる。地震と事故が重なったら支援どころの話ではない」。阿蘇市内牧の自営業広瀬進さん(73)は、安全への不安を口にし「他の方法を考えるべきだ」と訴えた。

被災者には日米同盟のパフォーマンスと見る向きもある。同村の男性(81)は「いちいちオスプレイで運んだと明らかにすることに政治的な意図を感じる。今まで通り自衛隊のヘリで良いのではないか」といぶかしがった。

仮設住宅建設へ

御船町

御船町は18日、熊本地震で家屋を失うなどした被災者向けに、仮設住宅を町内に建設する方針を決めた。県内全45市町村が適用を受けた災害救助法に基づく。戸数や完成時期は未定。被災状況の詳細な結果を踏まえ、入居基準などを決める。

場所は町南部の町有地「中原北用地」などを予定。国や県の補助を活用し、プレハブ住宅を建てる。町は「家に住めなくなった人が多い。仮設住宅で不安を少しでも和らげてもらい、生活再建につなげたい」としている。(田中祥三)

◇お断り 連載「私たちの最期は・自宅でみとる」と「家族ら い予防法廃止20年」は休みました。

9日間の天気 Weather Report

19(火) 20(水) 21(木) 22(金) 23(土) 24(日) 25(月) 26(火) 27(水)

札幌 東京 名古屋 大阪 広島 福岡 熊本 長崎 佐賀 大分 宮崎 鹿児島 那覇

／のち │時々

19日 午前9時 3m 午後3時 4m

阿蘇山の風向予想(日本気象協会 tenki.jpより)

4月19日の飛来予測

		6-12	12-18	18-24	20日
九州北部	大気汚染粒子	やや多い	やや多い	やや多い	やや多い
	黄砂	少ない	少ない	少ない	少ない
九州南部	大気汚染粒子	やや多い	やや多い	やや多い	やや多い
	黄砂	少ない	少ない	少ない	少ない

非常に多い 注意喚起レベル 多い 環境基準値程度 やや多い 大気が少しかすむ 少ない 清浄

予測システム「スプリンターズ」開発チーム提供

きのうの気温 18日

(天気・湿度は15時、県内の気温は0時―17時、Δ印は低め)

	最高	平年比	最低	平年比	湿度	天気
熊本	16.9	Δ4.7	12.1	1.3	52%	曇
牛深	17.6	Δ2.9	12.4	Δ0.4	51%	―
人吉	14.2	Δ7.1	9.9	0.8	72%	―
阿蘇	―	―	―	―	―	―

(阿蘇山上の最高気温は ― 度、最低気温は ― 度)

	最高	最低	天気
福岡	17.6	13.4	曇
佐賀	18.5	10.6	曇
長崎	16.7	11.4	曇
大分	17.8	12.2	曇
宮崎	15.0	13.6	曇
鹿児島	16.1	13.1	雨
那覇	27.8	20.9	曇
松江	17.2	13.6	曇
広島	19.0	12.3	曇
高松	17.8	14.3	曇
大阪	18.9	15.5	曇
京都	19.4	12.7	雨
名古屋	19.3	13.7	曇
長野	18.5	7.2	曇
東京	26.8	16.2	雨
新潟	16.9	12.9	雨
仙台	20.6	10.8	曇
秋田	12.9	11.3	曇
札幌	12.3	7.8	俄雨

潮ごよみ

旧暦3月13日(19日) 中潮・月齢11.7

日出 5時43分 日入 18時50分 月出 16時17分 月入 4時05分

	満潮	干潮
三角	7.16 19.37	1.07 13.34
水俣	7.15 19.35	1.06 13.31
牛深	6.31 18.51	0.18 12.47
玉名	7.26 19.47	1.17 13.44

旧暦3月14日(20日)

	満潮	干潮
三角	7.50 20.14	1.47 14.07
水俣	7.48 20.11	1.45 14.04
牛深	6.58 19.25	0.55 13.16
玉名	8.00 20.24	1.57 14.17

◇お断り 18日の阿蘇の気温は地震のため観測できませんでした。

くまモン
作：サダタロー／監修：小山薫堂
花粉症

「72時間」懸命の捜索

熊本地震

「生きて」願い届かず

南阿蘇村 余震にも阻まれ

熊本地震による地滑りで、多数が行方不明のままになっている南阿蘇村。18日は被災者の生存率が著しく下がるとされる「発生後72時間」が迫り、初めて夜も救助作業が続行された。しかし午後8時41分ごろ、震度5弱の余震に襲われた現場は捜索を断念。この日は山あいの団地と山荘で、心肺停止の状態の計2人が見つかっており、安否を気遣う人々の願いは届かなかった。【1面参照】

投光器で周囲を照らしながら、山荘「火の鳥」の宿泊棟付近を捜索する自衛隊員や警察官ら＝18日午後8時25分ごろ、南阿蘇村長野（植山茂）

同村長野の山荘「火の鳥」に宿泊中、行方不明になったのは、香川県の40代男性と同年代の女性。午後8時ごろ、男性が心肺停止の状態で見つかった。

午前7時に始まった捜索は、崩れた裏山の倒木や粘土質の土が妨げになった。自衛官や警察官ら300人以上が、重機と人力で必死に土砂を取り除く。「大きい木の根などもあり、なかなか思うようには進まない」。陸上自衛隊第17普通科連隊（山口）の隊員は、もどかしそうに現場を見つめた。

山荘は創業者の出野俊治さん(82)が人里離れた山あいを切り開き、24年の歳月をかけて造り上げた。南阿蘇の奥座敷として県内外から注目されていた。

変わり果てた山荘を見つめた出野さん。まるで家族の安否を気遣うように、宿泊客2人を思った。「あれだけの土砂をかぶっているが、何とか生きていてほしい」。しかし、現実は厳しかった。

土砂が山荘を襲う「本震」が起こったのは16日午前1時25分ごろ。発生後72時間は救出の可能性が期待される大きな目安だった。しかし、その定刻まで4時間半を残しながらも、震度5弱の揺れが現場を襲う。同連隊の北村善海広報室長は「全員に『72時間以内に見つけるぞ』という気持ちがあっただけに残念。残る人も一刻も早く見つけたい」と沈痛な表情で話した。

一方、地滑りに5棟が巻き込まれ、6人が不明となっていた河陽の高野台団地でも、心肺停止の状態で女性1人が見つかった。しかし、依然として不明者が土砂に埋まっているとみられる。

午後4時すぎ、救助犬が土砂に反応した。自衛隊員が重機で土をかく。「体の一部が見えました。要救助者発見」。声のする方向に捜索隊が一斉に駆け寄った。「大丈夫ですか」「頑張ってください」。警察官がチェーンソーやスコップを使い、体に絡まった材木や土を取り除く。救助したものの、既に意識はなかった。重苦しい雰囲気が漂った。（熊本地震取材班）

行方不明者の捜索現場
阿蘇中岳
阿蘇大橋
東海大
京大火山研究所
南阿蘇村
九州新幹線
九州自動車道
南阿蘇鉄道
57
村役場長陽庁舎

「働き者で優しい子」

益城町で犠牲 坂本さん 母、大粒の涙

坂本龍也さん

「一瞬のことだったんでしょう。まだ信じられない」。14日夜、益城町惣領でブロック塀の下敷きになって亡くなった坂本龍也さん(29)＝熊本市東区。最愛の息子を失った母雪子さん(59)は声を詰まらせながら、優しくほほ笑む龍也さんの遺影に手を合わせた。

弁当店の店長として働いていた龍也さんは14日午後9時ごろ一度帰宅した後、益城町の知人宅を訪れた。雪子さんは「あまりに大きな揺れだったので、驚いて知人のマンションから外に逃げ出したところにブロック塀が崩れてきたようです」。

悲報に触れたのは翌朝。テレビで「益城町惣領で29歳の男性死亡」というニュースを見て「胸騒ぎがした」という雪子さん。思い過ごしであることを祈ったが、不安は的中した。遺体が安置された熊本市の県警察学校で、変わり果てた龍也さんと対面した。

3人兄弟の末っ子で、野球少年だった龍也さん。小学校では投手を務め、中学校に入ると硬式の熊本東リトルシニアで活躍した。足が速かったことから左翼を守り、打者としても中軸を担っていたという。

熊本農業高を卒業後、介護職などを経て弁当店に就職した。雪子さんは「友人が店に来ると、自腹で商品を足してあげていたみたい。本当に働き者で優しい子でした」と振り返る。

「『俺がお父さんとお母さんの面倒を見てあげるからね』といつも言ってくれていたのに…」。母の目から大粒の涙がポロポロとこぼれ落ちた。（萩原亮平）

熊本刑務所 避難場所に

災害時初 近隣150人受け入れ

熊本刑務所（熊本市中央区）が施設の一部を開放し、地震で被災した近隣住民約150人を受け入れている。法務省によると、刑務所が災害時に住民の避難場所になるのは初めて。同省幹部は「水や食料が十分にあり、避難者がいる限りケアを続けたい」と話している。

法務省によると、益城町で震度7を観測した翌日の15日夜に職員用の武道場を開放。周辺は住宅が密集し、16日未明の地震後に地域の人が一気に訪れ、現場の判断で受け入れた。一時は約250人が身を寄せた。福岡や山口、広島から職員が応援に入り支援に当たっている。

刑務所自体は、外塀にひびが入ったり、作業場の蛍光灯が落ちたりしたものの、人的被害や受刑者の混乱はなかった。刑務所は災害救助法の適用外のため非常食を多く蓄えていたほか、水は井戸水を使っていたため、避難者が食料や水に困ることはなかった。会員制交流サイト（SNS）の投稿で井戸水がもらえると知って遠くから訪れた人もいた。

益城町 停電復旧進むも…

被災者ら帰宅ためらう

「余震が怖い」募る不安

14日夜以降の熊本地震で最大震度7を記録した益城町では、停電からの復旧作業が急ピッチで進んでいる。ただ、ライフラインが回復しても強い余震を恐れて帰宅をためらう人もおり、先の見えない避難生活に不安を募らせている。

作業員らは高所作業車に乗って、絡まった電線を解いたり、切れた電線をつないだりして復旧作業を進めていった。「送電操作、お願いします」。18日午後6時20分ごろ、復旧現場の九州電力の社員が制御部門に電話で伝えると、直後に街灯がついた。

同社によると今回、益城町内の停電は最大1万1100戸。その後、18日は午前0時の5600戸から午後4時時点で1300戸まで減り、真っ暗だった町に明かりが戻り始めている。

ただ、町内では14日の地震で家屋の倒壊が相次ぎ、残る家屋も断続的に続く強い余震に耐えられるのか、住民の不安は強い。

避難生活を送る同町惣領の伊達亜矢子さん(46)は「ライフラインが復旧すれば早く家に帰りたいが、余震が怖い。家の中もぐちゃぐちゃで住める状態ではない」。

夫や長女と避難を続ける上田信子さん(75)は「17日の夜にいったん戻ると初めて電気がついた」と歓迎しつつも、「余震は予告なしにやって来る。断水もあり、帰宅がいつになるのか分からない」と不安視した。

別の女性は阪神大震災も経験。当時、周辺では電気、水道が即日復旧したという。「私にとっては、今回の地震の方がよっぽどひどい」と疲れた表情を浮かべた。（福井一基）

高所作業車に乗って電線を復旧する作業員ら＝18日午後6時すぎ、益城町

愛犬家 仲むつまじく

南阿蘇村で犠牲 片島さん夫妻

16日未明の地震で犠牲となった片島信夫さん(69)、利榮子さん(61)＝南阿蘇村立野＝は、愛犬とともに暮らす仲むつまじい夫婦だった。

近所の人の話では、同村出身の信夫さんは退職後、のんびりと暮らし、利榮子さんは阿蘇市のホテルにパートで勤めていた。夫婦に子どもはおらず、口数が少なく、シャイな性格の信夫さんと対照的に、利榮子さんは社交的で明るい人柄だった。足が悪い利榮子さんが仕事に行く際、信夫さんが車で送る姿を見かけていたという。

二人は、翌日に村内で開かれる予定だった集落の花見を心待ちにしていた。得意のカラオケを披露したこともある利榮子さんだが、花見が実現することはなかった。近くに住む区長の山内博史さん(82)は「生前楽しそうに話す利榮子さんと、傍らで優しい表情を浮かべる信夫さんの姿が印象的だった。子どものようにかわいがっていたシバイヌと一緒にみんなそろって亡くなるなんて…」と涙ぐんだ。（九重陽平）

集落の花見旅行で写真に納まる片島信夫さん、利榮子さん（写真前列中央）

被災地 空き巣が続発

県警「戸締まり徹底を」

熊本地震の被災地で避難者宅を狙う空き巣被害が相次いでいる。14日夜から18日朝までに、7件の被害額は計約80万円。県警は警戒を強化し、現金や貴重品の管理徹底を呼び掛けている。

県警によると、アパートや一戸建ての建造物侵入・窃盗被害の内訳は熊本市4件、大津町2件、益城町1件。大津町の80代男性は16日未明の本震直後、自宅を出て避難。17日午前11時ごろに帰宅し、現金約60万円を盗まれていることに気付いたという。

被害者宅はいずれも倒壊は免れていたが、大半が無施錠だった。

避難者の不在を確認して侵入したとみられ、避難生活の長期化に伴って被害が拡大する恐れがあるという。

県警は、24時間体制で住宅地をパトロールするなど警戒を強化。避難所にも立ち寄り、被災者に戸締まりの徹底や貴重品の携行などを声掛けしている。

2011年の東日本大震災では、リフォームなどの便乗商法をめぐるトラブルが相次いだ。現在、ネット上には「消防団を名乗る男2人がパンを配っており、詐欺に注意」などの犯罪情報が拡散しているが、真偽は不明という。（藤山裕作）

避難者に声を掛け、励ましながら防犯意識向上を呼び掛ける警察官＝18日、熊本市東区

1　（昭和17年4月1日第3種郵便物認可）　第26623号（日刊）

熊本日日新聞　夕刊
発行所　熊本日日新聞社　〒860-8506　熊本市中央区世安町172　☎代表（096）361-3111　©熊本日日新聞社2016年
2016年（平成28年）4月19日　火曜日

南阿蘇 1人心肺停止

熊本地震による土砂崩れ現場で、新たに発見された人を搬送する自衛隊員ら＝19日午前9時半すぎ、南阿蘇村河陽（高見伸）

熊本地震による南阿蘇村の土砂崩れ現場で自衛隊、警察、消防などは19日午前、2500人体制で河陽と長野地区の行方不明者捜索を再開し、河陽地区で1人を救助した。女性とみられ、心肺停止の状態という。

村内の不明者は午前9時現在、救助後も身元が分からない2人を含め8人。自衛隊は24時間態勢で捜索に臨む方針。16日未明の本震から、生死を分けるとされる72時間を既に経過。現場は余震も続いているが、不明者の発見に全力を挙げる。

14日以降の地震による死者は計44人。18日に死亡が確認された2人のうち、長野地区で発見された男性は、香川県東かがわ市の鳥居敬規さん（42）と判明した。

気象庁によると、14日夜の前震から19日午前10時までに、震度1を超える地震は600回を超えた。県の災害対策本部によると、同日午前9時現在で、避難所667カ所に約11万6千人が避難している。

阿蘇市が18日深夜、余震によるがけ崩れの恐れがあるとして、西小園地区など4地区約340世帯に避難指示を出した。

ニュース速報

詳しくはあすの朝刊で

熊本空港 一部運航再開

日航や全日空などは19日、ターミナルビルが被災し、閉鎖していた熊本空港に到着する便の運航を再開した。午前7時40分着の第1便以降、家族との再会を急ぐ県出身者らが次々とタラップで駐機場に降り立った。同空港では手荷物検査ができないため、出発便は欠航する。

一部運航を再開した熊本空港で、羽田空港から到着した全日空便の乗客＝19日午前、益城町

熊本市電も一部運行再開

熊本市交通局は19日、地震の影響で運休していた市電の運行を始発から一部再開した。再開区間は神水・市民病院前－熊本駅前、田崎橋と、同病院前－上熊本駅前。余震が続き、地盤が緩んでいる恐れもあることから、速度を落として運行している。

ＪＲ熊本－肥後大津 運転再開

ＪＲ九州は19日、熊本地震の影響で14日夜から運休していた豊肥線の熊本―肥後大津間で、運転を再開した。各駅停車で、1時間に上下線各1本を運行する見通し。一部区間で徐行運転するため、遅れる可能性もある。

新幹線 脱線車両撤去2日目

ＪＲ九州は19日午前、熊本地震の影響で熊本市の熊本駅南約1.3㌔地点で脱線した九州新幹線車両の撤去作業を再開した。延べ60人の2班態勢で作業に当たるが、運転再開のめどは立っていない。作業2日目の同日は、全6両のうち1号車の台車をレールに載せるほか、進み具合を見ながら2号車にも取り掛かる。並行して、レールや枕木など設備の損傷箇所の修復作業も進めている。

九州道、緊急車両一部通行可能

国土交通省は19日、九州自動車道の不通区間のうち、植木―益城熊本空港インターチェンジ（ＩＣ）で、同日午前から緊急車両の通行ができるようになったと発表した。

宿泊可能なフェリー用意

国土交通省は18日、熊本地震の被災者の避難所として利用してもらうため、宿泊や入浴、食事のサービスを提供できるフェリーを用意する方針を明らかにした。熊本県が必要と判断すれば、今週後半にも受け入れを開始する予定で、八代港（八代市）などへの停泊を想定している。

今日中に58万食、県内へ

河野太郎防災担当相は19日の閣議後会見で、政府が用意したおにぎりやカップ麺など58万食が同日中に、県内の避難所や自治体の集積地に届くとの見通しを示した。自衛隊が物流業者と協力し、ヘリコプターやトラックで避難所へ持ち込む。20日以降も1日平均30万食を送り、計180万食届ける。

来週にも激甚災害指定へ

政府は、熊本、大分両県で相次ぐ地震で大きな被害が出ていることを踏まえ、来週にも閣議で激甚災害指定を決定する方向で調整に入った。政府筋が19日、明らかにした。

あさぎり町議選告示 20人届け出

任期満了に伴うあさぎり町議会議員選挙（定数16）は、19日告示された。正午までに現職14、新人6の計20人（全員無所属）が立候補を届け出た。受け付けは午後5時まで。

投票は24日午前7時から午後7時まで、町内12カ所で（旧皆越分校は午後6時まで）。午後8時から免田東のポッポー館で即日開票され、同9時半ごろには当落が判明する見込み。

期日前投票は20～23日の午前8時半から午後8時まで、町役場2階で。

18日現在の有権者数は1万3030人（男5979人、女7051人）。（内海正樹）

◇あさぎり町議選立候補者（定数16－20）＝届け出順

氏名・年齢	職業	所属・新旧
森岡　勉63	農業	無現
岩本　恭典52	自営業	無新
溝口　峰男64	会社役員	無現
蓑田　裕一57	自営業	無新
難波　文美49	自営業	無新
徳永　正道68	会社員	無現
久保田久男64	農業	無現
皆越てる子68	主婦	無現
今井　清志60	会社役員	無新
加賀山瑞津子54	主婦	無現
久保　尚人57	会社役員	無現
小見田和行62	農業	無現
奥田　公人66	農業	無現
橋本　誠55	会社員	無現
山﨑　孝54	元団体職員	無新
市岡　貴純42	団体職員	無新
山口　和幸64	元町課長	無現
豊永　喜一58	農業	無現
小出　高明60	農業	無現
永井　英治55	農業	無現

パリ協定署名を閣議決定

政府は19日、地球温暖化対策の新枠組み「パリ協定」に署名することを閣議決定した。22日に米ニューヨークの国連本部で開かれる協定署名式で署名する。式典には、フランスのオランド大統領をはじめ60カ国以上の首脳が参加し、米中を含め130カ国以上が署名する見通し。

1784自治体が地方版戦略

政府は19日、人口減少対策の5カ年計画「地方版総合戦略」について、宮城県女川町など4自治体を除く1784自治体が3月末の期限内に完成させたと発表した。

エクアドル地震 死者400人超

【メキシコ市共同】ロイター通信は18日、南米エクアドルの地震で少なくとも413人が死亡、約2600人が負傷したと報じた。政府の情報としており、犠牲者がさらに増える可能性もある。被害の大きかった西部の太平洋岸地域を中心に略奪が起き、道路事情の悪化などから救援も遅れている。同国では16日夜、マグニチュード（M）7.8の地震が発生し、余震が300回を超えた。

あすの天気

地点	降水確率	気温
熊本	0	10～24℃
人吉	0	8～23℃
阿蘇	0	3～22℃
天草	0	13～23℃

福岡　佐賀　長崎　大分　宮崎　鹿児島　那覇　大阪　東京　札幌

21日の雨に備えを

県内は、あす日中にかけて晴天が続く。あす朝も冷え込みが強く、阿蘇市乙姫の最低気温は3度の予想。体調を崩さないよう注意を。一方、あす日中は熊本市で24度まで気温が上がる見込み。復旧作業などの際には暑さにも注意が必要となる。あさって21日は、低気圧が九州の北を通過。県内はまとまった雨が降り、風も強まることが予想される。あすのうちに雨や風への対策を。あすは晴れ、夜は曇り。

◇お断り　阿蘇の気温は地震のため観測できませんでした。

【正午の気温】熊本19.8（7.1）　人吉20.6（5.5）　阿蘇 －（－）　牛深20.5（11.0）　（）内はけさの最低

【20日】（大潮）旧暦3月14日　日出5時42分　日入18時51分

（三角港）満潮 7時50分　20時14分　干潮 1時47分　14時07分

一筆

人吉球磨の風水宝地

SBI大学院大学非常勤講師　福田晃市

私はSBI大学院大学の経営管理研究科で、朱子学の講義も担当しています。朱子学は、自分の身を正し、道理の分かる人間になることを目指す思想です。経営者が学べ、コンプライアンス経営に役立つでしょう。だから経営管理研究科なのに、朱子学の講義が設けられているわけです。

朱子学には、人間学だけでなく、風水の教えも含まれています。風水とは、土地の良しあしが人の運気を左右するという考え方です。良い土地のことを風水宝地（中国語読み「フォンシュイバオティ」）と言います。

私は朱子学を学ぶ過程で風水も学んでいたのですが、素人ながらも、人吉球磨の風水宝地を探してみたことがあります。

本来の風水は基本的に地形から土地の良しあしを判断するわけですが、私は地図で地形を確認しながら風水宝地を探してみました。たどりついたのが、上村のキャンプ場に近い開拓地一帯です。

現地は千人塚古墳があります。現地の説明版によると、黄金の馬具なども発掘されており、古代の上村は繁栄していたようです。素人考えですが、もしかすると風水宝地を墓地としたので、風水の力が栄えたのかもしれません。

こうして見ると、ただの開拓地も、貴重なパワースポットに見えてくるから不思議です。立場が変われば見方も変わるわけです。皆さんも立場を変えて見れば、新天地が開けるかもしれませんね。朱子学の風水は次回にご紹介します。

2016.4.19

生活関連情報

断水「20日までほぼ解消」大西市長

熊本地震で断水状態が続く中、熊本市は17日から通水を始めているが、19日午前時点で断水状態は解消されていない。大西一史市長は同日、「漏水箇所が複数で見つかり、最優先で取り組んでいる。20日までには通水地域がさらに広がる。もうしばらく辛抱してほしい」と述べた。

市上下水道局によると、同日午前8時現在、全世帯（約32万6千戸）の82.2%に当たる26万8千戸の通水に着手。高遊原小山山（約5万7千戸）配水区も井戸とつなぐ管が修復し、同日中に通水する見込み。

西区河内の芳野地域（1008戸）は21日中の通水を目指す。南区城南町の築地地域（39戸）は配水場のポンプ修理が遅れ復旧のめどはたっていない。

配水区13ブロックのうち11ブロックは、通常より低い水圧で水を供給しており、家庭によって水が届くまでに時間差がある。漏水があれば、届かない家庭も出るため、市上下水道局は「道路や構で水が漏れているのを見つけたら連絡してほしい」と呼び掛けている。同局水相談課☎096（381）5600。（高橋俊啓）

黙鼓子

新たに心肺停止の1人発見。南阿蘇村の土砂崩れ現場。生死分ける72時間経過。焦燥感。

◇

車中泊の女性、エコノミークラス症候群で死亡。ほかにも患者が。避難所の環境整備を。

◇

被災の熊本空港、到着便の運航再開。市電も一部が動き始める。復旧の動き、少しずつ。

◇

隣接断層帯は別々か一体か。政府調査委、評価変更が危険性認識に影響も。悔やみきれぬ。

◇お断り　「スポーツ芸能」は休みました。テレビ欄は7面です。

伝えたい 私たちの経験

避難生活は役割分担

声掛け 交流の契機に

熊本や大分を襲った地震は住民の日常を一変させた。慣れない避難所、体調面の不安、見通せない生活再建…。東日本大震災などの体験を基に、被災者の一助になりたいと心を寄せる人たちの声を紹介する。

東日本大震災の際の、段ボールで仕切られた避難所 =2011年4月、宮城県女川町

東日本大震災で数百人が身を寄せた避難所のリーダーだった宮城県東松島市議菅原節郎さん(65)は「役割分担と声掛けで避難所生活を乗り切った」と振り返る。

小学校の1教室を約30人で使い、教室ごとに代表者を決めた。行政だけには頼らず、食事作りや掃除、水くみなどさまざまな役割を、住民が男女問わず可能な限り分担した。力仕事が難しい高齢者には、子どもの見守りや話し相手など無理なくできることを頼んだ。「声掛けが交流のきっかけや避難生活の気晴らしになった」と菅原さん。

東日本大震災の際、多くの避難所ではプライバシーのない生活がストレスになるとして、段ボールの仕切りやテントを活用した。一方、菅原さんの避難所では「互いの生活リズムを知ることが気遣いにつながる」と、あえて仕切りは設けなかった。精神障害など配慮が必要な人がいる家族には個室を用意した。

衛生管理のため生活空間は土足厳禁に。男女別のトイレ確保も重要だ。

避難所ごとに避難者名簿を作成し、現時点の滞在者だけでなく、出た人の記録も残すことを勧める。家族や知人の安否情報を求めて訪れる人が分かるようにするためだ。

菅原さんは津波で妻や長男を失い、約4カ月間避難所で過ごした。ボランティアの呼び掛けで、歌や体操でリフレッシュしたことも先の見えない日々を支えたという。

避難所生活の工夫の例

- 避難住民で役割分担(食事の用意、掃除、子どもの見守りなど)
- 必要に応じて仕切りを設置
- 生活空間は土足禁止
- 男女別トイレを確保
- 避難者名簿を整備
- 体操などで気分転換

識者評論

熊本地震 避難と健康リスク 相馬中央病院医師 坪倉 正治

災害弱者のケア 忘れずに

つぼくら・まさはる 1982年大阪市生まれ。2006年東京大卒。都立駒込病院、東京大医科学研究所特任研究員などを経て現職。専門は血液内科、放射線被ばく。

熊本地震に伴い、多くの住民が自宅を離れ、避難生活を余儀なくされているという。しかし、避難誘導で地震によるリスクから逃れても、引き続き避難に伴う健康リスクへの警戒が必要だ。多くの震災関連死を生んでしまった東日本大震災の教訓を共有しておきたい。

筆者は東日本大震災と原発事故の後、福島県相馬市で避難者の診療に当たってきた。その際、避難することとそれに伴う環境変化が健康上の大きなリスクになることに気づき、その分析結果を発表して注意を促してきた。

原発事故では、居住環境を問わず、地域によって全員避難が指示され、自主避難も多かった。同居家族が自主避難した後、自宅に残った高齢者が体調を崩すケースも目立った。病院では入院患者全員、老健施設では入居者全員が避難したところもある。ある老人ホームは、食糧不足のため施設ごと避難したが、入居者のうち要介護の高いグループで避難後90日以内に4分の1弱という高率で死者が出た。避難者に長期のケアが欠かせないことを示している。

人間は環境の変化にとても弱い動物だ。家庭や地域のコミュニティーというのは、人の健康を維持するのに実はとても大きな役割を果たしている。高齢者や独居者への「薬は飲んだの?」「元気ですか?」という周囲の声掛けが、服薬や通院の動機づけになる。また、老健施設などでは入居者の性格や食事の好き嫌い、身体状況などを介護者が細かく把握し、食事のメニューや体調維持に気を使っている。避難先ではその環境が断絶してしまうのだ。

短期的には、断水や停電により腎不全で人工透析が必要な患者が透析を受けられなくなる。また、在宅医療を受け続けている人も十分な医療を受けられているか、確認が求められる。避難者の中に医療を必要とする人がいるかどうか。一人一人の体調の把握が急がれる。

避難が長期化した場合は、慢性疾患の悪化が懸念される。高血圧や糖尿病、てんかん、リウマチなど、継続的な服薬が欠かせない病気は枚挙にいとまがない。薬の補給や検査によって症状悪化を食い止める必要がある。

被災者の健康問題は、数カ月単位の長期戦を覚悟しなければならない。忘れられた災害弱者がいないか、避難地域の周辺も含めて見逃されることがないようにしたい。また、福島では震災から1カ月後の健診で、自治体職員の心身に大きな負担が掛かっていることが分かった。救援に当たられる方の体調管理にも気を配ってほしい。(談)

被災アレルギー児を支援

学会が相談窓口開設

日本小児アレルギー学会は18日までに、県内を中心に相次いでいる地震で被災したアレルギー疾患の子どもや、その家族を支援するための相談窓口を開設した。相談したい内容と、氏名、年齢、性別、住所、電話番号を明記した電子メールを窓口のアドレス(sup_jasp@jspaci.jp)に送信すると、担当医師が記載されたメールアドレスに返信、または電話番号に直接連絡してアドバイスする。

ぜんそくやアトピー性皮膚炎といったアレルギー疾患は、避難所生活などの環境変化により症状が悪化することがある。特定の食べ物を口にすることで、じんましんや呼吸困難、吐き気などの多様な症状が現れる食物アレルギーの場合、救援物資として届く食料品を安心して食べられない。アレルギー対応食やアレルギー用ミルクが必要だ。

理事長の藤沢隆夫・国立病院機構三重病院院長は「災害時、アレルギーの子どもはつらい状況に追い込まれる。東日本大震災でも同様の相談を実施した。ぜひ利用してほしい」と話している。

てんかん患者 24時間相談

静岡の病院がホットライン

県内を中心に相次ぐ地震を受け、てんかんの治療が受けられなくなった患者を支援しようと、静岡てんかん・神経医療センター(静岡市)が「てんかんホットライン」で患者や家族、医療関係者からの相談に24時間応じている。ホットラインは☎054(246)4618。

2011年の東日本大震災直後から開設しているが、今回の地震を受けて24時間体制にした。東日本大震災では「薬が手に入らない」「発作で迷惑を掛けそうで避難所へ行けない」といった相談が寄せられた。

てんかんは急な断薬や薬の変更で発作が起きやすくなるという。同センターの井上有史院長は「周囲の偏見を恐れ、病気を隠している患者も少なくない。気軽に相談してほしい」と話している。

大分の温泉地もダメージ

旅館損傷、外国人客キャンセルも

地震で観光客が減り、閑散とするJR由布院駅前の通り =18日、大分県由布市

大分県では相次ぐ地震で由布市や別府市といった県内屈指の温泉地が打撃を受けている。建物が損傷した一部の旅館、ホテルが休業を余儀なくされているほか、主力の中国や韓国など外国人観光客のキャンセルも続出。18日に現地を視察した広瀬勝貞知事は早期の復旧に取り組む姿勢を示した。

由布市のJR由布院駅前には土産物店や飲食店が立ち並ぶ。通常は観光客でにぎわうが、地震が頻発し始めて以降は人通りもまばらだ。広瀬知事が視察した温泉旅館「由府両築」は壁にひびが入るなど被害を受けて修繕のため休業中。外国人観光客は5月末までキャンセルが出ており、若おかみの緒方真美さんは「余震が落ち着いたら、観光客に戻ってほしい」と訴える。

温泉の源泉数日本一を誇る別府市では、16日夜の地震直後に休業した温泉施設もあったが、18日までに全て営業を再開した。市旅館ホテル組合連合会の堀精治事務局長(63)は「別府は比較的軽微な被害で済んだ。落ち着いたら泊まりに行くと言ってくれる観光客も多い」と話す。

広瀬知事は視察後の記者会見で「大きな被害は一部に限られている。被災場所は早く復旧を進め、観光客が安心して訪れることができるようにしたい」と話した。

機内気圧低下で緊急着陸

福岡発アイベックス機

松江市上空を飛行中だった福岡発小松行きアイベックスエアラインズ84便ボンバルディアCRJ700で17日午前、客室内の気圧が異常低下するトラブルがあり、福岡空港に緊急着陸した。乗客乗員計40人にけがはなかった。国土交通省は18日、事故につながりかねない重大インシデントと認定、運輸安全委員会は航空事故調査官3人を福岡空港に派遣した。

国交省によると、小松空港の悪天候のために引き返す途中だった17日午前9時25分ごろ、高度1万2千㍍を飛行中、通常は0・8気圧程度を保っているはずの機内の気圧が異常に下がったとの表示が出た。

さらに、エンジンの圧縮空気を使って機内の気圧を保つ与圧システム3系統のうち、通常使う2系統の両方にトラブルが発生したとの表示も出たため急降下、福岡空港に約40分後に着陸した。

セーラー服窃盗 高橋被告認める

元「キンコメ」

東京都内の高校に侵入し、女子生徒の制服を盗んだとして建造物侵入と窃盗の罪に問われた元人気お笑いコンビ「キングオブコメディ」の高橋健一被告(45)は18日、東京地裁(菅原暁裁判官)の第2回公判で、セーラー服を盗んだとする追起訴内容を「間違いありません」と認めた。

3月の初公判では、都内の2校からブレザーを盗んだと認めていた。その後、昨年12月1日午後0時15分ごろ、品川区東品川3丁目の高校に侵入、女子生徒7人のセーラー服など31点(約10万円相当)を盗んだとする罪でも起訴されていた。

◆東京市場(19日)

円相場(正午)	対ドル	109.01－109.02円(0.80円安)	↘
	対ユーロ	123.42－123.43円(1.14円安)	↘
株式(前場終値)	日平経均	1万6841.85円(565.90円高)	↗
	TOPIX	1360.42(40.27ポイント高)	↗

あんずちゃん ◀田中しょう▶

SNS…
ツイッター…
フェイスブック…
LINEが…
どうのこうの…
スカイプで…
おじいちゃんとおばあちゃんも何かやってる?
必要ない!
心と心でつながっているから!
チンプンカンプンだからでしょ…
かっこいい!!

四季の森 土肥 あき子

とらへたる柳絮を風に戻しけり 稲畑 汀子

柳絮とは綿毛のついた柳の種子。女性の詩才を賞賛する「柳絮の才」の由来は、中国の故事に「降る雪は何に似るか」の問いに「撒いた塩」という兄の答えに対し、妹は「風に舞う柳絮」と詩的な例えを挙げたことによる。今ひとたびとらえた柳絮を手放せば、かくも偉大な故事を背負っていることなど知るよしもなく、軽やかに風の道へと戻りどこへともなく飛んでいく。「ホトトギス」名誉主宰。

2016・4・19

（第3種郵便物認可）　熊本日日新聞　（夕刊）平成28年（2016年）4月19日　火曜日　8

笑顔いっぱい　地震に負けるな！子どもたち

避難所で食料を受け取り、笑顔を見せる子どもたち＝19日正午ごろ、熊本市中央区新町の一新小（横井誠）

地震発生から5回目の朝を迎えた県内。なお10万人以上が避難生活を続け、被害がひどい地域では後片付けもままならない。学校の休校も続いている。そんな中でも、子どもたちの元気が目立つ。大人たちも「地震に、負けるな！」と見守る一方、復興への元気をもらっているようだ。

配給テントが並ぶ熊本市中央区新町の一新小では19日午前、男の子がシーソーに乗って満面の笑み。近くで見守っていた80歳の女性は「一人でいると気持ちが落ち込むけど、子どもたちの笑い声が聞こえるだけで元気になれます」とうれしそうだった。

（横井誠）

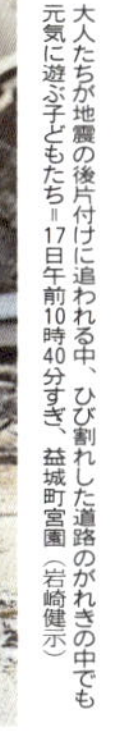

大人たちが地震の後片付けに追われる中、ひび割れした道路のがれきの中でも元気に遊ぶ子どもたち＝17日午前10時40分すぎ、益城町宮園（岩崎健示）

捜索作業などが続く益城町の県道沿いで、半壊した民家の壁でこいのぼりが風に揺れていた＝17日午後3時15分ごろ（岩崎健示）

配給用のテントが並ぶ一新小グラウンドで、シーソーで笑顔を見せる子ども＝19日午前、熊本市中央区新町（横井誠）

倒壊した寺の前を、自転車でさっそうと通り過ぎていった男の子＝17日午前10時25分ごろ、益城町（岩崎健示）

地震続発600回超え
昨夜から再び増加傾向

熊本、大分両県を中心に相次ぐ地震で、気象庁は19日、両県にまたがる3つの震源域では依然として活発な地震活動が続いているとの見解を示した。減少しつつあった地震回数は、18日夜の震度5強以降、増加傾向に転じた。14日夜以降の地震回数は600回を超えた。

気象庁は、引き続き強い揺れが起こる恐れがあるとして、家屋倒壊や土砂災害への警戒を呼び掛けている。

気象庁によると、震度7が起きた14日午後9時26分から、19日午前10時までに観測した震度1以上は603回に上る。うち震度7は1回、6強と6弱は各3回、5強は2回、5弱は6回、4は72回。19日は、午前10時までに32回を観測している。

熊本県を中心とした地震の総回数（19日午前10時現在）

震度	回数
7	1回
6強	3
6弱	3
5強	2
5弱	6
4	72
1～3	516
計	603

オスプレイ　物資、隊員の輸送に限定

【ワシントン共同】米国防総省のデービス報道部長は18日、県内を中心に相次ぐ地震被害の支援のため投入した新型輸送機MV22オスプレイについて「活動は支援物資や自衛隊員の輸送に限られている」と記者団に述べた。

米軍の支援に関し「長年の日米同盟があるからこそ迅速な支援ができる」と強調した。

米軍が投入したオスプレイは4機で、米軍岩国基地（山口県岩国市）を拠点に展開。在日米軍によると、追加派遣の要請に備えて、米軍普天間飛行場（沖縄県宜野湾市）に4機を待機させている。

川内原発の停止求める
鹿児島・市民団体

熊本、大分両県で相次ぐ地震を受け、鹿児島県の反原発団体などは18日、国内の原発で唯一稼働している九州電力川内原発1、2号機（鹿児島県薩摩川内市）の運転停止を九電鹿児島支社に申し入れた。九電の担当者は「点検で異常がないと確認して運転している」と説明した。

申し入れたのは「ストップ川内原発！3・11鹿児島実行委員会」などの約50人。鹿児島県寄りの地域でも地震が活発化していると指摘し「連続的な地震発生の危険性がある」と懸念を伝えた。

参加した薩摩川内市の自営業川畑清明さん（59）は「気象庁が今までの経験値から外れた地震だと警告しているのに、なぜ止めないのか」と憤った。

熊本県益城町内で地表に出現した断層＝17日

14日前震「日奈久」、16日本震「布田川」
震源断層　3年前は一体
調査委、連発を過小評価？

県内などで相次ぐ地震について、政府の地震調査委員会は16日に起きたマグニチュード（M）7・3の「本震」と、14日の震度7の地震は「隣接する別の断層帯がそれぞれの震源」との見解をまとめた。ただ、これらの断層帯はかつて一体の活断層と考えられていたのを、小さく二つに分割して危険性を評価し直した経緯がある。一つの活断層のままなら、地震が連発する危険性をより強く意識できた可能性も捨てきれない。

調査委の平田直委員長（東京大教授）は17日の記者会見で「（二つに分けたのは）正しい判断と思うが、地震に基づいてもう一度（断層を）区分することはあると思う」と述べた。

調査委は今回、県内を北東から南西方向に走る「布田川断層帯」が本震、布田川から折れ曲がるように分かれた「日奈久断層帯」が前震を引き起こしたと判断した。

これらが二つの断層帯と認定されたのは2013年。それまでは長さ101キロの「布田川・日奈久断層帯」とされ、長大な断層帯が別々に活動する3区間に分類されていた。今回、本震と前震を起こしたとみられる部分は、最大M7・2程度の地震を起こすと評価されていた北東部の区間に含まれる。

活断層の位置は通常、地形に残った痕跡や地層のずれなどを根拠に推定するが、調査委は県内の地下でみられる重力の大きさのわずかな違いなどを根拠に、別々の断層帯であると分類し直した。研究者からは「地形を軽視しているのではないか」との批判も出ていた。

二つの断層帯に分けた結果、日奈久断層帯の一部で想定した最大の地震はM6・8程度で、14日の前震の規模に近く、調査委がより大きな地震の発生を疑う根拠にはならなかったとみられる。前震では布田川断層帯でも余震が起きたが、調査委は「震源域から外れた場所でも余震は起こる」（平田委員長）と、布田川の活動ではないとの見方だった。

だが本震は、布田川断層帯の布田川区間で発生。地震を起こした断層の長さは約27キロと推定され、結果的に、改定前の断層の長さやマグニチュードの想定に近かった。この地震が阿蘇山や大分県にも波及した。

平田委員長は「地震後に周辺の断層にどんな影響が出るかは、今の知識では言及できない。ただ、14日の地震後も余震への注意は呼び掛けている」と理解を求めた。

1 3版 平成28年(2016年)4月20日 水曜日 熊本日日新聞 (昭和17年4月1日第3種郵便物認可) 第26624号 日刊

熊本日日新聞
発行所 熊本日日新聞社
〒860-8506 熊本市中央区世安町172
☎代表(096)361-3111
© 熊本日日新聞社 2016年

4月20日 水曜日

南阿蘇さらに3遺体

熊本地震

強い余震続く 八代市で震度5強

投光器で照らしながら夜間に行方不明者の捜索を続ける警察官ら ＝19日午後9時10分ごろ、南阿蘇村河陽の高野台団地(高見伸)

熊本地震で発生した南阿蘇村の土砂崩れ現場で、自衛隊と警察、消防は19日、行方不明者の捜索を続け、男女3人を救助したが、死亡が確認された。14日以降の地震による死者は計47人。午後5時52分ごろ、八代市で震度5強の地震が発生し、強い余震の範囲はさらに拡大。14日夜以降の震度1以上が600回を超えるなか、県内の約9万5千人が避難所での生活を強いられている。

19日の捜索は2500人体制で臨み、重機などで土砂の除去を進めた。救助したのは、南阿蘇村河陽地区で男女それぞれ1人、長野地区で性別不詳の1人。3人とも心肺停止の状態だったという。

現地対策本部によると、村内の行方不明者は救助後も身元が分からない3人を含め5人となった。自衛隊は同日、今回の地震では初めて深夜まで河陽地区の捜索を続けた。男性1人が不明の阿蘇大橋周辺は二次被害の恐れがあり、着手できていない。

震度5強の震源は熊本地方で深さ約10キロ。マグニチュード(M)は5・5と推定され、気象庁は今後も広い範囲で強い揺れが起きる可能性があるとして、警戒を呼び掛けた。九州自動車道の八代―人吉インターチェンジが一時通行止めになった。

県災害対策本部によると、県内の避難者は断水、ガス供給停止世帯が多い熊本市が5万8480人を占め、家屋倒壊が相次いだ益城町が9100人で続く。宇土、阿蘇両市、南阿蘇村は一部地区に避難指示を出した。

交通機関は復旧が進んだ。熊本空港発着便の一部のほか、JR豊肥線と熊本市電の一部区間などは運航、運転を再開した。九州新幹線は20日の始発から、新水俣―鹿児島中央を運転する。博多―新八代は復旧のめどが立っていない。 (熊本地震取材班)

熊本県を中心とした地震の総回数(19日午後9時現在)

震度	回数
7	1回
6強	3
6弱	3
5強	3
5弱	7
4	72
1～3	550
計	639

地震で亡くなった方 (18、19日判明分)

18、19日に死亡を確認された方は次の通り(県警調べ、身元判明分)。

【県外＝18日】香川県東かがわ市、鳥居敬規さん(42)

【南阿蘇村＝19日】牧野富美さん(46)

熊本地震 県内市町村の被災状況

(19日午後現在、熊日まとめ＝県対策本部、県警などの集計に基づく)

市町村	死亡(人)	重傷(人)	軽傷(人)	避難所(ケ所)	避難者(人)	家屋被害(棟) 全壊	家屋被害(棟) 半壊
熊本市	5	184	730	256	58480	26	25
宇土市	0	0	5	15	658	4	7
宇城市	0	7	27	19	1256	1	6
美里町	0	2	2	9	33	0	2
御船町	1	3	5	40	6131	15	15
嘉島町	3	0	0	12	2448	15	5
益城町	18	3	1	11	9100	750	※1954
甲佐町	0	0	1	10	178	1	100
山都町	0	0	0	6	157	2	27
菊池市	0	1	17	19	627	3	10
合志市	0	1	4	9	343	0	0
大津町	0	3	9	39	3449	4	2
菊陽町	0	0	15	9	816	0	2
荒尾市	0	0	0	2	0	0	0
玉名市	0	0	5	4	34	4	2
玉東町	0	0	1	4	4	0	3
和水町	0	0	3	0	0	0	0
南関町	0	0	0	0	0	0	0
長洲町	0	0	0	0	0	0	0
山鹿市	0	0	1	6	52	0	0
阿蘇市	0	0	30	41	6440	※約75	
南小国町	0	1	2	3	43	0	0
小国町	0	0	5	6	517	0	0
産山村	0	0	2	6	20	1	4
高森町	0	0	0	16	270	0	0
南阿蘇村	9	多数	多数	8	1433	400～500	
西原村	5	58		6	1398	344	1087
八代市	1	3	7	60	1000	調査中	
氷川町	0	0	3	5	132	4	8
水俣市	0	0	0	1	3	0	0
芦北町	0	0	0	6	1	0	0
津奈木町	0	0	0	1	0	0	0
人吉市	0	0	0	3	3	0	0
錦町	0	0	0	1	0	0	0
あさぎり町	0	0	0	1	0	0	0
多良木町	0	0	0	1	0	0	0
湯前町	0	0	0	1	0	0	0
水上村	0	0	0	0	0	0	0
相良村	0	0	0	1	0	0	0
五木村	0	0	0	1	0	0	0
山江村	0	0	0	0	0	0	0
球磨村	0	0	0	0	0	0	0
上天草市	0	0	0	4	2	0	0
天草市	0	0	0	1	24	0	0
苓北町	0	0	0	0	0	0	0
県外ほか	5	0	0	0	0	0	0
合計	47	1141		641	95052	1174	※3259

※一部損壊などを含む

空の玄関 一部再開

熊本空港 4日ぶり発着便

地震によるターミナルビルの被害で閉鎖されていた熊本空港が19日、国内線の運航を一部再開した。日航、全日空など5社が出発・到着便合わせて24便を運航。熊本の空の玄関が4日ぶりに動き出す。

19日は、全日空とフジドリームエアラインズ(FDA)が、羽田や大阪、名古屋との往復便を運航。日航、ソラシドエア、ジェットスター・ジャパンの3社は、東京や成田などからの到着便のみで運航を再開した。

到着便では、県出身者らが次々と降り立ち、出迎えた家族と再会を喜び合う姿があちこちで見られた。

熊本市の実家に向かう愛知県刈谷市の会社員、泉田歩さん(39)は「地震初日は両親らと連絡が取れず、緊急警報を聞くと不安でつらかった」と話した。乗客らは、支援物資を詰めたスーツケースなどを持って慌ただしくバスやタクシーに乗り込んでいた。

一方、出発第1便となったFDAは午後3時ごろ、屋外に臨時の搭乗カウンターや手荷物検査場を設けて名古屋行きを運航。単身赴任先の三重県鈴鹿市から大津町の自宅に帰省中に被災した会社員の原野浩則さん(54)は「家族のことが心配だが、職場に迷惑は掛けられない」と固い表情で乗り込んだ。

国内線ビルは16日未明の地震で天井や壁の一部が崩落したが、応急工事が終了。搭乗受け付けや保安検査の手続きが可能となった。国際線ビルの運用再開のめどは立っていない。 (並松昭光、猿渡将樹、酒森希)

熊本空港の駐車場に設けられた保安検査場でチェックを受けるFDAの名古屋便の乗客＝19日午後、益城町

熊本地震 特別紙面

おわび

地震の影響で本日の朝刊が一部地区で配達できなかったり、遅れたりしました。大変ご迷惑をおかけしました。 熊本日日新聞社

熊日の購読・配達のご用は
ミナヨムニッコリ 0120-374625 (月曜～金曜9:00～17:00)
紙面のお尋ねは 096-361-3115 (日曜・祝日除く9:00～17:00)
パソコン版くまにちコム kumanichi.com

◇お断り 「きょうの天気」は2面に移しました。

新生面 2016.4.20

〈轟水源とワクド水をつなぐ地中の水路に、行ったり来たりが棲んでいる〉。作家で熊本近代文学館長だった光岡明さんに『行ったり来たり』という小説がある。悠久の地下水の動きを、生物とも無生物とも言えない不思議なモノになぞらえ、何とも味わいのある一編である▼作中に「雁回山」や「多土半島」とあるから、宇土半島がモデルになっていると思われる。その地域に限らず、熊本の地下水脈はいろんなところでつながっているに違いない▼14日夜の熊本地震の発生からきょうで7日目。避難所の小学校と新聞社を往復する毎日の中でいっとき、宇土半島の親戚の家までもらい湯に出かけた。十数軒で近くの湧き水を水道として使っている。最初の地震で水に濁りが出たが、間もなく元に戻ったという▼久しぶりに長々と湯船に漬かると全身の細胞が開ききり、やっと生き返ったような気になった。断水の続く中で、飲み水はもちろん、トイレや洗顔にと、とにかく水のありがたさを思う▼太古の阿蘇噴火の影響を受けてできた熊本の地では、雨水が長い歳月をかけて地中に滴り落ち、地下に巨大な水盆をかたちづくっているとされる。地表水もカルデラの切れ目から流れ出し、白川となって熊本平野を潤している。今回の布田川断層帯などによる地震の被害は、このルートと重なっているようにも見える▼湧水で知られる熊本市中央区の水前寺成趣園では、池の水が干上がった状態になっているという。太古の水への影響も心配な大地震である。

たから箱

「がんばれ どんぐり」
熊本市立桜木東小4年 本村航琉

ひょこっと小さなめが出た
まるであいさつしているみたい
どんぐりにとっては小さな1歩だ
いっしょに大きくなろう

文化施設に大きな被害

熊本地震

熊本地震は、県内の文化施設にも大きな被害をもたらした。余震が続く中、開館の見通しが立たない施設も多く、運営に携わるスタッフらは調査や対応に追われている。【1面参照】

壊れた機材や天井の破片が散乱する市民会館シアーズホーム夢ホール＝19日午前、熊本市中央区

熊本市中央区大江の県立劇場では、外壁の一部が浮き上がり、ホールの客席や舞台上に天井の一部が落下している。トイレ用の地下水タンクも破損。このため館内のトイレは使えず、6月20日まで休館する見通し。

同区桜町の市民会館シアーズホーム夢ホールも開館の見通しが立っていない。ホールの舞台や客席に機材などが落下。「余震次第では被害が拡大する恐れもある」（同館）として調べている。

天井落下、展示品破損…　開館見通せない施設も

震度7を記録した益城町の町文化会館では、ロビーの天井が落下し、テラスのガラスが破損。駐車場にも亀裂ができるなどの被害が出ている。「停電でホール内の被害も十分に確認できていない」（同館）。

熊本市西区のくまもと森都心プラザ、同中央区の市男女共同参画センターはあもにい、合志市総合センターヴィーブル、宇城市松橋町のウイングまつばせも、現時点では開館予定日が延びるか、復旧のめどが立っていない状況という。

県内の美術館にも被害が出ている。美術品の保全や、収蔵のあり方が今後の課題となりそうだ。

開館40年を記念した「大熊本県立美術館展」が開かれていた熊本市中央区の県立美術館本館は当面休館。関連企画のシンポジウムなども延期した。

14日の地震で展示品の一部が破損。「時雨螺鈿鞍」などを安全な場所に移したが、16日の揺れで、人間国宝の人形作家、平田郷陽の作品1点が破損した。ロビーにある彫刻家・佐藤忠良さんの人物像が倒れた。収蔵庫内でも、多くの屏風が転倒、油彩画の一部が落下し、損傷していることが分かった。

一方、だまし絵で知られるエッシャーの作品などを紹介していた同区の市現代美術館は休館中。再開のめどはたっていない。開幕直前だった八代市立博物館の「円山応挙―京都相国寺と金閣・銀閣の名宝展・ふたたび」は中止に。地震による作品損傷はなかったという。

九州の美術館では、施設の危機管理の研究会が立ち上がったばかりという。県立美術館の村上哲学芸課長は「揺れは想定以上。設備を見直さなければならない」と語った。（吉田紳一、國崎千晶、中原功一朗）

外壁の一部が浮き上がるなどの被害が出ている県立劇場＝19日午前、熊本市中央区

日本財団、93億円を支援

見舞金や融資、城修復に

熊本地震の被災者らへの支援策を記者会見して発表する日本財団の笹川陽平会長＝東京都港区

日本財団（東京）は19日、熊本地震で家屋が全半壊した被災者への見舞金や住宅再建のための融資制度、熊本城の修復費用などに総額93億円の支援をすると発表した。

東日本大震災の教訓を踏まえて2014年に創設した財団の「災害復興支援特別基金」（約100億円）を初めて活用する。

見舞金の原資は20億円で、家屋が全半壊した被災者に1世帯当たり20万円、犠牲者の遺族らに10万円贈る。地元の金融機関と連携して住宅や事業の再建資金を無利息、無担保で借り入れができる融資制度を創設し、30億円を充てる。

国の重要文化財の櫓が倒壊するなどした熊本城の修復にも30億円を支出する。

ボランティア活動を行うNPO法人などへの助成（上限100万円）は10億円、簡易トイレ500台設置や要援護者への支援など緊急対策にも3億円準備した。

財団で記者会見した笹川陽平会長は「迅速で効果的な活動が求められており、緊急に決めた。必要に応じて支援額を増やすことも検討する」と述べた。熊本城修復には巨額を寄付するほか、「東日本大震災でも文化財や祭りが被災者の心の支えになった。熊本城は地域のシンボル。希望になってほしい」とその理由を説明した。

具体的な支援方法は熊本県などと相談して今後詰める。近く県内に財団の災害支援センターを設置し、対応するという。問い合わせは日本財団☎03（6229）5111。（内田裕之）

3震源域　地震活動　依然活発

熊本、大分両県を中心に相次ぐ地震で、気象庁は19日、同県で地震が起きる三つの震源域では依然として活発な活動が続いているとの見解を示した。地震は減少しつつあったが、18日夜の震度5強以降は増加傾向に転じ、14日夜からの震度1以上は600回を超えた。

19日午後5時52分には熊本地方でマグニチュード（M）5・5、震度5強を観測する地震が起きた。熊本地方では19日午後8時47分にもM5・0、震度5弱の地震があった。いずれも「横ずれ断層型」とみられ、震源は地震活動が活発な地域の南端付近で、ほぼ同じ場所。同庁は今後も震源域内の広範囲で強い揺れが起きる可能性があるとして警戒を求めている。

気象庁によると震度7が起きた14日午後9時26分から19日午後9時までに観測した震度1以上は639回。うち震度7は1回、6強と6弱は各3回、5強は3回、5弱は7回、4は72回。19日は午後9時までに68回だった。

震源域は熊本地方、阿蘇地方、大分県大分地方の三つ。熊本地方で14日夜、M6・5が発生し、16日にはM7・3が起きた。その後、震源域は阿蘇、大分両地方に拡大した。阿蘇地方では、16日にM5・8が2回、18日夜にもM5・8が発生。気象庁は阿蘇地方の3地震について「どれが本震か分からない。本震の後に余震が続く単純なタイプの地震ではない」として、今後の活動に警戒を強めている。

気象庁による19日午後1時半までの集計では、M3・5以上の地震回数は、1995年以降に内陸や沿岸部で起きた同規模の地震の余震回数と比べると、2004年の新潟県中越地震に次ぐ2番目のペース。

主な地震の回数（マグニチュード3.5以上）

熊本県を中心とした地震（2016年）／新潟県中越地震（2004年）／岩手・宮城内陸地震（2008）／阪神大震災（1995）／福岡県西方沖地震（2005）／鳥取県西部地震（2000）／鹿児島県薩摩地方の地震（1997）

縦軸：0、50、100、150、200回　横軸：発生からの日数 0〜7

※気象庁による

地表に十数キロ断層出現

「布田川」「日奈久」つなぐ

熊本県を中心とする地震について東北大の遠田晋次教授（地震地質学）は19日、マグニチュード（M）7・3の16日の地震で地表に現れた断層を、長さ十数キロにわたって確認したと発表した。別々とされる二つの断層帯をつなぐように走っており、一続きの断層として地震を起こした可能性があるという。

遠田教授らは東北大で記者会見。16日の地震によって「布田川断層帯」がある益城町だけでなく、「日奈久断層帯」がある御船町でも断層が動いて地表に現れていた。いずれも、断層を挟んだ反対側が右にずれる横ずれ断層だった。

政府の地震調査委員会は、二つの断層帯のうち布田川断層帯が動いたと判断しているが、遠田教授は「（断層帯は）二つではなく一続きの断層が向きを変えてつながっている可能性がある」と指摘している。

また、地震で断層が動いたことにより、地下にかかる力がどのように変化したかを計算した。大分県など地震活動が活発化した地域では、地下の圧力が地震を起こしやすくするよう変化したと考えられた。

熊本県の南西側に延びる日奈久断層帯でも同様に圧力が変化したとみられ、今後の地震活動に注意が必要という。

御船町で確認された、日奈久断層帯が地表に現れたとみられる断層（東北大提供）

南西部断層に警戒を

八代市で震度5強

19日夕に八代市などで震度5強を観測したマグニチュード（M）5・5の地震は、14日以降に起きたM5以上の地震の中で最も南西に位置する。専門家はこのエリアの断層が活発に活動する恐れがあるとして同程度の地震に警戒を呼び掛けている。

震度7を観測した14日夜の地震は、北東―南西方向に走る「日奈久断層帯」のうち、最も北側の高野―白旗区間が動いて起きた。今回は14日夜の震源から南西方向に数キロ以上離れた八代市付近で起きたとみられる。

日本地震学会会長の加藤照之・東京大教授は「この断層の南西にはまだ壊れていない領域があり今回活動したと考えられる。ただM5・5ではたまったひずみがすべて解消されたとは到底考えられず、今後も警戒が必要だ」と話した。

カルデラ内で断層を確認

広島大名誉教授ら

熊本県で16日に起きたマグニチュード（M）7・3の地震を起こした「布田川断層帯」が地表に出現したとみられるずれが、阿蘇山のカルデラ内にあるのを、現地調査をしている中田高・広島大名誉教授（変動地形学）らが19日、発見した。この断層帯が、カルデラの中にまで延びているのが確認されたのは初めて。

共に調査している鈴木康弘・名古屋大教授（変動地形学）によると断層を確認したのは、大規模な土砂崩れや住宅の倒壊が相次いだ南阿蘇村の農地。益城町で見つかった断層と同じく、断層を挟んだ反対側が右方向にずれる横ずれ断層で、水平方向に少なくとも50センチのずれが確認された。

断層が直下に延びていたため南阿蘇村では揺れが強くなり、被害が大きくなった可能性が高いという。断層は、さらに阿蘇山に近い北東方向に延びている可能性もある。気象庁は地震後、阿蘇山の火山活動に変化は見られないとしている。

政府の地震調査委員会は17日に布田川断層帯が従来知られていたより数キロ長く、カルデラ内に延びている可能性を指摘していたが、これが裏付けられた。

土砂崩れで阿蘇山噴火か

京大火山研

熊本県でマグニチュード（M）7・3の地震があった16日に阿蘇山で起きた噴火は、強い揺れにより火口内で土砂崩れが発生し、その土砂が火山ガスや蒸気で噴き上げられたとみられることが19日、京都大火山研究センター（南阿蘇村）の大倉敬宏教授への取材で分かった。

大倉教授はこの日の現地調査で、少なくとも火口壁の2カ所で実際に土砂崩れが起きていることを確認。崩落は火口壁の北側で幅約50メートル、南東側で幅約20メートル、いずれも高さは上部から底まで約130メートルに及んでいた。

阿蘇山では、M7・3の地震から約7時間後の16日午前8時半ごろ、中岳第1火口でごく小規模な噴火が発生。噴煙は高さ100メートルに達したが、マグマ上昇による噴火と比べて噴煙の色が薄かったことなどが判明している。

火山活動の観測では、灰や土砂など固形物が火口外へ噴出した場合は、噴火が起きたと判断するのが一般的。気象庁も噴火と見なしているが、大倉教授は、本格的な活動ではなかった可能性が高いとみている。

また、大倉教授は、京大が阿蘇山周辺に設置している複数の観測機器の無線機能が失われ、気象庁にも提供しているデータが送信されていないことも確認。「多大な影響が出ており復旧を急ぐ必要がある」とした。

「くまモンがんばれ」

寄稿　宇城市出身の俳人　長谷川 櫂さん

◇はせがわ・かい　1954年、宇城市小川町生まれ。俳句結社「古志」前主宰。俳論集「俳句の宇宙」でサントリー学芸賞、句集「虚空」で読売文学賞、中村草田男賞。東日本大震災後に「震災歌集」「震災句集」を発表。神奈川県藤沢市在住。

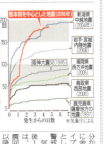

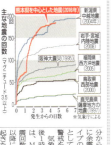

十八歳で熊本を離れて四十数年、何と郷土愛の薄い男かと自分を怪しむ日がなかったわけではない。しかし四月十四日夜、夜空に土けむりを上げて身じろぐお城の天守閣を目の当たりにし、朝になって被災した方々の不安な顔を見てやはり胸が締めつけられた。

身内のことから記せば、宇城市の母も八代市の妹一家も熊本市の親戚たちもみな無事だった。ただ母が一人で住む家は西南の役（一八七七年）の直後に建った古い家なので今後の大揺れに耐えられるかどうか。万が一に備えて母は妹のもとに身を寄せている。

嘆きつつ家は倒れて行く春ぞ

あれは益城町だった。倒壊した家の奥に生き埋めになった人がいるらしく、穴の口としか見えない玄関のあたりに救助の男たちが集まっている。その中に赤い割烹着の女性が一人交じっている。

家たりし土幾山か陽炎へる

その女性の肩越しにのぞきこむと、崩れた家とはじつに悲愴なものだ。きのうまで屋根の下に部屋を作り出し、そこには大人や子どもがいたのに、今その屋根は正気を失ったかのように地面にへたりこみ、家は木と紙の混じった土の山になってしまった。家の前にいた小柄な女性はやがて担架に寄り添ってテレビの画面から消えていった。

ずたずたの春の女神が草の上

いつもなら桜が散ってゴールデンウイークへとのどかな時が流れているはずなのに、何という残酷な春だろうか。テレビに映し出される熊本の人の顔という顔から、ふだんの微笑みが消えてしまった。熊本の男もそして熊本の女まで、みな深刻な顔をしている。遠く離れた身にもそれがじわりとこたえる。

くまモンがんばれタンポポの花笑つてる

来週にも激甚災害指定

首相「心のケア」強化指示

政府は、熊本、大分両県で相次ぐ地震で大きな被害が出ていることを踏まえ、来週にも激甚災害指定を閣議決定する方向で調整に入った。政府筋が19日明らかにした。安倍晋三首相は、10回目の非常災害対策本部会合で被災者の「心のケア」対策を強化するよう指示。「被災者のために何ができるかという視点で、さまざまな支援策を加速させなければならない」と強調した。

激甚災害指定は、財政面を含めて被災地を全面支援する姿勢を示すことで復旧を迅速に進める政府の意思を明確にする狙いがある。菅義偉官房長官は記者会見で「できることは全てやるという首相の指示の下、早急に対応したい」と述べた。激甚災害に指定されると、復旧事業への国の補助率が引き上げられる。

首相は対策本部会合で「被災自治体と一体となり、生の声に耳を傾けた対応に当たってほしい」と要請。自宅が倒壊した被災者向けに一定数の公営住宅を確保したとした上で、高齢者らを優先して入居させるよう配慮を求めた。要員が不足している自治体へ国からの応援派遣を急ぐ考えも示した。

菅氏は会見で、多数の電源車の手配により、熊本県での停電が20日中に基本的に解消される見通しとなったと明らかにした。トヨタ自動車が生産の段階的停止を発表したことに関しては「部品の調達・供給網の一日も早い回復に努めるのが政府の役割だ」と語った。

政府はコンビニなどでの食品の品切れ解消を目指して店頭に70万食を届ける支援策について、さらに供給量を増やす方針だ。豊富な経験を持つ災害ボランティア団体の現地入りも調整を進めている。

サミットで防災討議へ

政府

政府は、5月の主要国首脳会議（伊勢志摩サミット）で、自然災害への対応や防災を重要議題として討議する方針を固めた。熊本、大分両県を中心とする地震を受け、国際的な連携を強化する必要があると判断した。成果を首脳宣言に明記する方向で調整する。東日本大震災を含めた地震対応で得た知見や教訓を各国と共有し、災害に強い国づくりの重要性を確認。途上国支援にもつなげたい考え。政府関係者が19日、明らかにした。

安倍晋三首相は、サミットの機会に今回の地震で各国から寄せられた支援やお見舞いに謝意を示すとともに、災害に強い「質の高いインフラ」整備の推進でも各国と協力し、議長国としての役割を果たす狙いがある。

きょうの歴史　4月20日

▽2005（平成17）年　明治時代の商家をイベントホールなどとして改修した玉名市高瀬の「高瀬蔵」＝写真＝が完成し、現地で完工式典があった。

▽1948（昭和23）年　県内34の新制高校が一斉に開校した。

（第3種郵便物認可）　熊本日日新聞　平成28年（2016年）4月20日　水曜日　総合　4

熊本地震

エコノミー症候群 防止

新潟大医師ら専門家チーム 県内で活動開始

熊本地震の発生後、車中泊や避難所で過ごす被災者の「エコノミークラス症候群」を防止しようと、対策に詳しい新潟大医学部の榛沢和彦講師や県内医師らの専門家チームが19日、益城町の広安小で検査活動を始めた。【1面参照】

同症候群は、主にふくらはぎの静脈にできた血の塊（血栓）が肺の静脈に詰まり、胸の痛みや時には心停止につながるという。同日までに、少なくとも男女18人が救急搬送されるなどし、うち車中泊をしていた熊本市の50代女性が死亡した。

チームには、熊本市民病院（同市東区）と熊本赤十字病院（同市中央区）から計9人が参加。被災者のふくらはぎにエコーを当てて、血栓の存在を調査し、予防につながる水分補給や運動、足のマッサージを呼び掛けた。

日中の避難所と車中泊の検査で、3人に軽い血栓があることが分かった。血栓が見つかった91歳の女性は「胸に痛みがあった。トイレも遠慮して水を控えていたけど、これからは飲みます」と話していた。

榛沢講師は、新潟県中越地震や東日本大震災で同症候群の診察に当たった。榛沢講師によると、中越地震では少なくとも6人、東日本大震災では2人が同症候群で亡くなっており、「今回は車中泊が非常に多く、発生ペースも早い」と話した。22日まで県内で活動する。（林田賢一郎）

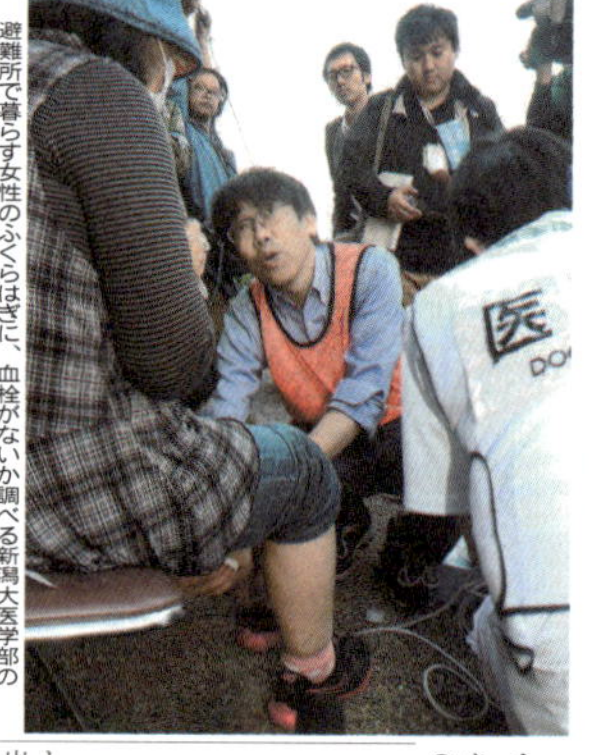

避難所で暮らす女性のふくらはぎに、血栓がないか調べる新潟大医学部の榛沢和彦講師（中央）＝19日午後、益城町

被災した妊婦 支援

熊本大病院 出産体制を整備

被災した妊婦に対応します―。熊本地震で出産を扱う病院が減少したため、熊本大病院産科婦人科（熊本市、片渕秀隆教授）は「熊本地震緊急周産期医療対策プロジェクト」を立ち上げ、妊婦と出産可能な病院をつなぐネットワークをスタートした。

同大病院によると、県内では熊本市民病院などが被災したため、一部の病院に妊婦が集中。通院していた医療機関が被災した妊婦から、「どこへ行けばいいのか」との不安の声もあったという。

同大病院では、熊本市近郊や玉名市、宇城市などの産科婦人科がある医療施設を調査。基幹病院以外に出産可能な施設が8カ所、安静目的の入院に対応できる施設が6カ所あった。

ネットワークは同大病院や基幹病院、開業医などで構成。同大病院は、かかりつけ医から情報提供を受け①不安解消②分娩（ぶんべん）や帝王切開手術が必要―のどちらのケースかを判断。①は地域の医療機関を紹介し、②は同大病院などで受け入れる。

受け入れに備えて同大病院は16床を確保、自衛隊から水100トンの供給を受けた。ガーゼなどの分娩用キットや紙おむつなどを備蓄し、不足した医療機関に配布している。

片渕教授は「ライフラインが不安定な状況でも、大学病院が核となって安心して出産できる体制を整え、妊婦の不安を解消したい。困ったらまず、かかりつけ医に相談してほしい」と話している。（森本修代）

聴覚障害者 配慮して

県協会「避難所 文字情報を」

熊本地震で被災した聴覚障害者を支援するため、県ろう者福祉協会は「避難所では、情報を文字でも表示してほしい」と呼び掛けている。

18日には松永朗常務理事（78）＝熊本市中央区＝が益城町の避難所を訪れ、責任者らに「耳が不自由な人への配慮を」と要望した。

同協会によると、避難所では口頭やアナウンスで情報が発信されることが多く、聴覚障害者には内容が伝わらないという。松永常務理事は「お年寄りにも聞こえにくい人は多いので、文字での情報発信に配慮してほしい」と訴えている。

同協会では手話通訳の希望があれば応じる。☎096（383）5587、ファクス096（384）5937、メールm―rou@yc4.so―net.ne.jp（中村美弥子）

球磨郡9町村 被災者受け入れへ

球磨郡9町村は19日までに、熊本地震の被災者を各自治体の宿泊施設などに受け入れることを決めた。一部を除き、当面は無料で提供するという。

対象施設は、あさぎり町の温泉施設「ヘルシーランド」や湯前町の農村環境改善センターなど。錦やあさぎり、多良木、水上、相良、球磨の町村営住宅などは長期利用を想定した仮設避難所とする。

球磨郡町村会長の松本照彦多良木町長は「エコノミークラス症候群など、避難で健康状態に問題が出ている方もいると聞く。遠慮なく利用してほしい」と話している。

入居条件などの問い合わせは各町村役場まで。人吉市は「市営住宅を中心に、民間も含め、可能な限り受け入れる方向で調査・検討中」としている。（内海正樹、小山真史）

熊本での地震発生後、世界各国のメディアが連日、報道を続けている。地震災害が続く日本に同情を寄せる一方、経済への影響や各国の地震と関連づける報道も見られる。

海外メディア 連日報道

被災に同情 経済影響も

1面と3面で熊本地震を詳報するインターナショナル・ニューヨークタイムズ（18日付）

米インターナショナル・ニューヨークタイムズ紙は、熊本で2回目の地震が起きた段階でトップ扱いに。18日付は1面に救助隊、3面に2度目の地震で崩壊した益城町の複数の民家の写真を掲載。

「死者は40人を超えた。国の重要文化財の阿蘇神社が崩壊、熊本城も大打撃を受けた」「政府は約2万5千人の救助隊を熊本に派遣した」と伝えた。電子版には阿蘇など被災地の動画も載せている。

英BBC放送電子版は、脱線した九州新幹線の写真とともに「在日米軍も救助に」[illegible]「熊本地震は[illegible]（アイフォーン）に使われるソニー製イメージセンサー生産を妨げるだろう」と見通した。

中国のチャイナデイリー電子版は「日本、ミャンマー、アフガニスタン[illegible]」[illegible]韓国のコリアヘラルド電子版は、韓国人被災者の有無に着目する一方、[illegible]「10万人超の避難者ケア[illegible]

（編集委員　井芹道一）

50超える国など 哀悼や連帯表明

岸田文雄外相は19日の記者会見で、被害が拡大している熊本地震に関し、50を超える国・地域、国際機関からお見舞いのメッセージが届いたと明らかにした。「心から感謝を申し上げたい」と述べた。

これまでにロシアのプーチン大統領や中国の習近平国家主席、タイのプミポン国王らが哀悼や連帯の意を表明している。

中谷元・防衛相も会見で、韓国の韓民求国防相からお見舞いの手紙が届いたと明らかにした。手紙は15日付で、犠牲者に哀悼の意を示すとともに「安全かつ迅速に今回の災害から復興されることをお祈り申し上げる」と記してあったという。

「不明者救出 最優先」

蒲島知事 臨時県議会 災害対応に全力

県議会は19日、臨時会を開いた。16日に[illegible]期日がスタートした蒲島郁夫知事は冒頭、「まずは今回の災害対応に全力を尽くす。行方不明者の救出が最優先だ」と強調した。[illegible]9万5千人（19日[illegible]）[illegible]

審議では、教育長に宮尾千加子環境生活部審議監（57）を任命、監査委員に豊田祐一健康福祉部長（59）を選任する特別職人事案2件に同意。条例の一部改正など専決処分8件を承認した。

閉会後、地震の状況説明会もあり、議員から避難所への円滑な物資の提供、市町村への人的支援の拡充などを求める声が上がった。本会議場は天井板の一部が崩落。臨時会は全員協議会室であり、約10分で終わった。（太路秀紀）

県議会の臨時会で「災害対応に全力を尽くす」と述べる蒲島郁夫知事＝19日、県議会棟

県人事 健康福祉部長 古閑氏が昇任

県は19日、監査委員に就く健康福祉部長の豊田祐一氏（59）の後任に、次長級から古閑陽一総務部政策審議監（56）を昇任させる人事を発表した。20日付。古閑氏は2015年4月から現職だった。

古閑陽一 健康福祉部長

運動、水分補給で予防を

厚労省 エコノミークラス症候群で啓発

熊本、大分両県で相次ぐ地震で、厚生労働省は19日、エコノミークラス症候群の予防のため「足の指でグーをつくる」「足首を回す」といった運動や、水分補給をするよう被災者に呼び掛けた。注意点をまとめたチラシを避難所に配布し、ホームページにQ&Aなどの情報を掲載した。

予防のための運動として①足の指でグーをつくる②足の指を開く③つま先を地面につけ、かかとを上下に動かす④つま先を引き上げる⑤ひざを両手で抱え、力を抜いて足首を回す⑥ふくらはぎを軽くもむ―を紹介している。

また、こまめに水分を取り、アルコールを控える。ベルトをゆるめる。眠るときは足を上げることなどを心掛けると良いとしている。

エコノミークラス症候群は、車中泊など長時間同じ姿勢でいるとなりやすい。

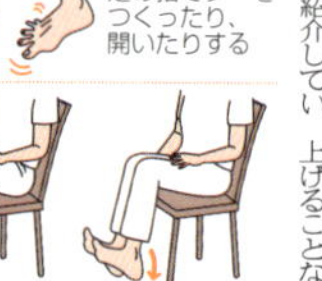

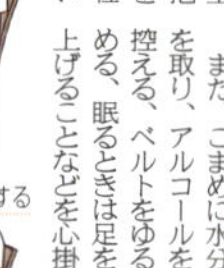

※全国保健師長会などによる

学力テスト 全国で実施

小学6年と中学3年の全員を対象にした文部科学省の「全国学力・学習状況調査」（全国学力テスト）が19日、一斉に行われた。2007年度に学年全員を対象にしたテストとして43年ぶりに復活し、今年で10年目。相次ぐ地震の影響で、今回は県内の全小中学校で実施を見送った。

14日時点の参加予定は国公私立計3万76校の小6約108万人、中3約110万7千人だった。このうち公立については、熊本県の計527校のほか、大分県の3市町の計30校、宮崎県の4町村の計7校が19日の実施を見送った。文科省は福岡、大分、宮崎の3県では児童生徒の安全を考慮し、実施可否の判断を市町村教育委員会に委ねていた。

5月6日までにテストをすれば、全国の成績集計には反映されないが、委託業者による採点が可能。

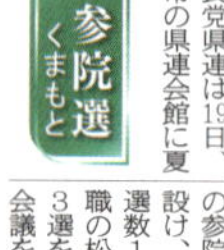

対策本部を設置

自民県連 支援態勢など確認

自民党県連は19日、熊本市の県連会館に夏の参院選の対策本部を設け、熊本選挙区（改選数1）に擁立する現職の松村祥史氏（51）の3選を目指し、第1回会議を開いた。

会議には、保守系無所属6人を含む県議32人が出席。山本秀久会長は冒頭、熊本地震を受けて「こんな時に、という声もあるが、参院選も熊本県にとって重要だ」と話した。

協議は非公開。前川収幹事長によると、同日は参院選の支援態勢を確認。復興予算を見据えた地震対応の意見も交わしたという。

熊本選挙区には、野党統一候補で弁護士の阿部広美氏（49）、幸福実現党新人で政治団体役員の木下順子氏（57）も出馬を表明している。（太路秀紀）

20人が届け出

あさぎり町議選 24日投開票

任期満了に伴うあさぎり町議選は19日告示され、定数16に対して20人が立候補を届け出た。立候補者の内訳は現職14人、新人6人で全員無所属。

投票は24日午前7時から午後7時まで（旧皆越分校は午後6時まで）、町内12カ所で。午後8時からポッポー館で即日開票される。当落の判明は同9時半ごろになりそう。

期日前投票は20〜23日午前8時半から午後8時まで、町役場2階で。

18日現在の有権者数は1万3030人（男5979人、女7051人）。（内海正樹）

あさぎり町議選立候補者（定数16―20）　左上から届け出順

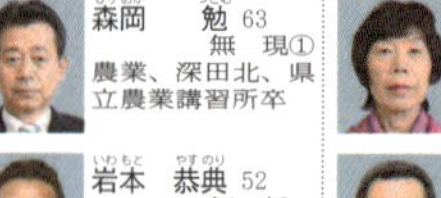
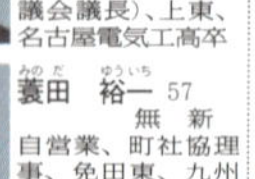
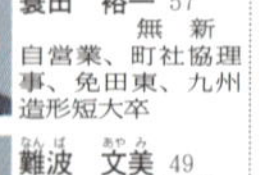

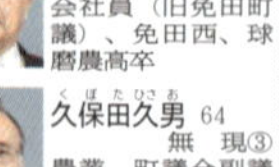
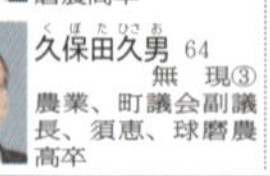
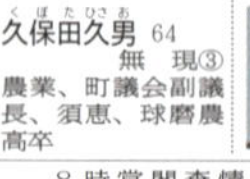

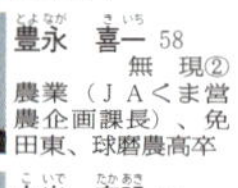

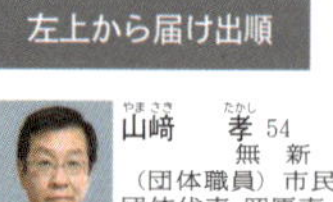

森岡　勉（もりおか・つとむ）63　無　現①　農業、深田北、県立農業講習所卒

岩本　恭典（いわもと・やすのり）52　無　新　自営業、町スタンプ会代表、免田東、西南学院大卒

溝口　峰男（みぞぐち・みねお）64　無　現③　会社役員（旧上村議会議長）、上東、名古屋電気工高卒

蓑田　裕一（みのだ・ゆういち）57　無　新　自営業、町社協理事、免田東、九州造形短大卒

難波　文美（なんば・あやみ）49　無　新　自営業、NPO法人副理事長、上北、純真女子短大卒

徳永　正道（とくなが・まさみち）68　無　現①　会社員（旧免田町議）、免田西、球磨農高卒

久保田久男（くぼた・ひさお）64　無　現③　農業、町議会副議長、須恵、球磨農高卒

皆越てる子（みなごし・てるこ）68　無　現②　主婦、町体協上支部副会長、上東、球磨農高卒

今井　清志（いまい・きよし）60　無　新　会社役員（町社協理事）、免田東、九州測量専門学校卒

加賀山瑞津子（かがやま・みつこ）54　無　現①　主婦（福祉施設職員）、須恵、西九州大卒

久保　尚人（くぼ・なおと）57　無　現①　会社役員、町商工会理事、免田東、京都産業大卒

小見田和行（こみた・かずゆき）62　無　現③　農業、岡原北、球磨農高卒

奥田　公人（おくだ・きみと）66　無　現③　農業、町水田営農推進協議会長、岡原南、球磨農高卒

橋本　誠（はしもと・まこと）55　無　現①　会社員、町商工会理事、上北、大阪工業技術専門学校卒

山﨑　孝（やまさき・たかし）54　無　新　（団体職員）市民団体代表、岡原南、日大中退

市岡　貴純（いちおか・たかすみ）42　無　新　団体職員（町消防団分団長）、深田南、県立農大卒

山口　和幸（やまぐち・かずゆき）64　無　現②　（町企画財政課長）、免田東、多良木高卒

豊永　喜一（とよなが・きいち）58　無　現②　農業（JAくま営農企画課長）、免田東、球磨農高卒

小出　高明（こいで・たかあき）60　無　現①　農業（JAくま理事）、上西、球磨農高卒

永井　英治（ながい・えいじ）55　無　現②　農業、球磨郡陸協理事、免田東、球磨農高卒

◇略歴の見方　氏名（敬称略）、年齢、党派・現元新別（丸数字は当選回数）、職業・主な肩書（かっこ内は過去職・肩書）、住所、出身校

高松高裁長官に小久保氏を任命

政府は19日午前の閣議で、福田剛久高松高裁長官が5月6日付で定年退官するのに伴い、小久保孝雄京都地裁所長を高裁長官職に任命すると決めた。これを受け、最高裁は小久保氏を高松高裁長官に充てる人事を決定した。発令は5月10日付。

【高松高裁長官】小久保　孝雄氏（こくぼ・たかお）広島大大学院修了。81年判事補。大阪地裁部総括判事、裁判所職員総合研修所長などを経て14年8月から京都地裁所長。63歳。大阪府出身。

◇最高裁人事（19日）高松地裁所長（東京高裁判事）畠山稔（5月10日）京都地裁所長（大阪高裁部総括判事）石井寛明▽福島地裁所長（静岡地家裁浜松支部長）秋山敬

◇内閣官房人事（18日）内閣審議官（総務省大臣官房付）兵谷芳康

◇外務省人事（19日）駐ウガンダ大使（外務省研修所総括指導官）亀田和明▽駐ミクロネシア大使（大臣官房）堀江良一

◇叙位叙勲（19日、県関係分）正五位　元三角町長、元県議吉田等氏（87）＝宇城市三角町波多（3月22日死去）▽従六位瑞宝双光章　元倉岳町立棚底小校長吉野四郎氏（87）＝天草市倉岳町棚底（3月23日死去）▽旭日単光章　元久木野村議佐藤昭則氏（85）＝南阿蘇村河陰（3月21日死去）

首長の日程

【蒲島知事】地震災害対応
【大西熊本市長】地震災害対応
【山下荒尾市長】8時半　庁議▽10時半　市身体障害者福祉協会連合会総会
【髙嵜玉名市長】地震災害対応
【中嶋山鹿市長】地震災害対応
【江頭菊池市長】地震災害対応
【荒木合志市長】地震災害対応
【佐藤阿蘇市長】地震災害対応
【元松宇土市長】地震災害対応
【守田宇城市長】地震災害対応
【中村八代市長】地震災害対応
【松岡人吉市長】18時半　市子ども会育成連絡協議会総会
【西田水俣市長】9時　庁内協議▽14時　水俣病犠牲者慰霊式実行委員会
【堀江上天草市長】終日　庁内協議
【中村天草市長】地震災害対応

首相の動静　19日

【午前】7時52分、公邸から官邸。8時2分、閣議。16分、総合科学技術・イノベーション会議。44分、萩生田光一内閣人事局長。53分、杉田和博官房副長官、西村泰彦内閣危機管理監、古谷一之官房副長官補、加藤久喜内閣府政策統括官。9時6分、長嶺安政外務審議官。10時21分、衛藤晟一首相補佐官。39分、尾身幸次元科学技術担当相、山中伸弥京大教授らから科学技術予算拡充の要望書受け取り。11時14分、森喜朗元首相。58分、日本国際賞受賞者の細野秀雄東京工業大教授、タンクスリー米コーネル大名誉教授ら。

【午後】1時50分、長門正貢日本郵政社長、池田憲人ゆうちょ銀行社長。2時43分、大西隆日本学術会議会長らから伊勢志摩サミットに向けた共同声明受け取り。3時17分、馳浩文部科学相。52分、古谷官房副長官補、田和宏内閣府政策統括官、柳瀬唯夫経済産業政策局長。4時24分、谷内正太郎国家安全保障局長、北村滋内閣情報官、杉山治樹公安調査庁次長。37分、北村内閣情報官。58分、地震非常災害対策本部会議。5時26分、産業競争力会議。8時51分、公邸。宿泊。

◇お断り　連載「全電源喪失の記憶」、「生き物こぼれ話」は休みました。

（第３種郵便物認可）　熊本日日新聞　平成28年（2016年）4月20日　水曜日　経済　6

田崎市場　水産競り　再開めど立たず　青果も入荷激減

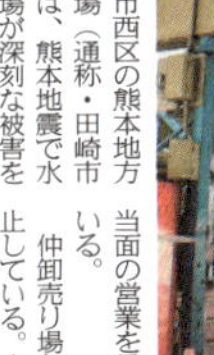

崩れた柱から、鉄骨がむき出しになった水産競り場＝熊本市西区の熊本地方卸売市場

熊本市西区の熊本地方卸売市場（通称・田崎市場）では、熊本地震で水産競り場が深刻な被害を受け、鮮魚の競りを見合わせる状況が続いている。競りを再開した青果も、一部で入荷量が激減しており、混乱が続いている。

鮮魚の競りは14日の地震の翌日から19日まで、計4回中止になった。競り場の柱の数カ所が崩れているため、大海水産など卸2社が入居する事務所は立ち入り禁止になっている。水揚げされた魚は、福岡などの市場に回っている。

大海水産は19日、取引業務を管理する機器の運び出し作業を実施。21日から近海産や養殖物の相対取引など一部の営業を開始する見通しだが、競りの再開のめどは立っていない。九州中央魚市は当面の営業を見合わせている。

仲卸売り場も営業を休止している。水産仲卸の倉岡誠さん（62）は「地震直後には断水で、いけすのクルマエビやアワビは全滅した。残った魚には海水を運んで対応しているが、水不足で氷も作れず営業は厳しい」と表情を曇らせた。

一方、青果2社は早い企業で17日から競りを再開。ただ、入荷量や競り値も低調で推移している。「小売店や飲食店の休業で販路自体が回復していない」と熊本地方卸売市場の野田正広社長。熊本大同青果は「入荷量は半減し、仲買人も通常の3分の1程度しか集まっていない。ただ、青果物や消費者の需要がある限り、流通の機能を果たす」と話した。（中尾有希）

スイカ農家　益城町で被災後初出荷

地震で自宅が倒壊して避難所で暮らす益城町安永の農家、内田良雄さん（68）、福子さん（60）夫婦は19日、早朝から収穫したスイカ約500個を出荷した。収穫は被災する前の14日以来。福子さんは「風呂もなく難民みたいな状況。バッテン、農家として出荷最盛期のスイカを放っておけん」と話した。

地震が起きた14日夜は自宅にいた。突然の揺れに「ただごとじゃなかと感じ、夫婦ではだしで外に逃げ出すと、数秒後に家がつぶれた。「ギリギリで命拾いした」

被災後は近くの小学校に身を寄せた。「大きな余震もあって眠れない夜が続いた」。収穫を中断したスイカが気掛かりだった。

ようやく被災6日目の19日早朝にビニールハウスに入ると、茎からちぎれたスイカが点々としていた。「地震の揺れで宙に飛び上がって茎から切れたのだろうか」と驚く。

無事だったスイカは親戚の手も借りて車でJAかみましきの選果場に運んだ。自動選果場が使えず、JA職員らと手作業で一つ一つ重量を量って箱詰め。「年寄りには重労働」。通常20分の作業が2時間かかった。

出荷再開に内田さん夫婦はほっとした様子。ただ、良雄さんは「スイカの次はコメだが、田植えのめどはつかない。これから一体どうすればいいのか」と漏らした。（猿渡将樹）

トラックの荷台からスイカを下ろし、手作業で選果する内田福子さん（中央奥）と夫の良雄さん（右）＝益城町

ガソリン　熊本市中心に供給回復

給油の車が並ぶガソリンスタンド。熊本市での品薄状態は解消しているという＝19日、熊本市南区

熊本地震の影響で品薄状態になっていたガソリンの供給量が、熊本市を中心に回復してきた。ただ、被害が深刻な益城町などのガソリンスタンドでは、地震発生から5日たった19日も、休業中のスタンドがあり、供給不安による混乱の懸念が続いている。

14日の地震以降、県内のスタンドには多くの車が押し寄せた。熊本市を中心に18店を展開するエムロード（同市）は「車内で避難生活する被災者の利用が目立った」と話す。

石油元売り各社は、東日本大震災後にガソリンが不足したことを踏まえ、供給体制を強化。今回の地震では、「ＥＮＥＯＳ（エネオス）」を展開するＪＸエネルギーや出光興産などがタンクローリーを優先的に熊本県に集めた。

経済産業省によると、19日午後1時時点で、県内のスタンド797店のうち9割に当たる723店が営業。同省は「熊本市内のスタンドの品薄状態はほぼ解消された」とする。国道57号が寸断した阿蘇方面でも迂回路の開通で品薄状態が解消しているという。

ただ、益城町などでは、停電や損壊によるスタンドの休業が続いている。輸送に時間がかかる南阿蘇村と高森町のスタンドでも、給油量の制限付きで販売しているスタンドもある。

石油連盟（東京）の加盟各社は同日、県内で営業中のスタンド情報を各社のウェブサイト上で公表を始めた。（宮崎達也）

熊本・九州　けいざい

熊本地震　影響続く

【1面参照】

道路寸断　物流に混乱　集荷困難、配達1日遅れも

熊本、大分両県を中心とした地震で、配送遅れなど物流の混乱が続いている。南北の大動脈である九州自動車道が通行禁止になるなど道路網が寸断されたのが響き、トラック輸送は熊本県を中心に集配不能や半日以上の遅れに陥った。物流各社は代替となる道路を探すなど対応を進めているが、余震が続いていることもあり、正常化には時間がかかりそうだ。

日本通運は企業間の小口貨物を扱う「アロー便」について、熊本県全域や宮崎県の一部で集荷や配送を見合わせている。また一時は九州全島で半日から1日の配達遅れが生じた。熊本県だけでなく、宮崎県や鹿児島県での配送にも影響した。

日本郵便では熊本県を中心とする九州地方に配達する郵便物や宅配便「ゆうパック」に、半日から2日程度の遅れが出ている。特に、阿蘇市、上益城郡、阿蘇郡宛ての郵便物は配達しても避難先が分からないことが多い。

16日から一時的に停止していた熊本県宛てのゆうパックの受け付けは19日に再開した。ただ阿蘇市など3地域宛ての荷物は依然として受け付けていない。

宅配便最大手のヤマト運輸は現場のドライバーから道路情報を集約している。強い余震が続いて新たに通行できない区間が生じるため、有効なルートを見いだすのに時間がかかったが、19日夕から熊本県の一部で配達や集荷を再開した。

佐川急便は16日朝が最も厳しい状況だった。熊本県全域向けの集荷を見送り、九州各県への配達も半日以上の遅れが見込まれた。まだ熊本県や鹿児島県などで遅れが続いている。

主な物流業者の地震影響

	ピーク時	19日（午後5時現在）
日本郵便	熊本宛ての宅配便の受け付けを停止。熊本、宮崎、鹿児島県で配達する郵便物や宅配便の一部で1日程度の遅れ	熊本宛ての宅配便の受け付けを、一部地域を除き再開。熊本の一部で配達ができない。九州全域で遅れ続く
日本通運	熊本全域と宮崎の一部で集荷などを見合わせ。九州全体で半日から1日の遅れ	熊本全域と宮崎の一部で集荷や配達ができない状態続く。大分、宮崎、鹿児島で遅れ
ヤマト運輸	熊本全域と宮崎の一部で集荷などを見合わせ。九州全体で半日から2日程度の遅れ	熊本の一部で集荷や配達を再開。熊本、宮崎、鹿児島で引き続き遅延
佐川急便	熊本全域で集荷などを見合わせ。九州全体で半日以上の遅れ	熊本の一部で集荷や配達ができない。大分、熊本、宮崎、鹿児島で遅れ

「180万食支援」90万食に訂正　森山農相

森山裕農相は19日の閣議後記者会見で、熊本県などで相次ぐ地震の被災者に20日から3日間に180万食を追加提供するとした方針が、実際には90万食の間違いだったと発表した。政府内の情報伝達ミスが原因という。

政府は19日までの3日間に90万食を提供することを目指している。これに加えて森山農相は18日、新たに20〜22日に180万食を提供する方針を明らかにしていた。

災害対応に当たる内閣府が農林水産省に誤った情報を伝えた。誤った情報に基づいた食品企業への発注はしていないという。

がまだせ 熊本!!

県産品を買って応援　大阪で販売会　盛況売り切れ

がまだせ（頑張れ）熊本―。大阪・梅田のビル内にある県大阪事務所で19日、相次ぐ地震で被災した地元を応援しようと県産品販売会が開かれた＝写真。壁には熊本の方言による応援メッセージも張られ、開始前から100人近くが並び、準備した600個以上の商品は約1時間で売り切れた。

混乱を避けるため入場制限が設けられ、普段は商品販売をしていない事務所に並べられた県PRキャラクター「くまモン」のグッズや菓子などを客が次々と購入。義援金箱にお釣りと一緒に紙幣を入れる人も多かった。

事務所によると、販売した県産品は、名古屋市で16、17日にあった物産展に出品予定だったが14日の地震で取りやめ、保管していた。

安否連絡の郵便　県内からは無料　来月18日まで

日本郵便は19日、熊本地震の被災者に安否の連絡に活用してもらうため、県内の個人が出す郵便物の料金を5月18日まで無料にすると発表した。

封書と通常はがき、レタックスが無料。切手や封筒が一体になったミニレター（郵便書簡）と点字郵便物は速達料金を免除する。法人は対象外。郵便局への持ち込みが必要で、県内全ての局で受け付ける。

また、避難所に身を寄せる被災者を対象に、1世帯に通常はがき5枚とミニレター1枚を無料提供する。簡易局を除く県内の全局で4月25日まで対応する。（小林義人）

●畳表　JAやつしろい業センター

		中央（千丁）
麻	本間	2925－2430
同	五八	2240－1180
綿	本間	2280－1853
同	五八	1300－ 602
さらさ	本間	5000
同	五八	―
さくら	本間	4000
同	五八	3200
集荷枚数		2,589枚
落札枚数		2,389枚

こんな時こそ 前向いて

阿蘇神社門前町の商店主ら

炊き出しなど支援 被災者「元気もらえる」

阿蘇市一の宮町の中心街の商店主らでつくる仲町通り繁栄会（宮本一良会長）が、被災者を励まそうと、通りの一角で炊き出しや生活用品の配布に取り組んでいる。訪れた人たちにとって「元気をもらえる」とひとときの安らぎとなっている。

【1面参照】

同市で震度6弱の地震が起きた16日の昼から、食材を持ち寄って炊き出しを開始。その後、宮本会長の長男・博史さん(41)が全国商工会青年部連合会長を務めていた縁で、全国の加盟商工会から続々届く生活用品の無料配布も始めた。

炊き出しは正午と午後5時からの1日2回。生活用品は、トイレットペーパーや粉ミルク、おむつなど。繁栄会のフェイスブックで知らせ、避難所生活や車中泊をする被災者が多数、訪れている。炊き出しは19日でいったん終了したが、物資の配布は続ける。

会社員の田尻景子さん(48)は「何もかもが変わって先が見えないが、繁栄会の頑張りに力をもらった」と笑顔を見せた。

同会は飲食店や雑貨店、土産物店など37軒が加盟。震災で倒壊した店舗もある。阿蘇神社の門前町として人気の観光スポットだが、同神社は楼門や拝殿が倒壊。

宮本会長(65)と博史さんも被災したが「不安を口にしたらきりがない。こんな時だからこそ、前を向かないといけない。地域をはじめ、日ごろのお客さんへの恩返し。地域一体となって頑張りたい」と話した。（岡本幸浩）

阿蘇市一の宮町の仲町通り繁栄会が開いている炊き出し。全国から届いた生活用品の無料配布もあり、多くの被災者らが訪れている＝同市

ローカルワイド

熊本総局 ☎096(361)3311
御船支局 ☎096(282)0220
大津支局 ☎096(293)7470
合志支局 ☎096(242)3100
玉名総局 ☎0968(73)3078
山鹿支局 ☎0968(44)2433
菊池支局 ☎0968(25)2545
荒尾支局 ☎0968(63)0052
南関支局 ☎0968(53)0953
阿蘇総局 ☎0967(22)0142
高森支局 ☎0967(62)0008
小国支局 ☎0967(46)2271
山都支局 ☎0967(72)0253
八代支社 ☎0965(32)7161
水俣支局 ☎0966(63)3445
芦北支局 ☎0966(82)2070
宇城支局 ☎0964(32)0144
宇土支局 ☎0964(23)1225
人吉総局 ☎0966(23)3302
球磨支局 ☎0966(42)2161
天草総局 ☎0969(22)2413
牛深支局 ☎0969(73)2380
上天草支局 ☎0964(56)5570

第二の故郷 心配…

サッカーＪＦＡアカデミー熊本宇城ＯＢ

中山さん 宇城市に救援物資

宇城市にある日本サッカー協会のＪＦＡアカデミー熊本宇城で学んだ中山尚英さん(18)＝宮崎県三股町＝が19日、宮崎で集めた熊本地震への救援物資を同市役所へ届けた。「第二の故郷」を心配し、奔走した熱い思いが市職員を喜ばせた。

中山さんはエリート選手を育成する同アカデミーへ2010年に入校。小川中に通い、放課後などは同アカデミーで練習に励んだ。

中学卒業後に帰郷していた中山さんは、熊本地震の甚大さをニュースで見て「何かをしよう」と決意。短文投稿サイトのツイッターで物資を募ったところ、友人を通じて情報が拡散。

300人以上から米や水、おむつなどが4㌧トラック1台分集まった。

いまは大学での選手生活を志して受験勉強中だが、この日は予備校を休み、知人の運送業者のトラックに同乗し宇城市へ到着。同級生のサッカー仲間で熊本大1年の茶薗知行さん(18)と物資を搬入した。守田憲史市長は「若者の厚意に涙が出る」と中山さんとがっちり握手した。

「こちらの方々の温かさに支えられ、選手として、人として成長できた。中学時代の友人も被災しているから」。サッカーへの思いと同様に、支援へのぶれない決意を胸に刻んでいる。（田中祥三）

トラックから支援物資を運び出すＪＦＡアカデミー熊本宇城ＯＢの中山尚英さん（中央）。左奥は友人の茶薗知行さん＝宇城市

被災地ごみ「受けます」

有明広域事務組合　益城町分など1日20㌧

荒尾・玉名地域の2市4町でつくる有明広域行政事務組合（代表理事・髙嵜哲哉玉名市長）は19日までに、地震で大きな被害を受けた益城町などの一般家庭ごみ（可燃ごみ）を、運営する2カ所の廃棄物処理施設で1日最大20㌧受け入れることを決めた。

地震の影響で、益城、嘉島両町と西原村のごみを処理する「益城クリーンセンター」（益城町）が故障。処理ができなくなり、3町村では地震以降、家庭ごみの収集を見合せたり、収集したごみを仮置きするなどしていた。

有明広域行政事務組合が運営する東部環境センター（玉東町）は1日70㌧、クリーンパークファイブ（長洲町）は同50㌧の処理能力を持つ。それぞれ10㌧程度の受け入れが可能なことから、支援を申し出た。

被災地のごみ収集・運搬態勢が整い次第、週内をめどに可燃ごみの受け入れを開始する。益城町住民生活課は「ごみ処理ができずに大変困っていたので、支援はありがたい」としている。（楠本佳奈子）

耐震強度不足で安全確保できず

和水町　菊水中央小の校舎

文部科学省の耐震基準を満たしていない和水町の菊水中央小が、熊本地震の影響で安全が確保できないとして、19日から22日まで4日間の休校に入った。町教委は校舎を当面使わず、臨時校舎となる町施設を早急に決め、週明けの25日にも授業を再開する。

相次ぐ余震を受けて19日から休校している菊水中央小＝和水町

町教委によると、地震の続発を受け、横手満校長が18日、小出正泰教育長に相談。小出教育長が関係者と協議し、休校を決めた。

和水町内の小学校は一連の地震後も授業を継続。同小の校舎に大きな損傷は見つかっていないが、トイレ壁のタイルの一部が欠落した。このため保護者4人が18日、福原秀治町長に「安全を考えたら、子どもを登校させられない」と訴えた。

同小は1982年に完成し、鉄筋一部3階建て。2007年の検査で耐震強度不足が判明し、町は4小の統廃合による新校舎建設や改修を検討してきた。

しかし、事業費などを巡り、福原町長と町議会の対立で作業は停滞している。小出教育長は「これまでいろいろな提案をしてきたが、結果的にこのような形になり、反省している」と述べた。（前田晃志）

被災友人「助けたい」

地元避難の高校生 募金集め

苓北町・天草市

熊本地震の被災者への募金を呼び掛ける高校生＝苓北町

熊本地震の影響で熊本市などから苓北町や天草市の地元に避難している高校生たちが、「被災地に残っている友人を助けたい」と募金活動をしている。

苓北町志岐のＡコープ前では18〜19日、第二高２年の岡田このみさんと中学時代の同級生ら約10人が、手書きのポスターを手に買い物客に募金を訴えた。２日間で21万円が寄せられ、岡田さんは「友人らは避難所生活を強いられたり、現地でボランティアをしたりしている。自分たちもここでできることをしないと」と話した。

天草市牛深町でも19日、熊本学園大付属高２年の矢田怜さんらが実施。牛深中時代の同級生ら13人とともに、ポスターを掲げて買い物客に募金を呼び掛けた。矢田さんは「来週月曜日から学校が始まる。それまでできるだけ続けたい」と話した。

（酒森希、上野和伝）

地面に亀裂で避難指示

高齢者 施設とどまる

宇土市

熊本地震の影響で宇土市花園台町の地面に亀裂が入り、同市は18日午前、72世帯99人に避難指示を出した。しかし、福祉施設の高齢者は避難所生活が困難として、施設にとどまらざるを得ないケースが出ている。

サービス付き高齢者向け住宅の一つでは、入居する60〜90代の全員が避難していない。水や食料の備蓄がある一方、学校や公民館といった避難所はベッドなどの設備が整わず、生活面での不安が大きいという。

管理者の女性は「利用者の8割が車いすで、認知症の方も多い。付き添いが必要だが、避難所でどこまでできるのか心配」と説明。余震で寝不足が続くという利用者の女性は「ここにいるしかありませんから」と漏らした。

（臼杵大介）

スリーデーマーチ中止

八代市一帯で5月に開催予定だった健康ウオーキングの祭典、第22回九州国際スリーデーマーチ（熊日など共催）は、熊本地震のため中止が決まった。19日、同マーチ実行委員会が明らかにした。

同マーチは例年、全国から約2万人の参加。今年は5月13〜15日の3日間、球磨川河川緑地を主会場に5〜40㌔の計12コースを予定した。コースに川沿いや山あいが多く、参加者の安全を考慮した。

申し込み済みの約1200人には実行委事務局（市観光振興課）が個別連絡する。同市の市役所本庁舎が地震で使用できなくなっており、事務局は「問い合わせはスリーデーマーチか市のホームページを利用してほしい」と呼び掛けている。

円山応挙展中止

国重文など返還

八代市立博物館

八代市立博物館未来の森ミュージアムは19日、同日から予定した「円山応挙―京都相国寺と金閣・銀閣の名宝展」（6月5日まで）の中止を明らかにした。熊本地震の余震が続いているため。

同展は相国寺所蔵の国重要文化財「牡丹孔雀図」などの掛け軸や絵巻物を26点並べ、当初は4月15日に始まる予定だった。作品は近く相国寺などに戻す。

同博物館は「2年がかりで準備したが、来館者と作品の安全を考えた」としている。同博物館☎0965（34）5555。

日中友好あずまや倒壊

熊本市動植物園「友誼亭」

倒壊した熊本市動植物園の友誼亭＝熊本市東区

日中友好の象徴として熊本市動植物園（東区健軍）に建てられたあずまや「友誼亭」が地震で倒壊していたことが19日、分かった。

熊本市が1979年に中国・桂林市と友好都市協定を結び、92年に植物園エリアに建てられた。中国の代表的建築様式の木造あずまや。園によると、16日の地震で土台（コンクリート製）の上の赤い柱が倒れ、屋根も崩落しているのが見つかった。

園内では他の施設も被害を受けており、岡崎伸一園長(57)は「地震前の状態に復帰させ、一日も早い開園にこぎ着けたい」と意向を話した。（中島忠道）

女将の会施設 温泉無料開放

人吉市、28日まで

人吉市の温泉旅館の女将でつくる「人吉温泉さくら会」（有村政代会長）は19日、熊本地震の被災者向けに、会員の宿泊施設7軒で温泉の無料開放を始めた。28日まで。

いまのところ、同市の温泉旅館に地震による大きな被害は出ていないという。有村会長(65)は「被災地から離れているが、温泉に漬かって少しでもゆっくりとし、元気を出してもらえたら」と話している。

開放時間は▽あゆの里、翠嵐楼＝午前11〜午後3時▽鍋屋本館、芳野旅館、人吉旅館＝午後1〜同8時▽朝陽館＝正午〜午後8時▽しらさぎ荘＝午前8〜午後10時。

住所を確認できる免許証などの提示が必要。タオルの貸し出し可能。問い合わせは各旅館。（小山真史）

被災茶農家に思い寄せ

相良村で初摘み

県内有数の茶どころとして知られる相良村で17日、露地物の新茶摘みが始まった。

四浦地区の信國敏彦さん(59)方の茶畑で、家族らが機械を使い、黄緑色の新芽を摘み取った。10㌃から収穫した約300㌔を約60㌔の荒茶に製茶。19日のＪＡ熊本経済連の初入札にかけた。

今季は霜害もなく生育は順調。茶畑一帯では、熊本地震の被害もほとんどないという。

信國さんは「被害がひどかった阿蘇や菊池などにも仲間の茶農家がたくさんいる。とても心配」と話しながら、作業に汗を流していた。（小山真史）

一番茶を機械で摘み取る農家＝相良村

町から 村から

天草市

●熊本地震の被災地に削り節　牛深町の牛深水産加工業協同組合青年部の江良浩部長らが18日、熊本市南区役所を訪れ、被災者2000人分のサバの削り節を届けた。組合員が原料を持ち寄って自ら削り機を使い、1袋50㌘の削り節を作った。＝写真

南阿蘇村の東海大生 親元へ
避難所住民 別れ惜しむ
肩寄せ 苦難共に

16日未明の熊本地震の本震後、南阿蘇村河陽で下宿生活を送っていた東海大農学部の学生の多くは、近くのキャンパス内の体育館へ避難した。地元の黒川地区の住民70人余りとともにピーク時には約500人が肩を寄せ、学生らの自主組織が救護や炊き出しなどで避難生活を支えた。しかし、学生は全て親元へ帰ることになり、住民は別の避難所へ。19日、互いが別れを惜しんだ。

【1面参照】

黒川地区の下宿に暮らす学生800人は、ほとんどが県外出身。避難所では毛布の運搬やお年寄りの誘導などを分担。物資や医療、情報など6班に分かれ避難所運営に協力し合った。

下宿を営む竹原満博区長(55)は「親元に戻らずに手伝ってくれた子もいた。彼らの力がなければ、住民は疲弊し切っていたはず」と感謝。活動の中心となった東海大4年の原田健汰さん(22)＝埼玉県出身＝は「大家さんや地区の人たちは家族と同じ。苦しい時を一緒に乗り越えた絆はずっと忘れない」と涙を浮かべて再会を誓った。（堀江利雅）

避難所を去る前に住民たちとの別れを惜しむ東海大の学生＝19日、南阿蘇村

臨時災害放送局を開設
熊本シティエフエムに

被災者向けの情報を伝える臨時災害放送局。リスナーからも多くの情報が届いている＝熊本市中央区

熊本市は熊本地震を受け、臨時災害放送局「くまもとさいがいエフエム」を、熊本シティエフエム（同市中央区）に開設した。同市全域を放送エリアとし、物資や給水所、銭湯、交通機関などの生活情報を18日から伝えている。周波数は同エフエムの79・1メガヘルツ。

九州総合通信局によると、臨時災害放送局は被害軽減に役立つ情報を伝えるFM局。1995年の阪神大震災以降、全国で開設が相次ぐ。今回は九州2例目で、既存のコミュニティー局を拠点にするのは九州で初めて。

市は総務省から免許交付を受け、被災者向けの情報を提供。特別番組の編成を担うシティエフエムの松本富士男社長(68)は「市民と密に連絡を取りながら、防災ラジオとしての役割を果たしたい」としている。（富田ともみ）

余震の津波警戒 会場変更を検討
水俣病犠牲者慰霊式

水俣市は19日、5月1日に開く水俣病犠牲者慰霊式の会場を、水俣湾埋め立て地の親水護岸から、市総合体育館に変更する検討を始めた。市は「熊本地震の余震による津波を警戒した措置」としている。20日の緊急実行委員会で論議し、正式決定する。中止は検討していない。

慰霊式は1992年、水俣病公式確認の日に合わせて始まった。2006年から、海岸に面した親水護岸の水俣病慰霊の碑前で開かれている。例年、患者と遺族や環境相、知事、原因企業チッソの社長らが出席する。

埋め立て地には水俣病を引き起こした水銀ヘドロが封じ込められており、県港湾課は地震発生を受けて15日以降、連日調査を実施。液状化や護岸の破損がないと確認している。

市は同日、4月30日に予定していた水俣病資料館のオープニング式典の中止を決めた。（隅川俊彦）

熊本市水道 東部地区へ給水
配水池付近 新たな漏水

熊本市は19日、主に市東部地区の約5万7千戸に給水する高遊原小山配水池（菊陽町曲手）の付近で新たに漏水が見つかり、本格的な復旧は20日以降になるとの見通しを示した。

市上下水道局によると、東区沼山津の水源と配水池を結ぶ管から、1時間に140ﾄﾝ漏れていることが分かった。16日の本震で破損したとみられている。

同局は、各戸への給水のため、19日午後7時半から4時間だけ暫定的に通水。その後に再び断水し、復旧工事を始める。さらに漏水箇所が見つかる恐れもあるという。

市内では19日午後2時現在、全世帯の約8割にあたる26万8千戸に水を供給（漏水などで家庭に届かない場合もある）。西区河内の芳野地域（1008戸）は21日中の通水を目指す。南区城南町の築地地域（39戸）では、配水場のポンプ修理が遅れ、復旧のめどはたっていない。（高橋俊啓）

南阿蘇村
物資運ぶ人員 不足
社協 ボランティア募集

熊本地震で大きな被害を受けた南阿蘇村の社会福祉協議会は20日、災害ボランティアの受け付けを始める。19日は久木野総合福祉センター（同村久石）の敷地にあるふれあいサロンに、拠点となる村災害ボランティアセンターを設置する準備を済ませた。

村によると、食料など支援物資は十分届いているが、避難所へ運んで配るスタッフは不足。ボランティアの問い合わせも相次いでいるため、センターでマッチングする。

2012年7月の九州北部豪雨の際、村内で活動をした県外の人から「再びボランティアとして手伝いたい」との申し入れも。19日は地元中高生を含む約30人が被災者の話し相手になり、避難所のトイレ掃除や炊き出しも手伝った。

村社協の工藤富美代事務局次長は「被災者のニーズをくみとり、ボランティアの力を借りたい」と話している。村社協☎0967(67)0294。（小多崇）

熊本市社協
被災家屋片付け 支援を受け入れ

熊本市社会福祉協議会は19日、災害ボランティアの受け入れを、22日から始めることを決めた。被災家屋の片付けを支援してもらう。

中央区の花畑広場（仮称）にセンターを開設。午前9時から午後4時まで受け付ける。1人暮らしの高齢者や障害者の住まいを優先。全・半壊した家屋は危険が伴うため派遣しない。

19日は支援依頼の受け付けをスタート。午後3時現在、約50件の問い合わせがあったという。同協議会は「地震の被害は市内全域に及んでおり、短くとも1カ月は受け入れを続けたい」としている。

ボランティアの申し込みは同協議会☎096(322)2331、支援依頼は同センター☎090(6653)1592か、☎090(6653)1581。

同協議会は16日から県外の支援を予定していたが、余震が続く中、ボランティア活動の安全を保障できないとして受け入れを延期していた。

県社会福祉協議会によると、菊池市では18日に災害ボランティアセンターが開設され、益城町でも21日に開設予定という。（高橋俊啓、富田ともみ）

熊本市長 ツイッターで支援募る
700人集合 断る事態に
うまスタ

トラックで届いた救援物資を運び出すボランティアら＝うまかな・よかなスタジアム

熊本市の救援物資集積所となっているうまかな・よかなスタジアム（同市東区）では19日、大西一史市長が短文投稿サイト「ツイッター」にボランティアを募る書き込みをしたところ、700人近くが集まった。

同スタジアムでは前日まで150人体制で物資を仕分けていたが、人手不足から作業が遅れていた。このため、大西市長が「19日午前9時からボランティアを募集します」と投稿。人員の配置などを指示していた男性(33)によると、同日朝から「200人ぐらい集まっていた」という。

高校生や大学生の姿も多く見られ、現場を担当する市地域政策課長(54)は「格段に物資をさばけるようになった」と話した。

志願者は時間を追うごとに増え続け、昼すぎには「配置するところがない」と断る事態に。森山里美さん(30)と中牟田久美子さん(29)＝いずれも熊本市北区＝は「ツイッターを見て、物資が足りていない現状をなんとかしようと思って来たんですが」と、残念そうに話していた。（嶋田昇平）

被災者は思う
2016.4.20

熊本地震で甚大な被害に見舞われた県内。避難生活が長期化する中で、被災者は何を思い、どんなことを求めているのか。その声に耳を傾けた。

津波注意報 怖かった
吉塚直美さん(33)＝販売員、熊本市西区

14日夜から花陵中に避難しています。16日の本震では津波注意報が出ましたが、校舎屋上のドアが施錠されていて怖かった。避難所では、高校生らとトイレの水を坪井川からバケツリレーで運びました。自宅は、食器棚などが倒れて足の踏み場もありません。ごみを片付けたいけれど、既に集積場はごみの山。早く回収してほしい。

ふさぎ込まず笑顔で
青谷舞菜さん(13)＝中学2年、熊本市中央区

家族と自宅近くの江南中に14日から避難しています。避難所では同級生たちと駐車場整理のボランティアをしたり、小さな子どもたちの遊び相手になったりしています。避難当初は支援物資が少なく、水や食べ物の大切さが分かりました。ふさぎ込まないように笑顔で過ごしています。みんなで協力して震災を乗り越えたいです。

他人への思いやりを
長谷川寛太さん(15)＝高校生、益城町

1台の車で14日から家族4人が避難生活をしています。自宅のアパートは傾き、中に入れません。避難しているグランメッセ熊本では物資配布を手伝っています。奪うように食事などを取っていく人がいます。こんな時ですが、他人を思いやる優しさを持ちたいです。SNSでの情報も、正しいものを発信してほしい。

子どものトイレ心配
栗林明子さん(40)＝司書補助、益城町

14日夜から、グランメッセ熊本に夫と息子2人の家族4人で避難し、車中で生活しています。築5年の家にはひびが入り、子どもも中に入りたがりません。次男が体調を崩しやすいので、行列のできるトイレだと気を使います。子どもながらに、水分補給も我慢しています。トイレと子どもたちの心のケアが心配です。

くまモン「頑張れ絵」応援
人気漫画家 運動広がる

ちばてつやさんがブログに載せたくまモンの絵

熊本地震の被災者を励まそうと、「あしたのジョー」のちばてつやさんら人気漫画家が呼び掛け、県のPRキャラクター「くまモン」のイラストをインターネットに公開する運動が広がっている。

漫画家の森田拳次さんがファクスで呼び掛けたのが始まり。そのファクスを、友人のちばさんがブログに投稿。ボクシング漫画「はじめの一歩」で知られる森川ジョージさんが触発され、被災者を支援する運動を呼び掛けた。

「くまモン頑張れ絵」と名付けられ、ほかの漫画家や漫画ファンにも波及した。海外からの投稿もある。

ちばさんは、少年やキリン、ライオン、ゾウといった動物に囲まれている傷ついたくまモンを描き、「みんなそばにおるたーい」という熊本弁を添えている。

森川さんは「投稿の多さに驚いている。被災者の皆さんは十分頑張っているので、『頑張れ』とは言えないが、少しでも力になりたい」と語った。（岡恭子）

熊本地震 特集ページ
総合サイト「47NEWS」開設

熊日など全国の地方新聞社と共同通信でつくる総合サイト「47NEWS」（よんななニュース）は19日、「熊本地震」の特集ページを立ち上げた。パソコン版、スマートフォン版に対応している。

熊日と九州の7新聞社を中心に「熊本地震」関連ニュースを掲載している。

パソコン版「くまにちコム」からもリンクしている。

肥後狂句
安藤黒竜選

ダイレクトメール　郵便受けにはみ出とる　黒髪　佐々木治

意外にかさばるものが多いので、これはよく目にする光景だが、いざ考える段になると、貧弱な想像力ではなかなかそこまで気がつかない。

へのかっぱ　雪の降る日も半袖ぞ　菊池　開民子

入りきらん　さすが人気のコンサート　合志　中原君久

へのかっぱ　心得とらす勘どころ　柏市　伊津野競

へのかっぱ　言いたい奴は言わせとく　益城　まさのり

ダイレクトメール　まででんわたし狙うどる　宇城　俣山三十九

入りきらん　礼服買いィ走らした　玉名　斉藤老仁

へのかっぱ　手術した日に戻らるる　御幸笛田　村田高月

入りきらん　また去年より太っとる　宇城　栗本大路

へのかっぱ　もうピーマンも食べらるる　出水　伊東けい子

はなわさんが激励
熊本市・一新小

一新小で子どもたちにトランプなどの遊具を配るはなわさん（左）＝19日、熊本市

タレントのはなわさんが19日、避難所となっている熊本市中央区の一新小を訪問。子どもたちにトランプなどの遊具をプレゼントして元気づけた。

同小に避難している知人から相談があって、地震の影響で福岡県内での仕事がキャンセルになったこの日、レトルトカレー千食分なども持参して、急きょ訪問することにしたという。

突然の訪問に子どもたちは大喜び。はなわさんは「道中で買い出ししながら来たが、笑顔になってくれて良かった」と話していた。（横井誠）

守ろう!! 安全安心 くまもと 2016

4・11－4・17

先週の刑法犯認知件数（速報値）

週計	149(-19)	累計	2,546[-181]

先週の交通事故（速報値）

	発生件数	死者数	負傷者数
週計	90(-16)	0(-3)	124(-1)
累計	1,580[-305]	26[6]	1,986[-366]

※（）内は対前週比　［］内は対前年同期比

第868回ミニロト宝くじ（19日）

本数字　01 09 14 25 30
ボーナス数字　31

1等　本数字5個一致（912万4800円）17口
2等　本数字4個とボーナス数字一致（18万2600円）61口
3等　本数字4個一致（1万1000円）1750口
4等　本数字3個一致（1100円）44154口

第4385回数字選択式全国自治宝くじ（19日）

ナンバーズ3
◇抽せん数字　230
ストレート（10万4400円）63口
ボックス（1万7400円）504口
セット・ストレート（6万900円）136口
セット・ボックス（8700円）973口
ミニ（下2ケタ）（1万400円）345口

ナンバーズ4
◇抽せん数字　1084
ストレート（97万1300円）25口
ボックス（4万400円）344口
セット・ストレート（50万5800円）54口
セット・ボックス（2万200円）1690口

◆交通安全運動中 死者2人

県警は18日、春の全国交通安全運動期間中（6～15日）に県内で起こった事故の状況をまとめた。死者は、宇城市の県道で乗用車にはねられた男性(77)と、山鹿市の国道3号で大型トレーラーにはねられた男性(53)の2人で、前年より2人多かった。人身事故は前年比52件減の152件、負傷者数は63人減の197人だった。

◆4コマ3作目 きょう発売

熊日朝刊で連載中の4コマ漫画をまとめた単行本「コミック　くまモン　毎日が宝物編」＝写真＝が20日、発売される。四季折々の風景の中で、くまモンや仲間の活躍をほのぼのと描いている。単行本は3冊目。

昨年4月から掲載した1年間分の作品のほか、〝おまけ〟として恒例の未発表作品やパラパラ漫画を収録。現地で限定配布されたフランス語版も付いている。サダタローさん作で、監修は放送作家の小山薫堂さん。

漫画は、河北新報社や静岡新聞社、中国新聞社でも掲載中。

オールカラー200㌻。朝日新聞出版刊、1188円。全国の主要書店で販売する。（岩瀬茂美）

熊本日日新聞　平成28年（2016年）4月20日　水曜日　社会　22
（第3種郵便物認可）

カンちゃん　フジヤマジョージ

手打ちうどん

記者ノート　どれだけ寄り添えるか

50年近くの人生で、初めて避難所生活を経験した。何度か災害現場を取材し、県内外の災害を新聞やテレビを通して知ってはいたが、恥ずかしながら、どこか「人ごと」だったのかもしれない。記者として被災者にどれだけ寄り添うことができるのか。その難しさを改めて現場で知った。

16日未明。阿蘇市一の宮町の熊日阿蘇総局にいた。震度6弱の激しい揺れと同時に停電。夜が明けて取材に回り、日が暮れてから妻と近くの避難所の世話になることにした。レジャーシートを敷き毛布にくるまったが、硬い床に寝付けなかった。

翌日、別の避難所や市役所を訪れた。記者と知ると、複数の人から矢継ぎ早に声を掛けられた。「スマホの電源が足りない」「携帯でネットに接続できない」「市の対応が遅い」「阿蘇大橋は本当に崩落したのか」…。

新聞は届かず、停電でテレビやファクスは使用不能。募る不安や不満を口にすることで、それを解消しようとする必死な思いが伝わってきた。地元紙の記者として、そうした声に耳を傾けるのも大切だと感じた。

「阿蘇人の魂」と住民の誰もが口にする阿蘇神社が倒壊した。阿蘇大橋の崩落を招いた土砂崩れで、国道57号が分断された。代替路はあるが、熊本市方面へのアクセスは格段に不便になった。不通になった通勤通学の足のJR豊肥線も当面、復旧は難しいだろう。

お隣の南阿蘇村は土砂災害に襲われ、行方不明者の救出作業が必死で続く。地域の人たちの心情を思うと、やりきれない。

複雑な気持ちで時を送る中、総局の停電が18日に解消した。決して明るくはない通りの街灯が、涙が出そうなくらいまぶしく見えた。

店舗の再開は徐々に始まっている。だが、今なお余震は続き、住民の不安は続く。不眠不休で対応に当たる市職員の顔と声に、力がなくなりかけているのも気掛かりだ。

「起きてしまったことは仕方ない。今が最低。後は上がるだけ」。自ら被災しながらも炊き出しに当たる60代の商店主の言葉に、こちらが励まされた。（岡本幸浩）

熊本―肥後大津が再開　JR豊肥線 上下線とも

JR九州は19日午前、熊本地震の影響で14日夜から運休していた豊肥線の熊本―肥後大津間で運転を再開した。上下線とも1時間に1本程度で運行し、20日の運行本数は未定。肥後大津から先の阿蘇方面へは線路が大規模な土砂崩落で寸断され、運転再開の見通しは立っていない。

熊本駅で肥後大津行きの列車の到着を待っていた福岡市の会社員、川口祐一さん(42)は「水前寺の事務所に行くため、毎週利用していた。早く元通りのダイヤになってほしい」。

熊本市中央区で1人暮らしの予備校生、山下京文さん(18)は再開した豊肥線に乗って熊本駅に到着。「直行バスに乗って天草市の実家に帰ります」と話していた。（亀井悠吾）

ＪＲ豊肥線の熊本―肥後大津間の運転が再開し、徐々ににぎわいを取り戻している熊本駅　＝19日、熊本市西区

水、食料 古里の家族へ　熊本―荒尾 JRが再開　乗客ら大荷物抱え

JR鹿児島線の熊本―荒尾間が運転再開した19日朝、博多から熊本に向かう列車は、家族や同僚らを心配し、水や食料など大きな荷物を抱える乗客であふれた。

記者が乗ったのは午前9時28分発の博多発快速列車。熊本市南区の実家に向かう福岡市の会社員川本光里さん(29)は、海外旅行のために買った大型のスーツケースと手提げかばん、リュックサックという大荷物だった。

中身は飲料水の2リットルペットボトル3本、500ミリリットル5本、自宅で作った肉じゃが、カレーなどを入れた容器約10個など。「家族が心配で、気付いたら荷物が大量になっていた」。

50代女性と高校3年の母娘は、避難先から熊本市東区の自宅に戻るため、鳥栖駅から乗り込んだ。長女は「まだ揺れるのかも」と不安げな表情を浮かべた。

大牟田駅で乗り換えると、列車はさらに混雑。同僚の応援のため、大阪市の会社員男性(24)は、仕事道具以外にも段ボール箱2個をカートに乗せていた。「水1箱にレトルト食品、生活用品などです。過酷な現場で仕事する同僚の助けになれば」と話した。

博多駅から乗り換え時間を含め、熊本駅まで約4時間。乗客は疲れた様子も見せず、家族らの元へ急いだ。（亀井悠吾）

大きな荷物を抱え、熊本へ向かう列車を待つ乗客ら＝19日、福岡県の大牟田駅

買い物客 緊急避難
八代市震度5強　入院患者転送も

19日夕、最大で震度5強の余震に見舞われた県南では、大型商業施設の買い物客が緊急避難したほか、一部医療機関で高齢の患者を転院させるなど、市民生活に影響が出た。

高齢者を中心に搬送される八代市立病院の入院患者＝19日午後8時半ごろ、八代市

八代市建馬町のゆめタウン八代では地震発生と同時に、買い物客を駐車場に避難させた。店舗は夕方でにぎわっており、同市迎町の伊佐聖二さん(51)は「揺れを感じてから慌てて外に走り出た。大きな揺れで恐かった」と気が動転した様子。早めに閉店した同店の食品次長芝田勝幸さん(32)は「明日の営業はどうなるか分からない」と語った。

同市宮地町の八代市立病院では、50人の入院患者のうち、高齢者を中心に歩行が難しい患者20人を近くの熊本労災病院へ搬送、14人が平屋建ての別棟に移った。病院には次々と救急車が到着し、周辺にはサイレンが鳴り響いた。同院は築47年で耐震性が弱く、同院は「今後さらに大きな地震も予想されるため、予防的に対応した」と説明した。

一方、震度5弱を観測した芦北町では、町地域活性化センターなど避難所21カ所に一時約700人が避難。津奈木町では平国小体育館など3カ所に約60人が身を寄せた。震度3だった水俣市も避難所を20カ所に拡大し、約220人が避難した。

肥薩おれんじ鉄道は地震発生後、八代―川内の全線で運転を見合わせた。（三室久徳、隅川俊彦、久保田尚之）

新水俣以南 運転再開　九州新幹線 脱線車両 撤去続く

JR九州は19日、地震の影響で14日夜から全区間で運転を見合わせている九州新幹線について、新水俣―鹿児島中央間の運転を20日の始発から再開すると発表した。残る博多―熊本―新水俣間は、熊本駅の南1キロ付近で脱線した車両の撤去作業などが続いており、復旧のめどは立っていない。

新水俣―鹿児島中央間（延長94・8キロ）は設備の損傷が少なく、19日の試験走行で安全性を確認した。上下各16本（うち各1本は川内―鹿児島中央間）を8両編成（522席）で運行する。全列車が各駅停車で、すべて自由席。通常速度で運行する。

一方、熊本駅の南1・3キロの本線で脱線した車両の撤去作業は19日も継続。各約30人の2班態勢で、1両四十数トンの車両をジャッキで持ち上げ、レールに戻す作業を慎重に進めている。断続的な余震で作業を中断する場面もあり、作業の終了は見通せない状況。同社は「今後は、レールに戻した車両を安全に切り離すことができれば、1両ずつ車両所に移動させたい」としている。（田川里美）

復旧作業が続く脱線した九州新幹線車両　＝19日午後、熊本市西区（大倉尚隆）

元気な産声ありがとう
永井さん（熊本市）　中村さん（合志市）　揺れに耐え 新たな命

元気な産声にありがとう―。県内を大きな地震が襲う中、新しい命が誕生した。「力強い泣き声を聞いたときはほっとした。無事に生まれてうれしい」。余震への恐怖と戦いながら〝大仕事〟を終えた母親らは顔をほころばせている。

14日夜。熊本市南区の永井加純さん(28)は、宇土市の実家で地震に見舞われた。「地響きと長い揺れ。今まで経験した地震とは全く違った」。高い棚がそばにあり、夢中でおなかをかばった。

陣痛が始まり、まつばせレディースクリニック（宇城市）へ。初産の上、続く余震に不安が募る。そんな永井さんを、「絶対に大丈夫」と夫や病院スタッフが励ました。15日午前11時32分、2410グラムの男児を出産。「守らなきゃいけないものができた。強くならなきゃ」。涙を流す夫と固く握手した。

地震直後に陣痛が始まり、15日に男児を出産した永井加純さん＝19日午前、宇城市

16日未明、菊陽町の菊陽レディースクリニック。陣痛に耐える合志市の中村美由紀さん(30)を強烈な揺れが襲った。

夫は自宅、長男(1)は熊本市内の実家にいる。地震におびえる長男の顔が浮かび、何度も実家に電話を掛けていると、両親は「私たちは心配ないから自分のことだけ考えなさい」と一喝した。「それからは、早く赤ちゃんの顔を見たいと頑張れました」。同日午前3時51分、2826グラムの女児を出産した。

16日、余震が続く中で女児を出産した中村美由紀さん＝19日午後、菊陽町

出産後、不便な生活が続く。永井さんは病院1階に毎晩避難し、十分な睡眠がとれない日々だ。中村さんの病院では、ガスが使えず水も足りないため、赤ちゃんの沐浴ができない。退院後、おむつやミルクは大丈夫だろうか。不安は尽きない。

それでも永井さんは「周りのママたちとの絆が生まれ、あやし方やおむつ替えも教えてもらえました」。中村さんは「大変な時に元気に生まれ、家族や友人に『きっと、たくましい子に育つね』と言われるんですよ」と、すやすやと眠るわが子を眺めてほほ笑んだ。（清島理紗）

熊本市電 全線再開　きょうから

熊本市交通局は、地震の影響で運休していた市電の運行を20日の始発から全線で再開する。安全確保のため徐行運転を行うことから、時刻表通りの運行は難しいという。

19日は神水・市民病院前～健軍町以外の区間で運行を再開。動植物園入口電停付近で沈下していたレールの修復工事が終了したため、全線運行を決めた。市電は16日の始発から全線運休していた。（冨田ともみ）

半壊の本庁舎 早期解体方針　宇土市

16日未明に起きた熊本地震の本震で半壊した宇土市本庁舎について、同市は19日、早期に解体する方針を固めた。

市によると元松茂樹市長が同日、国交省や専門業者らと現場で協議。倒壊など二次災害の恐れがあるため「速やかに解体」との結論に達したという。市は20日から庁舎内の重要品の位置の洗い出しを始め、解体時に取り出せるかどうか判別を進める。

元松市長は「このままでは非常に危険。待ったなしの状態だ」と強調した。

同庁舎は築約50年の鉄筋コンクリート5階建て。4階部分が激しく押しつぶされるなど、倒壊の恐れがあるとして立ち入り禁止になっている。（丸山宗一郎）

渋滞悪化 物流に影響
熊本市中心部～植木の国道3号

熊本地震の被害で九州自動車道の植木IC―八代ICが通行止めとなっているため、熊本市の植木町方面と市中心部をつなぐ国道3号などで慢性的な渋滞が起きている。避難所への支援物資輸送や市民生活、物流にも影響が出ている。

渋滞する熊本市北区の国道3号＝19日午後2時20分ごろ（横井誠）

県警によると、国道3号の舞尾交差点（同市北区植木町）から市中心部へ向かう渋滞は、平時だと3～4キロ。しかし、19日午前には倍近い5～6キロになった。通勤ラッシュ時には、約10キロに達することもあるという。

余波で、玉名市方面から熊本市へ向かう国道208号や501号なども軒並み渋滞。宇城市から玉名市に通勤する公務員の男性(47)は「平日になった18日くらいからひどくなったようだ。帰り道は、裏道を使っても普段の倍以上時間がかかる」と話す。

県外から支援物資を運ぶトラックや災害支援車の急激な流入が一因。熊本市内で不足している食料の買い出しのほか、風呂に入れないため郊外の温泉施設を目指す被災者の車も渋滞に拍車を掛けているとみられる。

県健康福祉政策課は「避難所への支援物資の到着時間が読みづらい状況になっている。ただ、どうしようもない」と頭を抱える。

西日本高速道路は19日、物資輸送車などの緊急車両に限って植木IC―益城熊本空港ICを通行できるようにした。県警も国道3号の信号を調整するなど渋滞緩和に乗り出しており、「徐々に解消されていくと考えている」としている。（藤山裕作）

◇お断り　連載「私たちの最期は・自宅でみとる」と「家族　らい予防法廃止20年」は休みました。

9日間の天気　Weather Report

20(水)　21(木)　22(金)　23(土)　24(日)　25(月)　26(火)　27(水)　28(木)

札幌　東京　名古屋　大阪　広島　福岡　熊本　長崎　佐賀　大分　宮崎　鹿児島　那覇

／のち　｜時々

阿蘇山の風向予想

20日　午前9時 2m　午後3時 3m

（日本気象協会 tenki.jpより）

4月20日の飛来予測

		6―12	12―18	18―24	21日
九州北部	大気汚染粒子	やや多い	やや多い	やや多い	やや多い
	黄砂	少ない	少ない	少ない	少ない
九州南部	大気汚染粒子	やや多い	やや多い	やや多い	やや多い
	黄砂	少ない	少ない	少ない	少ない

非常に多い　注意喚起レベル　多い　環境基準値程度
やや多い　大気が少しかすむ　少ない　清浄
予測システム「スプリンターズ」開発チーム提供

きのうの気温　19日

（天気・湿度は15時、県内の気温は0時―17時、△印は低め）

	最高	平年比	最低	平年比	湿度	天気
熊本	22.4	0.6	7.1	△3.8	37%	快晴
牛深	21.4	0.8	11.0	△1.9	56%	―
人吉	22.9	1.4	5.5	△3.8	35%	―
阿蘇	―	―	―	―	―	―

（阿蘇山上の最高気温は ― 度、最低気温は ― 度）

	最高	最低	天気
福岡	21.6	10.6	快晴
佐賀	22.9	8.2	快晴
長崎	20.4	10.2	快晴
大分	23.2	8.1	快晴
宮崎	21.9	7.5	快晴
鹿児島	24.7	9.0	快晴
那覇	24.0	19.6	曇
松江	18.2	7.1	晴
広島	21.5	7.5	晴
高松	21.6	9.4	快晴
大阪	20.2	10.5	晴
京都	21.5	8.4	晴
名古屋	21.0	8.6	晴
長野	19.0	5.3	晴
東京	21.9	12.6	晴
新潟	14.8	7.5	曇
仙台	17.8	9.0	曇
秋田	12.5	7.8	曇
札幌	6.4	2.7	俄雨

潮ごよみ

旧暦3月14日（20日）　大潮・月齢12.7
日出 5時42分　日入 18時51分　月出 17時10分　月入 4時38分

	満潮	干潮
三角	7.50 / 20.14	1.47 / 14.07
水俣	7.48 / 20.11	1.45 / 14.04
牛深	6.58 / 19.25	0.55 / 13.16
玉名	8.00 / 20.24	1.57 / 14.17

旧暦3月15日（21日）

	満潮	干潮
三角	8.21 / 20.48	2.22 / 14.38
水俣	8.18 / 20.45	2.20 / 14.36
牛深	7.25 / 19.57	1.29 / 13.44
玉名	8.31 / 20.58	2.32 / 14.48

◇お断り　19日の阿蘇の気温は地震のため観測できませんでした。

くまモン
作：サダタロー／監修：小山薫堂

ラジコン

熊本地震 エコノミー症候群で死者

車の中 居場所ここしか

自宅損壊…避難所にも行けず

熊本地震は20日で発生から7日目。家の損壊などで帰宅できない人の中には、「子どもの泣き声で迷惑を掛けたくない」などの理由で避難所を避け、狭い車中で避難生活を続ける人も多い。エコノミークラス症候群で亡くなる人も出る中、苦痛の声も大きくなっている。

【1面参照】

アクアドームの駐車場には、車中泊している避難者の車が並ぶ＝熊本市南区

16日の本震後、熊本市南区のアクアドーム駐車場には毎晩、車がずらりと並ぶ。18日夜の大きな余震後も続々と車が出入りした。

ペットのイヌと3日間、乗用車内にいる近くの女性(64)は「建物内にペットを連れ込めないので、仕方なく車で一緒に過ごしている。熟睡できず疲れはたまる一方だけど、ペットも大切な家族。見捨てられない」と言う。熊本市によると、各避難所はペット同伴で避難できるが、建物への連れ込みは遠慮してもらっているという。

会社員の前田清司さん(46)＝同市中央区＝の4人家族も、いったんドームの建物内に避難したが、最終的に車中泊を選んだ。「家族の命を守るため、崩れる可能性がある建物の中で寝泊まりするのは避けたい」と話す。

同市東区の市動植物園では19日、車上に毛布などが干されていた。近くの主婦(35)は「避難所は人がごった返していて、落ち着いて生活できなかった。車内だと少し安心するけど、不便でとても腰が痛い。いつまでもこの生活は続けられない」と疲れた様子。14日夜から駐車場にいる同区湖東の会社員木原雅士さん(58)も「好きこのんで車内にいるわけじゃない。みんな早く元の生活に戻りたいんだよ」とこぼした。

宇城市不知火町の会社員洲上裕貴さん(26)は、妊娠7カ月の妻(23)と長女(1)の3人で、宇城市役所駐車場で車中泊を続けている。「娘の夜泣きで迷惑を掛けてしまう。妻も建物の揺れる音を怖がっている」と話す。

益城町福富のグランメッセ熊本の2200台分の駐車場も、夜は避難の車でほぼいっぱい。熊本市東区の布川一義さん(72)は「家の柱は傾き、近くに住む妹に中に入るのを止められた。1人暮らしだが、いつまでもここで生活するわけにもいかない。家の安全判定や、仮設住宅などの情報は、どこに聞けばいいのだろうか」。

家族5人の益城町広崎の女性(55)は「転居の話もするが、家族には仕事もあるので遠くには行けない。仮設住宅なども被害が大きい方が優先だろうし、住むところが不安」と話した。

（馬場正広、田中祥三、西國祥太）

昼間は不在のため、場所取りされた駐車場＝益城町のグランメッセ熊本

軽い体操や水分補給を

避難者にチラシ

厚生労働省と県は19日、熊本地震で車中泊する住民が多い益城町のグランメッセ熊本などで、エコノミークラス症候群や食中毒などへの注意を促すチラシを配った。

同症候群は、狭い場所で長時間同じ姿勢でいると、脚の静脈にできた血栓が肺に詰まって肺塞栓などを誘発。突然死する恐れがある。18日には、熊本市で車中泊をしていた50代女性が死亡したほか、救急搬送された患者も複数出た。

チラシでは、軽い体操やストレッチ運動をしたり、小まめに水分を取ったりするなどの予防策をイラスト付きで紹介。食中毒や感染症にも注意を呼び掛け、食材の加熱やトイレの後の消毒、手洗いなどを促している。

各避難所でもチラシを配り、注意を呼び掛けている。（蔵原博康）

亡夫思い「家に残る」

西原村・野田洋子さん 長女が避難勧め

野田洋子さん

「父ちゃんがおらすけん、私はここに残る」。野田洋子さん(83)＝西原村鳥子＝は本震前日の15日、長女の園田久美代さん(59)＝同村河原＝が再三避難を呼び掛けたが、自宅にとどまり、帰らぬ人となった。

5年前に夫英明さんを亡くしてからは一人暮らし。孫6人、ひ孫5人に恵まれ、今月、6番目のひ孫が生まれるのを楽しみにしていたという。

「煮物など料理が好きで、近所の人たちに振る舞っては、おしゃべりするのが何よりの喜びだった」と久美代さんは振り返る。

洋子さん宅は斜面の最上段にあり、古い木造の平屋だった。余震が続いたため、久美代さんは避難を勧めた。しかし、洋子さんは「揺れはどこにいても一緒。父ちゃんがおらす」と、夫の思い出が詰まった自宅を離れようとはしなかった。

16日未明、安否不明の連絡を受け、久美代さんの夫幸治さん(59)が駆け付けると、自宅は倒壊。懐中電灯一つで屋内に入り、必死で手を伸ばして握った洋子さんの手は、既に冷たくなっていた。

「夫が一番最初に見つけてくれたことが、せめてもの救いです」。今も余震が続く中、久美代さんは気丈につぶやいた。（横山千尋）

益城町の建物「危険」46・9％

18日調査

県災害対策本部は19日、益城町で18日に実施した建物の応急危険度調査の結果、対象601件のうち282件（46・9％）が立ち入り禁止の「危険」（赤色）と判定されたと発表した。益城町で判定が終わった建物は計955件となり「危険」は51・7％に当たる494件となった。

18日の結果によると「要注意」（黄色）は172件（28・6％）、使用可能な「調査済」（緑色）は147件（24・5％）だった。

「優しい子だった」

益城町の河添由実さん 早すぎる死

河添由実さん

「優しくて思いやりのある子だったです」。16日未明の本震で犠牲となった河添由実さん(28)＝益城町福原＝を見送った父の敏明さん(61)は、まな娘に思いをはせた。

同町で育った由実さんは御船高を卒業後、地元の工場に勤めた。約2年前には町内有数のスイカ農家である両親を支えるために退職し、家事を担った。

同町は14日夜、最大震度7を観測したが、福原地区では大半の建物が倒壊を免れた。自宅に戻った住民も多く、由実さんは1階で寝ていたところ、家屋に押しつぶされた。

倒壊直後、がれきの透き間から漏れるかすかな息。幸いにも難を逃れた家族は懸命に名前を呼び掛けた。「早く出してほしい」。懇願するように叫ぶ敏明さんの傍らで、母の登志子さん(57)は埋もれた由実さんを必死で探し続けた。

「何とか助けたいと思ったが、その場にいた人だけで引き上げるのは無理だった」。団体職員の安尾昭知さん(46)は悔しさをにじませた。

中学時代は吹奏楽部に所属した由実さん。「きれいなフルートの音色を響かせていたなあ」。両親と同じく、級友たちも、若すぎる死を受け止めきれずにいる。（潮崎知博）

父親が行方不明となった現場の惨状を見て涙する次男の前田友次さん＝19日午後0時15分ごろ、南阿蘇村河陽の高野台団地（高見伸）

父を、息子を「見つけて」

南阿蘇村・河陽 夜通し捜索続く

熊本地震で土砂崩れが起きた南阿蘇村の河陽、長野両地区では19日、自衛隊、警察、消防などが2500人体制で救助活動を続行。夕刻までに河陽の高野台団地で2人の死亡を確認し、長野の山荘「火の鳥」では心肺停止の状態で1人を発見した。しかし、依然として残る不明者。救出作業は深夜に及んだが、阿蘇大橋が崩落した周辺では捜索の道筋さえ見えない。家族の発見を願う子や親の思いが交錯した。

日常の風景を土砂が覆い尽くして4日目。不明者が息絶えて発見されるたびに、現場は重苦しい空気に包まれた。長野の山荘付近で見つかった1人を搬送する際には、真っ赤に目を腫らした隊員も。昼までに2人が見つかった高野台団地の現場も落胆は深い。それでも不明の前田友光さん(64)の2人の息子は、父を思いながら捜索作業を見守った。

働き者の自動車整備士だった前田さん。無口で、長男友和さん(37)＝熊本市東区＝と次男友次さん(32)＝福岡県大野城市＝にとっては厳しい父だった。鉄拳を振るうこともあったが、手にはタオルを巻いていた。大人になって、母和子さん(61)から「顔を腫らさせないためだった」と聞き、「本当は優しかったんだなと思った」と友和さん。

友次さんが最後に会ったのは3月。一緒に食事をした。その時も口数は少なかったが、「飯は食っているか」という父の気遣いがうれしかった。

団地に設けた別荘は「大自然の中で暮らす」という前田さんの夢をかなえた場所だった。そして19日、別荘近くから見つかったのは満面の笑みで幼いころの初孫栞奈ちゃん(7)を抱く前田さんの写真。友和さんは「阿蘇で暮らし、好きなことができて幸せだったと思う。でも…」と言葉を詰まらせた。

一方、南阿蘇村の国道57号を車で通過中に、阿蘇大橋付近の土砂崩れに巻き込まれたとみられる大学生大和晃さん(22)の父卓也さん(57)＝阿蘇市＝は19日夜、村の災害対策本部が置かれた久木野庁舎で警察などから説明を受けた。現場の土砂崩れはあまりに大規模で、捜索は手付かずのままだ。

「被害の大きさも、二次被害の恐れも理解できる。それでも、捜索がまだ始まらないことがもどかしい」と大和さん。警察や消防、自衛隊の対応を理解しながらも「親としては、息子が戻ってくることが願い。捜索を始め、息子を見つけてほしい」と言い、歯を食いしばった。

（熊本地震取材班）

益城町の捜索終了

「不明者なし」と判断

熊本地震で最も多い20人が犠牲になった益城町は19日、町内の捜索を18日に終え、倒壊した家屋に取り残された人はいなかったと発表した。

同町では14日夜、震度7の揺れを観測。16日未明にも再び強い揺れに襲われた。家屋の全壊は千棟を超え、死者は20人に上った。つぶれた家屋の下敷きになるなどの圧死が多かった。

警察、消防、自衛隊が17日以降、倒壊家屋を巡回し、住民の有無を確認。新たな安否不明情報も寄せられず、行方不明者はいないと判断した。

（池田祐介）

元共産党書記局長

金子満広さん（かねこ・みつひろ＝元共産党衆院議員）18日午前2時3分、脳内出血のため東京都新宿区の病院で死去、91歳。群馬県出身。自宅は東京都文京区千石1の1の9。葬儀・告別式は22日午前11時半から文京区白山4の37の30、寂円寺法輪閣で。喪主は長男広志（ひろし）氏。

72年に衆院旧東京8区で初当選し、党書記局長、副委員長などを歴任し、通算6期を務めた。

お知らせ

二十六日に予定しておりました「熊日大学・短期大学・専門学校進学相談会」の開催につきましては、熊本地震の影響を考慮し、中止とさせていただきます。

熊本日日新聞社 業務推進局

1　（昭和17年4月1日第３種郵便物認可）　第26624号（日刊）

熊本日日新聞　夕刊
発行所　熊本日日新聞社　〒860-8506　熊本市中央区世安町172　☎代表（096）361-3111　©熊本日日新聞社2016年
2016年（平成28年）４月20日　水曜日

あすの天気

地点	降水確率	気温
熊本	90	14～23℃
人吉	90	13～23℃
阿蘇	90	11～20℃
天草	90	16～23℃

福岡　佐賀　長崎　大分　宮崎　鹿児島　那覇　大阪　東京　札幌

20日９時

再び土砂災害警戒

あすは低気圧が九州の北を通過。これに向かって湿った空気が流れ込むため、県内はあす昼前後を中心に激しい雨が降り、大雨の恐れがある。風も強まり荒れた天気になる恐れも。

14日から続く地震の影響で、県内は地盤が著しく緩んでいる。大きな土砂災害が起こりやすくなっているので警戒を。

なお、その後も前線の影響を受けやすい状態がしばらく続く見込み。雨の情報に注意を。

あすは曇り。朝から昼すぎ雨。

◇お断り　阿蘇の気温は地震のため観測できませんでした。

【正午の気温】（（）内は けさの最低）
熊本24.1（8.0）
人吉23.2（6.4）
阿蘇 －（－）
牛深21.8（12.2）

【21日】〈大潮〉（三角港）
旧暦　3月15日
日出　5時41分
日入　18時52分
満潮　8時21分　20時48分
干潮　2時22分　14時38分

南阿蘇 新たに１遺体

熊本地震

警察官らがビニールシートで周囲を覆う中、搬送される不明者
＝20日午前10時ごろ、南阿蘇村河陽（植山茂）

熊本地震で行方不明になった被災者を捜索している自衛隊などは20日午前、南阿蘇村河陽の土砂崩れ現場で１人を心肺停止の状態で救助したが、搬送先で死亡が確認された。性別は不明という。

益城町は、地震による死者として新たに２人の氏名を公表。いずれも16日未明の本震で病院に搬送され、同日中に亡くなった。町は「地震の直接死と判断した」と説明、同町での死者は計22人に増えた。

南阿蘇村の現地本部によると、地震後初めて実施した夜通しの捜索は19日午後６時から20日午前６時まで、６時間交代で展開。大量の土砂に埋まった現場を投光器で照らし、余震に注意を払い、スコップで粘土質の重い土砂をかき分けた。

午前９時すぎ、隊員が１人を発見した。重機による作業をやめ、周囲をブルーシートで覆い、担架で搬送した。

村などによると、連絡のとれない行方不明者は、河陽の高野台団地に少なくとも２人、阿蘇大橋付近に１人とみられる。自衛隊、警察、消防が2500人体制で捜索を続ける。

ニュース速報

詳しくはあすの朝刊で

県内に大雨の恐れ

熊本地方気象台によると、県内は21日朝から夕方にかけて雨になる見込み。昼前後は雷を伴って非常に激しく降り、多いところでは１時間50㍉に達する恐れがある。相次ぐ地震で地盤が緩んでおり、「少ない雨でも土砂災害につながる恐れがあるので警戒が必要」と呼び掛けている。

人気芸人が募金呼び掛け

熊本、大分両県を中心に相次ぐ地震の被災者を支援しようと、ピースやトレンディエンジェルら、よしもとクリエイティブ・エージェンシー所属の人気芸人らが20日から、東京や大阪など全国11の劇場で、募金活動を始める。同社によると、漫才師らが終演後、ロビーに立ち、募金を呼び掛けるという。

衆参同日選見送り論相次ぐ

政府、与党内で20日、熊本、大分両県で相次ぐ地震を踏まえ、安倍晋三首相が視野に入れる夏の参院選に合わせた「衆参同日選」を巡り、被災地対応を優先すべきだとする見送り論が相次いだ。首相は被災地の復旧状況を見極めながら５月に最終判断するとみられる。公明党幹部は「同日選はない」と記者団に述べた。閣僚の一人は「強い余震が続く中、ダブル選なんて言っていられない。もうないだろう」との見方を示した。

九州新幹線 運転再開　新水俣－鹿児島中央

熊本地震の影響で14日から全区間で運転を見合わせていた九州新幹線は20日、新水俣―鹿児島中央間で、６日ぶりに運転を再開した。同日は、８両編成の上下各16本が各駅停車で運行する。

水俣市の新水俣駅には午前６時57分、鹿児島中央駅発の始発列車が到着。通勤客や通学の高校生が次々とホームに降りた。ＪＲ九州広報部は「臨時ダイヤなので、駅やホームページで時刻を確認してほしい」と話している。新水俣―博多間の復旧のめどは立っていない。

一部運転を再開した九州新幹線の新水俣駅発の始発列車＝20日午前６時半ごろ、水俣市（隅川俊彦）

田沢好投 １回無失点

【ボストン共同】米大リーグは19日、各地で行われ、レッドソックスの田沢＝写真＝はボストンでのレイズ戦で０―０の八回に４番手で登板し、１回を無安打無失点で３三振１四球と好投した。

高浜１、２号機が審査合格

原子力規制委員会は20日、運転開始から40年を超えた関西電力高浜原発１、２号機（福井県）が新規制基準を満たしているとして、合格証の「審査書」を正式決定した。老朽原発では初の審査合格。ただ再稼働するには７月７日の期限までに運転延長と工事計画の認可も受ける必要がある。東京電力福島第１原発事故後に改正された原子炉等規制法は、原発の運転期間を原則40年と定め、規制委が認めれば１回に限り特例で最長20年の延長ができるとした。２基の合格で原則が形骸化する恐れもある。

エクアドル地震 死者525人

【マンタ（エクアドル西部）共同】南米エクアドル西部を襲った地震は19日夕（日本時間20日朝）、倒壊家屋などの下敷きになった人々の生存率が急速に下がるといわれる発生から72時間を過ぎ、検察当局は死者が525人に上ったと発表した。負傷者は４千人以上、行方不明者も200人以上という。懸命な捜索活動が続いている。検察当局によると、死者525人のうち518人の身元を特定。このうち11人がコロンビア人やキューバ人などの外国人で、日本人はいない。

東証、一時１万７千円回復

20日午前の東京株式市場は、前日の米株高を好感した買い注文が優勢となり、日経平均株価（225種）は続伸した。上げ幅は一時200円を超え、取引時間中として約３週間ぶりに１万7000円台を回復する場面があった。午前10時現在は前日終値比146円59銭高の１万7021円03銭。東証株価指数（ＴＯＰＩＸ）は13.31㌽高の1376.34。

一筆

災害から得る教訓

県老人福祉施設協議会会長　鴻江　圭子

強烈な地震が熊本を襲って数日が経過した。突き上げるような感覚がいまだに残っている。

東日本大震災の３カ月後、被害の大きかった宮城県名取市を訪れた時の記憶がよみがえった。訪問した施設の中は暗く、湿った空気が流れていた。泥が少し残った机に多くの遺影が飾られていた。胸が苦しくなる情景であった。

施設は多くの高齢者の貴重な生命を預かっている。最優先しなければならないのは利用者の安否確認である。自分自身が被災しながらも、職員の中には施設へ駆けつけてくる人もいる。本当に頭が下がる。そして、今回の地震では県内各地の施設が、利用者だけではなく地域住民を多く引き受けている。「大変ですね」とスタッフに声を掛けると、「いえいえ、当たり前のことですから」と気負いのない返事が返ってくる。

しかし、ライフラインを断たれると施設の受け入れにも限界が生じる。「明日で備蓄の食料が尽きます。何よりも飲料水が欲しい。トイレも大変です」と悲痛な声も届くようになった。水をかき集めて搬送しようとしても、通行規制で搬送できないなど、次から次に生じる問題で迷路に入り込んだ感じがする。時間の経過とともに変化するニーズと対応がマッチしていない。先を見据えた調整機能が必要だと感じている。老施協という組織にかかわる者として災害時の対応の仕方について、あらためて考えさせられている。

被災された方々に、心よりお見舞い申し上げます。

2016.4.20

生活関連情報

通水の見通したたず　熊本市東部地区

熊本市は20日、主に市東部地区の約５万７千戸に給水している高遊原小山山配水池（菊陽町曲手）付近の漏水工事が進まず、供給の見通しがたっていないことを明らかにした。

市上下水道局によると、東区沼山津の水源と配水池を結ぶ地中の管に、２つの穴が見つかっていた。修復のため現場を確認したところ、管に隣接して厚さ約50㌢のＬ字型のコンクリート壁があり、工事ができないという。所有者の了解を取って壁を除去する方針だが、見通しはたっていないという。

同局によると、19日夜と20日朝に暫定的に水を供給したため、同配水池には56㌧しか残っていないという。（高橋俊啓）

ガス復旧へ全国から応援

熊本地震の影響により熊本市などで供給を停止したガスの復旧作業を本格的に始めるため、西部ガスや東京ガスなど大手４社は20日、熊本市で出発式を開いた。今後、全国の他のガス会社も加わる予定で、最終的には3200人超の態勢で、一日も早い完全復旧を目指す。

まずは東京ガス、大阪ガス、東邦ガスの３社が、復旧作業に加勢。西部ガスと協力し、供給停止区域のガス管や各家庭の設備に異常がないかを調べる。

黙鼓子

南阿蘇村で夜を徹しての捜索。新たに１人発見…死亡確認。天候悪化の見込み、急がねば。

◇

九州新幹線、新水俣以南の運転を再開。朗報も脱線車両の撤去進まず。見えぬ全線復旧。

◇

政府与党、TPP今国会成立を断念。同日選見送り論も相次ぐ。被災者考えれば当然だ。

◇

「被災者の安らぎに」。九州４県警の女性警察官、県内の避難所を訪問。心強い話し相手。

きょうの紙面

◇お断り　「スポーツ芸能」は休みました。テレビ欄は７面です。

（第3種郵便物認可）　熊本日日新聞　（夕刊）　平成28年（2016年）4月20日　水曜日　8

車中泊殺到 グランメッセ熊本

広がる共助の輪

最初の地震発生から7日目。2200台分の駐車場を開放している益城町のグランメッセ熊本には、数多くの車中泊する人たちが集まっている。「普通の生活にいつ戻れるのか」との不安を抱えつつも、避難先で知り合った人たち同士の支え合い、愛犬やボランティアとの絆など、共助の輪が広がっていた。（横井誠、岩崎健示）

サッカー　避難先の空き地で、緒方琢矢さん（21）が、10人以上の子どもたちとサッカーをして遊んでいた。「みんなここで知り合った子どもたち。励まそうと思ったが、逆に自分が元気をもらっている」＝19日午後5時50分ごろ

情報　早朝の屋外で、配布された新聞を読む人たち＝20日午前6時すぎ

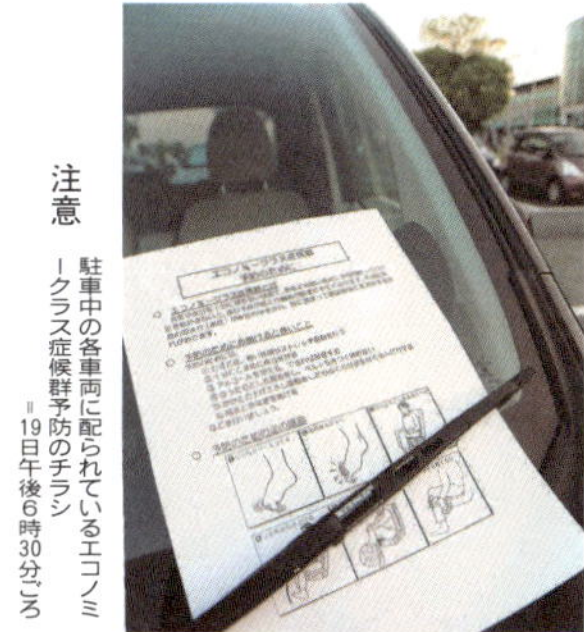

注意　駐車中の各車両に配られているエコノミークラス症候群予防のチラシ＝19日午後6時30分ごろ

知恵　車のワイパーに干された靴下＝18日午前11時20分ごろ

充電　非常災害用の設備で、携帯電話に充電する人たち＝19日午後8時20分すぎ

朝焼け　夜が明けたグランメッセ熊本の駐車場。朝焼けに照らされ、自宅や勤務先に向かう避難者の姿も目立ち始めた＝20日午前6時すぎ

炊き出し　夜間の炊き出しで、カレーをふるまう大学生ボランティアら。熊本学園大生やOBらがツイッターの呼び掛けで集まった。自宅が半壊したままの女性会社員（21）は「命があるだけでラッキー。前を向いて進むしかない」と、避難者と笑顔で談笑していた＝19日午後8時50分ごろ

愛犬と　愛犬3匹と車中生活を続ける熊本市東区の加藤和子さん（82）。自宅は家具が倒れるなどして戻れない。「寒い朝方は湯たんぽの代わりになってくれる。家族同然のこの子たちがいなかったら、気持ちが続かなかったかも」＝19日午後7時ごろ

九州新幹線 全線再開めど立たず

高速道も 南北の〝大動脈〟寸断

復旧作業が行われる九州新幹線＝19日午後、熊本市

最大震度7を記録した14日の地震により熊本市内で脱線した九州新幹線の車両を撤去する作業が始まった。JR各社は技術者の派遣などで支援するが、防音壁や高架橋など施設に損傷が多数見つかっている。20日には新水俣―鹿児島中央で6日ぶりに運行を再開したが、全線再開の見通しは立たない。九州自動車道も熊本県内の一部区間で通行止め。九州の南北を結ぶ交通の大動脈が寸断、復旧が急がれる。

2011年3月12日に全線開通した九州新幹線の鹿児島ルート（博多―鹿児島中央）で、脱線事故は初めての事態。JR九州は18日、1両四十数トンある車両をジャッキで持ち上げ、レールに戻す作業を始めた。余震が相次ぐ中、危険を伴う難しい作業。18日夜の最大震度5強の地震では、緊急地震速報を受けて作業員が退避する場面もあった。

JR各社は、応援態勢を取る。JR東日本は04年の新潟県中越地震や11年の東日本大震災で新幹線の脱線を経験しており、当時の復旧手順、余震対策などの知見や資料を提供。山陽、九州両新幹線を直通する列車を運行するJR西日本は車両担当者が支援し、関係会社の社員が架線など電気設備を点検する。

JR東海は車両担当の技術者6人を派遣し、脱線復旧の機材を貸し出した。鉄道総合技術研究所も、車両や軌道などの研究員を派遣した。

ただ、新幹線が脱線した過去の地震では、全線の復旧にかなりの時間を要している。高架橋や線路などが大きなダメージを受けるためで、中越地震での上越新幹線は66日、東日本大震災での東北新幹線は49日かかった。

今回、九州新幹線も防音壁の落下や高架橋の柱のひび割れなど損傷が計約100カ所見つかっている。JR九州は「ゴールデンウイークまでには全線復旧させたい」とするが、具体的なめどは立っていない。

在来線ならば、博多―熊本はJR鹿児島線で移動が可能だが、さらに南の熊本―八代は運休。鉄道での長距離移動はままならない状況だ。

物流を支える高速道路も一部で通行できなくなった。このうち九州道は陸橋が崩落するなど被害が大きく、一部は19日から緊急車両の通行ができるようになったが、全面復旧までは時間がかかるとみられる。西日本高速道路は「すぐ復旧という状況ではない。相次ぐ余震で集中した作業ができていないのも一因だ」と説明している。

高速道路寸断の影響で、福岡と熊本、大分、宮崎、鹿児島の各地を結ぶ高速バスは一部のみが運行。航空各社が福岡―鹿児島に臨時便を運航するなどして対応している。

交通評論家の佐藤信之さんは「新幹線や高速道路が寸断されると生活や長距離輸送への影響が大きい。災害時に代替となるルートや、早期復旧のための人員を確保する方法などについて、あらかじめ関係者の間で協議しておくことが必要だ」と指摘している。

九州の南北を結ぶ主な交通機関の状況（19日現在）

九州新幹線	
博多―新水俣	運転見合わせ
新水俣―鹿児島中央	20日運転再開

JR在来線	
博多―熊本	18日から運転
熊本―八代	運転見合わせ

高速道路の通行止め	
九州道	植木IC―人吉IC（熊本県）
大分道・東九州道	湯布院IC―別府IC（大分県）
	速見IC―日出JCT（大分県）

九州の南北を結ぶ主な交通機関の状況（19日現在）

博多　福岡　大分道・東九州道　大分　長崎　佐賀　湯布院IC　速見IC　日出JCT　別府IC　在来線（博多―熊本）18日運転再開　植木IC　九州新幹線（博多―新水俣）運転見合わせ　熊本　嘉島JCT　小池高山IC　九州道　在来線（熊本―八代）運転見合わせ　八代　八代IC　宮崎　南九州道　人吉IC　津奈木IC　新水俣　九州新幹線 新水俣―鹿児島中央 20日運転再開　鹿児島　鹿児島中央　高速道路の通行止め区間　20km

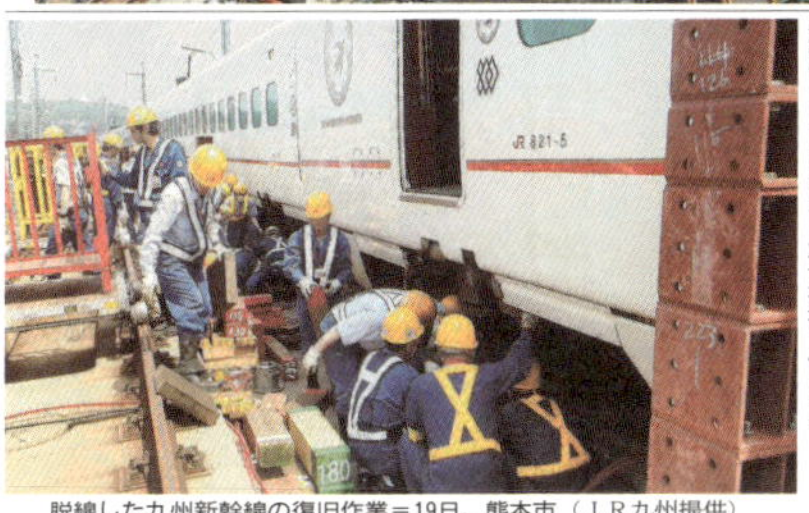

脱線した九州新幹線の復旧作業＝19日、熊本市（JR九州提供）

1　3版　平成28年（2016年）4月21日　木曜日　熊本日日新聞　（昭和17年4月1日第3種郵便物認可）　第26625号　日刊

熊本日日新聞
発行所　熊本日日新聞社
〒860-8506
熊本市中央区世安町172
☎代表（096）361-3111
© 熊本日日新聞社 2016年

4月21日
木曜日

避難者なお９万人超

熊本地震１週間

死者48人、関連死11人

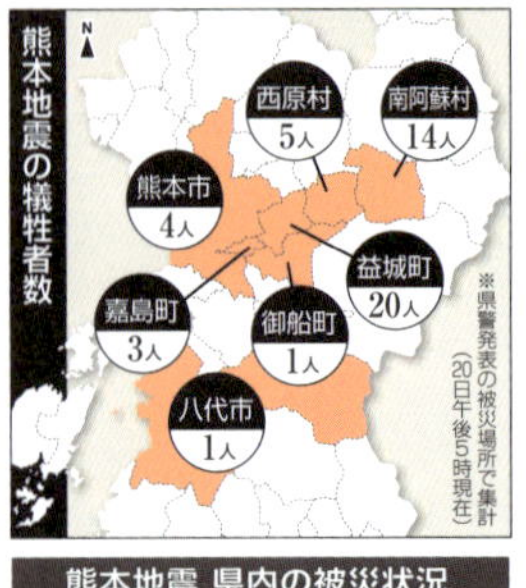

道路を埋め尽くしたがれきの山。自宅に荷物を取りに戻るため、間を縫うように歩く人の姿も見られた＝20日午後２時20分ごろ、益城町宮園（岩崎健示）

熊本地震 県内の被災状況

（20日午後時点、熊日まとめ）

最大震度	前震 震度7（14日、益城町） 本震 震度7（16日、益城町、西原村）
死亡	48人
震災関連死	11人
安否不明	2人
負傷者	1,153人
建物	住宅被害8,600件程度
避難	避難所 623カ所 避難者 92,314人
交通	九州新幹線運転見合わせ（博多－新水俣） 豊肥線（肥後大津以東）など運転見合わせ 九州自動車道植木－八代通行止め
電気	20日午後7時10分に停電解消
水道	98,400世帯
都市ガス	供給停止 約10万戸（西部ガス）

※県災害対策本部などの集約分

熊本地震の被災地は21日、一連の地震の始まりとなった14日夜の「前震」から1週間を迎えた。家屋倒壊や土砂崩れで48人が死亡したほか、避難中のエコノミークラス症候群など震災関連死も11人に上る。家屋被害は深刻で、約9万2千人が避難生活を続けたまま。ライフライン復旧が進まず、避難所生活の長期化は避けられない。広い範囲で強い余震が続き、県民の不安は深まっている。

熊本地震は14日午後9時26分ごろ、益城町で最大震度7を観測した前震で始まった。20日までに震度1以上は700回を超えた。このうち、震度6弱以上が6回。16日未明、益城町、西原村で再び震度7を観測した本震が発生し、被害は拡大した。

県警によると、犠牲者が最も多かったのは家屋1026棟が全壊した益城町で20人。大規模な土砂崩れが起きた南阿蘇村では14人が亡くなった。陸上自衛隊などは、連絡が取れない2人の行方不明者捜索を続けている。

震災関連死では、阿蘇市で避難所のトイレで倒れた女性が死亡したほか、熊本市で車中泊した女性がエコノミークラス症候群で亡くなるなどのケースがあった。

県災害対策本部によると、20日午後1時半現在で地震による重軽傷者は約1100人。避難者は623カ所で9万2314人。宇土市、南阿蘇村など6市町村が一部地区に避難指示を出した。多くの小中高校の休校も続いている。

県内の約9万8千世帯で断水が続き、西部ガスは約10万世帯で供給停止。復旧の遅れは避難所生活を長引かせ、地元経済に重大な影響を与えている。停電は午後7時10分までに全て解消した。

交通機関のうち、熊本空港発着便、路線バスなどは再開したが、九州新幹線は全線復旧に至っておらず、JR豊肥線は寸断した。九州自動車道は植木―八代インターチェンジが通行止め。復旧の見通しは立っていない。（熊本地震取材班）

本震も震度7　益城町　西原村

熊本、大分両県を中心に相次ぐ地震で、気象庁は20日、益城町と西原村では、16日午前1時25分に起きたマグニチュード（M）7・3の「本震」の際、震度7を観測していたと明らかにした。益城町の震度7は14日に続いて2回目。

気象庁によると、1回の地震で、2カ所同時に震度7を観測したのは史上初めて。同じ場所で震度7が2回起きた例もない。過去に経験のない大地震であることが浮き彫りになった。

震度7の観測は1995年以降、阪神大震災、新潟県中越地震、東日本大震災、14日の益城町に続き5例目となる。震度7は固定していない家具や人が飛ばされるほどの揺れ。

気象庁は記者会見で「地震活動は依然活発で収まる兆候は見えない」として引き続き警戒を呼び掛けた。21日は大雨の恐れがあり、土砂災害にも注意を求めている。

14日午後9時26分の震度7から20日午後8時までに観測した震度1以上は713回に上った。震度7は2回、6強は2回、6弱は3回、5強は3回、5弱は7回、4は73回。20日は午後8時までに61回観測した。

益城町と西原村の震度計はM7・3の地震でデータ送信ができなくなり、気象庁が機器から直接データを取り出し解析していた。M7・3の地震ではこれまで、最大震度は南阿蘇村などの6強とされており、気象庁は総回数のうち震度7を1から2回に、震度6強を3から2回に修正した。

地震で亡くなった方

熊本地震で14日夜から19日午後5時10分までに死亡、関連死された方は次の通り。（県警発表分、震災関連死は市町村の人数のみ）

【益城町】伊藤俊明さん(61)▽荒牧不二人さん(84)▽福本末子さん(54)▽村上ハナエさん(94)▽村上正孝さん(61)▽宮守陽子さん(55)▽富田知子さん(89)▽内村宗春さん(83)▽西村正敏さん(88)▽西村美知子さん(82)▽園田久江さん(76)▽村田恵祐さん(84)▽島崎京子さん(79)▽河添由実さん(28)▽城本千秋さん(68)▽吉永和子さん(82)▽松野ミス子さん(84)▽山内由美子さん(92)

【南阿蘇村】片島信夫さん(69)▽高田一美さん(62)▽増田フミヨさん(79)▽橋本まち子さん(66)▽清田啓介さん(18)▽脇志朋弥（しほみ）さん(21)▽大野睦（りく）さん(20)▽片島利榮子さん(61)▽牧野富美さん(46)▽葛城洋子さん(72)▽葛城勲さん(75)▽前田友光さん(65)

【西原村】野田洋子さん(83)▽内村政勝さん(77)▽大久保重義さん(83)▽加藤カメノさん(90)▽加藤ひとみさん(79)

【熊本市】坂本龍也さん(29)▽松本由美子さん(68)▽矢野悦子さん(95)▽高村秀次朗さん(80)▽椿節雄さん(68)

【嘉島町】奥田久幸さん(73)▽田端強さん(67)▽冨岡王将さん(84)

【御船町】持田哲子さん(70)

【八代市】小田住江さん(78)

【県外】福岡県宗像市、福田喜久枝さん(63)▽香川県東かがわ市、鳥居敬規さん(42)▽鳥居洋子さん(37)

【震災関連死】熊本市 7人▽益城町 2人▽阿蘇市 1人▽御船町 1人

新生面

2016.4.21

2200台分もある駐車場がほぼ満杯という。益城町のグランメッセ熊本だ。地震による家屋の損壊や余震の恐怖で自宅に戻れず、さまざまな事情で避難所にも入れない人たちが、車中泊で過ごしている。同じような場所は多いに違いない▼車中泊に限らず避難所でも、狭い場所で長時間同じ姿勢でいることでエコノミークラス症候群が起きやすくなる。注意を促すチラシが配られているので、それに従って予防に努めてほしい▼この病気がクローズアップされたのは、2004年の新潟県中越地震だった。強い余震が続く熊本地震では車中泊する人が多く、中越地震を上回るペースで発生しているという。残念ながら亡くなった方も出ている▼「新たな災害が起こるたびに、新たな問題がどっと露呈される。政府、自治体、各種防災機関、専門家、そして地域住民は、それぞれに翻弄される。その繰り返しなのだ」。ノンフィクション作家の柳田邦男さんがこう記したのは、その中越地震の後だった▼それから10年余り。東日本大震災もそうだが、熊本地震でも柳田さんの指摘はなお当てはまる。エコノミークラス症候群だけでなく、避難生活で健康が悪化して亡くなる震災関連死とみられるケースが多発。救援物資も避難所に十分届いていなかった▼過去の教訓を生かせば、これらは少しでも防げるはずだ。蓄積されたノウハウを総動員して、スムーズな避難所運営や被災者の生活再建につなげたい。災害に翻弄される繰り返しは断ち切らねばならない。

たから箱

「妹いる　いらない」
熊本市立桜木東小4年　木村　優亜

妹とけんかした
妹なんかいらない
妹と遊んでわらった
わたしの大切な妹

熊本地震 特別紙面

おわび
地震の影響で本日付朝刊が一部地区で配達できなかったり、遅れたりしました。大変ご迷惑をおかけしました。　熊本日日新聞社

熊日の購読・配達のご用は
ミナヨムニッコリ
0120-374625
（月曜～金曜9:00～17:00）
紙面のお尋ねは
096-361-3115
（日曜・祝日除く9:00～17:00）
パソコン版くまにちコム
kumanichi.com

◇お断り　「きょうの天気」は2面に移しました。

主な被害状況と断層帯

（背景画像はカシミール3Dで作製）

福岡　大分　中央構造線断層帯　別府―万年山断層帯　九州自動車道　九州新幹線　熊本　阿蘇山　豊肥線　布田川断層帯　日奈久断層帯　宇土市　八代市 1人　宮崎　10km

16日午前7時11分 M5.3 震度5弱
16日午前3時55分 M5.8 震度6強
16日午前1時46分 M6.0 震度6弱
16日午前9時48分 M5.4 震度6弱
16日午前1時25分 M7.3 震度7【本震】
14日午後10時7分 M5.8 震度6弱
4月14日午後9時26分 M6.5 震度7【前震】
15日午前0時3分 M6.4 震度6強

✕…主な地震　▨…亡くなった方が確認された自治体

玄海原発　伊方原発　川内原発　福岡　佐賀　長崎　熊本　大分　愛媛　宮崎　鹿児島　―…主な活断層　50km

益城町 20人　熊本市 4人　南阿蘇村 14人　西原村 5人　嘉島町 3人　御船町 1人
●…熊本県の死者数　20日午後7時現在。警察庁などによる

被害状況	死者	けが人	避難者	建物損壊	ガス停止	断水
熊本	48	1000人超	約9万2000	約8700	約10万	約9万

※20日午後7時現在、警察庁などによる。死者、けが人、避難者は人数。建物は棟、ガス停止、断水は戸数

【主な交通機関などの被害】

1 大分道	湯布院IC～日出JCT間で土砂崩れ
2 JR豊肥線	土砂崩れで線路流失
阿蘇大橋	大規模な土砂崩れが発生。崩落
3 熊本空港	ターミナルビル天井崩落。空港は19日一部運用再開
4 九州新幹線	回送中に脱線。一部運転再開
5 九州道	崩落した陸橋が道路をふさぐ
6 俵山トンネル	崩落
① 宇土市役所	4階部分が押しつぶされ、倒壊寸前
② 熊本城	国の重要文化財のやぐらなどが全壊
③ 益城町	半数に当たる計5400棟の住宅が損壊
④ 西原村	1400棟余りの建物が全半壊
⑤ 南阿蘇村	アパートが倒壊し、大学生死亡

阿蘇大橋　九州新幹線　熊本城

熊本地震

前例なき〝連続激震〟

「震度7」2回　断層帯交差　要因か

熊本県の地震は、同じ地域で震度7が短期間に繰り返し起きるという前例のない災害だった。2回目の震度7では家屋倒壊で多くの死者が出ており、柱や壁などの構造が〝連続激震〟に耐えられなかった可能性がある。【1面参照】

日本地震学会長の加藤照之・東京大教授は「1回の揺れで耐えられる設計でも、2度3度だと壊れる可能性がある。大きな地震の後しばらくは建物の倒壊に注意が必要だ」と指摘する。

気象庁などによると、1回目の震度7は14日夜に「日奈久断層帯」の一部で、2回目は16日未明に北側を接するように走る「布田川断層帯」で起きた。

名古屋大の鷺谷威教授は「二つの断層帯が交差する複雑な場所で起きたのが、震度7が2回続いた理由ではないか」とみる。

地震後の専門家による現地調査で、二つの断層帯をつなぐように走る断層が地表に現れたことも分かっており、実際には一続きの断層帯だった可能性もある。

震度計は災害時の初期対応に重要な役割を果たす。加藤教授は「震度計の故障は問題だ」として対策を求めている。

活動が連鎖　南北に拡大

熊本県に始まった地震活動は、阿蘇山を越えて九州中部を横切り、大分県域まで拡大した。14日の地震をきっかけに、より規模が大きな地震が16日に発生し、地盤にかかる力が変化するなどして複数の断層帯の活動が連鎖したと考えられている。

引き金になったのが14日午後9時26分に起きたマグニチュード（M）6・5の地震だ。北東―南西方向に走る「日奈久断層帯」の北寄り部分が動いた。15日夜には余震の数も減り、活動はいったん収まるかにみえた。気象庁はこれが本震だったとみて「熊本地震」と命名した。

状況が一変したのは16日午前1時25分。14日より北側でM7・3の地震が発生した。動いたのは、日奈久断層帯の北側に接するように東北東―西南西方向に走る「布田川断層帯」の一部。長さ27㌔、幅12㌔の断層が3・5㍍ずれたと推定され、前回より約16倍大きなエネルギーが放出された。

これが断層活動が連鎖する一因になった。周辺の地盤にかかる力が変化したり、地震波が伝わったりして別の断層帯の動きを誘発したらしい。

16日午前3時すぎには、布田川断層帯の延長線上にある熊本県阿蘇地方でM5・8の地震が連続して発生。同午前7時すぎには、さらに北東にある大分県でM5・3の地震が起きた。大分の周辺には複雑に入り組んだ「別府―万年山断層帯」がある。当初は動いていなかった日奈久断層帯の南寄り部分も活動したとみられ、19日に熊本県南西部でM5・5の地震が起きた。

熊本・大分の地震の広がり（イメージ）
▭ 断層帯が活動したとみられる範囲　● 14日以降に発生した地震の範囲
4月14日夜～15日未明 日奈久断層帯が活動　1 14日午後9時26分 M6.5
16日未明 布田川断層帯に波及　2 16日午前1時25分 M7.3
16日午前～ 熊本・阿蘇地方、大分県に拡大　4 16日午前7時11分 M5.3　3 16日午前3時55分 M5.8
別府―万年山断層帯　熊本　カルデラ　大分　阿蘇山　布田川断層帯　日奈久断層帯　10km

「活動終息 見極め困難」

警戒の継続 専門家指摘

2015年11月以降の地震活動領域　16年4月14日以降の活動領域　15年11月の活動領域　二重峠

大きな揺れが続発している熊本地震。19日夕、これまでよりも南西寄りを震源とする地震が起き八代市で震度5強を記録したが、専門家は「九州では短い間隔で大きな地震が起きた前例もある。今後も継続して警戒が必要」と指摘している。

元京都大助教授で阿蘇火山博物館の学術顧問、須藤靖明さん(72)は、1894年と95年のいずれも8月、阿蘇地域の二重峠付近で起きたマグニチュード（M）6・3～6・8程度の地震に着目。1975年1月には阿蘇地方でM6・1の地震が発生し、3カ月後には大分県西部でM6・4を記録した。

須藤さんは「九州では1回の本震と余震だけでは終わらず、連続した前例があるといえる」と説明。「今回の活動の終息を見極めるのは難しい」と話す。

須藤さんは、昨年11月に鹿児島県の薩摩半島西方沖で起きたM7・1の地震も気になるという。今回活動している布田川・日奈久断層帯の延長線上にあたり、「この地震が、14日以降の活動と関係しているかもしれない」とみる。

今回の熊本地震の活動では、二重峠付近や日奈久断層帯の八代市以南など震源の空白域もある。19日の地震も、こうした空白域を埋める形で起きた。須藤さんは「今すぐ空白域で活動があるかどうかは分からないが、警戒すべきだ。断層帯に近い九州電力川内原発も含めて、備えが必要ではないか」と話している。（鹿本成人）

須藤靖明さん

熊本地震で水田や護岸に現れた断層（小型無人機で撮影）＝20日午後、益城町（大倉尚隆、横井誠）

九州5県

建物損壊、9千棟超

熊本市など仮設住宅検討

熊本、大分両県を中心に相次いでいる地震で、倒壊するなど損壊した建物が熊本県を中心に九州の5県で計9千棟を超えたことが20日、各県などへの取材で分かった。多数の住宅が損壊した熊本市と熊本県の益城町、西原村、南阿蘇村は、同日までに仮設住宅の建設の検討を始めた。一方、被害が甚大だった他の市町村では実態の把握が難航しており、損壊数はさらに増えそうだ。

熊本県や県内の各市町村によると、全壊、半壊、一部損壊するなどした住宅や公共施設は、計8784棟。福岡県など4県の被害を加えると、9144棟に上る（20日現在）。

益城町は19日、町内の住宅約1万1千棟のうち、約半数の5400棟が損壊したと明らかにした。このうち1026棟が全壊だった。担当者は仮設住宅の着工時期、供給戸数について「まだ何も決まっていない」とする一方、候補地の一つに町内のグラウンドを挙げた。

1400棟余りが全半壊した西原村も仮設住宅を建設予定。担当者は取材に「候補地はいくつかある」と話した。

熊本市の大西一史市長は20日の市災害対策会議で「避難所での住民の生活はもうぎりぎりだ。住宅を確保する段階に入った」と述べ、仮設住宅の整備計画を早急に作るよう関係部局に指示した。

南阿蘇村は約500棟が全半壊。村担当者は「倒壊した家屋分の仮設住宅を設置できれば」と話している。

しかし、熊本県の大半の自治体は被害実態の把握を優先、仮設住宅について検討できていない。

御船町は町内の計30棟が全半壊したとしているが、実際には専門家による調査が始まっておらず、住民からの情報で把握できた棟数を集計したにすぎない。担当者は「相当数に上る可能性がある」という。阿蘇市は週内に調査を終えたいとしている。

九州ではほかに、福岡県の226棟、大分県の119棟、宮崎県の14棟、長崎県の1棟が損壊した。佐賀県でも寺院などが損壊したとの情報があるが、詳細には調査していない。鹿児島県は被害がなかった。

県別損壊棟数

熊本	8784
福岡	226
大分	119
宮崎	14
長崎	1
鹿児島	0
佐賀	調査せず
合計	9144

※20日現在。各県や熊本県の市町村による

◆インフル、ノロに警戒を

国立感染症研究所は20日、熊本、大分を中心に続いている今回の地震で、熊本県や大分県でインフルエンザやノロウイルスなどによる感染性胃腸炎は特に警戒が必要だとする評価を発表した。

感染研によると、インフルエンザは4月10日現在でも熊本県内で流行している地域があり、注意が必要だとした。

◆宮城県が避難用住宅確保

宮城県は20日、熊本、大分で相次ぐ地震の避難者を受け入れるため、東日本大震災後に設置されたプレハブ仮設住宅など約1100戸を確保したと明らかにした。

原則として自宅が全壊や大規模半壊し、再建までに時間がかかる人が対象。名取市などのプレハブ仮設300戸、みなし仮設住宅360戸のほか、県営や市町村営の住宅を被災者向けとした。

準備を進め、5月下旬には受け入れ可能になる見通し。

◆熊本への職員派遣準備依頼

全国市長会は20日、全国の市長と特別区長に対し、熊本県内の市町村の窓口業務や避難所運営などを支援するため、職員を派遣する準備を進めるよう依頼したと発表した。

住宅再建 支援金支給へ

政府・県　全壊で最大300万円

支援金支給の流れ
被災者 → ❷支給申請 → 市町村 → ❷ → 都道府県（支援制度の適用を決定） → ❷ → 基金
市町村 → ❶罹災証明書発行 → 被災者
国 → 補助金 → 基金
基金 → ❸支援金 → 被災者

熊本、大分両県を中心とした地震で多数の住宅被害が出たことを受け、政府と熊本県は20日、災害で住宅が損壊した被災者に最大300万円の支援金を支払う被災者生活再建支援制度を適用する方針を固めた。都道府県と国が2分の1ずつ負担し、損壊した家屋の修繕や解体、建て替えを後押しする。ただ自宅再建には自己負担が必要で、時間もかかる。

避難所生活の早期解消に向けて政府や県は、公営住宅の空き室や旅館などに被災者を受け入れる準備を進めている。

制度の適用基準は、全壊が100世帯以上に上った都道府県や、10世帯以上の市町村など。総務省消防庁の20日午後1時半時点の集計によると、熊本県の住宅被害は全壊145棟、半壊1310棟に上っており、県内全域で適用される見通しだ。大分県は今のところ、被害規模が適用基準に達していない。

支援金は全壊の場合に最大300万円、大がかりな補修をしなければ住めない大規模半壊では、最大250万円が支給される。被災者は罹災証明書などを添え、市町村を通じて支給申請する。支援金は都道府県の拠出金と国の補助金で積み立てた基金から支出される。

一方政府や県などは、熊本地震の被災者の受け入れ先として、熊本県内の旅館やホテル約1500人分を確保。避難所で周知し、高齢者や体調の悪い人を中心に仲介を急いでいる。公営住宅の空き室は、福岡や宮崎、鹿児島各県などの自治体で申し込み手続きを始めている。

仮設住宅の建設については、必要な戸数の見通しが立っていないが、政府はメーカーに資材調達などの準備を進めるよう要請している。

ズーム

被災者生活再建支援制度　阪神大震災をきっかけに、自然災害の被災者を支援するため、1998年に議員立法で関連法が制定された。地震や豪雨、火山噴火などで被災した世帯に現金を支給する。制度開始当初は支給上限額が100万円だったが、後に引き上げられた。2011年の東日本大震災では約19万2900世帯に、昨年の関東・東北豪雨では約1600世帯に支給された。

きょうの歴史　4月21日

外輪山のミルクロード沿いに植栽された里程木

▽1980（昭和55）年
県緑化推進委員会阿蘇支部が一の宮町（現阿蘇市）の外輪山に、熊本市からの参勤交代路を想定した「里程木」としてマツやツツジなどを植樹した。

▽1952（昭和27）年　日奈久町（現八代市）町制施行50周年記念祭が開かれた。

(第3種郵便物認可)　熊本日日新聞　平成28年(2016年)4月21日　木曜日　総合 4

目立つ高齢者、女性

震災関連死 車内や避難所、施設で

熊本地震の「震災関連死」とみられるケースが11人に上った。犠牲者の大半が高齢者で、女性が6割以上を占めている。地震発生から1週間。長引く避難生活に体調を崩す人が増えており、注意が必要だ。【1面参照】

県は、震災関連死について「避難生活などにおける身体的負担による疾病により死亡したと思われる死者数」としている。

地域ごとの内訳は、熊本市7人(52歳、75歳、85歳の男性。51歳、67歳、88歳、99歳の女性)、益城町2人(77歳男性、83歳女性)、阿蘇市1人(77歳女性)、御船町1人(68歳女性)。

熊本市では車内で3人が心肺停止となった。51~88歳のいずれも女性で、うち51歳女性はエコノミークラス症候群だった。自宅で亡くなった3人は、52~85歳のいずれも男性。残る1人の99歳女性は高齢者施設で亡くなった。

益城町の77歳男性は病院で致死性不整脈のため死亡。83歳女性は倒壊した家屋から救出されたが、病院で出血性ショックのため死亡した。阿蘇市の77歳女性は避難所で急性心不全のため死亡。御船町の68歳女性は地震直後、自宅で倒れて亡くなった。

熊本地震では、余震を恐れて車中泊をしている人が多く、エコノミークラス症候群が増加することも懸念される。水分補給と、膝の曲げ伸ばしをしたり、歩いたりすることなどが予防になる。

また集団生活では、風邪やインフルエンザ、下痢などの感染症が流行しやすい。小まめな手洗い、うがいで予防をし、水がない場合はアルコール消毒液やウエットティッシュなどの活用が大事。せきが出る人はマスク着用し、嘔吐物を片付ける場合は直接触れないことも必要だ。

余震が続くと、ストレスの影響も受けやすく、東日本大震災では急性心筋梗塞や心不全が増えた。日本循環器学会の指針では「災害時ほど睡眠が大切」としており、アイマスクや耳栓なども使い、6時間以上の睡眠を取るよう求めている。

阪神大震災では、兵庫県内の死者6402人のうち919人が関連死。東日本大震災では昨年9月末現在で3407人に上り、その9割近くが66歳以上だった。

避難生活での注意点

感染症	手洗いやうがいの励行、消毒液の活用
運動不足	身の回りのことは自分で、声掛け合い運動
車中泊	十分な水分、同じ姿勢を続けない
睡眠不足	アイマスクや耳栓の活用

血栓予防に効果のある弾性ストッキングをはき、段ボールベッドに腰掛ける避難女性=20日午後、熊本市南区

子どものストレス軽減を

長引く避難、集団生活

民間団体 NGOなど 遊べる場を提供

益城町

熊本YMCAの幼稚園教諭が披露するエプロンシアターを楽しむ避難所の子どもたち=益城町総合体育館

地震による避難生活が長引く中、被害が大きかった益城町の一部の避難所では、民間団体やNGOなどによる子どもの心のケアが始まっている。周囲を気にせず遊べる場を提供し、ストレスを軽減させることが狙いだ。

帰宅の見通しが立たず、慣れない集団生活。19日、益城町保健福祉センターに4歳の長男と避難していた田上純子さん(31)は「避難所では満足に遊べず、子どもはストレスを感じているようだ」と不安げ。夫と小学5年の長男と避難生活を続ける吉村亜紀さん(54)も「余震を怖がる息子のケアが難しい」と訴えた。

こうした声が保護者から上がる中、益城町総合体育館では19日から、指定管理者でもある熊本YMCAの職員や同グループの専門学校生、幼稚園教諭らがボランティアでプレールームを開設。子どもたちに手遊びや紙芝居などを披露している。

幼稚園教諭の中川由美さん(37)は「緊張が続く中では、日常に近い環境で子ども同士が集まって遊ぶことが大事」と強調。「大きな揺れがあった夜に不安になる子が多い。絵本も貸し出すので、寝る前の読み聞かせに使ってほしい」と話す。

隣接するテニスコートもサッカーや鬼ごっこなどに開放。家族6人で車中で寝起きする益城中央小6年の緒方瑠希さんは「思いきり体を動かせてうれしい」と声を弾ませた。

広安西小の中庭では、幼児らがブロックやシャボン玉で遊ぶ。国内外で子どもの支援を続ける国際NGO「セーブ・ザ・チルドレン・ジャパン」が、16日から同町4カ所で順次開いた「こどもひろば」の一つだ。

スタッフの津田知子さん(40)=東京都=は「余震が多いせいか、屋内にいたがらない子が目につく。遊びを通して日常を取り戻し、自ら回復力を高めてほしい」と話す。

県教委も19日から、同町内の避難所になっている4小学校にスクールカウンセラー4人を派遣。21日には御船町の小中2校にも予定している。他の市町村教委からも要請があり、「不安を抱える子どものため、できる限りの支援をしたい」としている。(魚住有佳、中村悠)

保護者の相談対応 県内3児相

県中央児童相談所など県内3カ所にある児童相談所は、地震や長引く避難生活の影響で、精神的に不安定になっている子どもを抱えた保護者からの電話相談に応じる。児童心理司など専門家がいる時間は限られるが、時間外は職員が電話を受け付ける。

県子ども家庭福祉課によると、心理的な傷を負った子どもたちには、食欲不振や腹痛、おねしょなどの身体的変化が表れる。大人と離れたがらなくなったり、驚きやすくなったりする心理的変化や、落ち着きがなくなって学習能力が低下するなどの行動変化も見られるという。

多くは自然な反応で短期間で収まるが、同課は「不安な保護者は気軽に相談してほしい」と話している。

相談所の電話番号、専門家がいる時間帯は次の通り。

県中央児童相談所☎096(381)4451=月~金曜8時半~20時▽県八代児童相談所☎0965(33)3247=同▽熊本市児童相談所☎096(366)8181=月~金曜8時半~17時 (太路秀紀)

エコノミークラス症候群

弾性ストッキング有効

段ボールベッド活用も

主に足の静脈にできた血の塊(血栓)が肺静脈に詰まる「エコノミークラス症候群」の防止策として、専門家は「弾性ストッキングと段ボール製の簡易ベッドが有効」と指摘する。県内外の医師らでつくる医療チームは20日、避難所での本格配布を始めた。

熊本地震の発生後、20日までに少なくとも21人が同症候群を発症。車中泊をしている人が多く、18日には熊本市の50代女性が死亡している。

弾性ストッキングは手術後の足のむくみ予防などに使われ、適度な締め付けで血の巡りを助ける。血栓は血の巡りが悪いとできやすいため、同症候群の予防になるという。

段ボールベッドは30センチほどの高さがある。高齢者でも立ち上がりやすく、行動につながりやすい。

同症候群に詳しい新潟大医学部の榛沢和彦講師(52)は「予防には、水分補給と運動などで血の巡りをよくすることが大事」と指摘する。「体を動かしづらい車中泊も避けた方がいいが、「熊本地震は余震が多く、やめるのも難しい。横になれる環境が難しい場合は、ストッキングを使用してほしい」と話す。

榛沢講師や熊本市民病院(東区)の医師ら約10人は同日、城南中(南区)と広安小(益城町)で活動。避難者の足の血栓を診断し、ストッキング約300足を配った。

全国段ボール工業組合連合会も城南中にベッド150セットを運び、希望者に設置した。21日は益城町の避難所に100セットを持ち込む。(林田賢一郎)

「妊婦は特に注意を」

血の塊(血栓)が肺静脈に詰まる「エコノミークラス症候群」について、県内の産婦人科医らが「血液の流れが滞りがちな妊婦は、特に注意が必要」と呼び掛けている。

熊本大大学院産科婦人科(同市中央区)の大場隆准教授によると、妊婦は子宮が大きくなるため、足からの血液の流れが滞りがちになるという。さらに妊娠中は血液が固まりやすい状態にあり、「妊娠4~5カ月が発症しやすく、注意が必要」と説明する。

同じ姿勢が長時間続くと血栓ができやすくなるため、①時々体勢を変える②足を真っすぐ伸ばせる所で寝る③水分を十分に取る─ことを助言。大場准教授は「さまざまな事情はあるだろうが、妊婦は車中泊よりも避難所で休んだ方がいいだろう」と話す。

あおむけに寝ていると、おなかの重さで静脈が圧迫されて血流が悪くなるため、済生会熊本病院(同市南区)の坂本知浩・循環器内科部長は「横向きに寝て、静脈の圧迫を避けてほしい」と呼び掛けている。(森本修代、鹿本成人)

市営住宅250戸 無償貸し出し

熊本市、23日から募集

熊本市は20日、被災して自宅に住めない市民を対象に、市営住宅の空き部屋を無償で貸し出すと発表した。23日から募集を始める。

大西一史市長は20日、家屋が倒壊した東区沼山津の住宅街、熊本学園大の避難所、熊本城を視察。「全壊・半壊した住民を優先的に市営住宅に居住できるようにする」と述べた。

空き部屋は現時点で250戸(中央区10戸、北区130戸、東区60戸、西区20戸、南区30戸)。自宅が全・半壊した市民を対象に募集し、抽選(5月3~5日)で入居者を決める。

家賃、敷金、駐車場代、退去時の修繕費も無料。光熱費、共益費、自治会費は負担してもらう。

5月6日から順次入居してもらう。期間は6カ月。必要に応じて最長1年まで延長する。申し込みには罹災証明が必要で、後日提出でも受け付ける。受け付けは23日から5月2日の午前8時半~午後5時、市役所9階で。本人確認できる免許証などが必要。問い合わせは市市営住宅管理センター。中央、西、北区を希望する人は☎096(327)5101。東、南区は☎096(311)7833。

避難所に身を寄せる女性と話し、握手を交わす大西一史熊本市長=中央区大江

県は70戸準備

県は住宅が全半壊した被災者に、県営住宅約70戸を無償で貸し出す。うち約10戸は障害者ら向け別枠。21日から5月2日まで希望者を募り、抽せんで決定する。

対象は熊本市以外の市町村に住む被災者で、入居は5月6日からの予定。期間は6カ月以内で最長1年まで更新可。市町村が発行する住宅「半壊」以上の罹災証明書が必要だが、間に合わない場合は自宅の写真などでも対応する。

県営住宅の場所は熊本市や菊陽町、荒尾市など。特定の団地を指定した申し込みはできない。光熱水費は入居者が負担。問い合わせは県住宅課☎096(333)2549、096(333)2550。

宅地危険度 判定始める

熊本市

熊本市は20日、被災した宅地の安全性を調べる「被災宅地危険度判定」を始めた。市民からの要請を受けて、傾斜地にある宅地ののり面やブロック積みなどをチェック。二次被害を防ぐとともに、避難所から帰宅するかどうかの判断材料にしてもらう。市独自にも調査する。

被災宅地危険度判定士が目視で調査。「危険宅地」(赤)、「要注意宅地」(黄)、「調査済み宅地」(青)の3段階で判定する。通行人にも分かるよう、A4判の判定シートを宅地出入り口に掲げる。市開発景観課☎096(328)2507。(高橋俊啓)

高浜原発 1、2号機が審査合格

規制委 40年超運転に道

原子力規制委員会は20日、運転開始から40年を超えた関西電力高浜原発1、2号機(福井県)が新規制基準を満たしているとして、合格証となる「審査書」を正式決定した。老朽原発では初の審査合格で、40年超運転に道を開くことになる。

再稼働するには7月7日の期限までに運転延長と工事計画の認可も受ける必要がある。さらに重大事故対策として原子炉格納容器の上部をコンクリートで覆うなどの工事も必要で、関電は2019年10月までに工事を終わらせる計画を明らかにした。再稼働は早くても3年半先となる。

東京電力福島第1原発事故後に改正された原子炉等規制法は、原発の運転期間を原則40年と定めているが、規制委が認めれば1回に限り特例で最長20年の延長ができる。

1号機は1974年11月の運転開始から41年5カ月、2号機は75年11月から40年5カ月が経過している。

高浜1、2号機を巡る経過

1974年11月14日	関西電力高浜原発1号機が営業運転開始
75年11月14日	高浜2号機が営業運転開始
2015年3月17日	関電が高浜1、2号機の新規制基準への適合性審査を原子力規制委員会に申請
4月30日	関電が規制委に運転期間延長を申請
16年2月24日	規制委が新基準に適合しているとする審査書案を決定。事実上の審査合格
4月14日	住民らが運転延長の差し止めを求め名古屋地裁に提訴
20日	規制委が審査合格を正式決定

差し止め訴訟原告 規制委判断を批判

関西電力高浜1、2号機が20日、老朽原発として初めて新規制基準に正式合格したことについて、名古屋地裁での運転延長差し止め訴訟で原告側の弁護団長を務める北村栄弁護士は「十分に審査を尽くしたのか疑問だ」と述べ、原子力規制委員会の判断を批判した。

弁護団は訴状で「新基準が求める難燃性ケーブルでなく防火シートを使うことを認めるなど規制委の審査には問題がある」と訴えている。北村弁護士は「審査書案の決定後、約2カ月しかたっておらず早過ぎるとの印象しかない。審査結果を精査し、訴訟で問題点を追及する」と強調した。

4原発の情報 毎日2回発信

原子力規制庁

原子力規制庁は19日、熊本、大分両県を中心に地震が相次いでいることを受け、九州、中四国地方の4原発の状況を毎日2回、定時に情報発信すると発表した。公表時刻は午前10時と午後8時で、19日夜から開始した。

公式ホームページに、各原発の状態やモニタリングポストの数値に異常がないかどうかを掲載する。

対象となるのは九州電力の川内原発(鹿児島県)と玄海原発(佐賀県)、四国電力伊方原発(愛媛県)、中国電力島根原発(松江市)。

文化財、古文書 保全呼び掛け

熊本市立博物館

熊本市立熊本博物館(同市中央区)は、熊本地震からの復旧の過程で地域に残る文化財や古文書、民具などの資料が失われないよう、保全への協力を呼び掛けている。

同館によると、阪神大震災や東日本大震災などの大規模災害で、被災家屋の撤去など復旧作業に伴い、地元の貴重な資料が処分された例があったという。

保全を呼び掛けているのは、古文書や自治会の記録、農具など、地域の歴史・文化や人々の暮らし、信仰を伝える資料。雨などで濡れたり、破損したりしても修復できる可能性があるという。(吉田紳一)

赤ちゃん対象に 沐浴設備を開放

九看大卒業生ら

赤ちゃんがいる地震被災者を支援しようと玉名市の九州看護福祉大の卒業生有志が21、22日、学内の沐浴用設備を開放する。

おおむね1歳未満の赤ちゃんが対象。午前10時~午後5時までで、タオルも準備する。予約が必要。卒業生の助産師や保健師、看護師らの母乳・育児相談もある。同大同窓会☎080(1764)9012=午前8時~午後8時。

◆保育士試験の会場、福岡市に変更

23、24日予定の県保育士試験の筆記試験(前期)の会場は地震のため、熊本市の熊本学園大から福岡市南区筑紫丘の純真短期大に変更された。保育士試験事務センター☎0120(4194)82。月~金曜の午前9時半から午後5時半。

◇お断り　連載「全電源喪失の記憶」は休みました。

首相の動静 20日

【午前】8時56分、公邸から官邸。9時5分、西村泰彦内閣危機管理監、加藤久喜内閣府政策統括官。11時20分、谷内正太郎国家安全保障局長、北村滋内閣情報官、秋葉剛男外務省総合外交政策局長、防衛省の前田哲防衛政策局長、河野克俊統合幕僚長。

【午後】0時3分、谷垣禎一自民党幹事長。1時、熊本地震政府現地対策本部の酒井庸行本部長と電話。2時32分、岡田克也民進党代表らによる熊本地震に関する申し入れ。3時1分、片山虎之助おおさか維新の会共同代表らによる熊本地震に関する申し入れ。34分、地震非常災害対策本部会議。58分、山口県の村岡嗣政知事、畑原基成県議会議長。5時17分、教育再生実行会議。6時16分、パナマのバレラ大統領を出迎え、記念撮影。17分、儀仗(ぎじょう)隊による栄誉礼、儀仗。26分、バレラ大統領と首脳会談。7時7分、署名式、共同記者発表。31分、公邸。首相夫妻主催の夕食会。9時10分、バレラ大統領を見送り。14分、官邸。35分、熊本地震政府現地対策本部の松本文明前本部長による報告。河野太郎防災担当相同席。10時15分、公邸。宿泊。

きょうの動き

■ 国内・国際 ■

▽リオデジャネイロ五輪の聖火の採火式(ギリシャ・オリンピア)

■ 首長の日程 ■

【蒲島知事】地震災害対応
【大西熊本市長】地震災害対応
【山下荒尾市長】8時半　庁議▽11時　荒尾経済倶楽部4月例会市長卓話▽14時　100歳到達者表敬訪問
【高嵜玉名市長】地震災害対応
【中嶋山鹿市長】地震災害対応▽14時　鹿本地区嘱託員会議
【江頭菊池市長】地震災害対応▽10時　市議会臨時議会・月例会
【荒木合志市長】地震災害対応
【佐藤阿蘇市長】地震災害対応
【元松宇土市長】地震災害対応
【守田宇城市長】地震災害対応
【中村八代市長】地震災害対応▽11時　来客応対
【松岡人吉市長】10時　高齢者御祝訪問
【西田水俣市長】9時　庁内協議
【堀江上天草市長】地震災害対応
【中村天草市長】地震災害対応

生き物こぼれ話 八代海編45

2016.4.21

ウマヅラハギ

ウマヅラハギは、天草地方でコーベと呼ばれるカワハギの仲間。カワハギがひし形の体つきなのに対し、やや細長く、目と口の間が長い。馬面のカワハギだからウマヅラハギ。単にウマヅラと呼ばれたり、略さずにウマヅラカワハギと呼ばれたりすることもある。

体長は30センチほど。後頭部に1本の長いとげがある。

カワハギ同様、とてもおいしい。上品な味わいの白身で、刺し身にすると透明感が際立つ。煮付けや鍋料理、みりん干しも捨て難い。肝(肝臓)は生のまま、ぽん酢で食べるのがおすすめ。(久間孝志)

動画　くまにちプラネットにも掲載

読者ひろば　Readers' square

熊本地震

生かされた命大切にしたい

森　映子55＝主婦（合志市）

お風呂から上がり、テレビを見ていた。ニュースで東京の地震情報が流れたので、都内に住む娘を心配した。震度2だから心配ないと思った途端、わが家が揺れた。テレビの画面はNHK熊本放送局に変わった。私は夢を見ているのかと思った。声が出ず、いすから動けなかった。携帯が鳴り、「地震です」と知らせるが、家に1人いた私は「このまま死んでもいいか」と思い動かなかった。すぐに携帯のラインで娘が「大丈夫」と聞いてきた。「大丈夫」と返信したが、余震が続き、不安だらけだった。間もなく、兄弟や親戚からも電話があり、「足りないものがあったら言ってね」と言ってくれた友人もいた。幸い、家は電気、ガス、水道どれも止まらなかったので、家で寝ることにした。16日未明、さらに大きな揺れに襲われた。布団を被り、収まるのを待った。これが本震で、この前のは前震だったという。多くの家が倒壊し、死者も確認された。私は今までとほぼ変わらない生活ができているが、一瞬でも「死んでもいい」と思ったのが恥ずかしい。1人の命を救うため、どれだけ多くの救助隊員が動いているのか。生かされたこの命を大切に、自分にできることを探し、実行したい。

経験と反省を生かし対策を

白濱　馨74＝元会社員（八代市）

謹んで地震災害のお見舞いを申し上げます。近年、菊池方面での小規模な地震が頻発していたのを不思議に思っていました。「熊本地震」の震源地から50キロ程度離れた八代市のわが家は日奈久断層帯の上に乗っています。

14日夜、スマホから「地震です」「地震です」の緊急情報に飛び起きたが、ただおろおろするばかりでした。私にとって初めての揺れです。余震も覚悟していたが地獄のような時間が続いています。幸いテレビで映像を確認することができました。地震専門家の南西方向に移動しているという説明や、八代市庁舎の崩壊の恐れを聞き不安は増幅するばかりです。余震発生位置を地図上に小円で示されるが、日奈久断層帯を行ったり来たりしているようで気が気ではありません。大分県内にも小円が付くと小6の孫が「南海トラフの予兆だ」と言ったのが気になります。

昼夜余震に神経を研ぎ澄ましている高齢者には、負担が重すぎます。被災者におかれては筆舌に尽くせない状態でしょう。復旧、復興には長期化が余儀なくされます。政府には過去の経験や反省を生かした対策を望むと同時に、被災者にケチることなく、従前の生活を取り戻す支援・援助をするべきです。

慌てず焦らず努力前向きに

石田次男70＝無職（福島市）

決して、ひとごととは思えない大地震が九州地方を襲った。遠く福島においてもテレビの緊急地震速報に体が凍り付くのだから、避難地の人々の不安はいかばかりか。どうか地震が早く終息し、被害が最小限であることを願っている。

東日本大震災による約1カ月の体育館での避難生活がつい昨日のようによみがえってくる。地震という自分の意志ではどうにもならない自然災害だと、どこか諦めはつく。しかし他方で、「避難生活がいつまで続くのか」「自宅の再建」など、突然わが身に降りかかった難題に挑もうとしても、募るのは不安ばかりだった。

落ち着いたころ、テレビで「今がどん底、これ以上の下はない。あとははい上がるだけ」「希望を見失わないで前を向いて」と、被災地で語りかける瀬戸内寂聴さんの青空説法を聞いた。まず現実を受け入れることから始めようではないか。重りのような気持ちがスーッと氷解し、われに返ったように軽くなる自分に気付いた。

この年でしんどいが、少しずつでも前に進んでいけば「希望」が近づくのではないか。こうなった以上、じっくりと慌てたり焦ったりすることはない。やがて必ず前向きな努力が物事を解決していくと思う。

応援します

河北新報「声の交差点」

東日本大震災を経験した河北新報（本社・宮城県）の読者投稿欄「声の交差点」には、東北6県の読者から熊本地震の被災地を応援したり、心配したりする原稿が寄せられています。「声の交差点」に掲載された原稿を随時転載します。

被災地支援へ法律の整備を

高橋裕紀65＝林業経営（宮城県）

熊本が大地震で大変です。しかも支援が十分でないようで、心が痛みます。震度7の地震が起きてから3日目の17日の報道で、おにぎり1個の支給さえまだできていない避難所があると知りました。

政府も県も町も一生懸命やっているのでしょう。しかし、この現実は問題です。私は、震度7クラスの地震が発生したら公的機関が自動的に動き出す仕組みを作ったらいいと思います。

熊本の例でいえば、自衛隊は県からの支援要請を待たずに、全国の基地・駐屯地にある物資の1割程度を直ちに被災地近隣の駐屯地に向けて送る作業に着手します。被災地近くの駐屯地では、それを被災地に運ぶ準備を並行して始めます。こうすれば、発災後数時間で支援物資の第1便が被災地に届けられるでしょう。

また、全国の公的機関に備蓄されているはずの水・食料・毛布なども同様に1割程度拠出することとして、自衛隊は順次これを被災地に送るのです。

このような法律を1本作っておけば、3日たってもおにぎりが届かないということはなくなるはずです。

モノクロギャラリー

♡そうに、あいにいったよ♡

山本百花7＝小学生（熊本市）

モノクロ作品募集　黒一色の印刷紙面に映える作品を募集します。①「私の一字」＝好きな文字一字を書き、その理由も②「モノクロギャラリー」＝イラスト、墨絵、写真など。題材自由。作品は、はがき、封書、ファクス、メールで。応募要項・あて先は「読者ひろば」係と同じ。作品は返却しません。掲載分には薄謝を送ります。

「前震」の観念示すべきでは

松山　洋66＝司法書士（長洲町）

14日午後9時26分の地震、16日午前1時25分の地震。前者を「前震」、後者を「本震」と呼ぶらしい。だが、16日の「本震」までは、専門家は14日の地震が「本震」で以後に起こるのは「余震」と呼んでいた。さらに、「余震のマグニチュード（M）は本震を超えることはない」とも言っていた。

ところが余震が本震の規模を超えてみると、従来の本震は「前震」であり、後に発生した地震が「本震」と訂正した。

私は14日の地震に遭遇して以来、これ以上の大きな地震はないと安心したものだ。以後は余震なのだから本震を超えることはないとも思っていた。しかし、意に反して16日はより大きな地震が起きた。

むろん、専門家とて人間である。地震発生のメカニズムは人知の及ぶところではない。だが、少なくても被災者に14日の時点で「本震」「余震」に加え、「前震」の観念も示しておくべきではなかったか。

早く終息して復旧急ぎたい

九十九止70＝元会社員（八代市）

避難所で書いています。誰もがこれまで経験したことのない怖い思いをし、早く終息してほしいと願っています。以前から日奈久断層帯でいつ地震があるかもしれない、発生すればマグニチュード（M）7程度と聞いていました。恐れていたことが現実になったのです。

しかも本震、余震と数百回の揺れが起き、その後も絶えることなく続いています。大変不安なものにしています。熊本だけでなく他県にも及んでいるのが不気味です。

終息には1週間ほどかかるということですが、高齢者や病気の方をはじめ、健康状態の良かった人にも、心身的に疲労し、体調を崩す人が増えてくるのではないかと心配です。こうして書いている間にも続々と避難されてきています。

この地震が早く終息し、復旧を急ぎ、被災された人々が日常生活を取り戻し、癒やされる日が来ることを願っています。

私の一字

羽

川端彩友美14＝中学生（熊本市）

たくさんの羽（知識）をもって未来に向かってはばたきたい。

投稿される方へ

「読者ひろば」への一般投稿、若者コーナーは450字程度、主張・提言は600字程度。◇欄外に郵便番号、住所（アパート・マンション名も）、氏名、年齢、職業（無職の方は元職でも可）、電話番号を明記する◇趣旨を変えず文章を直すこともあります◇原稿は返却しません。二重投稿、採否の理由等の問い合わせはお断りします。匿名は不採用。掲載分には薄謝を送ります。あて先は①郵便〒860-8506、熊本市中央区世安町172、熊日「読者ひろば」係②ファクス096（363）1268③Eメール hiroba@kumanichi.co.jp

わたしを語る

カタチの愉しみ⑩

建築家　上田憲二郎

給料はラーメン券　黒川事務所

まだ20代後半の若い身には、ヴォーリズ事務所の伝統的手法が何か物足りなかったので、次の職場は「全く違うところに」と考えました。

当時気鋭の若手建築家、黒川紀章さんの事務所が建築雑誌に募集広告を出していたので面接してもらいました。後で聞いたところ、広告掲載直後は200人が応募し、10人程度のスタッフは面接で疲れ果てたそうです。私は遅れての応募だったので会ってくれたようで、数日後「じゃ、来週から来て」の連絡。ヴォーリズ事務所で鍛えられた製図の腕前も評価されたようでした。ちなみに持ち込んだのは栖本町庁舎の図面でした。

ところが東京に移住しようにもカンボン旅行で財布はカラ。福岡のヴォーリズ時代の先輩の事務所でアルバイトし、ほとんど仕事しないのに1カ月分の給料を餞別にもらいました。大阪万博を翌年に控えた1969（昭和44）年10月のことです。

まだ30代だった黒川さんは何でも世界で初めてのことをする、という意気込み。事務所のスタッフはまだ20人。先輩たちはすごい人ばかりで、同い年の仲間も多く、その後も所員数は増えていきました。マンション3戸で、部屋ごとにチームを組んで仕事をしていました。「今月は給料がないから、いつものラーメン屋の食券で我慢して」なんて月もありましたが、給料は安いが、どこまでも仕事をする事務所でした。

黒川事務所での設計風景。図面はカプセル住宅のモデルルーム。計算にはそろばんを使っていた＝1970年ごろ

ただ黒川さんは公私ともに忙しく、夜遅くしか打ち合わせできません。所員は24時間事務所にいることも多く、みんな寝袋を持っていました。自分の部屋を引き払って生活している剛の者さえいました。

事務所がある千駄ケ谷駅の周囲には食べ物屋がほとんどないのが難点で、時々は少し遠い原宿まで食べに行くこともありました。そのころの原宿は、まだ小さな住宅が多く、今は若者でにぎわう竹下通りには安い屋台食堂がありました。

黒川事務所は大阪万博で幾つものプロジェクトを受注していました。その万博の「大屋根」と呼ばれたシンボルゾーンの構造物の模型が捨てられそうになったので、私は製図台の上に天井からつり下げて図面置き台にしました。図面、模型、その材料や切りくずの山があり、製図台の下では寝袋で寝ている者がいるような、とてつもなく混乱した事務所でした。

2016.4.21

ハイ！こちら編集局

TEL.096(366)1313　午後1〜3時（月〜金）※祝日は除く
ファクス 096(363)1268　メール moshi@kumanichi.co.jp
メール、ファクスは記者が電話でお話をうかがうことがあります。名前、電話番号、記者と電話が可能な時間（午前9時〜午後7時の間）を明記してください。

仮設トイレの準備を

市街地のビル9階に住んでいますが、16日未明の地震の後、警察の方が「近くの白川公園に避難してください」と言ってこられたんですよ。行ってみると、2、3千人は集まっていたでしょうか。朝まで避難していましたが、困ったのはトイレです。公衆便所は水が出ないので〝満タン〟状態。隣の警察署に駆け込んで何とか用を足しましたが、水は流れませんでした。災害時に必要なのは、まずはトイレだと痛感しました。東北地方には公園のベンチが洋式トイレに変わるような仕組みもあるそうです。男が困ったのだから、女性ならなおさらでしょう。仮設トイレを大量に備えておくべきだと思います。＝熊本市、自営業・男、67

災害時は落ち着きも必要

熊本地震で亡くなられた方々のご冥福を祈ります。16日の本震は驚きでした。わが家には孫娘2人がたまたま帰省中で、特に上の子は生後2カ月のひ孫を連れていましたので、家で無事に朝を迎えられ、ほっとしました。わが家は1999年の不知火町の高潮被害で被災したため、津波注意報を受けて孫たちは「早く逃げよう」と言ったのですが、高台に移転しており、夜間に慌てるとかえって危ないと判断。1人で隣家にいた女性にも声をかけ、みんなで一緒に過ごしました。ひ孫のあどけない笑顔にも助けられたと思います。ひ孫が大きくなったら、今回の地震を伝える新聞を見せながら、災害時には落ち着きも必要なことや、助け合いの心を忘れてはいけないことを伝えようと思います。＝宇城市、元公務員・男、79

高校生ボランティアに感謝

地震で気持ちがふさがっていましたが、うれしいことがあって明るい気持ちになりました。18日に自宅のチャイムが鳴って「ボランティアで回っています。がれきを片付けます」と高校生が3人来ました。瓦がいっぱい落ちて、駐車場に集めていたのを見たのでしょう。地元の中学サッカー部出身で、裏の瓦を拾ってくれたり、石灯籠を直してくれたり。老夫婦だけなので、助かりました。自転車なのに「がれきを災害ごみ捨て場まで捨てに行く」と言ってくれました。別居の息子を呼んで、車を出しましたが、うれしかったです。＝合志市、主婦、72

「爆食い」番組に疑問

大地震で大勢の被災者が出ているなかで、テレビ番組には配慮がほしいと思います。16、17日の週末、ある民放で大食いタレントが出て「爆食い」が放映されていましたが、避難所では食にも事欠くときでしょう。過度の自粛はよくありませんが、ある程度の配慮は必要では。キー局に伝えるなど地元局も努めてほしいですね。＝玉名市、主婦、60

淳子のてっぺん　26

唯川　恵・作
水上みのり・画

レンゲショウマ（一）

1958年（昭和三十三年）。

淳子は東京目黒区にある祥林女子大学・英米文学科に進学した。

地方から出て来た多くの娘たちがそうするように、淳子もまた大学構内にある寮に入った。

これも父の申し渡しだった。寮ならば、若い娘をひとりで上京させる不安が解消されるばかりでなく、礼儀作法も身につくというので、安心して任せられると思ったのだろう。

布団などの大きな荷物はすでに送ってあり、入寮日、淳子は身の回りのものだけを詰めたボストンバッグを手に、緊張した面持ちで玄関前に立った。

建物は古色蒼然とした佇まいの木造三階建てで、コの字型になっていた。雰囲気がどことなく修道院を連想させて、堅苦しい印象があった。玄関を入り、靴を脱いで廊下に上がると、目の前に受付らしき部屋があり、淳子は中を覗いた。

「あの、石坂淳子と言います」

顔を出したのは、寮監である。

「ああ、入寮生ね」

年は四十歳をいくらか過ぎたくらいだろうか。髪をきりりと後ろにまとめて、細身で化粧気はなく、一重の目に縁なしメガネをかけている。淡々とした表情で、淳子を見ると、「もうすぐ同室の学生が来ますから、しばらくそちらで待っていてください」

と、廊下の隅のベンチを指差した。淳子は指示通り腰を下ろした。

やがて、玄関にひとりの女性が現れた。すらりと背が高く、髪を肩で切り揃え、色白で目鼻立ちのはっきりした美しい人だ。着ている服も洒落ていた。白いブラウスは肩が丸みを帯び、ウェストは細く絞られ、紺色のスカートの裾がふんわり広がっていた。それがまた、大人びた彼女によく似合っていた。

色合いは同じでも、姉のお古の布帛のブラウスと、制服のようなプリーツスカート姿の淳子とはまるっきり違っていた。まさに都会人と田舎者を象徴しているような互いの出で立ちだった。

「まあまあ、濱野様、お待ちしておりました」

庁舎被災 住民対応に懸念

八代市や宇土市、益城町…

専門家「機能移転協定など急務」

熊本地震と相次ぐ余震で、県内は八代市や宇土市で本庁舎が使用不能になるなど自治体庁舎の被害が相次いだ。庁舎が被災した際の移転先を定める自治体は少なく、専門家は「行政機能の回復に時間をとられ、被災住民の対応に支障が出る」と懸念する。【1面参照】

崩壊の恐れがある本庁舎から支所へ移転のため書類や資料を運び出し、車に積み込む職員ら＝18日、八代市役所

「壁に亀裂が入った。外に出て」。15日午前0時過ぎ、八代市本庁舎に緊張が走った。前夜、益城町で震度7の地震発生を受け、市は災害対策本部を設けて情報収集に当たっていた時だった。

その後、崩壊の恐れがあるため本庁舎機能の千丁、鏡支所などへの移転を決定。18日から作業を始めたが、20日も電話がつながらない部署があった。

1972年完成の本庁舎は地上5階、地下1階。国の耐震基準を満たしておらず、市議会で建て替えを議論していた中での被災だった。建て替え費用は100億円前後という。

宇土市の5階建て本庁舎は16日、4階部分が損壊し使用不能に。65年の完成で、2003年には倒壊の危険性が指摘されていた。新庁舎建設費は40億円ほどを見込むが、市幹部は「小学校や他の公共施設の耐震、建て替えを優先。本庁舎の重要性は認識していたが、財政面から先送りしてきた」と明かす。

今回最も被害が大きい益城町は本庁舎に亀裂が生じた。移転先を探したが主な公共施設は避難所となり、町保健福祉センターで急場をしのぐものの「事実上、役場機能はストップ状態」と町。大津町の庁舎もひびが入り、窓口業務の一部を町民交流施設に移した。

被災者の死活問題につながる行政のまひを防ぐため、国は各自治体に防災基本計画で機能維持の方法策定を定める。ただ移転先まで決める義務はなく、自治体の判断となる。

熊本大大学院の柿本竜治教授（土木計画）は、自治体の厳しい財政や合併で「住民サービスに直結する施設の新設や改修を優先し、災害対応センターとしての庁舎整備の遅れは否めない」と指摘。

その上で東日本大震災を踏まえ、大半が庁舎存続を前提とする県内自治体の防災計画は「自治体の機能が破綻しないよう警察署や消防、民間ホテルとの機能移転の協定を結び、住民データをバックアップするサーバーの確保が急務だ」と強調する。（平井智子、丸山宗一郎）

災害ごみ分別を

集積所持ち込み 自治体呼び掛け

さまざまなごみが混在して捨てられているところもある益城町の災害廃棄物の集積所＝20日午後

熊本地震の被害が集中した益城町や南阿蘇村など23市町村で20日現在、災害廃棄物を受け入れる仮設の集積所が設けられている。県や市町村は「生ごみを混ぜると異臭の原因になる」などとして、持ち込む廃棄物の分別を呼び掛けている。

受け入れ対象は、主に木くずやコンクリートがら、畳、マットレスなど。通常は専門業者への回収依頼が必要な廃家電を受け入れる自治体もある。

益城町が集積所にしている旧益城中央小跡地では「可燃」「不燃」「瓦やブロック」など7分別。生ごみや農薬などの危険物を分けるよう呼び掛けている。ただ、分別を手伝う職員の数が足りず、生ごみなどが一緒に捨てられるケースが後を絶たないという。

熊本市は、ごみステーションで災害廃棄物を回収。可燃と不燃の2分別だが、「生ごみなど災害とは別の廃棄物は、いつもの有料回収の袋で出してほしい」と協力を求めている。（並松昭光）

「便乗入浴」やめて!!

無料開放の公衆浴場

地震の被災者向けに、お湯を無料開放している県内の銭湯や温泉で、「便乗入浴」が相次いでいるという。各浴場は利用者が詰め掛けて混雑。そのため苦情の電話などもかかり、浴場側は対応に追われている。

無料開放に取り組んでいる県公衆浴場業生活衛生同業組合は「モラルを持ち、譲り合って利用して」と呼び掛けている。

同組合加盟の一部の銭湯は15日から、被災して風呂に入れない人を対象に無料開放を始めた。だが、中にはそうではないとみられる客も利用。浴場側で被災者の線引きは難しく、トラブルになることもあるという。「混みすぎ」「駐車場がない」など苦情の電話も相次いでいる。

最多で1日1500人を受け入れた県北の温泉は「被災者のためにやっているのに、苦情対応に追われて悲しくなる」と嘆いている。（富田ともみ）

犠牲者慰霊式を延期

実行委 参列者の安全考慮

水俣病60年

熊本地震を受け、水俣病犠牲者慰霊式の延期を決めた実行委員会＝20日、水俣市

水俣病が公式確認された5月1日に水俣市で毎年開かれている「水俣病犠牲者慰霊式」の実行委員会は20日、公式確認60年の節目にあたる今年の式の延期を決めた。熊本地震の余震による参列者の安全を考慮。地震の推移をみながら、本年度内の開催を目指す。1992年の開始以来、延期は初めて。

熊本地震を受けて、実行委は同市で臨時会を開催。事務局の市環境課は、「津波を警戒した措置」として会場を例年の水俣湾埋め立て地から市立総合体育館へ変更する案を提案した。

しかし、委員からは「期日にこだわって参列者の命にかかわる事態が起きれば本末転倒」「余震に脅えながらの慰霊では、犠牲者も喜ばない」などの意見が相次いだ。19日夕、八代市で震度5強を記録する余震が発生したこともあり、延期で意見がまとまった。

慰霊式は例年、患者と遺族や環境相、知事、原因企業チッソの社長らが出席。2006年から、水俣病を引き起こした水銀ヘドロが封じ込められた埋め立て地の親水護岸で開かれている。

5月1日は例年通り、市内に防災行政無線でサイレンを鳴らし、黙とうを呼び掛ける。（隅川俊彦）

「儀式より人命」 緒方さん

熊本地震で被災した長女の状況などを話す水俣病語り部の会の緒方正実会長＝20日、水俣市

水俣病犠牲者慰霊式の実行委員で水俣病資料館語り部の会の緒方正実会長（58）は、熊本地震で益城町の長女（36）が被災した。公式確認60年の節目の慰霊式の延期について「重い決断だったが、儀式よりも人命が優先されるべき」と話した。

緒方さんによると、長女は木山地区の自宅で被災。ゆがんでドアが開かなくなったアパート内に取り残されていたが、近隣住民に助け出された。全身の打撲のほか、被災後に自家用車で避難生活をしたことによるエコノミークラス症候群と診断され、現在は緒方さん宅で療養中だ。

緒方さんは、相次ぐ余震を怖がる長女の姿が延期を考えるきっかけになったという。

「語り部として命の大切さを伝えている自分に『どういう判断をするのか』という問いを突きつけられた気がした」と緒方さん。「危険な状況の中で慰霊をしても亡くなった命は喜ばない。落ち着いて慰霊ができる時期を待ちたい」と前を向いた。（隅川俊彦）

避難所に「共助」芽生え

物資配りや食事の準備…

被災者ら「役に立ちたい」

熊本地震発生から、21日で1週間。今も多くの人が生活を共にする避難所では、被災者同士が役割を決め、助け合う「共助」の動きも芽生えている。

約200人が身を寄せる熊本市東区東町の税務大学校の研修所では、近くに住む山本俊隆さん（69）を中心に、子どもたちや主婦ら約30人が支援物資を配っている。

20日午後4時過ぎには、夕食の準備が始まった。中学生や高校生ら4人が、おにぎりやカレーの缶詰をテーブルに並べ、避難者に手渡した。

毎日手伝っている東町中1年の甲斐美優さんは「『いつもありがとう』と言ってくれる人もいる」とほほ笑む。足が悪く、手元まで届けてもらっているという秋津町の女性（69）は「本当にありがたいです」と涙ぐんだ。

16日夕までは市職員の手が足りず、届いた物資は山積みになっていたという。「この非常時、市に頼るばかりではいけない。自発的に動かないと」と山本さん。

西区の春日小でも、首から「ボランティア」の札を下げた子どもたちが食事の準備をしている。20日昼には小学生から高校生の約30人が、手際良くアルファ米の五目ご飯約250人分を用意した。

当初はPTAが用意をしていたが、次第に子どもたちが加わるようになったという。近くの正代孔紀さん（47）は「自宅から手伝いに来てくれる子も。こんなにたくさん集まってくれて感動しています」。

信愛女学院高3年の浦田優花さんは「警察官志望で、人の役に立ちたいと思い、友人と母校を手伝いに来た」と話す。ご飯を受け取った60代の主婦は「子どもたちは本当に頑張っている。その明るさに、元気をもらいます」と笑顔を見せた。（益田大也、中島忠道、富田ともみ）

子どもたちと一緒に、夕食で配る食料の準備をする山本俊隆さん（左から2人目）＝熊本市東区

学園大 車いす利用者を支援

学内開放 学生ら活躍

車いす利用者の避難を受け入れている熊本学園大の14号館ホール＝19日、熊本市

熊本学園大（熊本市中央区大江）が、熊本地震で避難している車いす利用者を受け入れている。車いす利用者が避難生活を送るには、一定のスペースが必要。床擦れを防ぐため夜通しの介助も欠かせず、福祉を学ぶ学生らが活躍している。

避難場所に指定されている同大は14日夜の地震発生後、地元住民らに正門近くの14号館教室を用意。ピーク時には約700人が集まった。車いす利用者もいたため、車いす用トイレに近く、広いスペースが確保できるホールも開放。車いすの20〜30人が利用している。

車いす利用者にとって、避難者が密集する一般の避難所は手狭で利用しにくい。横になっても1〜2時間に1回は姿勢を変えてもらう必要があり、寝静まった避難所では介助を受けにくいという。

同大に避難しているNPO法人ヒューマンネットワーク代表の日隈辰彦さん（51）は「一般の避難所には専用トイレがなく介助もしにくい。こんなスペースがあるのは助かる」と感謝する。

避難所ではヒューマンネットワーク職員やヘルパーだけでなく、社会福祉学部の学生を中心としたボランティアが活躍。今後、ボランティアセンターを設置し、組織的に支援する考えだ。

同大に避難している車いす利用者で熊本市議の村上博さん（65）は「障害の程度や対応法は人によりさまざま。避難の長期化を見据え、障害の特性に応じた支援が求められる」と話している。（福井一基）

ボランティア受け入れ

益城町社協 きょうから

益城町社会福祉協議会は21日、同町安永の井関熊本製造所グラウンドにボランティアセンターを開設し、災害ボランティアの受け入れを始める。

参加者は同センターに午前9時集合。水や食料、宿泊場所は参加者が自ら確保する。支援物資の仕分けや町が指定する避難所への運搬を担当。二次被害の恐れがあるため、当面は被災家屋の片付けはしない。受け入れ期間は未定。

町に問い合わせが相次いでいた。同社協は「人命救助の緊急車両や災害支援車両の通行を妨げないようにしてほしい」と注意を呼び掛けている。ホームページで詳細を確認できる。同センター☎096(289)6090。（高宗亮輔）

ネットラジオで生活情報を配信

NHK

NHKは19日、熊本地震の被災者や県外の家族らに生活関連情報を提供するため、インターネットラジオ「らじる★らじる」で熊本放送局のラジオ第1放送の同時配信を始めた。

パソコンとスマートフォンに対応し、県外でも受信できる。地震の発生を受けた取り組みで、地方局の放送をネットで配信するのは初めてという。放送は午前5時台〜午後10時台の毎時30分ごろから10〜15分程度。

ヤフー募金に3億7千万円

検索大手「ヤフー」は20日、インターネット上で寄付ができる「熊本地震災害緊急支援募金」が約3億7千万円（午後5時現在）に上ったと発表した。中央共同募金会を通して被災地の復興に役立てる。

中国や台湾、韓国、アメリカなど海外からも多数寄せられ、寄付人数は36万人を超えている。

別途、同社として2千万円も寄付する。

肥後狂句

安藤黒竜選

若くはない　やっぱ白髪が似合うとる　合志　福田　遊心

髪染めの色も、最近は黒だけではなくてカラフルだ。だが昔、〈みたむなさ　髪の毛ばかり若うして〉とひやかされたのは、あの一葉さんだ。

若くはない　何ィけつまずかしたろか　出水　山下マサ子

とおり道　便乗させてもらえんか　相良　俣山　笑

若くはない　休み休みのウォーキング　天草　松田　駄賃

若くはない　昔の歌が懐かしい　渡鹿　神田　一笑

とおり道　湯気が饅頭誘いおる　御幸笛田　村田　高月

ためになる　ちょっとも眠くならだった　八島　吉岡　広子

とおり道　つくしの顔の見えはじめ　宇城　堀田　光輝

次題▽大地震▽一夜にして▽これが現実。はがきに5句以内、4月28日まで。〒861-2236、益城町広崎686、安藤黒竜氏あて。

被災者は思う

2016.4.21

学校再開待ち遠しい

小山田凌冬さん（15）＝高校1年、熊本市南区

志望校に入学し、玉名市で新入生の研修合宿中に、14日の地震に遭いました。自宅に帰ると、テレビの画面が割れ、食器棚が倒れていて驚きました。家族や親戚と田迎西小に避難。避難所では、友人らと校舎のトイレにプールの水を運ぶなど手伝いをしています。廊下で寝るのは寒く、風呂にも入れない。学校の再開が待ち遠しい。

経験者の助けほしい

吉村千恵さん（40）＝大学講師、熊本市中央区

熊本学園大の研究室で被災。学内で障害者や高齢の避難者を受け入れるボランティアをしています。家では電動ベッドだったのに、今は床に毛布を敷いて寝ている方がいます。介助のいらなかった方でも、避難所では必要になっています。ボランティアの疲れもピーク。ヘルパーやデイケアの経験を持った人たちの助けがほしい。

第4386回数字選択式全国自治宝くじ（20日）

ナンバーズ3
◇抽せん数字　660
ストレート（6万9200円）158口
ボックス（2万3000円）385口
セット・ストレート（4万6100円）202口
セット・ボックス（1万1500円）390口
ミニ（下2ケタ）（6900円）566口

ナンバーズ4
◇抽せん数字　2994
ストレート（96万7700円）19口
ボックス（8万600円）195口
セット・ストレート（52万4100円）75口
セット・ボックス（4万300円）777口

インフラ復旧 一歩ずつ

新水俣—鹿児島中央 九州新幹線 一部再開 6日ぶり

一部運転を再開した九州新幹線の新水俣駅発の始発列車＝20日午前6時半ごろ、水俣市（隅川俊彦）

熊本地震の影響で14日から全区間で運転を見合わせていた九州新幹線は20日、新水俣—鹿児島中央間で6日ぶりに運転を再開し、8両編成の上下各16本が各駅停車で運行した。

水俣市の新水俣駅には午前6時57分、鹿児島中央駅発の始発列車が到着。通勤客や通学の高校生が次々とホームに降りた。

鹿児島市から水俣第一小に通勤する小学校講師の折田美幸さん(48)は「地震発生以降は在来線乗り継ぎで4時間、車で2時間をかけて通勤した。負担が格段に軽い。余震を怖がる児童に心を配りたい」と喜んだ。

再開区間は営業区間288・9キロのうちの94・8キロ。運行は臨時ダイヤのため、JR九州は当面、駅やホームページで発着の時刻確認を呼び掛けている。

一方、運転見合わせが続く新水俣—博多間は、熊本市内で脱線した新幹線車両をレールに戻す作業を20日も続け、1号車と2号車を切り離した。

設備の損傷は、18日までの点検で防音壁の落下など計約150カ所を確認。補修作業を進めているが、復旧のめどは立っていない。（隅川俊彦、田川里美）

地震による鉄道・道路の不通区間（20日午後5時現在）

熊本—八代 きょうにも JR鹿児島線

JR九州は20日、地震の影響で14日夜から運休が続く鹿児島線熊本—八代間の運行を、21日にも再開すると発表した。同日午前に試験列車を走らせ、安全を確認した上で最終決定する。

再開すれば、鹿児島線は7日ぶりに全線復旧する。

同区間は、線路や電気設備に損傷が目立ち、点検・復旧を進めていた。損傷が少なかった荒尾—熊本間は18日に運行を再開している。一方、豊肥線は熊本—肥後大津間で運行を再開したものの、残る肥後大津—豊後竹田間は立野—赤水間での大規模な土砂崩落のため、復旧のめどは立っていない。三角線と肥薩線の県内区間も終日運休する。（田川里美）

きょうから高速バス運行 熊本—福岡

九州産交バスは20日、熊本地震の影響で運休している熊本—福岡の高速バス「ひのくに号」の運行を21日から暫定的に再開すると発表した。通行止めとなっている九州自動車道植木インターチェンジ以南は一般道を通るため、所要時間は通常の2倍の片道約5時間を見込んでいる。

熊本発、福岡発とも午前6時から午後7時まで、1時間に1本ずつ計14往復する。九州道の通行止め区間にある西合志と武蔵ケ丘には停車しない。運賃は通常と同じで、熊本交通センター発が片道2060円。定員37人で予約不要。

水道 見通し立たず 漏水多発で工事難航

漏水が見つかった水道管の復旧作業を急ぐ水道工事会社の社員ら＝20日午後、熊本市東区

熊本地震が14日夜に発生してから21日で1週間となるが、県内の断水は、市町村が把握しているだけで約9万8千戸に上る。復旧作業は、水道管からの漏水など施設被害の数が多く難航。断水がいつ終わるのか、関係者も見通せない状態だ。

県の災害対策本部によると、20日午後3時現在で断水または計画断水しているのは、熊本、玉名、菊池、大津、菊陽、阿蘇、小国、産山、高森、南阿蘇、西原、御船、益城、甲佐、山都、宇土、宇城、上天草の18市町村。

このうち熊本市は、通常通り給水されているのが約1万戸、断水が約4万2千戸。残り約26万8千戸は「試験通水中」としている。ただ、市上下水道局には、試験通水中の地域から「水が来ない」という苦情が絶えない。

通水しても家庭に届かない理由は、地中を通る配水管の破損などがある。既に1千件以上の漏水情報が寄せられ、市内29の水道工事会社や県外自治体の応援職員らがフル稼働で対応している。

住宅など建物の管や貯水タンクが破損している可能性もあるが、その場合は建物の所有者や管理者がそれぞれ修理を頼むしかないという。

配水池の水が急激に減らないよう、通常より弱い圧力で水を供給しているのも届きにくい理由だ。20日正午現在、市内13配水池のうち、正常な圧力で供給しているのは2カ所にとどまっている。

結局、試験通水しても各家庭に水が届いているかどうかは「把握できない」（市上下水道局）状態で、実際の断水はさらに多いとみられる。

熊本市以外の被災地にも同様の事情がある。甚大な被害が出た益城町では、水源の濁りは解消してきたが、約1万戸が断水。西原村では村営簡易水道を利用する約1200戸に水が送れていない。

家屋被害が少なかった宇城市でも、配水管の破損で漏水が発生。配水池の水の減少を抑えるため、約1万1千戸で夜間の計画断水を実施している。

合志、南小国、美里の3市町では、濁りのため飲用に適さない状態。原因ははっきりしないが、水道施設に土砂が入り込んだ可能性があるという。

断水はピークだった17日の約40万戸からは大幅に減ったが、完全復旧のゴールは見えない。政府現地対策本部の松本文明内閣府副大臣は「水は生活の要だ」と現場にハッパをかける。だが、熊本市東区で復旧工事をしていた水道工事会社の担当者(41)は「漏水をふさぐと、また別の場所で漏れが見つかる。いたちごっこだ」と疲労感をにじませた。（高橋俊啓、蔵原博康）

◇お断り　連載「私たちの最期は・自宅でみとる」と「家族　らい予防法廃止20年」は休みました。

都市ガス 熊本市一部で 安全確認後、順次供給

ガス栓を開いて点火し、安全確認する作業員＝20日午後、熊本市中央区

西部ガスは20日、熊本地震で停止している都市ガスの供給を熊本市の一部で再開した。今後、安全を確認できた地域ごとに、供給を順次再開する。

同社は16日未明の「本震」の後、熊本市全域と益城町など周辺6市町で約10万5千戸の供給を停止した。その後、復旧作業を進めていたが、安全確認のために必要な各戸のガスメーターの栓を閉める作業が完了、供給再開に踏み切った。ガスの開栓には、利用者の立ち会いで屋内設備の点検が必要。初日は作業員が熊本市南区と中央区の約6700戸を1軒ずつ訪問し、設備に破損などがない場合はガスメーターの栓を開けた。同日正午現在で488戸の供給を再開した。

点検には東京ガスなど大手3社も加わり、最大3200人超の態勢で取り組む。作業を進める地区の順番は未定で、「全戸復旧の見通しは立っていない」という。

自宅にガスが戻った中央区萩原町の元会社員笹本晴茂さん(68)は「断水が解消されれば風呂にも入れる。ありがたい」と話した。（宮﨑達也）

県内全域停電解消

九州電力熊本支社は20日夜、県内全域で停電が解消したと発表した。ただ、各家庭への引き込み線の断線など電気が通じない場合がある。阿蘇市と高森町、南阿蘇村では、土砂崩れで送電線が使用不能となり、発電機車158台を投入し、電力を供給している。

県内きょう大雨の恐れ 土砂災害 厳戒を

地震と雨の複合災害の例

県内は21日、大雨となる恐れがある。防災の専門家は「地震で地盤が緩んでおり、土砂災害や地滑りが起きやすい」として、厳重な警戒を呼び掛けている。

熊本地方気象台によると、昼前後には局地的に雷を伴う非常に激しい雨が予想される。多い所で1時間50ミリ、同日午後6時までの24時間雨量は150ミリに達する恐れがあり、風も強まるという。

九州大の善功企名誉教授（防災地盤工学）は「阿蘇地域などは火山灰質で、もともと雨で崩れやすい」と指摘。地震で生じた亀裂に雨水が入り込み、土石流や地滑りが起きる複合災害の恐れがあるという。斜面に盛り土をした造成地も、元の斜面と盛り土の間に水が入り込むと崩れやすくなる。

善名誉教授は「自宅や避難先の近くの斜面に亀裂が生じていないか確かめて、早めに避難をしてほしい」と呼び掛ける。

熊本大減災型社会システム実践研究教育センターの松田泰治センター長も「断層沿いの斜面のほか、河川の護岸にも損傷があるようだ。周囲の状況をよく確認してほしい」と話している。（鹿本成人）

カンちゃん　ツジヤマジョージ

全壊344軒・半壊1087軒 建物被害甚大に 西原村 募る不安

熊本地震で多くの建物が倒壊した西原村の大切畑地区（小型無人機で撮影）＝20日午前（大倉尚隆、横井誠）

「いつまでこの生活が続くのか」—。西原村が熊本地震の前震に襲われてから、21日で1週間。村民は帰りたくても帰れないもどかしさを抱えながら「その日」をじっと待ち続けている。

村内の建物の被害は全壊344軒、半壊1087軒。ともに県内の市町村で最も多い部類に入る。小森の松岡文幸さん(80)と美智子さん(75)夫妻も家が壊れ、17日から避難所で生活する。

14日夜、いったん八代市の親戚宅に身を寄せたが、「家が心配で戻ってきた」（文幸さん）。しかし、平屋の自宅は倒壊を免れたものの、ガラスが散乱して足の踏み場もなかった。

16日の本震で、益城町と並ぶ震度7を観測した西原村。強い余震も相次ぎ、美智子さんは「（余震は）また来るのでしょうか」と不安そうに話した。

体育館には子どもたちの姿も目立つ。避難している山西小3年の丹波実侑さんは「バドミントンをしたりして遊ぶのが楽しい」と笑顔で話すが、3歳から続ける剣道の練習場は避難所になっている。「早く剣道がしたいな」。丹波さんの顔が曇った。（亀井悠吾）

4月21日の飛来予測

	九州北部 大気汚染粒子	九州北部 黄砂	九州南部 大気汚染粒子	九州南部 黄砂
6—12	多い	少ない	やや多い	少ない
12—18	やや多い	少ない	やや多い	少ない
18—24	多い	少ない	やや多い	少ない
22日	多い	少ない	やや多い	少ない

非常に多い・多い：注意喚起レベル　やや多い：大気が少しかすむ　多い：環境基準値程度　少ない：清浄

予測システム「スプリンターズ」開発チーム提供

阿蘇山の風向予想

21日　午前9時 6m　午後3時 8m

（日本気象協会tenki.jpより）

9日間の天気 Weather Report

21(木)　22(金)　23(土)　24(日)　25(月)　26(火)　27(水)　28(木)　29(金)

札幌　東京　名古屋　大阪　広島　福岡　熊本　長崎　佐賀　大分　宮崎　鹿児島　那覇

のち　時々

きのうの気温　20日

（天気・湿度は15時、県内の気温は0時—17時、Δ印は低め）

	最高	平年比	最低	平年比	湿度	天気
熊本	25.2	3.2	8.0	Δ3.1	44%	曇
牛深	23.4	2.6	12.2	Δ0.9	57%	—
人吉	25.5	3.8	6.4	Δ3.0	47%	—
阿蘇	—	—	—	—	—	—

（阿蘇山上の最高気温は —　度、最低気温は —　度）

	最高	最低	天気
福岡	22.8	9.7	曇
佐賀	23.8	7.9	曇
長崎	23.3	10.1	曇
大分	20.3	8.1	曇
宮崎	22.5	10.1	曇
鹿児島	24.5	12.0	快晴
那覇	25.3	20.1	曇
松江	22.8	6.0	曇
広島	23.0	8.5	晴
高松	20.8	8.5	晴
大阪	22.0	9.5	晴
京都	24.3	7.7	晴
名古屋	21.2	8.1	晴
長野	21.7	3.9	曇
東京	19.3	9.8	曇
新潟	16.4	4.4	曇
仙台	17.2	5.5	曇
秋田	13.8	8.8	曇
札幌	16.2	3.8	曇

潮ごよみ

旧暦3月15日（21日）　大潮・月齢 13.7

日出 5時41分　日入 18時52分　月出 18時03分　月入 5時10分

	満潮	干潮
三角	8.21 / 20.48	2.22 / 14.38
水俣	8.18 / 20.45	2.20 / 14.36
牛深	7.25 / 19.57	1.29 / 13.44
玉名	8.31 / 20.58	2.32 / 14.48

旧暦3月16日（22日）

	満潮	干潮
三角	8.50 / 21.22	2.56 / 15.09
水俣	8.46 / 21.18	2.52 / 15.07
牛深	7.51 / 20.29	2.01 / 14.12
玉名	9.00 / 21.32	3.06 / 15.19

23 社会 平成28年(2016年)4月21日 木曜日 熊本日日新聞 新聞定価1カ月 朝刊のみ＝3,093円(税込み)、朝夕刊セット＝3,460円(税込み) 朝刊1部売り＝120円(税込み)

避難生活 支え励まし

熊本地震1週間

不自由でも「命あれば」

不自由な暮らしでも命さえあれば—。熊本地震発生から1週間。14日と16日に最大震度7を観測した益城町では、避難所に1万人超が暮らす。目立つのはお年寄りの姿だ。ささやかな幸せを探すように家族や友人と何げない会話を交わし、余震が収まるのをじっと待っている。【1面参照】

「きょうのご飯は何だろか」「天気んよかねえ。洗濯物も乾いたろ」。同町福原の特別養護老人ホーム「いこいの里」で、姉妹の内田安子さん(80)と後藤文子さん(72)の会話が弾んでいた。

14日夜、体が折れるほどの激しい揺れ。それぞれの家で被災し、内田さんはすぐに1人暮らしの後藤さんに電話をかけた。無事だろうか。誰も出ない。家族と一緒に妹を捜した。16日未明に再び襲った震度7。だめかと思って訪ねた施設で、その日の夕方再会できた。「生きとったね」。涙があふれた。

一緒に居られるだけで幸せだ。近くの川で洗濯し、ぬらしたタオルで体をふく。非日常の暮らしも「肉親が近くにいるだけでいい。命があるんだから」。余震は怖いけれど、1枚の敷布団に身を寄せて眠る。

250人が避難生活を送る同町寺迫の益城中央小体育館。森内スミ子さん(64)が新聞を読んでいた。「何よりの楽しみ。心配ごとや不満を忘れられるから」

慢性的なふくらはぎ痛に悩む。家族とは離れ離れだ。頼れる人はいない。自衛隊の入浴サービスには一度も行けていない。健常者であれば歩いて15分ほどだが、「車がなく、自力では無理。いつまで続くのかな」。ため息をつくと、新聞に再び手を伸ばした。

同じ体育館内の隅っこ。次男夫婦と避難してきた村田アキヨさん(96)の姿があった。1人暮らしをしていた近くの自宅は半壊。体ひとつで飛び出し、持病の薬を切らしてしまった。補聴器が壊れ、会話も不自由だ。それでも気丈に振る舞う。「薬はそのうちもらえる。みんなつらいんだから。我慢、我慢…」

避難所にいると、70年前を思い出す。戦時中、すいとんでおなかを満たした。「慣れとりますけん」と強がった。夫の位牌、趣味で作った木彫りの鏡…。手元に置いておきたいものは山ほどある。また「我慢」と言いそうになる。

21日には、名古屋にいる長女(68)が会いに来る。「来んでよかて言うたとに。あっちが私の顔ば見て安心したかっですよ。私も励みになるかな」。表情が少しだけ緩んだ。(後藤幸樹、中村悠)

避難所で、おしゃべりを楽しむなどして思い思いに過ごす人たち＝20日午後4時45分ごろ、益城町総合体育館(岩崎健示)

避難所生活が続き、エコノミークラス症候群対策として足をもんでもらう人たち＝20日夜、益城町の広安西小

南阿蘇村

不明者の捜索続く

阿蘇大橋周辺 無人重機投入

熊本地震の土砂崩れによる行方不明者の救助で、国土交通省が20日、南阿蘇村立野の阿蘇大橋落現場に遠隔操縦の無人重機1台を初めて投入した。

立野周辺は阿蘇外輪山の急斜面が大きく滑り落ちた。阿蘇市の大学生大和晃さん(22)が行方不明になっているとみられるが、二次災害の危険性が高く、捜索に入れずにいた。

国交省九州地方整備局によると、無人重機は分解して輸送でき、寸断された道路や山間部など危険な現場での復旧作業に活用。昨年の鹿児島県垂水市の土砂災害でも使った。

無人重機は午後3時ごろ、消防などの指示を受けて国道57号で作業を開始。ただ、路上を埋め尽くした土砂は膨大なため、国交省は今後の作業状況を見極め、追加投入も検討する。

同村河陽の高野台団地の土砂崩れ現場では自衛隊や警察、消防が24時間態勢で捜索を継続。午前9時すぎに前田友光さん(65)を発見、死亡を確認した。不明者数の捜索を続けるが、21日は大雨も予想され、難航する可能性もある。

一方、南阿蘇村の状況を把握しようと蒲島郁夫知事が20日、村内の避難所を視察。長野敏也村長と意見交換した後、知事は「被害の大きさを実感した。県と村が協力し、被災者の痛みの最小化を図っていく」と話した。(熊本地震取材班)

警察官らがビニールシートで周囲を覆う中、搬送される行方不明者＝20日午前10時5分ごろ、南阿蘇村河陽(植山茂)

「早く帰っておいで」

行方不明の大和晃さん 母、息子の腕時計に願い

大和晃さん

熊本地震の16日未明の本震で崩落した南阿蘇村の阿蘇大橋。周辺の土砂崩れに車ごと巻き込まれたとみられる熊本学園大4年、大和晃さん(22)＝阿蘇市＝の捜索は依然、難航を極めている。行方不明になった日、母忍さん(48)は晃さんの部屋で「早く帰っておいで。心配しとるよ」と語り掛け、テーブルにポツンとあった腕時計を見つけた。「今はこの時計だけでつながっている」。息子を思い続けている。

晃さんは、忍さんと父卓也さん(57)の次男。腕時計は、両親が「長く使えるものを」と成人祝いに贈った。「はめるのは特別な日だけ。普段は別の所にあるのに、なぜかテーブルの上にあったんです。『今を一緒に乗り切ろう』と晃が置いていてくれたように思えて…」。忍さんは腕時計を外さずにいる。

「優しくて、もの静か。でも、私には大学であったことも話します」。食事の用意で忙しくしていれば、さりげなく「手伝おうか」と言ってくれる。「初めて『中学時代につらいことがあった』と話してくれたのは成人式のころ。それまで黙っていたのは『お父さんとお母さんに心配掛けたくなかったから』って。そんな思いやりがあるんです」

阿蘇外輪山を深く切り込む立野周辺の谷は深く、土砂崩れは急斜面を滑り落ちている。家族は関係機関に捜索に入るよう再三求めたが、打開策は示されなかった。20日、忍さんらは現地本部がある南阿蘇村久木野支所でじりじりと過ごした。

午後4時15分すぎ、ロビーの大型テレビにヘリの中継映像が映った。国交省が現場に投入した無人重機が、わずかに土砂を掘り進み始めていた。それを見た瞬間、忍さんは感情があふれ出すように、おえつが止まらなくなった。卓也さんが語ってくれた。「時間がかかっても、息子がいる場所までたどり着いて。一つ一つ前進してほしい」(小多崇)

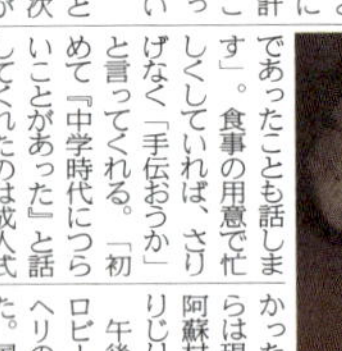

行方不明になっている大和晃さんの腕時計を着けた母忍さん。成人式の祝いに両親から贈ったもので、「今はこれでつながっている」

西原村の加藤カメノさん、ひとみさん

評判の仲良し〝姉妹〟

加藤カメノさん　加藤ひとみさん

16日の本震による家屋の倒壊で亡くなった加藤ひとみさん(79)と、同居する義理の姉にあたるカメノさん(90)＝西原村小森＝は、世話好きで近所でも仲良し〝姉妹〟として評判だった。

ひとみさんはカメノさんのことを「おばちゃん」、カメノさんは「ひとみちゃん」と呼んでいた。ひとみさんの弟、藤森徳次さん(70)＝同村河原＝は「姉は三人きょうだいの一番上で、しっかり者だった。2週間ほど前に親戚の葬式で会ったばかりなのに」と言葉を詰まらせる。

2人は野菜づくりを楽しみ、庭木や花の手入れも欠かさなかった。手作りの納豆やまんじゅう、野菜を近所や親戚にお裾分けしては、喜んでいたという。

もの静かで愚痴一つこぼさないひとみさんに対し、カメノさんは近所に出掛けおしゃべりを楽しむタイプ。「対照的だからでしょうか、仲が良かったのでしょう」と、徳次さんの妻イツ子さん(73)は語る。

そのイツ子さんも今回の地震で、実の姉である野田洋子さん(83)＝同村鳥子＝もなくした。「まさか同時に親戚3人を失うなんて…。今でも信じられない。病気で苦しむよりは良かったのかもしれない、と言い聞かせてみても、とても諦めきれない」と目頭を押さえた。(横山千尋)

益城町の西村正敏さん、美知子さん

おしどり夫婦…一緒に

西村正敏さん　西村美知子さん

「最初の地震の後に電気が回復して安心していたら…」。16日の地震で犠牲になった西村正敏さん(88)、美知子さん(82)夫妻＝益城町平田＝。一緒に暮らす長男の嫁、京子さん(62)は、悔やんでも悔やみきれない心情を吐露した。

正敏さん、美知子さんは周囲が口をそろえるおしどり夫婦。コメやナシを栽培し、ゲートボールや旅行を2人で楽しんだ。最近は脳梗塞を患った正敏さんを美知子さんが介護していた。

近くの三浦年治さん(80)によると、正敏さんは老人会長を務め、地域の仲間とともに製茶工場の運営にも携わっていた。「重鎮を失った無念を言葉にできない」と三浦さん。

地震が襲った16日未明、2人は1階の居間で寝ていた。一緒の部屋にいた孫の洋介さん(38)は「強い揺れを感じると同時に天井が落下してきた。『痛い』とうめく声が聞こえ、何とかしようと思ったのだが…」。自らもパニック状態に陥る中で、洋介さんは自分が脱出するのが精いっぱいだったという。

「一緒に助からなかったことが悔しくて」。遺骨を仮安置した自宅敷地の小屋の脇で、洋介さんはつぶやいた。(高宗亮輔)

嘉島町の冨岡王将さん

植木職人、区長も

冨岡王将さん

友と交わした約束はかなわなかった。16日の地震で亡くなった冨岡王将さん(84)＝嘉島町鯰。「お互い、まだまだ長生きしようと話していたのに…」。親友らは無念さをにじませる。

地元住民や友人によると、冨岡さんは農業の傍ら、植木職人として腕を振るい、地元区長も務めた。「働き者で世話好き。誰からも慕われていた」。近所に住む藤田役さん(83)は振り返る。

20代の時、上益城地域の昭和7、8年生まれを中心に交流する「昭和会」をつくった。同会の徳臣太八郎さん(84)＝同町上六嘉＝は「彼は話し好きで、いつも自分ばかりしゃべっていた。本当によく飲みました」。

冨岡さんは妻シノブさん(79)、長男謙蔵さん(53)家族の計7人暮らし。16日未明、自宅1階で妻と就寝中に崩れたがれきの下敷きになった。家族の呼び掛けにも返事はなく、救出されたが帰らぬ人となった。

「昨年の交流会では『お互いに長生きしよう』と話した。一緒に飲むのを楽しみにしていたんだが…」と徳臣さんは肩を落とす。

藤田さんは、冨岡さんが亡くなる3日前に話したのが最後になった。「数日中に庭木を手入れしてやる、と言っていた。亡くなるなんて、うそだろと言いたい」(中村勝洋)

1　（昭和17年4月1日第3種郵便物認可）　第26625号（日刊）

熊本日日新聞　夕刊
発行所　熊本日日新聞社　〒860-8506 熊本市中央区世安町172　☎代表（096）361-3111　©熊本日日新聞社2016年
2016年（平成28年）4月21日 木曜日

ニュース速報　詳しくはあすの朝刊で

熊本地震　無情の雨 捜索足踏み

県内は21日、前線を伴う低気圧の影響で大雨に見舞われた。県内全域に大雨洪水警報が出る中、南阿蘇村の土砂崩れ現場では自衛隊、警察、消防などによる行方不明者捜索が中断。新たな土砂災害の危険も高まり、隊員らは恨めしげに空を見上げた。

熊本地方気象台によると、午前11時までに阿蘇乙姫で1時間に23・5ミリの強い雨が降った。

南阿蘇村では、依然2人が行方不明。住宅地が土砂に埋もれ、1人が行方不明となっている河陽の高野台団地では、人力による土砂の撤去作業を夜通し続けていたが、午前4時11分、雨が降り出したため捜索を中断。地震で生じた斜面の亀裂から雨が染み込み、新たな崩落の危険があるため、自衛隊員らを現場から退避させた。再開のめどは立っていない。（熊本地震取材班）

雨で不明者の捜索が一時中断し、捜索隊が引き上げた高野台団地＝21日午前8時50分ごろ、南阿蘇村河陽（植山茂）

県内18市町村に国の職員派遣

政府は21日までに、熊本市など県内18市町村に対し、中央省庁職員25人の派遣を決めた。すでに現地入りしている職員も含めた人数で、自治体ごとに現場のニーズを把握し、国につなぐ調整役を担う。

九州５県 2300戸超で受け入れ

熊本、大分両県で相次ぐ地震の被災者を受け入れるため、両県を除く九州５県の自治体が20日時点で、少なくとも計2340戸に上る公営住宅を確保したことが21日、共同通信の集計で分かった。県営と市町村営、職員住宅などを合わせた各県の内訳は、福岡が533戸、佐賀が148戸、長崎が563戸、宮崎が595戸、鹿児島が501戸。自治体ごとに条件は異なるが、多くは家賃無料とし、一部では既に入居が始まっている。

震度１以上 750回超

熊本、大分両県で相次ぐ地震で、震源域では21日も活発な活動が続いた。14日夜の震度７から21日午前10時までに観測した震度１以上は756回に上った。うち震度７は２回、６強は２回、６弱は３回、５強は３回、５弱は７回、４は74回。

気象庁 地震速報を修正

気象庁は21日、熊本県で16日午前１時46分にマグニチュード6.0、震度６弱を観測したと速報した地震について、時刻は午前１時45分、マグニチュードは5.9に修正した。

段ボールベッド 被災地へ

大阪府八尾市の段ボール箱メーカー「Ｊパックス」が、段ボール製の簡易ベッドを熊本県の被災地へ送る支援を始めた。エコノミークラス症候群などを引き起こす血栓を防ぐ効用を訴え、避難所での二次被害を減らそうと活用を呼び掛けている。

毛布などを持参して不知火中体育館に避難する住民＝21日午前10時すぎ、宇城市

避難指示、勧告相次ぐ

熊本地震の発生から初めてとなる大雨で土砂災害の危険が高まったとして、県内の市町村では21日、避難指示や勧告が相次いだ。余震がやまぬ中、畳み掛けるような大雨に、住民らには憔悴（しょうすい）の表情が浮かんだ。

県によると、午前９時現在で避難指示が出ているのは７市町村、勧告は16市町村。

このうち、宇城市は市内のほぼ全域に避難勧告し、新たな避難所として不知火中体育館を開放。雨脚が強まり始めた午前10時ごろから、高齢者らが集まり始めた。

夫婦で避難した同市不知火町の農業松浦堅一さん(73)は「地震に大雨で踏んだり蹴ったり。早く元の生活に戻りたい」。これまで車中泊だった同町の元会社員山浦義男さん(68)は「近くに避難所ができ、やっと足を伸ばせる」とほっとしていた。

あすの天気

地点	降水確率	気温
熊本	0	14～23℃
人吉	0	13～26℃
阿蘇	0	13～22℃
天草	0	15～22℃

福岡　佐賀　長崎　大分　宮崎　鹿児島　那覇　大阪　東京　札幌

21日９時

あすは天気回復

きょう県内に雨を降らせた前線は、あすには沖縄付近まで南下する。あすの県内は移動性高気圧に覆われ、天気は回復。日中は次第に晴れる。

あす朝の最低気温は14度前後で、内陸部でも朝の冷え込みは弱い見込み。日中の気温は23度前後まで上がりそう。

あさって23日には、再び前線が九州付近へ北上してくる。天気は下り坂に向かい、次第に雨が降りだす。

あすは曇り昼前から晴れる。

【正午の気温】熊本21.3(15.3)　人吉16.1(14.1)　阿蘇18.8(12.5)　牛深20.3(16.3)　（　）内はけさの最低

【22日】（大潮）旧暦3月16日　日出5時39分　日入18時52分
（三角港）満潮 8時50分　21時22分　干潮 2時56分　15時09分

一筆　ハーンの熊本

熊本大五高記念館研究員　藤本　秀子

五高の著名教師の一人、ラフカディオ・ハーンをご存じでしょうか。後に日本国籍を取得して小泉八雲と名乗りましたから、その名前で知る方も多いでしょう。

1891（明治24）年に五高の前身、第五高等中学校に赴任、3年あまりを外国人教師として過ごしました。

ギリシャで生まれ、アイルランドで成長しましたが、庇護者であった大叔母が破産したためアメリカへ渡ります。1869年から90年に来日するまでの20年あまりをアメリカ各地で、主にジャーナリストとして暮らしを立てました。

日本では、松江中学の先生として、また、古い伝承を文章化した人として知られていますが、誰もが知っている「雪女」や「耳なし芳一」などは、怖いけれど心に残るお話として読み継がれ、語り継がれています。

そのハーン先生は、熊本を舞台にした作品も書き残しています。古い物語を拾い集めた松江とは違い、明治の近代都市熊本では、ジャーナリストの目を遺憾なく発揮して、当時の熊本に取材した物語を紡ぎ出しました。「橋の上で」「夏の日の夢」など、ぜひ読んでいただきたいものばかりです。

漱石と違い手に入る著作が少ないハーンですが、最近文庫などが少し出版されるようになりました。先に挙げた作品は、インターネットの「青空文庫」というサイトで、優れた訳文のものをダウンロードすることができます。明治の熊本が、ふと立ち上がってくるような作品です。

2016.4.21

益城町 ボランティアセンター開設

益城町社会福祉協議会は21日、同町安永の井関熊本製造所グラウンドにボランティアセンターを開設し、午前９時からボランティアの受け付けを始めた。開始と同時に県内外から駆け付けた約100人が長い列をつくった。

参加者は活動の注意について説明を受けた後、グループに分かれて車に乗り込み、各地の避難所へ。炊き出し支援や物資の配送、ごみ処理や清掃などに当たる。

地元の益城町から参加した坂本奈々瀬さん(19)と坂本真優さん(19)＝ともに学生＝は、「古里のために少しでも役に立ちたい」と話した。ボランティアは、左腕部分に張ったピンクの名札が目印。受け入れ期間は未定。

開設されたボランティアセンターで、活動についての説明を聞く参加者たち＝21日午前9時30分ごろ、益城町

三菱自施設に立ち入り検査

国土交通省は21日、道路運送車両法に基づき、燃費試験の不正が発覚した三菱自動車の名古屋製作所・技術センター（愛知県岡崎市）を立ち入り検査した。20日にも実施しており、燃費試験のデータを意図的に操作した方法などを解明した上で、行政処分を検討する。

安倍首相 靖国神社に真榊奉納

安倍晋三首相は21日午前、東京・九段北の靖国神社で始まった春季例大祭に合わせ「内閣総理大臣　安倍晋三」名で「真榊（まさかき）」と呼ばれる供物を奉納した。同神社が明らかにした。

密航船沈没 500人死亡か

【チューリヒ（スイス）共同】国連難民高等弁務官事務所（ＵＮＨＣＲ）は20日、難民や移民を乗せた大型の密航船が地中海で沈没し、約500人が死亡した恐れがあるとの声明を発表した。確認されれば、難民らを乗せた密航船による地中海での事故としては過去１年間で最悪レベルという。生存者の証言によると、100～200人の難民らのグループが先週、リビアを船で出発。数時間後、密航業者らがグループを別の大型船に移そうとした最中に大型船が転覆、沈没した。船は難民らでぎゅうぎゅう詰めだったという。ソマリア人やエチオピア人ら41人が16日に救助された。

米テキサスで洪水 ８人死亡

【ニューヨーク共同】米南部テキサス州ヒューストンで豪雨による洪水が発生し、ロイター通信などによると、20日までに少なくとも８人が死亡し、1200人以上が救助された。今後も降雨が予想され、住民からは被害拡大を懸念する声が出ている。約千棟が浸水し約12万３千戸が一時停電。被害総額は50億ドル（約5500億円）を超えた。気象学者は「多くの地域では峠を越えたと思うが、今後も降水は続くだろう」と予測した。

米テキサス州の洪水被災現場＝19日（ロイター＝共同）

黙鼓子

大雨で南阿蘇村の捜索中断。新たな土砂崩れの恐れも。各地に避難指示や勧告。無情…

◇

災害ボランティアの受け入れ本格化。益城町にもセンター開設。被災者の心身を支えて。

◇

次は自分が助ける番。大震災経験したマリスト高生、故郷・仙台で募金活動。熊本の力に。

◇

本震も「震度７」。益城町は２回目。西原村でも同時に観測。前例なき連続激震の恐怖。

◇お断り　「スポーツ芸能」は休みました。テレビ欄は７面です。

熊本地震

1週間…一歩ずつ前へ

熊本地震は21日で発生から1週間。死者48人に上っている。2度の震度7を含め、震度1以上の余震は1日平均100回以上のペースで続く。各地で無数の家屋が倒壊などの被害を受け、ライフラインは寸断、避難者は今なお9万人を超える。不安な日々が続く中、被災地には前へ進もうとする姿もある。（写真部）

【前震】14日午後9時26分、益城町で震度7を観測する前震が発生。救助隊が倒壊家屋から女性を助け出した＝14日午後11時30分ごろ（大倉尚隆）

【余震】前震直後から余震が相次ぎ、熊本市の中心部では、人々がアーケードから走って逃げた＝15日午前0時すぎ、熊本市中央区（谷川剛）

14日午後9時26分　M6.5

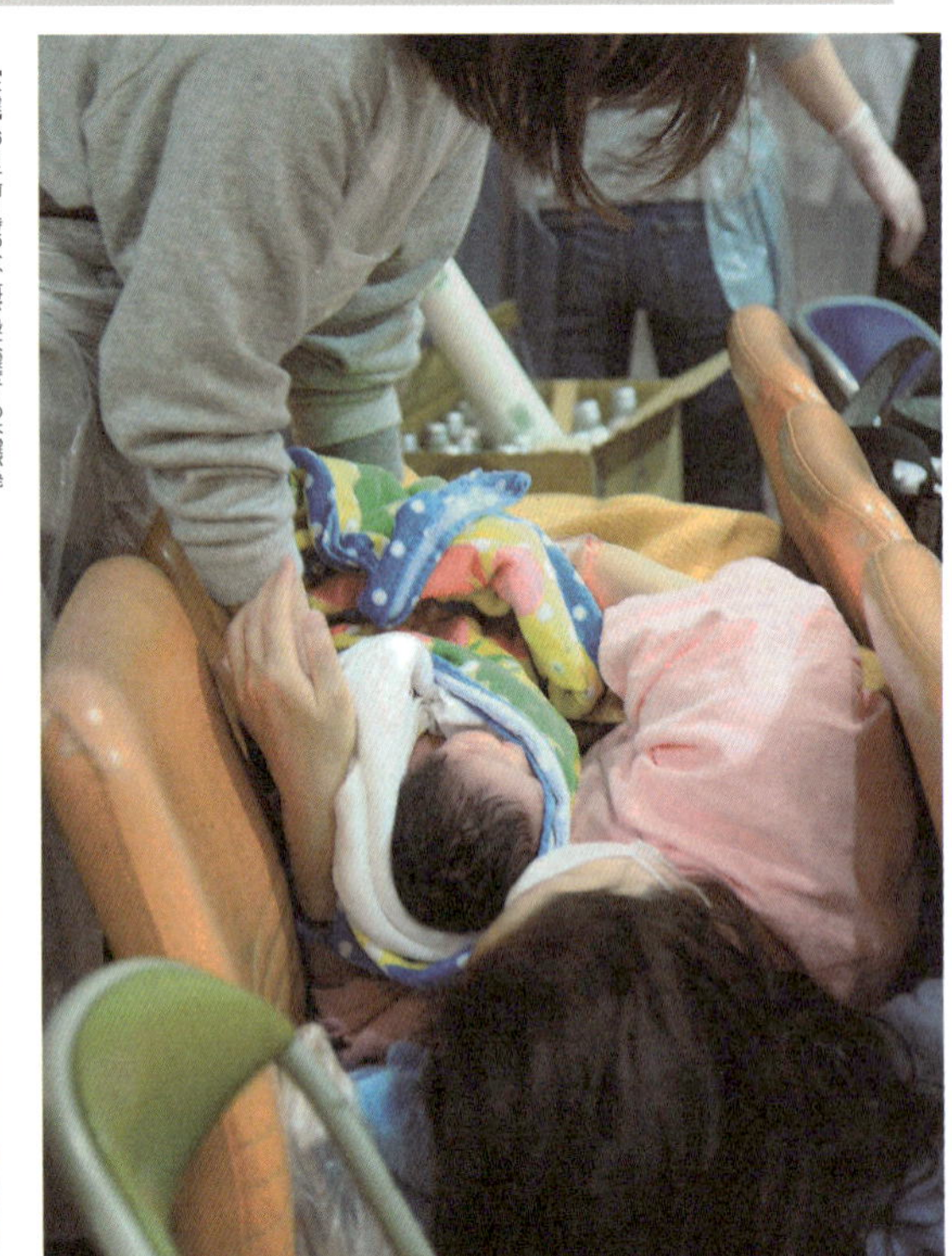

【本震】16日午前1時25分、再び最大震度7の本震が発生。熊本市民病院は入院患者らが1階ロビーに避難。母親が、いすの上で生まれたばかりの子どもを抱きしめていた＝16日午前4時10分ごろ、熊本市東区（横井誠）

16日午前1時25分　M7.3

【最大級の被害】熊本城は、加藤清正の築城以来400年の歴史の中で、「最大級の被害」（熊本城総合事務所）。天守閣もしゃちほこを含めた瓦が落下し、無残な姿となった＝16日午前11時40分ごろ、熊本市中央区（横井誠）

【がんばるけん】避難所の江南中で、朝食を配り終えた地元の小中高生ボランティア。自分たちで考えて、校庭に白線で書いた「のみ水ありがとう　がんばるけん」のメッセージは、ヘリで取材中のメディアに取り上げられた＝21日午前10時15分ごろ、熊本市中央区（横井誠）

【断層】田んぼのあぜ道が左右にずれた断層の亀裂＝20日午後、益城町（横井誠）

【阿蘇大橋崩落】16日の本震で発生した土砂崩れで、阿蘇大橋が崩落。南阿蘇村各地では、土砂崩れの犠牲者が相次いだ＝16日午前10時15分ごろ、同村河陽（大倉尚隆）

【避難】車中泊の人たちが殺到した避難先のグランメッセ熊本。エコノミークラス症候群など健康不安もある中、子どもたちは元気に遊び回っていた＝18日午前11時10分ごろ、益城町（岩崎健示）

1　3版　平成28年（2016年）4月22日　金曜日　熊本日日新聞　（昭和17年4月1日第3種郵便物認可）　第26626号　日刊

熊本日日新聞
発行所 熊本日日新聞社
〒860−8506 熊本市中央区世安町172
☎代表（096）361−3111
© 熊本日日新聞社 2016年
4月22日 金曜日

県内強雨で捜索中断

熊本地震

二次災害恐れ「再避難」

29万人に指示・勧告も

斜面崩落の恐れがあるとして、龍田西小から自衛隊車両で別の避難所へ移動する住民ら＝21日午後2時20分ごろ、熊本市北区（横井誠）

熊本地震によって大きく地盤が緩んだ県内は21日、地震発生後初の強い雨に見舞われ、一時、阿蘇市や益城町などで計11万7287世帯・29万4446人に避難指示や勧告が出された。依然、2人が行方不明となっている南阿蘇村では、捜索活動が中断。同村や熊本市では住民の避難所が危険となり、別の避難所への「再避難」を強いられた。

行方不明者が残る南阿蘇村河陽の高野台団地では警察や消防、自衛隊が手作業で土砂の撤去を続けたが、午前4時すぎに作業をいったん打ち切った。自衛隊は「二次災害の危険がある」として、22日の見送りも決定。23日以降は天候などをみながら判断する。

熊本市は午後0時すぎ、北区の龍田西小が危険な状態になったとして、約500人が身を寄せていた避難所を閉鎖。離れた龍田体育館などに自衛隊などの協力で数キロ再避難させた。南阿蘇村も午前11時半までに、旧立野小に避難していた約150人に、隣接する大津町への再避難を指示。同町総合体育館やホンダ熊本製作所に移すなど、各地で混乱がみられた。

16日未明の「本震」で震度7を観測した西原村も、土石流や大切畑ダムの決壊などの恐れがあるとして、525世帯計1573人に避難を指示した。

県災害対策本部などによると、21日午後の避難者数は8万9513人。地震による死者は計48人、行方不明者2人、震災関連死とみられる人は10人。

気象庁によると、14日夜の震度7から21日午後6時までに観測した震度1以上の地震は、770回に上った。
（熊本地震取材班）

熊本地震の犠牲者数

南阿蘇村 14人
西原村 5人
熊本市 4人
益城町 20人
嘉島町 3人
御船町 1人
八代市 1人
※県警発表の被災場所で集計（21日午後5時現在）

中谷防衛相 24日県内へ

中谷元・防衛相は、熊本県を中心に相次ぐ地震の被害状況を確認するため、24日に熊本県の被災地を視察する方向で調整に入った。自衛隊による捜索・支援態勢を把握し、現地で作業を続ける隊員らを激励する。政府関係者が21日、明らかにした。

甚大な被害があった益城町、南阿蘇村を視察するほか、陸海空各自衛隊による統合任務部隊（熊本市）を訪問する見通し。司令部や、自衛隊と在日米軍で構成する「日米共同調整所」が置かれている西部方面総監部（熊本市）を訪問する見通しだ。

熊本地震 県内の被災状況

（21日午後時点、熊日まとめ）

最大震度	前震 震度7（14日、益城町）
	本震 震度7（16日、益城町、西原村）
死亡	48人
震災関連死	10人※震災関連死とみられていた1人が持病による死亡と分かり、県災害対策本部が11人を10人に訂正
安否不明	2人
負傷者	1,172人
建物	住宅被害9,990件程度
避難	避難所 650カ所
	避難者 89,513人
交通	九州新幹線運転見合わせ（博多―新水俣）
	豊肥線（肥後大津以東）など運転見合わせ
	九州自動車道植木―八代通行止め
水道	断水47,100世帯
都市ガス	供給停止 約9万3千戸（西部ガス）

※県災害対策本部などの集約分

交通機関、ライフライン

復旧進むも〝完全〟遠く

熊本地震で機能が止まった県内の交通機関やライフラインは、被災から1週間が過ぎ、少しずつ復旧が進んでいる。ただ、交通機関は一部運休や変則的な運行を強いられ、断水や停電も完全には解消されていない。

九州新幹線は、20日に新水俣―鹿児島中央で運転を再開したのに続き、博多―熊本が23日にも試験運行する見通しとなった。残る熊本―新水俣は、脱線した車両の撤去作業を続けている。

在来線は、鹿児島本線が21日に全線復旧した。豊肥線の肥後大津―豊後竹田、肥薩線の八代―吉松、三角線は運休している。

熊本―福岡の高速バスは、21日に運行を再開した。ただ、九州自動車道植木―八代インターチェンジの通行止めで一部は一般道を利用している。

熊本―島原のフェリーは、22日朝に運航を再開する予定。

都市ガスは、20日に熊本市の一部を皮切りに供給を再開した。7市町で約10万戸が供給を止めており、復旧作業の完了は大型連休明けの5月8日になる見通し。

水道の断水は、21日午後3時時点で16市町村の計約4万7100戸。最大時の約40万戸から大幅に減ったが、途中の漏水などで水が届いていない家庭も多いとみられる。

電気は20日夜に県内全域で復旧したが、引き込み線の断線などで停電したままの家庭もある。阿蘇市と高森町、南阿蘇村では高圧発電機車で電力を供給しながら、送電鉄塔など本格的な復旧作業を続ける。
（熊本地震取材班）

主な交通機関とライフラインの復旧状況（21日現在）

鉄道	20日に九州新幹線の新水俣―鹿児島中央、21日に鹿児島線の全線が再開
バス	21日に熊本―福岡の高速バスが変則的に再開。路線バスは熊本電鉄のみ全路線再開
航空	19日に熊本空港国内線が再開
フェリー	22日に熊本―島原が再開予定
電気	20日夜に県内全域で停電解消。引き込み線の断線などで電気が通じていない家庭も
ガス	20日に熊本市の一部で都市ガスの供給再開
水道	21日までに断水は5万戸以下に減少。途中の漏水などで水が届いていない家庭も

おわび

地震の影響で本日付朝刊が一部地区で配達できなかったり、遅れたりしました。大変ご迷惑をおかけしました。
熊本日日新聞社

熊日の購読・配達のご用は
0120-374625（ミナヨムニッコリ）
（土・日曜・祝日除く9:00～17:00）
紙面のお尋ねは
096-361-3115
（日曜・祝日除く9:00～17:00）
パソコン版くまにちコム
kumanichi.com

◇お断り　「きょうの天気」は2面に移しました。

がんばろう 熊本
地震被災者応援メッセージ

必ず朝は来る

20代の時、阪神淡路大震災を経験しました。熊本は母の故郷でもあり、とても人ごととは思えません。「どんなに暗い夜でも、信じて進めば必ず日は昇り新しい朝は来る」。神戸から応援しています。共に頑張りましょう。
（佐藤理絵・40代、兵庫県）

新生面
2016.4.22

筆を持つ手が重い。筆が進まないというより、重いのである。14日夜の前震、16日未明の本震から1週間になる。寒さと余震にふるえた公園の一夜、避難所での宿泊―。すべてが雑然と頭の中に散らばっている▼県外の知人から見舞いのメールが届き、電話がかかってくる。被害状況は答えられる。しかし、どんな揺れだったかと聞かれても、うまく説明できない。新聞記者の端くれとしてどうかと思うが、記憶が断片的だ。体験した者にしか分からないという、諦めに似た感覚も実はある▼あるいは思考停止に近い状態かも。そう思い始めたのはつい最近のこと。人はあまりのショックを受けると考えるのをやめてしまう。嫌な事から目をそむける。行動が緩慢になっているような気がするのもショックを引きずっているせいか▼死者・行方不明者は50人、避難中のエコノミークラス症候群などの関連死も10人に上った。負傷者1153人、住宅被害約8600件、避難者9万人超（20日午後時点）。余震は広域化している。何より、行方不明者の救出を急がねばならない。「熊本地震」はまだ現在進行形だ▼それでもライフライン復旧の報にホッとする。支援の輪は全国に広がっている。いくらか感情が働き始めた自分を意識する。＜嘆きつつ家は倒れて行く春ぞ＞。20日付本紙朝刊に載った宇城市出身の俳人長谷川櫂さんの一句に涙がにじんだ▼悲しみの涙は甘いという。ストレス排出、再生への涙の味だ。いっぱい泣いていい。そして、前を向こう。

（第3種郵便物認可）　熊本日日新聞　平成28年（2016年）4月22日　金曜日　総合　2

社説　震源域拡大で警戒必要だ

地震と原発

熊本地震は、震源域が当初の「布田川断層帯」「日奈久断層帯」から北東の阿蘇地方や大分県、熊本地方の南西側にも拡大している。付近には、国内で唯一稼働中の九州電力川内原発1、2号機（鹿児島県薩摩川内市）や7月下旬に再稼働を予定している四国電力伊方原発3号機（愛媛県伊方町）があり、原発周辺の住民などから不安の声が上がっている。

原発は一定以上の揺れの強さが観測されると、原子炉を自動停止する仕組みになっている。川内や伊方のほか九電玄海（佐賀県玄海町）、中国電力島根（島根県松江市）の九州、中国四国の各原発とも、観測された揺れは自動停止の設定値を大幅に下回り、数字上は安全性が確保されている。

原子力規制委員会は地震発生を受けて臨時会合を開き、4原発に異常がないことを確認した。稼働中の川内原発に関して田中俊一委員長は「安全上の理由があれば止めなければならないが、今の状況で問題があるとは判断していない」と述べ、予防的に停止させる可能性を否定した。

ただ、気象庁が「大きな地震が2回起こり、震源が広域に広がる過去に例がない形で、今後の予測は難しい」と述べているように、原発周辺を含めて今後いつどこで大規模な地震が起きないとも限らない。

安倍晋三政権は原発再稼働を推し進める一方で、安全性については原子力規制委の判断に委ねるという形をとっており、今回も主体的判断を避ける姿勢を示している。しかし今後の地震活動で少しでも原発に影響するような兆候がみられたら、政府の責任で早めの運転停止も決断すべきだ。

大分県側にも震源域が広がったことで、「別府―万年山（はねやま）断層帯」とその延長線上に位置する「中央構造線断層帯」の活動が懸念されている。今回の地震は、16世紀末に別府湾から四国、近畿へと中央構造線沿いに大地震が連鎖したケースと状況が似ているという。

中央構造線は四国の北部を通り近畿地方まで延びる長大な活断層で、伊方3号機の近くを通る。規制委の審査では地震の評価が大きな論点となり、四国電は基準地震動を当初の想定より引き上げて設定した。一連の地震を受けて、市民団体は愛媛県や四国電に再稼働の同意撤回や断念を申し入れた。

原発に関する情報提供の遅れも問題だ。原子力規制庁はこれまで、原発立地市町村で震度5弱に満たなければ一般向けの情報発信はしていなかった。今回、最初の最大震度7の地震が発生したのは14日午後9時26分。規制庁が原発に異常がないことを一般向けにホームページなどで公表したのは、翌日午前になってからだ。

4原発の状況については毎日2回、定時に発表するようあらためられたが、住民の不安に向き合った情報発信を心掛けてほしい。

今回、地震の恐ろしさをまた突き付けられた。原発の安全対策で見直すべき点はないのか、あらためて検討する必要があろう。

射程　災害時の生活情報

2016.4.22

最大震度7を観測した熊本地震は市民生活に大きな影響を及ぼしている。余震が続く中、県内ではなお多くの被災者が厳しい避難生活を送り、断水や停電も完全復旧までには程遠い。学校の休校も延長が相次ぎ、穏やかな日常はいつ戻ってくるのだろうか。

不自由な生活を強いられている市民に必要な情報を届けたい―。熊日では地震発生後、生活情報のコーナーを朝刊に設けた。避難所や給水の場所、インフラの復旧状況、災害ごみの持ち込み方法、銭湯や浴場の無料開放…。さまざまな生活に関する情報を毎日、記者が電話などでかき集めている。情報もライフライン、との強い思いからだ。

地震から1週間が経過し、提供する情報も変化し始めている。スーパーやコンビニなどの営業再開が相次ぐ中で、「店舗情報」のスペースは徐々に縮小。代わってスペースを拡大しつつあるのが、炊き出しや物資の無料配布などの「支援」だ。こうした情報一つとっても、被災地への善意の輪が広がっていることがうかがえる。

ある地区で停電が復旧した、との情報を九州電力の資料を基に掲載したところ、地区に住む読者から「うちにはまだ電気が来ていない」と電話があった。通電を再開しても引き込み線の断線など個別の事情で電気が通じない場合があるためだ。被災者が正確な生活情報をどれだけ求めているのか、災害時の新聞の在り方を考えさせられると同時に、「一覧性」「記録性」といった紙媒体の価値をあらためて思った。

現状をみれば、生活再建がいつになるのか、だれにも分からない。ただ、紙面から生活情報が必要なくなった時、市民生活も幾分かは良くなっていることだろう。その日が一日も早く訪れることを願いながら、生きるための情報をこれからも届けていきたい。（本田清悟）

非常災害対策本部会議であいさつする安倍首相（右から2人目）＝21日午後、首相官邸

熊本地震　「ストレス対応急務」

首相、被災者支援を強調

政府は21日、熊本、大分両県を中心とした地震を受けた12回目の非常災害対策本部会議を官邸で開いた。安倍晋三首相は、地震発生から1週間が経過して被災者の避難が長期化していることを踏まえ「被災者の不安やストレスへの対応が急務だ」と強調。高齢者や妊婦らを順次、政府側が確保した旅館やホテルに受け入れる方針も表明した。

被災者対応を巡り、首相は「医薬品や簡易ベッド、仮設トイレなどの提供を進める。医療チームの巡回も充実させる」と説明した。行方不明者の捜索活動では、大雨による土砂災害に警戒が必要だとして「二次災害の防止に注意を払ってほしい」と指示した。

政府は、被災者に役立つ政府機関の情報を一元的に発信するため、首相官邸のホームページに特設ページを開設し、専用のツイッターアカウントも設けたと発表。特設ページでは物資の支援状況や各種相談窓口の案内などをテーマ別に見ることができる。

菅義偉官房長官は記者会見で5月8日までに熊本県内のガス供給の復旧を目指す方針も示した。河野太郎防災担当相はエコノミークラス症候群の予防策として、血行改善に効果があるストッキング約1万足を準備したと記者団に明らかにした。

首相、靖国神社に供物

春の例大祭　参拝は見送り

安倍晋三首相は21日、東京・九段北の靖国神社で始まった春季例大祭に合わせて「内閣総理大臣　安倍晋三」名で「真榊（まさかき）」と呼ばれる供物を奉納した。同神社が明らかにした。首相は23日までの例大祭期間中の参拝は見送る。中韓両国は「反省を促す」などと相次いで批判した。

菅義偉官房長官は21日の記者会見で、首相の供物奉納に関し「私人としての行動であり、当然（支出は）公費ではない。政府として見解を申し上げることではない」と強調。菅氏自らの参拝について「予定はない」と述べた。

中国外務省の華春瑩副報道局長は会見で「日本が侵略の歴史を直視し、反省するよう促す」と述べた。ただ過去の真榊奉納時と同様の文言で、首相への直接の批判は避けた。韓国外務省報道官も会見で「憂慮を表明せざるを得ない」と語った。

衆参同日選　消えぬ臆測

震災対応で見送り論も

最前線

熊本地震の被災地対応を優先するため、夏の参院選に合わせた衆参同日選は見送るべきだとの意見が21日も与党内で上がった。一方、長期政権を視野に入れる安倍晋三首相が選挙を有利に進めるため、同日選の可能性を残しているとの臆測も消えない。組織がフル稼働し、参院選勝利に直結するとの期待があり、自民党各派閥の会合では領袖（りょうしゅう）らが引き締めを図った。

「今は被災者の生活支援や人命救助を考えるべきだ。首相も『衆院解散』と言ったことは一度もない」。自民党の稲田朋美政調会長は21日の記者会見で、同日選の議論を封印した。

公明党の漆原良夫中央幹事会会長も会見で「同日選があるかないかの議論は差し控え、震災対応に全力を尽くすべきだ」と同調した。

取り沙汰されてきた同日選に関し、与党内では見送り論が強まりつつある。衆院を解散すれば、国会には非改選の参院議員しかいなくなる。熊本で余震が収まらない中、「有事に即応できない。解散の大義もなく、国民の理解を得られない」（派閥会長の一人）との声が広がっている。

ただ見送り論が浸透すれば、与党の衆院議員の気が緩んで運動量が低下し、参院選の敗北を招きかねない。第1次安倍政権は2007年参院選の惨敗により、退陣に追い込まれた。こうした危機感から21日の自民党各派閥会合では、同日選もにらんだ発言が飛んだ。

二階派顧問の伊吹文明元衆院議長は「国民の意見を聞かねばならないときは、いかなる場合でも解散しなければいけない」と主張。麻生派会長の麻生太郎副総理も「参院で自民党単独の過半数獲得が政権の安定に大切だ。力を集中してほしい」と求めた。

同日選は政権を失うリスクを抱えるが、勝利すれば「首相の求心力が一層増し、長期政権が見えてくる」（閣僚経験者）。首相はこの日、先進7カ国（G7）の経済団体トップらが参加した東京都内での会合で「世界経済のかじ取りにリーダーシップを発揮していく決意だ」と強調。5月の主要国首脳会議（伊勢志摩サミット）を見据え、意気盛んだ。

「解散について首相はうそをついてもいい」との不文律があるだけに、自民党幹部は「首相は同日選の選択肢をぎりぎりまで捨てない。最後は首相の腹一つだ」と話した。

衆参同日選を巡る与党内の主な発言

※発言はいずれも21日

自民党

稲田政調会長　今は被災者の生活支援や人命救助を考えるべきだ。首相も「衆院解散」と言ったことは一度もない（記者会見）

麻生副総理兼財務相　参院で自民党単独の過半数獲得が政権の安定に大切だ（麻生派会合で）

伊吹元衆院議長　国民の意見を聞かねばならないときは、いかなる場合でも解散しなければいけない（二階派会合で）

公明党

漆原中央幹事会会長　同日選があるかないかの議論は差し控え、震災対応に全力を尽くすべきだ（記者会見）

食事差し入れ要請　松本副大臣が陳謝

熊本、大分両県で相次ぐ地震で政府の現地対策本部長を務めていた松本文明内閣府副大臣は21日の衆院総務委員会で、政府と熊本県が対応を話し合うために使うテレビ会議を通じ、河野太郎防災担当相に自身らへの食事を差し入れるよう要請していたとして陳謝した。

松本氏は16日、テレビ会議で河野氏に「みんな食べるものがない。これでは戦うことができない。近くの先生（国会議員）に何でもいいから差し入れをお願いしてほしい」と述べた。

民進党の高井崇志氏が「テレビ会議を使って自らへの差し入れを求めたことは批判を招くのではないか」と追及したのに対し、松本氏は「大変申し訳ない」と語った。

足立氏が再び暴言　地震対応で民進に

おおさか維新

おおさか維新の会の足立康史衆院議員は21日の衆院総務委員会で、熊本、大分両県を中心とする地震への対応を巡り「民進党が足を引っ張っている。ふざけるなよ、おまえら」「あほ」などと暴言を繰り返した。

足立氏は今月7日の衆院総務委員会でも、民進党の安全保障関連法への対応に関して「あほ」「ばか」などと発言し、民進党が足立氏に対する懲罰動議を衆院に提出している。

きょうの天気

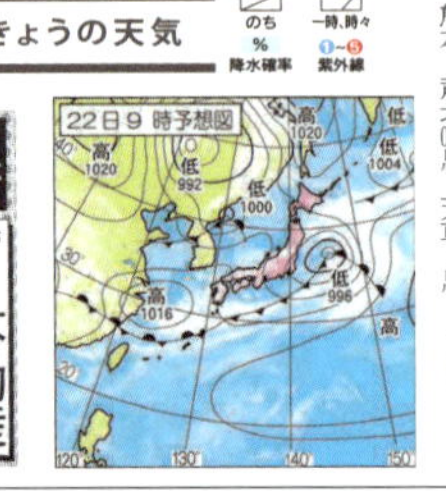

のち　一時、時々　%降水確率　1～5紫外線

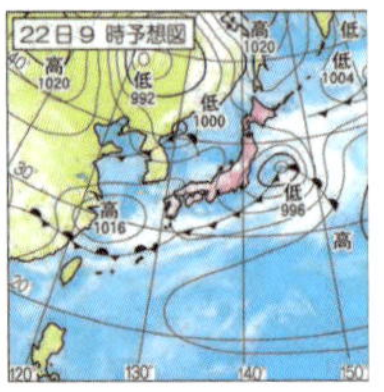

22日は曇りだが、移動性高気圧に覆われる昼前から晴れる。日中は暑さを感じる所があり、雨上がりの紫外線が強い。西の風、波は熊本、芦北0.5メートル、天草2のち1メートル。23日は北の風、曇りのち雨。波は熊本、芦北0.5メートル、天草1メートル。

	荒尾玉名 ③	山鹿菊池 ③	甲佐山都 ③	阿蘇 ③	熊本 ③	八代 ③	人吉 ③	水俣 ③	天草 ③
気温	16～22℃	15～23℃	15～24℃	14～21℃	16～23℃	16～23℃	15～25℃	15～22℃	14～22℃
朝	0	0	0	0	0	0	0	0	0
昼	0	0	0	0	0	0	0	0	0
夜	0	0	0	0	0	0	0	0	0

あすからの8日間　予想は熊本地方

23(土)	24(日)	25(月)	26(火)	27(水)	28(木)	29(金)	30(土)
11～23℃	14～22℃	14～23℃	14～24℃	15～23℃	13～23℃	10～26℃	12～26℃
60	50	40	60	50	40	30	30

15面に　くまにち 金曜 不動産速報 KUMANICHI REAL ESTATE NEWS

熊本地震 国の文化財45件 被害

熊本城や阿蘇神社 倒壊、崩落、亀裂…

熊本地震による、県内の史跡や歴史的建造物への被害の全容が明らかになってきた。21日までの県文化課のまとめで、国の文化財（史跡、名勝、建造物、登録有形文化財など）301件のうち、45件（15%）が倒壊や崩落、亀裂などの被害を受けていることが分かった。

【1面参照】

最も被害が目立つのは、国特別史跡で、国重要文化財（重文）の建造物が多い熊本城。東十八間櫓などが倒壊したほか、天守閣入り口石垣や飯田丸など6カ所の石垣が崩落した。阿蘇神社（阿蘇市）では、国重文の楼門が全壊。同じく国重文の門や神殿もゆがみ、三の神殿は倒壊の危険性があるという。

歴代熊本細川藩主の墓所がある妙解寺跡（熊本市中央区）では、石灯籠が多数倒壊した。

震度7を記録した西原村にある矢野家住宅（国登録有形文化財）は、大部分の壁が剥がれ落ちた。同家に伝わる古文書は他の場所で保管される予定。本殿なども国宝に指定されている青井阿蘇神社（人吉市）から被害報告はなかった。

県指定の史跡などでも37件の被害が報告された。熊本市中央区のジェーンズ邸は全壊。同区の大江義塾跡も建物にゆがみが出た。同区にある古今伝授の間は軒下の支柱にずれが発生し、氷川町の伊藤家住宅は半壊の状態だ。

県文化課は「まだ調査が十分でない市町村もある。市町村指定、未指定の文化財の被害も加えれば被害は相当な数になる」と話している。（福田寿生）

倒壊して石垣の上から崩れ落ちた熊本城の北十八間櫓＝16日午後、熊本市中央区

地震で被害を受けた阿蘇神社。手前は楼門＝18日、阿蘇市（小型無人機から）

地震被害を受けた主な国の文化財

名称	所在地	指定	被害状況
阿蘇神社	阿蘇市	国重文の建造物	楼門が全壊。三の神殿は倒壊の危険性。
豊後街道	阿蘇市	国史跡	的石御茶屋が全壊。
浄水寺碑	宇城市	国重文の美術工芸品	南大門碑が倒れ、如法経（にょほうきょう）碑は笠石が落下。
江藤家住宅	大津町	国重文の建造物	屋根瓦がほぼ落下、骨組みむき出し。
熊本城	熊本市	国特別史跡 国重文の建造物	6カ所の石垣崩落。長塀、東十八間櫓、北十八間櫓が倒壊。不開門はゆがみで開閉できず。ほかにも国重文建造物に被害多数。
細川家墓所・妙解寺跡	熊本市	国史跡	石灯籠多数倒壊。三御廟（びょう）唐門倒壊。
熊本藩川尻米蔵跡	熊本市	国史跡	西蔵の壁崩落。
水前寺成趣園	熊本市	国名勝および史跡	鳥居損壊。参道や稲荷神社の灯籠倒壊・破損。
旧第五高等中学校本館など	熊本市	国重文の建造物	本館（五高記念館）の煙突4本倒壊。内部の壁は漆くいが剥落。
梅林天満宮鳥居	玉名市	国登録有形文化財	鳥居の一部が崩落。
矢野家住宅	西原村	国登録有形文化財	大部分の壁が剥落。
八代城跡	八代市	国史跡	石垣の一部が崩落。
オブサン古墳	山鹿市	国史跡	石室の石材が落下。
通潤橋	山都町	国重文の建造物	通水管の漏水。

文化財調査官 きょう熊本入り

文化庁は21日、熊本城（熊本市）や阿蘇神社（阿蘇市）の被災状況確認や応急措置に当たるため、文化財の調査官5人を熊本県に派遣すると発表した。22日に現地入りし2日間、活動する。当初は18日の予定だったが延期されていた。熊本城の石垣が崩れ、国指定重要文化財の東十八間櫓が全壊。阿蘇神社も楼門が倒壊するなど、多くの文化財に深刻な被害が出ている。余震による被害の拡大も懸念されている。

「熊本城 元の姿に」 熊本市が支援口座

熊本市は21日、熊本地震で壊滅的な被害を受けた熊本城の復旧に向けて、専用の口座を設け、支援金の受け付けを始めた。市には国内外から支援の申し出が多数寄せられており、「天下の名城を元の姿に戻したい」と話す。

振込先は「肥後銀行 熊本市役所支店 普通 1471716 熊本城災害復旧支援金」。第一地銀窓口での振り込みは手数料無料。2千円以上の寄付で、所得税や住民税などの控除対象となる。熊本城復元整備基金（一口城主）の受け付けも続けるが、寄付した人への「城主証」の発行などには当分の間、対応しない。

熊本城は、長塀をはじめ国の重要文化財に指定されている13の建造物すべてが崩落など甚大な被害を受けた。復旧の見通しは立っておらず、修復費用も「数十億から数百億円になるだろう」（観光政策課）としている。（高橋俊啓）

日本遺産構成文化財も被害

人吉球磨地方

人吉球磨地方では今のところ熊本地震による大きな被害は出ていないが、日本遺産を構成する有形文化財には軽微な被害が散見している。市町村の文化財担当者は「さらに強い地震が来たらとてもじゃない」と不安を募らせている。

湯前町の城泉寺にある九重石塔。1230年に建立された国指定重要文化財だが、相輪と呼ばれる最上部（高さ約30センチ）が16日未明の地震で落下した。先端部を回収・保管している町教委によると、目立った欠損などはないという。藤崎正人学芸員は「石塔は重ねてあるだけ。当時の震度は4。さらに大きな揺れが来たら、倒れる可能性がある」と心配する。

震度5弱だった人吉市では、同市願成寺の県指定史跡・相良家墓地の石灯籠6基と五輪塔2基が倒壊した。人吉城跡でも、角櫓の屋根の瓦が数十枚落ち、角櫓内部の壁にも亀裂が見つかった。

人吉球磨日本遺産活用協議会事務局を務める市教委歴史遺産課の三村講介学芸員は「建物には幸い大きな被害が出ていないが、この程度で済んでいるのは奇跡的。震源が移動しており、専門家の話もあり、油断できない」と不安を隠さなかった。（小山真史）

16日未明の地震で先端部が落下した城泉寺の九重石塔（右）と、落下した先端部（上）＝湯前町

複数の石灯籠などが倒壊した相良家墓地＝人吉市

世界遺産候補

「長崎教会群」など対象4件

特別委初会合 7月下旬にも絞り込み

国の文化審議会は21日、2018年の世界文化遺産登録を目指す候補の選定に向け、文化財の専門家らでつくる特別委員会の初会合を開いた。検討対象は、地元自治体が3月末までに推薦書素案を提出した4件。早ければ7月下旬にも1件を選び、閣議了解を経て、来年2月1日までに国連教育科学文化機関（ユネスコ）に推薦する。

4件は「北海道・北東北を中心とした縄文遺跡群」（北海道、青森、岩手、秋田）、「金を中心とする佐渡鉱山の遺産群」（新潟）、「百舌鳥・古市古墳群」（大阪）、「長崎と天草地方の潜伏キリシタン関連遺産」（長崎、熊本）。

「長崎教会群」は今年2月に推薦を一時取り下げ、ユネスコ諮問機関の「禁教の歴史に焦点を当てるべきだ」との指摘を踏まえ、内容を見直した上で新たな素案を提出した。

会合では、文化庁が4件の内容を説明。諮問機関と推薦書案の策定段階から協議する仕組みが昨年導入されたことなど、審査がさらに厳格化していることも報告された。

益城町役場庁舎 24日までに復旧

益城町は21日までに、機能停止中の役場庁舎の応急復旧工事を24日までに終えることを決めた。早ければ同日にも保健福祉センターに移していた災害対策本部を庁舎に戻す。

庁舎は16日以降、倒壊の危険があるとして立ち入り禁止になっていたが、比較的簡単な工事で利用可能になると判明した。

一方、天井が落ちた町総合体育館メインアリーナの復旧も急ぐ。工事終了後は各学校に避難している被災者を受け入れ、学校の早期再開を目指す。（池田祐介）

参院選フラッシュ

▼岡山も民進候補に一本化

民進、社民両党の岡山県連と共産党岡山県委員会は21日、夏の参院選岡山選挙区（改選数1）で、民進党公認の新人黒石健太郎氏（32）に候補を一本化することで合意した。共産党公認で立候補を予定していた住寄聡美氏（57）は取り下げ、比例代表に回る。社民党は黒石氏を推薦する方向で調整を進める。同選挙区には自民党の新人小野田紀美氏（33）、政治団体幸福実現党の新人吉野正宏氏（40）も立候補を表明している。

◆次期衆院選 京都3区に木村氏擁立

自民党京都府連会長の西田昌司参院議員は21日、党本部で記者会見し、次期衆院選京都3区（伏見区）で、元職の木村弥生氏（50）＝比例近畿＝の擁立を決めたと発表した。近く党本部に公認申請する。

不倫を認めた宮崎謙介元衆院議員の辞職に伴う京都3区補選（24日投開票）で、自民党は候補擁立を見送った。西田氏は「不戦敗を選択せざるを得なかったが、自民党の存在感を示し、支持者をつなぎ留める努力が必要だ」と述べた。

木村氏は待機児童問題の緊急対策チーム座長を務める。会見に同席した木村氏は「京都に地縁はないが、骨をうずめる覚悟だ」と強調した。

◆林前農相が総裁選に意欲

自民党の林芳正前農相は21日、東京都内で講演し、党総裁選への立候補に意欲を示すとともに、参院から衆院への転出の可能性にも言及した。「一度総裁選にチャレンジしたい」と述べた上で、「参院議員が総裁になることは、仲間との意思の疎通の面で難しい」との見方を示した。同時に「そのための衆院へのくら替えは有利だと地元でも言われている。そういう声は大事にしたい」と語った。

▼社民、山梨の民進候補支持

社民党は21日の常任幹事会で、夏の参院選山梨選挙区で民進党の宮沢由佳氏（53）の支持を決めた。ほかの選挙区でも無所属2人の推薦、1人の支持を決定。比例代表では役員2人の擁立を決めた。いずれも新人。公認、推薦、支持決定者は次の通り。（敬称略）

【選挙区】富山 道用悦子（推）▽山梨 宮沢由佳（支）▽徳島・高知 大西聡（支）▽愛媛 永江孝子（推）【比例代表】桐口敏行、田山英次

県南西部 地殻ひずみに警戒

専門家指摘

地震活動 終息見えず

震度7が連続して起きた熊本県の地震活動は、阿蘇山や大分県に余波が及んだまま1週間が過ぎた。地震回数は2004年の新潟県中越地震を超えて最多となり、活動がいつ終息するのか見通せない状況が続く。専門家は熊本県の南西部にたまった地殻のひずみの大きさを指摘。今後の地震に警戒を呼び掛ける。

「過去に例のない状況で（終息の）見通しはない。期限を明示することは難しい」。21日の気象庁の記者会見。青木元・地震津波監視課長は硬い表情で語った。

海溝型の大地震が連続する例がないわけではないが、震度7の直下型地震の連発は「想定外」。余震の数はその分多い。

また震源となった「布田川断層帯」「日奈久断層帯」の北東延長部でも地震が誘発された。熊本県の中心部と、活火山の阿蘇山を越えた大分県境、大分県内の計3カ所。異例の同時活動だ。

遠田晋次・東北大教授（地震地質学）は「大分などの地震は16日の地震とほぼ同時に起きている。南西から北東に向けて断層破壊が起こり、地殻のひずみが直ちに伝わった」と指摘。だが、ひずみがより大きくなったのは大分県側ではなく、日奈久断層帯の南側に近い熊本県南西部だ。

「もともと地震が起こりやすいと考えられていた部分。いつとは言えないが、大きな地震がまた起きるだろう」（遠田氏）

地殻のひずみに詳しい西村卓也・京都大准教授（地殻変動学）は「震源周辺はブロック状の地殻の固まり同士の境界に当たり、年約1センチのひずみをためている」と話す。東日本大震災を起こした日本海溝の年8～9センチ、巨大地震が懸念される南海トラフの年5～6センチよりは小さいが、地震が起きやすい地域だ。

西村氏によると、今回の地震で変化したひずみの影響は震源に近いほど強まる。震源に近い熊本県南西部は引き続き注意が必要だ。

一方、大分の地震活動が、対岸の四国を横断する巨大断層「中央構造線断層帯」に飛び火すると考える専門家は少ない。鷺谷威・名古屋大教授（地殻変動学）は「大分は陸域の地震で、徐々に活動は静まってきている。地震が海域に及んで活発にならない限り心配はないと思う」と話している。

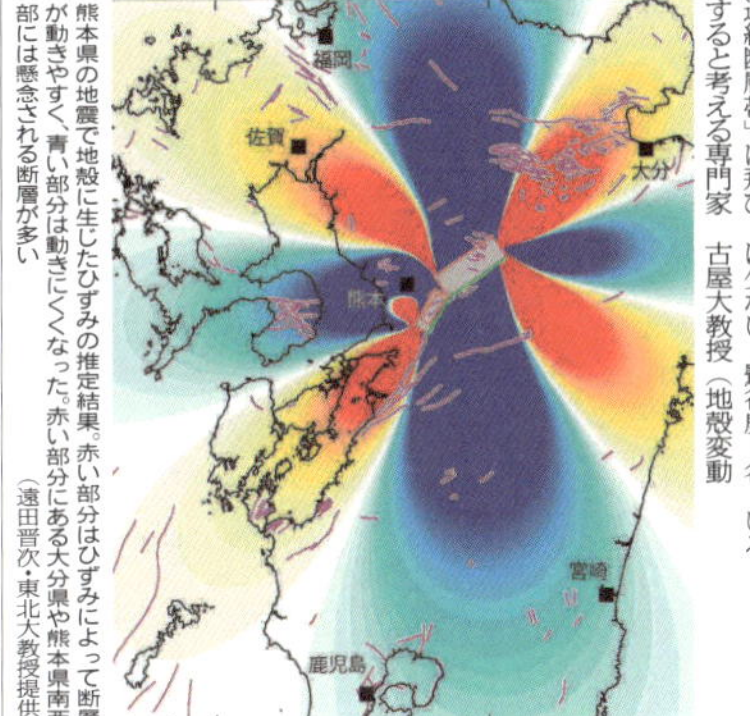

熊本県の地震で地殻に生じたひずみの推定結果。赤い部分はひずみによって断層が動きやすく、青い部分は動きにくくなった。赤い部分にある大分県や熊本県南西部には懸念される断層が多い（遠田晋次・東北大教授提供）

国土地理院 布田川・日奈久断層帯沿い 上下に1メートル以上変動

国土地理院（茨城県つくば市）は21日までに、熊本県を中心とする地震を起こした布田川断層帯と日奈久断層帯に沿って、上下方向に最大で1メートル以上の地殻変動があったことが分かったと発表した。

宇宙航空研究開発機構（JAXA）の陸域観測技術衛星「だいち2号」が地震前後の昨年2月10日と今年4月19日に撮影した画像と、衛星の位置を変えて今年3月7日と4月18日に撮影した画像を組み合わせ、国土地理院が分析した。

その結果、布田川断層帯の北側で最大1メートル以上沈み、南側では最大30センチ以上隆起したとみられることが分かった。水平方向の動きとしては、同断層帯の北側が東向きに最大で1メートル以上、南側が西向きに最大50センチ以上ずれた。

宇宙測地課の宮原伐折羅（ばさら）課長は「布田川断層帯は、南東側が相対的に隆起する横ずれ断層と評価されていたが、今回の観測で確認できた」と話している。

県と16市町村に 交付税421億円 前倒しで配分

政府は21日、相次ぐ地震で被災した熊本県と県内の16市町村に、6月に配る予定の普通交付税のうち計421億3千万円を前倒しして22日に配ることを決めた。災害対応や復旧工事などに必要な現金を確保できるようにする。熊本、大分両県の地震被害について、大型連休前の来週にも激甚災害指定を閣議決定する方針だ。指定に向け、復旧に必要な見込み額の算定を急いでいる。

交付税の配分の内訳は、熊本県が265億6千万円。市町村では、熊本市が54億4700万円で最も多く、八代市が27億8900万円、宇城市が17億8400万円。6月の見込み額の県は5割、市町村は7割を配る。

普通交付税は自治体の財源不足を補うため、国が4、6、9、11月の年4回配っている。

県内全市町村に 住宅再建へ 支援法適用

県は21日、住宅が全半壊した被災者の住宅再建を支援する被災者生活再建支援法を、県内全市町村に適用することを決めた。前震が発生した14日にさかのぼって適用する。

壊れた住宅の解体・補修費や再建の費用を、被災の程度に応じて50万～300万円まで支給する。①住宅が全壊②半壊などで住宅を解体③災害で危険な状態が継続し、住宅に住めない状態が長期間継続④住宅が半壊し、大規模な補修が必要－などが対象。

申請窓口は住宅がある市町村で、罹災（りさい）証明書の発行を受ける必要がある。費用は国と県が2分の1ずつ負担する。

県災害対策本部によると、21日午後1時半現在、県内では全壊約1500棟、半壊約1400棟が確認されている。（太路秀紀）

きょうの歴史 4月22日

オープンした県立菊池少年自然の家

▽1975（昭和50）年

菊池市原に県立菊池少年自然の家がオープンした。

▽1974（昭和49）年　八代市の中九州短大で開学式があった。

（第3種郵便物認可）　熊本日日新聞　平成28年（2016年）4月22日　金曜日　総合　4

仮設薬局 高齢者ら支える

益城町と南阿蘇村の避難所
持病の薬 24時間調剤

熊本地震で大きな被害を受けた益城町と南阿蘇村の避難所で、持病の薬が不足する高齢者らが増加。現場に設置された仮設薬局が、交通手段のない高齢者の支えとなっている。県薬剤師会によると、医薬品の供給不足は生じていないという。【1面参照】

益城町の避難所の町保健福祉センター。21日現在、救護所では県内外の薬剤師11人が24時間体制で、日本医師会災害医療チーム（JMAT）とともに医療支援をしている。

「血圧の薬が残り少ない」と訴える馬出伸子さん（79）。夫の俊吉さん（86）も糖尿病などの持病がある。薬を持って避難したが、16日の地震で自宅の1階がつぶれたという。薬は残り2回分しかない。

薬を受け取った馬出さんは、普段とは種類が違うため飲み方の説明を受けた。「薬が切れるのが一番怖い。ほっとしました」

東京都薬剤師会の根本陽充さん（40）は「持病の薬が切れる例が増えているが、在庫に限りがあり、処方は3日分のみ。同じ種類の薬が出せない場合も多い。なるべく地元の薬局に足を運んでほしい」と話した。

同センターの駐車場には、医薬品供給車両「モバイルファーマシー」があった。県薬剤師会の要請を受けて大分県薬剤師会が派遣。車内では、医師の「災害処方箋」に基づき調剤する。県内ではほかにも、同町と南阿蘇村で活動している。

県薬剤師会によると、この2町村にある計4カ所の救護所には仮設薬局が設置され、全国からの応援に駆けつけた薬剤師約40人が対応している。

県内の薬局は21日現在、8割ほどが復旧。問屋4社が24時間体制で対応し、供給不足はないという。避難所で配る目薬などの一般用医薬品の備蓄も本格化した。

ただ、処方箋なしで薬局を訪れ、持病の薬を求める人もいるという。県薬剤師会の神田晴生専務理事（60）は「医薬品は、医師の処方を受けて調剤してもらうのが原則」と強調する。

厚生労働省は、服用薬履歴を記録した「お薬手帳」だけで調剤が可能なのは、交通の途絶などで医療機関を受診できない厳しい条件下に限るとしているためだ。避難所を巡回する医師から、災害処方箋を発行してもらうこともできる。

神田専務理事は、お薬手帳がない場合は、薬の色や服用回数など不確実な情報を医師に伝えないことが大事としている。かかりつけの医療機関が復旧していない場合、「最寄りの医師から、かかりつけ医に相談してもらうなどして、処方箋の発行を受けてほしい」と話している。（清島理紗、山口尚久、國﨑千晶）

大分県薬剤師会から派遣され、活動中の医薬品供給車両「モバイルファーマシー」＝21日午後、益城町保健福祉センター

医薬品供給車両「モバイルファーマシー」内で調剤する薬剤師

救護所で、服用する薬が残り少ないと医師に相談する夫婦

服用薬が足りなくなったら…

- 医療機関を受診して処方箋をもらうのが大原則
- かかりつけ医が診療を再開していない場合、利用可能な医療機関でかかりつけ医に電話などで相談してもらう
- 医療機関を受診できず、お薬手帳もない場合、色や1日の服用回数など、不確実な医薬品を特定できない情報は伝えない

※県薬剤師会の話を基に作成

保険証なくても介護サービスを　厚労省通知

厚生労働省は、熊本地震により県内に災害救助法が適用されたため、介護保険サービスの利用者などに対して特例措置を取るよう、県、市町村に通知した。

被災によって保険証が提示できない利用者に対し、氏名や生年月日などを申告すれば、保険証がある場合と同様のサービスが受けられるようにする。また、通常自宅などで受けている「居宅サービス」が避難先でも受けられるようにする―など。

サービス利用料が負担できない人への減免や、第1号保険料の納付が困難な人に対する減免や徴収の猶予なども求めた。（中村美弥子）

地下水汚濁 水道復旧阻む

ろ過設備少なく弱点露呈
解消の見通し立たず

地震が頻発している熊本県で水道水が濁って飲用として使えず、復旧の障害になっていることが21日、被災自治体や日本水道協会への取材で分かった。熊本県は全国有数の地下水源を誇り、水道水の8割を地下水で賄い、汚泥のろ過設備は少ない。汚濁は地震で繰り返された強い揺れが一因で、自然に水質が改善するのを待つ必要があるという。災害に強いとされてきた地下水源の弱点が露呈した形となった。

厚生労働省によると、熊本県では20日現在、約70万世帯のうち約9万世帯で断水が続く。水道管の損傷のほか、水が濁り給水自体ができない所もある。断水がほぼ解消した山都町では約3千世帯、美里町では約千世帯で濁った水が出ている。

熊本県は降水量が多く、阿蘇山の噴火で貯水能力が高い地層が形成され、多くの湧き水が飲料水を満たしている。ろ過をせず、滅菌と消毒処理だけで供給している自治体が多い。

菊池市では水源を100％地下水に依存。甚大な被害があった益城町や南阿蘇村と比べると、建物の損壊は少なく、水道設備にも大きな被害は確認されていない。市の担当者は「汚濁解消時期の見通しは立たない」と話す。

日本水道協会によると、川の水を浄化する地上施設に比べ、地下の取水施設は地震による損壊を受けにくく、災害に強いとされてきた。ただ地下水は流れが弱いため、一度濁ると元に戻るまで時間がかかる。東日本大震災では、津波で海水が入り、地下水が使用できなくなるケースがあった。

水道協会の木村康則工務部長は「ポンプで水をくみ出し続けて、濁りがなくなるのを待つほかない」。室崎益輝神戸大名誉教授（防災計画）は「豊富な水資源で目立った対策をしてこなかった。復旧までは、給水車の派遣やペットボトル飲料水の十分な配給が必要」と強調した。

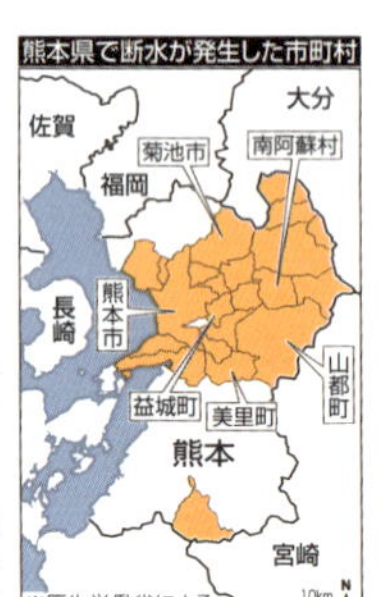

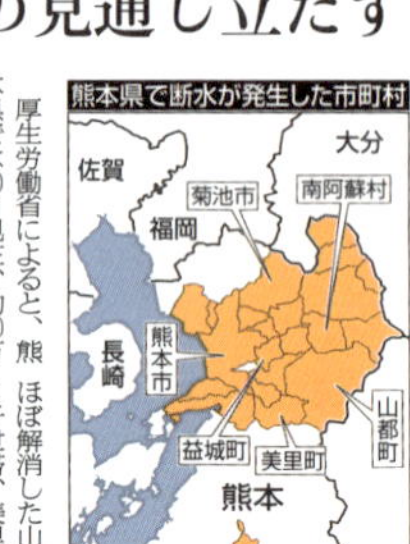

アレルギーの子ども救え

熊本医療センター「対応食」を配布

食物アレルギーがある被災者の子どもを支援しようと、国立病院機構熊本医療センター（熊本市中央区二の丸）は、アレルギーに対応した食料品を無料で配布している。小児科医によると、体調が弱っている場合は、アレルギー症状が強くなりやすいという。NPOも22日、同区の慶徳小で配布する。

同センターは1階の総合受付横に、「食物アレルギー支援物資コーナー」を設置。小麦粉や卵、牛乳などを使わない米粉パンやライスクッキー、レトルトカレー、離乳食など約20種類を、アレルギーのある子どもたちに無料配布している。受け取りは午前8時から午後8時。物資は、日本小児アレルギー学会を通じて届いたという。

小麦アレルギーの1歳男児の母親（38）＝東区＝は「アレルギー対応の離乳食がなく、困っていた。水が出ないので調理も難しい。県外で探そうと思っていただけに、ありがたい」と話していた。

同センターの緒方美佳医師によると、牛乳1杯まで飲んでも大丈夫だった子どもが、体調が弱ると、半分の量でアレルギーが出たりするという。「避難所で配られるパンなどが食べられない子どももいる。避難所ごとにアレルギーの子どもを把握し、対応した食料品を届けてほしい」と強調する。

一方、NPO法人「フリー・ザ・チルドレン・ジャパン」（東京）など関東圏の団体・企業は、アレルギー物質を含まない食品など10トントラック1台分を熊本に送った。

支援物資は、卵を使わない天然酵母パンやアレルギー物質を除いた調味料とベビーフード、無農薬栽培の野菜など。ブルーシートや衛生用品もある。慶徳小では午前9時から、食物アレルギーのある子どもに優先配布。アレルギーに対応した食材を使った炊き出しも検討している。

駐車場がないため、「フリー・ザ・チルドレン・ジャパン熊本」の津田美矩さん（28）は、コインパーキングなどの利用を呼び掛けている。（森本修代、楠本佳奈子）

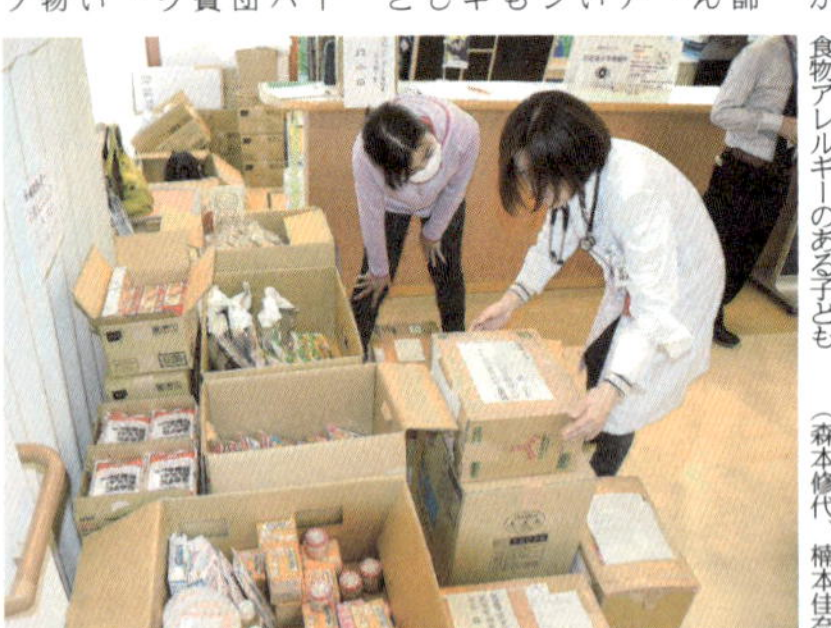

熊本医療センターに届けられた食物アレルギーに対応した離乳食など。無料で配布している＝21日、熊本市中央区

大西熊本市長に聞く

人手が一番欲しい

避難所 担当者置き連絡網

大西一史市長は21日、熊本市役所で熊日などの取材に応じた。一問一答は次の通り。（高橋俊啓）

―地震発生から1週間がたちました。

「今もライフラインすら十分な復旧状態でなく、多くの市民が避難所生活で我慢を強いられている。二次被害の危険を取り除き、これ以上の犠牲者を出さないのが責務だ。余震が収まってほしいというのが一番の思いだ」

―避難所生活を解消できるための方策はありますか。

「まずは避難者それぞれの（住まいの）ニーズを把握する必要がある。その調査をするよう指示したところだ」

―最も足りないものは。

「各避難所でも物資面のストックはできた。一番欲しいのは人手だ。ボランティアセンターも明日（22日）開設し、お手伝いをしてもらう。それで余裕が出た人員は、ほかの自治体と連携しながら配置する」

―避難所によって、届く救援物資の量に差が出ています。

「やっと各避難所に担当者を貼り付けて、連絡網ができた。避難者の新たなニーズにも対応して情報を集約する。少しずつ解消するはずだ」

―食料などの備蓄や準備は十分だったでしょうか。

「震度7クラスが2度来る災害に対しては足りなかった。それは想定していなかった」

―今、市民に伝えたいことは。

「市民に我慢を強いているのは市長として申し訳ない。何が足りないか伝えて、復興に力を貸してほしい。生活復旧に向け、全力を尽くす」

質問に答える大西一史市長＝21日、熊本市役所

「県民と苦難乗り越える」　蒲島知事

蒲島郁夫知事は、熊本地震の発生から1週間たった21日、県庁で臨時記者会見を開き、「一日も早く元の生活を取り戻せるよう県民と一緒に苦難を乗り越える」と決意を語り、不明者の捜索や被災者の生活支援、地域の復旧復興に全力を尽くす考えをあらためて示した。

蒲島知事は「また地震が来るのではという不安がある。早く終息してほしい」と心情を吐露。「家族を亡くした人、家を失った人、避難生活を続けている人などそれぞれにさまざまな心労と不安がある。これを和らげるよう努力する」と強調した。

当面の課題に被災者の住宅確保を挙げ、被災建築物の危険度を早急に調べ、自宅に戻れない人には公営住宅、民間住宅、仮設住宅などを順次用意するとした。被災者の意向を把握して調整に当たる専門支援チームも20日付で設けたとして、「希望が持てる将来図を早く描きたい」と述べた。（蔵原博康）

管内事業場の45％活動停止　熊本労基署調査

熊本労働基準監督署は21日、熊本地震発生に伴う管内（熊本、宇城、宇土の3市と上、下益城郡）企業の被害調査結果を公表、断水や停電で活動を停止している事業場は45・2％に上った。

調査は19、20の両日に管内2万以上の事業場から、製造業や運輸交通業、商業など5業種、701事業場を抽出して電話調査。527社から回答を得た。

事業活動を停止している事業場は238。断水は51・8％の273事業場、停電は23・5％の124事業場あった。

また、建物の全壊が3事業場（0・6％）、一部倒壊が48事業場（9・1％）、ひび割れが321事業場（60・9％）。地震による揺れや後片付けなどによる労働者の負傷も18事業場で発生した。（上田良志）

県が不明者相談電話　きょう開設

県は22日、熊本地震の行方不明者に関する相談ダイヤルを開設する。庁舎の被災で行政機能に支障が出ている市町村に代わり、旅行者ら想定外の不明者の発見につなげる。

県災害対策本部内に県職員ら専門相談員2人を置き、不明となった状況などを電話で聞き取った上で、警察や市町村などへ情報提供する。受け付けは平日午前9時～午後5時。当面は休日も対応する。☎096（333）2815。

被災地支援求め関係大臣に要望　荒木県町村会長

県町村会長の荒木泰臣嘉島町長は21日、高市早苗総務相、石井啓一国土交通相、河野太郎防災担当相と会い、熊本地震の被災地支援を求める緊急の要望書を提出した。

要望書は全国町村会との連名。行方不明者の早期救出に全力を挙げることをはじめ、飲料水や食料、医薬品、生活用品などを確保し被災者に届けること、水道などの生活インフラ、道路・鉄道などの交通インフラの早期復旧など11項目を求めている。

要望書を受け取った高市総務相は「やれることは全部やる。精いっぱい支援したい」と述べた。

荒木町長は「まずは財源を確保しないといけない。高市大臣から手厚い支援をするという力強い言葉をもらった」と話した。（内田裕之）

被災ごみ収集へ県外5市が派遣

益城町や熊本市で家庭ごみが急増しているため、環境省は21日、神戸や福岡など県外5市に対し、ごみ収集車と職員を派遣して支援するよう要請したと明らかにした。

同省によると、神戸市は収集車9台を送り、21日から収集を始めた。福岡市、北九州市、広島市、京都市は収集車計19台で熊本市での収集を助ける。

同市の東部環境工場が損傷し、復旧の見通しが立っていないため、福岡市と北九州市は集めたごみの一部は持ち帰り、焼却も担うという。（内田裕之）

◆石破氏「防災省」設置の検討必要

石破茂地方創生担当相は21日、自身の派閥会合で、熊本、大分両県を中心とする地震を踏まえ、災害対応に専従で当たる「防災省」の設置を検討する必要があるとの考えを示した。

「危機管理とは、常に最悪の事態を想定しなければならない」と述べた。これに関し菅義偉官房長官は記者会見で否定的な考えを示した。

首相の動静　21日

【午前】7時39分、公邸から官邸。8時1分、国際金融経済分析会合。9時3分、東京・大手町の経団連会館。「B7東京サミット」に出席し、あいさつ。27分、官邸。50分、杉田和博官房副長官、西村泰彦内閣危機管理監、古谷一之官房副長官補、加藤久喜内閣府政策統括官。10時56分、島尻安伊子内閣府特命担当相。11時26分、石原伸晃経済再生担当相、内閣府の西川正郎内閣府審議官、田和宏政策統括官。

【午後】2時17分、岸田文雄外相。3時4分、地震非常災害対策本部会議。55分、谷内正太郎国家安全保障局長。4時46分、国家安全保障会議。5時17分、月例経済報告関係閣僚会議。56分、日・EUビジネス・ラウンドテーブルの共同議長ら。6時32分、榊原定征経団連会長ら先進7カ国（G7）経済団体代表から提言書受け取り。35分、経済団体代表と夕食会。8時20分、公邸。宿泊。

◇お断り　連載「全電源喪失の記憶」と「生き物こぼれ話」は休みました。

きょうの動き

国内・国際

▽衆院本会議で衆院選挙制度改革に向けた公選法などの改正案審議入り

首長の日程

【蒲島知事】8時50分　庁議▽10時　記者会見▽終了後　地震災害対応

【大西熊本市長】地震災害対応

【山下荒尾市長】8時半　庁議▽10時　市健康づくり推進員協議会総会▽11時半　来客応対▽14時　土地区画整理事業地権者説明会

【髙嵜玉名市長】終日　地震災害対応▽13時半　日赤玉名市地区理事会▽14時半　市共同募金委員会運営委員会

【中嶋山鹿市長】終日　地震災害対応▽8時半　連絡会議▽14時　山鹿地区区長協議会総会

【江頭菊池市長】地震災害対応

【荒木合志市長】地震災害対応

【佐藤阿蘇市長】地震災害対応

【元松宇土市長】地震災害対応

【守田宇城市長】地震災害対応

【中村八代市長】終日　地震災害対応▽13時半、14時、14時半　来客応対

【松岡人吉市長】10時　記者会見▽19時　大畑校区公民館運営委員会定期総会

【西田水俣市長】9時　庁内協議▽15時　記者会見▽18時　市体育協会評議員会

【堀江上天草市長】10時半　天草広域連合正副連合長会議▽終了後　地震災害対応

【中村天草市長】終日　地震災害対応▽7時半　災害ボランティアセンター支援員出発式▽9時半　市食生活改善推進員協議会総会▽10時半　天草広域連合正副連合長会議▽13時、16時　庁内協議

（第3種郵便物認可）　熊本日日新聞　平成28年（2016年）4月22日　金曜日　10

文化生活部
bunka@kumanichi.co.jp
TEL:096-361-3181 FAX:096-361-3290

文化 | Culture |

月、水、金、土曜日 掲載

蛇口から流れる水に感動

それでも明日へ

「熊本地震」。先を見通せない不安を抱え、だれもがその沈静化をじっと待っている。熊本が初めて直面しているこの困難な事態に、どう向かい合うべきなのか―ゆかりの作家らに文章を寄せてもらう。（随時掲載）

梶尾 真治 作家

◇かじお・しんじ
1947年熊本市生まれ。ＳＦ作家。「未踏惑星キー・ラーゴ」で熊日文学賞、「サラマンダー殲滅」で日本ＳＦ大賞、「黄泉びと知らず」で４度目の星雲賞受賞。近著に「杏奈は春待岬に」がある。

熊本市とその近郊に住むほとんどの人々にとって初めての体験となった。「平成28年熊本地震」だ。少なくとも、熊本城築城以降で最大の烈震だと思う。

３・11の報道を見聞きして心を寄せつつも、どこか災害に対して距離を感じていた私たちが、ある日突然にその当事者になるとは、それ迄、県民の誰も考えなかった筈だ。私自身が、そうだ。被災者の一人になって、これ迄見えなかったものが見え始めている気もする。ここでは、これからも永遠に続くと思いこんでいた県民の平穏な日常が断ち切られた瞬間のことだけを私的な視線で残しておきたいと思う。

４月14日の午後９時過ぎ。自室で読書をしていた。そろそろ目が疲れたから本を置こうとしたときだった。揺れが来た。最初は何事かわからなかった。すると近くにあった携帯電話が緊張を煽る音を発しつつ「地震です。地震です」と言った。初めてこの揺れが地震なのだと知った。災害マニュアルで地震の際は頑丈なものの下に入って身の安全を確保しなさい、とあるのを同時に思い出していたがとてもできなかった。頭がわかっていることと、身体が反応することは全然別だと知ったときだ。揺れが終わったが、足はまだふらついていた。テレビで地震速報を聞いた。震源は熊本地方、益城。そして「震度７」と。耳を疑った。まさか、この熊本で。正直な気持ちだった。家族全員の無事を確認したとき次の揺れが来た。この揺れが震度６弱であることを、後に知る。「自動車に逃げるぞ」。その夜幸いにも車中は暖かかった。今、一生に一度の体験をしたのだと思った。緊張がほぐれて初めて途方もない恐怖の中にいたことを知った。翌朝、わが家の被害の全貌を知る。自分たちで出来る復旧に没頭した。倒れた本棚、割れた食器。その片づけに一日をかけた。滅多にあることではない。いい体験と思うべきだと自分に言い聞かせつつ。すべての復旧は無理だったが、寝泊まりするだけのスペースは確保した。正直、精も根も使い果たした気分だった。人生初めての体験をしたのだから、と自分を労り眠りについた。

そして16日の午前１時25分。あの声と揺れに襲われた。今回の方が長く激しかった。家族全員が、すぐに家を飛び出した。

それが「平成28年熊本地震」の本震だったと後に知る。もう地震は終わった筈ではなかったのか。疑問符だけが頭の中で行列していた。東の空を見るとボーッと青い光が地から放たれているのが見えた。あれが地震光か、とぼんやりと思った。

そのときも車中に逃げた。カーラジオでは絶望的な情報が次々と伝えられてきた。阿蘇大橋が崩壊しそうだ！宇土庁舎が危険だ、と。とても現実とは思えなかった。そのときは新たに伝えられる情報のすべてが悪夢の続きに思えてならなかった。もしも、現実だとしたら……熊本はもう、おしまいかもしれない。そんな考えさえ浮かんだ。

長い夜の間、一睡も出来ず幾度となく突き上げる揺れを感じ続けた。そして翌朝、またしても変り果てたわが家を見ることになる。壁が落ち、石塀は倒れていた。家全体が歪み、すべてが散乱し土埃にまみれていた。あれだけ１日かけたのに。

賽の河原で石を積み上げたところで鬼がやってきて、それを壊す。そんなことを連想した。そこで、自分の内部で何かが、ぽっきり折れてしまった気がした。これが、その瞬間の私だ。数日が経過した。

今は、市電が走りはじめたことに喜び、蛇口から流れる水に感動している。うちひしがれたのは、私だけではないこともわかっている。皆と一緒に、もう一度ガマだそう。そう思えるようになった自分のしたたかさをほめたくなっているところだ。

地震で崩落した阿蘇大橋＝17日午後（小型無人機から）

知性かみ合うワクワク感　今福さん、鈴木さん著作で対談

本は時には、書き手同士を結びつけることもある。そんな可能性を実感させてくれた催しが神戸で開かれた。

文化人類学者の今福龍太さんと、作家でミュージシャンの鈴木創士さんのトーク。今福さんの「わたしたちは砂粒に還る」（河出書房新社）の書評を鈴木さんが手掛け、それが縁で実現した。

「わたしたちは―」は作家ル・クレジオらとの交流や、砂漠で過ごした記憶に思いを巡らせた作品。鈴木さんが「若いころの砂漠の経験が、今福さんの中に強く残っている」と言及すると、今福さんは「他者に関心を持ち、他者になることが大事。ランボーを訳した鈴木さんもそうでしょう？」。次は音楽の話をと、２人は再会を誓った。

鈴木さんは昨年末には、翻訳したフランスの作家ベルナール・ラマルシュバデルの小説「すべては壊れる」（現代思潮新社）を題材に、批評家の四方田犬彦さんと対談。カフカや三島由紀夫、上田秋成らを引き合いに本の魅力を多角的に論じた。

豊かな知性がかみ合って生まれるワクワク感。催しは、バーチャルでは味わえないであろうスリルに満ちていた。

今福龍太さんの著作「わたしたちは砂粒に還る」をベースに、語り合う今福さん（左）と鈴木創士さん＝神戸市灘区

見聞録　経済

深刻な待機児童問題　保育士確保 長い視野で

厚生労働省は昨年10月時点の待機児童数が４万５３１５人となり、５年ぶりに増加に転じたと発表した。雇用の拡大に伴って、大都市圏を中心に保育所不足は深刻さを増している。

政府が掲げる「すべての女性が輝く社会づくり」にとっても、女性の労働参加は欠かすことのできないファクターだ。

都市部での保育所定員が需要を大きく下回っている理由はふたつある。用地と人材の不足だ。

大都市商業地区では土地の生産性（その土地を商業や賃貸住宅にすることで得られる収入）が高い。土地所有者にとっては収益性が高いに越したことはないため、保育所の用地獲得のハードルが非常に高くなってしまう。

この問題を解消するためには、保育施設のための用地購入や土地賃借料への継続的な補助金の支給が必要だ。さらに、少なからぬ地区でスペースに余裕のある小中学校の校地を、一部保育所として利用できるようにする制度改革が望まれる。

解決策が明確（容易という意味ではない）な用地問題に対して、人手不足問題はより深刻である。保育士の待遇改善は必要だが、給与が上がったとしても人材の確保がうまくいくとは限らない。

東日本大震災以降、土木業界では人手不足によって賃金水準が上昇してもなお十分な人材を確保できていない。一時的に給料が高くなっても、それが継続的であり、長く勤め続けることができるという「信認」がなければ人は集まらない。

待機児童対策の充実を訴える保護者や保育士ら＝３月23日、衆院議員会館

少子化傾向を短期的に転換することはできず、現在の保育需要は団塊ジュニア世代の子供による一時的な増加かもしれない。10年後に失業の危機があるかもしれない職を目指しての移住や転職をする者は少ないだろう。

人材面に起因する待機児童問題解消のためには、保育士の雇用を安定させる必要がある。そのためには、児童数が減少したとしても雇用が保証される仕組みをつくるべきだ。今後必要となる保育士数の予測を公表し、それを下回った場合でも配置基準の見直しによって調整することを視野に入れるなど、保育業界を安心して働くことができる場にする必要がある。

（飯田泰之・明治大准教授）

短信

◇第１回漱石記念漢詩大会in熊本の作品募集　６月30日まで。作品の形式は七言絶句のみ。１人２首まで。応募料は１首につき千円（高校生以下は無料）。審査員は石川忠久・全日本漢詩連盟会長。夏目漱石来熊120年などを記念して12月３日に熊本大工学部百周年記念館（熊本市中央区黒髪）で開く同大会で、入賞・入選作を発表・表彰する。応募要項・応募用紙は、同大会のホームページからダウンロードできる。詳しくは実行委員長の柏木さん☎090（8398）5936。

◇現代歌人協会賞に吉田さん　第60回現代歌人協会賞（同協会主催）は、吉田隼人さんの歌集「忘却のための試論」（書肆侃侃房）に決まった。賞金は20万円。授賞式は６月30日、東京都千代田区の学士会館で。

吉田さんは1989年福島県生まれ、東京都在住。

❹ 簡易トイレの作り方

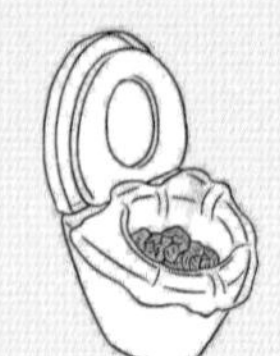

排水できない既存トイレ

材料	ポリ袋、新聞紙

便座を上げ、ポリ袋ですっぽり覆います。２枚目のポリ袋を便座の上からかぶせ、細かく砕いた新聞紙を重ねます。

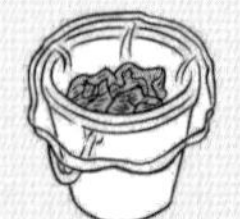

持ち運べる簡易トイレ

材料	大型バケツ（または段ボール箱）、ポリ袋、新聞紙

大型バケツあるいは段ボール箱の内側にポリ袋を二重にかぶせ、細かく砕いた新聞紙を入れます。使用後は上のポリ袋を所定の場所に捨てます。

❺ 簡易おむつの作り方

材料	レジ袋、さらし（またはタオル）、ハサミ

❶

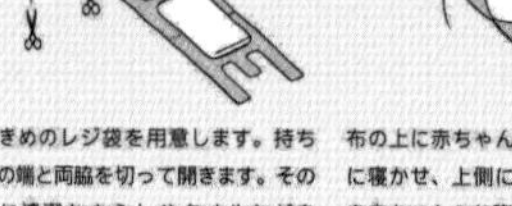

大きめのレジ袋を用意します。持ち手の端と両脇を切って開きます。その上に清潔なさらしやタオルなどを畳んで置きます。

❷

布の上に赤ちゃんのお尻がくるように寝かせ、上側になった持ち手部分を赤ちゃんのお腹の前で結びます。

❸

下側の持ち手部分をＴ字帯の要領でお尻からお腹の前に入れ込みます。

❹

余った部分を下に折り返します。

❻ 布ナプキンの作り方

材料	タオルハンカチ、ティッシュペーパー（または余り布）

❶

タオルハンカチ（清潔な綿素材が望ましい）を用意し、下着の大きさに合わせて両側を折り込みます。

❷

もし材料が揃えばその中に、ティッシュペーパーや余り布を入れます。お尻のほうに広い面を当てれば夜も安心です。

そのほかのナプキン代用アイテム

- ラップで下着をくるむ。
- トイレットペーパーやティッシュペーパーを折り重ねて使う。
- ひとつだけ残っているナプキンがあれば、その上にトイレットペーパーを重ねて使う。
- 使い捨てできる清潔なタオルや布で代用する。

を守るために

きる工夫

れた皆さまに
らしに不自由が
面・衛生面・
ィアをここに
れば幸いです。

日新聞

❾ 新聞紙の活用術

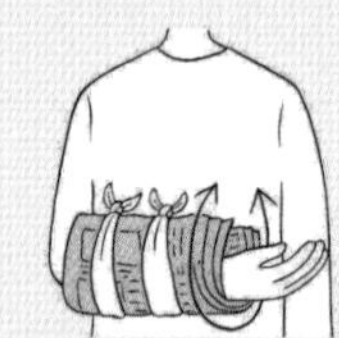

骨折時のそえ木にする

新聞紙を重ねて板のようにして、骨折した骨の両側の関節まで覆うように当てて使います。

服に入れて断熱材にする

寒いときは、下着と上着の間に新聞紙を入れると、空気の層ができて暖かくなります。

掛け布団にする

毛布や掛け布団がない場合は、新聞紙を掛けるだけでも、暖かさがだいぶ違います。

おもちゃを作る

新聞紙１枚を丸めて芯を作り、それを包むように新聞紙を重ねていきます。形を整え、粘着テープで隙間なく巻きます。

❿ 簡易ベッドの作り方

材料	ブルーシート、段ボール、発泡スチロール、新聞紙

床にブルーシートを敷き、段ボールと発泡スチロールを重ねます。断熱効果とクッション性のあるベッドができ、床からの冷えを防ぐことができます。上掛けには、新聞紙を利用します。

を動かす遊び

ッジボール、手打ち野球、大縄跳びどを行います。

工作

折り紙、新聞紙、粘土などを使った工作をします。

具がなくても遊べるゲーム

クイズ、だるまさんが転んだ、ごっこ、かくれんぼ、高鬼、色鬼、、ハンカチ落とし、フルーツ・スケットなどを行います。

そのほかの遊び

絵本の読み聞かせ、人形遊び（パペット）、将棋、囲碁、トランプなどのゲームを行います。

※家屋の倒壊などのおそれがない場所で遊びましょう。

⓮ 避難生活で行う体操

避難所などで生活している被災者が、避難生活中の心身機能の維持と回復のための運動を中心としたセルフメディケーションに役立てられる体操です。

ストレッチ体操（３分間）

❶ 背伸び脱力　❷ 体側伸ばし（左右）　❸ 肩甲骨開き　❹ 上体ひねり（左右）

❺ 胸反らし　❻ 腰反らし　❼ 足裏伸ばし（左右）　❽ ふくらはぎ・アキレス腱（左右）

関節回しと屈伸体操（３分間）

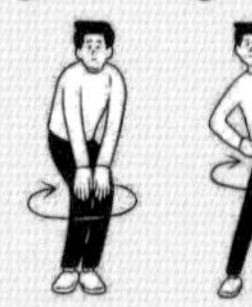

❶ 首回し（左右交互４回）　❷ 手首・足首回し（左右交互５回）　❸ ひざ回し（左右交互10回）　❹ 腰回し（左右交互10回）

❺ ひざの屈伸（10回以上）　❻ 脚・ひざの横伸ばし（左右）　❼ 四股踏み（左右交互10回）　❽ 腰落とし（10回）

※本原稿は、東京都の協力を得て、東京都発行の「東京防災」の一部を転載しております。（「東京防災」に掲載のない内容も一部含まれています。）

❶ 水道水の保存方法

飲料水として保存する

水をくみ置きするときは、ペットボトルなどの清潔な容器の口元いっぱいまで水道水を入れます。直射日光を避ければ、３日程度は飲料水として使用できます。ただし、浄水器を通すと塩素による消毒効果がなくなるため、毎日くみ替える必要があります。

生活用水として保存する

一般家庭の風呂の場合、約180ℓの水がため置きできます。風呂に水を張って保存しておけば、洗濯、掃除、トイレ、散水などの生活用水として利用することができます。

❷ 水の運び方

楽に水を運べるアイテム

給水拠点から水を運ぶときには、ポリタンクとキャリーカートがあると便利です。ペットボトルに水を入れリュックなどで運べば、悪路にも対応しやすくなります。

ポリ袋と段ボール箱を使う

材料	段ボール箱、ポリ袋、粘着テープ

ポリタンクやペットボトルがない場合は、段ボール箱の中にポリ袋を敷き、底と側面を布製の粘着テープでしっかりと補強して使います。

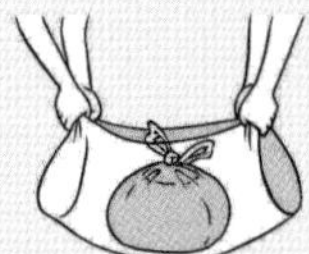

ポリ袋と風呂敷を使う

材料	ポリ袋、風呂敷

水をポリ袋に入れて縛り、隣り合う角を結んだ風呂敷の真ん中に入れます。両サイドの結び目を二人で持つと楽に運ぶことができます。

❸ 断水時のトイレの使い方

洋式トイレ

洋式トイレで、断水していても排水ができる場合は、バケツ一杯の水で排泄物を流すことが可能。小便はまとめて流し、トイレットペーパーなどは流さずゴミとして捨てます。

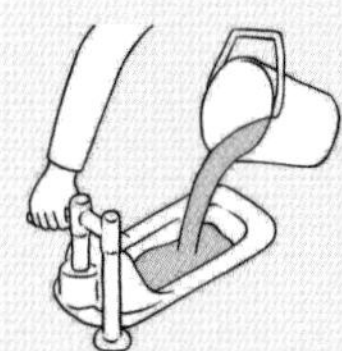

和式トイレ

和式トイレで、断水していても排水できる場合は、排水レバーを押しながら、バケツ一杯の水を勢いよく流せば、排水されます。トイレットペーパーなどは流さずゴミとして捨てます。

※排泄物の処理については各自治体・避難所での指示に従ってください。

❼ 少ない水で清潔を保つ

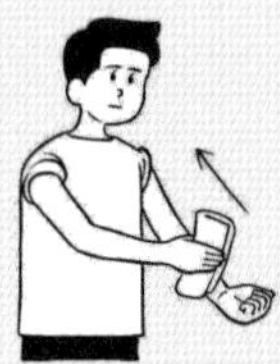

少ない水で身体を拭く

材料	タオル、清拭剤

清拭剤（せいしき）（ドラッグストアなどで購入可能）を含ませたタオルで身体を拭くと、少ない水で清潔を保つことができます。

歯ブラシなしで歯を磨く

材料	ガーゼ、ティッシュペーパー

約15cm四方のガーゼ、またはティッシュペーパーを指に巻き付け、歯のざらつきがなくなるまで磨きます。歯ぐきや舌も拭い、水ですすぎます。

❽ ハエ取り器を作る

材料	日本酒、砂糖、酢、ペットボトル、ひも、カッター

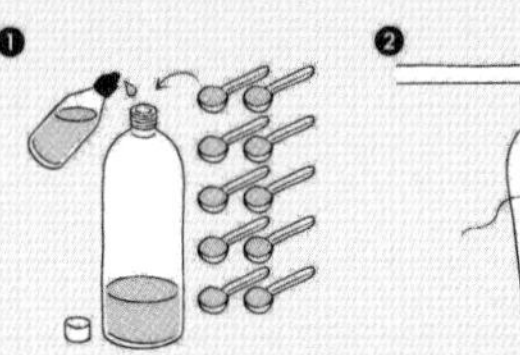

❶ 日本酒70cc、砂糖100g、酢50ccをペットボトルに入れてふたを閉め、よく振って混ぜ合わせます。

❷ ペットボトルの上の方に、3㎝角程度の穴を開け、ひもを付けて軒下や物干しなどにつるします。調味料のにおいにつられて入ったハエが出られなくなります。

なぜハエ取りが必要？

夏場はハエが大量発生することが想定されます。自宅はもちろん、避難所などの衛生環境を守るために、ハエ取りを作って駆除しましょう。

生活・衛生・

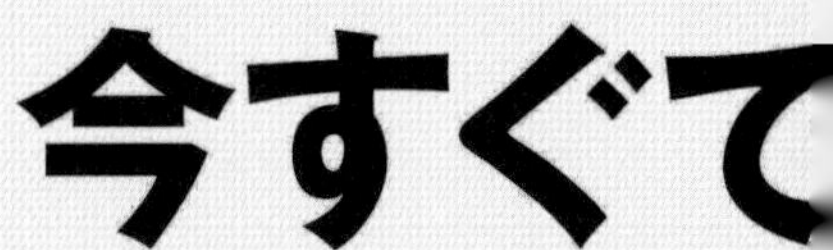

この度の「平成２８年熊本地震」で
お見舞い申し上げます。物資が足りない
ある方も多くいらっしゃると思います
健康面などで役立つ、今すぐ使える
まとめました。すこしでも皆さまのお役

⓫ パーテーションを作る

材料	段ボール箱、粘着テープ、ハサミ

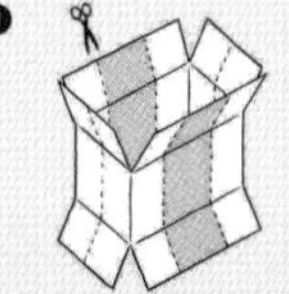

❶ 厚手の段ボール箱を開き、角を中心に左右の幅が同じになるように切ります。

❷ 切り取った4つのパーツは、パーテーションとなる段ボールを支える土台となります。

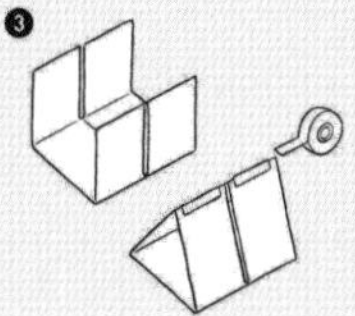

❸ 切ったパーツを三角形に組み立て、上を粘着テープで止めると、土台のできあがりです。

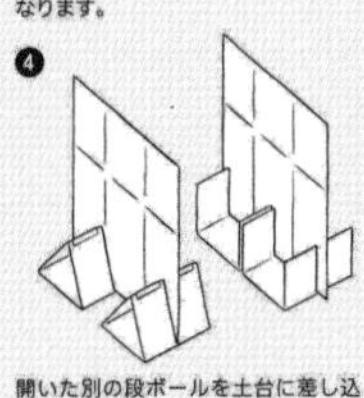

❹ 開いた別の段ボールを土台に差し込みます。土台の間隔は、段ボールの大きさに合わせて調整します。

⓬ エコノミークラス症候群予防

車中泊など、長時間同じ姿勢で座った状態を続けると、血行不良により血液が固まりやすくなり重篤な状態に陥ることもあります。特に高齢者の方は、車の中や避難所に閉じこもってしまいがちです。足を動かしたりこまめに水分をとったりするなどして、エコノミークラス症候群を予防しましょう。

予防するための足の運動

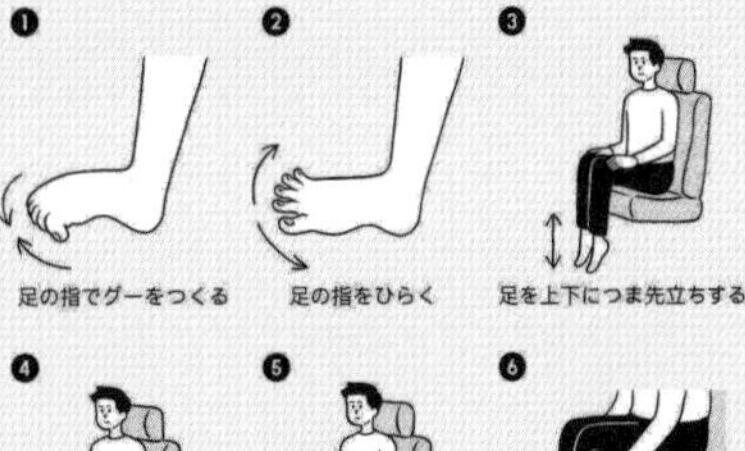

❶ 足の指でグーをつくる

❷ 足の指をひらく

❸ 足を上下につま先立ちする

❹ つま先を引き上げる

❺ ひざを両手で抱え、足の力を抜いて足首を回す

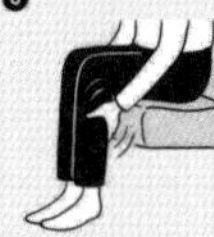

❻ ふくらはぎを軽くもむ

⓭ 子どもの遊び

子どもは大きなストレスを受けていても、ニコニコしていたりおとなしくしていることもありますが、決して平気なわけではありません。遊ぶことによって、子どもたちは安全・安心感を再確認したり、避難生活のストレスを解消したり、心の奥に閉じ込めている感情（悲しみ、怒り、自責感、孤独感など）を遊びの中で表現できるようになります。援助者が見守って遊びをうまく行えば、子どもたちは感情をコントロールしていることが実感できます。避難生活では、子どもの年齢に応じた遊びを工夫しましょう。

手遊び（幼児向け）

あたま・かた・ひざ・ポン、ひげじいさん、歌遊びのなべなべそこぬけなど、簡単にできる遊びをやってみましょう。

じゃんけん列車

大勢で楽しむじゃんけん。まずは
ぞれが、身近な人をひとり見つ
二人でじゃんけん。負けた人は勝
人の後ろにつき、前の子の肩に手
いてつながり「列車」になりまし

被災者のため 思いは一つ

熊本地震で家屋倒壊が発生した益城町で21日、ボランティアの受け入れが始まった。土砂崩れに見舞われた南阿蘇村でも活動が本格化。ただ、余震や大雨による二次災害を警戒して被災家屋の片付けは手付かずで、西原村など受け入れ態勢が整わない自治体もある。【1面参照】

配給の手伝い 物資仕分け… ボランティア本格化

避難所のスタッフと昼食を準備するボランティア＝21日午後1時20分ごろ、益城町の広安愛児園（高見伸）

益城町社会福祉協議会は、同町安永の井関熊本製造所グラウンドにボランティアセンターを開設。午前9時の受け付け開始前に、県内外の約100人が列を作った。

参加者は活動の注意点について説明を受けた後、数人～十数人のグループに分かれて車に乗り込み、それぞれ避難所へ。同町古閑の児童養護施設「広安愛児園」では、男女12人が配給を手伝ったり、女性用更衣室を設置したりした。

東日本大震災でもボランティア活動に参加したという横山克哉さん（28）＝宮崎県都城市＝は「福島の経験を少しでも役立てたい。被災者の方が少しでも快適に過ごせるようになればいい」。

南阿蘇村社協は、20日に同村久石の久木野総合福祉センターにボランティアセンターを設置。21日は初日を上回る約60人が、支援物資の仕分けや配布などに汗を流した。里浩士センター長（55）は「安全が確認でき次第、一刻でも早く家屋の片付けにも取り組みたい」と話した。

合志市社協は、市民と市内に勤める人を対象に、1人暮らしの高齢者や障害者らの生活復旧を手助けする「要援護者支援ボランティア」の募集を始めた。県社協も「県災害ボランティアセンター」を設け、市町村社協の活動情報を提供している。

一方、家屋倒壊などで5人の死者を出した西原村は「まだ受け入れる余裕はないが、数日中には呼び掛けを始めたい」としている。（熊本地震取材班）

メモ

益城町のセンター☎096（289）6090、096（289）6092▽南阿蘇村同☎0967（67）2511、0967（67）2512▽合志市社協・要援護者支援専用☎090（8348）2699▽県社協☎096（342）8266。

九州新幹線 試験走行へ あすにも 熊本―博多間

JR九州は21日、熊本地震の影響で14日夜から運転を見合わせている九州新幹線の博多―熊本間について、復旧工事が順調に進めば23日にも試験走行できるとの見通しを明らかにした。同日中の営業運転再開につながる可能性がある。

福岡市の本社で会見した津高守取締役鉄道事業本部副本部長は「被災地・熊本の早期復興を支援する上で、熊本と博多を新幹線でつなぐ意義は大きい。安全を最優先した上で、早期復旧を目指す」と話した。

同社によると、地震による新幹線設備の損傷は、新玉名―熊本間で防音壁の落下や高架橋のひび割れなど25カ所。運転再開に向けた応急処置を進めており、22日中にも終了する見通し。

営業運転開始後は、博多―新玉名間は通常速度で運行するが、新玉名―熊本間は一部区間で徐行運転となる見通し。（田川里美）

JR鹿児島線 全線復旧 熊本―八代の運行再開

JR九州は21日、熊本地震の影響で14日夜から運休していた鹿児島線熊本―八代間の運行を再開した。鹿児島線は1週間ぶりに全線復旧し、福岡から鹿児島まで鉄道で行き来できるようになった。

熊本―八代間は一部区間を徐行しながら、約1時間かけて運行。22日も本数を減らして運行する。

上り一番列車となった午後1時10分発の熊本行きには、八代駅から約10人が乗車。鹿児島から九州新幹線と肥薩おれんじ鉄道を乗り継いできた主婦、新見千恵子さん（70）＝鹿児島県姶良市＝は「熊本市の避難所にいる娘に会いに行く。鹿児島線が運行すると聞いて朝6時に家を出た。『命があって良かったね』と声を掛けてあげたい」と話していた。（田川里美、三室久徳）

運行を再開した鹿児島線の熊本―八代間。博多から鹿児島まで鉄道でつながった＝21日、八代駅

熊本―福岡 高速バスも再開 1時間に1本 計14往復

熊本地震の影響で運休していた熊本―福岡間を結ぶ高速バス「ひのくに号」が21日、運行を再開した。

バスは九州産交バスと西日本鉄道の共同運行。当面は熊本発、福岡発ともに1時間に1本ずつ計14往復する。九州自動車道の植木インターチェンジ以南は一般道を通る。片道の乗車時間は通常の2倍近い5時間を見込んだが、初日は最短で約3時間だった。

同日午後3時発の便に乗った御船町の70代女性は「バスが再開してよかった。地震で家に亀裂が入り、福岡にいる大学生の孫の所に避難します」と話していた。

九州産交バスによると、初日の乗客は定員37人に対し、多くて十数人。同社は「乗車時間が長いためか、座席には余裕がある」と話している。

また、同社は22日から、熊本―宮崎間の高速バス「なんぷう号」も再開する。1日に通常14往復を6往復に減便し、八代インターチェンジ以南の九州自動車道を通る。（猿渡将樹）

運行を再開した熊本―福岡間の高速バス「ひのくに号」＝21日、熊本市中央区

「ミルクロード」 きょう全線開通

県道路保全課は21日、熊本地震で通行止めになっていた県道北外輪山大津線（通称・ミルクロード）を22日正午に全線開通させると発表した。熊本市と小国方面との交通が改善する。

ミルクロードは、大津町の国道57号と阿蘇市の県道天瀬阿蘇線（通称・菊池阿蘇スカイライン）を結ぶ全長22キロ。16日の地震で陥没や亀裂が生じ、一部で通行止めになっていた。（並松昭光）

熊本市99・7%「通水」 水圧低く、出ない家庭も

熊本市は21日、市内の全世帯の99・7%にあたる約32万5千戸への水の供給（通水）が始まったと発表した。ただ、戸別には水の出ない家庭も多く、市上下水道局は「水圧が低いため」などと理由を説明。同局のホームページに理由の確認と対応方法を掲載した。

通水していないうち、河内配水池の一部地域（1008戸）は水圧が低く、復旧のめどが立っていない。城南配水区の一部地域（39戸）では水道管の工事に着手し、「1週間程度で通水できる」としている。

主に東部地区に供給する高遊原小山配水区の工事は終わり、21日午前6時から通水を始めた。（高橋俊啓）

家庭で水の出ない理由（熊本市の説明などによる）

●配水本管の漏水で水圧が低いため。漏水したまままさらに水圧を上げると断水の恐れ

●隣家などとの出方の違い

一戸建て　周辺より高い場所にあると、水圧不足で出ない

マンション　ポンプ故障、水圧不足でポンプが作動しないなど

●理由の確認方法と対応

一戸建て　蛇口をすべて閉め、メーターを確認。メーターが回転していれば、家内で漏水の可能性→水道店へ（市上下水道局ホームページに一覧）。回転していなければ、配水本管の水圧不足が原因→市の漏水修理を待つ

マンション　共用の非常用・散水用などの水道を確認。水が出る場合は、ポンプ不良などの可能性→マンション管理者に連絡。出ない場合は、配水本管の水圧不足が原因→市の漏水修理を待つ

問い合わせは　熊本市水相談課　☎096（381）5600

九州道の一部 来週前半復旧 八代―嘉島

国土交通省は21日、九州自動車道で通行止めとなっている区間のうち、八代インターチェンジ（IC）―嘉島ジャンクション（JCT）が来週前半に一般車も含め走行可能になる見通しだと発表した。宮崎、鹿児島両県から熊本県へ移動しやすくなる。九州横断道の嘉島JCT―小池高山ICも同じころに一般車が通行できるようになる見込み。

一方、被害が大きい九州道の嘉島JCT―益城熊本空港ICは復旧の見通しが立っていない。

「みどりの式典」開催取りやめに

内閣府は21日、天皇、皇后両陛下も臨席される、東京・永田町の憲政記念館で22日に開催予定だった「第10回みどりの式典」を取りやめると発表した。熊本、大分両県を中心とする地震で被害が広がっていることなどを考慮した。

応援メッセージ 生の声で 東京在住の県出身者 ラジオ収録

「エフエムやつしろ」あす放送予定

東京在住の県出身者らが21日、都内のスタジオに集まり、熊本地震の被災者への応援メッセージを伝えるラジオ番組の収録に臨んだ。八代市のコミュニティーFM局「エフエムやつしろ」で23日に放送予定。

番組のパーソナリティーを務める水森由菜さん（26）が東京熊本県人会などを通じて呼び掛けた。

収録は午後2時に始まり、7時間に及んだ。開始直後から県出身者らが続々と駆けつけ、「熊本県民は愛にあふれている。1人じゃないと信じて」「つらい時は、周りの人と会話してほしい」といったメッセージを寄せた。

水森さんは「身近なラジオを通して生の声を伝えたかった。東京の仲間たちと支援できることを探していきたい」と語った。

番組は「水森由菜のトロピカル★ミュージック」。23日午後5時から40分間。（岡恭子）

被災者への応援メッセージを伝えるラジオ収録に臨む水森由菜さん（中央）＝21日、東京都港区

欠陥住宅で電話相談 福岡の弁護士 あす無料で

福岡県の弁護士でつくる「欠陥住宅ふくおかネット」は23日、地震で欠陥のある建物が損傷したり倒壊したりしたケースがあるとみて、緊急無料電話相談窓口を開設する。

午前11時～午後4時に、弁護士や建築士が相談に対応する。

同ネットの鳥居玲子弁護士によると、福岡県西方沖地震や東日本大震災では、設計ミスや手抜き工事による建物の損傷・倒壊があった。解体すると原因究明が難しくなるため、写真などの記録を残すことが大切という。

相談窓口では、柱の接合部など、写真で記録すべきポイントをアドバイス。図面の保存なども呼び掛ける。必要に応じて建築士らが現地調査する。

鳥居弁護士は「欠陥の発見は、今後の防災に役立つ」として、積極的な相談を呼び掛けている。（鹿本成人）

同ネット☎092（721）1208。

肥後狂句　安藤 黒竜選

ためになる　葉蘭もちょっと植えとこう　甲佐　広田みどり

昔の句に〈逃げてきて　男ェ頼む　バレン切り〉がある。葉蘭の陰はワクドも住み心地がよいのだろう。料理の飾りとか、握り飯なども包む。

若くはない　力仕事は頼まれん　玉名　斉藤 老仁

とおり道　おかずは買って帰ります　天草　松田 勲

若くはない　徐々に飛距離も落ちてきた　武蔵ケ丘　有働智磨人

若くはない　聞こえん振りじゃなかつだよ　画図　南 幸志

とおり道　いつの間にやら花ざかり　合志　中島 節子

ためになる　頭数には入れておく　画図　南 幸志

とおり道　またマンションの出来るふう　花立　上田 輝男

若くはない　周りはみんな嫁っとる　池田　高本 レオ

ためになる　爺婆に孫まかせとる　白藤　清島 征昭

被災者は思う　2016.4.22

映画観賞 楽しかった

金子知佳代（11）＝白山小6年、熊本市中央区

自宅にいるときに地震に遭いました。今は白山小に避難しています。夜、周りの人に気を使わなければならないので、よく眠れません。今日は妹と一緒に、教室であった映画観賞会に参加してきました。とても楽しかったです。雨の日は外で遊ぶことができないので、避難している間は毎日続けてほしいと思います。

物資不足が続き心配

藤田哲人さん（89）＝無職、阿蘇市湯浦

自宅は無事でしたが、床はガラスや皿の破片がいっぱい。じっとしているのもつらいので夜は避難所の駐車場で車中泊し、昼は自宅の掃除をする日々を過ごしています。公設避難所は自治体や自衛隊の助けもあり、不自由さが解消されつつあります。しかし、一部の自主避難所では、物資不足などが続いているようで心配です。

西日本宝くじ　第2186回（21日）

1等（2000万円）27組 129291

1等の前後賞（500万円）

1等の組違い賞（10万円）

2等（50万円）組下1ケタ0組 128575／組下1ケタ0組 171474

3等（10万円）各組共通 139822／108071

4等（1万円）下4ケタ 4195／5926／7099／5923

5等（5000円）下3ケタ 151／725／715

6等（1000円）下1ケタ 4

第1064回ロト6宝くじ（21日）

本数字　04 13 18 27 30 39

ボーナス数字　34

1等　本数字6個一致（1億1275万6900円）1口

2等　本数字5個とボーナス数字一致（922万5400円）11口

3等　本数字5個一致（36万1300円）337口

4等　本数字4個一致（7700円）13852口

5等　本数字3個一致（1000円）197217口

キャリーオーバー（0円）

第4387回数字選択式全国自治宝くじ（21日）

ナンバーズ3

◇抽せん数字　603

ストレート（6万3600円）110口

ボックス（1万7600円）676口

セット・ストレート（3万7100円）289口

セット・ボックス（6300円）1332口

ミニ（下2ケタ）（6300円）446口

ナンバーズ4

◇抽せん数字　3141

ストレート（90万7600円）30口

ボックス（7万5600円）120口

セット・ストレート（49万1600円）81口

セット・ボックス（3万7800円）624口

※当せん番号を事前に教えると持ち掛ける詐欺に注意してください。番号発表は本紙掲載の前日です

平成28年熊本地震救援金　熊日・RKK・善意銀行

敬称略

▼300万円　熊本第一信用金庫▼100万円　川野六郎、熊本製粉、TAKASUGI▼50万円　天草信用金庫▼30万円　八洲開発、森本孝、慶専寺▼20万円　永水亀雄▼15万3300円　天草信用金庫役職員一同▼10万円　永水ユイ子、豊住賢一▼5万5000円　都市防災研究所▼5万4000円　新規開拓▼5万円　悦正治、荒尾俊比古、東信治、和泉晃、鴻池卓児、渡邊祐一▼3万円　内藤睦男▼2万7000円　平成26、27年度天水町区長会▼2万3925円　牛深朝市会▼2万円　コエチセイイチ▼1万8000円　松井輝生▼1万円　美蓉総合リース、中田保孝、木下一男、重村誠志、重村藍梨、野呂裕樹、今釜グラウンドゴルフ愛好会、米村達郎、倉本邦夫、上田さわやか老人クラブ、宮崎修一、野田研一、粟津勝蔵、粟津玲子、西岡利幸、石田誠也、北嶋晶、田中博康、田下照章、北村礼希、吉田彰男、角田誠、小松真一▼5555円　狩俣仰徳▼5000円　小車政昭、真子雅美、河内佑太、田中恭一、古川恵子、河津和男、伊藤里美、原奈緒美、平江功生、友田明弘、中嶋信秀、中川真理子、川田明彦、和田透、森本忠司、山戸貴容子、森伸二、岩井良憲、江藤英介、井野一春、井嶋哲也、甲斐健、丹部健太郎、緒方貴博、松田慎太郎、吉里達朗、岡田直樹、梅田幸弘、後藤勝範、山部悠子、鍵山裕紀、濱岡哲地、深水朋宏、生田俊伸、大川原隆、松林秀樹、藤島慎二、野口光、西本卓矢、倉橋文明、高岡和弘、宮崎博之、松尾和博、高木雅史、永田先翼、北野圭祐、池田聡、宮原孝文、中川智学、緒方由里、林田松寿、三上英喜、高木啓丞、平山礼、吉田浩、山本淳一▼3000円　世安アイス研究会、河津ヨシ子、大西敏郎、坂本憲治、林英孝、西原龍一、大村浩之、溝上浩、田村友二、丸山智生、木村晶、川口里美、浮穴祐美、清田新司、尾上奈穂、杉原光太郎、坂口洋介、中川和隆、菊田敏宏、田邊裕章、馬場良和、窪田慎二、奥山千香士、菅亜希子、津上陽子、内田直人、増田博文、森川孝、本村直己、渡邊昭仁、木庭純子、本田勝久、木村玲子、緒方敏之、櫻田恵子、佐々木彩乃、井上伸亮、井上千枝、齋藤浩一、永村良孝、加藤健治、山部陽希、山部咲妃、高野健太、松延弘樹、松延優子、松延那々未、高良健志、寺田行伸、中尾悠人、鈴木智久、財津千馬靖弘、田中雄一朗、前田博喜、柴垣和男、渡辺康、山田武志、山下哲生、三原光二、原田美央、米田志保里、赤城和哉、木庭正貴、皆本育代、志水恒星、太田佳寿美、芹川健太、武井勇樹、後藤俊子、川添佐知子、尾上拓也、坂本浩紀▼2000円　野口睦子、清藤政和、吉村優太、宮本智子、島田紗希、野中伶菜、田邊紗絵香、長谷川楓、杉田遥、古閑麻梨奈、溝越大貴、伊東絹子、山本美夢、吉本利江子、松永武士、三笘紘輝▼1000円　坂部安彦、時松裕二、緒方敬大、北村仁志、中村怜子、山口満里子、杉本清隆、吉本由香、緒方美江、坂本生恵、藤澤伸太郎、岩田崇史、中山道代、本田文子、森田奈津恵、牧田千奈、栗原真由美、鬼塚真美、志摩祐樹、井上虎太郎、井上円、畑野里子、村上美喜子、大橋圭一朗、内藤義人、木原龍紀、海野真理子、濵崎美矢子、三浦祐矢、柴達也、西山紗雪、西山駿輔、西山秋佳、村上拓哉、児玉拓己、岡本英樹、西村杏子、甲木裕美子、鹿子生結日、内山友希、片白泰輔、松永陽子、松永佳己、松永侑己、松永泰知、松永舜平▼匿名　5件

◇合計　935万480円

◇累計　1185万480円

◇平成28年熊本地震救援金受け付け

【直接持参、現金書留の場合】窓口は〒860―8506、熊本市中央区世安町172、熊本日日新聞社事業局と熊日の支社、総・支局。および〒860―8611、熊本市中央区山崎町30、RKK熊本放送事業局販促事業部。現金書留は「平成28年熊本地震救援金」係と明記を。

【銀行振り込みの場合】窓口で「救援金」と申し出れば手数料は無料です。口座名は、いずれも「平成28年熊本地震救援金」。

▽肥後銀行　水道町支店　普通預金　2722191

▽熊本銀行　本店営業部　普通預金　3127424

▽熊本第一信用金庫　本店営業部　普通預金　1212793

※受け付けは5月31日まで（持参の場合は平日の午前9時から午後5時まで。土・日・祝日は受け付けない）。千円以上の救援金は、熊日紙上に[illegible]ます（掲載まで時間がかかることがあります）。匿名希望は、その旨記入を。

(第3種郵便物認可)　熊本日日新聞　平成28年(2016年)4月22日　金曜日

雨が降りしきる中、傘を差して避難所に出入りする住民ら＝21日午後2時45分ごろ、南阿蘇村河陽の長陽体育館（植山茂）

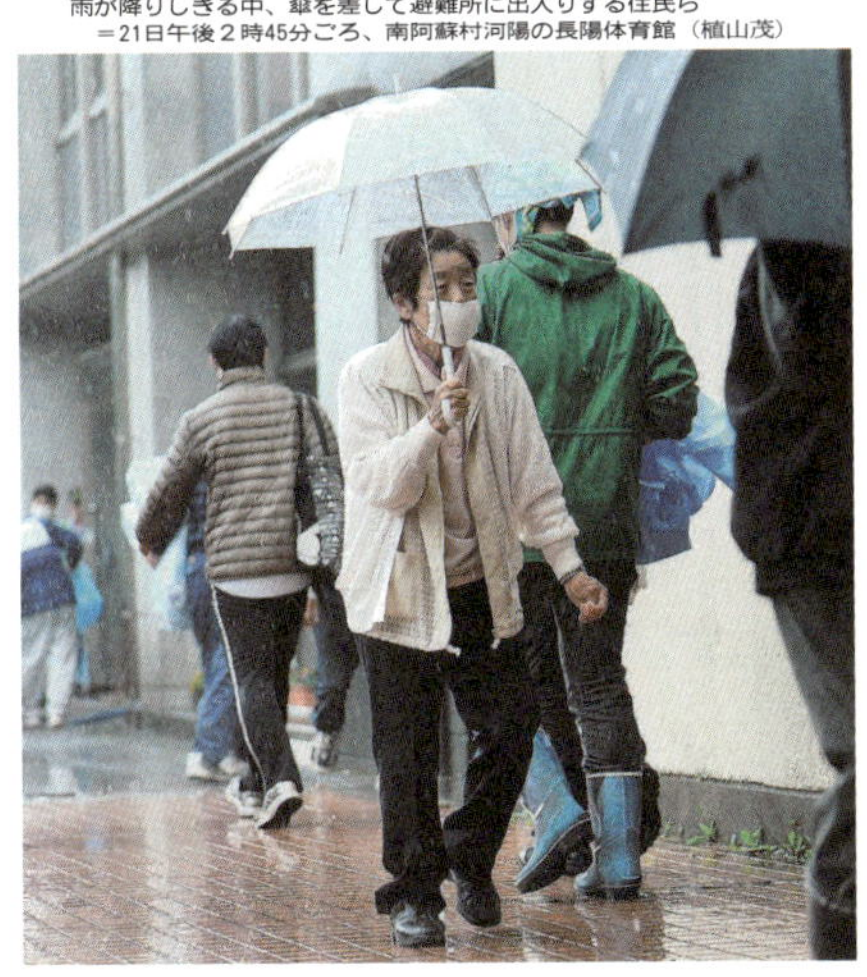

空見上げ「おそろしか」

九州北部豪雨 よぎる「記憶」

南阿蘇村

熊本地震の被災地は21日、地震発生後初めてまとまった雨になり、市民の避難生活に追い打ちを掛けた。

南阿蘇村は雨による土砂崩れなどに備え、避難指示区域を拡大。防災無線やサイレンが頻繁に鳴り響いた。

4年前の九州北部豪雨で自宅が半壊した中松地区の藤本ハル子さん(89)は白水中に避難し、「地震で家は壊れんだったバッテン、雨はおそろしか」。大規模な土砂崩れが起きた東海大近くに住む長野須教さん(80)は南阿蘇近くに亀裂があって、怖くて帰れない。雨がやまんと戻れん」と空を見上げた。

多くの家屋が倒壊した益城町。木山横町通りでは激しい雨の中、傾いた2階建ての家屋が「ミシミシ」と異様な音を鳴らした。通行止めが解除されたばかりだったが、再度規制が掛かり緊迫した空気が漂った。

一方、避難所も雨に暮れていた。熊本市東区の託麻西小は前日まで校門そばに長机を並べて食事を提供していたが、調理場まで取りに来てもらう方法に変更。雨風が渡り廊下に吹き付け、「寒い」と悲痛な声も。倉橋宏明校長(59)は「支援物資を運ぶのにもびしょぬれ。何をするにしても何倍も時間が掛かる」と疲弊しきっていた。

避難者の車が押し寄せている益城町のグランメッセ熊本。家族4人で車中泊を続ける同区の坂田美穂さん(39)は「雨でドアも開けられない。エコノミークラス症候群が心配だけど、外に出るわけにもいかない」と疲れきった表情を見せた。

（熊本地震取材班）

街なか 日常徐々に

仮営業 コーヒーを提供
店の明かり 客に元気を

上通アーケードの通行人に無料でコーヒーを配る「岡田珈琲」のスタッフ＝21日、熊本市中央区

熊本地震で店舗が破損するなどした熊本市の中心アーケード街。大半の店がシャッターを下ろす中、老舗や食料品店などが徐々に営業を再開している。店主たちの「被災者に日常を」「街に活気を取り戻したい」という思いからだ。

21日正午すぎ。上通りの人通りは普段の5分の1ほど。土砂降りの雨が亀裂の入ったアーケードの屋根をつたって落ち、傘を差して歩く人もいる。

そんな中、アーケード入り口近くの「岡田珈琲」は仮営業を始めコーヒーを無料配布した。岡田佳子代表(48)は「こんな時に嗜好品を提供していいのか」と心配だったというが、開店と同時に客が詰め掛けた。常連客の一人は「コーヒーを飲むことで少しでも日常を取り戻したかった」と喜んだという。

下通の宝飾店「ソフィ・タカヤギ」は20日に営業再開。入り口に「熊本がんばろう」と貼り紙を張った。高柳隆大社長(43)は「時計や貴金属はライフラインに関係なく、お客さんはほとんど来ない。でも、看板に明かりをともしたかった」。

18日から開店している「大谷楽器」も同じ思い。「店が開いていることで、街に来る人にほっとしてほしい」と大谷均社長(58)。

新市街と交わる角にあるスーパー「みやはら下通店」の竹原好郎店長(38)は「今、一番必要なのは食べ物」と言う。地震が発生した14日以降休まず営業を続ける。生鮮品はないが、野菜やカップ麺などを販売。16日の本震後、飲料水を買いに来た客が50㍍ほどの列をつくったという。

20日に店を開いた新市街の飲食店「えびす丸」は唐揚げなどを販売。中島貫店長(28)は「復旧工事に携わっている人を元気づけたい」と力を込めた。

（野田一春、西山美香）

人通りが少ない中、営業を再開する店舗も出始めた下通アーケード＝21日、熊本市中央区

カンちゃん　フジヤマジョージ

長期休校 "苦渋の決断"

被災者を優先

熊本市立の小・中・高校が、5月9日までをめどに休校することになった。全139校で避難者を受け入れているためだが、校舎が損傷した学校もあり、再開への課題も多い。地震発生から1週間が過ぎ、子どもたちは学校に戻る日を待ちわびている。

21日午後、大雨による被害を警戒して閉鎖された北区の龍田西小には、同日朝まで約千人が避難していた。4月に開校したばかりの、市内一新しい小学校。同小に孫(11)が通う宮本志寿子さん(66)は「真新しい校舎を、私たちが使うのは忍びない。早く子どもを元の生活に戻してあげたいが…」と声を詰まらせた。

中央区の白山小にも、被災した市民が身を寄せている。自宅が損壊したという近くの女性(71)は「子どもたちには本当に申し訳ないが、今はここしか帰る場所がない」。子どもたちはゲームなどをして時間をつぶす。教室の黒板には「みんなそろったね」「4日め」の文字がそのまま残っていた。

避難所として開放された白山小の教室でゲームをして過ごす子どもたち＝21日、熊本市中央区

長期休校を決めた市教委は「水道やガスなどライフラインが復旧し、被災者全員が自宅に戻れるまでは、避難所として学校を使用する」と説明。「いち早く学校を再開させたいが、被災者の安全が優先」と"苦渋の決断"をしたという。

学校施設の損傷も深刻だ。市教委施設課が緊急点検したところ、これまで計24校の体育館で倒壊の危険性を確認し、閉鎖した。あらためて福岡・北九州市の技術者と共に全施設を調査している。安全確保のためには施設の補修も必要で、さらに休校が長引く可能性もある。

東区の東野中は校舎の損傷が激しく、3階建ての北校舎が立ち入り禁止に。松永洋校長は「早く子どもたちに普通の生活を送らせたいが、この状況では…」と肩を落とす。

生徒は再開を待ち望んでいる。家族で同中に避難している卓球部の2年の服部亮汰さんは「友達もいるから寂しくはないけど、もう1週間、ラケットを振っていない」。3年の大山航平さんは「受験もあるのに、勉強の遅れを取り戻せるかな」と焦りを募らせていた。

中2の男子生徒の母(45)は「今は仕事が休みで一緒にいられるが、これから先、息子を置いていくのは心配」と話す。不安は尽きそうにない。

（馬場正広、益田大也）

不安あおるデマ情報 冷静に対応を

相談や通報 県警に40件

熊本地震の発生直後から短文投稿サイト「ツイッター」などのインターネット上で、不安をあおるデマ情報が飛び交っている。県警は21日までにこうしたネット情報約40件の相談や通報を受け、パニックに陥らないよう注意を呼び掛けている。

県警によると、地震直後から「熊本市動植物園のライオンが逃げた」「大型商業施設が燃えている」「川内原子力発電所が爆発した」といった捏造情報が広がった。「消防団になりすまして強盗をしている」「女性への乱暴が相次いでいる」などの犯罪情報の書き込みもあるが、県警は具体的な被害を確認しておらず、デマ情報とみている。震災義援金を福岡県の会社名義の口座に振り込ませようとする例もあった。

被害が甚大な南阿蘇村の男性職員(41)は「多くの被災者がつらい避難生活を強いられる中、不安をあおるだけの情報を流すのは許せない」と憤る。

県警サイバー犯罪対策課は「不確かな情報をうのみにせず、報道や行政からの情報で確認し、冷静に対応してほしい」としている。

（藤山裕作）

◆被災体育館の屋根、損傷の可能性

地震で屋根が損傷したことに気付かないまま、体育館を避難所に使う例もあるとして、建築研究者団体「日本建設技術高度化機構」が、熊本地震で避難所を開設する自治体などに注意を呼び掛けている。同機構によると、学校体育館などは鉄骨鉄筋コンクリート造りで天井が鉄骨造の「鉄骨屋根構造」が多い。この構造の建物は、大地震では鉄骨と天井の接合部が損傷しやすいが、目視による簡易検査では見逃されがち（同機構代表理事の田中礼治東北工大名誉教授）だという。

◇お断り　連載「私たちの最期は・自宅で」と「家族　らい予防法廃止20年」は休みました。

園児の受け入れ 再開

保護者「とても助かる」

熊本市 保育所の一部

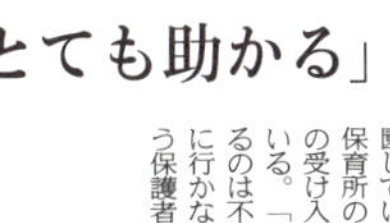

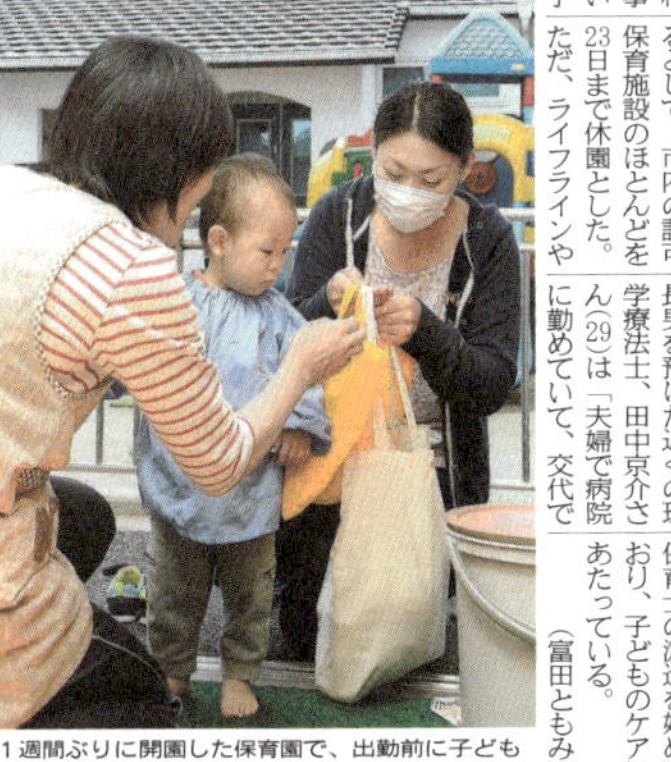

1週間ぶりに開園した保育園で、出勤前に子どもを預ける保護者（右）＝21日、熊本市南区

熊本地震を受けて休園していた熊本市内の保育所の一部で、園児の受け入れが始まっている。「子どもと離れるのは不安だが、仕事に行かなければ」という保護者に代わり、子どもを見守る。

市保育幼稚園課は、相次ぐ余震と大雨による土砂災害の恐れがあるとして、市内の認可保育施設のほとんどを23日まで休園とした。ただ、ライフラインや安全が確保された場合は、施設の判断で開園できるとしている。

21日に開園した旭保育園（南区近見）には、在園児の約1割にあたる15人が登園。1歳の長男を預けた近くの理学療法士、田中京介さん(29)は「夫婦で病院に勤めていて、交代で仕事を休んだり、息子を職場に連れて行ったりしていた。とても助かります」。

市は今後、25日以降の開園を改めて判断。20日から、避難所への保育士の派遣を始めており、子どものケアにあたっている。

（富田ともみ）

4月22日の飛来予測

	九州北部 大気汚染粒子	九州北部 黄砂	九州南部 大気汚染粒子	九州南部 黄砂
6-12	多い	少ない	やや多い	少ない
12-18	多い	少ない	やや多い	少ない
18-24	多い	少ない	やや多い	少ない
23日	やや多い	多い	多い	少ない

非常に多い：注意喚起レベル　多い：環境基準値程度　やや多い：大気が少しかすむ　少ない：清浄

予測システム「スプリンターズ」開発チーム提供

阿蘇山の風向予想　22日　午前9時 3m　午後3時 4m（日本気象協会 tenki.jp より）

9日間の天気 Weather Report

22(金) 23(土) 24(日) 25(月) 26(火) 27(水) 28(木) 29(祝) 30(土)

札幌 東京 名古屋 大阪 広島 福岡 熊本 長崎 佐賀 大分 宮崎 鹿児島 那覇

きのうの気温　21日

（天気・湿度は15時、県内の気温は0時―17時、Δ印は低め）

	最高	平年比	最低	平年比	湿度	天気
熊本	21.5	Δ0.7	15.3	4.1	98%	俄雨
牛深	22.2	1.2	16.3	3.1	98%	―
人吉	22.8	0.9	14.1	4.6	100%	―
阿蘇	19.9	1.3	12.5	6.0	―	―

（阿蘇山上の最高気温は ― 度、最低気温は ― 度）

	最高	最低	天気
福岡	20.6	14.5	俄雨
佐賀	20.3	13.7	俄雨
長崎	22.7	15.7	俄雨
大分	19.4	16.5	俄雨
宮崎	25.2	15.1	俄雨
鹿児島	24.4	18.6	俄雨
那覇	28.6	23.2	晴
松江	18.3	14.1	雨
広島	18.0	14.0	雨
高松	17.1	14.8	雨
大阪	16.7	15.0	雨
京都	16.7	14.5	雨
名古屋	19.2	14.6	雨
長野	20.3	9.8	雨
東京	20.2	13.3	雨
新潟	20.9	11.7	曇
仙台	17.5	7.6	曇
秋田	18.8	8.8	曇
札幌	20.9	7.7	曇

潮ごよみ

旧暦3月16日（22日）　大潮・月齢14.7

日出 5時39分　日入 18時52分　月出 18時55分　月入 5時43分

	満潮	干潮
三角	8.50 / 21.22	2.56 / 15.09
水俣	8.46 / 21.18	2.52 / 15.07
牛深	7.51 / 20.29	2.01 / 14.12
玉名	9.00 / 21.32	3.06 / 15.19

旧暦3月17日（23日）

	満潮	干潮
三角	9.19 / 21.54	3.28 / 15.39
水俣	9.14 / 21.50	3.24 / 15.37
牛深	8.18 / 21.00	2.32 / 14.40
玉名	9.29 / 22.04	3.38 / 15.49

◇お断り　21日の阿蘇山上の気温は地震のため観測できませんでした。

新聞定価1カ月 朝刊のみ=3,093円(税込み)、朝夕刊セット=3,460円(税込み) 朝刊1部売り=120円(税込み)

くまモン
作：サダタロー／監修：小山薫堂
草笛

自然の猛威 被災者翻弄

熊本地震 雨で「再避難」

県内は21日、前線を伴う低気圧の影響で強い雨に見舞われ、一部地域では新たな土砂災害を警戒して避難者が「再避難」を強いられる事態となった。「いつ、戻れるのか」—。地震発生から1週間。自然の猛威に翻弄される避難者の表情に、疲労の色が浮かんだ。【1面参照】

龍田西小から龍田体育館に「再避難」し、荷物を広げる避難者＝21日午後2時40分、熊本市北区

「安全と思ったのに」
龍田西小 住民慌ただしく移動

「新築の校舎だから安全な避難先だと思っていたのに」。今春開校した熊本市北区の龍田西小は最大約千人の避難者を受け入れたが、グラウンド東側の斜面が崩落する恐れが出た。市は急きょ避難所を閉鎖。住民らは雨の中、自衛隊の車両で慌ただしく移動した。

立田山の斜面に立つ新設校。16日未明の本震以降、グラウンドには約20メートルの地割れが2カ所に生じ、取り囲む擁壁にもひび割れ4カ所が見つかっていた。

閉鎖が決まった21日正午すぎには、避難していた約500人のうち約400人が滞在。毛布や着替えなどを抱えてバスや自家用車に乗り込み、不安で泣きだす高齢女性もいた。

家族5人で避難した坂本美喜さん(32)は「新しい学校で大丈夫だと思っていた。荷物が多くて大変」。宮原春香さん(20)は「20日の夜にがけ崩れの注意を受け、不安で眠れなかった」と話した。

5年の永家優樹君は「新しい友達もできたばかり。早く学校に通いたい」と言い、避難所を後にした。

一方、移動先の龍田体育館に隣接する公民館の早崎高史館長(57)は、「避難者がさらに増えれば、物資もトイレも足りなくなる」と険しい表情を浮かべた。

龍田西小は龍田小から分離し、5月29日には記念式典を予定。市教委によると地割れが見つかった場所は、深さ数十センチの盛り土で3月に完成したばかりだった。橋口典良校長は「斜面の通学路も使えない状況。学校が今後どうなるのか、全く見通せない」と困惑していた。

(福井一基、嶋田昇平、中村悠)

捜索 無念の中断
依然2人行方不明

依然2人が行方不明となっている南阿蘇村では21日、大雨のため捜索作業が中断。捜索隊員や家族らが、無情の雨にもどかしげな表情を浮かべた。

土砂に埋もれ1人が行方不明となっている河陽の高野台団地では、人力による捜索が夜通し続いたが、午前4時すぎに雨が降り出したため中断。新たな崩落の危険を避け、現場から退いた。

陸自第13旅団司令部の鈴木克典広報室長は「一刻も早く見つけたいのに…非常に悔しい」と唇をかんだ。

一方、阿蘇市の大学生大和晃さん(22)が土砂に巻き込まれたとみられる立野の阿蘇大橋付近でも国土交通省の遠隔操作の無人重機による作業が中止に。大和さんの父卓也さん(57)は「自分で捜しに行きたいぐらい。雨が憎いが、どうか最後まであきらめずに作業を続けてほしい」と涙ながらに訴えた。

(堀江利雅、前田晃志)

高野台団地の捜索が中断し、現場近くに並べられた重機＝21日午後3時5分ごろ、南阿蘇村河陽(植山茂)

「まさか隣町にまで」
南阿蘇村立野 住民150人 大津へ

ホンダ熊本製作所の保養施設に「再避難」した南阿蘇村立野地区の住民＝21日午後2時45分ごろ、大津町

「まさか、隣町にまで避難することになるとは」。県内を見舞った雨に、避難していた旧立野小からの「再避難」を余儀なくされた南阿蘇村立野の住民は、複雑な思いで村境を越えた。

大雨で新たな土砂崩落の危険が高まり、村は避難していた約150人全員に大津町方面への再避難を指示。自家用車や警察車両で大津町総合体育館へ向かったが、うち約60人は施設内に入りきれず、急きょ、同町平川のホンダ熊本製作所の保養施設へ移動した。

立野の自宅で乳牛26頭を飼い酪農業を営む大塚明子さん(70)は「疲れたが、受け入れてもらえただけでもよかった。やっと横になれる。搾乳も気になるけど…」とため息をついた。

パート従業員の明里あずささん(32)は4〜9歳の3人の娘と避難。「着替えも持たずに来た。娘たちのためにも明るく振る舞うだけ」。明里さんの父丸野政雄さん(61)も「気持ちを強く持って、この事態に立ち向かわんといかん」と孫たちを見つめた。

中島幸代さん(81)は「気ば使うし、ゆっくり眠れん」と、長引く避難生活に疲労困憊の様子。それでも「つらいのはみんな一緒。頑張らんと」と自分に言い聞かせた。

(佐藤公亮、九重陽平)

黒川第1発電所 貯水設備が崩壊
九州電力

九州電力は21日、熊本地震の影響で、水力の黒川第1発電所(南阿蘇村立野)の貯水設備が崩れたと明らかにした。「本震」とされる地震が起きた16日未明から朝にかけて壊れたとみられる。

貯水設備周辺では土砂崩れが発生し、民家が複数巻き込まれ死者も出ている。一部住民から「設備の崩壊で水があふれ、土砂崩れが起きたのではないか」との指摘があり、九電は「設備の崩壊と土砂崩れのどちらが先に発生したのかも含めて現地調査する」としている。

県営住宅を無償で提供
大分県

大分県は21日、熊本、大分両県を中心とした地震で、自宅が損壊するなどして住まいに困っている両県の被災者を対象に県営住宅64戸を無償提供すると発表、受け付けを始めた。

無償提供するのは大分市、別府市、国東市、竹田市、豊後大野市などにある県営住宅。罹災証明書があれば入居でき、最長1年間、住むことができる。物件は県が割り振り、光熱費や共益費は入居者負担とする。

問い合わせは県公営住宅室☎097(506)4684。受け付けは午前8時半〜午後5時15分。

震度1以上 770回超に
気象庁

熊本、大分両県の震源域では21日も活発な地震活動が続いた。震度5以上は19日夜以降起きていないが、気象庁は「一時的な状態で、今後も増減を繰り返しながら推移する」と警戒している。

14日夜の震度7から21日午後8時までの震度1以上は772回に上った。うち5以上は17回、4は75回。21日は午後8時までに46回観測した。マグニチュード(M)3・5以上は過去最多ペースで推移している。

前例のない地震のため、気象庁は余震発生確率の発表を取りやめ、「熊本地震」の名称は維持する。

南阿蘇村の牧野富美さん
努力家「最高の秘書」

牧野富美さん

「過ぎるくらいの頑張り屋さん」。16日未明の本震で南阿蘇村の自宅が大規模な土砂災害に遭い、犠牲となった牧野富美さん(46)は、生産設備メーカー平田機工(本部・熊本市)の社員。社内の誰もが「才色兼備で気遣いの人」と信頼を置くベテラン秘書だった。

社長秘書に抜てきされたのは入社3年目。トップが手にした書籍を講読し、頭に入れる努力家でもあった。

「取得した資格は数え切れないほど。仕事に誇りを持っていた。最近は中国語を学んでいた。もっとやりたいことがいっぱいあっただろうに」。父の富士雄さんは肩を落とした。

精力的な仕事ぶりの一方で、プライベートでは読書やガーデニングを好んだ。南阿蘇村に移り住んだのは10年ほど前。愛犬と一緒に1人暮らしを楽しんでいたという。

「『阿蘇と有明海を望める眺望は最高。冬は寒いけど、夏は涼しくて天国』と笑っていました。娘が大好きな南阿蘇で、こんなことに…」。母の照子さんは声を詰まらせた。

21日、熊本市内で営まれた葬儀には多くの同僚が参列し、平田雄一郎社長が弔辞に立った。「最高の秘書。あなたが愛した会社をもっともっともっとよくしていく」。涙声で遺影に語りかけると、会場からはすすり泣きが漏れた。

(上田良志)

熊本市の矢野悦子さん
女手一つで2人育てる

矢野悦子さん

16日未明、倒壊したアパートの下敷きになり亡くなった矢野悦子さん(95)=熊本市東区=は、長男の哲志さん(65)と2人暮らしだった。「悦子さんはとても上品な方でした」。アパートの大家は悦子さんの印象を語る。

悦子さんは10年ほど前から足腰が弱り、哲志さんが世話をしていた。最初の14日夜の地震後、哲志さんは避難しようと勧めたが、悦子さんは「いやだ」と譲らなかったという。

「ほとんど歩けず体が不自由なことから避難所で迷惑になると思ったんでしょう。あんな地震が再び来るなんて思いもしなかった」

アパートは木造2階建てで、2人は1階に住んでいた。揺れと同時に一気に建物は崩れ、哲志さんらはがれきに埋もれた。「お母さん、大丈夫か」。何度も呼んだが、返事はなかった。

「救出された時、母の顔はきれいで、最初は『助かった』と思ったんです。でも、ダメでした」。哲志さんは唇をかんだ。

悦子さんは銀行の社員寮で寮母をしながら女手一つで哲志さんと妹を育て上げた。「私を専門学校まで、妹は大学まで卒業させてくれた。苦労も多かったと思う。本当に優しい母でした」。妹宅に身を寄せる哲志さんは声を詰まらせた。

(嶋田昇平)

益城町の城本千秋さん
定年後 農業に専念

城本千秋さん

真新しいトラクターが、自宅近くの畑にあった。16日未明の地震で亡くなった城本千秋さん(68)=益城町赤井=。「まだまだ頑張るつもりだったんでしょう。結局、一度も使えんで…」。長男の英雄さん(39)は父親の無念に思いをはせた。

千秋さんは定年を機に妻ぬい子さん(62)と農業に専念。自家精米には顧客が付くほどだった。温和で優しく、英雄さんには「怒られた記憶がない」。民生委員を務めるなど地域の信頼も厚かった。

14日の地震後、千秋さんは「家が心配」と木造2階建ての自宅に残り、ぬい子さんは英雄さん宅に身を寄せた。16日未明に襲った大きな揺れで自宅1階は押しつぶされ、そこで寝ていた千秋さんは、梁の下敷きになった。

現場には、英雄さんの消防団の仲間や地域住民、自衛隊員、消防隊員が駆け付け、長時間の救助に当たった。「皆さんに、感謝の気持ちを返したい」。英雄さんは千秋さんの死亡が確認された直後から、道路のがれき除去や昼夜の巡回を続ける消防団に加わった。

千秋さんもかつては消防団活動に熱心だった。「父のことをゆっくり考える余裕はまだないが、今は地域のために働きたい」。疲労でくぼんだ英雄さんの目に、力が入った。

(原大祐)

1　（昭和17年4月1日第3種郵便物認可）　第26626号（日刊）

熊本日日新聞

夕刊

発行所　熊本日日新聞社　〒860-8506　熊本市中央区世安町172　☎代表（096）361-3111　©熊本日日新聞社2016年

2016年（平成28年）4月22日　金曜日

あすの天気

地点	降水確率	気温
熊本	0	12～22℃
人吉	0	11～25℃
阿蘇	0	8～21℃
天草	0	14～22℃

福岡　佐賀　長崎　大分　宮崎　鹿児島　那覇　大阪　東京　札幌

22日9時

天気ぐずつく

21日の県内は、広い範囲で100㍉前後の大雨が降った。

きょうは前線がいったん九州の南に下がっているが、あすには再び北上。九州に近づくため、県内はあす夜から雨が降る見込み。その後、来週にかけても前線の影響を受けやすく、雨が降る日が多くなりそう。

あまり日を置かずに雨が降るため、地盤がさらに緩んでいく。土砂災害に対し、より一層の警戒が必要となる。

あすは晴れのち曇りで夜雨。

【正午の気温】（　）内はけさの最低
熊本21.5（16.6）
人吉23.4（15.9）
阿蘇19.5（13.2）
牛深21.8（16.5）

【23日】〈大潮〉
旧暦　3月17日
日出　5時38分
日入　18時53分

（三角港）
満潮　9時19分　21時54分
干潮　3時28分　15時39分

のち　一時、時々　% 6時～12時降水確率

一筆　子どものストレスケア

県子ども未来課長　奥山　晃正

2度目の大きな揺れの後、家族を連れて避難することにしました。寝ている間に物が倒れたり、天井が落ちたりするかもしれない。そのとき、妻や子どもを守り切れる自信はありませんでした。

車中も考えましたが、窮屈な生活を思い、避難所に行くことにしました。しかし、問題が起きました。子どもが地震の恐怖から夜になると泣きだすのです。周りに迷惑を掛けないよう、外に出て落ち着くまで抱っこしてから寝かせましたが、結局、身の危険を感じながらも家に戻ることにしました。

同じような経験をした人や車中泊を選んだ人もいるのではないでしょうか。しかし、車中泊はエコノミークラス症候群を引き起こすので注意が必要です。必ず車を降りて体を動かしたり、水分を取ったりしてください。

今回の件で、避難所での子どものストレスケアがとても重要だと気付きました。東日本大震災のときは、「助け合いジャパン」というサイトが立ち上がり、大勢のボランティアが駆け付けました。その中には避難所での託児ボランティアもありました。こうしたボランティアが活動しやすい環境整備が必要です。

話は戻りますが、私の子どもが夜中に泣いたとき、周りの方たちは何も言わずに気付かないふりをしてくれました。申し訳ない気持ちでいっぱいでしたが、本当に感謝しています。他にも、持ち寄ったご飯を分け合うなど、普段は少ない人とのつながり、温かさを感じました。「絆」の意味が少し理解できたような気がしています。

2016.4.22

ボランティア 被災地へ

熊本地震

熊本市社会福祉協議会は22日、同市中央区の花畑広場（仮称）に災害ボランティアセンターを開設。午前10時半の受け付け開始から大勢の希望者が集まった。初日は被災者のニーズを把握するため、ボランティア依頼チラシの配布を始めた。

目印となる黄色い粘着テープを腕に貼り付けた後、同センターのスタッフが注意事項を説明。25人1組に分かれて、被害が大きかった東区を中心に移動した。

済々黌高野球部の4人で参加した守尾ユーリ拓海さん（16）＝同市＝は「部員の中には家を無くした者もいる。少しでも被災者の力になれるよう、できることは何でもやりたい」と話した。

受け付けは午前9時～正午。土日も開設する。同センター☎090（6653）1552、090（6653）1648、090（6653）1649。（石本智）

花畑広場（仮称）で受け付けをした後、説明を受けるボランティアたち＝22日午前10時45分ごろ、熊本市中央区（谷川剛）

ニュース速報

震災関連死疑い11人に

県は22日、車に避難していた阿蘇市の70代女性が16日に死亡していたと明らかにした。震災関連死の疑いがあり、関連死とみられるケースは計11人となった。

県によると、女性は16日未明に起きたマグニチュード（M）7.3の「本震」後に車中に避難したが、体調不良で病院に搬送され、同日正午ごろに死亡が確認された。

被害分析「連休明け」

22日の閣議後の記者会見で、石原伸晃経済再生担当相ら経済関係の閣僚から熊本、大分を中心とした地震の被害状況の把握には時間がかかるとの発言が相次いだ。

石原氏は被害状況の分析は「（5月の）連休明けぐらいになる」との見通しを表明した。被害総額や復旧復興にかかる時間などを精査した上で「地震の評価が行われる」と述べた。

鶴屋東館あす営業再開

熊本地震の影響で全館を休業している鶴屋百貨店は22日、熊本市中央区手取本町の東館で23日に営業を再開することを決めた。午前10時～午後6時の短縮営業。通常は本館で販売している食品や婦人服の売り場も臨時に設ける。本館は休業を続けるが、県内唯一の百貨店の再開で、商店街の復興に弾みがつくと期待される。

南阿蘇 捜索見通し立たず

南阿蘇村河陽の高野台団地で土砂に巻き込まれた行方不明者1人を捜索している警察、消防、自衛隊は22日、前日の強い雨の影響による二次災害を避けるため、同日午前の捜索を見送った。再開の見通しは立っていない。

村の災害対策本部などによると、同日は朝から総務省消防庁のヘリが現場上空から写真を撮影。画像を同庁の研究機関に送り、解析結果を基に捜索を再開できるかどうか検討しているという。

阿蘇市の大学生大和晃さん（22）が土砂に巻き込まれたとみられる同村立野の阿蘇大橋付近でも、国土交通省は遠隔操作の無人重機による捜索作業を見合わせた。

雨の影響で捜索が中断された、南阿蘇村河陽地区の土砂崩れ現場を調査する警察官ら＝22日午前9時29分

詳しくはあすの朝刊で

八代港に入港するフェリー「はくおう」＝22日午前8時22分、八代市

陸自が民間フェリーで到着

被災地支援に当たる陸上自衛隊員やトラックをのせた民間フェリー「はくおう」（1万7345㌧）が22日午前、八代市の八代港に到着した。防衛省は、災害や有事の際、フェリーを優先的に使用できる契約を特別目的会社「高速マリン・トランスポート」（東京）と締結しており、活用は今回が初めて。隊員は今後、南阿蘇村で給水や炊き出し、入浴などの生活支援を行う。

浜松の住宅で4人殺傷

22日午前3時5分ごろ、浜松市北区三幸町、飲食店経営池谷久勝さん（60）から「長男に脇腹を刺された。長男は車で逃げた」と110番があった。住宅内では久勝さんの母（83）、妻（62）、娘（32）が刺されて倒れており、3人とも死亡した。

静岡県警は約4時間後に同区内の路上で長男を発見。久勝さんに対する殺人未遂容疑で逮捕した。久勝さんは病院に運ばれたが命に別条はない。

県警によると、逮捕されたのは会社員佳峰容疑者（31）。身柄を確保される際、警察官に「人を殺した」と話しており、県警は3人を殺害したとみて調べる。

逮捕容疑は22日午前3時ごろ、自宅で久勝さんの右腰を刃物で刺して殺害しようとした疑い。

パジェロも不正に燃費測定

三菱自動車が燃費試験でデータを不正操作していた軽自動車以外にも、国内法で定められた方法と異なる試験方法で測定していた車種が、スポーツタイプ多目的車（SUV）「パジェロ」や電気自動車（EV）「アイ・ミーブ」など約10車種に上ることが22日分かった。三菱自は今後、正しい方法で測定し直し、燃費に関するデータを国土交通省に提出する方針だ。国交省は三菱自の施設への立ち入り検査などで、不正な測定方法についても詳しく調べている。三菱自は燃費に関するデータの取得を、国内で定められた測定方法の「惰行法」ではなく、米国で適用されている「高速惰行法」で行っていた。

野生トキにひな誕生

環境省は22日、新潟県佐渡島で、いずれも野生下で生まれた国の特別天然記念物トキのペアにひなが誕生したのを、21日に確認したと発表した。「純野生」のひなが確認されたのは1976年以来、40年ぶり。2008年に放鳥が始まって以来初めて。

本格的な野生復帰の第一歩で、今後も安定して個体数を増やしていけるか注目される。現在、野生のトキは約150羽まで増えている。

国内ではトキが絶滅の危機に直面した81年、野生の5羽全てを捕獲し保護活動を開始。03年に野生最後の「キン」が死んで日本産が絶滅後、中国から譲り受けるなどした個体を繁殖させ、野生復帰に向けて放鳥する取り組みが08年に始まった。

誕生したひなに餌を与えるトキ（中央）＝21日、新潟県佐渡市（環境省提供）

ナショナルズ戦の1回、中前打を放つマーリンズのイチロー＝マイアミ（共同）

イチロー、先発2安打

【マイアミ共同】米大リーグは21日、各地で行われ、マーリンズのイチローはマイアミでのナショナルズ戦に「1番・右翼」で出場し、3打数2安打2得点をマークした。チームは5－1で勝った。2試合連続で先発したのは今季初。

マリナーズの青木はインディアンス戦に「1番・左翼」で臨み、四回に右前適時打を放って5打数1安打1打点1得点だった。チームは延長十回、10－7で勝った。

獣鼓子

熊本市に災害ボランティアセンター開設。「できることは何でも」。復旧へ頼もしい力だ。

◇

「書」で応援メッセージ。熊本市出身の埼玉の大学生、同級生に呼び掛け。思い伝わるよ。

◇

お絵描きや絵本で子どものストレス発散を。南阿蘇村の避難所。元気が大人の励みにも。

◇

三菱自動車、また不祥事発覚。燃費試験のデータ操作。「リコール隠し」の教訓どこに。

◇お断り　「スポーツ芸能」は休みました。テレビ欄は7面です。

（第３種郵便物認可）　熊本日日新聞　（夕刊）　平成28年（2016年）4月22日　金曜日　8

全国から応援続々

地震で行方不明になった人の捜索・救助、避難所での支援活動、ライフラインの復旧…。他県からの応援部隊が被災地・熊本のために力を尽くしている。熊本市のうまかな・よかなスタジアムには全国各地からの救援物資が続々と集結。被害の大きい益城町に続いて同市でもボランティアの受け付けが始まり、さらに支援の輪が広がる。ありがとう！　皆さんの献身的な支援が復旧・復興への大きな力になります。（写真部）

土砂崩れ現場で発見された行方不明者を運ぶ警察などの捜索隊。背中には「大阪府警」「福岡県警察」などと記されていた＝19日午後、南阿蘇村河陽の高野台団地（高見伸）

愛知県警などによる救助犬を使った被災地の捜索＝17日午後、益城町惣領（岩崎健示）

花畑広場（仮称）で受け付け後、名前が書かれたシールを張ってもらうボランティア＝22日午前10時50分ごろ、熊本市中央区（谷川剛）

安否未確認の家屋に入り、捜索活動する宮崎から応援に来た消防隊員ら＝15日午前、益城町宮園（谷川剛）

全国各地から救援物資が集まるうまかな・よかなスタジアム。ボランティアらがトラックへの積み込み作業に追われていた＝22日午前９時30分ごろ、熊本市東区（岩崎健示）

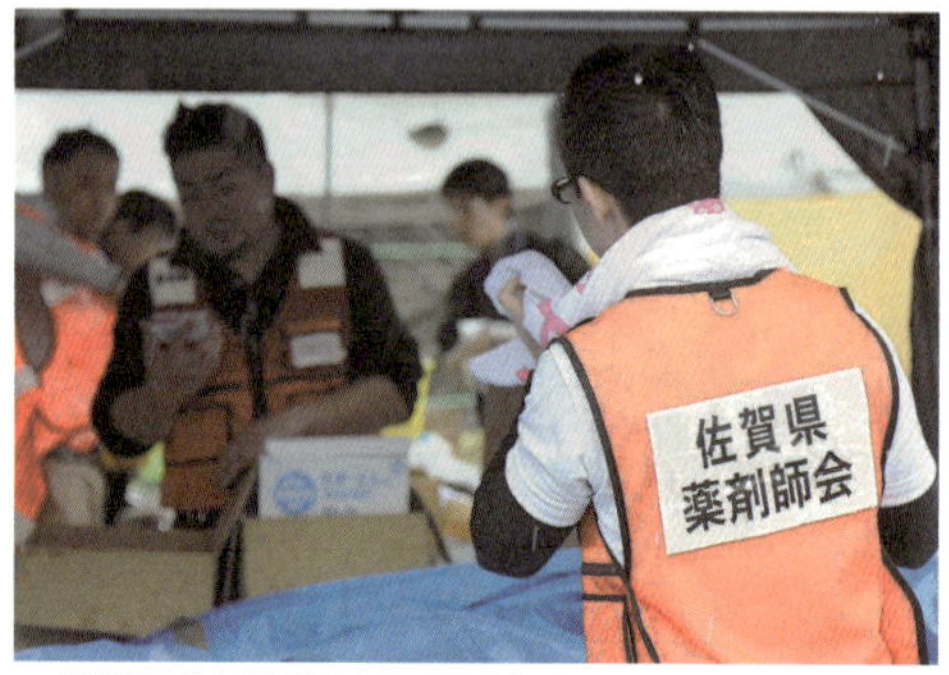

避難所で作業する他県から応援に駆け付けた薬剤師ら＝21日午後、益城町保健福祉センター（岩崎健示）

お絵描き・絵本で心のケア

南阿蘇の避難所　心療内科医ら取り組み

南阿蘇村の避難所の一角に置かれた絵本＝21日

余震が続く南阿蘇村の避難所で、心療内科医が「お絵描き会」を開いたり、専用スペースを設け絵本を置いたりして、不自由な避難生活を送る子どもたちの心をケアする取り組みが進められている。

土砂降りの雨となった21日、同村の南阿蘇中学校の体育館に設けられた避難所で、神奈川県海老名市の心療内科医桑山紀彦さん(53)が子ども約10人を相手に、被災して困っていることを聞き出した上で、村の風景や自宅の絵を描かせていた。子どもたちがため込んだストレスを吐き出させるのが狙いという。

桑山さんは東日本大震災後、宮城県で同様の取り組みを続けている。「花を描く子が少なかったのが心配だ。子どもたちは避難所生活で周りに気を使い、ストレスをためている。子どもが元気になれば大人も励まされるはずだ」と話した。

避難所の一角には数十冊の絵本が並ぶ。村内にある民間文庫「えほんのおうち」の蔵書だ。文庫も被災したが、散乱した約400冊の絵本の一部を事務局の藤安代さん(46)らが必死で持ち出した。

藤さん自身も避難生活を送る。「子どもたちが絵本に夢中になってくれれば、保護者の負担も減ると思う」。今後、他の避難所にも絵本を届ける考えだ。

識者評論

熊本地震１週間余　弁護士　津久井　進

政府の責務 着実に実行を

熊本地震から１週間余が過ぎ、もどかしさが募る。政府の打つ対策が、災害対応の王道から次第にそれていくからだ。

例えば、震度７の前震翌日の15日、政府が「きょう中に青空避難所というのは解消してくれ」と屋内避難を自治体に求めたが、熊本県の蒲島郁夫知事は「避難所が足りなくてみなさんがあそこに出たわけではない。余震が怖くて部屋の中にいられないから出たんだ。現場の気持ちが分かっていない」と不快感を示したという。

実際、16日に本震が起き、結果的には、青空避難の方がより安全だったことになる。現場判断を尊重すべきことを証明した形になった。

菅義偉官房長官は15日、緊急事態条項の憲法改正による新設が「極めて重く大切」とコメントしたが、現場から遠く離れた内閣が全権を握って指揮権を振るうのは、災害対応としてナンセンスであるし、この緊急時に憲法改正を語ることなど、甚だしい場違いだ。

もちろん、現場の自治体の力量には限りがある。だから、中央がすべきことは、金銭面・人員面で、現場の活動を全力で支援すること。万全な災害救助ができるようにお金の心配をさせてはいけないし、経験不足を補う有為な人材を投入しなければならない。

ところが、現場に裁量と財源を確保するための災害救助法弾力運用の通知は、発出されていないし、救助の枠を広げる特別基準も設定されていない。国の補助率を大幅に増やす激甚災害制度の適用も行われていない。

これでは、有為な人材を集めることもままならない。被災者の安心につながる被災者生活再建支援法や、特定非常災害被害者権利保全法の適用もまだだ。

どれもこれも東日本大震災では、即日ないし約１週間で出そろった措置ばかり。災害のイロハを知っていれば当然できる対応だ。

「がんばれ」のかけ声も、現場を振り回す細かな差配もいらない。選挙を意識したスタンドプレーなど全くいらない。本来なすべき責務を着実に実行してほしい。

被災者の方々は、我慢してため込まずにニーズを発してほしい。それが現場改善の貴重な端緒になる。関連死は我慢の末の二次被害。何としても防ごう。

また、家の被害状況が分かる写真等を撮っておくことをお勧めする。銀行は、通帳や印鑑がなくてもちゃんと払い戻ししてくれる。家が壊れローンが残ったときは、自然災害債務整理ガイドラインを使えば救済される。

希望をつなぐ制度は実はたくさんある。「知ること」が「救い」になり「希望」になる。窮地にある人々を救うために法は存在するのだ。

つくい・すすむ　1969年愛知県生まれ。神戸大卒。阪神・淡路大震災が起きた95年に弁護士となり、自然災害の支援活動を続けている。兵庫県弁護士会所属。日弁連災害復興支援委員会副委員長。著書に「大災害と法」（岩波新書）など。

1　3版　平成28年(2016年)4月23日　土曜日　熊本日日新聞　(昭和17年4月1日第3種郵便物認可)　第26627号　日刊

熊本日日新聞
発行所 熊本日日新聞社
〒860-8506 熊本市中央区世安町172
☎代表(096)361-3111
©熊本日日新聞社 2016年

4月23日 土曜日

熊本地震

損壊家屋 1万棟超

不明者捜索を再開

震度1以上800回超す

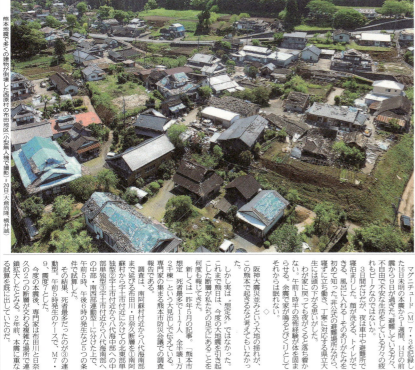

熊本地震で多くの建物が倒壊した西原村の布田地区（小型無人機で撮影）＝20日（大倉尚隆、横井誠）

熊本地震で被災した県内の家屋が1万棟を超えることが22日、県のまとめで分かった。14日と16日に震度7を観測した益城町が5400棟を占めるが、被災家屋の調査が進んでいない市町村も多く、被害はさらに広がる見通しだ。南阿蘇村では不明者2人の捜索を再開。阿蘇市で震災関連死が1人増え、県内で計11人となった。天候が回復した被災地では、ボランティア活動が加速した。

県災害対策本部によると、県内の家屋被害（午後1時半現在）は全壊1527棟、半壊1410棟、一部損壊2442棟など。土砂崩れが相次いだ南阿蘇村、阿蘇市などは「多数」「調査中」と回答しており、同本部は損壊の程度を分類できていない家屋を含め、県全体の被害は1万200棟程度に上るとみている。

益城町のほかに被害が大きいのは、西原村が全半壊計約1400棟、南阿蘇村は計400～500棟。両村は一部損壊も「多数」としている。

3町村はいずれも仮設住宅の建設を県に要望。県は22日、西原村に約50戸を建設すると発表した。仮設住宅の具体的計画は初めて。東日本大震災の建設実績を踏まえ、県は「2000戸程度が必要」と推計。被災地の必要戸数を調べているが、完成までに時間がかかる恐れがある。

県内の避難者数は602カ所に約8万1千人。断水は約4万3千戸、西部ガスも約9万世帯で供給停止が続いている。

行方不明者がいる南阿蘇村の高野台団地では、21日の雨で捜索を見送っていた自衛隊、警察、消防が22日、24時間態勢の捜索を再開した。同村の阿蘇大橋周辺でも、無人重機を動かした。

気象庁によると、14日夜の震度7から22日午後までに、震度1以上は800回を超えた。県内は低気圧から延びた前線の影響で、23日夕から24日にかけて雨の見込みで、土砂災害に警戒が必要という。

（熊本地震取材班）

熊本地震 県内の被災状況
（22日午後時点、熊日まとめ）

死亡	48人（熊本市4、南阿蘇村14、西原村5、御船町1、嘉島町3、益城町20、八代市1）
震災関連死	11人（熊本市7、阿蘇市2、御船町1、益城町1）
安否不明	2人（南阿蘇村2）
負傷者	1,284人
建物	住宅被害10,200棟程度
避難	避難所 602カ所
	避難者 81,006人
交通	九州新幹線きょう運転再開へ（博多－熊本）
	豊肥線（肥後大津以東）など運転見合わせ
	九州自動車道植木－八代通行止め
水道	断水43,100世帯
都市ガス	供給停止 約9万1千戸（西部ガス）

※県災害対策本部などの集約分

負けんばい熊本

編集担当取締役　松下 純一郎

マグニチュード（M）7・3を記録した16日未明の本震から1週間、14日の前震から9日が過ぎた。避難している方々、不自由で不安な生活をしている方々の疲れもピークなのではないか。

3日間だけだが、夜は車中や避難所で寝泊まりした。顔が洗える、トイレができる、風呂に入れる—そのありがたみを初めて知った。非公式の避難場所ながら、寝ずに立ち働き、丁寧に対応する県立大生には頭の下がる思いがした。

わが家に戻っても夜がくると落ち着かない。午前1時半の恐怖経験が体を固まらせる。余震で家が鳴るとびくりとしてそれからは眠れない。

◇

阪神大震災並みという大地の揺れが、この熊本で起きるなど考えてもいなかった。

しかし実は〝想定外〟ではなかった。これまで熊日は、今度の大地震を引き起こした断層が私たちの足元にあることを何度も報じてきた。

新しくは一昨年5月の記事。「熊本市想定　死者最多で117人　全半壊1万2千棟」という大見出しで伝えている。専門家の集まる熊本市防災会議での調査報告である。

調査は、南阿蘇村付近から八代海南部まで延びる布田川・日奈久断層を①南阿蘇村から宇土市付近にかけての北東部単独型②宇土市付近から八代海中部への中部単独型③宇土市付近から八代海南部への中部・南西部連動型—に分けた上で、午前5時、午後6時の発生など5つの条件で試算した。

その結果、死者最多だったのが③の連動型。午前5時発生のケースで、M7・9、震度7とした。

今度の本震後、専門家は布田川と日奈久の2つの断層が交わる複雑な場所で連鎖拡大したとみる。2年前、本震に重なる試算を既に出していたのだ。

十分に想定されていた大地震。しかし声高に叫ぶことをしなかった。勝手に頭の中でカベをつくっていた。5年前の東日本大震災では、東京で震度5強を体験したが、あれほどの揺れに再び遭遇するはずはない—。無念だ。

◇

大雨前日の晴れた日、益城町の県道沿いを走った。震度7を2度も被った家々は想像を超える変わり果てた姿になっていた。町の避難所は昼食のカレーを求めて長い列ができていた。誰もが疲れた表情だった。

その帰り、益城町から熊本市に入ってすぐ、小楠公園を訪ねた。幕末の思想家横井小楠の遺髪墓があるのだが、その木造覆いは崩壊。公園の象徴、はかま姿の小楠像は台座から、うつぶせに崩れ落ちていた。無残。小楠による熊本の近代が消えたかのような錯覚に陥った。

そして熊本城。周囲が通行止めでその全容はうかがえない。

前震翌日の紙面に載った大天守の屋根の崩れは衝撃的だった。明治10（1877）年の焼失前に、冨重利平が撮影した古びた城を思い起こした。しかし今度はあのとき以上の損壊である。復旧復元までどれほどの経費と月日がかかるのか、やり遂げたとき復興の証しとなるか。

◇

これを書いている最中も震度3クラスの余震が続く。いつまで続くのか、そして終息は？　生活の見通しも含め、不安の最大の要因である。

けれども私たちは今、前例のない地震の形を経験している。歴史上のただ中にいるとも言える。自らの命を守りつつ、少しの痩せ我慢をしながら一歩前に踏み出そう。心折れることなく、希望を—。今こそ声高に叫ぼう。「負けんばい熊本！」

がんばろう 熊本
地震被災者応援メッセージ

豪州から故郷支援

オーストラリアのメルボルンからです。故郷の熊本市から遠く離れた地で何ができるか…。微力ながら、外国の方々に熊本地震への義援金をお願いするサイトを立ち上げました。出来る限りサポートします。がんばろう！　熊本！

(Kayo　Julien)

新生面
2016.4.23

新聞紙で折った小さな紙箱の利用を、避難所で広めている女性に出会った。益城町の福祉事務所に勤める塚本優希さん(36)。小学生の2人の子どもや両親とともに、避難生活を続けている。小さな紙箱は仮設トイレで活躍中だ▼避難した直後、トイレにむき出しに放置されていた生理用品などを目の当たりにし、母に教わった紙箱を思いついたという。「掃除する人たちのことを思うと、いたたまれなくて」。女性だからこその気遣いだろう▼避難所のトイレ環境は、これまでの震災でも課題とされてきた。ずらりと並ぶ仮設トイレの中をのぞくと、狭く、段差があり、お世辞にもきれいとはいえない。使うのを我慢しようと、特に女性や高齢者は水分を控えがちだ▼時間帯によってはトイレ待ちの列もできる。「外に人が並んでいると思うと、落ち着いていられない」。50代女性の訴えが胸に響く▼トイレに限らず、入浴も女性にとって切実な問題だ。熊本市をはじめ、水道やガスが止まっている地域がなお残る。銭湯や温泉は深夜まで長蛇の列で、女湯の混雑ぶりは深刻。女性専用の時間帯を設けるなど、工夫はできないものか▼避難所に戻れば、間仕切りも設置されておらずプライバシーへの配慮も足りない。東日本大震災女性支援ネットワーク発行の「災害支援事例集」をひもとけば、「女性がリーダーとして運営に関わることが重要」とある。余震は収まらず長期戦も視野に入ってきた。災害支援に、女性の目線を取り入れたい。

おわび
地震の影響で本日付朝刊が一部地区で配達できなかったり、遅れたりしました。大変ご迷惑をおかけしました。　熊本日日新聞社

熊日の購読・配達のご用は
0120-374625（ミナヨムニッコリ）
（土日曜・祝日除く9:00～17:00）
紙面のお尋ねは
096-361-3115
（日曜・祝日除く9:00～17:00）
パソコン版くまにちコム
kumanichi.com

◇お断り　「きょうの天気」は2面に移しました。

数十カ所で液状化

熊本地震 東京電機大確認

川沿い 家屋被害も

熊本地震に伴う地盤の液状化を、東京電機大の安田進教授のチームが少なくとも数十カ所で確認したと発表した。熊本市の川沿いなどを現地調査した結果で、地盤が地下水とともに揺すられて流動化し、家屋や電柱などが傾いたり道路に砂が噴き上げたりする被害を確かめた。

【1面参照】

安田教授によると、同市東区の川沿いにある複数の住宅地で、敷地内や道路に地下から砂が噴き上げた跡が見られ、液状化が起きたと断定。家屋や電柱が傾いたほか、建物の周囲の地盤が50センチほど沈んだ場所もあった。

このほか、液状化に伴うマンホールの浮き上がりや、河川の堤防の変形、道路が波打つように破損している場所などがあった。

一方、22日に現地入りした福岡大の村上哲教授と九州工業大の永瀬英生教授は、同市南区の住宅地を調査。道路沿いの一戸建てや電柱が軒並み傾き、くいを地中深く打ったとみられるビルやマンションが周囲の地盤から浮き上がっているのを確かめた。

自宅兼店舗が傾いた同区の自営業、赤星美恵子さん（64）によると、16日未明の本震で敷地と道路の境界付近から砂が噴き出し、建物東側の道路は30～50センチほど盛り上がったという。

東京電機大の安田教授は「網羅的な調査ではないが、多くの場所で液状化を確認した。今後、傾いた家屋が多数見つかり、社会問題化するのではないか」と指摘。傾いた住宅はジャッキで持ち上げ水平に戻す作業が必要で、「行政と相談しながら補助金を活用して補修してほしい」と話している。（鹿本成人）

液状化で沈下して傾いた電柱。周囲には地下から噴き出した砂が積もっている＝熊本市南区

液状化現象で傾いた家屋（左）と、地震で生じた段差に積まれた土のう。奥の道路が盛り上がったという＝熊本市南区

Qズーム　液状化　水分を多く含む砂質の地盤が地震で一時的に液体のようになる現象。建物が傾いたり沈んだりするほか、道路が波打つ例もある。砂質の地盤で地下水位が高い場所、川や海岸、水田、沼を埋め立てたエリアで発生しやすいとされる。

熊本城 国重文13棟破損

櫓や石垣 文化庁が初調査

熊本地震で甚大な被害を受けた熊本城の実態を確認するため、文化庁の調査官5人が22日、初めて現地に入った。国重要文化財の建造物13棟全ての破損や石垣の崩落を確認。国重文が1カ所でこれほどまとまって被害に遭った例はなく、明治以降の熊本城では、最大規模の修復となる見通しを示した。

熊本城は今回の地震で、東十八間櫓などが倒壊し、天守閣入り口台座や飯田丸などの石垣が崩落した。

調査官と熊本市の職員ら二十数人が二手に分かれ、約4時間かけて建造物と石垣の被害を調べた。天守閣にも入り、細川家御座船「波奈之丸」（国重文）に影響がないことを目視で確認したという。

調査後、豊城浩行・主任文化財調査官は「関係者と協議して、石垣の修理と建造物の修復を並行して進める。石垣が崩れ、上の建造物が残っている箇所もあり、どんな手順でやるのかが一番の問題。市にアイデアを提案してほしい。国特別史跡の指定解除がないよう、進めていきたい」と説明。

「熊本城は日本を代表する要衝の一つ。修復で極力、元の状態に戻したい。市民、県民の宝でもある。強力に市を支援したい」と話した。

23日は熊本城と阿蘇神社を調べる。（中原功一朗）

崩落した東十八間櫓の状況を確認する関係者ら＝22日、熊本市中央区

本震で〝面〟として崩壊

熊本市文化財専門相談員 富田紘一さんに聞く

修復「長期間でも実現する」

熊本地震で、深刻な被害を受けた熊本城。長年、熊本市の文化財担当として熊本城に関わってきた、同市文化財専門相談員の富田紘一さん（72）＝同市＝に話を聞いた。（山口純）

熊本城の歴史を調べてきたが、これだけの被害は過去に例がない。1889（明治22）年の金峰山地震では石垣も一部壊れているが、今回に比べるとおとなしいものだ。

熊本城の石垣は加藤清正時代、2代忠広時代、細川時代と様式が異なる。14日の前震の被害は6カ所で、うち清正時代のものは1カ所だった。16日の本震後は全域立ち入り禁止になったが、前震の被害を〝点〟とするなら、本震の被害は〝面〟といえる。

被害の様相もさまざまだ。東十八間櫓などは石垣が崩壊し、建物が滑り落ちた。一方、宇土櫓の続き櫓は石垣は残ったが、建物が崩壊した。長塀は一部壊れたが、石垣は何ともなかった。長塀は白川の旧流路にあり、下は砂地なので弱いと考えていたが、力を分散してよく耐えた。

復元天守は前震から被害が出た。大天守は高さ30メートル、小天守は19メートル。高い方が揺れ幅が大きいので、大天守の方が瓦の落下が激しかった。天守内で展示されていた細川家御座船「波奈之丸」（国重文）が無事かも気になる。壊れても部材は残るから修復は可能。大天守は単独の建物で、後で小天守を付け足している。両天守が一緒に倒れる可能性は低い。

熊本城の修復はどうなるか。どれくらいの期間と費用がかかるかは、どこを目指し、どの程度正確に復元するかにもよる。とはいえ、現段階では近づくのも危険だし、そのまま放置するのも危険だ。飯田丸五階櫓は石垣の角に残る石積みで辛うじて支えられており、いつ崩れ落ちてもおかしくない。櫓をいったん解体してから石垣を修復する必要があるが、相当厳しいだろう。

石垣には築城時の職人の技術と経験が詰まっている。復元には調査・研究が不可欠だ。裏込めの石が多い方が崩れにくいのか、そうではないのか、そうしたこともきちんと調べなければいけない。予算と技術があっても、これだけ面として崩壊すると、修復には相当長期間を要する。しかし、観光客の人気も高く、歴史的価値も認められているだけに、必ずや実現するだろう。

「熊本城の修復には相当の期間と費用がかかる」と語る富田紘一さん＝熊本市中央区

主要河川

堤防138カ所に損傷

亀裂など「危険な状態」

九州地方整備局は22日までに、熊本地震で白川や緑川など県内の主要河川の堤防138カ所で亀裂などの被害が出ていると発表した。専門家は「堤防決壊につながりかねない危険な状態」と分析する。

同整備局は14日の地震直後から、国が管理する4河川を調査。21日現在、被害を確認したのは緑川水系105カ所、白川水系32カ所、菊池川水系1カ所。球磨川水系は被害はなかった。甲佐町の緑川左岸では、約200メートルに渡って深さ2メートル以上の亀裂が見つかったほか、地盤が沈下している部分もあるという。

同整備局は、比較的被害の小さい堤防は20日までに亀裂に樹脂を流し込むなどの応急処置を完了。被害の大きな緑川の10カ所については、亀裂部分を掘削して盛り土で固め、ブルーシートで覆う緊急工事に着手している。4月末までには完了する見込み。

同整備局は「余震が続いており、処置済みの被害箇所も巡回して警戒する。できるだけ早く本格的な復旧工事に着手したい」としている。

熊本大の大本照憲教授（河川工学）は「あくまで応急処置で、堤防としての機能は低下している。水がしみ出し決壊する可能性も高まっており、危険な状態だ」と指摘する。

緑川水系加勢川の近くに住む嘉島町鯰の主婦布田喜美子さん（84）は「雨が降ったら（堤防から）水が漏れるのだろうか。地震で家も壊れており、不安だ」と話した。

県が管理する河川では22日午前10時までに154カ所の被害を確認。県河川課によると、このうち益城町の秋津川と木山川では、堤防に比較的大きな亀裂が発生しており、土のうを積んで補強するなどの応急対策を進めている。（高橋俊啓、太路秀紀、蔵原博康）

堤防上を走る道路のアスファルトに亀裂が入った緑川＝22日、熊本市南区

阿蘇中岳火口 20センチ沈降

国土地理院 断層帯の変動影響か

国土地理院（茨城県つくば市）は22日、県内で16日未明に起きたマグニチュード（M）7・3の地震で、阿蘇山の中岳火口付近が20センチ程度沈降していたことが人工衛星による観測で分かったと発表した。

藤原智・地理地殻活動総括研究官は「本震を起こした布田川断層帯の変動にひっぱられて下がったとみられる」と話している。

宇宙航空研究開発機構（JAXA）の陸域観測技術衛星「だいち2号」が撮影した画像を国土地理院が分析した。その結果、火口西側の草千里付近で30センチ程度沈降していたことも分かった。

国土地理院は、火山活動との関連は不明としている。

地震「活発な活動続く」

きょう夕方から雨予報

熊本、大分両県で相次ぐ地震で、気象庁は22日、「活発な活動が続いている」として警戒を求めた。14日夜の震度7から22日午後10時までに観測した震度1以上は814回。うち5以上は17回、4は76回。

マグニチュード（M）3・5以上は過去最多ペースで推移している。震源域外への拡大や、阿蘇山など周辺の火山に異常はない。

低気圧から延びた前線の影響で、九州北部では23日夕方から24日にかけて雨の予報。地震で地盤が緩んだ場所では土砂災害の恐れがあり、警戒が必要。

22日の熊本、大分両県は高気圧に覆われて晴れ、益城町で23・1度、熊本市で26・8度、大分県日田市で26・3度など夏日を観測した地点もあり、気象庁は体調管理に注意を求めている。

きょうの歴史　4月23日

重症の水俣病患者を見舞う石原慎太郎環境庁長官（中央）＝水俣市

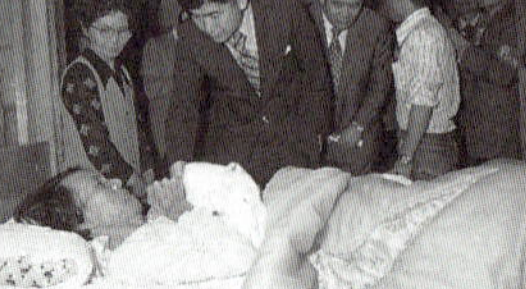

▽1977（昭和52）年

水俣市を訪問中の石原慎太郎環境庁長官が、水俣病の患者宅を見舞った。

▽1998（平成10年）　熊本市の姉妹都市・米サンアントニオ市から贈られた雄のユキヒョウ「ポロミール」が、同市健軍5丁目の市動植物園に到着した。

福祉避難所 利用70人止まり

熊本市 介護職、食料など不足

地震で甚大な被害を受けた熊本市で、手厚い介護や支援を提供する「福祉避難所」に身を寄せる人が70人にとどまることが22日、分かった。福祉避難所側の人手や物資が不足していることなどが要因という。

避難時に介護や支援が必要な高齢者や障害者といった「要支援者」は市内に約3万4千人。介護を必要としながら一般の避難所での生活を余儀なくされている人は相当数に上っているとみられ、災害弱者への対応が十分でない実態が浮き彫りになった。

熊本市は、災害発生時に高齢者らへ手厚い支援を提供するための福祉避難所を設けられるよう、約1700人の受け入れを想定し、民間の高齢者福祉施設など計176施設と協定を結んでいた。

ただ、共同通信の市への取材では、地震発生から8日の22日午後1時現在、福祉避難所として市民が利用できるのは33施設で、入所者数は70人だった。市は福祉避難所が少ないことについて、「介護職や水、食料などが不足している」ことを挙げる。

熊本市では同日午後1時半の段階でも、約4万6千人の市民が各避難所に駆け込んでいる。同市では担当職員らが通常の避難所を巡回し、要介護度が高い人を見つけて優先的に福祉避難所へ移ってもらうようにしているという。

一方で、市健康福祉政策課の担当者は「収容能力の問題もあるため、現状では積極的な周知はできない」とも説明する。

7千人以上が避難生活を続ける益城町では、福祉避難所に要支援者120人を受け入れる計画があったが、一般の避難者が殺到して現場が混乱したため見通しは立たないという。町災害対策本部は「保健師が個別に対応している」とする。支援を必要とする人の数もつかみ切れていない。

土砂崩れが相次いだ南阿蘇村は、自宅にとどまる高齢者も多いため、村は要支援者の孤立や余震による被害の拡大を懸念している。

Qズーム　福祉避難所　災害時に一般の避難所では生活に支障を来す高齢者や妊婦、認知症患者や障害者らを受け入れる施設。介護や生活支援に当たる職員を配置する。阪神大震災を機に必要性が指摘され、2007年の能登半島地震で初めて設置された。災害救助法に基づき、費用の一部を国が負担する。国は自治体に、バリアフリー化した福祉施設などと事前に協定を結び、住民に場所を周知するよう求めている。

熊本県3市町村の要支援者受け入れ態勢

	要支援者数	福祉避難所の受け入れ想定数	福祉避難所の開設数と利用者数（4月22日）
熊本市	3万4274人	1746人	33施設 70人
益城町	2714人	120人	開設せず
南阿蘇村	調査中	不明	開設せず

※今年1～2月実施の共同通信アンケートによる

（第3種郵便物認可） 熊本日日新聞 平成28年（2016年）4月23日 土曜日 総合 4

熊本地震 小児、産科に打撃

医療機関 連携で対応

熊本地域医療センターが被災したため、熊本市医師会館の駐車場に開設された小児科の仮設診療所＝18日、熊本市中央区

熊本地震では医療機関も大きな打撃を受けた。地震発生から1週間が過ぎ、通常の診療体制に戻る医療機関も増えているが、熊本市の一部や上益城、阿蘇地域では非常事態が続く。診療できない医療機関を補おうと、ネットワークの構築も進んでいる。【1面参照】

厚生労働省の21日現在のまとめによると、熊本市周辺の医療機関のうち、建物損壊のリスクがあるのは熊本市民病院（東区）など8施設。熊本地域医療センター（中央区）も被害を受け、救急患者の受け入れができない状態となった。

同医療機関の被害は、特に小児科や産科医療に打撃を与えた。熊本市民病院はNICU（新生児集中治療室）を18床備え、小さく生まれた赤ちゃんの受け入れは県内の4割を占めていた。ほかには熊本大病院（中央区）、福田病院（同）にあるが、ほぼ満床で、鹿児島や福岡の病院に7人をヘリで搬送した。

患者受け入れができない熊本地域医療センターは、熊本市医師会とともに、同医師会館の駐車場（同区本荘）に小児科仮設診療所を設置。夜間を中心に診察をして対応している。

熊本市民病院は、避難所となっている東区の湖東中と託麻西小に24時間態勢の「固定診療所」を設置した。

熊本大病院産科婦人科は「緊急周産期医療対策プロジェクト」を立ち上げ、出産を扱う医療機関の情報を集約。不安解消のための入院ができる医療機関を紹介するとともに、緊急な対応が必要な妊婦を受け入れる態勢を整えた。

水道水が使えず人工透析ができなくなった医療機関も多数出た。

…が、現在は8施設に減少。約300人の患者がかかりつけ以外の病院で透析を受けている。

被害が大きかった上益城や阿蘇地域では、今も通常診療ができない医療機関が多い。益城町などの避難所で診療をする災害派遣医療チーム（DMAT）から、開業医主体の日本医師会災害医療チーム（JMAT）に引き継がれている。

県医師会の福田稠会長は「JMATの支援で被災者の健康を守る取り組みをする。長期的にはかかりつけ医の協力を得ながら、地域の医療機関の再構築に全力を尽くしたい」と話している。（森本修代）

避難所でも口腔ケアを

歯科医師らボランティアで巡回

誤嚥性肺炎の原因に

長引く避難生活で、おろそかになりがちなのが口腔内のケア。県内では、歯科医師らがボランティアで福祉施設などを巡回し、口の中の汚れが原因で発症する誤嚥性肺炎に注意するよう呼び掛けている。

養護老人ホームで入所者の口腔ケアに取り組む歯科医師の神崎昌二さん＝21日、御船町

「入れ歯のケアが必要な人は、こっちに座ってください」―。「歯科処神崎」（和水町）の神崎昌二院長（45）と歯科衛生士らが21日、御船町の養護老人ホーム「オアシス」を訪れた。

食堂に、往診用の診療器具を手際良くセットすると、入れ歯を洗浄し、口の中で接触して痛い部分を調整。歯を磨いてもらった入所者はすっきりとした笑顔になった。痛みがあった入れ歯を調整してもらった小里京子さん（75）は「食べられないほどだったが、よくかめるようになりそう」。

神崎さんは、入れ歯や歯に付着した歯石が誤嚥性肺炎の原因となることも多いと指摘する。「断水でうがいや入れ歯の洗浄が不十分になったり、通院できなくなったりする。被災地の外からフォローすることが大事だ」

宮本格尚会長

熊本市歯科医師会の宮本格尚会長（51）によると、慣れない避難生活でストレスがたまり免疫力が低下することも、誤嚥性肺炎の発症や虫歯・歯周病の悪化につながるという。

「予防のためには、とにかく口の中の細菌を増やさないこと」と宮本会長。歯ブラシなど口腔ケア用品がない場合、ぬれたティッシュやガーゼを指に巻いて歯や入れ歯を磨く。15秒程度のうがいでも効果的だ。

歯磨きは、コップ3分の1の水でも十分可能。歯磨き粉はつけずに歯をブラッシングし、よくうがいをする。毎食後が理想だが、できない場合は1日1回、就寝前によく磨く。入れ歯の手入れも丁寧に行う。

また、口腔内の乾燥にも注意が必要。非常食が続くと、食欲がなくなる人が多いが、食べる回数が減ると、唾液の分泌も少なくなり、口腔内の細菌増加につながる。食べ物をよくかんで、唾液を出すことが重要だ。

宮本会長は「今もボランティアで避難所に足を運ぶ歯科医師はいるが、今後さらに情報収集を徹底し、必要な場所に歯科医師を派遣する枠組みづくりを急ぎたい」としている。（山口尚久、清島理紗）

口の中を清潔に保つには

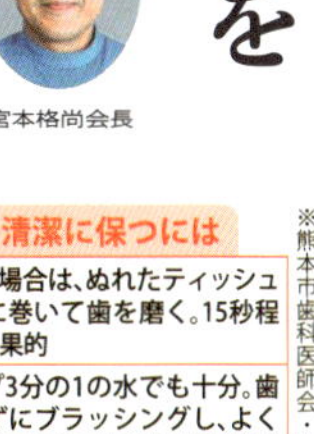

- 歯ブラシがない場合は、ぬれたティッシュやガーゼを指に巻いて歯を磨く。15秒程度のうがいも効果的
- 歯磨きはコップ3分の1の水でも十分。歯磨き粉をつけずにブラッシングし、よくうがいをする。毎食後の歯磨きが理想だが、できない場合は少なくとも1日1回、就寝前に行う
- 入れ歯の手入れも必要。歯ブラシで丁寧に磨く。磨いた後は義歯洗浄剤につける
- 口内の乾燥に注意。だ液をたくさん出すために、食べ物はよくかんで食べる
- 子どもは甘い菓子の食べ過ぎに注意する

※熊本市歯科医師会・宮本格尚会長の話を基に作成

被災障害者を支援

当事者と家族ら 組織設立

県内の障害者団体や研究者らが20日、熊本市で被災した障害者を支援するための組織「被災地障害者センターくまもと」を設立した。避難所などを回り、困り事などを聞き取り、避難生活などをサポートする。

被災した障害者を支援する会を設立した障害者団体の代表者たち＝熊本市東区

身体、視覚、精神、知的など各障害者団体と、学者らで構成。会長にくまもと障害者労働センターの倉田哲也代表、事務局長に東俊裕弁護士が就いた。

東事務局長によると、車椅子の場合、避難所ではトイレに行くことや食料配布に並ぶことが難しく、介助の人手が足りず放置された例があるという。ほかにも障害ごとにさまざまな困難な状況があるため、障害者自らが動き、必要な支援を届けることが狙い。

今後、被災状況を聞き取った上で、必要な支援を把握。専門知識のある支援者やボランティアを募り、資金提供も呼び掛ける。被災した家の片付けなどの生活再建もサポートする。東事務局長は「災害支援の網からこぼれ落ちている障害者自らがやらないと、今困っている人を救えない」と話した。同センターに近く本部を開設する予定。☎096（234）7728。（中村美弥子）

熊本市に支援事務所

日本財団理事長表明

熊本地震の復旧などに総額93億円の支援を打ち出した日本財団（東京）の尾形武寿理事長は22日、熊本市役所を訪れ、大西一史市長と会談。同市内に支援事務所を設け、行政と連携して被災者のニーズに応じた支援をしたい」と語った。

尾形理事長は益城町の被災現場を視察後、蒲島郁夫知事、大西市長と会談。甚大な被害を受けた熊本城の復興にも支援することを表明した。

復興支援を表明した日本財団の尾形武寿理事長（中央）と握手する蒲島郁夫知事（左）と大西一史市長＝熊本市役所

県によると、このほか、サントリーグループや富士フイルムなど誘致企業や、鹿児島銀行などからそれぞれ1億円の義援金が届いている。（高橋俊啓）

◆雇用助成金の支給要件緩和

厚生労働省は22日、熊本県を中心に相次ぐ地震で、経営に影響が出た事業者に対し従業員の雇用維持を目的とする雇用調整助成金の要件を緩和すると発表した。通常は、直近3カ月の売り上げなどの平均が前年同期に比べて10%以上減った場合が対象だが、特例で直近1カ月に短縮する。厚労省は4月23、24日の両日、臨時の電話相談を実施する。問い合わせは雇用開発企画課☎03（3502）1718。両日とも午前10時から午後5時まで。

◆農水省20万食を追加提供

森山裕農相は22日、熊本、大分両県で相次ぐ地震の被災者に23日からの3日間で20万食を追加提供することを明らかにした。「パンやおにぎりは足りてきているようで、肉や野菜の要望もある。ニーズを的確に把握して提供したい」と述べた。

きょうの動き

■国内・国際■

▽先進7カ国（G7）農相会合（～24日、新潟市）

■首長の日程■

【蒲島知事】終日 地震災害対応
【大西熊本市長】終日 地震災害対応
【山下荒尾市長】終日 地震災害対応
【髙嵜玉名市長】終日 地震災害対応▽10時 市身体障がい者福祉協議会総会
【中嶋山鹿市長】終日 地震災害対応▽10時 三玉校区老人クラブ連合会総会
【江頭菊池市長】地震災害対応
【荒木合志市長】地震災害対応
【佐藤阿蘇市長】地震災害対応
【元松宇土市長】地震災害対応
【守田宇城市長】地震災害対応
【中村八代市長】地震災害対応
【松岡人吉市長】9時 人吉球磨職業能力開発センター普通課程入校式並びに始業式
【堀江上天草市長】地震災害対応
【中村天草市長】終日 地震災害対応

川内で地震と原発事故発生時 避難時間2倍と試算

交通権学会

全国で唯一稼働中の九州電力川内原発（鹿児島県）で地震と原発事故の複合災害が起き、周辺道路網の5%が不通になった場合、半径30㌔圏の住民が圏外に避難を終えるのに、道路の不通がない場合に比べて約2倍の時間が必要になるとの試算を、住民避難の課題などを研究する交通権学会の上岡直見会長＝法政大非常勤講師＝が22日までにまとめた。

熊本、大分両県を中心とした今回の地震では、橋の崩落や土砂崩れで道路網が寸断された。上岡氏は「原発事故は地震などとの複合災害として起きる可能性が高い。道路の寸断を想定した対策が必要だ」と指摘している。

上岡氏は、川内原発30㌔圏の住民約21万人が事故後、一斉に車で避難を始める想定で避難時間を試算。道路網全体のうち不通となった道路の割合を変えながら試算結果を比較した。

30㌔圏の住民が避難を終えるまでの時間は、道路の不通を想定しなければ約17時間だったが、道路の5%が不通になった想定だと2倍近くの約32時間かかる結果となった。10%の不通では約6倍の98時間だった。

原発事故の対応を強化

西日本4電力 提携で合意

九州、中国、四国、関西の西日本の大手電力4社は22日、原発の事故対応や廃炉、安全対策に関する提携で合意したと発表した。地理的に近い4社が連携し、事故時の対応を強化する。廃炉作業のコスト削減や審査への対応で協力する。原発を持つ他の電力会社に提携関係を広げることも検討する。

事故時の対応では、4社で計100～200人規模の社員を派遣し、放射線量の測定や輸送車両の運転をする。がれき撤去用の重機やタンクローリー、防護服を提供する。

事故を起こした電力会社に、他社の原子力部門の責任者が助言する。4社の社員が参加する訓練を定期的に実施する。全国の大手電力9社などは2014年に事故時の協力協定を結んだが、4社はさらに関係を強める。

あさぎり町議選 あす投開票

任期満了に伴うあさぎり町議選は24日、投開票される。定数16に対し、20人が立候補し、競り合っている。立候補者の内訳は現職14人、新人6人で、いずれも無所属。それぞれが町内をくまなく回り、熊本地震を踏まえた災害対策や財政、基幹産業の農業などに関する持論を訴えている。

投票は24日午前7時～午後7時（旧皆越分校は午後6時まで）、町内12カ所で。午後8時からポッポー館で即日開票され、同9時半ごろに当落が判明する見込み。

期日前投票は23日まで、午前8時半～午後8時に町役場2階で。

18日現在の有権者数は1万3030人（男5979人、女7051人）。（内海正樹）

◇あさぎり町議選立候補者
（定数16－20）＝届け出順

氏名	年齢	職業	区分
森岡 勉	63	農業	無現
岩本 恭典	52	自営業	無新
溝口 峰男	64	会社役員	無現
嚢田 裕一	57	自営業	無新
難波 文美	49	自営業	無新
徳永 正道	68	会社員	無現
久保田久男	64	農業	無現
皆越てる子	68	主婦	無現
今井 清志	60	会社役員	無新
加賀山瑞津子	54	主婦	無現
久保 尚人	57	会社役員	無現
小見田和行	62	農業	無現
奥田 公人	66	農業	無現
橋本 誠	55	会社員	無現
山﨑 孝	54	元団体職員	無新
市岡 貴純	42	団体職員	無新
山口 和幸	64	元町課長	無現
豊永 喜一	58	農業	無現
小出 高明	60	農業	無現
永井 英治	55	農業	無現

人 ひと

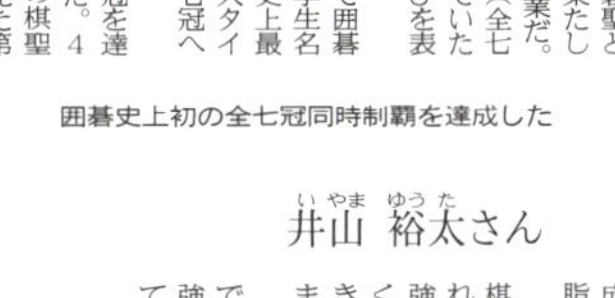

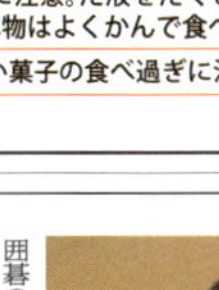

囲碁史上初の全七冠同時制覇を達成した

井山 裕太さん

囲碁の十段を奪取し、棋聖、名人、本因坊、王座、天元、碁聖と合わせて全七冠同時制覇を果たした。囲碁界では前人未到の偉業だ。「自分の力を出し切れた。（全七冠は）ここ数年、期待されていたのでうれしい」と謙虚に喜びを表現した。

才能は抜群だった。5歳で囲碁と出合い、小学2年生で小学生名人に。12歳でプロ入りし、史上最年少の20歳4カ月で初の七大タイトルとなる名人を獲得。全七冠への第一歩を踏み出した。

2013年に史上初の6冠を達成したが、ここから苦しんだ。4冠に後退して臨んだ昨年の棋聖戦。3連勝後の3連敗で迎えた第7局がターニングポイントとなった。

「棋士人生の中でも非常に大きな一番」と振り返る第7局を、納得のいく内容で制したことで勝負師として新たな境地に入ったのだろう。ここから快進撃が始まった。

「打ちたい手を打つ」が身上で、常識にとらわれない創造力が持ち味。積極的な仕掛けからの華々しい展開でファンを魅了する。「究極の目標」という全七冠独占を達成したが、まだ26歳。棋士として脂が乗っている。

先月、世界トップクラスの韓国棋士が人工知能の囲碁ソフトに敗れ、囲碁界は衝撃を受けた。囲碁強国の中国、韓国の強豪がひしめく国際棋戦での活躍をはじめ、若き第一人者が向き合う目標はまだまだ残っている。

盤上の勝負を離れれば、気さくで面倒見のいい兄貴分だ。お酒も強く、懇親会などでは冗談を言って場を盛り上げる。大阪府出身。

高市総務相が靖国神社参拝

高市早苗総務相は22日午前、東京・九段北の靖国神社を春季例大祭に合わせて参拝した。超党派の議員連盟「みんなで靖国神社に参拝する国会議員の会」（会長・尾辻秀久自民党参院議員）も集団参拝した。議連によると自民党、民進党、おおさか維新の会などから約90人が参加した。

高市氏は2014年9月の入閣後、春と秋の例大祭期間中と8月15日の終戦記念日にいずれも参拝している。菅義偉官房長官は記者会見で、高市氏の参拝に関し「個人の信教の自由に関する問題だ。政府として立ち入るべきことではない」と述べた。

高市氏は参拝後、記者団に「国策に殉じられた方のみ霊の安寧とともに、遺族の健康をお祈りした。（参拝は）外交問題ではあり得ない」と語った。玉串料は私費で納め、記帳は「総務大臣 高市早苗」とした。

超党派議連では、自民党の山谷えり子前国家公安委員長、民進党の羽田雄一郎元国土交通相、おおさか維新の会の東徹総務会長らが参拝。政府側は高鳥修一内閣府副大臣、伊東良孝農林水産副大臣らが参加した。安倍晋三首相は21日から始まった例大祭中の参拝を見送る方針。

◇警察庁人事（5月10日）東北管区警察局長（大阪府警副本部長）竹内浩司▽沖縄県警本部長（会計課長）池田克史

【沖縄県警本部長】池田 克史氏（いけだ・かつし）京大卒。89年警察庁。兵庫県警捜査2課長、鹿児島県警本部長などを経て15年2月から会計課長。50歳。新潟県出身。

首相の動静 22日

【午前】8時21分、公邸から官邸。34分、閣議。46分、杉田和博官房副長官、西村泰彦内閣危機管理監、古谷一之官房副長官補、加藤久喜内閣府政策統括官。10時18分、皇居。内奏。11時7分、官邸。35分、公明党の石田祝稔政調会長、給付型奨学金推進プロジェクトチームの富田茂之座長ら。

【午後】0時4分、山口那津男公明党代表と与党党首会談。1時59分、谷内正太郎国家安全保障局長、外務省の斎木昭隆事務次官、秋葉剛男総合外交政策局長、石兼公博アジア大洋州局長、斎木尚子国際法局長、梨田和也南部アジア部長。2時24分、谷内国家安全保障局長、斎木事務次官、秋葉総合外交政策局長、斎木国際法局長、梨田南部アジア部長。40分、北村滋内閣情報官。3時14分、麻生太郎副総理兼財務相、財務省の田中一穂事務次官、福田淳一主計局長。34分、麻生副総理兼財務相。4時5分、地震非常災害対策本部会議。40分、谷内国家安全保障局長、斎木外務事務次官。5時26分、丸川珠代環境相。50分、石原伸晃経済再生担当相、内閣府の松山健士事務次官、西川正郎内閣府審議官、前川守、羽深成樹、田和宏各政策統括官。6時7分、石原経済再生担当相。8時9分、公邸。宿泊。

◇お断り 連載「全電源喪失の記憶」は当面、休載します。「生き物こぼれ話」は休みました。

前へ 明日へ 県勢奮闘

ゴルフ 国内女子

◇フジサンケイ・レディース 第1日成績（パー72）

	順位	選手		スコア	(前 後)
-6	①	笠　りつ子		66	(32 34)
-4	②	イ・ボミ	(韓)	68	(37 31)
	②	柏原明日架		68	(33 35)
	②	渡辺　彩香		68	(35 33)
	②	鈴木　愛		68	(35 33)
	②	西山ゆかり		68	(35 33)
	②	上田　桃子		68	(35 33)
	②	大山　志保		68	(35 33)
	②	黄　アルム	(韓)	68	(34 34)
	②	若林舞衣子		68	(34 34)
	②	野口　彩未		68	(35 33)

フジサンケイ・レディース第1日（22日・静岡県川奈ホテルGC富士＝6367ヤード、パー72）熊本地震の影響で前週は中止され、2週ぶりの大会。熊本出身の笠りつ子が1イーグル、5バーディー、1ボギーの66で首位に立った。2打差の2位に同じく熊本出身の上田桃子と野口彩未や、大山志保、渡辺彩香、昨季賞金女王イ・ボミ（韓国）ら10人が続いた。

20歳の永峰咲希ら7人が69で12位。昨年優勝の藤田光里や一ノ瀬優希、テレサ・ルー（台湾）らは70で19位。豊永志帆は71で31位。（賞金総額8千万円、優勝1440万円、出場108選手＝アマ5、晴れ、気温20・9度、東の風1・6メートル、観衆1744人）

首位 笠「普段とは違う思い」

地震で大きな被害を受けた熊本出身の女子ゴルファーが、22日に静岡県伊東市の川奈ホテルGC富士で開幕したフジサンケイ・レディースでそろって奮闘した。有数の〝ゴルフどころ〟の選手たちが、故郷への思いを込めたプレーで会場を沸かせた。

66の好スコアで首位に立った笠りつ子(28)は熊本市内で被災した。ゴルフ練習場を経営する実家の家族は、駐車場に張ったテントや車の中で過ごしており「普段とは違う思いで臨んでいる」と言う。スタート前にファンから激励され「ちょっとウルッときた」そうだが、5番でイーグルを奪うなど「集中できた」と最高の滑り出しを果たした。

2位 上田「必ずいいことある」

笠の1組前で回った上田桃子(29)は「後ろの組の声援が聞こえて『おっ、りつ子も頑張ってるな』」と刺激を受けながら、2打差の2位につけた。故郷の家族らに思いをはせ「我慢していれば、必ずいいこともある。それが伝わるといいなと思いながらプレーした」と話した。

2位 野口「せめていいプレーを」

2位 大山「少しでも役立ちたい」

大山志保も6バーディー、2ボギーの68と好スタートを切り、2位タイ。宮崎県の出身だが、中央女子高＝現熊本中央高＝出で熊本にも深い縁がある。「長く住んでいたし、練習も熊本空港CCが多かった。少しでも役立ちたい」と支援を約束した。

19位につけた一ノ瀬優希(27)は「熊本に元気を届けたい」と、残り2日間の健闘を誓った。

野口 自己最少スコア

熊本勢の中でもほとんど実績のない20歳、野口の躍進が際立った。自己最少の68。「一打一打に集中して、気を引き締めて最後まで回れた」と笑みを浮かべた。6番で12メートルの長いパットを沈めてバーディー先行。12番も取り、続くパー4の13番では残り140ヤードの第2打を8番アイアンでカップに放り込むイーグルだ。ボギーを一つに抑え、上位に食らいついた。

熊本市の自宅近くの駐車場で14日の地震に見舞われた。16日未明の揺れは「ベッドの中。体が震えた」と振り返る。母と2人暮らし。今週は「（母が）心配だし試合に出る気はなかった」と言うが、その母から「プロゴルファーなんだから。仕事なんだから」と背中を押され、遠征に出た。

校庭に椅子を並べて「SOS」の文字をつくりニュースでも取り上げられた国府高で学んだ。「あれを見て胸が締め付けられる思いがした。私には何もできない。せめていいプレーをしたい」。逆境で集中力は研ぎ澄まされ、自己最高のスタートを切った。（山口）

永野5位後退
国内男子 市原首位浮上

パナソニック・オープン第2日（22日・千葉県千葉CC梅郷＝7130ヤード、パー71）ツアー未勝利で33歳の市原弘大が7バーディー、1ボギーの65をマークして通算8アンダー、134で首位に浮上した。

1打差の2位はシー・カプール（インド）で、さらに1打差の3位に矢野東が続いた。通算4アンダーの5位は永野竜太郎、武藤俊憲、前週優勝の金庚泰（韓国）ら5人。重永亜斗夢は通算1アンダーで27位。2オーバーまでの78選手が予選を通過し、前週2位の近藤共弘は1打及ばなかった。（出場137選手＝アマ2、晴れ、気温18・7度、東の風4・5メートル、観衆1975人）

◇パナソニック・オープン 第2日成績（パー71）

	順位	選手		通算	1日目	2日目	(前 後)
-8	①	市原　弘大		134	69	65	(33 32)
-7	②	カプール	(印)	135	68	67	(33 34)
-6	③	矢野　東		136	67	69	(36 33)
-5	④	洪　健堯	(台)	137	70	67	(33 34)
-4	⑤	武藤　俊憲		138	71	67	(34 33)
	⑤	金　庚泰	(韓)	138	69	69	(36 33)
	⑤	朴　相賢	(韓)	138	67	71	(34 37)
	⑤	呉　阿順	(中)	138	67	71	(33 38)
	⑤	永野竜太郎		138	65	73	(36 37)

▼米女子、野村2位発進

【デーリーシティー（米カリフォルニア州）共同】米女子ゴルフのスウィンギングスカート・クラシックは21日、カリフォルニア州デーリーシティーのレークマセドGC（パー72）で第1ラウンドが行われ8バーディー、1ボギーの65で回った野村敏京が2位につけた。63をマークした柳簫然（韓国）が首位。

アマチュアで17歳の畑岡奈紗（茨城・翔洋学園高）と横峯さくら、宮里美香が73で59位となった。74の上原彩子は81位、宮里藍は102位と出遅れた。

▼岩田は71、日没順延

米男子ゴルフのテキサス・オープンは21日、テキサス州サンアントニオのTPCサンアントニオ（パー72）で第1ラウンドが行われ、岩田寛は71で回った。悪天候で中断したため、約半数の選手が日没までに競技を終えられなかった。

荒木も全力 殊勲打
中日 4連勝で貯金3

3回中日2死満塁、荒木が中前に2点打を放つ＝ナゴヤドーム

中日 11－6 ヤクルト

谷繁監督がインフルエンザで欠場した一戦で、打線が奮起した。熊本地震で2試合が中止。5日ぶりの試合となった影響を感じさせない攻撃は、ともに今季最多の15安打11点。中日は4連勝で貯金を3とした。監督代行を務めた森ヘッドコーチは「野手さまさま」と感謝しきりだった。

一回に4点を先制。同点の三回には、杉山と荒木の適時打で3点を勝ち越した。五回は平田のソロなどで2点を加えた。

下位まで途切れず打線が機能。森ヘッドコーチは「変な負け方をしたら監督に何を言われるか分からないからな」と上機嫌に語った。この勢いのまま、谷繁監督が復帰する見込みの23日に今季初の5連勝を狙う。

G沢村被弾 逃げ切れず

巨人 1－1 DeNA

両チームとも投手陣が踏ん張り、引き分けた。

巨人は五回に小林誠の適時二塁打で先制。先発の菅野が7回無失点と好投したが、抑えの沢村が九回、乙坂に1号ソロを浴びた。延長に入ってからは両チームとも救援陣が譲らなかった。

鳥谷6打点

阪神 12－9 広島

阪神がともに今季最多の19安打、12点で打撃戦を制した。逆転された直後の二回に鳥谷の3ランなどで4点を奪い、以降も着実に加点。鳥谷は6打点の活躍。広島は横山が乱調で、2戦連続の2桁失点。エルドレッドは2本塁打で好調。

楽天九回逆転

楽天 8－7 西武

楽天が競り勝って、勝率を5割に戻し、3位に浮上した。

阪神 12－9 広島

【阪神】	打	安	点	振	球	本	打率
(左)高山	6	4	0	0	0	①	.306
(中)二大和	6	3	1	1	0		.471
(右)江越	5	2	1	1	1	④	.340
(一)ゴメス	4	3	1	0	2	⑥	.263
(遊)鳥谷	4	2	6	1	0	❶	.221
(二)西岡	5	2	1	0	0		.317
中横田	0	0	0	0	0		.227
(三)今成	4	2	1	0	1		.263
(捕)岡崎	5	1	0	1	0		.208
(投)メッセンジャー	3	0	0	1	0		.143
打板山	1	0	0	0	0		.000
投榎田	0	0	0	0	0		—
投安藤	0	0	0	0	0		—
打北條	1	0	0	1	0	①	.211
投高橋	0	0	0	0	0		—
投ドリス	0	0	0	0	0		—
投マテオ	0	0	0	0	0		.000
犠盗失併残 2 1 2 1 1	44	19	11	6	4		.256

【広島】	打	安	点	振	球	本	打率
(遊)田中	5	3	0	1	0		.295
(二)菊池	5	2	0	0	0	②	.360
(中)丸	5	1	0	1	0	③	.287
(一)新井	5	2	4	2	0	①	.305
(左)エルドレッド	5	3	2	0	0	❻	.367
(右)松山	5	1	2	0	0	❶	.357
(三)安部	3	1	1	0	0		.125
打三小窪	2	0	0	0	0		.091
(捕)会沢	4	1	0	1	1	①	.244
(投)横山	1	0	0	1	0		.000
投中田	0	0	0	0	0		—
投オスカル	1	0	0	1	0		.000
打堂林	1	0	0	0	0	①	.167
投ヘーゲンズ	0	0	0	0	0		—
打天谷	1	0	0	0	0		.235
投永川	0	0	0	0	0		—
犠盗失併残 0 0 0 0 8	43	14	9	7	1		.277

【投手成績】	回	打	安	振	責	防御率
メッセンジャー	5	29	11	5	7	4.01
榎田	1	4	1	0	1	2.92
安藤	1	3	0	0	0	0.00
高橋	2/3	4	2	0	1	1.04
ドリス	1/3	1	0	0	0	0.00
マテオ	1	3	0	1	0	2.38
横山	1 2/3	16	9	2	7	5.40
中田	1 1/3	8	3	1	2	16.62
オスカル	2	11	5	0	2	9.82
ヘーゲンズ	2	8	1	1	1	4.50
永川	2	7	1	2	0	6.43

▷三塁打　安部、高山▷二塁打　大和、新井、エルドレッド▷犠飛　鳥谷2▷盗塁　岡崎（1）▷失策　鳥谷、今成▷暴投　横山、メッセンジャー、ヘーゲンズ▷与死球　横山（ゴメス）ヘーゲンズ（ゴメス）▷試合時間　4時間3分

楽天 8－7 西武

【楽天】	打	安	点	振	球	本	打率
(右)島内	4	0	0	0	1		.240
右福田	0	0	0	0	0	①	.167
(中)聖沢	3	3	0	0	1		.326
(一)銀次	3	2	0	0	2		.260
(三)ウィーラー	4	2	2	0	1	②	.286
(左)松井稼	5	1	2	0	0	①	.170
(遊)茂木	2	0	0	0	0		.256
打牧田	1	0	0	1	0		.000
遊吉持	1	0	0	0	0		.000
打伊志嶺	0	0	0	0	1		.333
走遊阿部	0	0	0	0	0		.400
(指)枡田	2	0	0	1	0		.300
打指川本	3	1	2	1	0		.333
(二)後藤	5	1	0	0	0	②	.269
(捕)嶋	5	1	1	2	0	①	.274
犠盗失併残 1 1 0 1 10	38	11	7	5	6		.260

【西武】	打	安	点	振	球	本	打率
(中)秋山	5	0	0	4	1	①	.289
(二)外崎	3	1	0	0	0		.185
打大崎	1	0	0	0	0		.000
二浅村	0	0	0	0	1	①	.175
(左)栗山	4	1	1	1	1		.324
左熊代	0	0	0	0	0		.333
(一)メヒア	4	2	0	1	1	⑤	.333
(指)上本	3	1	0	0	0		.467
打指竹原	2	1	2	0	0		.500
(右)坂田	5	2	1	1	0	①	.267
(三)鬼崎	3	1	1	1	1	①	.273
打渡辺	1	1	0	0	0		.333
(捕)岡田	4	1	0	1	1		.200
(遊)金子侑	3	2	2	0	1		.240
犠盗失併残 1 2 4 2 12	38	13	7	9	7		.268

【投手成績】	回	打	安	振	責	防御率
則本	6	29	7	5	4	3.00
金刃	1/3	2	1	0	0	1.35
青山	2/3	4	2	1	0	9.64
浜矢	1	7	2	2	2	9.00
松井裕	1	4	1	1	0	4.09
十亀	5 1/3	23	3	3	4	8.38
武隈	1 1/3	7	3	1	0	1.54
牧田	1 1/3	7	3	1	0	2.41
増田	1	8	2	0	2	4.26

▷二塁打　栗山、ウィーラー、メヒア、坂田、後藤、嶋、松井稼▷犠打　聖沢、金子侑▷盗塁　茂木（3）外崎（4）金子侑（2）▷失策　浅村、鬼崎▷与死球　十亀2（島内、ウィーラー）▷投手失策　十亀2▷試合時間　4時間2分

大リーグ
イチロー2安打

【マイアミ共同】米大リーグは21日、各地で行われ、マーリンズのイチローはマイアミでのナショナルズ戦に「1番・右翼」で臨み、3打数2安打、2得点で5－1の勝利に貢献した。2試合連続で先発したのは今季初。マリナーズの青木はインディアンス戦に「1番・左翼」で出場し、四回に右前適時打して5打数1安打1打点、1得点だった。チームは延長十回、10－7で勝った。

⑪大リーグ日本選手成績（21日）

【野手】	打	安	点	本	打率	点	本
青木　宣親	5	1	1	0	.226	4	0
イチロー	3	2	0	0	.389	1	0

カブスのアリエッタがレッズ戦で2年連続2度目となる無安打無得点試合を達成した。今季のメジャーでは初めて。

▽ア・リーグ
マリナーズ 10－7 インディアンス
レイズ 12－8 レッドソックス
エンゼルス 3－2 ホワイトソックス
アスレチックス 7－3 ヤンキース
オリオールズ 3－2 ブルージェイズ
ロイヤルズ 4－0 タイガース
レンジャーズ 7－4 アストロズ

▽ナ・リーグ
ドジャース 2－1 ブレーブス
マーリンズ 5－1 ナショナルズ
ダイヤモンドバックス 6－2 ジャイアンツ
カブス 16－0 レッズ
パイレーツ 11－1 パドレス

▽交流戦
ツインズ 8－1 ブルワーズ

野球

◇東都大学リーグ（22日・神宮）
日大－専大3回戦（専大2勝1敗）

◇九州六大学リーグ（22日・春日公園）
▽2回戦（九国大2勝）
▽同（福岡大2勝）
▽同（1勝1敗）

きょうのスポーツ

プロ野球 きょうの予告先発

Jリーグ

九州新幹線 博多―熊本 きょう再開

正午前 全て自由席、各駅停車

JR九州は22日、地震の影響で14日から運転を見合わせている九州新幹線の博多―新水俣間のうち、博多―熊本間を23日正午前に運転再開すると発表した。9日ぶりに主要区間が復旧し、人の流れや被災地支援の活発化が期待できる。

【1面参照】

同社によると被災した新玉名―熊本間(営業距離28キロ)は、設備の損傷が25カ所と比較的少なく、22日までに応急的な補修を完了した。23日午前の試験走行で安全を確認する。

23日の始発は、博多発が午前11時51分、熊本発が午前11時53分。下り11本、上り10本を8両編成(546席)で運行する。全列車が各駅停車。一部区間を徐行するため、所要時間は約1時間となる。すべて自由席で、グリーン席(24席)は車内で先着順に販売する。

24日以降の始発は博多発が午前6時10分、熊本発が午前6時21分で、上下線各15本を運行する。

新水俣―鹿児島中央間は20日に運転再開し、本数を減らして運行している。(田川里美)

脱線車両の移送開始

動画 くまにちプラネット

JR九州は22日、熊本駅の南1・3キロの高架上で脱線した新幹線車両(全6両)の撤去作業を再開し、切り離し作業を終えた車両を同市南区の熊本総合車両所まで移送させた。

1号車は午後1時すぎ、ディーゼル駆動の作業車でけん引して移送。約8キロ南の車両所へ、警笛とともにゆっくりとしたスピードで向かった。

同日中に1、2号車の移送を終え、残る車両は23日以降となる。破損が見つかった6号車は、台車を交換した上で移送する計画。

ただ、熊本―新水俣間は設備の破損も多く、運転再開のめどは立っていない。(田川里美、猿渡将樹)

脱線現場からけん引される九州新幹線の先頭車両=22日午後1時10分ごろ、熊本市西区(谷川剛)

三角線も再開 きょう午後

JR九州は22日、地震の影響で16日から不通となっている三角線(宇土―三角)の運行を23日午後に再開すると発表した。同区間を走る観光列車「A列車で行こう」は終日運休する。

九州道 全線復旧 めど立たず

被災現場公開

西日本高速道路は22日、九州自動車道の熊本地震による被災現場の一部を報道陣に公開した。一部は来週前半に復旧できる見込みだが、全線開通には長期間の復旧作業が必要という。

同社によると、九州自動車道の被害は橋の損傷5カ所と盛り土の崩落1カ所のほか、路面の亀裂が多数。現在、植木インター(IC)―八代IC間が上下線で通行止めになっている。

公開したのは道路が長さ約40メートルにわたって崩れた現場(益城町福富)と、道路との接続部分に約50センチの段差が生じている木山川橋(同町島田)の2カ所。同社は24時間体制で作業に取り組んでいるが、いずれも本格的な工事の準備段階で、復旧のめどは立っていない。

一方、緑川パーキングエリア付近で崩落した県道の陸橋は既に撤去。嘉島ジャンクション(JCT)―八代ICと、九州中央道の小池高山IC―嘉島JCT間は、来週前半に復旧する見込み。同社は「被災地にとって高速道路は重要なインフラ。早期復旧のために全力を挙げたい」としている。(園田琢磨)

道路が崩壊した九州自動車道の復旧工事現場=22日午後2時20分ごろ、益城町(岩崎健示)

両陛下から県にお見舞金

天皇、皇后両陛下は22日、熊本地震で甚大な被害を受けた熊本県に、お見舞金の金一封を贈られた。

蒲島郁夫知事の代理として県東京事務所の渡邊繁一所長が同日、宮内庁を訪問。同庁の野村護総務課長が両陛下からのお見舞金を手渡した。

植木IC―益城熊本空港IC 高速バスの通行可能に

国土交通省は22日、九州自動車道植木インターチェンジ(IC)―益城熊本空港ICの19キロの区間で、23日から高速バスが通行可能になると発表した。一部で一般道を通行している熊本―福岡の所要時間が大幅に短縮される見通し。

九州道は植木IC―八代ICの56キロが通行止めとなっており、このうち植木IC―益城熊本空港ICは、物資輸送車両などに限って通行が認められていた。石井啓一国交相は22日、首相官邸で記者団に「ボランティアの移動の支援になる」と述べた。

九州道では来週前半に、嘉島ジャンクション(JCT)―八代ICの33キロなどが通れるようになる予定。これにより、九州の高速道路で物資輸送車両も含めて全く通行できない区間は、益城熊本空港IC―嘉島JCTの4キロと大分道の湯布院IC(大分県)―日出JCT(同)の17キロだけとなる。

また国交省は22日、熊本港と韓国の釜山港を結ぶ定期コンテナ航路が23日に再開予定となったことも明らかにした。

熊本市 避難者 実態調査へ

5万人に記入カード配布

熊本市は23日から、市内で避難生活を送っている約5万人の実態調査に乗り出す。市が避難者の現状を調べるのは初めて。避難所で「避難世帯カード」に記入してもらい、今後の生活支援や住宅確保の参考にする。

対象は、避難所や車中での生活者と、在宅しているが配給等が必要な被災者。家族構成やそれぞれの健康状態、家屋の被害状況、日中の生活場所、避難所への避難理由、今後の希望など9項目を聞く。

「今後の希望」の欄では①避難所にとどまる②市営住宅・民営住宅③他都市への一時避難―など具体的に質問。市政策企画課では「避難者のニーズを把握し、住宅支援などに役立てたい」としている。

カードは避難所で食事の際に、市職員などが配る予定。同課☎096(328)2035。(西國祥太)

被災者休養に民間貨客船

八代港に到着 自衛隊が送迎

八代港に着岸した「はくおう」から下りる自衛隊車両=22日、八代市

八代市の八代港に22日、北海道の陸上自衛隊員らを乗せた民間貨客船「はくおう」(約1万7千トン)が到着した。隊員らは南阿蘇村の被災地に入り、貨客船は同港にとどまって被災者の休養所として利用する。

防衛省は3月、民間フェリー会社でつくる「高速マリン・トランスポート」(東京)と災害時などに優先使用する契約を結んでおり、初の運用となった。

同省と国土交通省によると、貨客船は被災者に宿泊と入浴、食事を提供する。最大500人まで対応でき、事前の申し込みが前提。地域ごとに1泊2日の休養施設として利用する案などが出ている。船までは陸上自衛隊が送迎する。

申し込みの受け付け方法や利用できる地域、日数など具体的な運用法は両省と県で今後詰め、「速やかな利用開始を目指す」(国交省内航課)という。

この日は陸自北部方面隊の約300人と車両80台が船から下り、南阿蘇村に向かった。部隊を指揮する第2師団の大﨑香織2佐は「早く被災者の役に立ちたい。入浴などの生活支援や物資輸送に当たる」と述べた。(三室久徳、平岡義裕)

「避難所での性暴力注意」

男女参画センター

熊本市男女共同参画センターはあもにい(同市中央区、藤井宥貴子館長)は22日、避難所などでの性暴力被害を防ぐための啓発チラシを作成。同市西区の避難所に配布した。

東日本大震災など過去の災害では、避難所などで性暴力被害が多発した。避難所の運営者や利用者に問題を知ってもらい、女性や子どもへの目配りや、更衣室を設けるなどの設営上の配慮をしてもらうのが狙い。

チラシには、東日本大震災での被害の事例を掲載。着替えをのぞかれた(10代女子)▽夜に男性が毛布に入ってきた(20代女性)▽授乳を男性にじっと見られた(30代女性)▽トイレでキスを迫られた(6～12歳女子)―などのほか、男児が成人男性からわいせつ行為をされた例も紹介。性被害の相談窓口も掲載した。

今後は同市内などの避難所や区役所にチラシを配布する。藤井館長は「まずは授乳スペースと更衣室の確保が急務。性暴力被害者を一人も出さないように、みんなで取り組みたい」と話している。(中村美弥子)

熊本市男女共同参画センターはあもにいが作成した、避難所などでの性暴力防止を呼び掛けるチラシ

阿蘇市長が過労で入院

阿蘇市の佐藤義興市長が、過労のため同市内の病院に入院した。入院は数日の予定で、職務代理者は置かない。

市によると、佐藤市長は16日未明の震度6弱の地震発生後、陣頭指揮を取っていたが、数日前から風邪の症状があり、20日夜に入院。21日は入院先から避難所を巡り、被災者を励ますなどした。22日は医師の勧めで終日病院にいたという。

「グリーンロード南阿蘇」全線開通

復旧支援の経路に

九州地方整備局と県は22日、益城町上陳と南阿蘇村久石を結ぶグリーンロード南阿蘇(約25キロ)が全線開通し、物資輸送のための大型車両も通れるようになったと発表した。復旧支援の経路として期待できるという。

グリーンロードは町道と村道からなる。地震による土砂崩落のため、益城町上陳で約500メートルが通行止めになり、10トン以上の車両は通行できず、小型車は迂回が必要だった。(太路秀紀)

熊本産馬肉に打撃

処理工場被災 出荷が減少

熊本地震のため、全国一の生産量を誇る熊本産馬肉の加工、流通が打撃を受けている。県内に2カ所ある食肉処理工場が被災し、稼働を停止。道路事情の悪さも加わって出荷に減少や遅れが生じ、営業休止に追い込まれる馬肉料理店も出ている。

馬肉製造販売で熊本最大手の千興ファーム(御船町)は工場が損壊し、出荷できなくなった。子会社が運営する馬肉専門店は、在庫を取り崩しながら営業を続けている。

菅浩光社長(38)は、復旧に最長で1カ月程度かかると予想。「被害の正確な状況把握すらまだ終わっていない。一日でも早く再開したい」と対応に追われる。

熊本中央食肉センター(宇城市)も被災して休んでいる従業員が多く、作業を止めている。担当者は「馬肉を待っている消費者に応えたい」と語り、4月中の再開を目指している。

県外 営業休止の料理店も

福岡県の馬肉料理店「馬カキング」は、在庫が残り少なくなり、2店のうち1店の営業休止を余儀なくされた。運営会社の責任者は「営業中の1店も今週で在庫が切れる。かなりきつい状況だ」と困り顔だ。

ただ、熊本県などによると、食用馬を県外の工場に出荷している生産農家もあるため、熊本産馬肉の販売が途絶えることはないという。

「熊本に皆さんの力を」

東海大農学部の学生 都内で募金

熊本地震被災者のため、募金を呼び掛ける東海大農学部の学生ら=22日、東京都の新宿駅前

熊本地震で、学生3人が犠牲になった南阿蘇村の東海大農学部の学生が22日、東京・新宿駅前で、被災者支援のための募金を呼び掛けた。

同学部は6月末まで休講となり、首都圏に帰省している約20人が「熊本には、皆さん一人一人の力が必要です」と声を張り上げた。

東京出身の2年生、国貞尚伸さん(19)は亡くなった脇志朋弥さんと同じアパートで、バレーサークルでも一緒だった。「明るくて、とても優しい人だった」。悲しみは消えないが、「自分たちの力で少しでも被災地の現状を良くしたい」と行動した。

学生たちは、下宿先など地元の住民とは家族のような交流があった。避難生活を送っている住民を救ってくださいという紙を持つ人もいた。

募金活動は5月末まで続け、村の復興に役立ててもらう。(岡恭子)

被災地の通れる道 案内

専用サイト、サービス開始

自動車メーカーなどでつくる団体「ITS Japan」は、熊本、大分を中心とした地震の被災地で通行できる道路を案内するサービスを始めた。実際に通行した自動車のカーナビなどから情報を集め、専用サイト上のグーグルマップや国土地理院の地図などに点や線で表示している。

現時点から3時間前までの間に乗用車が通れた道と、前日にトラックが通行できた道を閲覧できる。地図の表示範囲は震度6弱以上を観測した地域。地震の広がりに応じて対象範囲を拡大しており、22日時点では熊本、大分、宮崎各県を中心としたエリアの情報を掲載している。

サービスの提供には、トヨタ自動車やホンダ、パイオニアなどが参加している。東日本大震災には導入が間に合わず、その後システムの構築を進めていた。専用サイトは http://disaster-system.its-jp.org/map4/map/

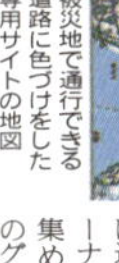

被災地で通行できる道路に色づけをした専用サイトの地図

肥後狂句

安藤 黒竜選

若くはない ぎっくり腰で わからした　南高江　櫻井　利白

〝年寄りの冷や水〟を狂句で描くとしたら、こうなるだろう。記憶にも〈ぎっくり腰 引っ越しの荷の増えさした〉をつけた覚えがある。

若くはない あんまり無理も出来んなあ　新大江　渡瀬　勝

とおり道 手ぶらばってん 寄ってみゅう　武蔵ヶ丘　山村　五男

若くはない 保健師さんに 注意され　山都　山本　眞一

若くはない バスのある間に帰る酒　黒髪　徳尾　芳道

とおり道 覗けば招く碁の仲間　良町　成松　久雄

ためになる ここは覚えて 帰らなん　長洲　坂井　正笑

とおり道 枝振りのええ松のある　天草　城河原大學

若くはない どっちかちゅうと魚ちゅう　宇城　坂本　十四

ためになる 漬物石ィなった臼　黒髪　佐々木　治

被災者は思う

2016.4.23

救援物資 必要な人に

平山沙織さん(39)=主婦、熊本市中央区

地震の後、熊本市北区の夫の実家に家族4人で避難していましたが、中央区の自宅もライフラインが復旧し今日帰る予定です。避難所では救援物資の偏りがあることを、報道などで知りました。お年寄りは自分で買い出しに行ったりできないので、そうした人にも食料とかがちゃんと届くように対策を講じてほしいと思います。=同市下通で

避難所に娯楽あれば

岩本和磨さん(54)=塗装屋、熊本市東区

17日朝、熊本市東区の若葉小に避難。中学生になる孫は、避難所でボランティアをしています。

避難生活は不自由なこともありますが、ぜいたくは言えません。ただ、長引く避難で、みんなストレスがたまっているようです。カラオケなどがあれば、子どもからお年寄りまで楽しめて、ストレス発散にもつながるのですが。

第157回ロト7宝くじ(22日)

本数字
05 09 16 26 28 29 32

ボーナス数字
01 37

1等	本数字7個一致	該当なし
2等	本数字6個とボーナス数字1個一致	(1378万700円)6口
3等	本数字6個一致	(103万3500円)112口
4等	本数字5個一致	(1万4200円)4754口
5等	本数字4個一致	(2000円)80218口
6等	本数字3個とボーナス数字1個または2個一致	(1100円)129228口

キャリーオーバー (2億5232万2715円)

第4388回数字選択式全国自治宝くじ(22日)

ナンバーズ3

◇抽せん数字 099

ストレート	(10万5600円)67口
ボックス	(3万5200円)238口
セット・ストレート	(7万400円)130口
セット・ボックス	(1万7600円)307口
ミニ(下2ケタ)	(1万500円)814口

ナンバーズ4

◇抽せん数字 7439

ストレート	(74万3000円)41口
ボックス	(3万900円)408口
セット・ストレート	(38万6900円)91口
セット・ボックス	(1万5400円)1809口

（第3種郵便物認可）　熊本日日新聞　平成28年（2016年）4月23日　土曜日　社会　22

西原村に仮設住宅

県、まず50戸 来月着工

県は22日、熊本地震に伴う最初の仮設住宅として、西原村にまず50戸を建設する方針を明らかにした。5月上旬にも着工し、6月中の完成を目指す。他の被災市町村でも準備が整い次第、整備を進める。

県住宅課によると、地震で大きな被害が出た西原村は200戸の仮設住宅建設を求めている。村が示した5カ所の候補地を確認した結果、水道や電気などを供給でき、土砂災害の危険がないなど、いずれも建設可能と判断した。どの候補地に何戸建てるかは、村と今後調整する。さらに被災者のニーズを踏まえて、追加建設も検討する。

仮設住宅は、2DKを標準に1DKと3DKの3タイプ。全国組織のプレハブ建築協会は約2900戸、県優良住宅協会は約100戸の建設が即時可能としており、こうした団体に施工を依頼する。

22日時点で益城町、南阿蘇村、甲佐町も県に仮設住宅の建設を要請しており、調整を進めている。

県住宅課によると、2011年の東日本大震災で被災した岩手県は、全・半壊家屋の35%に相当する仮設住宅と民間賃貸住宅（みなし仮設住宅）を被災者に提供しており、こうしたデータを参考に必要な仮設住宅数を求める方針だ。（蔵原博康）

不安の中 商店街奮起

熊本市の健軍・下通・子飼

「少しでも日常取り戻して」

足を止め、2階部分まで倒壊した「サンリブ健軍店」を眺める人たち＝22日、熊本市東区の健軍商店街

熊本地震によって、熊本市内の各商店街は大きな被害を受けた。東区の健軍商店街は、一部立ち入り禁止のまま。中心市街地もがらんとしている。しかし、倒壊した店舗のはざまで営業を再開する店もあり、普段の生活を取り戻そうとする市民を勇気づけている。

22日の健軍商店街。16日の本震で2階部分まで崩落した核店舗の「サンリブ健軍店」周辺は今も立ち入りが禁止され、人の流れは分断されていた。

60年続く飲食店を営む女性（66）は「店に大きくひびが入り、復旧の見込みが立たない。このままでは閉店するしかないのかな」と寂しげにつぶやく。同商店街振興組合理事の釼羽逸朗さん（64）も「今後、商店街はどうなってしまうのか」と不安を募らせるが、それでも58店舗中、17店が店先に品物を並べるなどして開店にこぎつけた。

熊本の顔、下通アーケード（中央区）も、いつものにぎわいとは程遠い。カラオケチェーン店の店主（37）は「営業できないことはないが、こんな時に歌う気分になれるだろうか」とこぼす。居酒屋店主の松下健一さん（52）は「ごった返した店内の片付けも終わっていない。いつになったら元の営業ができるのか…」。店先で弁当を売りながら再開の時を待つ。

“庶民の台所”子飼商店街（同区）には、日常の光景が戻りつつあった。通りの真ん中にある松本青果店は、地震の影響で雨漏りがひどく、ガラス戸も閉まらない。それでも店にトマトやキュウリ、イチゴなどを並べる。

「お店やって大丈夫なの」「ひちゃかちゃバッテン、お客さんが喜ぶのが一番」。笑顔で客とやりとりしていた同店の松本恵美子さん（71）は「大変な時だけど、少しずつ元の生活に戻りたい」。

ラーメン店を経営する子飼商店街振興組合の中川原堅一郎理事長（43）は、5年前、東京で東日本大震災に遭った。「災害に負けてられない」。水道の復旧とともに21日に営業を再開。開店中の約20店をインターネットの会員制交流サイト「フェイスブック」で紹介すると、全国から応援コメントが寄せられたという。

早速足を運んだ主婦藤岡美穂子さん（67）は「商店街に元気があると、明るい気分になります」。中川原さんの妻・あき野さん（40）は「今は毎日が非日常の連続。商店街をぶらりと歩いて、少しでも日常を取り戻してほしい」と笑顔を見せた。

（西國祥太、馬場正広）

笑顔で接客する松本青果店の松本恵美子さん（左）＝22日、熊本市中央区の子飼商店街

カンちゃん　フジヤマジョージ

石けりか！ なつかしー

子どものころ よく遊んだわ

!!

4月23日の飛来予測		6-12	12-18	18-24	24日
九州北部	大気汚染粒子	多い	多い	多い	多い
	黄砂	やや多い	少ない	少ない	少ない
九州南部	大気汚染粒子	やや多い	多い	やや多い	多い
	黄砂	少ない	少ない	少ない	少ない

非常に多い　注意喚起レベル　多い　環境基準値程度　やや多い　大気が少しかすむ　少ない　清浄

予測システム「スプリンターズ」開発チーム提供

被災者のペット 一時預かります

県獣医師会と環境省、初の試み

環境省は22日、熊本県で地震に見舞われた被災者から犬や猫などのペットを無料で一時預かりする支援を、23日から始めると明らかにした。「ペットが心配で避難所に入れない」「いったん預けて落ち着きたい」といった声が県などに多く寄せられたためで、県獣医師会が主体となり環境省が支援する。同省によると、災害時に獣医師会がこうした支援をするのは初めてという。

獣医師らが熊本市役所などで飼い主の相談に乗り、最寄りの動物病院を紹介。避難生活が落ち着くまでペットの面倒を見る。日本獣医師会は全国の獣医師会に協力を要請しており、希望者が受け入れ数を上回った場合は、近県の動物病院などに運んで世話をする。預かり期間は避難状況などを見て決める。

環境省は、災害発生時はペットを連れての同行避難をするよう推奨しているが、衛生面の懸念やトラブル回避のため、建物内への同行を断っている避難所も多い。東日本大震災では、ペットと共に車中泊していた飼い主がエコノミークラス症候群になった例もあり、同省の担当者は「飼い主が安心して生活再建に取り組めるよう支援したい」と話している。

「くまモン募金箱」発案　放送作家　小山　薫堂さん

「今こそ 善の力広げたい」

小山薫堂さん

「くまモン」生みの親で、放送作家の小山薫堂さん（51）＝天草市出身＝が、熊本地震の被災地支援に向けた「FOR KUMAMOTO PROJECT」を立ち上げた。柱となるのはインターネット上の「くまモン募金箱」設置。小山さんは「今こそ熊本の人たちの善の力を広げたい」と語った。（中原功一朗）

―なぜ、くまモンを募金箱に。

「くまモンは熊本県民の心の象徴。くまモンを介して、全国とつながることができる。漫画家たちも地震後、くまモンのイラストを描き共感が広がった。募金箱には人々の思いが寄せられると考えている。今、募金（25日開始予定）のシステムを詰めている」

―プロジェクトではほかに何を。

「『くまモンあのね』というツイートを始めた。くまモンに語りかけるように、被災地での小さな光をつぶやいてもらう。それを読めば全国の人の心が震えるだろう。熊本の人たちには『善の力』を感じる。身の回りのことで精いっぱいという人もいるだろうが、頑張っている姿を伝えてほしい」

―経験したことのない地震が古里で起きました。

「時間がたつにつれ、世の中の関心が薄れるのが不安。熊本が『かわいそうな土地』と見られるようになってほしくない。熊本には被災地で活動する自衛隊員に感謝状を贈る子どもたちがいる。そんな人たちに会いに行こうと考える人が増えればいい」

「熊本城も甚大な被害を受けたが、ガウディ建築のように“作り続けること”に価値を見いだせないか。復元の過程が大事」

―今後、熊本にどう関わられますか。

「震災への備えのスタンダード（規格）をどう作るかが、熊本の人々に課せられた宿題と言える。その成果をみなさんと一緒に出したい」

小山薫堂さんが立ち上げた熊本地震の被災地支援プロジェクトのロゴマーク

熊本市のボランティアセンター

花畑広場に開設

県内外から大勢のボランティアが詰め掛けた受付会場の花畑広場（仮称）＝22日午前10時45分すぎ、熊本市中央区（谷川剛）

熊本市社会福祉協議会は22日、同市中央区の花畑広場（仮称）に災害ボランティアセンターを開設した。被災者がどのような支援を求めているかを尋ねるチラシを配布し、ニーズを確認した上で被災者宅の片付け支援などを始める。

市社協によると、支援内容は倒れた家具の立て直しや割れたガラスの清掃など。1人暮らしの高齢者や障害者の住まいを優先し、全・半壊した家屋での作業など危険が伴う場合は受け付けない。

初日は県内外から千人近くが訪れたが、配布する住宅地図が足りず、約450人が東区を中心にボランティア依頼のチラシを各戸に配った。八代市の三枝崎能久さん（47）は「街の復興に少しでも協力したい」と話した。

土日も開設し、午前9時～正午まで受け付け。飲食類は各自準備する。同センター☎090（6653）1552、090（6653）1648、090（6653）1649。支援依頼は☎090（6653）1592、090（6653）1581。

（石本智）

団地の掲示板に配布チラシを張るボランティア＝22日午後、熊本市東区

九州高校野球「復興大会」で開催　来月10日から

九州地区高野連と日本高野連は22日、熊本地震の影響で開幕を延期していた第138回九州地区高校野球大会の詳細な日程を決めた。5月10日から15日までで13日が休養日。長崎県営野球場などが会場。震災復興大会と位置付けて募金活動などを行う。

開催の可否は6日にあらためて判断するが、九州自動車道などの復旧が間に合わないときや不参加校がある場合でも実施する。ただ、余震が続き、被害が大きくなった場合は中止。開会式では入場行進は行わず、被災者へ黙とうをささげる。閉会式は実施しない。応援の鳴り物は禁止。

熊本からは、選抜高校野球大会で4強入りした秀岳館と、春の県大会を制した九州学院が出場予定。ただ、地震の影響から秀岳館の山口幸七コーチは「まだ練習も再開していない。出場できるかは分からない」、九州学院の平井誠也部長も「休校になっており、出場するかは未定」としている。県勢が出場する場合は共に2回戦からの登場となり、秀岳館は10日午後3時半から大分と対戦。九州学院は11日午前9時から佐賀商と当たる。会場はいずれも同野球場。軟式野球の九州大会は11日から長崎県の佐世保市総合グラウンド野球場で開かれる。

（嶋田昇平）

ひなに餌を与えるトキの親鳥（中央上）。くちばしの間にかすかにひなが見える＝22日午前、新潟県佐渡市（環境省提供）

◆野生トキにひな誕生

環境省は22日、新潟県佐渡島で、いずれも野生下で生まれた国の特別天然記念物トキのペアにひなが誕生したのを、21日に確認したと発表した。日本で「純野生」のひなが確認されたのは1976年以来、40年ぶり。2008年に放鳥が始まって以来初めて。親鳥に餌をねだり、巣の中を動き回るなど元気な様子を見せているという。

本格的な野生復帰の第一歩で、今後も安定して個体数を増やしていけるか注目される。

現在、島の野生トキは約150羽まで増え、今回のペアの他に野生同士4組を含む36のペアが営巣。放鳥後、過去最多の巣立ちとなった14年の31羽を超える「ベビーラッシュ」が期待されている。

環境省佐渡自然保護官事務所の広野行男首席自然保護官は、今回のひなの誕生を「トキが安定して生息できる自然状態に一歩近づいたと言え、大きな収穫」と話している。

◇お断り　連載「私たちの最期は・自宅でみとる」と「家族らい予防法廃止20年」は当面、休載します。

23日　午前9時 2m　午後3時 2m

阿蘇山の風向予想

日本気象協会 tenki.jpより

9日間の天気 Weather Report

23(土)　24(日)　25(月)　26(火)　27(水)　28(木)　29(金)　30(土)　1(日)

札幌　東京　名古屋　大阪　広島　福岡　熊本　長崎　佐賀　大分　宮崎　鹿児島　那覇

のち　時々

きのうの気温　22日

（天気・湿度は15時、県内の気温は0時―17時、△印は低め）

	最高	平年比	最低	平年比	湿度	天気
熊本	23.7	1.3	16.6	5.2	59%	快晴
牛深	21.8	0.7	16.5	3.2	67%	―
人吉	26.0	3.9	15.9	6.2	38%	―
阿蘇	21.1	2.3	13.2	6.6	―	―

（阿蘇山上の最高気温は －　度、最低気温は －　度）

	最高	最低	天気
福岡	22.7	16.7	晴
佐賀	23.9	16.1	快晴
長崎	21.2	16.2	快晴
大分	23.0	14.5	快晴
宮崎	24.4	17.6	快晴
鹿児島	26.0	17.7	快晴
那覇	28.3	24.2	曇
松江	22.7	14.3	晴
広島	23.7	14.2	快晴
高松	25.6	15.9	晴
大阪	23.8	15.4	晴
京都	23.0	15.1	曇
名古屋	23.2	13.2	曇
長野	18.7	10.8	曇
東京	23.7	13.2	曇
新潟	16.7	12.1	曇
仙台	17.9	11.8	曇
秋田	20.1	13.0	晴
札幌	21.1	9.1	晴

潮ごよみ

旧暦3月17日（23日）　大潮・月齢 15.7

日出 5時38分　日入 18時53分　月出 19時48分　月入 6時18分

	満潮	干潮
三角	9.19 / 21.54	3.28 / 15.39
水俣	9.14 / 21.50	3.24 / 15.37
牛深	8.18 / 21.00	2.32 / 14.40
玉名	9.29 / 22.04	3.38 / 15.49

旧暦3月18日（24日）

	満潮	干潮
三角	9.47 / 22.24	3.59 / 16.07
水俣	9.41 / 22.20	3.54 / 16.06
牛深	8.44 / 21.32	3.02 / 15.09
玉名	9.57 / 22.34	4.09 / 16.17

◇お断り　阿蘇山上の気温は地震のため観測できませんでした。

23　社会　平成28年（2016年）4月23日　土曜日　熊本日日新聞

くまモン

絵：サダタロー／監修：小山薫堂

竹馬

生きる希望 諦めない

益城町の豊世さん

自宅が倒壊 下敷き 5時間…励まされ救助

救助隊が豊世さんを助け出す際に切り開いたとみられる2階の床板。5時間近くもの間、つぶされた1階部分に取り残された＝益城町（関係者提供）

けがをした左手を見つめる豊世美文さん。「救助隊の声掛けに救われた」と感謝する＝合志市の熊本北聖書キリスト教会

「必ず、生きて帰りましょう」―。14日夜の熊本地震で益城町の自宅が倒壊し、5時間近くも下敷きになって閉じ込められた保育士の豊世美文さん(33)は、奇跡的に軽傷で助け出された。余震におびえながらも生還を信じたのは、救助隊が掛ける励ましの声。豊世さんの証言から、緊迫の救出劇が浮き彫りになった。

【1面参照】

夕食を済ませ、風呂に入ろうと2階建てアパートの1階脱衣所で服を脱いだのが、14日午後9時26分だった。下から突き上げるような震度7の衝撃。気付いたときには壁ごとドアが迫り、左手を挟まれた状態であおむけに倒れた。

辺りは停電で真っ暗。「美文！ 美文！」。呼び掛ける母に「私はここ！ 大丈夫」と応えた。「娘が中にいる」。父の声も聞こえた。両親の無事に安心できるほど冷静だった。クリスチャンの豊世さん。「神様が一緒にいてくださる。知恵と力をお与えください」。必死に祈った。

登山が趣味の豊世さんは低体温症を恐れ、自由が利く右手でつかんだタオルを首などに当てた。助けに来てくれるのか不安は募ったが、遠くに聞こえたサイレンが、次第にけたたましく鳴りだした。「あなたを助けに来ました」。ハンドマイクの声が響いた。

その間も続く余震。強い揺れで、頭の30㌢ほど上にあったドアがガタンと落ち、目前に迫った。死の恐怖を感じた。

1階部分はつぶれてしまい、救助隊が脱衣所まで進入しようにも容易ではない。「明かり、見えますか」。正確な場所を把握するため、救助隊員が声を掛ける。豊世さんから見えれば1回、見えなければ2回。届きにくい声の代わりに、右手で壁をたたいて応えた。

救助隊がチェーンソーでがれきを切り崩す。「大きな音が出る。耳はふさげますか」。少しずつ近づく救助隊の声に勇気づけられた。左側にできた空間から隊員の手が伸び、何人もの手で体を抱えられた。横にずらすように担架に乗せられ、救急車に運ばれた。

「よう頑張った」。父や母、兄が駆け寄った。ほっとしたのか、初めて涙が出た。

18日に退院。左手の傷が痛々しいが、「生きているだけでよかったと思える」。「救助隊の声掛けに、本当に救われた」と感謝する。

傷が癒え、保育園で子どもたちと会える日を楽しみにしている。「全てを失ったけど、得たものもある。神様や、周囲の人に守られているという実感です」

（福井一基）

何でもない日常 遠くに

南阿蘇村 避難住民が一時帰宅

避難指示が解除され、自宅に一時帰宅した避難者。奥は大規模な土砂崩れのあった現場＝22日午後1時50分すぎ、南阿蘇村河陽（高見伸）

熊本地震の犠牲者が14人に上り、依然2人が行方不明となっている南阿蘇村は22日、前日の強い雨から一転して好天になった。避難指示解除を受け、避難所の住民は後片付けのため一時帰宅したが、手の付けようがない状態。23日以降は再び雨模様の予報で、自宅を後にする住民の表情は曇りがちだった。

志田道子さん(71)＝長野＝は南阿蘇中体育館に避難中。夫婦で一時帰宅すると、給湯器の警報器が鳴り続けていた。食器棚を元に戻そうにも、床にこぼれた洗剤で足が滑る。道子さんは「どこから手を付けていいのか分からん」と額の汗をぬぐった。

「避難所ではどうしてもトイレを我慢してしまう」。自宅は断水中だが、風呂場にためた水をすくい、手早く用を済ませた。滞在時間は2時間ほど。「また雨が降ると思うと怖い」と名残惜しそうに避難所へ戻った。

同じ南阿蘇中体育館に避難している長野キミヨさん(77)＝長野＝は着替えを持ち帰るために一時帰宅した。自宅には窓ガラスの破片が散乱。とても住めない状態だ。

作業の合間、一緒に帰宅した友人宅でテレビを見た。「被災して初めて。なかなかテレビを見ようという気になれなかった。地震の前は、あんなにゆっくり見とったのに」。何でもなかった日常が、遠く感じられた。

災害対策本部が置かれている南阿蘇村久木野庁舎。長野敏也村長が地震後、初めて会見した。「当初考えていた以上の被害。復興には10年以上かかるかもしれない」。表情は終始厳しかった。

一方、曇りがちな表情が晴れるような出来事もあった。

災害対策本部とつながり、自衛隊などの車両が頻繁に行き交う中松地区の県道脇。高さ15㍍のさおに計10匹を飾り付けた巨大こいのぼりが立ち上がった。立てたのは近くの高宮正昭さん(67)。孫の節句を祝った後、いったん片付けたが「見ていると元気が出る」と言われ、再び掲げた。

「復興に関わる全ての人にエールを送りたい」。青空を背景に、こいのぼりがはためいた。

（橋野貴寛、萩原亮平）

益城町の松野ミス子さん

花愛する穏やかな人

葬儀の祭壇には、近所の人たちが摘んできた野の花が並んだ。16日の本震で犠牲となった松野ミス子さん(84)＝益城町木山＝の次女良子さん(59)は「本当に花が好きな人でした。傷一つない安らかな顔を見て、あらためて母や地域の人たちへの感謝で胸がいっぱいになった」と静かに語る。

ミス子さんは、夫健さん(85)が営む工務店で経理を担当。従業員に食事を作り、自らトラックを運転して会社を支え、娘3人を育てた。近年は歩くのが不自由だったが、穏やかな人柄は近所の誰からも好かれた。

「かわいがっていたネコを見に行くと、いつも声をかけてくれて…。本当に優しいおばあちゃんでした」。隣に住む野口結花さん(25)は、ミス子さんをしのぶ。

14日夜、帰省中だった娘や孫、ひ孫らと自宅で写真を撮っていた際、最大震度7の地震に遭遇した。大きな被害はなかったが、移っていた自宅敷地内の鉄骨の納屋が16日未明の地震で崩れ落ちた。

残された夫の健さんはけがを負い、県外に避難した。両親の介護のため昨夏、東京から帰熊した良子さんは「今度は私がふるさとに恩返しする番。心の強かった母に倣い、益城で頑張る」と気丈に語った。

（毛利聖一）

自宅の庭で大好きだった花に囲まれる松野ミス子さん（遺族提供）

震災関連死11人目

阿蘇市の79歳女性

16日未明の本震後に避難した阿蘇市の女性(79)が同日午後0時45分ごろ、急性心不全で死亡していたことが22日、阿蘇署などへの取材で分かった。同市の震災関連死は2人目で、県全体では11人となった。

市によると、女性は16日午前1時半すぎ、夫(89)らとともに車で自宅を出て、午前3時ごろ、阿蘇中央高清峰校舎に避難。午前4時すぎに「胸が痛い」と訴えたため、家族が阿蘇医療センターに搬送後、容体が急変したという。

女性は高血圧で週1度、近くの病院に通っていた。

益城町の吉永和子さん

社交的、温厚な人柄

吉永和子さん

「華があって明るくて。本当に世話の行き届く、社交的な人でした」。16日の本震で亡くなった吉永和子さん(82)＝益城町島田＝と約20年の付き合いがあった近くの福永菊枝さん(93)は、吉永さんの温厚な人柄をしのんだ。

14日夜の地震発生後、一時は夫の敏雄さんと近くに避難したが、落ち着いたと感じたのか、自宅に戻っていた。本震が襲った直後、近くの元消防士、宮永和典さん(65)はわずかな明かりを頼りに吉永さん宅周辺を捜索したが、がれきの中からは敏雄さんの声しか聞こえなかったという。

吉永さんは、所有する竹林で採れたタケノコを配ったり、老人会の女性部長として地域住民の世話にも熱心だった。近所の女性(80)は「あぎゃんよか人が、かわいそか。残された旦那さんもさぞ気落ちしなはったろう」と、けがを負って入院中の敏雄さんを思いやった。

（飛松佐和子）

嘉島町の奥田久幸さん

「農業一筋のがまだし者」

奥田久幸さん

「寡黙で真面目。農業一筋の、がまだし者だった」。16日の地震で犠牲になった奥田久幸さん(73)＝嘉島町上六嘉＝の印象を、住民は一様に語る。家族にとっては「頑固だけど、優しい面もあった」大黒柱だった。

奥田さんは妻、2男1女の5人暮らし。コメや麦を作る専業農家だった。「誰よりも朝早くから働いていた。酒もたばこもやらない。仕事が趣味みたいな男だった」と近所の福島高雄さん(77)。

軟式野球をしていた2人の息子の応援には力が入った。次男の信男さん(40)は「試合の時、父はいつも仕事を休んで見に来てくれました」。プロ野球は巨人ファン。大相撲のテレビ中継も欠かさず見ていたという。

14日の地震で奥田さん宅は壁が一部崩れ、一家は車内で夜を明かしたが、15日夜は屋内に戻った。そこへ16日未明に本震が襲い、1階にいた奥田さん夫婦と長男ががれきの下敷きになった。「こっちだ」。助けを求める奥田さんの声は、数時間後の救出前に途絶えたという。

「まさか、こんなことになるなんて思いませんでした」。避難生活が続く信男さんは、がれきとなった自宅の前でたたずんだ。

（中村勝洋）

1　3版　平成28年（2016年）4月24日　日曜日　熊本日日新聞　（昭和17年4月1日第3種郵便物認可）　第26628号　日刊

熊本日日新聞
発行所 熊本日日新聞社
〒860−8506
熊本市中央区世安町172
☎代表(096)361−3111
© 熊本日日新聞社 2016年

4月24日 日曜日

避難所で集団感染か

熊本地震

南阿蘇村 ノロウイルス25人

熊本地震の被災者が避難している南阿蘇村の南阿蘇中体育館で、男性（59）がノロウイルスに感染し、23日までに感染の疑いがあるとして男性ら少なくとも14人が救急搬送された。村によると、男女計25人が集団感染した疑いがあるという。14日の前震から10日目を迎えるが、県内では615カ所に約6万7千人が避難。避難生活の環境悪化と疲れが、健康に重大な影響を及ぼし始めている。

避難所の机を消毒液で拭く子どもたち＝23日午後、南阿蘇村の南阿蘇中体育館

村によると、同体育館には23日現在、495人が避難。男性は20日に下痢、嘔吐などの症状を訴えた。本震発生の16日から断水が続き、トイレの衛生状態は悪化しており、感染が広がった可能性がある。救急搬送時、14人に重症者はいなかったという。村は23日、体育館の大規模な消毒を実施した。

県健康危機管理課と熊本市によると、避難所で集団感染とみられるケースが分かったのは初めて。これまで保健所管轄別の避難所で7人、菊池1カ所で3人、御船2カ所で2人が感染。重症者はいないという。

県災害対策本部によると、16日の本震で自宅の下敷きになり、入院していた南阿蘇村の60代女性が21日に死亡した。県内の震災関連死は計12人となった。

不明者捜索は中断

関連死12人に

南阿蘇村では、自衛隊、警察、消防が行方不明者2人の捜索を続けたが、天候が悪化。23日午後2時25分、捜索を中断した。24日は天候をみて、再開するかどうかを決める。

安倍晋三首相は、熊本地震の発生後初めて被災地に入り、南阿蘇村や益城町などを訪れた。民進党の岡田克也代表も、益城町の避難所や住宅倒壊現場を訪れた。（熊本地震取材班）

被災建物「危険」48%

7市町村 5300件応急判定

県の災害対策本部は23日、熊本地震で被害を受けた建物の応急危険度検査で、倒壊の恐れがあり、立ち入りを控えるよう促す「危険」と判定された割合が、調査が済んだ約5300件の48%に上ると発表した。

【3面に関連記事】

熊本、益城、西原、御船、菊陽、宇土、南阿蘇の被災7市町村が22日までに、5341件を調査。このうち「危険」が2570件（48・1%）、「要注意」が1650件（30・9%）、使用可能な「調査済」が1121件（21・0%）となった。

特に、家屋被害が甚大だった益城町は最も調査が進み、同日までに4426件を調査。危険2196件（49・6%）、要注意1283件（29・0%）、調査済949件（21・4%）だった。

県建築課は「各市町村とも被害の大きかった地域から優先的に調査しているため、『危険』と判定される割合が高くなっている」と説明した。

建物の応急危険度判定は、避難者が自宅に戻れるかどうかの目安になる。県内の住宅被害は約1万棟とみられ、23日から県外自治体の増援も得て作業を進めている。（藤原博康）

7市町村の建物判定結果（熊本県、23日集計）
菊陽町　益城町　西原村　南阿蘇村　熊本市　御船町　宇土市　熊本
調査済 21　危険 48%　要注意 31
※小数点第1位を四捨五入

熊本―博多が再開

九州新幹線 28日にも全線復旧

JR九州は23日、地震の影響で14日夜から運転を見合わせていた九州新幹線の博多―熊本間の運転を、9日ぶりに再開した。熊本と福岡を結ぶ大動脈の復旧で、被災地の再建に向けた動きも加速しそうだ。

新水俣―鹿児島中央間は20日に運転を再開。残る熊本―新水俣間については、熊本駅の南1・3キロで脱線している車両の撤去や、同区間で見つかっている約130カ所の損傷の修復などを進めている。作業が順調なら、大型連休前の28日にも全線復旧する見通し。

熊本―博多間で運行再開した新幹線に乗り込む多くの乗客＝23日午後3時50分ごろ、熊本市西区の熊本駅（合川翔）

23日、運転を再開した博多―熊本間は上下線とも正午前に「一番列車」が出発。熊本駅から乗り込んだ熊本大2年の平瀬由奈さん（19）は「博多経由で大分市の実家に戻ります。心配していた家族に元気な姿を見せて安心させたいですね」と話していた。

営業運転に先立ち、同日朝から試験列車を7本走らせ、安全を確認した。24日以降は上下線とも午前6時台が始発。1時間に1本程度の運行で、全て各駅停車。いずれも8両編成（546席）で全席自由席。グリーン席は空席があれば車内で販売する。一部区間を徐行するため、博多―熊本間は通常より長い約1時間かかる。（田川里美、高宗亮輔）

熊本地震 県内の被災状況（23日午後時点、熊日まとめ）

死亡	48人（熊本市4、南阿蘇村14、西原村5、御船町1、嘉島町3、益城町20、八代市1）
震災関連死	12人（熊本市7、阿蘇市2、御船町1、益城町、南阿蘇村1）
安否不明	2人（南阿蘇村2）
負傷者	1,362人
建物	住宅被害1万棟前後
避難	避難所 615カ所 避難者 67,136人
交通	九州新幹線運転見合わせ（熊本―新水俣） 豊肥線（肥後大津以東）など運転見合わせ 九州自動車道植木―八代通行止め
水道	断水42,200世帯
都市ガス	供給停止 約85,000戸（西部ガス）

※県災害対策本部などの集約分

新生面

2016.4.24

被災地には心強い“応援部隊”の到着だ。県内外から駆けつけた災害ボランティアの活動が始まった。「できることは何でもやりたい」。参加した高校生の言葉は、被災者を何より元気づけることだろう。余震には十分注意して熊本の復旧に一肌脱いでいただきたい▼災害ボランティアへの関心は阪神大震災時に大きく高まった。この年は全国各地から年間延べ140万人近くが参加。「ボランティア元年」との言葉を生み、若者の力が見直された▼行政の手が届かないところに手を差し伸べるボランティアのありがたさは、東日本大震災などでも知られている。過去に被災した人が別の被災地に駆けつける「支援のリレー」も生まれた。支え合いの精神は被災地同士のつながりも育む▼そんな民のパワーに負けないよう、政府も力を発揮してほしい。安倍晋三首相はきのう初めて被災地入りし、被害が甚大だった南阿蘇村と益城町を視察した。避難所では「しっかり応援する」と被災者を激励し、対応に全力を尽くすと強調した▼熊本地震発生時、安倍首相は「できることは全てやる」と、不足物資を一気に送る「プッシュ型」と呼ぶ支援手法を取った。しかし現地の受け皿が整わず一時混乱するなど、反省点も残った▼25日に熊本地震の激甚災害指定が閣議決定される。復旧復興への一歩となるが、被災者の生の声をしっかり受け止めて、きめ細かな対応をお願いしたい。被災地のニーズを的確に捉えることが官民問わず応援する側には求められている。

がんばろう 熊本　地震被災者応援メッセージ

マラソン仲間 心配

2年前に熊本城マラソンに出て、沿道の温かい応援、おいしい料理で熊本がとても好きになりました。熊本に住む中学時代の同級生やアスリート仲間が心配です。身の安全を第一に、その後は元気に復旧・復興されますよう応援します！（三谷享・42、青森県）

熊本地震 特別紙面

おわび
地震の影響で本日付朝刊が一部地区で配達できなかったり、遅れたりしました。大変ご迷惑をおかけしました。熊本日日新聞社

熊日の購読・配達のご用は 0120-374625（ミナヨムニッコリ）（土・日曜・祝日除く9:00〜17:00）
紙面のお尋ねは 096-361-3115（日曜・祝日除く9:00〜17:00）
パソコン版くまにちコム kumanichi.com

◇お断り 「きょうの天気」は2面、「くまにち論壇」は3面に移しました。

福祉避難所の充実を急げ

災害弱者支援

社説

活発な地震活動が続き、今なお多くの人が避難所などで暮らす県内。体の不自由な障害者や高齢者らも苦境に立たされている。

災害時に介護や生活支援が必要な人を支える施設として福祉避難所がある。しかし、今回の地震でその設置にこぎつけたのは今のところ熊本市だけ。施設数も33(22日現在)と少なく、利用も70人ほどと低迷している。

一般の避難所で困難な生活を余儀なくされている人、危険な自宅にとどまっている人は相当数に上るとみられ、孤立や余震による被害の拡大を懸念する声も高まっている。災害弱者が一刻も早く安心して生活を送れるよう支援を急ぐ必要がある。

手すりやスロープ、障害者用トイレなどが整備されていない避難所は障害者には暮らしにくく、いったん入っても退所するケースが多い。「周りの人に迷惑をかけたくない」と避難所生活をためらう人もいる。認知症、自閉症などは、避難所の環境が症状の悪化を招くことさえある。

こうした人たちに安全な場所を提供するのが福祉避難所だ。介護や生活支援に当たる職員が配置される。阪神大震災を契機に制度化され、災害救助法に基づき国が費用の一部を負担する。国は自治体に対し、平常時に利用可能な施設を把握し、協定を結んで指定しておくよう求めている。

熊本市は災害時に支援が必要な「要支援者」を約3万4千人と見込み、災害時の受け入れを最大1700人と想定。民間の高齢者福祉施設など176施設と協定を結んでいたが、設置や利用は計画を大きく下回っている。

益城町も120人を受け入れる計画があったが、一般避難者が殺到して開設を断念。南阿蘇村でも開設されていない。

設置が遅れている背景には、想定外の地震が相次いで食料、水などの物資や介護人材が不足したことがあろう。

過去の大規模災害を見ても自治体や介護施設の職員が被災し、予想を覆すような出来事も頻発している。過去の災害を教訓に、いざという時に人員をどう確保するかなど入念な設置計画が不足していた面は否めまい。

自治体は福祉避難所の設置協定を結んで終わりとせず、日ごろから連携して訓練を積み重ね、災害時に具体的に動けるシステムを整備しておく必要がある。まだ認知度が低い福祉避難所についても障害者や高齢者に積極的にPRし、利用を促していくべきだ。

阪神大震災、東日本大震災、そして熊本地震。大きな災害を経験するごとに一般避難所の運営は徐々に改善が進み、毛布や食事の提供、簡易トイレの設置なども迅速に行われるようになってきた。そんな中、一向に進まないのが弱者支援ともされる。

画一的援助だけでは健康や命を脅かされる人たちが多くいる—。そのことに気付き、一人一人に合った多様な支援体制をどう構築していくかが課題だ。

余論

2016.4.24

「克災」共助の重要性

梅ヶ谷 昭人

旧制五高(現熊本大)で学生時代を過ごした物理学者の寺田寅彦は、1934年に出した随筆『天災と国防』でこう記している。

「電線や水道管、交通網など、都市をつなぐネットワークにより、日本全体が一つの有機体のようになっている」。人体で言えば、神経や血管といった重要な器官であるにも関わらず、脆弱(ぜいじゃく)でどこかに故障が起きれば全体に大きな影響が出る、と。

今回の熊本地震は、寺田の考察が80余年を経ても変わっていないことを見せつけた。都市化が進む現代、その影響は当時よりさらに大きくなっている。

では、いかに減災に導くか。造園家の涌井雅之さんは『いなしの智恵(ちえ)』(ベスト新書)の中で、かつて日本にあった「克災(こくさい)」という概念の重要性を認識すべきだと主張する。

「克災」とは、災害に立ち向かい克服する姿勢を表した言葉だ。もともと日本人は、災害は防ぎようのないものととらえ、被害を受けた後に「どう地域のコミュニティーを働かせ、地域を維持するのかという『克災のシステム』を十分に練り上げてきた」という。多くの住民が集い、役割分担を決めて行う地域の祭りは「防災訓練の場」でもあった。

災害ではとかく行政の「公助」がクローズアップされがちだが、発生時は間に合わないことが多い。今回も力を発揮したのは、自治会や消防団、住民同士の「共助」だった。避難所では被災者が役割分担し、助け合う姿が見られる。

少子高齢化で地域コミュニティーの衰退は著しい。しかし都市機能の脆弱さを思うと、万一に備えて「共助」の力を地域で培い、継承していかねば、との思いを強くしている。

首相、被災地を視察

激甚災害 あす閣議決定

安倍晋三首相は23日、熊本地震で甚大な被害が出た益城町や南阿蘇村の被災地を視察。「復興事業に取り組む自治体を全面的に支援する」と述べ、同地震の激甚災害指定を25日に閣議決定すると明言した。【22面に関連記事】

指定されると、災害復旧事業への国の補助率が1～2割程度引き上げられる。県や被災自治体が早期指定を求めていた。

安倍首相は23日午前に熊本入りし、南阿蘇村の大規模な土砂崩れ現場を自衛隊ヘリで上空から視察。同村や益城町の避難所を回り、避難生活を続けている被災者を見舞った。

県庁では蒲島郁夫知事、大西一史熊本市長、日置和彦西原村長から被災状況や地震発生後の対応を聞いた。蒲島知事は、熊本城の早期復旧を含む10項目の緊急要望書を首相に手渡した。

首相は益城町で記者団の質問に対し、「安心して暮らせる住まいが何よりも大切だ」と述べ、仮設住宅建設など被災者の住宅確保に全力を挙げる考えを強調。「財政面も含め、やれることはすべてやっていく」として、復旧・復興費用を盛り込んだ2016年度補正予算案の編成にも前向きな姿勢を示した。

一方、民進党の岡田克也代表も同日、益城町の避難所や住宅倒壊現場を訪れ、被災者を激励。熊本市の熊本城も視察し、西村博則益城町長や大西市長とも意見を交換した。

岡田氏は記者団に対し、激甚災害指定が遅いと政府を批判する一方、「災害対応に与党も野党もない」と述べ、被災者の生活再建に必要な施策を政府に求めていくとした。補正予算編成については「必要なら協力したい」と述べた。(蔵原博康、並松昭光)

(写真上)熊本地震で倒壊した民家などを視察し、住民を励ます安倍晋三首相=23日、益城町(横井誠)
(写真下)避難所の益城町総合体育館で被災者の話を聞く岡田克也民進党代表(右から4人目)=23日

衆院ダブル補選 きょう投開票

夏の参院選の前哨戦となる衆院北海道5区と京都3区の補欠選挙は24日、投開票される。安倍政権が手掛けた安全保障関連法の是非や経済政策「アベノミクス」、子育て政策の在り方が争点。選挙戦最終日の23日、与野党幹部らは選挙区などに入り、支持を訴えた。結果は、安倍晋三首相による衆参同日選を巡る最終判断や、野党共闘の行方を左右しそうだ。

8市町が罹災証明発行

「一部損壊」対象　公的支援に必要

罹災証明書を申請し、市職員(手前)に自宅の被災写真を見せる被災者=熊本市の中央区役所

地震で住宅被害があった県内の自治体のうち、8市町が一部損壊に対する罹災証明書の発行を始めたことが23日、各自治体への取材で分かった。全半壊を含め、既に千件以上の申請があった熊本市は同日、臨時窓口での受け付けを始めた。

証明書は被災者が公的支援などを受ける際に必要。ただ、全半壊と違い、一部損壊は被災者生活再建支援金や義援金は受けられず、損害保険金の請求に利用されるケースが多い。

熊本市の中央区役所では23日、「罹災証明書」申請者の長蛇の列ができた。窓口の1階福祉課では、お年寄りや親子連れらがデジタルカメラで撮った家屋の被災状況を職員に示した。

福祉課近くの天井が落ちたため、申請者は区役所の外で待たされた。個々の申請者への対応が長くなってしまい、列は最長約20メートルほどになった。西区池田の自営業吉永明男さん(50)は「1時間半ほど並んでいるが、ほとんど進まない。なんとか業務がスムーズにならないか」と話していた。

一部損壊の証明書を発行しているのは、このほか山鹿市、合志市、人吉市、天草市、南関町、大津町、菊陽町。熊本市は全体の申請数が多いため、24日まで臨時窓口を設置して対応する。

熊本市は一部損壊の被害には画像や写真などの提示だけで発行している。印鑑の代わりにサインでも受け付けている。東日本大震災で被災した仙台市も当時、一部損壊は写真と被災状況の聞き取りだけで発行の手続きをしていた。

県によると、損壊の程度が分かっている住宅被害は22日現在で、全壊1527棟、半壊1410棟、一部損壊2442棟。未確定を含めると計1万2000棟に上る。

ひとクマ時評　あしはらたいじ

がんばるモン!!

飯田丸五階櫓

「避難世帯カード」配布

熊本市が実態調査

熊本市は23日、避難所や車内で生活している市民を把握する「避難世帯カード」の配布を始めた。氏名や家屋被害、生活状況などを集めることで、今後の住宅確保や生活支援につなげる。24日までに全ての避難世帯への配布・回収を目指す。

カードはA4用紙2枚。避難場所や世帯構成(氏名や年齢など)のほか、家屋被害や緊急連絡先などの記入を求めている。「今後の希望」では、①避難所にとどまりたい②市営住宅などに移りたい③他都市に一時避難したい④その他—から選択する。自由記入の欄も設けた。

職員らが市内約250カ所の避難所で配布し、その場で記入してもらう。公設避難所以外や車中泊の避難者などには、物資配給の機会などに記入を求めるという。

市役所1階の避難所では、ボランティア20人が避難者100人に配った。自宅が半壊し一人で避難している中央区国府の松本妙子さん(77)は「夫が高齢者施設にいるから熊本市は離れられません。市営住宅への入居を希望すると答えたけど、抽選だから難しいでしょうね。どうしましょう」と話していた。

市の22日夜の集計では、公設避難所の避難者数は約5万人。昼間は外出する人なども多く、23日午後1時(北区は午前9時)時点で施設内にいた人は3万7千人だった。(植木泰士)

きょうの天気

のち　一時、時々　%降水確率　①～⑤紫外線

24日9時予想図

10面に　くまにち求人　求人情報を掲載　日曜版

24日の県内は気圧の谷の影響を受ける。各地とも曇りで、天草・芦北地方や球磨地方を中心に雨が降りやすい。北の風のち西の風、波は熊本、芦北0.5メートル、天草1メートル。25日は北東の風のち東の風、曇り一時雨。波は熊本、芦北0.5メートル、天草1メートル。

	荒尾玉名 ②	山鹿菊池 ②	甲佐山都 ②	阿蘇 ②	熊本 ②	八代 ②	人吉 ①	水俣 ①	天草 ①
気温	14～21℃	11～22℃	12～20℃	8～19℃	14～22℃	14～20℃	12～22℃	14～18℃	13～20℃
朝	30	30	30	30	30	30	60	50	50
昼	30	30	30	30	30	30	50	50	50
夜	10	10	10	10	10	10	20	20	20

あすからの8日間

予想は熊本地方

25(月)	26(火)	27(水)	28(木)	29(金)	30(土)	1(日)	2(月)
14～23℃	15～23℃	16～23℃	13～21℃	11～23℃	12～26℃	12～26℃	15～26℃
50	60	80	40	30	20	30	40

3　総合　平成28年（2016年）4月24日　日曜日　熊本日日新聞　（第3種郵便物認可）

水前寺成趣園 池干上がる　地下水の流れ 変化か

熊本地震　家庭の井戸 水質検査を　「2層構造」に影響？

熊本地震の後、水前寺成趣園（熊本市中央区）の池の大半が干上がったり、井戸水が濁ったりする現象が起きている。専門家は地下の構造に変化が生じて地下水の流れが変わった可能性を指摘、家庭の井戸水を飲む前に水質検査を受けるよう呼び掛けている。

【1面参照】

大半が干上がった水前寺成趣園の池＝23日午後、熊本市中央区

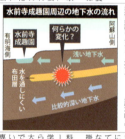

同園の土産物店の男性(66)によると、16日未明の本震後、池の水が急激に減り、底が露出する状態になったという。男性は「50年以上見ているが、こんなことは記憶にない」と驚く。

熊本大大学院自然科学研究科の嶋田純特任教授（水文学）によると、周辺の地下水は浅い場所と比較的深い場所の2層に分かれている。その間には、「布田層」と呼ばれる水を通しにくい層がある。

嶋田純特任教授

嶋田特任教授は「地震前後のデータがそろわず、推測の域を出ない」と断った上で、地震により布田層に何らかの変化が生じ、浅い地下水が深い場所へ落ち込んでいる可能性を指摘する。雨が増える夏にかけて地下水位が上がり、池の水が戻る可能性もあるという。

同市が水道水に取水しているのは、大半が比較的深い地下水だ。嶋田特任教授は、地震が水道に与える影響は考えにくいとする。

ただし、浅い地下水を利用する家庭の井戸は、水質に注意が必要という。地下水の流れが変わった結果、これまでと同じ水質が保たれているか分からないためだ。「下水管が破損して汚染源となることも推測される」と嶋田特任教授。熊本市生活衛生課によると、地震後、家庭の井戸水が濁ったという情報も寄せられている。

同課は、家庭の井戸水は検査を終えるまで飲まないよう注意を呼び掛けている。水質検査は民間機関のほか、被災世帯については熊本市環境総合センター（東区）も対応している。（鹿本成人）

水前寺成趣園周辺の地下水の流れ

阿蘇山側　有明海側　水前寺成趣園　何らかの変化？　浅い地下水　布田層　水を通しにくい　比較的深い地下水

被災史料散逸防げ　有識者らが組織

熊本地震の影響で散逸や消失の恐れがある、古文書や民俗資料を守ろうと23日、有識者ネットワークが発足した。「地域の成り立ちを伝える財産が危機にひんしている」として、各地の教育委員会などに情報提供を呼び掛ける。

名称は「熊本被災史料レスキューネットワーク」。県内の学者、学芸員、文化行政職員ら約30人で構成。阪神大震災や東日本大震災で、被災地の史料を救い出す作業に携わった専門家らに協力を求め、文化庁とも連携する考え。事務局は熊本大文学部付属永青文庫研究センター（熊本市中央区）に置き、呼び掛け人で同センター長の稲葉継陽教授が代表を務める。

県内では今後、震災がれきの撤去や家屋の復旧作業で、古文書などが処分される可能性が高い。同センターでは既に、西原村教委の協力で「矢野家文書」（江戸初期～明治）を保全している。

稲葉代表は「史料の散逸や消失は、熊本のアイデンティティーの喪失につながる」と訴えている。ネットワーク事務局☎096（342）2304。（中原功一朗）

建物危険度　生活再建へ 判定急務　県外から増援 500人態勢に

熊本地震の被災者にとって、建物を引き続き使えるかどうかが生活再建の第一歩になるだけに、被害状況を調べる応急危険度判定が急務となっている。22日現在、損壊した県内約1万7千棟のうち、判定が終わったのは半分の5341件。県や熊本市は人員を大幅に増やして早期の判定完了を目指している。

22日午前、熊本市南区の日吉・刈草地区。傾いた3階建てアパート兼雑居ビルに「危険」と赤い紙が張られていた。建物の中は無人。倒壊の恐れがある「レッドカード」だ。

同地区にある自宅の基礎が壊れ、避難中の長谷川敬さん(83)は「危険かどうかを判定してもらわないと家に帰れない」。傾いた自宅に残る宮崎昌子さん(83)は「住めないと判定されたら、この年でどこに行けばいいのか」と途方に暮れた。

危険度判定は、建物の壊れ具合や傾きなどを簡易診断し、危険（赤）、要注意（黄）、使用可能（緑）のいずれかの紙を張る。余震などによる建物の倒壊を警戒する目安で、二次被害の防止が目的だ。

判定士は建築士らで、配置を担う県建築課によると、県は15日から益城町の要請で同町へ派遣を始めたが、16日の本震で被災地域が一気に拡大。22日は益城町や熊本市、西原村、南阿蘇村、菊陽町、宇土市、御船町の7市町村で県内外から集めた約230人の判定士が活動した。それでも人員は足りず、「要請を受けても派遣できていない自治体もある」。

被災者が自宅に戻れるか戻れないかは、今後の仮設住宅の建設などにも影響する。蒲島郁夫知事は「避難者は早く自宅に帰りたいと願っている」と判定を急ぐ考え。県は23日、県外自治体から増援を受け、約500人態勢で作業をペースアップした。

ただ、まだ余震が続く。今後大きな揺れが発生すれば、いったん使用可能と判定した建物も危険になる恐れがある。益城町では実際、16日の本震後、それまでの判定作業が振り出しに戻った。

「危険」「要注意」の住宅を持つ被災者には、転居や建て替えなど苦渋の選択や補修など経済的負担が待ち受ける。分譲マンションでは、多数の住民の意見集約も必要だ。

「要注意」とされた熊本市南区のマンション。管理組合で理事長を務める男性(64)は「赤ではなく、ほっとしたが、修繕に一体どれくらいの費用がかかるのか。よそへ避難して連絡が取れない住民も多いし…」と顔を曇らせた。（蔵原博康、太路秀紀）

くまにち論壇

立命館大産業社会学部教授　福間良明

ふくま・よしあき　歴史社会学、メディア史。著書に「『戦争体験』の戦後史」など。47歳。

中立に名を借りた異論の排除

「中立」について、何かと考えさせられることが多い。今年2月の高市早苗総務相の国会答弁では、「政治的公平」を定めた放送法4条に違反した場合、放送局への電波停止措置もあり得ると受け取られる発言があった。2014年の衆院選の際には、自民党が選挙報道の公平中立を求める文書を在京テレビ各局に送付した。

こうした動きは、権力側が報道のあり方を制約するものとして懸念する向きも小さくない。ことに総務相発言には、メディア法学者やジャーナリストらによる批判は大きかった。

だが、これを「政府」対「メディア」のみの問題として捉えるべきではない。というのも、政権批判に「偏る」ことを嫌悪し、「中立」を支持する人々の声は、決して小さなものではないからだ。昨秋には、民主主義をテーマにした東京の書店のブックフェアが、いったん中止に追い込まれたが、これは「選書の偏り」をめぐるネット上の批判を受けてのものだった。「中立」を求める人々の声を「忖度」したかのような出版界ひいてはメディアの状況が透けて見える。「中立」の規範は、かえって自由で多角的な議論を抑制する方向に働いているのではないだろうか。

こうした状況を考えるうえで、映画「独裁者」は示唆に富む。ナチ体制を風刺したチャプリンの映画で、総統ヒンケルにうり二つのユダヤ人の理髪店主が主人公の喜劇である。

徴兵された主人公は高射砲の照準を敵機に合わせようとするが、気づかぬうちに銃口を地面に向け、転がり落ちる。戦闘機に同乗すると操縦士が失神し上下逆さに飛行するが、そうとは知らず、懐中時計が上に伸び、水筒から水が噴出するさまに驚愕する。逆さであることに気づかぬさまがコミカルに描かれる。

この映画が興味深いのは、物理的な逆さばかりでなく、社会の逆さをも照らし出していることである。[illegible]の衝撃で記憶喪失になった主人公は、ヒンケルの政権獲得も知らぬままユダヤ人街に戻り、営業再開に取り掛かる。だが、突撃隊員から店のガラスに「JEW」（ユダヤ人）と書き付けられ、拭き消そうとすると、その突撃隊員にとがめられ、背中を蹴り上げられる。状況をのみ込めない主人公は、相手の顔にペンキをかけたり、逃げ回ったりしてドタバタ喜劇を繰り広げる。

店の落書きを消したり、異議を申し立てたりすることは、一般の社会ではまっとうな行為である。しかし、ナチ体制という「逆さの世界」では、それが恐ろしく無鉄砲な行為に映ってしまう。政治思想史家の丸山眞男は論文「現代における人間と政治」のなかでこの映画に言及し、「逆さの世界」の住人にとっては、逆さの世界が逆さとして意識されないことを指摘している。突撃隊をはじめとする「逆さの世界の住人」は、自分が逆さにあることに気づくことはなく、その無自覚は「逆さでない」人々への抑圧を生む。

これは「中立」が叫ばれがちな昨今の議論を考えるうえでも示唆深い。われわれは誰しも、社会の規範や常識を「当たり前」のものとして生きている。「中立」もそれに沿いながら、生み出される。だが、もし、われわれが「逆さの世界の住人」であるとしたら、どうだろうか。「中立」に安住することは、われわれが「逆さ」であることへの疑いを阻み、「中立」の枠に収まらないものを「極論」「異端」として遮断する状況を生む。

「中立」への固執は、ともすれば異論が生み出される背景を見えにくくする。沖縄の米軍基地や貧困・格差をめぐる議論の膠着も、もしかしたら、「中立」を重んじがちな社会状況と無縁ではないのかもしれない。

だとすれば問うべきは、「中立であるかどうか」ではなく、「何がなぜ中立とみなされているのか」ではないだろうか。そもそも、「中立」は自明のものでも所与のものでもない。それは、戦時期と今日の「中立」の相違を思えば明らかである。

われわれははたして、「中立」の名のもとに異論を排除する「逆さの世界」に安住していないかどうか。このことを疑い続ける姿勢を、手放すべきではない。

中国から支援5200万円　駐日大使 知事訪問　「苦難乗り切って」

中国の程永華・駐日特命全権大使が23日、熊本地震の被災地救援と復興に役立ててほしいと、県と友好提携する広西壮族自治区の見舞金約3400万円と、在日中国企業の義援金約1800万円の計約5200万円を蒲島郁夫知事に贈った。

程大使は李天然・駐福岡総領事らと県庁を訪問。「被害を目の当たりにし心を痛めている。隣国同士で手を握り一刻も早く苦難を乗り切り、明るい熊本を再建されるよう願う」と述べた。

蒲島知事は「両国の絆の深さをあらためて実感した。過酷な道だが、中国からも安心して来てもらえるよう、必ず復興したい」と謝意を表した。県国際課によると、台湾政府の義援金1000万円も既に県へ届いている。

一方、程大使らは県在住の華僑らも慰問。旧ニコニコ堂創業者の林康治(86)は「被災した熊本城や熊本の街を見て涙が出た。熊本を愛していたことを感じた」と伝え、復興への協力を求めた。（浪床敬子、蔵原博康）

蒲島郁夫知事に対し、義援金など計約5200万円の目録を贈呈した中国の程永華・駐日特命全権大使（右）と李天然・駐福岡総領事（左）＝23日、県庁

余震ないのに「めまい」　「地震酔い」 一点見つめて改善

大きな余震が今も続いている熊本地震。熊本大耳鼻咽喉科・頭頸部外科特任助教の三輪徹医師(35)は、実際には余震が起きていないのに、体がぐらぐらと揺れているように感じる「地震後めまい症候群」に気を付けるよう呼び掛けている。

三輪徹医師

同症候群は「地震酔い」とも呼ばれ、乗り物酔いや、ジェットコースターに乗った後に感じるふらつきと似た症状。三輪医師によると、東日本大震災でも多くの被災者を悩ませ、50～70代の女性や女子小学生に多く報告されているという。

まだ解明されていない部分が多いが、原因は「また余震が起きるのでは」という不安や自律神経の乱れで、内耳の機能低下も考えられるという。平衡感覚をつかさどる器官の中にあり、揺れや加速度を感知する耳石がダメージを受け、めまいを引き起こす。

症状を改善するには、ある一点をじっと見つめて「揺れていない」としっかり認識すること。指をゆっくり左右に動かし、頭は動かさず目だけで追うことも効果的だ。三輪医師は「私自身も被災し、免震構造の高層ビルと地面では揺れ方が違うと感じた。被災した場所によっても症状の表れ方が違う可能性がある。めまいや吐き気が長く続くようなら、早めに医療機関を受診してほしい」と話している。（清島理紗）

地震後のめまいを治すには

ある一点をじっとみつめる

右手の親指を立て、ゆっくり左右に動かす。頭は動かさずに親指を目で追う

右　左

腕を身体の正面に突き出す。親指を正視したまま、頭を左右に回す

右　左

熊本大耳鼻咽喉科・頭頸部外科・三輪徹特任助教の話をもとに作成

県立図書館被災 再開めど立たず

熊本地震の影響で休館中の県立図書館（熊本市中央区出水）は、16日の本震で書庫に大きな被害を受け再開のめどが立たずにいる。

全館で本が床に散乱。2階閲覧室で照明が落下、3階は漏電の恐れがある。書庫部分では、一部の書架がゆがみ、固定用ボルトが脱落。修理が終わるまで本を元に戻せない。書庫には加藤時代の検地帳や県政資料もある。

同館は「返却ポストを設けているが、返却期限は気にせずに安全を第一に考えてほしい」と話している。

一方、熊本市立図書館（同区大江）は21日に再開。本を求めて多くの市民が訪れている。「館の隣は避難所。緊張が続く市民に、のんびり過ごしてほしい」と高守清人館長。

3歳と生後6カ月の男児を連れた西区の森博子さん(39)は「保育園も休園。読み聞かせる絵本がなくなっていたのでありがたい」と話していた。4月中は午後5時まで開いている。同市内ではほかに、植木図書館（北区植木町）も開館している。（山口純）

阿蘇神社は「再建可能」　文化庁調査

文化庁の調査官2人が23日、熊本地震で被害を受けた阿蘇市一の宮町の阿蘇神社を調査した。国指定重要文化財の楼門の状況などを調べ、「被害は甚大だが、多くの部材を再利用して再建することが可能」と見通した。

阿蘇神社は16日未明の「本震」で楼門と拝殿が倒壊。「三の神殿」も柱がゆがむなどした。調査官は市や県の職員と一緒に約1時間かけて確認した。

清永洋平・文化財調査官は「使える部材をできるだけ再利用するために、部材がどの部分で使われていたものなのか、整理しながら解体する必要がある」と再建のための注意点を指摘。「阿蘇のシンボルともいえる存在だけに、多くの人の協力を得ながら復旧を進めたい」と述べた。（上杉勇太）

首相の動静　23日

【午前】6時27分、公邸から羽田空港。8時20分、航空自衛隊のU4多用途支援機で熊本県益城町の陸上自衛隊高遊原分屯地。37分、陸上自衛隊のヘリコプターで、地震で被災した同町、同県南阿蘇村を上空から視察。9時13分、同村の白水運動公園。19分、同村の銀河高原ビール工場跡地。警察官を激励。28分、阿蘇消防本部南部分署。消防隊員を激励。44分、同村役場久木野庁舎。自衛隊員、緊急災害対策派遣隊員を激励。長野敏也同村長同席。58分、同村総合福祉センター。避難所で被災者を激励。10時42分、白水運動公園。11時18分、陸自ヘリで同分屯地。49分、熊本県庁。蒲島郁夫知事、大西一史熊本市長らと意見交換。

【午後】1時6分、益城町立第四保育所。避難所で被災者を激励。40分、同町の老人ホーム「いこいの里」。避難所で被災者を激励。2時5分、益城町文化会館。周辺の家屋倒壊現場を視察。10分、報道各社のインタビュー。32分、同分屯地。4時6分、空自のU4多用途支援機で羽田空港。42分、官邸。46分、河野太郎防災担当相、西村泰彦内閣危機管理監、加藤久喜内閣府政策統括官。5時18分、公邸。宿泊。

きょうの動き

■ 国内・国際 ■

▽衆院補選＝北海道5区、京都3区

■ 首長の日程 ■

【蒲島知事】地震災害対応
【大西熊本市長】地震災害対応
【山下荒尾市長】終日　地震災害対応▽10時　普源寺長寿クラブ市長卓話▽13時　土地区画整理事業地権者説明会
【高嵜玉名市長】終日　地震災害対応▽9時半　石貫長寿会総会
【中嶋山鹿市長】地震災害対応
【江頭菊池市長】地震災害対応
【荒木合志市長】地震災害対応
【佐藤阿蘇市長】地震災害対応
【元松宇土市長】地震災害対応
【守田宇城市長】地震災害対応
【中村八代市長】地震災害対応
【堀江上天草市長】終日　地震災害対応▽10時　今泉地区社会福祉協議会総会
【中村天草市長】終日　地震災害対応▽10時　市視覚障がい者福祉協会通常総会

きょうの歴史　4月24日

熊本駅に着いた高速ディーゼルカー準急「えびの号」

▽1959（昭和34）年

熊本－宮崎間を4時間半で結ぶ国鉄の高速ディーゼルカー準急「えびの号」の試運転が行われた。

▽1983（昭和56）年　県青年会館が熊本市水前寺3丁目にオープンした。

熊本のみなさん

心からお見舞い申し上げます

今も避難区域となっている福島県浪江町の町民が生活している同県二本松市の郭内公園仮設住宅には、平成24年以降、熊本市の有志でつくる「ひまわりファミリー」からコメや野菜、果物、水などの支援物資が届けられています。町民らは熊本市への招待も受けました。みんな熊本地震の甚大な被害に心を痛め、「一日も早く地震が収まり、元気で暮らせるようになってほしい」と願っています。

熊本県民の皆さま、このたびの地震災害に対して心からお見舞い申し上げます。福島県民は誰もが胸を痛めています。

連日、昼夜を分かたず起きている地震の恐ろしさと皆さまの不安は、東日本大震災を経験した私たちでさえも容易に想像することができません。これ以上被害が広がらないことを祈っています。

福島は五年前、激しい揺れと巨大津波に襲われ、原発事故の追い打ちを受けました。失意の中にあった県民は、熊本県をはじめ各地から温かく、力強い支援を受けて前を向くことができました。「全国の人が福島を助けてくれている」。感謝の気持ちとともに勇気が湧きました。今も復興は途上ですが、応援を励みに進んでいます。

熊本県民の皆さま、ちょっとだけ横を見てください。後ろを振り向いてみてください。そこには熊本に心を寄せる人たちがいます。福島県民、そして全国の人たちも熊本の苦しみと悲しみを自分たちのものとして受け止め、支え続けることを誓っています。

日本中が皆さまと思いを共にしています。

地方紙から地方紙へ　熊本日日新聞を通し　皆さまに感謝を込めて

福島民報社

代表取締役社長　高橋雅行
〒960－8602　福島県福島市太田町13－17　電話 024(531)4111
ホームページ http://www.minpo.jp

日　新　聞　　平成28年（2016年）4月24日　日曜日　12

小中学生新聞

くまTOMO編集室
kumatomo@kumanichi.co.jp
TEL:096-361-3304 FAX:096-361-3035

天井板落ちてきた／千葉に弟と避難／人の優しさ実感

県内に甚大な被害をもたらした熊本地震。経験したことがない大地震に遭った小中学生たちは、どのような被害を受け、どんなことを感じたのでしょうか。くまTOMOサポーターたちに報告してもらいました。

TOMOサポ「熊本地震」報告

●熊本市中央区京町、中1、坂川日菜　14日の1回目の地震の時は、母と2人で机の下に避難しました。怖くて友達とずっとメールをしていました。余震が収まった後も怖かったので、机の下で寝ました。16日の地震では家族全員で近くの中学校に避難しました。小学校の時の友達がいて、話すことができたので少し安心しました。

●熊本市東区西原、小1、澤田和幸　1回目の地震では、家で寝ていたら、すごく揺れて天井板が落ちてきました。揺れが落ち着いて近くの公園に避難しましたが、もう住めないみたいです。今はお母さんの実家の北区に避難して、ビニールハウス内で寝ています。水がなく風呂に入れず、お父さんの実家の宇城市へ車で2時間かけてもらいに行ったりしました。

●熊本市中央区新屋敷、中2、増永菜　今回の地震で人の優しさをとても実感しました。14日の地震後、1番にメールをくれたのは埼玉県の友達でした。離れた所から心配してくれて、とてもうれしかったです。同じ熊本の友達からもメールがどんどん来ました。私を心配してくれる、その優しさで落ち着くことができました。

●熊本市東区月出、中1、後藤颯斗　水道が使えなくなりました。ペットボトルの水を売っているところを探して回りました。たくさんの人が同じように買い出しにきていました。手洗いは、お風呂にためた水を少しずつ使い、トイレの水は土曜日の夜に降った雨をためたり、近くの学校でもらった井戸水を使ったりしました。

●益城町、小5、河野美玖　最初の地震のときはサッカーの練習後で、益城町の陸上競技場にいました。揺れがおさまったら、みんなでグラウンドの真ん中に集まり、毛布などをはおっていました。避難所の武道館に移っても、余震が続くので全然眠れませんでした。実際に災害にあい、自然の怖さがあらためて分かりました。

炊き出しの手伝いをする奥田野乃さん（写真左、奥田さん提供）

●熊本市北区植木町、小5、奥田野乃　14日にあった地震で避難したり、入院したりしている人たちのために、地域の方と炊き出しをしました。病院にいる人におにぎりをあげたり、西区で避難している人たちにも、おにぎりや水をあげたりしました。19日は病院にいる人に豚汁を作る手伝い（野菜切りなど）をしました。避難している人たちは、おなかがすいてる人もいると思うので、もっと助けてあげたいです。私は東日本大震災で関東から熊本に避難してきました。その時に熊本の人たちに、たくさん助けられました。今回は炊き出しで恩返しができたかなと思います。被災者のみなさん頑張りましょう。

●八代市、小5、野田倖　最初の地震のときは歯みがき中でしたが、あまりにびっくりしてほとんど覚えていません。その後もたくさんよしんが起き、こわいと思っていたら、19日夕方に震度5強の地震があり、机の下に隠れました。夜も強いゆれがあったので、急いでひなんして車中泊しました。

●八代市、小3、野田礼一郎　じしんがあってから、家でねるのがとてもこわいので、車でねるほうがずっといいです。学校の友だちと早くあそびたいです。早く終わってほしいです。

●宇土市、中2、東耕太郎　本震の時は家族と居間で寝ていました。ちょうど地震の夢を見ていたので、現実とごっちゃになりました。外に出た後は、近所の1人暮らしのおばあちゃんを呼びに行きました。避難所では、トイレ掃除や救援物資運びをしました。各地からたくさんの物が届き、ありがたいと思いました。

●宇土市、小6、東素子　トイレが使えなくなったときに、水の大切さが身にしみました。前震の時は大きな声で叫んでいたそうです。怖くて息がはあはあ出て、あまり眠れませんでした。本震の後は近くの公園に車を止めて寝ました。家に戻ると足の踏み場もありませんでした。その後は宇土東小学校の体育館に避難しました。

●熊本市中央区出水、小4、渡辺真　地震の夜は、家の前の公園に逃げました。明るくなってから、避難場所の出水南小へ行きました。1日学校で寝たあと、太宰府に2日間いき、お父さんとお母さんは熊本へ。ぼくと弟は千葉のおばあちゃんのところに避難しました。今は大変かもしれないけれど、みんなでがんばりましょう！

●和水町、小6、牧野七緒　最初の大きな地震の時、私は家の2階で眠ろうとしていました。するといきなり「ガタガタガタ」と音がして、何だろう？　と思いました。少したってから、地震だ！　と気付きました。布団にもぐりこんで、地震がおさまるのを待ちました。とても怖くて、どうしよう…と不安な気持ちでいっぱいでした。次の日の朝、私の部屋に行ってみると、教科書やプリントなどが本棚から落ちて、床や机の上に散らばり、ゴミ箱は倒れていました。早く今までのように安心して暮らせるようになってほしいです。

牧野七緒さんの部屋では、教科書やプリントが本棚から落ちてしまいました（牧野さん提供）

見たい！知りたい！　世界のくるま

随時掲載

みんなに愛されるネズミ

フィアット500

（1936年、イタリア）

フィアット500は、〝トッポリーノ〟（ハツカネズミ）というニックネームで親しまれたイタリアの小型車です。前から見ると、大きな前歯があるように見えませんか？

今から80年も昔の1936年にできた車です。そのころの車はとても値段が高く、ふつうの人はなかなか買うことができませんでした。そこで、たくさんの人が買えるように、2人乗りの小さな車として開発されました。

だからといって、新しい技術や部品を使うのを、がまんしたわけではありません。小さいけれど、大きい車に使われる技術をたくさん使い、大きい車におとらない性能でした。このため、大型車を小さくしただけではない、史上初めての本格的な小型車として、大人気となりました。

形がハツカネズミににていたのはもちろんですが、イタリアの街中で、小さな車がせまい道路を元気に走り回るすがたも、ハツカネズミのようだったのです。

ところで、イタリアでは、ミッキーマウスのこともトッポリーノとよんでいるそうです。知っていましたか？

（トヨタ博物館・浜田真司学芸員）

頭がよくなる!?

随時掲載

「できる」に変える

イラスト　上田わち

少しむずかしい質問をします。「勉強」とは、なんでしょうか？　「授業をきくこと」「辞書で調べること」など、いろいろな答えがあると思います。どれも正解ですが、わたしは、こう考えます。勉強とは「できない」を「できる」に変えることです。

当たり前と思う人や、分かりにくいという人もいるかもしれません。でも、これを意識すると、勉強の取り組み方は変わるはずです。たとえば、ドリルや問題集の丸付けをするとき、赤鉛筆で答えだけ写して「終わり！」という人はいませんか？

それでは「できない」が「できる」にはなりません。問題を解いて丸付けをするのは「できない」をみつけるための準備作業です。

それを「できる」に変えるためにどうすればいいかを考え、解き直すところから勉強が始まる、と、わたしは考えます。

スポーツや楽器も、試合や発表会だけでは上達しませんよね。自分の「できない」をさがし、「できる」に変わる。そう考えると、勉強も楽しくなるはずです。

手塚塾　TEZUKA-JUKU

尾木直樹さん①「常識うたがうこと大切」

「尾木ママ」の愛称で親しまれる教育評論家の尾木直樹さんが、「ブッダ」などから、子どもたちへのメッセージを読み解きます。

手塚治虫さんのマンガ「ブッダ」は、仏教の創始者、釈迦（ブッダ）の一生をえがいた物語です。舞台である古代インドはきびしい身分制度があり、登場人物の一人「ヤタラ」は、身分が低い奴隷の子として生まれました。彼は人々に暴力をふるわれ、両親を殺されてしまいます。

世の中の制度はあくまで人間が決めるもので、強い者が自分に都合がいいようにつくることもあるの。たとえば日本でも、女性は男性よりも地位が低く、選挙で投票できないなど差別されていた時代がありました。でも今は男女平等よね。時代が進めば決まりや考え方も変わっていくのです。

兵士に「（差別は）シキタリだ」と言われたヤタラは「ちがう！　シキタリつくったの人間だ」とさけびます。彼のように「正しいことは何だろう？」という目で、常識をうたがって見ることが大切なんですよ。

×　　×

「ブッダ　ヤタラの物語（1）」

奴隷制度に疑問を投げかけるヤタラ（「ブッダ　ヤタラの物語（1）」より）

おぎ・なおき　1947年滋賀県生まれ。早稲田大卒。教師としてユニークな教育を行い、現在、法政大教職課程センター長・教授。著書に「いじめ問題とどう向き合うか」「尾木ママの7つの人生力　ありのままに、今を輝かせる力」など。

KUMA TOMO | Sunday |

心と体の変化 受け止めて

今回の地震は子どもにとっても大変な経験です。自分自身では気付かないうちに心の中で無理をしてしまいがち。不安や心配があると体の調子にも影響します。子どもたちの傷ついた心のケアについて研究する専門医の亀岡智美さん（神戸市）に、アドバイスしてもらいました。

地震を体験したみんなへ

子どもの心のケア専門医　亀岡 智美さん

◇かめおか・さとみ　兵庫県こころのケアセンター・副センター長兼研究部長。児童青年期精神科医。専門はトラウマ関連障害の臨床。1958年生まれ。

大きな地震でこわいめにあったみんなへ

今度の地震ではたいへんだったね。おうちが壊れたり、すごくこわいめにあった人もいると思う。まだ余震が続いているから、今もこわいのが続いているかもしれないね。でもね、世界中には、大きな地震でこわい目にあう子は、けっこうたくさんいるんだって。

とてもこわいことやつらいこと、自分ではどうにもできないことがあると、こころやからだの調子がいつもとちがってしまうこともあるみたい。なぜなら、こころもビックリしたり、きずついたりしてしまうからなんだ。

大きな地震みたいに、とてもこわいことや、つらいこと、自分ではどうにもできないことがあると、こころやからだにはいろいろな変化がおきることがあるんだ。

たとえば…

●からだ

□よくねむれない。こわいゆめをみる

□あさ起きられない

□なんとなくからだがだるい

□あたまとか、おなかとか、体のどこかがいたい

●こころ

□地震のこわい場面をきゅうに思い出してしまう

□なぜだかわからないけれど、イライラしたり、はらがたつ

□自分のせいで地震が起きたと思う

□怖くて、ビクビク、ドキドキする

大きな地震があったあと、こんなふうにこころとからだにいろいろな変化が起きることは、あたりまえのことなんだよ。

でも、だいたいはしばらくすると、自然にもとにもどるよ。

こころやからだに起こる変化は、ひとりひとりちがうよ。でもそれは当然のこと。ちがってもいいんだよ。

でもね、時々つらい状態が長く続くこともあるんだ。そんな時には、ひとりでがまんしないで、だれか大人の人に相談してね。大人の人は忙しそうだから、相談できないって思っている子もいるかもね。でもあきらめないで。だれかがきっと、あなたの話を聞いてくれると思うよ。

▼避難所となっている広安西小の中庭一角に開かれた「こどもひろば」。子どもたちはブロックなどで遊ぶ＝益城町

◀避難所で夕食の配給待ちでできた長蛇の列＝益城町

▶避難所になっている小学校のグラウンドで、車の中で朝食をとる子どもたち。車中泊を続ける母親は「小さい子どもが夜泣きするので、周りに迷惑を掛けられない」＝益城町

▲被災した自宅に戻り、強い日差しの中、庭で本を読む子どもたち。家の中を片付ける父親が、ふすまで日陰を作ってくれた＝益城町

くまTOMO 応援メッセージ

熊本市、小５、河野裕介

がんばろう
熊本

菊陽町、小６、ひよこ

熊本地震 応援メッセージ募集

今回の地震では多くの小中学生も被災し、慣れない避難生活を続けています。くまTOMO編集室では、頑張っているみんなへの応援メッセージやイラストを募集します。住所、名前（ペンネーム不可）、学校、学年、電話番号を書いて送ってください。あて先はページ右下に。

◇お断り　「自然の中の生き物たち」「ニュースのヒント」「おさらい！　写真ニュース」「くまにち童話」は休みました。

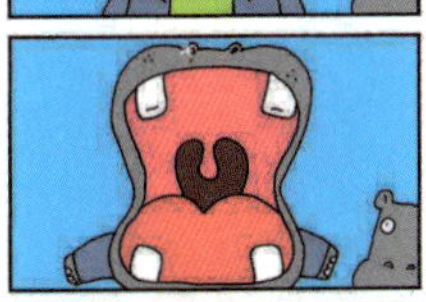

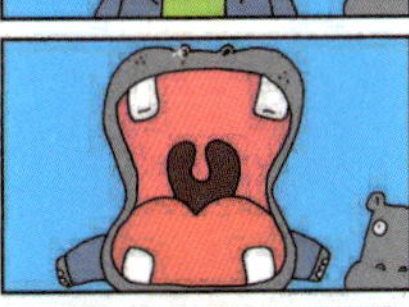

紙面から出題　違いはどこ？

「アートで生きる力養おう」＝13日朝刊16面から

左と右の絵が５カ所違います。探してください。　（作・絵　しがき　あやか）

子どもクロスワード　プレゼント

古くから詩歌にも詠まれ、色の名前にもなっている花。春、明るい黄色の花をたくさん咲かせます。アルファベット順に字を並べると、答えが出てきます。　（出題・まるか）

1	2 B		3	■	4
5		■	6	7	A
	■	8			■
9	10		■	11	12
■	13 C		14	■	
15		■	16		D

タテのカギ

①主に外来語などの表記に使われる文字。
②他のものに似せること。
③ラグビーの選手。
④緑○○、ウーロン○○。
⑦着るものの総称。
⑧○○○、二つ、三つ…。
⑩生き生きとした感じ。春の○○○を感じる。
⑫縁起物の○○○猫。
⑭苦しいときの○○頼み。

ヨコのカギ

①大仏でも有名な、源頼朝が幕府を開いた場所。
⑤草や木が芽を出すもと。
⑥野球で内野の後ろ側。
⑧靴のかかと部分。
⑨オール○○○。夜通し。
⑪帰宅したら「ただ○○！」とあいさつ。
⑬物の値段。○○○指数。
⑮木の太い部分。
⑯海に突き出た陸地の端。

〈正解者５人に図書カード1000円分をプレゼント〉

応募方法とあて先

①クロスワードの答え
②郵便番号と住所
③名前
④学校名と学年
⑤電話番号
⑥きのう、きょうの「くまTOMO」の感想

はがきに①～⑥を書き、〒860－8506　熊日編集局「くまTOMO」編集室まで送ってください。図書カードをプレゼントします。来週水曜の消印有効。当選者の発表は発送をもってかえます。

答え

今週の違いはどこ？

①左奥の建物の中の木材②左から2番目の男の子が右手に持つ段ボールアート③右から4人目の女の子の前髪④右から4人目の女の子が持つ段ボールアート⑤右端の男の子のTシャツの首回り

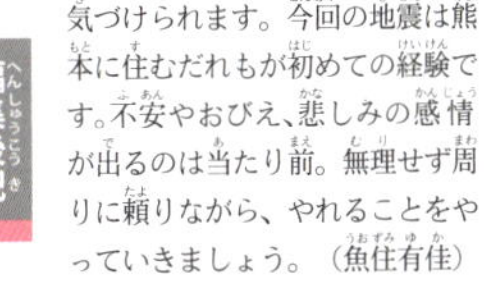

編集後記

避難所を取材したり、くまTOMOサポーターの報告を読んだりすると、多くの子どもたちがつらい状況で避難生活を送っていることが分かります。それでも笑顔を忘れず遊ぶ姿に、こちらが勇気づけられます。今回の地震は熊本に住むだれもが初めての経験です。不安やおびえ、悲しみの感情が出るのは当たり前。無理せず周りに頼りながら、やれることをやっていきましょう。（魚住有佳）

くまTOMOは毎週土、日曜日に掲載。気になるコーナーを切り取ってね

先週のクロスワード

ウンガ（運河）

ド	ウ	ゾ	ウ	■	エ
サ	メ	■	ロ	シ	ア
ン	■	ヨ	コ	メ	■
コ	ム	ギ	■	イ	ガ
■	ジ	リ	ツ	■	ツ
メ	ン	■	ウ	ヅ	キ

路上ライブで募金活動

東京　県出身ミュージシャン

支援金集めの路上ライブで歌う上村翔平さん（左から2人目）＝東京・渋谷のスクランブル交差点前

県出身のミュージシャンが22日夜、熊本地震の被災者を応援しようと東京・渋谷で路上ライブを開き、支援金を募った。

熊本市出身の上村翔平さん(26)が企画した。上村さんのバンドと南阿蘇村出身の篙太一さん(43)が、古里への思いをつづった熊本弁の曲などを熱唱。通行人が足を止め、募金していた。集まった支援金は、ネット上で資金を募るクラウドファンディングを通じて、熊本の復興に役立てる。

上村さんは、平成生まれの熊本出身者を集めた復興支援団体「1 KUMAMOTO」（ワン クマモト）も設立。「熊本に少しでも笑顔を届ける活動を続けたい」と話している。（岡恭子）

衛生悪化、拡大を懸念

避難所の環境改善急務

ノロウイルス集団感染疑い

南阿蘇村の避難所で23日までに、男女25人がノロウイルスに集団感染した疑いがあることが分かった。長引く避難生活で、避難所の衛生状態が悪化しており、感染拡大を懸念する専門家は「十分な手洗いと衛生管理の徹底が必要」と注意を呼び掛けている。【1面参照】

衛生面に不安があるとして使用中止になった仮設トイレ＝23日午後、南阿蘇村の南阿蘇中体育館

ノロウイルスは、感染性胃腸炎を引き起こす原因ウイルス。手や指、食品を介して感染し、人の腸で増殖。吐き気や嘔吐、下痢を引き起こす。抵抗力の弱い子どもや高齢者は重症化する恐れもある。

25人中22人の男女の内訳は男性13人、女性9人で、3人は不明。年齢は5人が不明で、残り20人は2～87歳だった。

南阿蘇村の避難所は断水が続き、トイレなどの環境が悪化。現場の医師によると、着替えや入浴が不十分で、体を清潔に保ちにくい環境も要因と考えられるという。14日から避難している女性(61)は「精神的にも限界に近い。お年寄りたちも体力がかなり弱っているのではないか」と不安を募らせた。

避難所には23日正午現在、495人が身を寄せる。同村は同日、大規模な消毒活動を実施したほか、仮設トイレ9基のうち5基を衛生面に不安があるとして使用中止に。接触感染を防ぐため、避難所内に通路や間仕切りを設ける準備を進めている。また、避難者の一部を新たな避難所に移すことも決めた。

現場で指揮を執る松本久・くわみず病院副院長(63)は「これ以上感染を広げないことが先決。おう吐・下痢などの症状がないかの聞き取りを進めているので、状況を注視していきたい」と話した。

県健康危機管理課と熊本市によると、ノロウイルスは県内各地の避難所で確認されている。インフルエンザも発生しているという。

感染者7人が確認された熊本市では、避難所を消毒し、感染者に個室や別のトイレを準備。また熊本市民病院の医師らによる対策チームが避難所を巡回、衛生状態確認や手洗い指導などをしている。

熊本地域医療センターの柳井雅明小児科部長(45)は「食事前やトイレの後、おむつ替えの後に手洗いを徹底してほしい。手洗い用の水や消毒液を確保するほか、避難所の環境改善が急務だ」と話している。（橋野貴寛、萩原亮平、清島理紗）

芸能人も被災者応援

さだまさしさん　避難所訪問

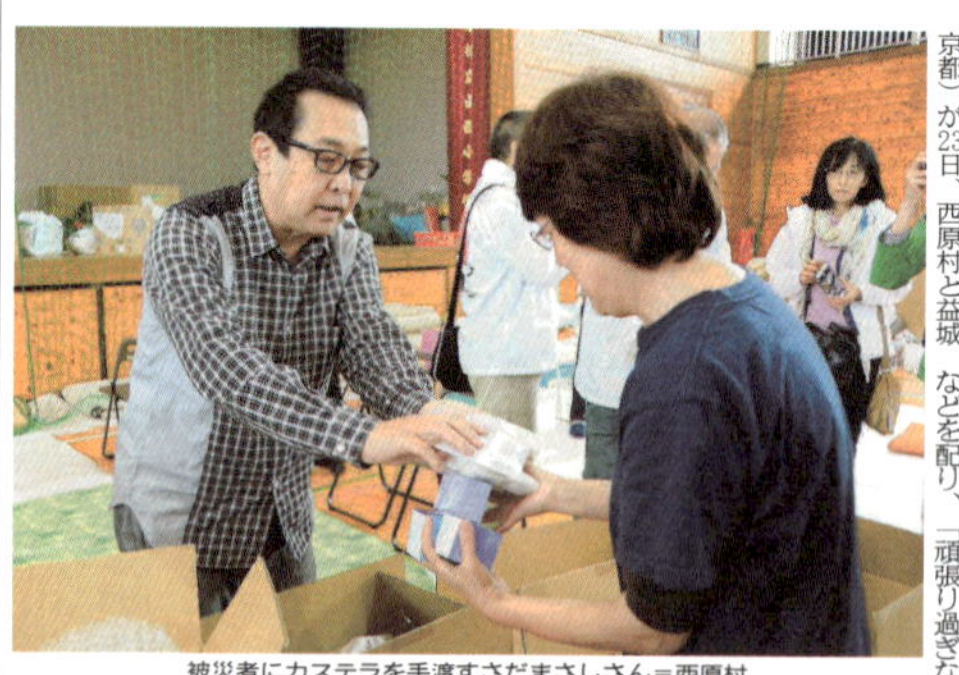

被災者にカステラを手渡すさだまさしさん＝西原村

歌手のさだまさしさん（東京都）が23日、西原村と益城町の避難所を訪れてカステラなどを配り、「頑張り過ぎないで」と被災者を激励した。

さださんが昨年、大規模災害の復興支援を目的に立ち上げた「風に立つライオン基金」の活動の一環。山西小（西原村）の体育館では、さださんが到着すると歓声が上がり、避難しているお年寄りや子どもらに笑顔が広がった。さださんは、出身地である長崎県の老舗和菓子店のカステラとどら焼きを手渡しながら、「元気出して。頑張り過ぎないで」と声を掛けた。

「アカペラでいいから歌ってほしい」との要望には、「今はまだ歌えない。次は必ず仲間を連れて歌いにくるから」と約束。避難して1週間という坂田久子さん(85)は「こんなにしていただくと、うれしくてうれしくて…」と涙をこぼした。

一行は広安小（益城町）も訪れた。（飛松佐和子）

吉本芸人 ラーメン炊き出し

熊本市　福岡4町と企業の手伝い

福岡県の大任、福智、香春、添田の4町と筑豊ラーメン山小屋を運営するワイエスフードが23日、健軍東小（熊本市東区）の避難所などでラーメンの炊き出しを実施。吉本興業所属の芸人らも配膳などを手伝い、被災者らを励ました。

健軍東小では、ひのひかり智ら「住みます芸人」の4人が応援。ラーメン約500食が振る舞われ、体育館に避難している近くの上島明子さん(76)は「熱くて量もたっぷり。おいしくて、うれしかった」と喜んだ。

炊き出しは22日から始まり、24日は同区長嶺西のシュロアモール長嶺でもある。（吉田紳一）

被災者らにラーメンを振る舞った健軍東小での炊き出し＝熊本市東区

鶴屋が営業再開

東館とNew－S館

本館は点検中

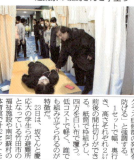

服や雑貨の売り場に並んだ洋菓子を選ぶ親子連れ＝23日、熊本市の鶴屋百貨店東館

熊本地震の影響で全館休業していた鶴屋百貨店は23日、熊本市中央区の東館とNew－S館の営業を再開した。県内唯一の百貨店の再開で、開店を待ちわびた大勢の人が買い物を楽しんだ。

東館は、本館で販売している食料品や肌着などの売り場を臨時に設けた。2館とも当面は午前10時～午後6時の短縮営業となる。

入り口には「被災を受けられた皆さまの一日も早い復興をお祈り申し上げます」などと書かれた看板が掲げられ、家族連れらが次々に入店。笑顔で客を迎えていた従業員の田上聖子さん(56)は「鶴屋の明かりがつくだけで元気づけられる」と話した。

買い物はいつも鶴屋でしているという田中桂子さん(86)＝同市中央区＝は「あまり外出はしないが、鶴屋が営業すると知って、行かなければと思った」。家族5人で訪れた40代の主婦は「休校となっている子どもたちのために問題集を買いに来た。中心部の大きな店が営業すると、少しずつ元の生活に戻ってきている感じがしますね」と話していた。

久我彰登社長は「半分だけの開店だが、復興の第一歩。商店街と一緒に頑張りたい」と力を込めた。

本館は構造上の安全は確認されたが、設備などの点検中で再開のめどは立っていない。WING館は23～25日の3日間のみ、1階部分を子供服の特設売り場として営業する。（松浦裕子）

市営住宅に800人超殺到

熊本市、追加提供を検討

熊本市で23日、自宅が全半壊した市民を対象にした市営住宅の入居申し込み受け付けが始まり、約250戸に対し、この日だけで800人を超える人が殺到した。市は到底足りないと判断し、使われていない市営住宅を修繕し、追加で提供することを検討している。

市によると、朝から希望者が詰め掛け、午後からは整理券を配り、担当職員の数も倍に増やして対応。申し込みが終わらないまま帰宅した市民も100人以上いたといい、686件を受理した。5月2日まで募集、抽選で入居者を決める。

熊本市で全半壊した住宅は23日現在判明分で87棟。ただ、市の担当者は「被害調査が終わっていない家屋が多く、一部損壊でも住めないと判断し、市営住宅への入居を希望する人が多いのではないか」とみている。

福岡市も、地震の被災者を対象に福岡市営住宅40戸を提供。19日から受け付けを始めたが、想定を上回る145件の申し込みがあり、21日に締め切った。準備が整った人から順次入居してもらうという。

避難所に間仕切り設置

建築家の坂茂さんと学生ら

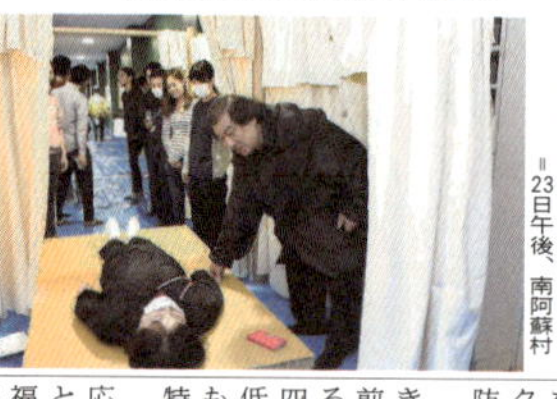

紙筒と布を組み合わせた間仕切りを設置し、避難所のスタッフに説明をする建築家の坂茂さん（右）＝23日午後、南阿蘇村

世界的な建築家として知られる坂茂さん(58)と学生らのグループは23日、地震被害を受けた南阿蘇村や大分県竹田市の避難所を訪れ、紙筒と布を組み合わせた間仕切りを設置した。個室のほか、授乳室や更衣室にも使ってもらい、プライバシーを確保するのが狙い。坂さんは「車中泊を避ければエコノミークラス症候群の発症を防げる」と強調する。

1セットで幅、奥行き、高さそれぞれ2メートル前後の間仕切りができる。紙筒で枠組みし、四方を白い布で覆う。低コストで軽く、誰でも組み立てられるのが特徴だ。

23日は、坂さんと慶応大の学生らが避難所となっている竹田市の福祉施設や南阿蘇村の体育館で計12セットを設置。24日には熊本市や益城町を訪れる予定だ。

竹田市の主婦新名信子さん(69)は「個室の方が安心して寝ることができる。ありがたい」と喜ぶ。坂さんは「プライバシーは最低限の人権。全避難所に取り組みを広げていきたい」と話す。

倒壊免れた建物に注目

土木学会が益城町調査

土木学会の調査班は23日、益城町の住宅街や役場の被害状況を視察した。政策研究大学院大学の家田仁教授（土木工学）は記者団に、同じ鉄骨造りでも、倒れた建物と倒壊を免れた場合があると指摘。「残った建物の建築方法は、強い揺れに耐える建物のヒントになるのではないか」と話した。

調査班は、家田教授ら5人で構成。国土交通省九州地方整備局の職員らから説明を受けながら、益城町内を回った。土木学会は今後、防災対策の助言をまとめる予定。

貨客船で休養始まる

八代市の避難者 試験的に

八代港

八代市の八代港に停泊中の貨客船で23日、熊本地震で被災した人を受け入れ、一時休養してもらう取り組みが始まった。同市の避難所に身を寄せる人を対象とした“試験運用”で、早ければ27日から益城町の被災者を受け入れる。

貨客船は防衛省がチャーターした「はくおう」。22日、災害支援の陸上自衛隊員を乗せて入港した。

この日は約260人が昼前に乗船。1泊2日の日程で、食事と入浴の提供を受けた。25、26日も同市の避難者に利用してもらう。

2人用や4人用の客室のほか、スポーツルームなどがあり、栄養士の相談コーナーも設けた。乗船した同市松江町の会社員太田みゆきさん(44)は「ぐっすり眠れそうです」と笑顔だった。

民間貨客船「はくおう」のロビーで乗船の手続きをする八代市の被災者＝23日、八代市

国と県は23日、益城町の全避難所で利用を募るチラシを配布。利用者を事前に決める。送迎は陸上自衛隊が担当。利用者の対象地域は順次広げる。（三室久徳、平岡義裕）

避難生活の疲れ アロマで癒やす

益城町でセラピー

熊本地震の被災者を癒やそうと、アロマライフデザイン協会（熊本市）が23日、避難所となっている益城町の阿蘇熊本空港ホテルエミナースでアロマセラピーを始めた。

東日本大震災でもアロマセラピーが注目されたことから、被災者や避難所のボランティアを対象に今月末まで無料で取り組む。

スタッフ8人が「眠れていますか」などと声を掛け、数種類のアロマオイルを使って避難者の手や足を優しくもんだ。辺りは心地よい香りに包まれ、高齢者らが避難所生活の疲れを癒やした。

益城町小谷の女性(81)は「いつも地面が揺れている感じを一瞬でも忘れられた。ありがたく、幸せです」と喜んでいた。（福井一基）

アロマオイルを使って足をもんでもらう避難者の女性（右）。心地よいアロマの香りに包まれ、震災の疲れを癒やした＝23日、益城町

被災者は思う

2016.4.24

近所の助けに感謝

中村登美子さん(60)＝パート、熊本市南区

14日夜から、91歳の母と一緒に、自宅近くの城南中に避難。近所の人が、手足の不自由な母の避難を手伝ってくれたり、洗濯をしてくれたりと助かっています。母は数日前から段ボールの簡易ベッドで寝ていますが、床擦れができている状態。早く家に帰りたいけど、また大きな揺れが来るのではないかと怖いです。

乳児に周囲から気遣い

三島亜希子さん(37)＝調理師、宇土市住吉町

宇土市保健センターに家族と避難しました。生後5カ月の長男がいて、地震直後は母乳が出にくくなり困りました。それに長男が寝つかず、私も眠れませんでした。でも、ありがたいことに、長男がぐずっても「赤ん坊の声に元気をもらう。泣かせておいて」と周りの方々が気遣ってくださいました。厳しい状況ですが、笑顔で乗り越えたいです。

（第3種郵便物認可）　熊本日日新聞　平成28年（2016年）4月24日　日曜日　社会　22

避難者に声を掛ける安倍首相＝23日午後1時10分ごろ、益城町木山の第四保育所（横井誠）

避難者「生活再建 早く」

安倍首相被災地視察

「ダブル選より優先を」

熊本地震後、初めて被災地入りした安倍晋三首相は23日、避難所を巡回し、被災者を激励した。「安心して暮らしたい」「長期の支援を」―。言葉を交わした被災者は真剣なまなざしで首相と向き合い、訪問を見守った被災者も国への要望を口にした。その願いは届くのか。【2面参照】

20人が亡くなり、5千棟を超す家屋が全半壊した益城町の町立第4保育所。防災服姿の安倍首相は「頑張ってください」などと声を掛けながら、一つ一つ部屋を巡回した。避難中の盛島五十六さん(72)が「家はぐちゃぐちゃ。住めなくなった」と窮状を説明すると、首相は「安心して暮らせる場所を、いち早く確保します」と約束した。

安倍首相を見送った保育士、増田勝大さん(25)は「避難している人には、将来の住まいやお金、仕事への不安が渦巻いている。安心した暮らしのため、国はサポートしてほしい」。内尾美津子さん(72)は「夏に衆参ダブル選挙ともいわれるが、まずは被災者の生活を優先して考えて」とつぶやいた。

「国には仮設住宅の建設など、被災者の生活再建策を早く決めてほしい」と注文するのは、自宅が傾くなどの被害を受け、妻と2人で益城町保健福祉センターに避難している会社員の福永憲幸さん(66)。「そうしないと県も町も動けず、被災者も生活再建に踏み出せない」。

多数の死者・行方不明者が出た南阿蘇村の久木野総合福祉センターに避難している市原キイ子さん(90)は「この地域は高齢者が多く、避難生活が終わっても家に戻るのは不安がある」と漏らし、「高齢者が孤立しないような支援を」と望む。

建物の全、半壊が1400棟以上に上る西原村は、訪問ルートから外れた。自宅が倒壊し、仮設住宅への移動を望む主婦、高橋チヨコさん(86)は「西原村の現状も見てほしかった」と残念がった。

会社員の坂田史朗さん(55)は「近くの半導体部品工場に勤めているが、片付けに追われている。地震の被害を受けた企業は多い。政治家は長い目で被災地支援を」と訴えた。（熊本地震取材班）

内牧温泉 一部で止まる

14軒中5軒 経営者ら対応に苦慮

風評キャンセル増加 営業可 黒川温泉

16日未明の地震後、温泉のゆう出が止まり露天風呂の湯が張れなくなっている「宝湯」＝阿蘇市内牧

阿蘇市の内牧温泉の旅館やホテル、公衆浴場など複数の施設で本震災後、温泉湧出が止まる事態が起きている。変わらず出ている所もあるが、建物や設備の被害も深刻で、多くが利用客を受け入れられない状況だ。一方、黒川温泉（南小国町）など被害が少なく、営業可能な施設でも風評被害によるキャンセルが増加。大型連休を前に、経営者らは対応に苦慮している。

阿蘇温泉観光旅館協同組合によると、加盟21軒のうち内牧地区に泉源を持つ施設は14。そのうち、5軒で温泉が出なくなり、湯量の減少も5軒確認されている。建物も含めて被害がなかったのは1軒だけという。

このうち「蘇山郷」は、停電が解消した19日以降、地下約150㍍の泉源からくみ上げを試みたが、出なかったという。永田祐介社長(43)は「泉源が使えなくなった可能性が高い」と肩を落とす。

建物にも一部被害があり、5月末までの休業を決定。月末からの大型連休の予約客約500人に断りの連絡をし、ホームページでも現状を伝えた。給料が支払えないため、従業員25人はいったん離職手続きをし、再開時に再雇用するという。

立ち寄り温泉の「宝湯」も湧出が止まった。「地震前は地下8㍍で行っていたくみ上げの配管を、50㍍まで下ろしたが出なかった」とオーナーの坂本信幸さん(74)。「温泉が止まるなど予想もしていなかった。掘り直すとなると、費用や手続きで頭が痛い」。泉源の湯量や温度に変化がない所もあり、今のところ原因は不明だという。

建物が傾くなど、大きな被害が出ている施設もあるが、利用可能な加盟施設は、復旧支援で訪れている電力会社や医療スタッフらの宿泊場所として提供。現在、同組合加盟の6施設で計400人を受け入れている。

一方、南小国町の黒川温泉（29軒）では露天風呂の損壊などの被害はあったが、18日から順次営業を開始。ただ、黒川温泉観光旅館協同組合によると、宿泊客のキャンセルが相次いでいる。小国町の杖立温泉（18軒）は、半数の旅館が素泊まりのみで営業中だ。

産山村の阿蘇やまなみリゾートホテル&ゴルフ倶楽部（鄭永眞(チョンヨンジン)社長）は、ホテル内の大理石の柱が割れたり、ゴルフコースに岩が散乱したりした。キャンセルも出ているが、29日の再開を目指し、従業員総出で片付けに当たっている。

阿蘇地域は、2012年7月の豪雨災害で多くの施設が長期休業し、14、15年には中岳噴火の風評被害に苦しんだ。今回、国道57号が寸断され、JR豊肥線も復旧に時間がかかる見込みで、観光への影響が懸念される。

阿蘇プラザホテルの野口敏浩副支配人は「ようやく回復しつつあったのに…。今後がまったく見通せない」と不安げ。蘇山郷の永田社長は「交通アクセスが完全復旧するまでに阿蘇地域全体で観光客を受け入れられる体制を構築できるかが大切」と前向きに話した。（上杉勇太、後藤仁孝、岡本幸浩、山本遼）

かわいい〜
この子うちで産まれたの…

この子もうちで産まれたのよ

この子もうちで産まれたんだよ…!!

避難者宅に空き巣

益城町宮園 容疑の男逮捕 県警

熊本地震で避難中の被災者宅に空き巣に入ったとして、熊本北署などは23日、住居侵入と窃盗の疑いで福岡県糸島市、会社員の男(51)を逮捕した。

逮捕容疑は、前震翌日の15日午後10時ごろ、近くの親戚宅に避難していた益城町宮園の無職女性宅に侵入し、タブレット端末、映画のDVD2枚などを盗んだ疑い。

県警によると、益城町役場に救援物資を届けに来た佐賀県の男性が、住宅街でUターンを繰り返す福岡ナンバーの不審な軽乗用車を発見。広域緊急援助隊として来熊中の鹿児島県警のパトカーに知らせた。

女性宅は16日の本震で倒壊し、侵入経路は不明という。

県警によると、熊本地震発生後の空き巣などの被害は23日までに18件。内訳は熊本市8件、益城町5件、大津町3件、御船町1件、南阿蘇村1件。

ボルト緩み、落下 体育館使用中止に

熊本高と東稜高 避難者ら移動

県教委は23日、熊本地震の避難所になっていた熊本市の熊本高と東稜高の体育館を使用中止にしたことを明らかにした。ほとんどの住民は、別教室や近隣の避難所へ移動した。

19日の応急危険度判定で、東稜高体育館は天井脇のモルタル壁のはがれや、梁(はり)のボルトの緩みなどを確認。熊本高体育館では2階アリーナで天井を固定するボルトが数本落下するなどしていた。いずれも倒壊の危険性は低いと判断した。

東稜高は教室に避難者を受け入れている。体育館にいた約200人は近くの桜木中や山ノ内小へ移動済み。熊本高には23日午前、体育館1階の武道館に約50人がおり、県教委は「近くの避難所へ移るようお願いしている」という。（藤山裕作、九重陽平）

留守宅守れ 自警団巡回

住民有志ら「姿見せて防ぎたい」

避難中の留守宅を狙う空き巣被害を防ぐため、巡回する宇土市消防団＝22日、宇土市

熊本地震の避難者宅を狙った空き巣被害を防ごうと、各地で組織された自警団が、夜の巡回を続けている。

23日夜、宇土市の住宅街。パトロールする市消防団の車が、停止中の県外ナンバーの車と擦れ違った。

「運転手と目が合った。再確認しよう」。本多竜三・第1分団長(42)の指示に、緊張が走る。男性が明かりのついた玄関に入るのを見届けると、胸をなで下ろした。

同市では19日から全7分団が毎日計39台で巡回に当たる。分団長同士はLINE（ライン）で情報共有し、不審車の特徴やナンバーなどを知らせあう。蛇行運転する車を発見すると、ラインの履歴でナンバーを確認。水も漏らさぬ警戒ぶりだ。

「地元以外の人はすぐ分かる。巡回する姿を見せて被害を防ぎたい」。自らも被災した本多分団長の表情が、頼もしい。

甚大な被害が出た益城町では消防団が未明にかけて巡回。県外ナンバーを警戒するが、川端秀明班長(43)は「ボランティアの車まで不審に思えてしまう」と悩ましさも。熊本市南区城南町では地区の有志が、南小国町でも自主防犯組織が街を守っている。

一方、空き巣被害に遭った熊本市西区の男性(47)は「地震で、もっとつらい目に遭った人がいる」と震災対応に追われる警察に遠慮し、被害届は出していない。「地震で弱っているところに追い打ちをかけられた。悔しくてたまらない」と涙をこらえた。（熊本地震取材班）

グランメッセ熊本に届いたさまざまな支援物資と駆けつけたボランティア＝23日午後1時45分ごろ、益城町

指定外避難所へ 支援続々

益城町 グランメッセ

県内外の個人や企業 食料届け炊き出しも

2200台収容の広い駐車場が、熊本地震による車中泊の避難者で埋まる益城町のグランメッセ熊本。町の指定避難場所ではないため公的支援の対象外だが、県内外の個人や企業から水や食料、紙おむつなどが直接届けられ、避難者を支えている。支援物資を管理するボランティアも増えている。

施設を普段管理している熊本産業文化振興によると15日以降、水や食料が熊本市在住者や東京の食品メーカーなどからマイカーやトラックで続々と届けられた。その後、大学生や飲食店らによるカレーやうどんなどの炊き出しも充実したという。

21日には、物資を雨から守るテント（高さ約3㍍、幅5㍍、奥行き10㍍）3棟を設置。23日も水やお菓子、紙おむつなどの箱が高く積まれ、高校生や大学生らのボランティアが、訪れる避難者に手際良く配っていた。

避難者や支援物資の増加を受け、急きょ派遣されて物資管理などにあたる町教委生涯学習課の森川博さん(45)は「他の避難所とお互いに足りない物資を交換し合っている。ボランティアも日中は常に20人ほどが集まり、助かっている」。

同町の自宅が半壊し、妻とネコ4匹で避難している高橋正博さん(72)は「ネコを放っておけず、避難所には行けなかった。水や炊き出しは本当に助かる」と感謝した。（隅川俊彦）

「ペット無料預かり」 環境省が誤って発表

環境省は23日、熊本県で地震に見舞われた被災者から「ペットを無料で一時預かりする支援を23日から始める」とした22日の発表を「一時預かりの相談窓口を23日から設置する」と訂正した。無料で預かるかは決まっていなかったという。

環境省は22日、日本獣医師会が全国の獣医師会に被災ペットの無償預かりを要請し、それを受けて、熊本県獣医師会が23日に熊本市役所などに相談窓口を設け、受け入れを開始予定と発表。その際、被災者から無料でペットを預かり、環境省が支援すると説明していた。

しかし23日、相談窓口を設け、個別の被災条件に応じて、今後検討していくと発表を訂正した。

共同通信の配信記事を熊本日日新聞社などが掲載し、飼い主らから県獣医師会などに問い合わせが相次ぎ、混乱した。環境省は「ミスリードがあった」としている。

地震830回超す 「活動収まらず」

気象庁によると、熊本、大分両県では23日、午後7時までに震度1と2の地震が計22回起きた。14日夜からの総数は837回に上る。

「本震」の震度7があった16日の202回をピークに減少傾向だが、気象庁は「活発な活動は収まっていない。増減を繰り返しながら続いている」との見解を維持した。

4月24日の飛来予測

		6-12	12-18	18-24	25日
九州北部	大気汚染粒子	多い	やや多い	やや多い	やや多い
九州北部	黄砂	少ない	少ない	少ない	少ない
九州南部	大気汚染粒子	多い	やや多い	やや多い	やや多い
九州南部	黄砂	少ない	少ない	少ない	少ない

非常に多い＝注意喚起レベル　多い＝環境基準値程度　やや多い＝大気が少しかすむ　少ない＝清浄

予測システム「スプリンターズ」開発チーム提供

阿蘇山の風向予想（日本気象協会tenki.jpより）

9日間の天気 Weather Report

	24(日)	25(月)	26(火)	27(水)	28(木)	29(金)	30(土)	1(日)	2(月)
札幌									
東京									
名古屋									
大阪									
広島									
福岡									
熊本									
長崎									
佐賀									
大分									
宮崎									
鹿児島									
那覇									

／のち　｜時々

きのうの気温　23日

（天気・湿度は15時、県内の気温は0時―17時、△印は低め）

	最高	平年比	最低	平年比	湿度	天気
熊本	18.3	△4.3	14.3	2.8	77%	雨
牛深	17.9	△3.4	14.5	1.0	89%	―
人吉	15.5	△6.8	10.5	0.6	96%	―
阿蘇	18.5	△0.5	10.4	3.6	―	―

（阿蘇山上の最高気温は16.0度、最低気温は8.3度）

	最高	最低	天気
福岡	21.3	15.3	雨
佐賀	19.9	13.3	雨
長崎	18.1	13.8	雨
大分	20.7	13.3	雨
宮崎	21.0	14.0	雨
鹿児島	18.3	14.2	雨
那覇	28.7	24.3	曇
松江	18.7	12.2	曇
広島	22.1	14.2	雨
高松	24.6	13.8	曇
大阪	24.5	14.4	曇
京都	27.1	12.9	曇
名古屋	24.6	13.7	曇
長野	25.8	12.2	曇
東京	22.4	14.0	曇
新潟	23.4	10.2	曇
仙台	16.5	10.8	曇
秋田	20.6	10.1	曇
札幌	12.8	7.6	晴

潮ごよみ

旧暦3月18日（24日）　中潮・月齢16.7

日出 5時37分　日入 18時54分　月出 20時41分　月入 6時54分

	満潮	干潮
三角	9.47 / 22.24	3.59 / 16.07
水俣	9.41 / 22.20	3.54 / 16.06
牛深	8.44 / 21.32	3.02 / 15.09
玉名	9.57 / 22.34	4.09 / 16.17

旧暦3月19日（25日）

	満潮	干潮
三角	10.14 / 22.54	4.28 / 16.35
水俣	10.07 / 22.51	4.24 / 16.35
牛深	9.12 / 22.05	3.33 / 15.39
玉名	10.24 / 23.04	4.38 / 16.45

新聞定価1カ月　朝刊のみ＝3,093円（税込み）、朝夕刊セット＝3,460円（税込み）、朝刊1部売り＝120円（税込み）

復興の力に　千人が汗

熊本地震

全国からボランティア　避難所で清掃や仕分け

熊本市社会福祉協議会が災害ボランティアセンターを開設してから初めての週末となった23日、1千人を超える支援者が、避難所の清掃やボランティア活動を知らせるチラシなど配布した。【1面参照】

長嶺小で物資を仕分けするボランティア＝熊本市東区

熊本市中央区の花畑広場に設置されたセンターには、全国から続々とボランティアが訪れ、市電沿線を中心に中央区や東区の住宅街などでチラシを配布した。

避難所となっている長嶺小（東区）では、ボランティア10人が施設の清掃や支援物資の仕分け、調理補助などに当たった。阪神大震災で被災した佐々木正彦さん（53）＝福岡市＝は「日常生活が徐々に戻ってくる中で、心のケアも重要になってくる。また手伝いに来ます」と話した。

福岡の大学に通う林田茂三さん（23）は熊本市南区出身。「郷里・熊本の惨状をテレビで見て、何かできないかと思った」と語り、トイレの清掃やゆで卵作りを手伝った。

山ノ内小（同区）には5人が参加。福岡市の市嘱託職員、長崎幸夫さん（60）は同日、所用で熊本市を訪れ、ボランティア活動を思い立ったという。「居ても立ってもいられなくなって参加した。少しでも力になりたい」と汗をぬぐった。

（石本智、西國祥太）

個人宅「できるだけ早く」　安全確認今月まで

熊本市社会福祉協議会が開設した災害ボランティアセンター。被災者からは住宅の片付けなどを期待する声も強いが、同センターは「建物の安全性が担保できない」として、被災家屋の危険度判定調査が終わるまでは実施しない方針。作業開始は5月以降になる見込みで、当面は活動範囲が限られそうだ。

市社協によると、ボランティアの依頼は連日ひっきりなし。地震発生後、少なくとも1千件を超えている。なかでも要望が多いのが、倒れた家具の立て直しや散乱した瓦の片付けなど。しかし、建物の安全が確認できない限り、ボランティア活動は難しいという。

危険度判定は月内で終了する見込み。その後、依頼内容を精査して独居老人や障害のある人の家に対して優先的に派遣する。

市社協の中川奈穂子事務局長は「ボランティアの安全が最優先。できるだけ早く依頼者の要望に応じたい」と話している。

（石本智）

災害ごみ回収追い付かず　処理上回る量　車両通行の妨げに

道路沿いに山積みになった災害ごみ。消火栓が隠れようとしている＝23日、熊本市東区沼山津

地震で大きな被害を受けた熊本市東区沼山津などでは、発生から2度目の週末となった23日、被災者らが総出で家屋の片付けやがれきの撤去に追われた。路上には災害ごみがあふれ、消火栓をふさいだり、車両通行の妨げになったりしているところもある。

妻と2人暮らしの湯川浅喜さん（86）は、自宅の壁にひびが入り、小屋が倒壊。ブロック塀も約30メートルにわたって倒れた。近くに住む孫の拓未さん（34）も駆けつけ、近所の10人ほどで塀のがれきを片付けた。「自分たちでできる分はいいが、倒れた小屋はどうすればいいのだろう」と拓未さん。

1人暮らしの60代の女性は、自宅マンションの建物にひびが入ったため、徒歩で15分の秋津小に避難。「日中に片付けものに来て部屋に入るけど、建物が安全かどうか分からない。まだ電気も水道も来ていない」と不安そうだ。

付近の道路脇には、ビニール袋や壊れた家具、廃材などが積み上がっている。ごみ集積所の近くの男性（53）は「回収を急いでもらうか、代わりの集積所を用意してもらわないと、車も通れなくなるのでは」とため息をつく。

市は通常より多い収集車約200台を走らせているが、「排出量に回収が追い付いていない。避難者数万人が帰宅したら、さらにごみが増える」と心配する。23日には西部環境工場に85トン、東部環境工場に55トンの災害ごみが持ち込まれた。

西部工場には一般ごみを含めた約2530トンが山積みで、クレーンがせわしなく動いている。担当者は「処理量を上回るごみでパンク状態」と悲鳴を上げた。

（西國祥太、富田ともみ）

「必ず見つかる」　不明の大和さん家族が現地入り

16日未明の本震で崩落した南阿蘇村の阿蘇大橋付近で、土砂崩れに車ごと巻き込まれたとみられる熊本学園大4年大和晃さん（22）＝阿蘇市＝の両親と兄が23日、初めて捜索現場を訪れた。無人重機による土砂の除去作業を祈るような思いで見つめ、発見を願った。

本震から1週間。父親の卓也さん（57）は「これまで現場に近づく気にはなれなかったが、やっぱり自分の目で確かめたかった」と話し、県警に現場行きを依頼。午前11時ごろ、県警の車両で、黒川右岸の国道57号の阿蘇大橋近くに到着した。

厚さ3～4メートルの土砂が道路上を覆う現場に向かって、母親の忍さん（48）は「晃君、頑張って」と呼び掛けた。卓也さんは「崩落の規模が大きすぎる」と言葉を詰まらせながら、「必ず見つかる」と願いを込めた。

雨が降りだし、現場滞在は20分ほど。捜索隊に「よろしくお願いします」と頭を下げ、現場を後にした。捜索隊の作業を見て、両親は「希望を持って捜索を見守りたい」と話した。

（小野宏明）

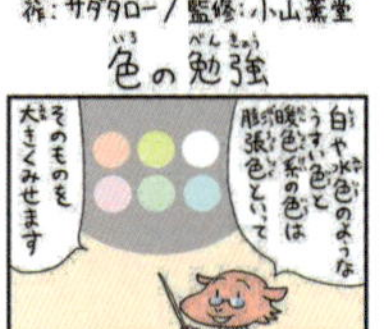

熊本地震の本震で崩落した阿蘇大橋一帯。右が南阿蘇村河陽、奥は阿蘇方面で数鹿流ケ滝。中央を流れるのは黒川。手前の橋があった場所には新たな滝のような場所ができている（小型無人機で撮影）＝23日午前、南阿蘇村河陽（谷川剛、大倉尚隆）

益城町の内村宗春さん　「真面目で優しい夫」

成人式を迎えた孫（中央）と写真に収まる内村宗春さん（右）と妻ミツエさん

16日未明の本震で自宅が倒壊して亡くなった内村宗春さん（83）＝益城町平田＝は、庭先で野菜や花を育てるのが趣味だった。

「『もうすぐ庭の牡丹の花が咲くばい』と話したのが、地震が起きる数日前。楽しみにしとったのに、見らんではってかした…」

妻ミツエさん（79）は、つぶれた家屋のそばで美しく咲いた牡丹の白い花を見つめ、手で顔を覆った。

宗春さんは、ミツエさんと母魂児さん（102）の3人暮らし。14日夜の前震による被害は少なく、高齢の母のことも思い、自宅にとどまった。16日未明、1階の部屋で一緒に寝ていたミツエさんがすさまじい音と揺れで目を覚ますと、すぐ横にいた宗春さんは崩れた家屋の下敷きに。ミツエさんの問い掛けに弱々しく「大丈夫じゃにゃあ」と返してきたのが最期の言葉になった。

精米所を辞めた後、20年以上タクシー運転手をしていた宗春さん。長男隆博さん（53）は「口数が少なく、優しい父で」。長女美香さん（55）は「まさか、こんな形で別れが来るとは思わなかった」と口をつぐむ。

宗春さんは、遺骨となって戻ってきた。「酒もたばこもせんで真面目な人だった。父ちゃんば一人にさせられん」。遺骨と一緒に寝ているというミツエさんは、肩を震わせた。

（浪床敬子）

農業ひたむきに　嘉島町の田端強さん

田端強さん

16日の地震で亡くなった田端強さん（67）＝嘉島町鯰＝は、ひたむきに農業に取り組む人だった。友人と切磋琢磨してコメや麦、大豆作りに励んでいた。

「強ちゃんとはウマが合った。よき相談相手だった」と友人の岩本一幸さん（64）。仲間たちと一緒に有明海に潮干狩りに行ったのも思い出だが、特に印象深いのは農業について語り合った日々だという。

「話題はいつも農業のこと。作物の栽培方法を互いに助言し、情報交換していた。もう二度と語り合えず、残念」とうつむく。

妻、長男と3人暮らし。実家だが、「娘さんが孫を連れて遊びに来ると、いつもうれしそうにしていた」と近所の住民らは言う。家族の手元にある、孫娘を抱いた田端さんの写真は優しい目をしている。

14日夜の地震の後、田端さんは散乱した屋根瓦などを片付け、16日未明は自宅1階で寝ていた。予想もしない本震に襲われ、崩れてきた自宅の下敷きになった。

「子どもの時、どこかに連れて行ってくれたこともなく、それほど農業に一生懸命だった」。言葉少なに父の思い出を語る長男和典さん（36）の表情は、無念さと悲しみに満ちていた。

（中村勝洋）

おしゃれで優しい人柄　東海大2年　大野睦さん

大野睦さん

南阿蘇村のアパートで暮らしていた、東海大農学部2年の大野睦さん（20）。16日未明、地震で1階部分が押しつぶされ命を落とした。東京出身で、[illegible]得意。テスト前には徹夜で友人に勉強を教え、優しい人柄だった。

大学では、化学などの講義に熱心に耳を傾けた。同じ学科の特に親しい10人ほどの友人グループで、誕生日を祝ったり、クリスマスパーティーを開いたり。会を盛り上げたのは「いじられキャラ」の大野さんだった。

グループの一人、藤崎希望さん（19）は、泣きじゃくる友人から訃報を聞いた。「頭が真っ白で涙すら流れない。埋もれたのに助かった子もいる。みんなに、なんで…」と胸の内を明かした。

アパートには、東海大生のみが居住。隣の部屋に入居し、大野さんと同じテニスサークルに入った1年生の佐藤瑛莉さん（19）は「新入生歓迎会で、楽しそうにしていたのに…」。16日未明の地震で、同じように被災した友人らが自力脱出した佐藤さんに、笑顔はなかった。

益城―植木運行を開始　高速バス

九州産交バスは23日、熊本―福岡を結ぶ高速バス「ひのくに号」（西日本鉄道との共同運行）が益城熊本空港IC―植木ICの運行を始めた。一般車両は通行止めの区間だが、所要時間は約2時間半と大幅な時間短縮になる。国土交通省が緊急車両のほか、高速バスの通行を認めた。熊本・大分間を結ぶ「やまびこ号」は24日から運行再開する。

八代―吉松きょう再開　JR肥薩線

JR九州は23日、地震の影響で見合わせていた肥薩線八代―吉松間の運転を、24日の始発から再開すると発表。23日に復旧作業を終え、試験運行で安全を確認した。これでJR在来線の不通区間は、豊肥線の肥後大津―豊後竹田間のみとなった。

地震「伊方に影響」　再稼働反対で集会　愛媛・松山

7月下旬にも見込まれる愛媛県伊方町の四国電力伊方原発3号機の再稼働に反対する集会が23日、松山市の公園で開かれた。参加者は、熊本、大分両県で相次いでいる地震に言及した上で「伊方原発の近くの中央構造線断層帯に影響を与える危険性がある」「愛媛県知事は再稼働同意を撤回しろ」などと訴えた。

松山市の市民団体「伊方原発をとめる会」が主催し、主催者発表で約2800人が参加。会場の特設ステージに立った原発周辺の住民らが不安を訴えると「原発再稼働ゆるさん」と書かれた紙を持った参加者が「そうだ」と同調の声を上げた。

1　3版　平成28年(2016年)4月25日 月曜日　熊本日日新聞　(昭和17年4月1日第3種郵便物認可)　第26629号　日刊

熊本日日新聞
発行所
熊本日日新聞社
〒860-8506
熊本市中央区世安町172
☎代表(096)361-3111
© 熊本日日新聞社 2016年

4月25日 月曜日

熊本地震

被災者の住宅確保急ぐ

県内公営 420戸入居可能

熊本地震で自宅が全半壊した被災者を数カ月単位で受け入れ可能な公営住宅が24日現在、県内で約420戸あることが県などへの取材で分かった。九州・山口も合わせた8県では約3100戸となる。ただ、全半壊した住宅は確認されただけでも3200棟を超え、遠隔地への避難が難しい被災者も多いとみられる。県は民間住宅の借り上げを含め、被災者の住まい確保を急ぐ。

県災害対策本部によると、同日現在、県内の住宅被害は全壊1675棟、半壊1553棟。被害の程度が確認できていない住宅もあり、さらに増える見込みだ。避難所に避難している人は36市町村で約6万人に上る。

被災者向け公営住宅は原則、家賃は無料で光熱費や水道代などは被災者が負担する。入居期間は最長1年以内の自治体が大半で、申し込みには市町村が発行する罹災証明書が必要。発行が間に合わない場合でも、自宅の写真添付などで対応するという。

県住宅課によると、県内では既に受け付けを終了した荒尾市を除き、県と7市町が使用可能な公営住宅を確保し、抽選や先着順で申し込みを受け付けている。

内訳は▽県営(熊本市、荒尾市、水俣市、菊陽町)約70戸▽熊本市約250戸▽人吉市12戸▽水俣市14戸▽天草市42戸▽上天草市23戸▽合志市7戸▽錦町2戸。熊本市営住宅は熊本市民のみ、県営住宅は熊本市民以外が対象で、その他の市町は居住地は問わない。各自治体に申し込む。

一方、他県分は、各県によると計2670戸。内訳は▽福岡530戸▽佐賀153戸▽長崎512戸▽大分208戸▽宮崎571戸▽鹿児島529戸▽山口167戸―となっている。

九州地方知事会を代表して福岡県の小川洋知事が24日、県庁に蒲島郁夫知事を訪ね、「各県で可能な限りの支援をする」と約束した。(並松昭光、太路秀紀)

主な問い合わせ先

▽熊本県☎096(333)2550▽福岡県☎092(643)3870▽佐賀県☎0952(25)7368▽長崎県☎095(895)2046▽大分県☎097(506)4684▽宮崎県☎0985(26)7196▽鹿児島県☎099(286)3735▽山口県☎083(933)3880

熊本市 民間含め1750戸

熊本市は24日、被災した市民に市営住宅と民間賃貸住宅を合わせて約1750戸を無償で提供すると明らかにした。これだけでは足りないとみており、さらに仮設住宅建設のための用地選定も始めた。

自宅が全壊した人が対象だが、一部損壊でも「住宅に困窮している場合は対象にする」としている。

市は市営住宅約250戸を確保し、5月2日まで市役所で入居申し込みを受け付けている。5月3～5日に抽選し、6日から入居が始まる。既に1105人が申し込んでいる。

このほか、民間の賃貸住宅を被災者が借りた場合、家賃を市が負担する。市内に約1500戸の空きがあるという。相談窓口として、全国賃貸住宅経営者協会連合県支部が25日から専用電話を設置する。午前10時～午後5時。フリーダイヤル☎0120(03)0338。28日からは各区役所にも支部の相談員を配置し、面談で相談に応じる。

市外では、政令市の北九州市(118戸)など全国の計3890戸の公営住宅も利用できるという。

ただ、市は地元居住を望む人が多いとみている。大西一史市長は24日「現在の数万人の避難者を見ても、数千の住宅が必要」と述べ、仮設住宅の準備に着手したことを明らかにした。建設には2～3カ月かかるとみており、現在、安全面などを考慮して熊本市内の大きな公園など候補地を選定している。(植木泰士)

不明者の携帯電話発見

南阿蘇村 2人の捜索続く

日没後も続けられる高野台団地周辺での行方不明者の捜索 =24日午後7時ごろ、南阿蘇村河陽(小野宏明)

熊本地震に伴う土砂崩れで依然2人が行方不明になっている南阿蘇村で、警察と消防、自衛隊などは24日、2カ所で捜索を続けた。男性1人と連絡が取れない河陽地区の高野台団地では、男性所有とみられる携帯電話が見つかった。

県警によると、携帯電話は23日午前8時半ごろ、土砂に押し流された男性の自宅の一部が残っていた場所の周辺で発見。家族が本人のものと確認した。24日はこの周辺を中心に捜索。日没後は投光器で現場を照らし、作業を続けた。

立野の阿蘇大橋一帯では、熊本学園大4年の大和晃(ひかる)さん(22)=阿蘇市=が車ごと巻き込まれたとみられる現場で、国土交通省が遠隔操作の無人重機を5台に増やし、土砂を撤去した。

県災害対策本部によると、避難者は午後1時半現在、600カ所に5万9912人で、それぞれ減少した。避難指示は同3時現在、6市町の280世帯・1373人、避難勧告は11市町村の1万7476世帯・4万3894人に出ている。

熊本市北区龍田2丁目の避難指示対象地域では、民家の庭数カ所で長さ約100メートルの亀裂が見つかった。(熊本地震取材班)

熊本地震 県内の被災状況

(24日午後時点、熊日まとめ)

死亡	48人(熊本市4、南阿蘇村14、西原村5、御船町1、嘉島町3、益城町20、八代市1)
震災関連死	12人(熊本市7、阿蘇市2、南阿蘇村1、御船町1、益城町1)
安否不明	2人(南阿蘇村2)
負傷者	1,370人以上
建物	住宅10,236～10,336棟
避難	避難所 600カ所 避難者 59,912人
水道	断水23,800世帯
都市ガス	供給停止 約72,000戸(西部ガス)

※県災害対策本部などの集約分

脱線車両の撤去完了

九州新幹線

脱線現場からけん引され、熊本総合車両所に到着した九州新幹線の最後の車両=24日午後1時45分ごろ、熊本市南区富合町(大倉尚隆)

JR九州は24日、14日夜の地震の影響で脱線し、九州新幹線の熊本―新水俣間の運行再開の妨げになっていた車両(6両編成)の撤去を完了した。全線復旧に向けた最大の課題が解消された。

脱線現場は熊本市の熊本駅南1・3キロの高架上で、撤去作業は18日に開始。車両をレールに戻して順に切り離し、約8キロ南の熊本総合車両所(同市)に移送する作業を続けていた。23日までに1～5号車の撤去を完了。24日は残る6号車を約4時間かけて撤去した。

今後、脱線現場の設備を点検し、同区間で見つかっている高架橋のひび割れなど約130カ所の損傷の修復を急ぐ。作業が順調に進めば、大型連休前の28日にも全線復旧する見通し。

九州新幹線は20日に新水俣―鹿児島中央間、23日に博多―熊本間の運行を再開し、残る熊本―新水俣間のみ不通となっている。(田川里美)

熊本地震 特別紙面

おわび

地震の影響で本日付朝刊が一部地区で配達できなかったり、遅れたりしました。大変ご迷惑をおかけしました。　熊本日日新聞社

熊日の購読・配達のご用は
ミナヨムニッコリ
0120-374625
(土・日曜・祝日除く9:00～17:00)
紙面のお尋ねは
096-361-3115
(日曜・祝日除く9:00～17:00)
パソコン版くまにちコム
kumanichi.com

◇お断り　「きょうの天気」は2面に移しました。

がんばろう 熊本　地震被災者応援メッセージ

きっとよくなる

水や物資が少ないそうで大変で不安ですね。海外にいて何もできないので応援メッセージを書きました。「大丈夫！きっとよくなる！」と信じて、地震が落ち着くまで安全な場所で救援を待ってください。台北から応援しています！
(曹敏書・30代、台湾台北)

新生面

2016.4.25

〈大丈夫ですか？／驚いております〉―。はがきの裏には、この2行だけが走り書きされていた。差出人は東京在住の作家、出久根達郎さん。熊本地震を知って、慌てて投函(とうかん)されたようだ▼数年前、出久根さんの本紙連載を1年間担当。その後も、賀状のやりとりを続けていた。お礼を言わなければ、と電話をかけると「何か足りないものはありませんか」。思わず胸が熱くなった▼中学卒業後、集団就職で上京し古書店員に。修業の後、自ら古書店を営んだ。苦労人だけに、他人の窮状がわが事のように思えるのだろう。天災に見舞われ誰もが心細い時だ。ちょっとした気遣いが、しみじみとありがたい▼出久根さんは著書『日本人の美風』(新潮新書)にこう書く。「国民性というものは、平時でなく、非常時において、顕著に出る」。出版準備中に東日本大震災が起きた。整然と並んで救援物資を受け取る被災者や、行政に頼らず互助精神を発揮した地区を見て思ったという▼では、今回の地震でも熊本の県民性が現れたのだろうか。お互いに知恵を出し合い、自分にできることをやる姿が各地の避難所で見られる。一方で先日の本紙には、奪うように食事を取っていく人がいるという物資配布を手伝う高校生の声があった▼ほんのわずかな想像力さえあれば、そんなことは到底できまい。避難生活が長期化し、非日常が日常になりつつある。他人を思いやる気持ちが、今後ますます大切になってくるだろう。一枚のはがきから、そんなことを思った。

政経部
seikei3161@kumanichi.co.jp
TEL:096-361-3161 FAX:096-366-4115

農林漁食 Agriculture,Forestry, Fisheries & Food

月曜日 掲載（第１月曜除く）

熊本地震　熊本、宇城市の選果場被災

ライン停止　手作業も限界

今なお数万人が避難所で暮らすなど影響が長引いている熊本地震。電気、水道などのライフラインや交通基盤に爪痕を残し、県内の主力産業である農業も大きく揺さぶった。

手作業でミニトマトの出荷作業を進めているJA熊本経済連の第二園芸集送センター＝宇城市

ナス大量廃棄、農家涙

4月末〜5月中旬に生産のピークを迎える県産の春野菜が、野菜選果場の被災で出荷に支障をきたしている。熊本市では選果できずに品質劣化したナス90キロが廃棄処分となった。JAグループ熊本は被害を最小限に抑えようと総力を挙げて取り組んでいるが、関係者には不安や焦燥感もにじむ。

「自動選果ライン7基が全て止まり、手作業に頼るしかない状況だ」。JA熊本経済連の大規模選果場「第二園芸集送センター」（宇城市）の久保淳也所長はため息をつく。

パート約70人の大半は出勤できておらず、近隣JAなどからの応援職員数十人が頼りだ。連日夜遅くまで、大量のミニトマトを手作業で3キロごと樹脂ケースに移し替えて出荷している。

通常は品質やサイズで細かく選別するが、手作業では労力が膨大になる。出荷先の市場などの了解を得て、選別せず重さだけを量って出荷している。「農家が持ち込む6キロ箱をそのままトラックで消費地に送れたらいいが、流通側の使い勝手が悪いようだ」と久保所長。

同選果場は県南地方を中心とした広域からメロンやトマト、ナスなどを受け入れており、被災前は段ボール箱換算で1日約8千個出荷していた。現在は被災を免れたJAくまの選果場などに一部を振り向けているが、追いつかない状況だ。

自動選果ラインには、野菜のサイズや糖度などを測るセンサー、高速で段ボール箱を組み立てる機械などが巨大なコンベヤーで連結されている。メーカーの技術者を呼び寄せ、応急処置を急ぐが、一部復旧の見通しも立たないという。

JA熊本市の野菜選果施設も自動選果ライン9基の大部分が使えない状況だ。15〜16日に入荷したナス約90キロは選果できずに劣化し廃棄処分になった。

同市南区のナス農家甲斐祥文さん（64）は「一生懸命育ててきたのに悲しい。泣きだす仲間もいた」と話す。現在は農家約160戸がナスを手作業でサイズ別に分け、箱詰めして出荷しているが、重労働に悲鳴が上がっている。

同経済連は「農家が持ち込む野菜があふれ、決壊寸前のダムのような状態。手作業での出荷には限界があり、対策を急ぎたい」と話している。（猿渡将樹）

天井パネルが壊れ、自動選果ラインの支柱も曲がったJA熊本経済連の第二園芸集送センター＝宇城市

地震で倒壊した西原村の酪農家の牛舎と、助け出された乳牛＝17日、同村（提供写真）

牛舎倒壊　捨てられた生乳

畜産業にも打撃　被害さらに拡大

熊本地震は、県内で盛んな畜産業にも打撃となった。酪農家が出荷できなかった生乳を大量廃棄したほか、畜舎や飼料タンクなどの倒壊も目立った。

県によると、地震で県酪連（らくのうマザーズ）などの乳業工場４カ所が損壊。16〜17日は生乳の集荷や低温貯蔵する施設の大半が使えなくなり、停電などの影響もあって酪農家が生乳を推計で500トン近く廃棄した。18日以降は施設が復旧するなどしたため、廃棄量は大幅に減ったという。

牛舎２棟が倒壊した西原村の酪農家、斉藤実さん（62）は「出荷できなかった生乳は堆肥に混ぜて処分する」と話していた。畜舎の再建などには多額の費用がかかるため、県酪連は「高齢な生産者は、被災を機に廃業しかねない」と懸念している。

県によると、24日までに判明した被害は畜舎の損壊107件、飼料タンクの破損28件、死亡か処分された牛馬169頭。農林水産政策課は「阿蘇、菊池、上益城地方を中心に、被害はさらに増える」とみている。

ＪＡ菊池の三角修組合長は「飼料タンクの破損は畜産農家にとって痛い。自動給餌機を使えず、膨大な量のエサやりが手作業になる」と心配している。（猿渡将樹）

係から

熊本地震の大きな揺れに恐怖を感じた人は多いと思います。私の自宅も壁に亀裂が入るほど揺れました。建物への被害は大きく、取材したJA熊本経済連の野菜選果場には廃虚のように天井などが大きく崩れた部屋もありました。多くの人が復旧や復興に向けて働いています。市民生活が一日も早く平常に戻ることを祈るばかりです。

（猿渡将樹）

ブルーシート掛けます
耐震補強・瓦葺替

ドギャン仕事でんOK!
GAMADAS ガマダス
0120-2-41904

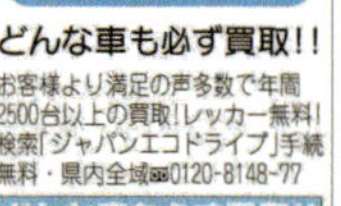
どんな車も必ず買取!!
ジャパンエコドライブ
ドライブ 0120-8148-77

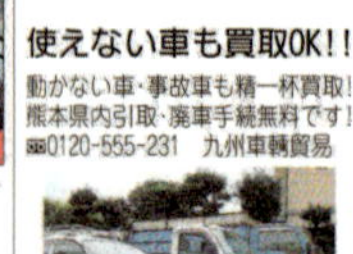

（第3種郵便物認可）　熊本日日新聞　平成28年（2016年）4月25日　月曜日　スポーツ　6

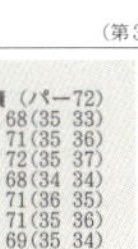

ゴルフ

大山V

熊本に元気

笠2位

国内女子

フジサンケイ・レディース最終日（24日・静岡県川奈ホテルGC富士＝6367ヤード、パー72）熊本地震の影響で前週は中止され、2週ぶりの大会。6位で出た大山志保が4バーディー、ボギーなしの68で回って通算11アンダーの205で今季ツアー初勝利、通算17勝目を挙げた。賞金は1440万円。【22面に関連記事】

1打差の2位に菊陽町出身の笠りつ子とアン・ソンジュ（韓国）、さらに1打差の4位に原江里菜、渡辺彩香、イ・ボミ（韓国）が続いた。一ノ瀬優希は6バーディーを奪ったがボギーも多く、結局通算3アンダーで豊永志帆と並んで21位。上田桃子は後半にスコアを崩してイーブンパーで28位、野口彩未は4オーバーの35位だった。（出場50選手＝アマ1、雨、気温13・7度、北の風3・3㍍、観衆3441人）

◇フジサンケイ・レディース　最終日成績（パー72）

-11	①	大山　志保	205＝68 69 68(35 33)
-10	②	アン・ソンジュ(韓)	206＝71 64 71(35 36)
	②	笠　りつ子	206＝66 68 72(35 37)
-9	④	渡辺　彩香	207＝68 71 68(34 34)
	④	イ・ボミ　(韓)	207＝68 68 71(36 35)
	④	原　江里菜	207＝69 67 71(35 36)
-7	⑦	松森　彩夏	209＝71 69 69(35 34)
	⑦	ペ・ヒギョン(韓)	209＝70 69 70(36 34)
	⑦	鈴木　愛	209＝68 70 71(33 38)

最終日、5番でティーショットを放つ大山志保。通算11アンダーで今季初勝利＝川奈ホテルGC富士

笑顔戻るように…と集中

熊本ゆかりの選手たちが盛り上げた大会を最後に締めたのは大山志保だった。「ショット、パット、アプローチ全部良かったが、メンタルが一番良かった。ミスしても最後まで前を向くことができた」と、38歳は強気の姿勢を勝因に挙げた。

熟練の技が光った。11番（パー3）の第2打はバンカーから。左足下がりで、高い土手が立ちふさがったが「100回打って1回あるか」と自賛する完璧なリカバリーでパーセーブ。15番からはドライバーショットのアドレスでボールの位置を1個分、内側に修正して飛距離が増した。16番（パー5）の第3打は絶妙なロブショットでバーディーにつなげた。

首位と2打差で迎えた最終18番（パー4）では気持ちの強さが見えた。「ピンを真っすぐ狙う」。残り144ヤードの第2打を1・5㍍につけ、難しいバーディーパットをど真ん中から沈めた。最終組のアン・ソンジュが18番でダブルボギー。プレーオフの準備中に、観客のどよめきで逆転優勝を知り「信じられない」と目を丸くした。

中央女子（現熊本中央）高時代を含め計7年間を熊本で過ごした。「正直、今週は試合ではなく熊本で何か手伝いたかった」と打ち明けた。ただ高校の同級生から「（代名詞となった）ガッツポーズをたくさん見て元気が出た」とメッセージが届き、「一日でも早く笑顔が戻るようにゴルフを頑張る」と試合に集中した。

優勝賞金の全額1440万円を復興のために寄付する意向。「もともと500万円の寄付を決めていた。額を増やせたから良かった」。年を重ねて、意欲と体力と技術を上げる元賞金女王は優しく笑った。（山下友吾）

「思い切りいけた」

初日から2日間首位を走った笠は2バーディー、2ボギーの72と伸ばせず逆転を許した。前日「ロングホールで伸ばしたい」と話していたが、四つあるパー5ではバーディーなし。12番ではボギーをたたいてしまい、勝機を逃した。震災で苦しむ故郷、熊本を意識しながら戦った3日間。今季2度目の2位の結果に「思い切りいけたかな。また来週からみんなで盛り上げるようにしたい」と気を取り直していた。

最終日、5番でティーショットを打つ笠りつ子

決勝R初進出の野口 「賞金は母に」

18番でバンカーショットする野口彩未

初めて決勝ラウンドに進出した野口彩未は、前夜に飛行機で駆けつけた母、恵美さん（42）の前でプレー。35位となり賞金54万4千円を獲得した。「すごくうれしい。もちろん賞金は全部お母さんに渡します」と、この日が誕生日だった母へのプレゼントにした。

最終日では最後の2ホールで三つスコアを落とすなど厳しさも味わった。「初めて3日間プレーして技術もメンタルも足りないと認識した」と反省も忘れなかった。

400万円超 被災地に

フジサンケイレディースの大会事務局は、熊本地震支援のチャリティーサイン会とオークションで集まった総額約414万円を被災地に贈ると発表した。

永野（益城町出身）は9位

国内男子 池田勇が14勝目

パナソニック・オープン最終日（24日・千葉県千葉CC梅郷＝7130ヤード、パー71）日本、アジアツアーを兼ねる大会。3位から出た30歳の池田勇太が7バーディー、1ボギーの65をマークして逆転し、通算13アンダーの271で今季初、ツアー通算14勝目を飾った。賞金は3千万円。

3打差の2位に前週優勝で昨季賞金王の金庚泰（韓国）とマーカス・フレーザー（オーストラリア）が並び、通算9アンダーの4位に今平周吾が入った。益城町出身の永野竜太郎は5アンダーで9位、熊本市出身の重永亜斗夢は4アンダーの14位だった。（出場選手＝アマ1、曇り、気温15・8度、東の風3・9㍍、観衆2848人）

◇パナソニック・オープン　最終日成績（パー71）

-13	①	池田　勇太	271＝67 73 66 65(29 36)
-10	②	金　庚泰(韓)	274＝69 69 68 68(35 33)
	②	フレーザー(豪)	274＝71 68 67 68(34 34)
-9	④	今平　周吾	275＝69 71 69 66(32 34)
-8	⑤	市原　弘大	276＝69 71 65 71(34 37)
	⑤	カプール(印)	276＝68 67 69 72(37 35)
-7	⑦	クロンパ(タ)	277＝72 68 66 71(35 36)
-6	⑧	王　情訓(韓)	278＝71 68 69 70(36 34)
-5	⑨	永野竜太郎ら5人＝279	

米女子 野村、3打差首位

【デーリーシティー（米カリフォルニア州）共同】米女子ゴルフのスウィンギングスカート・クラシックは23日、カリフォルニア州デーリーシティーのレークマセドGC（パー72）で第3ラウンドが行われ、約2カ月ぶりのツアー2勝目を目指す野村敏京が3バーディー、2ボギーの71で通算10アンダー、206として首位を守った。3打差の2位はチェ・ナヨン（韓国）とリー・アン・ペース（南アフリカ）。

70で回った横峯さくらは通算1アンダーの17位に浮上し、アマチュアの畑岡奈紗（茨城・翔洋学園高）は3日連続の73で3オーバーの39位。宮里美香は77と崩れて4オーバーの44位に下がった。

ひとこと

いい我慢できた

野村敏京の話　出だしからいいパーセーブができたのが4番のバーディーにつながった。風がある中でアンダーパーで回れて良かった。いい我慢ができたと思う。最終日も落ち着いてプレーしたい。（共同）

フィギュアスケート

宇野 フリーも大技

4回転フリップ

【男子フリー】演技する宇野昌磨＝スポケーン（共同）

【スポケーン（米ワシントン州）共同】フィギュアスケートの北米・アジア・欧州による3大陸対抗戦「コーセー・チームチャレンジカップ」は23日、ワシントン州スポケーンで男女のフリーなどが行われ、男子の宇野昌磨（中京大）が国際スケート連盟の公認大会でほかに成功例がない4回転フリップを前日のショートプログラム（SP）に続いて成功させ、自己ベストを上回る192・92点だった。女子の宮原知子（関大）も自己ベストを上回る145・02点、本郷理華（邦和スポーツランド）は122・15点。ペアの須藤澄玲（神奈川ク）、フランシス・ブードロオデ（カナダ）組は100・78点だった。対抗戦は北米が優勝し、チームアジアは最下位だった。

来季へ弾み　宇野がフリーでも4回転フリップを決めた。史上初の快挙を達成した前日のSPに続き、最初のジャンプで大技に挑戦。最初は「もう一度跳んだらどうなるか」と心配しつつも「昨日よりも危なっかしかった」と苦笑いを浮かべた。SP、フリーとも自己ベストを上回り、合計298・66点は羽生結弦（ANA）、フェルナンデス（スペイン）に続く歴代3位に相当する高得点。来季へ弾みをつける「4回転フリップはまぐれかもしれないが、実力もついてきていると思う。自信を持って練習していきたい」と意気込んだ。（共同）

陸上

日本グランプリシリーズ開幕戦

女子1万㍍ 安藤が2位

日本人トップ

リオデジャネイロ五輪代表選考会を兼ねた陸上の日本グランプリシリーズ開幕戦、兵庫リレーカーニバル最終日は24日、神戸ユニバー記念競技場で行われ、女子1万㍍で安藤友香（スズキ浜松AC）が32分16秒34で日本人トップの2位に入り、マラソンで五輪切符を逃した小原怜（天満屋）は32分27秒51で5位だった。男子は市田孝（旭化成）が28分22秒79で日本人最高の5位となった。

男子円盤投げは堤雄司（群馬綜合ガードシステム）が58㍍20で優勝。同1500㍍はロナルド・ケモイ（小森コーポレーション）が3分38秒86で3連覇し、戸田雅稀（日清食品グループ）が3分39秒67で2位に入った。

立ち上がれ　ロアッソ熊本

roasso kumamoto

ボランティアに奮闘　GK畑実

家族と目指す生活再建

避難所で祖母ケイ子さんに言葉を掛けるロアッソ熊本のGK畑実（右）＝益城町

益城町の避難所の一つ、阿蘇熊本空港ホテルエミナースに、ひときわ目立つ長身の避難者がいる。ロアッソ熊本のGK、193㌢の畑実（27）だ。避難して間もないころは、救援物資の仕分けなどのボランティアに奮闘した。「大したことはしてないです。町の消防団の方が頑張っている」。いつものように控えめに話す。

同町の実家で家族とともに暮らしていた。熊本市の温泉施設でくつろいでいたときに前震を体験。本震はDF森川泰臣（21）とともにMF坂元大希（20）のマンション＝熊本市＝に避難した直後だった。

自宅は本震で被害を受け「危険」を示す赤い紙を貼られ、立ち入れなくなった。今は、家族6人が避難所などで分かれて暮らす。

祖母ケイ子さん（84）は「あの子は無口であんまりしゃべらん子だけど、気遣いはある。頼りになります」と温かいまなざしを向ける。

避難所の手伝いに追われるうちは、サッカーに気持ちが向かなかった。だが、21日のチームミーティングを境に、気持ちが変わった。「あの時までは、体を動かそうなんて思わなかったけれど、熊本を拠点にやることが決まり、サッカーをやろうという気持ちになった」

ミーティングでは、県外に練習拠点を移してリーグ戦に復帰する提案もあった。「県外に行ったら、体のコンディションは良くなると思うけれど、家族のことが気になって、メンタル面が駄目になったと思う。正直に言って、体の状態が落ちても、気持ちさえあれば何とかなる」と心を奮い立たせる。

家族とともに目指す生活再建。まだ生活拠点すら決まっていないが、悲壮感はない。「サッカーをしていても、周りのために動く時間はある」。献身的な振る舞いが、家族も仲間も勇気づける。（山本遼）

＝随時掲載

避難者にストレッチ方法を教える立石（中央）＝熊本市中央区

ロンドン五輪・競泳銅メダル立石

避難所でストレッチ指導

2012年ロンドン五輪競泳男子200㍍平泳ぎで銅メダルを獲得した立石諒（26）＝ミキハウス＝が24日、震災避難所になっている熊本学園大（熊本市中央区）を訪れ、エコノミークラス症候群の対策になるストレッチ方法などを教えた。

学園大には近隣の330人が避難している。立石は住民が入っている各教室を回り、「血流をよくすることが大事。ストレッチの前に必ず水を飲んでください」と助言。足を下から上へさすったり、足首を上下に動かしたりと動作を教えた。平川清子さん（80）は「テレビで見るより素敵だった。元気が出ました」と興奮気味に話した。

立石は被災者支援のボランティア学生らとも懇談し、「若い世代の力が求められている。高齢者などを手助けしてほしい」と激励。炊き出しなどに取り組む蔦直道さん（20）は「『継続することが大事』という言葉が印象的だった。これからもみんなで復興に向け力を合わせたい」と話していた。（嶋田昇平）

ボルダリング　ワールドカップ

藤井、野中3位

女子決勝3位の野中生萌＝埼玉県加須市民体育館

2020年東京五輪の追加種目候補として注目されるスポーツクライミングのボルダリングのワールドカップ（W杯）第2戦加須大会最終日は24日、埼玉県加須市民体育館で行われ、日本勢は男子の藤井快、女子の野中生萌（ともに東京都連盟）が上位6人による決勝に進み、いずれも3位に入った。

女子でW杯総合2連覇中の野口啓代（茨城県連盟）は準決勝で敗退し、20位だった。7年ぶりに日本開催のボルダリングW杯は23、24日ともチケットが完売する盛況ぶりだった。

レスリング

リオ五輪世界予選

男子フリーも出場枠逃す

レスリングのリオデジャネイロ五輪世界予選は24日、ウランバートルで男子フリースタイルを行い、日本勢は97㌔級の山口剛（ブシロード）ら4階級で上位3人に与えられる今大会での五輪出場枠を逃した。

山口は準々決勝でウズベキスタン選手に敗れ、敗者復活戦も韓国選手に敗れた。65㌔級の前田翔吾（クリナップ）、86㌔級の松坂誠応（日体大）、125㌔級の山本泰輝（拓大）はいずれも初戦で敗退した。

日本男子は3月のアジア予選でフリー、グレコローマン両スタイルで計4階級の五輪出場枠を確保したが、今大会は8階級で一つも獲得できなかった。世界最終予選（5月6〜8日・イスタンブール）が最後の挑戦となる。日本女子は全6階級で五輪出場を決めている。（共同）

カヌー　アジア選手権

五輪代表に佐々木兄弟

カヌー・スラロームのリオデジャネイロ五輪アジア最終予選を兼ねたアジア選手権最終日は24日、富山市井田川カヌー競技場で行われ、男子カナディアンペア決勝で佐々木将汰、佐々木翼組（万六建設）が96・71点で優勝して出場枠を獲得し、日本連盟の選考基準で初の五輪代表に決まった。

23歳の将汰と21歳の翼の兄弟。昨年の世界選手権で上位の中国勢は出場しなかったが、今大会は中国の強敵を抑えて切符をつかんだ。佐々木優輝（秋田県体協）は4位だった。

（第３種郵便物認可）　熊本日日新聞　平成28年(2016年) 4月25日 月曜日　14

文化生活部
kurashi@kumanichi.co.jp
TEL:096-361-3020 FAX:096-361-3290

くらし | Life |

月、水、金、土曜日 掲載

震災関連死 防ぐ対策を

熊本地震の発生から10日余。避難者はなお約6万人に上り、長引く避難所生活や車中泊で疲れはピークに達しつつある。「エコノミークラス症候群」など震災関連死も12人に上っている。19日から4日間、益城町の避難所などで同症候群を調査した新潟大講師の榛沢和彦医師（52）＝血管外科＝は「関連死を防ぐには、避難所での生活の質向上が急務」と指摘している。

エコノミークラス症候群を調査 新潟大・榛沢（はんさわ）和彦医師

榛沢医師は、新潟県中越地震（2004年）や東日本大震災（11年）などで同症候群の診断に当たった経験がある。熊本地震の特徴を「余震が多く、避難所も怖いと思う人たちの車中泊が非常に多い」と指摘。座ったまま寝ることが最もよくないため、「二つの震災を上回るペースで発症している印象」と話す。

熊本地震では実際、車中泊をしている人を中心に同症候群が多発しており、18日には熊本市の51歳女性が死亡している。

同症候群は血の巡りが悪くなると、主に足の静脈に血の塊（血栓）ができ、肺の静脈に詰まる。

榛沢医師は、予防のためには十分な水分補給と足の運動・マッサージが必要と指摘。さらに「なるべく足を上げて寝てほしい」と助言する。足の血の巡りを助ける医療用の弾性ストッキングが有効だが、「手に入らなければ、市販のむくみ防止の靴下でもいい」。ただ「そもそも車中泊をしないのが一番で、行政には巨大テントの設置なども検討してほしい」と話す。

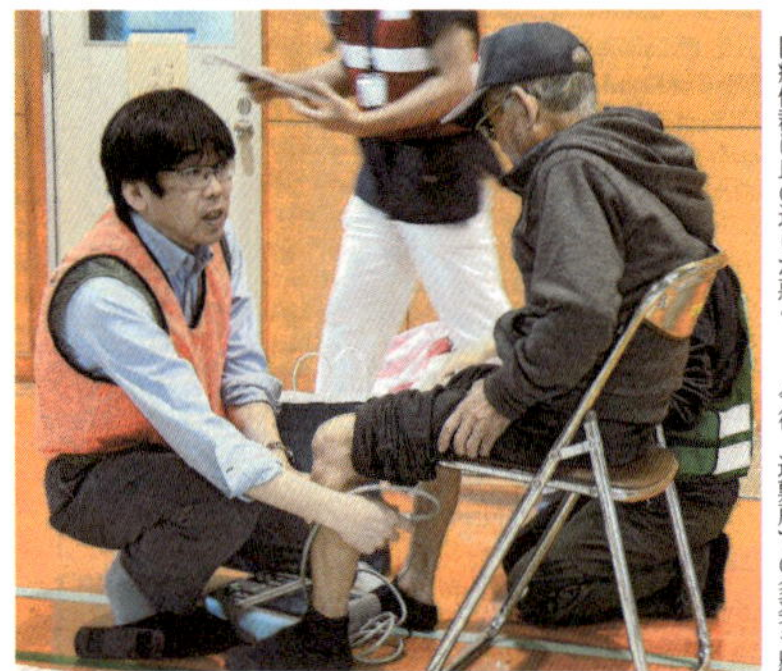

避難者の足に血栓がないか調べる榛沢和彦医師＝20日、熊本市南区の避難所

仕切り、簡易ベッド… 避難所生活の質向上 急務

今後、避難所での多発も懸念されるという。榛沢医師によると、東日本大震災では2週間目から、血栓ができる患者が増えたとしている。

「床に直接寝ると、背中が冷えて血の巡りが悪くなる。特に高齢者は起き上がることもおっくうになる。トイレに行きたくないため水分も控えるようになる。結果、血栓ができやすい状態が続く」

避難所の衛生環境も懸念される。避難が長引くほど、床にほこりがたまり、アレルギーやぜんそくなどの疾患につながりやすい。感染症にも注意が必要という。

榛沢医師は、避難生活で健康を維持するためには「避難所であっても、日常生活の場を確保すること」と強調する。具体的には段ボール製の仕切りや簡易ベッドを設置し、個人の空間を確保する。

「通路と寝床を分けて睡眠の質を上げる。日本人は床に寝ることに抵抗がないが、ほこりを吸い込まないためには寝る高さを確保してほしい」

地震発生から10日以上が過ぎ、榛沢医師は「衣食住のうち、衣と食は足りつつある。いち早く住環境の充実に努めてほしい」と話している。（林田賢一郎）

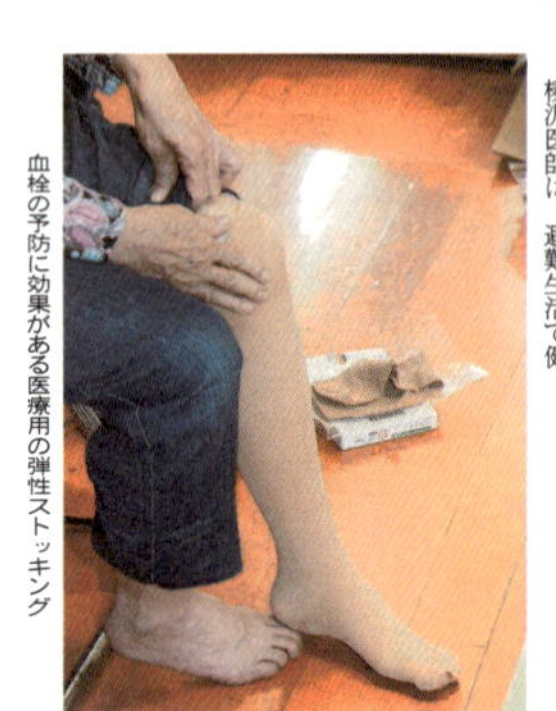

血栓の予防に効果がある医療用の弾性ストッキング

段ボール製の簡易ベッドで仕切られた空間。エコノミークラス症候群防止のほか、衛生面でも効果が高い＝熊本市南区の避難所

おんなの目。

音読のすすめ

卒業の朝に

山下江身子（51）主婦、熊本市

少し肌寒くはあるが、快晴の空だった。

息子の大学の卒業式。入学式や成人式などの折には、マンションのエントランスをバックに写真を撮ることが、わが家の恒例になっている。この日もエントランスに降り、息子と写真を撮ろうとしていた。

そこへ同じマンションの若い女性が通りかかると、乗っていた自転車からサッと降り、「写真、撮りましょうか？」と声をかけてくれた。

おかげで息子とのツーショットを、県外で単身赴任中の夫にメール送信することもできた。

その女性に「ありがとう」と声をかけて、思い出した。

7年前、息子が高校の入学式を迎えた朝にも同じことがあったな、と。そして、私たちの写真を撮ってくれたのは、その女性のお母さんだった。同じようにサッと自転車を降りて、「おめでとうございます」と声をかけてくださった。

優しいお母さんの心は、娘さんにも受け継がれているのだなと、その偶然に感謝した。

息子の卒業式の朝に、私たち親子の心の中にも晴れやかな風が吹いたような一日の始まりだった。

本

「ロジカルイングリッシュ」
有元美津世著

国際ビジネスの場で長年活躍する筆者が、日本人が間違えやすい英語のポイントを指摘、「伝わる英語を身に付ける」ための考え方を説明する。

例えば、日本語が１文だからといって英語も１文で表現するとは限らない―。ネーティブは会話の中で「who」「which」などの関係代名詞を使うことはまれだが、日本人は直訳して用いる傾向があるという。

心当たりのある方は、これからは２文にわけてすっきりと。論理的かつ実践的で分かりやすい。（ダイヤモンド社・1620円）

がんばろう熊本 地震被災者応援メッセージ

21年前の被災地から

私は小学６年の時に阪神淡路大震災を経験、当時のことは昨日のことのように鮮明に覚えてます。子供ながら「人は一人じゃ何もできないけど、皆で助け合い協力し合えば、どんな困難でも乗り越えられるんだ」ってことを学びました。人がそこで生活する限り、熊本も必ず復旧・復興します!!　どうか、地震に負けないでください！21年前の被災地から、微力ですが応援しています。（冨岡桃子・33、兵庫県西宮市）

肥後もっこす魂は誇り

肥後もっこす魂は地方の誇りです!!　わたしたちもあの時、どれだけ支えていただいたか。こんどは恩返し（今、こっちの被災地では『恩返し』が合言葉になっています）の番です!!　負けないでください！

（河北の中山）

心から笑える日を

いっぱい、心配してもらいました。ありがとう。いっぱい、助けてもらいました。ありがとう。いっぱい笑えるように、心から笑える日がきますように！

（水田愛生子・25、益城町）

宇城市の実家 心配

京都からです！　実家が宇城市で、かなり心配です。熊本のみなさん無事でいてください。（山川隼也）

山梨からご恩返し

明治時代、山梨県の県令（県知事）だった藤村紫朗さんは熊本県のご出身で、ご縁があり、ご恩があります。遠い山梨県甲州市の有志も支援に動きだしています！　山梨県民が熊本県民を支えます！　いつも元気を日本全国にくれた、くまモン（熊本県民）をみんなで支えましょう～。熊本復活のために、山梨の私たちは、ともに頑張ります!!

（かがみもち・40）

専用メールアドレス新設しました

熊本地震で被災した方々への応援メッセージを募集しています。専用メールアドレスも設けました。文面の長さは問いません。①住所②氏名③年齢④職業（学校名と学年）⑤電話番号―を書いて、〒860―8506、熊日編集局「がんばろう熊本 地震被災者応援メッセージ」係。ファクス番号は096(361)3380、メールアドレスouen@kumanichi.co.jpに送ってください。フェイスブック受け付け分はアカウント名で掲載します。

読者ひろば

情報プロジェクト班
TEL096(361)3213
FAX096(361)3380
dengon@kumanichi.co.jp

どぎゃんかしよう！

――みんなの声 届けます

★災害ごみは別の場所に集めて　熊本市の災害ごみは、ごみステーションに出すようになっていますが、量がものすごく多く、収集が追いつかない状態だと思います。以前の豪雨被害の時は、災害ごみは町内の公園に集め、通常のごみをステーションに出すようにしていたと記憶しています。今回の災害ごみも、公園や空き地などに出すようにした方がよいのではないでしょうか。（熊本市、女、51）

★炊き出しのマンパワー不足　熊本市本荘校区の仲間と小学校で炊き出しをしていますが、マンパワーが足りないです。多い時は800人分、今も200人分作っています。ここの小学校では、手がかからない１食分のアルファ米や野菜、パンなどがほしいです。トイレ掃除用の洗剤、タオルもあるといいと思います。似た状況の避難所も多いのではないでしょうか。

（熊本市、山口恵子）

★障害者の夫抱え不安　嘉島町の浮島神社の近くで夫と２人暮らしです。夫は脳梗塞を患い、障害が残っています。地震後、２人とも車内で寝ていましたが、エコノミークラス症候群が怖いので、最近は夫だけ家の玄関近くに寝ています。電気、水道は止まっていないので恵まれているほうでしょうが、食料が尽きてきました。夫を家に残すのは不安なので買い出しに行けず、毎日、公民館で少量のおにぎりとパンをもらえるだけです。障害がある夫を抱え、年金暮らし。この先どうなるのか、不安でパニック状態です。

（女、65）

中③ 学習ルーム 親子でチャレンジ！ 国語 No.05

1　次の傍線部分の漢字はひらがなでよみがなをつけ、カタカナは漢字に改めなさい。

1　経済的な損失を被る。
2　食卓を布巾でふく。
3　日本代表の栄誉をになう。
4　運命に身をユダねる。
5　ピアノのエンソウをする。
6　ジュウオウ無尽の働きをする。

2　次の文章を読んで、あとの問いに答えなさい。

客来るに①亭主出でて、めしはあれども麦飯ぢやほどに、いやであらうずといふ。「我は生得、麦飯が好きぢや。麦飯ならば三里も行きて食はう」といふ。「②さらば」とて③ふるまひけり。またある時、件の人来る。「そちは ④ が好きぢや程に、米のめしはあれども出さぬ」といふに、「いや米のめしならば五里も行かう」とて、また食うた。

（安楽庵策伝著「醒睡笑」による。）

（注）亭主＝家の主人。
生得＝生まれつき。
三里＝一里は約四キロメートル。
件の人＝先ほどと同じ人。
そち＝あなた。

1　傍線①の部分の「亭主」が言った言葉で、もう一か所「　」をつけることができる部分がある。その部分を文章中から抜き出し、最初と最後の三字を書きなさい。

2　傍線②の部分「さらば」の意味として最も適当なものを次のア～エから選び、記号で答えなさい。
ア　それでは行きましょう
イ　それでは出しましょう。
ウ　それならお帰り下さい。
エ　それなら食べましょう。

3　傍線③の部分「ふるまひけり」を現代かなづかいに直して、ひらがなで書きなさい。

4　④ の部分に入れるのに最も適当な語句を、文章中から二字で抜き出しなさい。

5　この文章の内容に合っているものを次のア～エから一つ選び、記号で答えなさい。
ア　亭主から意地の悪いことを言われた客は、機転をきかせた言葉を返して米のめしを食べた。
イ　遠方の家に米のめしがあることを聞きつけた客は、亭主を誘ってそれを探しに出かけた。
ウ　与えた恩を返そうとしない客に怒った亭主は、米のめしを食べられないよう策略を仕掛けた。
エ　客に米のめしが食べられてしまうことを恐れた亭主は、うそを言って客を家から追い出した。

配点　各１点　11点満点

0　C　6　B　9　A　11点

4月22日英語No.4　標準解答

（熊本ゼミナール監修）

1　(1) plays　(2) got　(3) have　(4) speak　(5) be
(6) was　(7) doing　(8) cooking　(9) were　(10) was

2　(1) Their house doesn't stand near the library.　(2) Does Takeshi have any pens in his bag?
(3) He didn't read a history book after school.　(4) Naomi went shopping with her friend yesterday.
(5) We will[are going to] go to the museum next Saturday.

3　(1) has to　(2) am going　(3) Don't run　(4) Let's have　(5) Will you

4　(1) My sister doesn't like math very much.　(2) It may rain[may be rainy] tomorrow.
(3) What is Ken doing now?　(4) They didn't have to go there.
(5) Would[Could] you tell me the way to Kumamoto Station?

がん検診 26日

◇胃がん　人吉市西瀬コミュニティセンター（午前7時半～）

囲碁・将棋

●宇城市松橋町囲碁愛好会4月前期例会　▽Aパート①鈴村季雄②東末光③迫本末義▽B同①千葉崎洋司②上野勝③宮下貴行
●日本将棋連盟玉名支部矢倉規広七段来玉記念　▽A組①津留崎幸一②田﨑昇③上田克美▽B組①木村則夫②木村厚也③下川武彦
●囲碁二木会（郵政OB）4月例会　▽Aパート①竹元安美②西牟田清吾③田上誠一▽B同①竹原努②澤村省三③石田道明
●玉名退職教師の会囲碁同好会4月親睦　①塚崎博志②小山哲夫③小山武之④石原正夫⑤隈部敏⑥内田實

◇お断り　地震の影響で熊本空港の発着便は欠航や乱れが続き、九州新幹線の全線再開やSL人吉の運行再開には至っていません。このため「航空券案内」「JR指定席」は休みます。

交通網回復で復興加速へ

九州道 月内に全線復旧
嘉島―八代は今週前半

熊本地震の発生から10日が過ぎ、県内の交通機関は復旧が進んできた。石井啓一国土交通相は24日、九州自動車道が月内に全線復旧する見通しを明らかにした。九州新幹線も大型連休前に全線で運転を再開する予定。交通の大動脈の回復で、物資の輸送や人の行き来が活発化し、被災者支援や復興に向けた動きが加速しそうだ。

【1面参照】

九州道は、通行止めとなっている植木―八代インターチェンジ（IC）の56㌔のうち、嘉島ジャンクション（JCT）―八代の33㌔が今週前半に通れるようになる予定。御船ICと九州中央道の小池高山ICも機能を回復する。

植木―益城熊本空港ICの19㌔は、緊急車両や高速バスに限って通行可能となっているが、月内には一般車も通れるようになる。九州の高速道路の不通区間は、大分道の湯布院IC―日出JCTの17㌔だけとなる。

九州新幹線は、20日に新水俣―鹿児島中央、23日に博多―熊本で運転を再開した。残る熊本―新水俣は、脱線した車両の撤去作業が24日に完了、28日の運転再開を目指す。

JRの在来線は、鹿児島線が21日、三角線が23日、肥薩線が24日に全線で復旧した。豊肥線は熊本―肥後大津で19日に再開したが、肥後大津―豊後竹田は、南阿蘇村の土砂崩れで寸断され、運休が長期化する見通し。

第三セクターの南阿蘇鉄道も、復旧のめどが立っていない。

熊本市電と熊本電気鉄道、肥薩おれんじ鉄道、くま川鉄道は、通常運行に戻った。

路線バスは、熊本市東部や阿蘇方面を中心に運休や減便が続いている。熊本空港発着の航空便も、一部が欠航。フェリーは通常通り運航している。（小林義人）

※九州運輸局は情報サイト「九州のりものinfo.com」に交通機関の運行状況を掲載している。

県内の主な鉄道、高速道路の復旧状況（24日現在）

- 豊肥線 肥後大津―豊後竹田 運転見合わせ　熊本―肥後大津は19日再開
- 鹿児島線 21日全線再開
- 三角線 23日全線再開
- 九州新幹線 熊本―新水俣 28日にも運転再開　新水俣―鹿児島中央は20日、博多―熊本は23日再開
- 九州自動車道 植木IC―八代IC 月内に通行止め解除　嘉島JCT―八代ICと九州中央道嘉島JCT―小池高山ICは今週前半に解除の予定
- 肥薩線 24日全線再開

博多　植木IC　肥後大津　豊後竹田　熊本　嘉島JCT　小池高山IC　八代　八代IC　新水俣　鹿児島中央　20km

肥薩線 10日ぶり再開

人吉駅のホームに入る熊本発の快速列車＝人吉市

JR九州は24日、熊本地震の影響で14日夜から運行を見合わせていた肥薩線（八代―吉松）の運転を10日ぶりに再開した。

人吉市の人吉駅では同日午前9時前、熊本発の快速列車（2両編成）が、途中に徐行区間があるため定刻から13分遅れで到着したが、利用客はいなかった。運転士によると、途中の停車駅でも乗降客はなかったという。日曜日ということもあり、早朝の普通列車の利用も数人程度だった。

肥薩線を走る観光列車「SL人吉」（熊本―人吉）と「いさぶろう・しんぺい」（熊本―吉松）の運転見合わせは続いている。人吉駅の高澤亮吉駅長は「余震も続いており、まだ安心できない」と気を引き締めていた。（小山真史）

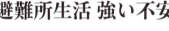

不動産会社 新居求め殺到
ランドリー フル稼働状態

新しい住まいを探す人でにぎわう「アパマンショップ下通店」店内＝24日、熊本市中央区

たくさんの洗濯物を抱えてコインランドリーから出てくる家族連れ＝24日、熊本市東区

地震で被災し、転居先を探す人たちが不動産会社に詰め掛けている。前震から10日が経過した24日、熊本市ではコインランドリーや入浴施設も依然として混雑。避難者の不自由な生活が続いている。

同市中央区の「アパマンショップ下通店」。住居に被害を受け、新たな物件を探す人がひっきりなしに訪れた。担当者によると、市内の4店舗に1日計70件以上の問い合わせが殺到。「案内できる物件が少ない。空室の安全確認と部屋探しを並行して進めています」。

市内の男性会社員(38)は「天井が剥がれ落ち、水漏れもひどくて、実家や友人宅を転々としている。ホテルも営業してないし、食べ物や飲み物を保管する場所もない」。他の不動産会社では抽選になると言われ、「幼稚園の娘がいるので同じ校区内に住みたいが、厳しいかな…」と表情を曇らせた。

マンションの壁にひびが入ったという中央区新町の女性看護師(24)は「また大きな揺れが来たら怖いので、耐震がしっかりしているところに住みたい」と不安げだ。

水道が全面復旧していない西区のコインランドリーでは、洗濯機が1機しか稼働していない。「1時間待ちでようやく洗濯できた」と同区の会社員野村佳代さん(41)。

東区の温泉施設「ばってんの湯」併設のランドリーも、フル稼働状態。車中泊を続けているという南区のアルバイト男性(63)は「着替えがないので1～2日に一度来ています。お金はかかるが、仕方ありませんね」。

温泉もごった返す。震災後、24時間営業している「ばってんの湯」は、普段の5倍近い1日約6千人が訪れた。親子3人で訪れた西区のパート永屋千穂さん(33)は「ゆっくり漬かるとはいかなかったけれど、さっぱりしました」と2日ぶりの入浴に笑顔を見せた。（富田ともみ、石本智）

益城町 仮設住宅2000戸建設へ

熊本地震で多くの家屋が倒壊した益城町の西村博則町長は24日、約2千戸を目標に仮設住宅を建設する考えを明らかにした。公有地と民有地を問わず建設地を選定し、1～2カ月後には最初の入居者受け入れを始める。

町によると町内の住宅約1万1千棟のうち1026棟が全壊し、半壊や一部損壊も計4374棟に上る。町内の避難所に身を寄せている町民は24日午前現在6728人。町外へ避難した人も多数いるとみられる。町は被害状況と、新潟県中越地震での実績を参考に必要戸数を計上した。

今後、町民の利便性や地域コミュニティーのまとまりを考慮して建設地数カ所を選定。ニーズを把握するため、避難所の町民にはアンケートを実施。町外へ避難した住民の意向は町ホームページを通じて確認を図る。

西村町長は「町民の日常を取り戻すため、全力で取り組む。できるだけ早く整備したい」と述べた。

一方、町役場庁舎が被災し、町保健福祉センターへ移した町災害対策本部は24日にも庁舎へ戻す予定だったが当面、同センターにとどめる。庁舎での町業務の本格的な再開は5月の連休明けになる見込み。（池田祐介）

「また野球やりたい」
東海大 実家避難の部員ら

救援活動する東海大九州野球部員ら＝17日、南阿蘇村

南阿蘇村には東海大農学部のキャンパスがあり、野球部員らが大学構内で寮生活を送っていた。部員らは近くの阿蘇大橋が崩落するなど大きな被害が出た村内で、住民の救助に尽力した後、それぞれの実家に避難。チームはばらばらになった。

東海大九州野球部の寮ではマネジャーや寮母も含め74人が生活。16日未明の本震時は着の身着のまま小学校に避難、他の学生や住民と過ごした。

夜が明けると家屋が倒壊し無残な状況になっていた。寮から野球道具を運び出し、すぐに救援活動に取り組んだ。その間、避難場所は小学校の安全性が確認できないとして、大学体育館に変更された。「ここは住民に譲り、別の場所を探そう」。だが他の屋内施設はガラス片が散乱し、寝泊まりできない。なんとか見つけたのは大学構内のビニールハウス。部員約40人がここを寝場所と決めた。

硬い地面に毛布などを敷いて身を横たえると、風雨がビニールに打ち付ける大きな音が不安をあおった。雨漏りも激しく、寒さと怖さで体が震えた。長崎県出身で外野手の2年田浦靖之さん(19)は「村には大変な人がたくさんいる。いつかまた野球を通じて、お世話になった地域の人たちを元気づけたい」と語った。

発達障害のある被災者
避難所生活 強い不安

熊本地震で避難所生活の長期化が見込まれる中、発達障害のある人たちが、集団生活になじめず苦慮している。困難な状況にある当事者の掘り起こしは進まず、我慢を強いられている人が相当数いるとみられる。

大津町のアパートでテレビを見て過ごす3人の女性。いずれも発達障害やそううつ病の当事者で、無職女性(25)宅に大学生(27)と事務職(26)が身を寄せる。

大学生は16日の本震以降、近くの体育館に避難。障害の特性から食事や就寝の生活パターンが乱れると、どう過ごしていいか分からない。3日目で激しい頭痛に見舞われた。「素の自分を出せないのが苦痛」と訴える。

事務職の女性は、耳に入る避難所のアナウンスを情報として理解できない。先を見通した行動も苦手で、避難生活に強い不安を覚える。当事者団体「リルビット」の山田裕一顧問は「当事者は音やにおいに敏感で、避難所を避けて車中泊する人も多い。自分らしくいられる場所の確保が必要だ」と指摘する。

避難所生活に疲れ、アパートで共同生活を送る発達障害者の女性ら。互いに障害の特性が分かりあえるため安心できるという＝大津町

支援団体 相談呼び掛け

このため、福岡市の音響パネルメーカー「オーラルソニック」は、騒音を吸収する独自の「調音材」を使った簡易ボックスを急きょ製作。県内の当事者団体や避難所などに計5個を提供した。90㌢四方の箱で、1面だけ開口部がある。利用した女性は「ざわざわした音が遮断され落ち着く」。同社はニーズに応じて、提供枠を広げる考えだ。

支援団体は避難所を通じて、障害の特性や対応法を伝えるパンフレットを配り、電話や訪問での相談に応じている。ただ、相談件数は「数えるほど」（県南部発達障がい者支援センターわるつ）で、避難所に行けない人たちへの周知も課題だ。

県北部発達障がい者支援センターわっふるの田邊剛政センター長は「パーテーションを活用したり、昼間は外出したりするなど対応法はある。気兼ねなく相談してほしい」と呼び掛けている。

相談先は▽わっふる☎096(293)8189▽わるつ☎0965(62)8839▽熊本市発達障がい者支援センター「みなわ」☎096(366)1919。（福井一基）

16日未明の本震後、自噴量が増えて県道にあふれている「天然の水」（左）と、湧き水が止まった「水基」の一つ＝阿蘇市一の宮町宮地

自噴量増　湧き水群に明暗　水止まる
阿蘇市

阿蘇神社（阿蘇市）北側の門前町を中心に点在する湧き水群が、16日未明の本震以降、自噴の勢いが増したり、逆に水が出なくなったりしている。町おこしで整備された水場で、心配する声もある。

湧き水群は豊富な水量を誇り、生活に利用されていた。24年前、町おこしで各商店などが持つ水場に名前を付けて整備。現在、36カ所の「水基巡り」が観光名物になっている。

旅館にある「天然の水」は、近くの県道にあふれるほど自噴量が増加した。地震の影響で法事などのキャンセルが多数あったという。女将の工藤尚美さん(77)は「水の勢いのように早くお客さんに戻ってきてほしい」。

水が出なくなった水場は数カ所。その一つ「文豪の水」を所有する文具店の岩永芳幸さん(43)は「また出るようになると信じている」と話している。（岡本幸浩）

水道復旧 長期化も
厚労省見通し　益城町など1万4000戸

厚生労働省は24日、熊本、大分の地震で水道が被害を受けた約2万1760戸のうち、益城町を中心とする約1万4040戸は復旧に2週間から数カ月かかるとの見通しを明らかにした。感染症が発生している地域もあり、対策を急ぐ。

熊本市などの約7720戸は復旧まで1週間程度としたが、このうち大分県九重町の約800戸について、同県は24日、水源変更工事を終了。県内の水道が10日ぶりに完全復旧したと明かした。

厚労省によると、断水が解消して水の供給が再開しても、濁って飲めない地域もある。熊本県によると、24日午後3時現在、同県内の断水は計約2万3800世帯。

地震で水道施設が破壊されるなど被害が大きい地域では復旧作業に時間がかかり、益城町は約9220戸、阿蘇市は約2300戸、南阿蘇村は約1530戸、西原村は約600戸、山都町は約250戸、大津町・菊陽町は約80戸、御船町は約70戸が長期化する見通し。

ただ、御船町の約2960戸、阿蘇市の約1200戸、西原村の約1140戸、益城町の約580戸、熊本市の約500戸、甲佐町の約230戸、宇城市の約100戸、大津町・菊陽町の約70戸、南阿蘇村の約60戸については1週間程度で復旧の見通し。

南阿蘇村の避難所ではノロウイルスの集団感染が発生。塩崎恭久厚労相は同省の災害対策会議で「水の供給確保が大きな問題だ」と述べ、対策を強化する姿勢を示した。

復旧の補正予算 大半が予備費か
赤字国債で確保

熊本県を中心とする地震からの復旧に向けた政府の2016年度補正予算案は、がれきの撤去などに使う予備費が大半を占めそうだ。被害の全容が把握できていないため、全ての事業を精査して補正予算案に盛り込むことができず、閣議決定で使い道を決められる予備費として財源を確保する。

補正予算案の規模は数千億円に上る見通しで、財源は赤字国債の発行で確保する方向。

支出の内訳では、がれきの撤去や道路や橋、トンネルの復旧、被災企業の事業再建に向けた支援に充てる費用を予備費として計上する。阿蘇大橋（南阿蘇村）が崩落するなどインフラに大きな被害が出ており、早急な復旧を予算面で支援する。地震で家を失った被災者を支援するため、仮設住宅の建設費や一時的に民間賃貸住宅に住むための費用も確保する。

被災者は思う
2016.4.25

今後のことが不安
荒尾泰友さん(53)＝工事現場作業員、益城町

14日夜、自宅アパートの2階で被災し、家族と着の身着のまま近くの避難所に駆け込みました。2回の大きな揺れで部屋が大きく損壊し、家に戻ることができません。地元の小学校に通う息子のことを思うと、益城を離れることも考えられません。避難所の暮らしは落ち着きましたが、住居や今後のことを思うと不安です。

学校生活に戻りたい
坂本翔さん(14)＝中学2年、熊本市東区

16日の本震の後、近くの長嶺小に避難しました。避難所での共同生活は大変ですが、地元の高校生や全国から集まったボランティアの方が、炊き出しなどを手伝ってくれ、毎日励まされています。日ごろは同級生たちとバドミントンやトランプをして過ごしています。寂しくはないですが、早く元の学校生活に戻りたいです。

（第3種郵便物認可）　熊本日日新聞　平成28年（2016年）4月25日　月曜日　社会　22

大型連休目前… 宿泊キャンセル相次ぐ

県内観光にも〝激震〟

被害少ない地域に余波

外国人予約ゼロ施設も

熊本地震の影響が、県内観光に深刻な打撃をもたらしている。天草など被害が比較的少ない地域のホテルや旅館でも、宿泊予約の取り消しが相次ぎ、経営者からは「この先どうなるのか予測できない」と不安の声が上がっている。

県が19～21日の3日間、県内405の宿泊施設に対して行った聞き取り調査によると、回答を得た279施設で大型連休までのキャンセル数は約3万7千人分に上った。数字には被害が深刻な熊本市や阿蘇市、南阿蘇村の施設は含まれておらず、実際の影響はさらに膨らむとみられる。

上天草市の天草四郎観光協会によると、5月5日までの宿泊予約のうちキャンセルは8千人以上。千原光明会長は「例年に比べ9割減で大打撃」と肩を落とす。天草五橋周辺で遊覧船を運航するシークルーズも「キャンセルは既に約3千人」とこぼす。

県内外の観光客に人気の山鹿市の平山温泉も状況は同じ。同温泉観光協会は「施設の被害も少なく温泉旅館は通常営業できている。しかし、風評被害もあり、大型連休までの予約はほとんどキャンセルになった」と話す。

客室数186室を誇る南関町のホテルセキア。宿泊客の約半数を韓国や中国、台湾からの外国人が占めるが、地震後は相次ぐキャンセルで、4月末までの外国人予約がゼロになった。石橋弘章支配人は「高速道路の一部不通で九州を周遊するツアーなどが成り立ちにくく、5月も厳しい。関西などからの修学旅行も延期が相次いでいる」と説明する。

熊本空港の国際線である韓国・ソウル線、台湾・高雄線、香港線も運休が続く。

影響は九州全体にも広がっている。日本旅行によると、熊本、大分以外の九州の観光地への旅行を見合わせる動きが広がっているという。個人ツアー「赤い風船」の連休中の予約取り消しは約15％（22日時点）に上った。JTB九州も「交通インフラなどが整わないと、旅行業界は当分影響を受けるだろう」とみる。

一方、被害に見舞われた熊本市内の宿泊施設の大半は、調理や空調に必要なガスなどが使えず休館が続く。ホテル日航熊本は「再開を急いでいるが、見通しが立たない。キャンセルの連絡がない予約客には、こちらから断りを入れている」と話す。

熊本城など主要観光地の復旧に時間がかかるのは必至の状況だ。ホテルセキアの石橋支配人は「被災地の復旧のめどがつけば、全県的な観光キャンペーンが必要だ」と訴える。

一方、県の調査によると、復興関係者の予約数は21日までに1万4千人分に上った。県観光課は「山鹿、玉名地域などは、満室に近い施設も多い。県外企業からの問い合わせには、客室に余力のある人吉や天草地方を紹介している」と話す。（猿渡将樹、小野宏明）

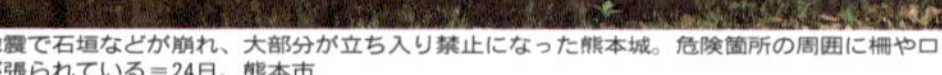
地震で石垣などが崩れ、大部分が立ち入り禁止になった熊本城。危険箇所の周囲に柵やロープが張られている＝24日、熊本市

カンちゃん

フジヤマジョージ

故郷の「今」伝えたい

河北新報 河添記者　熊本地震取材に奔走

益城町に派遣された仙台市職員を取材する河添結日さん（左）＝24日、益城町

熊本市東区沼山津出身で、河北新報社（宮城県）の記者河添結日さん(26)が、熊本地震の取材に奔走している。身近な人たちの被災に胸を痛めながらも、「故郷熊本の『今』を東北に伝えたい」と思いを強くしている。

河添さんは共同通信社の記者で、2015年5月から河北新報社に出向中。復興半ばの宮城県南三陸町や石巻市など人口減少に悩む自治体の姿など「3・11後」の取材を続けてきた。

熊本地震の発生は、仙台の自宅で知った。「自分の中では東北を指す言葉だった『被災地』という言葉が、地元に向けられているのに衝撃を受けた」と河添さん。すぐに会社に現地取材を直訴した。

15日に帰熊。家族や自宅は無事だったが、見慣れた益城町の建物は崩壊し、通学路の風景は一変していた。避難所に詰め掛けた人を見ても涙ぐむばかりで、言葉が出てこない。16日未明には自宅で本震に遭い、「恐怖で母にしがみつくことしかできなかった」。

河添さんを奮い立たせたのは、益城町の避難所で物資配布のボランティアをする南三陸町の女性(26)の存在だった。「同じ被災者として、読者は熊本の人々に思いを寄せている。伝えることが私の使命」と心が決まった。

それからは被災地を駆け回り、熊本で奮起する東北の人々を紹介してきた。26日にいったん仙台に戻るが、「連休にはまた帰ってきたい」と河添さん。

「集落が消えるなど、これまでの熊本の姿は、変わってしまうかもしれない。苦しさも味わうと思うが、東北の被災者たちと同じように、少しずつ前を向いて進んでほしい」。熊本と東北は、支え合えるはずー。記事を書くことで、二つの被災地をつなぎたいと思っている。（馬場正広）

ラウンド中に手を温める笠りつ子選手（右）とキャディーを務める父清也さん＝24日、川奈ホテルGC富士

「熊本愛」クラブに込め

国内女子プロゴルフ　県勢選手 優勝争い

「熊本の底力を見せられた」。熊本地震発生後、初めて開かれた国内女子プロゴルフ、フジサンケイレディース。24日まで静岡県の川奈ホテルゴルフコースであった大会の主役は、優勝した大山志保選手(38)＝中央女子（現熊本中央）高出＝や、2位に入った笠りつ子選手(28)ら県勢だった。「負けられない」「元気を届けたい」。傷ついた故郷と愛する人たちへの思いがあふれていた。【6面参照】

笠選手は最後まで優勝争いを繰り広げた。単独首位で迎えた決勝ラウンドは、カップのふちをかすめる惜しいパットが続き、スコアを伸ばせず。最終18番、決めればプレーオフの可能性があった8メートルのバーディーパットも逃して力尽きた。「勝ちたかったけど、勝てなかった」。表彰式で悔し涙が止まらなかった。

一ノ瀬優希選手(27)は14番から3連続バーディーと見せ場をつくった直後にスコアを落とした。ことしから選手会長に当たる役割を任され「熊本のために、女子プロゴルファーとして何ができるのか」と苦悩している。「長く支援を続けたい。そのためにはゴルフを頑張るしかない」と自らに言い聞かせた。

上田桃子選手(29)も後半に苦しんだ。無念さをにじませながら「（ゴルフができる）当たり前の環境に感謝した1週間だった」と口にし、「来週からも熊本に明るいニュースを届ける」と誓った。

千葉県で、1日早く始まった男子の大会で首位発進した永野竜太郎選手(27)の活躍が口火になった。豊永志帆選手(25)は「永野さんや（重永）亜斗夢先輩が頑張っているのが励みになった」と語る。ギャラリーからはくまモングッズをもらうなど、熊本の選手を優先して応援してくれた印象を持ったという。

共通するのは復興への思いだ。笠選手は「チャリティーも大事だが『熊本に遊びに来て』と全国で呼び掛けたい。そのために熊本の良さをもっと発信したい」。日常を取り戻すために、できることをやる。難所を乗り越えて1ホールずつ前に進んでいくゴルフのように。（山下友吾）

支援の輪 首都圏でも

県出身者ら各地で募金活動

熊本地震の被災者を支援しようと、首都圏在住の県出身者が24日、東京都内の各地で募金活動やチャリティーイベントを開催した。

地震後、県関係の団体や個人で立ち上げた「熊本ば支援すっ隊（仮称）」の約20人が、日比谷公園前で募金を呼び掛けた。

設立した八代市出身の早田啓考さん(40)＝東京都＝は「熊本のために何かしたいという県出身者が一つになった。中長期的に活動したい」と話していた。

男子学生寮「有斐学舎」（埼玉県）の約20人も池袋で募金活動を行った。いずれも、県を通じ、熊本の復興に役立てる。

渋谷では、県出身者が経営する郷土料理店で、だご汁とドリンクの売り上げを全額寄付するイベントを開催。多くの家族連れらが訪れた。（岡恭子）

募金を呼び掛ける県出身者ら＝24日、東京都千代田区

県弁護士会が「災害Q&A」

無料電話相談窓口も開設

熊本地震の被災者を対象に県弁護士会（吉田賢一会長）は25日から当面の間、無料電話相談窓口を開設する。平日の午前10時～午後4時、弁護士が生活再建に関するさまざまな相談に応じる。

生活に必要な法手続きなどをまとめた一覧表「災害Q&A」も作成。同会ホームページに掲載したほか、避難所などで配る。

罹災証明書や災害弔慰金、災害障害見舞金などの支援制度を説明。税金や健康保険料、住宅ローンの減免のほか、銀行通帳やカード類、権利証を紛失した場合の対応も助言している。東日本大震災など過去の災害で被災者からの相談、問い合わせが多かった法的問題を網羅し、約30項目にまとめた。

弁護士会相談窓口☎096（312）3250。（中村勝洋）

大分は余震減で 休校・休園解消

熊本、大分両県を中心に相次ぐ地震により、大分県内の小中高校や幼稚園などの休校・休園が25日に解消されることが24日、県への取材で分かった。県教育委員会は「余震の回数が減ってきており、安全が確保できた」と説明している。

県教委によると、休校・休園は14日夜の「前震」の翌15日に始まった。16日未明の「本震」で震度6弱だった大分県由布市では、18日に21施設が休校。体育館や市の施設に避難所を移し、翌19日に解消した。

阿蘇山の風向予想（日本気象協会 tenki.jpより）

25日　午前9時 4m　午後3時 3m

避難所を消毒作業

南阿蘇村 ノロ集団感染疑いで

南阿蘇村の避難所で消毒作業する医療スタッフとボランティア＝24日午後2時42分

被災者がノロウイルスに集団感染した疑いが判明した南阿蘇村の避難所で24日、医療スタッフらが消毒作業を念入りに実施、衛生環境の改善に努めた。県内には24日現在、600カ所の避難所があり、約6万人が避難生活を送る。今後気温が上昇していく中、疲れの色濃い被災者を感染症から守るため、医療関係者はきれいな水の確保を訴えている。

村の避難住民の4割に当たる約400人が身を寄せる南阿蘇中の体育館では24日午後、医療スタッフやボランティアら数十人が消毒液に漬け込んだ雑巾で床などを拭いて回った。

この避難所では気温の上がった20日ごろから下痢や嘔吐を訴える人が相次ぎ、23日、25人がノロウイルス感染の疑いがあると分かった。体育館の消毒作業に携わった日本赤十字社和歌山医療センターの中大輔医師は「これまで手指の消毒が徹底されていなかったのが一番大きい」と指摘する。

下痢が3日間続き、搬送先の病院で胃腸炎と診断された女性(70)は「最初のころはトイレを使った時、外に置いてあるバケツの水で流した。汚くてひどかった」と話した。バケツの水を手洗いに使う人も続出したという。

4月25日の飛来予測

	九州北部 大気汚染粒子	九州北部 黄砂	九州南部 大気汚染粒子	九州南部 黄砂
6－12	やや多い	少ない	やや多い	少ない
12－18	やや多い	少ない	やや多い	少ない
18－24	やや多い	少ない	やや多い	少ない
26日	やや多い	少ない	やや多い	少ない

非常に多い：注意喚起レベル　多い：環境基準値程度　やや多い：大気が少しかすむ　少ない：清浄

予測システム「スプリンターズ」開発チーム提供

9日間の天気

Weather Report

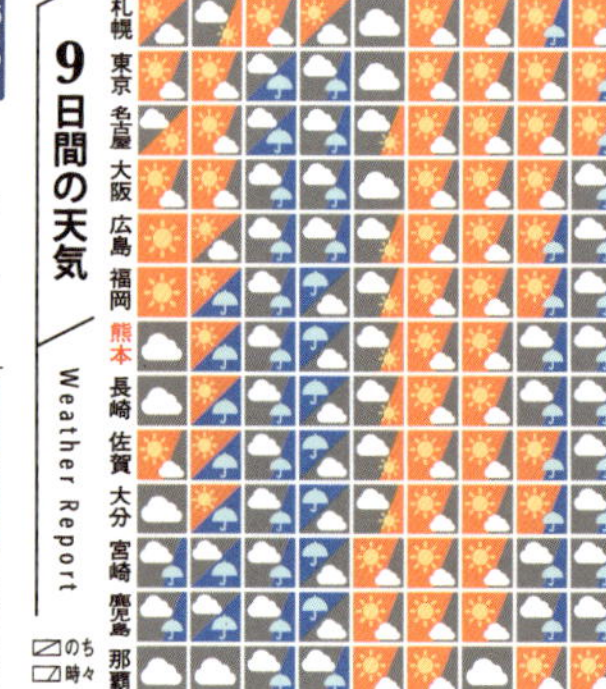

きのうの気温

24日

（天気・湿度は15時、県内の気温は0時―17時、Δ印は低め）

	最高	平年比	最低	平年比	湿度	天気
熊本	18.5	Δ4.3	13.6	1.9	79%	曇
牛深	17.0	Δ4.4	14.5	0.9	90%	―
人吉	16.4	Δ6.0	12.7	2.7	95%	―
阿蘇	15.4	Δ3.8	10.7	3.8	―	―

（阿蘇山上の最高気温は12.9度、最低気温は8.2度）

	最高	最低	天気
福岡	20.7	14.1	曇
佐賀	22.1	13.6	曇
長崎	18.5	14.0	曇
大分	18.6	13.9	曇
宮崎	16.3	13.5	雨
鹿児島	16.5	14.4	雨
那覇	28.7	24.6	曇
松江	19.3	10.7	曇
広島	22.1	14.0	曇
高松	20.1	13.9	曇
大阪	23.6	15.1	曇
京都	24.0	14.1	曇
名古屋	25.0	14.5	曇
長野	19.1	11.8	曇
東京	19.0	12.1	曇
新潟	16.9	12.0	曇
仙台	22.0	13.2	曇
秋田	15.9	7.8	曇
札幌	15.3	4.8	晴

潮ごよみ

旧暦3月19日（25日）　中潮・月齢17.7

日出 5時36分　日入 18時55分　月出 21時34分　月入 7時34分

	満潮	干潮
三角	10.14 22.54	4.28 16.35
水俣	10.07 22.51	4.24 16.35
牛深	9.12 22.05	3.33 15.39
玉名	10.24 23.04	4.38 16.45

旧暦3月20日（26日）

	満潮	干潮
三角	10.41 23.24	4.57 17.03
水俣	10.32 23.22	4.54 17.05
牛深	9.40 22.40	4.05 16.12
玉名	10.51 23.34	5.07 17.13

くまモン
原：サダタロー／監修：小山薫堂

サイコロ

しっかり者で世話好き

益城町・島崎京子さん 長男「守ってくれた」

島崎京子さん

「ありがとう おばあちゃん」。7人の孫と、ひ孫1人の成長を楽しみにしていた島崎京子さん(79)＝益城町福原。倒壊した自宅前の地面に、孫の一人が石で書いたメッセージが残っていた。

京子さんは16日未明の本震で、同居していた夫の敏幸さん(81)、長男の浩徳さん(56)とともに家屋の下敷きになった。

「出られん、出られん」。敏幸さんが助けを呼ぶ声が聞こえたが、天井が覆いかぶさった浩徳さんは身動きできなくなっていた。「おふくろ」。何度も呼び掛けたが、返事はなかった。

敏幸さんは自力で脱出したが、京子さんは帰らぬ人に。浩徳さんも倒壊した柱が余震で頭に迫る中、危機一髪で救助された。「おふくろが『まだ死ぬな』と守ってくれたような気がするんです」。当時の様子を語る浩徳さんの目から涙があふれた。

京子さんは常に自分のことより、家族のことを考える人だった。次男の浩徳さん(51)は「世話好きで、地域でも家の行事でも中心となって動く、しっかりした人でした」。

熊本市内で営まれた葬儀には、親族をはじめ被災した近隣住民を含め100人以上が訪れた。参列者には、園芸が好きだったという京子さんの育てた花が手渡された。（原大祐、高宗亮輔）

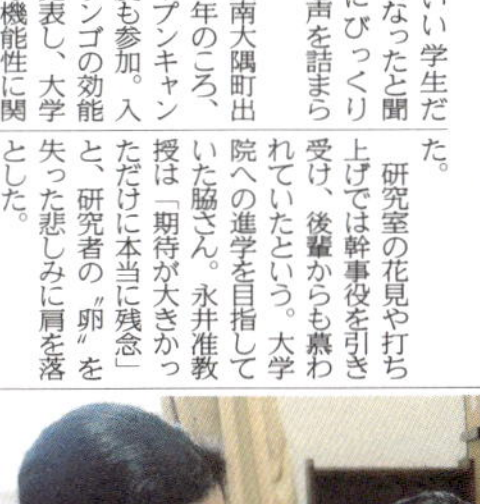
亡くなった島崎京子さん宅。「ありがとうおばあちゃん」との孫が記したメッセージが残されていた＝20日、益城町福原

西原村の大久保重義さん 「寝室で寝ていれば…」

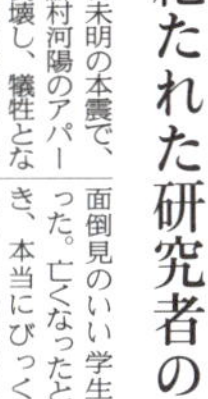
大久保重義さん

16日の地震で犠牲となった大久保重義さん(83)＝西原村宮山＝はカラオケ好きで、自宅でよく北島三郎の演歌を熱唱していた。

14日夜の前震では、自宅は瓦1枚割れず、ビクともしなかった。重義さんの寝室は家具が多かったため、翌15日夜は念のため座敷で就寝。しかし、16日未明の本震では2階建ての母屋が倒壊。特に座敷の崩れ方がひどかったという。

「安全だと思って座敷で寝せたのに…。そのまま寝室で寝ていれば助かったかもしれない。悔しくてたまらない」。長男の孝一さん(55)は肩を落とす。座敷で一緒に寝ていた母瑞子さん(75)も肋骨を折った。

重義さんの父親は陸軍中尉で太平洋戦争中にビルマ（現ミャンマー）で戦病死した。当時、母親から「将校の遺族は泣いてはダメ」と厳命された。それ以来、重義さんは人前で涙を見せたことはなかったという。だから孝一さんは「火葬場で父の分まで人目をはばからず泣き明かした」。

コメや甘藷などを手掛け、農業一筋だった重義さん。水田にはひびが入り、波打った畑は壊滅的だ。孝一さんは「父が先祖から受け継いだ農地と自宅の惨状を知らずに逝ったのが、せめてもの救い」と気丈に話した。（横山千尋）

絶たれた研究者の夢 東海大4年・脇志朋弥さん

脇志朋弥さん

16日未明の本震で、南阿蘇村河陽のアパートが倒壊し、犠牲となった東海大農学部4年の脇志朋弥さん(21)。指導に当たっていた同大の永井竜児准教授(47)は「とても優秀で面倒見のいい学生だった。亡くなったと聞き、本当にびっくりして…」と声を詰まらせた。

鹿児島県南大隅町出身。高校3年のころ、同大のオープンキャンパスに何度も参加。入試では、リンゴの効能について発表し、大学では食品の機能性に関する研究を続けていた。

研究室の花見や打ち上げでは幹事役を引き受け、後輩からも慕われていたという。大学院への進学を目指していた脇さん。永井准教授は「期待が大きかっただけに本当に残念」と、研究者の"卵"を失った悲しみに肩を落とした。（飛松佐和子）

南阿蘇村 自宅失った田爪さん一家 それでも「前向きに」

土砂崩れに遭った南阿蘇村の自宅から運び出したアルバムを見る田爪さん一家＝合志市

南阿蘇村河陽では熊本地震による16日未明の土砂崩れで多数が死亡し、行方不明者の捜索が続く。あの夜、田爪正剛さん(49)一家も土砂に襲われ、幸い無事だったがマイホームは壊された。それでも「前向きに頑張ろう」と歩み始めた。

15日夜、自宅には正剛さんと妻晴恵さん(43)、次女来実さん(12)がいた。前震で大きな被害を受けた益城町の小学校に勤める正剛さんは翌日の対応に備え、早めに休もうと珍しく2階で就寝。晴恵さんと来実さんも2階の寝室に入った。

16日未明の本震。晴恵さんは、隣で寝ていた来実さんを守ろうと毛布をかぶせた。「長くて激しい揺れ。体が揺さぶられて、じっとしていられなかった」。

別の部屋にいた正剛さんも「ダカダカダカと、床下からたたかれるような音がした。家が壊れると思った」。

自宅1階に流れ込んだ土砂は、2階までは押し寄せなかった。3人は身を寄せ合った。しばらくすると懐中電灯の光が見え、「田爪さーん」と呼ぶ声が聞こえた。「大丈夫です」と返す。しかし、下手に動くと危ないと判断して夜明けを待った。広がるガスの臭い。2階のベランダ越しに、土砂が迫っていた。

激しい余震の中、晴恵さんは合志市の正剛さんの実家にいた長女佑佳さん(17)を思った。「このまま家が倒れたら、佑佳が1人になってしまう」。本震発生から2時間を過ぎたころ、消防隊員に救助された。暗闇に、足元だけを見つめてベランダから出た。

転勤続きだった教員同士の夫婦が13年前に構えたマイホームだった。「大好きな南阿蘇の自然の中で、子育てをしたかった」。見晴らしが良く、バーベキューを楽しんだり、一緒に雪だるまを作ったり。「高台だから水害はない。もしあるとしたら、地滑りかと思っていた」と晴恵さん。その「もし」が現実になった。

被災後は自宅を毎日のように訪れ、衣類などを運び出した。大切なアルバムもその一つ。正剛さんは「当たり前の日常が一瞬でなくなった。残念だが、これからやることを考えて前に進みたい」。4人でページをめくった。（臼杵大介、西島宏美）

鹿児島で震度4

24日午後10時27分ごろ、鹿児島県十島村で震度4の地震があった。気象庁によると、震源地はトカラ列島近海で、震源の深さは約10キロ。地震の規模はマグニチュード（M）4・2と推定される。地震による津波の心配はない。

各地の震度は次の通り。

震度4＝諏訪之瀬島（鹿児島）▽震度2＝中之島（鹿児島）など▽震度1＝中之島支所（鹿児島）

熊本地震

避難所 住民共助で運営

住民が自主的に役割分担し、震災を乗り切ろうとする避難所がある。西原村の300人以上が身を寄せる河原小。16日未明の本震直後から、村職員の堀田直孝さん(54)がリーダーを務め、炊き出し班や配給班などを動かす。ただ、本震から1週間が過ぎ、自宅の片付けも二の次。避難所運営の負担は重い。【1面参照】

避難所となっている西原村の河原小体育館で行われる炊き出しの様子＝23日、西原村

西原村の河原小

炊き出し、救護…役割分担

「これからも力を合わせましょう」。堀田さんが体育館のステージから呼び掛けた。23日の夕食は肉じゃが。避難者が持ち寄ったジャガイモ、支援物資で届いたサバ缶を肉の代わりに、学校の調理室で作った。

腕を振るったのは、同校の調理師末田みち子さん(66)と長谷川智香枝さん(64)。大型の鍋二つを使い、慣れた手つきで300食を毎日作る。「避難所の女性が協力してくれる。助かります」。

2人を"任命"したのは堀田さん。かつて20年以上消防団に所属。当時から、地震などの災害で道路が寸断されて孤立する事態を想定していた。「本格的な支援が来るまで、私たちは自力で生き延びるしかない」。住民に職業などを聞き、得意分野を把握。発電機などの所有の有無もチェックしていた。

その想定が現実になった。看護師など5人を救護班に指名。学校の保健室からベッドなどを体育館の小部屋に運び出し「診療室」を作った。元自衛官の会社員、緒方伸行さん(57)は配給係に。支援物資の管理や食事の給仕を任された。

ここでは、清潔なビニールを皿にかぶせ、その上から料理を盛ることが決まり。「器を洗う水が節約できる」と緒方さん。自衛隊での経験を避難所で生かしている。

万一の備えが役に立った。「河原地区に住む700人はさまざまなプロがいる」と堀田さんは胸を張るが、本震後は自宅に戻れていない。日がたつごとに疲れがたまる避難所生活。運営するスタッフにも疲労の色が濃い。

避難所となった河原小体育館で朝食前、避難者に声をかける堀田直孝さん＝24日

「復興信じて」駆け回る

応援に駆けつけた佐賀県職員は「避難所の宿直で寝る時間もない人もいる」と運営支援の必要性を強調。村社会福祉協議会は近くボランティアセンターを立ち上げ、被災家屋の片付けなどの支援を受ける予定だ。

避難所で続く住民の助け合い。堀田さんは「きっと復興も早い」と信じて駆け回るが、今後の運営については「まとまった量の食事を作れる人や、罹災証明の手続きを支える行政ボランティアなど助けが必要になる」と感じている。（亀井悠吾）

ネパールで被災した県出身女性 「熊本の底力信じる」

長男を抱くティミルシナ祐加さん。観光名所だった後ろのダラハラ塔は1年前のネパール大地震で壊れたままになっている＝4月22日、カトマンズ（本人提供）

死者が周辺国も含め約9千人に上ったネパール大地震から、25日で1年。熊本市北区出身で現地在住のティミルシナ祐加さん(35)は、自らの被災から1年後に起きた熊本地震に二重のショックを受けながらも、「熊本の皆さんの底力を信じている」と早期復興を祈っている。

祐加さんはネパール人男性と結婚。2011年春から、首都カトマンズで夫ら4人と暮らしている。大地震で家族にけがはなかったものの、自宅の壁などが崩壊。水と食料の不足は数カ月続いた。

熊本地震を知ったのは、NHKの海外向けニュース番組。熊本城など見慣れた風景は一変していた。北区の実家に急いで電話し、無事を確認したが、「想像を超える被害に言葉を失った。「故郷熊本でこんなに大きな地震が起きるとは」。ただちに現実を直視できなかったという。

祐加さんによると、ネパールでは今も一部の住民がテント生活。倒壊した寺院は放置され、多くの文化財は復旧のめどが立っていない。非政府組織がばらばらに活動したため、政府が調整するまで支援物資が偏在した。

「過去にも大きな地震を経験したのに、ネパールではなかなか教訓化されない」と祐加さん。避難場所となる公共施設の耐震化は大地震後も進まず、消防団のような組織がつくられる動きもない。

熊本地震の続報をNHKでフォローしている祐加さんは、日本語教室を営む。現地のネパール人と接する機会も多く、熊本地震後の県民や行政の対応を冊子やポスターにまとめて「地震対応の手本としてネパールの人たちに紹介したい」と考えている。

祐加さんから見た熊本県民の特徴は、「強い郷土愛」と「我慢強さ」。前者は「一致団結して復興を前へ進める原動力になる」と期待するが、後者については「我慢しすぎて自分の健康を損なったりしないだろうか」と心配している。（石貫謹也）

1　（昭和17年4月1日第3種郵便物認可）　第26629号　（日刊）

熊本日日新聞　夕刊
発行所　熊本日日新聞社　〒860-8506　熊本市中央区世安町172　☎代表（096）361-3111　©熊本日日新聞社2016年
2016年（平成28年）
4月25日
月曜日

あすの天気

熊本 20 18～25℃
人吉 30 16～22℃
阿蘇 20 14～21℃
天草 20 17～23℃

福岡　佐賀　長崎　大分　宮崎　鹿児島　那覇　大阪　東京　札幌

25日9時

27～28日の雨に注意

九州の南に停滞している前線の影響で県内はぐずついた天気が続いている。

あすは午前中、晴れ間も出るものの、午後は下り坂へ。夕方以降は一時雨が降るところも。

27日から28日にかけては、低気圧が発達しながら九州付近を通過する。県内は雨が降り、雨量がかなり多くなる恐れも。土砂災害の危険が大きくなることが予想される。雨の情報に注意を。

あすは曇りで、昼前まで時々晴れ。

【正午の気温】（ ）内はけさの最低
熊本 19.2（15.3）
人吉 18.4（14.7）
阿蘇 14.2（11.6）
牛深 18.1（16.5）

【26日】〈中潮〉
旧暦 3月20日
日出 5時35分
日入 18時55分

（三角港）
満潮 10時41分　23時24分
干潮 4時57分　17時03分

のち　一時、時々　% 6時～12時降水確率

一筆　面白いだけでは

熊本県立大学長　半藤 英明

作家の高橋源一郎氏によれば、現在まで最も多く読まれている小説は、夏目漱石の『こころ』と太宰治の『人間失格』だそうである。なるほど、と思う。どちらも圧倒的に面白い。人間理解に迫りゆく筆致の醍醐味は、人生を苦悶する二人の大作家の姿を浮かび上がらせる。なぜ先生と私とKの物語が「こころ」なのか、もしかしたら大庭葉蔵の人生を傍観することが「人間失格」ではないのか、と読者の思索はさまざまに乱れ飛ぶ。小説は読んで面白いに限る。

しかし、面白さは物事の本質ではないと思う。今の世の価値判断として面白さは重要な位置にあるが、単に面白いだけでは後が続かず時にむなしい。人の刹那的な享楽は、無限の面白さを追求してやむことがない。面白さとは何かを呼び起こす動機でありたい。

もともと「おもしろし」とは見た目の白さ、明るさを伝える言葉であり、その視覚的な場面をどのように心に落とすかで言葉の意味が心理的なものとして定着した。原義からすれば、目を見開かれるような輝きこそが面白さである。面白さは驚きであり、感動なのであるが、人生の豊かさからすれば、それらが私たちの生きる力になることが肝心である。

私たちの人生は喜怒哀楽の彩りに満ちているが、人生の終末に思うことは、恐らく、おのれを生き抜いた手ごたえの有無である。その瞬間に心を占めるものをめぐる私たちの道程こそが文学上の最大のテーマではないか。文学とは愛好者たちだけのものではない。人として生きる者たちの心は、文学とつながっている。

2016.4.25

田底小で学校再開
熊本地震 11日ぶり

学校が再開し、笑顔で通学する田底小の児童たち＝25日午前7時50分ごろ、熊本市北区植木町（岩崎健示）

熊本地震の後、小中学校の臨時休校が続く熊本市でいち早く、北区植木町の田底小が学校を再開。25日朝、11日ぶりに子どもたちの元気な声が校舎に戻った。

校門で待ち受けた教諭らに、子どもたちは「おはようございます」と元気にあいさつ。余震を想定した避難訓練もあった。

ニュース速報

詳しくはあすの朝刊で

田崎市場、鮮魚の競り再開

熊本市西区の熊本地方卸売市場（通称・田崎市場）で25日早朝、熊本地震の影響で休止していた鮮魚の競りが再開した。21日から県産などの一部を相対取引していたが、競りの開催は11日ぶり。この日は、マダイやタチウオなど通常の3分の1程度の約10トンが入荷。場内では威勢のいい声が飛び交い、仲買人らが真剣な表情で品定めしていた。

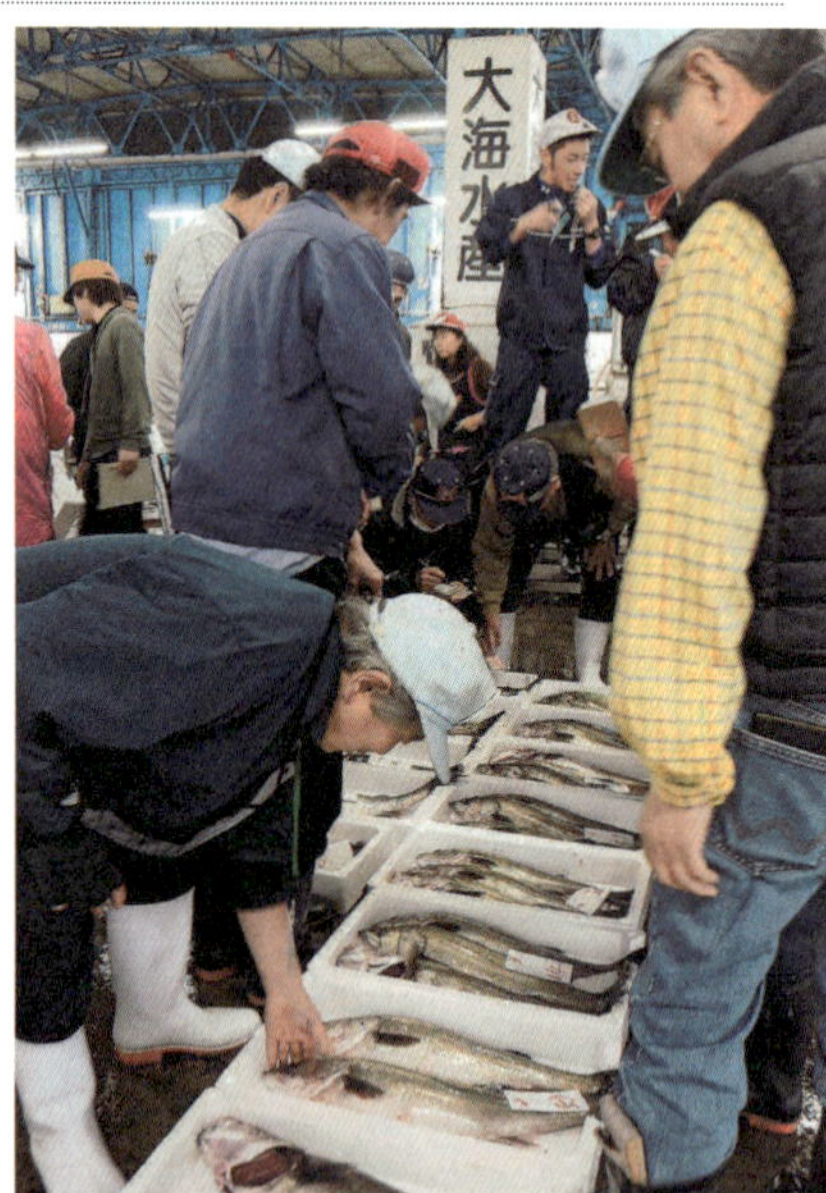

11日ぶりに鮮魚の競りが開かれた熊本地方卸売市場＝25日午前6時すぎ、熊本市西区（中尾有希）

35人がエコノミークラス症候群

14日夜に発生した熊本地震による「エコノミークラス症候群」の入院患者数が、24日午後4時現在で35人に上ったことが分かった。女性が29人と8割以上を占めている。うち車中泊をしていた女性1人は18日に死亡した。県内20の主要医療機関の累計で、熊本大病院循環器内科が調べた。

携帯電話発見地点で捜索続く

熊本地震で男性2人が行方不明になっている南阿蘇村で、自衛隊や警察は25日、捜索を続けた。大規模な土砂崩れが起きた河陽地区では、不明男性の携帯電話が見つかった地点を中心に土砂を除去。阿蘇市の大学生大和晃さん（22）が崩落に巻き込まれた可能性がある阿蘇大橋付近でも、無人重機を投入して捜索している。

熊本地震を激甚災害指定

政府は25日の持ち回り閣議で、熊本、大分両県を中心に大きな被害をもたらした地震を激甚災害に指定した。インフラや農業関連施設の復旧事業に対する国の補助率をかさ上げし、被災自治体への財政支援を本格化する。指定により、国の補助率は、道路や河川堤防など公共土木施設の復旧事業では通常の7割程度から8割程度に、農地や農道など農業施設では8割程度から9割程度に引き上げられる。県から早期指定の要望を受けた安倍晋三首相が関係省庁に対し、復旧事業に必要な費用の算出を急ぐように指示していた。

野村、米女子ゴルフツアー2勝目

最終ラウンド、4番で第3打を放つ野村敏京＝レークマセドGC（共同）

【デーリーシティー（米カリフォルニア州）共同】米女子ゴルフのスウィンギングスカート・クラシックは24日、カリフォルニア州デーリーシティーのレークマセドGC（パー72）で最終ラウンドが行われ、首位から出た野村敏京が5バーディー、6ボギーの73で回って通算9アンダー、279で優勝した。2月のISPSハンダ女子オーストラリア・オープンに続くツアー2勝目。11番までに5ボギーをたたく苦しい展開だったが、12番で長いバーディーパットを沈めて流れを取り戻した。日本勢のシーズン複数回優勝は2012年に2勝した宮里藍以来となる。

錦織、ナダルに敗れV3逃す

【バルセロナ共同】男子テニスのバルセロナ・オープンは24日、バルセロナで行われ、シングルス決勝で第2シードの錦織圭（日清食品）は第1シードのラファエル・ナダル（スペイン）に4－6、5－7で敗れて3連覇はならなかった。錦織はナダルと互角の勝負を演じたが、第1セットは4－5からのサービスゲームをブレークされて落とした。第2セットも互いに2ゲームずつブレークした後、5－6の第12ゲームで三つ目のブレークを許した。

尼崎脱線事故11年、安全誓う

乗客106人と運転士が死亡し、562人が重軽傷を負った尼崎JR脱線事故は25日、発生から11年となった。JR西日本は兵庫県尼崎市で追悼慰霊式を開き、真鍋精志社長は「社員一人一人が、全員参加で安全をつくり上げる努力を重ねる」と述べるとともに、被害者に改めて謝罪した。事故現場には遺族らが早朝から訪れ献花した。現場から約2キロ離れた尼崎市総合文化センターのホールで開かれた慰霊式には、遺族や負傷者、JR西の関係者ら835人が出席した。

脱線事故現場を訪れ、頭を下げるJR西日本の幹部ら＝25日午前、兵庫県尼崎市

野々村元兵庫県議に懲役3年求刑

日帰り出張を繰り返したなどとうその報告書を提出し、政務活動費約913万円をだまし取ったとして、詐欺などの罪に問われた元兵庫県議野々村竜太郎被告（49）の論告求刑公判が25日、神戸地裁（佐茂剛裁判長）で開かれ、検察側は懲役3年を求刑した。野々村被告は「収支報告書に虚偽記載し、政活費の返還を免れたことは決してございません」などと起訴内容を否認。被告人質問でも「記憶にありません」と繰り返した。

北京モーターショー開幕

【北京共同】世界有数の自動車展示会、北京国際モーターショーが25日、開幕した＝写真。日本メーカーも世界初公開の新型車や、最新の環境対応車を展示。世界最大の自動車市場である中国で攻勢を強める。中国は景気減速が続く中でも、新車市場は政府の減税政策などの後押しもあり、堅調に拡大している。ただ欧米や韓国など世界中のメーカーがひしめき合い、競争環境は激化している。ショーの一般公開は29日から5月4日まで。

鼓子

校舎に元気な声。熊本市植木町の田底小で授業再開。余震想定し避難訓練。常に備えを。

◇

震災関連死防止へ県外避難も。余震気にせずゆっくりと。でも自宅も心配。無理せずに。

◇

地震、県内観光に大打撃。被害少ない地域でも宿泊キャンセル相次ぐ。風評被害、深刻。

◇

衆院補選、北海道5区は自民制す。京都3区は与党不戦敗で民進。衆参同日選に何信号？

◇お断り　「スポーツ芸能」は休みました。テレビ欄は7面です。

（第3種郵便物認可）　熊本日日新聞　（夕刊）平成28年（2016年）4月25日　月曜日　8

雨にも負けず…

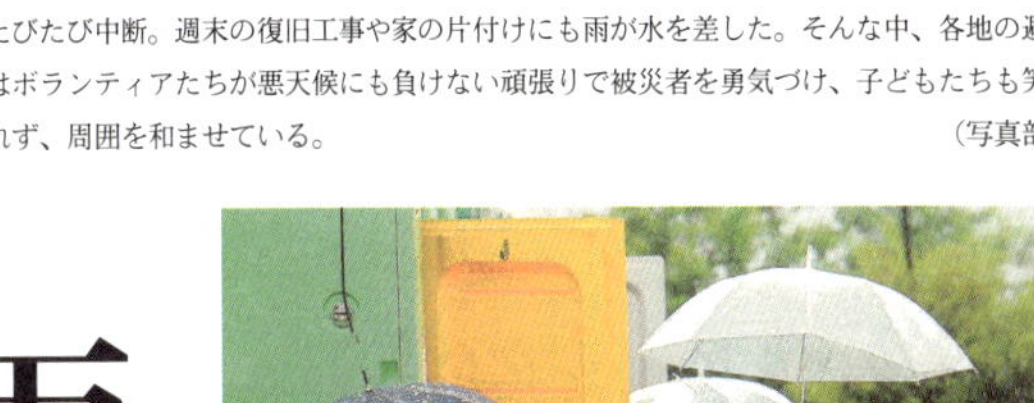

14日夜の熊本地震発生から10日過ぎても余震が続く県内。雨も被災者を悩ませている。県内全域では16日夜に大雨警報、21日には大雨・洪水警報が発表された。南阿蘇村の行方不明者捜索はたびたび中断。週末の復旧工事や家の片付けにも雨が水を差した。そんな中、各地の避難所ではボランティアたちが悪天候にも負けない頑張りで被災者を勇気づけ、子どもたちも笑顔を忘れず、周囲を和ませている。　　（写真部）

風雨

大雨・洪水警報が出された21日、強い風雨が避難所を襲った。避難者が炊き出しを取りに行く際、ぬれないように広げたテントが飛ばされそうで、ボランティアたちが必死で撤去した＝益城町総合体育館（岩崎健示）

一苦労

避難所の屋外にある仮設トイレ。雨の日は傘を差して行かなくてはならず、一苦労だ＝21日午前、益城町総合体育館（岩崎健示）

笑顔

大雨で避難した阿蘇市古城地区の住民ら。阿蘇豪雨災害で被災しており、緊張感が漂う中、子どもは笑顔だった＝21日午前、同市の旧古城小（谷川剛）

慎重に

地震で破損した屋根瓦を撤去し、ブルーシートをかぶせる大工ボランティア。小雨で足元が滑る中、慎重に作業が進められた＝24日午後、熊本市南区（高見伸）

ジャンプ

大雨で避難所のグラウンドに水がたまり、飛び越えようとする子どもたち＝21日午前、益城町の広安西小（高見伸）

中断

雨で行方不明者の捜索が中断となり、現場から引き揚げる捜索隊＝23日午後、南阿蘇村河陽（大倉尚隆）

識者評論

熊本地震からの復興

防災科学技術研究所理事長　林 春男

限界見極め「受援」計画を

熊本地震の発生から1週間が過ぎた。地元自治体は人や物の流れの復旧、さらには復興に向けた社会基盤整備、被災者の生活再建など、膨大かつ複雑な業務に速やかに取り組まねばならない。

ただ、過去の地震の経験を踏まえると、全てを地元で担うのは到底、不可能だ。自らできることの限界を見極めて、外からの支援を受け入れる「受援」の仕組みを整えることが重要になる。

まず災害発生の初期段階から、救命救急活動だけでなく、ライフラインなど社会機能の回復、復興に向けた努力を同時並行で進める必要があることを指摘したい。

例えば、1995年の阪神大震災では統一した基準で建物の被害調査がなされなかったため、罹災証明の結果に不満を抱く人が全体の約3割に上った。

今、被害調査をきちんとすることは将来、問題が焦げ付くのを防ぐことになる。ぜひ、そのような長期的視点を持って取り組んでいただきたい。

復興事業は「社会基盤の復旧」「壊れた地域のつくり直しと経済の立て直し」「被災者の生活再建」という3層構造になっており、これらを同時に進めなければならない。

その中で最も重視すべきは「生活再建」だ。その上で産業や地域の在り方を考え、どういう社会基盤に投資するかを考える。「どんな地域にしたいか」がないと、拙速で不要なものが造られたり、前よりもっと発展する機会を失ったりすることにもなりかねない。

こうした膨大な作業をこなすため、地元の自治体は「自分たちだけでは絶対に足りない」という前提に立ち、全国知事会などを通して他の自治体の支援を受け入れる「受援」計画作りを進めてほしい。

調査を進めるのなら、どの地域に、どの都道府県の何人に入ってもらい、そのために必要な資材や機材は何か、どういうデータを取り、どこに集めるかという計画を作る。

重要なのは、人も資材も外部に頼ることだ。こうした「受援」の仕組みは、2007年の新潟県中越沖地震以降、実際に使われるようになった。東日本大震災では、関西7府県でつくる関西広域連合が府県ごとに支援対象となる県を決め、効率の良い態勢が実現した。

今回は、熊本県などが情報を集めて対応の中核を担い、それを全国知事会や国が支援するという態勢が必要ではないか。

物資輸送については「餅は餅屋」で、高い集配能力と各地に大型の物流基地を持つ宅配事業者の力を借りるのも一案だ。中越沖地震や東日本大震災で事業者が担った実績がある。

東日本大震災後、事業者でつくる一般社団法人全国物流ネットワーク協会は、災害時に避難所で必要とされる物資を無駄なく補給する輸送システムを運用している。

阪神大震災では社会基盤復旧に2年、都市計画完成に10年かかり、経済は10年後も半分程度の回復にとどまった。大きな被害から立ち直るには、長い時間がかかる。「受援」を上手に活用してスムーズに復興が進むよう願わずにいられない。

はやし・はるお　1951年東京都生まれ。米カリフォルニア大ロサンゼルス校で博士号取得。京都大教授などを経て2015年から現職。専門は社会心理学、危機管理。近著に「しなやかな社会の挑戦」（共著）。

「九州人気質 発揮して」

松本零士さん　被災地応援画

松本零士さんが熊本地震の被災者に向けて描いたイラスト「魂、命、力」（©2010熊本県くまモン＃熊本支援）

「銀河鉄道999」の作者で九州出身の漫画家、松本零士さん(78)が、熊本地震で被災した人々に向けて応援の気持ちを込めた自筆イラストを、共同通信を通じて寄せた。松本さんは『今に、みちょれ!』という九州人気質を発揮して、前を向いて進んでほしい」とエールを送っている。

北九州市で高校まで育った松本さんは、地震が続く熊本・大分両県にも、同級生ら友人が多くいるという。

「絵柄を考えながら寝て、うなされた。1枚の絵が、こんなに苦しかったのは初めてですよ」

水彩のイラストは、熊本県の山を背後に立つくまモンを「銀河鉄道999」の主人公鉄郎とメーテルが見上げ、青空には三つの白い文字が浮かぶ。「魂」の文字は犠牲者への鎮魂、「命」は今を生きる人、「力」はその人たちが創造する未来をイメージした。進まない絵筆を気持ちで支えながら、半日かけて制作した。

松本さんの少年期の思い出に地面が揺れた記憶はなく、熊本地震は信じ難いニュースだった。「でも台風の多い九州の人は災害に打たれ強いはずだし、助け合い精神もある。皆さんの力を信じています」

松本零士さん

1　3版　平成28年（2016年）4月26日　火曜日　熊本日日新聞　（昭和17年4月1日第3種郵便物認可）　第26630号　日刊

熊本日日新聞
発行所　熊本日日新聞社
〒860−8506
熊本市中央区世安町172
☎代表(096)361−3111
© 熊本日日新聞社 2016年

4月26日　火曜日

臨時休校　なお315校

熊本地震

授業の遅れ懸念

小中高など　田底小（熊本市植木町）再開

熊本地震で大きな被害が出た益城町など複数の市町村で、小中高校や特別支援学校の臨時休校が続いている。25日は全小中学校が休校する熊本市で北区植木町の田底小が11日ぶりに再開したが、26日は公私立合わせて315校が休校を継続。具体的な再開時期を見通せず、授業の遅れや学校行事への影響など課題は山積みだ。

県教委と熊本市教委によると、県内の公立校で26日に休校するのは▽小学校174校▽中学校78校▽高校（全日制、定時制）29校▽特別支援学校12校―の計293校。このうち213校は28日まで休校を決定済み。大津、南阿蘇、西原、甲佐の4町村は5月6日まで、全小中学校を休校にする予定。

県私学振興課によると、県内の私立中・高校（全日制）は26日、計22校が休校する。

公私立とも校舎や体育館などの施設を破損した学校が多数。避難所として被災住民を受け入れているケースも少なくなく、状況が好転しない限り、再開のめどが立たない学校もある。

25日は大津町の大津高と翔陽高が再開したが、国道や鉄道が寸断された阿蘇地域の生徒が通学できず、学校再開に向けては安全な通学路の確保も課題となっている。（熊本地震取材班）

熊本地震発生から11日ぶりに学校が再開し、元気に通学する田底小の児童たち＝25日午前7時40分ごろ、熊本市北区植木町（岩崎健示）

南阿蘇村で1遺体発見

死者49人　宇土市の男性「関連死」

熊本地震による行方不明者を捜索している警察、消防、自衛隊が25日午後4時ごろ、南阿蘇村河陽の高野台団地の土砂崩れ現場で、福岡県久留米市、早川海南男さん(71)を心肺停止の状態で発見、死亡が確認された。熊本地震による死者は計49人、行方不明者は1人となった。

現地本部によると、早川さんは本震のあった16日未明、現場の高野台団地にいたとみられ、連絡が取れなくなっていた。23日の捜索で、早川さんの携帯電話が滞在先の住宅から20～30㍍の地点で見つかり、周辺を集中的に捜していた。

同村立野の阿蘇大橋付近では、車ごと土砂に巻き込まれた可能性がある阿蘇市の大学生大和晃さん(22)の捜索を続けているが、大量の土砂で二次災害の危険があるため、自衛隊による捜索を見合わせている。

県災害対策本部によると、宇土市のグループホームに入所していた80代男性が本震2日後の18日午前、ベッドで意識不明の状態で見つかり、死亡を確認した。死因は内因性心臓死。持病などはなかったため、震災関連死と認定した。熊本地震では13人目。

25日午後1時半現在の避難者数は561カ所に約4万8千人。電気、水道などライフラインの復旧が進み、避難者数のピークだった本震翌日の17日朝から約13万5千人減った。（熊本地震取材班）

高野台団地周辺で発見された早川海南男さんを救急車に運ぶ自衛隊員ら＝25日午後5時ごろ、南阿蘇村（小野宏明）

熊本地震 県内の被災状況

（25日午後時点、熊日まとめ）

死亡	49人（熊本市4、南阿蘇村15、西原村5、御船町1、嘉島町3、益城町20、八代市1）
震災関連死	13人（熊本市7、宇土市1、阿蘇市2、南阿蘇村1、御船町1、益城町1）
安否不明	1人（南阿蘇村）
負傷者	1,383人以上
建物	住宅10,429～10,529棟
避難	避難所 561カ所 避難者 48,238人
水道	断水18,300世帯
都市ガス	供給停止 約59,000戸（西部ガス）

※県災害対策本部などの集約分

「特別法廷」最高裁が謝罪

ハンセン病　違憲性は認めず

ハンセン病患者・元患者の刑事裁判を、国立ハンセン病療養所・菊池恵楓園（合志市）などの隔離施設に設置した「特別法廷」で開いていた問題で、最高裁は25日、必要性を慎重に審査せず設置し、裁判所法に違反していたとする調査報告書を公表した。今崎幸彦事務総長が会見し、「患者の人格と尊厳を傷つけたことを深く反省し、おわび申し上げる」と頭を下げた。【20面に関連記事】

2001年の熊本地裁判決は国のハンセン病患者隔離政策を違憲と断じ、政府と国会は既に謝罪。三権の一翼である司法もようやく過ちを認めた形だ。しかし、元患者らが指摘していた憲法違反は否定。今崎事務総長は「法の下の平等を定めた憲法に違反した疑いは強いが、断定には至らなかった」と述べた。

報告書によると、最高裁の裁判官15人で構成する裁判官会議は1948年、ハンセン病患者を対象とする特別法廷の許可権限を事務総局に与えた。事務総局は設置の必要性を具体的に検討せず、ハンセン病の診断書があれば一律に許可し、48～72年に療養所や刑務所で95件が開かれた。

ハンセン病が確実に治るようになった60年以降も定型的な運用を続けており、報告書は「合理性を欠く差別的な扱いだったことが強く疑われる。誤った運用で差別や偏見を助長した」とした。

一方、裁判が公開されていたかどうかは、「開廷を知らせる『告示』を開廷場所の正門などに掲示していた」として、違憲性は認めなかった。

報告書には、最高裁が設置した有識者委員会の意見も併記。有識者委は「ハンセン病を理由に機械的、定型的に特別法廷を開き、憲法の平等原則に違反していた」と指摘。実質的に公開されていたという裁判の公開についても「療養所は一般の人は近付きにくかった。実質的には無理がある。違憲の疑いは拭えない」と結論付けた。（中村勝洋、岡恭子）

九州新幹線　あす全線復旧へ

熊本地震の影響で運転を見合わせている九州新幹線熊本―新水俣が、27日午後にも復旧する見通しとなったことが25日、分かった。博多―鹿児島中央の全線で運転が再開され、九州の南北を結ぶ交通の大動脈が回復する。

JR九州は、大型連休前の28日の全線復旧を目指していたが、熊本駅南側で14日に脱線した車両の撤去が24日に完了するなど、作業が順調に進んでいるため、予定を早めた。ただ、余震や天候次第では、28日以降にずれ込む可能性もある。

九州新幹線は、14日から全線で運転を見合わせた後、20日に新水俣―鹿児島中央、23日に博多―熊本で運転を再開した。両区間とも通常より本数を減らして運行している。（小林義人）

おわび
地震の影響で本日付朝刊が一部地区で配達できなかったり、遅れたりしました。大変ご迷惑をおかけしました。　熊本日日新聞社

熊日の購読・配達のご用は
ミナヨムニッコリ
0120-374625
（土・日曜・祝日除く9:00～17:00）

紙面のお尋ねは
096-361-3115
（日曜・祝日除く9:00～17:00）

パソコン版くまにちコム
kumanichi.com

◇お断り　「きょうの天気」は2面に移しました。

がんばろう熊本　地震被災者応援メッセージ

少しでも力に

祖父が昔、阿蘇に行った縁もあり心配です。周りには熊本出身の知人も多く、皆が故郷を心配しています。何もしてあげられない悔しさもありますが、少しでも力になれたらと思います。応援しています。負けるな熊本！　負けるな九州！（市川雄太・28、大阪）

新生面

2016.4.26

本紙1面の右肩、題字の上にある数字を「紙齢」と呼ぶ。今日は第26630号。熊本地震の「本震」を報じたのは、「号外」に続く26620号の夕刊だった▼若い頃、先輩から「紙齢を絶やしてはならぬ」と教わった。熊日は1953（昭和28）年の6・26水害で輪転機が泥に埋まり、鹿児島の南日本新聞社で印刷してもらった歴史がある。東日本大震災では東北3県の地元紙が、近隣の新聞社の支援で発行を続けた▼小欄執筆の日を除き、普段は紙面編集の仕事に就いている。実のところ、この10日余りの編集作業は容易ではなかった。未明の本震は輪転機が回るただ中に起きた。いったん中断した印刷は朝までかかった▼現場から届く大量の記事。途方もないその内容に胸がつぶれ、ゲラ刷りを読む目が幾度もにじんだ。道路が寸断され配達が滞り、情報を求めているのに、その日のうちに届かなかった被災地域があった▼ネット上では瞬時にニュースが流れる時代だ。しかし、だからこそ、人から人へ手渡される新聞には大切な役割があるはずだ。「紙齢を絶やすな」と心で唱え、走り続けた。屋外で新聞紙をまとい、寄り添って暖を取る人々の写真に打たれた。避難所で新聞に無数の手が伸びたと聞き、ほっと息をついた▼今日も新しい紙面が生まれ、多くの言葉があふれる。今そこには深い悲しみや憤り、憂いがある。それでも紙面にはささやかな希望を足していきたい。県民の心を温め、手と手をつなぐものであれと願い、一つ紙齢を刻む。

熊本地震を激甚災害指定

政府 復旧事業の補助率かさ上げ

政府は25日の持ち回り閣議で、熊本、大分両県を中心に大きな被害をもたらした地震を激甚災害に指定した。インフラや農業関連施設の復旧事業に対する国の補助率をかさ上げする。22日の普通交付税前倒し配分などと合わせ、被災自治体への財政支援が本格化する。

復旧事業で必要となる見込み額は公共土木施設2811億円、農業施設50億円の計2861億円。中小企業関係の被害額は約1600億円。いずれも20日時点で、激甚災害指定の基準を超えた。

菅義偉官房長官は記者会見で「地元の要望も踏まえ、一日も早く復旧、復興に弾みがつくよう、できることは全てやるとの観点から決定した」と述べた。

指定により、国の補助率は、道路や河川堤防など公共土木施設の復旧事業では通常の7割程度から8割程度に、農地や農道など農業施設では8割程度から9割程度に引き上げられる。政府は補助金の財源を補正予算に盛り込む方針。中小企業は再建資金を金融機関から借りやすくなる。

また勤務先の事業所が休業して賃金がもらえなくなった場合でも、解雇時などと同様に失業手当を受けられる。

熊本県から早期指定の要望を受けた安倍晋三首相が各省庁に、復旧事業に必要な費用の算出を急ぐように指示していた。

激甚災害は、公共土木施設、農業施設、中小企業とそれぞれ被害の分野ごとに復旧に必要となる費用を算定。その費用が一定の基準を超えた場合に指定する。

内閣府によると、大規模災害は発生から約1カ月で指定される場合が多く、今回の約2週間は早めという。東日本大震災は明らかに指定基準を超えると見込まれたため、査定を待たず、発生翌日に指定した。

東日本踏まえ特別な措置を 蒲島知事

蒲島郁夫知事は25日の臨時記者会見で、政府が熊本地震の激甚災害指定を閣議決定したことに謝意を示した上で、「復興に地元負担が発生しないような特別な財政措置を講じてほしい」と、追加の支援策を要望した。

激甚災害指定で、県や市町村が実施する公共施設や土木、農業関連施設などの復旧復興事業は国の補助率が引き上げられる。蒲島知事は「早期指定をうれしく、心強く思う」と述べた。

一方、「激甚災害の指定を受けても、小規模な市町村は復興需要の財政負担が重い。予算が足りない」と指摘。東日本大震災で政府が被災地に対し、「特別交付金」制度を創設して対応した前例を踏まえ、県や市町村の財政負担が事実上ゼロになるような特例制度の創設を求めた。(蔵原博康)

事業所休業でも失業手当を支給 厚労省が特例措置

厚生労働省は25日、熊本、大分両県を中心とする地震が激甚災害に指定されたことを受け、勤務先の事業所が休業して賃金をもらえなくなった場合でも、解雇時などと同様に失業手当を支給すると発表した。26日からの特例措置で、雇用保険への加入期間や年齢などに応じて原則90～330日間、休業前の賃金日額の45～80%を受け取れる。

今回の対象は熊本県内の事業所で働く人。休業中で雇用関係が維持されている間でも特例で手当が支給される。

復旧・復興へ緊急要望書

村田副知事 関係府省、自民党に

熊本地震の被害状況を説明する村田信一副知事(右)と石井啓一国土交通相=25日、国土交通省

熊本県の村田信一副知事と松田三郎議長は25日、熊本地震の復旧・復興に向けた緊急要望書を関係9府省と自民党に提出した。

要望は10項目。水道やガスなどのライフライン、道路や港湾といった公共インフラの復旧のほか、医療・福祉、観光分野などへの財政措置や人的支援を求めている。

国土交通省では石井啓一大臣に会い、写真を示して地元の深刻な被害状況を直接説明。村田副知事は「東日本大震災を踏まえた特別な財政支援措置をお願いしたい」と強調した。石井氏は「要望を踏まえ、検討したい」と応じた。

面会後、村田副知事は「被害の全容はつかめておらず、余震や梅雨に向けた不安もある。災害は進行中で、政府には、それぞれの段階に応じた支援をお願いしたい」と述べた。(岡恭子)

熊本地震 罹災証明の発行難航

住宅調査 職員の態勢組めず

県は25日、市町村による「罹災証明書」の発行などを支援する特別チームを設けた。熊本地震からの生活再建に向け、公的支援を受けるのに必要だが、住宅の被害が甚大だったり、庁舎が被災したりした市町村などで発行業務が難航している。【1面参照】

同証明書は、被災者生活再建支援法に基づき、壊れた住宅の解体・補修費や再建費の一部(50万～300万円)を受け取る際や、仮設住宅や被災者向け無償公営住宅への入居時に必要になる。「半壊」以上の認定には住宅調査が必須。

各市町村とも発行を急ぎたいが、避難所の運営などに職員をとられるなどして調査態勢が組めず、発行が見通せない自治体もある。

益城町は25日現在、全壊1026棟を含む約5400棟の住宅被害を確認。役場庁舎も被災した。職員だけでなくパソコンやコピー機も不足し、被災者からの申請をいつから受け付けられるか見通しは立っていない。

町民からの問い合わせには、損壊状況が分かる写真を撮っておくように伝えている。

阿蘇市や南阿蘇村のように、住民からの申請にかかわらず、住宅調査を先行実施する自治体もある。

熊本市は、調査が必要ない「一部損壊」の場合、即日発行する。ただ、調査が済んだのは25日時点で100件程度。「半壊以上の証明書発行へ調査を加速したい」(課税管理課)としている。

県の特別チームは2人1組の6班で市町村課内に設置。「益城・南阿蘇」など地域を分担して市町村を回り、住宅調査のための態勢構築などを支援する。(太路秀紀)

罹災証明書と被災者支援の流れ

住宅被害に伴う公的支援 → 証明書の発行 → 市町村が住宅の被害調査 → 被災者が市町村に申請

Qズーム 罹災証明書 災害対策基本法に基づき市町村が発行、災害による住宅の被害の程度を証明する。住宅被害に伴うさまざまな公的支援を受ける際に必要になる。住宅被害の認定は「全壊」「大規模半壊」「半壊」「一部損壊(半壊に至らず)」の4段階。同証明書とは別に被災した事実を証明する「被災証明書」を発行する市町村もある。こちらは勤務先や損害保険会社などに提出する。

蒲島知事が西原村視察 「村と一緒に再建」

蒲島郁夫知事は25日、熊本地震で5人が死亡し、多数の家屋倒壊など被害の大きい西原村を訪れ、避難した被災者の要望を聞いた。

西原中体育館で、蒲島知事は「村と県が一緒に皆さんの生活を再建します」と約束。被災者は「けがはなかったが、家の瓦は全て落ち、小屋も傾いた。とても住めない」と涙ながらに訴えた。

日置和彦村長は仮設住宅の早期建設、職員支援などを知事に要望した。(横山千尋)

一部地震報道に県民の誤解懸念 県幹部

県の田嶋徹知事公室長は25日の知事記者会見の後、一部の新聞が同日付で、食料や福祉避難所の不足を報じたことに「状況は大きく改善している。誤解や不安を県民に与えかねない」と懸念を示した。

田嶋氏が指摘したのは「配給追いつかず」「災害弱者どこに行けば」などの見出しが付いた全国紙の記事。田嶋氏は「報道を統制する意図はないが、地震直後の写真を付けて改善していないように強調するのはいかがなものか」と述べた。

記者から「不備を隠そうとしているのか」と問われると、「そう思うのは勝手だが、今は現状をきちんと伝える報道が大事な時期と考える」と話した。(蔵原博康)

益城町の被災建物半数が「危険」判定 国交省

国土交通省は25日、震度7の地震を2度観測した益城町で被災した建物の応急危険度判定結果を発表した。5474棟のうち、倒壊の恐れがある「危険」が半数近い2649棟に上った。判定は二次災害を防止するため市町村が実施するもので、判定結果に強制力はないが、危険の場合は建物に立ち入らないよう求める。

立ち入りに注意が必要な「要注意」は1634棟、使用可能を意味する「調査済」は1191棟だった。町では調査を15日から実施、24日に終了した。全国から応援で入った自治体職員や建築士延べ630人が判定に当たった。

県内では他に菊陽町で調査が終了。52棟のうち、危険が20棟、要注意が22棟、調査済が10棟だった。

6町村が仮設住宅要請

益城町など 県、2100戸必要と想定

1万棟以上の家屋被害が出ている熊本地震で、県は25日、益城町や西原村など6町村から応急仮設住宅の建設要請を受けていることを明らかにした。東日本大震災の被災県の建設実績を基に、県は2100戸程度の仮設住宅が必要と想定している。

仮設住宅は、災害救助法に基づき県が整備する。県住宅課によると、益城、西原のほか、御船、甲佐、山都、南阿蘇の6町村が要請。県は、公営住宅や民間賃貸住宅(みなし仮設住宅)の空き室を活用した後の不足分を建設する予定で、6町村と共に被災者の意向や必要戸数の把握を進めている。

県は第1弾として西原村で50戸の建設を決めており、5月上旬に着工、早ければ6月中旬に入居が始まる。6町村以外でも要請の動きがある。熊本市は、自前での建設も視野に用地の検討などを始めている。

一方、東日本大震災で被災した岩手、宮城、福島の3県と都市再生機構(UR)は25日、技術職員計8人を熊本県に派遣。市町村が検討する建設用地の適否判断や現場の工事管理を担う。宮城県で2万2千戸の仮設住宅建設に携わった同県大河原土木事務所の小野寺邦之さん(57)は「被災者が生活再建に早く移れるよう、経験を生かしたい」と話した。(並松昭光)

熊本地震での仮設住宅建設を応援するため、熊本県入りした東北3県の技術職員ら=25日、県庁

Q&A「激甚災害指定」

自治体の財政負担軽減／公共事業中心に支援

激甚災害指定による支援の仕組み

災害の発生

公共土木施設(道路、河川堤防など) / 農業施設(農地、農道など) → 復旧事業に対する国の補助率 6～8割程度 / 8割程度

中小企業(再建資金貸し付け支援など)

↓ 激甚災害に指定 ↓

補助率を1～2割程度かさ上げ / 償還期間の延長など

政府は熊本、大分両県を中心に相次いだ地震による被害を激甚災害に指定しました。

Q 激甚災害とは何ですか。

A 地震や台風などの被害規模が大きく、被災者への手厚い支援や、復旧事業に当たる自治体の財政負担を軽くする必要があると認められる災害のことです。基準に基づいて政府が指定します。

Q どんな場合に指定されますか。

A 道路や河川堤防などの公共土木施設、農地や農道、中小企業といった分野ごとに、復旧に必要な費用や被害額を算定し、基準を上回れば指定します。主に経済的被害に注目し、人的被害は考慮されません。

Q 対象範囲は。

A 激甚災害は、市町村や都道府県といった地域を特定せず、災害そのものを指定する制度です。ただ、土石流や直下型地震のように局所的に大きな被害が出た場合は、市町村単位の「局地激甚災害」として指定することがあります。

Q 指定されるとどんなメリットがありますか。

A 被災自治体の復旧事業で国の補助率がかさ上げされるなど、財政面の支援が手厚くなります。例えば道路や河川堤防の復旧では、6～8割程度となっている補助率が1～2割程度上乗せされます。被災した中小企業が再建資金を金融機関から借りる場合は償還期間が延長されるなど、より借りやすくなります。

Q 激甚指定で、災害対策は加速しますか。

A 激甚災害指定で支援の対象となるのは、土木施設や農地の復旧といった公共事業が中心です。いまなお多くの住民が残る避難所の衛生環境の改善や仮設住宅の整備、震災がれきの処理など、支援対象とならない課題は山積みです。被災者のニーズを吸い上げ、早く元の暮らしに戻れるよう、国と自治体がきめ細かい支援を急ぐ必要があります。

エコノミー症候群35人に

避難生活改善急務 女性が8割以上

熊本地震による「エコノミークラス症候群」の入院患者数が、14日の地震発生から24日午後4時までに35人に上ったことが分かった。うち女性が29人と8割以上を占めており、18日には女性1人が死亡している。県は25日、危険性の高い避難者に、予防効果のある医療用の弾性ストッキング3600足の配布を始めた。

男女別では、女性29人に対し男性が6人。年齢別では、65歳以上が21人と6割に上った。県内の主な20医療機関を受診した患者のうち、入院が必要な患者を熊本大病院循環器内科が調べ、県が公表した。同病院の掃本誠治・循環器内科診療科長は「外来で帰した患者もおり、実数はもっと多いと考えられる」としている。

国や県、日本循環器学会や同病院などでつくる専門チームは22日以降、検査と啓発活動を続けている。既に300人以上を検査し、今月いっぱい続ける。

患者の増加を受け、県は25日、弾性ストッキングの配布を開始。熊本市と御船、阿蘇、宇城、菊池、八代の6保健所管轄内の避難所で、保健師が妊婦や「車中泊が2泊以上」など避難者の状態を調べた上で配布し、使い方を説明する。

同症候群は足にできた血栓が肺の静脈に詰まるなどし、胸の痛みや心停止を引き起こす。地震発生後、県内で調査した新潟大講師の榛沢和彦医師によると、新潟県中越地震(2004年)では発生から2週間で少なくとも17人が発症。うち女性は13人だった。

榛沢医師は「女性が多い傾向は同じ。度重なる余震を恐れて車中泊が多いことが、中越地震の患者数を上回る結果につながっている」とし、「足に血栓ができた患者のうち、発症するのは千人に1人とされている。患者数は氷山の一角。足を伸ばして眠れる環境を整えるなど、避難生活の改善が急務」としている。(林田賢一郎)

症状疑い合わせ少なくとも97人

熊本地震の発生後にエコノミークラス症候群と診断された患者やその疑いがある体調不良者が、県内75の医療機関で少なくとも97人に上ることが25日、共同通信のまとめで分かった。熊本市で84人、それ以外の市町で少なくとも13人に上った。

支援物資 素早く手配

タブレットのシステム運用

熊本地震の政府の現地対策本部と県の災害対策本部は27日、避難所の支援物資の需給状況をタブレット端末で管理するシステムの試験運用を始める。被災者の要望に従来より早く対応できるようになると見込んでいる。

両本部によると、これまでは市町村や国、県の職員が、それぞれ避難所からの電話やファクス、直接聞き取りなどで物資の需要を把握して手配。二重発注や発注漏れなどのミスが起きていたという。

支援物資の需給管理ができるタブレット端末=25日、県庁

新システムは、避難所の担当者が「食品」「衛生用品」「薬」など14分類133品目を画面操作で発注できる仕組み。発注は、市町村と国、県が同時に把握でき、物資の到着管理もできる。

iPadは、ソフトバンクが千台を無償貸与した。システムは、日本IBMが開発していた。(並松昭光)

地震890回超 「今後も警戒」 気象庁

気象庁によると、熊本、大分両県では25日午後10時までに震度1以上の地震が21回起きた。14日夜の震度7以降、総回数は894回に上る。うち5以上は17回、4は77回。気象庁の担当者は記者会見で「25日未明にも震度4が起きており、今後も強い揺れに警戒が必要」と述べた。

気象庁によると、九州北部では25日午前から雨が降った。降水量は多くないが、地震で地盤が緩んでおり土砂災害に注意が必要だ。周辺では27日も夜から強い雨が降る見込み。

24日夜と25日昼ごろ、鹿児島県の諏訪之瀬島で震度1～4の地震が計8回発生。震源地はいずれもトカラ列島近海で震源の深さは10キロ以内。マグニチュード(M)は2・1～4・2と推定される。気象庁は「熊本地震とは関連がない」としている。

きょうの歴史 4月26日

国道218号矢部バイパス開通式で通り初めを行う車列

▽1990(平成2)年 矢部町の国道218号矢部バイパス(白小野－畑間5.6キロ)が16年ぶりに完成、開通式があった。

▽1946(昭和21)年 県水産講習所(現苓洋高校)が天草郡富岡に開所した。

こころ寄せて　神戸発 熊本地震

神戸熊本県人会長　乗富 和夫さん

復旧へ「がまだすばい」

熊本城の瓦や石垣が崩落する映像を見て、自分の目を疑った。1960年に再建された天守閣は市民のシンボル。軍隊が駐留した戦時中を経て、市民が入れるようになった平和のシンボルでもある。

中学から大学卒業まで熊本市中心部の渡鹿で育った。大地震が起きるなんて思いもしなかった。台風災害の怖さはよく知っていて、どっしりと屋根瓦の重い家を建ててるのが備えだった。地震では、その重さが裏目に出たのかもしれない。

市内に住む2人の兄は無事だったが、連絡がついたのは避難所だった。車中生活を送る同級生もいると聞いた。「皆、大丈夫」とは言っているが、弱みを簡単に見せない人が多いので心配は尽きない。

私も阪神・淡路大震災の時、倒壊したビルや高速道路の間を自転車で通勤し、夢中で働いた。被災の苦しみは手に取るように分かる。「がまだすばい（頑張ろう）」の精神で被災した故郷を支え続けたい。・神戸市中央区、76歳（聞き手・小西隆久）

＜神戸新聞提供・随時掲載＞
※阪神・淡路大震災を経験した神戸新聞（本社・神戸市）は、兵庫県在住の熊本県出身者に、熊本地震で被災した故郷への思いを聞く連載企画「こころ寄せて」を始めました。原稿を随時転載します。

がんばろう熊本　地震被災者応援メッセージ

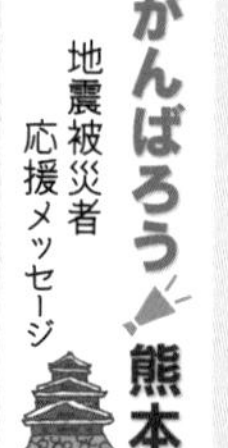

折を見て手伝いに

被災地の皆さまには謹んでお見舞い申し上げます。大変でしょうが、何とか踏ん張ってください。日本中が、いや世界中が応援しています。どうか、明日への希望を捨てずに今日を生きてください。先日、僕が益城町へお邪魔した際、本震に見舞われました。子どものころから旅行や仕事でたびたび訪れて、思い出のいっぱい詰まった熊本が大好きです。また折を見てお手伝いに行きます。がまだせ熊本。

（植村諭・52、北九州）

メッセージ、心に響いた

海外の熊本出身の方、他県の方で熊本で被災された方…。皆さんからの温かいメッセージ、とても心に響きます。ありがとうございます。

（Yuka Sakamoto）

崩壊した熊本城に心痛む

熊本県出身です。石垣が崩壊した熊本城などを見ると、心が痛みます。関東から応援しています。

（佐藤祐志）

天草市出身の上村禎彦さん（福岡県）が描いた「七転八起くまモン」

お気持ち察します

頑張れ、熊本、大分。私は栃木県に住み3・11を経験しています。ライフラインの大切さ、食事ができないつらさを経験してます。余震のためガスは来ているが使えませんでした。つらいお気持ち察しております。

（石山裕子・48）

熊本地震で被災した方々への応援メッセージを募集しています。専用メールアドレスも設けました。文面の長さは問いません。①住所②氏名③年齢④職業（学校名と学年）⑤電話番号—を書いて、〒860—8506、熊日編集局「がんばろう熊本 地震被災者応援メッセージ」係。ファクス番号は096（361）3380、メールアドレスouen@kumanichi.co.jpに送ってください。フェイスブック受け付け分はアカウント名で掲載します。

学ぶ＆チャレンジ

KIDS は、子どもが参加できる講座、イベントです。

KIDS ◆こふんかんへ5・5・GO！　29日〜5月1日、3〜5日の各10〜16時、山鹿市の県立装飾古墳館屋外体験広場。期間中は、木崎康弘館長と周辺の古墳群や館内を巡るガイドツアー、勾玉作り、火おこし体験などを実施。銅鏡作りや木エストラップ、缶バッジ作り、来民うちわ作りなども日替わりである。一部要体験料。八千代座のキャラクター「チヨマツ」も来場。同館☎0968（36）2151。＝写真は昨年の様子（提供）

◆里山美術展　5月1〜5日10〜17時、和水町の肥後民家村。県内外の画家や工芸家ら約40人が参加し、古民家や庭園などに絵画、陶芸、立体アートなどを展示・販売する。即興で抽象的な作品をつくる造形作家の岩田恒介さん（人吉市出身）の作品も展示。5日は岩田さんによるトークショーと工芸体験会もある。各日音楽ライブ

や藍染め、ガラス工芸などができる工房もある。入場無料。里山楽縁企画・池田さん☎090（5472）5320。＝昨年の同展の様子

◆ラムサール条約湿地の荒尾干潟と火の国長洲金魚まつり　5月3日8時半〜11時15分、荒尾市増永のJR南荒尾駅で受け付け。JR九州ウオーキング。渡り鳥の生息地で国際的にも重要な湿地として登録されている荒尾干潟や四王子神社などを巡り、金魚と鯉の郷広場で開かれている「火の国長洲金魚まつり」などを楽しみながら約12㌔（約4時間）歩く。参加無料。JR荒尾駅☎0968（63）0063。

日程、内容は変更される場合があります

開かれています EXHIBITION

◆熊本市食品交流会館　熊本写真研究会写真展　30日まで。☎096（245）5111。

◆玉名市立歴史博物館　企画展「幕末維新を生きた人々」　5月8日まで。☎0968（74）3989。

◆菊池わいふー番館　自論言霊（ことだま）展　5月8日まで。☎0968（24）6630。

◆山鹿市立博物館　新・山鹿の宝物展　6月12日まで。☎0968（43）1145。

◆芦北町立星野富弘美術館　星野富弘の詩画と詩画公募入賞作展　5月8日まで。☎0966（86）1600。

◆東陽石匠館　大江田久子が描く「2百名山踏破　田中陽希の顔」展　5月8日まで。☎0965（65）2700。

※県内施設から抜粋しています。

どぎゃんかしよう！
——みんなの声 届けます

★ご近所で支え合いたい　23日付のこのコーナーで「1人暮らしで心細い。近所に話し相手もおらず、精神的におかしくなりそう」という熊本市東区に住む69歳のおばあちゃんの投稿を読みました。私は同じ東区に住む大学生。お使い、話し相手、飼い猫の世話など、「このおばあちゃんのために何かできないかな」と考えました。こんな時だからこそ、ご近所同士、少しでも支え合えたらいいのになあと思います。（熊本市、女、20）

★ラジオ体操の音楽流して　避難所や車内で過ごしている方は健康のため、できるだけ規則正しく生活して、心身のリフレッシュをすることが必要です。そこで避難所や駐車場で午前と午後の決まった時間に、ラジオ体操の音楽を流して、みんなで体を動かすといいと思います。体が不自由で体操ができない方は、足浴をすると血液循環の効果があります。避難所でも足浴ができるだけのお湯を確保できるようにできないでしょうか。（八代市、看護師・女、47）

★避難所に野菜届ける　避難所から22日、自宅に戻りました。避難所では支援の食料を頂き本当にありがたかったです。ただ炭水化物が多くて野菜不足。1日に1食でも野菜があればと思いました。同じ思いの方は多いと思いますので、少しでも避難所に野菜を届けたいと思います。（熊本市、平島麻紀子、41）

投稿募集

熊本地震で「避難生活で困っている」「こんな支援があるとありがたい」「どんな支援をしたらいいのか？」などの声をお寄せください。①住所②氏名③年齢、職業④電話番号—を書いて、〒860—8506、熊日編集局「どぎゃんかしよう！」係。ファクスは096（361）3380、メールはdengon@kumanichi.co.jpへ。

中③ 学習ルーム　親子でチャレンジ！　社会 No.05

1　1図を見て，(1)〜(5)の問いに答えなさい。

(1) 次の表は，国名とその国名の由来をまとめたものである。X，Y に当てはまる国を，1図のア〜エから一つずつ選び，記号で答えなさい。

(2) 1図の ⬭ で示した造山帯の名称を書きなさい。

(3) 2表は，世界の国を面積の大きな順に並べたものである。カナダは，2表のどこに当てはまるか。次のア〜エから一つ選び，記号で答えなさい。

ア Iと IIの間
イ IIと IIIの間
ウ IIIとIVの間
エ IVの次

1図

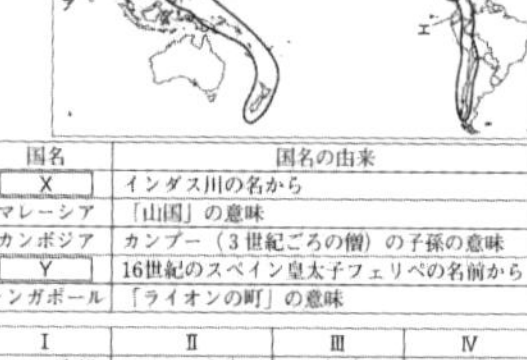

国名	国名の由来
X	インダス川の名から
マレーシア	「山国」の意味
カンボジア	カンプー（3世紀ごろの僧）の子孫の意味
Y	16世紀のスペイン皇太子フェリペの名前から
シンガポール	「ライオンの町」の意味

2表

I	II	III	IV
ロシア連邦	アメリカ合衆国	中国	ブラジル

(4) 世界の三大宗教について，①，②の問いに答えなさい。

3図　4図

A　B　C　D　その他

① 3図は，世界の三大宗教のうちの一つの聖地メッカにある神殿である。4図は，世界の宗教分布を示したものである。4図を見て，3図の宗教を大部分の国民が信仰している国を，次のア〜エから一つ選び，記号で答えなさい。

ア サウジアラビア　イ モンゴル　ウ タイ　エ ドイツ

② 4図のA〜Cは，世界の三大宗教を示したものである。A〜Cに比べると，Dの宗教を信仰している国や地域は少ないが，信仰している人々は世界で3番目に多い。この宗教名を書きなさい。また，この宗教は南太平洋の島国フィジーにも分布している。5図のフィジーの国旗を見るとある国との関係がわかる。この関係にもとづいて，フィジーでもDの宗教を信仰する人々がいる理由を述べた次の文中の a ，b に当てはまる国名を書きなさい。

5図

フィジーを植民地として支配した a によって，同じような支配下にあった b からフィジーに，さとうきびの栽培に連れてこられた人々によって信仰されてきたから。

(5) 1図に含まれる国の中で，次の条件を満たす国を一つ選び，その国名を書きなさい。

条件
I 工業化に取り組み，アジアNIESとよばれる国の一つである。
II 古くから日本との関係も深く，日本在住の二世，三世も多い。
III 日本に伝えられた仏教は，この国にあった古代国家から伝えられた。

配点　1(5)は2点，他は各1点　10点満点

4月25日国語No.5　標準解答　（熊本ゼミナール監修）

1　1 こうむ　2 ふきん　3 えいよ　4 委　5 演奏　6 縦横
2　1 （最初）めしは（最後）らうず（両解）　2 イ　3 ふるまいけり　4 麦飯　5 ア

がん検診 27日
◇胃がん　人吉市保健センター（午前7時半〜）

みんなのスポーツ

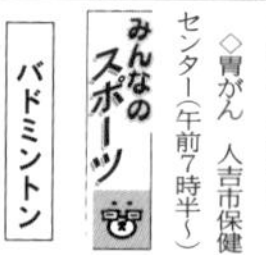

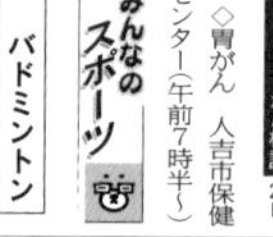

バドミントン

【第18回水俣シニア】（2月21日・水俣市立総合体育館）◇男子複▽計80歳代①浅田大介・濱野徹（ベンジャミンズ）②藤下雄一・東田秀晃（JNC・水俣ク）▽計90歳代①下田一精・下田貴子（水俣ク）▽計110歳代①水田利博・岩井昭洋（昼バド水俣）▽計120歳以上①浦清志・渕上茂樹（同）◇女子複▽計90歳代①高佐隆・前田直美（バードク）▽計110歳代①江口一男・鬼塚みゆき（昼バド水俣）▽計120歳以上①栄永尚子・岩阪律子（同）◇混合複▽計80歳代①浅田大介・鬼塚歩（ベンジャミンズ）▽計90歳代①下田一精・下田貴子（水俣ク）▽計100歳代①松井政仁・中山千栄子（サーズデイズ）▽計110歳以上①浦清志・岩阪律子（昼バド水俣）◇最高年齢賞　高佐隆、伊藤節子（バードク）

フロッカー

【第6回熊本市碩台校区】（2月28日・碩台小体育館）①14町内（藤本雅寿・中山繁・愛甲高大・大嶋竜之進）②17町内B③16町内④1町内⑤17町内A

◇お断り　地震の影響で熊本空港の発着便は欠航や乱れが続き、九州新幹線の全線再開やSL人吉の運行再開には至っていません。このため「航空券案内」「JR指定席」は休みます。

おくやみ
日付は受付日

※市町村役場に死亡届を出される際に、掲載を希望される方のみ掲載しています。葬儀の日程などは分かりません

荒尾市 ＝23日
中田サダ子さん(90)本井手1518-41

南関町 ＝24日
齋田ミツイさん(94)肥猪2491

玉名市 ＝23日
上土井和子さん(83)天水町小天2881-1
村田満康さん(89)滑石2182
吉村増己さん(87)岱明町下沖洲690
辛島サツエさん(103)横島町横島10373-2
＝24日＝
荒瀬満起さん(86)天水町尾田50-2
＝25日＝
前本ツヤさん(96)岱明町扇崎1156、1157

山鹿市 ＝23日
江口清次さん(91)下吉田549-2
宮本義雄さん(76)鹿本町来民1498-6
＝25日＝
中野ツヤ子さん(91)鹿北町多久3598

菊池市 ＝23日
角田重雄さん(89)隈府1688
後藤哲夫さん(85)西寺
＝24日＝
佐々木大乗さん(94)七城町亀尾419
＝25日＝
丸山政行さん(81)西寺

合志市 ＝23日
宮崎花梨さん(4)栄3792-134

大津町 ＝23日
渡辺ミサヲさん(104)室

西原村 ＝25日
中村義雄さん(87)河原1381

小国町 ＝25日
和田豊重さん(71)宮原3115-1

阿蘇市 ＝23日
今村邦男さん(79)南阿蘇村河陽1841
髙木ハツ子さん(92)一の宮町坂梨2293

高森町 ＝25日
甲斐幸子さん(81)尾下2552

熊本市 ＝23日
竹内強男さん(94)西区花園3-4-20
栗永喜代子さん(68)南区南高江
小原由子さん(95)南区富合町榎津1072
＝24日＝
猪股敏さん(83)中央区神水1-34-17-1001
中地孝美さん(66)東区保田窪3-13-29
井村和枝さん(86)南区中無田町1050-1
林田洋さん(66)南区城南町千町2752
小川ノブエさん(96)北区八景水谷2-7-41
友永實さん(91)北区八景水谷
中山正志さん(59)北区万楽寺町43-2
＝25日＝
村上忠子さん(88)中央区帯山5-22-6

甲佐町 ＝23日
緒方正弘さん(83)糸田1363

嘉島町 ＝24日
高木マスエさん(99)北甘木1971

山都町 ＝23日
栗屋清さん(73)神ノ前139

宇土市 ＝25日
田中茂子さん(95)築籠町65-4

美里町 ＝23日
後藤辰美さん(87)豊富1817

宇城市 ＝23日
中内勢津子さん(78)不知火町松合436
緒方博義さん(68)松橋町浅川1523-1
＝24日＝
前川コユキさん(94)三角町戸馳5013-2
筒井勝さん(90)小川町北海東1819
宮村トキエさん(94)豊野町糸石3497-1

八代市 ＝23日
上野トミエさん(85)千丁町太牟田1731
角田タツさん(93)高下西町777-1
松本ツヨノさん(88)高島町4441-9
＝24日＝
中川範彦さん(90)植柳元町5936-1
＝25日＝
添田尚さん(74)北原町615
宮本光子さん(65)鏡町貝洲734-1
武藤ヒサ子さん(87)日奈久塩南町78-1

芦北町 ＝24日
駒走實さん(96)田浦3684-1

津奈木町 ＝24日
佐藤元治さん(86)小津奈木2113-52

水俣市 ＝25日
中村馨さん(92)塩浜町6-10

人吉市 ＝23日
平山英子さん(97)蓑野町354
白坂清人さん(64)中青井町293
＝25日＝
豊永アツエさん(76)瓦屋町2409-3

球磨村 ＝23日
今村義勝さん(86)渡乙1571-2

あさぎり町 ＝22日
倉岡ミネ子さん(85)深田西1842

多良木町 ＝24日
宮原良介さん(56)久米1121

湯前町 ＝23日
多良木正信さん(83)2079〈上村〉

上天草市 ＝23日
岩本ヨシエさん(93)松島町今泉722
＝24日＝
四方田スエ子さん(92)大矢野町中2834
溝川砂江さん(79)熊本市東区月出4-4-8-106
＝25日＝
坂部富夫さん(79)龍ケ岳町高戸3118-2
鈴嶋サツキさん(86)大矢野町登立464
西本弘さん(88)大矢野町登立8572-3

天草市 ＝23日
川田重利さん(80)深海町2252-11
石井光芳さん(93)下浦町1332
南條正継さん(88)魚貫町1580
舩越由則さん(93)牛深町1004-3
坂瀬隼人さん(75)牛深町3356-24
＝24日＝
益田あき子さん(89)有明町大島子2465
八千古嶋勝さん(91)有明町大浦4139
三浦包子さん(87)亀場町亀川435
植村一彦さん(82)亀場町食場2060
荒木實さん(85)御所浦町御所浦2901-1
池邉文子さん(89)河浦町宮野河内325
＝25日＝
小田豊喜さん(77)五和町御領9634-2
後藤クニカさん(81)有明町須子1964
井上次男さん(89)亀場町食場849-2
髙見留義さん(95)天草町下田北2982
河野秋信さん(72)久玉町1318
江良茂さん(61)久玉町2871
早井アキヱさん(96)栖本町河内4618
金子イツさん(98)本渡町広瀬1226-2

苓北町 ＝25日
永野美智子さん(84)上津深江230-1

女性も安全な避難所に

着替えや授乳スペース／夜の出入りが不安

県、熊本市が実態調査

地震による避難生活が長引く中、避難所での女性や子どもの安全確保を望む声が強まっている。女性たちからは「着替えのスペースがない」「夜に出入りをするのが不安」などの声も上がる。県や熊本市は、啓発や実態調査に乗り出した。

熊本市男女共同参画センターの職員から啓発チラシを受け取る母親＝25日、熊本市中央区

避難所の管理・運営などの注意点

- 授乳室や男女別トイレ、物干し場、更衣室、休憩スペースを設ける
- 乳児連れ、単身女性、女性のみの世帯などのエリアの設定、間仕切りの活用など、プライバシーと安全・安心の確保の観点から対策を講じる
- 管理責任者に男女両方を配置し、自治的運営組織にも男女両方が参画する
- 女性用品は女性担当者から配布し、専用スペースに常備するなど工夫する
- トイレ・更衣室・入浴施設などの設置場所は安心して使用できる場所を選び、照明を付けるなど安全に配慮する

内閣府「男女共同参画の視点からの防災・復興の取組指針」から（抜粋）

熊本市中央区の避難所。25日昼、同市男女共同参画センター（同区）の職員が避難者にチラシを配っていた。性暴力被害を防止し、女性や子どもの安全を守ろうと呼び掛ける内容。チラシを受け取った20代女性は「家を片付けて夜に避難所に戻るので、治安が心配です」と話した。

避難所には更衣室もなく、40代女性は「体育館のドアの裏側で着替えたが、完全な目隠しにはならない」。授乳スペースもないが、生後2カ月の娘を抱いた母親（35）は「他の避難者が目隠し用のついたてを用意してくれた。周囲の気遣いに助けられています」。

東日本大震災後、避難所で性暴力などの問題が起きたことから、内閣府は2013年、「男女共同参画の視点からの防災・復興の取組指針」を策定。避難所に授乳室や男女別のトイレ、物干し場、更衣室、休養スペース、間仕切りなどを設置するほか、運営管理責任者に女性を配置することなどを求めている。

熊本市は指針を盛り込んだマニュアルを策定しているが、現在の避難所で、授乳室や子育て世帯向けの部屋などの設置状況にはばらつきがあるという。同センターは避難所の設営状況も調査する。

被害が大きかった益城町では、さらに厳しい環境の避難所も。廊下まであふれ、着替えるための場所はない。町の担当者は「現在は避難者が多くて難しいが、自宅に帰る人が増えて避難所の人数が減る中で、間仕切りの導入などを進めて、少しずつ改善していきたい」と話す。

県は26日から、益城町や御船町、南阿蘇村などの避難所で運営状況などを調査し、啓発チラシを配布する。

被災女性の支援・調査活動に取り組むNPO法人イコールネット仙台の宗片恵美子代表理事は「避難者が『非常時だから我慢』というような状況にしてはならない。安心できる空間を、被災者同士がつくっていく必要がある」と指摘。「女性の視点を反映させるためにも、運営責任者として女性が参画することが大事だ」と話している。（國﨑千晶、荒川直子）

9保育園で無料保育

熊本市　きょうから30日まで

熊本市は26日から30日まで、市立の9保育園で、世話をする家族がいない乳幼児を無料で預かる保育サービスを実施する（29日は除く）。25日現在、市内の認可保育施設236園のうち4割弱の87園が閉園しており、「子どもを預ける場所がない」という声が寄せられていた。

生後6カ月から、就学前までの乳幼児が対象。閉園中の園児だけでなく、復旧作業にあたる間、世話をする人がいない子どもも受け付ける。利用時間は午前7時半～午後6時。前日午後6時までに、各園へ電話で申し込む。定員は1園当たり10人程度。

市保育幼稚園課は「昼食や昼寝に必要な寝具は持参してほしい。用意できない場合は給食を準備する」としている。9保育園は▽中央区　城東▽東区　京塚、健軍▽西区　中島▽南区　幸田▽北区　山本、豊田、田底、菱形。

また、西原公園児童館（中央区）では25～30日、3歳以上の未就学児の無料託児サービスも実施（29日除く）。現在、保育所に通っている児童に限る。1日40人程度を受け入れ予定。市子ども支援課に申し込みが必要（当日でも可）。同課☎096（328）2158。（高橋俊啓）

「ハグ」で心落ち着かせて

熊本市の女性グループ提案　ネットなどで普及図る

熊本地震で心に受けたトラウマ（心的外傷）を癒やそうと、熊本市の女性グループが「くまもとハグプロジェクト」を始めた。誰かとハグ（抱き合う）したり、縫いぐるみなどをギューッと抱き締めたりすることで、心が落ち着く効果があるという。

女性グループは「熊本子ども・女性総合支援ネット」で、一般社団法人「ゆずり葉」代表理事の清水菜保子さん（42）、NPO法人環境ネットワークくまもと事務局長の園田敬子さん（53）らが、地震発生後に立ち上げた。心理カウンセラーの山本トースネスみゆきさん（46）がアドバイザーを務める。

山本さんはトラウマをケアする方法として、人とハグしたり、クッションや縫いぐるみを抱き締めたりする方法をホームページなどで紹介している。

清水さんらは今後、ネットなどでこの方法を広く知ってもらうとともに、ワークショップなどを開きたいとしている。縫いぐるみの提供を企業などに呼び掛けることも検討している。

山本さんは「胸からおなかにかけて、柔らかい圧力を感じることで自律神経が安定する。深呼吸をして、大きく口を開けてハアーッと息を吐き切ってほしい」。清水さんは「余震が多くて不安定な夜を過ごす子どもや大人たちが、少しでも安定して過ごせるようになれば」と話している。（森本修代）

ゆずり葉☎096（202）4079。山本さんのホームページはhttp://www.eqcollege.net/traumacare/

「くまもとハグプロジェクト」に取り組む清水菜保子さん（右）と園田敬子さん＝熊本市東区

清永家文書を"救出"

被災史料で有識者組織　熊本市

熊本地震による古文書などの散逸を防ぐための有識者組織「熊本被災史料レスキューネットワーク」が25日、熊本市中央区の旧雑貨店・清永本店から「清永家文書」を運び出した。

同ネットワークは西原村教委の協力で「矢野家文書」を既に預かっているが、本格的な"救出"は初めて。

同店は18世紀半ば、荒物商として創業。幕末には西唐人町の町役人を務めた。今の建物は最も古い部分で1880（明治13）年ごろの建築。熊本地震で屋根などが破損し、雨漏りの恐れがある。

事務局長の三澤純・熊本大文学部准教授らが、江戸末期から大正期にかけての古文書類や看板など、段ボール10箱分を熊本大に運んだ。細川藩御用絵師・杉谷雪樵の屏風絵「海辺群鶴図」なども近く運び出す。

8代当主の清永幸男さん（75）は「先は見通せないがひと安心」。三澤准教授は「散逸しやすい未指定の史料に手を差し伸べたい。まずは地元教委に相談を」と話していた。（山口純）

当主の清永幸男さん（右）と一緒に古文書を確認する「熊本被災史料レスキューネットワーク」事務局長の三澤純さん＝25日、熊本市中央区

両陛下　熊本訪問へ　来月にも

宮内庁は25日、相次ぐ地震による被災者を見舞うため、天皇、皇后両陛下が熊本県を訪問される方向で検討していると明らかにした。時期については、地震、関係者が対応に追われている状況を踏まえ、蒲島郁夫知事の判断を優先して検討するとしているが、早くても5月に入ってからになるとみられる。

側近によると、両陛下は最近も、新聞の記事やテレビのニュースを見るなど被災地の状況を常に気に掛けられ、「一日も早く被災地に赴きたい」という強い気持ちを感じるという。

両陛下はこれまで、蒲島知事に地震による犠牲者への哀悼の意と被災者へのお見舞いの気持ちを伝えたほか、県に見舞金も贈られている。

肥後狂句　安藤　黒竜　選

とおり道　わたしが持ってはってこか
合志　山本　光堂

昔はひゅうぎん（お駄賃）欲しさに気軽にお使いに行ったものだが、これは付け句の言い回しからして、それが狙いではなさそうである。

若くはない　跳んだつもりが水たまり
山鹿　酒井誠之助

とおり道　ついでにハガキ買うてきて
八島　吉岡　広子

若くはない　それなりに目立たした皺
菊池　野口都志郎

若くはない　顔の手入れに暇んいる
新大江　渡瀬　勝

とおり道　花は見ィ見ィ登下校
出水　山下マサ子

ためになる　海苔網わせとる
上代　宮本　幸男

とおり道　最近慣れて吠えられん
黒髪　佐々木　治

若くはない　走った後は貼り楽
八代　塚副　清治

ためになる　わたしの知らんことばかり
八島　吉岡　広子

被災者は思う　2016.4.26

いつ家に帰れるのか

上野津美子さん（76）＝南阿蘇村西下田

自宅は無事でしたが、水が出ないこともあり近くの避難所に身を寄せています。避難所は顔見知りばかりで、食べ物や日用品もまったく不足していません。また、県内外から来ていただいている支援ボランティアや、その手伝いをする地元の子どもたちに頭が下がる思いです。今は自宅近くの山が崩れてこないかが一番不安です。いつになったら家に帰れるのでしょうか。

友達とボランティア

櫪原龍世さん（15）＝高校1年、熊本市西区

母校の花陵中に自宅から通い、食事の配膳を手伝っています。自分も一時避難所に身を寄せましたが、生活が落ち着いた今、友達と一緒にボランティアを始めました。25日は、避難せず家にとどまっている人たちに、困ったことはないか聞きに回りました。声を掛け合うことで、被災した人たちを元気づけたいです。

第4389回数字選択式全国自治宝くじ（25日）

ナンバーズ3

◇抽せん数字	188
ストレート	（8万4500円）118口
ボックス	（2万8100円）353口
セット・ストレート	（5万6300円）218口
セット・ボックス	（1万4000円）463口
ミニ（下2ケタ）	（8400円）719口

ナンバーズ4

◇抽せん数字	3778
ストレート	（77万6300円）45口
ボックス	（6万4600円）159口
セット・ストレート	（42万400円）119口
セット・ボックス	（3万2300円）782口

第1065回ロト6宝くじ（25日）

本数字　11　13　27　37　41　42

ボーナス数字　40

1等	本数字6個一致	（6159万200円）2口
2等	本数字5個とボーナス数字一致	（1億1086万1400円）1口
3等	本数字5個一致	（60万4600円）220口
4等	本数字4個一致	（1万1400円）10286口
5等	本数字3個一致	（1000円）174906口
キャリーオーバー		（0円）

※当せん番号を事前に教えると持ち掛ける詐欺に注意してください。番号発表は本紙掲載の前日です

平成28年熊本地震救援金

熊日・RKK・善意銀行　敬称略

▼100万円　田上洋行、宮川俊和、久留米印刷・社員一同▼20万円　上村うなぎ屋▼10万550円　久玉地区振興会▼10万円　京橋エイジェンシー、肉の嵩谷、松下会計事務所▼7万1000円　京都漱石の會▼6万536円　明治製菓首都圏社友会▼5万円　古関健一▼4万7000円　多良木町区長自治会▼3万円　稲村啓、あましん志文会、川島アイコ、浦田ファーム、御所浦町職員OB会▼2万円　大内闘雄▼1万5000円　伊藤勝由紀、伊藤純子▼1万1300円　浜田長寿会▼1万円　和田浩二、長谷川ひろ子、サンシン、西田明、池田正義、小渕智也、安浪ナナ子、松永三、渡辺勝己、堤裕倫、松村誠、後藤敬広、田浦洵子、友川勝利、望月健、原田亨一郎、速見英二、山﨑忠則、古田邦昭▼5000円　松本隆・さなえ、ラブジアース21うしぶか、平川皓久、甲斐久美子、坂本光、福田純、木村武司、園田健二、河野輝史、高山孝之、南部起久雄、河田和裕、弥永計二、赤星賢次、内田幸博、平野公司、山部尚敬、上野正智、嫩逸二、野田穣、山田健司、徳渕泰子▼4541 6円　寺本みどり▼4541円　PR商事とその仲間▼3000円　河村裕子、吉瀬靖子、藤島真奈美、平山慎介、大津典子、田代秀人、野田尚、岡美、寺下舞、西宮しのぶ、宗孝、小山昌平、北里雄平、佐々木勝彦、糸永晃、白鳥貴、狩集武、紫垣真由美、山村泰生、井上裕介、宮前真理子、辛島美穂子、三宅恵、春日伸之、佐藤如月、大村秀樹、松岡普美、上村恵子、前田裕晴、清水靖子、荒木和真▼2505円　宮本真衣美、[illegible]▼2000円　藤井沙史、[illegible]、龍児、石川渚、[illegible]、田邊利雄▼1500円　[illegible]、渡辺郁夫▼1000円　宮本真由美、宮本和恵、坂本[illegible]、平山詩歩、平山育実、小山紗季、村田裕樹、岩尾浩子、坂元泉八、中山宏美、板井由加里、大石亜依、山本麻愛▼1000円未満　1件▼匿名　8件

◇合計　455万2741円

◇累計　1640万3221円

◇平成28年熊本地震救援金受け付け

【直接持参、現金書留の場合】窓口は〒860—8506、熊本市中央区世安町172、熊本日日新聞社事業局と熊日の支社・局。および〒860—8611、熊本市中央区山崎町30、RKK熊本放送事業局販促事業部。現金書留は「平成28年熊本地震救援金」係と明記を。

【銀行振り込みの場合】窓口で「救援金」と申し出れば手数料は無料です。口座名はいずれも「平成28年熊本地震救援金」。

▽肥後銀行　水道町支店　普通預金　2722191

▽熊本銀行　本店営業部　普通預金　3127424

▽熊本第一信用金庫　本店営業部　普通預金　1212793

※受け付けは5月31日まで（持参の場合は平日の午前9時から午後5時まで。土・日・祝日は受け付けない）。千円以上の救援金は熊日紙上に金額、氏名を掲載し、領収書に代えます（掲載まで時間がかかることがあります）。匿名希望は、その旨記入を。

（第3種郵便物認可）　熊本日日新聞　平成28年（2016年）4月26日　火曜日　社会　22

大学受験 どうなる？

県内高校 長期休校

熊本地震で高校の休校も続き、大学受験を控えた生徒らが焦りの色を濃くしている。

学校は避難所 再開難しく
被災生徒 通学できず

県教委によると25日時点で休校している県立高は全日制だけでも熊本や阿蘇、宇城、八代地域の24校に上る。同日からの施設点検で安全が確認でき次第、再開したい方針だが、13校は避難所にもなっている。11校が5月9日までの休校を決めているものの、その後について教育政策課は「まずは被災者の生活が優先。現時点で再開は見通せない」と話す。

進学校では授業が1カ月近くできない事態に苦慮する。熊本市中央区の済々黌高は「もともと課外授業も詰まっており、さらに授業枠を増やすのは困難。現時点で遅れを取り戻す策はない」。避難所でボランティアを続ける熊本高3年の木村駿介さん(18)は「自習を頑張るしかないが不安」と話す。

被災生徒への対応も課題だ。熊本マリスト学園高3年森永鉄進さん(17)は14日、東区の学校寮で被災。15日に古里の阿蘇市へ戻ったが、16日の本震で実家も住めなくなった。

同校も5月9日まで休校するが、10日以降は不透明。森永さんは「長引けば志望校のランクを下げることもあり得る。熊本の受験生全員が不利になる」と危惧する。

一方、大津町の大津高と翔陽高は25日に再開した。ただ国道57号とJR豊肥線が南阿蘇村立野周辺で寸断された影響などで、大津高では同村や阿蘇市、西原村などから通う113人が欠席。全生徒の12%に上った。

今後は阿蘇中央高や高森高などと連携し、マイクロバスでの通学支援や編入、転校も検討する。

大津高の平岡和徳教頭は「生徒の被災状況はさまざま。ニーズを聞いて丁寧に対応したい」と話している。（福井一基、横山千尋）

救援物資を直接配送 熊本市

熊本市は25日、救援物資の集約拠点のうまかな・よかなスタジアムから区役所を介さずに直接、避難所に届ける配送をスタートさせた。各避難所のニーズに、迅速に応えられるようになる。

避難所の担当職員や施設管理者が前日までに、食料や生活用品など1日の必要な物資の品目と量を伝票に記入。搬送を担う自衛隊が伝票を基に同スタジアムで午前中に物資を受け取り、直接、避難所に届ける。

これまでは同スタジアムから各区役所に、大まかな量の物資を配送。区役所が各避難所の避難者数に応じて配分していた。区役所も全避難所のニーズを把握できず、「必要な物が届いていない」との声が上がっていた。

市によると、被災直後は物資が不足。その後は同スタジアムに1日最大90台のトラックの物資が届くなど一気に集中したため、仕分けや搬送する人員が確保できなかったという。

現在は約60品目、約15万食がそろう。市地域政策課は「今後は本当に必要とされる物を各避難所に届けたい」としている。（高橋俊啓）

「水道復旧」「体力限界」…自宅へ
県内避難 5万人切る

帰れず不安募る人も

熊本地震による県内の避難者数が25日、4万8238人となり、5万人を切った。水道などライフラインの復旧や余震の減少が理由とみられる。一方で、自宅が損壊して住む場所を失い、避難所生活を続ける被災者は「戻る場所がない」と孤立感を強くしている。

県などによると、本震翌日の17日に県内で18万人を超えた避難者は、翌日には半減。以降は微減傾向をたどっていた。半数を占める熊本市も同様に減少を続け、25日には3万人を下回った。

同市西区の花陵中には一時は約千人がひしめいていたが、25日には約200人に。一帯では週末から順次断水が回復しており、近くの主婦永松景子さん(34)は「給水の心配がなくなったので」と帰宅していった。

南区の日吉中には約100人が避難しているが、ピーク時の約900人に比べると体育館はがらんとしている。16日から、家族5人で避難していた女性(36)は「子どもが体調を崩したので、板間に毛布で寝る避難生活はこれ以上は無理。家もまだ水が出ず、絶対に安全とも言い切れないが…」と疲れた表情で自宅へ向かった。

車中泊も減っている。連日、約400台の車があふれた南区のアクアドームも、ここ数日空きスペースが目立つようになった。1週間、乗用車に泊まっていたという同市南区の会社員男性(34)は「大きな余震がなくなり帰るという人が多い。私も体力的に、車中生活は限界だ」。

帰宅する人が目立つ中で、帰りたくても帰れない避難者は不安を募らせている。中央区本山町の的山伸二郎さん(62)は、妻(64)と暮らすマンションが傾き、引っ越し先を探しているが見つからないまま、近くの江南中に身を寄せる。体育館に広げたブルーシートの上で、「いつまでこんな生活を送らなくてはいけないんだろう」とつぶやいた。

自宅が半壊し、部屋に戻れない西区島崎の無職女性(79)は「出て行けと言われるまではいるつもりだが、どこに行けばいいのか分からない。早く仮設住宅に移れるといいのだが…」。避難者が減るごとに、被災の悲しさがより胸に迫ってくるという。（馬場正広、西國祥太）

避難者が減り、がらんとした日吉中体育館＝25日、熊本市南区

「本震後」避難者数の推移
県、熊本市調べ（13時半現在、17日のみ9時）
（万人）20 / 15 / 10 / 5 / 0
全県：183882 → 48238
熊本市：108266 → 28521
17　18　19　20　21　22　23　24　25(日)

阿蘇地域周辺の主な通行止め区間（25日現在）
大分県　南小国町　産山村　菊池阿蘇スカイライン　やまなみハイウエー　大観峰　菊池市　阿蘇市　ミルクロード　二重峠　赤水　阿蘇ファームランド　大津町　立野駅　阿蘇吉田線　菊陽町　熊本空港　俵山バイパス　大切畑ダム　崩落した阿蘇大橋　高森町　第2空港線　西原村　南阿蘇村　益城町　グリーンロード南阿蘇　滝尾小　七滝大橋　御船町　山都町　甲佐町　57　325　212　265　445　218
通行止め区間

道路寸断 影響長期に
阿蘇地域

熊本地震で県内の道路は大きなダメージを受けた。25日現在、阿蘇地域を中心に複数の道路が通行止めになっている。「崩落した阿蘇大橋の復旧は数年かかる」（県道路保全課）としており、道路寸断の影響は長期に及びそうだ。

同課によると、南阿蘇村立野の国道57号周辺で起きた土砂崩れで、阿蘇・南郷谷と結ぶ阿蘇大橋が崩落。南郷谷と西原村を結ぶ俵山バイパスは、俵山トンネルの内部を覆う厚さ30センチのコンクリートが数カ所で崩れ、通行できなくなっている。

通行止め区間の代替ルートの一つで、熊本市方面と阿蘇市を結ぶのは「大津町引水―県道339号（ミルクロード）―県道23号（二重峠）―阿蘇市赤水」の約13・5キロ。赤水の交差点では混雑も見られ、25日朝は通勤や支援の車両を警備員が誘導するなどして渋滞緩和に努めていた。

熊本市東区から阿蘇市一の宮町に通勤する阿蘇市商工会の後藤政一さん(46)は「渋滞もあり、国道57号を通るより20分ほど長く時間がかかる。斜面沿いを通る区間は、がけ崩れが怖い」と話した。

熊本市方面と南郷谷を行き来するには、広域農道のグリーンロード南阿蘇を経由するルートがある。（岡本幸浩、猿渡将樹）

阿蘇山の風向予想
26日　午前9時 4m　午後3時 3m
（日本気象協会tenki.jpより）

4月26日の飛来予測

地域	種類	6-12	12-18	18-24	27日
九州北部	大気汚染粒子	やや多い	やや多い	やや多い	やや多い
九州北部	黄砂	少ない	少ない	少ない	少ない
九州南部	大気汚染粒子	少ない	少ない	少ない	少ない
九州南部	黄砂	少ない	少ない	少ない	少ない

非常に多い：注意喚起レベル　多い：環境基準値程度　やや多い：大気が少しかすむ　少ない：清浄
予測システム「スプリンターズ」開発チーム提供

カンちゃん　フジヤマジョージ
イヌ!!
アヒル!?
?
あれ　これが分からないの?

脳梗塞で寝たきりの竹原さん（南阿蘇村）
避難所生活 地域が支える

熊本地震で被災した南阿蘇村。脳梗塞で寝たきりの竹原博隆さん(59)と妻なおみさん(57)は震災後、自宅近くの白水保健センターへ避難し、周囲の人々に支えられて困難な状況を乗り切った。

16日未明、本震で村内全域が停電。博隆さんが使う痰吸引器など医療機器は、充電が切れると命も危ぶまれる。山都町の病院に入院する選択肢もあったが、「病院は負傷者が殺到するだろうし、家から離れるのは不安だった」となおみさん。

「大丈夫。避難所に行って」。安否確認に訪れた地元吉田1区の塚本秀昭区長(69)が、なおみさんの背中を押した。

夜が明けると村職員や消防団が博隆さんの電動ベッドを軽トラックで避難所の個室へ運び、医療機器用の発電機を用意。昼すぎには竹原さん夫婦が避難所へ入れた。

実は昨夏、地区の訓練で博隆さんの避難手順を確認した経験があった。塚本さんは「要介護者も安心して避難できなければ、本当の災害対策じゃない。今回の避難も迷いはなかった」と力強い。

避難所でも数日、停電が続いたが、夜中でも職員らが発電機にガソリンを補充。余震のたびに夫婦の安否を気遣い、食事も運んだ。

「細やかな心配りが心強かった」となおみさん。ほかの人たちは床に寝たが、個室を使う夫婦を非難もせず、「頑張って」と声を掛けた。なおみさんは「自宅と変わらない介護ができた」。避難所の運営を手伝う子どもたちの明るい声にも励まされた。

会社員だった博隆さんは2002年に脳梗塞で倒れ、最も重い要介護5。07年から在宅介護を受け、指先の動きと瞬きがコミュニケーション手段だ。なおみさんは「避難所生活にも慣れ、落ち着いたみたい」。

近く一時帰宅するつもりだ。「困ったら地区の人に声を掛けてほしい」と塚本さん。なおみさんは「災害は怖いけれど、地域の人たちのおかげで避難できた」と笑んだ。（堀江利雅）

避難所で介護を受ける竹原博隆さんに声を掛ける妻のなおみさんと吉田1区の塚本秀昭区長＝23日、南阿蘇村

ガス復旧 全国から応援
4600人態勢 来月8日完了目指す

西部ガスは25日、熊本地震で都市ガスの供給が停止した熊本都市圏の10万884戸のうち、41・3％に当たる4万1620戸の復旧を午後3時までに終えた。全国のガス会社からの応援を含め4600人態勢で作業に当たり、月内に6割、5月8日までに全戸の復旧を目指す。

復旧作業は、地中のガス管の安全を確認した後、火災などの二次災害を防ぐため、1戸ずつ訪問して開栓する。人海戦術が必要で、東京ガス（東京）や大阪ガス（大阪市）、東邦ガス（名古屋市）など17社が約2600人を派遣している。

熊本市東区江津では25日、大阪ガスの作業員らが復旧作業を担当した。ホース状のカメラで地中のガス管の状況を確認した後、管内に入った水を吸い出し、破損を修理する作業に追われた。

西部ガスは「復旧まで時間がかかっているが、慎重にやらざるを得ない。他社からの応援を仰ぎながら、一刻も早く復旧させる」と説明した。

各家庭のガスを復旧させるには、開栓への立ち会いが必要。地域ごとの訪問予定や、復旧の進展具合は西部ガスのウェブサイトとフェイスブックで確認できる。（松浦裕子）

地中のガス管内にホース状のカメラを入れ、水が入っていないかを確認する大阪ガスの作業員たち＝25日、熊本市

九州道 月内にも開通
西日本高速道路 復旧現場を公開

西日本高速道路は25日、熊本地震で被災した九州自動車道の復旧現場を報道陣に公開した。同社は今月中に応急工事を終え、車の通行が可能になる。

公開した被災場所のうち、熊本市東区の熊本インター（IC）入り口ゲートは、16日の本震で壊れた屋根の一部と柱8本のうち4本を撤去。九州道の車線上を交わる市道の神園橋跨道橋は橋桁が柱とずれており、全て撤去する。

同社によると、応急工事終了後、速度や車線規制した上で開通するが、「大型連休中は渋滞する可能性が高いので、東九州道などへの分散を呼び掛ける」としている。（中村悠）

熊本地震で破損した九州自動車道の熊本ICゲート。屋根部分の撤去作業が進んでいる＝25日午後、熊本市東区

9日間の天気　Weather Report
26(火)　27(水)　28(木)　29(金)　30(土)　1(日)　2(月)　3(火)　4(水)
札幌　東京　名古屋　大阪　広島　福岡　熊本　長崎　佐賀　大分　宮崎　鹿児島　那覇

きのうの気温　25日
（天気・湿度は15時、県内の気温は0時―17時、△印は低め）

	最高	平年比	最低	平年比	湿度	天気
熊本	19.8	△3.2	15.3	3.4	76%	雨
牛深	19.2	△2.4	16.5	2.7	97%	―
人吉	18.9	△3.7	14.7	4.5	99%	―
阿蘇	15.6	△3.8	11.6	4.5	―	―

（阿蘇山上の最高気温は13.5度、最低気温は10.6度）

	最高	最低	天気
福岡	23.6	12.7	曇
佐賀	23.0	13.6	曇
長崎	18.6	13.7	雨
大分	16.6	14.8	雨
宮崎	17.7	15.0	雨
鹿児島	19.2	15.3	雨
那覇	26.8	21.7	曇
松江	20.6	9.6	曇
広島	23.4	13.6	曇
高松	20.3	11.5	曇
大阪	25.3	13.6	曇
京都	24.5	12.1	曇
名古屋	24.0	14.7	曇
長野	23.0	9.0	曇
東京	23.1	13.5	曇
新潟	17.9	6.4	曇
仙台	18.7	8.2	晴
秋田	17.7	5.0	快晴
札幌	16.4	5.8	快晴

潮ごよみ
旧暦3月20日（26日）中潮・月齢18.7

	満潮		干潮	
三角	10.41	23.24	4.57	17.03
水俣	10.32	23.22	4.54	17.05
牛深	9.40	22.40	4.05	16.12
玉名	10.51	23.34	5.07	17.13

旧暦3月21日（27日）

	満潮		干潮	
三角	11.08	23.57	5.26	17.33
水俣	10.59	23.58	5.24	17.36
牛深	10.12	23.22	4.39	16.48
玉名	11.18	―	5.36	17.43

新聞定価1カ月 朝刊のみ=3,093円(税込み)、朝夕刊セット=3,460円(税込み) 朝刊1部売り=120円(税込み)

熊本地震

小中学校 再開いつ…

避難所との両立模索

いまだに多くの住民が避難し、休校が続いている益城中央小＝25日午後4時15分ごろ、益城町（高見伸）

熊本地震で休校を余儀なくされた公立小中学校は25日現在、252校に及ぶ。同日は熊本市で小学校1校が再開したが、多くは再開を見通せないまま。避難所としての役割と折り合いを図りながら、打開しようとしている。【1面参照】

益城町は町内全ての小学校5校、中学校2校で休校が続く。

町保健福祉センターに日中避難している広安小1年の玉城杏さんは、11日に入学したばかり。「ちょっとしか学校に行ってない。みんなと国語の勉強をしたい」と退屈そう。学校は全児童712人に連絡を取り、体調などを気遣っている。田中元校長は「子どもたちは、友達や先生の顔を見るだけで安心できるはず。早く登校できるようになってほしい」と進展を期待した。

町教委によると、避難所になっていない小学校1校、中学校2校は27日の校長会で再開を検討。一方、広安小など小学校4校では25日現在、約1200人が避難を続ける。校舎の安全性は町内全校で確認済み。このため被災した町総合体育館メインアリーナを補修するなどして5施設に避難者を移す計画だが、学校再開の時期は見通せていないという。

西原村は休校中の小学校2校、中学校1校を5月9日には再開したい考え。避難者の一部が帰宅すると見込み、授業ができる教室を確保するとしている。ただ、避難者の動向は不透明で、再開がずれ込む可能性もある。

5月9日までの休校を決めた熊本市も、施設の安全確保や避難者のめどが付き次第、学校を再開する方針。残る避難者は空き教室などを活用し、避難所と学校の両立を目指す。

熊本市西区の三和中は武道場と体育館にピーク時で約400人が避難。25日は200人弱で、さらに減少すれば武道場のみを避難所として維持し、学校再開につなげる。

4月後半は家庭訪問のため授業時間数がもともと少なく、「この間の休校は、それほど影響はない」と永松一政校長。保護者らから「こんな状況だからこそ体育大会を」との声が上がっており、5月22日予定の体育大会を1週間遅れで実施できないか検討している。（熊本地震取材班）

11日ぶり 児童の声

熊本市田底小 余震警戒 訓練も

熊本地震後、熊本市でひと足早く学校を再開した北区植木町の田底小。25日、11日ぶりに子どもたちの元気な声が校舎に響き渡った。

体育館や運動場は住民らの避難所になっていたが、22日までに全員が帰宅。校舎にも被害がなく、再開が決まった。

校門で待ち受けた教諭らに、子どもたちは「おはようございます」と元気にあいさつ。3年の本富綾さんは「登校班のみんなで『家は大丈夫だった?』と話した。学校で勉強できるのがうれしい」と笑顔を見せた。

津田英樹校長(53)は「地震の怖さを抱えている児童につらい気持ちを吐き出させ、学校の再開で安心させたい」と話した。余震を想定した避難訓練もあり、子どもたちは教室から校庭へ素早く逃げ出した。同日から27日までスクールカウンセラーが入り、子どもの心のケアに当たる。同市内では、市立の多くの小中学校で5月9日までの休校が決まっている。（宮崎あずさ）

熊本地震発生から11日ぶりに再開した田底小では、早速、避難訓練を実施。児童たちはノートで頭を隠すなどして外に逃げた＝25日午前9時40分ごろ、熊本市北区植木町（岩崎健示）

10日目 雨中の発見

久留米市 早川さん 残る不明者1人

南阿蘇村

早川海南男さん

「発見」を伝えるパワーショベルの警笛がけたたましく鳴ると、捜索隊員が一斉に駆け寄った。25日、南阿蘇村河陽の土砂崩れ現場で最後の1人とされた行方不明者が見つかったのは、本震から10日目の夕方だった。

24時間態勢の捜索は繰り返し余震に見舞われ、この日は小雨が降り続いた。ビニールシートに覆われたのは、福岡県久留米市の早川海南男さん(71)。河陽の家屋は別荘として利用していたという。

ぬかるみに足を取られないように、ゆっくりと早川さんを運ぶ隊員。17日から捜索に関わってきた陸上自衛隊の中隊長(39)は「雨で思うように作業が進まなかったが、ようやく発見できた」。間もなく死亡が確認され、村久木野庁舎の災害対策本部に重い空気が漂った。

南阿蘇村では15人が死亡。残る行方不明者は、阿蘇市の大学4年生大和晃さん(22)。本部を毎日訪れ、捜索状況を見守る父親の卓也さん(58)は「息子は見つかるだろうか。終わりが見えない状況で、情報もなく不安」ともどかしさを口にした。（熊本地震取材班）

「阿蘇が大好き」 気さくな働き者

南阿蘇村の土砂崩れ現場の捜索で25日、遺体で見つかった早川海南男さん(71)。普段は福岡県久留米市の自宅マンションで管理人をしており、住人から「気さくで働き者」と慕われていた。

住人らによると、早川さんはブラシを片手にマンション中を丁寧に掃除するなど仕事熱心。「阿蘇が大好き」と話し、月に何回かは車で南阿蘇村の別荘に出掛け、昨年死んだ愛犬も別荘の敷地に埋葬したという。

「16日の地震の時に見かけなかったので、おかしいと思っていた。てきぱきした人だから、すぐに別荘の片付けに行ったのだろう」。近所の飲食店経営の男性(67)は、14日の地震の後、早川さんがマンションを見回りしている姿を見た。「よく阿蘇の野菜をお土産にくれた。『やったるたい』と言って、私の店の掃除も手伝ってくれた。本当に面倒見のいい人だった」と振り返った。

3年ほど前からは、久留米市で幼稚園の送迎バスの運転手もしていた。幼稚園の関係者によると、子ども好きで知られ、バスに乗り込む園児に「おはよう」と大きな声であいさつする姿が印象的だったという。

旅好き がまだし者

益城町のスイカ農家 園田久江さん

園田久江さん

「仕事熱心で、がまだし者。今年もスイカの苗を植えて、頑張っとらしたとに…」。16日未明の本震で亡くなった園田久江さん(76)＝益城町上陳＝と30年以上の親交があった坂本由美さん(57)＝同町田原＝は、久江さんのいない畑を見つめた。

坂本さんによると、久江さんは、農作業の日から休みまで、常に夫の豊次さんと一緒だったという。旅行好きで、東南アジアなど海外にも出掛けていた。

「仕事やら、家庭やら、子育てやら…。農家の嫁同士で愚痴を言い合って、本当にいろんな話をしました」。坂本さんは思い出を寂しげに語った。

14日の前震で一時、自宅を離れたが、翌日戻った。16日未明の本震時、一緒に暮らす長男は留守で、夫の豊次さんと1階の別々の部屋にいた。豊次さんは自力でがれきからはい出たが、久江さんは犠牲となった。

地震から1週間後、町内の畑を訪ねると、豊次さんが1人で黙々と農作業に当たっていた。（西島宏美）

にこにこ優しい人

八代市・火災で犠牲 小田住江さん

小田住江さん

「いつも元気で、にこにこ笑っている人でした」。16日未明の本震後に発生したアパート火災で亡くなった小田住江さん(78)＝八代市松崎町＝の仕事仲間は口をそろえた。

小田さんは1人暮らしで、数カ月前に引っ越してきたばかり。耳が少し遠かったが、近くのトマト農園でパートとして働いていた。

農園で一緒に働くタイ人の女性研修生(23)は「リウマチで手が痛かったとき、手をさすって『大丈夫?』と心配してくれた。本当に優しい人だった」と涙ぐんだ。

小田さんは研修生をかわいがり、八代宮に花見に行ったり、正月にはおせちを振る舞ったりしてくれたという。別の女性研修生(28)は「いつも笑っていた。亡くなったなんて信じられない。また、おばちゃんに会いたい」と肩を落とした。（三室久徳）

最高のお母さん

熊本市東区 松本由美子さん

松本由美子さん

14日夜に襲った前震で、熊本市東区秋津のアパート自宅で亡くなった松本由美子さん(68)。大分県内に住む一人娘(35)は「毎日電話して、友達のように何でも話していたのに…」と声を詰まらせた。

松本さんは夫と2人暮らしだった。自宅で風呂を沸かしている際に被災したとみられ、頭部を強く打っていた。発見されたのは玄関で、娘は「元々つえがなければ歩けなかった。助けを求めて玄関まで何とかたどりついたのではないか」と推測する。

孫の成長を楽しみにしていたという松本さん。地震が発生した14日夜も、いつものように「また明日ね」と、娘と電話で話したばかりだった。

「5月の大型連休も一緒に過ごそうね、と約束していたのに…。今でも信じられません。優しくて、明るくて、最高のお母さんでした」。娘はかみしめるように語り、亡き母をしのんだ。（嶋田昇平）

西本 弘さん（にしもと・ひろむ）＝元新和町立大多尾中校長　25日午前、誤嚥（ごえん）性肺炎のため死去、88歳。通夜は26日午後7時、葬儀は27日午後1時から、上天草市大矢野町登立66の1、西山会館で。喪主は長男高之（たかゆき）さん。自宅は同市大矢野町登立8572の3。

入田 霞さん（いりた・かすみ）＝元熊本日日新聞社販売管理部付部長　24日午前、心不全のため死去、78歳。葬儀は5月14日午後1時から、熊本市中央区黒髪2の37の32、しらかわ自然庵で。喪主は妻敏子（としこ）さん。自宅は同区中央街3の1の305。

「熊日釣りタイム」からのお知らせ

4月28日付の452号は印刷工場が被災し、発行できなくなりました。このため次号、5月12日号との合併号とさせていただきます。ご了承ください。

熊日釣りタイム編集室

くまモン

絵：サダタロー／監修：小山薫堂

ボウリング

苓洋高実習船 「熊本丸」運ぶ全国の善意 三角港陸揚げ

三角港に着岸した熊本丸から救援物資を運び出す苓洋高の生徒たち＝25日、宇城市

15日から航海実習で全国を回っていた苓洋・天草拓心高マリン校舎（苓北町）の実習船「熊本丸」が25日、宇城市の三角港に着岸した。積み荷には、寄港した先々の人々から熊本地震被災者のために託された食料や毛布など約20㌧分の“善意”が、びっしり。生徒たちは長旅の疲れも見せず陸揚げに汗を流した。

実習船は苓洋高海洋開発科の3年生9人と教職員19人を乗せ、15日に苓北町の富岡港を出港。生徒たちは操船方法を学び、港湾施設を見学するなどした。

同校によると、17～19日に名古屋港へ寄港した際、それを聞き付けた地元住民らが水や食料を持ち寄った。「ぜひ、熊本に届けてほしい」と運搬を依頼されたという。20～22日には東京港で、宮古水産高（岩手県）の実習船で運ばれてきた食料や発電機のほか、首都圏の高校などで集められた飲料水などを託され、船に積み込んだ。

この日着岸した三角港では、近くの専門学校生や同職員ら約50人の協力で水や食料、毛布などの入った段ボール箱を陸揚げした。3年の岩本真紗哉さんは「寄港先の人たちの思わぬ善意を受け取り、とても感動している。一日も早く、被災した人たちに届いてほしい」と話した。（田中祥三）

1　☆　（昭和17年4月1日第3種郵便物認可）　第26630号（日刊）

熊本日日新聞　夕刊
発行所　熊本日日新聞社　〒860-8506　熊本市中央区世安町172　☎代表（096）361-3111　©熊本日日新聞社2016年
2016年（平成28年）4月26日　火曜日

あすの天気

熊本 60　19～22℃
人吉 70　18～21℃
阿蘇 70　15～17℃
天草 60　18～21℃

福岡　佐賀　長崎　大分　宮崎　鹿児島　那覇　大阪　東京　札幌

26日9時

土砂災害に警戒を

県内では21日に大雨が降り、また23日から25日にかけては雨量は少ないながら連日の雨となった。この雨と度重なる地震の影響で、地盤が非常に緩んでいると見られる。

さらにあすからあさってにかけて低気圧が九州付近を通過。低気圧に向かって湿った空気が流れ込み、再び大雨となる恐れがある。土砂災害の危険がさらに増すことが予想される。雨の情報に十分注意を。

あすは東の風で、雨の一日。

【正午の気温】（　）内はけさの最低
熊本25.3(16.1)
人吉21.7(16.1)
阿蘇21.5(14.4)
牛深22.4(16.8)

【27日】〈中潮〉
旧暦　3月21日
日出　5時34分
日入　18時56分

（三角港）
満潮　11時08分　23時57分
干潮　5時26分　17時33分

のち／一時、時々／%　6時～12時降水確率

一筆　朱子学の風水

SBI大学院大学非常勤講師　福田　晃市

2016.4.26

風水思想の原典は「葬経（そうきょう）」ですが、その注釈者として有名な人物に蔡元定（さいげんてい）がいます。

今から千年くらい前、宋代の中国に生きた人物です。風水の世界では有名な「気は風に乗り、水に界す」という言葉は、蔡元定の注釈によるものです。

蔡元定は朱熹（しゅき）の弟子であり、朱熹にとって風水の先生でもありました。朱熹の思想は朱子学と呼ばれています。

朱子学の風水については、拙著『基礎からよく分かる近思録』に解説していますが、その要点を紹介します。

風水には五つの要素があります。「龍」「穴」「砂」「水」「向」です。

「龍」は、山脈に沿って流れるエネルギーです。そのエネルギーの吹き出し口が「穴」。穴を両腕で抱くように左右に延びている山地が「砂」になります。その目の前を流れる川が「水」です。

「向」とは方向のこと。山や川の方向によって、エネルギーの強弱や良しあしが決まってくるとされています。

基本的には、背後に大きな山。その山の左右から延びる山並みが目の前にある平地を囲み、平地の正面に川が流れているという地形が、風水宝地の基本形になります。

その平地のどこかにエネルギーの吹き出し口があるわけです。そこが穴であり、パワースポットとなります。

県内には、幣立神宮（山都町）などの人気パワースポットがあります。そうした所の地形を風水で読み解いていくと、「なぜパワースポットなのか」が分かるかもしれません。

2020年東京五輪・パラリンピック大会組織委のオフィス受付に掲げられる新しいエンブレム
＝26日午前、東京・虎ノ門（代表撮影）

新エンブレムに付け替え

2020年東京五輪・パラリンピック組織委員会は26日、東京都内の事務所受付の壁面に、野老朝雄氏がデザインした新たな大会公式エンブレム「組市松紋」のパネルを取り付けた。これまで桜をモチーフとした招致ロゴが飾られていたが、藍色の「市松模様」で日本らしさを表現した大会の象徴がオフィスにお目見えした。

午前11時すぎ、業者が約1㍍四方の新たなパネルを搬入し、組織委の職員と共に付け替え作業を行った。新エンブレムは今後、公式グッズやポスターなどにも使用される。組織委を訪れた野老さんは、早速掲げられた自身の作品に「うれしい」と感慨深げだった。

黙鼓子

震度7の連続、住宅に打撃。建築基準、想定せず。波状発生にも備え、耐震化進めねば。

◇

仮設住宅建設の準備本格化。長期間の暮らしの場に。遮音、断熱性など住み心地配慮を。

◇

ハンセン病特別法廷、最高裁違憲性認めず。元患者ら失望。「憲法の番人」も自らに甘い？

◇

市松模様、いいかも。異例の選び直しで東京五輪エンブレム決定。さあ、魂を入れよう！

震災関連死14人に

県災害対策本部は26日、震災関連死の死者数が1人増え、14人になったと発表した。

同本部や熊本市によると、96歳の女性は同市東区の福祉施設に入所していて被災。同施設の1階に避難中、24日午前2時ごろ心肺停止となり、救急搬送されたが、死亡が確認された。

地震900回超に

熊本、大分両県で相次いでいる地震で、14日夜から26日午前8時までに観測された震度1以上の地震は909回に上った。うち震度5以上は17回、4は77回。気象庁によると、九州北部では26日、気温が上がる見込みで、体調管理に注意を求めている。一部では夕方から27日夜にかけて雨が降り、次第に強まる予報で、土砂災害にも警戒が必要だ。

嘉島－八代 きょう復旧

石井啓一国土交通相は26日の記者会見で、九州自動車道の通行止め区間のうち、熊本県内の嘉島ジャンクション（ＪＣＴ）－八代インターチェンジ（ＩＣ）が、同日中に一般車も含め走行可能になると明らかにした。九州横断道の嘉島ＪＣＴ－小池高山ＩＣも同様に開通する。九州道植木ＩＣ－嘉島ＩＣＴは、月内の開通に向け復旧工事が続いている。同区間が通行可能となれば九州道は全線復旧する。

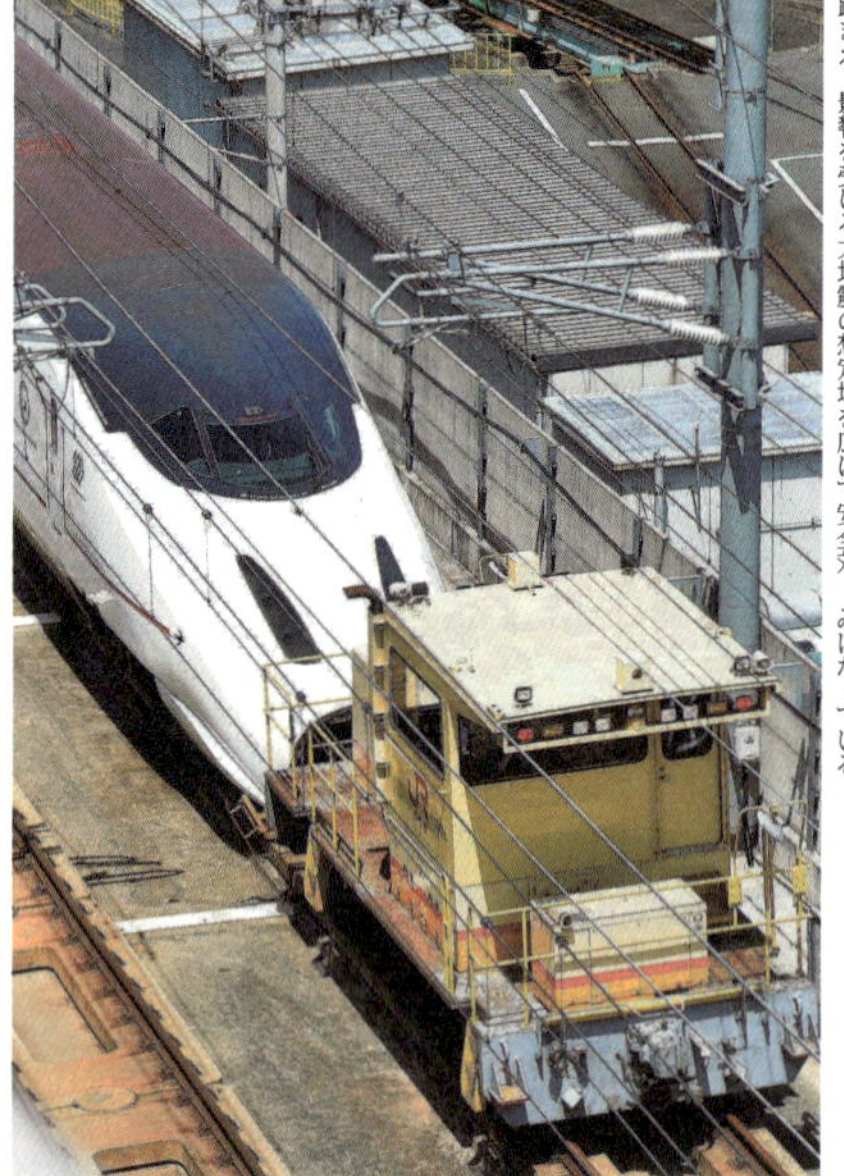

脱線現場からけん引される九州新幹線の先頭車両
＝22日午後1時10分ごろ、熊本市西区（谷川剛）

ニュース速報

九州新幹線

脱線防止装置 拡大へ

詳しくはあすの朝刊で

ＪＲ九州は26日、九州新幹線で脱線を防ぐための装置を線路に取り付ける範囲を、現行計画の約55㌔から拡大する方向で検討に入った。考慮していなかった断層帯の活動で熊本地震が発生し、装置のない場所で回送列車が脱線したのを踏まえ、影響を受ける大地震の想定域を広げて安全対策を強化する。同社幹部が明らかにした。装置は、レールの内側に平行して敷設する鉄製の「脱線防止ガード」。地震の揺れで片側の車輪が浮き上がると、もう一方の車輪のフランジ（つば）がガードに引っ掛かり、傾きが戻る仕組みになっている。

2度の震度7 住宅に打撃

熊本地震

耐震基準の「想定外」

熊本地震では震度7の地震が立て続けに起き、多くの建物が壊れた。専門家は住宅の耐震化を進める必要性を改めて強調。揺れに対する強さの最低条件となる国の耐震基準も、一度だけでなく何度も地震が襲う場合を考慮する必要があると指摘する。

熊本地震で多くの建物が倒壊した西原村の大切畑地区（小型無人機で撮影）＝20日午前（大倉尚隆、横井誠）

「とにかく家を強くすることが必要だ」。永野正行・東京理科大教授（地震工学）は強調する。「一般的には、重い瓦屋根の家は地震が発生した時に力がかかって不利になる。また築年数が長い家は被害を受けやすい傾向がある」。特に1981年の建築基準法改正前の住宅は、耐震性の検討が十分でないものも多いとみる。

対策遅れ気味

熊本県内で、法改正後に建てたり、改正前の住宅でも改修などで基準を満たしたりした住宅の割合は2013年の推計で76%。全国の82%に比べ、対策が遅れ気味だった。内陸の活断層地震でしばしば起き、建物にダメージを与えやすい「キラーパルス」と呼ばれる周期の長い地震波が出たことも、一部地域で大きな被害を招いた要因とみられている。

永野教授は「自宅の耐震性を上げたり、賃貸でもより新しい建物を選んだりすれば、停電はあっても屋根の下で寝られる可能性は高まる。車内で寝てエコノミークラス症候群に悩まされることも減る」と話す。

「波状的」地震

「日本の耐震基準は1回の地震のことしか考えていない。波状的に襲ってくる地震のことも考えなければ」。2回の震度7が立て続けに起きた今回の地震は、耐震設計にとっても想定外だったと指摘するのは、和田章・東京工業大名誉教授（建築構造学）だ。

小さな余震を繰り返しながら収束するパターンなら、ひび割れの補修や筋交いによる補強で次回に備えることも可能だ。しかし今回は夜に起きた震度7の前震から約1日で本震が来ており、時間的余裕がなかった。

一度被災した建物がどの程度の耐震性能を残しているか、評価する方法はまだ確立していないといい、和田氏は「今後の研究課題だ」とする。

建築基準法には、大地震の起こる頻度が比較的低いとされた地域で、建物が耐えるべき揺れの強さを割り引く考え方が盛り込まれている。これについても和田氏は「16日の本震の破壊力は1995年の阪神大震災と同等だ。頻度が低いからといって弱い建物を建てていいのか」と疑問視する。

警戒、長引かせず

16～17日に現地調査した京都大の林康裕教授（耐震工学）は「耐震性の向上は必要だが、その一点で終わらせていいのか」と問題提起する。

被災地では、宇土市役所や益城町役場など、住民支援の拠点となる公共施設が損傷。調査の際、林教授が地震計のことを聞くため益城町役場に入ろうとすると、損傷を理由に拒まれた。一方、崩落しそうな上階の連絡通路を人が歩いており「建物の被災度も把握していないのではないか。自治体が迷走していた」と感じた。

一方、熊本市内では被害があまり及んでいない地域まで市民生活が停止しているように見えた。林教授は「警戒モードをあまり長引かせず、新しい建物をできるだけ使って早く日常に戻れるような対策を行政が打つべきだ」と話す。

豪潜水艦、日本外れる

【シドニー共同＝小宮伸太郎】オーストラリアのターンブル首相は26日、記者会見し、次期潜水艦共同開発の相手として、潜水艦の輸出経験が豊富で原子力潜水艦を転用する案を示したフランスの企業に決めたと発表した。日本は世界最高レベルとされる海上自衛隊の潜水艦をベースにした共同開発を提案したが選ばれなかった。日本の輸出経験のなさなどが影響した可能性がある。日本政府は2014年4月に「防衛装備移転三原則」を新たに制定し武器輸出禁止政策を転換、戦後初めて本格的な軍事技術移転に乗り出したが、初の大型案件は安倍政権の思惑通りに進まなかった。

適性評価、38人が拒否

政府は26日の閣議で、2015年の特定秘密保護法の運用に関する報告書を決定した。秘密を扱う公務員らの身辺を調べる「適性評価」の対象となったのは9万6714人で、拒否した職員らが38人だったと明記した。拒否理由は記述がなく不明。家族の個人情報まで収集する評価手法に関し、プライバシー侵害を懸念した結果とみられる。同日中に国会提出する。前回報告書は14年12月10日の施行日から同月末の22日間だけを対象にしており、1年間通しての運用状況や、適性評価を拒んだ職員らの数が明らかになったのは初めて。菅義偉官房長官は記者会見で、同法に関し「実効的で適切な運用を積み重ねていく」と述べた。

チェルノブイリ30年

【キエフ共同＝仲井大祐】大気中に漏れ出した放射性物質による史上最悪の被害をもたらした旧ソ連（現ウクライナ）のチェルノブイリ原発事故から26日で30年を迎え、首都キエフの教会で事故発生時刻の午前1時23分（日本時間同7時23分）の直前から犠牲者の追悼式が営まれた。鐘が30回打ち鳴らされる中、参列者らは事故で失った家族や友人らをしのび、二度と原発事故が起きないよう祈りをささげた。約300人の参列者の多くは事故当時に原発関連職員で、その後も処理作業に携わった人たち。老いの目立つ姿が30年の時の流れを感じさせた。

ニュース速報

25日、ウクライナ北部スラブチチで、チェルノブイリ原発事故後に死亡した消防関係者らの記念碑の前でろうそくに火をともす人
（ロイター＝共同）

◇お断り　「スポーツ芸能」は休みました。テレビ欄は7面です。

（第3種郵便物認可）　熊本日日新聞　（夕刊）平成28年（2016年）4月26日　火曜日　8

多くの力 復興後押し

熊本地震発生以降、多くのボランティアが被災した県民を支えている。避難所に身を寄せた小中高生から、全国の人たち、専門集団まで、さまざまな力が立ち上がり、復興を後押ししてくれている。（写真部）

長蛇の列

熊本市社会福祉協議会が設置した災害ボランティアセンターは26日で開設5日目。午前9時の受け付け開始前には全国から集まった人たちの長蛇の列ができていた＝同市中央区の辛島公園（谷川剛）

散髪

避難所で美容師のボランティアに散髪してもらった人たちは、「気分転換できてうれしい」＝23日午前、益城町総合体育館（横井誠）

歯磨き

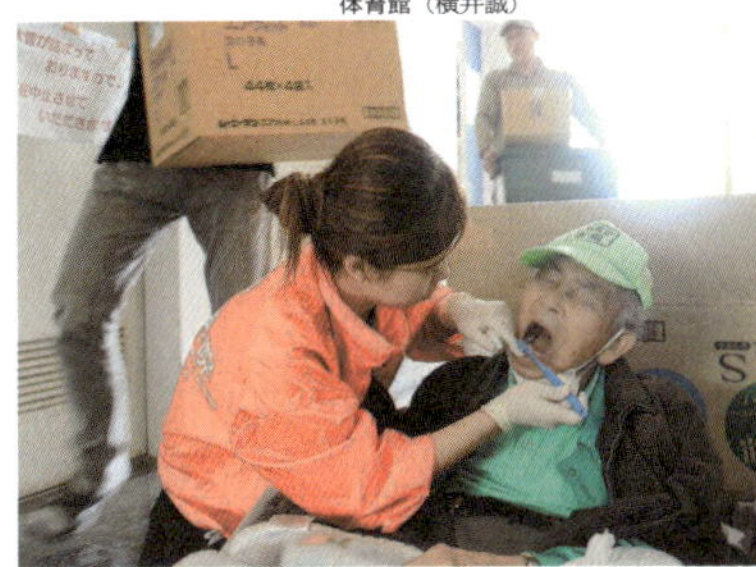

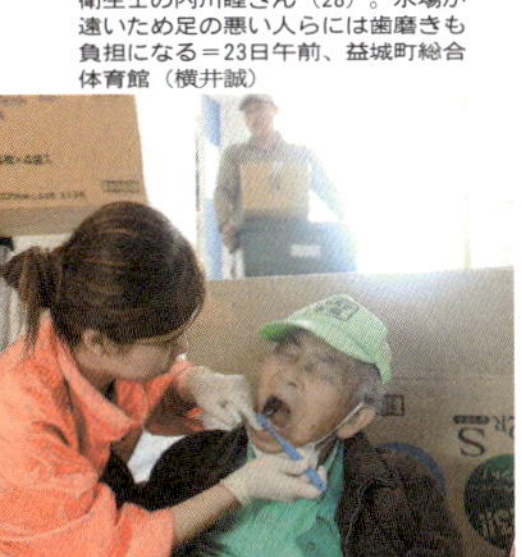

避難所で高齢者の歯磨きをする歯科衛生士の内川睦さん（28）。水場が遠いため足の悪い人らには歯磨きも負担になる＝23日午前、益城町総合体育館（横井誠）

傘のトンネル

朝食を受け取った人がぬれないように傘を差し向けるボランティア＝21日午前、熊本市中央区の江南中（横井誠）

読み聞かせ

読み聞かせボランティアの話に喜ぶ子どもたち。屈託ない笑顔が避難所の空気を和ませる＝21日午前、熊本市中央区の江南中（横井誠）

大工

地震で落下した酒蔵の屋根を掃除するボランティアの大工＝24日午後、熊本市南区の瑞鷹（高見伸）

識者評論

熊本地震

新潟大災害・復興科学研究所教授　田村 圭子

住まいの確保 早急に

16日から調査のため熊本県に入っている。益城町の被害は、新潟県中越地震と同じで、木造家屋を中心に局地的に出ていた。熊本市内は阪神大震災の被災地と似ている。鉄筋コンクリート造りなど非木造の建物でもかなりの棟数が損傷している。ただ、建物や人口の密集が違うため、被災の程度は阪神ほどではなかった。火災がほとんど起こらなかったのも幸いした。

南阿蘇村など阿蘇山の方は、岩手・宮城内陸地震のような土砂崩れも起きている。三つの地震の被害を同時に経験したことにもなるだけに、これからの生活再建、復興はかなりの困難を伴うだろう。

避難所が混み合い、自動車で過ごす人が多いのは、避難所が足りないというより、強い余震が続いていることが影響しているのではないか。

例えば、阪神は小さい余震だったので避難所に来たのは被災者の2～3割で、残りは自宅にとどまった。一方、中越は大きな余震が多く、怖くて家に帰れず住民の8割もの人が避難した。避難所が足りず入れたのは避難者のうち2～3割程度、残りはテント暮らし、自動車での避難生活となり、エコノミークラス症候群の発症が目立つことになった。今回は大きな地震が続いており、中越と同じ状況にあると言える。

多くの人は自宅の近くに避難したいと考えるので、避難所の数が十分だとしても人があふれている所、スペースに余裕が出てきた所と違いも出てきた。

電気、水道、ガスの順で通常は復旧する。ガスが直り家で煮炊きができるようになれば、避難所も解消に向け動きだす。避難所を閉鎖するまで阪神は6カ月かかった。東日本大震災は岩手県で7カ月、宮城県は9カ月を要し、中越も1カ月半かかっている。地域差があり難しい面もあるだろうが、住宅の確保を急ぎ、避難所の閉鎖まで1カ月という早期を目指してほしい。

被災者は今後、仮住まい生活に移っていく。仮設住宅は用地さえ確保できれば1カ月で建てられるが、公営住宅、民間の賃貸住宅に協力してもらう方が生活の質を考えればベターだ。

被災者が生活再建を始める第一歩は、罹災（りさい）証明書の受け取りだ。自宅の被害を全壊か大規模半壊などの認定を受け、市町村の証明をもらう必要がある。それから、仮設住宅に入るか住宅を応急修理するかなどの申請や、生活再建支援金の申し込みなどに移る。

自治体側は生活再建の相談窓口をつくるが、必要な人員が足りない。多くの自治体からの支援を求めたい。

どんなに小さな災害でも一つの自治体だけでは対応できない。他の自治体の助けが不可欠だ。九州は大規模な地震、災害にあまり慣れていない。できるだけ応援を出してノウハウを学び、九州全体の防災力のアップにつなげてほしい。

たむら・けいこ　1960年神戸市生まれ。京大大学院博士後期課程単位取得。京大防災研究所などを経て2009年から新潟大教授。著書に「ワークショップでつくる防災戦略」（編著）など。

社員の募金 企業が上乗せ

マッチングギフト　被災者支援で導入増加

熊本地震の被災者支援で、社員の募金に企業が一定額を上乗せして寄付する「マッチングギフト」の動きが広がっている。

もともとは海外で始まった制度だが、東日本大震災を機に実施する企業が目立つようになった。企業が行う一般的な義援金とは違い、社員自身が支援に参加しているという意識が高まることから注目が高まっている。

ロート製薬は18日、約1500人の社員を対象にマッチングギフトを呼び掛けたところ、当日だけで約400人の募金を集めた。担当者は「被災地の支援でできることは限られているが、貢献したいという気持ちを社員一人一人が持っている」と説明。28日まで募金を集め、集まった金額に同額を積み増して被災地に送ることにしている。

トヨタ自動車とトヨタ自動車九州（福岡県宮若市）も、社員から集まった寄付と同額を一緒に拠出することを決めた。グンゼ、日本ガイシ、三菱東京UFJ銀行も支援を決定。ソニーは国内グループ会社を含む社員に、募金の呼び掛けを始めた。

参天製薬、積水化学工業、野村ホールディングス、三菱電機も今後、マッチングギフトの取り組みを始める。

経団連によると、マッチングギフトは1990年代に米国での事例が日本に伝わった。2015年に会員企業に実施した調査によると、回答した378社のうち82社が制度を導入し、増加傾向が続いているという。

熊本地震でマッチングギフトを行う主な企業

- グンゼ
- 参天製薬
- 積水化学工業
- ソニー
- トヨタ自動車
- トヨタ自動車九州
- 日本ガイシ
- 野村ホールディングス
- 三菱電機
- 三菱東京ＵＦＪ銀行
- ロート製薬

すバイ! 熊本

熊本地震でダメージを受けた街に活気を—。14日の地震発生から間もなく2週間。余震は今も続き、熊本市の商店街のにぎわいは戻っていない。こうした中、いち早く営業を再開した店の人たちの現況や思いを2回にわたり紹介する。（野田一春、西山美香）

上通 気持ち高める張り紙

「メガネの大宝堂」社長
布田 善久さん(33)

「がまだすばい！ 上通」—。熊本・がまだすばい！ 上通アーケードにある「メガネの大宝堂」社長の布田善久さん(33)は営業を再開した20日、店の入り口に、こう横書きした紙を張った。

店舗は、14日の前震でショーウインドーのガラスが破損。16日の本震では事務所の棚が倒れたが、幸い商品への被害はさほどではなかった。地震直後から「メガネが壊れて困っている」と被災者の電話が相次いだこともあり、営業を再開した。

ただ、アーケード内は「想像以上にひどかった」と布田さん。ビルの壁が落下し、割れたガラスが歩道に散乱していたという。「一刻も早く一つでも多くの店が再開し、復興に向けた雰囲気づくりが大切だ」と痛感。張り紙は「まずは気持ちを高めよう」と、同じ思いの店主たちと話し合った取り組みだ。

来店できない被災者にも気を遣う。22日には被害の大きかった益城町へ自ら車を運転して出向き、支援物資の受付センターに老眼鏡と近視用のメガネ計約100本、補聴器の電池約100個を無料で届けた。「自分にできる支援を続けたい」

「がまだすばい！ 上通」の張り紙をした「メガネの大宝堂」社長の布田善久さん

下通 子供用品 店頭で配布

「コグマ下通本店」店長
吉武 史子さん(52)

子供向け商品の無料配布を続ける「コグマ下通本店」店長の吉武史子さん

下通の子供服店「コグマ下通本店」店長の吉武史子さん(52)は19日に営業を再開した。以来毎日、紙おむつや粉ミルク、哺乳瓶、離乳食などを通行人に配っている。「孫に持ち帰ります。助かります」と涙ぐむ女性もいたという。

吉武さんは14日の前震後から自宅待機。18日に店に来ると、下通アーケード内はほぼ全店シャッターを下ろしていた。「人通りもなく、街の状況にショックを受けました」

しかし、店には「困っている子供たちに配ってほしい」と、県外の知人からの支援物資が届いていた。その後も次々と子供向けの物資が到着。中には大阪から10時間以上かけて、トラックで運んで来た人もいた。

「余震が続いていて、避難生活が長くなりそう。少しでも役に立ちたい」と、子供用品の配布は今後も続けていくという。

吉武さんは毎年、中心市街地で開かれるファッションイベント「ワッサモーダ」や「ゆかた祭」に、客と一緒に参加している。「今年も開催できるよう、一日も早く街に元気を取り戻したい」と話した。

下通 被災者に新鮮野菜を

ーバル

経済やわらかゼミ

電力小売り自由化 各家庭に合ったプランを

電力小売りの全面自由化が4月1日にスタートしたというニュースを見た主婦の真央さん。大学の工学部で教えている夫の健太さんに聞いた。

真央 電力自由化ってどういうことなの。

健太 家庭向けの電気の販売は、東京電力など大手の電力会社が地域ごとに独占していたんだけど、4月からは「新電力」と呼ばれる異業種の企業も電気を販売できるようになったんだ。利用者は住んでいる地域に関係なく、電気の購入先を自由に選べるよ。

真央 なぜそういうふうにしたの。

健太 新電力と大手が競争することで、電気料金の低下やサービス向上につながることを国は期待しているんだ。

真央 どんな会社が販売しているの。

健太 東京ガスや大阪ガスといった各地のガス会社、JXエネルギーなどの石油元売り、商社や携帯電話会社、私鉄の子会社などが参入している。3月末時点で280社程度が参入している。ただ、各社の販売地域は今のところ大都市が中心で、地方への広がりはまだ遅れている。

真央 どんなサービスがあるの。

健太 新電力では、ガスや携帯電話など本業のサービスと電気をセットで販売して料金を割り引いたり、買い物に使えるポイントが付いたりするサービスが目立つ。大手電力も対抗して新料金プランを打ち出している。エコに関心がある人向けに、太陽光や水力などの再生可能エネルギーで発電していることをPRしている会社もあるよ。

真央 電気料金は安くなるのかな。

健太 電気を比較的たくさん使う家庭の場合、今より割安になる料金プランが多い。ただ、使用量が少ない家庭では、変更しない方が安く済むケースもある。各家庭に合ったプランを見極めることが大事だね。

真央 わが家はどうしたらいいのかなあ。

健太 うちは5人家族で電気は結構使うから、新プランの方が安くなるかもしれない。検針票にある毎月の使用量を各社のプランに当てはめて、電気代を確認してみようか。インターネット上には、料金を簡単に比較できる情報サイトがいくつかあるよ。

真央 契約を切り替えると停電が起きたりしないのかしら。

健太 新電力は大手電力の送配電網を使って電気を供給するから、切り替え前よりも停電が起きやすくなるということはないよ。万一、新電力が倒産しても、大手電力が代わりに送電することになっているんだ。

真央 そうなんだ。うちも家計が厳しいから、どの会社がいいか、あなたも一緒に調べてね。

イラスト・岩見俊哉

新★商品

初心者向けクロスバイク ブリヂストンサイクルは、初心者でも扱いやすいスポーツタイプ自転車のクロスバイク「オルディナ S5B」を発売した。チェーンの代わりにカーボンベルトを採用し、チェーンの油で衣服が汚れたり、走行中に外れたりしにくくした。一般的な「ママチャリ」の空気入れに対応し、自転車固定式の「サークル錠」も備える。希望小売価格は6万2424円。問い合わせは通話無料のお客様相談室☎（0120）721911。

速く歩けるタイツ ミズノは、ウオーキング専用に設計した「スタスタ歩けるウォーキングタイツ」を発売した。伸縮性の異なる2種類の生地を使い、足を前に踏み出す動作をサポートする。着用していない場合に比べ約7％歩行速度が向上するという。男女各4サイズある。希望小売価格は5940円。問い合わせは通話無料のミズノお客様相談センター☎（0120）320799。

街・まち

花苗など 園芸用品幅広く

ナーセリーズ（北区龍田弓削）

ウチのお仕事

「ナーセリーズ」の後藤公介店長（後列右端）と従業員たち＝北区龍田弓削

花、野菜、樹木の苗や鉢植えをはじめ、プランター、肥料など園芸用品を幅広く販売している。住宅の外構工事や庭のデザイン、施工も手掛けている。

4、5月は家庭菜園やガーデニングの最盛期。母の日に向けて最も花が売れる時季でもある。毎日、全国の生産者や市場から苗などを入荷し、植物だけで約10万点を展示している。「バラだけで300品種はあります」と後藤公介店長(36)。

客の参加型イベントに力を入れており、毎週日曜朝に競り市を開催。また、植物の荷卸時に割安で販売する即売会や寄せ植え教室、栽培方法の講習会なども好評という。

2008年、地場園芸店の経営を鹿児島市の明興商会（西牟田敏明社長）が引き継いだ。地震後、21日に営業を再開。後藤店長は「商品は少なめですが、入荷も回復してきています。花を見て元気が出た、というお客さんも多いです」と話す。従業員26人。売上高3億円（16年2月期）。

（西山美香）

＝随時掲載

おじさん図鑑 飛鳥 圭介 ㉙

▶▶ 超反動

イラスト・とよたかずひこ

みながこぞってワーッと押しかける場所に、おじさんは行きたくない。

昨年夏、南アルプス縦走路の山小屋は、軒並み超満員だった。通路にまではみ出て、折り重なるような感じで横になった。こういう場合は他に逃げ場がないし、イノチもかかっていることだから、我慢するより仕方がない。ただ、事前に混雑が分かっているときは、対処のしようがある。そこに行かなければいい。

有名観光地には、人が押し寄せる。当然のことだ。しかし、観光名所でも何でもなく、交通不便な土地に人があふれていることが、最近やたらに多いのだ。

どうしたことか、と不思議に思っていたら、そのほとんどが外国人だった。あらためて、なぜ？ここに何があるの？と聞いてみたいのだが、おじさんは日本語しか話せないのだった。

今や日本全国いたるところ、声高の外国語が飛び交う土地となっている。観光客が増えれば経済も潤い、景気も上向くという。東京五輪で「おもてなし」するための国際化の準備も大車輪だ。

そんな中、イノチはかかっていないにしても、騒ぎを我慢するしかないおじさんの脳裏には、「鎖国」という言葉が明滅している。

（エッセイスト）

活気再び

熊本地震 営業再開した商店主ら ㊤

新市街 気分転換できる場に

水に困っている客に提供するペットボトルを用意している「バー・グレイ」オーナーの荒木麻里さん

「店の片付けに来てますが、水は出ます。必要な方は取りにいらっしゃって大丈夫です。トイレも使えます」。昨年12月の「夜話カクテル」語り手で、バー・グレイ（新市街）オーナーの荒木麻里さん(39)は本震翌日の17日の昼すぎに自身のフェイスブックに、こう投稿した。

自宅マンションは断水し、生活用水不足が深刻。投稿は「自分が困っていることは、みんなも同じだろう」との思いからだ。直後から問い合わせがあり、数人がトイレを借りたという。

「バー・グレイ」オーナー
荒木 麻里さん(39)

大きな被害に遭った仲間の店が少なくない中、西銀座にある店の被害は思いのほか軽く、18日から営業を再開した。午前0時近くまで開けていても常連客が5、6人。地震前まで多くの酔客でにぎわった通りは、午後10時以降は人通りがほとんどなく、ゴーストタウンのようだという。

「復旧や被災者支援で遅くまで仕事をしている人が、気分転換できる場は必要。水一杯だけでも飲んでいってほしい」と荒木さん。飲み水に困っている客に提供するペットボトルは、今もカウンターに並べている。

がまた

グローバル菊池」。18日から営業を再開し、避難生活で不足がちになる野菜や総菜を販売している。

本震翌日の17日昼。店内の片付けや傷んだ商品の処分をしていた時、「食べ物を分けて」と、数人が半分閉めたシャッターをくぐってきた。妊婦に必要な果物を買いに来た産婦人科医も。そんな姿を見て「被災者のために明日から再開しよう」と従業員の気持ちが一

青果店「ラブラブグローバル菊池」バ
西 友一朗さん(

ほぼ毎日午前6時前に起床。バイヤーとして田崎市場や菊池方面の契約農家などを巡り、トマトやバナナ、リンゴ、不知火などを中心に集荷。「さっと食べられるものを中心に集めています」

下通は19日ごろからほかの店舗も徐々に再開。アーケード内には音楽も流れ始めた。「昼間の人通りも元に戻りつつある。あと一息」と笑顔を見せた。

車中泊をしながら集荷を続ける「ラブラブグローバル菊池」バイヤーの西友一朗さん

編集室

地震で被害を受けた上・下通、新市街アーケードを歩いて商店主らに話を聞きました。営業している店も人通りも増え、街が随分明るくなったように感じました。商店主らが口にするのは共通していて、「一日も早く店を開ける」ことでした。お客さんが来なくても、です。店が開いていて店内が明るいと、確かにほっとしました。次回の「活気再び」は5月6日（金曜）です。商店街の店主たちの思いをさらに紹介します。（M）

凝りほぐし体形整える下着

トリンプ・インターナショナル・ジャパンは、肩や腰の凝りをほぐし、体形も整える女性用下着「マグネセレブ　シェイプシリーズ」を発売した。医療関連用品を扱うピップと共同で開発。肩や腰の後ろに磁石を配置し、血行を良くする。形は3種類で、色は黒とベージュがある。希望小売価格はロング丈のトップスが6696円。問い合わせは通話無料のお客様相談室☎（0120）104256。

背中を塗れる肩こり薬

小林製薬は、液体肩こり薬「アンメルツNEOロング」を発売した。容器の長さを通常品の1・5倍にし、形状も持ちやすくして背中全体を塗れるようにした。こりの痛みを和らげる成分や、3種類の血行促進成分を配合。90ミリリットル入りで希望小売価格は2052円。問い合わせは通話無料のお客様相談室☎（0120）588401。

1　3版　平成28年（2016年）4月27日　水曜日　熊本日日新聞　（昭和17年4月1日第3種郵便物認可）　第26631号　日刊

南阿蘇鉄道 被害甚大 全線復旧1年以上

熊本地震の影響で運転を休止している第三セクター・南阿蘇鉄道が線路や橋梁に甚大な被害を受け、全線復旧に1年以上を要することが26日、分かった。復旧費用は30億〜50億円と試算しているが、財源確保の見通しは立っていない。

同鉄道は南阿蘇村の立野駅と高森町の高森駅の17.7キロを結ぶ。26日、本震後初めて本格的に調査した結果、トンネルの壁がはがれたり、線路の一部が崩落した土砂に巻き込まれたりしていることが分かった。昨年、土木遺産に認定された第一白川橋梁と立野橋梁も線路がゆがむなどの被害を受けていた。

部分運行を想定した場合、復旧にかかる期間は被害の少なかった高森駅—中松駅間で約3週間。全線復旧には少なくとも1年かかるという。復旧費は第一白川橋梁を補修した場合が30億円、架け替えれば50億円に膨らむという。

同鉄道社長の草村大成・高森町長は「生活、観光の両面から重要な公共交通機関。再建に向けて努力したい」としており、通勤・通学向けの臨時バスを5月9日にも運行できるよう調整している。（藤山裕作）

【22面に関連記事】

崩落した土砂に巻き込まれ、ぐにゃりと曲がった南阿蘇鉄道の線路＝26日午後、南阿蘇村立野

熊本地震

学校134棟「危険」判定

熊本市立 校舎など

授業再開に遅れも

熊本市は26日までに、市立の幼稚園や小・中・高校など全学校施設163カ所・1267棟の「応急危険度判定」結果を公表した。校舎や体育館など134棟が「危険」と判定。臨時休校中の学校の多くは5月10日の再開を目指すが、一部で授業や給食、部活動などが遅れる恐れも出ている。【3面に関連記事】

19日から5日間、専門知識を持つ判定士が目視で危険性を判定。使用禁止や落下物の除去が必要な「危険」が134棟、使用中の注意を促す「要注意」が354棟、安全に利用できる「調査済」は779棟だった。

東野中（東区）は授業で使っている北校舎が使用禁止に。1960年から増築を続けた校舎（6棟）は全体に被害が及び、落下物も多いため、詳細な調査が必要と判断した。市教委は「別棟の理科室などの利用や、体育館を仕切って授業することを検討している」と話す。

松尾北小（西区）と龍田西小（北区）の校舎はそれぞれ「要注意」「調査済」だが、校舎周辺の土留めに崩落の危険があり、使用禁止としている。修復工事のめどはたっておらず、「他施設でも分散授業の可能性もある」という。

筋交いの破断やゆるみなどがあるとして、白坪小、城西中（いずれも西区）など16小学校・8中学校の体育館も閉鎖されており、部活動や体育の授業に影響が出る見込み。藤園、出水南（中央区）の2共同調理場も「危険」で、パンと牛乳の簡易給食にすることも検討している。

市教委施設課は「一部施設では水やガスを使えず、理科や家庭科の授業に影響が出る。運動場も車両が入り、体育の授業ですぐ使うのは難しい」としている。

一方、県教委は文部科学省と共同で、県立学校と市町村立の100施設程度を対象に調査。25日までに判定したのは6校・24棟で、「危険」は5校・8棟だった。（高橋俊啓、福井一基）

関連死 1増の14人

エコノミー症候群37人に

県災害対策本部は26日、熊本地震に伴う震災関連死の県内死者数が、熊本市で新たに1人増えて14人になったと発表した。

96歳の女性で、同市東区の福祉施設に入所していて被災。24日午前2時ごろに心肺停止となり、その後、死亡が確認された。

「エコノミークラス症候群」の入院患者数は2人増えて37人になった。2人はいずれも65歳以上の男性。

これらとは別に、熊本市は震災関連死の疑いで同市の女性（69）と男性（75）が死亡したと発表した。

女性は21日未明に避難中の東区の福祉施設で、男性は24日未明に東区の親戚宅の駐車場で車に乗ろうとして倒れた。それぞれ間もなく死亡が確認された。

一方、南阿蘇村立野の阿蘇大橋付近で土砂に巻き込まれたとみられる阿蘇市の大学生大和晃さん（22）の捜索は午前8時すぎに開始。現場の危険性が高いとの判断から、自衛隊による本格的な捜索は前日に続き見送られた。（熊本地震取材班）

熊本地震 県内の被災状況

（26日午後時点、熊日まとめ）

死亡	49人（熊本市4、南阿蘇村15、西原村5、御船町1、嘉島町3、益城町20、八代市1）
震災関連死	14人（熊本市8、宇土市1、阿蘇市2、南阿蘇村1、御船町1、益城町1）
行方不明	1人（南阿蘇村）
負傷者	1,392人以上
建物	住宅10,779〜10,879棟
避難	避難所 521カ所 避難者 41,119人
水道	断水16,700世帯
都市ガス	供給停止 約43,000戸（西部ガス）

※県災害対策本部などの集約分

熊本市 被災後の小中学生

市外に転校 252人

熊本地震の発生を受け、熊本市から市外の小中学校へ転校した児童・生徒が少なくとも252人（小学生226人、中学生26人）に上ることが26日分かった。転出先の教育委員会から報告があった人数を熊本市教委がまとめた。教委間の連絡は本来不要なため「実際はもっと多い」。

市教委学務課によると、25日現在、北海道や東京など県外の小中学校に203人（小学生187人、中学生16人）、天草市など県内の他の自治体に49人（小学生39人、中学生10人）が転校した。

このうち、住民票とともに学籍も移したのは48人（小学生43人、中学生5人）。そのほか182人（小学生162人、中学生20人）は「体験入学」として、熊本市内の小中学校に籍を残したまま市外の学校に通っているという。残り22人（小学生21人、中学生1人）はどちらか不明。

学務課は「祖父母や親戚の家などに身を寄せ、一時的に別の学校に通う子どもが多いのではないか」と話している。

市教委は震災に対応し、児童・生徒が校区外に転居しても、転校しなくてよい期間の特例を認めている。市内での転居は卒業するまで、市外は2016年度末まで。

熊本市内では27日に吉松小と植木北中、28日には新たに芳野小、力合西小、芳野中が授業を再開することを決めた。（高橋俊啓）

地震920回超

「活動活発」 気象庁

気象庁によると、熊本、大分両県では26日、午後10時までに震度1以上の地震が28回起きた。14日夜の震度7以降、総回数は925回に上る。うち5以上は17回、4は77回。

気象庁は「活発な活動が続いている」との見解を維持。今後の推移については「（パターンが）似ている地震が過去にない。慎重に判断する必要がある」と述べ、引き続き警戒を求めた。

九州北部では26日、高気圧の影響で気温が上がり、熊本県益城町と熊本市ではいずれも最高気温26・3度を観測し夏日となった。27日から28日にかけては低気圧が通過し大雨となる予報で、気象庁は土砂災害への警戒を呼び掛けている。27日午後6時までの24時間予想雨量は多い所で大分県100ミリ、熊本県70ミリ。

阿蘇山など周辺の火山に変化はない。震源域の拡大も確認されていない。

がんばろう 熊本

地震被災者応援メッセージ

地震収まってから

本震はもちろんですが、余震による精神的ダメージは相当なものだと思います。まずは地震が収まり、少しでも前を向いて過ごすことができる日がくることを、心から願っております。

（Yuka Hayakawa・42、東京都江東区）

2016.4.27　新生面

熊本地震発生からあすで2週間。避難所などで過ごす人たちの数も減ってきている。数日間を過ごさせてもらった小学校をのぞいてみると、なるほどいくらか少なくなった。まだまだ家に帰れない人たちの寝床が並んでいる▼県などのまとめによると、本震翌日の17日の避難者数は18万人を超えていた。それが26日までに4万人台に減った。ただし昼間に集計する避難者数は、夜間の避難者数はそれより増えているとみられる。公設以外の避難所や車中泊の人たちを、行政が完全に把握できているわけでもない▼熊本地震の特徴の一つは、しつこすぎるほどの余震の多さにある。強い余震を恐れて建物の中を避け、車中で暮らす人が目立っているのもそのせいだろう▼2度の震度7に見舞われた益城町で数人の知人宅を見舞ってみたが、やはりどこも不在だった。近所で片付けものをしていた人たちの話では、避難所ではなく、親戚宅に一時身を寄せている住民も多いという▼とりわけ被害のひどかった集落は、時が止まったようにひっそりしていた。昔ながらの風格ある家々が軒並みぺしゃんこになり、集落ごと地面に沈み込んだかのよう。片付けようにも手が付けられないほど▼家を失った人たちの避難生活が長期化するのは避けられそうにない。早急な住まいの確保が必要だ。中には高齢者や幼い子どもを抱える家族も多い。公営住宅への受け入れや仮設住宅の建設準備も進んでいるが、快適に過ごせる環境への配慮も今後の大事な視点だろう。

熊本日日新聞
発行所 熊本日日新聞社
〒860-8506
熊本市中央区世安町172
電話(096)361-3111
©熊本日日新聞社 2016年

4月27日 水曜日

熊本地震 特別紙面

おわび

地震の影響で本日付朝刊が一部地区で配達できなかったり、遅れたりしました。大変ご迷惑をおかけしました。熊本日日新聞社

熊日の購読・配達のご用は 0120-374625 ミナヨムニッコリ（土・日曜・祝日除く9:00〜17:00）
紙面のお尋ねは 096-361-3115（日曜・祝日除く9:00〜17:00）
パソコン版くまにちコム kumanichi.com

◇お断り 「きょうの天気」は2面に移しました。

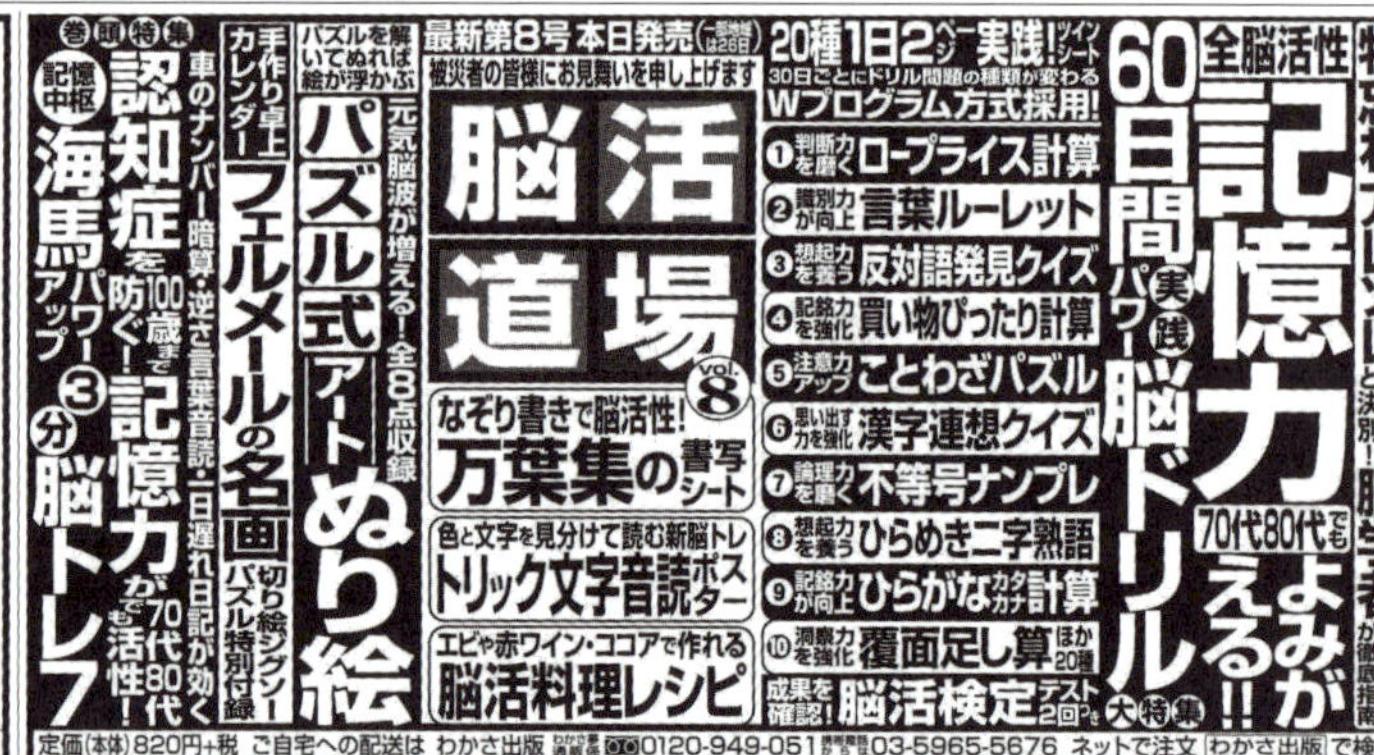

地震被災者
借り上げ住宅 無料提供
市町村 あすにも受け付け

県は26日、熊本地震で住まいを失った被災者に、民間の賃貸アパートなどを県が借り上げ、仮設住宅として家賃無料で提供する「みなし仮設住宅」の受け付けを28日にも始めることを決めた。相談や申し込みは各市町村が受け付ける。熊本市民には同市が、その他の市町村民には県が借り上げて提供する。【1面参照】

みなし仮設住宅は、災害救助法に基づく応急仮設住宅の一種。プレハブの建物を新たに建てる通常タイプよりも、早く入居できる利点がある。しかし、県内では地震で被災した賃貸住宅も多く、不動産団体が入居可能な戸数の確認を急いでいる。

対象は住宅が「全壊」程度の被害を受けた被災者で、不動産団体の紹介を受けて被災者が物件を選ぶ。ただし1カ月の家賃が6万円以内（4人以下の世帯の場合）の物件に限られる。

家賃は県や熊本市が負担し、光熱費や水道代、管理費などは入居者が支払う。市町村が発行する罹災証明書が必要になる。

26日に県庁であった市町村向け説明会では、県が市町村の担当者に避難所などでのPRを依頼。市町村側からは「県外に避難している人へも周知を徹底してほしい」などの要望が上がった。

県によると、みなし仮設住宅とは別に、通常タイプの応急仮設住宅の建設について県と協議中の市町村は26日時点で、嘉島町など10市町村となった。ほかにも検討中の自治体があり、熊本市も建設を目指している。（太路秀紀）

みなし仮設住宅提供の流れ

熊本県／市町村／被災者／不動産団体相談窓口

①住まいの相談（被災者→市町村）
②借り上げ事業説明、相談窓口紹介（市町村→被災者）
③物件相談（被災者→不動産団体相談窓口）
④物件案内・確認（不動産団体相談窓口→被災者）
⑤借り上げ申し込み（被災者→市町村）
⑥書類提出（市町村→熊本県）
⑦契約書等送付（熊本県→市町村）
⑧契約書等送付（市町村→被災者）

校舎耐震化「一定の効果」
熊本市教委

応急危険度判定では、国の基準に沿って耐震化工事を終えていた熊本市の小中学校の校舎や体育館でも「危険」と判定されたケースがあった。市教委は「耐震化はあくまで『崩れない』強さを物差しとしている。施設の倒壊や崩壊はなく、一定の効果はあった」と説明する。【1面参照】

国の耐震基準は、宮城県沖地震後の1981年に改正された建築基準法による。震度6強～7で倒壊しないことが目安。建物の強度を計る数値の一つ、構造耐震指標（Is値）で、倒壊の危険性が低い「0・6」以上が安全とされ、学校施設については「0・7」が求められる。

市教委では屋根に筋交いを設けるなどの改修を進め、13年度までに全小中学校で耐震化が完了していた。学校施設の被害について、市教委は「壁のひび割れなど損傷はあったが、建物が倒壊し、死傷者を出したケースはなかった」。国交省建築指導課も「ひびが入ることで構造物の倒壊を防ぐ役割を果たしたものもある」とみる。

市教委は損傷が大きかった施設について、今後、耐震改修や建て替えを進める方針。（高橋俊啓）

学校施設の耐震化 外壁や天井を強化
文科相方針

馳浩文部科学相は26日、熊本地震で学校施設の外壁や天井、窓ガラスなどの破損が相次いだことを踏まえ、実態調査を急ぎ、耐震強化に向けた対策を検討する考えを示した。

文科省によると、25日時点で九州の6県にある国公私立計799校で被害が発生。熊本県内では天井の一部が落下するなどし、避難所として使えなくなった体育館もあったという。

同省は今後、実態調査を踏まえ、外壁や天井の定期的な点検や補修の必要性を明記した現行の学校管理者向けガイドラインの見直しを検討する。

被災支援 県と合意
日本財団 熊本市に拠点開設

熊本地震の被災者に総額93億円の支援を表明した日本財団（東京）は26日、県と緊急支援に関する合意書を締結。ボランティアやNPOの活動を支える災害復興支援センター熊本本部を熊本市中央区に開設した。

同財団の緊急支援は▽避難所の環境整備▽被災者への見舞金支給▽住宅や事業所の再建融資▽熊本城の再建支援―などが柱。東日本大震災を教訓に創設した災害復興支援の特別基金約100億円を初めて活用する。

熊本地震に関する緊急支援で合意書に署名する日本財団の笹川陽平会長（左）と蒲島郁夫知事＝26日、県庁

同財団の笹川陽平会長と蒲島郁夫知事が同日、県庁で合意書に署名。笹川会長は「被災者に迅速で効果的な支援を実施したい」と述べ、蒲島知事は「多彩な支援は心強く、県民も勇気づけられる」と謝意を示した。

熊本本部は、県庁近くのヨネザワ県庁前ビル内に設置。常駐するスタッフがNPOなどに被災地のニーズや情報を提供し、活動拠点として利用してもらう。同本部☎070（3623）9611。（蔵原博康）

建物危険度 今後も調査
県、個別要請で

県は26日、被災した建物の応急危険度判定について、被害が大きいとみられる地区を対象とした当初予定分が完了した後も、市町村や所有者から個別に要請があれば調査を行うと明らかにした。

判定は二次災害を防止するため、市町村が被害が多いとみられる地域を指定して実施。必要な人員が確保できなければ、県に委託できる。

県内では25日時点で、震度7の地震を2度観測した益城町のほか、菊陽町、山都町も当初予定分を完了したが、一部で調査が続いている。熊本市、宇土市、西原村、南阿蘇村、御船町、高森町、甲佐町の7市町村は調査が続いている。

判定に強制力はないが、「危険」とされた場合は建物に立ち入らないよう求める。

手話通訳者ら派遣
視聴覚障害者の生活支援　厚労省

熊本地震で被災した視聴覚障害者の生活支援のため、厚生労働省は25日までに、全国から手話通訳者などを派遣することを決めた。全国の自治体を通じて参加を呼び掛けている。

募集するのは手話通訳者のほか、要約筆記者、点訳者、ろうあ者相談員など。視聴覚障害者に生活関連情報が十分に届いていない恐れがあるため、避難所や公的機関の窓口を巡回するなどして必要な手助けをしてもらう。

派遣に応じる場合は、都道府県を通じて職種や派遣が可能な期間などを登録する。交通費や宿泊代は災害救助法に基づき支給されるが、宿泊先などは自分で手配することが条件。熊本県からの要請を受け、厚労省が派遣先や期間を調整する。

東日本大震災では各地の手話通訳者ら約150～200人が応募した。

実験マウス提供に支障
熊本大、培養設備壊れる

熊本、大分両県を中心とした地震の影響で、熊本大は26日、全国の研究機関に実験用の遺伝子組み換えマウスを提供している施設の培養設備が壊れ、提供に支障が出ていることを明らかにした。設備復旧は2～3カ月かかる見通しで、各地で行われている医療研究に影響が出る可能性がある。

熊本大によると、被害が出たのは生命資源研究・支援センターの動物資源開発研究施設（熊本市）。16日未明の本震で、組み換えマウスを作製するのに必要な胚性幹細胞（ES細胞）培養装置などが転倒して壊れた。

200種類飼育している遺伝子組み換えマウスのうち、3割程度しか作製できない状態という。

マウスが死んだり、施設外に逃げ出したりするトラブルはなかった。中潟直己副センター長は「全国の数十施設にマウスを届けられない。装置の被害は数億円になる」と話した。

4原発の状況速報 拡大
規制庁 震度4以上で発信

原子力規制庁は26日、九州地方で震度5弱以上の地震が発生した際にホームページ上で発信している九州・中四国の4原発の状況に関する速報について、対象震度を4以上に広げたと発表した。

4原発は九州電力川内（鹿児島県）、玄海（佐賀県）、四国電力伊方（愛媛県）、中国電力島根（松江市）。これらの立地市町村の震度や、原発で観測された揺れの強さ、原子炉の状態を広報している。

これとは別に毎日午前10時と午後8時の2回、4原発に関する最新情報を更新しており、こちらも続ける。

規制庁の情報発信を巡っては、地震発生当初、対応が不十分と批判が出た。規制庁の松浦克巳総務課長は26日の定例記者会見で「余震が続いており、さらに情報発信を強化したい」と話した。

家屋補強に公費投入を
元東日本大震災復興構想会議議長 五百旗頭 真 県立大理事長

熊本地震の被災地を視察した元東日本大震災復興構想会議議長の五百旗頭真・県立大理事長（72）が26日、熊本日日新聞社のインタビューに応じ、「次の地震に備え、家屋の補強に公費を充てるべきだ」と指摘した。（聞き手・福井一基）

―今回の地震は、益城町で震度7を2回観測する前例のないものとなりました。

「通常は一つの断層が動くと、微調整するように余震が起こり、徐々に減る。しかし、今回は近くの断層が連動し、2回目の方が大きくなった。最初の地震で泥沼の中にやっと足掛かりを見つけたと思った地面が、実は〝流体〟だったようなもの。被災者にとってこれほど怖いものはない。これまでにない地震だ」

―3年前、本紙「論壇」で「熊本でも大地震に備えを」と警鐘を鳴らしていました。備えは十分だったのでしょうか。

「熊本の人は、大きな地震はないと信じ、安全神話に取りつかれていた。屋根に重い瓦を載せるなど風水害に備えてきたが、地震にはもろかった。両方に備えるべきだ」

公費による家屋補強の必要性などを語る五百旗頭真県立大理事長＝26日、熊本市中央区の熊日本社（中村悠）

◇いおきべ・まこと　兵庫県出身。京都大大学院修了。ハーバード大客員研究員、神戸大法学部教授、日本政治学会理事長、防衛大校長、東日本大震災復興構想会議議長、復興推進委員会委員長など歴任。文化功労者。2012年4月から県立大理事長。専門は日本政治外交史。

「今後も日奈久断層帯が動く可能性があり、安心はできない。損傷した壁や土台を補修しなければ、壊滅的な被害の恐れがある。個人で家屋の構造部分まで手を入れるのは費用がかさみ難しい。公費を投入して耐震補強を進めるべきだ」

―26日時点で避難者は約4万人に上ります。

「仮設住宅を急ぐのはやむを得ないが、1棟数百万円かかることを考えれば無駄が多く賢明ではない。1千万円もあればずっと住める住宅を用意できる。味気なく、ほんのつなぎでしかない仮設ではなく、温かみのある住宅を頑張って造るべきだ。東日本大震災のときは、国が空き家をみなし仮設として借り上げた」

―熊本は巨大地震を念頭に「九州を支える広域防災拠点構想」を推進してきました。今後、どんな役割を担うべきでしょうか。

「九州の中央に位置し、防災拠点としてふさわしいことに変わりない。今回、多くの自治体から支援を受け、被災者が何を必要としているか身を持って知った。単なる復旧ではなく、大分や宮崎とを結ぶ高規格道路の整備など創造的復興を成し遂げ、次は熊本が周りの役に立つべきだ」

―今後、備えるべきポイントは。

「消防や警察などの体制は数々の震災を経て格段に向上したが、公助だけでは間に合わない。阪神大震災で救出された人の8割近くは、家族や隣近所の人に助け出されたが、みんな〝素手〟だった。自治会単位でジャッキやチェーンソーなどの救助器具を備え、共助を強化すべきだ。日ごろから祭りや運動会を開くなど、地域活動も欠かせない」

―自身も阪神大震災で被災されました。熊本地震の教訓をどう生かすべきですか。

「日本人は自然の恵みにくるまれて生きてきたが、自然は時に暴虐の限りを尽くす。私たちは列島に生きる運命共同体として、支え合って生きるしかない。悲惨の限りの中だからこそ、コミュニティーの大切さを認識する機会としてほしい」

避難理由「余震」が最多
県内100人調査 体や心の不調 5割

県内の避難所に身を寄せた100人を対象に共同通信が実施したアンケートで、避難した理由を複数回答で聞いたところ、「余震が怖い」が47人となり、「自宅が壊れた」の38人を上回り最も多かった。最初の最大震度7の地震の後に「本震」が起きて被害が拡大、その後も揺れが続く今回の地震の特徴を示した。体や心の不調があると答えた人は過半数に上り、必要なものは「入浴環境」が34人と最も多かった。

アンケートは22～26日に熊本市や益城町、南阿蘇村など被災5市町村の避難所を訪れるなどして実施した。

避難者アンケートの主な結果

▶避難の理由	
①余震が怖い	47人
②自宅が壊れた	38
③水や電気が止まっている	30
▶寝泊まりした場所	
①避難所の中	70人
②車中	31
▶今、必要なもの	
①入浴環境	34人
②特になし	29
③衣類（防寒着、下着含む）	16
④食料	13
⑤水	10

※避難者100人を対象、複数回答

体や心の不調を訴えたのは53人で、うち9人が余震による不眠を理由に挙げた。揺れへの恐怖などから、避難所で生活しながら夜間は車で過ごす「車中泊」をしていた人は3割に上った。

必要なものは、入浴環境のほか、「防寒着や下着を含む衣類」（16人）、「食料」（13人）が多かった。避難所の床が硬く腰や脚が痛むとして9人がベッドマットなどの寝具を求めた。現金や離乳食を挙げた人もいた。

不安に思っていることは「いつまで避難が続くのか」が59人と最多。「住まい」（40人）、「自分や家族の体調」（21人）が続いた。避難所生活を送りながら新居を探さなければならない状況に、早期の仮設住宅着工を求める声もあった。

「公営住宅がどれくらい提供されるのか知りたい」（72歳男性）、「避難所の責任者が誰なのか分からない」（67歳男性）など、行政に対して情報発信の強化を求める意見も相次いだ。

26日午後1時半現在、熊本県の避難者数は計約4万1千人。死亡した14人が震災関連死の疑いがあるとされ、「車中泊」が原因とみられるエコノミークラス症候群による死者も出た。医師や保健師らのチームが巡回し、避難者の健康管理に努めている。

地表で岩盤のずれ発見
山口大現地調査「断層露頭」か

山口大と日本地質学会は26日、熊本県を中心とする地震の震源となった布田川断層帯を調査した結果、地下の断層が地表に現れる「断層露頭」とみられる岩盤のずれが見つかったと発表した。過去に地震が起こった頻度などを解明する手掛かりになる。

22～24日、山口大の大橋聖和講師（構造地質学）らが現地を調査したところ、益城町上陳、西原村の河原と小森の計3地点で断層露頭を発見した。

益城町上陳で見つかった、「断層露頭」とみられる岩盤のずれ＝22日（山口大の大橋聖和講師提供）

大橋講師によると、岩盤のずれは益城町で縦・横方向ともに最大で計約10㍍。熊本地震の規模から推測する地面のずれ（横方向に約1㍍）を大きく上回ることから、過去にも同じ震源域で何度も地震が起こったと考えられるという。

大橋講師は「引き続き布田川断層帯の動きを研究し、防災につなげたい」と話した。

きょうの歴史　4月27日

しめやかに営まれた故福島前知事の県民葬＝益城町のグランメッセ熊本

▽2000（平成12）年

2月25日に急逝した故福島譲二前知事の県民葬があり、約5000人が参列した。

▽1953（昭和28）年　阿蘇中岳が大爆発した。修学旅行の高校生や警察官ら5人が死亡、61人が重軽傷を負った。

悪質商法、詐欺に注意

家屋補修、建て替え…熊本地震に便乗

県消費生活センターは、熊本地震に乗じた悪質商法や詐欺などが増える恐れがあるとして、注意を呼び掛けている。同センターによると、15～25日の11日間に寄せられた地震関連の相談は86件。行政職員を名乗る人物から義援金を求められたケースもあるという。

熊本地震に関する相談が寄せられている県消費生活センター＝県庁

県消費生活センター 工期、代金など要確認

このほか「屋根の修理費用が高額だ」などの相談があった。中には「隣家の屋根瓦が落ちて、マイカーのガラスが割れた」という相談もあるが、センターによると、隣家に賠償を求めるのは難しいという。今回の地震は通常の予想を超えた大きな揺れで、屋根瓦の管理責任を問うのは困難なためだ。

同センターによると阪神大震災では、震災に関する相談が兵庫県の相談窓口に1年間で7770件あった。うち工事・建築に関する相談は1325件で、全体の17%を占めた。

具体的には「屋根瓦の修理を契約したが、相場と比べて著しく高い」「家屋の補修を依頼して代金を支払ったが、工事途中で放置された」など金額や工事内容に関する相談が目立つ。家屋建て替えの工期が大幅に延び、仮住まいの家賃がかさむという相談もあった。

トラブルを未然に防ぐため、県消費生活センターは「詳しい工事内容や工期、代金などを明示した契約書や明細書を交わしてから、支払いや着工をしてほしい」と助言する。妥当な金額かどうかは、複数の業者から見積もりを取ったり、信頼できる地元の工務店に尋ねたりすると良いという。

東日本大震災では同様の相談のほか、屋外の電気温水器が転倒したという相談も。「エネルギーが落ちて地震が起きた。運気を上げる」としつこく水晶を売りつけようとしたり、金やプラチナなど貴金属を買い取ろうとしたりする訪問業者もあった。(鹿本成人)

28日に緊急無料相談会

地震による消費者相談の増加が予想されるため、県消費生活センターなどは無料相談会や電話相談開設で、相談体制の強化を図る。

同センターと県司法書士会は28日午後1時～4時、緊急無料相談会を開催。ローンが残る車や住宅の被災による二重ローン問題や、賃貸住宅損壊に伴う退去問題、損害保険に関する相談などを受け付ける。来所(県庁新館4階)は予約が必要。同センター☎096(383)0999。

国民生活センターは28日、「熊本地震消費者トラブル110番」を開設。午前10時～午後4時まで、熊本を含む九州7県が対象。フリーダイヤル☎0120(7934)48と☎03(5793)4110。

被害が大きい市町村の相談窓口は対応が難しい場合もあり、県消費生活センターは「県センターや国民生活センターも積極的に利用してほしい」と話している。(鹿本成人)

「トイレ、洗濯できる」

益城町 一部通水に住民安堵も

熊本地震の本震後、断水していた益城町の水道が一部で通水を再開した。26日は辻の城地区に水が10日ぶりに戻り、「トイレや洗濯の心配がなくなる」と喜びの声が上がった。ただ、現時点では飲用に適さないという。

宮崎県串間市の派遣チームが早朝から、同地区内で復旧作業を開始。自宅の蛇口で水が出ることを確かめた吉山尚文さん(76)は、「コインランドリーが混雑して困っていた。これで洗濯が家でできる」と安堵。近くの女性(39)は「トイレは家族5人全員で、避難所まで車で行ってしていた。水のありがたさが分かった」と話していた。

町内では上水道(約9200戸)と簡易水道(約2200戸)の計約1万1400戸が断水していたが、25日から一部で通水を再開した。26日午前8時現在、約9000戸が断水。町南東部で本管が破損するなどダメージは大きく、本格復旧のめどは立っていない。

一方、町は災害対策本部内に復興再建チームを同日設置した。①住まい支援②罹災証明③避難所対策④役場機能再建—の4チームで、課長級をリーダーに5～11人で構成。緊急性の高い業務に集中させ、早期復旧を目指す。(後藤幸樹)

蛇口から出る水で手を洗う子どもたち＝26日、益城町

恩返しのカレー2400食

ネパール人団体 避難所で振る舞う

1年前のネパール大地震で支援を受けた日本に恩返しをしたいと、ネパール人団体が26日、熊本地震で被災した益城町と熊本市の避難所で、カレー約2400食を作って被災者に振る舞った。

「ネパール・パブリック・リレーション・コミッティ日本協会」(東京)に所属する全国のネパール人約40人が来訪。昼食時は、同町の阿蘇熊本空港ホテルエミナースでスパイスの利いたキーマカレーを配った。

家族5人で食べた自営業の奥村竜太さん(34)＝同町＝は「ドライカレーのようで、とてもおいしく、元気をもらいました」とにっこり。同協会のスベディ・ナラヤン・プラサド代表(41)＝新潟市＝は「地震の痛みはよく分かっており、ネパール人みんなが熊本を応援している。カレーを食べて少しでも元気になって」と励ました。(横山千尋)

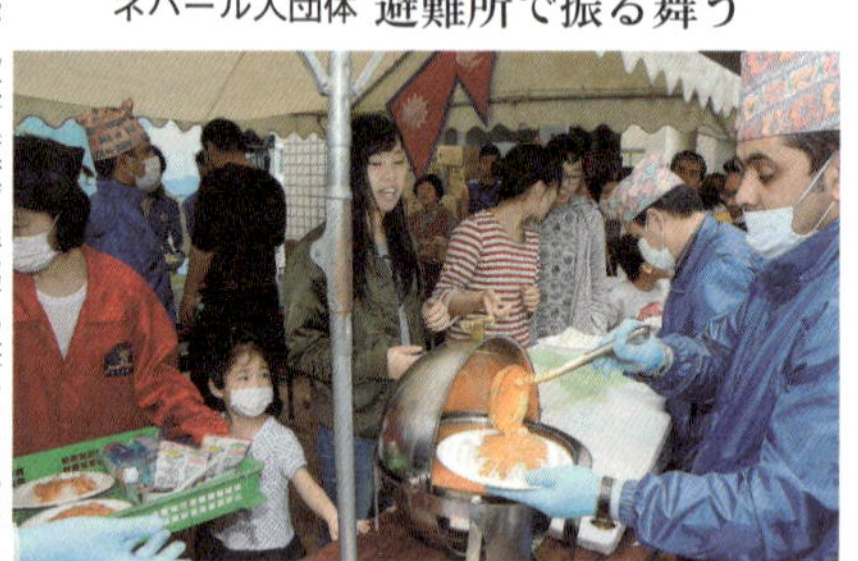

ネパール人団体が振る舞ったキーマカレーを受け取る被災者＝26日、益城町

全容解明 程遠く

三菱自社長「今は言えない」

「会社存続に関わる大きな事案だ」。26日、国土交通省に燃費データ改ざん問題に関する報告書を提出した三菱自動車の相川哲郎社長は、責任の重さを問われると、震える声でこう答えた。不正公表から1週間。「全容が把握できていない」と繰り返し、「全容解明までは、社長の責任を果たします」と絞り出すように話した。

【7面参照】

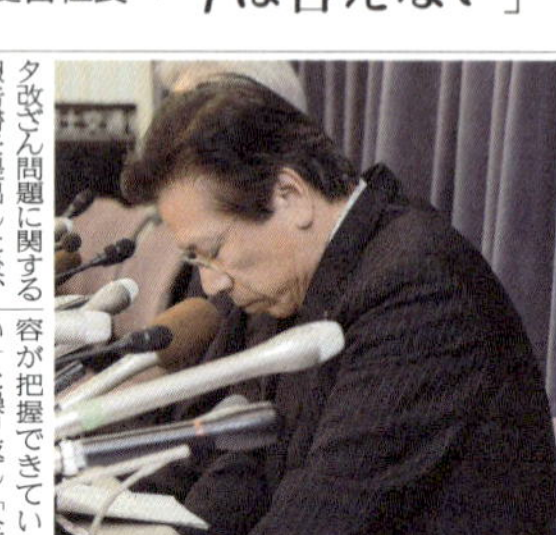
記者会見で、謝罪する三菱自動車の相川哲郎社長＝26日午後、国交省

国交省での会見には、100人を超す報道陣が集まった。相川社長は、険しい表情で深々と頭を下げて着席すると、資料を基に、新たに判明した不正の経緯を説明。緊張からか、一部の説明を飛ばしていることを、30分以上たってから気付く場面も。

軽乗用車4車種以外に、20年以上前から規定とは異なる試験方法で燃費データを測定していたことも明らかになった。相川社長は車種の公表を何度も求められたが「すべての調査結果をそろえてからにしたい」と繰り返すばかりだった。

購入者への補償にも質問が集中。内容や見通しも「今は言えない」とだけ答え、「ユーザー放置ではないか」との質問には「国交省の検査結果が受け入れられてから」と言いよどんだ。

進退を問われると、顔を紅潮させ「原因究明し、再発防止策を作るのが最大のミッションだ」と話し、調査委員会の報告がまとまる少なくとも3カ月は社長にとどまると明言した。

熊本地震 現場から

紙コップの豚汁

運動部 野方信助

本震があった16日夜、家族4人で近くの小学校へ避難した。夕食の配給は親子2人で菓子パン一つとミネラルウオーター1本。そして小さい紙コップに入った豚汁。温かい汁物は地震後初めて。量はわずかでも体に染みた。普段は汁物が嫌いな3歳の息子もうれしそうにすすった。

配給の列に並んでいた時、夕暮れ時の空を見慣れぬ飛行機が、西から東へ飛び去った。自衛隊機が熊本空港に向かったのか。「助けがもう来ている」。そう思うことで、少し心が支えられた。

17日以降はしばらく自宅の車庫で車中泊を続けた。朝起きると体がしんどかった。だが、帰る家さえなくした人も多い。「泣き言は言えない」。そう思い、会社に向かった。

◇ ◇

熊本地震の取材現場や紙面の編集現場、家庭で熊日記者が見聞きし、感じたことを伝えます。＝随時掲載

2016.4.27

交通

24面から続く

【高速道路】九州道 植木IC－嘉島JCTが通行止め。

【路線バス】産交バス 次の路線は運休。松橋営業所の水道町発の深夜バス、大津営業所の大津－木山線、内牧環状線、菊陽町循環バス、八代営業所の松橋宇土駅線、阿蘇営業所の阿蘇火口線、阿蘇駅－内牧駅線、高森営業所のゆるっとバス▽熊本バス 健軍経由の運行を再開。交通センター－甲佐(乙女経由)を運休▽熊本都市バス 秋津健軍線、熊本城周遊バスを運休▽熊本電鉄バス 全路線運行

【鉄道】九州新幹線は27日午後に熊本－新水俣で運転を再開し、博多－鹿児島中央の全線が復旧する。JR豊肥線の肥後大津－豊後竹田と第三セクターの南阿蘇鉄道は長期運休の見通し。JR肥薩線と三角線、熊本市電、熊本電気鉄道、肥薩おれんじ鉄道、くま川鉄道は通常運行。

【航空】熊本発着便を一部運休▽全日空 羽田、伊丹、中部線の往復11便▽日本航空 羽田、伊丹線の往復10便▽ソラシドエア 羽田線の往復3便

【フェリー】通常運航

※各交通機関の運行状況は、九州運輸局の情報サイト「九州のりものinfo.com」に掲載。

「被災学生に配慮を」

県内大学など 就活で近く要請

県内の14大学・教育機関などでつくるコンソーシアム熊本は26日、熊本地震を受けた緊急会議を熊本市西区の崇城大で開いた。学長らが、被災学生の支援策を協議し、就職活動で企業側に配慮を求めることを決めた。

コンソーシアム代表理事の中山峰男・崇城大学長によると、被災して就活もままならない学生は多いとみられる。経済同友会など県内や中央の経済団体に対し、熊本の学生の採用試験を遅らせるなど対応するよう近く文書で要請する。

各大学は5月上旬まで休校する予定で、単位取得に必要な授業数の確保が課題。不足する場合はリポート提出で補うなど柔軟に対応する。自宅が全半壊するなどした学生については、授業料減免など経済支援も検討する。

中山学長は「各大学とも設備の損壊など被害が出ているが、情報共有と連携を図って学生を支援したい」と話した。(中村勝洋)

復興宝くじ 来月発売

熊本地震 被災自治体を支援

高市早苗総務相は26日の記者会見で、熊本地震で被災した自治体を支援するため、全国の都道府県と政令指定都市が「熊本地震被災地支援ドリームジャンボ宝くじ」を発売すると明らかにした。販売期間は5月11日～6月3日。収益の一部は被災自治体に入り、復興に向けた公共事業などに充てられる。

ドリームジャンボはもともと同期間に販売予定だったが、熊本地震の発生を受けて被災地に収益を重点的に割り当てることにした。

総務省によると、宝くじは総額750億円の売り上げを計画。このうち100億円分を熊本地震の復興支援に回し、賞金や販売経費を除いた収益として約40億円を見込んでいる。収益の被災自治体ごとの具体的な配分額は今後決める。

高市氏は「多くの人に買ってもらい、被災地を支援したい」と話した。

小渕氏後援会 観劇会再開へ

政治資金問題 発覚きっかけ

小渕優子元経済産業相の後援会女性部が、小渕氏の関連政治団体を巡る政治資金規正法違反事件が発覚するきっかけとなった「観劇会」を、本年度中にも再開する方向で調整していることが26日、関係者への取材で分かった。女性部幹部などによると、再開を要望する会員が多かった。今後、旅行会社に委託するなど、透明性が確保できる運営方法を検討するという。

事件事故

■傷害などの疑いで男逮捕 熊本東署と県警機動捜査隊は26日、傷害と暴力行為法違反(脅迫)の疑いで、本籍熊本市、住所不定、飲食店アルバイト田島琳汰朗容疑者(21)を逮捕。逮捕容疑は6日午前6時ごろ、同市中央区の無職女性(23)宅で、女性の顔面を平手で数回殴って約2週間のけがをさせ、包丁を突きつけて「殺す」などと脅した疑い。署によると当時2人は同居しており、田島容疑者の仕事をめぐって口論になったという。

■水俣川に転落? 女性死亡 26日午後4時半ごろ、水俣市石坂川の水俣川で、近くの無職上村節子さん(82)が水深約80センチの川底に沈んでいるのを捜していた近くの長男(58)が発見。間もなく死亡が確認された。水俣署と水俣芦北広域消防本部によると、上村さんはタケノコが入った籠を背負った状態だった。目立った外傷はなく、誤って川に落ちたとみている。

肥後狂句

安藤黒竜選

若くはない 減ることは無ァ飲み薬 良町 成松 久雄

一概には言えぬが、医者行きが日課みたいな年寄りは多いらしい。証拠に、〈暇すぎて 病院梯〉なんていう句もあるほどだ。

若くはない もう羽伸ばす気になれん 山鹿 尾獣 余聞

とおり道 夜は屋台が軒連ね 菊陽 宮本 秀文

若くはない すぐへこたる 水俣 林田 悦子

若くはない 力仕事は譲ります 玉名 前川 仔猫

とおり道 避けて通れん募金箱 玉名 高木 一天

ためになる ひとの話は聞くものぞ 御領 中尾 明子

とおり道 カモの親子が渡りきり 天草 鶴田ほげん太

若くはない 化粧せずには出れません 山鹿 城 よしこ

ためになる まァ算盤手放せん 黒髪 古川 淳子

被災者は思う

2016.4.27

水のありがたさ感じた

辰巳史佳さん(17)＝高校3年、熊本市南区

自宅は幸いにも、それほど被害はありませんでしたが、断水が続き、水のありがたさを感じました。今は避難所で、清掃や食事の配ぜんのボランティアをしています。26日は東区の西原中で活動しました。県外からのボランティアも多く、感謝しています。将来、県外で震災が起きたときは、駆け付けたいと思っています。

片付け はかどらない

前田尚利さん(81)＝元会社員、熊本市北区

前震の時は自宅の被害も軽微でしたが、本震では食器棚のガラスなどが割れました。一人暮らしなので、片付けもはかどりません。でも、これぱかりは仕方ないですね。今は龍田小に避難していますが、退屈です。4月に生まれる予定のひ孫に会うこと、5月に福岡で昔の同僚と食事をすることを楽しみに過ごしています。

第869回ミニロト宝くじ(26日)

本数字 02 14 16 19 30

ボーナス数字 05

1等	本数字5個一致	(1735万2400円)9口
2等	本数字4個とボーナス数字一致	(15万5800円)72口
3等	本数字4個一致	(1万2000円)1612口
4等	本数字3個一致	(1100円)45025口

第4390回数字選択式全国自治宝くじ(26日)

ナンバーズ3

◇抽せん数字 263

ストレート	(9万1800円)74口
ボックス	(1万5300円)564口
セット・ストレート	(5万3500円)155口
セット・ボックス	(7600円)1189口
ミニ(下2ケタ)	(9100円)441口

ナンバーズ4

◇抽せん数字 4217

ストレート	(86万3300円)25口
ボックス	(3万5900円)363口
セット・ストレート	(44万9600円)84口
セット・ボックス	(1万7900円)1621口

※当せん番号を事前に教えると持ち掛ける詐欺に注意してください。番号発表は本紙掲載の前日です

（第３種郵便物認可）　熊本日日新聞　平成28年（2016年）4月27日　水曜日　社会　22

線路ぐにゃり 風景一変

南阿蘇鉄道 現地調査ルポ

鉄橋、トンネル つめ痕すさまじく

あめ細工のように曲がったレール、ゆがんだ鉄橋、がれきが散乱したトンネル…。熊本地震で被災し、運休が続く南阿蘇鉄道が26日に実施した現地調査に同行すると、鉄路は変わり果て、すさまじい光景が広がっていた。【1面参照】

南阿蘇鉄道は立野―高森間を結ぶ延長17・7キロのローカル線。このうち甚大な被害が出た立野周辺の約2キロを中心に、同鉄道と鉄道総合技術研究所の計7人が調査に入った。

南阿蘇村河陰の戸下トンネルに足を踏み入れると、石積みのコンクリート壁に複数の亀裂があった。「もっとひどいのはこれから」。津留恒督専務の言葉に緊張が走る。

約900メートルの暗闇を抜け、昭和初期に完成した第一白川橋梁が見えた。立野渓谷に掛かる赤茶色の美しいアーチ橋は、南阿蘇の名所。観光トロッコ列車からながめるV字谷の景観は、多くの観光客を楽しませてきた。

そんな風景が一変していた。鉄橋は中央部分が盛り上がり、鋼材が変形。高さ約60メートル、長さ166メートルの橋を歩くと、枕木のずれを防ぐ鋼板が曲がり、外れたくぎやねじが散乱していた。どんな力が働いたのか。橋の上にある作業道のコンクリート板も複数枚外れている。足がすくみ、枕木にしがみついた。

犀角山トンネルは、さらに被害が大きかった。「トンネルごと、ずれているようだ」。自然の力に調査員らがうなる。地盤が沈み込み、枕木や線路は浮き上がった状態。

トンネル出口から約70メートル。土砂崩れでレールがぐにゃりと曲がり、その先は切れて無くなっている。線路の先に立野ダム建設現場が見えた。作業用の橋は崩れ落ち、重機は土砂に埋まっていた。谷の山肌に無数の爪痕が残っていた。

「復旧には補修だけでなく、地盤の変化などの見極めが必要。長く困難な道のりになる」。津留専務は切れた線路の先を見つめた。（藤山裕作）

被災した第一白川橋梁を調べる南阿蘇鉄道の社員ら＝26日、南阿蘇村立野

南阿蘇村／立野駅／JR豊肥線／犀角山トンネル／第一白川橋梁／立野橋梁／立野ダム建設予定地／大津町／戸下トンネル／南阿蘇鉄道／西原村

南阿蘇鉄道の主な被災箇所

壁面が崩れ、がれきが散乱した南阿蘇鉄道の犀角山トンネル＝南阿蘇村立野

熊本市中心部 ホテル 徐々に再開

復旧支援者の利用相次ぐ

27日から営業を再開する熊本ホテルキャッスルのレストラン「九曜杏」＝26日午後3時、熊本市

熊本地震の影響で大半の営業が止まっている熊本市中心部の主要ホテルで、徐々に業務を再開する動きが出てきた。併設レストランから営業を再開する老舗ホテルなどのほか、復旧支援者を優先的に受け入れるホテルも出ている。

地震の揺れで外壁に多くの亀裂が入った熊本ホテルキャッスル。施工した建設会社の調査で建物の安全を確認し、都市ガスも復旧したことなどから1階と地階にあるレストランの再開を決めた。

ただ、客室がある3～10階は廊下などに損傷があり危険なため、全館営業の見通しは立っていない。岩田憲二管理本部長(63)は「復興への第一歩。宿泊客受け入れへ着々と準備を進めていきたい」と前を向く。

婚礼サロンやケーキショップのみの営業となっていたホテル日航熊本も、27日から二つのレストランの営業を再開する。宿泊客受け入れ再開へ向け、「安全確認ができた所から順次、営業再開に踏み切っていきたい」と同ホテル。

ANAクラウンプラザホテル熊本ニュースカイは、客室の修理などに時間がかかり、5月末までの休業を決定。当面、婚礼サロンと売店のみの営業を続ける。

一方、建物の損傷が少なかったアークホテル熊本城前や東横インは、地震発生後も休むことなく営業を続けている。

アークホテルは、地震の影響で観光客らの宿泊キャンセルが相次ぎ、給湯やエレベーターの利用ができない時期もあったが、今は復旧工事や被災者の救援に当たる医療関係者などで満室という。

宿泊営業再開を決めたホテルもある。KKRホテル熊本は27日に営業を再開。丸小ホテルは28日からの再開を決めた。同ホテルは、復旧支援者のみを受け入れる方針で「熊本のために働いてくれる方たちの疲れを癒やしたい」と遠山孝文支配人(46)。6月末まで、住宅被害を調べるため派遣される不動産関係者らの予約で埋まっているという。

県旅館ホテル生活衛生同業組合の林田祐典事務局長(70)は「被害が深刻な熊本市や阿蘇地域以外では問題なく営業している。風評被害によるキャンセルが相次いでおり、正しい情報発信に努めたい」と話している。（宮崎達也、松浦裕子）

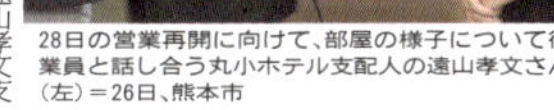

28日の営業再開に向けて、部屋の様子について従業員と話し合う丸小ホテル支配人の遠山孝文さん（左）＝26日、熊本市

九州新幹線 きょう全線復旧

熊本―新水俣 午後から営業運転

JR九州は26日、熊本地震の影響で不通となっている九州新幹線の熊本―新水俣が27日午後に営業運転を再開し、全線復旧できる見通しになったと正式に発表した。同日午前の試験走行で安全を確認する。博多―鹿児島中央の直通列車は、午後2時台に博多駅を出発する便から再開する見通し。

熊本―新水俣では、運転再開に向け最大の課題だった脱線車両の撤去が24日に完了。新八代駅ホームや防音壁など破損した設備の修復も順調に進んでいるため、当初目指していた28日の全線復旧を前倒しできると判断した。試験走行は熊本―新水俣で午前9時に始め、午後1時ごろまで上下計9本程度走らせる。

27日午後のダイヤは同日午前に決定し、同社ホームページなどで発表する。一部区間を徐行するため、所要時間は通常より長くなる見通し。山陽新幹線との相互乗り入れは28日以降に検討する。

九州新幹線は、14日夜に全線不通となり、20日に新水俣―鹿児島中央、23日に博多―熊本で順次、運転を再開した。（田川里美）

脱線車両の動きを分析 運輸安全委

運輸安全委員会の中橋和博委員長は26日の記者会見で、地震による九州新幹線脱線事故について、2004年の新潟県中越地震や11年の東日本大震災での脱線を挙げ「過去の2例と似ているのか別なのか、究明していく」と述べた。安全委は、観測データを基に、地面や高架橋の揺れ、レールや車両がどう動いたかを分析する。必要な対策も検討する。

事故は、最初の揺れがあった14日夜に発生。6両編成の回送列車が熊本駅の約1・3キロ南、半径1000メートルの右カーブを時速約80キロで走行中に脱線した。

安全委によると、鉄道事故調査官は15日以降、現地で脱線した車両やレールの損傷を調べ、運転士から聴き取りした。

脱線防止装置、拡大へ 設置範囲広げ安全強化

JR九州は26日、九州新幹線で脱線を防ぐための装置を線路に取り付ける範囲を、現行計画の約55キロから拡大する方向で検討に入った。考慮していなかった断層帯の活動で熊本地震が発生し、装置のない場所で回送列車が脱線したのを踏まえ、影響を受ける大地震の想定域を広げる。

55キロは上下線の全長の1割で、JR東海や東日本に比べ設置率が低いため、安全策を強化する。同社幹部が明らかにした。

装置は、レールの内側に平行して敷設する鉄製の「脱線防止ガード」。地震の揺れで片側の車輪が浮き上がると、もう一方の車輪のフランジ（つば）がガードに引っ掛かり、傾きが戻る仕組みになっている。費用は設置距離1キロ当たりで1億円前後かかるとされる。

九州新幹線は、最初の揺れがあった14日夜、6両編成の回送列車が熊本駅の約1・3キロ南を時速約80キロで走行中、全車両が脱線した。この地点にガードはなかった。

カンちゃん　フジヤマジョージ

ナズナ！

カンちゃんもさがしてみたら～

春の野原には食べられる草花がたくさん生えてるの

キョ。

もしかして春の生け花にも……!?

？

熊本市方面へ通行できるようになった九州自動車道の八代インターチェンジ＝26日、八代市

九州自動車道 嘉島―八代が開通

熊本地震の影響で通行止めとなっていた九州自動車道の嘉島ジャンクション（JCT）―八代インターチェンジ（IC）の33キロが26日、通行できるようになった。同時に九州中央道の嘉島JCT―小池高山ICの2キロも通れるようになった。

県内で通行できないのは九州自動車道嘉島JCT―植木ICのみとなったが、国土交通省は4月中に復旧できる見通しを示している。

西日本高速道路によると、嘉島―八代間は緑川パーキングエリア付近で歩道橋が崩落したり、道路の段差が生じたりしていた。通行止め区間の植木―益城熊本空港ICの19キロは、緊急車両や高速バスに限定して通行が可能となっている。（中尾有希）

九州の高速道路の復旧状況

九州道／北九州／福岡／長崎道／鳥栖／長崎／大分道／日出／大分／湯布院／植木／嘉島／小池高山／八代／人吉／えびの／加治木／宮崎／清武南／宮崎道／鹿児島／鹿屋串良

━不通　━復旧

ノロウイルス感染 新たに2人判明 南阿蘇村

熊本地震の避難所となっている南阿蘇村の南阿蘇中体育館で25人が下痢などを訴え、ノロウイルスの集団感染が疑われていた問題で、村は26日、ノロウイルスが検出されたのは1人だったと発表した。ただ同日、新たに同体育館で1人、白水保健センターで1人の感染が判明。村は、引き続き避難所での感染拡大防止に努める。

同体育館では20日、下痢や嘔吐などを訴えた男性(59)が病院に搬送され、ノロウイルスに感染していることが分かった。男性以外の24人にも下痢や嘔吐、発熱などの症状があり、13人が病院に搬送された。

集団感染の恐れがあることから、村は体育館の大規模な消毒を実施。一方で、25人のうち症状が重かった人の診断結果などを調べたところ、ウイルスが検出されたのは最初の男性だけだったという。

村によると、新たに感染が判明した2人は成人で性別は不明。簡易検査キットでノロウイルスが検出された。いずれも軽症で、それぞれの避難所で別の部屋に移された。

村は「消毒や手洗いの呼び掛け、体調の聞き取りなど感染拡大防止をさらに徹底する」としている。（酒森希）

原発報道は公式発表で

NHK会長 会議で指示

NHKの籾井勝人会長が熊本地震発生後に開いた局内の会議で、原発については住民の不安をいたずらにかき立てないために、公式発表をベースに伝えるよう指示していたことが26日、衆院総務委員会で明らかになった。籾井会長は「事実に基づいた報道が住民に安心感を与える」と説明した。奥野総一郎氏（民進党）の質問に答えた。

会議は20日に開かれ、出席した役員らから会長の指示に対する異論は出ず、発言記録がイントラネットで幹部らに共有されたという。NHK職員でつくる日本放送労働組合は「もし行政の判断や活動に問題がある場合には、批判するのも当然の役割だ」との見解を発表した。

4月27日の飛来予測

		6-12	12-18	18-24	28日
九州北部	大気汚染粒子	やや多い	やや多い	多い	やや多い
九州北部	黄砂	少ない	少ない	少ない	少ない
九州南部	大気汚染粒子	少ない	少ない	多い	多い
九州南部	黄砂	少ない	少ない	少ない	少ない

非常に多い：注意喚起レベル　多い：環境基準値程度　やや多い：大気が少しかすむ　少ない：清浄

予測システム「スプリンターズ」開発チーム提供

9日間の天気 Weather Report

27(水)　28(木)　29(金)　30(土)　1(日)　2(月)　3(火)　4(水)　5(木)

札幌／東京／名古屋／大阪／広島／福岡／熊本／長崎／佐賀／大分／宮崎／鹿児島／那覇

／のち　｜時々

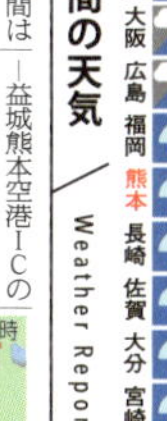

阿蘇山の風向予想（日本気象協会 tenki.jpより）

きのうの気温 26日

（天気・湿度は15時、県内の気温は0時―17時、Δ印は低め）

	最高	平年比	最低	平年比	湿度	天気
熊本	26.3	3.2	16.1	4.0	62%	曇
牛深	22.9	1.2	16.8	2.8	77%	―
人吉	22.1	Δ0.6	16.1	5.7	72%	―
阿蘇	22.2	2.6	14.4	7.0	―	―

（阿蘇山上の最高気温は16.4度、最低気温は12.2度）

	最高	最低	天気
福岡	26.3	16.7	曇
佐賀	27.8	16.5	曇
長崎	23.3	16.9	曇
大分	22.1	14.6	晴
宮崎	20.7	17.1	雨
鹿児島	23.2	18.3	曇
那覇	28.2	23.9	曇
松江	26.0	10.1	曇
広島	25.8	12.8	曇
高松	26.1	12.3	曇
大阪	27.5	15.8	晴
京都	28.6	14.2	晴
名古屋	25.5	13.8	晴
長野	24.8	9.2	曇
東京	25.1	14.2	晴
新潟	19.9	9.2	曇
仙台	21.3	9.3	曇
秋田	18.6	5.7	曇
札幌	14.1	6.6	俄雨

潮ごよみ

旧暦3月21日（27日）　中潮・月齢 19.7

日出 5時34分　日入 18時56分　月出 23時15分　月入 9時05分

	満潮	干潮
三角	11.08 / 23.57	5.26 / 17.33
水俣	10.59 / 23.58	5.24 / 17.36
牛深	10.12 / 23.22	4.39 / 16.48
玉名	11.18 / ―.―	5.36 / 17.43

旧暦3月22日（28日）

	満潮	干潮
三角	11.41 / ―.―	5.59 / 18.10
水俣	11.30 / ―.―	5.59 / 18.14
牛深	10.49 / ―.―	5.20 / 17.31
玉名	0.07 / 11.51	6.09 / 18.20

新聞定価1カ月 朝刊のみ=3,093円(税込み)、朝夕刊セット=3,460円(税込み) 朝刊1部売り=120円(税込み)

ごみの山 増えるばかり

熊本地震

熊本地震による災害ごみが、街にあふれている。予想を超える量に回収が追いつかない上、焼却施設も損傷。路上に山積みにされたままの「ごみやがれき」は、復旧へと向かう街や暮らしの妨げになりつつある。【1面参照】

東部環境工場で、ごみを回収する長崎県の収集車。家具や布団などのごみが、うずたかく積まれている=26日、熊本市東区

施設損傷 進まぬ焼却処理

熊本市 回収めど立たず

熊本市北区で、会社の敷地をごみ集積所として貸し出す新道欣也さん(59)は、一般ごみの上に壊れた家具など災害ごみが積まれ、異臭がしたと顔をしかめる。「衛生環境が悪化し、感染症がはやったら怖い」と、集積所に消毒剤をまいているという。

東区の歩道では、コンクリートブロックや屋根瓦が約10メートルにわたって積み上げられていた。近くの男性(72)は「余震のたびに崩れ落ちてくる。子どもも遊ぶ場所なのに…」。

市は紙やペットボトルなどの家庭ごみ収集を一時中断、220台の収集車をフル稼働して回収にあたる。これまでの総計は約1万5200トン。2000トン以上集める日もある。

しかし、処理が追いつかない。可燃ごみの処理にあたる東西2環境工場のうち、主力の東部が16日の本震で損傷し、復旧のめどが立っていない。西部は1日280トンが限界。災害時の使用を想定していた東区戸島町の仮置き場や処理施設に運びこまれたごみの山は、高くなる一方だ。

がれきや埋め立てごみを処理する北区の扇田環境センターにも、この10日間で、昨年度1年間で処分した量を大幅に超える計約8600トンが持ち込まれた。解体業者の男性(45)は「搬入に1時間以上かかったのは初めて」と驚く。

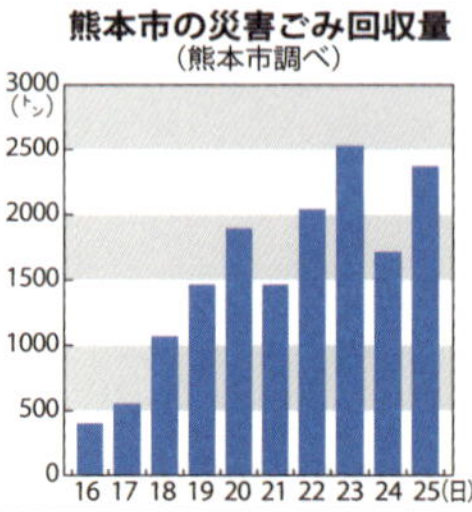

緊急事態を受けて、福岡、北九州、広島、京都の4市と長崎県も支援に乗り出した。福岡市と長崎県は集めたごみを持ち帰って焼却も担うが、「1日100トンの受け入れが可能だが、人員不足もあり、最大量までは運び込めていない」(福岡市環境局)のが現状。それでも熊本市廃棄物計画課の小崎昭也課長は「今後も自治体や民間企業などの協力を得て、迅速な処理に努めたい」と望みを託す。

被害の大きかった益城町や阿蘇市も同様で、現在は仮置き場へのごみの持ち込みを制限しているという。益城町では処理施設が故障したため、有明広域行政事務組合と神戸市の支援を受けている。

熊本市は今後、倒壊した建物の解体や避難所から戻った市民の片付けで、さらにごみは増えると予想。出されたごみの中には壊れていない家電や家具など、震災とは無関係のごみも混在し、総量を押し上げる。路上から「ごみが消える日はいつになるのか—。担当者にも見通しは立たないという。(馬場正広、富田ともみ)

熊本市の災害ごみ回収量(熊本市調べ)

(縦軸:3000 2500 2000 1500 1000 500 0(トン) 横軸:16 17 18 19 20 21 22 23 24 25(日))

慈善上映会 故郷にエール

行定監督、高良さんら 都内で支援呼び掛け

映画「うつくしいひと」チャリティー上映会の後、募金を呼び掛ける行定勲監督(右から4人目)や高良健吾さん(同3人目)ら=25日夜、東京・新宿

熊本市出身の行定勲監督が手がけた映画「うつくしいひと」のチャリティー上映会が25日夜、東京・新宿であった。行定監督のほか、同市出身の高良健吾さん、橋本愛さんら出演者も熊本地震で傷ついた故郷への思いを語り、観客に復興への支援を呼び掛けた。

仕事で地元に戻っていて16日未明の「本震」を経験した行定監督が提案、高良さんらが協力して実現した。

「うつくしいひと」(39分)はキャストすべてが県出身者。昨年10月に撮影し、地震で大きな被害が出た阿蘇や熊本城も登場する。

行定監督は熊本市の避難所で、お年寄りの女性から「私が生きとるうちには、あの美しか熊本城は見られん。映画を作ってくれてありがとう」と声を掛けられたという。「熊本の素晴らしさを伝えられる映画だと思う。映画に出てくる美しい熊本の景色を必ず取り戻したい」と語った。

避難所に水を届ける活動もした高良さんは「故郷は本当に特別で、自分の根っこがある場所。長いスパンで熊本の力になっていく」と決意を語り、橋本さんも「人の心の復旧も進み、安心して暮らせる助けになりたい」と話した。

行定監督によると、チャリティー上映会は5月17日に東京・有楽町、6月12日に荒尾総合文化センター(荒尾市)などでも開かれる。(清田幸子)

「迷惑かけられぬ」 県外行きを決断

熊本市・田畑さん

親に認知症、避難生活難しく

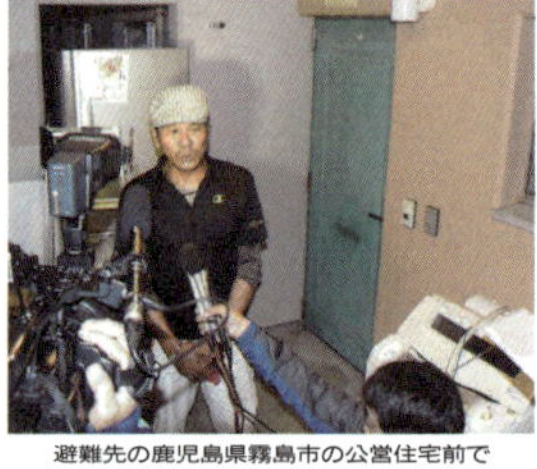

避難先の鹿児島県霧島市の公営住宅前で取材に応じる田畑浩文さん

熊本地震で2階建ての一軒家が半壊した熊本市東区の自営業田畑浩文さん(55)は23日、妻礼子さん(52)、認知症を患う80代の義理の親とともに、鹿児島県霧島市の公営住宅に避難した。「避難所暮らしは、両親と他の被災者の双方にとって酷だ」と考えての決断。夫妻は今後に不安を抱きつつ、新生活を始めた。

田畑さんの家は14日夜の「前震」では持ちこたえたが、16日未明の「本震」でついに壊れた。この日から一家は、近くの小学校で避難生活を始めた。

一つの教室に、他に6世帯30人近くが身を寄せた。義父は、重度の認知症と環境の変化により、食事の内容や子どもの騒ぎ声に立腹して大声で文句を言うようになった。義母にも認知症があり、2人は言い争うようになった。「手に負えない。これ以上、周りに迷惑をかけられないと思った」

義父を入院させることができる熊本市内の病院を探したが、地震による患者の受け入れで満杯。そうした中、鹿児島市に住む義弟(48)が、同市内の病院に入院できるよう手配してくれた。鹿児島県霧島市で公営住宅が提供されることを知り、県外行きを決めた。

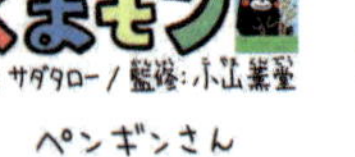

くまモン
ペンギンさん
作:サダタロー/監修:小山薫堂

親思いの息子 母と犠牲に

益城町 村上ハナエさん、正孝さん

村上ハナエさん 村上正孝さん

14日夜の前震で自宅が倒壊し、亡くなった村上ハナエさん(94)、正孝さん(61)親子=益城町木山。正孝さんはタクシーの乗務員をしながら、寝たきりのハナエさんを献身的に介護していた。

正孝さんは、ハナエさんをはじめ、妻の恭子さん(53)と2人の息子の5人暮らし。夜勤に備えて1階で休んでいた正孝さんは、ハナエさんとともに崩れた家屋の下敷きに。恭子さんと中高生の息子らは間一髪で犠牲を免れた。

近くに住む吉本光雄さん(62)によると、ハナエさんは以前、自宅で洋裁教室を開き、足を悪くしてからは「一緒に暮らす孫たちにうれしそうに寄り添っていた」。

正孝さんとは幼なじみで、「家で暮らしたいというハナエさんのため自宅での介護を選び、毎日一緒に寝ていた。あんなに優しい人が逝ってしまって…」と唇をかんだ。

優しさと気配りから乗客にも人気のあった正孝さん。勤務していたタクシー会社の松本秀之専務(32)は「一生懸命で同僚にも好かれていた。子どもたちのため、まだまだ頑張るつもりだったと思う」と語った。

大黒柱と家を同時に失った恭子さんは「まだ気持ちの整理がつかない」と話すのが精いっぱいだった。(宮崎達也)

「何でもできる」優しい夫

熊本市の高村秀次朗さん

約50年前、結婚式での高村秀次朗さん(遺族提供)

「本当に優しかったですよ」。16日の本震で亡くなった高村秀次朗さん(80)=熊本市中央区本荘。妻の和子さん(79)はポツリポツリと、夫の在りし日の面影を語った。

14日の前震の後、雨漏りをしないように家を補修し、翌日はひと安心して夫婦で就寝していた。激震で目が覚め、和子さんは秀次朗さんに声を掛けた。「どこにおると」「ここにおるよ」。それが最後の会話になった。

庭いじりなど、いろんな趣味があったという秀次朗さん。地域の人にスイセンの球根をプレゼントしたことも。近所では「もの静かなおじいさん」「買い物や食事など、家事を何でもできる人」と評判だった。「髪が白くなったら、このままですよ」。和子さんは半世紀前の結婚記念写真を、いとおしそうに見つめた。(飛松佐和子)

生徒に人気 カラオケ講師

益城町の荒牧不二人さん

荒牧不二人さん

ディック・ミネの「夜霧のブルース」がおはこだった。14日夜の前震で犠牲となった荒牧不二人さん(84)=益城町惣領=は精米所を営み、地元で人気のカラオケ講師だった。

生徒は約80人おり、熊本市内でも指導していた。20年近く、荒牧さんの自宅で開かれるカラオケ教室に通っていた近くの島田イチ子さん(81)は「高音から低音まで出るすばらしい歌声の人。教え方も丁寧で、『気を付けて帰って』と見送ってくれた。こんな先生はほかにいない」と振り返った。

マンドリンに親しみ、車やバイクも好むなど、付き合いも広く、多趣味だった。地震が発生した14日は、生徒たちをカラオケ教室から送り出した後、自宅で地震に遭遇した。仲の良かった近所の阪口基明さん(79)は「バイクと一緒に写真を撮ったこともあるんですよ。優しい人だった」と冥福を祈るように繰り返した。(中原功一朗)

努力家 絶たれた勉強の夢

東海大1年・清田啓介さん

将来は動物関連の仕事に…

清田啓介さん

16日の本震で、南阿蘇村河陽のアパートが崩れて犠牲になった東海大農学部1年の清田啓介さん(18)は、八代市の八代清流高を3月に卒業し、志望していた同大学に進学したばかりだった。

八代清流高の山西孝起教頭(53)は「まじめで陰日なたなく、コツコツ努力する生徒だった」。秋ごろ推薦で合格した後も気を緩めることなく、「大学の授業にしっかりついていけるように」と勉強に励んでいたという。

将来は動物に関わる仕事に就く夢を持っていた。「大学では飼育される動物のストレスを軽減させるような研究をしたい、と目標を持っていた。これから、やりたいことをやろうとしていたのに…」と肩を落とした。

実家の近くに住む女性(79)は「おとなしいけれど、しっかりした印象。たまらないです」と話した。(平井智子)

戸川昌子さん死去

推理作家、シャンソン歌手 85歳

推理作家でシャンソン歌手としても活躍した戸川昌子(とがわ・まさこ)さんが26日午前5時47分、胃がんのため静岡県内の病院で死去した。85歳。東京都出身。葬儀・告別式は5月5日午前10時から東京都大田区東海1の3の1、臨海斎場で。喪主はシャンソンアーティストで長男のNERO(本名戸川尚作=とがわ・しょうさく)さん。

タイピストをしていた1950年代後半、シャンソン喫茶「銀巴里」で歌手デビュー。代表作「リリー・マルレーン」で知られた。

歌手の傍らミステリー小説を執筆、62年に「大いなる幻影」で江戸川乱歩賞を受賞した。その後も直木賞候補となった「猟人日記」をはじめ、数多くの作品を発表した。

67年に東京・渋谷に開いたシャンソンバー「青い部屋」は、三島由紀夫、川端康成ら多くの文人に愛された。テレビのワイドショーでコメンテーターを務めるなど、幅広く活躍。晩年まで歌手として舞台に立ち続け、2000年の「青い部屋」改装後は、ロックや演劇のイベントも開催していた。

お笑いタレント 前田健さん急死

東京都内の路上で倒れ、心肺停止の状態で病院に搬送されたお笑いタレントの前田健さん(44)が26日未明、虚血性心不全のため死亡したと所属事務所が同日発表した。

警視庁四谷署によると、前田さんは24日午後7時15分ごろ、新宿区新宿3丁目の繁華街で嘔吐して倒れた。

テレビ朝日によると、前田さんは24日に同局のバラエティー番組の収録に朝から参加。スポーツ企画で50メートル走や走り高跳びなどを行った後「体調が悪い」と話したが、収録を最後まで続けた。前田さんには不整脈の持病があったという。

前田さんは歌手松浦亜弥さんの物まねなどで知られる。

大川 久男さん(おおかわ・ひさお=脚本家)19日午後10時45分、呼吸不全のため川崎市高津区の病院で死去、88歳。横浜市出身。葬儀・告別式は近親者で行った。喪主は妻し津か(しずか)さん。

テレビアニメ「アルプスの少女ハイジ」「ふしぎの海のナディア」のほか、映画「赤い夕陽の渡り鳥」などの脚本を手掛けた。

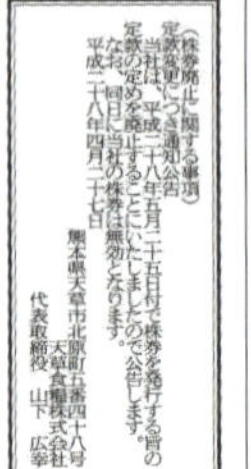

1　（昭和17年4月1日第3種郵便物認可）　第26631号　（日刊）

熊本日日新聞

夕刊

発行所　熊本日日新聞社　〒860-8506　熊本市中央区世安町172　☎代表（096）361-3111　©熊本日日新聞社2016年

2016年（平成28年）4月27日　水曜日

読んでほしい、本があります。
熊日出版
熊日の本のお買い求めは、県内各書店または
TEL 096-361-3274

ニュース速報　詳しくはあすの朝刊で

九州新幹線 全線復旧へ　熊本地震 13日ぶり

試験走行で新八代駅を通過する九州新幹線の車両＝27日午前10時15分すぎ、八代市（大倉尚隆）

ＪＲ九州は27日午前、九州新幹線の熊本―新水俣間で試験走行を始めた。安全性を確認した上で、午後２時36分の博多―鹿児島中央の直通運転から再開する。14日夜の熊本地震発生から13日ぶりの全線復旧。新玉名―新八代間は徐行運転する。

また、同社は新大阪駅直通の「さくら」と「みずほ」を28日にも運行再開する方向で調整している。

エコノミー症候群３人増

県は27日、地震の発生後、エコノミークラス症候群で入院が必要な重症と診断された患者が新たに３人増え、26日までに計40人になったと明らかにした。

県によると、65歳未満の女性１人と65歳以上の男女２人。25日午後４時から26日午後４時までに、県内の医療機関を受診した。

補正予算 来月13日に決定

安倍晋三首相は27日、熊本地震を受けた2016年度補正予算案を５月13日に閣議決定し、国会に提出すると表明した。官邸で九州経済４団体の要望に答えた。与党は幹事長会談で、野党の理解を得て５月17日の成立を目指す方針で一致。民進党の加藤敏幸参院国対委員長は党会合で、同日の参院本会議で成立するとの認識を示した。麻生泰九州経済連合会会長は「政府の力なしに復興はできない。予算などで先手を打ってほしい」と求めた。

本屋でつかの間の安らぎを
熊本市の橙書店 再開　常連客が片付け協力

営業を再開した橙書店。地震の後、多くの常連客が片付けに駆け付けた＝熊本市中央区

熊本地震で書店の多くが被害を受けた中、熊本市中央区新市街の橙（だいだい）書店が常連客の協力を得て、再開にこぎ着けた。本に触れ、店主と話すことで、客はつかの間の日常を取り戻している。

玉屋通りにある同店は2001年に開業。カフェを併設した20坪ほどの店内に、店主の田尻久子さん(46)が選んだ本が並ぶ。客と店の距離の近さで知られ、年数回、作家のトークショーも。

熊本地震では本棚の一部が倒れ、本が散乱したが、10人を超す常連客が次々に訪れ、「早く店を開けよう」と片付けを手伝ったという。22日には書店のみ再開した。

来店した瞬間、ほっとして泣きだす常連客も。自身の被災体験や生活の悩みを打ち明ける人も多いという。久留米市から災害ボランティアで訪れた男性(42)は「いい雰囲気の書店ですね」と話していた。

田尻さんは常連客らの善意に感謝し、「みんなが街の明かりを欲している。日常が少しでも戻ると、心が落ち着くのではないか」と話している。

熊本市中心部では、上通の長崎書店も仮営業している。（中原功一朗）

０増６減法案を可決

自民、公明両党が衆院選挙制度改革に向けて提出した公選法などの改正案は27日の衆院政治倫理・公選法改正特別委員会で、与党とおおさか維新の会の賛成多数により可決した。小選挙区定数の「０増６減」が柱で、28日の衆院本会議で可決され、28日中に参院へ送付される。５月中に成立する見通しだ。

核ごみ受け入れ「協議も」

九州電力玄海原発が立地する佐賀県玄海町の岸本英雄町長は27日、原発から出る「高レベル放射性廃棄物」（核のごみ）の最終処分場について、記者団の取材に「自ら手を挙げる訳ではないが、国が玄海町を適地として選定した場合は協議に応じる。国の原子力政策には前向きな立場だ」と話した。

博多駅前に新ビル開業

福岡市のＪＲ博多駅近くに27日、オフィスの貸し付け面積が九州最大級となる大型商業ビル「ＪＲＪＰ博多ビル」が開業した。ＪＲ九州と日本郵便が建設、この日は地下１階から地上２階までの飲食店ゾーンがオープンした。熊本を中心とする地震の発生を受け、25日に予定されていた竣工（しゅんこう）式は中止になった。ビルは地上12階、地下３階で、延べ床面積は約４万４千平方㍍。

ＪＲ九州と日本郵便が建てた「ＪＲＪＰ博多ビル」＝27日午前、福岡市博多区

アイフォーン 初の販売減

【ニューヨーク共同＝五十嵐希】米ＩＴ大手アップルは、26日発表した１～３月期決算で、スマートフォン「iPhone（アイフォーン）」の世界販売台数が前年同期比16％減の5119万３千台と、2007年の発売から初めて減少したと明らかにした。売上高は13％減の505億5700万㌦（約５兆６千億円）と、13年ぶりの減収になった。スマホの世界的な普及で需要が弱くなった。景気が減速する中国での販売が不振だったことも響いた。純利益は22％減の105億1600万㌦。

ニュース速報

クリントン氏 指名視野に

【フィラデルフィア共同】米大統領選の党候補指名争いは26日、東部５州で予備選が実施され、米メディアによると、民主党はクリントン前国務長官(68)が大票田のペンシルベニアに加え、メリーランド、デラウェアの計３州を制した。代議員獲得総数は過半数の９割近くに迫り、指名を視野に入れた。共和党は実業家トランプ氏(69)が全ての州で勝利した。

26日、米フィラデルフィアの集会会場に到着したクリントン氏（ロイター＝共同）

あすの天気

27日９時

地点	降水確率	気温
熊本	60	18～19℃
人吉	60	16～18℃
阿蘇	60	15～16℃
天草	60	17～19℃

福岡　佐賀　長崎　大分　宮崎　鹿児島　那覇　大阪　東京　札幌

○快晴　⦶晴れ　◎くもり　●雨　雷　雪　みぞれ　地吹雪　風向・力　温暖前線　寒冷前線　停滞前線

／のち　｜一時、時々　％ 6時～12時降水確率

大雨に警戒

今夜は低気圧が九州南部付近を通過。県内は雨脚が強まり、大雨の恐れがある。引き続き、土砂災害などに警戒が必要。

地震後、前線の影響で雨の日が多くなっている。各地で地盤が非常に緩んでおり、山崩れやがけ崩れなどが起きやすくなっている。さらに、堤防などが地震で被害を受けている所があるため、河川の増水や氾濫などに対しても普段以上の注意・警戒が必要となっている。

あすは雨で、夕方から曇り。

【正午の気温】（　）内はけさの最低
熊本 19.0(17.9)
人吉 18.4(16.8)
阿蘇 16.1(15.5)
牛深 19.2(17.9)

【28日】〈小潮〉
旧暦　3月22日
日出　5時33分
日入　18時57分

（三角港）
満潮　11時41分　×時 ×分
干潮　5時59分　18時10分

一筆　感染症への備え

県老人福祉施設協議会会長　鴻江 圭子

2016.4.27

熊本地震の避難所で被災住民の体調不良が相次いでいる。南阿蘇村ではノロウイルスの感染疑いが出て、拡大が懸念される。避難生活が長期化すると、住民の方々の体力も落ち、感染しやすくなる。罹患（りかん）された方々の回復を願うばかりである。

高齢者施設でも感染症は大きな問題である。利用者は介護の必要性が高く、重度の方たちが大半を占める。当然、体力もなく、免疫力も低い。1人が罹患するとまたたく間に広がる。

そこで各施設は感染症対策委員会を置き、内外を問わず研修会を開いている。職員の感染症に対する知識を高め、早期に対応できるよう意識付けを図っている。

具体的な予防策としては、来所者用の手指消毒器を設置したり、インフルエンザの流行時期にはマスクなどを常時用意したりしている。

最近のノロウイルスは感染力が強くなっている気がする。施設としては嘔吐（おうと）物の処理セットなどを利用し、すぐに対応できるようトレーニングしている。日常的に使うトイレや浴室の清掃など衛生管理に努めている。

しかし感染源は、外部からの訪問者であったり、ショートステイなど在宅サービスの利用者であったりと多様で、感染を完全に封じ込めることは難しい。これからも感染症対策にしっかりと取り組んでいかなければならない。

蒸し暑い季節も近づき、食中毒も心配だ。仮設住宅やさまざまな住まいの確保に努め、できるだけ早く避難生活に区切りが付けられることを切に願っている。

地震で被災した熊本とエクアドルへの義援金を集めるため、ファンにサインするドジャースの前田健太投手＝26日、ロサンゼルス（共同）

前田投手ら 慈善サイン会

【ロサンゼルス共同】米大リーグ、ドジャースの前田健太投手らが26日、本拠地のドジャースタジアムで、地震で被災した熊本とエクアドルへの義援金を集めるための慈善サイン会を開いた。ファンが10㌦（約1110円）を支払ってボールや色紙などの持参品にサインをもらう形式で、ロバーツ監督やプイグ外野手らも参加し、約4500㌦が集まった。ドジャース球団が資金を追加し、１万㌦を寄付する。

前田投手は「自分の育った日本が被災したことは悲しいニュース。みんなの思いが届けばうれしいし、少しでも貢献したい」と、ユニホーム姿でサインを繰り返した。

黙鼓子

九州新幹線、13日ぶり全線開通へ。きょう午後、熊本―新水俣で営業運転。待ってました。

◇

熊本市の橙（だいだい）書店が営業再開。常連客駆けつけ、片付け手伝う。心安らぐつかの間の日常。

◇

熊本市立の学校134棟に「危険」判定。修復工事には時間。授業再開へ知恵と工夫を。

◇

三菱自、燃費偽装25年も。開発競争で現場に圧力。リコール隠し後も変わらぬ体質。喝！

◇お断り　「スポーツ芸能」は休みました。テレビ欄は７面です。

（第3種郵便物認可）　熊本日日新聞　（夕刊）　平成28年（2016年）4月27日　水曜日　8

熊本地震

ペットと避難「心の支え」

熊本地震の避難所に、ペットたちと寄り添う人たちの笑顔が少しずつ広がっている。当初は避難所にペットが入れないからと、車中泊などを選択する人たちもいたが、市民団体や動物病院などの支援で、専用の環境も整ってきた。飼い主にとっても、家族同然のペットと過ごす時間が、心の支えになっている。

（写真部）

ペットと寝泊まりできる専用テントに愛犬と避難している3人の女性たち。全員70代で、避難所で初めて出会い、3㍍×6㍍のスペースで、共同生活をするようになったという。「1人暮らしの私たちにとっては、ペットは子どもと同じ」と口をそろえた＝26日午前、益城町総合体育館の広場（横井誠）

ペット同伴の避難所を開設した熊本市の竜之介動物病院。最大で200人を超す人たちが集まった。トイプードルと一緒だった林田賢德さん(76)と静代さん(72)夫婦は、地震後に元気がなかった愛犬の回復に、ひと安心＝25日午後、熊本市中央区（岩崎健示）

ペットと泊まることができるエマージェンシーテントを屋外に設営する市民団体のスタッフ＝23日午後、益城町総合体育館（横井誠）

前震翌日の15日夜、避難所となったグランメッセ熊本で屋外につながれていた犬。この4時間後に本震が襲った＝益城町（岩崎健示）

ペットに関するさまざまな情報が張り出された掲示板＝26日午後、益城町総合体育館（横井誠）

ドッグフードなどペットの支援物資を提供するNPOスタッフ＝23日午後、益城町総合体育館（横井誠）

識者評論

熊本地震の避難者

静岡大教授　池田　恵子

支援の意思決定に女性も

熊本地震では、避難生活の長期化が懸念される。避難者への支援に際しては一人一人の特性を踏まえることが重要だ。年齢、性別、就労や家族の状況など、さまざまな事情により必要とする支援は異なるためだ。

過去の大災害の経験から、例えば性別や立場ごとに避難生活で直面する困難にどんな違いがあるかや、問題への効果的な対応策が、ある程度明らかになってきている。

避難所の生活環境面では、女性は着替えや授乳の場所の確保が困難で下着も干しにくい。乳幼児、障害者、要介護の高齢者ら特別な配慮を必要とする要配慮者やその家族は避難所に居づらい。こうした問題には、授乳用や要配慮者用のスペースを設け、プライバシーを保護するついたてなどを活用すれば対応可能だ。

物資面では、育児・介護用品、女性用品や下着が不足しがちだ。物資の細かな要望を把握するには、避難所で男女とも担当者になる必要がある。

心身の健康面では、不安や不眠を訴えるのは女性の方が多い。一方、男性はストレスをため込みやすい特徴がある。

安全の課題もある。過去には女性や子どもへの性暴力やハラスメントが起きた。この問題は認知度が低く、被害者は日常にも増して声を上げにくいため、予防が特に重要だ。避難所の仮設トイレを男女別にし、設置場所を工夫するなど安全を意識した環境をつくり、パトロールや相談受け付けなどの対策が必要で、自己責任で身を守れという だけでは不十分である。

女性の役割、男性の役割といった固定的な性別役割による対応は、男女双方に過度な負担を掛ける。ライフラインがなく重労働化した家事や家族のケアを女性だけが担い、一部の男性に地区や避難所の運営の責任が集中するのは避けたい。

ある対策が別の効果を生む例もある。過去の災害では、自ら声を上げにくい要配慮者に適切な支援がなされない問題が繰り返されてきた。こうした要配慮者のケアを担うのは多くが女性。女性への支援は、要配慮者への支援にもつながることを認識したい。また、子どもや高齢者をケアする施設の早期再開は、人々が復興に取り組む時間を確保するためにも重要だ。

避難所の運営や被災者支援の意思決定の場に女性がしっかり参画すべきである。被災者の恐らく半数を占める女性の要望と、被災者支援の質を左右する栄養、衛生、育児、介護などの経験と知識が反映されやすくなる。

こうした取り組みの重要性は国の防災基本計画に盛り込まれ、内閣府は2013年に「男女共同参画の視点からの防災・復興の取組指針」を策定して具体策を示した。避難所の環境や運営、防犯に関する「避難所チェックシート」もある。東日本大震災をはじめ、過去の大災害の得難い教訓が生かされることを望む。

いけだ・けいこ　1966年富山県生まれ。一橋大学院で修士号（社会学）。2000年から現職。防災への女性の参加に関心が深い。「減災と男女共同参画研修推進センター」共同代表。

「勝って熊本に恩返し」

再春館バド部　福井・勝山市で練習

福井県勝山市役所を表敬訪問した再春館製薬所女子バドミントン部の前田美順選手（右）と今井彰宏監督＝26日午後

熊本地震で被災し、福井県勝山市に避難している再春館製薬所（益城町）の女子バドミントン部の選手ら7人が26日、山岸正裕市長を表敬訪問した。勝山市出身の今井彰宏監督は「試合で結果を残して復興の力になりたい」と述べた。

キャプテンの前田美順選手は「熊本から出るのは心苦しかったが、素晴らしい環境で練習できた。勝って恩返ししたい」と話した。山岸市長は「大変な被災をした」とねぎらった。

選手らは17日に勝山市に避難し、練習を再開。強化合宿のため近く同市を離れる予定。

1　3版　平成28年（2016年）4月28日　木曜日　熊本日日新聞　（昭和17年4月1日第3種郵便物認可）　第26632号　日刊

被災家屋2万7千棟

熊本地震2週間

熊本市 1万件超届け

避難者なお3万7千人

熊本市は27日、熊本地震の前震翌日の15日以降に受け付けた罹災証明の申請が、全壊と半壊合わせて1万1240件（27日午後3時集計）に上ったことを明らかにした。市はこれまで、確認した全半壊戸数を93棟としていたが、申請件数を基にすると大幅に増加する可能性がある。市の報告を受け、県災害対策本部は27日、県内の一部損壊を含む被災家屋が約2万7千棟に上ると発表した。

熊本地震本震当日の17日、倒壊して道をふさいだ家屋＝熊本市中央区山崎町（横井誠）

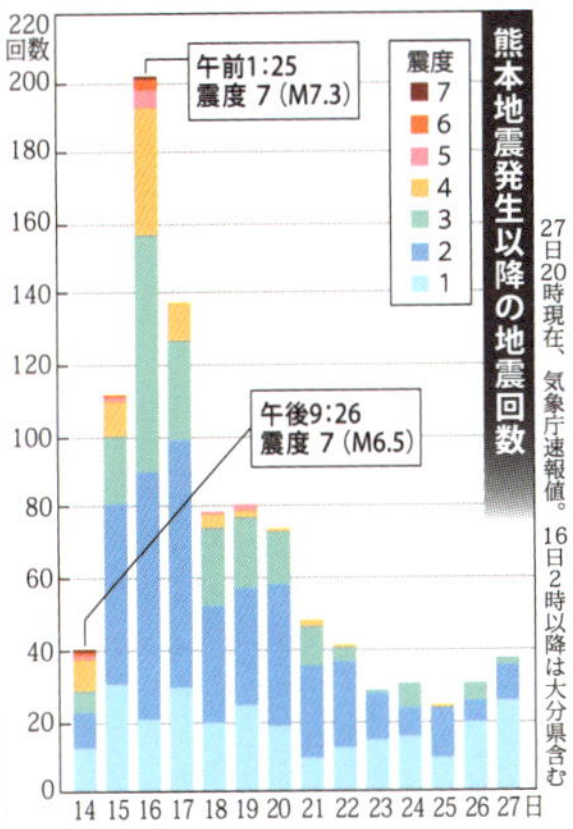

市によると、1万6852件の罹災証明の申請のうち、1万1240件が全壊か半壊として届けられた。地域別では東区4379件、南区2514件、中央区2297件、北区1274件、西区776件だった。

市は全半壊を除く一部損壊について、現場確認なしで証明書を発行。全半壊については現場を調査して判断するが、現時点で着手できていない。

大西一史市長は27日「いまだに自宅の被害を確認できない避難者も多い。半壊以上の申請数は今後増える」との見通しを示した。仮設住宅建設の検討を急ぐ。

県災害対策本部によると、熊本市以外の家屋被害は市町村ごとに目視で確認した戸数の報告を集計。市によると、93棟とは実態に合わないとして、罹災証明申請数に変更したという。

28日で発生から2週間を迎えるが、27日午後現在の避難者は492カ所計約3万7千人に上る。一連の地震の死者は49人。南阿蘇村では依然1人と連絡が取れていない。震災関連死の疑いは新たに熊本市の2人が増え、16人に達した。エコノミークラス症候群の入院患者数は3人増え、40人になった。

気象庁によると、県内で26日夜から降り始めた雨は、28日まで続く見込み。同日午後6時までの24時間予想雨量は多い所で40ミリ。気象庁は土砂災害にも注意を呼び掛けている。（熊本地震取材班）

熊本地震発生以降の地震回数

27日20時現在、気象庁速報値。16日2時以降は大分県含む

日	14	15	16	17	18	19	20	21	22	23	24	25	26	27

午前1:25 震度7（M7.3）
午後9:26 震度7（M6.5）
震度 7 6 5 4 3 2 1

地震1000回に迫る

「活発な状態」続く

14日夜に発生した熊本地震で、震度1以上の地震は27日午後8時現在で964回に達した。マグニチュード（M）3・5以上は215回と、1995年以降、過去最多ペースで推移している。

気象庁の速報値によると、震度7は14日夜と16日未明の2回。震度6は5回、震度5は10回、震度4は77回に上る。16日に最多の202回を記録して以降、27日は37回（午後8時現在）と減少傾向にあるが、気象庁は「依然として活発な状態」との見解を示している。

最後に震度5強を記録した19日までに、全体の7割近い652回を観測した。25日は1日24回まで減ったが、26日は30回、27日は37回と微増。終息について、気象庁は「静かな時期と活発な時期を繰り返しており、見通せない」としている。（林田賢一郎）

九州新幹線 全線復旧

復興後押し 高まる期待

JR九州は27日、運転を見合わせていた九州新幹線の熊本―新水俣の運転を再開し、14日夜の熊本地震の前震で運休して以来、13日ぶりに全線を復旧させた。九州を縦断する博多―鹿児島中央の256キロがつながり、被災地復興への後押しに期待が高まった。【4、6面に関連記事】

熊本―新水俣は、熊本駅の南1・3キロで回送列車が脱線し、車両撤去に時間がかかるなどして復旧が遅れていた。

この日は、午前9時～午後0時半にかけて熊本―新八代などで徐行運転するため、博多―鹿児島中央の最速の所要時間は1時間42分と、地震前より25分延びる。28日は通常ダイヤの約9割に当たる114本を運行。山陽新幹線との乗り入れで、新大阪へ直通する「さくら」と「みずほ」も再開。今後は余震の状況をみながら、ダイヤを通常に戻すかどうか判断する。九州新幹線は20日に新水俣―鹿児島中央、23日に博多―熊本が順次再開していた。（亀井悠吾）

九州新幹線が全線で復旧し、JR熊本駅を出て新八代駅に向かう下りの一番列車＝27日午後3時45分ごろ、熊本市西区（高見伸）

支えあおう熊本　いま心ひとつに

がんばろう 熊本
地震被災者応援メッセージ

再生へ心はひとつ

地元の熊本や大分がまさかこんなことに…。一日も早い復興を心から祈ります。今は離れてるけど心はひとつ。皆で助け合い励まし合って火の国熊本を再生させましょう。乗り越えていきましょう！落ち着いたら帰るけんね！（徳永千裕・25、兵庫県宝塚市）

新生面

2016.4.28

この建物はどれほど危険なのか？余震で揺れるわが家を見ながら途方に暮れている人は多かろう。熊本地震の被災地では、建物の応急危険度判定が進んでいる。あちこちで「赤紙」が目立つようになった▼赤紙は「危険」の印だ。「要注意」は黄、安全なら緑の紙になる。注意して見ると、倒壊していない建物にも赤紙が多い。柱や壁、基礎がやられ、建ってはいるが危険という状態。この見極めが素人には難しい。判定は建築士が2人1組で下す。専門家の目には安心感がある▼避難所にいる人たちは、避難がいつまで続き、住まいがどうなるかという不安がある。取りあえず仮設住宅やみなし仮設に移るにしても、わが家の現状を把握するのが生活再建の第一歩。その先はゆっくり考えればいい▼熊本市立の幼稚園や学校施設にも応急危険度判定がされ、体育館など134棟に赤紙が張られた。多くの学校が5月10日の再開を目指しているが、一部で遅れる恐れもあるという▼職場にわが子を連れて来る会社員がいる。預けたくても預け先がないところがある。被災後に熊本市から少なくとも252人の小中学生が市外に転校した。どちらにしても親子への負担が大きい。このまま臨時休校が長引けば復旧への足かせになりかねない▼赤紙が集中する益城町の中心街を抜けると、懐かしいレンゲ畑が広がっていた。紅紫色の花が一面に咲いている。その何事もなかったような風景が恨めしかった。建物以上に人は今、深く傷ついているのかもしれない。

熊本地震 県内の被災状況

（27日午後時点、熊日まとめ）

死亡	49人（熊本市4、南阿蘇村15、西原村5、御船町1、嘉島町3、益城町20、八代市1）
震災関連死	16人（熊本市10、宇土市1、阿蘇市2、南阿蘇村1、御船町1、益城町1）
行方不明	1人（南阿蘇村）
負傷者	1,488人以上
建物	住宅27,406棟
避難	避難所 492カ所 避難者 36,866人
水道	断水15,900世帯
都市ガス	供給停止 約22,600戸（西部ガス）

※県災害対策本部などの集約分

熊本日日新聞
発行所
熊本日日新聞社
〒860―8506
熊本市中央区世安町172
☎代表（096）361―3111

4月28日 木曜日

熊本地震 特別紙面

おわび
地震の影響で本日付朝刊が一部地区で配達できなかったり、遅れたりしました。大変ご迷惑をおかけしました。　熊本日日新聞社

熊日の購読・配達のご用は
ミナヨムニッコリ 0120-374625（土・日曜・祝日除く9:00～17:00）

紙面のお尋ねは
096-361-3115（日曜・祝日除く9:00～17:00）

パソコン版くまにちコム
kumanichi.com

◇お断り 「きょうの天気」は2面に移しました。

熊本地震

ふるさと納税 寄付が急増

県、熊本市 昨年分上回る申し込み

熊本地震の復興を支援しようと、ふるさと納税制度を活用した寄付が急増している。熊本市や県には昨年1年間分を超える申し込みがあり、インターネットサイトでは5億円を突破。被災地の負担を減らそうと、事務手続きを代行する自治体も出ている。【1面参照】

ふるさと納税は、出身地や応援したい都道府県、市町村に対して寄付すると、居住地の個人住民税などが軽減される仕組み。2008年度に導入された。

熊本市は被災後の15日以降、電話やファクスで全国から約130件の申し込みを受け、振込用紙の送付を始めた。既に15年度の107件（4278万円）を超える勢いだ。返礼として伝統工芸品などをそろえているが、「要らないという申し出ばかり」という。

県への申し込みも16日の本震後に急増。これまで1日10～20件だったが、最大で1日1083件の申し込みがあったという。寄付額は、集計を取り始めた18日から26日までの9日間で5597件1億4865万円となり、過去の年間最高額1億3773万円（10年度）を上回った。

ふるさと納税の仲介サイト「ふるさとチョイス」では、熊本と大分の被災自治体への寄付が合計約5億5千万円（27日午前10時現在）集まっている。運営するトラストバンク（東京）は「返礼品ばかりが注目されるが、寄付者が使い道を指定ができるのも、この制度の特徴。被災地支援には有効」と話す。

07年に能登半島地震を経験した輪島市（石川県）は25日から、阿蘇市、熊本市、西原村、御船町の代理で、納税の受け付けを始めた。「被災した自治体はさまざまな事務手続きに追われる。手助けしたかった」と地方創生推進室。26日までに全国から351件（614万円）を集めており、後日、熊本市などに送金する。

ほかにも、観光政策課によると、「勝手連的にインターネット上で事務を代行する自治体が増えている」という。（高橋俊啓、並松昭光）

熊本市のふるさと納税（納税額：万円、件数：件）

年度	2008	09	10	11	12	13	14	15
納税額	240	361	10,213	155	222	338	192	4,278

熊本県のふるさと納税（納税額：万円、件数：件）

年度	2008	09	10	11	12	13	14	15
納税額	1,268	5,875	13,773	2,291	3,455	4,312	9,679	9,386

荒野に泉湧く

寄稿　渡辺京二

このたびの大地震について、何か書けという。多くの人びとが苦難と闘っている際に、いくら文筆が生業とはいえ、それを筆の種とするのは身がすくむ。しかし「熊日」さんには義理がある。それに、知り合いの多くの記者さんが、わが家の惨状にもかかわらず不眠不休で、必要な報道を続けるべく奮闘していらっしゃる。私も彼らの一員になったつもりで、この一文を書こう。

私は三・一一の大災害の際、いまにも日本が滅びんばかりのメディアの論調が不思議でならず、人類という生物はずっと地獄の釜の蓋の上で踊って来たのだし、幾度もの理不尽な苦難を経てなお、生き続けて来たのだと、あるところに書いた。

ひとつには大連で敗戦を迎え、喰うものはついに高粱粥になり、零下十数度までくだる冬を暖房なしに乗り切った少年の日の経験があった。全財産を失って手荷物だけで引き揚げた。補償など何もなかった。内地にいた人びともおなじことで、空襲で殺され焼け出されて、これまた補償などビタ一文なかった。人間は戦火や災害や飢饉に追われて流浪するのがむしろ常態であって、安穏な日常は仮の姿なのだと少年の私は思いこみ、以来その思いこみは抜けたことがない。

それなら、今回の大地震だってビクともしなかったろうとからかわれそうだが、ひとつ計算にはいっていなかった。年齢である。敗戦のとき私は十代で、大人にとっての苦労は、少年の私には心踊る冒険だった。ところがいまは八五歳。ぐしゃぐしゃになった屋内の片付けに、まったく役立たぬばかりか、不自由のひとつひとつが身にこたえる。

だが世の中、私みたいな老骨ばかりではない。熊大近くに住む友人の話では、学生たちはこの地震でかえって活気づいて、笑い声をあげながら彼の家の前を往き来するそうだ。こういう若い人たちが、自分たちの文明がいかにもろい基盤の上に建っているか自覚し、今日の複雑化し重量化した文明を、どうやってもっと災害に強いばかりでなく、人間に親和的な文明に転換するか、考えてみる機会を与えられたのは、ほんとうによいことだ。禍を福に転じるとは、このことをいうのだ。

私はまた福岡から来た記者から、JRに乗り合わせた客たちがみな重いリュックを背負っているのに、席を譲り合って座ろうとせぬと聞いた。コンビニで買い物すると、店員が話しかけて来るとも聞いた。私自身気づいてみると、街ですれちがう人に、大変だったでしょうと自然に声を掛けていた。私が『逝きし世の面影』で描いたあの人なつこい日本人、人情溢れる日本人が帰って来たのだ。

自閉していた心が開かれたのではなかろうか。瓦礫の中から、かくありたい未来の人間像が、むっくり立ち上がったようにさえ見える。個として自立していながら、いつでも他者に心が開ける人間。束の間の幻影かも知れない。復興の過程ではかなく消えていく、いっときの和みかも知れない。それでも私たちが、何かきっかけをつかんだのは確かだ。

私はつねづね、自分が孤立を怖れない人間であることを望んだ。ところが地震このかた、電話・郵便・FAXなど、おどろくべき人数の方々から見舞いを戴いた。しかも、さらにおどろいたのは、熊本市内に信ずべき友が数十人もいたことだった。

自分がその人の安否を気遣うだけでなく、向うも自分の安否を心に掛けてくれる友、仮染めの知友というのではなく、この美しき地球上にほんのひととき滞在する私に、まるで『指輪物語』のような旅の仲間が、こんなに大勢いようとは。心が閉じていただけではない。眼すら閉じていたのだ。

私はもう長くは生きていない。けれども、見出した旅の仲間とともに、新しく旅立ちたい。さすれば荒野に泉が湧くであろう。（熊本市在住、評論家）

◇わたなべ・きょうじ　1930年、京都市生まれ。法政大社会学部卒。評論家、日本近代史家。「逝きし世の面影」で和辻哲郎文化賞、「黒船前夜」で大佛次郎賞。

被災者に「心のケア」

30都道府県専門チーム 避難所巡回が本格化

熊本を中心とする地震被災者の精神面をケアするため、医師らでつくる「災害派遣精神医療チーム（DPAT）」が熊本県の避難所巡回を本格化させている。

県によると、27日までに宮城、愛媛など30都道府県の支援チームが活動した。不眠などの症状を放置すれば、心的外傷後ストレス障害（PTSD）に至る恐れもある。余震が続き、避難長期化が予想される中、息の長い「心のケア」が必要だ。

DPATは、東日本大震災で心のケアが十分行き届かなかった教訓から、厚生労働省が2013年に活動要領を定めた。出動は14年8月の広島市の土砂災害、14年9月の御嶽山（長野、岐阜県）噴火災害に続いて3回目。地震災害では初めて。

熊本、阿蘇両市の2カ所を拠点本部に避難所を回っており、27日は約20チームが活動。自宅の損壊や避難生活によるストレスで、不眠やうつといった症状が出ていないかどうか、面談で精神状態を確認。重症化しないよう相談に応じている。地震の前から認知症や、発達障害などの症状があった人にも対応。医療機関へ橋渡ししたケースもあるという。

「福祉避難所」ようやく機能

熊本市

希望者増 対応に限界も

福祉避難所となっている特別養護老人ホームに入り、「安心して眠れる」と話す90歳の女性＝熊本市南区

地震の大きな被害を受けた熊本市で、高齢者や障害者を受け入れる「福祉避難所」がようやく機能し始めた。27日現在で、41施設が207人を収容。だが避難が必要な人の数はまだ見通せず、「これ以上は無理」と訴える施設もあり、先行きは不透明だ。

福祉避難所の一つ、南区の特別養護老人ホーム「ケアタウンかわしり」。中央区の体育館から移ってきたという女性（90）は「ほっとしました」と笑顔を見せた。脳梗塞の後遺症で右片まひがある。自宅には怖くて戻れず、途方に暮れて市に相談したという。「ここに来て安心して眠れます」

福祉避難所は、災害時に高齢者や障害者、妊婦らを受け入れる施設で、熊本市は176施設と協定を結んでいる。しかし、建物が被害を受けたり、スタッフが確保できなかったりしたため、本震発生直後の16日の受け入れはわずか5施設で5人だった。ライフラインの復旧などとともに受け入れが増えて、27日は41施設で207人になった。

中央区の社会福祉法人リデルライトホームでも、25日から受け入れを開始。発生後およそ1週間は、関連施設の利用者や住民の避難対応に追われて、福祉避難所は開設できなかった。「福祉施設として地域のつながりも大切。スタッフ自身も被災しており、市の要請に対応するのは難しかった」と小笠原嘉祐理事長。一般の避難者がほぼ帰宅して、やっと受け入れ態勢が整ったという。

市は、各避難所に保健師を派遣して支援が必要な人の情報を集め、各施設に受け入れを要請している。27日現在では21人が待機中で、まだ増える見込みだ。

ただし、今後も受け入れがスムーズに進むかは不透明だ。福祉避難所として3人を受け入れたケアタウンかわしりには、市の要請以外にも病院や高齢者の家族から入所申し込みが相次いでいるという。中村幸子施設長は「通常でも満床に近く、スタッフも疲弊している。これ以上の受け入れは難しい」と話す。

ある施設からは「福祉避難所は、台風や水害など一部の地域が被害を受けると想定していた。これほど大きな災害のイメージはなかった」との声が漏れた。（清島理紗）

県補正予算

地震関連 366億円追加

仮設住宅、インフラ復旧など

熊本地震関連で総額366億円の補正予算を発表する蒲島郁夫知事＝27日、県庁

蒲島郁夫知事は27日、熊本地震からの復旧・復興を急ぐため、県の2016年度一般会計に総額366億3900万円を追加する補正予算を専決処分した。民間借り上げ住宅を含む仮設住宅計4200戸の提供、中小企業の経営再建策、傷んだ道路や堤防の復旧など緊急性の高い事業の経費を軸に編成した。

県議会の議決を経ない知事専決の補正予算額としては平成以降最大。蒲島知事は記者会見で「まず住まいの不安解消と、中小企業や農林漁業者の経営継続にスピード感を持って取り組む」と述べた。

主な補正は、被災者の生活支援に170億7300万円。民間賃貸住宅（みなし仮設住宅）の借り上げと応急仮設住宅の建設を各2100戸と想定し、食料や物資の供給と合わせて167億9500万円を計上した。死亡者の遺族への弔慰金支給には2億3300万円を充てた。

産業復興支援は93億5500万円。中小・零細企業の支援に向けて、県の制度融資枠を300億円から500億円に拡充するため、原資として92億6700万円を追加した。被災状況の調査や農林漁業者への緊急融資の経費も盛り込んだ。

農業施設、道路、河川、砂防施設などの復旧や点検には101億5500万円を手当てした。ただ、梅雨を前にした応急措置が中心で、本格的な復旧工事分は今後追加する。

児童生徒の心のケアに当たるカウンセラーを小中学校などに配置、派遣する費用1000万円も含めた。

県の本年度一般会計当初予算は、3月の知事選に伴い骨格編成。今回の専決処分を加え、総額は7244億1300万円になった。（蔵原博康）

運転免許証再交付 申請手数料を免除

地震被災者対象に

県警は28日から、熊本地震で被災して運転免許証を破損、紛失した人を対象に、免許証の再交付や自動車保管場所証明の申請などの手数料を免除する。14日の地震発生後に手続きした人には手数料を還付する。

免除対象は、運転免許証、仮運転免許証、運転経歴証明書の再交付、自動車保管場所証明の申請、自動車保管場所標章の交付と再交付。手続きには罹災証明書が必要で、取得できない場合は、各警察署や県運転免許センターが用意する申立書で代替する。

手数料の還付は、各警察署や県運転免許センターで申請用紙に記入する。口座振り込みで還付するが、振り込み時期は未定。

運転免許証、運転経歴証明書の問い合わせは県運転免許センター☎096（233）0110。自動車保管場所関係は県警交通規制課☎096（381）0110。仮運転免許証は県警運転免許試験課☎096（233）0116。

民進党枝野幹事長 南阿蘇村など視察

民進党の枝野幸男幹事長は27日、南阿蘇村と西原村の熊本地震の被災現場を視察し、「被害の広がりは想像以上だ」と述べた。

枝野幹事長や辻元清美役員室長らは、南阿蘇村が現地災害対策本部を置く久木野庁舎で、長野敏也村長から村内の被害状況を聞いた後、避難所や被災現場を車で回った。

同村河陽では、崩落した阿蘇大橋やつぶれたアパートなどに目を見張った。枝野幹事長は「復興に充てる予算の国会審議には協力する。住民のニーズを最優先して対応に当たりたい」と話した。（潮崎知博）

参院選フラッシュ

◆おおさか維新・山田氏、入党後2日で離党届

おおさか維新の会に入党した山田太郎参院議員＝比例代表＝は27日、同党に離党届を提出した。25日に入党が承認され、夏の参院選埼玉選挙区の公認候補に決まったばかり。取材に「埼玉で活動するのは難しいと判断した」と説明した。

▼旧みんなの党の渡辺氏、比例出馬に意欲

旧みんなの党の渡辺喜美元代表は27日、BS11の番組収録で、夏の参院選で政党の比例代表候補として立候補することに意欲を示した。「参院で復帰を考えてみようと思っている。日本国中どこにいても応援していただける方がいい」と述べた。

収録後、渡辺氏は立候補する政党について「どことは言わない。複数ある。5月中には決める」と記者団に語った。「みんなの党を復活させる選択肢もある」とも指摘した。

▼新潟選挙区、元参院議員森氏が無所属出馬

夏の参院選新潟選挙区（改選数1）に出馬表明している元参院議員森裕子氏（60）が27日、新潟市内で記者会見し、無所属として立候補すると表明した。民進、共産、社民、生活4党の野党統一候補となる。

▼生活・主浜氏が不出馬表明

生活の党副代表の主浜了参院議員（66）は27日、盛岡市内で記者会見し「家族の介護と政治活動の両立が難しくなった」として夏の参院選岩手選挙区への立候補を見送る意向を表明した。同党は後継に達増拓也岩手県知事の秘書を務める元県議（52）を擁立する方針だが、いったん合意した野党共闘に影響が生じる可能性がありそうだ。

岩手県は生活の党の小沢一郎共同代表の地盤。同党と民進、共産、社民の各党が今月13日、主浜氏を統一候補にすると合意したばかりだった。

▼和歌山選挙区、共産が擁立取り下げ

共産党和歌山県委員会は27日、参院選和歌山選挙区（改選数1）で新人坂口多美子氏（40）の擁立を取り下げると発表した。安全保障関連法廃止を掲げる「市民連合わかやま」が野党統一候補として推す元和歌山弁護士会会長由良登信氏（63）を支援する方向だ。坂口氏は比例候補に回る。

民進党も新人の公認内定を取り消しており、事実上、野党候補の一本化が決まった。

エコノミー症候群 受診を

あすから グランメッセで集中検査

日本循環器学会の専門チームは29、30の両日、益城町のグランメッセ熊本でエコノミークラス症候群の集中検査を実施する。地震で車中泊を続ける避難者らを中心に、同症候群の入院患者が増えており、チームは「気になる人は受診してほしい」としている。

同症候群は、主に足の静脈にできた血栓が肺の静脈に詰まり、胸の痛みや呼吸困難を引き起こす。初期症状として、ふくらはぎが赤くなったり腫れたりする。痛みが出ることもある。

検査は1人10分ほどで無料。ふくらはぎのエコー検査で、足に血栓ができているかどうかを診断する。予防効果のある弾性ストッキングも配布する。

両日とも午前11～午後4時、メーンエントランス南側の特設テント内で。県健康づくり推進課☎096（333）2208。（林田賢一郎）

きょうの歴史　4月28日

久七峠バイパスの開通式でテープカット、くす玉割りをする関係者＝鹿児島県大口市

▽2004（平成16）年

人吉市－鹿児島県大口市（現伊佐市）を結ぶ国道267号「久七峠バイパス」（全長5.6㌔）が開通し、大口市側の入り口で式典があった。

▽1952（昭和27）年　サンフランシスコ平和条約の発効を祝い、県内各地で祝賀行事があった。熊本刑務所では恩赦で73人が釈放された。

（第３種郵便物認可）　熊本日日新聞　平成28年（2016年）4月28日　木曜日　総合　4

県内の主な災害ボランティアセンター（27日現在）

	設置場所	受付時間 かっこ内は受付場所	活動内容	対象者	駐車場	被災者の支援依頼受付（ファクス、メールには名前、住所、電話番号を明記）	ボランティア参加希望者の問い合わせ先	26日の実績 参加者	26日の実績 件数
熊本市	花畑広場	9~11時（センター集合）	避難所の運営支援、個人宅の片付けなど	県外在住者も可	熊本合同庁舎跡150台	☎090(6653)1592(電話は9~16時) ファクス096(354)2122 メール info@kumamoto-city-csw.or.jp	☎090(6653)1552 ☎090(6653)1649 ☎090(6653)1648	683人	96件
益城町	井関熊本製造所グラウンド	9時から定員になり次第締め切り（センター集合）	避難所の運営支援、個人宅の片付けなど	県外在住者も可	350台	ファクス096(289)6091 ☎090(8348)2559 ☎090(8348)2644(電話は9~16時)	☎096(289)6092 ☎096(289)6090	561人	61件
嘉島町	町福祉センター	9時~16時45分（センター集合）	避難所の物資仕分け、給水、車の誘導	町内在住者	町民会館に有り	☎090(6653)1384 ☎090(8348)2409 ※個人宅への支援は今後始める予定	☎090(6653)1384 ☎090(8348)2409	-	-
甲佐町	町老人いこいの家	9~12時（センター集合）	軽トラックによるがれきの運搬、個人宅の片付け、瓦の撤去	町内在住者・勤務者	約10台	☎096(235)1022 ☎090(6653)1354 ☎090(6653)1464（いずれも9~16時のみ）	☎096(234)1192	-	-
山都町	町社協本部	9~17時（センター集合）	支援物資の搬入、仕分け、避難所での調理支援	町内在住者	約20台	☎0967(82)3345 ファクス0967(82)3357 メール yss9.1-sw211@bz01.plala.or.jp	☎0967(82)3345 ファクス0967(82)3357 メール yss9.1-sw211@bz01.plala.or.jp	40人	2件
西原村	山河の館	8時半~12時（鳥子工業団地に集合）	避難所の運営支援、支援物資の仕分け、ごみの運搬補助	県外在住者も可	約250台	区長に連絡するか、センターのサテライトを通じて受け付け	☎096(279)4425	-	-
阿蘇市	阿蘇公民館	9~11時（センター集合）※団体は事前にFAXで	個人宅の室内清掃、家財搬送	九州在住者	約200台	阿蘇市内の「お知らせ端末」を通じて受け付け ☎050(3797)9875 ☎050(3797)9876	☎0967(32)4139 ☎0967(32)4147 ファクス0967(32)4153	80人	26件
南阿蘇村	久木野総合福祉センター	9~11時（センター集合）	避難所の物資仕分け、車の誘導、炊き出しの補助	県内在住者	約20台	☎0967(67)2511 ☎0967(67)2512	☎0967(67)2511	97人	12件
宇城市	県[illegible]ネットワーク多目的広場	9~12時（センター集合）	避難所の運営支援、個人宅の片付けなど	県内在住者	近くに約500台	☎090(6653)1573 ☎090(6653)1442 ☎090(8348)2529（いずれも8時半~17時）	☎090(6653)1573 ☎090(6653)1442 ☎090(8348)2529（いずれも8時半~17時）	96人	25件
宇土市	市民体育館	8時半から定員になり次第締め切り（センター集合）	個人宅の片付けなど	県内在住者	-	☎0964(23)3756	☎0964(23)3756	95人	7件
菊池市	市社協泗水支所	電話(9~16時)・ファクスのみで受け付け ※番号は支援依頼の受付と同じ	個人宅の片付けなど	県内在住者	30台	☎090(8348)3147 ☎090(8348)2821（電話はいずれも9~16時） ファクス0968(38)6367	☎090(8348)3147 ☎090(8348)2821（いずれも9~16時）	35人	9件
合志市	市老人憩の家	9~11時（センター集合）	高齢・障害者宅の片付け、避難所の清掃など	市内在住者・勤務者	約100台	☎090(8348)3214	☎090(8348)2699	46人	6件
大津町	町運動公園	9~11時（センター集合）	避難所の運営支援、物資の積み降ろし、個人宅の片付けなど	町内の在住者・在学者・勤務者	約10台	☎096(293)6516	☎090(8348)2570 ☎090(8348)2784	130人	18件
菊陽町	町民体育館前テント	9~11時（センター集合）	個人宅の片付け、物資の仕分け	町内の在住者・在学者・勤務者	約200台	☎090(8348)2564 ☎090(8348)3296	☎090(8348)2787	125人	6件
御船町	（準備中）	9~11時（社協事務所に集合）	物資の仕分け、避難所の運営支援、災害ボランティアセンターの設置準備	県内在住者	-	☎096(282)0785 ファクス096(282)7895	☎096(282)0785	-	-

※御船町は町社会福祉協議会が先行して運営中

！熊本地震

ボランティアの力生かそう

近づく大型連休　市町村 態勢整備

29日からの大型連休中、県内には多くのボランティアが被災地を訪れるとみられる。市町村の災害ボランティアセンターは態勢を整え、被災者の要望に合った支援につなげる考えだ。【1面参照】

各センターは熊本地震で重大な被害が出た市町村を中心に、地元の社会福祉協議会が運営。避難所の清掃や個人宅の片付け支援などに当たっている。既に10カ所以上が活動を始め、27日は甲佐町でスタート。28日は、多くの家屋が倒壊した西原村でボランティアの受け付けが始まる。

募集条件や派遣対象が異なるため、ボランティア希望者は確認が必要だ。それぞれ受付時間を設けているが、希望者が詰め掛けて早々に締め切るセンターもある。

支援ニーズとボランティアのバランスも課題となっている。熊本市のセンターは派遣依頼を募るチラシを東区などで配布。大型連休中に見込まれる大勢のボランティアの力を生かそうと、潜在的な支援ニーズの掘り起こしに努めている。

（猿渡将樹、中村悠）

罹災証明書の発行支援

県、統一調査票を導入

県は27日、市町村が実施する「罹災証明書」の発行業務を支援するため、家屋被害の認定に統一様式の調査票を導入した。判定の公平性を高めるのが狙い。これから調査を始める市町村にとっては独自の調査票を考案する手間も省ける。

県は同日、熊本市で研修会を開き、同市や益城町、西原村など28市町村の職員や、業務応援で派遣された国、県の職員ら約150人に説明した。

家屋被害は、内閣府のガイドラインに沿って、外壁や柱の傾斜、基礎の損傷割合などから、「全壊」「大規模半壊」「半壊」「一部損壊」を認定する。統一調査票は、新潟県中越地震の経験を基に新潟大などが開発した。

罹災証明書は、被災者生活再建支援金の受給や、応急仮設住宅へ入居するために必要となる。

（並松昭光）

益城町の一部 特に強い揺れ

大阪大観測

熊本、大分の地震で、益城町役場付近にある益城町の一部で特に強い揺れが起きていたとする観測結果を、大阪大の秦吉弥助教（地震工学）らが27日、東京都内で開かれた土木学会の報告会で発表した。

秦氏によると、特に強い揺れが集中したのは、益城町役場の南の住宅地。南北約500メートル、東西約2キロの範囲でほぼ東西方向に広がっていた。14日の地震で被害が出た後、16日の地震で地域が拡大したらしい。

一帯は過去の阿蘇山噴火で流れ出た火砕流が固まってできた岩の上に砂や小石が積もり、揺れやすい地盤になっていると秦氏はみている。

15日から益城町内に臨時の地震計を設置して連続観測。16日の本震のマグニチュード（M）7・3の地震の揺れは、同じ震度7でも南北に並ぶ3カ所の観測点で強弱に違いがみられた。被害が大きかった南の一帯の揺れが最も強く、北に離れるほど揺れは弱まった。

火山灰、地下水位影響か

地盤工学会 液状化被害で報告

地盤工学会が開いた「熊本地震地盤災害説明会」で、報告する北園芳人熊本大名誉教授＝27日、福岡市

研究者や建設業者などでつくる地盤工学会（東畑郁生会長）が27日、福岡市で熊本地震の地盤災害説明会を開き、火山灰質の土壌や地下水位の高さなど特有の地質が液状化被害に影響した、と推測する報告が目立った。

同会は調査団（団長・北園芳人熊本大名誉教授）を派遣し、現地調査を続けている。27日は、現地調査をした6人が発表した。

福岡大の村上哲教授は、嘉島町や熊本市など広い範囲で液状化があった」として、地中から噴き出した火山灰とみられる砂が目立ち、「火山灰の砂と地下水が地震動で揺さぶられて液状化して、家屋が傾いたのではないか」と話した。

液状化について九州大の石藏良平助教は、緑川や白川などの堤防350カ所の損傷の多くの原因と推測した。

北園名誉教授は、南阿蘇村の斜面崩落現場で崩れやすい火山砕屑物や火山弾を含む層があったと指摘。「火山性の地質が崩落に影響した可能性がある」とした。斜面上部には亀裂があり、少ない降雨でも崩れる恐れがあるとして、早めの避難の必要性も訴えた。

九州大の梶田幸秀准教授は、益城町と熊本市で阪神大震災並みの激しい加速度を記録したと説明。本震では、木造家屋に被害を及ぼすとされる1秒前後の周期の揺れが見られ、「木造家屋の多い益城町での被害が目立つ結果になったのではないか」と話した。

（鹿本成人）

九州新幹線 全線復旧ルポ

復興の願い乗せ加速

乗客 避難先へ、家族の元へ

九州新幹線の乗客に向けて掲げられた「がんばろう!!九州」「元気に！九州」の横断幕＝27日午後3時50分ごろ、熊本市

九州新幹線が27日、熊本地震の発生から13日ぶりに全線復旧した。九州を縦断する大動脈の復活を喜ぶ乗客らとともに、熊本駅から鹿児島まで往復の新幹線に乗り込んだ。

（宮崎達也）【1面参照】

雨の熊本駅。地震で壊れたエスカレーターは今も利用できない。鹿児島中央行きに乗車しようとホームで待っていると、カメラを構える女性がいた。

電車の撮影が趣味というパート従業員の村上千鶴さん(42)＝益城町。今回の地震で自宅に大きな被害はなかったが、「益城は大打撃を受けた。胸が締めつけられる思い」。全線復旧した一番列車を撮ろうと駅に来たという。「復興への光。しっかり撮ります」と目を輝かせた。

新幹線に乗車。車窓から眺めると、壊れた屋根にブルーシートを覆った家が数多く目に入った。乗客の中には鹿児島の親族宅に一時避難するという女性もいて、「まだ熊本で頑張っている人もいる。自分だけ避難するのは申し訳ない」と揺れる心境を語った。

大きな爪痕を残す熊本地震を思い起こしながら、沈んだ気持ちでいると、ビルの屋上で「がんばろう!!九州」と書かれた横断幕を掲げる人たちが目に入った。JR九州の熊本総合車両所（熊本市南区富合町）の職員らが、新幹線の乗客に向けて企画したのだという。胸が熱くなった。

終点の鹿児島中央駅に到着。河内盛雄運転士(36)は「まだ速度を落として運転している。運行停止で迷惑を掛けていたので、ここまでこぎ着けられ良かった」と声を詰まらせた。

鹿児島中央駅発の上り列車には、熊本市の会社員中熊秀喜さん(63)と一緒に乗った。鹿児島市に勤務する中熊さんは地震後、新幹線が運休したため自宅に帰らず、鹿児島のホテルに泊まる日が多かった。「家の様子が気になっていた。これで安心。家族と生活していける」

復興への道のりは長い。それでも、そのスピードは確実に加速した。

周防正行さんら704人

春の褒章 北川フラムさんも

政府は2016年春の褒章受章者を28日付で発表した。受章者は704人（うち女性199人）と26団体だった。29日に発令される。

学問や芸術などで功績を残した人に贈られる紫綬褒章は16人（うち女性1人）。映画「Shall we ダンス?」で知られる映画監督の周防正行さん(59)、囲碁棋士の石田芳夫さん(67)、睡眠を制御する物質を発見した筑波大教授の柳沢正史さん(55)が受章した。【15面に特集】

ブルーレイディスク（BD）の製法を開発したソニーのエンジニア柏木俊行さん(56)、瀬戸内などで地域に密着した芸術祭を立ち上げたアートディレクターの北川フラムさん(69)、バレエダンサーの山本隆之さん(44)、惑星科学研究の東大教授永原裕子さん(64)、植物遺伝学研究の名古屋大教授松岡信さん(60)らにも贈られる。

その道一筋に励んだ人をたたえる黄綬褒章は191人（うち女性17人）。神戸市の老舗豚まん店「老祥記」を営む中国籍の曹英生さん(59)＝同市＝や、高級機械式腕時計「グランドセイコー」のデザインなどを手がけた工業デザイナーの小杉修弘さん(63)＝東京都西東京市＝が選ばれた。

人命救助に尽力した人へ贈られる紅綬褒章は6人。佐賀市で昨年10月、乗用車ごと川に転落して流された女性を救助した山田健太郎さん(26)＝同市＝は、今回の全受章者で最年少となる。

ボランティアなど社会奉仕活動が対象の緑綬褒章は、福井県坂井市で高齢者宅への配食サービスを30年以上続ける「さくらんぼ」など26団体と14人（うち女性11人）。

公共の利益に貢献した人への藍綬褒章は、低燃費の軽自動車の販売に貢献したダイハツ工業会長の伊奈功一さん(67)＝愛知県豊田市＝ら477人（うち女性170人）が受章した。

◆衆院特別委、0増6減法案を可決

自民、公明両党が衆院選挙制度改革に向けて提出した公選法などの改正案は27日の衆院政治倫理・公選法改正特別委員会で、与党とおおさか維新の会の賛成多数により可決した。小選挙区定数の「0増6減」が柱で、28日の衆院本会議で可決され、28日中に参院へ送付される。5月中に成立する見通しだ。

採決に先立つ質疑で、与党案提出者の岩屋毅氏（自民党）は「0増6減」が実現した場合、変更される小選挙区の区割りは「80～90選挙区程度ではないか」との見通しを示した。与党案は2015年の簡易国勢調査を用いて小選挙区定数を6減し、区割りを見直す。比例代表は「0増4減」。削減対象は小選挙区が青森、岩手、三重、奈良、熊本、鹿児島の6県。比例代表は東北、北陸信越、近畿、九州の4ブロックとなる方向だ。

◆民進、参院選公約の素案提示

民進党は27日、政策懇談会を党本部で開き、参院選マニフェスト（政権公約）の素案を示した。安倍政権の「1億総活躍社会」に対抗し、保育士の月額給与を5万円引き上げる待機児童対策や、最低賃金を2020年までに平均時給千円に増やすなど格差社会を是正する政策を前面に掲げた。5月中に公約の全体像を固める。

◆マイナンバーカードの障害解消

マイナンバー制度の個人番号カードのシステムに障害が発生し、市区町村でのカード交付に影響が出ていた問題で、システムを管理する地方公共団体情報システム機構（東京）は27日、原因を特定し改修を終えたと発表した。「カード交付に関し、今後システムトラブルが原因で住民を待たせることはない」と説明している。

首相の動静　27日

【午前】8時37分、公邸から官邸。39分、杉田和博官房副長官、西村泰彦内閣危機管理監、古谷一之官房副長官補、加藤久喜内閣府政策統括官。9時12分、森山裕農相、農林水産省の本川一善事務次官、松島浩道農水審議官。32分、麻生泰九州経済連合会会長らによる熊本地震復旧に関する申し入れ。46分、根本匠自民党衆院議員。10時2分、防衛省の黒江哲郎事務次官、真部朗整備計画局長。21分、中本和洋、村越進新旧日弁連会長。32分、谷内正太郎国家安全保障局長、斎木昭隆外務事務次官。50分、外務省の斎木事務次官、長嶺安政外務審議官、鈴木哲国際情報統括官。11時37分、地震非常災害対策本部会議。

【午後】0時3分、森雅子自民党治安・テロ対策調査会長から提言書受け取り。51分、岸信夫同党衆院議員。1時41分、東京・元赤坂の赤坂御苑。昭恵夫人と共に春の園遊会に出席。3時23分、官邸。59分、柴山昌彦首相補佐官。4時9分、二階俊博自民党総務会長。40分、国家安全保障会議。林幹雄経済産業相同席。5時42分、ジュニアサミット参加者の上堀内陸王さんらの表敬。6時11分、世界人口開発議員会議の参加者ら。自民党の谷垣禎一幹事長、武見敬三参院議員同席。33分、尾身幸次元科学技術担当相。7時3分、公邸。宿泊。

◇お断り　「生き物こぼれ話」は休みました。

きょうの動き

国内・国際

▽春の褒章▽衆院選挙制度改革で小選挙区定数を「0増6減」する与党案が衆院を通過（国会）

首長の日程

【蒲島知事】終日　地震災害対応▽9時25分　韓国・忠清南道訪問団来訪▽11時　▽13時　パンサーン・ブンナーク駐日タイ大使来訪▽16時半　災害対策本部会議

【大西熊本市長】終日　地震災害対応▽13時半　全国市長会会長来訪▽15時　災害対策本部会議▽16時半　記者会見

【山下荒尾市長】終日　災害警戒・対応▽8時半　庁議▽9時　関島秀樹氏チャリティーコンサート報告・贈呈▽10時半　1市2町協議▽13時　庁議▽14時　市共同募金委員会運営委員会▽15時　来客応対▽16時　高校生ボランティア募金活動報告・贈呈▽19時20分　市体育協会理事・評議員会

【高嵜玉名市長】終日　地震災害対応▽8時半　庁議▽9時半　全国市長会会長被災地激励応対▽11時　庁内打ち合わせ▽13時半　月例記者会見

【中嶋山鹿市長】上京（県市長会熊本地震に関する緊急要請）

【江頭菊池市長】地震災害対応

【荒木合志市長】終日　地震災害対応▽9時　庁議▽15時　市水[illegible]

【元松宇土市長】地震災害対応

【守田宇城市長】地震災害対応

【中村八代市長】地震災害対応

【松岡人吉市長】11時半　来客応対▽19時　市民早起きソフトボール大会開始式▽19時半　市商工会人吉支部総会

【西田水俣市長】終日　災害警戒・対応▽9時　庁内協議▽13時　来客応対

【堀江上天草市長】終日　地震災害対応▽10時　市防犯協会理事会（総会）

【中村天草市長】終日　地震災害対応▽10時　崎津集落ガイダンスセンター開所式▽14時　庁内協議▽15時　来客応対▽16時　庁内協議

(第3種郵便物認可) 熊本日日新聞 平成28年(2016年)4月28日 木曜日

大津町
阿蘇大橋
大津町
← 豊肥線
阿蘇ファームランド
南阿蘇村
南阿蘇鉄道
N

熊本地震により南阿蘇村立野周辺で起きた大規模崩落によるＪＲ豊肥線の寸断が、高校生の通学や住民生活を直撃している。「送迎は困難」「どうしたらいいのか」―。ＪＲ九州などは代替交通手段を検討するが、見通しは立たず、戸惑いは広がるばかりだ。

消えた鉄路 高校通学は

豊肥線 大規模崩落

人影がなくなったＪＲ豊肥線の赤水駅＝26日午前、阿蘇市

「学校へ送迎するのは負担が重すぎる。毎日はとても無理」。大津町の大津高に子ども2人を通わせる阿蘇市一の宮町の事務員、佐藤ゆり子さん(48)はため息をつく。1年の長男吾郎さんと2年の次女作美さんは、豊肥線の宮地―肥後大津間を利用していた。だが16日未明の本震で、線路は国道57号とともに跡形もなく崩落した。

現在、国道57号の代替迂回路として県道23号と同339号(ミルクロード)が利用できるが、遠回りの上、連日混雑。国道57号なら車で40～50分だったが、迂回路は10分ほど余計にかかるという。

国道も寸断 代替バス難産

大津高によると、阿蘇市や南阿蘇村など阿蘇地域から豊肥線や南阿蘇鉄道で同高に通学する生徒は約100人。同じ大津町の翔陽高も約70人に上る。大津高は26日から、午前中のみの授業が始まったが、作美さんは欠席し、大好きなサッカー部の練習も休んだ。「友達と会えないのは寂しいんだけど…」と声を落とす。

地元住民によると、自宅が倒壊し、既に家族と一緒に阿蘇市から菊陽町に引っ越した生徒もいるという。豊肥線で熊本市内の高校に通っていた人もいる。

2012年の九州北部豪雨でも豊肥線は、立野―宮地間が53日間運休。同区間で臨時代行バスを運行した。ＪＲ九州は「代替バスも今後は検討したいが、余震が続き、道路事情も悪い今のところは運行させる状況にない」と頭を抱える。

教育機関などからバス運行の打診を受けているという産交バスによると、定期路線は手続きのために運行までに最短で3カ月かかる。そのため、「手続き不要な貸し切りバスで、大津と阿蘇管内を結ぶことを検討している」と説明する。

佐藤さんは震災後、自身と夫の両親4人の世話をしている。仕事も抱え、「子ども2人を市外の知人や親戚宅に預けようかとも思ったが、みんな被災していて頼みにくい」と打ち明ける。

別の40代の保護者は、学校側が、通学困難な生徒たちの転校や編入を検討していることについて「編入など考えられない」と子どもの気持ちをおもんぱかる。学校近くのアパートなどに住まわせるか、無理しても送迎するか、多くの保護者が迷っているようだ。

5月10日に授業を再開予定の阿蘇市の阿蘇中央高も、多くの生徒が豊肥線を利用している。全校生徒約500人の2割ほどが大津町など市外から通っているという。

一方、国道57号や崩落した阿蘇大橋、大橋の下流で通行止めとなっている阿蘇長陽大橋を使っていた住民や通勤者からも悲鳴が上がる。熊本市東区から高森町に、御船町方面を迂回して通っているという男性公務員(37)は「これまでより30分以上時間がかかる。長期間、この状態がつづくとたまらない」と力なく話した。

(横山千尋、上杉勇太、田川里美、藤山裕作)

両陛下 熊本を激励

春の園遊会 八代副市長にお言葉

春の園遊会で、八代市の永原辰秋副市長(右)に言葉を掛けられる天皇、皇后両陛下＝27日午後、東京・元赤坂の赤坂御苑

天皇、皇后両陛下が主催した春の園遊会が27日、東京・元赤坂の赤坂御苑で開かれ、各界の功労者ら約1800人が出席した。相次ぐ地震で被害を受けた熊本県からも、八代市の永原辰秋副市長が招かれており、両陛下は直接お見舞いの言葉を掛けられた。

永原副市長によると、陛下に「今はどうですか」と尋ねられ、地震が続いて不安がっている市民が多いことを説明。話を聞いた両陛下からは「大変ですね。お体に気をつけて頑張ってください」と励まされたという。

発生から5年が過ぎた東日本大震災の被災地から福島県の内堀雅雄知事も招待され「まだまだ課題はありますが、復興に向けて着実に歩んでおります」と両陛下に報告。さらに「熊本県そして九州の皆さんからたくさんのご支援をいただいたので、今回は恩返しを少しでもできれば」と話すと、陛下は「本当にご苦労さんね」と応じられた。

カンちゃん
フジヤマジョージ
ガラ
ガラ
カンちゃんがお参りするのって珍しいわね…何をお願いしたの!?
タローが無事に終わるように…!!
狂犬病予防注射

学校再開へ家庭訪問

熊本市 通学路の安全確認も

地震の影響で休校が続く熊本市の小学校で、教師による児童宅への家庭訪問が始まっている。子どもたちの健康状態や被災状況を把握するため。通学路の危険箇所の情報も収集し、学校再開への準備を進める。

「元気だった？ けがはなかったかな」。田迎西小(南区)の永田貴志子教諭がマンションを訪ねると、3年生の石井愛莉さんは「早く友達と会いたいな」と笑顔を見せた。

同小は25日から家庭訪問を開始。教職員を2グループに分け、避難所の対応もしながら、交代で各家庭を回っている。「教師が直接顔を見せることで、安心してくれる家庭も多い」と荒木逸治校長。

その後の職員会議では、家屋損壊や道路陥没などの情報を報告し合い、職員室に張った地図に付箋でしるしを付けている。遅くとも5月10日をめどに、「学校再開までに通学路の安全を確認したい」と荒木校長。

花園小(西区)も25日から訪問を始め、通学路の状況を把握している。「場所によっては迂回路の設定が難しい。再開初日は保護者同伴での通学を促したい」と茂島俊宏校長。

一方、避難者が多く、家庭訪問をまだ実施していないところも。一新小(中央区)の高鷹靖治教頭は「すべての保護者と連絡が取れているが、児童の3～4割が自宅に戻れていない。校区の実態把握を含めて、訪問は来週以降になりそう」と話す。(石本智)

児童宅を訪問し、被災状況や子どもの健康状態を尋ねる田迎西小の永田貴志子教諭(右)＝熊本市南区

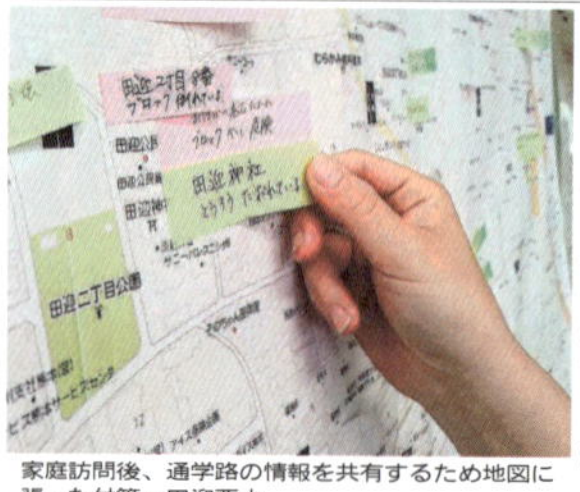
田迎二丁目公園

家庭訪問後、通学路の情報を共有するため地図に張った付箋＝田迎西小

災害ごみ収集 自衛隊協力へ

熊本市

熊本市の大西一史市長は27日の記者会見で、熊本地震で回収が滞っている災害ごみについて、28日から自衛隊が収集業務に協力することを明らかにした。

自衛隊は大型トラック7台を稼働させる。市廃棄物計画課は「自衛隊は機動力がある。ショベルカーも出すと聞いており、回収が進む」と期待している。

大西市長によると、政府の非常災害対策本部会議で、安倍晋三首相が、ごみの回収・処分を進めるよう関係機関に指示したという。市は全国11自治体の協力で最大222台のごみ収集車を巡回させているが、収集が追いついていない。(高橋俊啓)

くまモンスクエア再開 "本人"登場は連休以降

くまモン

「くまモンスクエア」で「くまモン」への応援メッセージを書く児童＝27日午後、熊本市中央区

県のＰＲキャラクター「くまモン」に会える観光物産館「くまモンスクエア」(熊本市中央区)が27日、営業を再開した。熊本地震の「前震」翌日の15日から閉館していた。

今回の地震により、くまモンは活動を自粛している。同館によると、早ければ5月の大型連休以降、同館に姿を見せる予定。

洪水予報 基準引き下げ

九地整など 地震で堤防破損

国土交通省九州地方整備局と福岡管区気象台は28日から緑川水系の緑川、浜戸川、御船川、加勢川の4河川と、白川について、洪水予報の発表基準水位を引き下げる。熊本地震で堤防にひびが入るなどしており、少ない雨量でも洪水につながりかねないとして、比較的低い水位で注意を呼びかける。

洪水予報の基準水位は「氾濫注意」や「氾濫危険」など5段階。これを1段階ずつ引き下げる。緑川の場合、流域の市町村長が避難準備を判断する目安となる「避難判断水位」を、水深4・1メートルから3メートルに下げる。

整備局によると、対象の5河川の堤防で確認されたひび割れなどの破損は171カ所。応急対策は完了しているが、損傷が激しい11カ所は抜本的な対策が必要という。

一方、被害が大きかった地域を流れる県管理の黒川、木山川、矢形川、大鞘川の4河川も堤防などを損傷。県は洪水予報の発表基準の引き下げを検討しており、流域の市町村との調整を急いでいる。(九重陽平)

自動車道の損傷370カ所

西日本高速

西日本高速道路は27日、熊本地震により、九州・南九州・大分の3自動車道の計約370カ所でひび割れや陥没が起こり、計20カ所の橋が損傷したとの被害まとめを発表した。27日時点の通行止めは九州道と大分道の一部の計約40キロ。

被災者は思う

2016.4.28

避難所に医療機器を

井上彩夏さん(32) ＝主婦、熊本市東区

子どもが3人いて、うち2人は障害を持っています。1人は痰の吸引のため特殊な機器が必要で、もう1人も看護が欠かせません。体一つで避難することができず、周りの人たちへの迷惑も考えて地震後も避難所には行かず、自宅にとどまりました。医療機器や看護師が配備されている避難所が、増えてくれればいいのですが。

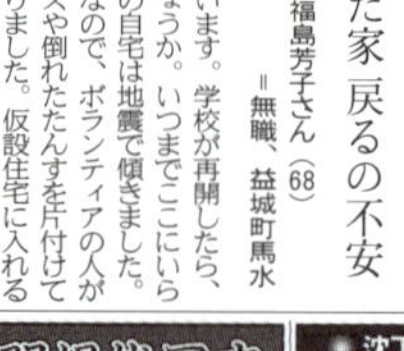

傾いた家 戻るの不安

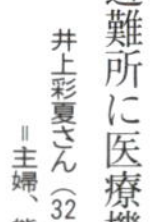

福島芳子さん(68) ＝無職、益城町馬水

近くの小学校に避難しています。学校が再開したら、離れないといけないのでしょうか。いつまでここにいられるのか心配です。一軒家の自宅は地震で傾きました。

1人暮らしなので、ボランティアの人が割れたガラスや倒れたたんすを片付けてくれて助かりました。仮設住宅に入れるか分かりませんし、傾いた家に戻るしかないのかと思うと不安です。

4月28日の飛来予測

	九州北部 大気汚染粒子	九州北部 黄砂	九州南部 大気汚染粒子	九州南部 黄砂
6―12	やや多い	少ない	多い	少ない
12―18	やや多い	少ない	やや多い	少ない
18―24	やや多い	少ない	やや多い	少ない
29日	少ない	少ない	やや多い	少ない

非常に多い：注意喚起レベル
多い：環境基準値程度
やや多い：大気が少しかすむ
少ない：清浄

予測システム「スプリンターズ」開発チーム提供

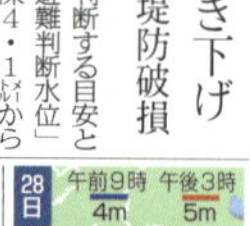
28日
午前9時 4m
午後3時 5m

阿蘇山の風向予想
(日本気象協会 tenki.jpより)

9日間の天気

Weather Report

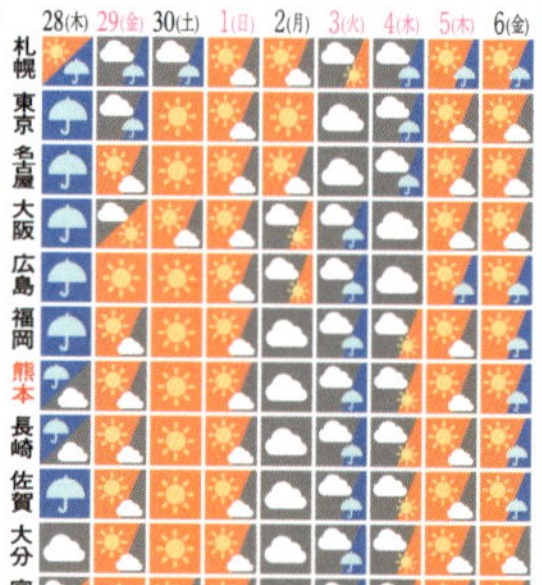
28(木) 29(金) 30(土) 1(日) 2(月) 3(火) 4(水) 5(木) 6(金)
札幌
東京
名古屋
大阪
広島
福岡
熊本
長崎
佐賀
大分
宮崎
鹿児島
那覇
のち
時々

きのうの気温

27日

(天気・湿度は15時、県内の気温は0時―17時、Δ印は低め)

	最高	平年比	最低	平年比	湿度	天気
熊本	21.5	Δ1.8	17.9	5.6	84%	曇
牛深	21.4	Δ0.5	17.9	3.8	95%	―
人吉	19.2	Δ3.7	16.8	6.2	100%	―
阿蘇	17.7	Δ2.1	15.5	7.9	―	―

(阿蘇山上の最高気温は14.2度、最低気温は11.6度)

	最高	最低	天気
福岡	21.0	17.2	曇
佐賀	19.6	18.3	俄雨
長崎	20.5	17.0	曇
大分	20.1	18.0	俄雨
宮崎	19.9	17.6	俄雨
鹿児島	21.7	18.4	俄雨
那覇	27.6	24.7	曇
松江	17.1	15.1	雨
広島	19.2	17.9	雨
高松	18.3	16.8	雨
大阪	20.4	18.0	雨
京都	20.9	17.0	雨
名古屋	20.5	16.3	曇
長野	26.2	10.1	曇
東京	21.8	16.0	曇
新潟	16.8	9.7	曇
仙台	16.3	9.4	曇
秋田	18.1	4.7	曇
札幌	13.0	4.8	快晴

潮ごよみ

旧暦 3月22日(28日)
小潮・月齢 20.7

日出 5時33分
日入 18時57分
月出 ×時×分
月入 9時56分

	満潮	干潮
三角	11.41 ―.―	5.59 18.10
水俣	11.30 ―.―	5.59 18.14
牛深	10.49 ―.―	5.20 17.31
玉名	0.07 11.51	6.09 18.20

旧暦 3月23日(29日)

	満潮	干潮
三角	0.40 12.26	6.44 19.02
水俣	0.43 12.16	6.46 19.06
牛深	0.16 11.39	6.13 18.27
玉名	0.50 12.36	6.54 19.12

新聞定価1カ月 朝刊のみ＝3,093円(税込み)、朝夕刊セット＝3,460円(税込み) 朝刊1部売り＝120円(税込み)

復興信じて 前を向く

熊本地震2週間 益城町ルポ

プレハブで新生活、店舗再開も 「一歩ずつ進みます」

熊本地震で民家1万1千棟のうち5400棟が全半壊するなどした益城町は、14日の前震から28日で2週間を迎えた。町中心部を横切る県道熊本高森線を歩くと、倒壊した建物に今も圧倒される。それでも前を向く人がいる。2度の震度7に揺れた町を見つめた。

【1面参照】

熊本市との境から東へ延びる約4㌔が目抜き通り。つい2週間前まで、民家や商店が途切れず並んでいた。

応急工事は終わっているが、路面は波打っている。渋滞がひどい。

歩道の所々に割れた瓦や、折れた建材がそのまま残っている。

古い商店や家屋が多い木山地区。家々は1階が押しつぶされている。倒壊を免れてもガラス戸が外れ、散乱した家電やたんすが丸見えになった家も。鉄筋コンクリートの建物も傾き、そばを通ると恐怖を覚えた。ほとんどが手付かずのままだ。

町文化会館前の酒店。散乱し、割れてしまったはずの酒瓶や缶は片付けられていた。

軒先で話す人たちの輪に入った。みんな笑顔が絶えない。自宅の片付け中に転び、右腕を骨折した民生委員の木下たつみさん(62)は「2度の震度7で、身も心も疲労困憊。でも、疲れたなんて言えない。益城の人は明るかとよ。明るくなかと何もできんもんね」。自らに言い聞かせているように思えた。

西へ向かうと、ドラッグストアや比較的新しい家は残っていた。一方で古い建物は倒壊し、瓦が崩れ落ちている。

馬水地区のまんじゅう店から、湯気と甘い匂いが広がっていた。従業員の内村光子さん(72)は、安永地区の自宅が全壊し、避難先の町総合体育館から通う。店は23日に再開。「避難所にずっといるのはつらい。働くことがこんなに幸せだとは思わなかった」。町の支援に駆けつけた県外の人たちも郷土の味を買ってくれる。そんな日常をかみしめる。

惣領地区でスナックと美容室を営む門川雪子さん(68)は、店が入るビルが「危険」「要注意」と応急判定され、当面の再開は諦めた。割れた食器やグラスを片付けながら、客からのプレゼントだった鉢植えに目を留めた。「お客さんから『大丈夫か』と連絡があった。つらかったけど、元気をもらえる。できることから始めます」

さらに西へ。こいのぼりが見えた。惣領交差点近くの会社員福永吉成さん(53)の家だ。16日の本震で、木造平屋の屋根の一部が崩れ落ちた。義母や孫ら4世代で暮らしてきた。今は敷地のテントに、福永さん夫婦と息子2人が残る。初節句を迎える孫の蒼波(あおば)ちゃん(5カ月)と伊織(いおり)ちゃん(3カ月)は、それぞれの母親の実家へ避難している。

27日は2人の孫たちが一時帰宅し、福永さんと妻るみ子さん(53)に抱っこされていた。高さ16㍍のさおは少し傾いたが、3匹のこいのぼりはしっかり空を泳いでいた。

「こいのぼりを見ると元気が出る。頑張らないといけない。一歩ずつ進みます」と福永さん。この日、仮住まいとなるプレハブ[illegible]が届いた。基礎を整えて、数日後には新たな生活を始める。少しずつ動きだしている。(池田祐介)

2人の孫を抱いた福永吉成さん(左)とるみ子さん。自宅の屋根は一部が崩れ落ちたが、「こいのぼりを見て元気を出している」と言う＝27日、益城町惣領

▲経営するスナックの片付けをしていた門川雪子さん。当面の再開は難しいというが、それでも笑顔を絶やさなかった

◀熊本地震で崩れた木山地区の家屋

益城町 / 町役場 / 木山交差点 / 広安小 / 町文化会館 / 秋津川 / 443 / 町総合体育館 / 馬水 / 町保健福祉センター / 木山川 / 惣領交差点 / 県道熊本高森線

小中学校 来月9日再開へ

益城町の森永好誠教育長は27日、熊本地震で臨時休校が続く全小中学校を5月9日に再開する方針を明らかにした。29日の校長会で最終決定する。

町によると現在、5小学校と2中学校のうち、4小学校が避難所となっており、飯野小と広安小、広安西小が教室を開放。教室の避難者計550人に、近く復旧が完了する町総合体育館アリーナ(同町木山)に移ってもらう考え。当面、体育館の避難者は対象としない。

ただ避難者への周知はこれからで、町は「移動は強制ではなく、あくまでお願いする立場」としている。

一方、文部科学省は27日、7校の安全性調査を始めた。結果次第では、再開が遅れる学校が出る可能性もあるという。

森永教育長は「再開後、1週間は個人面談などで生徒の心のケアに重点を置く。授業はその後と考えている」と説明。夏休みを短縮して授業に充てる考えも示した。

町は保護者の要望を受けて町立の第2、3、4保育所を5月6日に再開する方針も決めた。園舎などの安全性が確認されていない第1、5保育所の再開見通しは立っていない。(後藤幸樹)

屋根修理で 転落相次ぐ

熊本赤十字病院に17人搬送

地震で壊れた屋根の修理中に転落し、けがをする人が相次いでいる。熊本赤十字病院(熊本市東区)には26日までに17人が搬送され、うち3分の2は、業者に依頼せず自分で修理していたケース。同病院救急科の北村淳一医師は「頭などを打つと命に関わる。修理は専門業者に依頼してほしい」と注意を呼び掛けている。

内訳は男性10人、女性7人。頭や胸などを強く打つなどして、うち8人が重傷だった。転落した状況は、「高さ4㍍の脚立から落下し頭を負傷」「屋根の上の温水器が余震で落ちないよう、取り除こうとして転落」「はしごから下りる際に転落」「屋根から滑落」など。地震で瓦が落ちやすくなっている上、雨のため滑りやすいことも転落の要因という。

17人以外にも、屋根から転落して首の骨を折り、手術のため県外病院にヘリで搬送されたケースもあった。

建設業者の転落も多発しており、北村医師は「足場を組み、安全帯を着けるなど安全管理を徹底してほしい」と呼び掛けている。(森本修代)

仮設候補地の選定 開始

南阿蘇村 必要数100戸以上

南阿蘇村は27日、熊本地震で家屋が被害を受けた住民の仮設住宅候補地の選定を始めた。被災者の意向を尊重しながら、村有地を中心に建設地や戸数を決める。

この日、県や村の職員、東日本大震災後の仮設住宅建設に携わった福島県の職員らが、村有地4カ所を視察した。今後、被災者に聞き取り調査して建設地を決め、災害救助法に基づき県が住宅を整備。土地造成から約1カ月で完成させたい考え。

村によると現在、村内の避難所に約630人が生活。196人が答えたアンケート調査では、自宅に「住めない」「分からない」との回答が半数以上あった。村は、民間アパートを借り上げた仮設住宅なども合わせて、少なくとも100戸以上が必要になるとみている。

一方、同村の避難所に身を寄せる住民らは、降り続く雨に不安を募らせた。大規模な土砂崩れで犠牲者が出た河陽地区に住み、宿を営んでいた夏井光長さん(63)は「雨による土砂災害は、もう勘弁してほしい」と話した。(潮崎知博、堀江利雅)

通行止め白川橋 復旧めど立たず

国交省調査

国土交通省の緊急災害対策派遣隊が27日、熊本地震による損傷で通行止めになっている熊本市の白川橋を現地調査した。橋本体にねじれが生じている可能性があり、復旧のめどは立たないという。

白川橋は16日未明の本震で、JR熊本駅に近い右岸側の橋を支える部品が大きく損傷。橋桁と道路との接続部分が縦横にそれぞれ約10㌢ずれ、全面通行止めが続いている。

調査は、同隊と九州地方整備局職員ら8人が実施。損傷した部品を中心に橋全体を見て回り、橋の管理をする同市土木部の職員に結果を報告した。

同局の志賀浩二環境調整官は「ずれているだけでなく、橋がねじれて変形している可能性がある。具体的な復旧方法を決めるためにさらなる調査が必要」と説明。同市土木部は「国から技術的なアドバイスをもらうことで、1日も早く復旧させたい」としている。(園田琢磨)

損傷部分を調査する国土交通省の緊急災害対策派遣隊ら＝27日、熊本市西区

くまモン
絵:サダタロー/監修:小山薫堂
恋心(こいごころ)

大好きなくまモンにこの想いを届けたい…
ラブレターを書いてきたけど自分ではずかしくてわたせない…
どうしよう…
……あ!
あの人にわたしてもらおう!
ねぇアナタ! コレを…
うわーアリがトー
おなかへってたんだー
ギャーヤギさ〜ん!!!

益城町の富田知子さん 「控えめだが気丈な人」

富田知子さん

孫5人、ひ孫2人に恵まれた富田知子さん(89)＝益城町寺迫。大勢の家族と囲む祝いの席で、少しだけ飲むお酒が楽しみだった。「来年の卒寿を祝ってやりたかった…」。長男賢一さん(65)の顔に悔しさがにじんだ。

若い頃、尋常小学校の代用教員だった知子さん。厳しくもあったが、賢一さんの記憶の中では「優しさの方が大きかった」。十数年前に亡くなった夫の範雄さんと朝から晩まで農業に励み、高齢になっても庭の草取りに精を出した。

近所でも有数の旧家を切り盛りする「古庄屋の知子さん」と親しまれた。長年の友人だった中川テイ子さん(88)は「控えめだけど気丈な人。お互いを1番頼りにする友人だった」と涙ぐんだ。

14日夜、築150年超の住宅を大きな揺れが襲った。隣に住む賢一さんが妻のなな子さん(62)と飛び出ると、実家は2階の一部が崩れ、知子さんが寝ていた1階に大きな梁(はり)が落下。「かあちゃん」。何度も呼んでも、反応はなかった。

現在、避難所に身を寄せる賢一さんは「もう少し生きていてほしかった」と思う半面、「体に負担がかかる避難生活をさせなくてよかった」。複雑な心境を吐露した。(原大祐、中尾有希、西島宏美)

益城町の伊藤俊明さん 人付き合い広く優しい

伊藤俊明さん

14日夜の前震で亡くなった伊藤俊明さん(61)＝益城町広崎。近くに住む姉(66)は「優しくて人当たりのいい弟でした」と語り、肉親との突然の別れを悲しんだ。

自宅1階でくつろいでいた伊藤さんは、崩れてきた住宅の下敷きになった。2階にいて無事だった兄(64)は「助けてやる」と、はだしで近くの姉の家へ向かい救助を求めたが、助からなかった。

周囲に「ボランティアなどの人助けをしたい」と話していた伊藤さん。勤め先の建築関連の会社でも年齢に関係なく、広く付き合っていたという。

本震が起きた16日未明、きょうだい3人は、伊藤さんを弔うために葬儀社にいた。姉は「弟が私たちを、安全な場所に集めてくれたのかもしれない」と声を震わせた。(飛松佐和子)

南阿蘇村の髙田一美さん 世話好きな“お母さん”

髙田一美さん

16日未明の本震で自宅が倒壊、犠牲となった髙田一美(いずみ)さん(62)＝南阿蘇村立野＝は、菊陽町の障害者支援施設に勤務し、職員や利用者から慕われていた。

髙田さんは熊本菊陽学園の開設当初から30年近く調理を担当。定年退職後も嘱託職員として働いていた。

「世話好きで、お母さん的存在だった」と同学園の田中健二郎理事長(66)。誰に対しても公平に接し、時には利用者に注意する厳しい面もあったが、「いちみちゃん」と呼ばれ、慕われていた。

家庭では3人の娘を育て上げ、三女の尚子さん(30)と愛犬「うるる」と暮らしていた。3人の孫の成長を何より楽しみにしていたという。

14日夜の前震発生後、一時的に近くの実家に避難していた。しかし、愛犬が落ち着かない様子で、自らも疲れていたため、自宅に戻ったところを本震が襲った。1階の居間で一緒に寝ていた尚子さんは救出されたが、一美さんは約10時間後に見つかったが、助からなかった。

「気が強かったけど、根は優しかった」と尚子さん。母娘は毎日、友達のようにいろんな話をしたという。「ささいなことでも、全てが大切な思い出。お母さんを亡くして初めて分かった」。尚子さんの目から、ぽろぽろと涙がこぼれた。(九重陽平)

南阿蘇村の増田フミヨさん 明るい地域のまとめ役

増田フミヨさん

16日未明の本震で亡くなった増田フミヨさん(79)＝南阿蘇村河陽＝は、婦人会長や民生委員を務める、地域のまとめ役だった。

夫婦仲が良く、夫と自宅周辺を散歩するのが日課だったという。2人をよく知る近くの増田信悟さん(72)は「毎朝のように2人一緒に温泉に行かれてました。フミヨさんは野菜づくりが好きで、明るくて優しい人でした」と振り返った。

本震直後、2階建ての家は倒壊。夫ははい出たものの、フミヨさんはつぶれた屋根の下敷きになり、駆けつけた消防団が救出したが、助からなかった。

地震発生の16日は、東大に入学した孫娘の合格祝いのため、東京にいるはずだった。しかし、前震で15日午前の飛行機が欠航。熊本に残ったことが運命の分かれ道となった。

「フミヨさんは『また今度、ゆっくり(孫に)会いに行けばいいから』と言ってました。本当に楽しみにしていたのに…」。子どもをかわいがってもらったという近くの増田テル子さん(59)は、なき叔母の無念に思いをはせた。(中尾有希)

清田 スズエさん(きよた・すずえ＝玉東町議・清田高広さんの母)26日午後、乳がんのため死去、78歳。葬儀は28日午後1時から、熊本市北区植木町舞尾626の2、明徳屋斎場で。喪主は夫角司(かくし)さん。自宅は玉東町原倉1123。

高峰 三郎さん(たかみね・さぶろう＝高峰武・熊本日日新聞社論説主幹の父)27日午前、肺炎のため死去、93歳。通夜は28日午後7時、葬儀は29日午後1時から、玉名市天水町部田見2255の1、玉水苑で。喪主は長男務(つとむ)さん。自宅は同町部田見1387の1。元天水町議。

1　（昭和17年4月1日第3種郵便物認可）　第26632号（日刊）

熊本日日新聞　夕刊

発行所　熊本日日新聞社　〒860-8506　熊本市中央区世安町172　☎代表（096）361-3111　©熊本日日新聞社2016年

2016年（平成28年）4月28日　木曜日

思い出新聞販売します
お申し込み ☎096(361)3256
【受付時間】AM9:30～PM5:00(土曜、日曜、祝日は休み)
熊日サービス開発株式会社

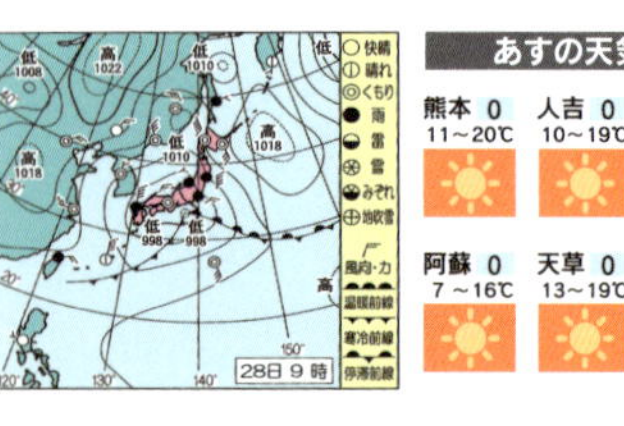

あすの天気

熊本 0	人吉 0	阿蘇 0	天草 0
11～20℃	10～19℃	7～16℃	13～19℃

福岡　佐賀　長崎　大分　宮崎　鹿児島　那覇　大阪　東京　札幌

あすから天気回復

県内の天気はあすから回復。5月1日にかけて晴天が続くようになる見込み。

熊本地震の発生以降、前線が九州付近に停滞することが多く、ぐずついた天気が続いてきた。度重なる雨が復旧作業などの障害にもなっていた。あすからは前線が九州から離れるため、青空が広がりそう。

ただし、あす、あさっては朝の冷え込みが強い。寒さで体調を崩さないよう注意を。あすは晴れ、気温は低め。

【正午の気温】
熊本 18.8(16.0)
人吉 17.6(16.7)
阿蘇 15.6(14.0)
牛深 20.3(17.0)
（　）内は前日の最高

【29日】〈小潮〉（三角港）
旧暦 3月23日　日出 5時32分　日入 18時57分
満潮 0時40分　12時26分
干潮 6時44分　19時02分

一筆　音読の勧め

熊本大五高記念館研究員　藤本　秀子

五高記念館に勤務するようになってから、明治時代の文章に触れる機会が多くなりました。

当時の人々の多くは漢文の素養があり、漢語を多用したいかめしい文章が中心です。教師陣だけではなく、二十歳にも満たない生徒たちが書いたものも、今の私たちには読めないような漢文調です。一つ一つの言葉に気を取られるとなかなか意味をつかみきれません。

こんな時には声を出して読んでみます。音読です。文章が耳から入ってきて、まずリズムに乗ることができます。自分で読めない漢語もはっきりします。読めない言葉を調べ、何回か音読すると、不思議なことに意味がつかめてくるのです。

読むことが好きでも、最初の一行からすっと入っていける文章にはなかなか出合わないものです。まして、好きでなくても読まなければならない文章に遭遇したら…。そんな場面を経験しながら編み出したやり方です。

十数年前になりますが「声に出して読みたい日本語」という本がベストセラーになり、買い求めた方も多いと思います。確かに、あの本には心地よいリズムの日本語が詰まっていましたね。

明治時代は、新聞なども音読するのが普通だったと聞いています。ルビもたくさんふってありました。日本語は声を発することで、わが身の内に入ってくる言葉だったのですね。脳を活性化するためにも時には、音読をお勧めします。

2016.4.28

エンジン逆噴射で火星に着陸する米スペースＸの宇宙船レッドドラゴンの想像図（スペースＸ提供・共同）

火星へ宇宙船 18年にも

【ワシントン共同】米宇宙ベンチャーのスペースＸは27日、民間企業としては初めて、火星に向けた無人宇宙船レッドドラゴンを2018年にも打ち上げると発表した。自社ロケット「ファルコンヘビー」で打ち上げ、エンジンの逆噴射による火星への着陸を目指す。イーロン・マスク最高経営責任者（ＣＥＯ）はツイッターで「ドラゴンは太陽系のどの惑星にも着陸できるよう設計されている。火星は手始めの実証試験だ」とコメントした。

火星への着陸は、米航空宇宙局（ＮＡＳＡ）が、比較的小型で軽量な無人探査機をエアバッグで包んだり、パラシュートで減速させたりして行っているが、6トンもある大型の宇宙船を着陸させる試みは初めて。将来の火星入植を目指し、物資や人の輸送を見据えた実験となる。ドラゴン宇宙船は現在、国際宇宙ステーションへの物資補給に利用されている。

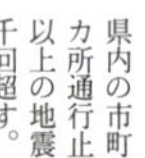

黙鼓子

県内の市町村道295カ所通行止め。震度1以上の地震、2週間で千回超す。終息いつ。

◇

志賀原発1号機直下に「活断層」。北陸電は廃炉に徹底抗戦。熊本地震の惨状どう影響。

◇

余震のたびに「体が硬直」。不眠や吐き気…。被災者に心の傷。我慢せず周囲に相談して。

◇

ふるさと納税、寄付が急増。熊本市や県に昨年上回る申し込み。広がる支援、ただ感謝。

地震1000回超え

気象庁によると、熊本、大分両県で14日夜から28日午前9時までに起きた震度1以上の地震が千回に達した。うち震度5以上は17回。気象庁は引き続き警戒を求めている。

九州新幹線、本州と接続

熊本を中心とする地震で見合わせていた九州新幹線と山陽新幹線の相互乗り入れが28日、再開した。九州新幹線は27日に全線で運転を再開。乗り入れ分を合わせて九州を運行する新幹線の1日当たりの本数は地震前の9割、114本に回復した。ＪＲ九州によると、28日は九州と本州を結ぶ新幹線「みずほ」と「さくら」計48本が運行する予定。

「特定非常災害」閣議決定

政府は28日の閣議で、熊本地震を「特定非常災害」に指定する政令を決めた。被災して各種行政手続きができなくなった人たちを救済するのが目的で、運転免許証の有効期間などが特例で延長される。延長する手続きや期間は所管官庁が近く決定する。対象地域は手続きごとに指定されるが、多くは災害救助法の適用と同じく県全域になるとみられる。

首相 あす大分訪問へ

安倍晋三首相は熊本地震をめぐり、29日に大分県の被災地を訪問する方向で検討に入った。被害状況を視察し、今後の対策に生かすとともに、被災者支援の姿勢を打ち出す狙い。政府関係者が明らかにした。熊本県をあわせて訪れる案も浮上している。

ニュース速報

市町村道 不通295カ所

ビルの壁が崩れるなどしたため、車両通行止めが続いている熊本中央郵便局近くの道路＝28日午前10時30分ごろ、熊本市中央区（高見伸）

地震による路面陥没や余震の警戒で、熊本県内の市町村道少なくとも295カ所が通行止めになっていることが28日、分かった。

県内の全45市町村に、各市町村が管理する道路の27日時点の状況を聞いた。震度7の地震を2度観測した益城町や、菊池市、宇城市、山都町はいずれも通行止めが30カ所を超えた。地震の揺れで落石や倒木があったり、路面に亀裂が入ったりしたケースのほか、嘉島町などでは倒壊した家が道をふさいでいた。通行はできるものの、余震による落石警戒から封鎖されている道路も目立った。

南阿蘇村の担当者は「行方不明者捜索が優先で、村道の被害はほとんど把握できていない」と説明。通行できない道路はさらに多いとみられる。

詳しくはあすの朝刊で

北陸電「廃炉」に徹底抗戦

志賀原発直下に活断層

熊本地震で再注目　議論決着 長期化も

北陸電力志賀原発1号機の原子炉建屋（手前右）とタービン建屋（同左）、2号機の原子炉建屋（奥右）とタービン建屋＝2014年4月、石川県志賀町

北陸電力志賀原発（石川県）の1号機原子炉建屋直下にある「S―1断層」を活断層とした原子力規制委員会の有識者調査団の評価書を受け、同機は廃炉の可能性が高まった。熊本、大分両県を中心とする地震で原発の活断層リスクに注目が集まる中、議論は新規制基準の適合性審査に移る。北陸電が徹底抗戦に出るのは必至で、決着までなお相当な期間を要する公算が大きい。

「今回の評価は限られた資料やデータに基づいて行われた。正確な評価には一層のデータの拡充が必要だ」。27日に確定した評価書には、北陸電への「宿題」とも言える6点の調査・検討項目が記された。2年超にわたる議論では、北陸電が断層の活動性を示すデータはなかったものの、調査団は建設当時に掘られた試掘溝での地層データを根拠に活断層と結論付けた。

北陸電は「評価書は当社の説明機会が十分ない中でまとめられた」と反発するコメントを発表。追加データで覆せると強気だが、小規模の同社にとって費用がかかる長期戦は経営体力をそぐ消耗戦でもある。

同日の記者会見で規制委の田中俊一委員長は「新データで『白』になるかもしれないし、『より黒』になるかもしれない」と明言を避けつつも、「（北陸電は）データの取得にてこずるかもしれない」と話し、評価書を覆すのは容易でないことを示唆した。

原発敷地内の活断層が注目される契機となったのは2011年の東日本大震災だ。旧原子力安全・保安院は志賀を含め、活断層が疑われた6原発を選定。その後発足した規制委に引き継がれた。これで日本原子力研究開発機構の高速増殖炉もんじゅ（福井県）を残し、5原発について結論が出たことになる。

重要施設直下の活断層が明確に指摘され、廃炉に直面している原発にもう1基、日本原子力発電敦賀2号機（福井県）がある。日本原電は昨年11月、同機の審査を規制委に申請。「原子力専業会社として、発電所の運営は生命線だ」（和智信隆常務）と存続に強いこだわりをみせるが、活断層の議論は出口が見えず、審査終了の見通しは全く立っていない。

富山、石川両県の住民らが志賀1、2号機の運転差し止めを求めた金沢地裁の訴訟でもS―1断層が大きな争点となっている。住民側は規制委の有識者調査団の評価を根拠に「過酷事故を起こす可能性がある」と訴えてきた。

金沢地裁は今回の評価書確定を受け、双方の主張を改めて聞くとみられる。原告団長の北野進さん（56）は評価書の確定は「原告側に有利な判断材料となる」と歓迎し、「裁判所には評価書を踏まえて年度内にも差し止めを認めてほしい」と求めた。

敦賀原発の地元、福井県敦賀市の今大地晴美市議は「原発が集中する若狭湾周辺には活断層が数多くある。仮に熊本のような地震が起きれば、同時多発的に原発事故が起きる可能性がある」と危機感を募らせる。

一方、敦賀市の渕上隆信市長は評価書に固執しない審査を求める意見書をすでに規制委に提出した。立地自治体にとって、原発の行方は地域経済を左右する重大な問題。同市の担当者は長丁場を見越してか「今後の審査を見守っていきたい」と言葉少なだった。

活断層の問題を抱える原発

※上段は原子力規制委員会の有識者調査団の評価、下段は規制委の審査の状況

原発	事業者	有識者調査団の評価	規制委の審査の状況
志賀原発（石川）	北陸電力	1号機原子炉建屋直下と1,2号機タービン建屋直下に活断層	2号機の審査が凍結解除へ。北陸電力、1号機も申請予定
敦賀原発（福井）	日本原子力発電	2号機原子炉建屋直下に活断層	2号機が審査中
東通原発（青森）	東北電力	重要施設直下の断層の活動性を判断できず	1号機が審査中
高速増殖炉もんじゅ（福井）	日本原子力研究開発機構	調査中	規制基準が未整備で見通し立たず

日銀、物価目標半年先送り

日銀は28日、金融政策決定会合を開き、追加金融緩和の見送りを賛成多数で決めた。円高や消費低迷により物価の上昇基調は鈍っており、2％の物価上昇目標の達成時期を「2017年度中」に約半年先送りした。

求人倍率、24年ぶり高水準

厚生労働省が28日発表した3月の有効求人倍率（季節調整値）は、前月比0.02ポイント上昇の1.30倍で、2カ月ぶりに改善した。1991年12月以来、24年3カ月ぶりの高い水準だった。一方、総務省が同日発表した3月の完全失業率（季節調整値）は、前月比0.1ポイント低下の3.2％で、2カ月ぶりに改善した。

脱線防止に新型保守車

ＪＲ西日本は、5月から山陽新幹線で運用する新型保守車を、新岩国新幹線保守基地（山口県岩国市）で公開した。車両が脱線した際に横転や衝突などの被害を防止する「逸脱防止ガード」設置に必要な枕木交換用で、これまで別に重機を用いる必要があった線路内の砂利撤去など工程のほとんどを賄える。導入前と比較して作業効率は約4倍向上し、1日に最大200本の枕木交換が可能になった。

ＪＲ西日本が公開した、枕木交換用の新型保守車＝27日午後、山口県岩国市

ニュース速報

29日の夕刊休みます

29日（昭和の日）は夕刊を休ませていただきます。ニュースは朝刊のほか、購読者専用サイト「くまにちプラネット」、パソコン版および携帯・スマホ版「くまにちコム」、ＲＫＫのテレビとラジオ、ＦＭＫ、ＦＭ791、ＦＭやつしろでお伝えします。熊本日日新聞社

きょうの紙面

◇お断り　「スポーツ芸能」は休みました。テレビ欄は7面です。

（第３種郵便物認可）　熊本日日新聞　（夕刊）　平成28年（2016年）4月28日　木曜日　8

熊本地震

支えあおう 心ひとつに

発生から２週間

「がんばろう」「ふんばろう」「がまだせ」「負けんばい」―熊本地震の発生から28日で２週間。被災した県内の街角や避難所で、力強いメッセージが目に飛び込んでくる。復興を目指して前へ踏み出す勇気をもらい、心の中で応える。「支えあいましょう」と。　（写真部）

酒屋と居酒屋を営む堤竜一さん（37）は、ガスが復旧しない中、22日から限定メニューで居酒屋を再開。「街中に日常を取り戻したい」＝26日午後、熊本市中央区（岩崎健示）

避難所となっている益城中央小に飾られた日の丸の寄せ書き。「復興を心より願っております」などのメッセージがびっしりと書かれていた＝25日午後、益城町（高見伸）

「がまだせ熊本!!　がまだせ下通!!」―下通アーケードの店頭に力強いメッセージが躍る＝26日午後、熊本市中央区（岩崎健示）

上通りアーケードの店頭にはくまモンのイラスト付きで、「ふんばろう熊本」＝24日午後、熊本市中央区（岩崎健示）

下通アーケードで目を引いた「熊本がんばろう」＝26日午後、熊本市中央区（岩崎健示）

人的被害が相次いだ南阿蘇村の県道沿いに、高宮正昭さん（左）が飾ったこいのぼり。孫の節句を祝った後、いったん片付けたが、「見ていると元気が出る」と言われ、再び掲げた＝22日午後（高見伸）

新市街のアーケードには、「負けんばい熊本」＝26日午前、熊本市中央区（岩崎健示）

マンションには「クマモトがんばるモン」＝24日午前、熊本市中央区（大倉尚隆）

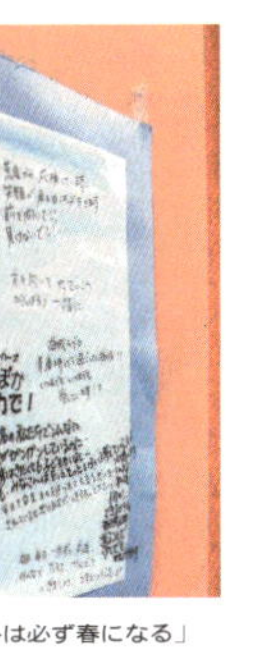

益城町総合体育館に張られた寄せ書き。「冬は必ず春になる」などと書かれていた＝25日午後（谷川剛）

被害が大きかった西原村。避難所の河原小には手書きで大きく「がんばろう！　河原！」＝19日午前（大倉尚隆）

多くの人が避難している益城町総合体育館には「がんばろう熊本、がんばろう益城」＝25日午後（谷川剛）

1　3版　平成28年（2016年）4月29日　金曜日　熊本日日新聞　（昭和17年4月1日第3種郵便物認可）　第26633号　日刊

昭和の日

熊本日日新聞

発行所
熊本日日新聞社
〒860－8506
熊本市中央区世安町172
☎代表(096)361－3111
© 熊本日日新聞社 2016年

4月29日
金曜日

熊本地震
震度1以上 千回超
余震続く　過去最多ペース

熊本地震は28日、14日夜の前震から始まった震度1以上の地震が熊本、大分両県で千回を突破した。1995年の阪神大震災以降に起きた内陸や沿岸部を震源とする地震と比べると、2週間で千回に達するのは過去最多のペースという。

県内では強い余震も続いており、28日は午後7時までに震度4を宇城市で2回、熊本市西区で1回観測した。気象庁によると、14日夜から28日午後7時までに起きた震度1以上の地震は1019回に上った。2004年の新潟県中越地震では千回を超えたのは約1年後で、熊本地震は余震の多さが際立っている。

県災害対策本部によると、県内では28日午後の時点で、28市町村の474カ所に約3万3千人が避難。エコノミークラス症候群による入院患者は、2人増えて42人となった。震災関連死の報告はなかった。

警察、消防、自衛隊は、南阿蘇村の阿蘇大橋周辺で行方不明になっている大学生大和晃（ひかる）さん(22)の捜索を続けたが、発見できなかった。

石井啓一国土交通相は28日の会見で、通行止めとなっていた九州自動車道植木インターチェンジ―嘉島ジャンクション間が29日に全線復旧する見通しになったと表明。「九州の南北を連絡する大動脈が回復する」と述べた。（熊本地震取材班）

熊本県を中心とした地震の総回数（28日午後7時現在）

震度	回数
7	2回
6強	2
6弱	3
5強	3
5弱	7
4	80
1～3	922
計	1019

被災者向け　熊本市営住宅 倍率11倍

熊本市が被災者に確保した市営住宅約250戸の入居申し込みが28日までに2802件となり、倍率が10倍を超えた。申し込み期限は5月2日までで、申込者はさらに増えるとみられる。自宅に住めない被災者に対し、住宅の供給が間に合っていないのが現状だ。

市は23日に市役所で受け付けを始めた。入居者は5月3～5日に抽選で選ばれるが、先着順と考えた被災者らで初日は長蛇の列ができた。対象は自宅が全半壊したか、一部損壊でも住宅に困窮している被災者。6日から順次入居できる。

市の避難者数は28日現在で約1万1千人。市は市営住宅だけでは到底足りないとみており、民間賃貸住宅を借り上げるほか、仮設住宅の建設用地の選定を進めている。

県は、熊本市を除く県内居住者に県営住宅70戸を提供する。対象は自宅が全半壊した被災者。県住宅課によると、28日午後2時までの申込者は約450人。県も民間賃貸住宅を借り上げて被災者に提供する。（植木泰士）

被災者であふれ返る罹災証明書の申請窓口＝28日、熊本市の中央区役所

罹災証明「早く発行を」
調査待ち　家屋手付けられず

地震によって、建物が被害を受けた証しとなる「罹災（りさい）証明書」の発行が進んでいない。2万件を超える申請がある熊本市では、現地調査待ちで被災家屋に手を付けられない被災者も多く、市民には困惑が広がっている。

同市東区沼山津の男性会社員(59)の自宅は玄関などが崩壊。「半壊」で申請したが、半壊以上の場合に必要な現地調査の時期は未定という。「倒壊すれば近所にも迷惑がかかる。いつまでこの状態でいればいいのか」と頭を抱える。

中央区役所で受け付けを待つ列に並んでいた同区帯山の女性会社員(26)は「奨学金の返済猶予など、何を申請するにも罹災証明書が必要。早く発行してほしい」。

市健康福祉政策課によると、15日から27日までの申請総数は2万5944件。このうち現地調査が必要な「半壊以上」が1万3721件と6割以上を占めるが、調査済みはわずか444件。人手不足が原因という。

調査は目視と計測で行い、損害面積に応じて「全壊」「大規模半壊」「半壊」「一部損壊」に区分され、支援金の額も違う。各区の税務課職員が担当するが、「震災対応に追われ、担当できる職員は各区6～9人が限度。到底追い付かない」と市課税管理課。

市は28日から、福岡市、北九州市の応援職員14人を含め3人1組で、市内全域の調査を本格化した。申請が増えるのを見越し、市内の全住居約18万3800戸を調べる方針。今後、県外自治体からの応援要員が増える予定だが、「発行にかかる期間のめどは立たない」と話す。

熊本市や南阿蘇村など県内約10自治体は、阪神大震災を受けて兵庫県西宮市が開発した「被災者支援システム」を導入。受付作業などが省力化できるはずだったが、準備不足でうまく運用できなかった。

同システム全国サポートセンターの吉田稔センター長(68)は「危機管理意識が希薄だったのではないか。今後、仮設住宅の運用や倒壊家屋の整理なども必要になってくる。被災住民の視点で、素早い支援をすべきだ」と指摘している。（馬場正広、富田ともみ）

罹災証明書による主な支援制度（熊本市）

	損害割合	生活再建支援金（給付）	災害援護資金（融資）	応急修理	市営住宅の提供
全壊	50%以上	最大300万円	最大350万円	対象	対象
大規模半壊	40%以上50%未満	最大250万円	最大270万円	対象	対象
半壊	20%以上40%未満	対象外	最大270万円	対象	対象
一部損壊	20%未満	対象外	最大250万円	対象外	対象

熊本市　避難所 段階的に集約
学校再開、質向上めざす

支えあおう熊本　いま心ひとつに

熊本市は28日、約1万1千人が身を寄せている小中学校など208カ所の避難所を段階的に集約する方針を明らかにした。5月10日の学校再開と避難生活の質の向上を目指したい考えだが、自宅から遠くなるケースも想定され、避難住民に戸惑いが広がりそうだ。

市によると、一部の小中学校では教室が避難所になっている。避難者数は毎日数千人単位で減少し、数人の避難所もあるという。集約化によって、授業再開時の教室を確保するほか、環境の整った別の避難所に移ってもらう。集約する施設や箇所数は未定。

市役所1階ロビーには28日現在、120人が避難。床が硬く、罹災（りさい）証明書の申請者らが行き交うため、環境が良いとは言い難く、先行して中央区黒髪の市勤労者福祉センター（サンライフ熊本）などに移ってもらうという。

同所に避難している同区草葉町の青葉照美さん(62)は「市役所に出入りする人の目が気になり、落ち着かなかった」。同区上通町の男性(68)は「移動先の黒髪は自宅から遠い。市役所に近い場所に移りたかった」と話した。

大西一史市長は同日の会見で「早く学校を再開するのは重要。環境の良くない避難所もあり、各避難所の状況に応じて（集約を）進めたい」と述べた。（植木泰士、馬場正広）

新生面
2016.4.29

16日未明の「本震」を受けて、号外、夕刊と立て続けの作業を終えたその日の午後、父が入院している病院から呼び出しの電話がかかってきた▼父は熊本地震前にこの病院に救急搬送され、集中治療室にいた。本震で病院も被災し、父は5階から別棟1階の病室に移されていた。エレベーターが使えず、看護師の助けを借り歩いて移動したという▼86歳の父は15歳の時に旧満州で敗戦を迎えた。祖父はソ連に抑留され、難民となった一家は徒歩で38度線を越え熊本に引き揚げた。「あなたはまた、生死の境を歩くことになったのか」。酸素マスクを付けて横たわる父の姿を見てそう思った▼数日後、東京の叔母からファクスが届いた。「あの戦争で一家は全てを失った。でも、長男であるあなたの父親が、幼い妹弟の手を引いて生き延びさせてくれたからこそ今の私たちがある」と▼79歳の叔母は、いずれ熊本に向かいボランティアをするのだと張り切っている。父は「迷惑だからやめろ」と言いながら、退院したら食べたい物をぶつぶつとつぶやいている。83歳になる妻の父も、引退したはずの大工仕事を復活させて、家族の心配をよそに生き生きと被災家屋の屋根に上っているという▼周囲に聞いても、この地震では戦争を体験した昭和前期生まれの世代の気丈さが目立つ。それは、父と同い年の評論家・渡辺京二さんの言葉を借りれば、人々の営みがある限り「荒野に泉が湧く」ことを身をもって知っているからだろう。きょうは「昭和の日」である。

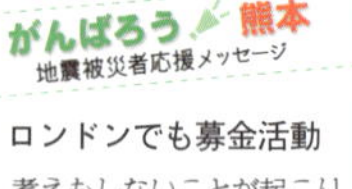

がんばろう熊本　地震被災者応援メッセージ

ロンドンでも募金活動

考えもしないことが起こりました。ロンドンでも、私たち英国熊本県人会が中心になって義援金の募集を始めました。5月5日から7日まで県人会の女性たちが街頭募金をします。微力ながら故郷のお役に立てばと思います。（澤田耕治・64、ロンドン）

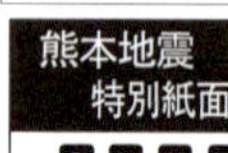

おわび
地震の影響で本日付朝刊が一部地区で配達できなかったり、遅れたりしました。大変ご迷惑をおかけしました。
熊本日日新聞社

熊日の購読・配達のご用は
ミナヨムニッコリ 0120-374625
（土・日曜・祝日除く9:00～17:00）

紙面のお尋ねは
096-361-3115
（日曜・祝日除く9:00～17:00）

パソコン版くまにちコム
kumanichi.com

◇お断り　「きょうの天気」は2面に移しました。

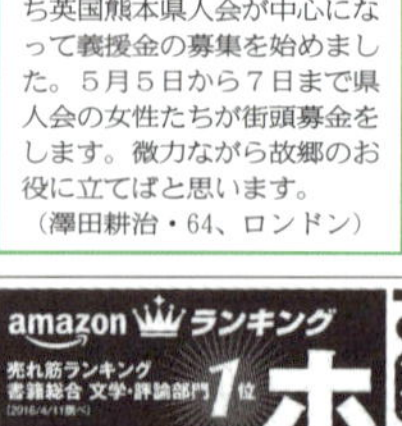

熊本地震2週間

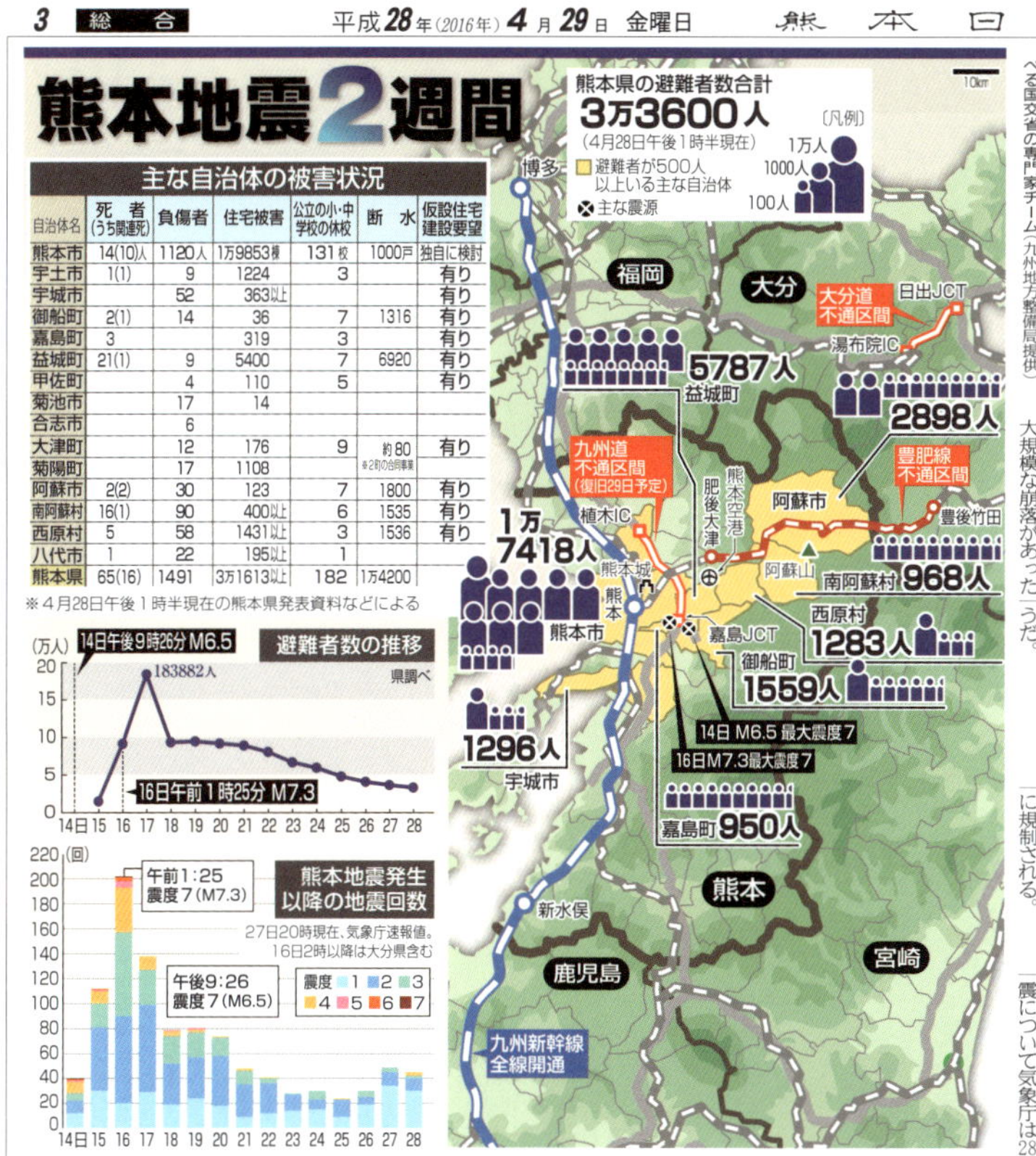

主な自治体の被害状況

自治体名	死者（うち関連死）	負傷者	住宅被害	公立の小・中学校の休校	断水	仮設住宅建設要望
熊本市	14(10)人	1120人	1万9853棟	131校	1000戸	独自に検討
宇土市	1(1)	9	1224	3		有り
宇城市		52	363以上			有り
御船町	2(1)	14	36	7	1316	有り
嘉島町	3		319	3		有り
益城町	21(1)	9	5400	7	6920	有り
甲佐町		4	110	5		有り
菊池市		17	14			
合志市		6				
大津町		12	176	9	約80 ※2町の合同事業	有り
菊陽町		17	1108			
阿蘇市	2(2)	30	123	7	1800	有り
南阿蘇村	16(1)	90	400以上	6	1535	有り
西原村	5	58	1431以上	3	1536	有り
八代市	1	22	195以上	1		
熊本県	65(16)	1491	3万1613以上	182	1万4200	

※4月28日午後1時半現在の熊本県発表資料などによる

地震により段差が生じた阿蘇市の乙姫川の堤防を調べる国交省の専門家チーム（九州地方整備局提供）

熊本地震

土砂災害危険 54カ所

応急処置必要　河川被害288カ所に

九地整調査

九州地方整備局は28日、熊本地震に伴い、県内で応急処置が必要な土砂災害危険箇所が54カ所、県管理河川の堤防などへの被害は288カ所に上ったとの調査結果を発表。梅雨時期を前に、県に対して早急な対応を求めた。【1面参照】

国土交通省が派遣した専門家チーム「TEC－FORCE（テック・フォース）」が約110人態勢で、土砂災害と河川の2チームに分かれて調査した。

土砂災害チームは、南阿蘇村など震度6強以上を記録した自治体を中心に13市町村で、住宅に近い「急傾斜地崩壊危険箇所」など155カ所を調査。このうち、南阿蘇村の24カ所、阿蘇市の13カ所、熊本市と西原村の各5カ所、益城町の4カ所、宇土市の2カ所、産山村の1カ所は、山腹に大規模な崩落があったり、住宅の裏山に亀裂が入ったりするなど直ちに処置が必要と判断した。ほかに、77カ所で警戒を強化する必要があるとした。

一方、河川チームは阿蘇、上益城、八代の3地域で17河川5渓流の延べ107キロを調査。阿蘇市の黒川や乙姫川では堤防の段差や亀裂を、益城町の木山川や秋津川では橋の崩落やのり面の陥没を確認した。「被害が活断層帯の付近に集中している」としている。

このほか同整備局は、国管理の白川や緑川水系でも計171カ所のひび割れなどを確認しており、対応を進めている。（太路秀紀）

九州道きょう全区間復旧

国土交通省は28日、熊本地震の影響で通行止めとなっていた九州自動車道の植木インターチェンジ（IC）―嘉島ジャンクション（JCT）の23キロが、29日午前9時から通行可能になる見通しと発表した。九州道が全区間で通行できるようになり、被災地の復興支援の動きが活発化しそうだ。

西日本高速道路によると、土砂が崩落したのり面や路面のひび割れの応急的な補修が完了した。

ただ、益城熊本空港IC―嘉島JCT（4・3キロ）の大部分は上り、下り各1車線となり、最大40キロに速度規制される。このほか、植木―熊本ICは80キロ、熊本―益城熊本空港ICも50キロに規制される。

九州の高速道路では湯布院IC―日出JCTの17キロのみが不通区間となっており、大分方面に向かう際は国道210号へ迂回する必要がある。国土交通省は「大型連休明けの復旧を見込んでいる」としている。（高宗亮輔）

九州の高速道路の復旧状況
九州道　北九州　福岡　長崎道　鳥栖　大分道　日出　大分　湯布院　植木　嘉島　長崎　小池高山　八代　人吉　えびの　加治木　宮崎　清武南　宮崎道　鹿児島　鹿屋串良
━不通　━29日復旧

地震の発生頻度 低下

気象庁見解「活動いまだ活発」

熊本、大分両県の地震について気象庁は28日、記者会見し「当初に比べれば発生頻度が低下している」との見解を示した。同庁が減少傾向に言及したのは初めて。一方で「他の地震と比べて震源域が広く、活動はいまだに活発。当分の間は強い揺れが起こる可能性がある」などとして、警戒を続けるよう求めた。

震度1以上の地震は28日、午後7時までに43回起きた。1日当たりの発生回数は「本震」の震度7があった16日の202回をピークに、21～27日は50回以下が続くなど減少傾向を示している。

14日夜以降の総回数は1019回。1995年の阪神大震災以降に起きた内陸や沿岸部を震源とする地震と比べると、2週間で千回に達するのは過去最多ペースという。2004年の新潟県中越地震で千回を超えたのは約1年後だった。

熊本、大分両県では26～28日にかけて雨が降った。気象庁は土砂災害にも注意を呼び掛けている。

終息見通しに慎重

専門家　震源拡大「経験ない」

熊本、大分を中心とする地震は2週間を経ても余震が続き、気象庁は「活発な地震活動が続いている」との見方を崩していない。震源の広がりや断層構造の複雑さなどから専門家は「終息の見通しには慎重にならざるを得ない」と指摘する。

熊本ではマグニチュード（M）6・5の地震が14日に「日奈久断層帯」で起きた後、16日に近くを走る「布田川断層帯」ではるかに大きなM7・3が起きた。大きな本震の後で小さな余震が続き、間隔を置きながら規模や数が減っていく通常の地震とはパターンが大きく異なる。

東北大の西村太志教授（固体地球物理学）によると、1976年以降に世界で起きたM6以上の地震で、2週間以内にM7以上が発生したのはわずか0・3%。先が読めない地震活動の背景には、二つの断層帯が関わっていることがありそうだ。

東京大地震研究所の古村孝志教授（地震学）は「震源域が大分県まで広がった。経験したことがない事態で、今後遅れて誘発地震が起きる可能性もある」と指摘する。

余震は減少傾向にあるが、九州では過去に2～3カ月の間を置いてM6級が続いた例もある。古村氏は「震源付近の複雑な断層を考慮すると終息の見極めは難しい」と話している。

気象庁の青木元・地震津波監視課長は28日の記者会見で「地震の頻度は減ってきたが、今後も大きな地震が起きないとは限らない。（警戒が必要な）期間は明示できない」と述べた。

熊本・大分の主な地震と断層帯
福岡　大分　佐賀　愛媛　長崎　熊本　宮崎　中央構造線断層帯　別府－万年山断層帯　布田川断層帯　日奈久断層帯　阿蘇山　カルデラ
16日午前3時55分 M5.8 震度6強
16日午前3時3分 M5.9 震度5強
16日午前9時48分 M5.4 震度6弱
16日午前1時25分 M7.3 震度7 本震
16日午前7時11分 M5.4 震度5弱
18日午後8時41分 M5.8 震度5強
16日午前1時45分 M5.9 震度6弱
14日午後10時7分 M5.8 震度6弱
14日午後9時26分 M6.5 震度7 前震
15日午前0時3分 M6.4 震度6強
19日午後5時52分 M5.5 震度5強
14日以降に発生した地震の震源
×主な地震
━主な活断層
玄海原発　川内原発　伊方原発　鹿児島
10km　50km

特定非常災害 閣議決定

首相 きょう熊本、大分視察

政府は28日の閣議で、熊本地震を「特定非常災害」に指定する政令を決めた。被災して各種行政手続きができなくなった人たちを救済するのが目的で、運転免許証の有効期間などが特例で延長される。延長する行政手続きや期間は所管官庁が近く決定する。安倍晋三首相は午後の非常災害対策本部会議で、地震による被災状況を確認するため、29日に熊本、大分両県を視察すると表明した。

首相は会議で、政令を閣議決定したことに触れ「速やかな対応に万全を期してほしい」と関係省庁に指示。編成中の2016年度補正予算案に「熊本地震復旧等予備費」を創設し、中小企業や農家への支援に充てる考えも示した。

地域は手続きごとに指定されるが、多くは災害救助法の適用と同じく熊本県全域になるとみられる。過去の災害では運転免許証のほか、飲食店の営業許可、アマチュア無線の免許などが延長された。このほか連鎖倒産を防ぐため、地震で債務超過となった企業の破産手続きが最大2年間凍結される。住宅再建が遅れた場合には、仮設住宅の入居期間の延長もできる。

河野太郎防災担当相は記者会見で、特例措置が200を超えるとの見通しを示し「避難中の人も多く、行政として迷惑を掛けないようにしたい。各省庁がしっかり対応してほしい」と述べた。

総務相は来月2日　県内被災地訪問へ

高市早苗総務相は28日、熊本地震の被災地を5月2日に訪問すると発表した。被害の大きかった南阿蘇村や益城町などを視察し、消防団員らを激励する。蒲島郁夫知事や大西一史熊本市長とも意見交換する予定。

高市氏は記者会見で「被災地のご要望をうかがい、意見を丁寧にうかがいたい」と述べた。

また、石井啓一国土交通相も29、30両日に被災地を訪問し、蒲島知事らと意見交換すると発表した。

「復旧 国主体で」

県選出自民議員　首相に緊急要望

自民党の県選出国会議員7人は28日、官邸で安倍晋三首相に面会し、熊本地震で被害を受けた交通や防災関連のインフラの復旧などを国が主体的に取り組むことなどを求める緊急要望を提出した。

政府は熊本地震を激甚災害に指定。復旧事業への補助率がかさ上げされるが、財政基盤が弱い被災自治体には「それでも負担が重い」として特別措置法の制定などの対応を求めた。

野田毅衆院議員（熊本2区）は提出後、記者団に「熊本城や阿蘇などの観光資源が被害を受け、九州の中小企業対策にも取り組んでほしい」と述べた。

全国市長会と九州市長会も同日、被災した児童・生徒の就学や災害廃棄物の処理などについても財政支援するよう関係省庁に要請した。（山口尚久）

「建設予定地被災　立野ダム中止を」

市民団体が要請書

熊本地震で国営立野ダム（大津町、南阿蘇村）の建設予定地が被災したとして、建設に反対する市民団体「立野ダムによらない自然と生活を守る会」（中島康代表）などは28日、熊本市東区の国土交通省立野ダム工事事務所を訪れ、工事の中止などを求める要請書を提出した。

同団体が19日に実施した調査によると、立野ダム建設予定地で土砂崩れが起き、周辺の道路が横に約50センチずれているという。要請書は「ダム予定地の岩盤には十分な強度があり、特に考慮すべき活断層は存在しないとした国交省の説明は誤り」として、工事の即時中止と周辺の岩盤や活断層の調査を求めた。（園田琢磨）

派遣自衛隊の規模 2万1千人に縮小

防衛相、長期化に備え

中谷元・防衛相は28日、熊本地震での被害に伴い、熊本県に派遣している自衛隊の規模を現行の2万6千人から2万1千人に縮小すると明らかにした。派遣の長期化に備えた措置で、29日以降、段階的に帰隊し、待機態勢を取る。防衛省で記者団に述べた。

中谷氏は「帰隊はあくまでも派遣の長期化に備えるためであり、引き続き被災者のニーズに応えるために態勢を維持、継続する」と強調した。

大分県は28日、熊本地震で活動していた陸上自衛隊への災害派遣要請を解除。中谷氏は、これに伴い、大分県内で活動する約700人が県内の所属部隊で待機態勢を取ると明らかにした。広瀬勝貞知事は「（独自で作業できる）めどが立ったと判断した」と話した。

きょうの歴史　4月29日

自衛隊第8混成団の開庁式＝熊本市

▽1957（昭和32）年

自衛隊第8混成団（現陸上自衛隊第8師団）の開庁式が熊本市清水町の北熊本駐屯地であった。

▽1995（平成7）年　七城町（現菊池市）特産品センター「メロンドーム」がオープンした。

◆住宅補修の無料相談窓口

国土交通省は28日、熊本県を中心とする地震で被災した住宅の補修方法や再建費用などに関する無料の電話相談窓口「住宅補修専用・住まいるダイヤル」を29日に開設すると発表した。☎（0120）330712。

日曜祝日を除き午前10時から午後5時まで、建築士が対応する。5月7日までは日曜祝日も受け付ける。

図面や写真がある場合は、熊本市に設ける窓口で無料相談に応じる。申し込みは「住まいるダイヤル」で受け付ける。

◆失業手当の電話相談も

厚生労働省は28日、熊本地震の被災者に対する失業手当や、事業者への助成金の特例措置に関する相談に応じるため、大型連休中の4月29日から5月8日に専用コールセンターを設けると発表した。午前8時半から午後5時15分まで。☎096（371）8609。大きく業績悪化した事業者向けの「雇用調整助成金」に関して、27日までに全国から600件を超える相談が熊本労働局と本省に届いた。

◆私立校の補助拡充を要望

幼稚園から大学までの私立校でつくる全私学連合の清家篤代表（慶応義塾長）らが28日、文部科学省を訪れ、熊本地震で被災した私立校の復旧に向け、公立校と同水準の補助を受けられるよう求めた。馳浩文科相は「（支援の）差が出ないようにしていきたい」と応じた。

激甚災害に指定された場合、自治体は公立校の施設復旧費のうち3分の2の国庫補助を受けられるが、私立校では2分の1にとどまる。文科省によると、27日時点で東海大阿蘇キャンパス（南阿蘇村）をはじめ福岡、長崎、熊本、大分4県で180の私立学校が被災した。

◆補正予算　被災地の高速無料化を

民進党の大串博志政調会長代理は28日、自民党の塩谷立政調会長代行と国会内で会談し、熊本地震を受けた2016年度補正予算案に、被災地周辺の高速道路無料化などを盛り込むよう文書で申し入れた。塩谷氏は「速やかに予算案を編成したい」と応じた。

申し入れは他に①住宅被害に応じて支給する被災者生活再建支援金の最高額を300万円から500万円に引き上げ②風評被害対策の強化③熊本城修復―など。

◆震災対応で新予備費創設求める

公明党の石田祝稔政調会長は28日、菅義偉官房長官を官邸に訪ね、熊本地震への対応を盛り込む2016年度補正予算案に関し、政府が柔軟に運用できる新たな予備費の創設を求めた。菅氏は「しっかり取り組みたい」と応じた。

（第3種郵便物認可）　熊本日日新聞　平成28年（2016年）4月29日　金曜日　総合　4

漱石記念年 祝賀に影

熊本地震 イベント中止・延期 相次ぐ

熊本地震は夏目漱石記念年も直撃した。全国オープニング式典は会場を変更して予定通り5月14日に開かれるが、他のイベントは延期や中止が相次いでいる。漱石観光の目玉である内坪井旧居の被害も判明。閉館が長期化する見通しであることが分かった。【1面参照】

内坪井旧居 土壁など被害

同式典実行委によると、当初予定していた会場が使用不能になり、ホテル日航熊本（中央区上通町）に移して午後4時から開くという。収容人員が減ったため募集を締め切り、抽選を行う。姜尚中・県立劇場館長の基調講演や作家・出久根達郎さんらのトークショーがある。

他のイベントは「熊本時代の漱石さん」（4月21日～、新聞博物館）が延期。特別講座「熊本の漱石」（5月14日、熊本大）は開催未定。火の国悠久の会の「夏目漱石先生来熊120年記念祭」（同日21日、熊本市国際交流会館）も延期に。「五高教授からロンドン留学」（6月4日、崇城大）は予定通り実施する。

一方、漱石ゆかりの施設も被災し、観光面に影を落とした。同市の調べでは、市史跡「夏目漱石内坪井旧居」（第5旧居、中央区内坪井町）は家の土壁が各所で崩落、洋室のつなぎ目に隙間ができ、骨組みが傾いた恐れがある。解体修理が必要な場合、休館は数年に及ぶ可能性がある。第3旧居（同水前寺公園）は無事だった。保存問題が出ている個人所有の第6旧居（同北千反畑町）も、土壁が数カ所はがれ落ちた。熊本大によると、五高記念館（同黒髪、国重文）は屋根の上の煙突が4本落下、れんが壁の一部にも亀裂が入った。修復や再公開のめどは立っていない。（山口純、福田寿生）

熊本地震で被災した夏目漱石内坪井旧居。玄関部分の土壁が崩落している＝熊本市中央区（同市提供）

県美本館 来月28日再開

熊本地震で休館中の県立美術館本館が5月28日の再開を決めた。立ち入りが制限されている熊本城内にあるものの、美術ファンにとっては朗報だ。

本館設備の安全が確認されたとして、予定していたコレクション展から再開する。細川家ゆかりの屛風や掛け軸、同市西区の史跡池辺寺跡の出土遺物を展示。ルノワールやピカソなど同館所蔵のフランス絵画・版画も並べる。建物の安全確認中の熊本大付属小にある藤田嗣治の素描2点を一時的に預かり、展示する予定。

一方、開館40年を記念して8日に始まった「大熊本県立美術館展」（同館、熊日主催）は中止する。余震などの影響を考慮した。

同館分館（中央区千葉城町）も5月10日、被害が少ない1、2階で再開。洋画団体・示現会の巡回展がある。

民間では、「肥後の里山ギャラリー」（中央区練兵町、肥後銀行本店内）が28日から再開した。（中原功一朗）

通潤橋 放水再開 めど立たず

アーチ部から水漏れ

熊本地震の影響で、山都町の国指定重要文化財・通潤橋に被害が出ている。水を通す石管の継ぎ目から水が漏れ出し、町は15日に放水の休止を公表。地震発生から2週間を過ぎたが、再開の見通しは立っていない。

町教育委員会によると、14日の前震で石管をつなぐ漆喰の一部から水漏れを確認。さらに16日未明の本震で漏水箇所が広がり、橋のアーチ部分から大量に水が漏れ出した。橋上部の通路を覆う土に亀裂も生じたため、町教委は雨水が浸透しないようブルーシートで覆い、周辺の立ち入りを規制した。

今後、詳しい被害を把握するための調査に入る。通潤橋の豪快な放水は観光客に人気があり、町教委は「関係者と協議を進め、できるだけ早い復旧を目指したい」としている。（臼杵大介）

熊本地震の被害を受け、雨水が浸透しないようブルーシートで覆われた通潤橋＝山都町

熊本城の石垣修復

元総合事務所長 今村克彦さん 「カギは図面と技術者」

崩落した東十八間櫓と石垣を前にする今村克彦さん＝熊本市中央区

熊本地震の影響で、国重要文化財の13棟全てが破損した熊本城（熊本市中央区）。文化的価値が高い石垣も多く崩落している。熊本城に詳しい今村克彦さん（76）＝同区、元熊本城総合事務所長＝は、石垣の修復について「カギは現存する図面、そして全国から技術者を集めること」と指摘する。

今村さんと城の周りを歩いた。市役所前の坪井川に架かる厩橋を渡り、北へ進む。「これは…」。無残に崩れ落ちた東十八間櫓に今村さんは言葉をなくした。「自分が生きている間にこんなことがあるなんて思わなかった」

考古学が専門の今村さんは1967年、熊本市教育委員会に配属され、退職まで2年間を除いて文化行政ひと筋。西出丸石垣の復元、不開門や櫓の石垣の修復、本丸御殿などの復元事業などに携わり、"熊本城の生き字引"と言われる。

西南戦争の災禍を免れた石垣や堀は1933年、国の史跡に指定。石垣は築城主・加藤清正の最初の積み方とされる「野面」のほか、「重ね」「算木」など安土桃山～江戸時代の積み方が残っている。これだけ多彩な石積みが見られる城は、全国でも貴重だ。

今村さんは、石垣修復で重要なのは「ひとつひとつの石の本来の場所を特定して、積み直すこと」と話す。そのためには詳しい図面が必要だが、熊本城調査研究センターは「撮影している写真や、これまで修復記録がある部分はいいが…」と頭を抱える。

技術者の確保も急務だ。県内で石垣を積める技術を持つ職人は、ほとんどいないのが現状。「この石が行きたい所へ持っていく」と話した名石工がいた。「この域に達する技術者が果たしているか」。熊本城の石垣の修復はハードルが高い。

県民にとって「精神的支柱」である熊本城。「少しでも前の姿に戻ってほしい」。今村さんを含め、多くの県民の願いだ。（飛松佐和子）

春の叙勲

北島三郎さんら4024人

女性の割合 過去最高9.5%

政府は29日付で2016年春の叙勲受章者を発表した。今回最高位の旭日大綬章には小島順彦元三菱商事会長(74)ら7人が選ばれた。歌手の北島三郎（本名・大野穣）さん(79)、作家の村田喜代子さん(71)に旭日小綬章が贈られた。受章者は旭日章899人、瑞宝章3125人の計4024人。女性は381人に上り、全体に占める割合は2003年の制度改正後、最高の9・5%だった。民間人は1798人で全体の44・7%。【18面に特集】

旭日大綬章はほかに、上杉光弘元自治相・国家公安委員長(74)、上條清文元東急電鉄社長(80)、斉藤惇元東京証券取引所社長(76)、自見庄三郎元郵政相(70)、白木勇元最高裁判事(71)、和田勇元積水ハウス会長兼CEO(75)が受章。

瑞宝大綬章は川島裕元侍従長(73)、先崎一元統合幕僚長(71)ら3人に贈られた。ノートルダム清心学園理事長の渡辺和子さん(89)には旭日中綬章が贈られた。

元帝人社長の長島徹さん(73)が旭日重光章を受けた。

学術研究分野では、がん遺伝子の解析に使う1本鎖DNA高次構造多型解析法を開発した元国立がんセンター研究所腫瘍遺伝子研究部長の関谷剛男さん(76)が瑞宝重光章を受章。

別枠の外国人叙勲は44カ国・地域の90人（うち女性19人）。タルボット元米国務副長官(70)、フリードマン米マサチューセッツ工科大名誉特別教授(86)が旭日大綬章に決まった。大綬章は天皇陛下、首相が5月10日に皇居で授与する。

45年度までに解体・撤去

島根1号機 中国電力、費用382億円

中国電力は28日、昨年4月末で廃炉となった島根原発1号機（松江市）の解体・撤去に向けた「廃止措置計画」の概要を明らかにした。2045年度までに解体・撤去を終える見通しで、費用は約382億円と見積もっている。

計画の認可を原子力規制委員会に申請するのに先立ち、中国電の清水希茂社長は立地自治体の松浦正敬・松江市長と溝口善兵衛・島根県知事を訪れ、事前了解を申し入れ、説明した。

中国電によると、作業工程は4段階。第1段階（2016～21年度）は使用済み核燃料などの搬出を始めるほか、放射性物質による汚染の除去などを行い、第2段階（22～29年度）はタービンや発電機などの原子炉周辺の設備を撤去する。第3段階（30～37年度）に原子炉を解体、撤去し、第4段階（38～45年度）で原発の建屋を解体、撤去する。

使用済み核燃料は、第3段階の原子炉解体着手までに原発敷地内から搬出する。

化血研への対応「方針変わらず」

厚労相

塩崎恭久厚生労働相は28日の会見で、血液製剤の不正製造・隠蔽問題で5月6日までの業務停止処分を受けている化学及血清療法研究所（化血研、熊本市）について、熊本地震による被害を受けても、抜本的な組織の見直しを求める省の方針に変わりはないとの認識を示した。

化血研は地震で生産設備に甚大な被害を受け、復旧作業を進めているものの、製造再開の見通しは立っていない。

塩崎氏は「化血研が被害に遭ったことは重く受け止める」としながらも、「処分の在り方、今後の在り方は今までの方針と何ら変わりない」と述べた。（山口尚久）

きょうの動き

■ 国内・国際 ■

▽先進7カ国（G7）情報通信相会合（～30日、高松市）

■ 県　内 ■

▽キャロライン・ケネディ駐日米国大使が熊本城の被害状況視察

■ 首長の日程 ■

【蒲島知事】終日　地震災害対応▽16時半　災害対策本部会議

【大西熊本市長】終日　地震災害対応▽9時　災害対策本部会議

【山下荒尾市長】災害警戒・対応

【高嵜玉名市長】終日　地震災害対応▽10時　大浜町老壮会連合会定例総会▽14時　玉名国際交流協会総会

【中嶋山鹿市長】終日　地震災害対応▽9時　八方ケ岳山開き

【江頭菊池市長】地震災害対応

【荒木合志市長】地震災害対応

【元松宇土市長】地震災害対応

【守田宇城市長】地震災害対応

【中村八代市長】地震災害対応

【松岡人吉市長】16時　市消防団春季総会

【西田水俣市長】終日　災害警戒・対応

【堀江上天草市長】終日　地震災害対応▽10時　孝子喜左衛門墓前祭

【中村天草市長】終日　地震災害警戒・対応

首相の動静 28日

【午前】8時12分、公邸から官邸。23分、閣議。39分、西村泰彦内閣危機管理監、河野克俊防衛省統合幕僚長。9時、和田義明自民党衆院議員。伊達忠一同党参院幹事長同席。11分、加藤勝信1億総活躍担当相。10時2分、外務省の杉山晋輔、長嶺安政両外務審議官、林肇欧州局長、門間大吉財務省国際局長、松島浩道農林水産審議官、上田隆之経済産業審議官。11時57分、竹本直一自民党中小企業・小規模事業者政策調査会長らから提言書受け取り。

【午後】0時5分、谷垣禎一同党幹事長。52分、木村太郎同党広報本部長。1時27分、国会。30分、鈴木宗男元衆院議員。2時3分、衆院本会議。5分、森山裕農相。10分、官邸。11分、谷内正太郎国家安全保障局長、原田親仁日ロ関係担当政府代表、外務省の斎木昭隆事務次官、林欧州局長。39分、谷内国家安全保障局長、原田日ロ関係担当政府代表、外務省の杉山外務審議官、林欧州局長、門間財務省国際局長、松島農水審議官。3時8分、外務省の斎木事務次官、林欧州局長、鈴木哲国際情報統括官。22分、野田毅自民党衆院議員らから熊本地震の復旧に関する要望書受け取り。34分、谷内国家安全保障局長、北村滋内閣情報官、秋葉剛男外務省総合外交政策局長、防衛省の前田哲防衛政策局長、河野統合幕僚長。4時15分、北村内閣情報官。43分、麻生太郎副総理兼財務相、財務省の田中一穂事務次官、福田淳一主計局長。5時11分、麻生副総理兼財務相。42分、自民党の塩谷立人工知能未来社会経済戦略本部長、渡海紀三朗科学技術・イノベーション戦略調査会長。6時、地震非常災害対策本部会議。57分、日本テレビのインタビュー。8時4分、公邸。宿泊。

◇お断り　「生き物こぼれ話」は休みました。

KUMA TOMO |Friday|　高校生のページ

読者・NIEセンター
koukousei@kumanichi.co.jp
TEL:096-361-3304 FAX:096-361-3035

今は受験勉強より大切　災害ボランティア

熊本地震の被災者支援にボランティアが不可欠な存在になっている。22日には熊本市でも災害ボランティアセンターが開設。連日、高校生や大学生をはじめとする多くの若者が詰め掛ける。センター開設以来、毎日ボランティア活動に加わっていた高校生３人に同行した。　（松本敦）

室内に散乱した割れ物などを片付ける高校生ボランティアの野村建誠さん（写真左）と小野原優さん（写真左から２人目）＝熊本市中央区

「人助け優先」仲間と志願

25日午前９時。ボランティアセンターが設置された熊本市中央区の花畑広場（仮称）には、参加を希望する多くの若者らが列をつくった。学校が休校中の高校生、大学生とみられる若者の姿も数多い。

センターでは、個人宅の片付けをはじめ、学校など避難所での支援物資の仕分けや清掃など、被災者らからの要望を受け付け。仕事の内容と量に応じて、派遣するボランティアを振り分ける。

同行したのは、中央区の高層マンションに住む女性宅に派遣されることが決まった、熊本学園大付属３年の小野原優（ゆう）さん、野村建誠さん、市之瀬就（しゅう）さん＝いずれも熊本市中央区。神奈川県から駆け付けた会社員、峯尾明弘さん(45)をリーダーに４人１組で作業にあたる。

高校生３人は弓道部の仲間で、「受験生だけど、こんな状況では勉強が大事とか言ってられない。人助けを優先したい」（市之瀬さん）と、ボランティアを志願した。

同９時半すぎ、花畑広場を出発。訪問する家をセンターから渡された地図で確認し、熊本市電に乗車した。ボランティアは利用が無料だ。最寄りの電停から地図を見ながら歩くこと３分。依頼主の菊本洋子さん(77)のマンションを見つけた。

同９時45分、12階にある菊本さん宅へ。エレベーターは動いておらず、階段で向かう。玄関を開け待っていた菊本さんが「今日はお世話になります」と迎えてくれた。

室内には家財が散乱し、足の踏み場がない状態。特に台所は割れた食器や、冷蔵庫から飛び出した食材などが床を埋め尽くす。「机や食器棚を１人では動かせずに、途方に暮れていた」と菊本さん。14日夜の前震以降、近くに避難していたため、16日の本震は難を逃れた。

割れ物などの災害ごみを運び出す市之瀬就さん。階段で1階と12階との行き来をする重労働だ

「まずは床を片付けられるように、食卓やいすをベランダに出しましょう」。峯尾さんのリードで作業に取り掛かる高校生３人。倒れるなどして室内を埋めていた家具を、一つずつ丁寧に運び出していく。

「薬がありました。分かりやすいところへ置きますよ」「扉が開いて中のものが落ちないようにテープでとめておきます」

高校生たちは菊本さんにたびたび声を掛けながら、片付けを進める。とっておくものと捨てるものを分けながら、２時間余りで台所をおおよそ片付け終えると、たんすが置かれた部屋や寝室などの家財への被害も確認して回った。

引き出しごと飛び出していた着物が、上階からの水漏れでぬれていないことが分かると、「大切にしていたので、ほっとしました」と菊本さん。胸をなで下ろす菊本さんの様子を見た小野原さんは、「自分の家は片付け終わったし、少しでも人の役に立てることに時間を使えてよかった」。

正午すぎ、マンションの階段で持参した弁当を食べる４人。「僕らが手伝うことで、被災した方々が少しでも早く家に戻ることができればうれしい。そうすれば学校も再開しやすくなるし」と野村さん。昨年、旅行で訪れた熊本の窮状を知り、居ても立ってもいられなくなったという峯尾さんは「若いボランティアが多くて頼もしい。大人になった時に経験が役立つよ」と目を細めた。

昼食の短い休憩の後は、大量に出た災害ごみの運搬。12階から１階のごみ捨て場まで、階段で往復する。「部活よりきついかも」と言いながらも、高校生たちは幾度となく重いごみを運び続けた。

午後１時過ぎ。「大きな家具や割れ物が片付いて助かった。若い方が一生懸命に手伝ってくれたから、私も頑張らないと」と顔を上げた菊本さん。「本当にありがとう」。感謝の言葉を掛けられた４人は、汗をぬぐいながら菊本さん宅を後にした。

◇熊本市災害ボランティアセンター　花畑広場（熊本市中央区）に被災者からの要望がなくなるまで開設中。派遣される個人宅は、高齢者など自分で片付けるのが難しい人の家。倒壊の恐れがなく安全が確認された家に限られる。ボランティア受け付けは毎日午前９時から同11時まで。汚れてもよい服で、飲み物と弁当、タオルなどを持ち、直接、同広場へ。

「気付いて」　３年・浜田汐里（17）

⑤
八代白百合写真部
随時掲載

満開の桜の下で見かけた、汚れたまま手入れもされていない道路標識。新しくするためには、税金が使われなければならないのだろう。しかし、私は税金が何に使われているのかあまり分かっていない。国民のために正しく使われているのだろうか。

熊本市、研天命

八代市、みあり

ボランティアセンターで取材した３人の当初３日間の仕事は、ボランティアへの依頼を集めるちらし配りでした。センター開設当初は必要な仕事ですが、今回、実際に依頼者の家の片付けを手伝えたことで、３人はよりやりがいを感じたようでした。労をいとわず、人の役に立ちたいという純粋な気持ちに頭が下がりました。　（松本敦）

考えるニュース　4、5月は「消費税増税」（意見は５月23日必着）

お便りは〒860―8506、熊日編集局「高校生のページ」係へ。ファクス096（361）3035。メールはkoukousei@kumanichi.co.jp
住所、氏名、学年と年齢、電話番号、ペンネームを忘れずに！　採用者には図書カードを贈ります。

胸に刻む あなたとの日々

農業一筋 がまだし者／飼育員夢見た好青年

奥田久幸さん(73)＝嘉島町上六嘉　「寡黙で真面目。農業一筋の、がまだし者だった」と住民は一様に語る。「酒もたばこもやらない。仕事が趣味みたいな男だった」と近所の福島高雄さん(77)。妻、2男1女の5人暮らし。「頑固だけど優しい面もある」大黒柱だった。軟式野球をしていた息子たちの応援には力が入った。次男の信男さん(40)は「試合の時はいつも仕事を休んで見に来てくれた」。プロ野球は巨人ファン。大相撲中継も楽しみにしていた。（16日、圧死）

片島信夫さん(69)、利榮子さん(61)＝南阿蘇村立野　愛犬とともに暮らす仲むつまじい夫婦だった。近所の人の話では、南阿蘇村出身の信夫さんは退職後、のんびりと暮らし、利榮子さんは阿蘇市のホテルにパートで勤めていた。夫婦に子どもはなく、シャイな信夫さんと対照的に、利榮子さんは社交的で明るい人柄だったという。2人は、被災翌日に村内で開かれる予定だった集落の花見を心待ちにしていた。近くに住む区長の山内博史さん(62)は「生前楽しそうに話す利榮子さんと、傍らで優しい表情を浮かべる信夫さんの姿が思い出される。子どものようにかわいがっていたシバイヌと一緒に亡くなるなんて…」と涙ぐんだ。（信夫さんは16日、頭部外傷疑い、利榮子さんは17日、窒息死）

鳥居敬規さん(42)、洋子さん(37)＝南阿蘇村長野（自宅は香川県東かがわ市）　夫婦で九州旅行の最中、南阿蘇村の山荘「火の鳥」で土石流にのまれた。夫の敬規さんは香川県のリサイクル会社に勤務。まじめで温厚な人柄で、漁師の父親(72)は「親子げんかしたことがない。口べただが、優しい子だった」と無念さを語った。妻の洋子さんは香川大病院に務める看護師。糖尿病患者の生活改善をアドバイスする資格を持ち、研修会に積極的に参加。知人の女性看護師は「仕事にまじめ。素直で明るい人でした」と声を震わせた。（敬規さんは18日、洋子さんは20日、ともに外傷性ショック）

葛城勲さん(75)、洋子さん(72)＝南阿蘇村河陽　晩年をのんびりと過ごすために同村に移ったという。「夫婦2人暮らしで穏やかな人だった」と近所の女性(49)。散歩が趣味で仲むつまじく2人で歩いている姿がよく見掛けられた。高野台団地で、村からの広報物を配布する連絡係。同じ団地に住む夫婦は「『孫の世話で大分に行きますので家を空けます』と、うれしそうに話す姿が思い出されます」と目頭を押さえた。（19日、勲さんは脳挫滅、洋子さんは頸椎骨折）

田端強さん(67)＝嘉島町鯰　ひたむきに農業に励み、コメや麦、大豆作りに励んだ。「話題はいつも農業。作物の栽培法を互いに助言し、情報交換した。二度と語り合えず残念」と友人の岩本一幸さん(64)。妻、長男と3人暮らし。寡黙だが、娘が孫を連れて遊びに来ると喜んだ。「子どもの時、どこかに連れて行ってくれたこともなく、農業に一生懸命だった」。長男和典さん(36)は無念さをにじませた。（16日、圧死）

高田一美さん(62)＝南阿蘇村立野　菊陽町の障害者支援施設に調理師として30年近く勤務、「いちみちゃん」と呼ばれ、職員や利用者から慕われていた。3人の娘を育て上げ、三女の尚子さん(30)と愛犬とともに暮らしていた。3人の孫の成長を何より楽しみにしていたという。尚子さんは「気が強かったけど、根は優しかった。ささいなことでも全てが大切な思い出」と悲しみを語った。（16日、圧死）

橋本まち子さん(66)＝南阿蘇村河陽　近くの阿蘇ファームランドのレストランで働き、仕事への責任感が強い人だった。同村に住むめい(53)は「指導のためなら嫌われ役も買って出るような人だった」と残念がった。10年前、病気で夫に先立たれ、3人の息子のうち、特に頼りにしていた長男も水難事故で他界した。めいは「大切な人を相次いで失い、さすがにこたえたようだが、気持ちを切り替えようとしていた」。近くに住む旧友(67)は「こぎゃんショックなことはなか」と涙ぐんだ。（16日、圧死）

前田友光さん(65)＝南阿蘇村河陽　「阿蘇の大自然が本当に好きだった」。長男の友和さん(37)が涙ながらに振り返る。ゴルフ場での勤務や庭づくりなど別荘暮らしを楽しんでいた。前震後、熊本市の自宅に帰ったが、別荘に戻って帰らぬ人に。友和さんと次男の友次さん(32)は「厳しい父だった」と口をそろえるが、妻の和子さん(61)には優しく、会えない日も電話を欠かさなかった。遺体のそばから結婚式の写真が見つかった。「手元に置いていたなんて」と和子さんは声を絞り出した。（20日、外傷性ショック）

増田フミヨさん(79)＝南阿蘇村河陽　地域のまとめ役として婦人会長や民生委員を務め、明るく優しい人だった。夫婦仲が良く、散歩や温泉に出掛けるのが日課だった。地震発生の16日は、東大に入学した孫娘の合格祝いで東京にいるはずだったが、前震で飛行機が欠航。「ゆっくり行けばいいから」と話していたフミヨさんの望みはかなわなかった。めいの増田テル子さん(59)は「お孫さんに会えるのを楽しみにしていたのに…」と叔母の無念に思いをはせた。（16日、外傷性脳挫傷）

牧野富美さん(46)＝南阿蘇村河陽　生産設備メーカー平田機工（本部・熊本市）のベテラン社長秘書だった。「才色兼備で気遣いの人」と誰からも一目置かれる存在で、平田雄一郎社長は「最高の秘書」と悼んだ。取得した資格は10を超えるなど精力的な仕事ぶりの一方、プライベートでは読書やガーデニングを好んだ。10年ほど前に南阿蘇村に移住し、愛犬と一緒に1人暮らしを楽しんでいた。両親は「過ぎるくらいの頑張り屋さん。自慢の娘でした」と目を潤ませた。（19日、多発外傷性ショック死）

冨岡王将さん(84)＝嘉島町鯰　農業の傍ら、植木職人として腕を振るい、地元区長も務めた。「働き者で世話好き。誰からも慕われていた」と近所の友人の藤田役さん(83)。亡くなる数日前「庭木を手入れしてやる」と言われたが、かなわなかった。妻と長男家族の計7人暮らし。「まだ実感できない。しばらくして落ち着き、食卓に父がいない時に実感がわくのかな」。長男の謙蔵さん(53)は、しみじみと語った。（16日、圧死）

早川海南男さん(71)＝南阿蘇村河陽（自宅は福岡県久留米市）　普段は久留米市の自宅マンションで管理をしており、住民から「面倒見のいい、気さくな働き者」と慕われていた。ブラシを片手にマンション中を丁寧に掃除するなど仕事熱心。「阿蘇が大好き」と話し、月に数回、南阿蘇村の別荘で過ごしていた。昨年死んだ愛犬も別荘の敷地に埋葬したという。（25日、圧死）

脇志朋弥さん(21)＝南阿蘇村河陽　東海大農学部の4年生で、食品の機能性に関する研究を続けていた。「とても優秀で面倒見のいい学生だった。残念でならない」。指導に当たっていた同大の永井竜児准教授(47)は声を詰まらせた。鹿児島県南大隅町出身で、何度も同大のオープンキャンパスに参加。研究室の花見や打ち上げでは幹事役を引き受け、後輩からも慕われていた。（16日、外傷性窒息死）

清田啓介さん(18)＝南阿蘇村河陽　4月に東海大農学部応用動物科学科に入学。八代市の実家を離れ、アパートで1人暮らしを始めたばかりだった。動物好きで、将来の夢は動物園か水族館の飼育員。穏やかな優しい性格で、アパート周辺の住民に明るくあいさつをする好青年。3月まで八代市の八代清流高に在籍、数学が得意だった。同校の山西孝起教頭によると「まじめな頑張り屋」で、同大に進学が決まった時は、とても喜んでいたという。（16日、圧死）

大野睦さん(20)＝南阿蘇村河陽　東海大農学部の2年生。東京出身で、古着を生かしたおしゃれが得意だった。テスト前には徹夜で友人に勉強を教え、優しい人柄で人気者だった。大学では、化学などの講義に熱心に耳を傾けた。同じ学科の10人ほどの友人グループで誕生日を祝ったり、クリスマスパーティーを開いたりして学生生活を楽しんでいた。「いじられキャラ」で、会の盛り上げ役だったという。（17日、圧死）

持田哲子さん(70)＝御船町滝川　地元住民によると、16日の地震で自宅が全壊、救出された時は手遅れだった。夫と2人暮らし。益城町から嫁いで農業に励み、3人の子どもを育て上げた。今年で金婚式を迎え、「記念に旅行に行きたい」と楽しみにしていたという。近所で90代の母親と暮らし、脚が不自由な男性は「普段から私たち親子のことを気に掛けてくれる優しい人で、いつもニコニコしていた」と持田さんをしのんだ。（16日、外傷性窒息死）

村上ハナエさん(94)、正孝さん(61)＝益城町木山　正孝さんは、タクシーの乗務員をしながら、足が不自由な母ハナエさんを献身的に介護していた。ハナエさんは以前、自宅で洋裁教室を開き、近所の人たちから慕われていたという。正孝さんと幼なじみだった近くの男性(62)は「母親の希望通りに自宅での介護を選ぶなど、本当に優しい人だった」と振り返る。勤務先のタクシー会社の上司は「一生懸命で同僚にも好かれていた。2人の息子たちの成長の

内村宗春さん(83)＝益城町平田　庭先で野菜や花を育てるのが趣味で、牡丹の花が咲くのを楽しみにしていたという。「酒もたばこもせん。真面目な人だった」と妻のミツエさん(79)。妻と母(102)の3人暮らし。精米所を辞めた後、20年以上タクシーの乗務員を務めていた。長女の元美さん(55)と長男の隆博さん(53)は「口数が少なく、優しい父でした。まさかこんな形で別れが来るとは思わなかった」と涙をこらえた。（16日、圧迫による窒息疑い）

福田喜久枝さん(63)＝益城町平田（自宅は福岡県宗像市）　益城町平田にある夫の

判 〝仲良し姉妹〟

吉永和子さん(82)＝益城町島田　「華があって明るくて。世話の行き届く、社交的な人だった」。旧友の福永菊枝さん(93)は、その温厚な人柄をしのんだ。所有する竹林で採れたタケノコを配ったり、老人会の女性部長として地域住民の世話にも熱心だった。近所の女性(80)は「残された旦那さんもさぞ気落ちしなはったろう」と、被災して入院中の夫を思いやった。（16日、圧死）

荒牧不二人さん(84)＝益城町惣領　精米所を営む一方、地元で人気のカラオケ講師だった。約80人の生徒がおり、熊本市内でも指導。

高村秀次朗さん(80)＝熊本市中央区　もの静かだが、庭いじりなど多趣味で、地域の人にスイセンの球根を贈ったこともあった。夫婦仲が良く、体調のすぐれない妻の和子さん(79)を看病、家事もこなし、自転車で買い物に行く姿がよく見られていた。地震で救出された和子さんは「本当に優しい夫でした。髪が白くなったら、このままですよ」と語り、半世紀前の結婚記念写真を、いとおしそうに見つめた。（16日、圧死）

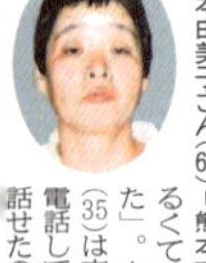

松本由美子さん(68)＝熊本市東区　「優しくて、明るくて、最高のお母さんでした」。大分県内に住む一人娘(35)は亡き母をしのび、「毎日電話して、友達のように何でも話せたのに…」と声を詰まらせ

復興へ遠い道のり

車中泊 続く健康不安

被災者・避難所

熊本地震の県内避難者はピーク時で18万人に上った。県によると、28日までにエコノミークラス症候群の入院患者数は42人、震災関連死の疑いは16人。いまだ避難者の不安な日々は続いている。

ピーク時に県内最多の11万人が避難した熊本市。市地域防災計画では大震災の避難者を3万6500人と想定していた。実際はその3倍。避難所はごった返し、余震の多さもあって車中泊を選択する被災者が続出した。計画に車中泊の文言はなく、避難者の健康管理など課題を残した。

市の備蓄は、保存食など想定避難者の2日分のみ。指定避難所の場所を知らない被災者もおり、指定外の避難所にも被災者が殺到した。市が避難所数を把握できず、避難者の求める物資が届かないという事態も招いた。

県内では28日現在も約3万3600人が避難している。県は公営住宅や民間賃貸住宅を原則無償で提供するほか、熊本市や益城町などでは仮設住宅建設の動きもある。（植木泰士）

避難のため車中泊をする人たちの車＝19日、益城町

断水、一部で長期化も

ライフライン

ライフラインの電気、ガス、水道は、地震で供給が止まり、県民生活に混乱が広がった。被災から2週間が過ぎても、ガスと水道は復旧していない地域も多く、食事や衛生面の不安が続いている。

断水は、県内全域で約40万戸に上った。28日午後までに約1万4千戸に減ったが、途中の漏水などで水道が止まったままの家庭も多い。益城町など被害の大きい地域は、復旧が長期化する見通し。南阿蘇村の避難所では、ノロウイルスの感染も発生し、衛生面の対策が課題となっている。

西部ガスは、熊本都市圏の7市町の9割に当たる約10万世帯への都市ガス供給を自動停止した。28日までに9割が復旧し、月内に完了する見通しだが、ガスを使うには各世帯を回っての開栓が必要。全国のガス会社からの応援を含め、約4600人の人海戦術を展開している。

停電は、県内の約47万6600戸で発生し、20日に解消した。大規模な土砂崩れが起きた南阿蘇村では、送電鉄塔が被害を受け、仮設の鉄塔でしのいでいる。（小林義人）

インフラ大打撃

交通

熊本地震は、県内の交通インフラを直撃。人の移動や物資の輸送に影響を与え、被災者の生活や支援などにも大きな障害となった。

九州新幹線は、14日の地震で熊本市内で回送列車が脱線した。新幹線の脱線は全国で4例

線路などに甚大な被害を受けた。全線復旧には1年以上かかるとみられる。

熊本空港は、被害を受けたターミナルビルが一時閉鎖された。

九州自動車道は、植木―八代インターの通行止めが長引いた。この影響で、国道3号などが慢性的に渋滞。物資輸送のほか、買い出しなどを目指す住民の車も巻き込まれた。

熊本地震　2週間

14日、最大震度７の大地震が発生してから２週間が経過した。16日未明には、前震を上回るマグニチュード（M）7.3の本震が襲い、県内で49人が死亡、今なお行方不明者１人の捜索が続く。家族、友人、最愛の人を一瞬にして奪い去った「熊本地震」。生活基盤は深刻な被害を受け、多くの県民が深い傷を負った。犠牲となった49人の横顔を刻むとともに、被災者やライフライン関連などの現状をまとめた。（熊本地震取材班）

※犠牲者の住所は、被災した場所。かっこ内は、県警が発表した死亡確認日と死因

松野ミス子さん(84)＝益城町木山　若い頃は、夫の健さん(85)が営んでいた工務店で経理を担当。従業員に食事を作り、自らトラックを運転して会社を支え、娘3人を育てた。近年は歩くのが不自由だったが、穏やかな人柄は近所の誰からも好かれた。次女の良子さん(59)は「今度は私がふるさとに恩返しする番。心の強かった母に倣い、益城のために頑張りたい」と気丈に語った。（16日、胸部圧迫疑い）

河添由実さん(28)＝益城町福原　「優しくて思いやりのある子だった」。自宅が倒壊し犠牲になった由実さんを見送った父敏明さん(61)は、まな娘に思いをはせた。由実さんはジャニーズ事務所のアイドル「ＫｉｎＫｉ　Ｋｉｄｓ」がお気に入りだった。幼いころからピアノを習い、中学では吹奏楽部でフルートを演奏した。「おっとりした性格で、とても良い子だった」。同級生の女性(28)は、スイカ農家の両親を献身的に手伝っていた級友の死を悼んだ。（16日、圧迫による窒息疑い）

島崎京子さん(79)＝益城町福原　7人の孫と、ひ孫1人の成長を楽しみにしていた。倒壊した自宅前の地面に、孫の1人が「ありがとう　おばあちゃん」とのメッセージを記した。夫の敏幸さん(81)、長男の浩さん(56)との3人暮らし。世話好きで、地域でも家の行事でも中心となって動き、常に自分のことより周囲のことを考える人だったという。葬儀では、園芸が好きだったという京子さんの育てた花が参列者に手渡された。（16日、圧死）

城本千秋さん(68)＝益城町赤井　定年を機に妻ぬい子さん(62)と農業に専念。夫婦で手掛けたコメには顧客が付いた。温和で優しく、長男の英雄さん(39)は「怒られた記憶がない」と振り返る。民生委員を務めるなど地域の信頼も厚かった。自宅近くに残る真新しいトラクターを前に、英雄さんは「まだまだ頑張るつもりだったんでしょう。結局、一度も使えんで…」と、父の無念に思いをはせた。（16日、圧死）

宮守陽子さん(55)＝益城町馬水　2人の娘のことを何よりも優先し大切にした、料理上手の自慢の母親だった。「『頑張って』『お疲れさま』といつも私たちを気遣って声を掛けてくれ、しょっちゅう母娘3人で出掛けていた」と長女。陽子さんは、母親というより姉妹や親友のような存在だった。「家に帰ったら、いつもリビングでお母さんと過ごした。その時のことがいまは一番思い浮かぶ」と次女。母親がいた家が、2人にとって一番大好きな場所だったという。（15日、圧死）

宗像市の自宅近くのプールに通い、庭の手入れにも精を出していた。孫たちが毎日のように遊びに来ており、1人は小学生になったばかり。夫婦を知る女性は「信じられない。孫の成長を楽しみにしていただろうに」と肩を落とした。（16日、外傷性窒息死）

西村正敏さん(88)、美知子さん(82)＝益城町平田　周囲が口をそろえるおしどり夫婦で、二人一緒に旅行やゲートボールを楽しんだ。コメのほか、ナスなどを手掛ける農家。最近は脳梗塞を患った正敏さんを、美知子さんが介護していた。近くに住む知人によると、正敏さんは老人会長を務める一方、地域の仲間とともに製茶工場を運営するなど、地域の柱でもあった。本震があった16日未明、2人と一緒の部屋にいた孫の洋介さん(38)は「大きな揺れで家が崩れた。『痛い』といううめき声が聞こえたが、自分が脱出するのが精いっぱいだった」と、2人を助けることができなかったことを悔しがった。（16日、正敏さんは圧迫による窒息、美知子さんは圧迫による出血疑い）

村田恵祐さん(84)＝益城町寺迫　家族を愛し、地域に尽くした人だった。農家の長男として生まれ、熊本農業高を卒業後に就農、コメやスイカなどを手掛けた。20代で父を亡くした後は、妻の千鶴子さん(82)とともに祖父母や母の面倒をみながら5人の妹弟の将来にも気を配った。青年団活動をはじめ、町議会議員や議長も務めた。近くに住む弟の武尚さん(71)は「おやじのような存在。厳しく、そして優しかった」と振り返った。（16日、外傷性ショック死）

富田知子さん(89)＝益城町寺迫　近所でも有数の旧家を切り盛りする「古庄屋の知子さん」と親しまれた。若い頃、尋常小学校の代用教員を務め、厳しい面もあったが、「優しさの方が大きかった。来年の卒寿を祝ってやりたかった」と長男の賢一さん(65)。十数年前に亡くなった夫範雄さんと朝から晩まで農業に励み、高齢になっても庭の草取りに精を出した。友人の女性(88)は「控えめだけど気丈な人。互いを一番頼りにする友人を失った」と肩を落とした。（15日、死因は捜査中）

園田久江さん(76)＝益城町上陣　夫の豊次さんと一緒に町内でスイカを栽培。農家仲間の間でも「仕事の手際がよく、まだし者」として知られていた。家庭園芸を楽しんだほか、旅行好きで、海外にも出掛ける行動派だった。16日未明、自宅の1階で寝ていたところを本震が襲った。近くに住む親類の女性(63)は「明るく温厚で優しい人。『頼れるお姉さん』という存在でした」と惜しんだ。（16日、外傷性窒息死）

姉妹のような自慢の母 ／ 看病、家事 優しい夫 ／ 家族第一の頑張り屋 ／ 近所

に遭遇した。カラオケ教室に通っていた近くの女性(81)は「高音から低音まで出るすばらしい歌声の人。こんな生徒はほかにいない」と惜しんだ。（15日、窒息死）

坂本龍也さん(29)＝益城町惣領　自宅は熊本市東区。益城町の友人宅を訪ねていた時に倒れてきたブロックの下敷きとなり、犠牲となった。3人兄弟の末っ子で野球が好きだった。熊本農業高を卒業後、介護職などを経て弁当店に就職。母の雪子さん(59)は「友人が店に来ると、品を足してあげていたみたい。本当に働き者で優しい子。『俺がお母さんの面倒を見てあげる』といつも言ってくれていた」と無念さを語った。（16日、外傷性ショック死）

伊藤俊明さん(61)＝益城町広崎　人当たりが良く、勤めていた会社でも幅広い世代から慕われていた。自宅1階で寝ていた時、家が倒壊。2階にいた兄(64)は救助を求めて近くの姉(66)の家へ駆け込んだが、救助は間に合わなかった。生前は「ボランティアなどの人助けをしたい」と話していたという。姉は「本震の時は弟の通夜の会場にいた。私たちを守ってくれたような気がする」と悲しんだ。（15日、窒息死）

山内由美子さん(92)＝益城町安永　早くに夫を亡くし、娘と2人暮らしだった。万葉集に「益城」の地名が詠まれていることにひかれ、同町に住んだ。生け花や習字もたしなみ、俳句で新聞に作品が掲載されたことを喜んでいたという。近所の子どもたちからも「優しいおばあちゃん」と慕われていた。中学まで一緒に暮らした孫の坂田龍大さんは「いつも笑顔で優しい人だった。もっと長生きしてほしかった。悲しいけれど感謝でいっぱい」と語った。（16日、圧死）

福本末子さん(54)＝益城町安永　「頑張り屋で、愚痴も言わない。常に家族第一だった」。最愛の妻を失った建設業の福本清三さん(55)は涙を浮かべた。外出先から帰宅した直後に被災したとみられ、同居する家族で唯一犠牲になった。2人の娘に愛情を注ぎ、孫もかわいがった。清三さんは「言葉を交わさなくても互いが分かる関係だった。これからどうしていいのか…」。それでも、支援してくれる同僚らの思いを受け、「仕事を通じて復旧、復興に役立ちたい」と前を向こうとしている。（15日、窒息死）

小田住江さん(78)＝八代市松崎町　「いつも元気で、にこにこ笑っている人でした」。トマト農園で働く仕事仲間は口をそろえた。1人暮らしで、数カ月前に引っ越してきたばかり。農園で一緒に働くタイ人の女性研修生(23)は「リウマチで手が痛かったとき、手をさすって『大丈夫』と心配してくれた。本当に優しい人だった」と涙ぐんだ。研修生をかわいがり、八代宮に花見に連れて行ったり、おせちを振る舞ったりしていたという。（20日、焼死）

ったという。（15日、溺死）

矢野悦子さん(95)＝熊本市東区　長男の哲志さん(65)と2人暮らし。銀行の社員寮で寮母をしながら女手一つで哲志さんと妹を育て上げた。「とても努力家でした」。アパートの大家は印象を語る。「私を専門学校まで、妹は大学まで卒業させてくれた、優しい母でした」と哲志さん。10年ほど前から足腰が弱り、哲志さんが世話をしていた。14日の前震後、避難しようと勧めたが譲らなかった。哲志さんは「避難所で迷惑になると思ったんでしょう」と唇をかんだ。（16日、多発外傷）

椿節雄さん(68)＝熊本市南区　親戚が営む建設会社で働いていた。病気をせず、欠勤も一度もなかった。休憩時間には仲間に缶ジュースを振る舞うこともあった。1人暮らしで酒は飲まず、パチンコが好きだったという。親族によると、椿さんは14日の前震で壁などにひびが入り、15日、兄が家に戻るのを止めたが、「危ないときは家を飛び出るから」と話していたという。「人生の分かれ道だった」と親族は残念がる。（16日、圧死）

大久保重義さん(83)＝西原村宮山　カラオケ好きで、自宅で北島三郎の演歌を熱唱していた。妻、長男夫婦、孫2人に囲まれて暮らしていた。農業一筋。コメや甘藷などを手掛けた。地震で水田にはひびが入り、波打った畑は壊滅的。長男の孝一さん(55)は「父が先祖から受け継いだ農地と自宅の惨状を知らずに逝ったのが、せめてもの救い」と気丈に語った。（16日、圧死）

加藤ひとみさん(79)＝右、カメノさん(90)＝西原村小森　ひとみさんと、義理の姉にあたるカメノさんは、近所でも評判の仲良し"姉妹"だった。野菜づくりを楽しみ、庭木や花の手入れも欠かさなかった2人。手作りの納豆やまんじゅう、野菜を近所や親戚にお裾分けしては、喜んでいたという。もの静かで愚痴一つこぼさないひとみさんに対し、カメノさんは近所に出掛けおしゃべりを楽しむタイプ。同村内でほかの親類も地震で失った家族の1人は「とても諦めきれない」と涙を流した。（16日、ひとみさんは外傷性窒息死、カメノさんは圧死）

内村政勝さん(77)＝西原村布田　妻と長男夫婦、孫2人に囲まれての暮らしを始めたばかりだった。10年以上前に脳梗塞を患って体が不自由だったが、最近は散歩ができるまで回復していた。地震で自宅が倒壊、妻がはい出して助けを求めた。近くの住民ら4人が家屋から引き出したが、折れた梁などが邪魔して、内村さんには近付けなかったという。（16日、圧死）

野田洋子さん(83)＝西原村鳥子　「父ちゃんがおらすけん、私はここに残る」。本震前日の15日、長女の園田久美代さん(59)が再三避難を呼び掛けたが、5年前に亡くなった夫の思い出が詰まった自宅を離れず、帰らぬ人となった。夫を亡くしてからは1人暮らし。孫6人、ひ孫5人に恵まれ、今月、6番目のひ孫が生まれるのを楽しみにしていた。煮物など料理が好きで、近所の人たちに振る舞い、おしゃべりをするのが何よりの楽しみだったという。（16日、圧死）

損壊した宇土市役所の本庁舎。倒壊の恐れが高まっている＝18日、同市（小型無人機から）

倒壊恐れの庁舎続出

耐震化

激震により自治体庁舎や学校施設も危険な状態に陥った。

八代、宇土、人吉の各市と益城、大津両町の庁舎が使用不能になった。八代市庁舎（5階建て）は3、4階が大きな被害を受け、宇土市本庁舎（同）は4階部分が押しつぶされたように損壊した。人吉市本庁舎（3階建て）も多くのひびが確認された。

いずれも完成後40～50年余りと老朽化。国の耐震基準を満たしておらず、建て替え協議中だったが、「崩れる恐れもある」（八代市）と、現庁舎解体が最優先となった。

2度も震度7に見舞われた益城町庁舎は亀裂が発生。窓口業務などの一部を町内の公共施設に移すことを余儀なくされた。

また、熊本市立の小中高校など全163カ所・1267棟への応急危険度判定で、校舎や体育館など134棟が「危険」に。東野中（東区）は北校舎が使用禁止。筋交いの破断やゆるみなどがあるとして、16小学校と8中学校の体育館も閉鎖された。（清田秀孝）

益城町　通常診療は半数

医療

地震では、県内の医療機関も200件以上被害を受けた。診療体制の復旧状況は地域ごとに格差があり、各病院間の連携や医療チームの支援などで補っている状況だ。

地震は基幹医療機関を直撃。熊本市民病院（熊本市）は入院患者300人以上を他の病院に移送した。診療は中止していたが、28日に再診患者を対象に再開。避難所での診療所を24時間態勢で続けている。病室が水浸しになった熊本地域医療センター（同市）は25日に診療再開。ただ夜間は午後11時までで、地域の小児救急医療への影響は大きい。

熊本市医師会によると26日現在、会員の開業医は8割以上が通常診療に戻った。上益城郡医師会では多くが通常診療となったが、被害が大きい益城町は5割強にとどまる。阿蘇郡市医師会によると、阿蘇市などはほぼ通常通り。阿蘇立野病院（南阿蘇村）が診療できない状況が続いている。

断水で透析ができなくなった医療機関も多数出たが、水道の復旧とともに数は減っている。（森本修代）

地震で崩落した阿蘇大橋＝17日、南阿蘇村（小型無人機から）

橋

待たなければならなかった。

第三セクターの南阿蘇鉄道も

確保を心配する声が上がった。（久間孝志）

25　社会　平成28年（2016年）4月29日　金曜日　熊本日日新聞　（第3種郵便物認可）

熊本地震

熊本地震で県内の都市ガス供給を停止した西部ガスが、復旧へ全力を挙げている。電気、ガス、水道などのライフラインのうち、ガスの復旧が最も遅れていたが、28日午後6時までに9万1589戸が供給可能になり、復旧率は9割を超えた。ただ、ガスが使えるようになるには、各戸を訪問してガスを開栓する作業が必要。同社は全国のガス会社17社の応援を得て、4600人態勢の"人海戦術"で作業を進めている。【1面参照】

西部ガス　復旧へ"人海戦術"

全国から応援　4600人、各家庭を奔走

各家庭を訪問して行うガスの開栓で、コンロに点火して安全を確認する作業員＝熊本市

27日午前10時、熊本市中央区新屋敷のマンションの8階。住人の浅木紘昭さん（70）が、西部ガスの作業員2人を笑顔で出迎えた。

作業時間は5分ほど。室外のガスメーターを解除した後、こんろや給湯器を作動させて安全を確認した。1戸ずつ回るのは火災などの二次災害を防ぐためだ。

今なお夜になると不安で、夫婦で車中泊をしている浅木さんは「不安な日々が続くが、ガスが復旧して安心した。温かいごはんが作れる」と喜んだ。

ガス会社は地震の揺れが一定基準を超えると、ガス漏れによる二次災害を防ぐため、供給をストップする。熊本地震では地中に埋設されたガス管が多数損傷し、補修とともに管内に入った水を吸い出す作業に追われた。ガスの供給を再開できたのは本震から4日後の20日からだった。

各戸を回る作業員の制服はばらばら。東京ガスや大阪ガスなど全国からの応援2600人を含む4600人態勢で作業を進めているためだ。全員が身分証明書を携帯するか、西部ガスの腕章を着け訪問している。

全国からの復旧応援は、1995年の阪神大震災の時も大活躍。当時、支援を受けた大阪ガスは、熊本に約800人を派遣。同社の長沢圭介さん（44）は「阪神大震災のときの恩返しだと思っている」と話す。

西部ガスには、比較的早く復旧した電気に比べ、供給再開が遅れているガスに対する苦情が届く。その一方、インターネット上の会員制交流サイト（SNS）などには全国から来ている作業員への感謝の声も少なくない。

2011年の東日本大震災時も、全国からの応援が早期復旧の力となったという。この時も応援隊に加わった長沢さんは「指示されなくても何をすべきか、みんなが理解して動いている。過去の教訓が生かされている」と語った。（松浦裕子）

再訪問の受け付け　ホームページでも

西部ガスは28日、ガスの復旧に伴う開栓作業について、従来の電話に加え同社ホームページでも不在時の再訪問受け付けを始めた。

「不在票」の届いた世帯が対象。希望する再訪問日と時間帯を指定して申し込む。

同社は都市ガスの復旧を30日までに完了する見通しだが、同社社員らによる開栓作業が終わらないと、ガスは使えない。

韓国・忠清南道、タイ　県を激励　見舞金も

熊本地震の被害への支援を蒲島郁夫知事に申し出た韓国・忠清南道の許承旭政務副知事（前列中央）ら＝28日、県庁

バンサーン・ブンナーク駐日タイ特命全権大使（右）から見舞金の目録を受け取り、握手を交わす蒲島郁夫知事

県と姉妹提携する韓国・忠清南道の許承旭政務副知事は28日、県庁に蒲島郁夫知事を訪問し、熊本地震の被害を見舞った。同日はタイのバンサーン・ブンナーク駐日特命全権大使も訪れ、見舞金1千万円を贈呈。共に「一日も早く元の熊本に戻って」とエールを送った。

許副知事は、地震発生を受けて忠清南道が動画サイトで公開しているメッセージ映像を紹介。この中で、安熙正知事は「困難な時に隣人として力を、愛を分かち合いたい」と激励した。「再び立ち上がって」「希望を失わないで」との道民の声もあった。

忠清南道は義援金や見舞金を今後、贈る予定。許副知事が「地震前の熊本に早く戻ることを210万の道民が願っている」と代弁すると、知事は「強い絆を実感する。深い友情と配慮に感謝したい」と述べた。

タイからは近年、熊本への旅行客が増加するなど経済交流も盛ん。蒲島知事は「被災していない観光地もある。自粛せず、熊本に来てもらうことが一番の復興支援だ」と来訪を呼び掛けた。（並松昭光）

アイシン　エンジン部門きょう再開

熊本市子会社　ドア製造　停止続く

トヨタ自動車グループのアイシン精機（愛知県刈谷市）は28日、熊本地震の影響で操業停止となっていたエンジン部品製造の子会社「アイシン九州キャスティング」（熊本市南区）が、29日に再稼働すると発表した。

工場建屋や生産設備の損傷が比較的小さかったため、27日から段階的に稼働。全工程での生産再開となる。

ドア部品製造の子会社「アイシン九州」（同）については「建屋の修復に数カ月はかかる見込みで、再開のめどは立っていない」（アイシン精機）。このため、愛知県の工場や九州の協力会社で代替生産を進めている。業績に与える影響は「調査中」としている。

アイシン九州の稼働停止をめぐっては、部品供給を受けるトヨタ自動車が愛知県や宮城県の組立工場の稼働を一時停止するなど、サプライチェーン（部品の調達・供給網）寸断の影響が全国に広がった。

一方、ホンダは28日、二輪生産拠点である熊本製作所（大津町）について、5月6日に部品の生産を一部再開すると発表。工場建屋や生産設備の被害が大きいため、地震前の状態に復旧するのは8月中旬を見込んでいる。

また、三菱電機は液晶関連工場（菊池市）について5月20日に一部生産再開する見通しと発表している。

ソニーの半導体工場（菊陽町）、サントリー九州熊本工場（嘉島町）、HOYAの熊本工場（大津町）は再開のめどが立っていない。（高宗亮輔）

運転手8割出勤できず

九州産交バス　木山営業所

九州産交バスは28日、熊本地震で大きな被害を受けた益城町の木山営業所で、運転手の約8割が被災して出勤できなくなっていることを明らかにした。影響の長期化を防ぐため、熊本都市圏の運転手の配置を見直し、大型連休明けから特別ダイヤで運行する。

同社によると、木山営業所の運転手72人のうち28日時点で約40人が、避難生活で出勤できない状態になっている。通常は平日で54人が出勤するが、5人にとどまり、益城町や熊本市東部と熊本交通センターを結ぶ一部の路線のみを大幅に減便して運行している。

木山営業所の運行本数を増やすため、熊本市の本社や松橋、山鹿、光の森の各営業所と運転手の配置を調整する。木山以外の本数は減るが、全体で通常の72・7％の本数を確保できるという。特別ダイヤは5月9日〜6月30日の予定。

同社は「木山営業所だけ運休を長引かせるわけにはいかない。お客さまに迷惑を掛けるが、ご了承いただきたい」と話した。（小林義人）

感染症情報

感染性胃腸炎　前週比2割増

県健康危機管理課がまとめた18〜24日の県感染症情報によると、定点医療機関から報告された感染性胃腸炎が前週比約2割増の335人で、保健所管轄別では荒尾・玉名で警報レベルを超えた。同課は、特に被災地での感染症に注意を呼び掛けている。

同課によると、避難所のほか、自宅での片付けやボランティアでも注意が必要。トイレや片付けの後は手洗いを徹底し、トイレ掃除でも手袋やマスクを着用することで感染を減らすことができる。

気温が上昇する時期に入るので、調理された食物はなるべく早く消費する。提供された加工食品も消費期限や賞味期限に注意して食べるようにする。

また、素足で砂や土の上を歩くと、知らずにできた足の傷から土壌中の細菌に感染する恐れもあり、必ず履物を履くようにする。

同課は「被災の疲れがたまってくる時期。できる限り休養し、心身に異変を感じたら医師や看護師、保健師に相談してほしい」と話している。

インフルエンザは前週比ほぼ半減の195人で、6週連続減少。レジオネラ症が3人、侵襲性肺炎球菌感染症が1人報告された。（鹿本成人）

◇県内の患者報告数◇

病名	患者報告数	定点当たり
インフルエンザ	195（357）	2.44
RSウイルス感染症	8（7）	0.16
咽頭結膜熱	17（18）	0.34
A群溶連菌咽頭炎	36（40）	0.72
感染性胃腸炎（ロタウイルス）	6（3）	0.40
感染性胃腸炎	335（282）	6.70
水痘	16（9）	0.32
手足口病	5（2）	0.10
りんご病	22（30）	0.44
突発性発疹	26（31）	0.52
百日ぜき	1（0）	0.02
ヘルパンギーナ	2（6）	0.04
おたふくかぜ	74（67）	1.48
はやり目	10（15）	1.11
無菌性髄膜炎	0（2）	0.00
マイコプラズマ肺炎	3（3）	0.20
はしか（麻疹）	0（0）	―
風疹	0（0）	―

※（　）内は前週。定点当たりは観測医の平均。ロタウイルスは15定点での迅速診断

避難所の無料WiFi　不正アクセス　ご用心

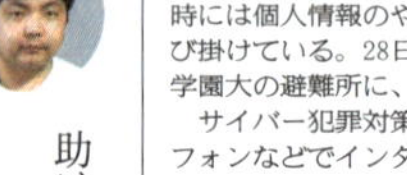

熊本地震の避難所などに開設されている無料WiFi（ワイファイ）について、県警は不正アクセスの危険性が高いとして、利用時には個人情報のやりとりを控えるよう呼び掛けている。28日は熊本市中央区の熊本学園大の避難所に、ちらしを掲示した。

サイバー犯罪対策課によると、スマートフォンなどでインターネットを使いやすくする無料WiFiは暗号化しておらず、IDやパスワードを盗まれる危険性があるという。

ネットバンキングやネットショッピングなどは携帯電話回線の利用を推奨。ファイルやフォルダを外部から見られる危険性を避けるため、フォルダのプロパティで共有設定を解除するよう勧めている。（九重陽平）

被災者は思う　2016.4.29

助け合いは当たり前

香山創太郎さん（28）＝介護士、熊本市中央区

地震発生からずっと、慶徳小に避難しています。介護職に就いているため、避難所ではお年寄りの話し相手になったり、配ぜんを手伝ったりしています。自分の中ではボランティアをしている意識は全くありません。困っている人がいたらお互いに助け合う、当たり前の行為だと思います。

会えればお礼を…

齋藤加代子さん（71）＝無職、熊本市西区

16日の本震の時、急いで外に逃げたので足をくじいてしまいました。動けずにいたところ、通り掛かった男性に、今避難している五福小まで送ってもらいました。名前も言わずに、去って行かれました。もしあの人がいなかったらと思うと怖いです。会うことができたら、あの日のお礼を言いたいと思っています。

肥後狂句　安藤黒竜選

自慢のたね　都会じゃ飲めん水のある　天草　西村　桂
美味しいのはもとより、震災以降あらためて気づいたが、それほど遠くないところに水が汲めるところが多い。助かるひとは多いと思う。
駄々をこね　とうと今夜は戻さない　黒髪　佐々木　治
これより佳境　上位力士のつぶし合い　花立　上田　輝男
駄々をこね　ババの甘さ見抜いどる　広木　川上　玉水
これより佳境　話しかけたら怒られた　長洲　坂井　正笑
自慢のたね　待ち受けはみな孫の顔　八景水谷　鳴神　景勝
駄々をこね　ついにハンストはじめとる　花園　小山　孝光
駄々をこね　もう一杯にありつかん　南小国　平野　康則
これより佳境　生唾飲んで見る画面　清水岩倉　筬島　慶幸
自慢のたね　日ごろ鍛えた力こぶ　宇土　伊豆野踊子

平成28年熊本地震救援金

熊日・RKK・善意銀行　敬称略

▼500万円　明治安田生命保険、日本電動式遊技機工業協同組合・回胴式遊技機商業協同組合▼100万円　天草ガス▼72万9345円　和広▼30万円　熊本日日新聞社役員・有志一同、東亜グラウト工業▼22万9134円　平成26・27年度生深中学校卒業生有志一同▼13万2718円　多良木町青年団▼10万円　肉の嶋谷、高成田家一同、グローバルプレス、熊本プラント管理、天草吹奏楽連盟、芳榮、長濱総合保険、河津造園▼5万2170円　城南会▼5万300円　村田郁也▼5万円　村田良子、井上利代子、塚田史郎、倉岳町役場職員OB会、山崎金次、有明電設、東昭男、内田美和、木下三郎商店人吉、富岡登美枝・智燈▼3万円　田中宏・シマ、鹿田研、米原三良、狩野勝、田中八重子、中野廣、松井祐介、江上久美、赤石良一、竹田通雄▼2万円　原田健・真依子、桑原洋・喜代子、木下スミ子、浅井克則・美和子▼1万7951円　南関町食生活改善推進員連絡協議会一同▼1万5000円　中川進、中川サチ子▼1万1000円　くまもと若潮会▼1万円　田端洋昭、川本元一、松尾芳徳、田澤剛、長瀬至誠、深川武正・紀子、浅見義興、あしはらたいじ、小柳珠美、中村幸一、野口和紀、中村浩行、中嶋敏久、松村和則、松村京佳、沼垣邦子、沼垣堅基、池田謙二・利江、山下清美、井上雅夫、平松政信、池上節夫、徳永弘昭、かねこ海産従業員一同、川原喜久代、小座本守、中村強、植埜恵里奈、植埜貴子、勝守高士、大谷清掃公社、吉村清司、合気道祥平塾あさぎり道場、高山憲二、熊日湯前販売センター、熊日多良木販売センター、小出忠紹、小出雄子、長谷一人▼8377円　赤星昌道▼8376円　赤星マリ子、赤星昌春、赤星サナエ▼7920円　るり光保育園▼5000円　谷畑信代、青木義幸、田中益雄、本田行雄、植村貴憲、植埜喜太郎、宮川智子、鶴川博樹▼3000円　今坂敏夫、中野佐智子、古場徳夫、大川義潔、田村義一、岩崎三津子▼2000円　山本遼、中須日勝、水田豊美、高木ひさ子、湯前俊明▼1000円　浜田伸一、衛藤宗珍、境展聖▼1000円未満　1件▼匿名　1件

◇合計　1498万5343円
◇累計　3138万8564円

◇平成28年熊本地震救援金受け付け

【直接持参、現金書留の場合】窓口は〒860-8506、熊本市中央区世安町172、熊本日日新聞社事業局と熊日の支社、総・支局。および〒860-8611、熊本市中央区山崎町30、RKK熊本放送事業局販促事業部。現金書留は「平成28年熊本地震救援金」係と明記を。

【銀行振り込みの場合】窓口で「救援金」と申し出れば手数料は無料です。口座名は、いずれも「平成28年熊本地震救援金」。

▽肥後銀行　水道町支店　普通預金　2722191
▽熊本銀行　本店営業部　普通預金　3127424
▽熊本第一信用金庫　本店営業部　普通預金　1212793

※受け付けは5月31日まで（持参の場合は平日の午前9時から午後5時まで。土・日・祝日は受け付けない）。千円以上の救援金は、熊日紙上に金額、氏名を掲載し、領収書に代えます（掲載まで時間がかかることがあります）。匿名希望は、その旨記入を。

第4392回数字選択式全国自治宝くじ（28日）

ナンバーズ3
◇抽せん数字　183
ストレート（7万3900円）105口
ボックス（1万2300円）665口
セット・ストレート（4万3100円）226口
セット・ボックス（6100円）1395口
ミニ（下2ケタ）（7300円）364口

ナンバーズ4
◇抽せん数字　2335
ストレート（80万8700円）32口
ボックス（6万7300円）166口
セット・ストレート（43万8000円）91口
セット・ボックス（3万3600円）780口

第1066回ロト6宝くじ（28日）

本数字　02 11 29 36 40 42
ボーナス数字　17

1等　本数字6個一致（6252万3100円）2口
2等　本数字5個とボーナス数字一致（1250万4500円）9口
3等　本数字5個一致（90万300円）150口
4等　本数字4個一致（1万3500円）8782口
5等　本数字3個一致（1000円）152781口
キャリーオーバー（0円）

※当せん番号を事前に教えると持ち掛ける詐欺に注意してください。番号発表は本紙掲載の前日です

重度障害者　帰宅・生活支援が急務

病床不足で退院も　義援金募る

寝たきりで人工呼吸器を使い在宅医療を受ける重度障害児（者）と家族が、地震被害で厳しい生活を強いられている。避難のため入院したものの、緊急性の高い患者にベッドを確保するため退院せざるを得ない状況。ケアに当たる専門家チームは帰宅・生活支援のための義援金を募っている。

益城町で被災した水田愛生子さん（25）は、筋ジストロフィーのため寝たきりで、夜は呼吸器を使い生活する。14日の地震では、避難した車中で携帯用酸素ボンベを使い、命をつないだ。15日からは熊本市の熊本赤十字病院に入院している。

介護する母親の光子さん（53）は愛生子さんに付き添うため、足の踏み場もない自宅の片付けに時間がかかる。「ヘルパーさんにボランティアで病院に来てもらい、10日後にやっと帰れた。付き添いは普段の状態を知っている人にしか頼めない」と苦労を語る。

地震直後から、重度障害児ら47人と家族の支援にあたる「熊本小児在宅ケア・人工呼吸療法研究会」会長の緒方健一医師（熊本市）によると、熊本市民病院と熊本地域医療センターの地震被害で、県内の小児病床の３割が使えない。感染症などの子どもを受け入れるため、在宅で対応できる患者と家族は退院せざるを得ない状況という。

自宅が損壊して帰れない人の中には県外病院に移ったケースもある。自宅用の医療機器が壊れた家族は経済的負担も大きい。緒方会長は「まずは自宅療養できる家族の帰宅・生活支援が急がれる。緊急性の高い病気の子どもの受け入れにもつながる」と義援金の協力を訴えている。

振込先は次の通り。銀行名＝ゆうちょ銀行、記号17190、番号5339461、口座名義＝熊本小児在宅ケア人工呼吸療法研究会。（魚住有佳）

人工呼吸器を使って生活する水田愛生子さん。14日夜は揺れがおさまった後、駐車場に止めた車に避難し携帯用酸素ボンベを使って過ごした（水田さん提供）

被災した自宅の片付けをする母親の水田光子さん＝24日、益城町

16日未明の本震などで崩壊した草千里付近の県道＝阿蘇市（阿蘇市提供）

阿蘇山上への道 途絶

草千里付近 激しく損傷

亀裂や隆起… 全面通行止め

阿蘇地域の自然や観光のシンボル的存在である草千里や中岳に車で向かう登山道が、熊本地震で激しい損傷を受け全面通行止めとなっている。沿線の土産物店なども休業。当面、観光客の受け入れはできない状況で、関係者は困惑している。

阿蘇山上への登山道は、県道阿蘇吉田線（阿蘇市黒川―南阿蘇村一関）と、同吉田線と同市赤水を接続する県道阿蘇公園下野線の２路線。県阿蘇地域振興局によると、ともに16日未明の本震で亀裂や隆起、山腹からの落石があり、通行止めになっている。

特に被害が激しいのは、阿蘇吉田線の草千里展望所から阿蘇火山博物館に向かうカーブ付近。路面のアスファルトはばらばらに砕け、駐車スペースも含めて長さ50～60㍍にわたり北西側に約100㍍崩落している。

ただ、阿蘇市によると、目視で草千里に地割れなどの目立った被害はなく、中岳火口から約1㌔西にある山上広場の建物も外観に大きな損傷はない。

登山道は本格的な復旧工事に向け準備が始まっているが、完全復旧の時期は不明。市観光協会などには通行止めの後、草千里周辺で営業する民間業者から「貴重品などを持ち出したい」との相談が殺到。そのため同振興局は29日、希望７～８業者に限り一時的な立ち入りを許可する。

草千里レストハウスを運営する菊池秀一代表（46）は「営業を再開したいが、被災地のライフライン復旧が最優先。再び笑顔で観光客を迎えられるよう準備しておきたい」。

一方、玄関のガラスが割れるなどの被害があった同博物館は、同市小里の阿蘇草原保全活動センター・草原学習館に仮事務所を移した。池辺伸一郎館長は「再開には時間がかかりそうだが、博物館の役割にかなう情報発信をしていきたい」と話した。（上杉勇太、岡本幸浩）

県内墓地 被害深刻

墓石倒れ、納骨棺崩れ

被災者 修復に手回らず

熊本地震の激震で、県内各地の墓地は墓石が倒れるなどの大きな被害を受けた。しかし家屋が倒壊し、避難生活を続ける被災者は、墓に眠る先祖を思いながらも手が回らない。修復はままならず、頭を抱えている。

約400基の墓がある熊本市中央区神水の共同墓地は、南西側を中心に多くの墓が倒壊。骨つぼを納める納骨棺が崩れ、雨水にさらされた遺骨もあった。

26日、様子を見に来た同区の森崎アヤ子さん（63）は「こんなに重い墓石が倒れるなんて」とショックを受けた様子。夫義信さん（65）は「地震後、やっと家が落ち着いたので来た。どう修理すればいいのか」と困惑していた。

この墓地にある顧客の墓の様子を見に来たあらき石材（東区）の荒木正人社長は、「修理依頼や、墓の状態を案じる顧客からの問い合わせの電話がひっきりなし」。この日は壊れた納骨棺が雨にぬれないようブルーシートで覆ったり、通路をふさいだ墓石をクレーンで動かした。「全ての修理や建て替えには数年掛かるかもしれない」と案じた。

墓石が倒れるなどの被害が出た共同墓地＝熊本市中央区

墓の被害は広範囲に及んでいるとみられ、1400棟以上の建物が全半壊するなどした西原村も相当の被害が出ている。地元で農業を営む島野英嗣さん（61）は「先祖に申し訳なか」と知人からクレーンを借り、倒れた墓を元に戻したという。しかし墓石は傷つき、石灯籠は倒れたままになっている。

墓地を管理する法人などでつくる全日本墓園協会（東京）によると、墓の修復に関しては任意の保険があるものの、公的な保証制度はない。同協会は「倒れた墓石は重く、個人ではなかなか手が回らないはずだ」と懸念する。（亀井悠吾）

「応援ありがとう」のボードを掲げ、出発便を見送る全日空のスタッフら＝28日午後、益城町の熊本空港（谷川剛）

感謝 「頑張るけん」 全日空職員メッセージ

「応援ありがとう　頑張るけん熊本」。熊本空港で全日空スタッフが掲げるメッセージボードが、熊本地震後に駆け付け、再び古里を去る県出身者らの共感を呼んでいる。

合志市出身の言語聴覚士齊藤真希子さん（35）＝埼玉県＝は22日に帰郷し、家族らと再会した。５日間滞在したが、仕事でやむなく埼玉へ。羽田便に乗り込み、外に目を向けると「頑張るけん熊本」と書いたボードを旅客係や整備士が掲げ、笑顔で手を振っていた。「みなさん大変なのに、ありがとうと言って、県民の気持ちを代弁してくれている」。思わず涙があふれた。

ボードを掲げるきっかけは、スタッフへのねぎらい。被災した熊本空港の再開後、降り立った県出身者やヘルメットを持ったボランティアが「頑張ってください」と声を掛けてくれた。業務再開に向けて奔走し、疲れ果てていたスタッフにとって、乗客らの励ましは心に染みた。

そこで、全国から寄せられる支援に「感謝の気持ちを形にしませんか」と旅客係の鳥居美香さん（33）が提案。25日の夜から手書きのボードを離着陸場で掲げ始めた。

「頑張るけん」のメッセージには、「心配しないで」との思いも込めた。鳥居さんは「今度は元気になった熊本を見に来てほしい」と前を向いた。（後藤幸樹、岡恭子）

願い 「元気に！九州」 ＪＲ、特別列車でエール

ＪＲ九州は28日、熊本地震からの早期復興を願い「元気に！九州」の文字を車両にあしらったラッピング列車の運行を始めた。九州新幹線のほか、在来線、観光列車の計４列車を走らせ、被災地にエールを送る。

同日午前10時過ぎ、福岡市の博多駅に熊本行きのラッピング列車「つばめ」が到着。壁にひびが入るなど自宅が被害に遭ったという重田詔子さん（73）＝大分県別府市＝は「私も頑張らなきゃと思う。一つずつ復興していきたい」と話し、天草市の実家を目指し列車に乗り込んだ。

ラッピング列車は、九州新幹線（博多―鹿児島中央）と特急ソニック（博多―大分）が６月30日、観光列車「ゆふいんの森」が29日～６月30日、臨時運行の観光列車「あそぼーい！」（博多―門司港）が５月３～８日（６日除く）の期間、運行する。（亀井悠吾）

博多駅に到着した熊本行きのラッピング列車＝28日、福岡市の博多駅新幹線ホーム

熊本市の災害ごみ　自衛隊が回収開始

災害ごみを回収する自衛隊員ら＝28日、熊本市南区城南町

災害ごみの回収が滞っている熊本市の依頼を受けた自衛隊による回収作業が28日、南区城南町で始まった。29日以降も被害が大きかった中央区や南区、東区で続ける。

城南町の集積所９カ所に、大型トラックなど計15台を投入。隊員約90人が家具や家電など大量の災害ごみを積み込んだ。

回収後は自衛隊が分別し、北区の扇田環境センターと東区戸島の仮設ごみ置き場へ搬送。市ごみ減量推進課によると、市による回収業務が追いつかない災害ごみのうち、不燃物は自衛隊が回収。可燃物は民間委託で対応する。（松浦裕子）

益城町の罹災証明　来月から受け付け

益城町は28日、罹災証明書の申請受け付けを５月１日から始めると明らかにした。住宅の被害を調査する職員が圧倒的に不足しているため、申請受け付けのみ先行させる。

被災した町庁舎は立ち入り禁止。町は証明書の申請に必要な住民情報を庁舎外から取り出せることの確認や、申請会場の確保などを進めていた。

被害調査の応援に入る町外の職員数が判明する今月末には、証明書発行の見通しも示せるという。申請には運転免許証などが必要。証明書に関する町の専用回線☎096（289）2911～2912。（池田祐介）

証明書申請受け付けの日程は次の通り。▽５月１～５日（午前９時半～正午、午後１～４時）飯野小、広安西小、広安小、益城中央小、広安愛児園、町交流情報センター、益城幼稚園、いこいの里、阿蘇熊本空港ホテルエミナース▽６日以降（午前９時～午後４時）町公民館

9日間の天気　Weather Report

	29(金)	30(土)	1(日)	2(月)	3(火)	4(水)	5(木)	6(金)	7(土)
札幌									
東京									
名古屋									
大阪									
広島									
福岡									
熊本									
長崎									
佐賀									
大分									
宮崎									
鹿児島									
那覇									

のち　時々

4月29日の飛来予測

		6-12	12-18	18-24	30日
九州北部	大気汚染粒子	やや多い	少ない	少ない	やや多い
	黄砂	少ない	少ない	少ない	少ない
九州南部	大気汚染粒子	やや多い	やや多い	やや多い	やや多い
	黄砂	少ない	少ない	少ない	少ない

非常に多い　注意喚起レベル　多い　環境基準値程度
やや多い　大気が少しかすむ　少ない　清浄
予測システム「スプリンターズ」開発チーム提供

阿蘇山の風向予想

29日　午前９時　3m　午後３時　4m
（日本気象協会 tenki.jpより）

きのうの気温　28日

（天気・湿度は15時、県内の気温は０時―17時、△印は低め）

	最高	平年比	最低	平年比	湿度	天気
熊本	19.7	△3.8	16.0	3.5	74%	曇
牛深	21.2	△0.8	17.0	2.7	70%	―
人吉	21.0	△2.0	16.3	5.5	73%	―
阿蘇	16.4	△3.6	13.1	5.3	―	―

（阿蘇山上の最高気温は14.0度、最低気温は8.0度）

	最高	最低	天気
福岡	17.7	14.4	俄雨
佐賀	19.4	16.8	曇
長崎	18.6	15.4	曇
大分	20.7	15.7	晴
宮崎	25.0	18.1	快晴
鹿児島	22.4	17.9	晴
那覇	24.0	21.4	晴
松江	15.2	14.8	俄雨
広島	21.3	16.6	曇
高松	21.2	15.3	俄雨
大阪	19.4	16.8	俄雨
京都	18.2	15.7	俄雨
名古屋	16.4	13.6	雨
長野	16.9	12.0	曇
東京	15.4	13.3	雨
新潟	15.4	12.4	俄雨
仙台	10.8	8.3	雨
秋田	13.7	10.4	雨
札幌	12.6	3.8	曇

潮ごよみ

旧暦３月23日（29日）　小潮・月齢21.7
日出 5時32分　日入 18時57分　月出 0時04分　月入 10時50分

	満潮	干潮
三角	0.40 / 12.26	6.44 / 19.02
水俣	0.43 / 12.16	6.46 / 19.06
牛深	0.16 / 11.39	6.13 / 18.27
玉名	0.50 / 12.36	6.54 / 19.12

旧暦３月24日（30日）

	満潮	干潮
三角	1.42 / 13.38	7.56 / 20.20
水俣	1.50 / 13.31	8.00 / 20.22
牛深	1.31 / 12.59	7.33 / 19.46
玉名	1.52 / 13.48	8.06 / 20.30

新聞定価1カ月 朝刊のみ＝3,093円(税込み)、朝夕刊セット＝3,460円(税込み) 朝刊1部売り＝120円(税込み)

リスちゃん？

学生が子どもたちに勉強を教える壺川小の学習会＝28日、熊本市中央区

学ぶ喜び 表情充実

学校、塾 子どもを支援

勉強の機会提供

熊本地震で休校が続く子どもたちを対象に、学校や学習塾が一部を開放し、学習の機会を提供している。

熊本市内の大半の小中学校は、5月9日までの休校が決定済み。代わりに中央区の壺川小では、25日から学生が先生役を務める学習会が開かれている。

児童の保護者向けメールなどで呼び掛け、28日は中学生を含む約140人が参加。午前中の2時間程度だったが、4年の加藤千晏さんと主海美来さんは「やっぱり友達と一緒だと楽しい」「そろそろ勉強したかった。学校が始まるのが待ち遠しい」と充実した様子。休み時間には、子どもたちの歓声が教室に響いていた。

学習会は、保護者が「勉強する機会をつくりたい」と提案し、熊本大医学部の学生約30人に協力を要請。学校側は教室を一部開放して、自習用プリントを提供した。中村和徳校長は「授業の遅れを取り戻すまでには至らないが、子どもたちは教室で笑顔になってほしい」と期待する。

一方、学習塾は被災して受講できない生徒に配慮して、通常のカリキュラムは見送っているが、学習環境を確保しようと自習をサポートしている。

県内進学塾大手の早稲田スクールは、被災生徒が利用しやすいよう、避難場所の最寄り校舎で自習できるようにした。大型連休中も開放する。「特に中学3年は勉強の遅れに対する不安がある。2週間ほど遅れたカリキュラムをどう取り戻すかが課題」としている。（福井一基、園田琢磨）

避難者と施設〝共存〟

熊本地震

益城町の特養「ひろやす荘」

地域に開放 ルール共有

熊本地震の発生後、各地の高齢者施設なども避難住民を受け入れている。甚大な被害が出た益城町安永の特別養護老人ホーム「ひろやす荘」では震災直後から避難した住民らが施設と共存し、苦境を乗り越えようとしている。

避難住民に、今後の予定などを伝える「代表」の徳島道雄さん＝27日夜、益城町安永の特別養護老人ホームひろやす荘

「長期戦になります。今後、食事は自己責任で調達しましょう」。27日夜、この日から避難者の「代表」を務める徳島道雄さん(61)が呼び掛けた。

ひろやす荘には、もともと約160人が入所しており満床状態。そこにピーク時は住民百数十人が身を寄せ、現在は約50人が避難している。当初は施設の備蓄食料の提供も受けたが、徳島さんらは「寝床を提供してもらえるだけで助かる。迷惑をかけないことを心掛けたい」。自己責任を強調しながらも共助を忘れず、高齢の避難者の食事の調達は住民同士で支え合っている。

14日夜。前震から2時間ほど過ぎたころ、「高齢者も大勢いる。避難させたい」と切迫した電話が施設に入った。近くに住む職員の家族からで、家が壊れたり、けがをしたりした住民約80人が周辺の公園で体を震わせていた。

「私も被災者。『入れられない』という選択肢はなかった」と永田恭子施設長(50)。施設は3年半前に建て替えた際、「災害時に地域に開放できるように」と玄関に広いロビーを設けていた。今回はレクリエーション用のホールを開放。ロビーはけが人の治療などで生かした。

始まった施設と避難住民の共存。通常業務で施設側の手は回らない。水不足でトイレが詰まったり、食事の要望が出たりと、施設側にとって困り事も起きてきた。

そこで、ルールや代表を住民らが話し合って決めていった。必要な下着などのニーズは住民自らが聞き取りをして、支援物資から調達。食事は自衛隊の炊き出しを回してもらうなどした。

代表は状況の変化に応じて交代する。1週間ほど代表を務めた公務員の寺本憲市さん(58)は「けんかやもめ事はほとんどなかった。みんなで取り組むしかないという気持ちだった」。十数人ずつの各4班に班長がいる。外出時間やトイレの使い方、掃除などもルールを共有している。

手押し車がないと歩くのが難しい田上ユキノさん(93)は「何日か車中泊したので、ここはありがたい」。施設は町との間で事前に協定を結んでいた福祉避難所として、支援が必要な高齢者や妊婦らも受け入れている。5月下旬に3人目の出産を控える土田里美さん(33)は「出産準備ができないのは困るけど、他の避難所より清潔で恵まれている」と感謝する。

ひろやす荘では28日、熊本ホテルキャッスルの炊き出しやアーティストのナオト・インティライミさんの訪問もあり、避難住民らを和ませた。永田施設長は「住民の皆さんをいつまで受け入れられるか今は決められないが、できる限り協力していきたい」と話した。（内海正樹）

「何が出来るかを考えましょう」などと書き、住民自らが掲示した貼り紙

避難者励ます言葉並ぶ

西山中 生徒ら伝言板自作

熊本市

熊本市中央区島崎の西山中体育館に、同校の生徒らが作った長さ5㍍のメッセージが掲げられている。「笑顔を忘れない」「みんなでいれば大丈夫」などの言葉が、避難生活を送る被災者の励みとなっている。

紙には大きく「頑張ろう熊本！ 頑張ろう西山!!」の文字と、人気漫画「ワンピース」のキャラクター。その周りを、思い思いの言葉とイラストが埋め尽くす。19日、同校の教諭や、同中に避難し、ボランティアをしていた生徒らが作成。ペンも置かれており、日に日に手書きのメッセージは増え続けている。

息子と2人で体育館に身を寄せている女性(75)は「たくさんの子が、隅々まで一生懸命書いてくれた。避難所の雰囲気が明るくなった」とほほ笑む。

同市南区田井島の田迎南小でも、住宅情報などを書き込むボードに、同校の卒業生らが「頑張ろう」などのメッセージやイラストを添えている。同小に避難する女性(50)は「気持ちが前向きになります」と喜んでいた。（西國祥太）

「熊本ファイト!!」「どんなときもささえあい」。掲げられたメッセージには、びっしりと激励の言葉が書き込まれていた＝27日、熊本市中央区

「預かった命 生かしたい」

県鳥獣保護センター 杉田所長

車中泊 世話に奔走

「預かった命を生かしたい」。御船町の県鳥獣保護センター所長の杉田猛さん(60)は熊本地震で同町の自宅が壊れ、車中泊しながら、鳥獣の世話に奔走している。探し回って手に入れた餌で命をつなぐ鳥たち。杉田さんは温かく見守る。

「はいはい、ちょっと待ってね」。かごに入ったヒバリの赤ちゃん3羽に、杉田さんがスポイトを使って餌を与えていた。「26日に預けられたばかり。ほんと、所長は甘やかすんですよ」。職員の安田五月さん(38)は苦笑する。

杉田さん宅は、14日の前震と16日の本震で基礎部分から柱がずれた。「命からがら逃げ出した」未明の車中、「大丈夫だろうか」。真っ先に頭に浮かんだのはセンターのサル小屋だった。

翌朝、センターへ車を走らせた。建物や小屋はほぼ無事。ほっとしたが、餌の貯えは3日分しかない。ひな鳥は餌を半日与えなければ弱ってしまう。営業している店を探して、余震が続く県内を車で駆け回った。往復6時間かけて熊本市の業者を訪ね、餌用のメダカや野菜などを買って帰った日もある。

地震から2週間。この間、鳥2羽とイタチ3匹が死んだが、オオタカやハヤブサなど7羽の猛禽類は元気いっぱい。5匹のサルや、そのほか多くの鳥たちも命をつないだ。

傷ついた鳥や獣を受け入れ、野生に帰すのがセンターの仕事だ。しかし、被災直後には「葛藤もあった」という。人間が食うのに困っているのに、いいのだろうか―。一時身を寄せた避難所では「こんな大変な時に鳥に餌をやって何になる」と冷ややかな声も聞こえてきた。

落ち込みそうになると、不思議とよぎる話がある。戦時中、熊本市動物園で殺されたゾウのエリー。「人間の勝手で、動物の命を奪っていいのか。ここに運ばれて来る鳥獣は、自然界では末端にいるのかもしれないけれど、預かったからには生かしたい」。

8年前、妻が他界した。同居していた長女夫婦は県外で避難生活を送っている。「独りになったけん、生活はどうにかなる。畳の上で寝たいけど、辛抱せんといかん」。震災という極限状況の中で、小さな命を守る使命を背負う。（久保田尚之）

大津町から受け入れた生後1週間のヒバリのヒナに餌を与える県鳥獣保護センターの杉田猛所長＝27日正午ごろ、御船町（横井誠）

文科省、熊本に教職員45人増員

文部科学省は28日、地震で被災した熊本県の児童生徒の心のケアや、休校による授業の遅れに対応した学習支援のため、本年度の同県の公立小中学校教職員を45人増やすことを決めた。県教育委員会から要望が出ていた。本格的な学校再開後、改めて県教委の意見を聞き、最終的には100〜200人程度になる見通し。大分県での増員も検討している。

2011年の東日本大震災では、増員配置だけでなく、被災地に他の自治体が教職員を派遣しており、今回も熊本県教委の要望があれば、文科省が対応する予定。

増員は、学校現場の課題に応じて政策的に教職員を配分する「加配定数」の枠組みを使う。45人は授業の遅れを取り戻すための少人数指導や個別指導を担当するほか、学級担任と連携して家庭や避難所を訪問し、児童生徒の心のケアや相談に当たる。どの市町村に配置するかは県教委が決める。

事件事故

■窃盗などの容疑で男を逮捕

熊本東署は28日、建造物侵入と窃盗の疑いで愛知県岡崎市、会社員松川桂介容疑者(36)＝別の窃盗罪などで起訴＝を再逮捕。逮捕容疑は2014年7月13日深夜から14日未明の間に、熊本市中央区国府1丁目の会社事務所の窓ガラスを割って侵入し、現金約700万円などの入ったバッグを盗んだ疑い。署によると、松川容疑者は同社の元従業員で、関与を供述したという。

女性強盗殺人疑い 近所の29歳男逮捕

千葉市

千葉市稲毛区の契約社員茅野利奈さん(41)が自宅アパートで殺害された事件で、千葉西署捜査本部は28日、強盗殺人と住居侵入の疑いで、近所の飲食店従業員藤長稜平容疑者(29)＝稲毛区稲毛東＝を逮捕した。「抵抗されたので殺した」と容疑を認めているという。

逮捕容疑は4日未明、アパート2階の茅野さん方に侵入して金品を奪おうとしたが抵抗され、腹部などを刃物で突き刺して殺害した疑い。

捜査本部によると、凶器は藤長容疑者の自宅アパートから押収した包丁とみられる。藤長容疑者は昨年12月ごろに県外から引っ越してきて1人暮らしで、2人に面識はないという。藤長容疑者は千葉市内で起きた別の住居侵入事件で16日に逮捕されていた。

4日午後10時ごろ、茅野さんが自宅で倒れ死亡しているのを、訪れた父親が見つけて110番した。

十字街

○…ネットなどで売られている有田焼の起き上がりこぼし「七転八起くまモン」が熊本地震で注目を集めている。「被災者を元気づける支援グッズにしたい」との理由からだ。

○…阿蘇市内牧の自営業森哲郎さん(62)が昨年、「記念品や縁起物に」と、佐賀県有田町の窯元に制作を依頼。阿蘇の農畜産物を扱うネットショップで販売していた。地震直前には、新たに「笑顔」版ができた。

○…自宅が損壊し、車中泊を続けていた森さんは、反響に驚きながら「くまモンを通して、多くの人にエールを送れれば」。一体2160円。今後の売り上げの一部は、阿蘇神社再建のため寄付するという。地震に負けず、起き上がるモン！ （西山美香）

元女優の名誉毀損 文芸春秋逆転勝訴

東京高裁

暴力団関係者との交際を報じた週刊文春記事により2013年参院選への出馬を断念せざるを得なくなったとして、元女優田島美和さん(52)が出版元の文芸春秋に謝罪広告掲載などを求めた訴訟の控訴審判決で、東京高裁は28日、田島さんの請求を認めた一審東京地裁判決を取り消し、文芸春秋が逆転勝訴した。

高世三郎裁判長は、田島さんが週刊文春の取材に対して積極的に弁明せず、明らかに虚偽の回答をしていたと指摘。記事が真実と認めることはできないとしながらも「記者が真実と信じたことには相当の理由があった」と述べた。

父 高峰三郎儀 四月二十七日午前十時三十分永眠いたしました。ここに生前のご厚誼を深謝し、謹んでお知らせ申し上げます。
おって葬儀は左記の通り執り行います。
一、日時 四月二十九日 午後一時
一、場所 玉名市天水町部田見二三五五ー一 玉水苑
平成二十八年四月二十九日
玉名市天水町部田見二三八七ー一
喪主長男 高峰 務
次男 高峰 武

1 3版 平成28年（2016年）4月30日 土曜日 熊本日日新聞 （昭和17年4月1日第3種郵便物認可） 第26634号 日刊

九州道 全線復旧

熊本地震

熊本地震の影響で通行止めになっていた九州自動車道は29日、15日ぶりに全線復旧した。大型連休初日に交通の大動脈が回復し、被災地の復興支援に弾みがつきそうだ。

全線復旧し、多くの車が行き交う九州自動車道の熊本インターチェンジ付近＝29日午前9時20分ごろ、熊本市北区（大倉尚隆）

一部は片側1車線

復旧したのは植木インターチェンジ（IC）―嘉島ジャンクション（JCT）の23㌔。路面の崩落などで工事が続く益城熊本空港IC―嘉島（4・3㌔）の大半は片側1車線の対面通行で、最高速度を40㌔に規制しており、渋滞が発生した。総重量が36㌧を超える車両は通行できない。

西日本高速道路は、片側1車線に伴い、南関IC―益城熊本空港と、嘉島―八代IC（小池高山IC含む）の2区間の間で一般道に迂回した場合、料金を減額する。

このほか、植木―熊本ICと松橋IC―八代は80㌔、熊本―益城熊本空港と嘉島―松橋は50㌔にそれぞれ速度規制する。規制解除を含めた完全復旧の見通しは立っていない。

九州の高速道路の状況
大分道（湯布院IC―日出JCT）大型連休明け以降に開通予定
九州道（植木IC―嘉島JCT）29日開通 全線で通行可能に
博多 福岡 湯布院IC 日出JCT 佐賀 植木IC 大分 長崎 熊本 嘉島JCT 熊本 宮崎 九州新幹線 鹿児島 鹿児島中央 20km N

氷川町 17人目の関連死

県災害対策本部は、宇城市の病院駐車場などで16日から家族3人で避難、車中泊していた氷川町の女性（73）が急性心不全で20日亡くなったとして、災害関連死に計上した。熊本地震では17人目。

県内の避難者は29日午後1時半現在、444カ所に約3万人。ライフラインのうち、西部ガスは30日に復旧を完了する見通し。南阿蘇村の阿蘇大橋周辺では行方不明者の捜索が続いた。（熊本地震取材班）

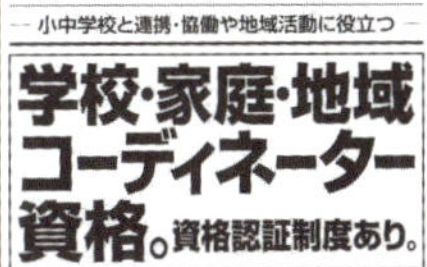

熊本地震 県内の被災状況（29日午後時点、熊日まとめ）

死亡	49人（熊本市4、南阿蘇村15、西原村5、御船町1、嘉島町3、益城町20、八代市1）
震災関連死	17人（熊本市10、宇土市1、阿蘇市2、南阿蘇村1、御船町1、益城町1、氷川町1）
行方不明	1人（南阿蘇村）
負傷者	1,542人
建物	住宅36,745棟
避難	避難所 444カ所 避難者 30,629人
水道	断水 約13,000世帯
都市ガス	きょう復旧完了予定（西部ガス）

※県災害対策本部などの集約分

仮設住宅1期分着工
西原村 甲佐町 各50戸 6月入居へ

県は29日、熊本地震の被災者が入居する応急仮設住宅の建設を西原村と甲佐町で始めた。1期分の計100戸で、早ければ6月中旬に完成し、入居が始まる見通し。県は仮設住宅を求める他の市町村とも協議を進めており、順次建設を急ぐ。

西原村では、役場近くの民有地と村有地を合わせた約5万平方㍍の敷地に木造の50戸を建設。さらに300戸を増設する予定。甲佐町では町営白旗グラウンド（約1万5千平方㍍）にプレハブ造りの50戸を建設する。追加戸数は調整中という。

仮設住宅は、2DK（30平方㍍）を中心に、1DK（20平方㍍）、3K（40平方㍍）の3タイプ。被災者の孤立を防ぐ集会所や談話室も確保する。

両町村ではこの日、造成工事や測量などが始まった。西原村の日置和彦村長は「いち早く着工してもらい感謝している。家屋倒壊の被害は甚大で、早期の増設もお願いしたい」と述べた。

県住宅課によると、29日現在で両村を含む13市町村が仮設住宅の建設を要望し、用地選定や戸数の検討を進めている。熊本市も建設に向け準備している。県は民間賃貸住宅の借り上げを含めた仮設住宅4200戸分の費用を本年度補正予算で措置している。（並松昭光、横山千尋）

支えあおう熊本 いま心ひとつに

西原村で始まった仮設住宅の建設作業＝29日午後（大倉尚隆）

県審査で不適切検診？
感覚障害 見落としか

水俣病60年

水俣病の認定審査に伴い感覚障害の有無を調べる熊本県の公的検診の一部で、本来欠かせない手先と体幹の感じ方の比較や、痛覚の検査を実施していなかった疑いのあることが、29日分かった。手足の先ほど鈍る四肢末しょう優位の感覚障害は、水俣病の代表的症状。専門家は「不適切な検診で、感覚障害を見落とした恐れがある」としている。

水俣病被害者互助会によると、公害健康被害補償法に基づき患者認定を申請した同会の6人は2014年12月～15年10月、水俣市などの医療機関で認定審査に伴う神経内科の公的検診を受診した。

6人中2人が受けた熊本県の検診と1人が受けた鹿児島県の検診では「ここ（顔や胸などの体幹）の感じ方と比べ、ここ（手先）はどうですか」などと四肢末しょう優位を意識した検査で、感覚障害を確認。感覚のうち触覚は筆で、痛覚は専用の針などで感度が確かめられた。

一方、残る3人が受けた熊本県の公的検診は顔や胸、手先を触って「分かりますか」と同じように尋ねるばかりで、体幹と手先の比較はなかったという。「痛覚の検査もなかった」としている。

検診の結果、手先と体幹を比較された3人は「感覚障害あり」、比較されなかった3人は「感覚障害なし」と判断された。故原田正純医師らの検診では6人とも「感覚障害あり」と診断されており、被害者互助会は「でたらめな検診が結果に表れた」として、熊本県に抗議する方針。

協立クリニック（水俣市）院長の髙岡滋医師（神経内科）は「手先と体幹を比べないと四肢末しょう優位の感覚障害は捉えられないし、痛覚を調べないのは検診としてあり得ない。事実なら問題だ」としている。

熊本県水俣病審査課は「検診医は経験を積み重ねており、ミスはないはず。不服申し立てがあれば、対応する」としている。（石貫謹也）

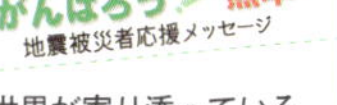

がんばろう熊本 地震被災者応援メッセージ

世界が寄り添っている

日々刻々と伝えられる被災の状況に、熊本と大分の皆さんのことを思うと、本当につらく心を痛めています。日本、いや世界のみんなが、皆さんに寄り添っています。どうか我慢せずに、声を上げてください。

（軽石泰孝、東京都）

新生面

2016.4.30

藍一色もなかなかいい、と思い直している。2020年東京五輪・パラリンピックの新エンブレムに決まった「組市松紋」である。単色のデザインは他と比べて地味だなと思っていたのだが▼4案が公表された際のアンケートでも「日本らしさ・東京らしさ」を感じるとの意見が突出していた。熊本地震を経験したからか、寡黙な中に凜とした力強い意思を感じる人も多かろう▼市松紋が流行ったのは江戸時代。江戸時代は高度な自治システムが築かれていた。東京市長を務め、関東大震災後の都市改造に力を注いだ後藤新平は「江戸の自治制」と題する研究書で「幕政の特色たりしは、儀礼を以て、社会秩序を維持せること是也」。江戸時代に培った日本人の勤勉性や公徳心は、災害からの復興の力になったに違いない▼その江戸時代は観光も盛んだったようだ。江戸と大坂を結ぶ東海道はおびただしい数の旅人にあふれ、1千軒を超える旅籠があったという。全国で庶民が団体を組んで各所を訪れるパック旅行も行われていた（『世界に比類なき日本文化』祥伝社新書）▼きのうから大型連休（GW）が始まった。県内の観光地は地震で大きな打撃を受けたが、新幹線や高速道も復旧。各地の旅館やホテルの多くが自力で早々と営業を再開している。東日本大震災時もそうだが、他県ならこれほど整然とはいくまい▼観光は被災地の復興を後押しする力となる。市松紋に、困難に立ち向かう熊本の人たちの心も重ね合わせたい。おもてなしの心意気は健在だ。

熊本日日新聞
発行所 熊本日日新聞社
〒860-8506 熊本市中央区世安町172
☎代表(096)361-3111

4月30日 土曜日

熊本地震 特別紙面

おわび

地震の影響で本日付朝刊が一部地区で配達できなかったり、遅れたりしました。大変ご迷惑をおかけしました。 熊本日日新聞社

熊日の購読・配達のご用は ミナヨムニッコリ 0120-374625（土・日曜・祝日除く9:00～17:00）
紙面のお尋ねは 096-361-3115（日曜・祝日除く9:00～17:00）
パソコン版くまにちコム kumanichi.com

◇お断り 「きょうの天気」は2面に移しました。

迅速できめ細かな支援を

被災中小企業

社説

熊本地震で生産設備などに被害を受けた県内の中小企業は少なくない。いまだに事業再開のめどが立たないところもある。直接被害を受けていなくても、予約の取りやめが相次ぐ観光業などで経営が深刻化することも予想される。当面の資金繰りをはじめ、あらゆる手だてを講じて後押しすることが地域経済の再生に何より重要だ。

帝国データバンクによると、熊本、大分両県の被災地に本社を置く企業は約1万7200社。熊本の被災地域には、特に飲食料品卸売り業が集積しているという。それらの企業の取引先は延べ3万社を超え、地震による影響は国内の広範囲に及ぶとみられている。

東日本大震災時には取引ができなくなり、仕入れ先を被災地以外の企業に変更する動きもみられた。今回の地震でも、復興が遅れれば同様の動きが出かねない。迅速な支援が鍵を握る。

経済産業省によると、両県の商工会議所などに設置した相談窓口には「工場に倒壊の危険があり、当面の決済や人件費のための資金が必要」といった資金繰りに関する相談が多く寄せられている。27日から県内各地で経営や雇用、金融に関する特別相談会が順次開かれている。相談に当たる県や商工団体は被災企業のニーズをすくい上げ、きめ細かな対応を取ってほしい。

金融面の支援策として、被災企業が有利な条件で資金を借りられる県の制度融資が拡充されたり、復旧に向け長期や低利で融資を受けられたりする制度が導入済みだ。金融機関などの貸し手は迅速な手続きを心掛ける一方、企業が地震前から抱える債務の返済猶予といった柔軟な対応も必要だろう。

県内に立地する大手製造業の中には、地震前の水準に戻るのに時間を要するところもある。下請け企業に負担が及ばないよう目配りも欠かせない。

企業自らが災害時の業務再開手順を定めておく事業継続計画（BCP）があらためて注目を集めている。2016年版中小企業白書は、BCPの運用が取引先との関係強化や企業価値向上につながると強調する。しかし中小企業でBCPを策定しているのは15%にとどまり、策定が進む大企業との差は歴然だ。地震活動は依然、終息していない。備えを怠らないようにしたい。

2016.4.30

斜光　「ぼつぼつ、しなっせ」

激震に襲われたとき、むしろ得心するものがあった。21年前、阪神大震災の直後を神戸で取材し、悲惨な光景を目にしたが、揺れの実際について理解できなかった。ジグソーパズルの最後の一枚を探すような気分を持ち続けてきた。しかし、それを自宅で見つけようとは…。

地震後の状況は神戸とほぼ同じだ。ただ、友人知人については「内側の事情」まで分かるため、「つらいですね」と声をかけ話を聞く。今のところ、それで精いっぱいだ。事業の継続に悩む中小企業経営者、自宅が崩壊して行き場のない高齢者など、深刻な悩みがあふれている。

被災した人々の多くはまだ虚脱状態にあり、疲労や不眠を訴えている。一方、異様なほど興奮して明るい人もいて、素人ながら心配する。

スイス出身の心理学者、キューブラー・ロスはがんになった人の心理変化を調べた。「否認と孤立・怒り・取引・抑鬱（よくうつ）・受容」の5段階があるという。取引とは「死後に献体するので特別治療を」などと求めることだ。

ちなみに、後に重病になったロスは「受容」することはなかったという。人はそれぞれである。そのことも自ら示した。被災者の心理も似たような変化をたどるのだろう。

震災後の神戸では、「がんばろうKOBE」という紙が貼られた。大手スーパーの発案だったとか。元気づけられた人、反発を感じた人、半々ではなかっただろうか。みんな頑張っている。善意からの激励でも肩の荷を重くしかねない。熊本弁の「ぼつぼつ、しなっせ」ぐらいが適当ではないのだろうか。

神戸の物理的な復旧は早かった。同時に、それは新たな苦しみの始まりでもあった。仮設住宅や復興住宅への入居は、それまでのコミュニティーが持っていた人間関係を分断し、単身者や高齢者の孤立感を深めた。うつ病、アルコール依存、孤独死、自殺などの問題が頻発した。

都市部の安い賃貸住宅に住んでいた高齢者などが仮設住宅に移っても、「永遠に失われた故郷を求めてさまよう感が深い」。仮設住宅での診療を行った額田勲医師は「孤独死」（岩波書店）に書いている。「心のケア」も「がんばろう」と同様に口にしやすい言葉であるが、結局はコミュニティーの持続的な人間関係が力を発揮すると提言する。

助け合う関係をどうつくるか。神戸や東日本の体験も参考になりそうだ。（春木進）

＝月1回掲載

円急騰 一時106円台

海外市場 1年半ぶり

29日の海外市場で円相場は対ドルで急騰し、1ドル＝106円90銭をつけ、2014年10月以来約1年半ぶりの高値を記録した。日銀の追加金融緩和見送りを受けて円高が加速、節目の105円突破が視野に入った。急激な円高は輸出関連企業の収益を圧迫するなど日本経済に悪影響を与えかねず、政府・日銀に対応を求める声が出そうだ。

円相場は、今年1月末に日銀がマイナス金利の導入を決めた直後の水準を約14円も上回り、14年10月末に日銀が国債購入の拡大を柱とした追加緩和を決める前の水準に戻った。金融緩和に伴う円安効果は一段と小さくなった。

29日の市場は、日銀が前日に金融政策の現状維持を決めた後に円高・ドル安が加速した日米欧の流れを引き継ぎ、シドニー市場で107円台前半をつけ、その後開いたロンドン市場で106円台に乗せた。追加緩和を見込んでいた投資家の円の買い戻しが続いたとみられる。

岸田外相が訪中 首相らと会談へ

【北京共同】岸田文雄外相は29日、民間機で中国・北京に到着した。30日に王毅外相のほか、李克強首相や外交担当トップの楊潔篪国務委員（副首相級）と個別に会談する。不透明感を増す世界経済への対応が主要議題になる5月下旬の主要国首脳会議（伊勢志摩サミット）を控え、経済面での連携強化を探る。

出発前、羽田空港で記者団に、李首相と会談すると正式に明らかにし「新しい時代にふさわしい日中関係を開く一歩にしたい」と意欲を示した。

日本の外相の訪中は、国際会議出席を除き4年半ぶり。

「住まい確保に全力」

安倍首相 西原村など視察

上通アーケードの被災状況を視察する安倍晋三首相（中央）＝29日午後、熊本市中央区（谷川剛）

安倍晋三首相は29日、熊本地震の被災者向け仮設住宅の建設が始まった西原村などを視察。「安心して暮らせる住まいの確保は喫緊の課題」と述べ、被災者の生活再建や事業者の支援に全力を尽くす考えを示した。

首相の被災地視察は23日に続き2度目。西原村役場では日置和彦村長から仮設住宅について説明を受け、避難所になっている河原小体育館も訪れた。首相は記者団に「補正予算の早期成立によって、復旧復興を加速させる」と強調した。

首相はこの日、大分県内の被災地を訪れた後に熊本入り。熊本市の上通アーケードを視察し、中心商店街や熊本商工会議所の役員らと意見交換した。

この日は、石井啓一国土交通相や公明党の山口那津男代表も視察した。（大路秀紀、堀江利雅）

9条改正に首相が意欲

安倍晋三首相は29日放送の日本テレビ番組に出演し、憲法9条改正に意欲を示した。「これからもずっと後回しにしていいのか。思考停止している政治家、政党の皆さんに真剣に考えてもらいたい」と述べた。夏の参院選では、野党も含む憲法改正に賛同する勢力で改憲の国会発議に必要な定数の3分の2以上の議席確保を目指す考えも重ねて示した。番組は28日に収録された。

「熊本城 復活を」

米ケネディ大使視察

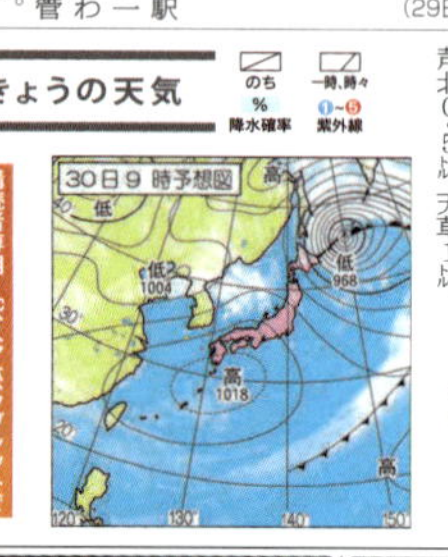

ケネディ駐日米大使（左）に、熊本城の被災状況を説明する大西一史熊本市長＝29日午後、熊本市（谷川剛）

キャロライン・ケネディ駐日米大使が29日来熊し、熊本地震で大きな被害を受けた熊本城を視察。「地域社会の復興とともに、熊本城が復活してほしい」と語った。

ケネディ大使は熊本城二の丸広場から約20分間、天守閣や石垣などの被害を確認。大西一史・熊本市長から説明を受けた。「市民にとって重要な熊本城が大きなダメージを受けて悲しい」と感想を述べ、「日本は偉大な友好国。米国としてできることをしたい」と話した。大西市長は「世界から支援をいただいて（熊本城を）再建したい」と応じた。

2013年の就任以来、大使の熊本訪問は初めて。外国人の避難所となっている熊本市国際交流会館も訪れ、県庁で蒲島郁夫知事とも会談した。（高橋俊啓）

大分・由布市で震度5強

29日午後3時9分ごろ、大分県由布市で震度5強の地震があった。天井ガラスが割れたJR由布院駅が封鎖され、家具が散乱する住宅もあった。

気象庁によると、震源地は大分県中部で、震源の深さは約7キロ。地震の規模はマグニチュード（M）4・5と推定される。震度5強を観測したのは19日以来。気象庁の担当者は「一連の地震活動のうちの一つ。今回は震源が浅く、観測点のほぼ直下だったため、マグニチュードの割に強い震度が観測されたとみられる」と述べた。

県などによると、由布市の由布院駅では、駅舎天井部分のガラス（縦約3～4メートル、横約10メートル）の一部が割れ、破片が飛び散った。けが人はなく、JRは駅舎を封鎖。久大線の一部区間の運行を見合わせた。市内では水道管の破損も確認された。

熊本、大分両県では同日、午後10時までに震度5強が1回、震度1～3が29回起きた。14日夜以降、震度1以上の総回数は1058回に上った。

気象庁によると、7は2回、6強は2回、6弱は3回、5強は4回、5弱は7回、4は80回、1～3は960回。同日起きた震度5強を受け、気象庁は「当初と比べ発生間隔が開いてきたとはいえ、この規模も起こり得る」と引き続き強い揺れへの警戒を求めた。

熊本地震発生以降の地震回数

（29日20時現在、気象庁速報値。16日2時以降は大分県含む）

きょうの天気

30日は移動性高気圧に広く覆われ、一日を通して晴れる。朝は寒さを感じるが、日中は暖かい。朝と昼の気温差が大きい。東のち南西の風、波は熊本、芦北0・5メートル、天草1メートル。1日は西の風、晴れ。波は熊本、芦北0・5メートル、天草1メートル。

地域	荒尾玉名	山鹿菊池	甲佐山都	阿蘇	熊本	八代	人吉	水俣	天草
紫外線	3	3	3	3	3	3	3	3	3
気温	9～21℃	6～22℃	8～22℃	4～19℃	9～22℃	9～22℃	7～23℃	10～22℃	10～22℃
朝 降水確率(%)	0	0	0	0	0	0	0	0	0
昼 降水確率(%)	0	0	0	0	0	0	0	0	0
夜 降水確率(%)	0	0	0	0	0	0	0	0	0

あすからの8日間

予想は熊本地方

日	1(日)	2(月)	3(火)	4(水)	5(木)	6(金)	7(土)	8(日)
気温	12～25℃	16～26℃	17～23℃	14～25℃	14～26℃	16～27℃	19～25℃	19～27℃
降水確率(%)	10	40	80	40	10	20	40	50

3 総合 平成28年(2016年)4月30日 土曜日 熊本日日新聞 (第3種郵便物認可)

熊本地震

「特別立法で財政支援を」

蒲島知事 政府に要請へ

熊日の単独インタビューで、熊本地震への今後の対応方針などについて語る蒲島郁夫知事=29日午後、県庁

蒲島郁夫知事は29日、熊本日日新聞のインタビューに応じ、熊本地震の被災市町村の復興費用負担を軽減するため、政府に対し、特別立法による財政措置などを求めていく考えを示した。

【1面参照】

2011年の東日本大震災では、国は被災自治体への財政援助や助成を拡充する特別法を制定。激甚災害指定で対象にならない被災庁舎の建設・補修費を補助したり、がれき処理費の補助率をかさ上げしたりした。

蒲島知事は「小さな市町村にとって財政負担はあまりに大きく、死活問題だ。東日本大震災を踏まえ、地元負担が可能な限り少なくなるよう特別立法を含めた対応を検討してほしい」と訴えた。

特別立法制定は自民党の県選出国会議員も28日に政府に要請している。

知事は本震の発生から2週間が経過し、災害対応の課題が「水や食料の確保から避難所の環境改善、仮設住宅への速やかな移行へと変化してきた」と分析。罹災証明書の発行など集中する行政ニーズに対応するため、大型連休中に被災市町村に延べ4千人の県職員を応援で派遣するとした。

地震発生直後、避難所への支援物資輸送が遅れたことについては「道路が寸断し、輸送に時間がかかった。被災者は不満を感じたかもしれないが、タイムラグはやむを得なかった」と説明。被災地からの要請を待たずに支援物資を発送する国の「プッシュ型支援」は「県民に必ず物資が届くという安心感を与えた」と評価した。(並松昭光)

復興を熊本の活力に 知事インタビュー

蒲島郁夫知事へのインタビューの詳細は次の通り。

―熊本地震の発生から2週間余り。被災地の状況をどう見ていますか。

「初期の人命救助、避難所への水や食料の供給が一段落し、仮設住宅の提供へと課題が移行している段階。今はちょうどその転換期にある。それが進めば避難所が縮小され、残った人の避難生活もより快適になるだろう」

―異例の連鎖地震です。

「県の防災計画では、阪神大震災並みの揺れが2回あり、さらに余震が1千回も続くとは想定していなかった。終わりの見えない不安が多くの避難者や車中泊を生み出し、行政の対応も複雑かつ困難になった。だが、どんなに困難でも被災者のニーズに対応しなければならない。避難所の対応と仮設住宅の準備を必死で進めている」

―仮設住宅の提供や罹災証明書の発行などが新たな課題です。

「避難者への対応と並行して次々に新たな行政需要が生まれ、対応が追いつかない面もある。全国から応援に駆けつけてくれた行政職員を統括するため、県は一部の被災市町村に部長級幹部を送った。必要に応じて災害対応のノウハウを持った自治体の職員派遣をさらに要請したい」

―熊本城や阿蘇など、熊本を代表する文化財や観光地が甚大な被害を受けました。

「熊本はとりわけ農林業、観光業、中小企業への対策が大事だ。地震の被害を受けた事業者が、そのまま廃業するという流れが最も怖い。27日に決定した補正予算で、事業者がやる気を失わないよう、経済再生を常に頭に置きながら復旧復興に取り組む」

「観光は熊本城の損壊と阿蘇への交通ルートの遮断が痛い。熊本城は熊本の象徴で、安倍晋三首相も『お城が復旧しない限り、熊本地震の復興は終わらない』と明言している。日本財団の30億円をはじめ、民間の寄付の動きもある。国、県、熊本市が連携して必ず復元を成し遂げる」

―知事の3期目は、震災復興が最大の課題になりました。

「復旧復興と被災者救済が一番の責務になった。九州北部豪雨と同じく『被災者の痛みの最小化』『創造的な復興』『熊本のさらなる発展につなげる』の3原則で取り組む。関東大震災が東京発展の基礎になったように、県民に希望が見える形でなければ苦難は乗り越えられない」

―政府への要望や注文は。

「道路、河川、港湾などに広範な被害が出ており、国、県、市町村の垣根を越えた対応が重要だ。激甚災害の早期指定などは復旧復興に全力を挙げる政府のメッセージで、地元も総力を挙げて取り組める。専門知識を持った人材など、長期的な人的支援もお願いしたい」

―復興に取り組む県民にメッセージを。

「66人もの人命が失われたのは痛恨の極み。被災者も避難生活の長期化で不安の日々を過ごしている。だれも経験のない苦難だが、全国や海外の応援を糧に、力強い熊本の復興を一日も早く県民と共に成し遂げたい」

(聞き手・蔵原博康、並松昭光)

ホンダ熊本 一部再開へ

来月6日

熊本地震の影響で工場の操業を停止しているホンダなどの自動車関連メーカーで、稼働再開や代替生産を進める動きが目立っている。ただ被害が大きいことから、完全復旧には時間がかかる見通しで、業績への影響も懸念されている。

ホンダは、二輪車などを生産する熊本製作所(大津町)について、5月6日に一部の操業を再開する。建屋や設備の一部は被害が大きく、完全な復旧は8月中旬を見込むという。

軽自動車の生産を委託している子会社の一部の工場も、通常の生産に復帰するには半年程度かかる見通しだ。

トヨタ自動車グループのアイシン精機は、操業を停止している子会社のアイシン九州(熊本市)で生産していたドア部品などについて、5月2日をめどに代替生産できる態勢を整える方針。年内に震災前の状態に戻したいとしている。

◆海自機の供与来月合意へ

日本、フィリピン両政府は5月初旬、海上自衛隊練習機「TC90」のフィリピン軍への供与について基本合意する方針を固めた。中谷元・防衛相が2日にもガズミン国防相と電話会談し確認する。両政府関係者が29日明らかにした。自衛隊機の他国への移転が実現すれば、初の事例となる。

安倍政権は、フィリピン軍の海洋での警備能力向上を支援することで、南シナ海で軍事拠点化を進める中国の海洋進出に歯止めをかけたい考え。フィリピンでは5月9日に大統領選を控えている。現行のアキノ政権下で、早期に基本合意をする必要があると判断した。

◇最高裁人事(30日)

宇都宮家裁所長(広島高裁部総括判事)竹内民生▽広島高裁部総括判事(千葉地、家裁松戸支部長)森一岳

きょうの動き

■首長の日程■

【蒲島知事】地震災害対応
【大西熊本市長】終日 地震災害対応▽16時半 災害対策本部会議▽18時 記者会見
【山下荒尾市長】災害警戒・対応
【高嵜玉名市長】終日 地震災害対応▽9時 横島町体育館こけら落し
【中嶋山鹿市長】地震災害対応
【江頭菊池市長】地震災害対応
【荒木合志市長】地震災害対応
【元松宇土市長】地震災害対応
【守田宇城市長】地震災害対応
【中村八代市長】地震災害対応
【西田水俣市長】終日 災害警戒・対応▽13時 水俣環境アカデミアオープニング式典
【堀江上天草市長】地震災害対応
【中村天草市長】終日 地震災害警戒・対応▽10時 熊本地震復興支援イベント(福岡市)

首相の動静 29日

【午前】7時56分、公邸から羽田空港。9時49分、航空自衛隊のU4多用途支援機で益城町の陸上自衛隊高遊原分屯地。10時5分、陸上自衛隊のヘリコプターで、地震で被災した大分自動車道を上空から視察。49分、大分県由布市の湯布院スポーツセンター。11時1分、JR由布院駅。2分、徒歩で周辺を視察。15分、同市の湯布院コミュニティセンター。広瀬勝貞大分県知事、首藤奉文同市長らと意見交換。57分、湯布院スポーツセンター。

【午後】[illegible] 3時15分、西原村役場。日置和彦同村長と意見交換。51分、同村の河原小学校。避難所で被災者を激励。4時50分、報道各社のインタビュー。5時11分、陸自高遊原分屯地。6時51分、空自のU4多用途支援機で羽田空港。7時31分、東京・富ケ谷の私邸。

被害全容 なお未解明

あす水俣病公式確認60年

水俣病60年

「公害の原点」と呼ばれる水俣病は5月1日、公式確認から60年を迎える。熊本地震の影響で、水俣市の水俣湾埋め立て地で市や患者団体などが例年営む犠牲者慰霊式は延期。1次訴訟の原告患者らでつくる水俣病互助会(上村好男会長)は、同市袋の乙女塚で午後1時半から慰霊祭を開く。

水俣病の認定基準や未認定患者救済策をめぐっては、裁判が各地で係争中。患者団体などは不知火海沿岸住民の健康調査を国などに求めているが、いまだ実現しておらず、被害の全容は未解明のままだ。

水俣病は、チッソの工場から不知火海に排出されたメチル水銀が原因。汚染された魚介類を食べた人の脳や神経などに障害を与えた。公式確認は、チッソ付属病院の故細川一院長が水俣保健所に「原因不明の疾患が発生」と届け出た1956年5月1日。

行政が水俣病と認定した患者は熊本県1787人、鹿児島県493人で計2280人(3月末現在)。チッソによると、うち今年2月末までに1879人が亡くなった。

認定申請後に処分を待つ人は3月末現在、熊本県1264人、鹿児島県853人。昨年の同時期と比べ、熊本県で257人、鹿児島県で305人増えた。

過去の未認定患者救済策では、1995年の政府解決策の対象者は熊本、鹿児島両県で約1万1千人。水俣病の最終解決をうたった水俣病特別措置法(2009年成立)の対象者は約3万6千人。(隅川俊彦)

事件史貫く「不作為」

論説主幹 高峰武

「もっと海を見たい」。熊本市内でパーキンソン病の療養をする作家の石牟礼道子さん(89)。久しぶりに訪問した水俣ではやはり海が気になるようだった。眼前の不知火海で起きた水俣病を描いた代表作「苦海浄土」。相矛盾するタイトルに、石牟礼さんの世界が凝縮されている。海は惨事の舞台だが、再生の願いのこもる場所でもある。

石牟礼さんを支える思想史家の渡辺京二さん(85)も同行、「随分、時間がたった」と言う。患者支援の「水俣病を告発する会」は、石牟礼さんが渡辺さんに要請し結成された。1969(昭和44)年のこと。水俣から近代を問うという視点で異彩を放った。

「もはや戦後ではない」と経済白書が書いた56年の5月1日、原因不明の疾患発生が、チッソ付属病院から水俣保健所に届けられた。今年は公式確認から60年になる。

水俣病を引き起こしたチッソとはどんな会社か。

「鴨緑江 大水力發電工事」という40年制作の映画がある。朝鮮と旧満州(現・中国東北部)を流れる鴨緑江に巨大ダムを造る記録映画で、中心にいるのは野口遵。チッソの創業者だ。建設現場を当時の満州国幹部で、戦後首相を務めた岸信介氏や関東軍司令官などが訪問する。さながら可視化された「国策」の観がある。

08(明治41)年、水俣に進出したチッソ。ここを拠点に新興財閥と呼ばれるまでになった「国策」企業が、化学製品を造る過程で有機水銀を流し続けた。高度成長は公害があって初めて実現した…。水俣からの実感である。

「九州は植民地だった」と言ったのは医師の原田正純さんだ。水俣病、三井三池の一酸化炭素(CO)中毒、土呂久のヒ素中毒、カネミ油症…。「日本近代の病」とも言える疾患が九州で相次いだが、中でも水俣病は際立つ。行政から水俣病と認定された患者約2千300人、認定はされないが一定の症状がある人を対象とする救済策に約5万人。にもかかわらず、終わりが見えない。対症療法に終始してきたからだ。

キーワードは「不作為」である。チッソをはじめ行政、政治、司法などさまざまな主体が、なすべきことをしなかった。

57年の食品衛生法が象徴する。原因が水俣湾の魚であることがほぼ特定できたことから、熊本県は漁獲禁止のため同法の適用を厚生省に照会する。回答は「水俣湾の魚介類のすべてが有毒化しているという明らかな証拠がない」。不可能を強いるものだった。結果、汚染は続いた。

被害拡大での国と熊本県の法的責任が確定するのは2004年の最高裁判決である。公式確認から実に50年近くたっていた。

住民への想像力を欠き、被害をなるべく小さなものにしようとしてきた60年。こうした姿勢はその後相次ぐ薬害や3・11のフクシマまで地下茎でつながってはいないか。

熊本地震に見舞われ、断層と無縁ではない水俣湾埋め立て地の水銀汚泥の安全性を危ぶむ声も上がる。

水俣病事件は一方で、別の面も持つ。石牟礼さんをはじめとする豊かな表現があり、「水銀禍」の受難者たちが事件の本質と人が生きる意味を自らの言葉で発し続けている。60年は絶望ばかりではない、とも思う。

きょうの歴史 4月30日

▽1958(昭和33)年 第3回アジア競技大会の聖火リレーが八代市日奈久を出発し、熊本市に到着した。

▽1992(平成4)年 三加和町(現和水町)が建設した「三加和温泉ふるさと交流センター」の落成式があった。

第3回アジア大会聖火リレーで、雨の中を熊本市に入った走者たち

（第３種郵便物認可）　熊本日日新聞　平成28年（2016年）4月30日　土曜日　社会　22

熊本市東区・沼山津地区ルポ

震災克服へ「農家一丸」

熊本地震で倒壊した島田孝光さんの納屋。トラクターなどは無事だったが、苗箱などが下敷きになった＝28日、熊本市東区

熊本地震で波打った農道の両側に、麦秋を控えた畑が広がる。被害が大きかった益城町と接する熊本市東区の沼山津地区。古くからある住まいや納屋などが軒並み倒壊した。農家は平穏な暮らしを奪われたが、「頑張るしかなか」と歯を食いしばる。

作業場の納屋　倒壊
農道、給水管も破損

熊本市電の終点健軍町電停から益城方面へ県道を走る。沼山津神社の南側に広がる住宅地が沼山津地区だ。脇道に入ると、惨状が目に飛び込んできた。

農村らしい年季の入った大きい木造家屋が原形をとどめないほど崩れている。瓦の重みに耐えられず、屋根が全体を押しつぶしたようだ。かろうじて残った家も土壁が剥がれ、竹を編んだ骨組みがむきだしに。土壁の残骸が雨で溶けたのか、泥のにおいがした。

崩れた納屋のそばにトラクターが見えた。コメや大豆などを生産する農業、島田孝光さん(59)方だ。「生まれる前からあった」という自慢の納屋は14日の前震で傾き、16日の本震で完全に倒壊。田植え機や耕運機など高価な農機は外に出して無事だったが、田植えを待つ苗箱はがれきに埋もれた。

コメの苗作りなどをする作業場を兼ねていた。「建て替えるとしても、いくらかかるとだろか」。島田さんは表情を曇らせたが、特産の小玉スイカの出荷が迫る。「少しずつ気持ちを切り替えんと」

住宅地の南を流れる秋津川のほとりへ。約180㌃の農地が広がる。漂う春の香り。農道は段差や亀裂だらけなのに、田んぼには変わりなくレンゲの花が彩りを添えていた。

熊本地震で段差が生じた沼山津地区の農道。奥にはレンゲ畑が広がっている＝28日

熊本地震で倒壊した家の前でトラクターに農業用機械を載せる住民＝28日（大倉尚隆）

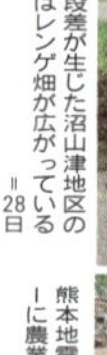
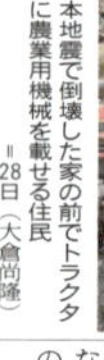

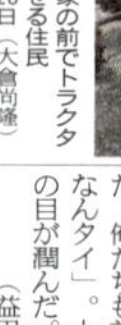
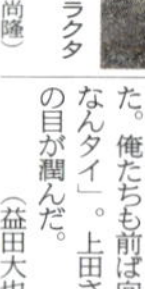
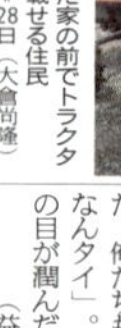

一帯では小麦の収穫を6月に控える。秋津営農組合代表理事の中川有明さん(69)は、「収穫までに、コンバインが通れるほどに復旧するだろうか」と不安そうだ。「水田に水を引く給水管はずたずた。ことしはコメを作るのは無理だろう」

自宅は2階が真下に落ち、納屋もつぶされた。日々の暮らしもままならないが、最も心配なのは農地の被害という。組合は、水が少なくて済む大豆などに生産の中心を移し、収入の維持を目指す。中川さんは「農機が無事だった農家がほかを手伝うなど、震災に一丸で立ち向かう」と力を込めた。

農家以外の比較的新しい家も、一部では天井や壁が落ちるなどして住めなくなった。町内の公民館やJA熊本市湖東支店には支援物資の食料などが集まった。路地をふさいでいたがれきは、自衛隊などが重機で撤去した。

「たくさんの人に助けてもらっている。あとは自分たちで支え合っていこう」。同支店担当理事の上田徳行さん(66)は農家の被害状況を見て回り、励ましの言葉をかける。

「親世代は戦後の焼け野原から立ち上がった。俺たちも前ば向かなんタイ」。上田さんの目が潤んだ。

（益田大也）

阿蘇地域

牛圧死、飼料タンクなど全壊

畜産農家　ショック大きく

意欲低下、廃業を懸念

熊本地震により阿蘇地域で圧死などで死んだ牛は28日現在で49頭、飼育牛が死んだり牛舎などに被害を受けたりした生産農家は同69戸に上った。南阿蘇村では避難所にいる生産者もまだ多く、放牧していて安否が確認できていない牛もおり、被害総数は大幅に増えそうだ。

県畜産農協によると、阿蘇地域で28日現在、倒壊した牛舎に押しつぶされたり、閉じ込められたりして死んだ牛は南阿蘇村21頭、阿蘇市15頭、西原村13頭。被害を受けた生産農家は南阿蘇村27戸、阿蘇市28戸、西原村14戸となっている。

同市では、圧死のほか地震に驚いて流産やストレスで死んだ牛も約10頭いるという。南阿蘇村に関しては避難中の生産者も多く、実態調査が進んでいない。

同市の被害は、市西部の狩尾地区などで多発。黒牛とあか牛（褐毛和種）の計20頭を飼育していた荒井富美夫さん(60)は、木造畜舎が全壊し生後約10カ月の子牛6頭を失った。肥育農家への出荷時期に重なったために「何も考えられない」と表情を曇らせる。

脂肪分の少ないあか牛は、地域を挙げてブランド化に取り組み、健康志向の高まりもあって需要が高まっていた。取引相場も高値で推移しており、同農協阿蘇支所によると、4月のあか牛の子牛は平均で60万円半ば（黒毛和種は同約80万円）。それだけに関係者のショックは大きい。

荒井さんの損失は約400万円になる上、経営上の都合で共済に未加入だったため、数万円の見舞金を受け取る程度という。飼料タンクや併設の自宅も全壊し、「命が助かっただけでも幸運と思うしかない。できることなら簡易な畜舎でも再建したい」と前を向く。

全壊した牛舎や自宅を見つめる荒井富美夫さん＝24日、阿蘇市狩尾

同農協の前組合長で、あか牛78頭を飼育する同市の中川利美さん(67)は「環太平洋連携協定（TPP）が発効しても、海外に飼育技術で対抗できると思っていたが、被害で生産者のやる気がうせはしないか心配」と案じる。中川さんも堆肥舎が全壊した。

同支所の中島信夫支所長(45)は「阿蘇の畜産農家は、さまざまな苦境を乗り越えて力を付けてきたのに、また苦しくなる。経営が楽ではない中、後継者もおらず、被害を受けた生産者のうち数人は廃業しそうだ」と声を落として打ち明けた。

（岡本幸浩、堀江利雅）

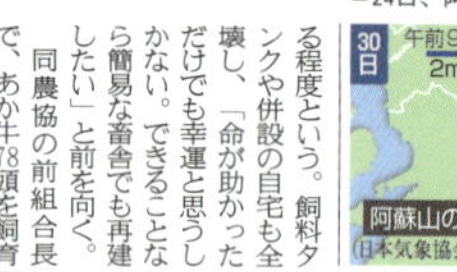

阿蘇山の風向予想（日本気象協会 tenki.jpより）

熊本地震による土砂崩れがあった南阿蘇村河陽の高野台団地（中央奥）の一帯（南阿蘇村提供）

南阿蘇村・高野台団地

移住者の里　土砂が直撃

高台に守られた家も

16日の熊本地震本震から2週間。南阿蘇の自然に憧れる「移住者の里」だった南阿蘇村の高野台団地が土砂にのまれた。5人が犠牲になった同じ場所で、高台に家を守られて命をつないだ人もいる。

団地は、北外輪山を望む標高約450㍍に位置する。少子高齢化に悩む旧長陽村が若い定住者を呼び込もうと約9千平方㍍を造成。40歳以下の家族がいるなどの購入条件で、2000年に分譲を始めると、Iターン者の自宅や別荘として移住者が集まった。

地震では、団地東側にある山肌が広い範囲で崩壊。熊本大客員教授＝地盤防災＝の北園芳人さん(67)によると、現場は水分が多く崩れるともろい火山灰土壌。伸びた断層に近く、土砂が崩壊して一気に流れ出たという。

16区画の団地は東西2列に並ぶように立っていた。亡くなった5人がいたのは東側の4棟。上空から撮影された写真を見ると、流出土砂は高さ10㍍ほどの円墳状の公園に阻まれながら、4棟まで到達したのが分かる。

北園教授は「公園一帯が団地全体の直撃を避ける役割を果たした可能性がある」とみる。

地震と土砂崩れはほぼ同時に起きた。土砂が押し寄せた自宅からかろうじて脱出した女性(39)は「1階で寝ていたらバリバリと雷のような音が聞こえ、天井が落ちてきた」と逃げる間もない恐怖を振り返る。

自宅の1階が流されながら、無事だったのが田爪正剛さん(49)一家。16日未明の本震時、妻晴恵さん(43)と次女来実さん(12)とともに2階に寝ていたため、土砂に巻き込まれずに済んだ。九州北部豪雨の土砂災害でも有効とされた自宅の2階、山と反対側への「垂直・水平避難」が命を救った。

（藤山裕作、堀江利雅、臼杵大介）

南阿蘇村高野台地区の被災状況

149
円墳状の公園
京大火山研究所
①葛城勲さん(75)、洋子さん(72)夫妻が死亡
②早川海南男さん(71)が死亡
③前田友光さん(65)が死亡
④牧野富美さん(46)が死亡
⑤田爪正剛さん一家救出

カンちゃん　フジヤマジョージ

あーした天気になーれ!!
もう一回
あーした天気になーれ!!
ポイ
あ!!

九州道全線復旧

観光、物流に朗報

片側1車線区間残る　渋滞、周辺道路は混雑

九州自動車道が大型連休初日の29日、熊本地震の発生から15日ぶりに全線復旧した。九州の南北を結ぶ大動脈の全通を待ちわびた帰省客や観光客らが押し寄せたが、一部区間では車線規制が残り渋滞が発生。ドライバーからは安堵の笑顔の一方で、早期の全面復旧を望む声も上がった。

九州自動車道が全線復旧し、大勢の家族連れが訪れた北熊本サービスエリア＝29日、熊本市北区

通行止めが解除されてから4時間後の午後1時すぎ、同自動車道上り線・北熊本サービスエリア（熊本市）の駐車スペースは、マイカーやトラック、バス、災害支援車などで約6割が埋まった。

地震後初めて佐賀の実家へ帰省するという八代市の会社員野口昭一郎さん(38)は「心配する母に早く孫の顔を見せたい。全線復旧はありがたい」とうれしそうに語った。

九州道は物流の大動脈でもある。通行止め期間中、植木インターチェンジ（IC）から熊本市中心部まで一般道しか使えず、渋滞も重なって2～3時間掛かっていた。県トラック協会の住永豊武会長は「これで物流も時間短縮できる」と喜んだ。

九州産交バスは5月1日、減便していた福岡―熊本の高速バスを増便する。久本正則取締役運行本部長は「連休前に復旧してくれて良かった。今度は私たちがそれに応える番だ」と力を込めた。

ただ、益城熊本空港IC―嘉島ジャンクション（JCT）では、片側1車線の対面通行と速度規制が行われ、渋滞が発生し、周辺の一般道も混雑した。

地場スーパー、ロッキーの竹下慎一取締役開発部長は「各店舗への配送はまだ通常に戻りそうにない」と厳しい口調。益城熊本空港IC周辺の渋滞を避け、松橋ICから乗ったという熊本市の建築業右山忍さん(62)は「仕事に高速道をよく使う。一日も早い全面復旧を」と願った。

（高宗亮輔、亀井悠吾、宮崎達也）

4月30日の飛来予測

	九州北部 大気汚染粒子	九州北部 黄砂	九州南部 大気汚染粒子	九州南部 黄砂
6―12	やや多い	少ない	やや多い	少ない
12―18	やや多い	少ない	やや多い	少ない
18―24	やや多い	少ない	やや多い	少ない
1日	多い	少ない	多い	少ない

非常に多い　注意喚起レベル
多い　環境基準値程度
やや多い　大気が少しかすむ
少ない　清浄
予測システム「スプリンターズ」開発チーム提供

9日間の天気　Weather Report

30(土)　1(日)　2(月)　3(火)　4(水)　5(木)　6(金)　7(土)　8(日)

札幌　東京　名古屋　大阪　広島　福岡　熊本　長崎　佐賀　大分　宮崎　鹿児島　那覇

のち　時々

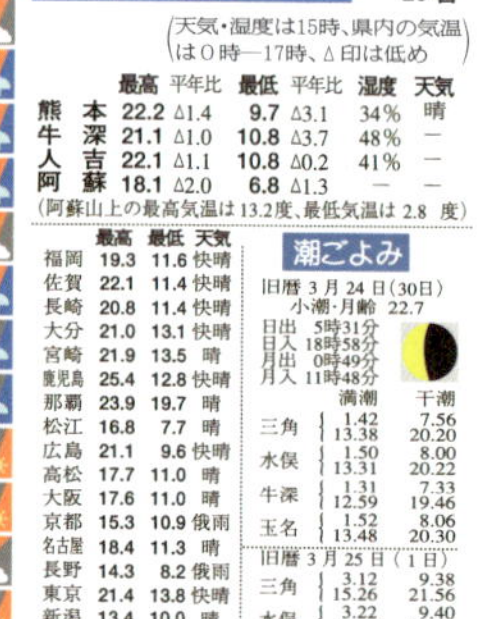

きのうの気温　29日

（天気・湿度は15時、県内の気温は0時―17時、Δ印は低め）

	最高	平年比	最低	平年比	湿度	天気
熊本	22.2	Δ1.4	9.7	Δ3.1	34%	晴
牛深	21.1	Δ1.0	10.8	Δ3.7	48%	―
人吉	22.1	Δ1.1	10.8	Δ0.2	41%	―
阿蘇	18.1	Δ2.0	6.8	Δ1.3	―	―

（阿蘇山上の最高気温は13.2度、最低気温は2.8度）

	最高	最低	天気
福岡	19.3	11.6	快晴
佐賀	22.1	11.4	快晴
長崎	20.8	11.4	快晴
大分	21.0	13.1	快晴
宮崎	21.9	13.5	晴
鹿児島	25.4	12.8	快晴
那覇	23.9	19.7	晴
松江	16.8	7.7	晴
広島	21.1	9.6	快晴
高松	17.7	11.0	晴
大阪	17.6	11.0	晴
京都	15.3	10.9	俄雨
名古屋	18.4	11.3	晴
長野	14.3	8.2	俄雨
東京	21.4	13.8	快晴
新潟	13.4	10.0	晴
仙台	15.5	10.7	俄雨
秋田	11.3	5.2	曇
札幌	5.6	4.2	俄雨

潮ごよみ

旧暦 3月24日（30日）　小潮・月齢 22.7
日出 5時31分　日入 18時58分　月出 0時49分　月入 11時48分

	満潮	干潮
三角	1.42 / 13.38	7.56 / 20.20
水俣	1.50 / 13.31	8.00 / 20.22
牛深	1.31 / 12.59	7.33 / 19.46
玉名	1.52 / 13.48	8.06 / 20.30

旧暦 3月25日（1日）

	満潮	干潮
三角	3.12 / 15.26	9.38 / 21.56
水俣	3.22 / 15.22	9.40 / 21.55
牛深	3.01 / 14.49	9.12 / 21.17
玉名	3.22 / 15.36	9.48 / 22.06

連休返上　片付けに汗

ボランティア　県内外から続々

熊本地震

大型連休初日の29日、青空が広がった熊本地震の被災地に、県内外のボランティアが趣味やレジャーを返上して駆けつけた。「今年の連休は被災者のために」。がれきの片付けなどに汗をかき、被災者を喜ばせた。

【1面参照】

大型連休初日、大勢のボランティアが集まった熊本市ボランティアセンター受付＝29日午前9時ごろ、熊本市中央区（谷川剛）

行楽日和も「被災者のために」

熊本市中央区の市災害ボランティアセンターには午前9時の受け付け開始時点で、この日の派遣予定数700人を超す約750人が行列。仕事を割り振れないとして、希望者の多くが断られたという。

広島県東広島市の山田秀樹さん(65)は予定していた信州旅行をキャンセル。午前7時から列に並び、「2年前の広島の豪雨災害では各地のボランティアに助けてもらった。恩返しのつもりで来ました」。来月2日まで滞在するという。

県内の私立高7校の生徒約60人でつくる「熊本高校生自主活動部」は班ごとに分かれ、避難所の清掃などにあたった。

益城町では、町社会福祉協議会がボランティアセンターを開設してから最多となる625人を受け付け。「地震がなかったら、アルバイトか旅行をしていただろう」という熊本市北区の大学4年冨永祥子さん(21)は「今年はそれどころじゃない」と言い切った。

福岡県飯塚市の福祉施設職員吉永隆太さん(50)は壊れたブロック塀の片付けを担い、「重労働で疲れがたまってきたが、頑張ります」と意気込んだ。熊本市北区の会社員梅川優義さん(34)の連休中の過ごし方は、公私ともに“復興”に全力投球。「大型連休はボランティアをやり、空いた時間に地震で散らかった自宅を片付けたい」という。

阿蘇市でのボランティア活動には、約180人が参加した。福岡県久留米市職員の古賀美香さん(38)は同僚23人と駆けつけ、「人手が足りないと聞き、やって来た」。久留米市はこの日から連日、庁内から募ったボランティアを被災地に派遣するという。

行楽日和にもかかわらず駆けつけてくれたボランティア。ブロック塀を片付けてもらった益城町宮園の山下欣孝さん(78)は「高齢のため、1人で作業はできなかった」、阿蘇市車帰の農業岡田真優美さん(59)は「現金などの貴重品が見つかり、安心した」と感謝していた。

（熊本地震取材班）

倒壊した公民館で、がれきの撤去をするボランティア＝29日午後2時45分ごろ、益城町（岩崎健示）

東区にも受付所を開設　熊本市社協

熊本市社会福祉協議会は30日から、同市東区健軍の宗教施設「真如苑熊本支部」の駐車場に災害ボランティアセンター（中央区）のサテライト施設を開設する。市内で被害が大きい東区の現場へ効率的にボランティアを派遣する狙い。

受け付けは、午前9～11時。グループ分けの手間を省くため、当面、団体（10人以上）での支援者しか受け付けない。中央区のセンターに受け付けに来た団体もサテライトを紹介する。

「渋滞などで特に東区の現場到着に時間がかかっている。初めから東区で受け付けることで、移動時間を省ける」と市社協。申し込みは、バス団体専用受け付け☎070（3169）3966。

（石本智）

手作り新聞　ほっこり笑顔

避難所の益城町・広安西小児童が発行
自衛隊員、教師の活動　手書きで

広安西小6年の城本美海さんと三宅七帆さんが配った手作り新聞

避難所となっている益城町の広安西小で、児童が手作り新聞を発行している。「みんなに笑顔になってほしい」と手渡す一枚一枚は、避難生活が続く住民を元気づけている。

発行するのは同小6年の城本美海さん(11)と三宅七帆さん(11)で、ともに家族と同小に避難中。

新聞は、避難所運営を支える自衛隊員や教師らの活動を取材し、B4判の紙に記事を手書きしてコピー。これまで2号を出し、合わせて約300部を配った。

2人は支援物資配りを手伝っていた時、担任教師の勧めでチーム「ニコニコボランティア」を結成。新聞発行のほか、校内の掃除など増えた仲間たちと一緒に取り組む。

城本さんは「新聞を届けることでみんなと話す機会が増えた。笑顔になってもらうことがうれしい」。三宅さんも「『ありがとう』と言われると自分たちも勇気をもらう」と語る。

新聞を受け取った清村カズメさん(81)は「暗くなりがちな避難生活で元気をもらいます」と目を細めた。

（魚住有佳）

避難所の住民に手作り新聞を届ける広安西小6年の城本美海さん（左）と三宅七帆さん＝益城町

くまモン

絵：サダタロー／監修：小山薫堂

願い

危険度判定

「赤」判定に戸惑い

熊本市「専門家に相談を」

熊本地震で損壊した家屋の「応急危険度判定」が進んでいる。倒壊や落下物などによる二次災害を防ぐため、危険、要注意、調査済み（問題なし）の3段階で目安を示す。危険を示す「赤紙」を貼られても、見た目には住めそうな建物もあり、困惑が広がる。

熊本市中央区本荘の林真弓さん(45)は14日夜の前震発生後も一戸建ての自宅で過ごしていたが、23日に赤紙が貼られた。「恐くなって、知人宅に身を寄せています」

「倒壊の恐れ」との判定結果に、林さんは「外観に損傷もないし、部屋の中にも目立った傷はない」と首をかしげる。「家を追い出されたような気持ち。住めるかどうか判断基準を知りたい」とわが家を見つめて嘆いた。

応急危険度判定は、専門知識を持つ判定士が目視で外観を確認して危険性を仕分ける。倒壊や全半壊した建物は当然「赤」（危険）だが、瓦や外壁などが落下する恐れのある建物も「赤」になる。要注意の「黄」、調査済みの「緑」のいずれかを判定し、建物に紙を貼る仕組みだ。「被災度区分判定」の一つとして1991年に始まり、阪神大震災後の96年に市建築指導課は1日に500件以上の問い合わせがあり、応急危険度判定の申し込みはこれまでに5千件を超えた。福岡など他県の判定士の協力も得ているが、判定済みの建物は28日現在で1000棟程度にとどまるという。

同市南区城南町では29日、愛媛や滋賀、岡山県などの応急危険判定士が巡回。ブルーシートで屋根を覆っていた自宅が「赤」判定された郵便局員亀井政行さん(59)は「14日の前震からずっと車中泊を続けている。家を壊すにしても片付けは必要だが、どこから手を付けていいかも分からない」と不安そう。

生活のために被災した職場で仕事を続ける人もいる。中央区本山で板金業を営む小森晋也さん(56)は外壁が崩落し、23日に危険と判定された作業所で仕事を続ける。

いったんは被災を理由に仕事を断ったが、取引先から県外施設への納品を催促された。「今は大事な時期。断ると、今後の取引に影響する」と小森さん。「日々の生活費や取引の支払いなど生活がかかっている。ここにとどまるしかない」と淡々と話した。

同課は「『赤』判定が居住不可を意味するわけではない」としながら、「倒壊の恐れがある建物もある。自分で判断せず、建築士などの専門家に相談してほしい」と呼び掛けている。

（九重陽平、丁将広）

応急危険度判定で「赤紙」に記入する愛媛県の判定士＝29日午前11時35分ごろ、熊本市南区城南町（横井誠）

エイベックスの個人情報流出か

多数の人気アーティストを抱える音楽会社エイベックス・グループ・ホールディングス（東京）は29日までに、所属アーティストの公式サイトに不正なアクセスがあり、キャンペーン応募者らの氏名や住所、電話番号、メールアドレスなどの個人情報約35万件が流出した恐れがあると発表した。

同社によると、クレジットカード情報は含まれていないとみられ、同日夜現在、二次被害は確認されていない。同社は「差出人や件名にエイベックスや所属アーティストの名前が書かれた不審なメールやメッセージなどが届いた場合は、開封や応答を控えてほしい」と注意を促している。問い合わせは同社、フリーダイヤル（0120）071067。

新東名トンネルで14台絡む衝突事故　けが人なし

29日午前9時50分ごろ、静岡県掛川市の新東名高速道路上り線の平島トンネル（全長約1キロ）で、前方が渋滞していたため減速した乗用車に車が追突するなどし、計14台が絡む多重事故が起きた。うち2台が燃えたが、けが人はいなかった。

県警高速隊は、大型連休初日を迎えて交通量が増え、車間距離が詰まったのが事故の原因とみて調べている。

踏切事故　死亡の歩行者　書類送検　東武東上線　過失往来危険疑い

東京都板橋区の東武東上線で昨年12月、遮断機が下りている踏切で電車にはねられ死亡した男性会社員＝当時(28)＝について、警視庁高島平署が29日までに、過失往来危険の疑いで被疑者死亡のまま書類送検していたことが同署への取材で分かった。送検は3月1日付。

捜査関係者によると、踏切内の事故に絡み、歩行者を立件するのは異例。急ブレーキによる脱線の恐れなどがあったと判断したとみられる。同署によると、男性は昨年12月2日午前6時50分ごろ、遮断機が下りているのに東武東上線の踏切内に入り、池袋発小川町行き急行電車にはねられ死亡した。乗客にけがはなかった。

事件事故

■酒気帯び運転疑いで女逮捕　熊本南署は29日、道交法違反（酒気帯び運転）の疑いで美里町永富、会社員岩本梨里容疑者(29)を現行犯逮捕。逮捕容疑は同日午前3時15分ごろ、熊本市南区田迎町の国道266号で酒気を帯びて軽乗用車を運転した疑い。署によると、路肩に停車中のごみ収集車に衝突したという。

■酒気帯び運転容疑で男逮捕　熊本南署は29日、道交法違反（酒気帯び運転）の疑いで益城町惣領、会社員松岡陽（あきら）容疑者(32)を現行犯逮捕。逮捕容疑は同日午前10時10分ごろ、熊本市南区近見1丁目の市道で、酒気を帯びてミニバイクを運転した疑い。署によると、前を走る軽乗用車に追突する事故を起こしたという。

■コンビニ店員を脅した暴力団員逮捕　熊本東署は29日、暴力行為法違反の疑いで熊本市中央区黒髪6丁目、暴力団組員、無職喜多展開（のぶあき）容疑者(42)を現行犯逮捕。逮捕容疑は同日午前1時ごろ、東区長嶺西1丁目のコンビニで、店員の50代男性に金属製の警棒を押し当てながら「打ち殺すぞ」などと脅迫した疑い。署によると、酒に酔って店に電話し、対応に因縁をつけて店に押しかけたという。

若宮　啓文さん（わかみや・よしぶみ＝元朝日新聞社主筆、日本国際交流センターシニア・フェロー）28日午後、滞在先の北京市内で死亡が確認された。68歳。東京都出身。

70年に朝日新聞社に入社。政治部長、論説主幹などを経て、11年5月から13年1月まで主筆を務めた。15年に「戦後70年　保守のアジア観」で石橋湛山賞受賞。

強制わいせつ疑い巡査長逮捕　神奈川県警

神奈川県警は29日、路上で女性の上半身を触ったとして、強制わいせつの疑いで、県警三崎署地域課の巡査長渡辺一世容疑者(36)＝同県横須賀市日の出町＝を逮捕した。

現場周辺では1月以降、同じような事件が数件発生。渡辺容疑者は容疑を認めた上で、余罪を認める趣旨の供述もしており、県警が裏付け捜査を進める。

逮捕容疑は22日午後10時ごろ、横須賀市の路上で、歩いて帰宅していた市内に住む大学3年の女性(20)に後ろから抱きつき、上半身を触った疑い。

同居女性の首絞め殺害容疑で男逮捕　大阪府警

自宅で同居女性の首を絞めて殺害したとして、大阪府警此花署は29日、殺人の疑いで、大阪市此花区伝法、自称韓国籍の無職孫晋慶容疑者(69)を逮捕した。

此花署によると、「介護に疲れた。殺して自分も死のうと思った」と容疑を認めている。

同署は、女性が同居の無職中村芳子さん(74)とみて、介護の実態を調べる。

逮捕容疑は27日ごろ、集合住宅の一室で中村さんの首を電気コードで絞めて殺害した疑い。

1 (昭和17年4月1日第3種郵便物認可) 第26634号 (日刊)

熊本日日新聞 夕刊
発行所 熊本日日新聞社 〒860-8506 熊本市中央区世安町172 ☎代表(096)361-3111 ©熊本日日新聞社2016年

2016年(平成28年) 4月30日 土曜日

支えあおう 熊本
いま心ひとつに

あすの天気

熊本 0	人吉 0
12～24℃	9～25℃
阿蘇 0	天草 0
9～22℃	15～23℃

福岡 佐賀 長崎 大分 宮崎 鹿児島 那覇 大阪 東京 札幌

30日9時

暑さに注意を

これから先は南からの暖かい空気が流れ込みやすく、日中の最高気温が25度前後の日が多くなる見込み。作業などを行う際には、こまめに水分を補給するなどして、熱中症にならないよう十分注意を。また、車の中は強い日差しを受けて気温が高くなりやすいので、特に注意が必要となる。

あすまで晴れるが、その後、天気は下り坂に向かい、5月3日はまとまった雨が降りそう。あすは一日を通して晴れる。

【正午の気温】		【1日】(長潮)		(三角港)	
熊本	22.0(9.0)	旧暦	3月25日	満潮	3時12分
人吉	23.6(6.8)	日出	5時30分		15時26分
阿蘇	19.0(2.8)	日入	18時59分	干潮	9時38分
牛深	21.4(12.9)				21時56分

( )内は けさの最低

避難所 支える子どもたち

清掃、物資受け渡し 自ら動く

「感謝されうれしい」

益城町総合体育館

「新しい物資が届きました」―。熊本地震で約850人が避難する益城町総合体育館に、子どもたちの元気な声が響く。ここに避難している小中高生らが中心となって組織したグループ「わくわくワーク隊」のボランティア活動だ。

支援物資の服を仕分ける「わくわくワーク隊」の福島なつきさん(左)と岡嵜遥佳さん=27日、益城町総合体育館

人数は毎日変わるが、平均して約30人が自主的に参加。午前9時から午後4時まで避難所の清掃や物資の受け渡し、衣料品の仕分けといった活動を担う。

東野中1年の一丸由喜さんは水やお茶を手渡し、大きな声で物資の配給を知らせる役で「物資を渡して感謝されるときが一番うれしい」。熊本学園大付高2年の福島なつきさんと熊本信愛女学院高2年の岡嵜遥佳さんは「ボランティア活動をしていると心が洗われる感じがする」と笑顔を見せた。

あくまで主役は子どもたち。横浜YMCAから応援に入っている井上孝一さん(47)は「僕らは指導者ではなく同居者。よりよい住環境を求める中で、子どもたちが自主的にやり始めたことをまとめただけ」と温かく見守る。

活動は周囲の住民にも好評。避難中の北村澄子さん(86)は「子どもたちはよう働く。何でも頼みやすか」と言い、一緒にごみの分別を手伝っている。

一方、子どもたちも避難者としての悩みを抱える。入学した中学校に4日しか通えていない一丸さんは、「友達と遊んだり、勉強したりしたい」と学校再開が待ち遠しい。新しいクラスでの自己紹介も終わらないまま休校に入った福島さんと岡嵜さんも、「早く友達に会いたい」と寂しさを募らせる。

そうした不安は「表に出てこないが伝わってくる」と、北九州YMCAから応援に来た宮崎賢吾さん(24)。同時に、前を向いて頑張ろうとする子どもたちの思いも感じており、「ワーク隊の活動をきっかけに、これから日常でのお手伝いなどに生かしてほしい」と願っている。

(中村悠)

一筆

次のステージへ

熊本放送アナウンサー 木村和也 2016.4.30

南阿蘇村の被災地に行ってきました。地震発生以降、私の責務はスタジオを守ることが中心だったため、被災地の状況はテレビの映像や記者から話を聞くことで知るしかありませんでした。

被災地の状況を肌で感じて、やはり身がすくむ思いです。何とも言えない悔しさも覚えます。南阿蘇村の立野や長陽などは土砂崩れの影響で通行止めも多く、復旧作業が続いています。

同じ南阿蘇村でも、久木野では店を再開させている所もありました。通過する車に向けて「珈琲無料」と書いた段ボールを懸命に掲げている子どもたちの姿に、目が潤みます。

高森町は比較的被害が少なかったようです。ただ、声をそろえるように言われるのが「阿蘇大橋の被害を聞いた時は『ギアか』と思った」ということ。俵山トンネルも通れず、阿蘇全体の大動脈を失ったショックの大きさが伝わってきました。

それでも、西原村や山都町から、または阿蘇市から迂回して入ることはできます。決して陸の孤島ではありません。店も数軒、再開されていました。「お客さまはそう見込めんバッテン、南阿蘇の復興の第一歩は、踏み出せる時に踏み出さないかん」と店主は話します。「他が大変な時に自分たちから始めていいのか」。葛藤を抱えながらも、阿蘇全体のことを考えての決断でした。

自粛ムードを拭う復興へ向けての力。前を向き可能な限り次のステージへ―。そんな思いが込み上げます。

獣鼓子

小中高校生ら避難先でボランティア活動。益城町の体育館に響く元気な声。頼もしいよ。

◇

住宅の耐震強化、重要性再認識。寝室だけシェルター化の方法も。身を守る対策急ごう。

◇

仮設住宅1期分着工。西原村と甲佐町で計100戸。6月にも入居。早く安心を届けたい。

◇

野球賭博で元選手ら逮捕。客ではなく「主催者側」と。スポーツ界全体で体質改善図れ。

ニュース速報

詳しくはあすの朝刊で

指定避難所63カ所閉鎖

熊本地震の被災者が一定期間生活を送る「指定避難所」が、熊本県内の14市町村、計63カ所で全部または一部閉鎖されていることが30日、共同通信の集計で分かった。指定された学校の体育館や地域の施設が激しい揺れで壊れたり、土砂災害の恐れがあったりしたため。

27日時点で100人以上が避難している17市町村に取材したところ、指定避難所は約560カ所あった。施設の全てが使えなくなったのは28カ所、一部が閉鎖されているのは35カ所だった。自治体別では、熊本市の30カ所が最も多く、益城町(10カ所)▽宇城市(4カ所)▽合志市、八代市、南阿蘇村(各3カ所)が続いた。

谷垣氏来熊「復旧に全力」

自民党の谷垣禎一幹事長は30日午前、熊本、大分両県を中心とした地震の被害状況を確認するため熊本県庁を訪れ、蒲島郁夫知事と会談し、政府とともに、被災者の生活再建や復旧・復興に全力を挙げる考えを伝えた。「先のことを展望しながら、手を打っていかねばならない段階に入ってきた。与党もできる限りのことをやる」と述べた。蒲島氏は「ステージがどんどん変わっている。社会インフラの早期修復が非常に重要だ」と取り組みの強化を求めた。

辺野古海上のフロート撤去

政府は30日、米軍普天間飛行場(沖縄県宜野湾市)の移設先、名護市辺野古沿岸部の海上で立ち入り禁止区域を示すフロート(浮具)の撤去を始めた。工事で生じる汚れが周辺海域に広がるのを防ぐオイルフェンスも取り外す。作業完了まで少なくとも数週間かかる見通し。

フロートの撤去作業が始まった辺野古沿岸部で、米軍普天間飛行場の移設に抗議する反対派のカヌー=30日午前、沖縄県名護市

1 3版 平成28年（2016年）5月1日 日曜日 熊本日日新聞 （昭和17年4月1日第3種郵便物認可） 第26635号 日刊

熊本日日新聞
発行所 熊本日日新聞社
〒860―8506
熊本市中央区世安町172
☎代表(096)361―3111
© 熊本日日新聞社 2016年
5月1日 日曜日

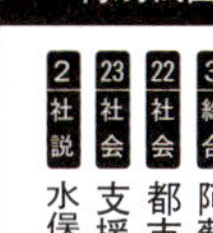

熊本地震 2度の震度7 想定外

耐震設計「再検討を」

専門家指摘 過去の例 生かせず

熊本地震は、最大震度7の地震をわずか28時間で繰り返し、甚大な住宅被害などを招いた。現行の耐震設計は大きな地震動を1回しか想定しておらず、専門家からは「耐震設計の考え方を再検討すべきだ」と指摘する声が上がっている。

地震で九州自動車道上に崩落した陸橋＝17日、甲佐町（岩崎健示）

気象庁の橋本徹夫地震予知情報課長は、16日の会見で「過去100年間、日本の内陸で起きたM6・5前後の地震は、（大きな地震の後、小さな地震が続く）本震―余震型だった。今回もそう推移すると思った」と述べ、本震は想定外だったことを認めた。

今回より間隔は空くが、過去にも大きな地震が連続した例もある。1975年1月に阿蘇地方でマグニチュード（M）6・1の地震が起きた3カ月後、大分県西部を震源にM6・4の地震が起きた。1894年と翌年も、阿蘇地方で推定M6・3～6・8の地震が続けざまに起きた。いずれも家屋の全半壊などの被害が出ている。

政府の地震調査研究推進本部も2013年、本震を起こした布田川断層帯と、前震を起こした日奈久断層帯の二つが連動する可能性を示していた。こうした事例は、今回の地震への備えには生かされなかったことになる。

今回の連鎖地震は、土木・建築の専門家に衝撃を与えた。建築基準法に基づく現在の耐震設計は、1回の大きな地震動が構造物に加わると仮定し、コンピューターで致命的な損傷の有無を計算する手法が一般的で、損傷後、さらに地震動が加わる計算はしていないからだ。

27日、福岡市であった地盤工学会の説明会では、現地調査した研究者から「家屋や橋、堤防などは、2回連続の大きな揺れを想定していない」とする声が相次いだ。

九州大の梶田幸秀准教授は「前震も本震も、阪神大震災と比べて特に強い揺れではなかった」と説明。九州自動車道をまたぐ橋が前震に耐えた後、本震で崩れ落ちた写真を示し、「阪神大震災クラスの地震を想定して設計した橋が、2回目の地震で落ちた。2回の地震をどう考えるのかが今後の課題だ」と述べた。

他の研究者も、住宅地で2回連続で発生した液状化と地盤沈下の例を示した。

どんな地震を想定するかは、耐震設計の根本といえる。熊本大減災型社会システム実践教育研究センター長の松田泰治教授は「熊本地震では、現行の耐震設計で建てた家屋が前震に耐え、本震で倒壊した例がある。耐震設計の考え方を議論していく必要がある」と話している。（鹿本成人）

水銀含む土 流出懸念

チッソの廃棄物処分場跡 水俣市

不知火海 〝護岸〟の市道にひび

水俣病60年

熊本地震によって、水俣病の原因企業チッソの廃棄物処分場跡（水俣市、通称・八幡プール）と不知火海を隔てる市道が崩れる恐れが強まり、市が警戒を強めている。チッソはかつて八幡プールにメチル水銀を含む排水を貯蔵していたことから、埋め立てられた現在も土壌に汚染が残っているとみられる。老朽化のため、市は護岸の役割を果たす市道の改築を計画していたが、度重なる地震でコンクリートのはがれやひびが拡大している。【3面に関連記事】

八幡プールは水俣川河口左岸にある。水俣病発生当初、水俣湾に排水を流していたチッソは1958年、排水を八幡プールに一時貯蔵した後に不知火海に流すようになり、汚染が拡大。その後、チッソが埋め立てた。

市道は、不知火海と水俣川河口を隔てるように八幡プールの周囲を走っており長さ約1・2キロ、幅2～7メートル。もともとチッソの管理道路で市が譲渡を受けたが老朽化しており、現在立ち入り禁止になっている。

市は昨年度まで市道を調査し、幅数センチのひび割れや鉄筋の腐食、護岸のゆがみなどを確認。「今すぐ崩壊する恐れは低い」としながらも、市道の全面改築を計画し、環境アセスメントや設計の費用約5500万円を本年度予算に計上した。

ところが、熊本地震が発生。市土木課が見回りを強化したところ、新たなコンクリートのはがれやひびの拡大が見つかった。活断層の日奈久断層帯に近く、同課は今後の強い地震を懸念している。

一方、チッソの事業会社JNCは14日以降、現在所有する廃棄物処分場跡の約20万平方メートルを調査。「異常はない」としている。

同プールの一部は86年に市が購入し、下水処理場とごみ処理施設を建設した。市が87～88年度に2施設の土壌を調査した記録によると、土壌1キロ当たり最大で総水銀11・80ミリグラムを検出。ヒ素、鉛などの重金属も含まれていた。

熊本学園大の中地重晴教授（環境化学）は「地震で液状化を起こす恐れもある。行政が調査し、リスクの再評価を急ぐべきだ」と指摘している。（隅川俊彦）

崩壊が懸念される市道。右が八幡プール、左は不知火海＝水俣市

八幡プール跡と崩壊の恐れがある市道

不知火海 水俣川 水俣市立武道館 水俣市役所 水俣高 3
■八幡プール跡 ー市道

支えあおう熊本 いま心ひとつに

読者の皆さんへ 2016.5.1

一緒に歩いていきましょう

「ドンドーン」と突き上げる激しい揺れ。あのときの恐怖は全身が記憶していて、終生消えることはないと思います。

未曽有の被害をもたらした熊本地震。内輪話で恐縮ですが、あの日の出来事をお伝えします。

16日午前1時25分の本震直後、携帯電話が鳴りました。当直の部長からです。「停電です。輪転機も止まりました」。会社へ車を走らせました。4階へ駆け上がると、ロッカーや机が散乱していました。朝刊は3分の1印刷したところでストップ。「短時間での輪転機の復旧は難しい」との報告を受けました。

万一に備えて各新聞社は災害援助協定を結んでいます。熊日では1953年の熊本大水害で被災した際、鹿児島県の南日本新聞社に印刷を委託したことがあります。覚悟を決め、最短距離にある西日本新聞社に印刷の準備をお願いしました。

幸い輪転機が復旧し、午前7時に印刷は完了しました。しかし、16日付朝刊に本震のことは載っていません。記者たちは地震直後から闇の中に飛び出し、徹夜で号外と夕刊づくりを進めました。

◇

震度7の激震が2度も発生し、千回を超える余震が続いた例はありません。まさに前代未聞の震災。「余震が怖くて帰れない」と、避難者は最大18万人を超えました。九州の真ん中にありながら救援物資はなかなか届かず、水道やガス、交通網などが寸断され追い打ちをかけました。生活基盤を根こそぎにした地震が恨めしくなります。

昼夜を問わず家屋倒壊や土砂崩れ現場などを取材して回っています。被災者の毎日の生活に必要な情報集めにも奔走しています。実は避難所や車中泊の社員も少なくありません。それでも、避難所などで熊日を熱心に読んでもらっている姿に全従業員が励まされ、新聞をお届けしています。

日常のありがたさは、無くしたときに気付くものです。蛇口から水が出たときの喜び。顔が洗える、歯磨きができる、食器が洗える、洗濯ができる…。「ありがたい」の一言です。

「助け合い」「慰め合い」「励まし合い」といえば校訓みたいですが、各地でそんな光景が繰り広げられました。壊れたもの、失われたものは数知れずあります。半面、近所との付き合いや家族の絆が深まり、折れかけた心をそっと支えてくれたような気がします。

◇

水俣病公式確認から60年を迎えました。きょうの別刷り特集にあるように、人生に例えれば還暦を迎えたわけですが、いまだ被害の全容は明らかになっていません。

出口が見えないという点では、熊本地震も同じでしょう。自宅の再建、生活や経済基盤の立て直しはまだこれからです。

家屋の倒壊などで多くの尊い命が失われました。生死の分かれ目はどこにあったのでしょう。エコノミークラス症候群などに注意するよう警告されていたのに、二次被害を防げませんでした。ライフラインの重要性も過去の震災で指摘されていましたが、同じ轍を踏んでしまいました。連載で検証しながら、熊本復興への道を探っていきます。

反省もあります。大地震が発生する可能性について3年前に報じながら、掘り下げた取材は続きませんでした。震災を経験した新聞社と研修も重ねてきましたが、本気度が足りませんでした。

「支えあおう熊本 いま心ひとつに」。熊日と在熊の民放5社の統一キャッチフレーズです。

震災前の日常を取り戻すまでには、長く険しい道のりが待っています。熊本城の再建一つとっても気の遠くなるような歳月が必要でしょう。被災者が置かれた状況も千差万別。足どりも一様ではないと思いますが、一緒に歩いていきましょう。

（編集局長 丸野真司）

熊本地震 特別紙面

おわび

地震の影響で本日付朝刊が一部地区で配達できなかったり、遅れたりしました。大変ご迷惑をおかけしました。 熊本日日新聞社

熊本地震 県内の被災状況

（30日午後時点、熊日まとめ）

死亡	49人（熊本市4、南阿蘇村15、西原村5、御船町1、嘉島町3、益城町20、八代市1）
震災関連死	17人（熊本市10、宇土市1、阿蘇市2、南阿蘇村1、御船町1、益城町1、氷川町1）
行方不明	1人（南阿蘇村）
負傷者	1,555人
建物	住宅38,292棟
避難	避難所 423カ所
	避難者 25,894人
水道	断水 約11,500世帯

※県災害対策本部などの集約分

熊日の購読・配達のご用は
ミナヨムニッコリ
0120-374625

紙面のお尋ねは
096-361-3115
（日曜・祝日除く9:00～17:00）

パソコン版くまにちコム
kumanichi.com

◇お断り 「きょうの天気」は2面、「くまにち論壇」は3面に移しました。

がんばろう熊本 地震被災者応援メッセージ

早く平穏に

熊本で18歳まで暮らしていました。大切な人がたくさん暮らしている町です。青い空とおいしい水、輝く緑のすばらしい町が早く平穏を迎えますように…。どうぞがんばってください。毎日皆さんのこと思っています。

（海切弘子・40代、広島県）

新生面 2016.5.1

朝が来た、きょうも無事だった―。そんなふうに車内で目覚める日々を続けている。熊本市にある避難所の駐車場。窮屈な車中泊だが、同じような朝を迎えている人も少なくないだろう▼エコノミークラス症候群や体調の悪化が心配だが、余震への恐怖などが車中泊を余儀なくさせている。県内では災害関連死が増えている。何とか食い止めたいが、長引く避難生活の先が見えない▼身を寄せている避難所にお年寄りの夫婦がいる。「福岡から息子が持ってきてくれたんです。食べてください」。手渡されたおにぎりの味が心に染みる。男性は車椅子の妻を支えている。二人が自宅に戻れる日はいつになるのだろう▼被害が大きかった益城町中心部では、建物が危険であることを示す「赤い紙」が至る所に張ってある。大人が家財道具を運び出す家屋の外で、男の子が所在なさそうに、がれきを片付けていた。あの子に、どんな言葉を掛けたらいいのだろうか▼被災者を支えるための第一歩は「心を寄せる」ことから始まるという。被災者を取り巻く状況はさまざまで、寄り添うことは簡単ではないが、「ありがとう」と言葉を掛け合うだけで違う。友人の励ましに、町内の住民の支えに、ボランティアの元気に。それで、少しだけ心が軽くなる▼かつて取材した水俣病患者もそうだった。闘争の日々を振り返り「支援してくれた人の温かさを知った」と語っていた。苦難を乗り越えるには支える人の存在が必要だ。水俣病公式確認からきょうで60年である。

実態見据え"真の救済"を

水俣病60年

社説

毎年開かれる「水俣病犠牲者慰霊式」は熊本地震の影響で延期となったが、水俣病はきょう、公式確認から60年を迎える。

熊本、鹿児島両県が認定した患者数は2千人を超える。だが、今なお多くの人が救済を求めて行政に認定を申請し、訴訟も相次いでいる。全面解決には程遠い。

水俣病は、チッソ水俣工場がメチル水銀を含む排水を海に流し、汚染された魚介類を食べた住民らが手足の感覚障害や視野狭窄などを発症。チッソ付属病院の故細川一院長が、水俣保健所に「原因不明の疾患が発生」と届け出たのが1956年5月1日だった。

「日本人は豊かになったと言われるが、私たちはなぜこんな目に遭うのだろう。悪いことは何もしていないのに」。公式確認のきっかけとなった水俣市の患者田中実子さん(62)の姉下田綾子さん(72)はそう話す。言葉を発することのできない妹の介護を続け、自身も未認定患者救済策の対象者だ。被害者すべてが抱くであろうこのやり切れない思いは、年月が過ぎるほど一層深くなっている。

国はその思いに誠実に応えてきただろうか。感覚障害に運動失調や視野狭窄など複数症状の組み合わせを求める認定基準は、大量の棄却処分を生んだ。被害を矮小化しようとする姿勢は司法から何度も指摘されたが、変わることはなく、混乱を拡大させるという状況が繰り返されている。

2013年に最高裁は感覚障害だけの水俣病を認定、幅広く患者を救済する判断を示した。環境省は翌年、認定基準の運用に関する新通知を示した。単一症状でも総合的な検討で認定するが、汚染魚多食の裏付けを求めるなど申請者に負担を強いる内容だ。最高裁判断とは裏腹に、かえって救済の門を狭めたと言わざるを得ない。

県は昨年7月、水俣病認定審査会を2年4カ月ぶりに開いた。従来の認定基準の大枠は維持したままで、これまで74人の審査で認定は2人、65人は棄却、7人の処分を保留した。認定者の症状や検討内容などは非公表。棄却が相次ぐ状況も変わらず、最高裁判断をどう生かして被害者を救済するのか、県の姿勢が見えてこない。認定審査を待つ申請者は、鹿児島も合わせると2千人を超える。その現実を直視すべきだ。

水俣病問題に幕を引きたい国は09年、水俣病特別措置法を施行し、未認定患者救済で政治決着を図った。一定の感覚障害が認められれば一時金210万円を支給、約3万6千人が対象となった。

しかしそのことによって、あらためて被害が広範囲にわたっている現実が浮き彫りになった。患者側は不知火海沿岸の広い地域での住民健康調査を求めているが、行政は応じていない。これでは患者の切り捨てにつながりかねない。行政は幕引きを急ぐことなく、真摯に実態を見据えてほしい。

被害者の高齢化が進む中、救済は待ったなしである。国も県もこの60年の歩みから学び、"真の救済"の道へ踏み出すべきだ。

2016.5.1

射程　負った傷は深くとも

この2週間余り、にじんでくる涙をこらえながら、被災地で取材する記者から届く記事のデスク作業に当たった。29日付朝刊に掲載した、熊本地震の犠牲者49人の横顔を振り返る特集紙面の編集にも携わった。

近しい人に向けられたのであろう満面の笑み、レンズを前にした、やや緊張気味の表情、孫を抱いた幸せいっぱいの顔…。一枚一枚の犠牲者の写真を手にするたび、心が疼いた。取材に応じていただいた家族や関係者の悲しみと無念はいかばかりだろうか。犠牲者の冥福を祈るとともに、時間はかかっても残された人々の心の傷が癒やされることを願う。

一連の記事を通して悲劇の瞬間に触れる中、今回の地震の人的被害を拡大させた特徴も浮かび上がった。14日夜の前震で一度、近所や車などに避難しながら翌日自宅に戻り、28時間後に襲った本震で犠牲となったケースが目立つ点だ。

あの時、さらに16倍ものエネルギーを持った揺れが再び襲うとは誰が予想し得たろうか。命からがらの救出劇では、助けを呼ぶ家人の声を耳にした人も少なくない。「どうして無理にでも一緒に連れ出しておかなかったのか」。幾人もの遺族が自責の念にかられ、苦しみを吐露した。

思えば、4・14を境に「日常」という言葉の重みを、これほどかみしめたことはない。当たり前のように享受していたその日常が、何と貴重なものであったか。その時間を失った県民の多くがいまだ深い傷を負い、痛みに必死で耐えている。

それでも、前を向こうとする人たちがいる。「強かった母のためにも今度は私がふるさとに尽くす番。この益城のために…」。遺族の女性の一人は葬儀を終え、気丈に語った。失ったものは大きいけれど、支え合う人がいる限り、心の傷はいつか癒えるはずだ。苦難の道であっても、熊本の復興は、命をつないだ私たちの責務でもある。

（毛利聖一）

日中 関係改善へ努力

外相会談 対北朝鮮で「懸念」

【北京共同＝大熊雄一郎】岸田文雄外相は30日、中国の王毅外相と北京で会談し、関係改善に向けて努力することで一致した。弾道ミサイル発射など挑発行為を続ける北朝鮮について「深刻な懸念」を共有。停滞する世界経済の安定へ両国が連携することで合意した。ただ、南シナ海問題などでは主張をぶつけ合った。岸田氏は李克強首相や外交担当トップの楊潔篪国務委員（副首相級）とも協議。早期の首脳会談実現に向けて政府間のハイレベル対話や協力を加速させると確認した。

安倍政権は、習近平国家主席が議長として9月初旬に中国で開く20カ国・地域（G20）首脳会合の際の安倍晋三首相と習氏による会談の実現につなげる方針。

日本の外相の訪中は国際会議出席を除くと4年半ぶり。中国公船が領海侵入を繰り返す沖縄県・尖閣諸島や南シナ海の岩礁埋め立てによる軍事拠点化の問題で対立を抱えつつ、関係安定化に向けた対話強化に一定の道筋を付けた形だ。

安倍政権下での改憲「反対」56%

世論調査

共同通信社が29、30両日に実施した全国電話世論調査によると、安倍晋三首相の下での憲法改正に「反対」が56・5％で「賛成」の33・4％を大きく上回った。熊本、大分両県で相次いでいる地震への安倍政権の対応には「評価する」「どちらかといえば評価する」の合計が64・5％に上った。内閣支持率は48・3％で、3月の前回調査48・4％から横ばい。不支持率は40・3％だった。

首相は9条を含む憲法改正を目指し、夏の参院選で改憲勢力拡大を図る意向を示しているが、根強い反対論が政権戦略に影響を与える可能性もある。

ひとクマ時評　あしはらたいじ

静まれっ!!

清正VS活断層

参院選準備に"黄色信号"

投票所被害、職員の確保…

「震災対応 手いっぱい」

熊本地震で大きな被害を受けた市町村で、夏の参院選の準備に"黄色信号"がともっている。投票所に予定する学校が被災し、開票所となる体育館は対策本部に使用。職員は災害対応に追われている。永田町では衆院との同日選も取り沙汰されるが、選挙事務担当者からは「参院選対応だけでもどうすれば良いか途方に暮れている」との声が漏れる。

役場庁舎が使えず、転入・転出を受け付ける窓口業務を含む行政機能のほとんどがまひ状態の益城町。それでも刻々と近づく参院選の足音に、町幹部は「選管業務をできる場を確保しなければならないのは分かっているのだが…。今は何を準備すべきかも考えられない。衆参同日選など想定すらできない」と頭を抱えた。

建物倒壊や土砂崩れで犠牲者が相次いだ南阿蘇村では、被災者がどこに避難しているか有権者の実態把握に手が回らない状況だ。大動脈の国道57号と阿蘇大橋が大規模土砂崩れで寸断された立野地区では、住民が集落単位で村外に避難。今後移住する住民も予想される。村総務課の田所秀則課長補佐は「甚大な被害を受けた地区に投票所を置けるのか、想像ができない」とため息をつく。

市役所本庁舎が大きく損壊した宇土市。選管の宮下喬事務局長は「投票箱や票の計数器はなんとか無事。名簿管理の電算システムも異常はなかった」と胸をなで下ろした。ただ、開票所となる市民体育館は現在、災害対策本部が置かれ、代替庁舎として機能。市内21カ所の投票所が使えるかどうかの判断もこれからだ。被災状況次第では代替施設の確保や投票所集約の検討も必要になる。

熊本市選管も投票所に見込む学校の被害状況を確認中。担当者は「投票所の計画練り直しを迫られるかもしれない。今は震災対応で手いっぱい。選挙事務に当たる職員を確保できるかも心配だ」と表情を曇らせた。

（並松昭光、潮崎知博、池田祐介）

県選管 連休明けにも影響確認へ

県選挙管理委員会は5月の大型連休明けにも、夏の参院選に向け、熊本地震被害の選挙事務への影響を各市町村選管に確認する作業を始める。参院選は6月20〜22日公示、7月10日投開票が有力視されており、被災状況に配慮しながら作業を急ぐ。

県選管によると、投票所に使う施設が被災したり、避難所としての役割が続いていたりして、使用できない事態が考えられる。小規模の町村選管では、選挙事務に従事する職員を確保できるかという懸念もある。

庁舎が被災した自治体では、選挙人名簿の登録作業が滞る恐れも想定される。避難先へ選挙の通知はがきを送る方法の検討や、票を数える機器類の点検といった作業も増える。

県選管は実情を把握し、総務省とも相談しながら、市町村選管への人的・物的支援を検討する方針。

2011年の東日本大震災の際は、特別法により、被災地の統一地方選を最大で7カ月延期した。しかし、参院議員の任期は憲法で決まっており、総務省選挙課は「公職選挙法上、参院選は任期満了前30日以内に実施することになっている」としている。

（太路秀紀）

'16参院選 くまもと

幸福・木下氏 事務所開き

熊本選挙区

夏の参院選熊本選挙区（改選数1）に立候補を予定する幸福実現党新人で政治団体役員の木下順子氏(57)の後援会事務所開きが30日、熊本市中央区坪井であった。

党員らが出席。熊本地震の犠牲者に黙とうをささげた後、来熊した党本部の幹部らがあいさつした。木下氏は「消費税の減税と北朝鮮のミサイルから日本を守るための防衛力強化を実現したい。国民の幸福実現のために立ち上がる」と意気込みを述べた。

熊本選挙区には、自民党現職で3期目を目指す松村祥史氏(52)、野党統一候補の新人で弁護士の阿部広美氏(49)も出馬を表明している。

（太路秀紀）

◆民進・樽床元総務相が離党

民進党大阪府連は30日の常任幹事会で、府連幹事長の樽床伸二元総務相(56)の離党を了承した。25日に離党届が出ていた。樽床氏は、次期衆院選大阪12区の公認内定も辞退。関係者によると、無所属で出馬する意向という。

首相の動静

30日

【午前】10時51分、官邸。11時5分、地震非常災害対策本部会議。

【午後】1時38分、東京・富ケ谷の私邸。4時23分、東京・渋谷の美容室「HAIR GUEST」。散髪。6時10分、私邸。

きょうの天気

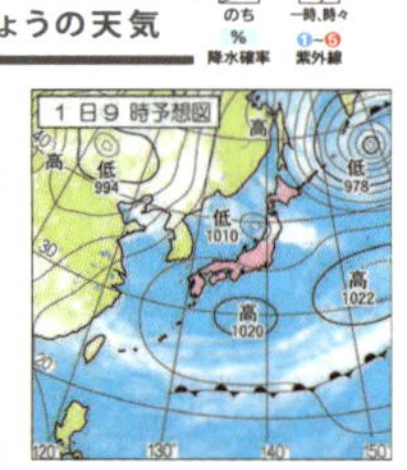

のち　一時、時々　%降水確率　1〜5紫外線

1日は高気圧に覆われ、晴れの天気が続く。最高気温は24度前後の所が多く、25度以上の夏日の所がある。南西の風のち西の風、波は熊本、芦北0.5メートル、天草1メートル。2日は西の風、晴れのち曇り。波は熊本、芦北0.5メートル、天草1のち2メートル。

	荒尾玉名③	山鹿菊池③	甲佐山都③	阿蘇③	熊本③	八代③	人吉③	水俣③	天草③
気温	12〜24℃	10〜24℃	11〜25℃	9〜22℃	12〜25℃	12〜25℃	8〜25℃	11〜25℃	12〜24℃
朝	0	0	0	0	0	0	0	0	0
昼	0	0	0	0	0	0	0	0	0
夜	0	0	0	0	0	0	0	0	0

あすからの8日間　予想は熊本地方

2(月)	3(火)	4(水)	5(木)	6(金)	7(土)	8(日)	9(月)
12〜26℃	15〜24℃	14〜24℃	12〜27℃	16〜27℃	16〜26℃	19〜27℃	18〜30℃
30	90	30	10	30	30	50	40

（第3種郵便物認可）　熊本日日新聞　平成28年（2016年）5月1日　日曜日　社会　20

生活関連情報

熊本日日新聞社は、熊本地震の被災者向けに、給水の予定などの生活情報を「熊本日日新聞社公式フェイスブック」でも発信しています。「避難生活で困っていること」など被災者の声も発信しています。掲載情報は、個別の事情などで変更になる場合があります。

災害ごみ

【長洲町】クリーンパークファイブで平日と1、8日、材木や食器類、ガラス（罹災証明書が必要）。

【玉名市】瓦やがれきは13日まで毎日、松木の市浄化センター。罹災証明書は不要。ガラスや食器類は東部環境センター（玉東町）とクリーンパークファイブ（長洲町）で平日と1、8日に受け付ける（罹災証明書が必要）。

【玉東町】瓦やがれきは13日まで毎日、町民グラウンド西側の空き地。罹災証明書は不要。ガラスや食器類は東部環境センターで平日と1、8日に受け付ける（罹災証明書が必要）。

【菊池市】午前9時～午後5時、旧クリーンセンターで。瓦とコンクリートブロックなど。家電不可。8日まで。

【合志市】午前9時～午後4時半。須屋のみずき台グラウンド、幾久富の学校給食センター北側空き地、野々島の中央運動公園駐車場奥広場。15日まで。

【大津町】午前9時～午後4時、矢護川地区の仮置き場。31日まで。

【菊陽町】午前9時～午後5時、津久礼の旧し尿処理場跡地、原水のさんふれあ駐車場西側。8日まで。

【西原村】午前8時～午後5時、布田の村民グラウンド。

【小国町】1日～、町役場住民課に事前連絡。☎0967（46）2111。

【南阿蘇村】終日、渡辺病院横グラウンド、旧白水中グラウンド、旧久木野中体育館下の芝生、県道河陰阿蘇線沿いのため池横、立野ダムストックヤード、旧長陽西部小グラウンド、長陽運動公園前空き地。

【阿蘇市】大阿蘇環境センター未来館、阿蘇畜産農業協同組合跡地は当面の間、波野グラウンド駐車場は1日で終了。いずれも午前9時～午後4時半。

【産山村】産山地区公民館グラウンドで、午前9時～午後6時。

【御船町】午前9時～午後5時、滝川みんなの広場。

【嘉島町】午前8時半～午後6時半、浮島周辺水辺公園北側。

【甲佐町】午前8時半～午後5時、竜野ふれあい広場、グリーンパル甲佐上流側グラウンド、麻生原運動公園、緑川グラウンド。

【益城町】午前9時～午後4時、旧益城中央小。

【宇土市】松山町の熊本クリーンサービスで15日まで。午前8時半～午後4時。布団、毛布、じゅうたんは搬入中断。

【宇城市】食器など家庭の災害ごみは市役所か支所に申請の上、15日までに宇城クリーンセンターへ。午前8時半～午後4時。がれきは行政区が設置する仮置き場へ。区によって持ち込めるごみの種類、期間は異なる。

【美里町】がれきのほか、ガラスなどの割れ物は中央庁舎と砥用庁舎へ。午前8時半～午後4時半。

【氷川町】7、8日、野津火葬場跡地でコンクリートブロックや瓦などを受け入れる。午前9時～午後5時。

【芦北町】平日午後1時～4時に町清掃センター、火曜、木曜日の午前9時～正午に田浦事業所。無料。

【熊本市】災害ごみは「燃やすごみ」と「埋立ごみ」に分け、最寄りのごみステーションへ。燃やすごみは東部と西部の各環境工場に、埋立ごみと家屋解体廃棄物は扇田環境センターにそれぞれ持ち込める。手数料無料で、受け入れは午前8時半～午後4時半。「一般ごみ」は北区の植木地区を除き、燃やすごみ以外の回収を中止している。市廃棄物計画課☎096（328）2359。

給水

【菊池市】市文化会館、菊之池小、旭志総合支所で。午前8時～午後7時。容器持参。

【大津町】午前7時～午後7時、生涯学習センター。

【菊陽町】午前7時～午後6時、町役場、光の森町民センター。

【小国町】午前9時～午後5時、杖立地区。

【南小国町】午前8時～午後9時、町自然休養村管理センター。

【阿蘇市】午前8時～午後9時、古城公民館や阿蘇中など18カ所。

【南阿蘇村】午前8時～午後7時、南阿蘇中や立野小グラウンドなど6カ所。

【西原村】西原中、山西小、河原小は終日。味千ラーメン駐車場は午前7時～午後9時。

【熊本市】市上下水道局は、1日午前10時～午後8時（一部を除く）、避難所の小学校など20カ所で飲料水を提供する。同局☎096（381）1133。給水所は変更の可能性もあり、最新情報は市のホームページに掲載する。給水車は水の補給にも、元の場所に戻ってくる。20カ所は以下の通り。

▽中央区　一新小、白川公園、市上下水道局▽東区　託麻西小、健軍水源地、戸島団地、託麻スポーツセンター▽西区　城西小、花園小、熊本新港船着き場▽南区　舞原公民館、南区役所▽北区　龍田小、弓削小、清水岩倉台地区、武蔵小、北部総合出張所、高平台小

【益城町】町保健福祉センター、町総合体育館など11カ所。

【御船町】御船中、小坂小前など10カ所。

【嘉島町】町役場駐車場。午前10時から。

【宇城市】午前7時から中央公民館駐車場、当尾小、ラポート、豊野町コミュニティセンター。

【美里町】午前9時から中央庁舎。

◇　◇

海上保安庁は1日午前8時～午後6時半に熊本港で、給水と巡視船内の入浴施設の無料開放を実施。第10管区保安本部☎099（250）9800（夜間は9801）。

また、九州地方整備局は1日午前10時～午後7時、熊本港フェリーターミナル岸壁近くで飲料水を提供する。容器は要持参。同局港湾空港部☎092（418）3375。

医療

救急外来をしている病院で、特別な対応をしている医療機関のみを掲載しています。15面の休日在宅医も参考にしてください。熊本市、上益城郡、阿蘇郡市の各医師会はホームページに診療可能な医療機関を掲載しています。受診の場合は問い合わせを。

（4月28日夕調査）

【熊本市・中央区】熊本地域医療センター＝終日、夜間休日外来（小児科、内科、外科）▽帯山中央病院＝かかりつけ患者の救急のみ受け付け

【熊本市・東区】熊本市民病院＝軽症のみ救急受け付け

【大津町】熊本セントラル病院＝入院は要相談

【菊陽町】菊陽台病院＝入院は要相談。救急は軽症のみ受け入れ可

【阿蘇市】阿蘇温泉病院＝救急（内科）

【八代市】熊本総合病院＝救急。透析受け入れ可

【水俣市】市立総合医療センター＝救急。透析受け入れ可

車中泊　バッテリー注意

被災地走行　パンク気を付けて

避難者の車のバッテリーの状態を確認するＪＡＦ職員＝熊本市東区

熊本地震では公共交通機関の運休が相次いでマイカーが貴重な移動手段となったほか、車中泊を続ける避難者も依然多い。地震後は、車中泊によるバッテリー上がりや荒れた路面でのタイヤのパンクなど車のトラブルが増えており、被災地の交通量増加が予想される大型連休は、さらに注意が必要だ。

JAF（日本自動車連盟）熊本支部によると、地震発生後の15～25日の出動件数は約2260回。このうち地震に関係するトラブルは、半分以上の約1240件に達した。バッテリー上がりやパンク、燃料切れなどによるエンジントラブルが多かった。

JAFは、熊本市や益城町などの避難所を巡回して、避難者の車を点検するサービスを実施。車中泊の避難者は車の電源で携帯電話などを充電するため、バッテリー上がりへの不安が強く、「1時間おきにエンジンを掛けて防いでほしい」とアドバイスした。

JAFによると、ボランティア活動の本格化などで被災地の交通量が増えるとみられる大型連休中に最も心配されるトラブルはパンクだという。飛散したがれきや、道路の段差やひび割れがタイヤを傷める恐れがある。同支部は空気圧のチェックのほか、「段差や亀裂の上を通る際は、スピードを抑えてほしい」と呼び掛けている。（九重陽平、園田琢磨）

石灯籠 倒れても営業

水前寺成趣園　いきなり団子店

16日の本震後に池の水が急激に減り、底が露出している水前寺成趣園（熊本市中央区）。それでも参道にあるいきなり団子店「お菓子のふじや」は、倒れた石灯籠のそばで元気に営業している。

17日には水、電気が使えるようになり、店を再開。スーパーやコンビニに品物が少ない中、客から「温かいものが食べられてうれしい」と喜ばれたという。

「公園の水が戻るのを信じます。いや復活します」と店長の山田祐治さん（70）は力強く語った。（谷川剛）

全域への配水可能に

熊本市　漏水で一部断水継続

熊本市は30日、全13配水区で水の供給（通水）が可能になったと発表した。徳王配水区での計画断水も同日で終了。全戸断水となった16日から15日目で全面復旧した。

ただ、各家庭につながる水道管の漏水の通報が約3千件に上り、断水状態が続く世帯も少なくないという。市上下水道局は「全世帯に水が届くまでの期間は見通せない」としている。

上下水道局除き　給水所あす終了

また市は、30日現在で24カ所ある応急給水所の利用が減ったとして、上下水道局以外の給水所を2日で終了する。（高橋俊啓）

学校再開

【大津町】9日から全9小中学校

【西原村】9日から全3小中学校

【阿蘇市】9日から、4月27日に再開した波野小・中学校を除く全7小中学校。

【南阿蘇村】9日から全小中学校再開予定。

【益城町】9日から全小中学校。

【宇土市】2日から宇土小と鶴城中。

【熊本市】2日から▽小学校　川尻、松尾東、松尾西、松尾北、小島、中島、城南、西里、中緑、銭塘、奥古閑、川口、日吉東▽中学校　城南、竜南、桜山、託麻、三和、城西、北部、天明、力合、日吉。

支援

【玉名市】九州看護福祉大の同窓会有志が5日午後2～3時、横島総合保健福祉センター「ゆとりーむ」で、親子参加型のイベントを開く。子どもの遊びを研究するＮＰＯ法人「アフタフ・バーバン」九州事務所専任スタッフの佐藤律子さんを迎え、宝探しや変身遊びなどを予定。幼児～小学生の親子向けで要予約。同会災害支援ボランティア専用ダイヤル☎080（1764）9012＝午前10時～午後5時。

【山鹿市】社会人野球の鮮どれ市場ゴールデンラークスが5日の午前10時、午後1時の2回に分け、山鹿市民球場でスポーツ教室を開く。選手と系列のジムトレーナーがキャッチボールや鬼ごっこなどで子どもたちと一緒に体を動かす。ヨガ教室も予定しており、大人の参加も歓迎。ラークススポーツボランティア隊☎096（368）8178。

【熊本市】中央区花畑町の市国際交流会館は、英語や中国語、韓国語などで被災者に対応している。市の災害・支援情報も各国語で提供する。避難所は30日までに閉鎖した。同館☎096（359）2121。

銭湯・浴場

【南関町】ホテルセキアが被災者に温泉を無料開放。住所確認用の身分証が必要。午前11時～午後5時。31日まで。

【和水町】道の駅きくすい菊水ロマン館は午前9時～午後8時半、三加和温泉ふるさと交流センターは午前10時～午後8時、大浴場を被災者に無料開放。受け付けで氏名、住所を記入する。8日まで。

【長洲町】町健康福祉センターの浴場を被災者に無料開放。午前10時～午後8時。8日まで。水曜定休。

【山鹿市】さくら湯は1日から、被災者は無料に。罹災証明書か身分証が必要。午前6時～翌日午前0時。☎0968（43）3326。

イベント中止

【全県】10日　ＮＣＣコスメティック甲子園県予選会

その他

【氷川町】罹災証明書の申請は町役場へ。被災状況が分かる写真と印鑑が必要。午前8時半～午後9時。土日祝日も受け付ける。

介護職員127人不足

県内高齢者施設　職員被災、入所希望増で

熊本地震の影響で、県内33の高齢者施設で介護職員など計127人が不足していることが、県などの調査で分かった。職員が被災して勤務できないことや、被災した高齢者の入所希望が増えていることなどが理由とみられる。

県社会福祉協議会や県老人保健施設協会などが高齢者施設にアンケートを実施。県が取りまとめ、厚生労働省に報告した。

調査によると、人員不足を訴えた施設の内訳は、介護老人保健施設10、介護老人福祉施設（特養）9、養護老人ホーム3、軽費老人ホーム2、グループホーム3、小規模多機能型居宅介護4、その他2。

人員不足の理由として「職員が被災して勤務体制が組めない」「被災した利用者のショートステイが増えて対応に追われている」などの回答があった。

不足している人員の内訳は介護職員101人、看護職員12人など。市町村別では熊本市や益城町など10市町村だった。

県内の高齢者施設の関連団体が、九州各県の関連団体に支援を要請。熊本市や御船町の施設に応援職員が入っている。

県高齢者支援課は「現在はボランティアなどが入っており、応援要請をしていない施設もあるとみられる。長い目で支援していくことが必要だ」と話している。（清島理紗）

県産品 買って支援

福岡　イベント、売り場続々

県産品を購入することで熊本地震の被災地を支援しようという取り組みが、福岡で広がっている。イベント開催や売り場開設などで消費を取り込み、被災事業者の再建を後押しする。

店舗が被災した飲食店や、出荷停止に追い込まれた生産者による「5ツ星マルシェ」が30日、福岡市役所前の九州広場で開かれた。

器の8割が割れ、休業中の料亭「日本料理おく村」（熊本市中央区新町）代表の奥村賢さん（45）は、益城町の被災農家に代わってダイコンやナスなどを販売。「いつまでも被災者でいてはダメ。何かしたくてうずうずしていた」と張り切る。

会場を訪れた福岡県那珂川町の会社員金子幸子さん（39）は「子どもが小さいので現地のボランティアには行けないけど、熊本の商品を買うことで支援したい」と、県産野菜を買い込んだ。

福岡市の岩田屋本店は、地下1階の食品売り場に県産食材を集めたコーナーを4月27日に開設。「塩トマトケチャップ」「阿蘇高原いちごジャム」など9品目が並ぶ。取り扱う商品は増やす予定で、期限は設けていない。

同市の福岡三越は、食品売り場に入居する熊本の店舗を「がんばろう！熊本」の貼り紙で応援する。5月2日まで出店中のお茶の泉園（八代市）の谷口哲也さん（53）は「泉町の茶畑や工場は無事だったが『桜の馬場城彩苑』の店舗が被災し、困っていた。お客さんの温かい言葉もうれしい」と感謝する。

北九州市の井筒屋は、酒類売り場の店頭に県内7蔵元の焼酎と日本酒を集めて販売。来店客に支援を呼び掛ける。（田川里美）

「がんばろう！熊本」の貼り紙を掲示した「お茶の泉園」の売り場＝福岡市の福岡三越

小中学生新聞

くまＴＯＭＯ編集室
kumatomo@kumanichi.co.jp
TEL:096-361-3304 FAX:096-361-3035

【活断層】ずれる衝撃伝わり地震に

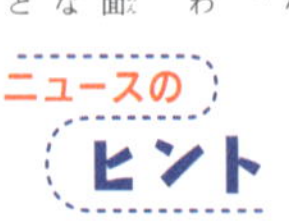

熊本県と大分県に大きな被害を出した熊本地震は、活断層の動きが原因といわれています。

わたしたちがくらす地面の下には、すなや火山灰などが固まってできた地層とよばれる土や岩の層があります。地層にはたくさんのわれ目があり、このわれ目に大きな力がかかってたてや横にずれたところを断層といいます。ずれるときの衝撃が地面に伝わって、地震が起きます。

断層のうち、過去に動きをくりかえし、これからも活動すると考えられているのが活断層です。

1995年の阪神大震災も、活断層による地震といわれています。最大で震度7の地震が起き、神戸市などで多くの人がなくなりました。

日本には分かっているだけで約2000の活断層があるとされ、同じような地震はどこでも起きる可能性があります。

日ごろから、避難する場所を家族で確認するなど、災害にそなえておくことが大切です。

耕作地に現れた断層。あぜがずれているのが

熊本地震の影響で運転を休止している第三セクター・南阿蘇鉄道が線路や橋梁に甚大な被害を受け、全線復旧に1年以上を要することが26日、分かりました。復旧費用は30億～50億円と試算していますが、財源確保の見通しは立っていません。同鉄道は南阿蘇村の立野駅と高森町の高森駅の17.7キロを結びます。

=27日朝刊1面から

手塚塾 TEZUKA-JUKU

マンガ「ブッダ」には「ヤタラ」以外にもう一人、身分差別に苦しむ「ルリ王子」が登場します。母が奴隷の身分だと知った彼は、王子という立場を守るため、愛する母を追放します。ヤタラだけが王子を批判し、罰を受けてしまいます。

みなさんは友達がいじめられたとき、王子のように見て見ぬふりをしたり、それに加わってしまったりしたことはないかしら？　それでは、友達をもっと傷つけてしまうでしょうね。

でも、いじめをやめさせるためヤタラのように1人で

「ブッダ　ヤタラの物語（1）」

奴隷出身の母を追放したルリ王子をヤタラは批判するが、罰を受けてしまう（「ブッダ　ヤタラの物語（1）」より）©TEZUKA PRODUCTIONS

尾木直樹さん②「仲間見つけ問題解決」

向かっていっても、相手が強ければ負けてしまう。こういうときは、一緒に行動してくれる仲間を集めましょう。王子も、父である王と手を組めば、身分制度を変え、母を救うことができたかもしれません。何かを変えるには、味方をふやすことが大切なのよ。

今は、インターネットなど人とつながるためのツールがたくさんあります。仲間を見つけ、問題を解決するためにどんなことをすればよいか、自分で調べ、考え、そして行動してもらいたいですね。（教育評論家）

熊本地震　逃げたネコ「まめ」見つかり安堵

TOMOサポ リポート

まめをだく板見春奈さん（写真左）と、ふくをだく妹の明菜さん（春奈さん提供）

私の家族には「まめ」と「ふく」というネコがいます。16日の本震で、そのまめが窓から逃げて行ってしまいました。鍵がかかっていなかった窓が地震の揺れで全開になり、大きな揺れでパニックになったまめは飛び出てしまったのです。

次の日、まめの名前を呼びながら近所を捜しましたが、一向に見つかりません。午後からは雨が降ってきて、雨宿りしていることを願いながら名前を呼び続けました。しかし、まめは見つかりませんでした。

夜になり、地震に備えて車に荷物を運んでいた時です。すると、どこからかネコの声が聞こえてきます。「これは！」と思い、辺りを見回すとまめが立っていました。毛は湿っていて、おそらく雨にぬれたのでしょう。

まめが見つかって家族みんなで喜びました。もう一匹のふくもまめを舐めてあげていました。震災の中の小さな幸せでしたが、とてもうれしかったです。（熊本市、中3、板見春奈）

生きもの大好き　ワモンフグ　体重測定 自分から

お客さんが水槽のガラスに指をつけると、ワモンフグがよってきた＝大阪府吹田市のニフレル

体中にもようのあるフグが水槽を泳いでいる。自分より大きなサメやエイとすれちがっても平気な顔だ。いろんな生きものの魅力にふれる大阪府吹田市の「ニフレル」。ワモンフグは「わざにふれる」ゾーンにいた。

「目のまわりのもようが、わっかのようなのでこの名前になったそうです」と担当の棚田麻美さん。大きな魚にも平然としているのは「ここの前に大阪市の海遊館にいて、そこでもいろんな魚といっしょだったから、なれっこなんだと思います」

水槽の上の大きな画面に、ワモンフグのおもしろいすがたが、うつし出されていた。飼育の人が手の動きで合図をすると、ワモンフグがよってくる。体をおさえ、その間に獣医師さんがはりをさして採血。すぐに終わってえさをもらう。今度は体重測定。水に入れたかごに自分から入ってくる。かごごと水からあげて体重計にのせ「はい終了」。

こういう行動を覚えさせ、動物が健康にくらせるようにすることを、ハズバンダリートレーニングというそうだ。ワモンフグのすごい「わざ」だ。

しばらくすると、水槽のそこにきて、ナポレオンフィッシュという魚とならんで動かない。「あれはワモンフグがよりそっているというより、ナポレオンフィッシュの方がほかの魚に、よりそうのが好きなんです」（文・写真　佐々木央）

＝1週おき掲載

世界の街にカブトムシ

今回は「ビートル（カブトムシ）」とよばれ、世界中で親しまれたドイツの小型車フォルクスワーゲン・タイプ1を紹介します。

丸いボディーがカブトムシのように見えませんか？　これは空気抵抗の少ない流線形を取り入れた、むだのないデザインが採用されたからです。

工場見学におとずれたわかい女の人が、このタイプ1を「まるでビートルのよう」と言ったことから、アメリカで広告になり、世界中に広まりました。

フォルクスワーゲン・タイプ1

フォルクスワーゲン・タイプ1
（1938年、ドイツ）

フォルクスワーゲンとは、ドイツ語で国民車の意味です。ドイツ国民に自動車を普及させるため1938年に誕生しましたが、戦争が始まったため、国民の手にはとどきませんでした。本格的に生産が始まったのは、戦争が終わった1945年からです。

発売されてすぐ大人気となり、世界中に輸出されました。値段が安くて丈夫な上、とりあつかいや手入れが楽で、長持ちするからです。

2003年に生産を終えるまでに約2153万台がつくられ、自動車の最多量産記録となりました。世界中の街で見かけることができた車です。（トヨタ博物館・次郎坊浩典学芸スタッフ）

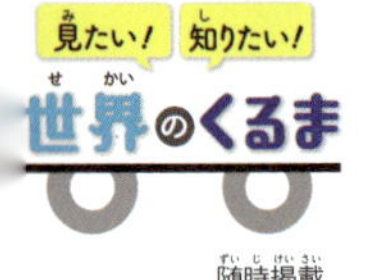

見たい！知りたい！世界のくるま　随時掲載

KUMA TOMO | Sunday |

熊本地震 なぜ起きた？

4月14日から起きた熊本地震。地震に関連するものも含め60人以上が死亡し、一時約20万人が避難するなど大きな被害が出ました。益城町などで震度7を記録した大地震はなぜ起きたのでしょうか。中部九州の活断層の研究を続ける熊本大大学院自然科学研究科の横瀬久芳准教授(55)に地震のメカニズムを聞きました。

（魚住有佳）

地震は地下の硬い板状の岩盤「プレート」に力がかかり、ずれることで起きます。日本は太平洋、フィリピン海、北米、ユーラシアの四つのプレートが重なり合う場所に位置しているため、世界有数の地震国と言われています。

地震はA「プレート境界」と、B「プレート内」型に分けられます。Aは1枚のプレートが、重なり合う別のプレートの下に沈み込む時に起きます。東日本大震災などがそうです。Bは力が加わったプレート上部の岩盤内にひずみがたまり、弱い部分が限界に達して破壊されることで起きます。熊本地震はこれにあたり、阪神・淡路大震災や新潟県中越地震などもこの型です。

中でも熊本地震は、岩盤が南北に引っ張られ、横にずれたことで断層ができた「横ずれ断層型」で

中部九州の活断層研究 横瀬久芳先生（熊本大大学院）に聞く

大学院自然科学研究科の横瀬久芳准教授＝熊本市

す。震源が15キロ未満と浅く、人が暮らす地表近くだったため大きな被害が出ました。同じ地域で震度7を2回記録したほか、大きな地震の後に小さな地震が起きる「余震」がこれまでで最も多いなど、初めての経験が続きました。

地震があまり起きないという印象が強かった熊本ですが、実はマグニチュード（M）3クラスの地震は昔から頻繁に起きていま

できた多くの断層帯が密集する地域。いつ大地震が来てもおかしくないと言われていました。近くでは1975年にM6・1の地震が阿蘇地方で起きています。

益城町で1回目の震度7を記録した14日は日奈久断層帯、2回目の16日は布田川断層帯で起きたとみられます。その他の地域も大きく揺れたのは、最初の地震を発端に県内の複数の断層帯が時間差で動いたためです。ちょうど高速道路で玉突きの交通事故が起きるような感じです。余震についても、別々の断層帯で地震が発生したことで、回数が増えたと考えられています。

今後、熊本については「まだ大きな地震は来る」という見方があります。私はたまったひずみが解放されているので、この先10年までは、M6クラスの地震が来る可能性は低いとみています。

遅れた緊急速報／「いつ」予測困難

今回の地震では、実際の揺れより緊急地震速報が遅れました。なぜですか？

—緊急地震速報は、地震発生直後に震源近くの地震計が地震波をキャッチし、規模や予想される揺れの強さなどを自動計算して、気象庁が発表します。地震波には縦波のP波（秒速約6キロ）と横波のS波（同4キロ）があり、小さな揺れを起こすP波が早く地面に伝わります。速報は大きな揺れのS波が来る前に、P波を感知して危険を知らせる仕組みです。熊本地震の場合、震源が浅く速報の前にS波が到着してしまうため、遅れたのです。

台風は予測できるのに、地震ができないのはなぜですか？

—台風は年平均20数回発生しますが、地震は生活に被害が出るほどの大きな揺れが起きることはとても少ないので、蓄積データも少なく予測が難しいのです。ただ「いつ」起きるかは分からなくても、「どこ」に被害が出やすいかは、プレート内地震の場合、断層の位置や地形を見ることで分かります。今回も崖のそばや平地と山の境、地盤が弱いところなどで大きな被害が出ました。災害を減らすためにも、地質学的な観点から地震を研究することは大事です。

くまTOMO 応援メッセージ

熊本市、小6、内田雫

菊陽町、小5、岩永ゆい

熊本市、小5、谷口あい

応援のお便り募集

くまTOMO編集室では、熊本地震にまつわる応援メッセージを募集します。自分が避難生活で頑張っていることなどを書いてもらってもOK。住所、名前（ペンネーム不可）、学校、学年、電話番号を書いて送ってください。あて先はページ右下に。

紙面から出題 違いはどこ？

「ダンスで気分転換　笑顔に」＝22日朝刊14面から

左と右の絵が5カ所違います。探してください。　（作・絵　しがき　あやか）

子どもクロスワード　プレゼント

刺し身やたたきで食べる、おいしい赤身の魚。乾燥させた加工品からは、良質のだしがとれます。アルファベット順に字を並べると、答えが出てきます。（出題・まるか）

タテのカギ

①プロ野球はセ・○○○とパ・○○○がある。
②音楽に乗せて歌う言葉。
③端午の節句に食べる。
⑤肩はショルダー、首は？
⑦○○○の友。幼なじみ。
⑨百万。○○○○セラー。
⑪写真を撮るのが仕事の○○○マン。
⑫フィッシング。
⑬○○降って地固まる。

ヨコのカギ

①暦の上で夏が始まる日。
③三人寄れば文殊の○○。
④映画のこと。
⑥不平を言って嘆くこと。
⑧名月の観賞。
⑩土地を仕切って分けること。○○○整理。
⑫軒下に巣を作る渡り鳥。
⑬晴れ渡った空の色。
⑭「中華そば」とも呼ばれるめん類。

〈正解者５人に図書カード1000円分をプレゼント〉

編集後記

熊本地震のメカニズムについて教えてもらった熊本大大学院の横瀬先生の解説を聞くと、熊本がいかに地震が起きやすい地形かというのが分かります。震源が断層に沿っているのは、分布図を見れば一目瞭然。地震の被害にあって初めて、地面の下を意識するようになりました。先生の予想は「しばらく大きな地震が来る可能性は低い」というもので、少し気が楽になりました。（魚住有佳）

くまTOMOは毎週土、日曜日に掲載。気になるコーナーを切り取ってね

先週のクロスワード

ヤマブキ（山吹）

答え

今週の違いはどこ？　①左端の女の子の靴下②左から2番目の女性の髪の毛③中央の女性のシャツの柄④右端の机の高さ⑤右端の女の子の腕輪

応募方法とあて先

①クロスワードの答え
②郵便番号と住所
③名前
④学校名と学年
⑤電話番号
⑥きのう、きょうの「くまTOMO」の感想

はがきに①～⑥を書き、〒860-8506　熊日編集局「くまTOMO」編集室まで送ってください。図書カードをプレゼントします。来週水曜の消印有効。当選者の発表は発送をもってかえます。

(第3種郵便物認可)　熊本日日新聞　平成28年(2016年)5月1日 日曜日　社会 22

仮設住宅 大津町に

南阿蘇村立野地区

町有地軸に候補地選定

南阿蘇村は30日、熊本地震で崩落した阿蘇大橋の西側に位置し、村内の他地区と行き来できなくなっている立野地区の仮設住宅を、隣の大津町に建設する方針を明らかにした。現在、両町村間で協議しており、大津町の町有地などを軸に候補地選定を進めている。

立野地区は約350世帯860人。阿蘇外輪山の斜面に位置し、震災後は土砂崩れによる二次被害が危惧されるほか、断水も続いている。21日、住民約100人は大津町のホンダ熊本製作所内へ避難。30日現在、避難勧告も継続している。

村は阿蘇大橋の崩落で道路が寸断された状況を踏まえ、村内での建設を断念。立野地区と行き来しやすい所として、大津町に協力を打診した。候補地決定後、仮設住宅は災害救助法に基づいて県が整備する。

一方、南阿蘇村の他地区の村民を受け入れる仮設住宅は、県野外劇場アスペクタ近くの村有地（久石）を中心に候補地を検討中。今後、避難者の要望を聞き取り、それぞれの仮設住宅の戸数などを決める。（堀江利雅）

熊本市・城南町と沼山津

仮設住宅 300戸建設

今月中に入居募集

熊本市の大西一史市長は30日、熊本地震の被災市民向け仮設住宅について、南区城南町と東区沼山津近くの市・県有地4カ所に、計300戸を建設することを明らかにした。

自宅が全壊か大規模半壊した人を対象とする。5月中に入居募集を始めるが、詳細は未定。6月中の入居開始を目指す。期間は2年3カ月。

南区城南町の塚原グラウンド、高グラウンド、城南工業団地内（県有地）の3カ所に、約250戸を建設。沼山津に近い秋津中央公園（東区東野2丁目）に約50戸を建てる。

市によると、城南と沼山津は特に大きな家屋被害を受けた。避難者の聞き取り調査で、城南には250戸が必要と判断。沼山津の避難者の意向は把握しにくく、設置可能な50戸を用意することにした。

大西市長は主に同地域の被災者を入居対象とみていることについて「仮設住宅を建設し、ともにさかんな農業を続ける環境を整える。つながりの強いコミュニティーを維持し、住民の共助が期待できると判断した」と話した。

他の地域については、主に民間賃貸住宅（みなし仮設住宅）の提供などで対応していくとしている。（高橋俊啓）

崩落した石垣 観光客ぼう然

被災の熊本城

大型連休中の30日、熊本城二の丸広場では、熊本地震で甚大な被害を受けた城を見物し、ぼう然と立ち尽くす観光客らの姿が目立った。

熊本城では現在、周辺一帯が立ち入り規制中。二の丸広場からは屋根瓦が落ちた天守閣や、広範囲で崩落した石垣が見える。

ボランティア参加のため熊本市に帰省したという大学生、真嶋香吉さん(21)＝松江市＝は「幼い頃から親しんできた城なので、とても心が痛む。誇り高き姿を早く取り戻してほしい」と話した。（高見伸）

石垣が崩落するなど甚大な被害を受けた熊本城を見に来た観光客ら＝30日午後0時35分ごろ、熊本市中央区

写真 くまにちプラネット

都市ガス 復旧完了

2週間ぶり 2割なお未開栓

西部ガスは30日、熊本地震で供給停止した都市ガスの復旧率が100%になったと発表した。供給エリアのほぼ全域の約10万戸でガスが止まったが、2週間ぶりに供給が再開できる態勢が整った。

当初は5月8日までに完了するとしていたが、地中のガス導管の破損が予想より少なかったことから、予定が早まった。

ただ、実際にガスを使うには、火災などの二次災害防止のため、住人立ち会いの下で開栓する必要があり、開栓を終えたのは全体の8割に当たる約8万1千戸。不在などの理由でガスが使用できない家庭も多く、同社は再訪問するなど引き続き作業に当たる。

復旧作業は、西部ガスの2000人に、東京ガスなど全国のガス17社からの応援2600人を加えた4600人態勢で展開した。

ガスが使えない家庭は不在票にある電話番号（〈0120〉099312）か、同社のウェブサイトで開栓を申し込む。午後6時までに受け付けた場合は、翌日の訪問が可能。同社は、電話はつながりにくくなっているため、ウェブサイトからの申し込みを勧めている。（松浦裕子）

熊本市へ通学バス

9日から 南阿蘇村と高森町

無料臨時バスの4コース
①南阿蘇村・長陽庁舎―同・久木野庁舎―（グリーンロード南阿蘇経由）―JR大津駅
②南阿蘇鉄道高森駅―南阿蘇村・白水庁舎―（グリーンロード南阿蘇経由）―大津駅―熊本市東区桜木
③長陽庁舎―久木野庁舎―白水庁舎―高森駅―（国道265号経由）―JR宮地駅（阿蘇中央高）
④長陽庁舎―白水庁舎―高森駅

熊本地震で熊本都市圏との主要交通網が遮断された南阿蘇村と高森町は9日から、主に熊本市や大津町などの学校に通う高校生や大学生、専門学生らを対象に無料臨時バスの運行を始める。

臨時バスは4コースで、登校時と下校時に行き来する計8便。大津町のJR大津駅や熊本市東区桜木のほか、阿蘇市のJR宮地駅と結ぶ便もある。1学期の平日と土曜に運行し、その後はあらためて検討する。両町村が費用を折半し、山都町の南阿蘇交通に委託する。

阿蘇南郷谷と他地域を結ぶ主要ルートは阿蘇大橋の崩落や俵山トンネルの内壁落下で通れず、路線バスは運休中。南阿蘇鉄道も長期運休が見込まれ、高校生らの通学が極めて困難になっている。

両町村の住民に対する説明会は、2日午後7時半から高森町総合センターで。町教委☎0967（62）1111。（堀江利雅）

ふりいぱす

『エンブレム決定』市松の不安がありました
―作者・野老朝雄
（小島・カルガモ）

熊本市提供「みなし仮設住宅」

入居の相談件数 1500戸を上回る

熊本市が被災者に無償で提供する民間賃貸住宅（みなし仮設住宅）の入居相談件数が30日、1534件となった。28日の相談窓口開設から3日で、市がすぐに用意できるとする約1500戸を上回り、需要の高さを裏付ける形となっている。

住居が全壊または大規模半壊した人か、「真に住宅に困窮する人」（市建築政策課）が対象。原則として、月6万円（5人以上の世帯は9万円、乳幼児を除く）までの家賃を市が負担。光熱費などは入居者が払う。入居期間は最長2年。

被災者が不動産業者などで物件を探し、市に申込書を提出。申し込みには罹災証明書が必要となる。いったん入居した後で申し込むことも可能で、制度の対象となれば市が住宅を借り上げる。

市が各区役所（東区は東部出張所）に設けた窓口では、初日だけで計765件の相談があった。市建築政策課は「住宅のオーナーも被災しており、実際に提供できる部屋は1500戸のほかに把握できていない」としている。

一方、約250戸ある市営住宅の入居申し込みは30日午後1時までに3240件となった。（植木泰士）

カンちゃん　フジヤマジョージ

5月1日の飛来予測

	九州北部 大気汚染粒子	九州北部 黄砂	九州南部 大気汚染粒子	九州南部 黄砂
6－12	やや多い	少ない	多い	少ない
12－18	多い	少ない	多い	少ない
18－24	多い	少ない	やや多い	少ない
2日	多い	少ない	多い	少ない

注意喚起レベル：多い／やや多い／少ない　環境基準値程度：大気が少しかすむ／清浄

予測システム「スプリンターズ」開発チーム提供

9日間の天気 Weather Report

1(日) 2(月) 3(火) 4(水) 5(木) 6(金) 7(土) 8(日) 9(月)

札幌　東京　名古屋　大阪　広島　福岡　熊本　長崎　佐賀　大分　宮崎　鹿児島　那覇

のち　時々

阿蘇山の風向予想

1日　午前9時 3m　午後3時 3m

(日本気象協会 tenki.jpより)

きのうの気温 30日

(天気・湿度は15時、県内の気温は0時～17時、△印は低め)

	最高	平年比	最低	平年比	湿度	天気
熊本	23.9	0.1	9.0	△4.0	39%	快晴
牛深	22.8	0.6	12.9	△1.8	54%	―
人吉	25.9	2.6	6.8	△4.5	44%	―
阿蘇	20.9	0.6	2.8	△5.6	―	―

(阿蘇山上の最高気温は15.9度、最低気温は4.8度)

	最高	最低	天気
福岡	24.5	11.5	快晴
佐賀	23.9	9.4	快晴
長崎	22.4	11.2	快晴
大分	22.9	8.8	快晴
宮崎	23.5	10.5	快晴
鹿児島	24.5	12.1	晴
那覇	25.5	18.2	曇
松江	21.5	6.5	晴
広島	23.1	8.7	快晴
高松	24.2	7.5	快晴
大阪	21.8	8.4	晴
京都	23.1	6.6	晴
名古屋	23.1	8.0	晴
長野	17.4	4.4	曇
東京	21.7	10.5	晴
新潟	15.8	8.0	雨
仙台	17.9	6.5	晴
秋田	11.8	6.8	曇
札幌	6.2	2.2	曇時雨

潮ごよみ

旧暦3月25日(1日) 長潮・月齢23.7

日出 5時30分　日入 18時59分　月出 1時33分　月入 12時49分

	満潮		干潮	
三角	3.12	15.26	9.38	21.56
水俣	3.22	15.22	9.40	21.55
牛深	3.01	14.49	9.12	21.17
玉名	3.22	15.36	9.48	22.06

旧暦3月26日(2日)

	満潮		干潮	
三角	4.40	17.01	11.05	23.19
水俣	4.44	16.56	11.04	23.18
牛深	4.13	16.18	10.28	22.35
玉名	4.50	17.11	11.15	23.29

新聞定価1ヵ月 朝刊のみ=3,093円(税込み)、朝夕刊セット=3,460円(税込み) 朝刊1部売り=120円(税込み)

支援の手 ミスマッチ

熊本地震

熊本地震の被災地を支援しようと大型連休を利用して多くのボランティアが駆け付けているが、支援ニーズとのミスマッチが一部で生じている。掘り起こしが進み、要望が変化すれば、人手不足が生じかねないとの懸念も出ている。

【1面参照】

嘉島町 運営側足りぬ
熊本市 60人仕事なく

災害ボランティアセンターで参加を申し込む希望者ら=30日、南阿蘇村

「必要な支援とボランティア希望者とのバランスがとれていない」。30日、西原村の災害ボランティアセンターで受け付けを担当する末永克さん(46)=宮城県=は打ち明けた。東日本大震災の復興支援を手掛けるNPO理事長。地震発生後、熊本へ駆け付けた。多数の家屋倒壊が報じられた西原村には、家財道具などを運び出す力仕事で貢献したい人が多数訪れていた。しかし現時点でその類いの要望は少なく、支援物資の整理などを依頼。希望受け付けを断るケースも出ている。

南阿蘇村は29日から、被災者宅での支援を開始。ボランティアは片付けやがれきの撤去などに汗を流した。今後はさらに個人からの依頼が増えると見込んでおり、県内に限ってきたボランティア対象者を県外に広げる必要性も出てきている。

ただ、「宿泊先の確保が困難で、道路事情が悪いことが懸念材料」とセンター長の里浩士さん(55)。今後の受け入れ態勢に頭を悩ませている。

また、250棟が全半壊するなどした嘉島町は「受け入れ側のマンパワーが足りない」。1日からこれまでの約3倍に当たる約100人のボランティアを募るため、「長期参加できる人に運営にも加わってもらえないか検討している」と言う。

一方、希望者がニーズを上回る状況が続く熊本市。市社会福祉協議会によると30日は1221人を受け付け、大半が個人宅の片付けなどをした。しかし約60人は仕事がなく、受付場所の花畑広場周辺を清掃。1時間半ほど早く締め切ったため、相当数が受け付けさえできなかったとみられる。

西原村で活動する末永さんは、「ボランティア活動が広く理解されるまで1カ月ほどは掛かる」と指摘。個人宅の片付けなど潜在的なニーズがあっても、「知らない人を家に入れるのは抵抗がある。評判が口コミで広がればニーズとして出てくる可能性がある」と言う。変化する被災者の要望とボランティアの善意をどうマッチさせるか、腰を据えた取り組みが求められている。(熊本地震取材班)

◇主な災害ボランティアセンター(ボランティア参加希望者の問い合わせ先)

▽熊本市 090(6653)1552、090(6653)1649、090(6653)1648
▽益城町 096(289)6092、096(289)6090
▽嘉島町 090(6653)1384、090(8348)2409
▽甲佐町 096(234)1192
▽御船町 096(282)0785
▽山都町 0967(82)3345
▽西原村 096(279)4425
▽阿蘇市 0967(32)4139、0967(32)4147
▽南阿蘇村 0967(67)2511
▽宇城市 090(6653)1573、090(6653)1442、090(8348)2529=いずれも8時半～17時
▽宇土市 0964(23)3756
▽菊池市 090(8348)3147、090(8348)2821=いずれも9～16時
▽合志市 090(8348)2699
▽大津町 090(8348)2570、090(8348)2784
▽菊陽町 090(8348)2787

「危険」建物1万2000棟
東日本大震災上回る

熊本地震で国土交通省は30日、建物の応急危険度判定で、倒壊の恐れがある「危険」と判定された建物が県内で1万2013棟となり、東日本大震災の1万1699棟を上回ったと明らかにした。29日時点の被災自治体の報告を集計した。

判定の対象は、県内18市町村の4万3106棟。新潟県中越地震(5243棟)、阪神大震災(6476棟)での危険棟数も上回った。ただ、津波で流された住宅が多い東日本大震災や、火災による焼失が相次いだ阪神大震災とは単純に比較できないとしている。

政府の現地対策本部のトップを務める酒井庸行内閣府政務官は、「地震のすごさを物語っており、(危険判定の数は)まだ増えるだろう。ただ、判定によって必要な仮設住宅の数なども分かってくるはずで、判定をなるべく早く進めるべきだ」との見解を示した。

蒲島郁夫知事は「建物に入れない人たちにとって、避難所の環境をどう改善し、いかに仮設住宅やみなし仮設住宅につなげていくかが次の課題になる」と述べた。

災害ごみ 産廃業界に支援を要請

地震で壊れた家財道具など災害ごみが県内で大量に発生し、処理が滞っている。被災した一部の処理施設は稼働を停止。避難生活や断水の影響で使い捨て容器などの生活ごみも急増しているため。30日時点で県内の20市町村は災害ごみに単独で対応できないとして、業界団体に応援を要請。全国の自治体も収集車を派遣したり、県外に運んだりして処理を急いでいる。

建物被害は熊本、大分両県の30日午後の集計で4万棟を超えた。倒壊した家屋の解体も近く本格化するとみられ、環境省は全国の建設業者や自治体からの支援について、県と協議を進める方針。

木くずや壊れた家電製品といった災害ごみは、発生した市町村が処理するのが原則。しかし、熊本市、阿蘇市、益城町、西原村など20市町村は産業廃棄物処理業者でつくる県産業廃棄物協会に支援を求めた。

阿蘇市は「生活ごみにも対応できず、大量のがれきは専門業者に頼むしかない」と説明。西原村は「住民が持ち込む災害ごみの搬出や処分が追いつかない」と嘆く。

県によると、熊本市など3市は通常のごみ収集場で災害ごみを回収、一部地域は道端にあふれる事態になっている。

くまモン

作:サダタローノ 監修:小山薫堂

マッサージ

益城町が全棟調査開始
罹災証明書 きょうから受け付け

調査票に建物の損壊程度を書き込む兵庫県朝来市の職員ら=30日、益城町

熊本地震の罹災証明書発行に向けて益城町は30日、町内全ての建物1万6700棟を対象とした本格的な被害調査を始めた。被害が町全域に及んでいるとの認識に立ち、5月1日からの発行受け付けを待たず踏み切った。

兵庫県朝来市職員らが3人ずつ2チームに分かれ、木山地区と宮園地区に入った。柱の傾きやひび割れなどを点数化し、損壊がみられる家屋について、▽全壊▽大規模半壊▽半壊▽一部損壊―に分類。「調査済」と書いた紙を玄関などに張りつけた。同市職員の尾花優一さん(37)は「早い復旧につながるよう、1棟でも多く調査を進めたい」と話した。

1日に始める罹災証明の受け付けは、午前9時半から町内の避難所9カ所で。全棟調査は福岡県や東京都の応援も受け、5月中の終了を目指す。(後藤幸樹)

新市街 明るい気分に
くまもと夕暮れ市 20店で再開

買い物客らでにぎわうサンロード新市街の「くまもと夕暮れ市」=熊本市中央区

熊本市中央区のサンロード新市街で、恒例の「くまもと夕暮れ市」が29、30の両日、地震後初めて再開された。アーケードに青果店や昔あそびの体験ブースなどが並び、買い物客らでにぎわった。

市民らの実行委と新市街商店街振興組合が昨年7月から、毎週土曜や祝日に開いてきた。4月14日の地震後、一帯は通行禁止となり、2週にわたって開催を見合わせた。普段は40店ほどが並ぶが、今回は協賛店舗も被災しており、全国から運営ボランティアを募って約20店での再開となった。

30日は農産物やコーヒー、雑貨、アクセサリーなどを販売。ヨーヨーつり、こま回しなどの体験コーナーもあり、家族連れらが楽しんだ。南区城南町の主婦村田愛美さん(38)は「街なかがにぎわうと、明るい気分になりますね」と喜んだ。(馬場正広)

辺野古訴訟和解

立ち入り禁止の浮具撤去始める
政府

政府は30日、米軍普天間飛行場(沖縄県宜野湾市)の移設先、名護市辺野古沿岸部の海上で立ち入り禁止区域を示すフロート(浮具)の撤去を始めた。工事で生じる汚れが周辺海域に広がるのを防ぐオイルフェンスも取り外す。作業完了まで少なくとも数週間かかる。

辺野古移設を巡る訴訟の和解に伴い、埋め立て承認を取り消した翁長雄志知事の処分の効力が回復したため、沖縄県側が撤去を要求。政府側は4月14日の協議で応じる方針を示していた。和解を受け、移設関連工事は現在も中断している。

撤去について翁長知事は「一定の評価をしている」と述べた。フロートがなくなっても制限区域自体は残るため、区域の解除や他の工事機材の撤去を政府との協議で引き続き求める考えも示した。

四方洋さん(しかた・ひろし=元サンデー毎日編集長)4月29日、特発性間質性肺炎のため死去、80歳。京都府出身。葬儀・告別式は3日午後1時半から東京都千代田区麹町6の5の1、聖イグナチオ教会で。喪主は妻久美子(くみこ)さん。

高齢者 笑顔で励ます
介護職の卵ら 嘉島町で活動

童謡を歌いながら、高齢者と体を動かす九州中央リハビリテーション学院の学生たち=嘉島町

介護福祉士を目指す県内の専門学校生らが30日、避難所で生活する高齢者を元気づけようと、嘉島町の町民体育館で活動を始めた。県介護福祉士会(石本淳也会長)と連携して5月末まで、各地の避難所で活動する介護福祉士をサポートする。

初日は、九州中央リハビリテーション学院(熊本市中央区)の中村亮介さん(24)ら2人が、高齢者と笑顔で会話。集まった約10人と童謡を歌いながら体操した。鍬野タミコさん(81)は「老人会の体操を思い出して楽しかった」とすっきりした様子だった。

同町地域包括支援センターの竹永有希さん(40)によると、避難所生活が続き、段ボールの仕切りの中にこもる高齢者が多くなったという。竹永さんは「お年寄りと話したり、体を動かすよう促してくれたりするのはありがたい」と話した。

県介護福祉士会は、益城町や熊本市、南阿蘇村に介護福祉士を派遣しており、学生ボランティアは入浴介助の補助などに取り組む予定。(清島理紗)

こもれびの詩

「笑いヨガ」取り組む 西嶋さん(熊本市)

「つらい時こそ、笑って」
きょうイベント 熊本城二の丸広場

お城から県民の元気な姿を世界に届けたいと話す西嶋敏さん=熊本市中央区の熊本城二の丸広場

熊本市中央区の西嶋敏さん(63)は、心臓病を持ちながら「笑いヨガ」の普及に取り組む。熊本地震で被災したが、みんなに笑顔を取り戻してほしいと、1日に熊本城二の丸広場で笑いのイベントを開く。「生きてるからこそ笑えるのだと伝えたい」。

高校や大学で体育を学び、剣道7段の体力自慢だった。大学職員だった1998年、心不全で入院。余命1年の宣告を受けながら回復したが、再び2004年に倒れ、手術を受けた。

苦しい闘病生活の中で、妻の和子さんにあたることもあったが、笑いとヨガの呼吸法を組み合わせた笑いヨガを知って実践。「笑顔になることで、心身ともに明るく前向きになれることに気付いた」。10年に「くまもと笑いヨガ倶楽部」をつくり、毎年「笑いヨガフェスティバル」を催してきた。

昨年9月、三たび病状が悪化。動脈破裂などのおそれがあるとされ、初めて人工血管を心臓につないだ。体調は万全ではないが「私の命は限りなく終着駅に近づいている。だからこそ、今生きて笑いあえる大切さを伝えられる」と、今年も1日にフェスを予定していた。そんな矢先の地震だった。夫婦で自宅近くの高校に1週間避難。強ばった表情でひしめく人たちを見て、涙があふれた。フェスの会場も使えず中止となった。

西嶋さんを奮い立たせたのは被害を受けた熊本城だった。4月24日、二の丸広場を訪れると、変わり果てた天守閣が見え、「城が泣いているようだ」と思った。それでも余震を耐え続ける姿に、「県民の元気な姿をここから世界に届けたい」と開催を決めた。1日は午前10時から正午まで、参加者に笑いヨガや歌、ダンスを楽しんでもらう。地震の復旧支援のための寄付も募る。

倶楽部では、頑張ろうを「顔晴ろう」と表現している。「楽しいから笑うんじゃない。笑うから楽しくなれる。つらい時こそ、笑ってほしい」。西嶋さん流の復興へ向けたメッセージだ。(馬場正広)

1 3版 平成28年(2016年)5月2日 月曜日 熊本日日新聞 (昭和17年4月1日第3種郵便物認可) 第26636号 日刊

熊本日日新聞
発行所 熊本日日新聞社 〒860-8506 熊本市中央区世安町172 ☎代表(096)361-3111 ©熊本日日新聞社 2016年

5月2日 月曜日

熊本地震 農林水産被害 1000億円超

県内災害で過去最大

県は1日、熊本地震による農林水産関係の被害額が1022億200万円に上ったと発表した。県内の災害被害では、800億4300万円を記録した1999年の台風18号災害を上回り、過去最大。4月26日集計の236億800万円から調査や推計が進み、4倍以上に膨らんだ。上益城や阿蘇などで被害が目立つ。

各市町村の実地調査の報告に、調査できない阿蘇、益城、南阿蘇、西原の4市町村の空撮写真などを基に県の推計を加えた。

内訳は、農業関係が767億3千万円で75%を占めた。特に農地などの被害が480億9100万円。このうち西原村の大切畑ダムなど農業用ため池の堤防亀裂や、農業用排水路の損傷などが3003カ所で計369億2300万円に上った。田畑の亀裂や液状化なども、2721カ所の83億6700万円になった。

ハウスの倒壊や選果場の損壊など農業施設の被害は275億5700万円。農畜産物は10億8100万円で、熊本市や八代市でナスやトマトを出荷できず廃棄したほか、畜舎倒壊などで牛と豚約1300頭、鶏54万羽が死亡するなどした。

林業関係は、256カ所で山腹が崩壊するなど235億4100万円。水産関係は、漁港の防波堤や護岸が55カ所で破損するなど19億3千万円に上った。

水産物や養殖施設の被害額は推計に必要なデータがそろわず、含んでいない。水田の亀裂や排水路の損壊による田植えへの影響も換算していない。

県農林水産部は「確定値を算出できる時期は未定。被害額は今後拡大する可能性もある」とみている。(中尾有希)

熊本地震で破損した水田の用水路を補修する農家 =4月29日、熊本市南区城南町の赤見地区(横井誠)

熊本地震による農林水産業の被害額の内訳

農業	農畜産物	10億8100万円
	農業施設	275億5700万円
	農地・用水路	480億9100万円
林業		235億4100万円
水産業		19億3000万円

※県推計、100万円未満切り捨て

立野地区の急斜面の山肌には土砂崩れの跡が目立ち、被害を受けた建物が点在する =1日午後、南阿蘇村

南阿蘇村立野地区 消滅の危機

土砂崩れ危険 村外避難

国道57号が途切れ、阿蘇大橋も崩落した南阿蘇村立野地区が、消滅の危機に直面している。熊本地震による家屋倒壊に加え、土砂崩れの危険は解消されないまま。住民は村の他地区と分断され、大津町など村外へ避難。仮設住宅も同町に建てられる方向で、住民からは「離れたくない。でも帰れない」とため息が漏れる。

余震で山が崩れる可能性があるとして、村は立野地区のほぼ全域に当たる347世帯863人に避難勧告。地震発生後、住民は旧立野小に避難したが、雨が降って危険に。21日以降、ホンダ熊本製作所など大津町での再避難が続いている。

「ぐちゃぐちゃの家に帰ることはありえないだろう」。地震で自宅が壊れた丸野健雄さん(72)は1日、避難所で力なく語った。2012年7月の九州北部豪雨による土砂災害を乗り越え、再出発した住民を今度は地震が襲った。「愛着はあるが、みんな限界だ」

今回の被災現場は、豪雨を経験した住民ですら「想像できなかった」と口をそろえる規模だった。山肌に走る無数の赤茶色の筋、つぶれた家屋、陥没した村道…。火山灰土壌の崩れやすい地盤とはいえ、阿蘇大橋が壊れたのは大きな衝撃だったという。

村役場も小中学校も橋の向こう側にある。丸野さんは「村内の別な場所で、みんなが一緒に住めるようになればいいのだが…」と願うものの、国道と橋は復旧の見通しが立たない。

村は、立野地区住民向けの仮設住宅を大津町に建設する方向で調整中。その後の生活再建となると、さらに不透明だ。1人暮らしの中島幸代さん(81)は「仮設住宅で暮らした後は、どこかの老人ホームに入ることになるでしょうね」と漏らした。

立野地区にとどまろうとする住民もいる。井川博文さん(45)は1日午後、自宅の片付けに戻った。九州北部豪雨の土砂で流された後、13年に旧立野小近くに新築した「ついのすみか」に一家6人で暮らす。「何とか住める状態だし、住宅ローンも残っている。移り住むつもりはない」と言い切った。

引っ越しを始めたのだろうか、荷物を載せた住民のトラックが行き交う。「故郷がゴーストタウンになっていくのか」。井川さんは寂しそうにつぶやいた。(藤山裕作)

大津町
土砂崩れで通行止め
立野地区
阿蘇大橋
南阿蘇村
57
白川
325
N

熊本地震 特別紙面

おわび
地震の影響で本日付朝刊が一部地区で配達できなかったり、遅れたりしました。大変ご迷惑をおかけしました。
熊本日日新聞社

水俣病60年 「5.1」祈り深く

互助会 独自の慰霊祭

水俣病は1日、公式確認から60年の節目を迎えた。今年は熊本地震の影響で、患者と遺族や環境相、知事、原因企業チッソの社長らが例年出席している水俣病犠牲者慰霊式(水俣市や患者団体などでつくる実行委主催)が延期される異例の「5・1」となった。【21面に関連記事】

水俣病1次訴訟の勝訴原告らでつくる水俣病互助会は例年通り、水俣市袋の乙女塚で独自の慰霊祭を開催。犠牲となった全ての生き物の霊を慰めた。

水俣市の西田弘志市長らは、慰霊式が予定されていた水俣湾埋め立て地を訪れ、慰霊の碑に献花。例年、慰霊式が開始される午後1時半には市内にサイレンが鳴り響き、鎮魂の祈りに包まれた。

毎年慰霊式に参列しているという元チッソ社員の男性(86)は、慰霊の碑の前で「水俣病を起こし、被害を拡大させた会社を止められなかった。60年たったが、被害を受けた人たちの苦しみはちっとも変わっていない」と切々と語った。(福山聡一郎)

水俣病患者や遺族らが参列した水俣病互助会の慰霊祭 =1日午後、水俣市袋の乙女塚(横井誠)

「危険度判定」予定分を終了 県土木部

県土木部は1日、熊本地震の余震による建物倒壊で人的被害を出さないために市町村が実施していた「応急危険度判定」について、緊急度が高いと判断した当初予定分の4万6966件で判定を終了したと発表した。

応急危険度判定は、益城町や西原村、熊本市など18市町村が、他県からの判定士(建築士)の応援も得て4月30日まで実施。住宅や店舗への立ち入り禁止を促す「危険(赤)」は、1万3113件に上った。「要注意(黄)」が1万4907件、立ち入り可能を示す「調査済(緑)」は1万8946件だった。

今後は住民から市町村に依頼があった場合に判定を実施する。(太路秀紀)

支えあおう 熊本 いま心ひとつに

熊日の購読・配達のご用は ミナヨムニッコリ 0120-374625
紙面のお尋ねは 096-361-3115 (日曜・祝日除く9:00～17:00)
パソコン版くまにちコム kumanichi.com

◇お断り 「きょうの天気」は2面に移しました。

がんばろう 熊本 地震被災者応援メッセージ

光が差す故郷に

故郷熊本の変わり果てた姿を見て心を痛め、心配ばかり空回りしています。ですが、ここで心を一つにしてみんなで頑張りましょう。また明るい光の差す熊本へ復興するために。私もできることは何でもやります。(藤米田勲・42、愛知県岩倉市)

新生面 2016.5.2

すがすがしい青空に文句の一つも付けたくなるような大型連休の入り。裏腹に気分はどんよりで、といえば身も蓋もないことになろうか。晴天に筋違いの恨みは言うまい▼「夜中の震度3はこたえるねえ」。そんな朝の会話が普通になってしまった。「この先一体、どうしたいっていうんだろう」。無意味な問い掛けが意味があるようにも聞こえてくる、ため息と余震交じりの毎日。だが、「どぎゃんかなる」▼思いは同じだろう。会社近くのホームセンターをのぞくと、急ごしらえの売り場がにぎわっていた。自宅の修復、後片付けに必要な物を買い求める人たち。一刻も早く日常を取り戻したいというその姿に、見ている側も励まされる気がした▼とはいえ「どぎゃんかなる」どころか、「処置なし」の心境の方も数多いはず。一部で仮設住宅の建設が始まったが、自宅倒壊などの被災者にはひと筋の光明になっていようか。不安と絶望は日に日に肥大していく。時間との闘いでもある▼だが、その前に「現場主義・当事者主義」に心を砕け、というのは片山善博慶応大教授の指摘だ。当時知事として、2000年の鳥取県西部地震の復旧・復興に当たった。被災者が何に悩んでいるのか、なぜ絶望しているのか、自立のために何が必要かを第一に考えることだ、と(共著『災害復興とそのミッション』)▼一人一人の思いに応える労を惜しんではなるまい。ここは地方自治の腕の見せどころ、正念場である。血の通った復興へ、すべては被災者のために。

熊本地震　ネット上のデマ　被災者も不快感

「井戸に朝鮮人が毒入れている」

県内に甚大な被害をもたらした熊本地震では、インターネット上にさまざまなデマが飛び交った。短文投稿サイト「ツイッター」に、「熊本の井戸に朝鮮人が毒を入れている」と投稿されたのもその一つ。1923年の関東大震災の際、多数の朝鮮人の殺害につながった経緯を模倣したデマだが、現代日本政治が専門の宮地忠彦・専修大准教授は「ヘイトスピーチ（憎悪表現）と同質だ」と指摘している。【1面参照】

宮地准教授によると、関東大震災では火災の不安が広がる中、「朝鮮人が井戸に毒を入れた」「放火した」というデマを信じた自警団が多数の朝鮮人を殺害。警察当局も流言を一部追認した。

益城町の河本絢子さん（27）は「生活に必要な情報を収集するのにスマートフォンは必需品。被災者を困らせて楽しんでいるとしか思えない。やめてほしい」と不快感を示した。笠井優次さん（64）も「なぜそんなことをするのか。被災者は生活だけでも精いっぱいなのに」と憤る。2人とも疲労とストレスを抱えつつも、「正しい情報か確認していきたい」と冷静に受け止めた。

宮地准教授はデマが広がりかねなかった背景を「『井戸に毒』という表現が時代錯誤で現実味がなかったため、多くの日本人の判断も健全だった」と説明。「ただ、特定の人種を蔑視するもので、ヘイトスピーチと同じ側面があり、看過すべきではない」と指摘する。

朝鮮人が井戸に毒を入れたぞ（関東大震災からの学び）

熊本の井戸に朝鮮人が毒を入れて回っているそうです！皆さん注意してください！

熊本地震が発生した際、拡散されたデマの一部（画像の一部を加工しています）

識者指摘「ヘイトスピーチと同質」

実際、県内の在日コリアンは事態を軽視していない。在日本朝鮮人総聯合会（朝鮮総連）県本部の金米幸委員長は「県内ではヘイトスピーチがないだけに、今回のデマは驚いた。発言者の顔が見えずに気持ち悪い」。在日本大韓民国民団（民団）熊本県地方本部の崔相哲事務局長も「多くの日本人の本音と違うと分かっているだけに残念。反応すると逆に刺激してしまうので…」と言葉を濁す。

特定の人種や民族への差別をあおるヘイトスピーチについては、東京・新大久保や大阪・鶴橋で一部団体がデモを繰り返し社会問題化。法務省によると2012〜15年に全国で1152件が確認されている。国会では、差別的言動のない社会に向け、国や自治体の責務を盛り込んだ対策法案の審議が進む。

今回のツイッター上では次々とデマを否定する発言も投稿された。県災害対策本部は「事実として確認されれば、積極的に対応したい」と話す。

災害リスク学が専門の広瀬弘忠・東京女子大名誉教授は「中世ヨーロッパで疫病が流行した際、ユダヤ人がスケープゴートにされたように、人間は極度の緊張状態に置かれている原因をでっち上げ、他者を傷つける行動を取ることがある。事実無根の誹謗中傷については、行政や市民が積極的に否定するべきだ」と警鐘を鳴らしている。（臼杵大介、高宗亮輔）

家屋被害4万棟超す

県災害対策本部は1日、熊本地震で全半壊、一部破損した家屋が計約4万3千棟に上ったと発表した。罹災証明申請件数を計上している熊本市が3万棟超を占めており、複数世帯が入居するマンションなどは重複の可能性があるという。

同日午後現在の避難者は412カ所に2万2078人で、前日比約3800人減った。約1万300世帯で断水が続いている。

熊本地震 県内の被災状況（1日午後時点、熊日まとめ）

死亡	49人（熊本市4、南阿蘇村15、西原村5、御船町1、嘉島町3、益城町20、八代市1）
震災関連死	17人（熊本市10、宇土市1、阿蘇市2、南阿蘇村1、御船町1、益城町1、氷川町1）
行方不明	1人（南阿蘇村）
負傷者	1,566人
建物	住宅43,558棟
避難	避難所 412カ所
	避難者 22,078人
水道	断水 約10,300世帯

※県災害対策本部などの集約分

熊本市に「復興部」

6日設置　一元化で総合的支援図る

熊本市の大西一史市長は1日、被災者支援を加速するため、6日付で政策局に「復興部」を設けることを明らかにした。被災者の相談窓口や、国や県、関係機関との連絡を復興部に一元化。庁内を調整し、復興計画の策定にもあたる。

総務、生活支援、住宅支援の3課体制で、各局から約40人を集める。東日本大震災で専従部署をつくった仙台市を参考にした。

大西市長は「これまで各局の部署が通常業務をしながら対応してきた。専従部署ができ、市民への総合的な支援につながる」と説明した。

市は2日から4日まで、指定避難所などに現在も身を寄せている避難者の聞き取り調査を実施する。保健師ら約300人を動員し、一人一人から、帰宅できない理由や必要な支援などを聞く。前回は4月23〜25日、世帯ごとのアンケート形式で調査した。（高橋俊啓）

熊本地震発生以降の地震回数

（回）
午前1:25 震度7（M7.3）
午後9:26 震度7（M6.5）
震度 7 6 5 4 3 2 1
4/14 15 16 17 18 19 20 21 22 23 24 25 26 27 28 29 30 5/1

（1日20時現在、気象庁速報値。16日2時以降は大分県含む）

「多様なニーズ把握」

塩崎厚労相 病院など視察

熊本地震で発生した漏水の修理工事現場を視察する塩崎恭久厚労相（右から3人目）＝1日、熊本市東区

塩崎恭久厚生労働相は1日、熊本地震の被災地に入り、熊本市の水道工事現場や熊本赤十字病院などを視察した。

同市東区の漏水現場では、基幹水道管（直径135センチ）の漏水箇所まで掘り進めている状況を大西一史市長らと視察。担当者から「この漏水で市中心部など14万7千世帯に影響が出た」などと説明を受けた。

同区の熊本赤十字病院では記者団の取材に応じ、「急性期の医療から慢性期の支援に移っていく。避難所暮らしや在宅、要介護者など多様な被災者のニーズを把握し、適切に支援したい」と述べた。

一方、血液製剤の不正製造・隠蔽問題で業務停止処分を受けている化学及血清療法研究所（化血研、同市）については「地震で大きなダメージを受けたと認識している」としながらも、「処分のことは別問題。変わらずに進めていく」と話した。（宮崎達也、石本智）

仮設住宅まず140戸

益城町

益城町は1日、災害救助法に基づいて県が整備する仮設住宅を、町有地3カ所に計140戸を先行して建てる方向で県と協議していると明らかにした。

町は2千戸の建設を目指し、避難所にいる町民にアンケートを実施中。具体的な場所、入居時期は「地元住民と話し合っている段階で、答えられない」としている。

同町惣領の町保健福祉センターに置いていた町災害対策本部を2日、町役場庁舎に戻すことも明らかにした。役場庁舎は4月16日の本震の影響で一部損壊し、応急工事を進めていた。

役場の窓口機能は9日から、軽自動車税の納付証明書発行業務などを始めるほか、役場敷地内にプレハブの仮庁舎を建て、順次再開する。（池田祐介）

「九州観光を」緊急アピール

熊本・大分10市町

熊本地震で被災した熊本、大分両県の比較的被害の少ない自治体の首長らが4月30日、福岡市役所前に集まり、「今こそ九州観光を」と緊急アピールを実施した。

九州観光を盛り上げ、地域経済の復興につなげようと、福岡市が提案。熊本県内からは天草市と小国町、大分県内からは別府市など8市町が参加した。

1万泊以上のキャンセルが出ているという天草市の中村五木市長は「普段と変わらず風光明媚な天草に遊びに来てほしい」、小国町の北里耕亮町長も「被災した人たちは前に向かっていこうという思いでいっぱい。新緑の阿蘇エリアにも足を運んで」と呼び掛けた。

福岡市の高島宗一郎市長は「被災地に出掛けていくことも支援になる」と訴えた。（田川里美）

「熊本城を必ず元に」

馳文科相 損壊現場へ

熊本城を視察する馳浩文部科学相（右から2人目）＝1日、熊本市中央区

馳浩文部科学相は1日、熊本市を訪れ、熊本地震で甚大な被害を受けた熊本城（同市中央区）を初めて視察。「10年、20年かけても震災前の姿に必ず戻す」と強調した。

熊本城では、東十八間櫓と北十八間櫓が倒壊するなど国重要文化財13棟が損壊。多くの石垣が崩落した。現在、城内と周辺は立ち入りが禁止されている。

馳文科相は行幸坂を上り、西櫓門から入城。熊本城総合事務所の河田日出男所長の説明を聞きながら約30分間、倒壊した櫓2棟や飯田丸五階櫓、天守閣などを見て回った。

視察後、馳文科相は「石垣と施設の崩壊、地割れなど、甚大な被害状況を目視した。根本的な史跡整備の対応が必要」と指摘。復旧財源について「地域再生の観点を加え、地元負担をできるだけ少なくしたい」と話した。

今後の手順は「余震が収まってから工程を立て、地元の声を聞きながらベストな選択をする」とした。

この日は、市内の小中学校や熊本大、東海大も訪問した。（飛松佐和子）

無届けホームに1万5千人入居

低所得の高齢者ら　15年度

入居者に介護や食事などのサービスを提供していながら自治体に届け出ていない「無届け有料老人ホーム」に昨年度、全国で少なくとも約1万5千人が入居していたことが1日、共同通信の自治体への調査で分かった。

無届けホームについては厚生労働省が施設数を発表しているが、人数が明らかになるのは初めて。

部屋の広さや防火設備など国が定めた基準を満たせない代わりに、安い利用料で低所得や身寄りのない高齢者を受け入れている例が多い。特別養護老人ホーム（特養）のような正規の施設に入れない人の受け皿になっている実態が浮かぶ。届け出は法律で義務付けられており、無届けだと行政の指導・監督が行き届かず、入居者が劣悪な環境に置かれたり、貧困ビジネスなど不正の温床になったりする恐れもある。

調査は4月、有料老人ホームの届け出先の都道府県、政令指定都市、中核市112自治体に実施。全てから回答を得た。

都道府県別（政令市、中核市の分を含む）に見ると、入居者数が最も多いのは北海道で8147人。大阪府1202人、千葉県624人が続いた。北海道は冬季に高齢者が入居するという地域特有の事情もある。福井、鳥取、香川3県は1人もいなかった。

熊本県内は、熊本市に16施設あったが入居者数は不明。同市以外では6施設あり、入居者数は14人だった。

施設数は4月22日の厚労省発表（1650カ所）を一部の自治体が訂正し、疑い例を含めて全国で1627カ所。厚労省が調査を始めた2009年度以降で最多となった。高齢者の増加に加え、厚労省が実態把握の徹底を自治体に求めたことも一因とみられる。

◆国交省、水道データで空き家把握

国土交通省は、全国で318万戸（2013年10月時点）とされる放置状態の空き家について、世帯ごとの水道使用状況のデータを活用し、市町村が効率的に実態を把握する仕組み作りを進めている。昨年10月から鹿児島市で試験的に実施しており、18年にも全国へ拡大したい考えだ。

空き家の数は総務省が13年の住宅・土地統計調査でまとめたが、5年ごとの抽出調査のため、市町村内の分布状況などは把握できていない。

◇九州経済産業局（1日）大臣官房付（地域経済部長）堀尾容康▽産業部長（中小企業庁事業環境部企画課経営安定対策室長）最上賢治▽地域経済部長（産業部長）芳野勇一郎▽総務企画部参事官兼地域経済部地域経済課消費税転嫁対策室長兼産業部中小企業課消費税転嫁対策室長（総務企画部総務課長補佐兼同部同課人事専門職）今村芳仁▽総務企画部参事官・地域経済部地域経済課消費税転嫁対策室長・産業部中小企業課消費税転嫁対策室長の兼務を解く　産業部中小企業課長原正

首相の動静　1日

【午前】10時56分、羽田空港。11時5分、報道各社のインタビュー。27分、欧州とロシア歴訪のため、昭恵夫人と共に政府専用機でイタリアに向け出発。

想 SOU

論説主幹　高峰 武

若葉の中、「一歩」前に

内輪の事ですが、あえて紹介したいと思います。同僚のあんな顔を見たのは初めてだったからです。

2度にわたって震度7を記録した熊本地震は大きな被害を出しました。と過去形で語るには早過ぎることでしょう、現在進行形です。

同僚も伯父さんを亡くしました。農家の長男でコメやスイカを作りながら、母親や祖父母、父親代わりで5人の妹、弟の面倒をみてきました。妹の子どもである同僚も随分かわいがられたようです。

そして16日未明の大地震。伯父さんは、落ちてくる木材から守るためでしょう、奥さんに覆い被さるようにして亡くなっていました。幸い、奥さんはけがで済んだのですが、密葬で車いすの奥さんは「おとうさんがおらんと生きていけん」と棺に横たわる夫に声を上げました…。

これは熊日の記事からの紹介ですが、書いたのは実は同僚なのです。

余震が続く中、災害現場は広がり、深刻さは増します。伯父さんと同じ町に住む同僚は、自分の家族を避難させながら、同時に取材記者の一員ともなりました。亡くなった伯父さんを最も知るのが同僚です。議論の末に、同僚が記事を書いたのでした。

幾つもの現場を経験する記者ですが、やはり身近な人の死はこたえます。しかもそれを公の記事にすることは、別次元の深い葛藤があります。同僚には「がんばって」と月並みなことしか言えませんでしたが、しかし、被災地のあちこちで、言うに言われぬ気持ちをじっとかみしめている人がたくさんいます。あえて紹介しました。

●　●　●　●

余震が続く中、柔らかな光を感じることもありました。熊本市の熊本学園大学はグラウンドが避難所に指定されていただけでしたが、人数の多さから校舎の開放を決め、さらには障害者用に大ホールも開放しました。最大時には700人が避難、障害者60人もおり、福祉関係の教職員や介護の専門家、学生ボランティアなどが24時間態勢で見守っています。障害者の避難所は大規模地震では国内初と言います。提携する福島大学の「うつくしま未来支援センター」も参加しています。避難者は弱者で、障害者はその中の弱者です。やろうとする一歩が大事。「前へ」です。こうした一歩は各地で行われていることと思います。

これから長丁場の闘いが続きます。私が関係しているものに、熊本市中央公民館の自主講座があります。62講座、約1600人が受講しているのですが、中央公民館が使用禁止となり、すべてが休講となりました。地味な講座ですが、熊本の文化をしっかり支えていた市民講座です。人命には比ぶべきもないことですが、こうした日常が壊れたこともまた事実でしょう。

●　●　●　●

阿蘇神社や熊本城が無残な姿をさらしています。傷んで初めて、かけがえのない風景だったと気付きます。心が痛みますが、再建へ募金も届き始めました。県民の英知を集めましょう。熊本城を築城当初のように復元できないか、あえて、こんな前向きな議論があってもいいのかもしれません。

「そのさま、世の常ならず。山は崩れて河を埋み（略）土裂けて水湧き出で、巌割れて谷にまろび入る」

鴨長明の「方丈記」（ちくま文庫）の「元暦の大地震」のくだりです。元暦二年、1185年。今から800年以上も前ですが、2016年の熊本県民が経験した風景でもあります。

日本人を考える時、ケネディ米大統領と大平正芳外相（当時）とのやりとりを何度も思い出します。

大統領が「戦後、日本はどうしてあんなに早く復興できたのか」と聞くと、大平外相がこんなふうに答えたそうです。

「日本は地震や台風など自然災害の多い国だ。被害を受けるたびに、なにくそ、とがんばってきた、そういう民族だ…」

戦争と災害は同列には並べられませんが、しかし、災害列島で日本人が歯を食いしばって歴史をつくってきたことは事実でしょう。「負けんバイ」「がまだせ」「がんばるモン」「支えあおう」。自分の好きな言葉でいきましょう。

今回は「私」のことが多くなりました。いろんな「私」が集まり「みんな」になり、「社会」になると思うからです。熊本地震は県民共有の記憶となりました。大型連休です。被災者、被災地に心をぐっと寄せながら、五月の若葉と青空に向かって心のこいのぼりを高く揚げる、そんな熊本でもありたいと思います。

2016.5.2

首長の日程

【蒲島知事】終日　地震災害対応▽16時半　災害対策本部会議
【大西熊本市長】終日　地震災害対応▽16時半　災害対策本部会議▽18時　記者会見
【山下荒尾市長】終日　災害警戒・対応▽8時半　定例部課長会▽14時　来客応対▽15時　コウテック義援金贈呈
【髙嵜玉名市長】終日　地震災害対応▽10時半　来客応対
【中嶋山鹿市長】終日　地震災害対応▽13時　来客応対
【江頭菊池市長】地震災害対応
【荒木合志市長】地震災害対応
【佐藤阿蘇市長】地震災害対応
【元松宇土市長】地震災害対応
【守田宇城市長】地震災害対応
【中村八代市長】終日　地震災害対応▽11時　熊本地震に伴う災害寄付受け取り
【松岡人吉市長】8時半　来客応対▽9時　辞令交付
【西田水俣市長】終日　災害警戒・対応▽9時　庁内協議
【堀江上天草市長】終日　地震災害対応▽8時半　庁内協議▽10時　来客応対
【中村天草市長】終日　地震災害警戒・対応▽9時　庁内協議▽10時　来客応対▽15時　JA本渡五和果樹協議会柑橘部通常総会▽16時半　庁内協議

きょうの歴史　5月2日

▽1974（昭和49）年

苓北町にかんがい専用の県営志岐ダムが完成、しゅん工式を行った。＝写真

▽1949（昭和24）年　熊本女子大（現県立大）の第1回入学式があった。

田植えの時期なのに…

阿蘇地域　農家 焦りの色濃く

用水路傷み、水源枯れる

県内の他地域より1カ月ほど早く、大型連休の時期に田植えを迎えているはずの阿蘇地域で、農家が焦りの色を濃くしている。熊本地震で用水路が壊れたり、水源が枯れたりして、田んぼに水を張れないためだ。「このままでは田植えができない」―。

熊本地震で段差を伴う大きな亀裂が走り、田植えができなくなった水田。大規模な整地作業が必要という＝4月29日、阿蘇市小里

南阿蘇村の崩落した阿蘇大橋から北東約9㌔の阿蘇市狩尾地区。大人の背丈ほどもある段差を伴う亀裂が道路を分断する。目を疑うような光景は、高さを変えながら東西に数㌔続く。周辺の水田にはくぼみやひび割れが生じ、鉄骨が曲がり波打つビニールハウスも目につく。

苗床用のハウスが約1㍍沈下した白石十三男さん(67)は「あの亀裂は余震や雨のたびに大きくなっている」と不安を隠せない。水田の脇を走る水路も激しく傷み、一帯の560㌃に水が来ないという。「もし、すぐに復旧しても田植えは難しいかもしれん」。富永修次郎さん(80)の声に力はない。

同市北部の小里地区は、35戸ほどが20㌶に利用する用水路（幅2㍍）が大きく損傷。約60㍍にわたり70～80㌢陥没した。阿蘇市によると、同市内の米の作付面積は昨年が2600㌶。その多くが被災し、水は届いていないようだ。納屋や自宅が倒壊し、苗床作りさえできない農家も少なくない。

苗床が無事だったところではイネが日増しに大きくなり、田植えをしないと生育障害が出かねない時期が迫る。小里水利組合長の村上健次さん(58)は「タイムリミットは5月10日くらい」と気をもむ。

水をたたえた水田に五岳が映る「逆さ涅槃」には、多くの観光客が目を奪われていた。しかし今、その鮮やかな光景は阿蘇谷一帯から消えてしまった。

一方、土砂崩れで多くの犠牲者が出た南郷谷の南阿蘇村。白川右岸沿いに水田が広がる下田地区では、数十の農家が頼っていた塩井社水源が枯れた。毎分5㌧もの湧き水が消えうせ、「まさか」と地元は戸惑うばかりだ。

阿蘇地域の農業は多くの高齢者が担う。その人たちに復旧作業も必然的にのしかかる。70代の男性が手作業で、土砂や小石を水田から懸命に取り除く姿は痛々しい。

県農業研究センターや村農政課の見通しも厳しい。「米を作れないなら、大豆などに切り替えなければならない」「経営が厳しくなり、廃業する農家も出るのではないか」。地震がもたらした現実はあまりにも重い。

（上杉勇太、嶋田昇平、岡本幸浩）

アトリエ損壊、展覧会中止　多くの美術家も被災

熊本地震で多くの美術家も被災した。アトリエが損壊し、創作活動をこれまで通り続けられない人もおり、県美術家連盟（約490人）は6月に熊本市内で予定していた今年の展覧会中止を決めた。

同市西区の画家本村徹郎さん(79)の自宅2階アトリエには画材などが散乱、作家の魂とも言える作品も損傷した。穴が開いた油彩の人物画は福岡市で開かれた所属美術団体の巡回展にそのまま出した。

「画家としての責任。被災地の状況を知ってほしい」と本村さん。余震が続けば、車のガレージで絵筆を握るという。

同市北区の画家高橋幸二さん(69)のアトリエ兼自宅は梁が傾き、あちこちにひびが入った。1日、避難先の八代市の親戚宅から片付けに戻った高橋さんは「リフォームは無理だろう。これからの青写真をまだ描けない」と厳しい表情。ただ、絵筆など画材は幸い無事。「生きることの厳しさと価値を考える作品を描きたい」と自らを奮い立たせた。

熊本地震で被災したアトリエで無事だった絵筆を見つめる画家の高橋幸二さん＝熊本市北区

44回目となる展覧会を中止する同連盟の宮﨑康親会長(85)＝熊本市東区＝は「アトリエ復旧を手伝いたいが、会員は高齢化し、自分のことで精いっぱいなのが現状だ」と言う。

地震以前に亡くなり、自宅やアトリエで保管されている美術家の作品の状態も気掛かりという。

（中原功一朗）

カンちゃん　フジヤマジョージ

5月2日の飛来予測

	九州北部 大気汚染粒子	九州北部 黄砂	九州南部 大気汚染粒子	九州南部 黄砂
6-12	多い	少ない	やや多い	少ない
12-18	多い	少ない	少ない	少ない
18-24	やや多い	少ない	少ない	少ない
3日	非常に多い	やや多い	多い	少ない

非常に多い　注意喚起レベル　多い　環境基準値程度
やや多い　大気が少しかすむ　少ない　清浄
予測システム「スプリンターズ」開発チーム提供

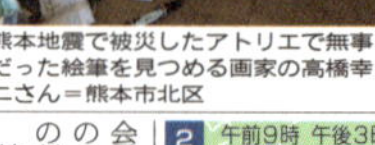

9日間の天気 Weather Report

きのうの気温　1日

（天気・湿度は15時、県内の気温は0時―17時、△印は低め）

	最高	平年比	最低	平年比	湿度	天気
熊本	26.5	2.6	12.4	△0.8	45%	晴
牛深	25.5	3.1	14.6	△0.2	53%	―
人吉	27.1	3.6	9.5	△2.0	45%	―
阿蘇	23.8	3.3	7.9	△0.7	―	―

（阿蘇山上の最高気温は19.4度、最低気温は8.6 度）

	最高	最低	天気
福岡	26.4	14.9	快晴
佐賀	25.8	12.7	快晴
長崎	25.1	13.9	晴
大分	24.3	12.2	晴
宮崎	26.0	13.9	快晴
鹿児島	24.9	14.0	晴
那覇	25.8	21.4	曇
松江	22.8	13.0	曇
広島	25.6	12.5	曇
高松	28.0	11.3	晴
大阪	25.0	13.4	曇
京都	27.8	11.5	曇
名古屋	26.5	11.7	曇
長野	24.0	8.4	曇
東京	24.8	11.9	曇
新潟	16.6	11.4	曇
仙台	12.4	9.6	曇
秋田	11.4	7.7	曇
札幌	10.6	3.6	曇

潮ごよみ

旧暦3月26日（2日）
若潮・月齢 24.7
日出 5時29分
日入 19時00分
月出 2時15分
月入 13時52分

	満潮	干潮
三角	4.40 17.01	11.05 23.19
水俣	4.44 16.56	11.04 23.18
牛深	4.13 16.18	10.28 22.35
玉名	4.50 17.11	11.15 23.29

旧暦3月27日（3日）

	満潮	干潮
三角	5.47 18.11	―.― 12.09
水俣	5.46 18.07	―.― 12.06
牛深	5.06 17.24	11.23 23.36
玉名	5.57 18.21	―.― 12.19

避難所のテレビに映るアイドルグループ嵐が出演するテレビCM＝1日夜、西原村

嵐、CMで熊本応援

地震で被災した熊本を元気づけようと、国民的アイドルグループ「嵐」のメンバーによる応援メッセージのCM放映が1日夜、県内の民放各局で一斉に始まった。

被災者やふるさとの復興支援のために、天草市出身の放送作家、小山薫堂さん(51)が中心になって進める「FOR KUMAMOTO PROJECT」の取り組み。

CMでは、嵐のメンバーが「少しでもみなさんのお力になれるよう、僕たちもできることから始めます」「みなさんのふるさとに寄り添います！」などと県民に向かって語りかけている。

小山さん作詞の嵐の楽曲「ふるさと」をBGMに、熊日記者が被災地で撮影した写真も映し出される。2日からラジオでも放送される。

（吉田紳一）

夏日のかき氷 子ども笑顔　益城町の避難所

最高気温が25.8度まで上昇し、熊本地震発生以来4度目の夏日となった1日の益城町。ボランティアに訪れた福岡市の自営業古賀裕則さん(56)が町総合体育館などで、かき氷2千人分を配り、避難所生活が続く子どもらを喜ばせた。

（高見伸）

23　社会　平成28年（2016年）5月2日　月曜日　熊本日日新聞

熊本地震

不明者捜索 打ち切り

二次災害懸念　知事「断腸の思い」

熊本地震の県災害対策本部（本部長・蒲島郁夫知事）は1日、南阿蘇村立野の阿蘇大橋付近で、土砂崩れに巻き込まれたとみられている行方不明の男子学生の捜索を打ち切ることを決めた。土砂崩落現場の頂上付近に亀裂があり、二次災害の恐れがあるためという。

学生は、熊本学園大4年の大和晃さん(22)＝阿蘇市。4月16日未明の本震発生時に車で付近を走行中だったとみられている。

対策本部は4月30日まで、遠隔操作の無人重機など延べ約100台と、警察や消防など延べ約2600人を投入して捜索。しかし、発見できず、1日に「重機で可能な範囲は全て捜索した」と判断した。県や県警のヘリによる上空からの定期的な確認に切り替える。

国土交通省は、国道57号の復旧に向けて亀裂部分の対策を含め、調査を進める見通し。【1面参照】

県は「状況が変われば地上での捜索再開もあり得る」としている。

蒲島知事は「両親の心中を察すると断腸の思いだが、これ以上進めると二次災害の恐れがあると判断した」と述べた。

南阿蘇村の長野敏也村長は「ご家族の思いは察するにあまりあるが、捜索に当たる人の安全も確保しなければならず、蒲島知事も苦渋の決断だったと思う。村としては、安全性が確認できれば一刻も早く捜索を再開するよう要請していく」と話した。（太路秀紀、山本遼）

大和晃さん

「あまりにも早すぎる」

行方不明の大和晃さん　父卓也さん 落胆隠せず

「捜索打ち切りはあまりにも早すぎる。何とかならないのか」。南阿蘇村の阿蘇大橋付近で行方不明の大和晃さん(22)の父卓也さん(58)＝阿蘇市＝は1日、落胆を隠せず、無念の思いを語った。

捜索が始まった4月20日以降、毎日のように現場へ足を運び、わが子の発見を祈り続けてきた。1日朝も南阿蘇村の災害対策本部を訪れ、「二次災害の危険を避けながら、捜索を続ける手段を可能な限り検討してほしい」と訴えたばかりだった。

自宅で県警から捜索打ち切りを告げられ、母の忍さん(48)は泣き崩れた。物静かで家族や友人への思いやりが強かった晃さん。行方不明が判明し、友人らがインターネットで情報提供を呼びかけてくれた。

晃さんは、熊本地震で唯一の行方不明者。夫婦で再会への願いを温めていただけに、卓也さんは「捜索が終われば、世間から息子のことが忘れられていくかもしれないと思うとつらい」と漏らした。

今後は、道路の復旧作業とともに、ヘリによる上空からの確認が続く。「もし、川底に車の影が見えれば、晃が中にいるかもしれない。取り戻すまで、あきらめきれない」。卓也さんはこれからも、現場に足を運び続けるつもりだ。（堀江利雅）

大和晃さんの捜索打ち切りを知り、「息子を見つけ出す手段は本当に何もなくなったのだろうか」と肩を落とす父の卓也さん＝1日午後、阿蘇市の自宅で

避難所内で〝引っ越し〟

熊本市内の学校再開へ　被災者 感謝と不安

地震被災者の避難所となっている熊本市の公立小中学校内で、避難者の〝引っ越し〟が始まっている。最大10万8千人だった市内の公的施設の避難者は、1日午後1時時点で約6千人。多くの学校が来週の再開を目指す中、居住スペースとして開放していた教室を集約する。

「男性はこちら、女性はこちらの部屋になります」。20人ほどが避難する中央区の帯山小。1日、清掃を終えたばかりの校舎1階の教室に、避難者とボランティアらが毛布や持ち物を運び入れた。

自治会などでつくる避難所の運営組織「チーム帯山」によると、これまで8教室を避難者の居住スペースとして使用。この日から、出入りしやすい1階の2教室に集まってもらった。学校再開に向けた「避難所を維持しながら、学校運営にもできるだけ影響が出ないようにした」とチームの吉田晃副会長。2度の説明会を開き、避難者に理解を求めた。

1人で避難を続けている宮本容子さん(83)は「授業が再開しても避難所を残してもらえると聞いた。大変ありがたい」。住んでいた借家の屋根や壁は壊れ、帰宅はできそうにない。市営住宅に入居を申し込んだが、「希望者が多くて当たるかどうか。いつまでもここにいる訳にいかないのは分かっていますが…」と今後の不安を口にする。

中央区新町の一新小では体育館に23人、校舎内に17人、駐車場の車内に18人の約60人が避難を続ける。

校区の自治協議会は4月29日、各世帯から帰宅の意向を聞き取り調査。1日までの2日間、希望者の家屋にボランティアを派遣して家の片付けを手伝い、帰宅しやすくするためだ。

清掃を終え、帰宅を決めた山内美子さん(75)は「ようやく家が片付いた。手伝ってもらい助かりました」と安堵の表情だった。

自治協の毛利秀士会長は「子どもたちのためにも、帰宅を希望している避難者にはできるだけ協力したい」と話した。

熊本市内では23小中学校が2日に授業を再開する。（石本智、西國祥太、中島忠道）

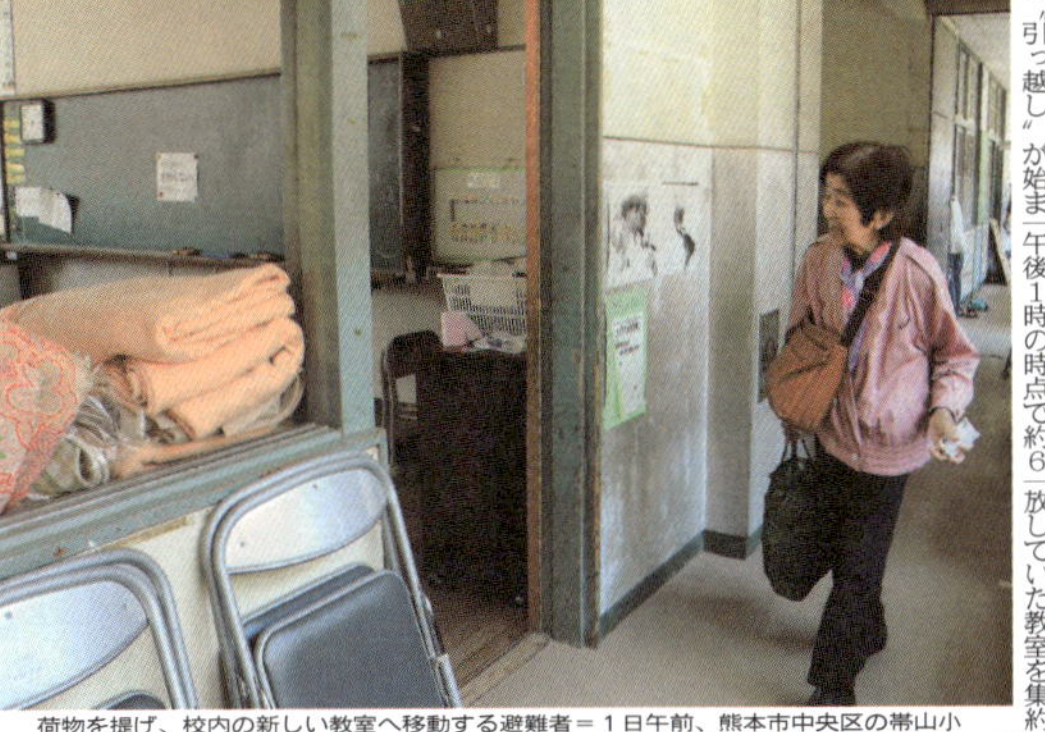
荷物を提げ、校内の新しい教室へ移動する避難者＝1日午前、熊本市中央区の帯山小

くまモン　作：サダタロー／監修：小山薫堂

お椀

子どもたちの遊び声が響く中、被災した人たちが暮らすテントが並ぶ平成中央公園＝1日午後、熊本市南区（谷川剛）

テント生活… 近くて遠い日常　熊本市南区の公園

熊本市南区の平成中央公園で、多くの親子連れらが遊びに訪れる中、熊本地震の被災者らのテント生活が続いている。

アウトドアメーカーのスノーピーク（新潟県）が支援ブースを開設してテントなどを提供。1日も公園内には約20張りが並んでいた。子どもたちが滑り台などの遊具ではしゃぐ〝日常〟の風景が戻りつつある中、避難している人たちが洗濯物を干したり食事の準備をしたりしている。

同区城南町の会社員澤田道さん(49)は、自宅が被災し、家族4人と犬1匹で避難。身を寄せていた中学校がペット不可となり、23日から同公園で寝泊まりし、通勤を続けているという。

「車中泊に比べればテントはありがたいが、どこでもいいから市営住宅や仮設住宅に入りたい」と訴えた。（谷川剛）

罹災証明書申請 受け付け始まる

益城町、西原村

熊本地震で最も多い20人が犠牲になり5400棟が住宅被害を受けた益城町は1日、罹災証明書の申請受け付けを始めた。町は町内全1万6700棟の調査を進めており、証明書は5月中旬にも発行の予定。

同町木山の町交流情報センターでは、午前9時半の受け付け前に約200人が列を作った。自宅が全壊した武田和博さん(72)＝同町宮園＝は「毎日もんもんと避難所で暮らしていた。生活再建へようやく一歩進んだ。早く発行してほしい」と話した。

死者5人、全半壊1431棟の被害が出た西原村でも同日、罹災証明書と被災証明書の申請受け付けが始まった。布田川断層帯に建つ自宅がほぼ全壊した自営業の丹波栄二さん(59)＝同村布田＝は「家族6人で避難所暮らし。この場所に住み続けるか、移住するか悩んでいる。仮設住宅に早く入居したい」とやや疲れた表情で話した。（横山千尋、後藤幸樹）

罹災証明書を申請する被災住民ら＝1日午前、西原村役場

桜島が噴火 噴煙4100メートルに

今年最高

1日午後3時35分ごろ、桜島（鹿児島市）の昭和火口で爆発的噴火があり、噴煙が高さ4100メートルに達した。爆発的噴火は今年43回目で、噴煙の高さは最も高い。大きな噴石が火口から約5000～800メートル飛んだ。

鹿児島地方気象台によると、1955年の統計開始以降、昭和火口で観測された噴煙の高さでは7位タイの記録。2013年8月18日に最高の5千メートルを記録している。

噴火警戒レベルは3（入山規制）を維持。気象台は、火口から2キロの範囲で大きな噴石や火砕流に警戒するよう呼び掛けている。

また、1日午前5時45分ごろ、阿蘇山の中岳第1火口でごく小規模な噴火が起きた。気象庁は「地震活動と関係はないとみられる」としている。

医療費詐欺容疑 手配の邦人拘束

タイ警察

【バンコク共同】タイ警察は1日、医療費の還付を装った詐欺事件で兵庫や熊本など12都県警の合同捜査本部が国際手配していた吉沢脩平容疑者(34)を、首都バンコクで拘束したと発表した。近く日本に移送する手続きを取る。

兵庫県警の捜査関係者によると、吉沢容疑者は詐欺グループの主犯格とされる。市役所職員などを名乗り「医療費の還付金があります」「言うとおりに操作してください」と電話でうそを言い、現金自動預払機（ATM）で送金させ詐取した疑い。

合同捜査本部は昨年2月以降、グループのメンバーを相次ぎ逮捕。被害は全国で約300件、計約3億円に上るとみられる。

市営団地1室焼く

山鹿市

1日午後2時5分ごろ、山鹿市鹿本町来民の市営録田団地、タクシー運転手森田幸子さん(63)方から出火、4軒続きの長屋中央部の森田さん方約40平方メートルを焼いた。

山鹿署と市消防本部によると、森田さんは息子と2人暮らしで、出火当時はいずれも外出していたという。

中尾　幸子さん（なかお・さちこ＝天草市議会副議長・中尾友二さんの母）1日午前、動脈瘤破裂のため死去、81歳。通夜は2日午後7時、葬儀は3日午後1時から、天草市本渡町広瀬465、天寿殿で。喪主は夫盛富（もりとみ）さん。自宅は同市城下町1の1。

（昭和17年4月1日第3種郵便物認可）
第26636号　（日刊）

熊本日日新聞
夕刊
発行所　熊本日日新聞社　〒860-8506　熊本市中央区世安町172　☎代表（096）361-3111　©熊本日日新聞社2016年
2016年（平成28年）
5月2日
月曜日

支えあおう 熊本
いま心ひとつに

あすの天気

地点	降水確率	気温
熊本	60	17～24℃
人吉	60	15～23℃
阿蘇	60	12～22℃
天草	70	19～23℃

福岡　佐賀　長崎　大分　宮崎　鹿児島　那覇　大阪　東京　札幌

2日9時

今月前半は気温高め

5月が始まった。今月は、天気が数日の周期で変化することが多く、平年と同様に五月晴れの日が多くなりそう。気温は平年より高く、特に前半はかなり高くなる可能性がある。作業などの際には、水分のこまめな補給など十分な熱中症対策を。

また、降水量は平年並みか平年より多くなる可能性が高い。次第に梅雨が近づき、ひと雨の雨量が多くなる。雨の際には土砂災害に警戒を。

あすは曇りで日中は雨。

【正午の気温】（）内はけさの最低	【3日】〈中潮〉	（三角港）
熊本24.7(14.1)	旧暦　3月27日	満潮　5時47分
人吉25.8(10.4)	日出　5時28分	18時11分
阿蘇22.9(8.0)	日入　19時00分	干潮　×時　×分
牛深24.9(17.0)		12時09分

のち　一時、時々　% 6時～12時降水確率

一筆　愛は無限

熊本県立大学長　半藤　英明

娘の通う大学の教養科目で、あるとき愛とお金のどちらが大切かを真面目に論理的に議論したと聞いた。教師による講話の形式を取らない、双方向性の授業がはやりである。対話の能力は社会人に必要な基礎力であり人としても身につけておいて損はない。

顛末は聞いていないが、ふと考えた。どちらかを選んでも良いが、どちらをも否定したり、まったく別のものを提案しても良いだろう。すると回答はほぼ無限である。私ならば、いま生きていることの奇跡を思い、すべての生命そのものが大切であり、貴いと答える。震災の悲劇も破壊による惨劇も御免被りたい。

万葉集では、相手を思う気持ち全般を「恋」と表現し、会いたくても会えない気持ちを「愛」とする。サンスクリット語で「煩悩」を表す語が中国語で「愛」と翻訳されて日本へと伝わったから、愛の原義は煩悩、すなわち悩みや辛さである。愛すればこそ悩みとなる事例は多く、原義のとおりいまでも愛と煩悩とはつながっていそうである。

現代語の「愛」はLOVEの翻訳語として流布している。西洋のLOVEは無尽蔵であり、いくらでも生産される。つまり、愛は無限である。日本の古典文学に登場する姫君たちには、もともと男性に対するLOVEがはかない。寄り添う男性は女性の思いに基づくものでなく、女たちの意思は乏しい。しかし、人と人とが、心と心で交われば、時とともにLOVEが生まれ、LOVEは無限に育つ。いつかは地球さえも消えてなくなるのであり、世に限りなきものはそう多くない。

2016.5.2

黙鼓子

熊本市の23小中学校が授業再開。避難所との共存も。支え合って一歩、日常取り戻そう。

◇

福祉施設など職員の疲労ピーク。余震続き車で寝泊まりも。苦境乗り切るには応援しか。

◇

南阿蘇村の立野地区が消滅の危機。国道途切れ、大橋崩落で孤立。村外避難、いつまで。

◇

水俣病公式確認から60年。互助会が独自の慰霊祭。「苦しみは変わらない」。祈り深く。

全体練習を再開し、ランニングするロアッソの選手＝2日、熊本市

ロアッソ 半月ぶり練習再開

サッカーJ2のロアッソ熊本は2日、熊本市内で休止していた全体練習を再開した。熊本地震の影響でリーグ戦5試合が中止となったが、15日に千葉市のフクダ電子アリーナで行われる復帰戦の千葉戦に向け、チーム全体で4月15日以来約半月ぶりに体を動かした。

新国立整備の財源法成立

2020年東京五輪・パラリンピックのメインスタジアムとなる新国立競技場の整備財源を確保するための関連改正法が2日の参院本会議で、与党などの賛成多数により可決、成立した。スポーツ振興くじ（サッカーくじ）の売り上げを充当する割合の上限を、5％から10％に引き上げるのが柱。5月中旬に施行する予定だ。改正法は、16年度から8年間、くじの売り上げの最大10％を新国立競技場の整備費に充てると規定。東京都が国立施設に整備費を支出できる根拠も盛り込んだ。

熊本市内23校 授業再開

熊本地震によって臨時休校していた熊本市内の13小学校と10中学校が2日、学校を再開した。今も避難者が身を寄せている学校では、避難所と共存したかたちで授業や行事に取り組む。

南区南高江の城南小では、月初めに「あいさつ運動」を続けていた地震前と同様、地域住民が校門に立って児童を出迎えた。同小体育館には約50人が避難中で、体育館から登校する児童もいた。

久しぶりに学校が再開され、教室で笑顔を見せる児童たち＝2日午前9時15分すぎ、熊本市南区の城南小（高見伸）

ニュース速報　詳しくはあすの朝刊で

ダル、1年2カ月ぶり実戦

【フリスコ（米テキサス州）共同】米大リーグ、レンジャーズのダルビッシュ有投手(29)が1日、昨年3月に右肘手術を受けてから初めて実戦マウンドに立った。傘下マイナー2Aフリスコの一員としてテキサス州フリスコでのコーパスクリスティ戦に先発し、2回を投げて無安打無失点だった。今月下旬にもメジャーに復帰する見通し。

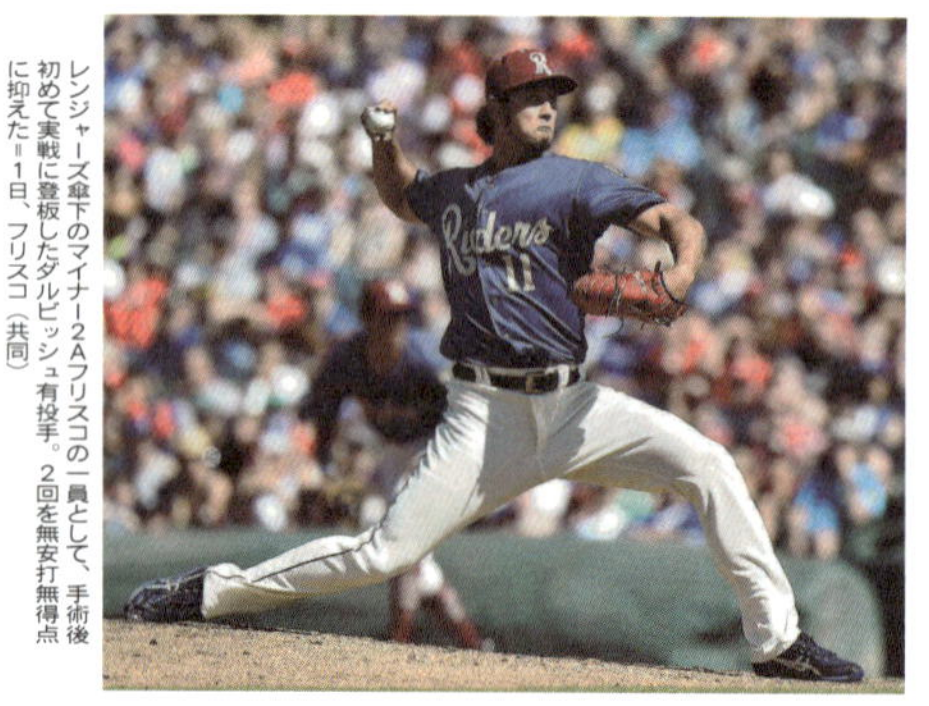

レンジャーズ傘下のマイナー2Aフリスコの一員として、手術後初めて実戦に登板したダルビッシュ有投手。2回を無安打無得点に抑えた＝1日、フリスコ（共同）

クールビズ 本格始動

地球温暖化対策として、職場で冷房時の室温を28度に抑え、ノーネクタイ、ノージャケットといった軽装を促す「クールビズ」が2日、本格的に始まった。＝写真

3～5日の夕刊休みます

3日（憲法記念日）、4日（みどりの日）、5日（こどもの日）は夕刊を休ませていただきます。ニュースは朝刊のほか、パソコン版および携帯・スマホ版「くまにちコム」、購読者専用サイト「くまにちプラネット」、RKKのテレビとラジオ、FMK、FM791、FMやつしろでお伝えします。　熊本日日新聞社

1　3版　平成28年（2016年）5月3日　火曜日　熊本日日新聞　（昭和17年4月1日第3種郵便物認可）　第26637号　日刊

憲法記念日

熊本日日新聞

発行所 熊本日日新聞社
〒860-8506
熊本市中央区世安町172
☎代表(096)361-3111
© 熊本日日新聞社 2016年

5月3日 火曜日

「拠点避難所」18カ所

学校以外、公民館など

熊本市 移転希望先を調査

畳が敷かれ、プライバシーを確保できるよう間仕切りされた「拠点避難所」の一つ、勤労者福祉センター＝2日夕、熊本市中央区（高見伸）

熊本市は2日、連休明けの小中学校の授業再開を前に、公民館やスポーツセンターなど学校以外の18カ所を「拠点避難所」にすることを明らかにした。間仕切りしてプライバシーを確保、畳を敷くなど避難所生活の環境を改善し、避難者の移動を促す。同日から、移転希望先などを聞く意向調査を始めた。

【23面に関連記事】

市は、避難者を対象に実施した意向調査（4月23～25日）から住宅の倒壊などで帰宅が困難な人を約3千人と推計。拠点避難所として、中央区の勤労者福祉センターや東区の秋津、託麻両公民館など18施設を選んだ。今週中に受け入れを開始したい考え。

多くの施設で空調が完備され、洗濯機や冷蔵庫も設置予定。警備員や担当職員を配置し、職員による相談窓口も設ける。

今回の意向調査は避難所に職員を配置し、24時間態勢で実態把握に努める。避難所の移転希望先やバスや福祉タクシーなど移動手段に関する要望、「家の中が片付くこと」「ガス・水道が復旧すること」など帰宅できるために必要な条件なども尋ねる。

18施設以外の避難先や現在の避難所を希望する人については、その施設の環境改善に努めるという。大西一史市長は「被災者にとって一番の利益を考えることが重要。（授業を再開した）学校が避難所になり続けることもある」としている。

市教委によると、2日現在、授業再開した小中学校29校のうち、11校が避難所になっている。（高橋俊啓）

熊本市が2日提示した「拠点避難所」

中央区	勤労者福祉センター（サンライフ熊本）
	男女共同参画センターはあもにい
	大江公民館
	総合体育館
東区	秋津公民館
	託麻公民館
西区	西部公民館
	西部環境工場
	花園公民館
南区	総合屋内プール
	アスパル富合
	富合雁回館
	南部総合スポーツセンター
	火の君文化センター
	城南スポーツセンター
北区	植木文化センター
	龍田体育館
	武蔵塚武道場

熊本地震 県内の被災状況

（2日午後時点、熊日まとめ）

死亡	49人（熊本市4、南阿蘇村15、西原村5、御船町1、嘉島町3、益城町20、八代市1）
震災関連死	17人（熊本市10、宇土市1、阿蘇市2、南阿蘇村1、御船町1、益城町1、氷川町1）
行方不明	1人（南阿蘇村）
負傷者	1,565人
建物	住宅45,669棟
避難	避難所 391カ所
	避難者 20,002人
水道	断水 約9,700世帯

※県災害対策本部などの集約分

県高文祭 中止を決定

会場の県立劇場使えず

県教育委員会などは2日、6月に開催する予定だった第28回県高校総合文化祭の中止を発表した。会場の熊本市中央区の県立劇場が熊本地震で被災して使用できないため。同祭の中止は初めて。全国大会の予選を兼ね、別会場で開く囲碁・将棋、百人一首は6月3、4日に行う。

同祭は、県高校文化連盟と県教委でつくる実行委主催。県内の高校生が日ごろの文化活動の成果を発表する最大の祭典として知られる。全国高等学校総合文化祭の熊本開催を機に、1989年スタート。例年、延べ2千人超の生徒がパレードやステージ、展示に参加。今年は公募で選ばれた「集合！文化のパズルピース」をテーマに6月2～4日に開く予定だった。

実行委は会場の分散も検討したが、余震が続く中、会場の確保や生徒や鑑賞者らの移動が困難と判断。囲碁・将棋は水前寺共済会館で行う。百人一首の会場は未定。他部門は既に県代表が決まっている。

実行委員長の那須高久・県高校文化連盟会長は「準備をしていた生徒、楽しみにしていた県民の皆さんには申し訳ない。各部門の代表が今夏の全国大会でその成果を発表する。高校生の情熱や息吹が熊本の復興に少しでも力になればと願います」としている。（中原功一朗）

キャンセル53万泊

九州6県

外国人客、修学旅行減少

熊本地震の影響で、九州各県の宿泊施設が計52万泊を超える予約をキャンセルされたことが2日、分かった。熊本、大分両県でそれぞれ約15万泊と多く、被害が少ない他県も外国人客や修学旅行などの取り消しが広がっている。書き入れ時のゴールデンウイーク（GW）が直撃され、訪日客の増加で好調だった九州の観光業界に大きな痛手となった。

最初の揺れがあった4月14日以降の取り消しに関し、各県や観光業界団体の集計を積み上げた。調査結果が非公表の鹿児島県については、主要な観光地を抱える鹿児島、指宿、霧島各市と屋久島町の回答を合計。福岡県は調査していない。熊本県は熊本市と南阿蘇村が集計の対象外となっており、実際の取り消し数はさらに膨らみそうだ。

熊本県では、県と阿蘇市観光協会の調べで、GW期間終了までに約14万6千泊のキャンセルが入った。熊本城や阿蘇山の草千里ケ浜が見物できず、代表的な観光ルートの不全状態が続いている。

別府や由布院といった有名温泉地を抱える大分県は、約15万泊がキャンセル。由布院はGW初日の4月29日に再び震度5強の地震に襲われ、復調の兆しに水を差された。

九州観光は複数県を巡る旅行者が多く、熊本、大分以外の県も敬遠される傾向が出ている。

長崎県では、113施設を対象に調査した結果、100施設で約7万3千泊の取り消しを確認。うち4万泊以上を修学旅行などの団体客が占めた。

宮崎県も6月までで約4万7千泊が取り消された。佐賀県は嬉野温泉などの主な温泉地で6月までに約1万5千泊。鹿児島県は3市1町の4月末までの分だけで約9万7千泊に上った。

交通網は九州新幹線と九州自動車道が全区間で復旧し、アクセスは正常化しつつある。GW後半以降に向けて「キャンセルした客が再び予約してくれた」（鹿児島県内の旅館）と、客の戻りに期待が高まっている。

九州各県の宿泊施設キャンセル数

県	キャンセル数
佐賀	1万5000
長崎	7万3000
熊本	14万6000
大分	15万
宮崎	4万7000
鹿児島	9万7000
合計	52万8000

※単位は泊数。県・観光業界団体調べ、鹿児島県は鹿児島市など3市1町、福岡県はデータなし

支えあおう熊本　いま心ひとつに

義援金57億3千万円

4月末時点 県、日赤、共同募金

県と日本赤十字社、中央共同募金会は2日、熊本地震の被災者支援で国内外から寄せられた義援金が、4月30日の集計時点で57億2966万円になったと公表した。日赤県支部によると、今後も増える見通し。

内訳は▽県24億8471万円▽日赤30億9382万円▽共同募金会1億5113万円。県分だけで約4万の個人・団体が寄付している。

3団体に集まった義援金は、県が市町村に配分し、市町村が被災者に配る。県は2日、配分委員会を開き、第1次分として、死者・行方不明者1人当たり20万円、住宅全壊1棟20万円など市町村への配分基準を設定。4月30日時点で判明している被害状況に応じ、25市町村に計7億5212万円を配ることを決めた。益城町2億932万円、西原村1億7850万円、南阿蘇村5900万円などとなっている。第2次以降の配分は被害確認の進み具合に応じて、あらためて額を決める。

被災者への実際の配分額は各市町村が決定。第1次分は6日にも県から市町村に届くが、県健康福祉部は「被災者にいつ配分するかは各市町村が決める」としている。

2012年7月の豪雨災害では、計4億2010万円の義援金が寄せられた。（太路秀紀）

義援金第1次市町村別配分額

（単位：万円）

熊本市	588	南小国町	102
八代市	28	小国町	4
玉名市	110	産山村	70
菊池市	174	高森町	24
宇土市	9410	南阿蘇村	5900
宇城市	5674	西原村	17850
阿蘇市	1040	御船町	3988
合志市	2	嘉島町	4510
美里町	720	益城町	20932
玉東町	60	甲佐町	1026
和水町	10	山都町	430
大津町	2026	氷川町	270
菊陽町	264	合計	75212

おわび

地震の影響で本日付朝刊が一部地区で配達できなかったり、遅れたりしました。大変ご迷惑をおかけしました。　熊本日日新聞社

熊日の購読・配達のご用は
ミナヨムニッコリ
0120-374625

紙面のお尋ねは
096-361-3115
（日曜・祝日除く9:00～17:00）

パソコン版くまにちコム
kumanichi.com

◇お断り 「きょうの天気」は2面に移しました。

新生面　2016.5.3

熊本市内のうどん店に入ったら、「揚げ物は休止」という張り紙があった。余震が怖いので控えているという。被災地では恐る恐るではあるが日常を取り戻そうとしているようだ▼1日には阿蘇神社で熊本地震復興祈願祭が行われた。太鼓と笛が鳴り響き、祝詞と神楽が奉納された。楼門と拝殿が倒壊、3棟の神殿も柱がゆがんでいる。「何年かかろうとも再建を…」。氏子代表の言葉がみんなの気持ちを代弁していた▼一家の主人を「大黒柱」と言い、政策の骨子を「柱」と呼ぶ。そういえば昔から、神様の数は柱で数えてきた。「1柱の神、2柱の神」というように。今回の地震では建物における柱とともに、どれほど多くの人たちが自分の大切な柱を失ったことだろう▼阿蘇では地下水の流れが一変したかのような現象が起きている。湧き水や温泉が止まったり、農家が頼っていた自噴の水源が枯れた。例年なら大型連休は田植え真っ最中なのだが、肝心の水が来ない。生きるすべとしての命の水だ。諦めるわけにはいかない▼阿蘇神社や熊本城は県民の精神的な柱である。熊本城を視察した馳浩文部科学相は「10年、20年かけても震災前の姿に必ず戻す」と約束した。20年とすれば生きて見られるかどうか微妙ではあるが、あの雄姿が必ず戻ってくると思うだけで気持ちは明るくなる▼ありがたいことに全国からボランティアが来てくれている。被災地にはお年寄りが多い。きびきびと働く姿を見れば、思わず神様でも拝む気持ちになるに違いない。

がんばろう熊本 地震被災者応援メッセージ

「嵐」も応援 私も頑張る

1日夜、民放テレビで放送されたアイドルグループ「嵐」の応援メッセージ見ました！

もとに戻る「ふるさと」を、住みながら、応援しながら、力になれるように私も頑張っていきたいと思います。（清崎恵美子・40、熊本市）

3　総合　平成28年（2016年）5月3日　火曜日　熊本日日新聞　（第3種郵便物認可）

南阿蘇村長野地区　本震直後に土石流

少量沢水で発生か

研究チーム「予防避難」徹底を

16日未明の本震直後、南阿蘇村で土石流が起きていたことが、熊本大減災型社会システム実践研究教育センターの鳥井真之特任准教授らの調査で分かった。周囲では火山灰質の土砂が崩れ落ちており、鳥井特任准教授は「少量の雨でも土石流が起きる恐れがある」として、厳重な警戒を呼び掛けている。【1面参照】

鳥井真之特任准教授

鳥井特任准教授らの研究チームは1日、同村長野地区の山王谷川を調査。約2キロにわたって、泥流や流木の痕跡が続いていることを確認した。周囲では家屋や橋が押し流されていた。

土石流は本震後、夜明けまでの間に起きたとみられる。鳥井特任准教授は、雨は当時降っておらず、ごく少ない沢水などで土石流が起きたと推測。「火山灰質の土砂は、極めて少ない水でも流動化するのではないか」とみている。

同地区などには、阿蘇中央火口丘群が噴出した火山灰が堆積しており、このうち表層に近い部分数メートルが谷に崩落した跡を多数確認した。また、阿蘇市の北外輪山の斜面にも地震で崩落した土砂が複数みられ、土石流の恐れがあるという。

鳥井特任准教授は「崩落した場所が多く、危険な土砂を取り除く作業は梅雨前には完了しそうにない。住民主体で、少ない雨でもあらかじめ避難する『予防避難』を徹底してほしい」と話している。（鹿本成人）

土石流が起きた山王谷川周辺を調査する研究チーム＝1日、南阿蘇村

阿蘇中央火口丘群の西側斜面。地震で崩れた跡が目立つ＝1日、南阿蘇村

被災者に心の不調

物音に敏感、不眠、イライラ…

神戸赤十字病院　村上医師　共感し合い「安心」を

村上典子医師

ちょっとした物音に敏感になる。怖い夢をみて、イライラからつい八つ当たり—。熊本地震を経験した県民の多くが、心の変化を感じている。4月末に県内の救護所を回った神戸赤十字病院心療内科部長の村上典子医師は、「誰でも起こり得る正常な反応。共感し合うことで安心感を得て」と助言する。

村上医師は新潟県中越地震や東日本大震災で災害医療に当たった。熊本地震の被災者に見られる傾向として「まさか熊本で」という『驚き』と、余震の多さからくる『疲れ』があるという。発生から20日。「車中泊などで疲れ切り、心に不調を来す時期」にある。

村上医師によると、被災者は怖い夢を見たり、当時の恐怖がよみがえったりする。「トラウマ反応」と呼ばれ誰にでも起こる。思いを吐き出さないままでいると、急性ストレス障害や心的外傷後ストレス障害（PTSD）につながりかねない。

「避難所で周囲の被災者や、関西や東日本から来た支援者と『大変だったね』と話し合い、心が軽くなった人も多いはず」と村上医師。体験を話し、思いを整理すると心が和らぐという。

家や思い出の品、時には家族などを失った人も多い。災害を受け入れられず、やり場のない怒りを支援者に向けたり、「ああすればよかった」と後悔したりする感情が生まれる。「悲嘆反応」と呼ばれる心の状態だ。

眠れず、イライラが募れば、うつ病につながる恐れも。そういった状態の人に対応する時、大事なのは「そばにいて、繰り返し話に耳を傾け、寄り添うこと」。「悲しみに踏み込み過ぎたりしないことが大切です」

心の安定には「安心できる人間関係」と「安らげる空間」が必要。ただ熊本地震は、度重なる余震から車中泊を続ける避難者も多い。村上医師は「空間確保は今回の災害で大きな課題。1泊でもいいので、地元を離れて安心して」と提言している。（林田賢一郎）

災害で経験する心の変化
・眠れない
・物音にびくっとする
・イライラする
・笑っていない
・涙もろい
・酒やタバコが増える
回復を早めるために
・安心できる人と話す
・休息をとり、無理しない
・深呼吸し、伸びや肩の上げ下げ
・被災者にはそっと寄り添う

（日赤「災害時のこころのケア」などより作成）

「外輪山に多くの亀裂」

東京で緊急報告会

土砂災害やインフラ対策など、熊本地震についての多様な課題を討論した緊急報告会＝2日、東京・六本木

熊本地震について断層活動や土砂災害、避難・救助など多様な専門家らの緊急報告会が2日、東京・六本木であり、新潟大の福岡浩教授（地滑り学）は「阿蘇大橋が崩落した土砂の崩れ現場の頂上部など、外輪山には多くの亀裂がある。今後、雨が多い時期になるため警戒が必要」と強調した。

専門が異なる有識者が一堂に集まって情報を共有しようと、日本学術会議が開き、約300人が参加した。

福岡教授は地上や上空から現場を観察。外輪山の火山性土砂が崩れ、下方を巻き込んで規模を拡大したと説明。「土砂が大橋に乗り橋を崩壊させた」との見方を示した。京都大の釜井俊孝教授（地滑り学）は「外輪山はもともと地盤が不安定。周辺の亀裂は拡大する恐れがある」と話した。

東日本大震災の被災者を調査している明治大の中林一樹特任教授は、日常生活の回復が復興の実感につながっていると強調。「食生活や仕事を素早く復旧させ、住宅と市街地の復興を進めることが大事だ」と述べた。（山口尚久）

被災4河川　水防警報 基準引き下げ

県管理　6観測局で1段階

県は2日、熊本地震への避難呼び掛けや水防活動の判断材料となる、地震の被害を受けた県管理の黒川や木山川など4河川の6観測所で、水防警報の基準水位をそれぞれ1段階ずつ下げた。氾濫危険水位は最大の木山川赤井観測所で82センチ下がる。

水防警報は「水防団待機」「氾濫注意」「避難判断」「氾濫危険」の4段階。今回は各警戒水位を引き下げる運用を始めた。同警報は住民に早めの避難措置を促す狙いで、県河川課は期間を「当面の間」としている。被害調査や復旧工事の進み具合で、対象の河川・観測所は今後増減することもあるという。

九州地方整備局は4月28日、国管理の緑川水系4河川と白川で、洪水予報の発表基準水位をそれぞれ1段階ずつ引き下げている。（並松昭光）

県が水防警報の基準水位を引き下げた河川・観測局名は次の通り。

▽白川水系黒川（黒川＝阿蘇市内牧）▽緑川水系木山川（赤井＝益城町宮園、県津森＝同町田原）▽同矢形川（嘉島＝嘉島町井寺、落合橋＝御船町木倉）▽大鞘水系大鞘川（第2大鞘橋＝八代市千丁町古閑出）

余震心配ない県外へ

久留米市　公営住宅に一時避難者

熊本地震によって住み慣れた家を離れた避難者の中には、余震の心配がいらない県外を目指す人もいる。ただ、状態は「あくまで一時的」。「ここに定住すべきか、熊本に戻るべきか」—。避難者の悩みは尽きない。

宇城市松橋町の元トラック運転手、鎌田幸一さん(74)は妻幸子さん(68)、長女なおみさん(43)と4月22日から、久留米市の福岡県営団地で暮らす。「ここなら落ち着いて暮らせる」。幸一さんの表情は穏やかだ。

3人は14日夜の前震後、車の中で一晩過ごし、15日午後、久留米市の長男宅に身を寄せた。「バリバリと柱が折れるような音で外に飛び出した。とにかく安全な場所に逃げたかった」と幸一さん。その後、福岡の県営住宅に入居申請した。

自宅は幸子さんが経営する美容室も併設。改修のめどは立っていない。「店を閉じようにも、常連さんに再開を促されると、頑張らなくてはと思ってしまう」。幸子さんは踏ん切りがつかない。

幸一さんも「長男は『もう久留米に住まんね』と言うが、生まれ育った町に戻りたくもある」。半年ほど団地で暮らす間に、じっくり考えるという。

熊本県は、全国の都道府県に一時避難先としての公営住宅の提供などを要請。福岡県の公営住宅には1日現在、熊本から226世帯543人が避難している。（田川里美）

避難先の団地の一室で「余震を心配せずに生活できる」と語る鎌田幸一さん（右）と妻の幸子さん＝福岡県久留米市

熊本市民病院が被災

新生児医療 中核担えず

入院停止　県外搬送増加を懸念

総合周産期母子医療センターとして県内の新生児医療の中核を担ってきた熊本市立熊本市民病院（東区湖東）が地震で深刻な被害を受け、入院診療ができなくなった。高度な医療が必要な妊婦や新生児が県外医療機関に搬送されるケースが増えることが懸念されている。

同病院は16日の本震で大きく損壊。新生児集中治療室（NICU＝18床）や回復期のGCU（24床）には38人が入院していたが、同日朝までにヘリや救急車で、21人が福岡、鹿児島、佐賀、宮崎の施設に、17人が県内の他施設に移った。

総合周産期センターは、重症の妊婦や新生児に24時間対応できる施設で、NICUや母体・胎児集中治療管理室（MFICU）を備える。都道府県が指定し、県内では同病院と熊本大病院（NICU12床、GCU12床）が総合センター、同市内の民間病院（NICU18床、GCU29床）などが地域センターとなっている。

熊本市民病院が機能を停止したことで、県内のNICUは48床から30床に大幅減。他施設である程度のカバーは可能だが、同病院は千グラム未満の超低出生体重児を多く受け入れ、新生児の心臓手術も県内で唯一可能な施設だっただけに、新生児医療の後退を心配する声もある。

同病院新生児内科部長の川瀬昭彦医師は「総合周産期センターのような中核施設が機能しなくなるケースは過去の災害ではなかった。県外搬送は家族にとっても負担が重い。一刻も早く新築して機能を戻していく必要がある」としている。

同病院は1979年完成の南館が耐震基準を満たさず、84年完成の北館も耐震強度に不安があるとして、市が2008年から建て替えを検討。しかし事業費が膨らみ「病院経営を圧迫する」として凍結されていた。（松岡茂）

地震で深刻な被害を受けた熊本市民病院＝熊本市東区

災害派遣福祉チームが始動

入浴、散歩など支援

被災した現場で高齢者や障害者などを支援する「災害派遣福祉チーム（DCAT）」の活動が本格化している。益城町の避難所で、入浴介助や支援が必要な人の掘り起こしを進めている。

DCATは介護福祉士などの専門職で構成するチームで、東日本大震災後に整備が進んだ。今回の地震では、NPO法人コレクティブ（熊本市）理事長で、全国小規模多機能型居宅介護事業者連絡会代表の川原秀夫さん(66)を中心に、県内外のメンバー20人が活動している。

2日は、益城町総合体育館に設けられた自衛隊の仮設浴場で、DCATの3人が高齢者の入浴を手伝った。湯船には段差があり、高齢者が入るときは注意が必要。地震発生後、初めて入ったという草場洋子さん(73)は「一人では湯をくみ上げることも、湯船に漬かることもできなかった。今日は気持ちよかった」と笑顔だった。

入浴介助のほか、膝が悪い高齢者や車いす利用者の要望を聞いて、散歩の介助や福祉用具の紹介などに取り組む。川原代表は「施設に入らず、住み慣れた地域のコミュニティーで暮らしたいという高齢者も多い。当事者の希望に合ったケアをしたい」と話している。（清島理紗）

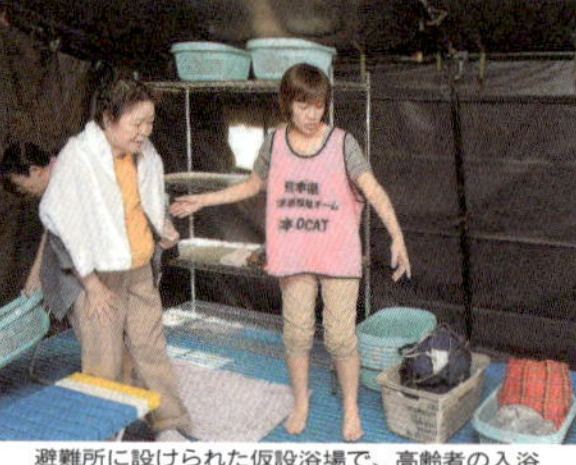

避難所に設けられた仮設浴場で、高齢者の入浴介助をするDCATメンバー＝2日、益城町

熊大の研究者 熊本地震解説

来月、熊本市

熊本地震が発生したメカニズムや、どのように推移したかについて解説する講演会が6月16日午後6時から、熊本市南区の市流通情報会館で開かれる。

活力ある経営者の育成を目的に熊本市などが主催する「熊本元気塾」の2016年度第1回講座。熊本大大学院自然科学研究科の横瀬久芳准教授（地球環境科学）が、活断層の見分け方や、被害が予想される地域を特定する手法などを解説する。

同塾は、17年1月まで毎月1回の講座を予定。医療や貿易、生物、金属材料など多彩な専門家を講師として招く。無料だが申し込みが必要。定員100人で先着順。事務局☎096（377）2091。

震度計2台復旧

南阿蘇村と熊本市南区

気象庁は2日、不具合が見つかった南阿蘇村と熊本市南区の震度計2台が2日午後から復旧し、観測を再開したと明らかにした。

気象庁は一連の地震で震度5強以上を観測した震度計を全て検査しており、2台以外は正常だったという。2台は4月22、23日、計器を載せて固定する台の緩みが発見された。南阿蘇村の震度計は同村で唯一、4月16日未明のマグニチュード（M）7・3で震度6強を記録していた。記録は揺れが増幅されて不正確だった可能性があり、気象庁はデータを精査している。

◆宿泊施設、千人移動にめど

河野太郎防災担当相は2日、政府の非常災害対策本部会議で、熊本地震の避難者のうち、新たに約千人がホテルなどの宿泊施設に移動できるめどがついたと報告した。高齢者ら避難所生活が難しい人が中心になるという。5日には自ら熊本県の被災地を視察し、避難所の状況を確認する考えを示した。

内閣府によると、避難所で過ごす人は全体で約2万人いる。これまでに約470人が宿泊施設に移動済みという。

地震1150回超

熊本、大分両県では2日、午後7時までに震度1以上の地震が28回起きた。4月14日夜以降の総回数は1157回に上った。7は2回、6強は2回、6弱は3回、5強は4回、5弱は7回、4は80回、1～3は1059回。

熊本地震発生以降の地震回数

（回）220／200／180／160／140／120／100／80／60／40／20／0
午前1:25　震度7（M7.3）
午後9:26　震度7（M6.5）
震度　7　6　5　4　3　2　1
4/14　15　16　17　18　19　20　21　22　23　24　25　26　27　28　29　30　5/1　2

（2日20時現在、気象庁速報値。16日2時以降は大分県含む）

きょうの歴史　5月3日

▽2002（平成14）年　県産イ草の復権を狙い、八代市で「全国い草文化博覧会&八代まるごと物産展・inやつしろ」が開幕した。生産者らが独自企画、新作の販売、実演もあった。＝写真

▽1947（昭和22）年　新憲法施行の式典と記念の総合体育祭があった。熊本市内では祝いの旗行列が行われた。

復興へ ダッシュ!!

ロアッソ全体練習再開

ジョギングしながら芝生の感触を確かめる選手たち＝県民総合運動公園

熊本地震の影響で活動を休止していたJ2ロアッソ熊本は2日、県民総合運動公園でチーム練習を再開した。全体練習は前震後の4月15日以来。5月15日に千葉・フクダ電子アリーナで行われる復帰戦の千葉戦を目指す。

清川浩行監督は「（練習再開に向けて）県や熊本市の力を借り、Jリーグなどに手伝ってもらった。きょう練習をできたことは非常に幸せだ」と語った。

選手たちは午前9時50分ごろ、クラブハウスから練習場に現れ、ピッチ中央で輪になって地震の犠牲者へ黙とう。ジョギングやパス練習などに続いて、ミニゲームで汗を流した。清川監督は「選手には『覚悟を持って試合に臨まなければいけない』と伝えた。コンディションは正直言ってまちまちで、今の状態で試合をするのは少し難しいが、これから状態を上げていく」と誓った。

チームは4月16日未明の本震以降、多くの選手やスタッフが車中泊や避難所生活を送った。クラブ側は活動拠点の一時県外移転も検討していたが、同21日のミーティングで、県内に拠点を置いたままでリーグ復帰を目指すことを決めた。

クラブによると、今後の練習は同公園を中心に行うものの、施設が休止中のため、一般の見学はできない。（山本遼）

動画 くまにちプラネット

熊本地震後初の練習前に犠牲者に黙とうするロアッソ熊本の選手とスタッフ

ホーム戦は柏市で

22日 復興支援の位置付け 対水戸

Jリーグは2日、22日に予定されていたJ2第14節、ロアッソ熊本－水戸戦を千葉県柏市の日立柏サッカー場で午後3時から行うと発表した。ロアッソのホーム戦として扱う。

水戸戦は当初、ロアッソ本拠地のうまかな・よかなスタジアム（うまスタ）で開催を予定していたが、熊本地震の影響で施設が使用再開の見通しが立たないため、代替会場を探していた。

柏サッカー場はJ1柏の本拠地。ロアッソの運営会社アスリートクラブ熊本（AC熊本）の池谷友良社長や清川浩行監督らが、かつて柏に所属しており、ロアッソ側の協力依頼を受け入れた。

池谷社長は2日の全体練習後、「うまスタでやりたかったが、願いがかなわなかった。水戸戦は復興支援試合と位置付け、全国に熊本の被災情報を発信する機会にしたい」と説明。また「柏のサポーターらの協力を仰ぎ、（チームカラーの）赤色に染めたい。熊本でも多くの人に応援してもらえるようパブリックビューイングの場を提供できないか検討している」と話した。

ロアッソは熊本地震後、リーグ戦5試合が中止となり、15日に千葉市のフクダ電子アリーナで行われる千葉戦で復帰する。28日の第15節・町田戦もうまスタで日程が組まれているが、AC熊本は10日をめどに開催の可否を決める方針。（野方信助）

立ち上がれ ロアッソ熊本 roasso kumamoto

感謝胸に「熊本の元気、伝える」

熊本地震後初のチーム練習で突破を見せるロアッソ熊本のMF嶋田（右）

約半月ぶりにチーム練習を再開したロアッソ熊本。ボールを追ううちに選手たちの顔には自然と笑みがこぼれた。主将のMF岡本賢明は「みんなでサッカーをできる喜びを感じた」とうなずくと「選手みんなで思っているのは、一番上を目指すことだ」と力を込めた。

練習は、犠牲者への黙とうから始まった。岡本は「震災があってからのことを振り返っていた。1分間があっという間だった。それだけ濃い2週間だったんだと思った」と感慨深げ。

ボールタッチの数を制限したミニゲームなどを通して、選手たちは連係をじっくりと確認。FW巻誠一郎は「多くの方がまだ苦しんでいる中で、練習できる場を与えてくださった熊本の方に感謝の気持ちだ」と語った。

巻は岡本らとともに、避難所でのサッカースクール開催や救援物資の集配などを中心となって取り組んできた。「避難所を回って、苦しい環境の方からも『ロアッソが励みになる』とよく言われた。サッカーの楽しさや素晴らしさを感じるとともに、『熊本は元気だ』と伝える責任も感じた」とリーグ戦に復帰する意義を強調する。

練習を再開した今も、選手数人は自宅以外に避難したまま。益城町の実家が応急危険度判定で「危険」と判定されたMF嶋田慎太郎は、「自分が家を建ててやるという気持ちで戦っていく」と活躍を誓った。（山本遼）

▼サッカー協会が義援金口座

日本サッカー協会は2日、熊本地震の義援金口座を開設すると発表した。6日から6月20日まで、みずほ銀行とスルガ銀行、三菱東京UFJ銀行で受け付ける。

また被災したサッカー関係者を援助する目的で、みずほ銀行には12月30日までサッカーファミリー復興支援口座も設ける。口座番号などは日本協会の公式サイト（http://www.jfa.jp/）で。

九州女子リーグ前期全日程中止 サッカー

九州女子サッカーリーグ連盟は2日、熊本地震のため開幕を延期していた「第19回九州女子リーグ」の前期全日程を中止することを発表した。

中止するのは7月24日までに予定されていた1部の第9節までと2部の第7節まで。8月から始まる後期の1回戦総当たりで実施する。

同リーグ1部に県勢は熊本ユナイテッド、益城ルネサンス、秀岳館高が参加し、2部にMELSA熊本が入っている。

九州高校男子春季ソフト中止

熊本地震の影響で、九州ソフトボール協会などは2日までに、水俣市のエコパークで14、15日に開催予定だった第17回全九州高校男子春季ソフトボール大会の中止を決めた。代替開催もしない。

また同じ日程で開催予定だった第50回九州高校女子選手権（大分・竹田市）も中止する。

「ハンドで復興応援」

日本協会 渡邉会長

日本ハンドボール協会の渡邉佳英会長が2日、県庁を訪れ、2019年に熊本で開催される女子世界選手権を念頭に、「ハンドボールが復興のシンボルとなるように協会が一体となって応援していきたい」と被災地支援に意欲を見せた。

渡邉会長は、県ハンドボール協会の島田俊郎会長、県や熊本市などでつくる熊本国際スポーツ大会推進事務局の小原雅晶事務総長らと面会し、熊本地震被害に見舞いの言葉を伝えた。島田・県協会長は「19年大会に向けてこれから準備を進める。たくさんの支援をいただいて、素晴らしいものにしていきたい」と答えた。

日本協会は、地震直後から各県協会に熊本への支援を呼び掛けており、「東日本大震災の時の恩返し」と東北を中心に多くの義援金が集まっているという。（丁将広）

大リーグ

ダル、1年2カ月ぶり実戦 2A

レンジャーズ傘下のマイナー2Aフリスコの一員として、手術後初めて実戦に登板したダルビッシュ有投手。2回を無安打無失点に抑えた＝1日、フリスコ（共同）

最速156キロ 2回ピシャリ

【フリスコ（米テキサス州）共同】昨年3月に右肘靱帯（じんたい）修復手術を受けた米大リーグ、レンジャーズのダルビッシュが1日、テキサス州フリスコでの傘下マイナー2Aフリスコの試合に先発し、1年2カ月ぶりに実戦復帰した。2回で計32球を投げ、無安打無失点、2三振1四球と好投した。

球威は十分で、速球は球場表示で最速97マイル（約156キロ）をマーク。2三振はいずれも切れのいいスライダーで奪った。

昨年3月17日に手術を受け、ことし2月半ばからブルペンで投球練習を再開。4月13日から3度、フリー打撃に登板していた。順調なら今月下旬にメジャーへ復帰する。

ハイライト

約1年2カ月ぶりに実戦復帰したレンジャーズのダルビッシュはロッカールームに戻ると、気持ちを落ち着かせるように栄養補助食品を口に放り込んだ。それでも目は真っ赤で興奮冷めやらない様子。「本当に安心、良かったなという感じ」と心境を明かした。

一回、マウンドに登場すると、満員のマイナー球場から「ユウ！（有）」の大歓声が沸き起こった。注目の第1球は94マイル（約151キロ）の速球。1人目は右飛、2人目をスライダーで空振り三振に。3人目にはこの日最速の97マイル（約156キロ）の直球を投げ込んだ。

2回で計32球を投げて無安打無失点。「気持ちが入り過ぎる以外は良かった。リハビリ登板1回目なのに、メジャーの無死満塁ぐらいの気持ちで常に投げちゃっていた」と苦笑いで振り返った。

降板時、総立ちのファンから万雷の拍手を受け、グラブを上げて応えた。「1年いなかったのに忘れないでいてくれたので、本当、感謝です」。早ければ今月下旬の見通しのメジャー復帰へ、心躍るような第一歩になった。（共同＝早川雄三）

イチロー先発 二塁打

⑪大リーグ日本選手成績（1日）

【野手】	打	安	点	本	打率	点	本
青木 宣親	2	1	0	0	.212	4	0
イチロー	5	1	0	0	.314	2	0
【投手】	回	安	失	勝	敗	S	防御率
上原 浩治	1	1	1	1	1	0	3.97

【ミルウォーキー共同】米大リーグは1日、各地で行われ、マーリンズのイチローはミルウォーキーでのブルワーズ戦に「1番・左翼」で2試合ぶりに先発出場し、三回に二塁打を放って5打数1安打1得点だった。チームは5－14で大敗し、7連勝で止まった。

マリナーズの青木はロイヤルズ戦の七回に代打で安打し、2打数1安打。チームは1－4で敗れた。

レッドソックスの上原はヤンキース戦の8－6の八回に登板し、1回1失点だった。8－7で勝ったチームは3連勝。

いい形で打てた

青木の話（代打で中前打）いい形で打てたと思う。（九回にバントで捕邪飛）やってもいい展開だったし、何とか塁に出る方法を考えていた。相手のポジションを見て下がっていたので、アイデアは良かったけど、ボールに押された。

▽ア・リーグ
ブルージェイズ 5－1 レイズ
ホワイトソックス 7－1 オリオールズ
タイガース 6－5 ツインズ
エンゼルス 9－6 レンジャーズ
アストロズ 2－1 アスレチックス
ロイヤルズ 4－1 マリナーズ
レッドソックス 8－7 ヤンキース
▽ナ・リーグ
ジャイアンツ 6－1 メッツ
レッズ 6－5 パイレーツ
ブルワーズ 14－5 マーリンズ
ナショナルズ 6－1 カージナルス
ブレーブス 4－3 カブス
ロッキーズ 6－3 ダイヤモンドバックス
ドジャース 1－0 パドレス
▽交流戦
フィリーズ 2－1 インディアンス

サッカー 欧州各リーグ

レスターV お預け

マンUにドロー 岡崎、途中交代

【ロンドン共同】サッカーの欧州各リーグは1日、各地で行われ、イングランド・プレミアリーグで岡崎慎司が所属する首位レスターは敵地でマンチェスター・ユナイテッドと1－1で引き分け、初優勝決定は持ち越された。岡崎は先発し、後半22分に退いた。

レスターの勝ち点は77。同69の2位トットナムが2日午後8時（日本時間3日午前4時）からのチェルシー戦で引き分けか負ければレスターのリーグ制覇が決まる。

サウサンプトンの吉田麻也は4－2で勝ったマンチェスター・シティー戦で出番がなかった。

イタリア1部（セリエA）でインテル・ミラノの長友佑都は0－2で敗れたラツィオ戦に先発し、後半34分に退いた。

オーストリア1部、ザルツブルクの南野拓実はオーストリア・ウィーン戦で出番なし。チームは2－0で勝った。

マンチェスターU戦の前半、競り合うレスターの岡崎（左）＝マンチェスター（共同）

「残っていれば」

チャンスはあっただけに、後半22分に退く際に表情が曇った。レスターの岡崎は勝てば優勝の大一番でも普段通りのプレーで好機に多く絡んだが、16試合連続の途中交代。「別に疲れての交代ではない。残っていれば得点できたかも。チームのバランスも崩れるし自分がいた方が、という気持ちはある」と本音が漏れた。

序盤はプレスがかからず、ピッチの幅を広く使う相手の攻撃を浴びた。その後も個々の能力で上回る相手に苦しめられる。その中でも岡崎は攻撃の中心として機能した。

絶好機は後半5分。シンプソンの低い右クロスに、相手DFの前に体をねじ込むようにして合わせにいったが、わずかに届かず。「いいFWは絶対にあれを触る。触れていれば…」と悔やんだ。

前半44分と後半20分には巧みなトラップから、DFを背負いながらシュートを狙うなど得点への意欲が随所にあふれ出た。

▼岩渕のBミュンヘン優勝

【ミュンヘン（ドイツ）共同】サッカー女子のドイツ1部リーグが1日、各地で行われ、岩渕真奈の首位バイエルン・ミュンヘンは本拠地でレーバークーゼンを5－0で下し、2試合を残して2季連続3度目のリーグ優勝を決めた。フル出場した岩渕は、前半27分に今季初得点となるチームの2点目を決めた。

バレーボール

久光製薬3冠逃す

全日本男女選抜

バレーボールの全日本男女選抜大会第3日は2日、大阪市中央体育館で1次リーグ最終戦が行われ、女子は全日本選手権、プレミアリーグとの3冠を狙ったA組の久光製薬が上尾メディックスに1－3で敗れ、1勝2敗で3日の準々決勝への進出を逃した。同組は上尾が首位、前回優勝のJTが2位通過。B組の下北沢成徳高（東京）はPFUに1－3で屈し、1次リーグ敗退が決まった。

プレミアリーグ勢が8強を占めることが決まった男子は、シーズン3冠を目指すA組の豊田合成がFC東京と3連勝を懸けて対戦し、1－3で敗れて2位通過となった。パナソニック、東レ、JTが1位突破を決めた。

野球

◇東京六大学リーグ（2日・神宮）
法大－早大3回戦（法大2勝1敗）
法大 110012000 5
早大 000000000 0
◇関西学生リーグ（2日・南港中央）
関大－近大3回戦（1勝1敗1分）
近大 00000100000 1
関大 00000010001× 2
（延長十一回）

バスケットボール

◇ナショナルリーグ（2日・北海きたえーる）
三菱電機名古屋 71－60 北海道
26勝27敗 28勝25敗

◇NBAプレーオフ（1日・共同）
▽東カンファレンス1回戦
⑦マイアミ（ヒート4勝3敗）
ヒート 106－73 ホーネッツ
⑦トロント（ラプターズ4勝3敗）
ラプターズ 89－84 ペーサーズ
▽西カンファレンス準決勝
①オークランド
ウォリアーズ 118－106 トレイルブレーザーズ

アイスホッケー

◇NHLプレーオフ（1日・共同）
▽西カンファレンス準決勝
②ダラス（1勝1敗）
ブルース 4－3 スターズ
②サンノゼ（シャークス2勝）
シャークス 3－2 プレデターズ

ジュニア記録室 くまもと

軟式野球

【第36回高円宮賜杯学童宇城市予選会】（4月9日・岡岳グラウンド）▽準決勝 不知火ファイターズ7－0宇城パイレーツ、豊福少年野球クラブ12－4豊野クラブ▽決勝 不知火ファイターズ4－3豊福少年野球クラブ

【第36回高円宮賜杯学童】（4月9日、10日・益城町営グラウンド）▽準決勝 御船城山10－2乙女タイガース、飯野少年2－1広西▽決勝 御船城山4－1飯野少年

【第34回九電杯少年】（4月2日、9日・甲佐町白旗グラウンド）▽準決勝 益城中5－1御船中、甲佐中26－1木山蘇陽中▽決勝 甲佐中6－1益城中

【第34回九電旗少年宇城市予選会】（4月9、10日・岡岳グラウンド）▽準決勝 三角中8－5松橋中、宇城パイレーツ3－2小川中▽決勝 三角中4－0宇城パイレーツ

剣道

【第87回西部地区】（4月3日・熊本市南部総合スポーツセンター）◇団体戦▽高学年①飽田少年クA②天明ク③飽田少年クB▽低学年①小島小②飽田少年ク③天明クA◇個人戦▽2年以下男女①豊岡英人（玄武館少年ク）②西村空那（天明ク）③福冨理世菜（白坪愛育会）、鬼塚悠平（城西小）▽3年男女①豊住兼伍（天明ク）②下田翔湧（小島小）③後藤太一（同）、林優大（城西小）▽4年同①奥村敬久（城山小）②小島智哉（飽田少年ク）③江嶋風香（小島小）、高見青生（同）▽5、6年女子①高木りんか（飽田少年ク）②豊住咲希（天明ク）③福冨七希（白坪愛育会）、清田美桜（小島小）▽5年男子①宮本虎太朗（天明ク）②村上廉晟（同）③佐藤健心（飽田少年ク）、井上長貴（城山小）▽6年同①森川遥雅（玄武館少年ク）②植田理太（飽田少年ク）③田口皓基（同）、藤戸竜之介（城山小）

「奇跡的だ」

艇庫保管のボートほぼ無傷 学園大付高など

ボート競技の練習拠点となっている熊本市の江津湖周辺も熊本地震で大きな被害を受けたが、各校の艇庫に保管してあるボートはほぼ損壊を免れた。最多の約40艇を保有する学園大付高の内藤竜一監督は「部員全員と艇が無事だった。奇跡的だ」と喜び、9日の練習再開を待ちわびている。＝写真

競技用ボートは、軽量化のためカーボンや強化プラスチックで作られており、衝撃に弱い。同校では、高さ3～4メートルの専用棚に数艇ずつ収納しており、「本震直後は『棚が倒れて艇が壊れているかも』と覚悟していた」と内藤監督。比較的安価な艇でも30万円以上、高価な物は200万円を下らないため、損傷は部にとって死活問題となる。

ところが、内藤監督が16日に確認すると、艇は整然と並んだまま。揺れに伴う艇同士の接触で小さな穴が開いたり、傷ついたりした部分はあったが「素人修理で間に合う程度」（内藤監督）だった。

部員も、苦楽をともにしている〝相棒たち〟の無事を喜ぶ。片付けに来た3年生の日田駿選手は「休校で練習不足になっているけど、追い込まれたからこそ発揮できる力もある。質の高い練習を積んで、インターハイで優勝を目指す」と意気込んでいた。（萩原亮平）

きょうのスポーツ

【野球】東都大学リーグ 日大－東洋大、中大－国学院大（14時・神宮）
【サッカー】アジア・チャンピオンズリーグ1次リーグH組 浦和－浦項（韓国）（19時30分・埼玉スタジアム）▽プレナスなでしこリーグ第7節（13時・ノエビアスタジアム神戸ほか）
【バレーボール】全日本男女選抜大会第4日（10時・大阪市中央体育館）
【バスケットボール】ナショナルリーグ トヨタ自動車東京－広島（15時・代々木第二体育館）

プロ野球 きょうの予告先発

巨人〈田口〉－広島〈ジョンソン〉＝18時・東京ドーム
DeNA〈モスコーソ〉－ヤクルト〈山中〉＝13時・横浜
中日〈ジョーダン〉－阪神〈藤浪〉＝14時・ナゴヤドーム
日本ハム〈有原〉－ソフトバンク〈バンデンハーク〉＝14時・札幌ドーム
楽天〈塩見〉－ロッテ〈石川〉＝14時・コボスタ宮城
西武〈野上〉－オリックス〈ディクソン〉＝13時・西武プリンスドーム

Jリーグ

◇明治安田J2第11節第1日
横浜FC－岡山（13時・日産ス）
松本－C大阪（13時・松本）
金沢－札幌（13時・石川西部）
山口－群馬（13時・維新公園）
徳島－水戸（13時・ポカリ）
北九州－長崎（14時・本城）
町田－岐阜（15時・町田）
京都－清水（15時・西京極）
千葉－讃岐（16時・フクアリ）
東京V－山形（16時・味スタ）

断層帯の住民 移転も視野

西原村　日置和彦村長

仮設住宅 まず300戸建設

熊本地震で5人が亡くなり、家屋1431棟が全半壊した西原村の日置和彦村長(68)に、被害の概要や復旧・復興への課題、要望などを聞いた。(横山千尋)

—村内の避難状況と早急に必要な復旧工事は。

「約1300人の村民が避難所にいる。車中泊も約100人。不自由な生活を強いられている。既に着工した仮設住宅が6月中旬から入居できるようになる。下旬までには計300戸が完成するが、恐らく不足する。状況に応じてさらに増設を求めたい」

「水道の復旧も急ぐ必要がある。本管は大丈夫だったが、各集落に水を回す枝管が寸断された。2週間以内の復旧を目指す」

—1日から罹災証明書の申請受け付けを始めました。

「被害調査などが必要なため、発行までは約1カ月かかる。調査など災害事務に携わる職員が絶対的に不足している。国や県などに応援職員の派遣をお願いしている」

—中長期的な課題は。

「俵山トンネルに通じる県道や橋が完全に寸断されている。年間100万人が訪れる村観光の拠点『俵山交流館萌の里』まで行けず、観光への打撃は大きい。農業用の大切畑ダムもえん堤の一部が崩れ、水をためられない。コメや畑作への深刻な影響が出ている。農業離れや田畑の荒廃を危ぐしている」

—村内の地震被害の特徴は。

「家屋の倒壊は布田川断層帯に集中している。断層帯の村民は『再び地震に襲われたら…』と心配で移転を希望する人も少なくないだろう。集団移転も視野に検討していく。今後、村全体の人口が減少する恐れもある。早く復旧復興への道筋を示したい」

—被災村民にメッセージを。

「とにかく今が最悪の状態。5年後、10年後を見据え、一歩ずつ力を合わせて頑張りましょう。心配なのは住む家を失った高齢者。継続的なフォローが必要で、心のケアにしっかりと取り組んでいきたい。スポーツ大会など元気の出るイベントを再開し、一刻も早く村の日常を取り戻す」

復興に向けた決意を語る日置和彦西原村長＝1日、同村役場

八代市役所 14カ所分散

本庁舎被災　中心部の窓口なく

「不便」市民に戸惑い

地震で使用できなくなり立ち入り禁止のテープが張られた市役所本庁舎＝八代市

本庁舎と千丁支所を結ぶ無料シャトルバスに乗り込む市民ら＝八代市役所本庁舎駐車場

熊本地震で被災した八代市松江城町の市役所本庁舎は、各部署が千丁、鏡、坂本の各支所など計14カ所に分散移転した。市中心部に市民サービス窓口がなくなり、市民から戸惑いの声が上がっている。

市庁舎は地震で多数の亀裂ができ、崩壊の危険があるため4月18日に閉鎖。住民票などを扱う市民課や罹災証明書を発行する資産税課、国保ねんきん課など、主に市民サービスを担う部署は、支所の中で本庁舎から最も近い、約5㌔離れた千丁支所に移した。

知らずに本庁舎を訪れる市民もおり、市は駐車場に案内係の職員を配置。千丁支所は駐車場が不足がちで路線バスの本数も少ないことから、本庁舎と千丁支所を結ぶ無料シャトルバスを運行している。

「安全第一だから仕方ないけれど、中心部になくなると大変」。国民健康保険の手続きで千丁支所を訪れた本野町の女性(63)は路線バスでいったん本庁舎まで行き、千丁支所までシャトルバスを利用した。

袋町の男性(75)は「市役所は市民のよりどころのようなもの。仮設でもいいので、まちなかに早く造ってほしい」と、立ち入り禁止のテープが張られた本庁舎を眺めた。

余震への警戒が続く中、危機管理の要である災害対策本部は防災計画に基づき千丁支所に移したが、市長や副市長はスペースの都合上、ふだんは鏡支所で執務。「各部の部長らも千丁や鏡に分かれており、緊急時に素早く集まりにくい」と市幹部。4カ所に分かれた建設部では、職員が「通常業務でも書類のやりとりや決裁で不便がある」と話す。

市は「早急に本庁舎付近に場所を探して市民サービス窓口を開設するなど、不便解消に努める」としている。

本庁舎は築40年以上で耐震基準を満たしていないため、市は2020年度の完成を目指して建て替えを計画。全部署を1カ所に集める集中型と、一部部署を支所などに置く分散型の比較検討を続けている。(平井智子)

熊本市営住宅 倍率15.8倍

きょう抽選、あす通知

熊本市は2日、被災者に無償提供する市営住宅250戸の入居申し込みを締め切った。申し込み総数は3949件で、倍率は15・8倍。3日抽選し、4日に当選者に通知する。

倍率が最も高かったのは中央区の90倍で、提供戸数10戸に900件の希望があった。続いて▽東区(提供60戸)1535件＝25・6倍▽西区(同20戸)423件＝21・2倍▽南区(同30戸)518件＝17・3倍▽北区(同130戸)573件＝4・4倍―の順。

無償提供の250戸は115棟にまたがる。2日までの10日間、自宅が全壊・半壊した世帯や、一部損壊でも住宅に困窮している人を対象に申し込みを受け付けていた。当選者は5月6日から最大1年間、無料で入居できる。

抽選は3日午前9時から市役所で。結果は各区役所や市のホームページにも掲示する。(高橋俊啓)

被災者向け住宅 新たに15戸用意

山鹿市

山鹿市は2日、熊本地震で自宅が全壊した被災者向けの住宅を新たに15戸用意した。市営住宅第1弾を提供。4月末までに15世帯から応募があった。第2弾として、財務省が市内に所有する3階建て宿舎を提供。広さは3LDKで15世帯が入居できる。2人以上の入居が条件で、原則6カ月、最長1年。申し込みには罹災証明書などが必要。応募多数の場合は抽選し、17日から順次入居してもらう。市都市計画課住宅係☎0968(43)1591。(潮崎知博)

仮設40戸 県に要望

宇土市 数十戸追加も

宇土市は2日、熊本地震で家屋が被災した市民向けの仮設住宅40戸の建設を県に要望したことを明らかにした。現状では不足するとみられ、追加を視野に入れている。

市によると、境目児童公園(境目町)に24戸、宇土終末処理場グラウンド(高柳町)に16戸を予定。自宅が全壊か大規模半壊した人を入居の対象とする。着工、入居の募集時期など詳細は未定。

市は地震後、被害が大きかった市中心部の宇土地区、東部の花園地区などで避難者に意向調査。回答者198世帯の7割以上が、住家に何らかの損壊があると回答したため、早期建設が必要と判断した。両地区内で用地を急きょ選び、建設可能な40戸を先行して県に要望した形だ。

市によると2日現在、受け付けた罹災証明書では約200戸が全壊と申請。市住宅対策班は「少なくとも数十戸の追加が必要になりそう」との見方を示した。(丸山宗一郎)

「落ちない石」地震で落下

南阿蘇村

「落ちない石」として知られる南阿蘇村の奇岩・免の石が、熊本地震の本震で落下。住民らは「昔から地震があっても落ちないと言われていたのに」と肩を落としている。

免の石は縦3㍍、横2㍍ほどの卵形。南外輪山にある洞窟内で、両側の岩盤に挟まって宙に浮いており、トレッキングの目玉スポットとして観光客に人気だった。

石は約70㍍離れた山林内まで転落し、砕けずに残っていた。石のあった場所の真下には、落下時の衝撃で、岩盤に2カ所のくぼみができていた。

トレッキングガイドを務める地元の柏田勲さん(75)は、「地震でも落ちないと案内していたのに、ショックだ。自然豊かなコースは健在なので、余震が落ち着いたら、ガイドツアーを再開して、地元を元気にしたい」と話した。(大倉尚隆)

▲熊本地震で落下し、山林内に転がってきた免の石＝4月29日午後、南阿蘇村

▲落下する前の免の石。人気スポットとなっていた＝2011年9月

▲熊本地震で免の石が落下した洞窟＝4月29日午後、南阿蘇村

先月15～22日の裁判期日延期に

熊本地裁など

熊本地震によって熊本地裁や各地の地裁支部、簡裁が被災し、同地裁は2日、施設の安全確認と当事者や弁護士の出廷が難しいとして、4月15～22日に予定していた民事や刑事、家事のほとんどの期日約990件を取り消し、延期したと明らかにした。

同地裁によると、14日の前震以降、各地で内壁の亀裂や照明器具の落下、資料棚の倒壊などの被害が相次いだ。御船簡裁は割れた天井窓や一部落下した天井などの修繕のため閉庁している。週末を挟んだ25日以降は当事者らと調整がついた分から開廷している。(中村勝洋)

「県弁護士会と連携し支援」

日弁連会長 知事らと面会

蒲島郁夫知事(手前)と面会し、被災者支援の取り組みを説明する日弁連の中本和洋会長(中央)＝2日、県庁

日本弁護士連合会の中本和洋会長が2日、熊本地震の被災地を訪れ、面会した蒲島郁夫知事、大西一史熊本市長に「県弁護士会と連携して被災者を支援したい」と約束した。

日弁連は4月14日の地震直後、災害対策本部を設置。被災者の無料相談にあたる県弁護士会に情報提供するなどバックアップしている。県庁、市役所を訪れた中本会長は、日弁連が東日本大震災などの被災者から受けた相談に基づき作成した手引き「災害Q&A」を紹介。知事、市長は「担当部署の窓口でも活用したい」と応じた。

中本会長は「今後、被災者支援に必要な特別立法なども国会に働きかけたい」としている。(中村勝洋)

熊本地震 現場から

随時掲載

一瞬の「日常」

政経部　並松昭光

本震に襲われた16日、余震への恐怖から近所の大学に開設された避難所に家族で身を寄せた。小学校と保育園に通うわが子の同級生や家族十数人も集まり、ともに車中泊で一夜を過ごした。

大人たちの緊張が伝わるのか、不安と退屈が入り交じった表情の子どもたち。車内のサッカーボールを持ち出し、グラウンドへと誘うと、小さな額に汗を光らせ、満面の笑顔でボールを追い掛けてくれた。未曽有の非常時に一瞬の「日常」を感じ、心が落ち着いた。

取材で訪れる避難所や被災地域は、いまだ非日常のただ中にある。少しずつ日常を取り戻し、一日も早く生活を再建してほしい。その支援となる報道を目指そうと、自らを奮い立たせている。

2016.5.3

被災者は思う

2016.5.3

災害ごみ並んだまま

山田昭雄さん(82)＝無職、熊本市中央区

家は2度の大きな揺れでゆがみ、外の壁がひび割れて、建て替えが必要な状態です。夜だけ西山中に避難する日々が続いています。妻と二人で家を片付けていますが、収集車が来ても全部は積みきれず、災害ごみが家の前に並んだままです。ごみが出せず、なかなか作業がはかどりませんが、少しずつやっていこうと思います。

孫が片付け手伝い

後藤次久さん(89)＝無職、熊本市東区

16日から託麻西小に避難しています。自宅は倒れた書架や食器棚で足の踏み場もない状態でした。私と妻だけでは片付けも進みませんでしたが、東京や菊池市などに住む孫たちが手伝いに来てくれています。おかげで連休明けには自宅に戻れそう。生け花が趣味で、落ち着いたら以前のように床の間や玄関を花で飾りたいですね。

肥後狂句

安藤黒竜選

駄々をこね　可愛い女演じおる　宇城　山崎浩一郎

演じるということは、いうまでも無く芝居。結果、相手の男が〈あまえ声　あっ気無う骨ひん抜かれ〉となるのは、計算済みなのである。

自慢のたね　きょうもジイジが連れまわし　高森　ねころんぼう

これより佳境　裸踊りも始まった　武蔵ヶ丘　古家龍生

自慢のたね　どこまで偉くならすどか　山鹿　吉里結香

これより佳境　メモもしっかり取っとかす　合志　中原君久

自慢のたね　入学以来無欠席　南高江　櫻井利白

自慢のたね　筋肉の量保っとる　黒髪　古川淳子

自慢のたね　孫の話がてんこ盛り　人吉　館ひろし

これより佳境　ガイドの声も熱帯びる　武蔵ヶ丘　宮内修

これより佳境　めくるページのもどかしさ　益城　龍巧笑

第4394回数字選択式全国自治宝くじ(2日)

ナンバーズ3

◇抽せん数字　701

ストレート	(10万8600円)	73口
ボックス	(1万8100円)	579口
セット・ストレート	(6万3300円)	232口
セット・ボックス	(9000円)	938口
ミニ(下2ケタ)	(1万800円)	457口

ナンバーズ4

◇抽せん数字　1548

ストレート	(94万3600円)	22口
ボックス	(3万9300円)	473口
セット・ストレート	(49万1400円)	78口
セット・ボックス	(1万9600円)	2106口

第1067回ロト6宝くじ(2日)

本数字　05 09 25 27 28 33

ボーナス数字　10

1等	本数字6個一致	(1億825万8500円)	1口
2等	本数字5個とボーナス数字一致	(885万7400円)	11口
3等	本数字5個一致	(40万7300円)	287口
4等	本数字4個一致	(7300円)	14127口
5等	本数字3個一致	(1000円)	218639口

キャリーオーバー　(0円)

※当せん番号を事前に教えると持ち掛ける詐欺に注意してください。番号発表は本紙掲載の前日です

平成28年熊本地震救援金

熊日・RKK・善意銀行　敬称略

▼300万円　高橋酒造グループ▼100万円　西村孝浩▼41万5535円　苓北中学校平成25・26年度卒業生有志▼20万6594円　広島大学体育会サッカー部▼12万5000円　市原製網及従業員一同▼10万円　大宮町内会一同▼9万5479円　ベトナム人農業実習生140人▼9万1725円　南関中学校PTA▼7万5537円　山鹿市鹿校通2丁目6組▼6万4518円　平成27年度湯前中卒業生有志▼5万8840円　苓北中学校生徒会▼5万230円　バドミントンチャリティー講習会▼5万円　RKKメディアプランニング、多良木町7区の2、松尾聖志郎、熊日南関販売センター、鎌倉孝幸、宮本和明▼3万5100円　隈中第2回卒有志一同▼3万5000円　安藤秀子▼3万円　入船毅、諸井広忠、坂本徳次郎商店、高宗直次、川原耕一、山鹿植木地区危険物安全協会▼2万9000円　三菱地所プロパティマネジメント有志一同▼2万1500円　有明町小島子上部落▼2万円　林田燿宏、湯浦ゴルフ同好会▼1万8000円　中村家▼1万6286円　日々輝学園高校▼1万円　井上由彦・ゆかり、西尾理々子、山田初憲、砂月厚子、菅沼睦夫、植原敏美、㈱うしぶか、溝口正徳、森晃、岩田浩治、高尾久美子▼5000円　遠山誠、田籠静男、蓬莱15年入学会、桐原公美、飛石美和子▼4000円　坂井洋子▼3000円　栗津洋一、栗津勢津子、清松区いきいきふれあい▼2000円　増田英樹、中須税子▼1000円　東アキ子▼匿名　5件

◇合計　342万9495円

◇累計　6581万8059円

◇平成28年熊本地震救援金受け付け

【直接持参、現金書留の場合】窓口は〒860―8506、熊本市中央区世安町172、熊本日日新聞社事業局と熊日の支社、総・支局。および〒860―8611、熊本市中央区山崎町30、RKK熊本放送事業局販促事業部。現金書留は「平成28年熊本地震救援金」係と明記を。

【銀行振り込みの場合】窓口で「救援金」と申し出れば手数料は無料です。口座名は、いずれも「平成28年熊本地震救援金」。

▽肥後銀行　水道町支店　普通預金　2722191

▽熊本銀行　本店営業部　普通預金　3127424

▽熊本第一信用金庫　本店営業部　普通預金　1212793

※受け付けは5月31日まで(持参の場合は平日の午前9時から午後5時まで。土・日・祝日は受け付けない)。千円以上の救援金は、熊日紙上に金額、氏名を掲載し、領収書に代えます(掲載まで時間がかかることがあります)。匿名希望は、その旨記入を。

（第３種郵便物認可）　熊本日日新聞　平成28年（2016年）5月3日　火曜日　社会　22

きょう憲法記念日

被災者の思い 条文と重ねる

熊本地震で甚大な被害を受けた熊本の人々は今、「生きること」と懸命に向き合う。3日は憲法記念日。条文と重ね、被災者の思いに耳を傾けた。

【2面参照】

自宅で寝たい／仮設住宅早く

第25条　すべて国民は、健康で文化的な最低限度の生活を営む権利を有する（生存権）

「本当に良い避難所生活だった」。4月16日の本震直後から熊本市中央区の出水南小に避難している外園チエさん(93)は、この半月余りを振り返る。鹿児島から娘夫婦の元へ引っ越してきたばかり。「ボランティアの方々が守ってくれて、食事もきちんと出してくれる。恩返しもできず申し訳ない」

周りに助けられ、自分からも声をかけるようになった。一方で「慣れた布団で寝たい」と思う。娘夫婦は自宅の片付けで、避難所との間を往復する日々。空き巣など治安悪化のうわさも心配だ。

第25条2項　国は、すべての生活部面について、社会福祉、社会保障及び公衆衛生の向上及び増進に努めなければならない

西原村布田の主婦今村あつ子さん(62)の全壊した自宅は、布田川断層帯の真上。昼は片付けに足を運ぶが、夜は避難所で過ごす。「近いうちに避難所を追い出される、というデマが広がり、不安になった。仮設住宅を早く建設してほしい」と汗を拭う。

かつて経験したことのない震度7の揺れ。「断層が走るこの場所には住みたくない。でも昔から助け合い、励まし合い、一緒に生きてきた地域の友人や知人とは離れたくない」。望むのは村内の安全な場所。「集団移転できればうれしい。国に支援を求めたい」

◇

自宅が傾いた益城町古閑の大工田島辰博さん(64)。ブルーシートを壁代わりにしたカーポートにベッドや布団を置き、妻と寝泊まりしている。「昼は暑く、夜は寒い。ゆっくり眠れない」

妻の手料理が何よりの楽しみで、時には離れて暮らす孫たちと食卓を囲んだ。今は割れた食器や倒れた棚、剝がれた壁が散乱したまま。それでも家を離れるつもりはない。

元の暮らしに／勉強遅れ心配

「早く元の暮らしに戻りたい」。しかし、修復や建て替えに「いくらかかるのか。生活に余裕はなかった。国や県がどれだけ補助してくれるのだろうか」。不安は尽きない。

第26条　すべて国民は、法律の定めるところにより、その能力に応じて、ひとしく教育を受ける権利を有する

益城町安永のパート作本良子さん(42)には、中3の娘と小学生の息子2人がいる。「長女は受験生。夏休みを減らして授業をしても、ほかの地域の子はその時間で復習を進めるわけだし」。休校による勉強の遅れが気掛かりという。

子どもたちのストレスもピーク。「学校という居場所を突然奪われたからか、イライラすることが増えた。学校に通えるありがたさを知りました」

避難所になっている町内の学校は、9日に再開予定。「心が不安定なまま授業をしても身に付かないのでは。精神的なケアを充実して、通学路の危険も早く除いて、子どもを守ってほしい」と願う。　（熊本地震取材班）

ハンセン病

特別法廷「痛恨で重大」

最高裁長官 異例の謝罪

3日の憲法記念日を前に最高裁の寺田逸郎長官が記者会見し、ハンセン病患者の裁判を隔離先の国立療養所・菊池恵楓園（合志市）などに設置した「特別法廷」で開いていた問題について「痛恨の出来事で、責任者として重大に受け止めている。元患者や関係者だけでなく、国民にも深くおわび申し上げなければならない」と述べた。最高裁長官が記者会見で謝罪するのは極めて異例だ。

特別法廷は1948年～72年に95件開かれ、元患者らが「裁判の公開に反して違憲」と最高裁に調査を要請。最高裁は今年4月に公表した調査報告書で、設置手続きの違法性を認めたが、違憲だとはしなかった。一方、外部の有識者委員会は、平等原則に反し、裁判の公開に反した疑いがあると指摘した。

寺田長官は「憲法的価値の実現を担う機関として期待を裏切った」と反省を口にしたが、有識者委との見解が違った点は「最高裁は純粋に法律的な観点で調査したからだ」と説明。「（調査報告書を作成した最高裁事務総局が）憲法判断に踏み込む必然性がないとしたのはそれなりに理解できる」と語った。

さらに「司法行政上の観点から実施した調査だ」とし、すでに確定した裁判の結果に直接影響するものではないとの見解を示した。

一方、憲法改正に関する質問には「国民的議論を基に国会や社会全体で決めることで、その動きを注視したい」と述べるにとどめた。

記者会見する最高裁の寺田逸郎長官＝最高裁

カンちゃん
フジヤマジョージ
!!
カンちゃん！イルカショー見に行くよ！
ピ！
?
ピ

5月3日の飛来予測		6-12	12-18	18-24	4日
九州北部	大気汚染粒子	やや多い	非常に多い	非常に多い	多い
	黄砂	少ない	多い	多い	やや多い
九州南部	大気汚染粒子	やや多い	非常に多い	非常に多い	非常に多い
	黄砂	少ない	やや多い	多い	多い

非常に多い：注意喚起レベル　多い：環境基準値程度　やや多い：大気が少しかすむ　少ない：清浄

予測システム「スプリンターズ」開発チーム提供

ジェーンズ邸「再建可能」

補強の筋交いなく倒壊か

熊本大大学院 伊藤教授

熊本地震で全壊したジェーンズ邸（県重要文化財、熊本市中央区）を調査した熊本大大学院自然科学研究科の伊藤重剛教授（64）＝西洋建築史＝は2日、同邸には建物を補強する「筋交い」がなかった可能性を示唆。本震に耐えきれず倒壊したのではないかと語った。再建は可能との見方も示した。

同邸は1871（明治4）年、現第一高敷地に建った県内初の洋館。徳富蘇峰らを育てた米国人教師、L・L・ジェーンズの住まいで、日本赤十字発祥の地としても有名。コロニアル様式の木造2階建てで、白壁と青緑の柱に気品があり、2度の移築を経て1970年現在地に移った。

4月14日の前震で外壁が剝がれ落ち、16日の本震で全壊したとみられる。同日、現地を見た伊藤教授は「日本の伝統的在来工法だが、柱と梁（はり）を補強する筋交いがなかった可能性が強い。地震で四角形の建物構造が平行四辺形になり、瓦や2階の重さを土壁が支えきれず、つぶれるように崩れた」と推定している。

再建について「著しく損壊したが、柱や梁の本体はおおむね無事ではないか。再建は難しくない」と語った。

同邸については、保存や修理を論議する市の検討委員会が2013年発足。本年度は、保存のための解体などを協議する予定だった。伊藤教授も同検討委員会メンバー。

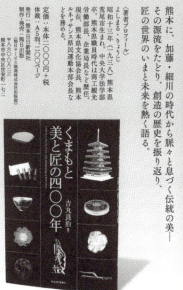

隣接する平屋の夏目漱石第3旧居に目立った被害はなかった。2階建てのジェーンズ邸は、高さがある分、揺れの影響が大きかったとみている。　（中原功一朗）

伊藤重剛教授

熊本地震で全壊したジェーンズ邸。梁（はり）や窓枠などは残っており、再建は難しくないという（伊藤重剛教授提供）

地震前のジェーンズ邸。県内初の洋館であり、日本赤十字発祥の地としても知られている＝2013年7月撮影、熊本市中央区

県内

土砂災害に警戒を

きょう大雨の恐れ

熊本地方気象台は2日、県内で3日午後に局地的な大雨が降る恐れがあり、熊本地震で地盤が緩んでいるとして、土砂災害に警戒を呼び掛けた。

同気象台によると、低気圧から延びる寒冷前線が九州北部地方を通過するため、3日正午すぎから午後6時ごろまで雨が降ると予想している。

多い所は雷を伴い、1時間に40ミリの激しい雨に。3日午後6時までの24時間雨量は100ミリとみている。同日夜は回復に向かうという。

9日間の天気

Weather Report

3(火) 4(水) 5(木) 6(金) 7(土) 8(日) 9(月) 10(火) 11(水)
札幌
東京
名古屋
大阪
広島
福岡
熊本
長崎
佐賀
大分
宮崎
鹿児島
那覇
のち
時々

3日
午前9時 7m
午後3時 7m

阿蘇山の風向予想（日本気象協会 tenki.jpより）

きのうの気温　2日

（天気・湿度は15時、県内の気温は0時―17時、Δ印は低め）

	最高	平年比	最低	平年比	湿度	天気
熊本	27.5	3.4	14.1	0.6	48％	曇
牛深	26.8	4.3	17.0	2.0	58％	―
人吉	28.1	4.5	10.4	Δ1.3	33％	―
阿蘇	26.4	5.7	8.0	Δ0.9	―	―

（阿蘇山上の最高気温は20.6度、最低気温は9.1 度）

	最高	最低	天気
福岡	27.1	16.5	曇
佐賀	26.7	14.5	曇
長崎	26.6	15.7	晴
大分	25.4	13.7	曇
宮崎	25.1	14.2	曇
鹿児島	26.7	16.3	曇
那覇	27.0	22.1	晴
松江	25.9	11.7	晴
広島	26.4	14.0	晴
高松	26.3	13.4	曇
大阪	29.2	14.7	晴
京都	30.6	13.2	晴
名古屋	28.4	13.6	晴
長野	26.4	9.9	曇
東京	21.4	13.2	曇
新潟	22.5	12.7	曇
仙台	12.4	9.1	曇
秋田	18.2	6.6	曇
札幌	17.0	1.7	曇

潮ごよみ

旧暦3月27日（3日）　中潮・月齢 25.7

日出 5時28分　日入 19時00分　月出 2時56分　月入 14時57分

	満潮	干潮
三角	5.47 / 18.11	―.― / 12.09
水俣	5.46 / 18.07	―.― / 12.06
牛深	5.06 / 17.24	11.23 / 23.36
玉名	5.57 / 18.21	―.― / 12.19

旧暦3月28日（4日）

	満潮	干潮
三角	6.42 / 19.10	0.26 / 13.03
水俣	6.38 / 19.06	0.24 / 12.59
牛深	5.51 / 18.18	―.― / 12.09
玉名	6.52 / 19.20	0.36 / 13.13

23 社会　平成28年（2016年）5月3日　火曜日　熊本日日新聞　新聞定価1カ月 朝刊のみ＝3,093円（税込み）、朝夕刊セット＝3,460円（税込み）朝刊1部売り＝120円（税込み）

くまモン　作：サダタロー／監修：小山薫堂

ホクロ

熊本市内23校 再開

小中学校 避難所と共存も

約半月ぶりに授業が再開になり、笑顔で登校する宇土小の児童たち＝宇土市

熊本地震によって臨時休校していた熊本市内の13小学校と10中学校が2日、学校を再開した。18日ぶりに活気が戻った学びやには、今も避難者が身を寄せているところも。避難所と「共存」しながらの学校生活が始まる。

熊本市南区南高江の城南小では、「あいさつ運動」を続ける地域住民が校門で児童らを出迎えた。児童たちは横一列に並び、帽子を取って「おはようございます！」。元気な声を響かせた。

同小の体育館には、約50人が避難。学校も避難者に配慮し、体育館に続く中庭などは児童の立ち入りを禁じている。4月14日から同校に避難し、体育館から登校した1年の村上勇気君は「楽しみなことがいっぱい」と目を輝かせた。

同区近見の日吉中では、県内外へ避難中の6人などを除く413人が無事を確かめ合った。「不安な人も多いと思うが、一歩ずつ前に進もう」と話した泉成章校長は「避難者の方もおられる。落ち着いた行動をしてほしい」と付け加えた。

同校に身を寄せる主婦(45)は「娘が通う学校の再開はうれしい。ただ、ここにいられなくなったらどうすればいいのだろう」と不安を口にした。（石本智、西國祥太、中島忠道）

宇土市は全小中学校　半月ぶり

熊本地震で臨時休校していた宇土市の宇土小と鶴城中が2日、約半月ぶりに授業を再開した。これで同市立の小中10校全てに子どもたちの元気な姿が戻った。

10校は4月14日の地震発生後、避難所となって休校。被災者の利用状況を考慮しながら、先月26日から順次再開してきた。

この日、宇土小は午前7時半ごろから児童たちが続々と登校。友人と顔を合わせると「久しぶり！」「元気だった？」とはしゃいでいた。新学期が始まって間もなく休校となっただけに、6年生の竹下七海さんは「きょうが仕切り直しの日。ずっと退屈だったので友だちに会えてうれしい」と笑顔いっぱいだった。

学校の一部は今後も体育館や教室で避難者を受け入れる予定。授業などには支障がないという。（丸山宗一郎）

熊本市「拠点避難所」に集約へ

被災者「どうしたら…」

戸惑いと不安の声

熊本市職員の聞き取りに、被災状況を伝える避難者＝2日夜、熊本市東区

熊本市は2日、小中学校など市内約180カ所に及ぶ避難所を、18カ所の「拠点避難所」に集約する方針を示した。「希望すれば今の場所に残れるのか」。避難者からは困惑の声も上がっている。

【1面参照】

健軍東小（東区東町）では同日夜、避難者約100人を対象に、市職員が世帯別に自宅の被災状況などを聞き取った。この後、最寄りの拠点避難所が市総合体育館（中央区出水）になることを説明。移動希望などを尋ねる意向調査票を手渡し、4日までに提出するよう求めた。

夫婦で避難している近くの造園業、東恵二さん(56)は「余震が続くので自宅に戻れない。総合体育館は仕事場からも遠くなるのでどうしたらよいか…」と戸惑いをみせた。

約50人が避難を続ける城南小（南区南高江）では、区の担当者が移動先となる拠点避難所について説明。近くの市営団地で被災した女性(68)は「子どもたちの施設なので、移動するのは仕方がない。自宅は不安ですが、これを機に戻ります」と話した。避難者からは避難所運営への不満、生活環境の変化に対する不安が相次いだ。

学校を2日再開した日吉中（南区近見）でも、区の担当者が「移転を希望する人だけ、意向調査票を4日までに提出してください」と説明。移転先の拠点避難所は入浴や温かい食事が提供できるなど生活環境が向上することを強調した。

「残留を希望すれば今の場所に残れるのか」「ただちに出て行けということではないか」。避難者の追及に対し、担当者は「われわれから『出ていけ』とは言えない。でも今日から学校は始まっているので…」と繰り返した。（石本智、西國祥太、中島忠道）

九州や熊本に渡航注意情報　6カ国・地域

熊本地震の発生後、中国やオランダなど6カ国・地域が九州や熊本県への渡航に関する注意情報を出したことが2日、観光庁の調べで分かった。訪日客のツアー取り消しが九州全域に広がる一因になっているとみられる。

注意情報を出したのは中国、オランダ、フランス、ベルギー、シンガポール、台湾。香港も独自に旅行者へ注意を促した。

中国は4月16日、九州への渡航を慎重にし、熊本県への訪問は自粛するよう呼び掛けた。

避難ストレス 和らげて

大阪赤十字　南阿蘇中にキッズルーム

テント型のキッズルームの中で絵を描いて遊ぶ子どもたち＝南阿蘇村

避難所生活が長引く子どもたちのストレスを減らそうと、大阪赤十字病院（大阪市）が南阿蘇村の南阿蘇中本館前に、子どもが中に入って遊べるテント型のキッズルームを設置した。ボランティアらが遊び相手になり、笑顔の輪が広がっている。

4月29日、全国で初めて開設。仮設診療所のテントと同じ断熱効果のある二重構造で、広さは約40平方メートル。民間企業などから寄付されたマットレスや遊具などを置き、子どもたちは絵を描いたり、ゲームをしたりして楽しんでいる。

グラウンドは車中泊の車で埋まっており、遊び場が乏しい。子どもは避難所内を走り回り、大声を出すなどして苦情が寄せられるケースも。同病院国際医療救援部の中出雅治部長は「子どもだけでなく、大人のストレスを和らげる」と効果を語る。

6人家族で避難所生活を続ける河崎智代さん(45)は「学校も休みだし、娘は思いきりはしゃげてうれしそうです」と話していた。（酒森希）

「熊本地震に寄付を」　30万円詐欺容疑で捜査　香川県警

香川県警は2日、同県さぬき市の30代女性が、熊本地震の寄付金名目で現金30万円をだまし取られる事件があったと明らかにした。県警は詐欺容疑で捜査している。

県警によると、4月下旬、住民自治会で会計担当を務めるこの女性宅を訪れた、自治会員を名乗る男が「昔近くに住んでいた人が熊本地震で被災したらしい。自治会長と話して寄付金30万円を送ることになった」とうそをつき、金を要求した。

話を信じた女性は自治会の口座から30万円を引き出し、男に渡した。

吉野　朔実さん（よしの・さくみ＝漫画家）4月20日、病気のため死去、57歳。大阪府出身。

80年、少女漫画誌「ぶ～け」で「ウツよりソウがよろしいの！」でデビュー。代表作「少年は荒野をめざす」では、少年でありたいという複雑な思いを抱く多感な少女の姿などを文学性豊かな青春漫画として描いた。

他の作品に「ジュリエットの卵」「いたいけな瞳」など。「本の雑誌」で「吉野朔実劇場」を連載中だった。

髙野　誠一さん（たかの・せいいち＝元県議会副議長）2日午前、慢性腎不全のため死去、65歳。通夜は3日午後7時、葬儀は4日午後2時から、八代市麦島東町12の6、守田斎場で。喪主は妻千里（ちさと）さん。自宅は同市鏡町両出1340。

1987年から県議連続5期。次男洋介さんは県議。

大野　康孝さん（おおの・やすたか＝本渡諏訪神社宮司）2日午前、肝細胞がんのため死去、65歳。通夜は3日午後7時、葬儀は4日午後1時から、天草市本渡町広瀬465、天寿殿で。喪主は長男康典（やすのり）さん。自宅は同市諏訪町8の3。

村上　雅一さん（むらかみ・まさかず＝村上食品工業会長）2日午前、心不全のため死去、94歳。通夜は3日午後7時から、葬儀は4日午後1時から、熊本市中央区河原町23、豊住葬祭斎場で。喪主は長男義幸（よしゆき）さん。自宅は同区新町4の4の7。

1　3版　平成28年（2016年）5月4日　水曜日　熊本日日新聞　（昭和17年4月1日第3種郵便物認可）　第26638号　日刊

みどりの日

熊本日日新聞
発行所 熊本日日新聞社
〒860-8506 熊本市中央区世安町172
☎代表(096)361-3111
© 熊本日日新聞社 2016年

5月4日 水曜日

俵山バイパス被害深刻

トンネル、橋 6施設で損傷大

数年使えない可能性も 西原―南阿蘇

熊本市と南阿蘇を結ぶ県道熊本高森線の俵山バイパス（西原村―南阿蘇村、6キロ）で、橋りょう6カ所のうち5カ所と、2カ所のトンネルのうち1カ所が熊本地震で甚大な被害を受けたことが3日、県の調査で明らかになった。県土木部は「復旧が可能かどうか検討中だが、今後数年間使用できない可能性もある」としている。【23面に関連記事】

熊本地震で橋桁が浮き上がり、約45センチの段差ができた俵山バイパスの桑鶴大橋（県提供）

俵山バイパスは地震後、前後の区間を含む10キロが全面通行止めになっている。特に損傷が大きかったのは、大切畑大橋（265メートル）、扇の坂橋（160メートル）、すすきの原橋（128メートル）、桑鶴大橋（43メートル）、俵山大橋（140メートル）と俵山トンネル（2057メートル）の計6施設。

県道路保全課によると、損傷した各橋は橋桁が橋台から最大1メートルずれ、接合部分も大きく破損。地盤沈下で橋台が傾いた橋もあり、さらに大きな揺れが加わると橋桁が落ちる恐れもある。俵山トンネルは内部の路面がせり上がり、大きくゆがんでいるという。

残る大切畑ダム橋（35メートル）と南阿蘇トンネル（757メートル）の被害は比較的軽微だった。

俵山バイパスは、熊本地震の震源の一つ、布田川断層帯のすぐ近くを平行して通る。同課は「100メートルを超す長大橋が同時に4本被害を受け、長い区間で使用不能になるなど、県内の道路被害では空前の規模」としている。

被害が深刻な橋りょう5カ所と俵山トンネルは、復旧の見通しが立っていない。このため県は、同バイパス開通以前の旧道（現村道）を生活道路や工事用道路に利用するため、西原、南阿蘇両村と協議する方針だ。（蔵原博康）

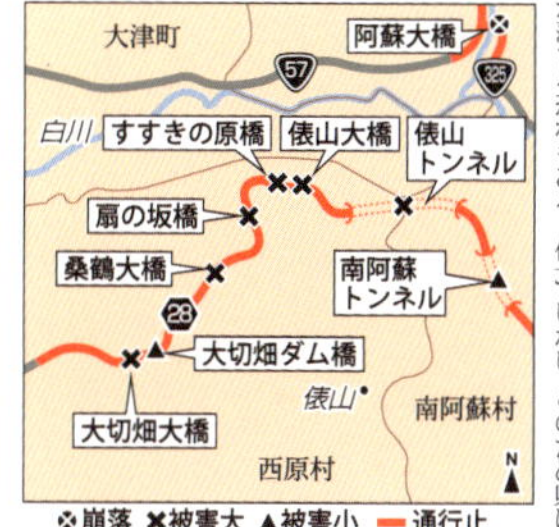

被災マンション

修復か建て替えか 住民合意が課題

熊本地震で熊本市内を中心に多数のマンションも被害を受けた。分譲マンションの修復には居住者の合意形成が必要だが、過去の災害では修復か建て替えかで住民が対立し、裁判に至ったケースも。全国マンション管理組合連合会（東京都）は「スムーズな合意形成のため、管理組合には丁寧な運営が求められる」と指摘する。

応急危険度判定で「要注意」と判定された熊本市中央区の11階建てマンション。北棟と南棟をつなぐ通路が激震で破壊され、最上階で最大約40センチの隙間ができた。地上数十メートルの"谷"を渡って荷物を運び出す住民ら。9階に住む男性（40）は「小さい子どももいて非常に危険。こんな状態ではとても住めない」とこぼした。3週間目の避難生活に突入した住人は5割以上に上るという。

建物をつなぐ通路の連結部分が激震で切り離されたマンション。住人は高所に突然できた"谷"を渡って荷物の搬出などに追われている＝熊本市中央区

最大で40センチも離れてしまったマンションの連結部分

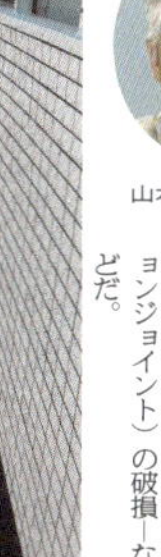

山本育三会長

同市内を1日に視察した全国連合会の山本育三会長は「阪神大震災の被災状況と酷似している」と指摘。

目立つのは①ピロティ（柱だけで支える1階部分＝駐車場など）の崩壊②耐震強度と無関係の「雑壁」の破断亀裂（×状のひび割れ）③棟をつなぐ連結部分（エキスパンションジョイント）の破損―などだ。

建築家でもある山本会長は「連結部分は建物本体を守るため壊れるようにできている。住み続ける以上、合板などでの応急処置が必要」と強調し、「破損状態から、相当強い揺れだったことが見て取れる」と話した。

今後の課題は補修費用の確保だ。連合会によると熊本市内の分譲マンションは約850棟で、地震保険の加入率は約25％。保険金だけで費用を賄えない場合、1世帯当たり最大300万円を支給する被災者生活再建支援制度などの利用も提案する。

さらに重視するのが居住者の合意形成だ。修復などには管理組合の総会での議決が欠かせず、棟ごとに被害に差があると合意に至らないケースもある。阪神大震災では修復か建て替えかで争い、10年間も手が付けられなかったマンションもあるという。

山本会長は「災害時だからこそ住民同士が力を合わせ、合意点を見いだすべきだ」と指摘。「熊本市は地方都市としては有数のマンション集積地。これを機にさまざまなマンション問題に目を向けてほしい」と訴えている。（福井一基）

※県マンション管理組合連合会は14、15の両日、熊本地震に関する管理組合向け相談会を熊本市中央区の中央公民館ホールで開く。弁護士による全体説明は14日午前10時から。個別相談会は両日とも午前11時～午後6時。無料。☎096（351）2646。

支えあおう熊本 いま心ひとつに

雨の中 がれき撤去 益城町など

熊本地震の被災地は3日、1時間雨量が20ミリ近くになるなどまとまった雨が降った。揺れの大きかった地域は地盤が緩んでいる恐れがあり、県災害対策本部は土砂災害へ警戒を呼び掛けた。【23面に関連記事】

熊本地方気象台によると、被災地の1時間雨量で多かったのは阿蘇市乙姫19・5ミリ、益城町18・5ミリ、南阿蘇村17・5ミリなど。西原村は新たに、454世帯・1361人に避難勧告した。

雨の中、がれきの撤去作業をする住民ら＝3日午後1時ごろ、益城町木山

益城町では断続的に雨が降り、屋根や土砂崩れしそうな斜面にはシートが敷かれた。雨にぬれながら、がれきの撤去を続ける被災者もみられた。

木山の自宅が倒壊した酪農家の松野成哉さん（36）は親族ら約10人で作業。「がれきを早く片付けたいのに、雨で地面が滑って思うようにはかどらない」と恨めしそうに話した。（岩崎健示、石貫謹也）

熊本地震 県内の被災状況

（3日午後時点、熊日まとめ）

死亡	49人（熊本市4、南阿蘇村15、西原村5、御船町1、嘉島町3、益城町20、八代市1）
震災関連死	17人（熊本市10、宇土市1、阿蘇市2、南阿蘇村1、御船町1、益城町1、氷川町1）
行方不明	1人（南阿蘇村）
負傷者	1,576人
建物	住宅50,855棟
避難	避難所 380カ所 避難者 19,509人
水道	断水 約9,200世帯

※県災害対策本部などの集約分

新生面

2016.5.4

自宅玄関前のバラがつぼみを開いて何事もなかったかのようにかぐわしい香りを振りまいている。余震に脅えた家人だったが、断水が続いたこともあり、雨水をバケツにためて世話を続けた▼熊本地震で家屋が被害を受けて避難生活を送る人には庭木などを手入れする余裕などないであろう。それでも震災を経験した今だからこそ、身近な自然の営みがよりいとおしく感じてしまう▼被害の大きかった南阿蘇村立野地区は「消滅の危機」にあるという。交通が分断され、土砂崩れの危険が解消できないからだ。「故郷がゴーストタウンになっていくのか」とつぶやく住民。美しい緑に囲まれた故郷に帰れる日はいつになるのだろうか▼戻れない人たちもいる。東日本大震災の福島原発事故で避難生活を送る人たちだ。全町避難が続く福島県富岡町のNPO法人理事長の市村高志さんは「『事故なんてあり得ない』という感覚でいた自分に、今でも言い表しようのない感情が湧いて仕方がない」という（共著『ゴーストタウンから死者は出ない』人文書院）▼山形県のフォークグループが出した「花は咲けども」という歌がある。〈花は咲けども花は咲けども／春を喜ぶ人はなし／毒を吐きだす土の上／うらめし、くやしと花は散る〉。原発事故で緑豊かな故郷を失ったやりきれない怒りが伝わってくる▼川内原発（鹿児島県薩摩川内市）は今も稼働中だ。国は福島の惨状や熊本地震にも目をつぶるかのように原発推進をやめない。きょうはみどりの日である。

がんばろう 熊本
地震被災者応援メッセージ

熊本のため頑張る

東京で熊本の大変な姿を見て歯がゆい思いをしていました。故郷にいないことに罪悪感すら感じました。しかし今は遠く離れているからこそできることもあると思っています。大好きな熊本のため、これからも精いっぱい頑張ります！（済々黌高H18卒東京組・28）

熊日の購読・配達のご用は
ミナヨムニッコリ 0120-374625
紙面のお尋ねは
096-361-3115
（日曜・祝日除く9:00～17:00）
パソコン版くまにちコム
kumanichi.com

◇お断り 「きょうの天気」は2面に移しました。

（第3種郵便物認可）　熊本日日新聞　平成28年（2016年）5月4日　水曜日　総合　2

金融政策頼みの限界露呈

進む円高

社説

円高が急速に進んでいる。それが輸出関連企業の収益を圧迫し、景気低迷を招くとの観測から株価の下落も続く。政府や日銀の政策に手詰まり感が漂い、一段の円高も予想される。景気の減速リスクが高まりかねない状況だ。円安と株高で成功を演出した「アベノミクス」は難しい局面を迎えた。

日銀は大規模金融緩和やマイナス金利による円安をてこに、デフレ脱却を目指してきた。しかし、3月の消費者物価指数は前年同月比で0・3%下落し、5カ月ぶりにマイナスに転じた。下げ幅は日銀の黒田東彦総裁が大規模緩和に踏み切った2013年4月以来の大きさ。原油安に加え、家計の節約志向から個人消費の低迷が続いており、デフレ脱却の難しさが改めて浮き彫りになった。

日銀は4月28日の金融政策決定会合で、デフレ脱却の目安となる2%の物価上昇目標の達成時期を「17年度前半」から「17年度中」に先送りした。この1年で4回目の先送りであり、本当に実現できるのかどうかも疑わしくなってきた。

黒田総裁は「成長率や賃金改定が想定より下振れしたためだ」と先送りの理由を説明したが、目標達成が遠のいたにもかかわらず追加緩和を見送ったことで、追加緩和への期待を膨らませていた金融市場は失望し円高株安が加速した。

日銀の追加緩和見送りは、マイナス金利政策が金融機関などに不評な上、国債のさらなる買い増しも市場に流通する債券が枯渇しつつあり困難だからだ。今月下旬の主要国首脳会議（伊勢志摩サミット）を控え、議長国として経済政策での国際協調をアピールする必要があることも足かせとなった。

こうした中、米財務省が外国為替報告書で、日本を通貨政策の「監視対象」に指定。日本の市場介入を容認しない姿勢を示した。為替を操作していると認定されれば、大統領の権限で公共事業の発注先や物品の調達先から監視国の企業を除外するなどの対抗措置を取ることができる。

指定の背景には、大統領選への配慮など政治的思惑も垣間見えるが、安倍政権の経済政策による近年の円安ドル高が、米政権の容認できない水準に達したことを示している。日銀の追加緩和やマイナス金利の拡大など、円安誘導と取られかねない政策はますます取りづらくなった。

金融政策だけに頼って景気や物価を底上げするには限界があることが鮮明になったといえよう。"異次元"緩和の効果と弊害を十分に検証しないまま、追加緩和と目標の先送りを繰り返す黒田総裁の手法に「市場との対話が足りない」と批判の声も出ている。日銀は戦略の立て直しが必要だ。

米財務省の報告書は、日銀の金融緩和に依存する日本経済の現状に警告を発し、構造改革の加速などを迫っている。成長力底上げに向けた実効性ある政策を打ち出さなければ、アベノミクスも色あせるばかりだ。

半壊家屋解体も補助

環境省　県と熊本市に通知

環境省は3日、熊本地震で被災した家屋の解体費用について、全壊した家屋を対象としている国の補助制度の対象を半壊家屋まで広げることを県と熊本市に通知した。補助は、所有者の依頼に基づき、市町村が家屋を解体した場合に対象となる。

被災者の費用負担をなくし、迅速な復興につなげる狙いで、1995年の阪神大震災、2011年の東日本大震災でも同様の措置を実施している。

この日、被災地視察に訪れた丸川珠代環境相と県庁で面会した蒲島郁夫知事が家屋撤去に伴う補助対象の拡大を求めたのに対し、丸川氏が「政府内で話がついている」として対象拡大方針を明らかにした。

家屋廃材を含むがれきなどの撤去や収集・運搬、処理では、費用の9割を国の補助金と地方交付税で賄い、市町村が1割を負担する仕組み。蒲島知事はさらなる負担軽減も要請、丸川氏は検討するとした。

丸川氏は同日、焼却施設が被災した熊本市の東部環境工場や益城町の災害廃棄物の仮置き場などを視察。復興に伴い排出量の大幅な増加が見込まれることから「迅速に処理できる態勢を整えていく」と話した。（並松昭光）

熊本市の東部環境工場で災害廃棄物の処理状況などの説明を受ける丸川珠代環境相（左）＝3日、同市

「慰霊式には出席」

丸川環境相　水俣入りせず

熊本地震の視察で3日来熊した丸川珠代環境相は、水俣病の公式確認から60年を迎えた水俣市には入らずに帰京した。丸川氏は「今回は災害対応に専念し、慰霊式が開かれる際には必ず出席する」と説明している。

公式確認の日の5月1日に毎年開かれる実行委主催の水俣病犠牲者慰霊式は今回、地震の影響で延期。丸川氏は2015年10月の就任以来、一度も水俣市を訪れていない。

これに対し、独自の慰霊祭を1日に開催した水俣病互助会事務局の谷洋一さんは「水俣病患者ら障害がある人が災害時にどんな状況に置かれているか、現実を知る機会にしてほしかった」と話す。

一方、慰霊式の実行委員で水俣病資料館語り部の会の緒方正実会長は「次は水俣病の慰霊のために訪れてもらい、落ちついた環境で患者の生の声を伝えたい」と理解を示した。（並松昭光）

復興計画へ県が有識者会議

五百旗頭氏、御厨氏ら

県は3日までに、熊本地震からの復興計画策定に向けて専門的な知見を求める有識者会議を設置することを決めた。東日本大震災の復興構想会議議長を務めた五百旗頭真・県立大理事長ら5人で構成。10、11日に県庁で会合を開き、緊急提言をまとめる。

会議のテーマは、被災者の住宅確保や交通網の復旧といった短期的な課題に加え、大規模公共施設や文化施設の復旧や経済の復興といった中長期的な視点でも話し合う。

メンバーは蒲島郁夫知事の意向で選定し、五百旗頭氏のほか、御厨貴・東大名誉教授、河田恵昭・関西大社会安全研究センター長、金本良嗣・東大名誉教授、谷口将紀・東大大学院教授を内定。復興構想会議のメンバーや社会資本整備の専門家らを集めた。

県の災害復興計画策定は2012年7月の九州北部豪雨を受け、13年2月に「復旧・復興プラン」を策定して以来。災害復興の基本方針や分野別の施策、実施スケジュールなどを明記した指針で、東日本大震災でも宮城県など被災自治体が策定している。（並松昭光）

中越被災　経験基に助言

泉田・新潟知事が県庁訪問

全国知事会で危機管理・防災特別委員長を務める泉田裕彦新潟県知事が3日、熊本地震に伴い県庁に蒲島郁夫知事を訪ね、新潟県中越、中越沖地震の経験を基に「被災者のニーズを的確、迅速に施策に反映する仕組みが必要だ」と助言した。

泉田知事は、熊本地震で想定される課題について、避難所となっている体育館の梅雨・猛暑対策を挙げ「民間賃貸住宅の借り上げを含めた仮設住宅の建設を急ぎ、避難所を早く脱してもらうことが大事」と強調。その際は「部屋が余ることを恐れず、前倒しで建設作業を進めるべきだ」と指摘した。新潟県からの見舞金100万円も贈った。

泉田知事は2004年10月の中越地震の発生直前に就任。現在3期目で、2007年7月の中越沖地震でも新潟県の災害対応を指揮した。（並松昭光）

蒲島郁夫知事（左）に熊本地震の見舞金を手渡す泉田裕彦新潟県知事＝3日、県庁

参院選の期間　短縮案が浮上

現行17日を14日に

与野党の一部で参院選の運動期間（公示日から投票日前日まで）に関し、現行の最短17日間を14日間に短縮する案が浮上していることが3日、分かった。運動費用を低減させ、候補者の負担を軽くする狙い。全国への浸透に時間がかかる比例代表選出の議員らは反発しており、引き続き議論することになりそうだ。

公選法は、参院選の公示日を「（投票日の）少なくとも17日前」と規定。選挙区が都道府県単位となる知事選も同様だ。

1950年の公選法制定時、国政選と知事選、都道府県議選の運動期間はいずれも30日間だった。その後、交通、通信手段の発達や選挙区の広さなどを踏まえ、短縮されてきた。

今回の短縮は、民進党が4月に参院政治倫理・選挙制度特別委員会の理事会合などで提案したのがきっかけ。ただ与野党を問わず、比例選出議員は「17日間でも全国を回りきれない。これ以上の短縮は無理だ」と難色を示す。期間を短くすれば、選挙区選挙でも新人より知名度のある現職が有利になるとの批判が出ている。

射程　経済復興への一歩

2016.5.4

福岡市の自宅近くのスーパーで、益城産スイカを見かけた。小玉ながら1個3480円の高級品。いくつかは売れたらしく、棚には1個しか残っていなかった。仕入れたスーパーにも、買い求めた客にも、熊本地震の被災地を応援しようという思いが少なからずあっただろう。

福岡市では、募金や熊本の特産品購入など、さまざまな形の復興支援が続く。一方で、熊本の事業者自らが福岡市で発信し、消費を取り込もうとする動きも出てきた。

わらび餅が看板の和菓子店「きなこーや」もその一つ。熊本地震の本震から5日後の4月21日、福岡市のJR博多駅前に開業した大型商業施設の核テナント「マルイ」に、予定通り出店を果たした。

熊本市の店舗は都市ガスが止まり、わらび餅を練る機械も壊れた。社長の三原明子さんは一度は出店をあきらめたが、「従業員の生活を守らなければ」と自らを奮い立たせた。

プロパンガスのこんろを探し回り、水は福岡で購入した。「やれる方法は必ずある」と、代替策を見つけながら商品を作り続ける。

地震後の奮闘が福岡のテレビに取り上げられたこともあり、「マルイ」店には行列が絶えない。「きっかけは復興支援でもいい。うちの商品のファンを増やす大きなチャンス」と話す三原社長は、何ともたくましい。

福岡市・天神では復興支援イベントがあり、熊本市の飲食店など12事業者が出店した。その多くは営業再開のめどが立っていなかったが、「落ち込む暇があったら発信したい」「少しでも収入を」と、しっかり前を向いていた。

小さな一歩でも前に進もうとする姿勢は、不思議と支援したい人々を集める。福岡で気を吐く熊本の事業者を見て、そう感じた。こうした積み重ねが、経済復興への確かな歩みとなるはずだ。（田川里美）

きょうの天気

のち　一時、時々　%降水確率　❶～❺紫外線

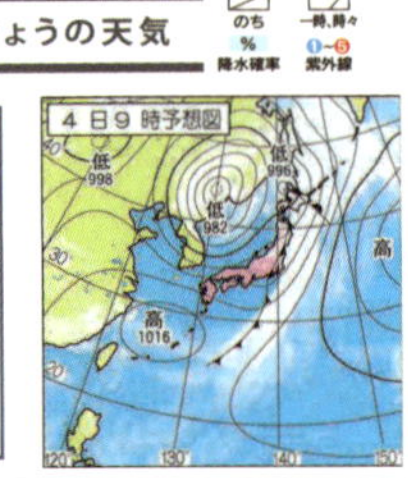

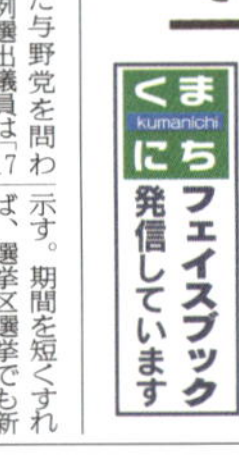

4日は晴れの一日で、朝は内陸部で寒さを感じる所が多い。日中は夏日の所もあって、陽気の変化に注意を。西の風、波は熊本、芦北1メートル、天草2.5メートル。5日は南西の風、晴れ時々曇り。波は熊本、芦北0.5メートル、天草2のち1.5メートル。

	荒尾玉名 ④	山鹿菊池 ④	甲佐山都 ④	阿蘇 ④	熊本 ④	八代 ④	人吉 ④	水俣 ④	天草 ④
気温	14～24℃	11～24℃	13～23℃	10～20℃	14～24℃	14～24℃	12～24℃	14～25℃	13～26℃
朝	晴 0	晴 0	晴 0	晴 0	晴 0	晴 0	晴 0	晴 0	晴 0
昼	晴 0	晴 0	晴 0	晴 0	晴 0	晴 0	晴 0	晴 0	晴 0
夜	晴 0	晴 0	晴 0	晴 0	晴 0	晴 0	晴 0	晴 0	晴 0

あすからの8日間

予想は熊本地方

5（木）	6（金）	7（土）	8（日）	9（月）	10（火）	11（水）	12（木）
12～27℃	15～28℃	18～25℃	16～24℃	15～24℃	15～26℃	21～29℃	22～29℃
晴時々曇	曇	曇時々雨	曇	曇時々雨	曇	晴時々雨	曇時々雨
10	40	60	40	50	40	40	50

3　総合　平成28年（2016年）5月4日　水曜日　熊本日日新聞　（第3種郵便物認可）

県内土地改良区 8割被災

送水管やU字溝が寸断
田植え遅れ、断念も

熊本地震で水田や農業用水施設が損壊し、多くの地域で田植えができなかったり、遅れたりする可能性があることが3日、県土地改良事業団体連合会などへの取材で分かった。大規模な農業用水施設を管理する県内103の土地改良区のうち、約8割が被災しており、既に田植えを断念した地域もある。

被害は阿蘇市や南阿蘇村、大津町、菊池市、熊本市、益城町、嘉島町、御船町、宇城市、八代市が中心。用水路など損壊しており、早期復旧に全力を挙げている。

阿蘇市の阿蘇土地改良区（約3千㌶）は、組合員の農家ら数百人が連日、U字溝の継ぎ目のずれをモルタルなどでふさぐ応急工事に追われるが、大部分の田に送水できていない。

大きな地割れが田を数百㍍にわたって貫き、農道下に埋設された樹脂製の送水管は至る所で寸断されている。同改良区の吉田茂成事務局長は「専門業者は上水道の復旧工事で手いっぱい。素人に本格的な工事は荷が重い」と頭を抱える。

御船町の中山間地にある七滝土地改良区（175㌶）は土砂崩れなどで用水路が十数カ所埋まり、復旧の見通しが立たない。「水不足で苗も作れず、棚田はひび割れており崩れかねない状態」（野田貴久理事長）。全350戸が水稲の作付けを断念したという。

一方で、竜門ダムから取水する菊池台地用水土地改良区（約3200㌶）は地震後、送水管などが破損し、受益地の菊池市と合志市、大津町の最大180㌶に水を送れなくなったが、破損した送水管などを応急的に補修。約900㌶に送水できる状態になった。

同改良区は試験送水で漏水地点を特定し、その前後の送水管を部分的に遮断、正常な別の送水管をバイパスにするなどの作業を勧める。「5月下旬の飼料用稲の田植えまでに、全域への送水を目指したい」と話す。

2日に県内を視察した森山裕農相は「復旧・復興に関する制度をフル活用する。水不足で稲作をできない農家は大豆などに転作し、収入確保に努めてほしい」と呼び掛けた。（猿渡将樹）

農道が破断し、地中からむき出しになった送水管。農地へ水が送れなくなっている＝阿蘇市

外国人旅行者
「避難の手引に不備」
熊本地震で聞き取り
言葉の壁… 対応に甘さ

地震発生時に困ったことは？

	(%)
外国人向けの避難マニュアルがなく行動が理解できなかった	36.5
今後の旅行日程がどうなるのか想定できなかった	33.9
すべての日程が狂い、負担がかさんだ	29.6
言葉が分からずどこに行けば良いか分からなかった	26.1
テレビなどの地震の放送が理解できなかった	26.1
どのようなものを持ち出せばよいか行動が分からなかった	20.0

民間調査会社サーベイリサーチセンター調査

熊本地震の際、九州に滞在していた外国人に対する調査で、困ったこととして3人に1人が「外国人向けの避難マニュアルがなく、（周囲の）行動が理解できなかった」を挙げたことが分かった。2015年の訪日外国人は過去最多の約2千万人。九州も外国人の誘客を進めてきたが、大規模災害への備えの〝甘さ〟をうかがわせる結果となっている。

民間調査会社・サーベイリサーチセンター（東京、戸祭浩社長）が4月21、22日、福岡空港国際線ターミナルで調査。「前震」が起きた14日から、22日までの間に九州に滞在していた外国人旅行者115人から直接聞き取った。

困ったことの最多は、避難マニュアルの不備で36・5%（複数回答）。次が「今後の旅行日程がどうなるのか想定できなかった」が33・9%、「すべての日程が狂い、費用がかさんだ」が29・6%で続いた。

「言葉が分からず、どこに行けば良いか分からなかった」「テレビなどの地震の放送が理解できなかった」は同じ26・1%で、「言葉の壁」の高さを感じさせる回答となった。

役立った情報源のトップは、「母国のウェブサイト」の40・9%。次は「宿泊先の従業員」だったが、27・8%にとどまった。

災害時の対応として望むことは「母国語でのマニュアル配布」が62・6%、「分かる言語での避難誘導」58・3%、「交通情報に関する案内所設置」39・1%など。

調査した外国人のうち、34人が「前震」や「本震」発生時に熊本や大分に滞在。滞在していたホテルでは、15人が「避難誘導はなかった」とし、実際に避難していなかった。18人は、ホテル到着時に避難に関する説明は受けなかったと回答している。（清田幸子）

アサリ生息 危機
白川河口域 流出泥堆積

熊本地震の影響で流れ出たとみられる泥が熊本市の白川河口域に堆積し、アサリの生息に悪影響を及ぼす懸念があることが3日までに、県などの調査で分かった。同河口域を漁場とする小島漁協は4日から、ポンプで圧力をかけた水流を当てて泥を押し流す対策などに取り組む。

泥が堆積しているのは同市西区小島下町沖の干潟。県漁港漁場整備課は「サッカーコート4、5枚分の広さに最大10㌢堆積している。呼吸などが阻害されてアサリが死滅することも考えられる」とし、同漁協とともに対策を急ぐ方針。

同河口域は2012年の九州北部豪雨で泥が最大50㌢堆積し、アサリに壊滅的な打撃を受けた。同課によると、昨年からアサリの生息に回復の兆しが見え始め、今秋から漁の再開ができる見通しになっていた。

小島漁協は「このままでは漁の再開は難しいかもしれない。少しでもアサリへの影響を抑えたい」と話している。（猿渡将樹）

白川河口域の干潟に広く堆積した泥の中で、アサリの生息数を調べる職員＝熊本市（提供写真）

工場再開に「数カ月」
サントリー
嘉島町 余震響き 通電できず

サントリーホールディングス（大阪市）は3日、熊本地震で操業を止めている嘉島町の九州熊本工場について「生産再開には数カ月程度かかる」との見通しを示した。他工場での増産で対応しているが、九州エリアではビール類の一部の出荷を見合わせている。

同社によると、工場は4月14日の前震で操業を停止。16日の本震を含め、工場内の天井や壁の一部が崩れるなどの被害が出た。余震の影響で製造ラインの損傷など全容調査は備の安全確認ができないため通電しておらず、製品の要となる地下水のくみ上げもできない状況という。

同工場は九州・山口向けにビール類や清涼飲料を生産。操業停止に伴い、「ザ・プレミアム・モルツ」やノンアルコールビール「オールフリー」は京都など3工場でカバーするが、第三のビール「金麦」や「ザ・モルツ」の缶商品は供給できない状態が続いている。

サントリーの2015年のビール類販売量は7359万ケース（1ケースは大瓶20本分）で、九州熊本工場の生産能力は年間800万ケース。同社は「早期復旧を図り、熊本産のビールを一日も早く地元の人たちに届けたい」としている。（原大祐）

熊本地震で操業を中止しているサントリー九州熊本工場＝嘉島町

熊本地震発生以降の地震回数

（3日20時現在、気象庁速報値。16日2時以降は大分県含む）

(回) 0 20 40 60 80 100 120 140 160 180 200 220

午前1:25 震度7（M7.3）

午後9:26 震度7（M6.5）

震度 7 6 5 4 3 2 1

14 15 16 17 18 19 20 21 22 23 24 25 26 27 28 29 30 1 2 3
4月　5月

熊本市小中学生 市外転校375人に

熊本市教育委員会は3日、熊本地震の発生を受け、市外の小中学校に転校した児童生徒が2日現在で少なくとも375人（小学生344人、中学生31人）に上ると発表した。

転校先は県内が69人（小学生60人、中学生9人）、県外が306人（小学生284人、中学生22人）。このうち、住民票とともに学籍も移したのは60人。学籍はそのままで一時的に他校に通学する「体験入学」の子どもが286人と、4分の3を占めた。29人はどちらの形態か未定。

4月25日現在の調査では、市外転校は252人（小学生226人、中学生26人）。1週間で123人増加した。（宮崎あずさ）

きょうの歴史　5月4日

▽2006（平成18）年
タレントの萩本欽一さんが監督を務める野球のクラブチーム「茨城ゴールデンゴールズ」が、社会人チーム「熊本ゴールデンラークス」と藤崎台県営野球場で親善試合を行った。

▽1971（昭和46）年　長陽村（現南阿蘇村）の南阿蘇バイパスが開通した。

試合前、ノックをする茨城ゴールデンゴールズの萩本欽一監督＝藤崎台県営野球場

ヴォルターズ存続の危機

収入途絶え資金不足に

熊本ヴォルターズの経営状況について説明する運営会社の湯之上聡社長＝益城町

バスケットボール男子ナショナルリーグ（NBL）の熊本ヴォルターズが熊本地震の影響で存続の危機を迎えていることが3日、分かった。リーグ戦が打ち切りとなった上に、多くのスポンサー企業が被災し収入が途絶えた。運営資金が不足し、このままだと選手給与などが支払えない可能性が出ている。

チームの運営会社熊本バスケットボールによると、4月末のスポンサー料が未収のままだという。手持ち資金もほとんどなく、4月30日には選手らを集め、5月の給与支払いが滞る可能性を説明した。

同社の湯之上聡社長は「被災しているスポンサーに支払いは求められない。クラブを当面運営する資金として3000万円ほど足りない状況」と話している。

同社はチーム存続に向けた支援金を全国から募るための口座を開設し、公式ホームページで協力を呼び掛けている。NBL側とも資金援助について協議しており、他のクラブから「リーグ戦のプレーオフ収入の分配金をヴォルターズ支援に回したらどうか」と提案されているという。

湯之上社長は「熊本だけの力では存続は難しいかもしれない。益城町に本拠地を置くチームとして復興のシンボルになるため、全国と世界の力を借りて存続させたい」と訴えている。

選手らは全員が被災したが、益城町でボランティア活動を続けている。小林慎太郎主将は「『震災直後は『バスケットをしている場合じゃない』と思っていたが、今はプレーで益城の人を勇気づけたいという気持ちが強い」とチームの存続を願う心情を明かした。

ヴォルターズはNBL参戦3季目。避難所となっている益城町総合体育館が練習場と主な試合会場だった。今年秋に発足するBリーグでは県立総合体育館を本拠地に2部リーグに参戦する予定だった。（野方信助）

湯之上社長　益城のために　あきらめない

チームの存続危機が明らかになった熊本ヴォルターズ。このまま熊本からプロバスケットボールチームが消えてしまうのか。3日、益城町で被災住宅の片付けを手伝っていたチーム運営会社の湯之上聡社長(37)に今後の見通しなどを聞いた。（野方信助）

―現在の経営状況を教えてください。

「4月の収入は実施できた試合の入場料収入だけ。（運営資金は）非常に厳しい状況だ。チームにとってかつてない難局だが、何とか資金を集めようと、支援金を募る口座を設けた。練習場と試合会場のめどもつかず、秋に新たにスタートするBリーグへの参加を準備できる状況にはない」

―本拠地の益城町が地震で甚大な被害を受けています。

「私が町内の中学校で教師をしていた時の教え子が、今回の地震で亡くなった。被害の大きさにショックを受けている」

―益城町のためにチームが果たす役割を教えてください。

「ヴォルターズの試合を楽しみにしている子どもたちがたくさんいることを、被災地でボランティアをして気付かされた。スタッフも選手もいない、ゼロからスタートしたチームを益城の人たちが支えてくれた。今度は益城のために、何としてもチームを存続させたい。心が折れそうになっても、ここで諦めたらいけない」

バド再春館　山口ら 炊き出し参加

益城町でボランティア

炊き出しボランティアに取り組む再春館製薬所の山口茜（右）。左はモデルのダレノガレ明美さん＝益城町総合体育館

バドミントン女子の再春館製薬所（益城町）は3日、熊本地震の避難所となっている益城町総合体育館でボランティア活動を行い、リオデジャネイロ五輪出場を確実にしているシングルスの山口茜らが炊き出しの手伝いや清掃作業などに取り組んだ。

山口のほか、同社所属で日本代表ダブルスの福万尚子、與猶くるみが、10日まで東京で行われているナショナル合宿を一時離脱して帰熊。午前中は、北京、ロンドン五輪日本代表の前田美順らチームメートと一緒に、鹿児島県志布志市のボランティア有志グループが用意したさつま揚げやしらすなどの特製丼の炊き出しを手伝った。

この日避難所を訪れていたモデルのダレノガレ明美さんとともに、行列が途切れるまで丼を手渡し続けた山口は、「これからお世話になる熊本の家や道路が壊れてしまい、多くの人が避難生活を続けている。自分たちがボランティアに参加することで、皆さんが元気になればと思う」と話した。（山本遼）

勝って勇気づけたかった

五輪逃した福万・與猶組に聞く

福万尚子　與猶くるみ

中国・武漢で行われたバドミントンのアジア選手権女子ダブルスで準優勝となり、リオデジャネイロ五輪出場を逃した福万尚子、與猶くるみ（再春館製薬所）が3日、益城町総合体育館でインタビューに応じ、2人は「勝って熊本を勇気づけたかった」と悔しさをにじませた。一問一答は次の通り。（山本遼）

―リオ五輪まで、本当にあと一歩でした。

福万「アジア選手権自体は頑張れたと思う。長い五輪レースの厳しさを感じた」

與猶「振り返ってみると、福万さんと2年間戦って成長できた。五輪レースは終わってしまったが、これを土台にこれからも頑張りたい」

―遠征中に熊本地震が起きたことで、何か影響はありましたか。

與猶「ニュースでしか状況がわからなかったが、熊本でみんなが頑張っているので、自分たちが元気づけたいという思いだった」

福万「地震のときに出場していたシンガポール・オープンでは気持ちが入りすぎ、勝てなかった。勝って良いニュースを届けようと、空回りしてしまった。五輪に行くことが良いニュースだったのに」

―アジア選手権後に、何か2人で言葉を交わしましたか。

福万「自分が泣き崩れてしまい、気持ちが整理できなかった。まず［illegible］」

與猶「福万さんに『自分を信じて』と伝えた」

―今後の目標は。

福万「［illegible］礼華・松友美佐紀ペアも、前回の五輪の4年前は世界のトップに立っていなかった。2人で、熊本のために精いっぱい戦っていきたい」

◇DeNA―ヤクルト6回戦（ヤクルト4勝2敗、13時、横浜、28,914人）

ヤクルト	301	020	000	6
DeNA	000	000	000	0

【勝】山中3試合2勝1敗　【敗】モスコーソ4試合2勝2敗　【本】バレンティン8号③（モスコーソ）　山田11号②（モスコーソ）

◇中日―阪神7回戦（中日5勝2敗、14時、ナゴヤドーム、37,728人）

阪神	100	100	000	2
中日	200	010	10×	4

【勝】ジョーダン5試合2勝　【S】福谷15試合1勝6S　【敗】藤浪6試合3勝2敗　【本】桂3号①（藤浪）

◇巨人―広島6回戦（巨人5勝1敗、18時01分、東京ドーム、44,858人）

広島	100	100	000	2
巨人	000	200	01×	3

【勝】マシソン15試合3勝1S　【S】沢村15試合3勝8S　【敗】ジョンソン7試合3勝3敗　【本】田中2号①（田口）　エルドレッド11号①（田口）

G首位返り咲き

助っ人ギャレット決勝打

巨人3―2広島

昨季、23回を無得点に封じられた広島のジョンソンにようやく土を付けた。巨人の高橋監督は「打ち崩したわけではないけど、勝ったという事実は残る」と表情を緩め、連敗を3で止める価値ある白星ともなった。

決勝点はギャレットがたたき出した。2―2の八回2死一塁で「イメージは持っていた。積極的にいこうと思っていた」と初球の浮いた速球を右中間に飛ばして二塁打とした。打率2割台前半と不振でも、4番での出場が続き「ふさぎ込みがちな気持ちを奮い立たせてくれる」と高橋監督の信頼を意気に感じていた。

天敵攻略にはチームとしての意識の徹底があった。主砲が見せたように甘い球を逃さない積極性と、もう一つは大振りしないこと。0―2の四回に失策で1点を返し、2死一、三塁。村田は「（ジョンソンは）手元で球が動く。練習からコンパクトに打つことを考えながらやっていた」と内角高めを巧みに左前に運び、同点とした。

再び首位に浮上した。「負けが続いていたので、流れを変えるにはいいゲームだったと思う」と監督は今後への手応えを口にした。（浅山）

8回巨人2死一塁、ギャレットが右中間に勝ち越し二塁打を放つ＝東京ドーム

巨人 3―2 広島

【広島】	打	安	点	振	球	本	打率
(遊)田中	4	1	1	0	0	②	.306
(二)菊池	4	1	0	0	0	④	.341
(中)丸	3	1	0	1	1	⑥	.328
(一)新井	4	1	1	0	2	①	.318
(左)エルドレッド	4	3	1	1	0	⑪	.378
走(左)赤松	0	0	0	0	0		.500
(右)鈴木	4	2	0	1	0	③	.282
(三)堂林	3	0	0	1	0	②	.250
(捕)石原	3	0	0	1	0		.151
(投)ジョンソン	3	0	0	2	0		.167
犠盗失併残 00114	32	8	2	9	1		.282

【巨人】	打	安	点	振	球	本	打率
(中)立岡	4	0	0	0	0	②	.258
(二)片岡	4	0	0	0	0	②	.224
(遊)坂本	4	2	2	0	0	⑥	.238
(一)ギャレット	4	2	1	1	0	⑤	.230
(右)長野	3	2	0	1	0	③	.310
(左)亀井	3	0	0	0	0		.238
(三)村田	3	2	1	1	0	①	.298
(捕)小林誠	3	0	0	0	0		.192
(投)田口	2	0	0	0	0		.083
打山本	1	0	0	0	0		.500
投マシソン	0	0	0	0	0		
投沢村	0	0	0	0	0		
打吉川	1	0	0	0	0		.091
犠盗失併残 01134	29	6	2	4	2		.249

【投手成績】	回	打	安	振	球	責	防御率
ジョンソン	8	31	6	4	2	1	2.10
田口	7	26	7	7	0	2	2.61
マシソン	1	3	0	1	0	0	2.60
沢村	1	4	1	1	1	0	2.25

▷二塁打　鈴木、ギャレット▷盗塁　村田（1）▷失策　田中、坂本▷試合時間　2時間20分

ヤクルト 6―0 DeNA

【ヤクルト】	打	安	点	振	球	本	打率
(中)坂口	5	2	0	1	0		.303
(三)川端	4	3	0	0	0		.328
(二)山田	4	1	2	1	0	⑪	.348
(左)バレンティン	4	2	4	1	0	⑧	.333
一武内	0	0	0	0	0		.200
(右)雄平	4	1	0	2	0	①	.280
(一)今浪	3	0	0	0	0		.233
打田中浩	1	1	0	0	0		.214
走左比屋根	0	0	0	0	0		.235
(遊)大引	3	0	0	0	1		.395
(捕)中村	4	0	0	0	0	②	.233
(投)山中	4	0	0	2	0		.000
犠盗失併残 00114	36	10	6	7	1		.280

【DeNA】	打	安	点	振	球	本	打率
(右)関根	4	1	0	0	0		.357
(二)石川	4	0	0	0	0	①	.195
(左)乙坂	4	0	0	1	0	①	.306
(一)ロペス	4	1	0	0	0	④	.221
(遊)倉本	3	0	0	0	0		.307
(三)飛雄馬	1	0	0	0	1	①	.148
投熊原	0	0	0	0	0		—
打荒波	1	0	0	0	0		.197
投ザガースキー	0	0	0	0	0		—
投野川	0	0	0	0	0		—
(中)桑原	3	1	0	2	0	②	.300
(捕)戸柱	2	1	0	0	1	①	.222
(投)モスコーソ	1	0	0	0	0		.143
三山下幸	2	0	0	0	0		.222
犠盗失併残 00004	29	4	0	3	2		.224

【投手成績】	回	打	安	振	球	責	防御率
山中	9	31	4	3	2	0	4.05
モスコーソ	5	22	7	5	0	6	4.21
熊原	2	8	2	1	0	0	0.00
ザガースキー	1	3	1	0	0	0	4.15
野川	1	4	0	1	1	0	3.00

▷二塁打　坂口、川端、ロペス▷失策　武内▷暴投　モスコーソ▷与死球　山中（飛雄馬）▷試合時間　2時間40分

山中 強風味方に完封

ヤクルト6―0DeNA

強風を味方に、打者を料理した。低めに集めてゴロを打たせるのを持ち味とするヤクルトの山中が、15の飛球アウトを奪って完封。チームを今季初の5連勝に導き「ツバメのゴールデンウイークの勢いに乗れた」と笑顔を見せた。

強風により下手投げからの球筋が「いつもと違う感じ」（高津投手コーチ）に動いた。強い向かい風を受けて120キロ台前半の直球が浮き上がるように打者のバットを押し込み、カーブは一層ブレーキが利いた。「風をうまく利用できた」と捕手の中村は振り返った。

同じサブマリンで、通算87勝を挙げた元ロッテの渡辺俊介（新日鉄住金かずさマジック）は、千葉名物の強風を巧みに利用したことで知られる。山中はアマチュア時代に渡辺の著書を読み「下手投げは手本も少ないから」と頼み込んで自主トレを共にしたこともある。下手投げの先輩を思わせる安定感で、DeNAを散発4安打に封じた。

チームは勝率を5割にした。熊本で社会人までを過ごした山中は地震で被災した故郷への思いを胸にプレーを続ける。「ヤクルトも熊本も負けられない。明るい話題を提供していきたい」と覚悟を口にした。（小林陽）

DeNAに快勝し、喜ぶ山中（中央）らヤクルトナイン＝横浜

中日 4―2 阪神

【阪神】	打	安	点	振	球	本	打率
(中)二大和	5	1	0	0	0		.306
(二)三北條	4	2	0	0	1	①	.226
(遊)鳥谷	3	1	0	0	2	①	.255
(右)福留	5	1	0	3	0	②	.333
走江越	0	0	0	0	0	④	.260
(一)ゴメス	4	0	0	0	1	⑨	.254
(左)狩野	3	1	0	1	0		.250
打中高山	1	0	0	0	0	②	.270
(三)陽川	3	0	0	1	0	①	.259
打左板山	1	1	0	0	0		.167
(捕)原口	1	1	1	0	2		.500
(投)藤浪	3	0	0	1	0		.308
打今成	1	0	0	1	0		.300
投ドリス	0	0	0	0	0		—
犠盗失併残 10001	23	4	8	1	7	6	.251

【中日】	打	安	点	振	球	本	打率
(中)大島	4	2	1	2	0	①	.273
(二)荒木	3	0	0	0	1		.227
(右)平田	3	1	1	1	1	③	.344
(一)ビシエド	4	0	0	0	0	⑨	.336
(左)ナニータ	3	1	0	2	1	①	.363
投福谷	0	0	0	0	0		—
(三)高橋周	4	1	1	0	0		.310
(遊)堂上	3	0	0	0	0		.286
(捕)桂	3	1	1	0	0	❸	.244
(投)ジョーダン	2	0	0	1	0		.000
打森野	0	0	0	0	1		.231
走亀沢	0	0	0	0	0		.235
投田島	0	0	0	0	0		—
左工藤	0	0	0	0	0		.500
犠盗失併残 02005	29	6	4	6	4		.267

【投手成績】	回	打	安	振	球	責	防御率
藤浪	7	30	6	5	4	4	3.64
ドリス	1	3	0	1	0	0	2.16
ジョーダン	7	31	5	6	5	2	1.73
田島	1	5	1	1	1	0	0.00
福谷	1	5	2	0	0	0	2.03

▷三塁打　大島▷二塁打　大和、大島▷犠飛　原口▷盗塁　荒木（3）亀沢（1）▷暴投　ジョーダン▷与死球　藤浪（荒木）ジョーダン（原口）▷試合時間　3時間9分

藤浪手痛い●

中日4―2阪神

阪神は藤浪で落とすと乗っていけない。必勝を期した3連戦初戦で逆転負け。ナゴヤドームでは今季4戦全敗となり、若きエースは「いい投げ方ができなかった」と悔しさをかみしめた。

この日も思うように制球できない。一回に先制点をもらいながら、直後に2本の適時打であっさりと逆転を許した。その後は立ち直ったかに見えたが、同点の五回に捕手の桂に手痛い一発。「腕を振った球だったけど、シュートして中に入った」という2ボールからの3球目を左翼席へ運ばれ、主導権を奪われた。

チームが天敵にしているビシエドは抑えたものの「ほかの打者を抑えないと意味がない」。初黒星を喫した前回登板の巨人戦と同様、7回4失点では藤浪にとっては物足りない。「配球とかをいろいろ考えてやっていかないといけない」と挽回を誓った。（山本駿）

セ・リーグ（3日）

	試	勝	敗	分	率	差
①巨人	30	16	11	3	.593	
②広島	30	17	13	0	.567	0.5
③中日	30	15	13	2	.536	1.0
④ヤクルト	31	15	15	1	.500	1.0
④阪神	32	15	15	2	.500	0.0
⑥DeNA	31	9	20	2	.310	5.5

五輪サッカー手倉森監督　被災の子ら激励

リオデジャネイロ五輪に出場するサッカーU―23日本代表の手倉森誠監督(48)が3日、大津町や嘉島町、宇城市にある熊本地震の避難所などを訪れ、被災した子どもたちを激励した。

大津町運動公園では避難所などで暮らす小学生約150人が集合。手倉森監督は五輪代表の練習にも取り入れているというメニューで子どもたちを指導した。

激しい雨の中、ボールを追った大津北中1年の石村飛翔君は「監督に指導してもらって興奮した。家族や友達に元気な姿を見せられるよう頑張りたい」。手倉森監督は「不安や苦しさはあって当然。この経験を大きな力に変えてほしい」と子どもたちに熱く語った。

嘉島町では雨が激しかったため、サッカー教室は行わず、参加者に代表のユニホームを配った。（丁将広）

宇城市ではサッカー教室を開いた。ロアッソ熊本の練習場では、全体練習を再開したばかりのイレブンを激励した。

五輪代表と同じ練習メニューで子どもたちを指導するU―23日本代表の手倉森誠監督＝大津町運動公園

バレーボール

PFU初の4強

全日本男女選抜

バレーボールの全日本男女選抜大会第4日は3日、大阪市中央体育館で準々決勝が行われ、女子はPFUが上尾メディックスを3―1で破り、初めて準決勝に進んだ。2連覇を狙うJTは日立に3―2で逆転勝ち。NECは岡山シーガルズを3―1、トヨタ車体は東レを3―0で下した。

男子は全日本選手権、プレミアリーグとの3冠を目指す豊田合成がパナソニックを3―0で退けた。前回優勝のサントリーはFC東京にストレート勝ち。JTは堺に、ジェイテクトは東レにともに3―1で勝った。

4日の準決勝は女子がPFU―NEC、トヨタ車体―JT、男子はサントリー―JT、ジェイテクト―豊田合成の顔合わせ。

陸上

サニブラウン 男子200で2位

静岡国際

陸上の静岡国際は3日、静岡県袋井市の静岡スタジアムで行われ、男子200㍍で飯塚翔太（ミズノ）が追い風1・0㍍の条件下、20秒38で優勝した。今季初戦だった17歳のサニブラウン・ハキーム（東京・城西高）は20秒54で2位。400㍍障害（タイムレース）は野沢啓佑（ミズノ）が49秒07で勝った。

女子の200㍍（タイムレース）は斎藤愛美（岡山・倉敷中央高）が23秒96で制し、福島千里（北海道ハイテクAC）は左脚の張りで欠場した。ハンマー投げは渡辺茜（丸和運輸機関）が日本歴代3位となる66㍍79の大会新記録で制した。

野球

◇東都大学リーグ（3日・神宮）

日大―東洋大1回戦（東洋大1勝）

日大	000	210	000	3
東洋大	020	100	001×	4

中大―国学院大1回戦（国学院大1勝）

中大	000	100	000	1
国学大	020	001	10×	4

テニス

山口（桜木中）の日本準優勝

ワールドジュニア女子アジア予選

テニスのワールドジュニア（14歳以下、国別対抗）女子アジア・オセアニア予選は4月25～30日、タイで行われ、桜木中2年の山口藍（RKKルーデンス）がメンバー入りした日本が準優勝し、8月にチェコで行われる本大会進出を決めた。

山口は、本大会出場がかかる中国との準々決勝でシングルスに出場し、6―2、6―2でストレート勝ち。日本も2―0で勝った。日本は準決勝でタイにストレート勝ちしたが、香港との決勝では山口らが敗れ、1―2だった。

本大会出場メンバーは今後の大会の結果で、日本協会が選考する。

きょうのスポーツ

【野球】東都大学リーグ　国学院大―中大、東洋大―日大（14時・神宮）▽関西六大学リーグ　大商大―大経大、京産大―［illegible］（［illegible］・わかさスタジアム京都）【サッカー】アジア・チャンピオンズリーグ1次リーグF組　広島―FCソウル（韓国）（19時30分・エディオンスタジアム広島）【バレーボール】全日本男女選抜大会第5日（10時・大阪市中央体育館）【バスケットボール】ナショナルリーグ［illegible］【体操】NHK杯第1日（16時・東京体育館）

プロ野球　きょうの予告先発

［illegible］

Jリーグ

◇明治安田J1第1ステージ第10節　湘南―仙台（13時・BMWス）川崎―鳥栖（14時・等々力）名古屋―横浜M（14時・豊田ス）福岡―大宮（14時・レベスタ）鹿島―磐田（16時・カシマ）神戸―［illegible］（19時・ノエスタ）甲府―柏（19時・中銀スタ）

支える 強み生かして

県内外12団体「よか隊ネット」
車中泊の実態調査

熊本地震を受け、県内外の民間支援団体がネットワーク組織「こころをつなぐ『よか隊ネット』」を結成した。各団体の強みや専門知識を生かし、炊き出しや相談業務だけでなく車中泊の実態調査も始め、行政の手が行き届きにくい被災者の支援に乗り出している。

車中泊に関する聞き取りをする北九州市立大の稲月正教授（左）ら＝4月29日、御船町

本震3日後の4月19日、子どもやホームレス、東日本大震災の被災者支援などに取り組む県内外の12団体で結成。熊本市や御船町、益城町などで活動している。

同ネットは特に住まいの破損や余震への恐怖から長期化している車中泊の実態に注目。エコノミークラス症候群で死者も出ており、調査を担当する北九州市立大の稲月正教授（社会学）は「実態はあまり把握されておらず、必要な支援を実行に移したい」と話す。

行政の支援が届きにくい小さな避難所で、問題点などを調査中。8日までに2000人の意見を聞き取り、地元自治体への情報提供と提言を予定している。稲月教授は「今後の災害でも予想される車中泊対策に役立てたい」と話している。

活動には東日本大震災や広島市土砂災害でも活動した一般社団法人ピースボート災害ボランティアセンター（東京）も参加している。よか隊ネットの佐藤彩己子代表(64)＝熊本市＝は「災害支援の経験がある県外団体との連携は心強い」と受け止める。

結成を呼び掛けた同ネットワーク事務局長代行でNPO法人ホームレス支援全国ネットワーク代表の奥田知志さん(52)＝北九州市＝は「県外団体は支援に徹し、地元が活動のベースになることが大事。支援活動を地元に根付かせ、今後の地域づくりに結び付けたい」と語り、新たな参加団体を募っている。事務局☎090（8783）1464。（浪床敬子、益田大也）

学園大高林教授・ゼミ生
支援ニーズまとめ仲介

尾ノ上小校区内で被災者の自宅の後片付けをするボランティアたち＝1日、熊本市東区

熊本学園大社会福祉学部の高林秀明教授(46)とゼミ生らが、熊本市東区の尾ノ上小校区で、被災家屋の後片付けのサポートに貢献している。被災者のニーズを細かく調査し、市災害ボランティアセンターと仲介。ミスマッチをなくし、ボランティアの効率的な活動を実現している。

地域福祉論が専門の高林教授は、地元の同校に一時避難。自治会長らと協力し、避難所でボランティアを必要とする人を掘り起こしている。現場を確かめ、作業内容や必要な人数を出し、校区全体のニーズをまとめてセンターに伝達。その上で翌日、マイクロバスでやって来るボランティアを割り振り、活動場所を案内している。

市災害ボランティアセンターによると、ボランティアの参加希望者が殺到する一方で、事前調査が追いつかず、支援を待つ被災者も多いという。

市センターのマッチング班リーダー、上田浩之さん(45)は「地元の事情を知る人に事前調整をしてもらうことで、作業をスピードアップできる」と尾ノ上小校区の取り組みを評価。散乱した植木鉢などをボランティアに片付けてもらった主婦の吉良キル子さん(74)は、「頼んだ翌日に来てくれて助かった」と喜んだ。

高林教授は「地元に受け皿があれば、長い目で支援を続けられる」と今後を見据えた。（園田琢磨）

市民組織「チーム熊本」
ボランティアに宿泊拠点

熊本地震の被災地を支援する「ボランティアビレッジ」が熊本市西区池田の崇城大の敷地に開設され、3日から受け入れを始めた。災害ボランティアの拠点として宿泊テントなども用意。手助けが必要な人とボランティアとの仲介も担う。

熊本地震を機に、市民らで組織された「チーム熊本」が運営。宿泊先を準備する必要のある遠方からのボランティア向けに設置された。テント30張を貸し出すほか、車中泊などのため15台分の駐車スペースを確保している。1日の利用に付き500円。飲食ブースや交流スペース、トイレ、シャワー施設もある。

自身も被災し、リーダーを務める東海大4年の片山広大さん(21)は「全国から駆け付けるボランティアを受け入れ、熊本復興の拠点となれば」と話す。ホームページから予約が必要。問い合わせは事務局☎090（2465）0024。（西國祥太）

崇城大の敷地内に開設されたボランティアビレッジ ＝3日、熊本市西区

被災者向け熊本市営住宅
250戸入居者決まる

熊本地震で自宅に住めなくなった熊本市民を対象にした市営住宅の入居者抽選会が3日、熊本市役所であった。6日から入居できるとあって、提供250戸に3949件の応募が殺到。倍率は15・8倍の"狭き門"だった。

被災者に仮の住まいを提供する、市の住まい支援策の第1弾。市は市内55団地の250戸を準備。各区ごとに、自宅が全壊・半壊しただけでなく、一部損壊して住めなくなった人まで対象を広げ、入居希望を受け付けていた。提供10戸の中央区は、90倍の高倍率となっていた。

同日午前9時、東区から開始。申し込み番号を記した約3ｾﾝ四方の紙が入った抽選箱の中から、市の担当者が1枚ずつ引き、当選番号を読み上げた。応募者の代表計20人が立会人として、真剣なまなざしで作業を見守った。

市は障害者や妊婦のいる世帯に、1階の部屋やエレベーターを備えた団地に優先的に振り分け、入居先を決定。4日、当選者に連絡する。6日朝から、入居者に鍵を渡す。（高橋俊啓）

仮住まい提供 高齢者ら優先
熊本市方針

熊本市の大西一史市長は3日、熊本地震で住まいの確保が難しい高齢者や障害者、妊婦のいる世帯を優先し、仮住まいを提供する支援策を実施する方針を明らかにした。

提供するのは、市営住宅と特定優良賃貸住宅（特優賃）に加え、民間のサービス付き高齢者向け住宅の計200戸。いずれも家賃は無料。

自宅が全壊や大規模半壊した人以外にも提供する考えで、詳細は今後詰める。募集はせず、市が提供する被災者を決める方針。大西市長は「被災者はみんな困っているが、住宅確保が特に厳しく、（支援の）優先順位の高い人に入居してもらいたい」と話した。（高橋俊啓）

住まい確保の道険し
抽選会で最大90倍

熊本市役所9階であった市営住宅の入居者抽選会。立会人を務めた20人も、熊本地震で家を失い、当選に希望を託す被災者だ。申し込み総数3949件に対し、用意された住宅はわずか250戸。ほとんどの立会人が失意の表情で会場を後にした。

申し込みが最多、1535件の東区。不動産管理会社従業員の上田幹子さん(68)は、避難先の大分県日田市から駆け付けた。抽選番号は実際に見ていたが、自分の番号が読み上げられなかった。「仕事のために熊本市に住みたいけど…」。同居している高校3年の孫は、福岡県内の公立高に編入するという。

落選者「もうくたくた」

家族4人で車中泊を続けている男性(40)も落選。「提供戸数がもっと多ければよかったのに。子どもの小学校も始まるので、早く家を見つけないと」と涙をにじませた。

130戸が提供され、4・4倍の倍率だった北区の女性(46)は、当選の瞬間を目の当たりにした。「自分の番号が最初に呼ばれてびっくり。信じられない」と喜んだ。

中央区は提供戸数が10戸と少なく、90倍の激戦に。地震被害による建て替えのため、賃貸アパートから退去を求められているという50歳代のパート女性は、家族と近くの小学校に避難中。「企業の建物に避難したり、車中泊したり。家が必要なのはみんな同じ。でも、もうくたくたです」とうなだれた。

抽選後に残されたのは、約3700件の外れくじ。市は今後、民間賃貸住宅を借り上げる「みなし仮設」物件の掘り起こしや仮設住宅建設に取り組むが、すべての被災者が家を見つけるまでには、まだ時間がかかりそうだ。抽選を担当した市職員は「くじに外れ、涙を流す立会人の姿を見るのはつらかった」とつぶやいた。（宮崎あずさ、高橋俊啓）

250戸に約4千人の応募が殺到した熊本市営住宅の抽選会場。左は作業を見守る立会人たち ＝3日、熊本市役所

漫画家5人 被災地にエール
CM「くまモン頑張れ絵」
玉名市出身 和久田さん企画

ACジャパンのCMで流れているさくらももこさんのイラスト

漫画家が熊本地震の被災者を励まそうと描いた「くまモン頑張れ絵」を紹介するACジャパン（旧公共広告機構）のCMが、熊本と大分で放映されている。電通九州のプランナーで、玉名市出身の和久田昌裕さん(37)が企画した。

地震の被害状況を伝えるテレビを見て「子どもが泣いている」という声を聞いたのがきっかけだった。

故郷のために何かできないかと考えていたころ、森川ジョージさんらが始めたくまモンのイラストをネットで公開する「くまモン頑張れ絵」を知った。「ネットを使えない子どもにも見てほしい」とひらめいたという。

呼び掛けた漫画家たちもすぐに快諾。森川さんのほか、ちばてつやさん、さくらももこさんら5人、5種類のCMで、唱歌「故郷」に合わせイラストが映し出される。

CMは、ACジャパンのホームページでも見ることができる。（岡恭子）

県営住宅62戸 入居順位決定
倍率12・7倍

県は3日、熊本地震で自宅をなくした被災者に無償で貸し出す熊本市と菊陽町の県営住宅62戸について、応募した790人の入居順位を抽選で決定した。応募倍率は12・7倍。水俣市と荒尾市にある8戸は申し込みがなかった。

県は4、5の両日、応募者に電話連絡し、入居手続きを行う。入居期間は6カ月以内で、1年以内の更新ができる。（蔵原博康）

半壊以上被災者に 市営住宅20戸提供
宇城市

宇城市は3日、熊本地震で自宅が半壊以上の被害を受けた市民を対象に、市営住宅約20戸を無償で提供すると発表した。

市によると、不知火町、松橋町、小川町、豊野町で各4～8戸を確保した。家賃は免除で、光熱水費や共益費、自治会費は自己負担となる。無償で入居できる期間は原則6カ月以内。

対象は住宅の被害が「半壊」「大規模半壊」「全壊」となった人。申請には罹災証明書（後日提出で可）や住民票などが必要。

申し込みは6～15日の午前9時～午後4時、市役所か各支所で。応募多数の場合は18日に抽選で決める。入居開始は20日以降。市都市整備課住宅係☎0964（32）1694。（田中祥三）

熊本地震 現場から
随時掲載

阿蘇大橋が落ちた
高森支局　堀江利雅

カメラの記録を見ると本震の16日、崩落した南阿蘇村の阿蘇大橋のたもとに着いたのは午前4時前だった。明け方、すぐそばの東海大周辺では、学生らが懸命に仲間を助け出していた。その後、土砂に埋まった家で遺体が見つかるたびに重い空気が漂った。

村では多くの人が家を失い、途方に暮れている。主な交通網が遮断された孤立感も強く、暮らしへの影響は計り知れない。

「どぎゃん時間がかかっても豊かな南郷谷ば取り戻さなんね」。地元の知人らと会うたびにうなずき合う。今は、燃えるような阿蘇の新緑と、避難所に響く子どもたちの笑い声が、少しずつ人々の傷を癒やしているように思える。

2016.5.4

益城町 新たに3避難所
過密解消へ カーテン間仕切りも

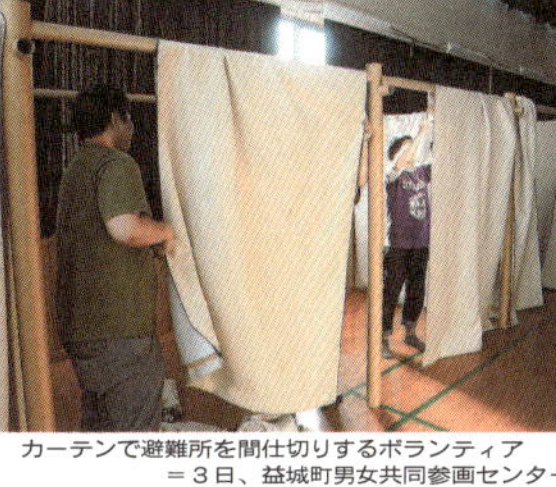
カーテンで避難所を間仕切りするボランティア ＝3日、益城町男女共同参画センター

益城町は3日、新たな指定避難所を町内3カ所に設けた。いずれもプライバシーが保てるよう、高さ2㍍のカーテンで間仕切り。過密状態にある既存の2カ所にいる高齢者や障害者ら計116人に移ってもらう。

既存の町保健福祉センターと町総合体育館は周辺に倒壊家屋が多いことなどから、計約1600人が集中。廊下で寝泊まりする人もおり、感染症が拡大した場合の危険性などが指摘されていた。

新しい避難所は町男女共同参画センター、町公民館飯野分館、町公民館津森分館。既存の2カ所では医師が高齢者や障害者の聞き取りを進めており、優先と判断された人たちは4日にも再避難する。

町は学校の教室や車中に避難している人たちを受け入れるため、天井が落ちた町総合体育館メインアリーナなどの工事も進めている。（池田祐介）

ウィーンから熊本応援
阿蘇にゆかり 学生らTシャツ販売

【ウィーン共同】オーストリアのウィーン大学で2日、日本学科の学生らが「熊本ば応援するけんね！」と日本語で書かれたオリジナルTシャツを販売し、熊本地震の被災者への支援を訴えた。売上金の一部は被災地のボランティア活動に寄付される予定。

同学科は約50年前に阿蘇地方で地域研究の調査を実施。2年前から新たな研究の準備を始め、ウォルフラム・マンツェンライター教授らが昨年現地入りするなど熊本と縁が深い。

同教授によると、地震後「被災者に連帯の気持ちを伝えたい」との声が上がった。

今秋から熊本大に留学する学生のアントニア・ミゼルカさん(24)はTシャツを売りながら、「日本特有の団結心で苦境を乗り越えてほしい」と話した。

2日、ウィーン大学でTシャツを試着する学生（左）と販売する学生

被災者は思う
早くサッカーがしたい
林凜和（りんか）さん(11)＝小学6年、嘉島町

3月末に長崎から引っ越したばかり。これから熊本に慣れていこうという時に地震が起きました。新築の家なのにベランダが傾いたり亀裂が入ったりして、すごく残念です。大好きなサッカーも、クラブチームを探している途中でした。今は体を動かせる場所がほとんどないので、早くサッカーができるようになってほしいです。

2016.5.4

第4395回数字選択式全国自治宝くじ（3日）

ナンバーズ3
◇抽せん数字　732
ストレート（8万4600円）75口
ボックス（1万4100円）539口
セット・ストレート（4万9300円）141口
セット・ボックス（7000円）1270口
ミニ（下2ケタ）（8400円）425口

ナンバーズ4
◇抽せん数字　5906
ストレート（81万100円）18口
ボックス（3万3700円）418口
セット・ストレート（42万1900円）68口
セット・ボックス（1万6800円）1932口

第870回ミニロト宝くじ（3日）

本数字　03 12 22 23 31
ボーナス数字　24

1等	本数字5個一致	（764万2500円）19口
2等	本数字4個とボーナス数字一致	（14万9000円）70口
3等	本数字4個一致	（7600円）2353口
4等	本数字3個一致	（800円）52665口

（第３種郵便物認可）　熊本日日新聞　平成28年（2016年）5月4日　水曜日　社会 22

熊本地震でＪＲ豊肥線が寸断されたため、運休区間の各駅から人影が消え、駅前も閑散としている。例年、大型連休中には大勢の観光客でにぎわう周辺の飲食店も客はまばら。経営者らから嘆きや戸惑いの声が漏れる。

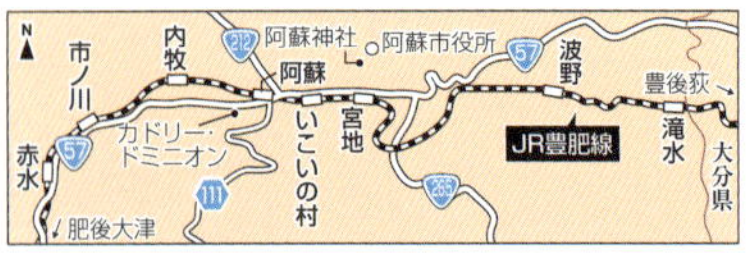

市ノ川　内牧　阿蘇神社　阿蘇市役所　阿蘇　波野　豊後荻　赤水　カドリー・ドミニオン　いこいの村　宮地　JR豊肥線　滝水　大分県　肥後大津　212　57　111　265

豊肥線寸断で駅閑散

阿蘇市

大型連休の観光直撃

ＪＲ豊肥線が寸断され、人影が消えた阿蘇駅。運休区間の駅前の飲食店なども客が激減しているという＝3日、阿蘇市

運休しているのは、肥後大津（大津町）―豊後荻（大分）の区間。その間の阿蘇市にある八つの駅のうち特に阿蘇駅は毎年この時期、新緑が芽吹く草千里などを目指す観光客でごった返していた。同駅によると、地震前の乗降客は多い日で約2千人で、近年は外国人が急増。しかし、九州横断特急や人気の観光列車「あそぼーい！」もホームから姿を消し、観光客はほとんど見当たらない。

同駅舎内でレストラン坊中を営む江藤寛喜さん（72）は「大型連休は1年のうちでも特に書き入れ時なのに、地震後は客足は激減した。豊肥線の復旧は当面難しそうで、今後のことは想像もできない」と厳しい表情。4月28日に営業を再開したが、断水の影響で水の供給が不安定という。

産交バスは、地震後に阿蘇駅と阿蘇中岳火口に近い山上広場を1日9往復する観光バスを運行していた。だが、草千里を通る道路が通行止めになり、緒方恒也・阿蘇営業部長は「外国人の利用が増え、1日最大約750人が利用する“ドル箱”路線だったのだが。豊肥線が再開しないと、どうにもならない」。

阿蘇神社から1・5キロ南の宮地駅は、参拝客の利用も多かった。同社は拝殿や楼門が倒壊。駅前の豊屋観光レストランの笹田和子さん（76）は「美しい風景や豊かな水、神社の厳かさといった阿蘇の魅力が地震で突然なくなった気がする。経営もだが、地域のことを考えると不安でいっぱい」と打ち明けた。

いこいの村駅前で唐揚げ店を開く西村美代子さん（63）は自宅が被災し、1日に営業を再開した。「駅の利用者は、大津町や西原村から通う高校生が多く、待ち時間のにぎやかな姿が消えて寂しい。元の姿に早く戻ってほしいのですが…」と声を落とした。（岡本幸浩）

避難生活 脳卒中の危険

地震後 搬送者が増加

水分取り塩分控えめに

大きな災害の被災地では脳卒中患者が増える傾向があり、熊本地震でも熊本市内の病院への搬送が増えているという。避難生活で水分を控えたり、食事の塩分が多かったりすることが原因とみられ、専門家は「水分を小まめに取り、塩分や油ものは控えめにしてほしい」と話している。

脳卒中は、脳の血管が急に破れる脳出血や、血管が詰まる脳梗塞などの総称。熊本大病院神経内科の中島誠・特任教授によると、通常、脳卒中で同病院に搬送される患者は月に1～2人程度だったが、熊本地震後は週に1～2人に増えているという。

病院が被災し、患者の受け入れ施設が減少したことも背景にあるとみられるが、阪神大震災や東日本大震災でも脳卒中患者が増えたとの報告がある。「避難生活では水分を控えがちになり、カップ麺など塩分の多い食事を摂ることや、緊張感を抱えて血圧が上がることなどが考えられる」と中島医師。

水分を控えると、血の塊（血栓）が肺の静脈に詰まるエコノミークラス症候群も起きやすくなる。「血栓が肺や心臓を通り抜けて脳まで届き、脳梗塞を起こす場合がある」と中島医師。小さな血栓でも、脳に詰まると体のまひにつながることがあるという。

予防には、水分を小まめに取り、食事の塩分・油分は控えめにして、適度な運動をすること。体重の増減にも注意が必要だ。「高齢者は栄養不足で脳出血を起こす危険がある」。高血圧や糖尿病などの薬を服用している場合、薬を切らさないことも重要。また喫煙による発症リスクは高血圧よりも高く「禁煙は重要な“治療”になる」という。

ろれつが回らない、片方の手足が動きにくい、これまでにない激しい頭痛―などの症状があれば、脳卒中の可能性があり、中島医師は「すぐに救急車を呼んでほしい。脳卒中は早ければ早いほど回復につながり、治療できる地域の病院を知っておくことも大切だ」と話している。（森本修代）

脳卒中予防のポイント

- 水分を小まめに取る
- 塩分・油分は控えめに
- 時々体重をチェック
- 薬を切らさない
- 適度に体を動かす
- 禁煙に努める
- おかしいと思ったらすぐ受診

カンちゃん　フジヤマジョージ

緑を見てると ほんとに心が やすらぐわ～！

キャー

？

やすらがない緑もあるんだね

○アマガエル

5月4日の飛来予測

地域	種類	6-12	12-18	18-24	5日
九州北部	大気汚染粒子	多い	やや多い	やや多い	やや多い
九州北部	黄砂	やや多い	少ない	少ない	少ない
九州南部	大気汚染粒子	多い	多い	多い	やや多い
九州南部	黄砂	やや多い	やや多い	やや多い	やや多い

非常に多い＝注意喚起レベル　多い＝環境基準値程度　やや多い＝大気が少しかすむ　少ない＝清浄

予測システム「スプリンターズ」開発チーム提供

「あそぼーい！」福岡へ

ＪＲ九州観光特急 阿蘇の支援訴え

博多―門司港を臨時運行

ＪＲ門司港駅に到着した観光特急「あそぼーい！」（上）と、「あそぼーい！」車内で、あか牛など阿蘇の食材を使った弁当を販売する阿蘇市門前町商店街の有志ら

ＪＲ九州の観光特急「あそぼーい！」が3日、鹿児島線の博多（福岡市）―門司港（北九州市）を臨時運行した。阿蘇市の門前町商店街有志も乗り込み、乗客に熊本地震で被災した阿蘇地区の復興支援を呼び掛けた。

同乗したのは郷土料理店「阿蘇はなびし」の宮本博史社長ら4人。あか牛など阿蘇の食材を使った弁当や菓子類などを販売し、阿蘇の現状を伝えた。

北九州市の会社員、稲田賢さん（46）は長男晃太郎君（7）と乗車。「息子は熊本で見掛けて以来、乗りたがっていた。阿蘇が復興したら豊肥線の『あそぼーい！』にも乗りたいですね」と話していた。

臨時運行は、通常ルートの豊肥線熊本（熊本市）―宮地（阿蘇市）が、地震による土砂崩落で復旧のめどが立たないことから、ＪＲ九州が初めて企画。8日までを予定していたが、5月中の土日も追加運行する。全席指定で4日から販売。（田川里美）

「九州はひとつ」応援ステッカー

西鉄路線バス

西日本鉄道は、熊本地震の早期復興を応援しようと「九州はひとつ」の文字に「くまモン」のイラストを添えたステッカーを張った路線バスの運行を始めた。＝写真（同社提供）

福岡市の天神、博多両地区に乗り入れる路線の計345台。今後、北九州地区や熊本・大分方面の高速バスにも拡大する。

九州産交バスとの共同運行で福岡―熊本を結ぶ高速バス「ひのくに号」の西鉄車両には「がんばろう熊本」のステッカーを張っている。

阿蘇山の風向予想（日本気象協会 tenki.jpより）

9日間の天気 Weather Report

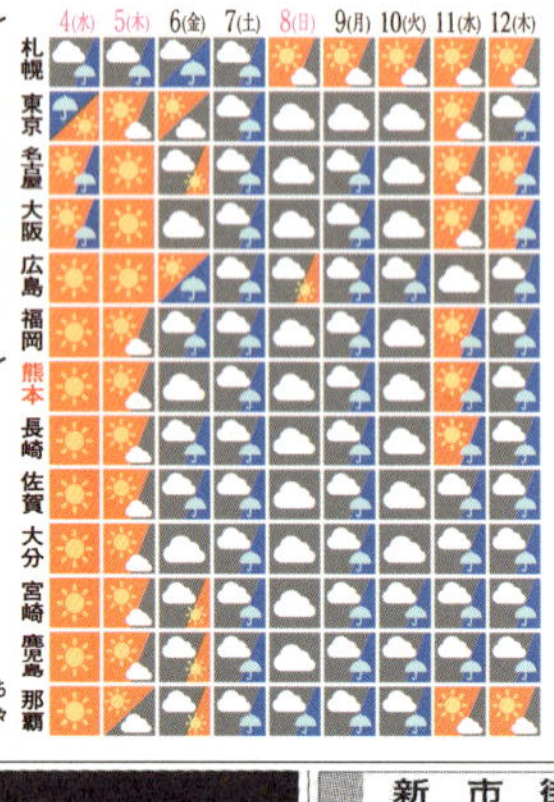

4(水)　5(木)　6(金)　7(土)　8(日)　9(月)　10(火)　11(水)　12(木)

札幌　東京　名古屋　大阪　広島　福岡　熊本　長崎　佐賀　大分　宮崎　鹿児島　那覇

／のち　｜時々

きのうの気温　3日

（天気・湿度は15時、県内の気温は0時―17時、Δ印は低め）

	最高	平年比	最低	平年比	湿度	天気
熊本	21.1	Δ3.1	17.6	3.9	93%	俄雨
牛深	21.7	Δ0.9	18.0	2.9	89%	―
人吉	21.5	Δ2.3	16.4	4.5	98%	―
阿蘇	19.1	Δ1.7	12.5	3.4	―	―

（阿蘇山上の最高気温は15.5度、最低気温は10.0度）

	最高	最低	天気
福岡	21.8	17.2	俄雨
佐賀	20.8	16.8	俄雨
長崎	21.9	17.9	曇
大分	21.9	19.3	俄雨
宮崎	22.9	16.1	俄雨
鹿児島	22.5	20.1	俄雨
那覇	27.7	23.5	俄雨
松江	23.1	14.4	俄雨
広島	21.0	18.2	俄雨
高松	22.7	14.3	雨
大阪	24.4	16.6	曇
京都	25.3	16.3	曇
名古屋	23.6	16.5	曇
長野	26.3	13.1	曇
東京	24.7	17.1	曇
新潟	29.1	14.4	曇
仙台	20.6	9.6	曇
秋田	30.6	11.8	曇
札幌	24.1	9.4	曇

潮ごよみ

旧暦3月28日（4日）　中潮・月齢 26.7

日出 5時27分　日入 19時01分　月出 3時37分　月入 16時04分

	満潮	干潮
三角	6.42 / 19.10	0.26 / 13.03
水俣	6.38 / 19.06	0.24 / 12.59
牛深	5.51 / 18.18	―.― / 12.09
玉名	6.52 / 19.20	0.36 / 13.13

旧暦3月29日（5日）

	満潮	干潮
三角	7.31 / 20.05	1.24 / 13.53
水俣	7.26 / 20.00	1.21 / 13.49
牛深	6.33 / 19.09	0.28 / 12.53
玉名	7.41 / 20.15	1.34 / 14.03

御船町 宇土市 避難指示 解除いつ

地盤に亀裂 雨で地滑り恐れ

住民に戸惑いも

県内は3日、風雨にさらされ、熊本地震の二次被害への緊張感が高まった。中でも避難指示が長期間続く6市町203世帯は被害拡大を懸念。地盤に亀裂が走り、地滑りが危ぶまれる地域の住民は、家屋倒壊をまぬがれながらも長期避難や転居をせざるを得ない状況に追い込まれている。

【1面参照】

大規模な土砂災害の恐れがあり、避難指示が続く御船町の町営中原団地＝3日午後2時50分ごろ(高見伸)

4月24日から避難指示が続く御船町辺田見の町営中原団地。国道443号沿いの高台約2・3㌶に集合住宅が並び、105世帯303人が入居する。

町によると14日の前震で団地の中ほどの地盤に入った無数の亀裂が、16日の本震で拡大。高台ののり面の一部も崩落した。「亀裂に雨水が流れ込むと、団地全体に地滑りが起こる可能性がある」と町建設課。このため、町は全戸を〝みなし全壊〟として、罹災証明書の発行を決定。1日には住民説明会を開き、仮設住宅への入居案などを示した。

ただ、全ての建物に大きな損壊はなく、1994年の団地完成時から住む女性(54)は「本当に地滑りが起きるのだろうか。〝全壊〟と言われても…」と戸惑いを隠さない。

町は今後、専門家の地質調査を踏まえ、町営住宅として再開できるかどうか見極める。地滑りが起きれば国道の通行にも影響を及ぼすため、防止策も併せて講じるという。町内では別に3世帯も避難指示を受けている。

一方、宇土市は3日現在、72世帯105人に避難指示を出している。このうち、道路や民家の庭などに複数の亀裂が見つかった花園台町は一部で指示を解除したものの、68世帯92人に対しては継続。丘陵地の北西側と南側に集中し、傾いた家もあり危険な状態だ。

市は、仮設住宅への入居を促す考えだ。全壊とは異なるため、自宅に住むこと自体に危険が伴う「長期避難世帯」としての認定が必要。ただ、認定には国と県の協議に数カ月を要するとみられ、市は早期対策を打てないジレンマを抱えている。

現時点で避難指示の解除地区と継続地区に分かれる花園台町。帰宅できた40代の男性会社員によると、指示解除後も避難を続ける人もいる。その一方で、指示が続く隣家の敷地には亀裂が入り、住民は不在のまま。「わが家は自宅に戻ったが、安心はできない。とはいえ、避難所で暮らすのもきつい」。複雑な心境を明かした。

他の市町で避難指示を継続しているのは熊本市北区、宇城市、甲佐町、八代市の計23世帯。

(池田祐介、丸山宗一郎)

カーネーションを競り落とす生花店主ら＝3日、熊本市南区

花市場 活気戻る

「母の日」前に熊本市で競り

熊本市南区の肥後花市場で3日、鉢物の競りがあり、母の日(8日)を前にカーネーションを求める威勢のいい声が響いた。

同市場は熊本地震の被害が少なく、通常通り競りを続けてきたが、花農家が打撃を受け出荷量が激減。生花店も多くが臨時休業したため、競りは閑散としていた。

しかし、一年を通して最もにぎわう母の日に合わせ、ここに来てようやく出荷量が回復。この日はカーネーションやバラなど約8万5千鉢が並び、普段とほぼ変わらない約140人の生花店主らが競りに参加した。店が損壊した益城町の倉本憲幸さん(39)は、地元のスーパーに納めるカーネーションを買い付け、「こんなときだからこそ、花を見て少しでも和んでほしい」と話した。

(宮崎達也)

益城町の建物2千棟を調査

日本建築学会

日本建築学会九州支部は3日、益城町で建物約2千棟を対象とする地震被害調査を始めた。建築年数や構造を調べ、地震に強い住宅建設の参考にする。

メンバーの高山峯夫福岡大教授(耐震工学)は「被害がなかった建物がなぜ無事だったのかも調べ、今後の耐震設計に役立てたい」と話した。調査結果の概要は、東京都で14日に開く速報会で公表する。

夫 岩尾 亨儀 かねて病気療養中のところ、五月三日午前八時五十五分永眠いたしました。ここに生前のご厚誼を深謝し、謹んでお知らせ申し上げます。おって通夜は五月四日午後七時から、葬儀は五月五日午後二時から、いずれも上益城郡御船町高木四五〇一 藤木屋斎場 野辺送り 草竜 で執り行います。

平成二十八年五月四日

上益城郡御船町御船七五八

喪主 妻 岩尾 妙子

長男 岩尾 洋一

ほか親族一同

県高校総合文化祭の中止が決まっても、元気に練習する必由館高和太鼓部＝3日、熊本市中央区

県高校総文祭中止

「残念」でも前を向く

参加予定者

県内の高校生が文化活動の成果を披露する6月の第28回県高校総合文化祭(総文祭)が地震の影響で中止が決まり、参加予定だった高校生からは3日、「残念」と中止を惜しむ声が相次いだ。

会場の県立劇場(熊本市中央区)が被災して使用できないため、県教委などの実行委員会が中止を決めた。

「仕方ないけど、とても残念」と熊本北高吹奏楽部3年の梶原里菜部長。総文祭の魅力は「順位を決めるコンクールと違い練習の成果を披露する舞台。お客さんも多く、ほかの芸術分野に触れる文化交流の場。演奏するのが楽しみだった」という。

地震直後、50人の部員とLINE(ライン)やメールで無事を確認。近く練習を再開、広島県である全国高校総合文化祭などが当面の目標だ。「自宅がひどく被害を受けた部員もいるけれど、早くみんなで合奏したい」。

必由館高和太鼓部は、全国大会に向け4月29日に練習を再開。3日は、同校にいる避難者らに演奏を披露した。3年の前田康佑部長は「泣いて喜んでくれる人もいた。総文祭は非常に残念だが、自分たちにできることをやりたい」と力強く語った。

第二高箏曲部3年の石崎結衣部長は「発表の場が少なく、総文祭は琴を知ってもらえる機会だった」と残念がる。熊本市の自宅が被災し、菊陽町の親戚宅に身を寄せる。「7月のコンクールは、今までで一番良い演奏をしたい」と前を向く。

総文祭は例年の全員合唱で幕を閉じる。声楽アンサンブル部門に出演予定だった玉名高音楽部3年の松野江里部長は「いろんな学校の生徒と歌ったり、吹奏楽の人たちと一緒に歌ったり…。普段なかなかできないことなので、楽しみにしていたのに」と最後の総文祭を惜しんだ。

(中原功一朗、吉田紳一)

「動脈」俵山バイパス喪失

生活 観光に打撃

南阿蘇村

県道俵山バイパスは南阿蘇村と熊本空港を車で約30分、熊本市中心部を約1時間半でつなぎ、南阿蘇地域の住民生活と経済を支えてきた。崩落した阿蘇大橋(国道325号)と合わせ、2本の「動脈」を失った住民や観光業者の苦悩は大きい。

【1面参照】

俵山バイパスから続く県道沿いにある南阿蘇村久石の道の駅「あそ望の郷くぎの」。藤原健志社長は「地震後、にぎわいを取り戻そうと何とか店を開けた観光施設や宿は多い。バイパス復旧に長い年月がかかれば観光業者の体力はもたないだろう」と肩を落とす。

熊本都市圏から南阿蘇への主要道路は、阿蘇大橋の下流にある長陽大橋が崩落を免れたが、使用できるかどうかの調査は始まっていない。多くの住民が益城町から外輪山を大きく迂回する広域農道「グリーンロード南阿蘇」を使用。ただ、俵山バイパスに比べ道幅が狭く、冬は積雪や凍結の危険も高いという。

同村企画観光課は「2003年の俵山バイパス開通以降、観光客や移住者が劇的に増えた。生活や産業への打撃は計り知れない。国と県は復旧に全力を挙げてほしい」と話している。

(堀江利雅)

元零戦パイロット

原田 要さん(はらだ・かなめ＝元零戦パイロット)3日午前2時31分、多臓器不全のため長野市浅川西条472の自宅で死去、99歳。長野市出身。葬儀は近親者のみで行い、6月4日にお別れの会を開く。喪主は三男孝成(たかなり)さん。

第2次世界大戦中、海軍の零戦パイロットとして従軍。真珠湾攻撃などに参加した。戦後は語り部として反戦を訴える活動を続けた。

岩尾 亨さん(いわお・とおる＝元甲佐高校長)3日午前、老衰のため死去、95歳。通夜は4日午後7時、葬儀は5日午後2時から、御船町高木4501、藤木屋斎場御船で。喪主は妻妙子(たえこ)さん。自宅は同町御船758。

奈良崎 利幸さん(ならざき・としゆき＝元天草市議)3日午前、肺がんのため死去、68歳。通夜は4日午後7時、葬儀は5日午後1時から、天草市港町18の13、JA本渡五和葬祭センタープリエールほんどで。喪主は妻眞智子(まちこ)さん。自宅は同市今釜町1の6。

本会会員 田尻恭一殿(荒尾市)五月二日逝去されましたので、謹んでお知らせ申し上げます。

公益社団法人 熊本県医師会長 福田 稠

1　3版　平成28年（2016年）5月5日　木曜日　熊本日日新聞　（昭和17年4月1日第3種郵便物認可）　第26639号　日刊

こどもの日

熊本日日新聞

発行所
熊本日日新聞社
〒860-8506
熊本市中央区世安町172
☎代表(096)361-3111
© 熊本日日新聞社 2016年

5月5日
木曜日

“青い屋根” 傷深く

ブルーシートをかぶった屋根が延々と続く上空からの熊本市東区周辺。広域に及ぶ熊本地震の被害の甚大さが一目瞭然だ。手前左は陸上自衛隊西部方面総監部や第二高校、左奥の白い建物がパークドーム熊本。右は益城町方面＝4日午前（横井誠、大倉尚隆）【22面に写真グラフ】

熊本地震

高齢者施設 4割損傷

入所390人移動 11カ所利用できず

熊本地震の影響で県内の高齢者施設の約4割が損傷し、10カ所が入居ができないほどの深刻な被害を受けた。県によると、避難勧告が出ている南阿蘇村の1カ所を含め11カ所が利用できず、約390人が県内外の別施設に移った。受け入れ先が未定の人もいるほか、環境の変化による症状悪化なども懸念され、安心できる受け皿づくりが急務の状況だ。

県と熊本市は、4月16日の本震後に特別養護老人ホームやグループホーム、有料老人ホームなどの被災状況を調査。1234施設のうち、約4割の447施設で損傷があり、うち10施設（同市5、西原村3、益城町1、甲佐町1）では、天井が崩落するなど深刻な被害が確認された。

避難勧告を受けた南阿蘇村の施設を含め、計11施設の入所者約390人は、県北・県南の施設や県外の系列施設に移動させた。

県によると、益城町の介護老人保健施設では建物の地盤が崩れたため、同じ系列の特別養護老人ホームなどに入所者を移動。受け入れ側も定員超過となったため、新たな受け入れ先を調整中という。

高齢者施設の建て替えや改修をする場合、国の査定を経て、国と県（熊本市の場合は同市）が工事費の一部を災害復旧費として補助する。県は11日まで申請を受け付ける。

県高齢者支援課は「施設の空き状況などを調査し、情報提供や復旧費を補助するなどして、高齢者が安心して暮らせるよう支援したい」としている。（森本修代）

受け入れ超過 職員に疲労も

「先が見えない…」

入所者に話し掛ける介護ボランティア。「いこいの里」では定員を超える入所者を受け入れている＝4日午後、益城町

熊本地震で、県内の高齢者施設も深刻な被害を受けた。入所者の移動を余儀なくされた施設もあるが、受け入れ側も定員超過している状態だ。人手不足などから現場の疲弊も募り、「疲労はピーク。先が全く見えない」と悲鳴が上がる。

益城町の介護老人保健施設「ケアポート益城」は地盤の一部が崩れて倒壊の恐れがあるとして、入所者21人を県内外の施設に移動させたが、38人の受け入れ先が未定。移動先も定員超過となり、さらに調整が続いている。移動による環境変化のため眠れなかったり、食事が進まなかったりする人もいるという。男性職員の一人は「早く落ち着ける環境を提供したいが、なかなか多くの受け皿は見つからない」と嘆く。

施設間の入所者移動だけではなく、被災した高齢者らの入所希望も増えている。

同町の特別養護老人ホーム「いこいの里」も定員を超える65人を受け入れている。職員の3割が自宅が全半壊し、泊まり込みで働く人も。県介護福祉士会などのボランティア派遣もあるが、「先が全く見えない。長いスパンでの支援が欲しい」と西田剛事務長（43）。

熊本市東区の特別養護老人ホーム「白川の里」もショートステイの定員を倍増。「被災者を多く受け入れたいが、職員に余裕はない状況だ」という。

県がまとめた高齢者施設調査では、県内で約130人の介護職員らが不足。県内の高齢者施設団体の要請を受け、各施設に応援職員が入り始めている。

県老人福祉施設協議会の鴻江圭子会長（64）は「慣れない環境に置かれると、認知症の症状が進むなど心身のダメージが大きい。早く受け入れ先を決め、安心感を与える手厚いケアが必要だ」と話している。（清島理紗）

5、6、7面　2016参院選情勢

JR九州

豊肥線 肥後大津―宮地 9日から代替バス

JR九州は4日、熊本地震の影響により運行を見合わせているJR豊肥線肥後大津―宮地で、9日から大型バスによる代替輸送を始めると発表した。休校中の県内高校の再開に合わせ、平日朝、夕に往復計19本を走らせる。【21面に関連記事】

代替バスは国道57号を運行し、赤水駅と肥後大津駅の間は一部通行止めがあるため、県道339号（ミルクロード）に入り迂回する。このため、豊肥線の同区間にある9駅のうち、瀬田駅と立野駅には停車しない。内牧駅は、同駅から約1キロ南のファミリーマート阿蘇乙姫店を停留所にする。

肥後大津発は午前5時の始発で、午前中4本、午後5本。宮地発は午前5時の始発で、午前中5本、午後5本を運行する。所要時間は通常の列車より約40分遅い1時間35分程度を見込む。

運行は地元バス会社に委託し、約50人乗りの大型バスを準備。豊肥線の運賃を適用し、定期券や回数券も使えるようにする。代替バスの詳しい時刻表は同社ホームページに記載する予定。

豊肥線肥後大津―宮地には、南阿蘇村立野地区で土砂崩落が発生し、復旧のめどは立っていない。（亀井悠吾）

支えあおう熊本 いま心ひとつに

熊日の購読・配達のご用は
ミナヨムニッコリ
0120-374625
紙面のお尋ねは
096-361-3115
（日曜・祝日除く9:00～17:00）
パソコン版くまにちコム
kumanichi.com

◇お断り　「きょうの天気」は2面に移しました。

あすの朝刊 休みます

5日（木）は新聞製作を休み、6日（金）の朝刊は休刊させていただきます。ニュースは購読者専用サイト「くまにちプラネット」、パソコン版および携帯・スマホ版「くまにちコム」、RKKのテレビとラジオ、FMK、FM791、FMやつしろでお伝えします。

熊本日日新聞社

新生面

2016.5.5

5年前の東日本大震災。3・11から半月余り後に、福島県いわき市に取材に入った。宿泊した旅館は、福島第1原発の復旧に携わる作業員たちで埋まっていた▼旅館に泊まってはいるが、作業員たちは全て原発周辺の地元住民である。退避指示圏外の避難所に家族を残し、「誰かがやらねえといけねえっぺ」と、自主的に仕事に戻ってきていたのだ▼被災者自身が被災地の復旧を担う―。福島で見聞きした状況が今、熊本地震でも繰り返されている。官民問わず、自分や家族の被災はいったん脇に置いて、懸命にそれぞれの持ち場で働いている人は多い▼地震発生から3週間がたち、疲れはピークに達しているはずだ。宿の食堂のテレビが「がんばろう」を連呼するのを聞いて、「がんばれって言うな」と、原発作業員が険しい表情でつぶやいていたのを思い出す。復旧作業に当たる人たちが、どうか心まで折れないように、と願う▼「楽しみにしてたのに。かわいそうによ」。原発作業員の一人は、学校が閉鎖され卒業式が中止となった小学6年生の娘のことを、繰り返し案じていた。おくになまりでとつとつと語る彼の様子には、「国難に立ち向かう」といった気負いは少しも感じられなかった。彼が必死に守ろうとしているのは、国でも原発でもなく、もっと小さな、ささやかなものではないのか。そう思った▼きょうは「こどもの日」。あどけないわが子の姿に未来への希望を見いだし、被災の不安をはねのける。そんな親御さんも多いことだろう。

がんばろう熊本 地震被災者応援メッセージ

災害ごみ収集に感謝

熊本地震でたくさんの災害ごみが出て、ごみ捨て場はあふれ返っていました。そのごみを熊本市や、いろいろな県の方々がひどい雨の中、収集してくださいました。きれいになったごみ捨て場を見て、とてもありがたいなと思いました。（漆島優海・12、熊本市）

3 総合 平成28年（2016年）5月5日 木曜日 熊本日日新聞 （第3種郵便物認可）

化血研 業務停止あす終了
譲渡交渉 なお継続

血液製剤の不正製造・隠蔽問題で、一般財団法人化学及血清療法研究所（化血研、熊本市）が厚生労働省から受けた業務停止処分が6日、終了する。化血研は製薬国内2位のアステラス製薬（東京）と事業譲渡交渉を進めているが、熊本地震の影響で基本合意には至っておらず、交渉は続く見通し。

化血研は当初、業務停止処分の終了日までに、アステラスと売却額などの条件を詰め、合意を目指していた。

しかし、4月16日の本震で工場が被災。工場建屋や排水管が被害を受け、化血研は同日、全79製品の製造を停止。復旧作業を優先的に進めなくてはならず、生産設備の資産評価にも時間がかかるため、金額の合意に至らなかったとみられる。

地震前に生産を終え、安全性を確認した製品については、他社に代替品がないものを優先して出荷を再開しているが、製造再開の見通しは立っていない。

事業譲渡は、売上高の9割近くを占める血液製剤とワクチン事業が中心で、動物用ワクチン事業はアステラスが継承に難色を示している。関係者によると、譲渡額は一時数百億円で調整されていたとされるが、工場の被災による影響がどの程度になるかは不明。

化血研は不正の再発防止策を進めるとともに雇用の維持や製品の安定供給、熊本での拠点維持に向け交渉を続ける見通し。

不正問題をめぐっては、塩崎恭久厚生労働相が「業務停止処分の終了後、化血研という名称で製造を続けることはない」とし、組織形態の変更を含め体制を抜本的に見直すよう求めていた。

化血研の2015年3月期の売上高は474億7900万円。従業員は約1900人。（高宗亮輔）

ズーム 化血研への業務停止処分

血液製剤を国の承認書と異なる方法で製造していたとして、厚生労働省は1月8日、医薬品医療機器法（旧薬事法）に基づき、110日間の業務停止命令を出した。期間は5月6日まで。営業活動のほか、血液製剤と人体用ワクチンなど計35製品のうち8製品の製造・販売ができなくなった。他社に代替品がなかったり供給不足になる恐れがあったりするため、処分対象から外され生産を続けていた残り27製品も、熊本地震の影響で製造が停止している。

救援活動支援 同盟の力
ケネディ駐日米国大使 書面インタビュー

熊本地震の被災地を視察するため4月29日に来熊したキャロライン・ケネディ駐日米国大使が4日、熊本日日新聞の書面インタビューに答えた。（聞き手 編集局長・丸野真司）

―4月14日、16日と2度にわたり地震が発生しました。それぞれ一報を受けられた時は、どう思われましたか。

「私と息子は東京でも揺れを感じました。揺れが最も大きかった2度の地震は夜間に発生したため、最初は家屋、道路、産業などにどの程度被害が及んでいるか分かりませんでした。福岡の米国領事館職員からの報告およびテレビで報道される現地映像を見て、初めて事の重大さを知りました。自分自身の目で現実を見た今は、熊本の人たちのために迅速な復興がなされることを強く願うばかりです」

―被害の状況は、米国にはどのように伝えられ、米国民の方々はどう受け止められているのでしょうか。

「多くの友人や家族から電話がありました。地震発生時、私は日本におりましたが、日本からのニュースが衝撃を与えたのは確かです。全国放送のテレビ局や新聞、オンラインメディアが熊本地震を報道しました。大使館および領事館職員は、友人や親戚の安否を心配する米国人からの電話や、救助・救援活動への参加を希望する米国人からの電話をたくさん受けました」

―米国政府はいち早く支援を申し出られましたが、それはどのような判断からですか。

「米国は、災害対応活動への支援の申し出を即断しました。このような事態における相互援助は、日米同盟の中核を成すものです。困っている友人を助けることができ、我々は光栄に思います」

―申し入れに対して、日本政府の反応はどうだったでしょうか。

「地震発生直後の数日間、我々は日本政府と緊密に連絡を取り合いました。亡くなられた方々にお悔やみを申し上げ、現地が必要とする、いかなる支援も提供する旨を伝えました。両国は、陸上自衛隊主導の救援活動に米国が空輸支援を行うことを円滑に調整しました。このことは、日米共同訓練により、両国の防衛に携わる人たちが、どのような状況下でも連携できることを示しました。陸上自衛隊の救援活動に米国の支援が切れ目なく組み込まれたことは、日米同盟の力および能力の証左となっています」

―支援物資輸送でオスプレイを使用されたことに、さまざまな反応があります。その点については、どうお考えでしょうか。

「5日間の支援任務で、合計104トンの救援物資が、MV22オスプレイとC130輸送機により熊本県の被災者に届けられました。この任務遂行のため、在日米軍は最良かつ最速の手段を提供しました。オスプレイは、フィリピンでの台風ハイエンやネパール地震など緊急時に投入された実績があり、この航空機ならではの災害対応能力を示しました。熊本訪問中、多くの人たちから日本主導の地震対応に米国が支援したことを感謝する言葉が寄せられました」

―実際に現地を視察された率直なご感想をお聞きしたい。

「熊本を視察中、私は、被災者を、たゆみなく、献身的に支援する行政職員、地元警察、自衛隊、そして市民ボランティアの方々の姿に感銘を受けました」

―地震からの復興、被災者の生活再建は険しく、長い道のりとなります。被災者に対して何かメッセージはありませんか。

「我々は、4月14日と16日に熊本で起きた地震を決して忘れません。しかし、熊本は必ず復旧・復興を遂げると信じています。米国は熊本の復興への道のりが成功するよう、心より願っております。生活再建に立ち向かう熊本の皆さんへ『頑張れ、熊本。我々は皆さんと共にあります』」

地震で損壊した熊本城（奥）を視察したキャロライン・ケネディ駐日米国大使＝4月29日午後、熊本市中央区の二の丸広場（谷川剛）

仮設住宅 場所選定に全力
益城町 西村博則町長
経営再建サポート 就職先あっせんも

熊本地震で2度の震度7を経験し、町内の約半数の5400棟が被災した益城町の西村博則町長に、仮設住宅の建設やライフラインの復旧など今後の課題を聞いた。（池田祐介）

―仮設住宅は入居時期の見通しを示せていません。

「町民に不便を強いており、申し訳なく思っている。本来、建設候補地となるのは町有地になるが、亀裂が入るなど危険な場所があった。民有地も含め、場所の選定に全力を尽くしている。避難所以外にも多くの車中泊者がいる。目標は2千戸だが、もっと必要になるかもしれない」

―ライフラインも壊滅的な被害を受けました。

「水道は当初、復旧まで1年間かかるとの絶望的な見通しもあったが、阪神大震災などを経験した他県自治体の応援で6割方復旧できた。残る断水世帯の解消を急ぎたい。幹線道路は応急工事が終わったが、通学路にはがれきが残っているところもあるので、安全確保に努める」

―今後、どのような被災者支援を進めますか。

「町内の会社や店は経済活動が止まっている。国、県と連携して経営再建の支援が必要になる。働き場を失った人も多く、就職先のあっせんなど就労支援も欠かせない。農業では水路が損壊し、水田の亀裂から水が漏れるといった被害も出てくるだろう。全容が分かり次第、必要な措置を取りたい」

―全国からたくさんの支援が寄せられ、大型連休中は多くのボランティアが活動しています。

「地震発生直後よりも、希望の光を見いだせる状態になってきたと感じる。今後も仮設住宅入居者に配布する毛布など、物資は必要になる。引き続き多方面での支援をお願いしたい」

―復興には時間がかかりそうです。

「町民から『私にできることはないか』と力強い声をもらい、とてもありがたい。県、国の意見を聞きながら復興計画を立て、町民が笑い合える町づくりを目指していく。地震前よりも元気な町になることが、皆さんへの恩返しにもなる」

「被災者が一刻も早く仮設住宅に入居できるよう急ぐ」と話す西村博則町長＝益城町役場

歴史的建造物の被害確認
イコモスなど 熊本市の新町・古町

熊本地震で被災した旧中村小児科医院を調べるイコモスなどのメンバー＝熊本市中央区

文化遺産保護に取り組む国際的なNGOイコモス（国際記念物遺跡会議）などの調査団が4日、熊本地震で被災した熊本市中央区の新町・古町地区を訪れ、「町屋」などの歴史的建造物の被害状況を確認した。

同地区は熊本城の城下町。江戸時代の町割りに合わせた木造家屋の町屋約350軒のほか、旧第一銀行熊本支店など近代化遺産十数軒がある。

今回、未指定文化財を含む多くの建造物が損壊。解体の可能性もあることから、日本イコモス国内委員会や、文化遺産保護のワールド・モニュメント財団（本部・米ニューヨーク）、日本建築学会などの約20人が10カ所ほどを調べた。

1914（大正3）年築の洋風建築の旧中村小児科医院（鈴木家住宅、木造2階建て）は壁があちこちで崩れ、同住宅に住む鈴木婦美子さん(65)は「費用を工面できれば元通りにしたい」と話している。

日本イコモス国内委員会の苅谷勇雅副委員長(67)は「思った以上に被害がひどい。未指定文化財を含む歴史的建造物の保護は地域再生に大きな役割を果たす。阪神大震災などで取り組んだように、復興基金をこれらの復旧に充てる仕組みが求められる」と語った。

この日は、熊本城も視察した。（中原功一朗）

宇城、大津で震度4

県内では4日も地震が続き、宇城市で午前7時52分ごろと午後10時24分ごろに、大津町でも午後7時20分ごろに、それぞれ震度4の地震があった。地震の発生回数は減少傾向にあるが、気象庁は、依然として活発な活動が続いているとみており、警戒を求めた。

気象庁によると、三つの地震はいずれも震源地が熊本地方で、震源の深さは約10キロ。地震の規模を示すマグニチュード（M）は3・4～3・9と推定される。

県警によると、午前の震度4の地震で、九州自動車道の緑川パーキング付近の路肩に長さ約10メートルの亀裂が見つかり、路面を補修するまで約3時間、御船―八代インター間の上下線を通行止めにした。

熊本地震発生以降の地震回数

（4日20時現在、気象庁速報値。16日2時以降は大分県含む）

午前1:25 震度7（M7.3）
午後9:26 震度7（M6.5）
震度 7 6 5 4 3 2 1
（回）／4月 14～30日、5月 1～4日

熊本地震 県内の被災状況

（4日午後時点、熊日まとめ）

死亡	49人（熊本市4、南阿蘇村15、西原村5、御船町1、嘉島町3、益城町20、八代市1）
震災関連死	17人（熊本市10、宇土市1、阿蘇市2、南阿蘇村1、御船町1、益城町1、氷川町1）
行方不明	1人（南阿蘇村）
負傷者	1,576人
建物	住宅54,880棟
避難	避難所 375カ所 避難者 18,017人
水道	断水 約8,800世帯

※県災害対策本部などの集約分

くまモン きょう活動再開
避難所訪問、被災者を激励

デザイン利用3390件に

熊本地震の被災地支援活動で、県のPRキャラクター「くまモン」のデザインを利用するための県への届け出が、4日までの16日間で3390件に上った。くまモンは地震後に活動を自粛していたが、被災者らを激励するため「こどもの日」の5日から避難所などへの訪問を始める。

県は地震後の4月19日から当面の間、募金活動やチャリティーイベントに限り、くまモンのデザインを事前に許諾を得なくても使用できる届け出制にした。通常3週間程度かかる手続きを省略し、支援活動をしやすくするのが目的だ。

対象は支援活動に使うポスターやチラシ、のぼり、募金箱など。届け出は当初1日100件程度だったが、大型連休に入り300件前後に増えた。「くまモンを通した支援の輪は着実に広がっている」と県くまもとブランド推進課。

全国のファンや子どもたちからの手紙も4日までに1100通に上り、香港など海外からも寄せられている。「はやくげんきになってね」「みんなが応援しているよ」など、くまモンや県民への温かいメッセージが添えられている。

くまモンの活動については「被災地に元気を与えてほしい」など早期再開を求める声が県に多く寄せられていた。同課は「くまモンは子どもやお年寄りたちと触れ合い、多くの支援者に感謝の気持ちを伝えることを楽しみにしている」という。（蔵原博康）

熊本地震後、国内外から届いた「くまモン」を励ます手紙＝4日、県庁

「こころのケア」日赤が活動開始

日本赤十字社の「こころのケア」班が4日、県内で活動を始めた。全国の医師らでつくる災害派遣精神医療チーム「DPAT」が既に被災地で活動しており、連携を図りながら被災者の心理的ケアに当たる。

同班は阪神大震災を機に結成され、専門研修を受けた看護師で構成されている。被災者に体調などを聞き取りながら心の不調をケアする。医師による治療が必要な場合は、DPATへつなぐ。

初日は、日赤京都支部と大阪支部の4人が2班に分かれ、西原村の山西小など避難所5カ所で活動した。「体調はいかがですか」などと高齢者らに声を掛け、血圧を測りながら不安や悩みを聞き取った。「眠れない」「いつまで避難所にいられるのか不安」などの声があったという。

京都支部の甲賀純子看護師(46)は「当然の反応で、不安を吐き出して、安心してもらいたい」。日赤コーディネーターの齋賀孝久医師(52)は「全被災者の5%ほどが病的な反応を示すとされる。そうなる前に早めにケアしていく」と話した。DPAT27チームも同日、益城町や阿蘇地方で活動した。（林田賢一郎）

被災者の不安なことなどを聞く日赤「こころのケア」班の看護師＝4日午後、西原村

きょう・あすの動き

国内・国際

＝5日＝
▽ゴールデンウイーク期間中のJRと航空各社国内線の上り混雑ピーク

＝6日＝
▽日ロ首脳会談（ロシア・ソチ）▽北朝鮮の第7回朝鮮労働党大会（平壌）▽トヨタ自動車が全工場で生産再開（全国5工場の8ライン）

首長の日程

＝5日＝
【蒲島知事】12時半 サッカー日本代表ハリルホジッチ監督来訪▽14時 全国知事会長の山田京都府知事来訪▽15時 来客応対
【大西熊本市長】終日 地震災害対応▽16時45分 災害対策本部会議▽18時15分 記者会見
【山下荒尾市長】災害警戒・対応
【髙嵜玉名市長】地震災害対応
【中嶋山鹿市長】地震災害対応
【江頭菊池市長】地震災害対応
【荒木合志市長】地震災害対応
【佐藤阿蘇市長】地震災害対応
【元松宇土市長】地震災害対応
【守田宇城市長】地震災害対応
【中村八代市長】地震災害対応
【松岡人吉市長】災害警戒・対応、市庁舎機能移転対応
【西田水俣市長】災害警戒・対応
【堀江上天草市長】地震災害警戒
【中村天草市長】地震災害警戒・対応

＝6日＝
【蒲島知事】11時 来客応対▽11時半 サントリーからの義援金贈呈▽13時 地震災害に係る取材対応▽14時 来客応対▽15時 庁議▽16時10分 来客応対▽16時半 災害対策本部会議
【大西熊本市長】終日 地震災害対応▽16時 災害対策本部会議▽17時半 記者会見
【山下荒尾市長】終日 災害警戒・対応▽8時半 庁議▽11時 玉名平野地区湛水防除事業促進期成会総会（玉名市）
【髙嵜玉名市長】終日 地震災害対応▽11時 玉名平野地区湛水防除事業促進期成会総会▽13時半 八嘉吉丸区座談会
【中嶋山鹿市長】終日 地震災害対応▽8時半 連絡会議▽11時 菊池川とその支流を美しくする関係団体連絡協議会総会
【江頭菊池市長】地震災害対応
【荒木合志市長】地震災害対応
【佐藤阿蘇市長】地震災害対応
【元松宇土市長】地震災害対応
【守田宇城市長】地震災害対応
【中村八代市長】終日 地震災害対応▽11時 庁内協議▽13時 よかとこ宣伝隊理事会▽15時半 来客応対
【松岡人吉市長】終日 災害警戒・対応、市庁舎機能移転対応▽15時半 人吉球磨広域行政組合協議▽16時 社会教育課協議
【西田水俣市長】終日 災害警戒・対応▽10時 市戦没者遺族会総会
【堀江上天草市長】終日 地震災害警戒▽10時 市食生活改善推進員協議会総会
【中村天草市長】終日 地震災害警戒・対応▽9時 庁内協議▽11時半 来客応対

きょうの歴史 5月5日

▽1990（平成2）年

「みなと八代フェスティバル」が八代市の八代港であり、「海の貴婦人」と呼ばれる運輸省の帆船練習船・海王丸＝写真＝の一般公開があった。

▽1945（昭和20）年 熊本市電の健軍線が開通した。水前寺―健軍3.3キロの単線。

首相の動静

（現地時間）

＝3日＝
【午後】ベルギー・ブリュッセル市内で欧州連合（EU）のトゥスク大統領らとの夕食会。宿泊先のホテル「ロイヤル・ウィンザー・グランプラス」。

＝4日＝
【午前】エグモン宮での対日投資セミナーに出席し、あいさつ。政府専用機でブリュッセル軍用空港を出発。
【午後】ドイツ・ベルリンのテーゲル国際空港。

県外ローカル4社
存続願い「復興切符」
全線運休の南阿蘇鉄道を支援

南阿蘇鉄道の乗車券と県外の鉄道4社の入場券がセットになった「復興祈念切符」＝高森町の高森駅

熊本地震で線路に大きな被害を受け、長期の全線運休が見込まれる第三セクター南阿蘇鉄道（南鉄、高森―立野17・7キロ）を助けようと、県外のローカル鉄道4社が「復興祈念切符」を売り出し、支援に乗り出した。

南鉄を含むローカル鉄道は住民の足を守っているものの、大半は厳しい経営状況。2011年の東日本大震災では、青森県の十和田観光電鉄が収益悪化で廃線に追い込まれた。

今回の支援は〝仲間〟の存続を願い、茨城県のひたちなか海浜鉄道などが企画した。

祈念切符は4月29日から、南鉄の乗車券と各社の駅入場券をセットに1枚千円で販売。全線復旧が見込めないため、実際には乗車できない。鉄道ファンの「厚意」を集める形で1枚当たり700円を南鉄に寄付する。各社から被害調査の要員、資材提供などの申し出も相次いでいる。

南鉄の津留恒誉専務は「本格的な調査や復旧には国や自治体の支援が欠かせないが、全国の鉄道ファンが南郷谷の足を守ろうと思いを寄せてもらえるのはありがたい」と喜んでいる。

南鉄によると、立野方面で線路被害が大きく、一部が土砂に埋もれ、白川にかかる2本の鉄橋もレールがゆがんだ。地質や地盤調査なども含め、全線復旧には少なくとも1年以上、費用は30～50億円かかるとみている。

復旧のための義援金も受け付けている。南阿蘇鉄道の振込先は肥後銀行高森支店、口座番号1406905、口座名義ミナミアソテツドウ。☎0967（62）1219。

（堀江利雅）

肥後大津―宮地に代替バス
高校生ら安堵の声

JR九州が熊本地震で運休しているJR豊肥線肥後大津―宮地について、大型バスによる代替輸送を発表した4日、阿蘇市では通学に利用している高校生や学校関係者から「授業再開に間に合う」と安堵の声が広がった。【1面参照】

毎朝5時過ぎの豊肥線の始発で熊本市北区の熊本北高に通っていた3年の林日向子さん（17）は「朝の課外授業にも間に合いそう。地震以来会えなかった同級生と受験勉強を頑張りたい」と笑顔で話した。母あゆみさん（50）も「毎日、送迎しなければならなかったら大変。代替バスは助かる」と感謝する。

熊本市中央区の公務員予備校に通う山口晋太郎さん（18）は、片道1時間半の道のりを両親の送迎に頼っていた。ただ、両親の都合や悪天候で予備校に通えなかった日もあったといい、「親に負担を掛けずに済むので安心した。授業の遅れを取り戻したい」と喜んだ。

全校生徒約500人のうち、約70人が阿蘇市外から通っている阿蘇中央高校。中島一成校長（55）も「学校再開までに全校生徒が等しく学習できる環境が整った。ひとまず安心」と胸をなで下ろした。

ただ、代替バスが平日のみの運行となっている点には、戸惑いの声も。ある保護者は「土日に模試や部活がある生徒も少なくない。その場合はどうすればいいのか…」と心配していた。

（上杉勇太）

益城町の医療機関
被災者支え 必死の診療
建物損壊、機器故障…「患者いる限り」

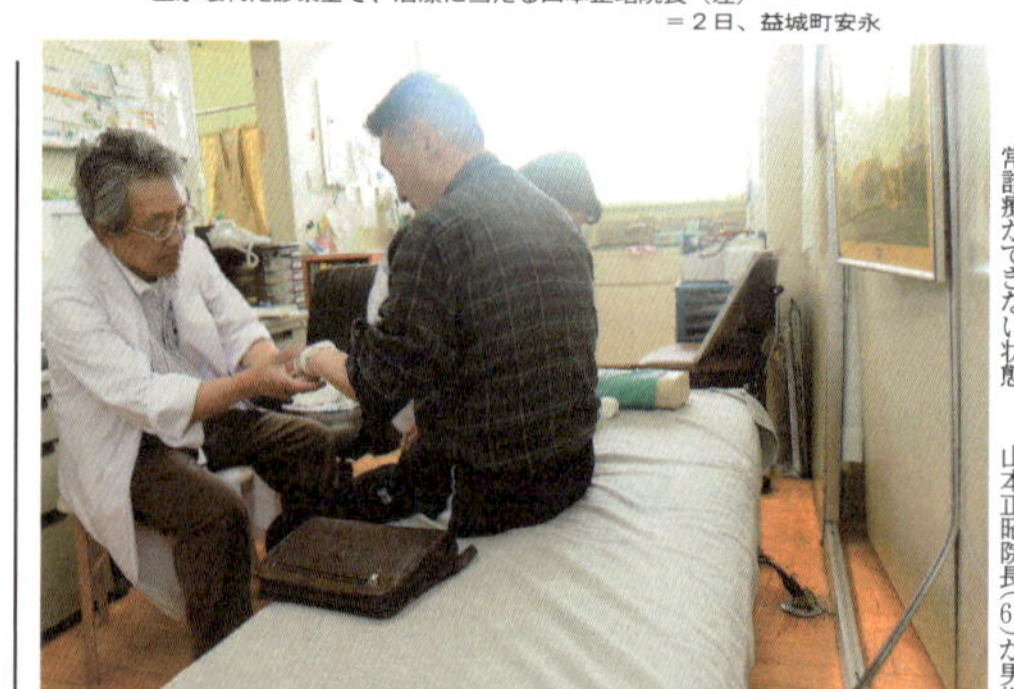
壁が壊れた診察室で、治療に当たる山本正昭院長（左）＝2日、益城町安永

熊本地震で甚大な被害を受けた益城町の医療機関が、地域医療を守り抜こうと奮闘している。今も水道が復旧せず、レントゲンなどの医療機器も使えないが、「地元の患者さんのために」と必死の診療を続けている。

上益城郡医師会によると、同町内の17医療機関は建物が損壊するなどし、2日現在、半数以上が医療機器の故障などで通常診療ができない状態。6施設は新規患者の受け入れができないという。

「地震の時はどうでしたか」。2日、益城整形外科医院（同町安永）で、山本正昭院長（67）が男性（77）に優しく声を掛けた。本震で転倒し、左手の薬指を骨折した男性は「これぐらいは不幸中の幸い。避難所は応急処置しかできず、かかりつけは安心できる」と笑顔を見せた。

同医院は地盤沈下のため、応急危険度判定で危険を示す「赤紙」が張られたが、専門家の診断では建物に大きな被害はなかったという。上下水道も破断したが、飲料水などで器具を洗浄するなどしてカレンダー通りの診療を続けている。

4月14日夜の前震後、診療ロビーはけが人や避難者であふれた。翌日未明まで山本院長は懐中電灯を手に診療を続け、入院患者を別の病院などに移送した。

本震で院内の被害は広がったが、今も毎日約60人の診療を続けている。山本院長は「ほとんどが避難所から通ってくる患者さん。通常の半数ほどに減り、来ていない方が心配」と表情を曇らせる。

同医院から入院患者を受け入れたさくら病院（広崎）では、ほかの医療機関の透析患者も引き受ける。前震直後は、高齢者施設の避難者も受け入れた。

昨年9月の建て替えで専門家に「近くに断層がある」と指摘を受け、耐震強度を上げた結果、被害はほぼなかった。人工呼吸器が必要な患者や透析患者らが多く、柴田美貴子事務長（65）は「自分で動けない方も多い。被害がなくてよかった」と胸をなで下ろす。

かかりつけ患者の容体変化が気掛かりな医師もいる。おがた整形外科（福富）の緒方博司院長（56）は「膝や腰の痛みを訴える患者が多い。窮屈な避難所生活の影響だろう」と心配する。

どの施設も職員自身が被災者でもある。自宅兼医院が被災した永田内科医院（福富）で事務を担当する永田昭子さん（70）は、4月末まで避難所暮らし。職員6人のうち4人は自宅が全半壊した。それでも、次女の美与院長（45）を中心に診療を続ける。永田さんは「患者さんがいる限り医院は閉められない。規模を縮小してでも続ける」と力を込めた。

（林田賢一郎）

ナス〝日本一〟諦めない
熊本市 農家、JA出荷を手助け

農家と従業員が協力し合い、ナスの箱詰め作業を進めているJA熊本市野菜選果施設＝熊本市南区

全国有数のナス生産地・熊本市では、地震でJAの選果場が損傷し、出荷目前のナスが廃棄処分になるなど、大きな被害が出た。3日に復旧した選果場では、地元農家も協力しながら出荷作業にあたる。「地震に負けず、〝日本一〟の産地を守りたい」。農家は思いを一つにしている。

市によると、地震による農作物への被害額は約1億3000万円（4日現在）。中でも全国トップクラスの生産量を誇り、最盛期を迎えていたナスの被害は群を抜く。出荷停止による廃棄や茎折れによる損害は、約3250万円に上る。

南区の天明や飽田地域のナスやメロンなどを集め、東京や大阪に出荷する西日本最大級の選果場「JA熊本市野菜選果施設」は、16日の本震で選別装置が損壊。持ち込まれていたナス約100トンは廃棄処分された。

約50キロを処分したという同区浜口町のナス生産者の男性（66）は「これから忙しくなるという時の地震だった。手塩にかけた自慢の品を食卓に届けられたのに」と唇をかむ。

出荷態勢は2日までに地震前の状態に戻ったが、従業員170人のうち100人程度しか出勤できない状態。そのため農家が、収穫の後に出荷作業を手伝っている。4日は約50人が加わり、トラックで次々と運び込まれる実を手作業で箱詰めした。

農家の応援は10日までの見込み。「生産者と協力し、この非常時を乗り切りたい」と施設の担当者。JA茄子部会の小山永治部会長（66）は「全生産者一丸となって、諦めることなく産地を支えたい」と力を込めた。

（馬場正広）

熊本地震 現場から（随時掲載）
子どものストレス
上天草支局　小野宏明

5人が犠牲になった南阿蘇村の高野台団地を取材した際、家財道具を片付ける増田さん一家と出会った。

本震があった16日未明、雄大さん（46）は熊本市に単身赴任中で、家には妻加代子さん（45）と四女の李音さん（10）だけ。「李音の足は震えていました」と加代子さんが打ち明けた。雄大さんは「一緒に風呂に入ると、先に上がった娘が『お父さん、早く上がって服を着て』と言うようになりました」。「あの日」の恐怖が脳裏をよぎるのだろう。

「早く学校に行きたい」とランドセルを背負ってみせた李音さん。家族で移り住んだ熊本市の学校に9日から通うが、友達とは離れ離れになる。地震によって多くの子どもが抱えるストレスを癒やすことも課題だ。

2016.5.5

阿蘇猿まわし劇場
サル元気！営業再開

軽妙なやりとりで観客を楽しませるニホンザルのぽんちゃんと園長の村崎英治さん＝南阿蘇村

熊本地震で被害を受けて休業していた南阿蘇村下野の阿蘇猿まわし劇場が、大型連休に合わせて営業を再開している。サルたちは一時、調教師と車中泊を続けるなど避難生活を余儀なくされた。今では元気を取り戻し、持ち前の愛嬌や芸で観客を楽しませている。

園長の村崎英治さん（34）は4月16日未明の本震時、劇場隣の寮にいた。すぐ猿舎に駆けつけたが、コンビを組む「ぽんちゃん」らサルたちは騒ぎ回ったり、ひどくおびえたりしていた。

人やサルにけがは無かったが、劇場はつり天井が落ちるなどの被害を受けたため、村崎さんはぽんちゃんとともに車中泊を続けた。狭いケージで散歩もできず、かなりストレスがたまっている様子だったという。1週間ほど経って猿舎に戻すと少しずつ元気になり、施設も安全が確認できたため、大型連休初日の29日に営業を再開した。

ぽんちゃんは逆立ちや竹馬などの得意技を披露し、村崎さんとの軽妙なやりとりで舞台を沸かせているが、1日当たりの観客は100人弱で例年の大型連休の10分の1以下。しかし、村崎さんは「ぽんちゃんと舞台に立てるありがたさを痛感した。頑張る姿を見てもらい、地域に元気を与えられれば」と前を向いている。

（河北英之）

山口・山陽道
多重衝突 3人死亡
渋滞追突疑い トラックの女逮捕

山陽自動車道下り線で起きた多重事故で大破した車両＝4日午前2時29分、山口県下松市

3日午後9時40分ごろ、山口県下松市山田の山陽自動車道下り線で、トラックや乗用車など7台が絡む多重事故があり、山口市内に住む9～37歳の母子3人が死亡、男女6人が重軽傷を負った。

県警高速隊は4日、現場の状況から後続のトラックが渋滞の列に突っ込んだとして、自動車運転処罰法違反（過失致死傷）容疑で、運転していた行広恵子容疑者（54）＝広島市安佐南区大町西3丁目＝を逮捕した。軽傷を負って病院で治療後に任意聴取していた。

高速隊によると、死亡したのは山口市阿知須の中井麻美さん（37）、息子の市立中2年秀悟さん（13）、娘の市立小4年麻穏さん（9）。30代の夫と男児（3）の計5人で、渋滞の最後尾の乗用車に乗っていたとみられる。

中井さん母子のほか、夫と男児を含む計6人が重軽傷を負って病院に搬送された。

現場は下松サービスエリア（SA）から約2キロ西の、生野屋第一トンネル手前の片側2車線の地点。

2人車体に乗せ30メートル
神戸暴走事故 運転中 体調異変か

歩行者ら7人が重軽傷を負った神戸市の暴走事故で、自動車運転処罰法違反容疑で現行犯逮捕された沢井国一容疑者（63）が、はねた女性2人を乗用車のボンネットに乗せたまま、ブレーキを踏まずに約30メートルにわたり走行していたことが4日、兵庫県警への取材で分かった。目立ったブレーキ痕も見つからなかった。

沢井容疑者は「なぜ事故が起きたのか分からない」などと供述。持病があることから、県警は運転中、体調に異変が起き、暴走した可能性があるとみて捜査している。

県警によると、沢井容疑者には、飲酒や違法薬物を服用した形跡はなかった。調べに対し「（歩道の）モニュメントにぶつかったのは覚えているが、はねたのは覚えていない。被害者に申し訳ない」とも話している。

県警は目撃証言や負傷者が倒れていた位置から、走行ルートを特定。JR三ノ宮駅北側のロータリーを出た車は大通りに向けて進み、ボンネットの女性2人のほか、近くの横断歩道などにいた男女3人もはねた。ボンネットから振り落とした後も約15メートル走行し、モニュメントの台座にぶつかって止まった。

福島・常磐道
大型バスと衝突 車の女性が死亡

4日午後8時45分ごろ、福島県大熊町の常磐自動車道で、大型バスと乗用車が正面衝突した。県警によると乗用車を運転していた同県広野町の女性（33）が死亡した。助手席の娘（6）も意識不明の重体。バスの乗客と運転手計41人のうち30人ほどがけがをしたとみられ搬送したとしている。

県警によると、バスは東京・池袋を出発し、福島県相馬市に向かっていたという。

事故の影響で常磐道の常磐富岡インターチェンジ（IC）―浪江IC間の下り線が一時通行止めになった。

事件事故

■無免許ひき逃げ容疑で男逮捕　熊本東署は4日、自動車運転処罰法違反（無免許過失致傷）と道交法違反（ひき逃げ）の疑いで熊本市東区新南部5丁目、職業不詳山田正也容疑者（22）を逮捕。逮捕容疑は4月30日午後3時45分ごろ、同区保田窪4丁目の市道で乗用車を無免許運転し、三差路を右折しようとして右から直進してきた男性会社員（19）のミニバイクに衝突、首の打撲など約2週間のけがを負わせて逃げた疑い。署によると、ナンバーの目撃証言から容疑者を割り出した。免許取得歴はないという。

◇お断り　連載「家族　らい予防法廃止20年」は休みました。

第4396回数字選択式全国自治宝くじ（4日）

ナンバーズ3

◇抽せん数字	942	
ストレート	（10万3400円）	57口
ボックス	（1万7200円）	510口
セット・ストレート	（6万300円）	101口
セット・ボックス	（8600円）	1116口
ミニ（下2ケタ）	（1万300円）	438口

ナンバーズ4

◇抽せん数字	3942	
ストレート	（103万6500円）	22口
ボックス	（4万3100円）	274口
セット・ストレート	（53万9800円）	50口
セット・ボックス	（2万1500円）	1475口

被災者は思う　2016.5.5

避難生活で腰が痛む
原口昇さん（79）＝元会社員、熊本市中央区

16日の本震後から家族5人で県立総合体育館に避難しています。あまり不便はありませんが、長引く避難生活で腰などが痛みます。孫が余震を怖がるため、今しばらく避難所にいようと思います。最近仲間から連絡があり、カラオケに行こうと誘われました。楽しみなことを思うと、避難生活も耐えられる気がします。

入院した母とても元気
西坂武志さん（69）＝無職、益城町

一緒に暮らしていた82歳の母が本震でたんすの下敷きになり、腰の骨を折ってしまいました。熊本市の病院に入院していますが、とても元気。「早く退院して、家の片付けばせんといかん」と意気込むほどです。私は断水が続く家にいますが、ボランティアの炊き出しがあるおかげで生活できています。本当にありがたいです。

(第3種郵便物認可)　熊本日日新聞　平成28年(2016年)5月5日 木曜日　社会 22

「また南阿蘇で学びたい」

黒川地区 東海大生 再開願う 活力戻る日 信じる住民

熊本地震でつぶれた学生アパートの扉が、風に吹かれてバタバタと音を立てていた。南阿蘇村の東海大阿蘇キャンパスに近い黒川地区は、学生約800人が暮らす「村」。4日は部屋の片付けに"一時帰宅"した学生らの姿が目立った。「また南阿蘇で学びたい」。被災の傷は深いが、学校再開への希望を失っていない。

約70棟の下宿、アパートのほとんどが壊れた。がれきに交じって小さな炊飯器、漫画本、成人式用に買ったスーツが見える。親元を離れて学業に励む学生の暮らしも、4月16日の本震で一瞬にして壊された。

応用動物科学科2年の松本和真さん(20)＝香川県出身＝は倒れた冷蔵庫の隙間に助けられ、30分後に先輩に救出された。「下宿の友達や大家さんは家族のような存在。必死の思いで助けてくれた」と感謝する。広大な阿蘇で農業を学ぼうと進学した。「ここに帰って来たい」と願い、実習用の白衣を段ボール箱にしまった。

下宿先に荷物を引き取りに来た保護者も。福岡県の50代の母親は「娘は4月に入学したばかり。南阿蘇を気に入っていたので、帰りたがってイライラしています」と視線を落とした。

同大阿蘇キャンパスは県内唯一の農学部。地域の農家と協力して生産性向上の研究に取り組み、インターンの学生が農繁期の手伝いに汗を流していた。南阿蘇村の畜産農家の男性(63)は「学生たちの声が聞こえないのは寂しい」と話す。

阿蘇キャンパスは6月30日まで休講。7月以降の方針は決まっていない。研究に使う牛やヒツジは、教官らが交代で世話して命をつないでいる。

学生は地元に活力をもたらしてきた存在でもある。学生は防犯パトロールの役割を積極的に担い、下宿の家主らとつくる「黒川学生村連絡協議会」は、長年途絶えていた「長陽夏祭り」を2013年に復活させた。

同協議会会長で区長の竹原満博さん(55)は「いつか必ず学生が戻って来るけん」と信じ、父親の代から40年以上続く下宿の再建を目指している。軒並み倒れた家々を眺めると気がめいるが、学生や卒業生が自宅の片付けを手伝ってくれる。

「もう一度、学生たちと夏祭りや、どんどやを開いて笑い合いたか」。その日まで、ここで踏ん張る。

（堀江利雅、藤山裕作）

倒壊した下宿アパートの中から見つけた実習用の白衣を大切そうにたたむ東海大農学部2年の松本和真さん＝4日、南阿蘇村河陽の黒川地区

新たな崩落確認 南阿蘇村立野地区

九州地方整備局は4日、熊本地震で大規模な土砂崩落が発生した南阿蘇村立野地区で、新たな斜面の崩落を確認したと発表した。同整備局は「余震や大雨で今後、大規模な土砂崩れにつながる可能性もある」と警戒を呼び掛けている。

同整備局によると、新たな崩落が見つかったのは、4月16日の本震で起きた大規模土砂崩落現場の西約300㍍。国道57号沿いの立野病院の北側で、高さ約320㍍、幅約100㍍にわたり崩落している。崩れた土砂は、同病院から約500㍍離れた場所で止まっているという。

同整備局は本震で亀裂が発生し、同21日の大雨で崩れ落ちたとみている。村の要請で国土交通省の専門家チームが同30日～5月4日、現地を調査。崩れた斜面の上部に幅約2～4㍍、長さ数十㍍の亀裂も複数確認した。今後、データを分析して被害の広がりを検討するという。

同病院の周辺には民家もあるが、立野地区の約350世帯はすべて避難している。整備局は「崩れた土砂は細かな火山灰質で、余震や大雨で滑り落ちる可能性もある」としている。

（岡本幸浩）

阿蘇大橋を崩落させた土石流（右奥）の西側にある土砂崩れの痕跡。左下は立野病院と国道57号＝4日、南阿蘇村（大倉尚隆）

「アート」で元気に 若手作家 子どもたちと交流 熊本市

洋画家藤田ひろみさん（右）の手ほどきで「マーブリング」を体験する参加者＝熊本市中央区

熊本地震を経験した子どもたちを、アートの力で元気づけようと、県内の20～40代の作家ら10人が4日、熊本市中央区の五福公民館でワークショップを開いた。

洋画家の藤田ひろみさん(40)＝同市西区＝が避難所で水彩画を描いたところ、子どもたちに笑顔が広がったのがきっかけ。フェイスブックへの投稿で、知り合いの画材業者から紙などの提供の申し出があり、企画が実現した。

親子ら約30人が参加。母の日にちなみカーネーションをモチーフにした紙工作や、色鉛筆を使った塗り絵などに挑んだ。作家らは参加者の似顔絵を描くなどして楽しく交流した。

絵の具で複雑な模様を描く「マーブリング」を体験した五福小3年の船井咲良さんは「きれいにできて楽しい」。母の統紀子さん(40)は「娘が普段の表情に戻ったようでうれしい」と喜んでいた。

避難所のボランティアを続ける藤田さんは「作家仲間や子どもたちの笑顔が見られて良かった」と話していた。

（中原功一朗）

県内空撮 爪痕 生々しく

山上の周囲に亀裂が走った米塚＝阿蘇市

一部をのぞき営業再開ができず、大型連休中にもかかわらず、広大な駐車場が空いたままのイオンモール熊本＝嘉島町

土砂崩れが起きている立野ダムの工事現場付近＝南阿蘇村

快晴の4日午前、熊本地震発生から20日が過ぎた県内を空撮した。2度の激震が残した爪痕は、今も各地に生々しく残ったままだ。（横井誠、大倉尚隆）【1面参照】

最上部のほとんどの瓦が落下したままの熊本城天守閣＝熊本市中央区

カンちゃん フジヤマジョージ

5月5日の飛散予測

	物質	6-12	12-18	18-24	6日
九州北部	大気汚染粒子	やや多い	やや多い	やや多い	やや多い
	黄砂	少ない	少ない	少ない	少ない
九州南部	大気汚染粒子	やや多い	やや多い	やや多い	やや多い
	黄砂	少ない	少ない	少ない	少ない

非常に多い：注意喚起レベル　多い：環境基準値程度　やや多い：大気が少しかすむ　少ない：清浄

予測システム「スプリンターズ」開発チーム提供

5日 午前9時 3m　午後3時 3m

阿蘇山の風向予想（日本気象協会 tenki.jpより）

9日間の天気 Weather Report

5(木) 6(金) 7(土) 8(日) 9(月) 10(火) 11(水) 12(木) 13(金)

札幌 東京 名古屋 大阪 広島 福岡 熊本 長崎 佐賀 大分 宮崎 鹿児島 那覇

のち　時々

きのうの気温 4日

	最高	平年比	最低	平年比	湿度	天気
熊本	23.0	△1.4	12.0	△1.9	51%	快晴
牛深	23.3	0.6	13.2	△2.1	62%	―
人吉	24.6	0.7	8.9	△3.2	40%	―
阿蘇	20.5	△0.5	9.6	0.2	―	―

（阿蘇山上の最高気温は14.0度、最低気温は5.1 度）

（天気・湿度は15時、県内の気温は0時～17時、△印は低め）

	最高	最低	天気
福岡	27.0	15.7	快晴
佐賀	25.9	11.2	快晴
長崎	22.6	13.7	快晴
大分	26.7	13.5	快晴
宮崎	26.4	13.9	晴
鹿児島	25.2	12.5	晴
那覇	25.5	19.2	曇
松江	25.7	15.4	快晴
広島	26.2	14.7	快晴
高松	26.1	16.1	快晴
大阪	25.1	16.1	快晴
京都	25.5	15.7	晴
名古屋	25.9	16.2	晴
長野	25.3	14.7	快晴
東京	27.0	18.7	快晴
新潟	21.3	12.5	晴
仙台	20.3	14.5	曇
秋田	21.4	11.8	晴
札幌	16.6	12.5	俄雨

きょうの潮ごよみ

旧暦 3月29日（5日） 大潮・月齢 27.7

日出 5時26分　日入 19時02分　月出 4時19分　月入 17時12分

	満潮	干潮
三角	7.31 / 20.05	1.24 / 13.53
水俣	7.26 / 20.00	1.21 / 13.49
牛深	6.33 / 19.09	0.28 / 12.53
玉名	7.41 / 20.15	1.34 / 14.03

あすの潮ごよみ

旧暦 3月30日（6日） 大潮・月齢 28.7

日出 5時25分　日入 19時03分　月出 5時03分　月入 18時22分

	満潮	干潮
三角	8.17 / 20.56	2.17 / 14.41
水俣	8.11 / 20.51	2.12 / 14.36
牛深	7.13 / 19.58	1.17 / 13.37
玉名	8.27 / 21.06	2.27 / 14.51

新聞定価1カ月　朝刊のみ＝3,093円（税込み）、朝夕刊セット＝3,460円（税込み）　朝刊1部売り＝120円（税込み）

きょう こどもの日

被災地和ます笑顔

遊ぶ姿 家族に勇気

遠出控え近場で一息

半壊した自宅アパートの近くで遊ぶ兄妹。家族は避難先から部屋の片付けに訪れた＝4日午後、益城町宮園（岩崎健示）

「こどもの日」を前にした4日、県内は晴天に恵まれた。ゴールデンウイークでにぎわうはずの熊本市動植物園（東区健軍）などは、地震の影響で休業中。それでも市内の公園や益城町の一角には、子どもたちの笑顔があふれた。【1面参照】

がれきが残る益城町宮園の住宅街。半壊したアパートの近くで、益城中央小1年の後藤拓己君と妹の美音ちゃん（4）が仲良く追いかけっこしていた。

母智子さん（30）の実家がある山都町に避難中だが、自宅の片付けのため戻ってきた。智子さんは「地震後は私が泣いてばかり。子どもたちに『ママ泣かないで』と励ましてもらい、勇気づけられた。楽しく遊んでいる姿を見るとホッとします」。

町総合運動公園のテント村に避難中の広安小6年、濱本凌君は「早く学校でみんなと話したいけど、クラスの多くの友達が転校するみたい。僕もどうなるのか分からない」と話す。不安な毎日だが、この日は大好きなマジシャンのギー園司さんが突然来訪。マジックを見せてもらったり、サインをもらったりして、「地震の後で一番笑った。一番うれしかった」と笑顔を弾けさせた。

熊本市東区の水前寺江津湖公園広木地区。熊本市出身でスロベニア在住のパフォーマー美月泉さん（33）が人形を使った遊びを披露し、大勢の親子連れを楽しませた。

休校中の白川小2年の小松治輝君は「どこも行ってなくて、退屈してた。今日は楽しかった」と公園での遊びを満喫。父の修治さん（39）は「渋滞にあうので、遠出もできなかった」と近場に来た理由を話した。

普段なら家族連れでにぎわう大型ショッピングセンターも、地震で多くが休業。南区の木下祐毅さん（34）は屋内の遊び場を探し、熊本市子ども文化会館（中央区新町）を訪れた。1歳半の息子を滑り台などで遊ばせながら、「子どもが小さいので遠出はできないし、近くに安心して遊べる場所が見つかってよかった」。

館内のプレイルームで遊んでいた中央区の佐々木大悟君（5）は「滑り台がおもしろかった。また来たい」と笑顔を見せた。

（岩崎健示、丁将広、中島忠道）

人形などを使ったパフォーマンスに笑顔を見せる子どもたち＝4日午後、熊本市東区の水前寺江津湖公園広木地区（谷川剛）

ストレス 子ども異変相談増
熊本市6万人調査へ

熊本地震の後、相次ぐ揺れや避難所生活によるストレスで精神的に不安定になっている子どもたちの実態を把握するため、熊本市は4日までに、市立の幼稚園や小中学校、高校などの児童生徒計約6万人を対象に調査することを決めた。県内の児童相談所などには相次いで子どもの異変に関する相談が寄せられており、県教育委員会もスクールカウンセラーを増員し対応する。

熊本市は大型連休後の10日までに休校を解消する方針で、学校が再開し次第、アンケートや面談による聞き取りで子どもの状態を確認するよう各校に要請。「1人になるのが不安」「涙があふれてくる」など17項目の設問を用意したアンケートのひな型も配った。調査結果を受けてスクールカウンセラーを増やしたり、子どもへの対応を検討したりする。

県と熊本市の三つの児童相談所は2日までに「地震が怖くて家に帰るのを嫌がる」「かんしゃくがひどくなった」など計40件以上の電話相談を受けた。県教委も避難所となっている小中学校にスクールカウンセラーを派遣したところ「急に泣いたり怒ったりする」「言葉数が少なくなっている」などの事例が確認された。

熊本市の児童相談所は、スキンシップを取ったり近くにいてあげたりして子どもが安心できる環境をつくるよう助言している。

子どもの人口 35年連続減少
1605万人、最低更新

「こどもの日」を前に総務省が4日まとめた人口推計（4月1日時点）によると、外国人も含めた14歳以下の子どもの数は前年と比べて15万人減の1605万人で、35年連続の減少となった。総人口に占める割合は12・6％で、42年連続の低下。比較可能なデータのある1950年以降、人数、割合ともに過去最低を更新し、少子化に歯止めがかからない現状が改めて浮き彫りになった。

3歳ごとに区切った年齢層別では、低年齢層ほど人数が少なく、12～14歳が342万人で、0～2歳が307万人。都道府県別（2015年10月1日時点）の数を千人単位で比較すると、増えたのは東京だけ。熊本は千人減だった。

くまモン　作：サダタロー／監修：小山薫堂

イスとりゲーム

チャーラ チャーララーララー

サッ

ストトーン

ピョピョ ピョピョッ

みんなで仲良くイスに座るモン♪

倒壊したミニSLの駅舎。SLの客車は横転している＝4日午後、熊本市動植物園

「復旧に1年以上」
熊本市動植物園 大型連休も休園

熊本地震で甚大な被害を受けて休園中の熊本市動植物園（同市東区）。大型連休中の快晴となった4日、本来なら子どもたちでひしめき合っているはずの園内は、人けのない異様な光景だ。大西一史市長は同日、「1年くらいで再開できる状況ではない」と、復旧の見通しに言及した。

園内の通路はあちこちで陥没し給排水ができない。チンパンジー舎では、飼育員が毎日200ℓ以上の水をポリタンクで運び入れ、清掃や飲み水確保に追われている。飼育舎の中には、地盤が傾いたり、コンクリートにひびが入るなどした場所も多く、猛獣4種は園外移動を余儀なくされた。

遊園地ゾーンでは、子ども列車のミニSLレールが駅舎ごと崩落。モノレールなど多くの遊具も修理が必要となっており、岡崎伸一園長（57）は「まだ被害の全容すら分からない」と話している。

（横井誠、石本智）

ひび割れて柵が外れた熊本市動植物園のシマウマ舎。休園中の園内に人けはない＝4日午後

佐藤信二さん死去
栄作元首相の次男 通産相など歴任

元自民党衆院議員で通産相や運輸相を歴任した佐藤信二（さとう・しんじ）さんが3日未明、入院先の東京都内の病院で死去した。84歳。山口県出身。自宅は東京都目黒区。葬儀・告別式は12日午後1時から東京都目黒区碑文谷、カトリック碑文谷教会で。喪主は妻和子（かずこ）さん。

佐藤栄作元首相の次男で、安倍晋三首相の母、洋子さんとはいとこ同士。慶大卒業後、会社員を経て1974年の参院選（全国区）で初当選した。79年の衆院選では旧山口2区から立候補して当選し、衆院を通算8期。88年の竹下改造内閣で運輸相として初入閣し、96年の第2次橋本内閣で通産相を務めた。

2005年7月の衆院本会議で、当時の小泉純一郎首相が成立を目指した郵政民営化関連法案の採決に欠席。同年9月の衆院選には出馬せず、政界を引退した。

廣田　充さん（ひろた・みつる＝共立自動車工業会長）3日午後、心不全のため死去、86歳。通夜は5日午後6時、葬儀は6日午前11時から、熊本市中央区帯山3の2の13、平安祭典熊本会館で。喪主は妻誠子（せいこ）さん。自宅は非公表。

1 3版 平成28年(2016年)5月7日 土曜日 熊本日日新聞 (昭和17年4月1日第3種郵便物認可) 第26640号 日刊

発行所 熊本日日新聞社 〒860-8506 熊本市中央区世安町172 代表(096)361-3111 © 熊本日日新聞社 2016年

5月7日 土曜日

熊本地震

阿蘇立野病院 閉院へ

裏山 土砂崩れの危険

南阿蘇村

国道57号沿いに建つ阿蘇立野病院。現在は立ち入り禁止区域となっている＝6日午後、南阿蘇村立野

熊本地震で被災した南阿蘇村立野の救急指定病院、阿蘇立野病院（上村晋一院長）は6日までに、敷地周辺が土砂崩れの危険があるとして閉院を決め、入院患者71人全員を県内9カ所の医療機関に移した。南阿蘇地域（南阿蘇村、高森町）で唯一の救急、入院を受け入れる病院がなくなるため、同地域の医療体制に重大な影響を及ぼすのは必至だ。

病院を経営する医療法人社団順幸会によると、立野病院は4月16日未明の本震で崩落した阿蘇大橋の西約500メートルの国道57号沿いにあり、病床数は88床。病院施設が停電や断水したほか、人工透析などの医療機器が破損した。

通院患者は村内にある系列のクリニックで診療。閉鎖に伴い、常勤医師や看護師らスタッフ約180人を解雇する。同村河陽にある系列の特別養護老人ホームに、5月中にも在宅医療に特化したクリニックを新設する方針という。

立野病院は1979年に開院し、年間約300人の救急患者を受け入れてきた。閉院によって、村内の医療機関は内科、小児科など入院できない民間クリニック4施設のみとなり、救急搬送先は阿蘇市や山都町の指定病院に変わった。

上村院長は「立野病院の裏山の斜面は危険な状態で、閉院はやむをえない。救急や手術は対応できないが、地域医療を担う責任は今後も果たしていく」と話している。（藤山裕作）

大津町
南阿蘇村
JR豊肥線
崩落した阿蘇大橋
57
阿蘇立野病院

救急搬送に不安 地元住民

閉院を決めた阿蘇立野病院は、南阿蘇地域の救急医療拠点だった。国道57号や阿蘇大橋の寸断などの影響もあり、救急搬送にかかる時間が長くなっており、地元住民は不安を募らせている。

県によると、南阿蘇村など7市町村で構成する阿蘇医療圏で、救急指定医療機関は5施設。立野病院は主に南郷谷（南阿蘇村、高森町）など南西部の患者を受け入れていた。

立野病院に代わる受け入れ先となった阿蘇市の阿蘇医療センター（甲斐豊院長）では、南郷谷からの救急患者の受け入れに加え、一般外来は約2倍に増えた。阿蘇広域消防本部によると、同市内の病院が急患を受け入れきれず、大分県竹田市まで搬送したケースもあったという。

熊本地震前、村の中心部から立野病院までの所要時間は約20分だったが、地震後は同センターまで迂回路を通って40分ほどかかるようになった。同村の農業山口達志さん(60)は「立野病院は近くて安心だったが、搬送に時間がかかる状況が続くのは不安」と話す。

立野病院で人工透析を受けていた約30人は阿蘇市や大津町などに通院している。同病院が担っていた地域医療の拠点機能をどう再構築するか。県阿蘇保健所と阿蘇郡市医師会は「関係機関と今後協議する」としているが、住民の不安解消には時間がかかりそうだ。（藤山裕作、上杉勇太、岡本幸浩）

県内病院 耐震化率62・6% 全国7番目の低さ

県内の病院の耐震化率は62・6%と、全国で7番目に低いことが、厚生労働省の2015年の耐震改修状況調査で分かった。

厚労省は15年9月、全国の病院を対象に、「震度6強～7程度の地震でも、倒壊する危険性が低い」とされる「Is値」（構造耐震指標）0・6以上を確保しているかどうかを調査。対象の8477病院（県内は214病院）すべてが回答した。

県内では、地震発生時に医療の拠点となる災害拠点病院と救命救急センター（計14病院）の耐震化率は、92・9%と全国で9番目に高かった。全国平均は84・8%だった。

県内の病院全体でみると、耐震化率は62・6%で、全国平均の69・4%よりも6・8ポイント低かった。このうち熊本市民病院（熊本市東区）は、3棟ある主要な建物のうち、老朽化した南棟について「耐震化されていない」と回答。南棟は4月16日未明の本震で損壊し、入院患者を他の病院に転院させている。

「震度6強程度の地震で倒壊または崩壊する危険性が高い」とされるIs値0・3未満の建物がある病院は、全国で286病院、県内でも6病院あった。（高本文明、鹿本成人）

支えあおう熊本 いま心ひとつに

熊本地震 県内の被災状況

（6日午後時点、熊日まとめ）

死亡	49人（熊本市4、南阿蘇村15、西原村5、御船町1、嘉島町3、益城町20、八代市1）
震災関連死	18人（熊本市10、宇土市2、阿蘇市2、南阿蘇村1、御船町1、益城町1、氷川町1）
行方不明	1人（南阿蘇村）
負傷者	1,579人
建物	住宅62,275棟
避難	避難所 360カ所 避難者 15,158人
水道	断水 約7,800世帯

※県災害対策本部などの集約分

避難所で集団食中毒か

熊本市城東小 23人搬送

6日午後3時25分ごろ、熊本地震で熊本市が指定避難所にしている熊本市中央区千葉城町の城東小から「避難所でおう吐している人が10人ほどいる」と119番通報があった。おう吐や下痢などの症状を訴えた計23人が病院に搬送され、少なくとも11人が入院した。市によると、熊本地震の避難所では初めてとなる集団食中毒の可能性があるという。

搬送されたのは6～84歳の男性7人、女性16人。重症者はいない。休校中の同校体育館には約60人が避難。同日の昼食は、自治会が中心となって午後0時半ごろ、おかかおにぎり、白おにぎり、野菜炒め、サラダ、プチトマト、リンゴ、スイカ。

市保健所は食中毒や感染性胃腸炎の疑いがあるとみて、おう吐物を分析するほか、昼食の状況を聞き取るなどして原因を調べる。

城東小には、通報直後から救急車が続々と到着。おう吐や腹痛、下痢の症状を訴えた避難者らを、救急隊員らがブルーシートを敷いて運動場に移動。症状の重い人には点滴などをした後、病院へ搬送した。

関連死18人に

宇土市は6日、肺塞栓で4月19日に死亡が確認された86歳男性が、震災関連死の疑いがあると県に報告した。県内で18人目。

市によると、男性は前震が起きた4月14日以降、市内のパチンコ店駐車場で車中泊を続け、同19日午前5時ごろ、車の助手席の外に倒れているのが見つかった。男性は肺に疾患があったという。市は「連日の車中泊で過度なストレスがかかったことは否定できない」と判断した。（熊本地震取材班）

おう吐などの症状を訴え、介抱される避難者たち＝6日午後4時5分すぎ、熊本市中央区の城東小

復旧事業 国が代行

大規模災害法を初適用

政府方針

政府は6日、熊本地震を大規模災害復興法に基づく「非常災害」に指定し、道路や土砂災害現場の復旧など自治体の事業を国が代行できるようにする方針を固めた。2013年に施行された同法の適用は初めて。国が復旧事業を肩代わりすることで自治体は被災者支援に集中できるほか、技術的に難しい事業を国の主導で進め、復興の加速につなげる狙い。政府内の調整を経て月内に政令を閣議決定、公布する。

熊本地震では、南阿蘇村の阿蘇大橋や、隣の西原村と結ぶ俵山トンネルが崩落するなど交通インフラが寸断された。土砂崩れの現場では二次災害の恐れから行方不明者の捜索を中断するなど、市町村や県だけでは対応が困難な状況で、国の代行支援が必要と判断した。

大規模災害復興法は11年の東日本大震災をきっかけに制定された。非常災害に指定すれば、道路や港湾、漁港、砂防ダムなど自治体が行う復旧事業を国が代行できるようになる。

同法はさらに、東日本大震災と同クラスの巨大災害が発生した場合、首相をトップとする復興対策本部を設置して基本方針を策定するといった復興の手順も定めている。ただ、今回の熊本地震への適用は見送る。

政府はこれまでに、熊本地震を激甚災害に指定し、通常は5～8割程度となっている災害復旧事業に対する国庫補助率を、最大で9割程度まで引き上げるなど財政支援している。また、特定非常災害特別措置法に基づき、被災者の運転免許証などの有効期間を特例的に延長している。

熊本地震 特別紙面

熊日の購読・配達のご用は 0120-374625（ミナヨムニッコリ）
紙面のお尋ねは 096-361-3115（日曜・祝日除く9:00～17:00）
パソコン版くまにちコム kumanichi.com

◇お断り 「きょうの天気」は2面に移しました。

がんばろう熊本 地震被災者応援メッセージ

元の熊本に戻るバイ！

地震があるまで、自分がこんなに熊本のことが好きなんだと気づきませんでした。壊れてしまった熊本を見るのが本当につらい…。でも熊本県民は強いから、きっと復興できる！ 絶対、絶対、元の熊本に戻るバイ！ 一緒に頑張るバイ！（寺本陽子・42、菊池市）

新生面

2016.5.7

太古、阿蘇の火口原は満々と水をたたえた湖沼だった。阿蘇開拓の神である健磐龍命（たけいわたつのみこと）は、これを平野にしようと考え、立野を蹴破って水を流し、農地をつくった―。阿蘇神話の一節だ▼その阿蘇の成り立ちにかかわっているのは、実は活断層である。地球表面のプレート（岩板）が複数ぶつかり合う日本列島は、圧力でさまざまなひずみをはらむ。ひずみに耐えきれず地層が割れ、ずれ動いた痕跡が活断層だ▼九州は南北方向に引っ張られる力が加わり、別府から阿蘇、熊本、島原にかけて多くの活断層が走る。立野は2本の活断層の間が落ち込んでできたくぼ地という▼日本列島に加わる圧力はこの約260万年の間、ほぼ変わっていない。全国に約2千とされる活断層も数千年、あるいは数万年ごとに活動を重ねてきた。人の経験からするととてつもなく長いスパンだが、熊本地震のような活断層地震はいずれ繰り返し起きよう▼地質学者の山崎晴雄氏は、原子力施設やダムなど1カ所の破壊が広域的な2次、3次被害を起こす可能性のある施設は活断層を避けるべきだと強調する（「活断層とは何か」東京大学出版会）。では、「活断層がつくったくぼ地」で建設が進む立野ダムはどうか▼国は「考慮する活断層は存在しない」としているが、未知の活断層もあろう。付近で大規模な斜面の崩壊も起きた。「ものをこわがらな過ぎたり、こわがり過ぎたりするのはやさしいが、正当にこわがることはなかなかむつかしい」。物理学者寺田寅彦の警句だ。

（第3種郵便物認可）　熊本日日新聞　平成28年（2016年）5月7日　土曜日　総合　2

核による孤立に未来はない

北朝鮮党大会

社説

北朝鮮の平壌で6日、36年ぶりとなる朝鮮労働党大会が開会した。党大会は党の最高指導機関にあたる。開催期間は公表されていないが、4日間前後になるとみられる。

党大会開催は故金日成主席時代の1980年10月以来7回目。金正恩第1書記が権力継承してから4年がたち、「金正恩時代」の統治体制確立を内外に誇示する狙いがあるようだ。父親の故金正日総書記が果たせなかった党大会開催という実績をつくることで、「唯一指導体系」のさらなる確立を図る構えだ。

大会では金第1書記が党活動の総括報告で核・ミサイル開発の成果を「実績」として全面的に打ち出した。

しかし、核・ミサイル開発に突き進む第1書記の手法は、国際社会の制裁強化を招き、対外環境を悪化させている。外に対して挑発行為を重ね、内向きのアピールを繰り返す孤立路線では、第1書記が掲げる「強盛国家」の建設など困難であり、国の未来も描きようがないだろう。

第1書記はこの4年間、核開発と経済建設を同時に進める「並進路線」を国家方針に掲げ、市場経済の要素を導入。企業の裁量権を拡大し、公設市場を倍増させた。外資を呼び込む経済開発区も約20カ所指定し、経済成長は4年連続でプラスとなった。

とはいえ、韓国と北朝鮮の1人当たり国民総所得（GNI）の差はまだ約21倍もある。最大の支援国である中国との関係も冷え込み、経済発展の糸口をつかめたとは言えない状況だ。

一方では、2013年2月と今年1月の2度にわたり核実験を強行してきた。今年2月には事実上の長距離弾道ミサイルも発射。その後も立て続けにミサイルを発射した。失敗も多いが、技術は着実に向上しているとみられ、日米への脅威は増している。

一連の軍事挑発に対し、国連安全保障理事会は「過去最強」の制裁決議を採択。北朝鮮の主力品である石炭の輸入制限などによって、経済に大きな打撃を与えた。

国際包囲網は北朝鮮への外国投資の冷え込みにつながっている。今後も北朝鮮が核・ミサイル開発に固執すれば、経済成長の維持は困難だということを第1書記は本当に分かっているのだろうか。

冷戦のまっただ中だった前回大会と国際環境は激変している。核による力の均衡ではなく、北朝鮮は非核化と平和共存に進路を定めるべきだ。

北朝鮮の暴走を阻止するためには国際社会が足並みをそろえることが不可欠となる。同時に対話に引き入れる努力も重ねたい。

米国のオバマ大統領も、北朝鮮を「常軌を逸している」と非難し、「米国と、同盟国である日本と韓国の防衛を最優先する」との決意を示している。日本は「北朝鮮が拉致問題の解決に前向きな動きを示さない限り、断固たる制裁を続ける」（加藤勝信拉致担当相）としている。

2016.5.7

射程　「ふるさと」へのエール

取材相手に社名と名前を告げるのは最低限のマナーだ。東京支社に赴任して1年余り。地元では「くまにち」と言うだけで分かってもらえるが、東京では、あまたある地方紙の一つでしかない。いつの間にか「熊本日日新聞」と略さず名乗るのが常となった。

ところが、最近は社名を聞いた途端、相手がはっと表情を変えたり、「大変ですね」と言葉をかけてくれたりすることも多くなった。熊本地震が発生してからだ。

被害への見舞いを述べられたり、家族の安否を尋ねられたりすることもしばしば。支社にも「被災者の助けになりたい」と公的機関や企業、団体からの支援の申し出や情報提供が相次ぐ。地震関連の取材でも、個別対応してもらうなど便宜を図ってもらうこともある。

いずれも初めての経験だ。東京にいても、いや、東京にいるからこそ全国の人たちの目が熊本へ注がれているのを実感している。

当然のことながら、先月14日の「前震」や16日の「本震」、なかなか収まらない余震の激しい揺れ、それに伴う恐怖も味わってはいない。だが、遠くにいて被害の実像を確かめられないことが、こんなにもどかしく、やるせないとは想像できなかった。

同じ思いだったのだろう。いち早く、傷ついた「ふるさと」のために動いたのは、今は離れて暮らす県出身者たちだ。募金の呼び掛けや支援イベントの開催のほか、地元に戻ってボランティア活動に携わっている人も数え切れない。

映画のチャリティー上映会を企画した俳優の高良健吾さんは「熊本は特別な場所。復興まで、ずっと関わっていく」と決意を語っていた。ふるさとへの熱い思いは、今も余震におびえ、不自由な暮らしを強いられている人たちへの大きな励ましになると信じたい。（清田幸子）

河野防災担当相　被災地を視察

罹災証明「今月中に」

業務加速へ　職員増検討

河野太郎防災担当相は5日、熊本地震の被災地を視察し、住まいを失った被災者が仮設住宅などへ入居する際に必要な罹災証明書について「5月中に発行し終わるよう、国として（支援を）最大限スピードアップする」と述べた。

家屋が倒壊し、がれきが積まれた現場を視察する河野太郎防災担当相（右）＝5日、益城町木山

罹災証明書は市町村が発行するが、被災家屋の調査が必要な場合もあり、思うように進んでいないのが現状。

河野防災担当相は視察後、記者団に対し、発行業務を加速するため、他の自治体からの応援職員の増員を検討すると表明した。避難所で生活する高齢者らに、自治体が提供する旅館やホテルへの一時避難も促すとした。

視察では、南阿蘇村や西原村、熊本市の避難所などを回った。益城町木山では家屋の倒壊現場を歩き、がれきの前で黙とう。町文化会館の駐車場にあるボランティアのテントも訪ね、ねぎらった。（大路秀紀、益田大也）

田の畑地化へ連絡会議

森山農相「対応急ぐ」

熊本地震で農業用水施設が損傷するなどし、田植えが難しくなっている農地が広がっていることについて、視察で来熊した森山裕農林水産相は6日、農水省と県、県内JAグループで連絡会議を設置したことを明らかにした。田植えまでに送水を再開できない田については、大豆への転作など畑地化へ向けた協議を進める。

連絡会議の設置は5日付。森山氏は「損傷した農業用水施設や農道は、6月までにある程度復旧させたい」としたが、水田として利用できない農地の範囲や、大豆の種子確保などの検討を始めたという。

森山氏の視察は2日に続き2度目。この日は、農地約200㌶の大半で田植えを断念した熊本市東区の秋津飯野土地改良区や、同市西区の熊本地方卸売市場（通称・田崎市場）などを視察。「多方面に被害があり、対応を急ぎたい」と述べた。（猿渡将樹）

秋津飯野土地改良区の農地や農業用水の被害を視察する森山裕農相（手前）。あちこちで農道や農地が地割れしている＝6日、熊本市東区

南阿蘇・立野地区の環境整備

県、支援チーム設置

県は5日、熊本地震で地区全体が存続の危機に直面している南阿蘇村立野地区を支援するため、庁内に特別チームを設けた。同地区の全世帯を対象に、生活再建に向けた意向を聞き、住まいや交通手段、学校など生活環境の整備方法を検討する。

同地区は347世帯863人。地震による大規模な土砂崩れで地区の中心を通る国道57号やJR豊肥線、南阿蘇鉄道が寸断。村役場や小中学校に向かう阿蘇大橋も崩落し、村の中心部との交通が遮断された。家屋被害は全壊約60棟、半壊約70棟に及び、現在も土砂崩れの恐れがある。

隣接する大津町に仮設住宅を建設予定で、多くの住民が生活基盤を変えざるを得ない状況に追い込まれている。

特別チームは、県地域振興課長をトップに県職員4人と村職員1人で構成。蒲島郁夫知事は5日の臨時記者会見で「立野地区の被害は甚大。住民の不安を少しでも和らげたい」と語った。（大路秀紀）

蒲島郁夫知事（左）らを訪ね、意見交換した全国知事会長の山田啓二京都府知事（中央）＝5日、県庁

「社会基盤復旧に技術職員を派遣」

全国知事会長

全国知事会長の山田啓二京都府知事は5日、県庁に蒲島郁夫知事を訪ね、社会基盤の復旧に必要な技術職員を全国から派遣する考えを伝えた。

山田知事は西原村などの被災地を視察した後、県庁を訪問。大西一史熊本市長も同席する中、技術面での人的支援の必要性を強調し、任期付きで職員を緊急採用して被災地に派遣する考えも示した。政府予算の概算要求前に開かれる国と地方の協議の場では、復興財源の特例措置も要望するとした。

山田知事は「復興には各都道府県の連携が必要。同じ地方公共団体の立場で、地方の視点から熊本の現状を国に伝える」と話した。（中尾有希）

緑川、白川の堤防　1年間で本復旧を

国交省調査委

国土交通省は6日、福岡市の九州地方整備局で「緑川・白川堤防調査委員会」（委員長・秋山壽一郎九州工業大教授、8人）の初会合を開き、熊本地震で大きな被害を受けた両河川の堤防の本復旧を1年後の来年5月に完了させる方針を確認した。

同省は、白川と、緑川水系の緑川、浜戸川、御船川、加勢川で、堤防に亀裂が入ったり全体が沈下したりする損傷を171カ所確認した。このうち損傷が激しい11カ所は応急処置し、10カ所で作業を終えている。

会合では、九州地方整備局河川計画課が「できるだけ早く本復旧に取り掛かり、来年5月までの作業完了を目指す」と説明。同委員会は、破損した堤防のアスファルトや土を掘って盛り直す「切り返し」という工法で本復旧することも確認した。（亀井悠吾）

きょうの天気

のち　一時、時々　%降水確率　1～5紫外線

7日9時予想図

7日朝は曇りで雨が降る所もあるが、昼前から晴れる。日中は初夏らしい暑さ。熱中症や雨上がりの紫外線に注意。西の風、波は熊本、芦北0.5㍍、天草1.5のち1㍍。8日は西の風、晴れのち曇り。波は熊本、芦北0.5㍍、天草1㍍。

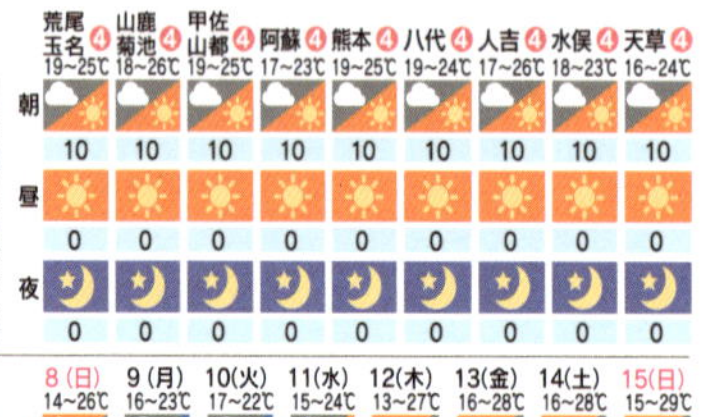

あすからの8日間

予想は熊本地方

交通復旧 国・県に要望

南阿蘇村 長野敏也村長

仮設住宅 村内と大津町に

南阿蘇村は熊本地震で、大規模な土砂崩れや幹線道路の寸断など甚大な被害を受けた。村民が厳しい現状に直面し続ける中、長野敏也村長（69）に復興への見通しを聞いた。（堀江利雅、岡本幸浩）

―国道57号と俵山バイパスが不通になり、阿蘇大橋も崩落し、交通インフラが大打撃を受けました。

「予想しなかった大地震により、村内だけで16人の死者・行方不明者が出たのは痛恨の極み。村民の生命線である道路も、こんな状況になるとは思ってもみなかった。村だけの力ではどうにもならない。国や県に早期の復旧を要望している。観光への影響も心配だ」

―村中心部と分断された立野地区の住民の一部は、隣の大津町に避難しています。

「立野には新たな土砂災害の危険もあり、『どこも危険だ』『もう住めない』といった住民の声を聞く。気持ちを察すると、言葉が見つからない。残念だが、大津町と県の支援を受け、大津町内に仮設住宅を造る準備を進めている」

―被害の大きかった黒川、高野台の両地区の復興策は。

「両地区からできるだけ近い、村内での仮設住宅づくりを県と協議している。順次建てていくことになると思う」

「休講中の東海大阿蘇キャンパスが撤退するのではないか、との懸念が広がっている。学生向けの事業者も多い。地元経済に影響するため、とにかく再開を願っている」

―村民の生活をどう守っていきますか。

「村営の診療所はなく、民間の医療機関に委ねてきた。幹線道路の寸断などで救急搬送が課題となった。阿蘇市などとの協力が必要だろう。断水も深刻。水源が枯れ、水源への道路が崩壊した場所もある。全世帯の3割近くで復旧できる見通しが立っていない」

―大規模な土砂崩れ現場の近くで、国が立野ダムを建設しています。

「今後の進め方は国が検討していると思うが、安全を第一に考えてほしい。ダム事業は村の振興につながり、前向きに進むよう期待している」

―村民にメッセージを。

「いまが一番きつい時。気持ちを一つにして、苦境を乗り越えるしかない。時間はかかるだろうが、再び幸せな村になると信じ、一緒に頑張りましょう」

地震で大きな被害を受け、復興への考えを語る南阿蘇村の長野敏也村長＝4日、同村

益城町

仮設160戸 建設に着手

県、来月中旬完成見込む

県は6日、熊本地震で甚大な被害を受けた益城町で、仮設住宅建設に着手した。同町の1期分として3カ所の町民グラウンドに計160戸を建設。6月中旬の完成を見込む。

3カ所は、同町田原の津森町民グラウンド（約1万1千平方メートル）73戸、同町赤井の飯野町民グラウンド（約5200平方メートル）34戸、同町広崎の広安町民第1グラウンド（約8千平方メートル）53戸。

いずれもプレハブ造りで、1DK（20平方メートル）37戸、2DK（30平方メートル）86戸、3K（40平方メートル）37戸の3タイプ。3カ所とも、被災者の孤立を防ぐために集会所や談話室も整備する。

同町では、町内の約半数に当たる約5400棟で被害を確認。このうち、全壊または大規模半壊した被災者が仮設住宅の入居対象になる。（太路秀紀）

仮設住宅の建設工事が始まった広安町民第1グラウンド＝6日午前、益城町広崎

益城町に建設される仮設住宅

益城町津森仮設団地（津森町民グラウンド）73戸

益城町飯野仮設団地（飯野町民グラウンド）34戸

益城町広安仮設団地（広安町民第1グラウンド）53戸

※仮設団地名は仮称。完成予定はいずれも6月中旬

南阿蘇・立野地区の小中学生

半数以上 村外通学へ

南阿蘇村は6日、熊本地震に伴う阿蘇大橋の崩落で通学先の小中校と分断された立野地区の児童生徒54人のうち半数以上の29人が、大津町など村外に通学先を変更することを明らかにした。小学生に限ると村外への変更は6割に上る。

立野地区は阿蘇大橋が架かっていた黒川の右岸、児童生徒が在籍する南阿蘇西小と南阿蘇中は左岸に位置する。両校が9日に授業を再開するため、村が通学先に関する意向を聞き取っていた。

村外への通学先変更は東日本大震災でも出された、就学機会に関する文部科学省の通知に基づく。村は、受け入れ先の学校に通った期間が欠席扱いになるなどの不利益は生じないとしている。

村外に通う小学生23人の受け入れ先の内訳は大津町の20人のほか熊本市、菊池市、菊陽町が1人ずつ。中学生は6人全員が大津町。立野地区の住民の大半が大津町に避難しており、こうした受け入れ先になったという。

一方、引き続き同じ学校に通う児童生徒25人のうち19人は、阿蘇市に隣接する下野地区まで保護者らが送迎。既存のスクールバスを利用する。残る6人は村内の、くまもと清陵高の宿舎に泊まり込んで通学する。

村によると、南阿蘇西小の本年度当初の児童数は192人、南阿蘇中は281人。（福山聡一郎）

在熊テレビ4局

合同で応援CM　10日から放送

在熊のテレビ局4局が、熊本地震で被災した県民を応援するテレビCMを合同で制作した。10日から放送を始める。

CMは熊本地震の発生後、熊日を含む県内のマスコミ6社が統一して掲げるキャッチコピー「支えあおう熊本 いま心ひとつに」がテーマ。各局の看板アナウンサー4人が視聴者に向かってキャッチコピーを伝えた後、県内外のタレントら著名人が、被災者へ励ましの言葉を寄せている。

熊本放送（RKK）は、「たくさんの人たちが熊本を支えているという励ましのメッセージが、一人でも多くの被災者に伝われば」と話している。（國﨑千晶）

熊本市

市営住宅引き渡し開始

250戸、入居は最長1年

熊本市が地震の被災者に無償で提供する市営住宅250戸の引き渡しが6日、始まった。市役所で当選者に鍵が渡された。入居期間は最長1年間で、入居予定者からは「生活再建が間に合わない」と不安の声も上がった。

説明会では、市職員が入居時の注意事項などを説明した。入居期間は6日から原則として半年間だが、最長1年間まで延ばせる。

夫婦で住むという北区龍田の自営業内田正俊さん（67）は「取りあえず家が見つかって安心した。ただ、自宅は全壊で、修繕するか建て替えるかの見通しが立っていない。入居期間内に生活再建できるか分からない」と不安げだった。

北区の新地団地の鍵を受け取った同区龍田の会社員男性（56）は同日午後、室内を下見した。自宅は壁が倒れて住めないが、まだ罹災証明書が発行されず、全壊か半壊か分からないという。一緒に暮らす高齢の母親を案じて民間賃貸住宅も確保。「みなし仮設住宅」にしてもらうよう市に申し込むつもりだが、半壊以下ならば家賃は自己負担となる。

部屋を下見した男性は「部屋は4階にあり、高齢の母には階段がきつい。1年では自宅再建も難しい。家賃は自己負担になるかもしれないけど、ずっと住める民間が良い。市営住宅はキャンセルするだろう」と肩を落とした。

市は、5月2日まで250戸の入居希望者を募集。申し込み総数は394件に上り、平均倍率は15・8倍だった。（植木泰士）

市営住宅入居にあたって注意事項などの説明を受ける被災者＝6日、熊本市役所

引き渡しが始まった市営住宅の室内を下見する被災者＝6日、熊本市北区

熊本大病院

神経難病患者の相談窓口を開設

熊本大病院（熊本市中央区本荘）の神経内科神経難病診療体制構築講座は、熊本地震で被災した神経難病患者向けの相談窓口を開設した。パーキンソン病やALS（筋萎縮性側索硬化症）など神経難病患者を対象に、症状に関する相談や、避難所の近くで受診できる医療機関や薬局の情報を紹介する。

相談は平日午前10時～午後2時。電話かファクスで、相談内容と連絡が取れる電話番号を伝えると、医師から回答がある。☎096（373）5893、ファクス096（373）5895。

熊本市

81億円補正 専決処分

仮設住宅建設など

熊本市の大西一史市長は6日、熊本地震の災害復旧・復興を急ぐため、市の2016年度一般会計に総額81億1212万円を追加する補正予算を専決処分した。

計画済みの300戸（東区と南区）を含め、計800戸の仮設住宅建設を想定、58億5900万円の事業費を見込んでいる。大西市長は「家屋調査が追いついていない状況。今後、仮設住宅のニーズが増える可能性もある」と説明した。

主な補正は、仮設住宅やみなし仮設住宅を含む住宅支援経費78億3200万円。世帯主が負傷した被災者などへの貸付金9000万円、中小企業に対する特別融資にともなう資金1億1250万円など。（高橋俊啓）

熊本地震発生以降の地震回数

（6日20時現在、気象庁速報値。16日2時以降は大分県含む）

午前1:25 震度7（M7.3）

午後9:26 震度7（M6.5）

震度 1 2 3 4 5 6 7

(回) 0 20 40 60 80 100 120 140 160 180 200 220

14 15 16 17 18 19 20 21 22 23 24 25 26 27 28 29 30 4月 1 2 3 4 5 6 5月

宅地液状化 帯状に分布

熊本市南区 白川の旧河道か

熊本地震に伴い、熊本市南区で液状化した宅地が帯状に連なっていることが、福岡大の村上哲教授らの調査で分かった。この一帯は別の研究で白川の旧河道ではないかと指摘されており、村上教授は「旧河道の存在に注意しながら復興に取り組む必要がある」と指摘している。

村上教授と九州工業大の永瀬英生教授は現地調査で、地下で水と混ざった砂が地表に噴き上げたり、住宅や電柱が傾いたり沈んだりする液状化現象を確認。同区近見から南高江を経て元三町にかけて、長さ約4キロ、幅100メートル前後の帯状に分布していることが分かった。液状化した一帯の北側は白川に、南側は加勢川にそれぞれ接していた。

一方、熊本大の大本照憲教授は2010年に発表した論文で、400年以上前の白川の河道は、蓮台寺から南高江を経て元三町周辺で加勢川に流れ込むルートだったのではないかと推測。周囲の土地の高低や江戸時代の地図などから、旧河道と判断している。

村上教授による調査結果と、大本教授が推定した旧河道はほぼ一致。液状化は川や水田などを埋め立てたエリアで発生しやすいとされており、両教授とも「旧河道で液状化が起きたとみて間違いないだろう」と話している。

両教授によると、熊本市などの白川と緑川に挟まれた一帯は、ほかにも旧河道があると考えられ、建物を建てる際には液状化に注意が必要としている。（鹿本成人）

液状化で地中に沈み込んだ電柱。周囲には砂と水が噴き上げた跡がある＝熊本市南区

熊本駅　九州新幹線　JR豊肥線　白川　JR鹿児島線　加勢川　緑川　川尻駅　■液状化した一帯

きょうの歴史 5月7日

▽2004（平成16）年

県立熊本高等技術訓練校（熊本市）で知的障害者の職業訓練を目的に新設された「販売実務科」の入校式があった＝写真。県の施設で障害者を対象に職業訓練をするのは初めて。

▽1998（平成10）年　衆院が民主党の細川護熙元首相が提出していた辞職願を許可した。首相経験者の辞職は、現行憲法下では初めて。

熊本市「復興部」を発足　40人3課体制

熊本市は6日、熊本地震の被災者支援と復興事業にあたる「復興部」を政策局内に発足させ、それに伴う61人の人事異動を発令した。復興部長には井上隆・経済観光局産業部首席審議員を充てた。

復興部は総勢40人の3課体制で、市役所14階に置く。「復興総務課」は復興事業の企画や総合調整、「生活再建支援課」は被災者の相談窓口、「住宅再建支援課」は仮設住宅の管理や被災住宅についての相談などにあたる。（高橋俊啓）

◇部長級◇

政策局復興部長（経済観光局産業部首席審議員）井上隆

◇課長級◇

【政策局】

復興部復興総務課課長（経済観光局観光交流部観光政策課課長）原口誠二

復興部生活再建支援課課長（健康福祉局子ども未来部子ども支援課課長）江幸博

復興部住宅再建支援課課長（南区役所区民部区民課課長）宮﨑由之

復興部住宅再建支援課審議員・仮設住宅等管理担当（健康福祉局子ども未来部児童相談所副所長）廣岡泰章

復興部住宅再建支援課審議員・住宅相談支援担当（都市建設局建築住宅部住宅課副課長）内尾哲朗

【健康福祉局】

子ども未来部子ども支援課課長（北区役所区民部総務企画課課長）池田賀一

子ども未来部児童相談所副所長（健康福祉局保健衛生部国保年金課副課長）中村司

【経済観光局】

産業部経済政策課課長（中央区役所区民部まちづくり推進課課長）増田浩徳

観光交流部観光政策課課長（経済観光局文化・スポーツ交流部スポーツ振興課副課長）山内光博

【中央区役所】

区民部まちづくり推進課課長（経済観光局文化・スポーツ交流部文化振興課副課長）林将孝

【南区役所】

区民部区民課課長（区民部天明総合出張所所長）荒木達弥

区民部天明総合出張所所長（中央区役所保健福祉部保護課副課長）森山登

【北区役所】

区民部総務企画課課長（区民部総務企画課副課長）大久保宏

◇主幹級◇

【政策局】

復興部復興総務課主幹兼主査（総合政策部政策企画課主幹）池田哲也

復興部復興総務課主幹兼主査（健康福祉局福祉部高齢介護福祉課主幹）内田律

復興部生活再建支援課主幹兼主査（総務局行政管理部総務課主幹）村上史郎

復興部生活再建支援課主幹兼主査（総務局行政管理部人事課人材育成センター主幹）横田直子

復興部生活再建支援課技術主幹（北区役所保健福祉部保健子ども課技術主幹）竹内弘子

復興部住宅再建支援課主幹（都市建設局建築住宅部建築政策課主幹）大石雄一

復興部住宅再建支援課主幹（議会事務局調査課課長補佐）下錦田英夫

【健康福祉局】

福祉部高齢介護福祉課主幹・業務改善担当兼総務局行政管理部総務課主幹（経済観光局産業部産業振興課主幹）西山茂宏

【都市建設局】

建築住宅部建築政策課主幹兼主査（東区役所区民部総務企画課主幹）石井大輔

建築住宅部住宅課技術主幹（建築住宅部営繕課技術主幹）石原義信

【北区役所】

区民部総務企画課課長補佐（区民部清水総合出張所所長補佐）大嶋祐治

◇主査級◇

【政策局】

総合政策部政策企画課主査（健康福祉局子ども未来部保育幼稚園課主査）杉本健吾

復興部復興総務課参事（財政局税務部課税管理課参事）清原邦洋

復興部復興総務課参事（中央区役所保健福祉部保護課参事）酒井英恵

復興部生活再建支援課参事（総務局行政管理部人事課人材育成センター参事）古賀直美

復興部生活再建支援課参事（会計総室参事）岩下周平

復興部住宅再建支援課主査（都市建設局建築住宅部営繕課主査）中村秀司

復興部住宅再建支援課技術参事（経済観光局観光交流部新ホール開設準備室技術参事）徳永英知

復興部住宅再建支援課技術参事（都市建設局都市政策部建築指導課技術参事）上野亮

【総務局】

行政管理部人事課人材育成センター主査（行政管理部人事課人材育成センター参事）小山哲央

【市民局】

市民生活部地域政策課主査（市民生活部地域政策課参事）木山英治

【健康福祉局】

子ども未来部保育幼稚園課主査（市民局市民生活部地域政策課主査）待鳥崇

【経済観光局】

文化・スポーツ交流部文化振興課技術参事（熊本市民病院事務局経営企画課病院建設準備室技術参事）佐藤論広

【都市建設局】

建築住宅部営繕課主査（経済観光局文化・スポーツ交流部文化振興課技術参事）野口嘉寛

【東区役所】

区民部総務企画課主査（北区役所区民部まちづくり推進課参事）松﨑智樹

【北区役所】

保健福祉部保健子ども課主査（西区役所保健福祉部保健子ども課主任保健師）迫田貴美子

がれき運搬費 市民が負担

阿蘇市 被災家屋多く対応困難

阿蘇市では、熊本地震で損壊した家屋のがれき撤去に関して、本来国の補助金対象に含まれる「仮置き場」までの運搬費を市民が自己負担している。被災家屋の多さに市が対応できていないためだが、市は「全てに対応すれば早期の生活再建に支障を来す」として理解を求めている。

補助金は災害廃棄物の収集・運搬・処分を担った市町村に対し、国が事業費の半額を助成する制度。特別交付税と組み合わせると市町村の負担は1割になる。同市は2012年の九州北部豪雨災害でもこの補助金を活用した。

同市は4月16日の本震後、市内4カ所に災害廃棄物を受け入れる仮置き場を設置（うち2カ所は許容量を超えたため閉鎖中）。がれき撤去は、手続きが済めば市が全て行うため補助の対象だが、自宅から仮置き場までの運搬は市民が独自に業者に依頼するなどしており、対象から外れる。

市民の自己負担について同市市民課は「阿蘇市だけで被災家屋が数百棟あるのに加え、県全域が被災したため運搬業者の数が不足しており対応困難」と説明。「市が運搬を含む全てを負担した場合、被災者に数カ月単位の順番待ちをお願いする可能性もある。人も時間も足りず、仮置き場までの運搬は市民にお願いするしかない」と頭を悩ませている。（上杉勇太）

災害ごみの仮置き場となっている大阿蘇環境センター未来館横の広場。市民が自ら運び込む姿が多く見られる＝阿蘇市跡ケ瀬

余震の中 避難所を移動

南阿蘇村 白水地区の4カ所集約 旧中学校体育館に

南阿蘇村の白水地区で5日、避難所4カ所を旧白水中体育館に集約するための移動があった。震度4の揺れが立て続けに起きる中、避難者たちは緊張を強いられながら同体育館に移った。

閉鎖したのは白水体育館、白水保健センター、白水小体育館。村は9日から小学校が授業を再開することに加え、各避難所を利用する被災者が減ったとして、3月閉校した同中体育館にまとめることにした。

体育館へは5日午前から閉鎖避難所ごとに順次、寝具など荷物を抱えた避難者約120人が移った。足が不自由な高齢者は、全国から支援に入っている自治体職員に車で荷物を運んでもらうなどしていた。

午前10時半すぎ、震度4の地震が2回発生。隣の白水小から移った農業髙木純子さん(69)は「怖くて家には当分帰れない」とため息。ただ、体育館には村の避難所で初めて間仕切りが設置されたことから、「ストレスがたまる時期だけにありがたい」と話していた。

同村は河陽地区の避難所2カ所も集約することを検討している。（福山聡一郎）

枕や毛布を持って旧白水中体育館に移動する避難者＝5日、南阿蘇村

熊本市　スプレー缶原因？ 収集車の火災6件

熊本市で、スプレー缶などが原因とみられるごみ収集車の火災が相次いでいる。熊本地震後、5日までに昨年度1年間（1件）を上回る6件が発生。市は「スプレー缶などは特定品目の回収日に捨ててほしい」と呼び掛けている。

火災は、いずれもごみを圧縮する装置が付いた収集車で発生。中身が残ったスプレー缶が回転板でつぶれた際、漏れたガスが燃やすごみなどに引火したとみられる。全焼したケースはなかったが、先月24日には応援で回収作業をしていた北九州市の収集車が被害に遭ったという。

熊本市は、2014年からスプレー缶などを「特定品目」に分類し、圧縮装置のないトラックで回収（月2回）している。現在は一部地域を除き、災害ごみと一般の燃やすごみ以外の回収を中止しており、市廃棄物計画課は「今は特定品目を出すのを控えてほしい」と話している。（髙橋俊啓）

阿蘇登山道 進入相次ぐ

通行止め 看板無視

熊本地震で損傷がひどく、全面通行止めの阿蘇山上への車の登山道で、強引に突破する地元住民や観光客が後を絶たない。標識をどかして進入しているようで、管理する県は「余震も続いて危険。安全が確認されるまで通らないように」と注意を呼び掛けている。

登山道は、阿蘇市黒川と南阿蘇村一関を結ぶ県道阿蘇吉田線と、同市赤水から同吉田線につながる県道阿蘇公園下野線の2路線。4月16日の本震で路面の亀裂や落石、土砂崩れなどが発生した。

このため県阿蘇地域振興局は、両路線の複数箇所に「全面通行止め」と書かれた立て看板とコーン標識を設置。自衛隊などの緊急車両のみ、通行を許可している。

ところが、行けないはずの草千里周辺で許可されていない車両の目撃報告が相次ぎ、市阿蘇山上事務所によると、5日午前中だけで自動車5台、バイク1台を阿蘇山上広場で確認。職員が近づくとUターンして走り去ったという。地震後、少なくとも20台以上が進入している。

市の報告を受け、同振興局が巡回した同路線では道路脇に寄せられたコーン標識を発見。誰かが無断で移動させて隙間を通ったとみられる。同局は「立て看板を見て通っており、悪質。チェーンなどで封鎖することも検討したい」と話している。（上杉勇太）

全面通行止

全面通行止めの県道阿蘇吉田線で道路脇に寄せられたコーン標識を元に戻す県阿蘇地域振興局の職員＝5日、阿蘇市

7日　午前9時 4m　午後3時 4m

阿蘇山の風向予想（日本気象協会tenki.jpより）

ノロウイルス防ごう

南阿蘇村避難所 食事から生野菜除外

被災者のノロウイルス感染を防ごうと、南阿蘇村の避難所はメニューから生野菜を外している。避難者からは「生野菜が食べたい」との声も上がるが、村は「これから気温が上がり、食中毒も心配」と神経をとがらせる。

南阿蘇中体育館で4月20日、下痢や嘔吐などを訴えた男性1人からノロウイルスを検出した。当時、村内の避難所全13カ所ではボランティアなどが個別に炊き出しをしており、村は食事内容を把握していなかった。

このため、同日以降は炊き出しの申し出を全て断り、村と自衛隊が決めた食事メニューに統一した。朝はパンとジュース、昼と夜はおにぎりとみそ汁、火を通したハンバーグなどの主菜、副菜。サラダなど生野菜は一切提供していない。

本震のあった16日から避難所に身を寄せる英語講師の夏井美果さん(41)は「温野菜は豊富で感謝しているけれど、幼い2人の子どもには生のトマトなどを食べさせたい」。村には要望が複数寄せられているが、村農政課は「みそ汁やおかずに野菜をできる限り取り入れる」と理解を求めている。（福山聡一郎）

避難所で提供された夕食のおかず。生野菜は使われていない＝5日、南阿蘇村

帰宅「当面困難」2千人

熊本市調査 「全半壊」理由に

熊本市は5日、地震の避難者を対象にした聞き取り調査で、回答の35%に当たる1993人が「自宅の全半壊」を理由に当面の帰宅は困難だと答えたことを明らかにした。このほか、1449人が帰宅の条件として「余震が収まること」、895人が「家の中の片付け」を挙げた。

市内の全避難所のほか、車中泊の人も対象に、2日から聞き取りを実施。推計の避難者6535人のうち、5638人から回答を得た。

市は2日、学校再開に向けて避難者を集約するため、18カ所の拠点避難所を設定。避難者に希望の移転先を尋ねたところ、3238人(57%)が拠点避難所、1834人(33%)が拠点以外を望んだ。354人(6%)は態度未定、212人(4%)が帰宅すると答えた。

このうち、東区では全体の60%が拠点以外を希望し、拠点希望の36%を上回った。

大西一史市長は「避難者を追い出すことはしない」と述べ、授業再開する市立小中学校でも、引き続き避難者を受け入れるようにする考えを示した。

市は8日から拠点避難所18カ所での受け入れを始める。うち9カ所では希望者が収容人数を上回っており、調整するという。大西市長は「拠点避難所を新たに設けるよう指示した」としている。（髙橋俊啓）

上部の土砂除去に着手

国交省　立野地区 新たに崩落恐れ

国土交通省九州地方整備局は5日、熊本地震で起きた南阿蘇村立野地区の大規模土砂崩れ現場で、崩落部分の上部に残っている土砂の除去工事を始めた。新たに崩落する危険があるため。

整備局によると、斜面上部には多数の亀裂があり、雨や余震などで約10万立方㍍の土砂が崩落しかねない不安定な状態という。

斜面中腹に盛り土で壁を造成。そこへ上部から土砂を少しずつ落とし、除去する。無人重機で作業する。新たな崩落の危険を取り除いた後、長さ300㍍の擁壁を造るほか、3万平方㍍にわたって斜面を固めるなどの対策を実施する。

事業費は約20億円。二次災害への警戒や工法を検討しながら進めるため、完了時期は未定という。（河北英之）

無人の重機が入り、土砂除去に向けての工事が始まった大規模土砂崩れ現場＝5日、南阿蘇村

カンちゃん　フジヤマジョージ

5月7日の飛来予測

		6-12	12-18	18-24	8日
九州北部	大気汚染粒子	多い	やや多い	やや多い	やや多い
九州北部	黄砂	やや多い	少ない	少ない	少ない
九州南部	大気汚染粒子	多い	多い	やや多い	やや多い
九州南部	黄砂	やや多い	やや多い	少ない	少ない

非常に多い：注意喚起レベル　多い：環境基準値程度　やや多い：大気が少しかすむ　少ない：清浄

予測システム「スプリンターズ」開発チーム提供

気温

5日

	最高	平年比	最低	平年比	湿度	天気
熊本	26.1	1.6	13.1	△0.9	35%	曇
牛深	24.2	1.4	15.5	0.1	55%	―
人吉	27.4	3.3	11.3	△1.0	35%	―
阿蘇	24.8	3.7	11.9	2.4	―	―

（阿蘇山上の最高気温は19.2度、最低気温は8.3度）

6日

	最高	平年比	最低	平年比	湿度	天気
熊本	20.5	△4.2	15.2	1.0	85%	曇
牛深	22.4	△0.6	15.7	0.2	88%	―
人吉	19.8	△4.4	12.8	0.4	92%	―
阿蘇	18.3	△3.0	11.9	2.2	―	―

（阿蘇山上の最高気温は15.5度、最低気温は8.5度）

	5日 最高	5日 最低	5日 天気	6日 最高	6日 最低	6日 天気
福岡	27.1	17.9	曇	21.7	15.7	俄雨
佐賀	25.8	12.5	曇	19.4	14.4	曇
長崎	24.5	14.9	曇	20.2	15.3	俄雨
大分	26.4	16.5	曇	20.6	15.2	曇
宮崎	28.2	16.8	曇	18.8	14.8	雨
鹿児島	25.3	16.0	曇	20.6	17.3	曇
那覇	27.7	21.8	曇	29.5	24.4	晴
松江	23.3	16.6	曇	21.6	13.4	雨
広島	24.5	14.7	曇	17.8	16.1	雨
高松	26.5	19.0	曇	18.5	16.4	曇
大阪	25.2	18.2	曇	21.5	16.3	雨
京都	26.2	15.5	晴	20.7	14.8	雨
名古屋	24.5	17.6	快晴	19.5	14.5	雨
長野	22.3	11.6	快晴	21.7	8.6	曇
東京	27.4	17.1	快晴	22.5	15.4	雨
新潟	20.6	14.7	晴	24.1	10.2	曇
仙台	20.7	13.6	曇	22.3	10.3	曇
秋田	15.8	13.6	晴	20.8	11.2	曇
札幌	15.0	9.6	曇	15.0	7.5	曇

（天気・湿度は15時、県内の気温は0時－17時、△印は低め）

潮ごよみ

旧暦4月1日（7日）　大潮・月齢 0.3

日出 5時24分　日入 19時03分　月出 5時50分　月入 19時31分

	満潮	干潮
三角	9.01 / 21.44	3.06 / 15.27
水俣	8.54 / 21.38	3.00 / 15.21
牛深	7.53 / 20.47	2.04 / 14.20
玉名	9.11 / 21.54	3.16 / 15.37

旧暦4月2日（8日）

	満潮	干潮
三角	9.41 / 22.29	3.52 / 16.10
水俣	9.34 / 22.24	3.45 / 16.05
牛深	8.33 / 21.35	2.50 / 15.04
玉名	9.51 / 22.39	4.02 / 16.20

9日間の天気　Weather Report

7(土)　8(日)　9(月)　10(火)　11(水)　12(木)　13(金)　14(土)　15(日)

札幌　東京　名古屋　大阪　広島　福岡　熊本　長崎　佐賀　大分　宮崎　鹿児島　那覇

のち　時々

新聞定価1カ月　朝刊のみ＝3,093円（税込み）、朝夕刊セット＝3,460円（税込み）　朝刊1部売り＝120円（税込み）

町の復興 見届けたい

戦争体験 益城町の森本さん（91）

苦難再び たくましく

熊本地震の被災者には、戦火をくぐり抜けてきた古老もいる。益城町安永の森本正人さん（91）は太平洋戦争で左腕を失い、戦後は82歳まで材木店を切り盛り。銘木を使った自慢の自宅は4月16日の本震で大きく壊れた。終戦から71年。再び迎えた苦難にも「戦争に比べれば…」とたくましい。

損壊した自宅玄関前に立つ森本正人さん。「この町が生まれ変わるのを見届けたい」＝益城町安永

「これ見て。よか皿だったとに」。森本さんは割れた唐津焼を手にしていた。2階建ての家はゆがみ、庭にはがれきが散乱。なのに表情はどこか明るい。

益城町出身で、戦時中は海軍航空隊のパイロット。1945年5月、広島県呉市の上空で米軍機に撃墜され海に落ちた。「もうだめだ」。命からがら岸に流れ着いたが、激しく損傷した左腕を切断され、義手になった。

戦後、益城に戻ったが「片腕がないので、どこも雇ってくれなかった。何とか食っていこうと必死だった」。細々と始めた原木の仲買が軌道に乗り、60年ごろ材木店を開業。従業員を5～6人雇い、製材した木材を建築業者に販売し、益城や熊本市東部の住宅などに使われたという。

「人生の集大成を形にしたい」と、72歳で自宅を建て替えた。木曽のヒノキ、鹿児島のサクラなど上質の木材をふんだんに使い、延べ床200平方㍍を超える堂々とした和の住まいだった。

今年1月、妻に先立たれて1人暮らし。4月14日の前震後、長女宅に避難した。16日の本震で、自宅は1階寝室がひしゃげるなど大きく損壊した。森本さんの店の木材を使って建てられた近所の家もつぶれていた。

「よか家だったのに…」と森本さん。片付けに来た娘や孫が室内から運び出す家財を、たばこをくゆらせて眺める。その表情に惨めさはうかがえない。額に入れ、座敷に飾っていた昭和天皇の写真が見つかり、頬を緩ませた。

玄関の柱に「危険」と判定された赤い紙が貼られている。「このヒノキはまだ使える。無事だった柱や床板を集めれば、小さか家は建てられる」とつぶやき、穏やかな笑みを浮かべた。

「この町は、10年近くで立派に生まれ変わる。あと何年生きるか分からんけど、見届けたい」。五月晴れの青空を見上げた。（中村勝洋）

被災地 空き巣が多発

県警に届け出40件「不審者見たら110番を」

熊本地震で被災、避難した人の自宅を狙った空き巣が多発している。県警によると、地震に絡む窃盗などの被害は6日までに、40件届けられており、「不審者を見かけたら、すぐに110番通報を」と呼び掛けている。

熊本南署などが、住居侵入と窃盗の疑いで5日逮捕したのは、熊本市南区島町、無職の男（34）。逮捕容疑は4月27日未明、同市西区の無職女性（63）宅に侵入し、テレビやブルーレイレコーダーなど（計8万円相当）を盗んだ疑い。

熊本地震の後、空き巣被害に遭った自宅を指さす女性。いまは実家に身を寄せている＝5日、熊本市西区

女性は1人暮らし。16日の本震で自宅の壁にひびが入ったため、福岡県の娘の自宅に身を寄せた。26日に自宅にいったん帰り、家の中を片付け、戸締まりを確かめ、ブレーカーを落とし、近くの実家で一夜を過ごした。

翌27日午後3時半ごろ、再び自宅に戻ると1階の窓などが3カ所割られていたという。女性は「地震だけでもショックだった。地震の混乱に乗じて、盗みをするなんてひきょうだ」と憤る。

県警は、近所への聞き込みや防犯カメラの映像から男を特定し、被害品を押収した。現場付近で同じような被害が発生しており、関連を調べる。男は「人の家に入ったが、盗みはしていません」と容疑を一部否認しているという。

「自宅にいると、誰かが入ってくるような気がする」。女性は恐怖がぬぐえず、事件後は実家に身を寄せている。「1人暮らしはしばらくできない。生活と家を奪われた気持ちです」と語った。

競輪GI・日本選手権

中川選手（真和高出）初制覇

競輪の第70回日本選手権を制し、優勝カップを掲げる中川誠一郎選手＝5日、静岡競輪場

熊本地震の被災地支援競輪として開催の第70回日本選手権（GI）最終日は5日、静岡市の静岡競輪場で決勝（2425メートル、6周）が行われ、リオデジャネイロ五輪の自転車トラック種目男子スプリント代表で真和高出身の中川誠一郎選手（熊本）が3分32秒6（上がり11秒2）で勝ち、GI初制覇を遂げるとともに優勝賞金6500万円を獲得した。

日本選手権は「競輪ダービー」とも呼ばれ、競輪GIの中でも最高クラスの格式を誇る。日本競輪選手会の熊本支部勢では、第3回と第7回に宮本義春選手、第20回に宮路雄資選手が制しており、中川選手は同支部所属として50年ぶりの優勝。

レースは残り1周で新田祐大選手（福島）が深谷知広選手（愛知）を抑えて先行。GI2度目の決勝に臨んだ中川選手は、2コーナー付近で後方外側から一気にまくって3コーナー手前では先頭に立ち、2着の吉田敏洋選手（愛知）に4車身差をつけて圧勝した。3着には地元静岡の渡辺晴智選手が入った。

できるのは「走ること」

中川誠一郎選手は36歳にして初めてGIのビッグタイトルを手にした。「こんなことってあるんですね。熊本のファンの皆さんに最初に（優勝を）伝えたい。ゴール前は自分でもしびれた」と興奮気味に振り返った。

熊本地震の被災地支援大会として開かれた大一番だったが、熊本市の自宅も被災。故郷が心配で心身ともに不安が募っていた。妻と子供2人は無事だったものの、家財道具などが散乱。ホームバンクの熊本競輪場は使用できなくなり、川崎市の川崎競輪場などでの練習を強いられた。

そんな中での快走。「自分に追い風が吹いてくれた。展開も向いてくれたし、不思議な力が働いたとしか言いようがない6日間だった」と感慨深げに話し、優勝賞金の一部を義援金として寄付する意向を示した。

リオ五輪前の最後の競輪レースでもあった。「僕ができることは走ること。これから五輪や競輪で頑張ることで（熊本が）ちょっとでも元気が出ればうれしい」と、切なる思いを口にした。

くまモン　絵：サダタロー／監修：小山薫堂

UFO

ユーフォー!!
あ！
フォ
フォ
くまモンヲ、地球ノ人気者ノ
ワガ星ニツレテ行クゾ!!
くまモーン!!
ポワワワワワー
ズーン
重量オーバーダー
ダメダー
パカッ

事件事故

■傷害疑いで元交際相手逮捕　熊本東署は5日、傷害の疑いで、熊本市東区秋津3丁目、自称建設業松浦哲久容疑者（44）を逮捕。逮捕容疑は1日午後10時ごろ、自宅で益城町の無職女性（44）の顔や腹を殴る蹴るなどして、眼底骨折など重傷を負わせた疑い。署によると2人は元交際相手。女性が地震で被災し、容疑者宅に身を寄せていた。松浦容疑者は酒を飲み、口論になったらしい。

■放火未遂の疑いで男逮捕　熊本北署と特別機動捜査部隊は5日、現住建造物等放火未遂の疑いで、熊本市中央区本荘5丁目、自称会社員野田健太容疑者（36）を現行犯逮捕。逮捕容疑は同日午前2時50分ごろ、同区河原町のマンションで、玄関の自動ドアの隙間に新聞紙などを挟み、ライターで火を付けて放火しようとした疑い。署によると、ドアの一部が焦げたが、警報器の音で気付いた住人が消火器で消し止めた。

■トラクターの下敷きで男性死亡　5日午前8時45分ごろ、山鹿市鹿央町合里の畑で、近くの農業法人職員木下敬一さん（62）がトラクターの下敷きになっていると、近くの男性が119番通報。木下さんは頭や胸などを強く打って、約3時間半後に死亡した。山鹿署によると、木下さんは農作業に出掛け、畑の端からトラクターごと斜面を約2㍍下に転落したらしい。

■無免許運転容疑の男逮捕　宇城署は5日、道交法違反（無免許運転）の疑いで益城町福原、無職川野豊記容疑者（60）を現行犯逮捕。逮捕容疑は5日午後9時25分ごろ、熊本市南区城南町東阿高の国道266号で、無免許で乗用車を運転した疑い。署によると、三差路交差点で左から来た乗用車と衝突。1987年に免許を失効していたことが分かった。

佐々木　忠次さん（ささき・ただつぐ＝日本舞台芸術振興会代表、東京バレエ団創設者）4月30日午前6時9分、心不全のため東京都目黒区の自宅で死去、83歳。東京都出身。葬儀は親族のみで行った。お別れの会は6月12日正午から東京都目黒区目黒4の26の4、東京バレエ団スタジオで。喪主は妹真知子（まちこ）さん。

64年に東京バレエ団を設立し、30カ国で海外公演をするなど精力的に活動。パリ・オペラ座バレエ団やウィーン国立歌劇場、世界的バレエダンサーのシルビー・ギエムさんらを日本に招いたほか、76年から3年に1度「世界バレエフェスティバル」を開催した。

作本　剛さん（さくもと・つよし＝中原温室会長）6日午前、肝臓がんのため死去、84歳。告別式は7日午後2時から、熊本市南区砂原町488の1、あきた斎場で。喪主は妻博子（ひろこ）さん。自宅は同市西区中原町457。

タイヤ
乗用車
トラック
建設機械
等
現金買取
お気軽にお電話ください！
車検切れ
バッテリー上がり
買取OK!
低年式車
走行距離
10万km以上も
買取OK!
出張査定
無料
滋賀県公安委員会第6013H270015号
熊本　八代　菊池　阿蘇　人吉　天草
オートパーチェス
Auto Purchase
営業時間/8:00～19:00
買取受付センター
ふくしま商会株式会社
滋賀県守山市小浜町504-4
0120-22-3535

ハイ! こちら編集局 増刊号

公衆電話 非常時に残して

埼玉県で女子中学生が行方不明になった事件で、中学生は公衆電話で自宅や警察に連絡して保護されましたね。携帯電話が普及したせいか公衆電話が減っているようですが、私も携帯電話を忘れた時に助けられました。災害時などの非常時に備えて残してほしいですね。

(熊本市、主婦、68) ＝4月7日掲載

災害時には強み発揮

熊本地震 避難所に設置

携帯電話やスマートフォンの普及に伴い、街角の公衆電話は減っている。電話をくれた女性(68)は「熊本地震のようなこともあるし、いざというときのために身の回りにたくさんあったほうが助かる」と話す。

NTT西日本熊本支店によると、県内の公衆電話は現在、約2000台。2005年には5700台を超えていた。

「1種」と「2種」

公衆電話には「第1種」と「第2種」がある。「第1種」は都市部では500㍍四方に1台を目安に設置し、NTTが直営で管理。熊本県内では96台を下限に維持することが総務省によって定められている。

減少しているのは「第2種」。駅やコンビニなどに設置され、建物の所有者が管理。採算が合わない場合は撤去される。「都市開発や委託したお店の閉店なども影響し、台数はどんどん減っている」と同支店。熊本市の花畑町かいわいの再開発工事に伴い、一帯にあった約20カ所の公衆電話が一気に姿を消したこともあった。

南阿蘇村役場白水庁舎に置かれている公衆電話

帰宅困難者が殺到

一方で、災害時には強みを発揮する。発信が集中すると制限が掛けられる携帯電話やスマートフォンよりも優先的につながるのに加え、無料で通話できるようになる。東日本大震災では、東京都内の帰宅困難者が公衆電話に殺到。その重要性が再認識された。事前に回線を敷設しておき、有事にだけ電話機を置く特設公衆電話という仕組みもあり、今回の熊本地震では南阿蘇村などの避難所に設置された。回線が不要な衛星電話も避難所に届けられた。

ボタンを押さず

課題は使い方の周知だ。公衆電話の意義を啓発する「日本公衆電話会」(本部・東京)は小学校などで、かけ方や災害用伝言ダイヤルにメッセージを残す方法を実演する普及活動を続けている。同会の扇瑞穂熊本・大分事務局長(63)によると「小学校で教えると1クラスの半分くらいが使い方を知らない。スマートフォンの影響か、ボタンに触れるだけで押さない子もいる」という。

熊本地震では通話を無料化したが、「電話がかからない」という問い合わせもNTT西日本熊本支店に相次いだ。同支店は「無料通話だが、一度10円玉かテレホンカードを入れないと利用できない。通話後に受話器を戻すと返金される」と説明する。

存在感は薄いけれど実は頼りになる公衆電話。扇事務局長は「今回の地震をきっかけに、『防災』という観点から注目が集まっている。(災害用伝言ダイヤルなど)少しずつ、周知させていきたい」と力を込めた。

公衆電話で実際に災害用伝言ダイヤルを使用する日本公衆電話会の扇さん。「電話のかけ方をはじめ、使い方の周知が課題だ」という＝熊本市中央区

記者ひとこと

運動部 嶋田 昇平

普段から設置場所確認

4月16日未明の「本震」を受けて、慌てて家を出た。外にいた多くの人はスマートフォンを耳にあて、不安そうに電話をかけていた。「つながらない」。泣きそうな声が印象的だった。安否確認に時間がかかり、不安な思いをした人も多いだろう。「公衆電話はつながりやすいし、無料になる」と頭をよぎった人は少ないのではないか。公衆電話は災害時に力を発揮する重要なインフラだった。普段から設置場所を確認するなど、利用する側も防災意識を高めておきたい。

このコーナーでは、「ハイ！こちら編集局」に寄せられた読者の思いや「？」を記者が掘り下げます。「ハイ！こちら編集局」は朝刊読者ひろば面(火〜土曜)に掲載しています。受け付けは☎096(366)1313。祝日を除く月〜金の午後1〜3時。ファクス096(363)1268。メール moshi@kumanichi.co.jp

今日のテレビ欄は5面に移しました。あすのテレビ欄は6面です

鉄キャラの力 (中)

各地を走るラッピング電車

鉄道むすめ「朝倉ちはや」のイラストを描いた西日本鉄道のラッピング電車＝福岡市東区(西日本鉄道提供)

鉄道むすめのイラストを描いたラッピング電車が、各地を走っている。

西日本鉄道(福岡市)は、京阪電気鉄道(大阪市)とのコラボ企画で、朝倉街道駅と西鉄千早駅から命名された「朝倉ちはや」などをデザインした電車を西鉄貝塚線で来年9月まで運行中だ。

コラボ企画は観光客誘致のためで、ノートや缶バッジなど関連グッズも販売している。

泉北高速鉄道(大阪府)のラッピング電車運行は来春までで、和泉中央駅と光明池駅から名付けた「和泉こうみ」と、自社キャラクター「せんぼくん」を車体に描いた。

また京阪電気鉄道などは、自社キャラクターをつくった京都市交通局など関西の8鉄道によるスタンプラリーを、8月末まで共同開催中だ。

鉄道むすめといっても、職種はさまざまだ。秩父鉄道(埼玉県)の「桜沢みなの」は駅員、東武鉄道「栗橋みなみ」のいとこという設定の「栗橋あかな」は特急の車内販売スタッフ…。

鉄道むすめの開発者でプロデュースを担当するトミーテックの森山勇治さんは、模型メーカーらしく、実物の反映に注意を払う。フィギュア製品化の際、「制服のボタンや縫い目、細かい部分も忠実に再現します」。鉄道会社を訪れて撮る写真は1体あたり300枚に上る。

「うちのキャラクターをつくってほしい」という鉄道会社の声に応えられなかったこともあるという。「女性社員がいなくて制服が存在しなかったのです」と明かした。

秩父鉄道のイベントに鉄道むすめ「桜沢みなの」のコスプレで登場した女性＝2015年5月、埼玉県熊谷市(秩父鉄道提供)

2016・5・7

◇お断り 「おしゃべり通信」は休みました。

1　3版　平成28年（2016年）5月8日　日曜日　熊本日日新聞　（昭和17年4月1日第3種郵便物認可）　第26641号　日刊

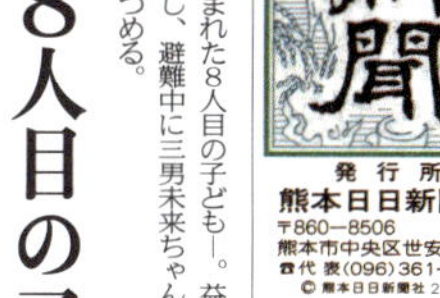

熊本日日新聞
発行所 熊本日日新聞社
〒860-8506
熊本市中央区世安町172
☎代表（096）361-3111
© 熊本日日新聞社 2016年
5月8日 日曜日

避難の中 生まれた「未来」

益城町・尾崎さん 8人目の子ども

きょう「母の日」 10人家族 一歩ずつ

「未来」と名付けた息子は、被災後に生まれた8人目の子ども—。益城町宮園の尾崎善隆さん（35）清美さん（31）夫婦は熊本地震で被災し、避難中に三男未来ちゃんの産声を聞いた。困難な生活は続くが、10人の大家族が未来を見つめる。

4月14日。2階建てアパートの1階に暮らす尾崎さん一家はそろってリビングにいた。木山中2年の長女綾音さん（13）や益城中央小6年の次女沙彩さん（11）は勉強中。ほかのきょうだいは6歳から1歳までにぎやか。そんなだんらんを震度7の激震が襲った。

「みんなで手を握りあって…。私は転ばないようにと懸命に逃げました」と清美さん。アパートは倒壊を免れたものの、近所の民家はつぶれ、火の手も上がる。徒歩でたどり着いた近くの駐車場で一夜を明かした。

出産予定日は27日。「無事に生まれてきてほしいとずっと祈りました」。熊本市東区のスーパー駐車場で親戚の車に分乗し、体を横たえていた16日未明の本震。泣き叫ぶ子どもたちを落ち着かせながらも、清美さん自身が恐怖に体を硬くした。おなかの子どもも硬直していると心配したが、「しっかり動いていて驚いた」。

17日に熊本市東区の県民総合運動公園に移り、車中泊を続けた。避難所になったと聞いた益城幼稚園に入った22日の昼すぎ、陣痛が始まった。通院中の益城町内の病院は断水で出産できず、主治医が手配してくれた東区の熊本赤十字病院へ善隆さんの車で急行。午後10時21分、2900グラムの赤ちゃんが生まれた。避難生活に疲れた清美さんの負担をできるだけ和らげるような安産だった。

未来と名付けたのは善隆さんの母である祖母の川野康代さん（55）。「震災が起こったけど、一歩ずつ明るい未来を切り開く」。そんな思いに夫婦も納得したという。

5月6日、仮住まいに選んだ東区のアパートに入った。会社勤めの善隆さんは7日、益城町の自宅から荷物を運び出しながら「家族を守るため、生活を立て直さないと。これからも支え合って、普通の生活を取り戻す」と汗を拭った。

8日は母の日。「頼もしく、優しいお母さん」。被災しながら新しい命を産み落とした清美さんに、子どもたちはプレゼントを用意した。「みんなで感謝のメッセージを書きます。中身は秘密です」。綾音さんが笑った。（池田祐介）

被災したアパートの前に集まった尾崎さん一家。（後列左の）善隆さんと清美さんの腕に抱かれているのは4月22日に生まれた三男未来ちゃん＝7日午後、益城町宮園（岩崎健示）

熊本城 櫓や長塀 5カ所全壊

建造物26棟 大半に被害

熊本地震による熊本城（熊本市中央区）の被害の全容が7日、分かった。熊本城総合事務所（同区）によると、建造物の全壊部分は北十八間櫓と東十八間櫓、五間櫓、不開門、長塀の5カ所（いずれも国重要文化財）。これに他の櫓の損壊や石垣の崩落などを加えると、被害部分は52カ所に上る。

【3面に関連記事】

櫓や門といった建造物26棟は、外壁のひびや剝落など、ほぼすべてが被害を受けた。大きな損壊が見られないのは未申櫓のみ。石垣は崩落した部分以外にも、膨らみや、石と石の間の空きが見られ、これらも積み直しが必要になる。史跡内の石垣は約7万8千平方メートルあり、同事務所は「どのくらいの崩落面積になるか分からない」と頭を抱える。

熊本城の被災は全国的にも注目され、「加藤清正時代の古い石垣は生き残った」などの〝臆測〟が流れている。ただ文化庁は現地調査を通じ「一概に新旧の傾向は判断できない」としている。

今後は余震の収まりを見て、本格的な実態調査に乗り出す。同事務所の河田日出男所長は「一日も早く復旧の道筋を立てたい。被害は甚大だが、崩れてしまった部分から石垣の〝裏側〟が分かるなど、新たな発見もあるのではないか」と話している。

現在熊本城周辺は二次被害防止のため、広く立ち入りを禁止している。この区域にある同事務所は、市民会館シアーズホーム夢ホールの楽屋に事務所を移設。職員らが目視で、被害状況の確認を続けている。（飛松佐和子）

特別史跡熊本城跡 地震災害による主な被害（熊本城公式ホームページ参照）

新堀橋　旧細川刑部邸　熊本城総合事務所　熊本博物館　熊本城三の丸駐車場　監物台樹木園　303　県立美術館　護国神社　加藤神社　藤崎台球場　二の丸広場　南大手門　西大手櫓門　宇土櫓　天守閣　五間櫓　不開門　熊本大神宮　数寄屋丸　本丸御殿大広間　桜の馬場城彩苑　国立病院　長塀　行幸坂入口　熊本市役所

×全壊　▲損壊・崩落　立入禁止区域

天守閣①　北十八間櫓・東十八間櫓②　頰当御門周辺③　飯田丸五階櫓④

おう吐、下痢症状31人に

熊本市避難所

熊本市が熊本地震の避難所に指定している中央区の城東小で6日午後、避難者らがおう吐や下痢などの症状を訴えた問題で、市保健所は7日、症状を確認した患者が31人に上ったことを明らかにした。救急搬送されなかった人の調査も続けており、患者数はさらに増える可能性がある。

市保健所は、患者が共通して食べたものが避難所の昼食だけだったことから、「集団食中毒の可能性が高い」との見方を示した。患者の便やおう吐物、昼食の残りを検査している。原因究明には少なくとも数日かかる見通し。

患者31人は6～84歳で男性11人、女性20人。6日の避難所には避難者約60人やボランティアのほか、7日に予定されていたイベントの準備をしていた城東小の児童約20人も集まり、多くが昼食の提供を受けていた。

昼食は、ボランティアグループがおかかおにぎりと野菜炒め、ほかのグループが生野菜や果物を提供。おにぎりの調理と野菜炒めの下ごしらえは当日、飲食店の調理場で済ませた上で避難所に持ち込まれたという。

一方、県は7日、熊本地震によってエコノミークラス症候群を発症し、医師が入院の必要性を認めた患者が1人増え、48人になったと発表した。新たに増えたのは65歳以上の女性。（植木泰士、石貫謹也）

◇お断り　「くまにち論壇」は3面に移しました。

支えあおう熊本　いま心ひとつに

熊本地震 県内の被災状況（7日午後時点、熊日まとめ）

死亡	49人（熊本市4、南阿蘇村15、西原村5、御船町1、嘉島町3、益城町20、八代市1）
震災関連死	18人（熊本市10、宇土市2、阿蘇市2、南阿蘇村1、御船町1、益城町1、氷川町1）
行方不明	1人（南阿蘇村）
負傷者	1,648人
建物	住宅65,021棟
避難	避難所 355カ所 避難者 14,330人
水道	断水 約7,400世帯

※県災害対策本部などの集約分

熊本地震特別紙面

熊日の購読・配達のご用は
ミナヨムニッコリ 0120-374625
紙面のお尋ねは
096-361-3115（日曜・祝日除く9:00～17:00）
パソコン版くまにちコム
kumanichi.com

◇お断り　「きょうの天気」は2面に移しました。

熊本地震発生以降の地震回数

（7日20時現在、気象庁速報値。4月16日2時以降は大分県含む）

午前1:25 震度7（M7.3）
午後9:26 震度7（M6.5）
震度 1 2 3 4 5 6 7
(回) 0 20 40 60 80 100 120 140 160 180 200 220
14 15 16 17 18 19 20 21 22 23 24 25 26 27 28 29 30（4月） 1 2 3 4 5 6 7（5月）

新生面

2016.5.8

熊本市の中心部で先日、知人に声を掛けられた。「大丈夫？」「何とか」。互いに相手を案じる会話に、だれもが被災者なのだという実感をあらたにする▼繁華街では店の再開が本格化している。割れたままのショーウインドーや落下注意の張り紙に爪痕を残すが、街角には「負けんばい」「がんばろう」の文字が増えてきた。日常を取り戻したい—。そんな意気込みが街にあふれる▼酒瓶が何本も割れた旧知のバーも、県外の仲間からグラスや皿などの支援を受けて再開した。目を凝らさないと分からないが、釣り糸が棚をぐるりと囲んでいた。落下防止の工夫で、透明な釣り糸は客が余計な気遣いをしないようにと選んだ。丈夫な結び方は釣具店の助言だとか▼西原村や益城町などで仮設住宅の建設が始まった。熊本市では市営住宅への入居もスタートした。生活再建は緒に就いたばかりだが、まずは安心できる住宅提供を急ぎたい。抽選に外れ、落胆する被災者の姿は残酷すぎる▼誰が、どこで、どんな支援を求めているのか。一人一人の置かれている状況を見つめ、あの釣り糸のように「安心」のセーフティーネットを張りめぐらせられればと思う。復興への動きから誰も取り残されないように▼バーのカウンターでは、ボランティアに駆けつけた県外の男性が疲れを癒やしていた。車中泊をしながらの活動という。店を出る男性にバーテンダーが「無理をなさらずに」と声を掛けた。人のぬくもりが心に染みる。支え合い、少しずつ前に進みたい。

がんばろう熊本　地震被災者応援メッセージ

ボランティア頑張る

私は同じ県内に住みながらライフラインは止まらず、被害は少なく済みました。今、私にできることは災害ボランティアとして活動することです。一日も早く被災地が復旧して、皆さんに笑顔が戻るのを願い、ガンバリます。（川上靖浩・53、菊池市）

粘り強く領土問題交渉を

日ロ首脳会談

社説

安倍晋三首相は6日、ロシア南部のソチでプーチン大統領と会談し、北方領土問題を双方が政権トップにいる間に解決を目指す方針を確認した。従来のアプローチとは違う「新たな発想」で交渉を進めることでも合意した。

具体的中身は明らかにされていないが、日本の政府高官は「北方四島の帰属確定を求める日本の立場は変わらない」とした上で、経済や国際協力など包括的な関係強化を進めながら前進を図ることだと説明する。

この方針の下、安倍首相はロシア極東地方の産業振興やエネルギー開発、日本式医療の最先端の病院建設など8項目の経済協力案を示した。しかし、経済協力を絡める交渉はこれまでも繰り返されてきたものであり、従来の交渉方法と何が違うのかは不明確だ。

領土問題はトップが決断しなければ動かないのは事実だろう。ただ、両首脳の関心事には食い違いもある。

原油価格の下落やウクライナ情勢をめぐる米欧の制裁措置で、ロシア経済は厳しい状況に陥っている。そのためアジア重視の姿勢を示しているプーチン大統領だが、米欧から批判を浴びながらも領土問題では強硬さが目立つ。

北方四島についても実効支配を強める姿勢は崩しておらず、メドベージェフ首相が択捉島を訪問するなど、日本への揺さぶりとも受け取れる動きをみせている。国民感情を刺激する領土問題で譲歩するのは難しいとの見方は根強い。

そもそも北方四島は、旧ソ連の侵攻により今もロシアに不法占拠されているとして返還を求める日本に対して、ロシアは対日参戦を通じて正当に取得したと反論する。こうした歴史認識の壁をどう乗り越えるのかも難しい課題だ。

さらに、日本が領土問題解決と同じ意味と捉える日ロ平和条約締結交渉についても、ロシアは領土問題とは関係ないとの立場で、この点でも認識が違っている。

安倍首相にとって頼みの綱は、プーチン大統領との個人的関係を一段と深め、ロシアが求める経済協力をカードに政治決断を引き出す展開に持ち込むことだろう。

安倍首相は会談後、領土問題に関し「停滞を打破する突破口を開く手応えを得られた」と述べた。9月にロシア極東ウラジオストクで開く「東方経済フォーラム」に合わせ、首脳会談を開くことで合意した。これに先立ち6月には、外務次官級による平和条約締結交渉を開催することも決まった。

しかし、当初は2014年中とされたプーチン大統領訪日はウクライナ情勢をめぐる日本の対ロ制裁などが影響し実現せぬまま。領土問題進展に不可欠とされながら、今回の会談でも「最も適切な時期を探る」と確認しただけだ。

安倍首相の自民党総裁任期は18年9月まで。プーチン大統領も同年に次期大統領選を迎える。これから約2年の間に両首脳が決断できる環境が整うのか。首相の意欲を具体的な成果につなげるためには、粘り強い交渉が求められる。

余論

2016.5.8

「科学的有望地」とは

土田 隆

「震源の深さは約10キロ、マグニチュードは―」。「ドン」と突き上げる余震の速報を目にするたび、「地下で、一体何が起きているのだろう」と不安にかられてしまう。

熊本地震は、南北方向に引っ張られる形で断層が動く「横ずれ断層型」だという。メカニズムは理解しても、すさまじい破壊力を目の当たりにし、長期間の余震を実際に味わうと、地下は結局、人知の及ばない場所なのだと痛感する。

そんな地下深くに、国は原発から出る「核のごみ」、高レベル放射性廃棄物を埋めるという。日本は原発の使用済み核燃料を再処理してプルトニウムなどを取り出し、原発で再利用する核燃料サイクルを国策としている。再処理後に残るのは、数万～10万年程度、生活環境から隔離する必要がある高レベル廃棄物だ。

政府は核のごみを地下300メートルより深い〝安定した〟地層の岩盤に埋める方針だ。候補地を公募していたが昨年、国が主導して「科学的有望地」を示す方式に転換。今年中に、適性の高さに応じて3色に塗り分けた日本地図を示すという。

しかし、地震の恐怖を体験した身からすれば、「科学的有望地」とは一体何かと思わざるを得ない。10万年もの間、安全に埋めておける場所があるのか。万一の時は…。懸念は尽きない。日本学術会議は廃棄物を地上で50年間「暫定保管」し、その間に国民の合意形成を進め候補地を選ぶよう提言した。拙速は禁物だ。

倒れた自宅の書棚を片付けていたら、作家の村上春樹さんが阪神大震災後に書いた一文を見つけた。〈我々は結局のところ、不安定で暴力的な地面の上に生きているのだ〉―自然への謙虚さを忘れてはならない。

堤防など185カ所損傷

危険66カ所 今月中に応急工事

県管理河川

県は7日、熊本地震に伴い、県が管理する河川の堤防や護岸に計185カ所の損傷が見つかったと発表した。今後、増える見込みという。危険性の高い66カ所では5月末までに応急工事を完了する見込み。

損傷の確認は2日時点で、県河川課によると、震源地に近い白川や緑川、両河川の支流などでコンクリート製護岸が破損したり、堤防が沈下したりする損傷を確認した。このうち66カ所は最悪の場合、梅雨の増水で堤防が壊れる恐れがあるとして、堤防に大型土のうを積んでかさ上げしたり、亀裂を埋めてシートを張ったりする応急工事を進めている。

既に66カ所のうち30カ所で工事を終え、残る36カ所も5月末までに終える予定。

このほか、九州地方整備局の調査で、緑川や白川の本流など国管理河川でも171カ所の損傷が見つかり、応急工事が進んでいる。

河川の堤防などの損傷について、熊本大の大本照憲教授（河川環境工学）は、地震動や液状化の影響で、内部が損傷している恐れがある。増水で堤防内に水圧が高まり、水漏れして堤防破壊につながりかねないという。大本教授は「行政と住民が連携した監視体制が必要だ」と話す。

県は同日、道路と土砂災害への対応状況も発表。296カ所の損傷を確認した県管理の道路は、82カ所で段差解消などの応急対策を終えた。土砂災害は96カ所で確認され、33カ所が通行止め。応急対策が必要な16カ所のうち12カ所で対策済みとしている。（鹿本成人）

コンクリート製護岸が破損した秋津川＝益城町（県提供）

ひとクマ時評　あしはらたいじ

九州は負けないぞ

七転び八起き

復興へ！

グリーンロード県道に

益城町―南阿蘇村 安全管理を強化

熊本都市圏と南阿蘇を結ぶ主要な国・県道が熊本地震で通行止めとなっていることに伴い、県は7日までに、代替路線となっている「グリーンロード南阿蘇」を、現状の沿線町村による管理から暫定的に県管理とする方針を決めた。迂回路として通行量が急増していることから、安全管理態勢を強化する。

グリーンロードを県道熊本高森線の一部とする区域変更を県公報で告示する。県道となることで、日常的な点検や損傷の早期補修が可能になるという。

グリーンロードは、益城町―南阿蘇村間の阿蘇外輪山上を走る全長約26キロ。県道路保全課によると、4月22日の全線開通以降、通行止めの国道57号や県道熊本高森線俵山バイパスに代わり、生活道路や物資輸送路として交通量が急増している。

しかし、カーブや起伏が多い路線にもかかわらず中央線が消えかかっていたり、大型車両の通行が増えて路面損傷や陥没の恐れが生じたりするなど安全確保が課題となっていた。県管理の期間は俵山バイパスの復旧までを想定している。

南阿蘇村は「朝晩は霧が発生するなど危険は多いが、住民は通行せざるを得ない。県道になることで整備が進み利便性が高まることを期待したい」としている。（並松昭光、藤山裕作）

中小企業、観光「復興対策急ぐ」

林経産相 熊本視察

林幹雄経済産業相は7日、熊本地震の視察で県庁に蒲島郁夫知事を訪ね、被災中小企業などの経営支援や観光業の復興について対策を急ぐ考えを示した。

蒲島知事は「国の全面支援がなければ熊本の復興はあり得ない」として、被災事業者の税の減免やプレミアム付き旅行券発行による観光業への支援を要請。林氏は「政府としてできることはすべて対応していきたい」と応じた。

林氏はこの日、熊本商工会議所や県商工会連合会など商工関係機関の代表らと意見交換したほか、熊本市の健軍商店街も訪ね、倒壊したスーパーや被災したアーケードなどを視察した。（並松昭光）

被災地支援強化 政府に強く要望

共産・志位委員長

共産党の志位和夫委員長は7日、熊本地震の被災地視察のため来熊し、被災者の生活再建や公共インフラの復旧を急ぐよう、政府に支援の強化を求めていく考えを示した。

志位氏は報道陣に対し、「現場は懸命に努力しているが、まだ避難所の生活環境や仮設住宅の整備など課題が多い」と指摘。「被害の大きさも市町村の財政規模を超えている」と述べ、被災自治体に対する思い切った財政支援を政府に働き掛けると強調した。

住宅損壊に支援金が支給される被災者生活再建支援制度についても「全壊で最大300万円は少ない」として、最大500万円への引き上げを政府に要望するとした。

志位氏はこの日、蒲島郁夫知事、熊本市の大西一史市長、益城町の西村博則町長、西原村の日置和彦村長と意見交換した。（蔵原博康）

首相の動静

（6日）＝現地時間

【午後】ロシア・ソチ市内の宿泊先のホテル「ハイアット・リージェンシー・ソチ」で、プーチン大統領との夕食会。同行記者団のインタビュー。

（7日）＝現地時間

【午前】政府専用機でソチ国際空港を出発。

（7日）＝日本時間

【午後】10時54分、欧州とロシア歴訪を終え、政府専用機で羽田空港。11時34分、東京・富ケ谷の私邸。

きょうの天気

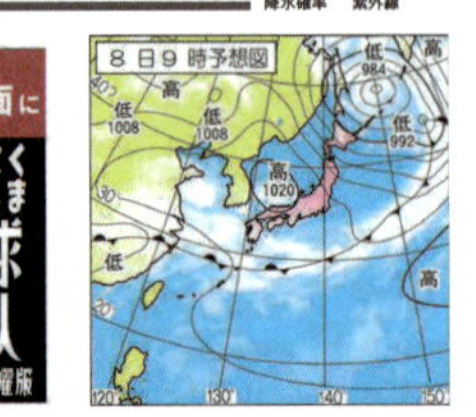

8面に
くまにち求人 日曜版
求人情報を掲載

8日の天気は下り坂。県内は雲が多く、昼すぎに雨が降りだす。最高気温は23度前後で夏日も。熱中症対策を。北の風のち南西の風、波は熊本、芦北0.5メートル、天草1メートル。9日は南の風、曇り時々雨。波は熊本、芦北0.5メートル、天草1のち1.5メートル。

（降水確率％、紫外線❶～❺）

	荒尾玉名	山鹿菊池	甲佐山都	阿蘇	熊本	八代	人吉	水俣	天草
紫外線	2	2	2	2	2	2	2	2	2
気温	13～23℃	11～26℃	12～24℃	10～22℃	14～25℃	13～23℃	14～23℃	14～21℃	13～21℃
朝	0	0	0	0	0	0	20	20	20
昼	60	60	60	50	60	60	60	60	60
夜	70	70	70	70	70	70	80	80	80

あすからの8日間　予想は熊本地方

9(月)	10(火)	11(水)	12(木)	13(金)	14(土)	15(日)	16(月)
16～24℃	18～24℃	16～23℃	14～27℃	16～27℃	16～27℃	18～28℃	19～29℃
70	90	40	10	20	20	40	40

地震で損壊　熊本城の櫓2棟

瀬戸際　踏ん張る角石

熊本地震で石垣の崩壊が相次いだ熊本城。中でも飯田丸五階櫓と戌亥櫓の石垣は、角石が柱のように残り、どうにか建物を支えている状態。その理由を専門家らは「石垣は出角（角の部分）が要」という〝築城の鉄則〟を指摘している。【1面参照】

熊本城では、東十八間櫓と北十八間櫓が倒壊するなど国重要文化財13棟が損壊。加藤清正が考案した「武者返し」を含め、多くの石垣も崩落した。

復元櫓である、飯田丸五階櫓と戌亥櫓では大きく石垣が崩れ、角石が一本歯のげたのような状態で櫓を支えている。その特異な様子が全国の注目を集めている。

高瀬哲郎・元佐賀県立名護屋城博物館学芸課長は「出角は、石垣の崩壊を防ぐという構造面でも、2方向に対して攻撃・防御ができるという機能面でも重要。算木積み（石の長辺と短辺を交互に組む技法）で強度を増しており、今回の地震でも残ったのだろう」と説明する。

石垣が崩れ、片側は角石だけで支えられている飯田丸五階櫓＝4月16日、熊本市中央区

全国注目だが「いつかは…」

北野隆・熊本大名誉教授（日本建築史）も同じ見解を示しながら、「復元櫓は石垣と一体化しておらず、別々に振動したことで、文化財である石垣まで崩壊に至った可能性がある」と指摘する。

角石の重要性は〝城破り〟（廃城）の作法からもうかがわれる。一国一城令（1615年）で破却された佐敷城（芦北町）の調査を担当する深川裕二・同町教委学芸員は「破却の際、角石が取り除かれている。象徴的に一部を外した城もある。〝武装解除〟の認識だったようだ」と語る。

二の丸広場からは目の前に戌亥櫓が見えるとあって、連日、カメラを手にした人々が駆け付けている。〝頑張る熊本城〟に勇気づけられる県民も多いが、高瀬元課長は「角石だけで支え続けるのは無理。悲しいことだが、やがて崩れ落ちるだろう」と話している。（山口純）

二の丸広場から見える戌亥櫓も、角石でかろうじて支えられている＝熊本市中央区

くまにち論壇

同志社大大学院教授　浜 矩子

はま・のりこ　国際経済学。元三菱総合研究所経済調査部長。著書に「グローバル恐慌」など。63歳。

サミットなき時代の首脳の絆

「伊勢志摩サミット」（第42回主要国首脳会議）が今月26、27日開催される。日程が迫る中で、安倍晋三首相が出席予定の欧州諸国を歴訪するなど、動きが慌ただしくなっている。

サミットが近づいてくると、どうしても、筆者の念頭に浮かんでくる言葉がある。それは「ランブイエ」だ。ランブイエ・サミット。第1回の主要国首脳会議だ。

会場となったランブイエ城は、1897年からフランス大統領の夏の別邸として使われるようになった。1975年11月、そこに6カ国の首脳たちが集まった。顔ぶれはフランス、西ドイツ（当時）、イギリス、イタリア、アメリカそして日本である。先進主要国の一角を形成できたことで、日本は大いに喜んだ。

今でこそ、年中行事化したサミット会合だが、初回の会合は、世界に対して実に斬新なイメージを与えた。主要先進工業国の首脳たちが、一堂に会して意見交換をする。このアイデアに、当時の人々は瞠目した。会合の呼びかけ人となったのが、フランスのヴァレリー・ジスカールデスタン大統領である。彼には、一人の親しい相棒がいた。西ドイツのヘルムート・シュミット首相だ。この二人の歩調を合わせた尽力あって、この会合が成立した。

状況は緊迫していた。前年の1974年秋には、第1次石油ショックが発生した。原油価格が一気に4倍になる。その衝撃が世界を震撼させ、1930年代以来の同時大不況に追い込むことが懸念されていた。

この事態を突破するには、従来型の儀典的で様式化した国際会議では、役に立たない。実務的で形式にこだわらない議論をしよう。お伴は排除して、親分同士で忌憚なく知恵を出し合おう。それが、この会合の触れ込みだった。「サミット」という言葉自体も、今ほどには当たり前になってはいなかった。当時「流行語大賞」が存在していたら、サミットが受賞していたかもしれない。

何はともあれ、主要国の首脳たちが親密な集まりを持つということが、人々の想像力をかき立てた。それがサミットなき時代に生まれたサミットの大いなる効用だった。ランブイエでまとまった共同宣言をみれば、さほど劇的なことは言っていない。書きぶりも、さして斬新なわけではない。今にして思えば、そもそも、共同宣言を出せたことが一つの成果だったといえるだろう。

折しも、筆者が前の職場である三菱総合研究所に入社したのが、1975年の4月だった。入社の年に、世界大不況再到来の懸念が取りざたされ、それを回避するために、サミットなるものが開かれる。結構ワクワクしたものだ。そして、何といっても印象に残っているのが、ジスカールデスタンとシュミットのコンビの良さだった。数少ない現場からの映像の中から、それがとても良く伝わってきた。

今でも、あのイメージが鮮烈によみがえる。やっぱり、要は人と人との関係だ。人が人を信頼する。人と人が知恵を出し合う。人が人とコンビを組む。そこから、何かが生まれる。

何かにつけて、創造的作業には相棒が欠かせない。ジュゼッペ・ヴェルディという大オペラ作曲家にも、マリア・ピアベそしてアリーゴ・ボイトという作詞家がいた。天才モーツァルトのオペラ作品も、ダ・ポンテとシカネーダーという二人の作詞家がいなければ世に出ていない。「蝶々夫人」を生んだプッチーニには、イリカとジアコーザの作詞家二人組がいた。人には、人が必要だ。

伊勢志摩サミットに集まる面々の中に、名コンビを生み出すコンビを見いだすことができるか。大急ぎで歴訪の旅をしても、そうそう相棒は見つからない。いくら会議を工夫しても、信頼関係の化学反応が急に生み出されるわけではない。

ランブイエ当時に比べて、首脳間のコミュニケーションは、はるかに容易になっているはずだ。容易さが緊密さにつながっていない。世界不況再来がこの角を曲がったところで待っているかもしれない。サミットなき時に、サミットを生んだ絆。今、それはいずこに？

きょうの動き

■国内・国際

▽大型連休の帰国ラッシュがピーク（成田空港）▽大相撲夏場所（～22日、両国国技館）

■首長の日程

【蒲島知事】12時50分　来客応対（地震災害関係）▽13時10分　庁内打ち合わせ（同）▽14時　来客応対（同）▽14時半　庁内打ち合わせ（同）

【大西熊本市長】終日　地震災害対応▽15時　災害対策本部会議▽16時半　記者会見

【山下荒尾市長】終日　災害警戒・対応▽10時　おもやい市民花壇「ばら観賞会」▽11時　ありあけ国際交流協会総会

【高嵜玉名市長】地震災害警戒

【中嶋山鹿市長】終日　地震災害対応▽8時半　初級幹部科訓練開講式▽10時　平小城保育園落成式▽11時　水辺プラザかもと道の駅登録式典

【江頭菊池市長】地震災害対応

【荒木合志市長】地震災害対応

【佐藤阿蘇市長】地震災害対応

【元松宇土市長】地震災害対応

【守田宇城市長】地震災害対応

【中村八代市長】地震災害対応

【松岡人吉市長】終日　災害警戒・対応、市庁舎機能移転対応▽9時　市身体障害者福祉協会総会▽14時　東間校区社会福祉協議会総会▽その後　西瀬校区社会福祉協議会総会

【西田水俣市長】終日　災害警戒・対応▽9時　水俣高校体育大会

【堀江上天草市長】地震災害警戒

【中村天草市長】終日　地震災害警戒・対応▽13時半　牛深地区婦人会連絡協議会総会

県立美術館

収蔵品95点損傷

修復に1億8700万円

熊本市中央区二の丸の県立美術館は7日、熊本地震で被災、損傷した収蔵品が95点に上り、修復にかかる費用の概算が約1億8700万円となることを明らかにした。施設補修費も約1億5300万円と見込んだ。今後、収蔵庫の地震対策が課題となりそうだ。

被害を確認した収蔵品は、収蔵庫内を中心に所蔵品57点、寄託品・預かり品38点。うち県指定文化財は5点。国宝や国重要文化財に被害はなかった。

前震で、県指定文化財の木造十一面観音立像（西巌殿寺寄託）など展示作品の一部が破損。床に置くなどして安全確保に努めたが、本震で、細川幽斎が用いた甲冑「紅糸威腹巻」（永青文庫寄託、県指定文化財）が倒れてかぶとの一部が曲がった。収蔵庫では屏風に被害が集中。相次いで転倒し破れるなどした。修復費1千万円以上と見積もった作品もあるという。

施設の補修は、展示室の照明や絵画をつり下げるためのレールなど。同館の村上哲学芸課長は「想定を超える激震で、収蔵品の管理に甘さもあった。美術品を預かる者として申し訳なく、修復には真摯に対応する。収蔵庫については、当面はソフト面での安全対策を進め、将来的には耐震や免震を検討する必要がある」としている。（中原功一朗）

熊本地震で被災した県立美術館。展示室では絵画を床に置くなどして、余震に備えている＝熊本市中央区

きょうの歴史　5月8日

▽1965（昭和40）年　宇土市役所が落成した。本館は鉄筋5階建て、総工費1億3400万円。

▽1993（平成5）年　熊本女子商業高校（現国府高校）の北極遠征隊一行11人が無事、帰熊した。

宇土市役所落成を祝い「祝うと」と描かれた人文字

被災企業を対象に　あすから出張相談

中小機構

中小企業基盤整備機構（中小機構）は9日から、熊本地震で被災した中小企業や小規模事業者を対象に、中小企業診断士ら専門家による出張相談を始める。

中小機構は4月、熊本市中央区に「中小企業復興支援センター熊本」を開設し、経営相談に応じてきた。

出張相談は被災地支援の拡充策として実施。地元商工会などの要請に応じて、中小機構の専門家が被災企業や事業者を訪問し、無料でアドバイスする。

相談や訪問の受け付けは☎090（2712）3520。（松浦裕子）

訂正

7日付朝刊7面の3月期連結決算の記事で、一部地区で「中間決算」とあるのは「決算」でした。

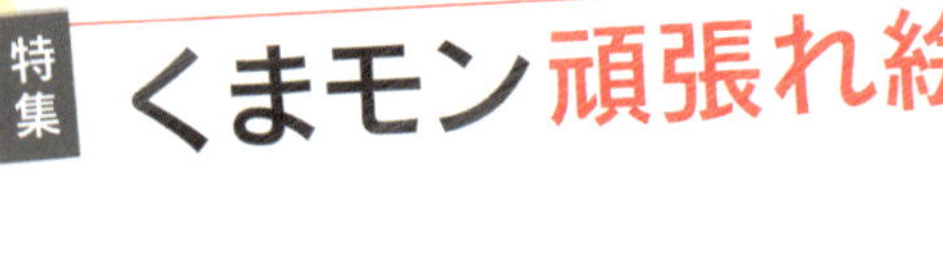

特集 くまモン頑張れ絵 ㊤

熊本地震の被災者を励まそうと、インターネット上では今、全国の有名漫画家やイラストレーターによる「くまモン頑張れ絵」を公開する運動が広がっています。

森田拳次さん、ちばてつやさんらの呼び掛けに、森川ジョージさん、熊本市出身の尾田栄一郎さんらが賛同。思い思いにくまモンを描いた絵が次々に公開されました。いずれも被災者に寄せる熱い気持ち、温かなまなざしを感じさせる作品ばかりです。

全体からするとごく一部ですが、現在までに公開の許諾が得られた作品を８、９日の２日にわたり紹介します。

青木琴美さん

▲あおき・ことみ　漫画家。「僕は妹に恋をする」「僕の初恋をキミに捧ぐ」「カノジョは嘘を愛しすぎてる」など

梅野隆児さん

◀うめの・りゅうじ　グラフィック、Webデザイナー。「宇宙戦艦ヤマト2019『星巡る方舟』」の劇場用販売グッズ作製などにも加わる

▲ちばてつやさん

日本漫画家協会理事長。「あしたのジョー」ほか「おれは鉄兵」「のたり松太郎」「あした天気になあれ」など多数

森川ジョージさん

もりかわ・じょーじ　漫画家。ボクシングをテーマにした名作「はじめの一歩」の作者。「会いにいくよ」など

井上純一さん

いのうえ・じゅんいち　TRPG（対話型ロール・プレイング・ゲーム）デザイナー、漫画家。代表作は「中国嫁日記」など

寺嶋裕二さん

てらしま・ゆうじ　漫画家。代表作は野球マンガ「ダイヤのA」、テニスをテーマにした「GIANT STEP」など

吉河美希さん

よしかわ・みき　漫画家。代表作は「山田くんと７人の魔女」（週刊少年マガジン連載中）、「ヤンキー君とメガネちゃん」など

真島ヒロさん

ましま・ひろ　漫画家。代表作は、週刊少年マガジン連載中で、テレビアニメ化された「RAVE」「FAIRY TAIL」など

「郷里のために」奮闘

県出身自衛官・警察官　捜索、支援 最前線に

「郷里の力になりたい」。熊本地震の被災地に全国から駆け付けた自衛官、警察官の中には県出身者もいる。家屋倒壊や土砂崩れなどの現場で心を痛めつつ、復興を信じて流した汗は熊本の土に染み込んでいる。

渡邉俊治さん 南阿蘇村出身

陸上自衛隊第13旅団（広島県）の渡邉俊治さん(48)＝3等陸尉＝は、16人の死者・行方不明が出た南阿蘇村出身。「生まれ育った村のため、何かせないかん」と志願した。

4月24日から、同村河陽の行方不明者捜索現場で重機の運用を統括。被災した同村下田の実家や同級生のことが気になったが、夜通しの捜索活動に意識を集中した。

25日夕、「発見」を知らせる重機の警笛が現場に響いた。ただ、生存の可能性は低い。「やっと見つけてあげられた」。安心と同時に、対面する家族を思うと胸が痛んだ。

その後、避難所の炊き出しや給水支援を担い、2日にいったん広島へ。命令があれば再び南阿蘇村に派遣される予定で、「自衛官として地元に恩返しをしたい」と力を込めた。

陸上自衛隊第13旅団の渡邉俊治さん＝南阿蘇村

松久保千明さん 人吉市出身

被災者の心のケアに取り組む警視庁の専門チーム「きずな隊」の松久保千明さん(36)＝巡査部長＝は人吉市出身。4月23日から2日まで阿蘇地域などの避難所を巡回、被災者の相談相手になった。

松久保さんは、震度7に襲われた故郷の惨状を知り、きずな隊入りを志願。阿蘇にヘリで向かう途中、ブルーシートに覆われた数々の倒壊家屋が目に入った。「変わり果てた故郷の姿に苦しくて仕方なかったが、これが現実だと痛感した」

被災者には熊本弁を交え、優しく語り掛けた。そんな中、わがままを我慢する子どもが気になった。「傷ついた子どもはなかなか心を開かない。だから何度も語り掛け、言葉に耳を傾けなければならない」。松久保さんが故郷で、逆に教えられたことだ。（藤山裕作、堀江利雅）

警視庁「きずな隊」の松久保千明さん＝南阿蘇村

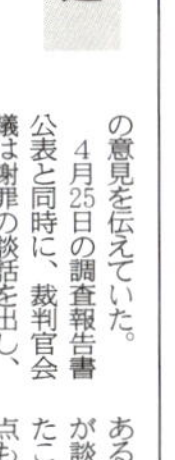

ハンセン病 特別法廷

長官の謝罪 意義大きい

最高裁有識者委座長 井上英夫氏

違憲疑い 改めて指摘

ハンセン病患者・元患者の裁判を隔離先の療養所などに設置した「特別法廷」で開いていた問題で、最高裁の有識者委員会で座長を務めた井上英夫金沢大名誉教授が7日までに共同通信の取材に応じ、寺田逸郎最高裁長官らが謝罪の意を表明したことについて「本当の意味で立法、行政、司法の三権が過去の過ちを認めたことになり、意義は大きい」と評価した。

最高裁は調査で、司法行政を担う事務総局が、ハンセン病という理由だけで必要性を審査せず特別法廷設置を許可していたのは、差別的で違法だったと認定。これについて有識者委は、事務総局だけでなく、最高裁判事15人全員による「裁判官会議」にも責任があるとの意見を伝えていた。

4月25日の調査報告書公表と同時に、裁判官会議は謝罪の談話を出し、寺田長官はその後の記者会見で「深くおわびする」と述べた。

井上氏は「事務総局がやったことだと終わらせずに、最高意思決定機関が謝罪したことに意味がある」と強調。裁判官会議が談話の中で検証が遅れたことを含めて陳謝した点も評価した。

一方、最高裁が裁判の公開原則違反は認められなかったと結論付けたことについては「証拠が少ない中やむを得ない面があるというのは理解できるが、形式的な判断で実質に十分踏み込まなかった」と指摘。特別法廷の設置手続きだけではなく「隔離された療養所で開いたのは二重の差別だった」とし、改めて憲法違反の疑いを強調した。

最高裁が問題を認めたのは、国の賠償責任を認めた2001年の熊本地裁が隔離の必要性がなくなったとした1960年以降の運用のみ。井上氏は「裁判所の人権感覚は、普通の人よりも10年も20年も先を行かなければならない。60年以降と区切る必要はなかったのではないか」とも話した。

最高裁は14年5月、特別法廷に関する調査を開始。内部調査だけでは不十分との指摘を受け、昨年9月以降は有識者委と議論を重ねていた。

共同通信の取材に応じる井上英夫金沢大名誉教授

ズーム

特別法廷　「最高裁が必要と認める時は、裁判所外で法廷を開ける」とした裁判所法の規定に基づき開かれた法廷。最高裁によると、被告のハンセン病を理由とした申請は1948〜72年に96件あり、申請が取り下げられた1件を除く95件で設置を認めた。このうち35件が合志市の国立ハンセン病療養所・菊池恵楓園と、隣接の旧菊池医療刑務支所で開かれていた。最高裁は今年4月、設置手続きが差別的で違法だったと認め謝罪したが、違憲だとはしなかった。一方、外部有識者委員会は、憲法の平等原則に反し、裁判の公開にも反した疑いがあるとした。

嘉島町でも仮設着工

1期分73戸 来月中旬完成へ

仮設住宅の建設工事が始まった児童公園＝7日午前、嘉島町上六嘉

県は7日、熊本地震で家屋倒壊などの被害が出た嘉島町で、仮設住宅の建設に着手した。同町の1期分として3カ所の公園に計73戸を6月中旬に完成させる予定。

仮設住宅はプレハブ造りで、同町鯰の近隣公園の約6千平方㍍に39戸、同町上六嘉の児童公園の約2800平方㍍に19戸、金畑公園の約2300平方㍍に15戸。1DK（20平方㍍）20戸、2DK（30平方㍍）35戸、3K（40平方㍍）18戸の3タイプがある。

同町では全壊253棟、大規模半壊46棟、半壊193棟などの被害を確認。仮設住宅の入居は、全壊または大規模半壊した被災者のうち、自力で住居を確保できない被災者が対象となる。（横山千尋）

罹災証明書の申請殺到

現地調査 120人態勢へ

熊本市

熊本地震で建物が被害を受けたとして、申請が殺到している「罹災証明書」。地震発生から約3週間が経過しても、熊本市では半壊以上の住宅に必要な現地調査が進んでいない。市は他都市からの応援も得て、週明けから120人態勢で調査に当たる。

「何とぞよろしくお願いします」―。同市東区若葉の住宅街。応援で罹災証明の現地調査に参加している東京都職員に、片嶋由紀矢さん(66)＝横浜市在住＝は頭を下げた。

一人暮らしの母親(86)が住む築50年の住宅は、土台から建物が10センチほどずれて傾いた状態。外壁にもひびが入る。支えの柱を立てて応急処置を施したが、「調査が来るのを待っていました。家はいずれ解体するしかない。罹災証明書で行政支援を受けられればいいが…」と片嶋さんは気をもむ。

罹災証明書は住宅の解体・補修費や再建費の一部を受け取る際や、仮設住宅、被災者向け無償公営住宅への入居に必要。現地調査は屋根や外壁など外観の被害状況を目視で確認。損害状態に応じて「全壊」「大規模半壊」「半壊」「一部損壊」に区分される。

熊本市が6日までに受け付けた罹災証明書の申請は4万6010件。うち現地調査が必要な申請は3万5772件に上っている。市は罹災証明書の申請の有無にかかわらず、市内全戸で現地調査を実施しているが、5日までに調査が済んだ家屋は7914件にとどまっている。

同市は住宅支援が急務な全半壊家屋の調査が遅れている現状を踏まえ、5月から申請物件をピンポイントで調査する方法も一部で実施。調査態勢も現在の約70人から、週明けに120人態勢に増員する方針。大西一史市長は7日の会見で「他都市の協力を受け、マンパワーで徹底して進める」と話した。（石本智、植木泰士）

罹災証明申請者の住宅の被害状況を調査する東京都職員＝7日午後、熊本市東区

ごみ回収「応援隊」200人

清掃事業者全国連合会

応援隊としてごみ収集に加わった福岡から来た収集車＝7日、熊本市東区

一般社団法人「全国清掃事業連合会」の九州・中部・四国ブロック加盟の民間業者でつくるボランティア「災害ごみ回収応援隊」が熊本市で活動中。7日も、福岡、広島などからのメンバーを含む約200人が、多量のごみを回収した。

県内の清掃業者でつくる県清掃事業協議会から「ごみ収集が追いつかない」と支援要請を受け、3日から応援が入っている。7日は県内外から約100台の収集車で熊本市を中心に回り、ごみを集積場に運んだ。活動は9日まで続ける予定。

熊本市では6日現在、福岡、広島、京都などの各市や民間などの17団体の支援を得て、約230台でごみ収集にあたっているが、一般ごみの回収を一部見合わせている状態。同連合副会長の永冨政英さん(63)＝北九州市＝は「東日本大震災の時も活動した。今回も被災した熊本のために力になりたい」と話した。（中島忠道）

熊本地震 現場から

随時掲載

あの時の匂い

運動部 山本遼

本震から1週間以上たったころ、南阿蘇村河陽の捜索現場に行った。現場への道は土砂崩れで土に覆われ、捜索隊が何度も往復した跡は雨を含んで沼のようにぬかるんだ。

重機が絶え間なく動き続ける現場を見るうちに、かすかに木の匂いが鼻先をかすめた。土砂で崩れた家の木材が発する香りと気付き、悲しさがこみ上げた。いつかいだ匂いだった。2012年の九州北部豪雨。見ている私は何もできず、ただ祈るしかないことも、あの時と同じ光景だった。

今回の地震では49人が亡くなった。新聞に何ができたのだろうか。靴にまとわりついた泥のように、重たいものがずっと胸に残っている。

―― 2016.5.8 ――

◆ななつ星が運転再開

熊本地震の影響で見合わせていたＪＲ九州の豪華寝台列車「ななつ星in九州」の運転が７日、再開した＝写真。地震前のルートに組み込まれていた阿蘇を通る豊肥線が一部で不通の状態のため、当面は行程を変える。

ななつ星は博多駅（福岡市）を発着する１泊２日と３泊４日の２コースがあり、地震の影響で４月16日から計４本を運休していた。

６月までの運行分は、豊肥線に入らないルートに変更。１泊２日コースは温泉で有名な大分県の由布院での滞在時間を延ばし、３泊４日コースは水郷で知られる福岡県柳川市のバス観光を新たに組み込む。

被災者は思う

2016.5.8

人と話し元気に

宮村静子さん（67）＝無職、熊本市東区

地震が起きてから3週間、避難生活も同じだけ経験しています。洗濯をしにアパートの自宅に戻っても、余震が怖くて中におれず、部屋はまだ散らかったまま。避難所は少し暑いですが不便はないですし、何より周りに人がいて安心です。避難所でできた友人たちと話をすると元気が出て、地震の恐怖を忘れることができます。

水の大切さ痛感

河津順也さん（43）＝旅館経営、小国町

熊本地震では水の大切さを痛感しました。杖立地区の水道施設が本震で損壊し、最近まで水道を使えませんでした。そのため料理も作れず、余震も続いているので5月末までの予約を断りました。杖立温泉は少しずつ観光客が増えていますが、例年に比べると少ない。早く余震が収まり、にぎわいが戻ってほしいです。

子どもの強さ信じて

熊本市 心理援助へ講演会

地震で被災した子どもの心理援助をテーマにした講演会が7日、熊本市中央区の熊本大病院であり、菊地祐子・東京都立小児総合医療センター医師が「子どもの強さを信じてほしい」と話した。

熊本大病院神経精神科内の県発達障がい医療センターが主催し、教師ら約160人が聞いた。

菊地祐子医師

児童精神科医の菊地医師は、東日本大震災でも被災者の支援に当たってきた。災害などに遭うと、「大人は客観的に事態を把握し、話すことで気分転換できるが、子どもは言葉で表現できず、体に症状が出やすい」と指摘。情緒不安定になって泣いたり、けんかが増えたりすることがあるという。「原因を取り除くことはできないが、子どもに症状が出るのはあり得ることだ、と思うことで対処が楽になる」と説明した。

「いろんな反応が出るが、たいていは時間の経過とともによくなる。つらいことを乗り越えた経験は強さになる。大人にできることは、子どもの強さを信じることだ」と話した。（森本修代）

地震トラウマ 絵本でケア

熊本市子ども発達支援センター

熊本市子ども発達支援センターが作成した絵本「やっぱりおうちがいいな」

地震の発生後、激しい揺れを体験したことによるトラウマ（心的外傷）で家に帰れなくなった子どものため、熊本市子ども発達支援センターが絵本「やっぱりおうちがいいな」を作成した。

同センターには地震後、「家は壊れていないが、子どもが怖がって入れない」「夜になると子どもが思い出して泣いてしまう」などの相談が寄せられた。同センターの木村重美所長（小児神経科医）と保育士の細郷幸美さんが、子どもたちを支援する絵本の作成を考案。絵は保育士の川嶋久美さんが担当した。

主人公の男の子は、地震で家族と体育館に避難したが、いつもの様子と違ったため中に入れず車中泊を続けることに。2週間後に家に帰ろうとするが、地震を思い出して泣いてしまう。勇気を出して一歩一歩入ると、おもちゃが迎えてくれた―という内容。「元の生活リズムに戻す」「安心できるスペースをつくる」など家族への助言も掲載した。

木村所長は「絵本で子どもたちが少しでも安心し、住み慣れた自宅で暮らせるようになれば」と話している。熊本市や市発達障がい者支援センター「みなわ」のホームページからダウンロードできる。市子ども発達支援センター☎096(366)8240。（森本修代）

◇お断り　連載「家族　らい予防法廃止20年」は休みました。

熊本市 ボランティア激減

GW終盤

大学生も離脱へ「息長い支援」呼び掛け

熊本市ボランティアセンターでは、主要スタッフとして大学生も多く活躍している＝7日、熊本市中央区

大型連休終盤の7日、熊本市中央区の花畑広場（仮称）に設置された「市ボランティアセンター」を訪れるボランティア希望者の数が、大幅に減少した。大西一史市長もインターネットのSNS（ソーシャルネットワークサービス）で急きょ、参加を呼び掛けた。

センターを運営する市社会福祉協議会によると、7日は千人以上の来場を想定。避難所の清掃や、帰宅する避難者の荷物運びなどをしてもらう予定だった。しかし、集まったのは627人。思わぬ人手不足に「5日ごろから、遠方からのボランティアは減っていくと予想していたが、これほどまでとは…。焦りました」と中川奈穂子事務局長。

一方で、「連休をピークにボランティアが減少するのはしょうがないこと。今後も週末などに余裕がある人には、善意を寄せてほしい」。9日以降、企業が新人研修としてボランティアを派遣する動きもあるという。

学校が再開される週明けから、センターの主要スタッフとして活動する大学生が現場を離れるのも痛手。県立大3年の岩﨑貴夏矢さん(20)らは「学校に戻っても、今後もできることをしていくつもり。息の長い支援をしていきたい」と思いを新たにしていた。

仙台市のNPO法人「ボランティアインフォ」が連休中、西区のJR熊本駅前に開設していた情報窓口「ボランティア情報ステーション」も、8日で業務を一時終了する。多い日は約180人を紹介してきたが、運営スタッフの大半は県外のボランティア。今後も熊本の市民団体と連携して、ホームページなどで活動を続ける。

東日本大震災直後に発足した同法人。今も東北のボランティア情報を発信し続けている。代表理事の北村孝之さん(34)＝仙台市＝は「時間とともに被災者のニーズも変わっていく。継続的に関わる支援者が必要」と訴えている。（西國洋太）

南阿蘇村 高齢者施設 人手不足深刻化

介護士派遣 NPOが支援

特別養護老人ホーム陽ノ丘荘で活動するボランティアの介護士＝7日、南阿蘇村

熊本地震で主要な交通網が寸断された南阿蘇村の高齢者施設で、人手不足が深刻化している。このため県内外のNPO法人などが介護ボランティアを受け入れる「みなみ阿蘇福祉救援ボランティアネットワーク」を設け、介護職らの確保に尽力している。

南阿蘇村では、阿蘇大橋や俵山トンネルの崩落で通勤できない職員が続出。福祉避難所として近隣の高齢者を受け入れている施設もあり、人手不足が顕在化。訪問介護やデイサービスなどができない状態になっている。

そこで、村内や阿蘇市の特定養護老人ホーム、老人保健施設など9事業所を支援しようと南阿蘇ケアサービスなど7団体が4月末、ネットワークを設立。主に介護士の不足人数を集約し、計20〜30人のボランティアを毎日派遣している。

長陽地区の特別養護老人ホーム陽ノ丘荘は関連するグループホームなどを含め、通勤困難や県外避難で介護士5人が退職。しかし、ネットワークが提供した介護士2人と准看護師1人がカバーし、9日にはデイサービスも再開する予定だ。

ネットワーク運営をサポートするNPO法人さくらネット（兵庫県西宮市）代表の石井布紀子さん(50)は「ボランティアが協力し、地元の介護職員による在宅サービスを再開し、全ての高齢者が安心して暮らせるようにしたい」と話している。（後藤仁孝）

熊本市で黄砂 今年初の観測

熊本地方気象台は7日、熊本市で今年初めて黄砂の飛来を観測した。水平方向に見通せる距離「視程」は落ちず、確認した午後2時には10キロ以上だった。

黄砂はアジア内陸部の砂漠や高原で多量の砂じんが強風に舞い上げられ、上空の風によって日本に運ばれてくる現象。3〜5月に多い。この日は福岡や長崎、大分などでも観測された。昨年、熊本市の初観測は3月22日。それより大幅に遅かった理由について気象台は「分からない」としている。熊本市内の小高い山からは、遠くのビルなどがかすんで見えた。（石貫謹也）

黄砂でかすんだ熊本市街＝7日午後4時45分ごろ、熊本市西区の花岡山から撮影（大倉尚隆）

5月8日の飛来予測

	九州北部 大気汚染粒子	九州北部 黄砂	九州南部 大気汚染粒子	九州南部 黄砂
6-12	やや多い	少ない	やや多い	やや多い
12-18	やや多い	少ない	やや多い	少ない
18-24	やや多い	少ない	やや多い	少ない
9日	多い	少ない	非常に多い	少ない

非常に多い：注意喚起レベル　多い：環境基準値程度　やや多い：大気が少しかすむ　少ない：清浄

予測システム「スプリンターズ」（開発チーム提供）

阿蘇山の風向予想　日本気象協会（tenki.jpより）

南阿蘇村 断水なお1350戸

水源枯渇、土砂崩れ 簡易水道を直撃

断水が続く乙ケ瀬地区で水道を調査する設計業者ら＝7日、南阿蘇村

熊本地震で大きな被害を受けた南阿蘇村では7日現在、給水戸数の3割以上に当たる1350戸が断水している。地元の水源から取水する小規模な簡易水道が村内の9割近くを占め、水源の枯渇や土砂崩れが断水に直結しているためだ。

断水は地震の被害が大きかった旧長陽村に集中。沢津野・乙ケ瀬地区（88戸）や下田地区（259戸）の一部では、地震後に水源が枯渇した。土砂崩れが起きた山中にある水源も多く、調査が難しい地区もある。

立野地区（347戸）は阿蘇大橋に通した水道管を使って対岸から給水を受けていたが、地震で橋が崩落。新たな土砂崩れの危険性が高く、復旧のめどは立っていない。

各簡易水道組合と村は、個人所有の井戸などを代替水源にできないか検討。水道管の仮復旧も急ぐが、「昔、地区ごとに整備した水道管が多く、道路沿いに埋めた上水道に比べ対応が困難」（村環境対策課）という。

旧長陽村の南阿蘇中など6カ所では、現在も自衛隊などが給水を続けている。（堀江利雅）

ふりいぱす

『北朝鮮党大会』公開先に立たず
—外国人記者（玉名・シャク）

避難生活に「もっこ」を

母親グループ おんぶひも貸し出し

熊本市北区

おんぶひも「もっこ」の使い方を学ぶ参加者＝6日、熊本市北区

天草地方の伝統的なおんぶひも「もっこ」の普及活動を続ける母親グループ「おんぶもっこプロジェクト」が6日、熊本市北区の長嶺リフォームセンターで、地震で被災した母親らにもっこを貸し出した。

もっこは、通常のおんぶひもよりも高い位置で赤ちゃんを包みこみ、母親との密着度が高く、腰への負担も軽いという。だっこひもや授乳ケープなどにも利用できる。

貸し出しは、もっこの利用者から避難生活で役に立ったとの声が寄せられたのがきっかけ。この日は親子8組が集まり、もっこの使い方を学んだ。子ども3人を育てる同市東区の嶋田由美さん(31)は、生後3カ月の壮眞君を背負い「上の子2人もまだ手がかかる。同時に面倒を見ることができ、ありがたい」と喜んだ。

参加者が被災体験を語る時間もあり、中学校のグラウンドで夜を明かしたり、離乳食がなくて苦労したりした話などが出た。同プロジェクトの今村理香さん(25)は「被災後、ずっと子どもと向き合っているお母さんの心のケアも求められている」と話した。

同プロジェクト☎096(213)1881。（國崎千晶）

豊肥線代替バス 土日運行は検討

JR九州が説明会

阿蘇市

熊本地震でJR豊肥線が寸断された影響で、熊本市などへの通学が困難となっている生徒の保護者向け説明会が6日夜、阿蘇市の阿蘇中央高清峰校舎であった。JR九州は、肥後大津—宮地間で9日から平日のみ実施する代替バスの土日運行について「今後検討する」と述べるにとどめた。

同市の生徒や保護者約200人が出席。同社がバスのルートや時間帯を説明すると、出席者から「出発駅で満車になった場合はどうするのか」「土日運行がないと課外や部活に参加できない」といった質問が多く出た。同社は「土日のバス運行や、平日の増便は今後の利用状況を把握した上で対応を考える」と回答した。

県に対しては「（代替バスによる）往復4時間は受験生に酷。仮設寮などの建設を検討してほしい」との要望もあった。

県高校教育課と県私学振興課によると、悪天候でバスが遅延した場合、生徒を遅刻扱いせず、運休の場合は公休扱いするように取り計らう。（上杉勇太）

出席者から代替バスの土日運行や平日の増便を望む声が多数上がったJR九州の説明会＝6日、阿蘇市

震度2相次ぐ

鹿児島

7日午後5時9分ごろと午後6時16分ごろ、鹿児島県で震度2の地震が相次いだ。気象庁によると、いずれも震源地は薩摩半島西方沖で、震源の深さは約10キロ。

事件事故

■酒気帯び運転容疑で男逮捕　熊本北署は7日、道交法違反（酒気帯び運転）の疑いで熊本市中央区国府4丁目、アルバイト乙丸裕文容疑者(42)を現行犯逮捕。逮捕容疑は同日午後7時25分ごろ、同区水道町の県道で酒気を帯びて軽乗用車を運転した疑い。署によると、前方で信号待ちしていた軽ワゴン車に追突。「酒は飲んでいない」と容疑を否認しているという。

9日間の天気

Weather Report

（札幌、東京、名古屋、大阪、広島、福岡、熊本、長崎、佐賀、大分、宮崎、鹿児島、那覇　8日(日)〜16日(月)）

のち　時々

きのうの気温　7日

（天気・湿度は15時、県内の最低は0時〜17時、Δ印は低め）

	最高	平年比	最低	平年比	湿度	天気
熊本	25.7	0.9	18.8	4.5	70%	曇
牛深	21.4	Δ1.7	18.3	2.7	83%	—
人吉	27.1	2.8	18.0	5.4	66%	—
阿蘇	23.3	1.9	16.1	6.3		

（阿蘇山上の最高気温は16.9度、最低気温は14.2度）

	最高	最低	天気
福岡	23.1	18.6	曇
佐賀	26.8	18.7	曇
長崎	23.1	18.2	曇
大分	22.7	17.6	曇
宮崎	24.7	18.3	晴
鹿児島	27.8	19.3	曇
那覇	29.9	25.6	曇
松江	22.6	17.1	曇
広島	24.0	15.5	曇
高松	24.2	16.5	曇
大阪	22.8	16.0	曇
京都	23.7	15.7	曇
名古屋	23.5	13.2	晴
長野	24.9	14.6	晴
東京	26.4	15.2	晴
新潟	19.0	14.8	晴
仙台	25.0	14.0	俄雨
秋田	17.9	13.2	晴
札幌	16.3	10.9	晴

潮ごよみ

旧暦4月2日（8日）　大潮・月齢1.3

日出 5時24分　日入 19時04分　月出 6時41分　月入 20時39分

	満潮		干潮	
三角	9.41	22.29	3.52	16.10
水俣	9.34	22.24	3.45	16.05
牛深	8.33	21.35	2.50	15.04
玉名	9.51	22.39	4.02	16.20

旧暦4月3日（9日）

	満潮		干潮	
三角	10.20	23.12	4.34	16.50
水俣	10.12	23.06	4.27	16.46
牛深	9.13	22.22	3.35	15.47
玉名	10.30	23.22	4.44	17.00

にぎわい 復興の力

熊本市中心街

連休に人波「日常を実感」

大型連休も残り1日となった7日、熊本市中心部のアーケード街は、休日を楽しむ多くの家族連れや若者でにぎわった。熊本地震の影響で休業した店の多くも再開し、熊本の顔とも言える繁華街がにぎわいを取り戻しつつある。

「負けんばい上通」と書かれたつり看板が目を引く上通。街頭では大谷楽器の講師らによるミニライブが開かれ、オカリナの明るい音色が響いた。同仁堂の店員、大庫徹也さん(43)は「外国人旅行客はパタリといなくなったが、通行量は地震前と変わらない」とほっとした表情を見せた。

下通では、青果店や洋服店が「復興支援セール」と銘打ちワゴン販売を展開した。本館が休業中の鶴屋百貨店も、「掘り出し市」と銘打ち陶器と漆器、ガラス器を街頭販売した。「街のにぎわい創出に貢献したい」と担当者。当初8日までだった開催期間を15日まで延長する。

品定めをしていた熊本市西区の公務員、宮地かよ子さん(64)は「人がたくさんいてうれしい。日常が戻ってきたことを実感します」と話した。

上通や下通、新市街の各商店街などでつくる市中心商店街等連合協議会は、熊本城修復に充てる募金を始めた。新市街の斉藤時計店も店頭に募金箱を設置。店主の斉藤勝利さん(47)は「街のシンボル熊本城が被害を受け、胸がつまる思い。私たちの力で城下町を盛り上げていきたい」と前を向いた。（宮崎達也）

鶴屋百貨店の「掘り出し市」で陶器を品定めする買い物客ら＝7日、熊本市中央区の下通アーケード

映画ファン続々

Denkikan 3週間ぶり再開

地震の発生後、休館していた県内最古の映画館「Denkikan」(熊本市中央区)が7日、約3週間ぶりに上映を再開した。館内の一部劇場のみの上映だが、再開を待ちわびた映画ファンらが次々に訪れた。

同館によると、地震の影響で映写機が倒れるなどの被害が出たため、点検・補修を続けていたという。館内の3劇場は全て使用可能となったが、余震があっても揺れが軽微な2階の劇場から上映再開に踏み切った。

上映作品は、今年のアカデミー賞作品・脚本賞受賞作「スポットライト 世紀のスクープ」と「ロパートキナ 孤高の白鳥」。

開館を知り駆け付けた熊本市中央区の主婦、中村福子さん(65)は「昨年は80本の映画を見ました。開館してくれないと楽しみがない。涙が出そうなくらいうれしい」と話していた。

同館の窪寺洋一社長(47)は「こんな状況の中でも、見に来てくれた人たちの喜びや励みになれる映画って捨てたものじゃないと思えた。シネコンも復活すれば、熊本の元気に、そして復興につながる力になれるのでは」と話した。今後、余震の状況を見ながら残る2劇場も上映を再開するという。（吉田紳一）

映画の上映時間が近づき、入場を待つ観客たち＝7日、熊本市中央区のDenkikan

熊本地震で損壊した黒川第1発電所の貯水槽（左）と土砂崩れの跡＝4月18日、南阿蘇村立野

水流出は1千万リットル

九電 貯水槽損壊 原因調査へ

黒川第1発電所

九州電力は7日、熊本地震で損壊した南阿蘇村の黒川第1発電所の貯水槽から推定で約1千万リットルに上る水が流れ出していたことを明らかにした。水の流出との因果関係は分かっていないが、直下の集落では土砂崩れが発生し、住民2人が死亡している。九電は今後、損壊の原因を詳しく調べる方針。

九電によると、本震があった4月16日午前、貯水槽のコンクリート壁が壊れ、集落のある南西側へ水が流出しているのが、同社の上空からの調査で確認された。流出は同日午前1時26分の本震直後に始まり、同9時半すぎに川からの取水を止めるまで、約8時間にわたって続いていたとみられる。流出したと推定される水の量は、50メートルプール4杯分に相当するという。

貯水槽の約200メートル下にある南阿蘇村立野の新所区では、土砂崩れで家が倒壊した60代の夫婦が死亡した。地震後、住民から「設備の崩壊で水があふれ、土砂崩れが起きたのではないか」との指摘が出ていた。

九電は「貯水槽の損壊と土砂崩れのどちらが先に発生したのか分からず、今のところ因果関係は不明」と説明。原因究明を進めるため、専門家を含む調査チームを検討している。

黒川第1発電所は、阿蘇地域に電気を供給する水力発電所で、1914年に完成した。阿蘇市の黒川から取水し、南阿蘇村の山中にある貯水槽から標高差約250メートルの白川沿いまで水を落として発電する。約1万4千世帯分の供給能力があるが、熊本地震後、稼働を停止している。（小林義人）

県内大学生 地震のデマ 許さない

不安あおるデマは許さない―。県内の大学生でつくる「サイバー防犯ボランティア」は7日、インターネット上を飛び交う熊本地震に関するデマ情報を探す取り組みを始めた。発見した情報は早速、県警に報告した。

同団体は熊本学園大や県立大、崇城大などの約60人。普段は県警と連携しながら週1回サイバーパトロールを実施し、出会い系サイトや危険ドラッグの売買などに関する有害情報の発見に努めている。熊本地震では「熊本市動植物園のライオンが逃げた」「大型商業施設が燃えている」などの悪質な捏造(ねつぞう)情報が広がったことから、デマ情報の発見に力を入れることにした。

この日は熊本学園大の6人が、同大のパソコン室を使ってパトロール。「熊本地震／拡散希望」などのキーワードで短文投稿サイト「ツイッター」を検索し、デマ情報を広めようとする書き込みを探した。約2時間の活動で「次は5月17日に南海トラフ地震が起きる」「被災地で千羽鶴が捨てられている」などのデマ情報を見つけた。

商学部4年の草場一朗さん(21)は「震災直後は友人もだまされていた。デマで混乱が起きないようにパトロールを続けたい」と話した。（園田琢磨）

パソコンを使ってインターネット上のデマ情報を探す学生たち＝7日、熊本市中央区の熊本学園大

被災地で空き巣、倉庫侵入

容疑者2人逮捕

熊本地震で東海大農学部の学生3人が亡くなるなど大きな被害が出た南阿蘇村河陽の黒川地区で空き巣に入ったとして、県警は7日、窃盗などの疑いで高森町の会社員の男(38)を逮捕した。

逮捕容疑は6日午後1時半ごろ、同大の男子学生(18)が住む黒川地区のアパート1階にベランダから侵入。テレビなど計約2万円相当を盗んだ疑い。同地区には多くの学生が下宿していたが、地震後に避難。被害に遭った学生も熊本市の実家に避難していた。

また大津署は7日、被災した会社の倉庫に無断で立ち入ったとして、建造物侵入の疑いで山口県下関市の大学生の男(21)を現行犯逮捕した。

逮捕容疑は7日午後1時10分ごろ、大津町平川の運送会社の倉庫に侵入した疑い。署によると、倉庫は地震で壁が崩れ落ち、出入りできる状態だった。

1　3版　平成28年（2016年）5月9日　月曜日　熊本日日新聞　（昭和17年4月1日第3種郵便物認可）　第26642号　日刊

熊本日日新聞
発行所 熊本日日新聞社
〒860−8506
熊本市中央区世安町172
☎代表(096)361−3111
© 熊本日日新聞社 2016年
5月9日 月曜日

21避難所に1900人集約

熊本市「拠点」を環境整備

学校再開へ 58カ所閉鎖

大型バスから降りて、拠点避難所の受け付けをする避難者＝8日午前10時ごろ、熊本市中央区の市総合体育館

熊本市は、熊本地震による避難者のプライバシーに配慮した「拠点避難所」21カ所を設置し、8日、受け入れを始めた。これまで小中学校など約160カ所に点在していた避難所を集約、大型連休明けの学校再開に備える。同日午後5時現在、「拠点」21カ所に1895人が避難、学校施設を含む58カ所の避難所を閉鎖した。【23面に関連記事】

拠点避難所は畳敷きで、世帯ごとに間仕切りがされているほか、冷蔵庫などを備え、職員3人が常駐して対応する。市は当初、学校施設以外の公民館やスポーツセンターなど18カ所を用意。しかし、一部施設に希望者が集中したため、東区の東部在宅福祉センターと東部はつらつ交流会館、北区の龍田出張所の計3カ所を加えた。合計で約3600人を収容できる。

10日までには全市立学校で授業が再開される予定で、避難所の集約と、長期化する避難者の生活環境改善は喫緊の課題だった。市では現在も、約4千人が105施設で避難生活を送っており、45校の小中学校では引き続き約千人を受け入れている。

大西一史市長は「子どもたちのため、避難所の移動や帰宅を受け入れた方に対しては、本当にありがたく思っている。不便に感じる点があれば要望してほしい」と話した。

市は今後も、拠点避難所への移動を受け付けるほか、学校施設に身を寄せる避難者の環境改善にも取り組む。（高橋俊啓）

地元負担ゼロの特別法を

知事、きょう首相に要望

県が求める財政支援特別法のイメージ

一般災害	激甚災害	熊本地震
起債 30〜50%程度	起債 10〜30%程度	特別交付税で措置（要望）
国庫補助 50〜70%程度	国庫補助 70〜90%程度（かさ上げ）	国庫補助（さらにかさ上げ）

熊本地震から迅速、確実な復旧復興を進めるため、県は9日、政府に対し、被災自治体の財政負担を実質ゼロにする特別法の制定を要望する。東日本大震災で政府が東北復興支援のために作った特別法を念頭に、蒲島郁夫知事が上京し、安倍晋三首相に伝える。【3面に関連記事】

熊本地震の被害は広範囲に及び、相次ぐ余震で全容把握が困難な状況。県は、県民の83%（148万人）が震度6弱以上の揺れを経験し、避難者数も最大で10・3%（18万4千人）に上るなど、地震の規模と県民生活・経済への影響は、1995年の阪神大震災級とみている。

政府は4月に熊本地震を激甚災害に指定。災害復旧事業への国庫補助率を引き上げた。ただ県は「復旧復興には県内で前例のない巨費が必要になる」（財政課）と予想。財政基盤が弱い被災自治体では残りの地方負担分を賄えないと判断した。

このため政府に補助率のさらなるかさ上げや、現行では対象に含まない分野への補助拡大、熊本地震対応の特別交付税を設けて地方負担分の全額を賄うことなどを要望。復興には長期間かかるため、こうした財政支援策を法制化し、被災自治体が財政面の不安なく復旧事業に取り組める環境を整えたい考え。

津波などで広範囲に甚大な被害が出た東日本大震災では、政府が東日本大震災財特法などを制定。復旧事業にかかる国の補助金以外の地方負担分が全額、震災復興特別交付税で手当てされた。（蔵原博康）

避難なお1万3000人超

エコノミー症候群 49人に

熊本地震の被災地は8日、余震が収まらないまま、大型連休を終えた。自宅の全半壊や余震への警戒などにより、今も1万3千人以上が避難を続けており、エコノミークラス症候群の患者も増えている。

気象庁の速報値によると、4月14日夜の前震から8日午後8時までに、震度1以上の地震は1326回に上る。8日は25回発生し、内訳は震度3が1回、震度2は7回、震度1は17回だった。

県災害対策本部の集計では、県内の避難者は8日午後1時半現在、342カ所に1万3883人。このうち熊本市の5263人、益城町の4312人が突出して多く、御船町は956人、嘉島町や南阿蘇村、西原村にも600人台の避難者がいる。

県は8日、熊本地震でエコノミークラス症候群を発症し、医師が入院の必要性を認めた患者が7日午後4時現在、1人増えて49人になったと発表した。新たな1人は65歳未満の男性。49人の性別は男性11人、女性38人。年代別は65歳未満18人、65歳以上31人となった。（熊本地震取材班）

熊本地震 県内の被災状況
（8日午後時点、熊日まとめ）

項目	状況
死亡	49人（熊本市4、南阿蘇村15、西原村5、御船町1、嘉島町3、益城町20、八代市1）
震災関連死	18人（熊本市10、宇土市2、阿蘇市2、南阿蘇村1、御船町1、益城町1、氷川町1）
行方不明	1人（南阿蘇村）
負傷者	1,648人
建物	住宅67,638棟
避難	避難所 342カ所 避難者 13,883人
水道	断水 約5,700世帯

※県災害対策本部などの集約分

復興の芽 伸びて

阿蘇地方で一部田植え

熊本地震で大規模な農地被害の出ている阿蘇市で、平たん部より約1カ月早い田植えが始まった。例年だとこの時期、阿蘇谷の多くの田に水が張られるが、今年はごく一部。作付け可能な農家は「運が良かった」と、慌ただしく植え付けている。

同市によると、昨年のコメの作付面積は約2600㌶。今年は市西部を中心に、地震で農地の地割れや水路の寸断・損壊などが見られる。被害が比較的小さかった地区の一部で、数日前から田植えが始まった。

このうち蔵原地区の小野邦博さん(55)は7、8日、地元と黒川地区の計16㌶にコシヒカリの苗を機械で植え付けた。地区には田植えのできるめどが立っていない農家も多いといい、小野さんは「例年通り作付けできて良かったが、周囲のことを考えると複雑」と気遣う。

阿蘇土地改良区などによると、被害のあった水路の修復を急いでいるが、水稲の作付けが困難な農家には、大豆やそばの転作を勧めている。（岡本幸浩）

親戚に手伝ってもらい、田植えに臨む小野邦博さん(右)。後方中央は往生岳＝8日正午すぎ、阿蘇市蔵原

支えあおう熊本　いま心ひとつに

熊日の講読・配達のご用は
ミナヨムニッコリ 0120-374625
紙面のお尋ねは
096-361-3115
（日曜・祝日除く9:00〜17:00）
パソコン版くまにちコム
kumanichi.com

◇お断り　「きょうの天気」は2面に移しました。

がんばろう熊本　地震被災者応援メッセージ

熊本 もっと愛します

16年前の会社員時代にお世話になった熊本の街や阿蘇の山々。大好きな人々が住む熊本。だから頑張ってほしいし、私も神奈川からできることを頑張ります！　今までよりもっと愛します、熊本！（府中高助・38、神奈川県）

新生面

2016.5.9

ビアスの『悪魔の辞典』は言う。政治とは仮装して行う利害得失の争いなり。100年も前の言葉だが、新鮮さを失わないのはある面、事の本質を突いているからだろう▼失礼ながら、米大統領選で共和党候補指名が確実な実業家トランプ氏もしかりか。日米同盟を金銭取引のように語っている。「日本防衛のために支出している米国防費を日本は全額負担せよ」と。ビアス張りに返す。「道化の類いの言説」▼しかしこれ、まだましな方かも。南米に目を移すと、仮装を剝ぎ取られんばかりに愁嘆場を演じているリーダーもいる。ブラジルのルセフ大統領である。弾劾裁判にかけられるのが確実な情勢だ。そうなれば、最長180日間の停職となる▼ルセフ氏は国家会計を不正操作し、粉飾したとされる。2014年の再選を前に、年金や失業保険の給付を国営銀行に肩代わりさせたという。これが直接の〝容疑〟だが、背景にはルラ前大統領時代からの汚職の闇が横たわっているようだ▼ブラジルは深刻な不況下にあり、政治経済の混乱は人心の荒廃にもつながっている。当面、心配なのはリオデジャネイロ五輪の成否だ。通常なら祝賀ムード一色のはずだが、聖火リレーさえも受け入れを辞退したり、取りやめたりの自治体が相次いでいるらしい。財政難が理由だ▼4年後は東京五輪。うまく引き継ぎたいが、日本にも「震災復興」という課題がある。例えば―。復元成った熊本城に聖火を迎える。なんとも晴れやかで、実現に値する目標ではないか。

熊本地震発生以降の地震回数
（8日20時現在、気象庁速報値。4月16日2時以降は大分県含む）

復興財源確保に危機感

県、特別立法要望へ

被害規模は「大震災級」

県が復旧復興にかかる地方財政負担をなくす特別立法を求める背景には、熊本地震の被害規模が過去の「大震災」に並ぶとの危機感がある。県庁内では、民間・公共を合わせた被害総額は数兆円に上るとの見方があり、被災自治体が十分な財源を確保できるどうかが復旧復興の鍵になる。

【1面参照】

熊本地震は、震度6弱以上の揺れが4月14〜16日に計7回。1995年の阪神大震災の1回、2004年の新潟県中越地震の5回を上回る。県の集計によると、震度6弱以上を経験した被災市町村民の割合は県人口の83%に上り、阪神42%、中越16%より高い。応急判定で「危険」とされた建物も阪神、中越の約3倍で、1万5千棟に迫る。

民間の住宅や企業、公共インフラを合わせた社会資本の被害総額は阪神（兵庫県推計）が約9兆9千億円、中越（新潟県推計）が約1兆6500億円。熊本地震は推計値が出る見通しはまだたたないが、県庁内では「少なくとも中越地震を超える」との見方が広がっている。

被害状況を取りまとめる県企画課の吉田誠課長は「県土全体がダメージを受け、県史上最大級の被害が出たのは明らかだ。しかも余震が終息せず、被害が拡大する恐れもまだ続いている」と話す。

この被害規模に対し、県や市町村の財政基盤は脆弱だ。県が蓄えた財政調整用基金のうち、災害対応に充てられるのは実質106億円。被害が甚大だった益城町の財調基金は11億円しかない。起債で資金調達すれば元利償還の多くを国が交付税で手当てするが、復旧事業の量は膨大。残りの地方負担分だけでも「財政が破綻しかねない」（県財政課）。

さらに使用不能になった宇土市役所をはじめ、被災した益城、大津、八代、人吉の庁舎は激甚災害指定による財政支援の対象外。医療機関、私立学校、街路、がれき処理なども補助率が50%しかない。

県総務部の池田敬之部長（総務省出身）は東日本大震災後に宮城県財政課長を務めた経験を持つ。「宮城県の初年度の災害対応予算は2兆円で、年間予算の約2倍に上った。補助率アップだけでは財政負担に耐えられないのは明らかだった」。地方負担を実質ゼロにする東日本大震災財特法などができ、必要な事業がちゅうちょなくできるようになったという。

同法は、震災発生から2カ月後の11年5月にスピード成立した。複数の県幹部は参院選を夏に控え、政治判断による特別立法の実現に期待を寄せている。（蔵原博康）

熊本地震で多くの建物が倒壊した益城町宮園周辺。左奥は益城町役場。復旧復興には自治体の財源確保が欠かせない（小型無人機で撮影）＝4月25日午後（谷川剛、高見伸）

中小企業 資金繰り、雇用に不安

商工団体や金融機関 県内各地で相談会

熊本地震で経営に影響を受けた中小企業の再建を支援しようと、行政や商工団体、金融機関が相談窓口を開設している。今のところ利用の少ない窓口もあるが、各機関は大型連休明けから被害状況の把握が進み、相談が増えるとみている。

熊本市の熊本商工会議所で6日に開かれた「ワンストップ特別相談会」。市中心部で飲食店を経営する山口美佳さん(46)は、資金繰りの相談に訪れた。

テナントで入るビルの安全性が不安で、移転して再出発しようと考えている。県信用保証協会の職員から公的融資制度について説明を受け、「できるだけ早く再開したい」と決意を新たにした。

相談会は、県が商工団体や熊本労働局、金融機関に呼び掛け、県内各地で開いている。弁護士や中小企業診断士も参加し、幅広い相談に応じる。

4月27日から県北、県央、県南の3地区で開き、5月6日までの計7回で67件の相談を受け付けた。相談内容は資金繰りが50件と最も多く、雇用維持が16件で続く。

県商工振興金融課は「企業の被害状況が分かってくるのはこれからだろう。相談会の日程は20日まで決まっているが、その後もニーズに応じて対応したい」と説明する。

各機関も窓口を設置している。熊本商工会議所は4月15日から毎日、窓口を開き、5月6日までに300件の相談に応じた。サービス業、小売業、飲食業からの相談が多い。

高山晴司経営支援部長は「当初は漠然とした不安や補助金などについての問い合わせが多かったが、具体的な相談が増えてきた」と話す。他の商工会議所に人員の応援を要請する予定という。（小林義人）

※「ワンストップ特別相談会」の日程は、県のホームページに掲載している。

県内3地区で開かれている中小企業向けの「ワンストップ特別相談会」＝6日、熊本市の熊本商工会議所

災害ごみ処理 フル稼働

県の産廃最終処分場 搬入が急増

南関町

県が南関町に建設した産業廃棄物管理型最終処分場「エコアくまもと」が連日、フル稼働で熊本地震の災害廃棄物を処理している。ただ、長期安定的に産廃を処理すべき施設にとって、災害廃棄物をどこまで受け入れるかは難しい問題だ。

災害廃棄物は瓦が中心で益城、御船、甲佐の3町と宇城市から搬入されている。4月28日から7日までにトラック延べ360台、2646トンを処理した。

エコアは昨年12月に開業し、今年3月から産廃の埋め立てを始めた。埋め立て容量は約42万立方メートル。運営する県環境整備事業団によると、地震前までの産廃は計65トン。週にトラック1、2台の搬入だったが、28日以降は午前9時の始業前に十数台が列をつくったこともあるという。

事業団は「エコアが復旧に大きく貢献できている」とする一方で、「産廃処理を20年は継続させたい」との葛藤がある。中島克彦専務理事は「今は災害廃棄物の処理を最優先にしているが、産廃処理という"本業"を考えると、どこまで受け入れていいのか悩ましい」と打ち明ける。

県循環社会推進課は「災害廃棄物で全てを埋めてしまうことは考えていない。リサイクル処理も推進しながら、将来のためにどの程度の容量を残すべきか、事業団と協議していきたい」としている。（前田晃志）

熊本地震の被災地の災害廃棄物を積んだトラックが出入りする「エコアくまもと」＝南関町

熊本地震の被災地から運ばれてきた災害廃棄物を埋め立て処理する「エコアくまもと」

食料20万人分備蓄へ

熊本市 大規模余震を想定

熊本市の大西一史市長は8日の記者会見で、大規模な余震に備え、避難者20万人を想定した備蓄の準備を進めていることを明らかにした。

熊本市は市地域防災計画で約3万6500人の避難者を想定し、2日分の水や非常食などを備蓄している。

今回の地震で、市は4月14日の前震後から備蓄品の提供を開始したが、16日未明の本震で避難者が最大11万人に上ったため、一時物資が不足する事態を招いた。

大西市長は「避難者だけでなく、自宅にとどまった被災者も多かったことを考慮し、20万人分の備蓄を設定した」と話した。（高橋俊啓）

肺炎死 震災後に増加

福島の高齢者 口腔ケア不足で？

東日本大震災後の1カ月間に、福島県相馬市と南相馬市で津波や地震の揺れ以外の要因で死亡した75歳以上の高齢者が、震災前の同時期の約1・5倍に増え、特に肺炎で亡くなるケースが目立ったとする調査結果を、相馬中央病院（相馬市）の森田知宏医師（内科）らのグループが8日までにまとめた。

森田医師は「避難に伴い介護が必要な高齢者が口腔ケアを受けられなくなり、口の中の細菌が肺に入って引き起こす誤嚥性肺炎による死者が増えたと考えられる。熊本地震の被災者も注意が必要だ」と話している。

グループは厚生労働省の人口動態統計を使い、津波や地震の揺れで亡くなった人を除いた死者数や死因を調べた。

その結果、震災直後の2011年3月11日〜4月10日の死亡率は、06〜10年の同じ期間の平均と比べ男性で1・52倍、女性で1・35倍に増加していた。特に高齢者の死亡率が上がっており、85歳以上の男性は1・64倍、女性は1・45倍だった。

さらに、11年3〜4月に亡くなった165人のうち、死因が肺炎だったのは47人と判明。うち75歳以上が44人で、9割以上を占めていた。震災前は同じ期間の肺炎による死者は20人程度だった。

一方、相馬市と南相馬市のがんによる死亡率は震災前後で目立った変化がなく、現時点で東京電力福島第1原発事故による被ばくの影響は見られないとしている。

きょうの動き

■ 国内・国際 ■

▽3月の金融政策決定会合の議事要旨公表（日銀）

■ 県内 ■

▽益城町役場が一部業務を町保健福祉センターと中央公民館で再開

■ 首長の日程 ■

【蒲島知事】8時45分 県東京事務所で打ち合わせ▽終了後、地震災害に係る緊急要望（9時半 農林水産省▽10時半 自民党本部▽11時半 国土交通省▽12時20分 内閣府▽13時25分 首相官邸）▽13時40分 政府非常災害対策本部会議▽終了後、地震災害に係る緊急要望（14時15分 経済産業省▽14時45分 警察庁▽15時20分 総務省▽15時45分 財務省▽16時50分 防衛省▽17時半 文部科学省▽18時 環境省▽18時25分 厚生労働省）

【大西熊本市長】終日 地震災害対応▽9時 市震災復興本部会議▽15時 災害対策本部会議▽16時半 記者会見

【山下荒尾市長】終日 災害警戒・対応▽9時 有明広域行政事務組合理事会（玉名市）▽12時 ランチミーティング▽13時 庁議▽18時 ショッピングタウン「モア」振興会総会

【高嵜玉名市長】終日 地震災害警戒▽9時 有明広域行政事務組合理事会▽15時半 来客応対

【中嶋山鹿市長】終日 地震災害対応▽13時半、14時 来客応対

【江頭菊池市長】地震災害対応

【荒木合志市長】地震災害対応

【佐藤阿蘇市長】地震災害対応

【元松宇土市長】地震災害対応

【守田宇城市長】地震災害対応

【中村八代市長】上京（国会議員への地震対策要望）

【松岡人吉市長】終日 災害警戒・対応▽9時 記者会見▽10時 人吉球磨広域行政組合定例理事会▽15時半 県民体育祭人吉球磨大会準備委員会発会式▽19時 人吉市学校支援推進協議会

【西田水俣市長】終日 災害警戒・対応▽9時 庁内協議▽13時 来客応対

【堀江上天草市長】9時15分 島原・天草・長島架橋建設促進期成会総会▽10時 天草広域連合正副連合長会議▽13時 来客応対

【中村天草市長】終日 地震災害警戒・対応▽9時15分 島原・天草・長島架橋建設促進期成会総会▽10時 天草広域連合正副連合長会議▽13時 来客応対▽14時 第8次災害ボランティアセンター支援員出発式▽14時50分、15時、16時15分 来客応対

東京五輪の文化プログラム

129自治体が参加意欲

2020年の東京五輪・パラリンピックに併せ、認定を受けると国内どこでも開催できる「文化プログラム」に参加を希望する市区町村が129に上ることが、共同通信のアンケートで8日、分かった。伝統文化の発信からアーティストが集う町づくりまで構想はさまざまで、観光客誘致や若者の雇用創出につなげたいと意気込む。東日本大震災からの復興を示す舞台にもなりそうだ。

文化プログラムはスポーツとともに五輪を支える"両輪"。12年ロンドン大会では延べ4千万人の参加者を集め注目を浴びた。日本政府はリオ大会後の今秋から4年にわたって史上最多のイベント20万件を目標に支援する方針だ。ただ政府や大会組織委員会の認定制度は未整備で、市区町村の6割は「関心はあるが未検討」「まだ分からない」としており、取り組みの加速と周知が急務といえそうだ。

調査は3〜4月に実施し、全市区町村の95・0%が回答。文化プログラムを「企画している」自治体が21、検討中が108で、合わせて回答自治体の7・8%だった。

官民でイベント誘致組織を約3年前に立ち上げた新潟市は国際音楽祭や、アニメ作品で市内各所を彩るフェスティバルの実績があり、漫画家や舞踏団、アイドルグループも育成、支援中だ。横浜市は300近いプログラムを半年かけ繰り広げる「横浜音祭り」を今春スタート。大分県別府市は芸術家らのNPO法人が中心となった路上ダンスや現代アートに出合える温泉の町づくりが好評で、いずれも文化プログラムへの移行を目指す。

地域の「負の遺産」の教訓を伝える構想もある。沖縄戦を経験した沖縄県糸満市は平和の尊さを伝えるイベントを検討している。

文化プログラムの企画例

自治体	企画
横浜市	300近いプログラムをそろえた「横浜音祭り」
新潟市	国際音楽祭やアニメフェスティバルなど
愛知県豊橋市	戦国時代由来の「手筒花火」実演イベント
京都市	茶の湯のおもてなし行事や国際会議など
山口県宇部市	工場ばい煙公害への取り組み紹介ツアー
大分県別府市	温泉地で現代アートや路上ダンスイベント
沖縄県糸満市	「沖縄戦」に学ぶ平和の尊さ伝えるイベント

ズーム

文化プログラム 五輪・パラリンピックの大会閉幕後、次期開催国で4年間にわたって行われる一連の文化イベント。国際オリンピック委員会（IOC）の理事会で承認を得る。IOC憲章は「スポーツと文化、教育の融合」を提唱。20世紀前半には音楽や彫刻などの「芸術競技」が実施され、1964年の東京大会では都内での美術展や伝統芸能の公演などが開かれた。

海外緊急情報 登録呼び掛け

外務省、渡航者に

外務省は、海外への渡航者がテロや災害の緊急情報をメールで受け取れる「たびレジ」の登録拡大に躍起だ。個人による登録促進に加え、鍵になるのが旅行会社の協力。渡航者が同意すれば、旅行会社を通じて個人情報が自動登録される仕組みとなっているが、業界の協力は2社にとどまっており、反応の鈍さに苦慮している。

「たびレジ」は2014年7月の開設後、登録者数は徐々に増え、今年3月に累計70万人を超えた。だが、昨年1年間で約1621万人（観光庁）に上った日本人海外渡航者数との開きは大きく、外務省は旅行会社に連携を呼び掛けてきた。

だが、これまでに協力に応じたのは、インターネットで旅行商品を販売するディー・エヌ・エー（DeNA）トラベル、企業の出張手配を手がけるエイチ・アイ・エス（HIS）法人営業グループの2社のみ。いずれも3月から開始した。

壁となっているのが費用の問題だ。個人情報を「たびレジ」に転送するには、旅行会社が自ら費用を負担して新たなシステムを構築する必要がある。窓口対応を含め、大手になるほどコストがかかり、導入に二の足を踏んでいるのが実情だ。

「たびレジ」累計登録者数の推移

万人 80 70 60 50 40 30 20 10 0

7-8月 9 12 1 3 6 9 12 1 3 4

2014年 15 16

（外務省による、16年4月は26日時点）

◆介護職場、うつ病深刻

仕事のストレスが原因でうつ病などの精神疾患を発症したとして、労災を申請した介護職員が2014年度までの5年間で2倍以上に増えたことが7日分かった。認定された人も3倍に増加し、業種別の順位もトップなどに上昇。慢性的な人手不足が続く介護業界の深刻な職場環境の悪化が浮き彫りになった。政府が1億総活躍プランで人材確保や処遇改善を掲げる中、メンタルヘルス（心の健康）対策の推進も求められそうだ。

◆脂肪肝発症、酵素に鍵

肝臓の特定の酵素が働かないと、脂肪肝の発症や非アルコール性脂肪肝炎（NASH）への進展につながることを、岡山大の和田淳教授（糖尿病学）のチームが8日までにマウスで突き止めた。

脂肪肝は過剰な飲食などが原因とされ、NASHはお酒を飲まない人でも脂肪分の取り過ぎなどで起き、肝硬変や肝がんになる恐れがある。現在の治療の主流は食生活改善や運動、減量などだが、今回の発見により、治療薬が開発できる可能性があるという。成果は英科学誌電子版に掲載された。

首相の動静 8日

終日、東京・富ケ谷の私邸で過ごす。

きょうの歴史 5月9日

プレオープンを待って行列をつくる買い物客＝宇土市

▽2002（平成14）年

寿屋の営業引き継ぎ店舗第1号「ジャスコ宇土店」がプレオープンした。98日ぶりに営業を再開した。本オープンは11日。

▽1987（昭和62）年 泉村（現八代市）と宮崎県椎葉村を結ぶ林道椎葉・五家荘線が全線開通した。全長24.9キロ。

(第3種郵便物認可)　熊本日日新聞　平成28年(2016年)5月9日　月曜日　県内総合　12

元気と癒やし 被災者に

県内各地 応援イベント

久しぶりの肉料理　山都町

熊本地震で多数の住宅被害を受けた原地区の住民を励まそうと開かれたバーベキュー会＝山都町

熊本地震で多数の住宅被害が出た山都町原地区で8日、被災した住民を励ますバーベキュー会があった。町内の商店主らが肉や野菜を振る舞い、約50人が地域の支えに感謝しながら舌鼓を打った。

原地区は45世帯104人(4月27日現在)が暮らすが、地震で28戸が半壊以上となる被害を受けた。現在も地元のコミュニティー施設で約30人が避難生活を送っており、町は仮設住宅の建設を県に要請している。

バーベキュー会は、住民を元気づけようと仲町商店街(飯星英二会長)が企画。避難生活では非常食を取る機会が多いこともあり、住民たちは手羽先やソーセージなど久しぶりの肉料理を楽しんだ。

藤本利夫区長(64)は「多くの人から支援していただき、ありがたい。住民の気持ちを一つにして、復興に向けて頑張りたい」と話した。

(臼杵大介)

バラ園に三味の音　水俣市

益城町で熊本地震に被災後、県内で初めて演奏を披露した津軽三味線奏者の高﨑裕士さん＝水俣市

益城町の自宅や事務所が熊本地震で被災した津軽三味線奏者の高﨑裕士さん(37)が7日、水俣市のエコパーク水俣バラ園で開催中のローズフェスタで公演し、被災地への支援を呼び掛けた。

復興への思いを込め「上を向いて歩こう」「夢宵桜」など5曲を披露。約200人の観客から温かい拍手を受けた。

益城町広崎で両親らと5人暮らし。先月14日の震度7の際は、自宅兼事務所で16日の益城町でのコンサートに向けて練習中だった。建物は半壊したが、家族は無事。津軽三味線も難を逃れたという。

機材を車に運び入れ、家族と自宅近くで車中泊を続ける。一方で、国内外の音楽仲間から届く紙おむつや水などの支援物資を、益城町や御船町の病院や幼稚園などに届ける活動を行ったという。

ローズフェスタ実行委からはこの日の公演中止も打診されたが、「音楽家として自分ができることをしたい」と志願。会場で販売したCDの売上金や集めた募金は被災地へ贈るという。高﨑さんは「逆に皆さんから元気をもらった」と感謝した。

(隅川俊彦)

高齢者 落語に笑顔　八代市

両親が八代市出身の落語家、桂伸三さん(33)＝東京＝が8日、地震の不安を笑いで和らげてもらおうと、八代市大福寺町の高齢者マンション「ケアハウス偕老苑」で無料の“寄席”を開いた。

同市には親戚が住むほか、伸三さんも子どもたちに落語を教えるなど、普段から縁が深いという。熊本地震の発生に「お年寄りを落語で元気づけたい」と公演を申し出た。

同日はロビーで、古典落語の「道灌」「牛ほめ」の2席を披露。登場人物のとぼけたやりとりで入居者ら約80人を沸かせた。民謡「おてもやん」も踊り、お年寄りが一緒に歌って楽しんだ。

入居者の宮島貞さん(87)は「余震が続いて不安ですが、気分転換になりました」と笑顔だった。

(平井智子)

桂伸三さん(右端)の落語を楽しむお年寄り＝八代市

ローカルワイド

熊本総局 ☎096(361)3311
御船支局 ☎096(282)0220
大津支局 ☎096(293)7470
合志支局 ☎096(242)3100
玉名総局 ☎0968(73)3078
山鹿支局 ☎0968(44)2433
菊池支局 ☎0968(25)2545
荒尾支局 ☎0968(63)0052
南関支局 ☎0968(53)0953
阿蘇総局 ☎0967(22)0142
高森支局 ☎0967(62)0008
小国支局 ☎0967(46)2271
山都支局 ☎0967(72)0253
八代支社 ☎0965(32)7161
水俣支局 ☎0966(63)3445
芦北支局 ☎0966(82)2070
宇城支局 ☎0964(32)0144
宇土支局 ☎0964(23)1225
人吉総局 ☎0966(23)3302
球磨支局 ☎0966(42)2161
天草総局 ☎0969(22)2413
牛深支局 ☎0969(73)2380
上天草支局 ☎0964(56)5570

コミカルな踊りで　天草市

朝市でコミカルな踊りを披露した牛深ハイヤ桃の会のメンバー＝天草市

天草市牛深町で8日、朝市グループ「しばふ広場朝市」と「牛深ハイヤ桃の会」が合同で朝市を開き、熊本地震の被災者への義援金を募った。

しばふ広場朝市(川田三郎代表)は、旧牛深市内の水産加工業や農業の6店舗がメンバー。毎月第2日曜にハイヤ大橋横の芝生広場で朝市を開いている。

牛深ハイヤ桃の会(浅見久美子会長、23人)は、独特な牛深ハイヤ踊りで町のPRに一役買っている。会員が朝市の事務局長も兼ねており、朝市で踊り義援金を集めることにした。

「サッサ、ヨイヨイ」「ヨイサー、ヨイサー」。浅見会長らはてんびん棒を担いだ行商の女性の身のこなしを取り入れるなど、コミカルな感じの踊りを披露。続いて朝市の客も交えて道中踊りもあった。浅見会長は「少しでも被災された皆さんの役に立ちたい」と話していた。

(上野和伝)

明るく軽快な音色　上天草市

県内外の女性音楽愛好家でつくる楽団「樂奏団　ゆめのねいろ」が、上天草市松島総合センター・アロマで8日、熊本地震復興支援チャリティーコンサートを開いた。明るく軽快な音色が、会場を包み込んだ。

同楽団は、2年前から活動。団員約20人がフルートやクラリネット、オーボエなどを演奏する。通常の音楽会を予定していたが、熊本地震が発生したため、入場無料で浄財を募るチャリティーに変更した。

子ども向けの「ミッキーマウスマーチ」「となりのトトロ・メドレー」や、「三百六十五歩のマーチ」「雨のち晴レルヤ」など歌謡曲を含む12曲を披露した。

熊本市で避難所生活を送った楽団代表の松永恵理さん(36)は「私もやっと演奏する気持ちが湧いてきた。音楽の力で、多くの人の地震の怖さやストレスを和らげていきたい」と語った。募金は「ふるさと納税」などとして被災地に送る。

(小野宏明)

チャリティーコンサートで明るい音色を響かせる「樂奏団　ゆめのねいろ」の団員たち＝上天草市

日奈久温泉街 一般客ほぼゼロに

断層名で“風評被害”

地震の影響でホテルや旅館の予約キャンセルが相次ぎ、閑散としている日奈久温泉街＝八代市

八代市の日奈久温泉街で、ホテルや旅館のキャンセルが相次いでいる。熊本地震の被害はほとんどないが、存在がクローズアップされた日奈久断層帯と同じ名前であることから、敬遠されている格好だ。日奈久温泉旅館組合は「5月中の予約はほとんどなくなった」と危機感を募らせている。

同温泉街は古くから県南を代表する温泉地として知られ、1970年には約50軒の旅館があり、約30万人の宿泊客が訪れた。今も組合に加盟する17の旅館、ホテルが軒を連ねる。

ところが熊本地震で布田川断層帯とともに、益城町付近から芦北町を経て八代海南部に至る日奈久断層帯が注目された。同断層帯による今後の大きな地震を懸念する研究者の発言もあった。

温泉街では古い建物の一部で瓦が落ちたりしたが、目立った被害はない。しかし4月14日の前震以降、震災復旧や物流の関係者を除き一般客はほぼゼロ。地元でかまぼこ店を営む片山新一郎さん(51)は「ゴールデンウイークにも観光客はほとんどなく、売り上げは昨年と比べて半減した」と表情を曇らせる。

温泉街は、かつてのにぎわいを取り戻そうと、地元特産のバンペイユを使った風呂や、温泉街を訪れた俳人・種田山頭火を題材にしたイベントなどに取り組んできた。

不知火ホテルの宮永悟代表(73)は「今は復旧関係者の利用でどうにかしのいでいる。風評被害が続くのが心配だ」と不安がる。同組合の松本啓佑組合長(36)は「余震が収まってから、一般客をどう呼び込んでいくのか温泉街で知恵を絞りたい」と話す。(三室久徳)

海と里山 歩いて満喫

フットパスコース完成　天草市魚貫町

フットパスコースの一部になった魚貫崎海水浴場。大潮の最干時には美しい砂浜が広がる＝天草市

天草市魚貫町に、美しい海の眺めや里山の自然、歴史を満喫しながら散策できるフットパスコースがお目見えした。国や県の補助を受け、地元の有志でつくる「魚貫崎の自然と文化を守り伝える会」(大西一元会長)が今春完成させた。

魚貫崎には江戸時代に外国船の見張りなどが置かれた。魚貫の地名は、外国人を鬼に例えて「鬼が来るから」という言い伝えに由来するとも言われ、現在は約60人が暮らす。

魚貫崎フットパスコースは、外海からの砂が堆積してできた池田池(周囲800メートル)を中心とした約5キロ。池には大蛇伝説が残り、ニホンウナギなど希少生物が生息する。途中の里山には大きな幹の「千年アコウの木」がそびえ、魚貫崎海水浴場は大潮の干潮時に美しい砂浜が広がる。

大西会長は「自分たちが親しんできた場所を多くの人に楽しんでもらい、交流人口が増えたらうれしい」と期待を寄せる。同会☎0969(72)8821。

(上野和伝)

町から 村から

錦町

●球磨商高生が熊本地震の募金活動　生徒約30人が7日、西のイオン錦店とJR人吉駅(人吉市)で行った。校内で行っている募金を、生徒会が中心となって実施した校外活動。生徒会副会長の前田夕里花さん(2年)は「被災地にはまだ授業が再開されていない高校もあるので、少しでも力になりたい」と話した。

買い物客に募金を呼び掛ける球磨商高の生徒たち＝錦町

人吉市

●中学生に自転車盗難防止ワイヤ錠　2日、人吉地区防犯協会連合会と人吉署が人吉二中で1年生に贈った＝写真。施錠を習慣づけてもらおうと、同署管内の8中学校の新入生全員向けに毎年続けており、ことしは528人が対象。同中では黒木友比奈さんと中本大晴さんが受け取り、「大切に使って防犯意識を高めます」とお礼を述べた。

菊池市

●NPOが震災慰問　2日、岐阜県大垣市のNPO「ケンちゃんハウス」が隈府の菊池幼稚園を訪れた。元同園保護者会長の辻慎太郎さん(40)が「余震におびえる園児を元気にしたい」と来園を依頼。同NPOは東海地方を中心に子育て支援に取り組んでいる。腹話術師の石橋康信代表(52)が、人形との漫談や風船芸を披露し、園児を和ませた。

玉名市

●正村隆祁(たかし)「旅のスケッチ展」　6日、高瀬のカフェギャラリーモカで始まった＝写真。16日まで。宇城市の不知火美術館館長などを務めた正村さん(71)＝熊本市＝が、シンガポールとオーストラリアを旅行した際に描いた水彩スケッチ画20点を展示。正村さんは「現地のおおらかで、明るい雰囲気を楽しんでほしい」と話した。

天草市

●天草漁協﨑津支所朝市　4日、河浦町﨑津の同支所であった。﨑津の活性化を目的に09年から年2回、春と冬に開いている。地元の漁業者や水産加工業者ら約20人が出店。タイやイカなど新鮮な魚介類や干物、野菜などが市価より安い値段で並べられ、多くの客が買い求めた。ヤズのつかみ取りもあり、子どもたちでにぎわった。＝写真

営業再開へ一歩ずつ

益城町

母の日 気持ち届けて

生花店 2日間限定オープン

客にカーネーションの鉢を手渡す倉本憲幸さんの妻裕子さん(左)＝益城町

熊本地震で営業を中止した益城町安永の生花店「倉本園芸」が母の日の8日まで、2日間限定で店を開けた。被災しても感謝の気持ちを届けようと、近くの住民らがカーネーション、バラなどの花束や鉢を買い求めた。

倉本憲夫さん(72)が家族らと経営。農家の納屋を改築した店舗は地震で大きく傾き、中の保冷庫などが使えなくなった。

2日間の営業は三男の憲幸さん(39)が提案。常連客から母の日の営業に関する問い合わせが相次いだ。「大変な時だからこそ花を見て和んでほしい」という思いも湧いた。

7日と8日は、店舗前に張ったテントに花を並べた。流通量が減ったほか、仮設の店舗であることから品ぞろえは例年の10分の1程度になったが、客は絶え間なく来店。憲幸さんらはラッピング作業に大忙しだった。

カーネーションを買った熊本市東区画図町の平田織子さん(29)は「地震で不安がっていた近所のおばあちゃんにあげます。花があると心が明るくなりますね」。平田さんの表情もぱっと明るくなった。(益田大也)

被災事業者 園庭に露店

飲食店、美容室… 毎週土曜に祭り

被災した経営者らが出店してにぎわった「あじさい祭」＝益城町

熊本地震で店が倒壊するなどした飲食店などの経営者らが7日夜、益城町安永のあじさい幼稚園の園庭に露店を出す「あじさい祭」を始めた。毎週土曜に開く計画。

発起人は熊本市東区でコーヒー店を営む安藤栄さん(39)。地震で営業できなくなったが、「自力で立ち上がろう」と知人の経営者に声を掛け、幼稚園の協力を取り付けた。

初日、園庭にはかき氷、散髪など12店が並んだ。唐揚げを販売した料理人の渡部考顕さん(31)は、勤めていた中央区の料亭が地震で廃業。腕を振るう場所を失ったが、「自分の料理で被災者を喜ばせたい」と出店した。

会場はにぎわい、3人の子どもを連れて来た東区長嶺の自営業、澤江志都香さん(29)は「子どもたちの気分転換になった」。安藤さんは「少しだが代金をいただき、営業再開に向けた足掛かりにしたい。被災者同士が支え合う場になればうれしい」と抱負を語った。(益田大也)

ローカルワイド

社会部 ☎096(361)3151
政経部 ☎096(361)3161
文化生活部 ☎096(361)3181
写真部 ☎096(361)3051
ニュース写真提供は Eメール、photo@kumanichi.co.jp

山之内さん(玉名高2年)優秀作品賞

聞き書き甲子園 職人の心配り取材

「聞き書き甲子園」で優秀作品賞を受賞した山之内静さん。手前は山之内さんが取材した住岡忠嘉さん手作りのきじ馬と花手箱＝玉名市

全国の高校生が自然と深く関わる職人などをリポートする「第14回聞き書き甲子園」で、玉名高2年の山之内静さんが優秀作品賞を受賞した。同賞の受賞は県内で4人目。

聞き書き甲子園は農水省や文科省などでつくる実行委が主催し、高校生は「森」「海・川」の両部門の実行委が選んだ名人や職人を取材。表彰は優秀作品賞と写真賞があり、書類審査を通った100人から、森の部門が4人、海・川の部門は3人が選ばれた。写真賞は1人だった。

山之内さんは昨年、校内で募集ポスターを見つけ、「面白そう」と応募。人吉市で郷土玩具のきじ馬や花手箱などを60年近く手作りしている住岡忠嘉さん(81)を2回訪ねた。

取材では、幼児がけがをしないよう表面を滑らかに削り、無害な塗料を使う職人の心配りに着目。「『人に喜ばれるっちゅうことはよかこつよな』〜木に携わった60年間〜」と題し、6千字にまとめた。玩具で遊ぶ子どもの笑顔を誇りとする思いに、「こだわりをじかに感じた」という。

住岡さんに受賞を褒められた山之内さんは「取材する面白さを実感した。将来は人と人をつなぐ仕事に就きたい」と目を輝かせた。(木村馨一)

「諦めないことが大切」

玉名女子高 講師の漫画家ら語る

「若者の明日を語る」と題して対談する葉山祥鼎さん(中央)と川崎のぼるさん(右)＝玉名市

玉名市の玉名女子高で7日、同校のアニメデザインコース特別講師を務める漫画家の川崎のぼるさん(75)＝菊陽町＝と、写真家で南阿蘇村の葉祥明阿蘇高原絵本美術館館長の葉山祥鼎さん(67)＝熊本市＝による講演会があった。

本年度新設された同コースについて知ってもらおうと、同校がPTA総会に合わせて企画。生徒や保護者ら約750人が聴いた。

2人は「若者の明日を語る」と題し、それぞれの仕事について対談。漫画「巨人の星」や「いなかっぺ大将」などを手掛けた川崎さんは「自分の感性を磨き、面白いと思ったことに取り組んでほしい」。葉山さんは「何度も出版社に足を運び、作品を持ち込んだ。諦めないことが大切だ」と熱く語った。

2人は本年度、同コースで数回、授業を行う。(木村馨一)

ゲンジボタルが飛び回る内野川(30秒間露光)＝7日夜、芦北町

淡い光に歓声

芦北町・内野川 ホタル乱舞

ホタルの名所で知られる芦北町大川内の内野川で7日夜、ゲンジボタルの乱舞が始まり、淡い光の点滅が住民らの目を楽しませている。

町ほたる保護監視員の吉川慶弓さん(66)によると、内野川は年間を通じ水温18度でホタルの成育に適している。7日は無風や高湿度といった条件がそろい、例年より1週間早い乱舞開始となった。

緑黄色の光が現れると、近所の子どもたちが「きれいね」「ホタルが足に止まったよ」などと歓声を上げて見入った。ホタルの数は例年並みの約1000匹とみられる。

吉川さんは「冬の積雪で水温が下がり、幼虫が減ったのではないかと気をもんだが、杞憂だった」と話している。13日ごろまで見ることができそうだ。

(福山聡一郎)

無料Wi-Fi設置 多言語音声案内

荒尾市・万田坑

荒尾市は、世界文化遺産「明治日本の産業革命遺産」の万田坑にスマートフォンなどで案内する公衆無線LAN「Wi-Fi(ワイファイ)」の無料サービスを、1日に始めた。外国人客を含めた来場者が今後も増えることを見込み導入する。

Wi-Fiサービスは万田坑の各所に発信機を設置。スマホやタブレット端末で接続すると、巻き上げ機室や給水池跡など各施設の音声案内が流れ、写真を受け取れる。音声は日本語のほか英語や中国語、韓国語があり、タブレット端末は無料で貸し出す。

事業費は約600万円。同市産業振興課の宮本雄一課長は「地震でも万田坑に被害はなかった。1人でも多くの方に来てもらい、音声などでも世界遺産を楽しんでほしい」とPRする。

また、万田坑と大牟田市の石炭産業科学館の両方に入場すれば料金が安くなるサービスを、両市が1日に始めた。(木村馨一)

災害復旧費など11億5千万円専決

菊陽町

菊陽町は6日付で、熊本地震被害に伴う復旧費などのため、一般会計予算に計11億5066万円を追加する補正予算を専決処分した。

主な補正は学校などの公共施設災害復旧費に8億909万円、被災住宅応急修理費補助に1億3996万円、災害援護資金貸付金に7180万円、災害ごみ処理費に5000万円など。補正後の総額は143億5066万円。

同町では重傷者3人、軽傷者15人、全壊12棟、半壊168棟などの被害が出た。(横山千尋)

独り暮らしのお年寄りを訪問し、体育祭の招待状を渡す旭志中の生徒＝菊池市

体育祭で地域を元気に

菊池市旭志中生徒 独居高齢者に招待状

菊池市の旭志中生徒が7日、地元の独り暮らしのお年寄り宅を訪ね、体育祭への招待状を手渡した。熊本地震の余震が続く中、「地域を元気にしたい」との願いを込めた。

旭志中は今年、創立70周年を迎えた。15日の体育祭も、節目の行事として準備を進めていたが、地震により作業は遅れ気味だ。

順延や中止も検討したが、生徒会を中心に実施を決めた。生徒会長の高田海斗さん(14)は「今が頑張り時。特に、心細い思いをしているお年寄りの気持ちを明るくしたかった」。

生徒たちはこの日、手分けして1軒ずつ訪ね、「一緒に頑張りましょう」「お困り事はないですか」などと声を掛けた。近くの女性(79)は「本震の事を思い出すと、今でも涙が出る。子どもたちの心遣いがうれしい」と目頭を押さえた。(佐藤公亮)

がまだすけん！ GAMADASUKEN! KUMAMOTO! 熊本！ 渓谷とフルーツの里 錦町

頑張る熊本 全国へ発信

復興支援のロゴ「自由に使って」

自治体名変更もOK

錦町

錦町は、熊本地震からの復興に頑張る熊本の姿を全国に伝えようと、町のマスコットキャラクター「錦太郎」を使った復興支援ロゴ＝写真＝を作成した。「著作権フリー」とし、県産品や他自治体などでの幅広い活用を呼び掛けている。

人吉球磨地域は地震の被害が比較的少ないことから、「人吉球磨から元気を発信し、被災地を応援するとともに、熊本を盛り上げたい」と町職員が発案した。

男の子の設定の「錦太郎」は拳を突き上げ、きりっとした表情。ロゴの「がまだすけん！熊本！」は、「頑張ります」「頑張る県」の二つの意味を掛けた。「熊」の文字には県の地図を配置した。

著作権者は町だが、使用は自由。色の変更やロゴのみの使用も可。他の自治体がロゴの市町村名を書き換え、自らのマスコットキャラクターと組み合わせても構わない。

町は「県内各地の農産物生産者などにも使ってもらい、頑張る熊本を全国に伝えたい。そして、熊本に遊びに来てもらうきっかけになれば」と期待を寄せる。ロゴは町ホームページでダウンロードできる。(小山真史)

特集 くまモン頑張れ絵 ㊦

8日に続き、熊本地震の被災者を励まそうと全国の漫画家やイラストレーターが描いた「くまモン頑張れ絵」の一部を紹介します。

にわのまことさん

漫画家。「THE MOMOTAROH」で連載デビュー（週刊少年ジャンプ）。「超機動暴発蹴球野郎　リベロの武田」など

青木俊直さん

あおき・としなお　漫画家。「くるみのき！」「ふたりでおかわり」「レイルロオブライフ」など。「ウゴウゴルーガ」「なんでもQ」などのアニメでキャラクターデザインも

くまもん

熊本で大地震が起きました。（九州全域）
僕は熊本生まれ ふるさとなんです。
直接甚大な被害を受けた方々に、深く、心より
お見舞い申し上げます。家族や友達と直接連絡が
とれるわけですが、ホントにみんな恐くて、でも
頑張ってます。連絡したこっちを安心させる
様な事をみんな言ってくれて、たくましいっ!!
だけど人間が気を張れる時間って限界が
あります。その糸が切れる
前に何とか心が落ちつける
状態になってほしいです。
大人は子供達を不安に
させない様に必死です。子供達に、1番に笑って
ほしい! そしたら大人は頑張れるんだ!!
今、まだ民間から手を出すのは難しいですが、
必ずや復興のお手伝いさせて頂きます。
どうかフンバってください!!
2016.4.17 尾田栄一郎

フンバれよー!!
必ず行くぞー!!

©尾田栄一郎／集英社

尾田栄一郎さん

おだ・えいいちろう　漫画家。熊本市出身。1997年から週刊少年ジャンプに連載中の「ONE PIECE」が大ヒット。2015年6月、「最も多く発行された単一作家によるコミックシリーズ」としてギネス世界記録に認定された

くまモンによりそうの術
今こそ力を合わせよう
いつもの笑顔が熊本に戻ることを
心から願っております!! お隣りの県から応援してます!! 原泰久

原泰久さん

はら・やすひさ　漫画家。「キングダム」を週刊ヤングジャンプに2006年から連載中。NHKBSでテレビアニメ化も

熊本のみなさんも大分のみなさんも
九州の皆さん まだ大変だけど
がんばって!!
どうか無事で!!
momoko
崩れかけた建物には近寄らないでね!
©熊本県くまモン

さくらももこさん

1986年から漫画雑誌「りぼん」に「ちびまる子ちゃん」を連載。90年1月にテレビアニメ化。作詞したエンディングテーマ曲「おどるポンポコリン」はミリオンセラーに

熊本の男は酒さえあれば
何にも負けないって聞いたので…
焼酎
コレを!!
©熊本県
雷句誠

雷句誠さん

らいく・まこと　漫画家。代表作「金色のガッシュ!!」はテレビアニメのほか、トレーディングカード、テレビゲーム、映画などにも

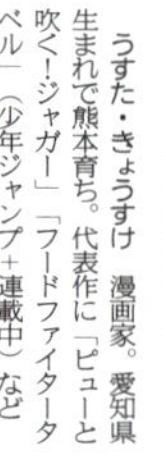

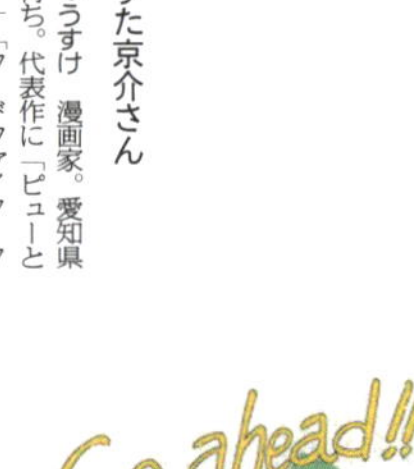

がんばれくまもと!!
ひゃんごつ

じごんずっ

うすた京介さん

うすた・きょうすけ　漫画家。愛知県生まれで熊本育ち。代表作に「ピューと吹く！ジャガー」「フードファイタータベル」（少年ジャンプ＋連載中）など

葉月京さん

はつき・きょう　漫画家。「恋愛ジャンキー」「純愛ジャンキー」（ヤングチャンピオン連載中）。百済内創、小石川響のペンネームも

瀬尾公治さん

せお・こうじ　漫画家。代表作「君のいる町」ほか、「CROSS OVER」「涼風」など

（第3種郵便物認可）　熊本日日新聞　平成28年（2016年）5月9日　月曜日　社会 22

南阿蘇村　小中学校きょう再開　益城町

くまもと清陵高校の宿泊施設に引っ越し、制服などを整理する南阿蘇中の生徒＝8日午後、南阿蘇村久石（堀江利雅）

立野の生徒 通学へ転居

道路寸断 清陵高が施設提供

熊本地震で阿蘇大橋が崩落し、南阿蘇中への通学路を寸断された南阿蘇村立野地区に住む生徒らが8日、同村久石にあるくまもと清陵高校の宿泊施設に引っ越した。9日の学校再開を前に通学環境を整えようと、同校を運営する学習塾の熊本ゼミナールと村が協力、実現した。

同校は単位制・通信制で、スクーリング用に45室（2人部屋）の宿泊施設を所有しており、施設の提供を村に申し出ていた。南阿蘇中までは約5キロで、村がスクールバスで送迎する。

立野地区に限らず、通学が困難な生徒や自宅が全壊した子どもたちを受け入れ、中学生計12人（男女各6人）と、そのうち3人の家族が入居した。利用は無料で、食事は村が提供する。

8日は一部の生徒が着替えなどを持って施設に入り、段ボール箱から出した制服を畳みながら、新しい生活に向け準備。中学3年の中村有司さん(14)は同級生の河津奏人さん(14)と相部屋に。立野地区の中村さんは大津中への通学も考えたが、友人と一緒にいたいと入居を決めた。

中村さんは「避難所生活は不便で大変だった。ここなら友人もたくさんいて楽しみ」。河津さんも「初めての生活で不安はあるが、中村君と一緒ならうまくやれそう」と照れくさそうに話した。

南阿蘇中は三つの中学が統合し、4月に開校したばかり。坂梨正文校長は「中体連などに向け、同じ仲間で頑張りたいという子は多い。こんな環境を用意してもらい、感謝している」と話した。

清陵高の組脇泰光校長は「被災者の生活再建は、できることは何でも協力したい」と話している。（福井一基）

学校に持っていくバッグを準備し、「給食と休み時間が楽しみ」と笑顔で話す藤森健太朗君（右）と智生君兄弟＝8日夕、益城町

友達と再会 楽しみ

広安小児童ら

熊本地震で甚大な被害を受けた益城町や南阿蘇村で9日、多くの小中学校が再開する。約1カ月ぶりの登校となる子どもたちは「友達とたくさん遊びたい」と胸を膨らませている。

益城町の広安小5年の藤森健太朗君と同4年の智生君兄弟は、約10日間の車中泊を経て、家族5人で、校区外となる益城町総合運動公園のテント村に避難している。

8日、兄弟はテント内で、登下校などで使える黄色い帽子やペットボトルの水、筆箱などをバッグに詰めて準備万端。「勉強はあんまりしたくないけど、給食でカレーやシチューを食べたい。地震のあと、お風呂には入れたかとか、家は大丈夫かとか聞いてみたい」と、友人らとの再会を楽しみにしていた。

母親の幸さん(39)は「町外転居も考えたけど、『友達といたい』『絶対転校しない』という子どもたちの思いもあって避難生活を続けている」と話す。

再開後は車で送迎する予定で、「幼稚園に通う三男も含めた送迎な不安な面もあるけど、勉強の遅れも気になっていたので、学校の再開はうれしい」と話していた。（岩崎健示）

カンちゃん　フジヤマジョージ

児童の心 地域ケアを

NGOの活動縮小　信頼できる第三者必要

セーブ・ザ・チルドレン・ジャパンの職員と遊ぶ避難所の子どもたち＝益城町の広安西小

地震発生後、休校中だった学校の再開に合わせ、益城町で子どもたちを支援してきたNGOが活動を縮小する。避難所ではスタッフに甘える子どもが目立ったが、今後は感情を内側にため込む懸念があるという。心のケアの支援状況が変化する中、専門家は「子どもたちの心を受け止める第三者の存在は重要。地域の大人たちで仕組みをつくってほしい」と指摘する。

「今日でおしまいになってしまいました」。8日午後、同町の広安西小。避難所の子どもら10人に、国際NGO「セーブ・ザ・チルドレン・ジャパン」の職員が呼び掛けた。サッカーやお絵描きなどを楽しんだ4年生の女児二人組は「せっかく仲良くなったのに。怖かった地震やみんなの頑張りをもっと話したい」と残念がる。

同NGOは地震直後から「こどもひろば」を町内5カ所に開設。同NGO国内事業部の津田知子副部長(40)によると、抱っこを何度もせがんだり、スタッフを独占したがったりする子どももいたという。

子どもたちが、若いボランティアらに対して見せる甘えや乱暴なしぐさについて、同町で支援活動に関わった新潟県立大人間生活学部の植木信一准教授(48)＝児童福祉学＝は「第三者には心情を吐露しやすいから」と分析。一方、家族に対しては「安心させようと、甘えや怒り、恐れや不安を内側にため込む傾向にある。学校の先生にも表現しにくい」と指摘する。

特に小学生は我慢しがち。乳幼児は素直に周囲に甘え、中学生以上はボランティアなどで自己肯定感を得られるが、「児童はどちらもできず、ストレスをため込みやすい」という。

植木准教授は「子どもにとって信頼の置ける第三者が重要。避難所で仲良くなった近くのお兄さん、お姉さんもいるはずなので、地域の新たな絆で受け止めてほしい」と助言する。（林田賢一郎）

5月9日の飛来予測

	九州北部 大気汚染粒子	九州北部 黄砂	九州南部 大気汚染粒子	九州南部 黄砂
6-12	やや多い	少ない	少ない	少ない
12-18	多い	少ない	やや多い	少ない
18-24	多い	少ない	やや多い	少ない
10日	非常に多い	少ない	やや多い	少ない

非常に多い　注意喚起レベル
多い　環境基準値程度
やや多い　大気が少しかすむ
少ない　清浄
予測システム「スプリンターズ」開発チーム提供

阿蘇山の風向予想（日本気象協会 tenki.jpより）

ひごまる奮闘 熊本城応援

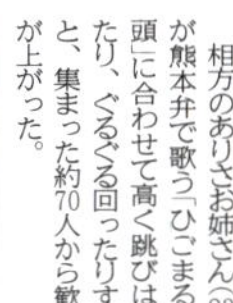

熊本城をかたどった熊本市のイメージキャラクター「ひごまる」が、地震で被災した熊本城を応援しようと奮闘している＝写真。大型連休最終日の8日、城近くの観光施設「桜の馬場 城彩苑」のステージで切れのある踊りを披露し、観客を沸かせた。

ひごまるは築城400年に合わせて2007年に誕生。県のキャラクター「くまモン」の陰に隠れているが、地道な活動で徐々に人気を集めていた。城は櫓や長塀が倒壊し復旧のめどが立たない中、ひごまるは今月2日、地震で休止していたステージを再開させた。

相方のありさお姉さん(23)が熊本弁で歌う「ひごまる音頭」に合わせて両手を挙げ、飛び跳ねたり、くるくる回ったりすると、集まった約40人から歓声が上がった。

クララの葉の上で羽を広げるオオルリシジミ＝8日午後、阿蘇地方

オオルリシジミ輝く　南阿蘇

熊本地震で大きな被害を受けた南阿蘇地域で、絶滅危惧種の「オオルリシジミ」（シジミチョウ科）が、瑠璃色の羽を輝かせて舞い始めた。

「例年通り5月初旬から飛び始めたのでほっとした」と、生息地近くにあるキャンプ場の管理人男性(69)。大型連休中は例年満杯のキャンプ場だが、今年はキャンセルが相次ぎ、「開店休業状態」が続いている。全長3センチのチョウの姿に、「私たちも早く日常を取り戻したい」と願っていた。

オオルリシジミは、阿蘇以外では長野県の一部のみに生息。県の条例で捕獲が禁止されている。（横井誠）

高1長女 母殺害

2月末 警視庁、容疑で逮捕

東京都台東区のマンション室内で2月、住人の女性(41)が死亡しているのが見つかっていた事件で、警視庁捜査1課は8日、殺人の疑いで都立高校1年の長女(15)を逮捕した。長女は黙秘しているという。捜査1課は、マンションの防犯カメラの映像を解析した結果、母親が殺害されたとみられる2月26日夜から27日夕までの間、長女以外の第三者が部屋に入った可能性はないと判断した。

逮捕容疑は26日ごろ、自宅で母親の首にタオルのようなものを巻き付けて絞め、窒息させて殺害した疑い。

事件は27日夜、長女が「母親が息をしていない」と119番して発覚。長女は当初、警視庁に「母親は朝からずっとソファで寝ていて、夕方まで起きないので不審に思った」と説明していた。

母親は遺体発見当時、リビングのソファで横になった状態で見つかった。首には絞められた痕があり、タオルが巻かれていた。室内は物色されておらず、抵抗したような形跡もなかった。

パトカー追跡中にバイクの2人死亡

福岡県警

8日午前0時半ごろ、福岡県古賀市中央2丁目の県道3号交差点で、同県宗像市鐘崎の土木作業員占部英吉さん(17)と同市江口の県立高校2年梅林尚哉さん(16)の2人乗りオートバイが、古賀市の男性会社員(29)の乗用車と出合い頭に衝突した。占部さんと梅林さんは頭を強く打ち、搬送先の病院で死亡した。男性会社員は頭と顔に軽いけが。オートバイは県警粕屋署の覆面パトカーが追跡中だった。

署によると、巡回中のパトカーがマフラーの整備不良が疑われるオートバイを数キロ手前で発見。追跡したところ、赤信号の交差点に進入し、事故になったという。

9日間の天気　Weather Report

	9(月)	10(火)	11(水)	12(木)	13(金)	14(土)	15(日)	16(月)	17(火)
札幌	晴/曇	晴/曇	曇/雨	曇/晴	曇/晴	晴/曇	晴/曇	晴/曇	曇/雨
東京	曇/雨	曇/雨	曇/雨	晴/曇	曇/晴	曇/晴	晴/曇	晴/雨	晴/雨
名古屋	曇/雨	曇/雨	曇/雨	晴/曇	晴/曇	曇/晴	晴/曇	晴/曇	曇/雨
大阪	雨	曇/雨	雨/曇	晴/曇	晴/曇	曇/晴	晴/曇	晴/雨	曇/雨
広島	雨	雨	曇/雨	晴/曇	晴/曇	晴/曇	晴/曇	晴/曇	晴/雨
福岡	雨	曇/雨	曇/雨	晴/曇	晴/曇	晴/曇	晴/曇	曇/雨	曇/雨
熊本	雨	曇/雨	雨/曇	晴/曇	晴/曇	晴/曇	晴/曇	晴/雨	晴/雨
長崎	雨/曇	曇/雨	曇/雨	晴/曇	晴/曇	晴/曇	晴/曇	晴/曇	晴/曇
佐賀	雨/曇	曇/雨	曇/雨	晴/曇	晴/曇	晴/曇	晴/曇	曇/雨	曇/雨
大分	雨	曇/雨	雨/曇	晴/曇	晴/曇	晴/曇	晴/曇	曇/晴	曇/雨
宮崎	雨	曇/雨	雨/曇	晴/曇	晴/曇	晴/曇	晴/曇	晴/雨	晴/雨
鹿児島	雨	曇/雨	雨/曇	晴/曇	晴/曇	晴/曇	晴/曇	晴/曇	晴/曇
那覇	晴/曇	曇/雨	曇/雨	曇/晴	曇/晴	晴/曇	晴/曇	晴/曇	曇/晴

のち　時々

きのうの気温　8日

（天気・湿度は15時、県内の気温は0時―17時、Δ印は低め）

	最高	平年比	最低	平年比	湿度	天気
熊本	26.0	1.1	16.2	1.8	69%	雨
牛深	21.6	Δ1.6	16.5	0.8	96%	―
人吉	24.1	Δ0.3	16.5	3.8	82%	―
阿蘇	23.2	1.7	11.9	2.0	―	―

（阿蘇山上の最高気温は19.2度、最低気温は9.5度）

	最高	最低	天気
福岡	27.1	15.7	曇
佐賀	26.5	15.2	曇
長崎	24.0	16.6	雨
大分	22.6	15.0	曇
宮崎	22.3	19.4	雨
鹿児島	20.2	16.5	雨
那覇	31.0	25.7	晴
松江	22.7	10.2	曇
広島	25.8	13.4	曇
高松	24.8	12.3	曇
大阪	25.8	13.9	曇
京都	26.9	11.8	曇
名古屋	26.4	14.1	曇
長野	21.3	9.7	曇
東京	27.0	17.2	曇
新潟	20.3	13.0	晴
仙台	23.3	14.4	快晴
秋田	16.9	11.7	快晴
札幌	19.3	10.4	快晴

潮ごよみ

旧暦4月3日（9日）　中潮・月齢 2.3
日出 5時23分
日入 19時05分
月出 7時35分
月入 21時42分

	満潮	干潮
三角	10.20 / 23.12	4.34 / 16.50
水俣	10.12 / 23.06	4.27 / 16.46
牛深	9.13 / 22.22	3.35 / 15.47
玉名	10.30 / 23.22	4.44 / 17.00

旧暦4月4日（10日）

	満潮	干潮
三角	10.56 / 23.52	5.14 / 17.29
水俣	10.48 / 23.48	5.08 / 17.26
牛深	9.54 / 23.11	4.20 / 16.31
玉名	11.06 / ―.―	5.24 / 17.39

KOSGI
コスギ不動産
がんばるばい熊本

新聞定価1カ月 朝刊のみ＝3,093円（税込み）、朝夕刊セット＝3,460円（税込み） 朝刊1部売り＝120円（税込み）

被災者に不安と疲れ

拠点避難所への集約始まる

移動か帰宅か…苦悩も

熊本市

学校再開を見据え、熊本市では8日から、避難所の集約が始まった。市が整備した「拠点避難所」へ移る人、帰宅する人、とどまる人…。地震発生から3週間がたち、それぞれの選択を迫られた被災者の顔にはなお、不安と疲れがにじんでいた。【1面参照】

午前8時半。東区の湖東中体育館では、毛布を畳む避難者の姿があった。拠点避難所に移る[illegible]は「学校が始まる子どもたちのためにも、動くことにしました。場所が変われば気分も変わって、元気を取り戻せるかな」。乗り込んだバスの車内から、ボランティアスタッフに頭を下げた。

拠点避難所には布や段ボールによる仕切りが設けられ、プライバシーが守られる。市は畳を敷き、冷蔵庫を置くなど、生活環境に配慮した。

歓迎する声の一方で、78歳の母と中央区の市総合体育館に避難する飲食店従業員の赤星直美さん（53）は「前にいた東野中では、隣が見えて安心感があった」と話す。避難者同士がお互いに気遣いあっていたといい、「ここでは私が仕事に行く昼間、一人になる母が心配。孤立しないようにしなきゃ」。

拠点避難所に移動したことで、自宅から離れてしまった人もいる。北区の清水小から、中央区のサンライフ熊本に来た訪問看護師の女性（39）には中学生と小学生の4人の子どもがいる。「10日から学校が始まる。遠い道のりを、徒歩で通う子どもたちの安全が気掛かりです」。会社員の園田正幸さん（52）が湖東中から拠点避難所に移るのを断念した理由も、子どもの通学だ。「市営住宅は抽選に外れ、民間賃貸も見つからない」と疲れた様子だった。

「気を付けて」「お互いに頑張りましょう」。中央区の本荘小で、帰宅する親子を見送った配管工の男性（57）は「本当は余震が怖いんだけど、無理して帰るんだよ」とつぶやいた。

男性は拠点避難所への移動を希望したが、第1、第2希望とも希望者多数でかなわず、残留することになったという。「いつまでここにいていいのか。移動しなければいけないのなら、どこに行けばいいのか。行政には今後の見通しを、はっきり示してほしい」。厳しい口調は、不安の裏返しでもあった。

（高橋俊啓、植木泰士、中島忠道）

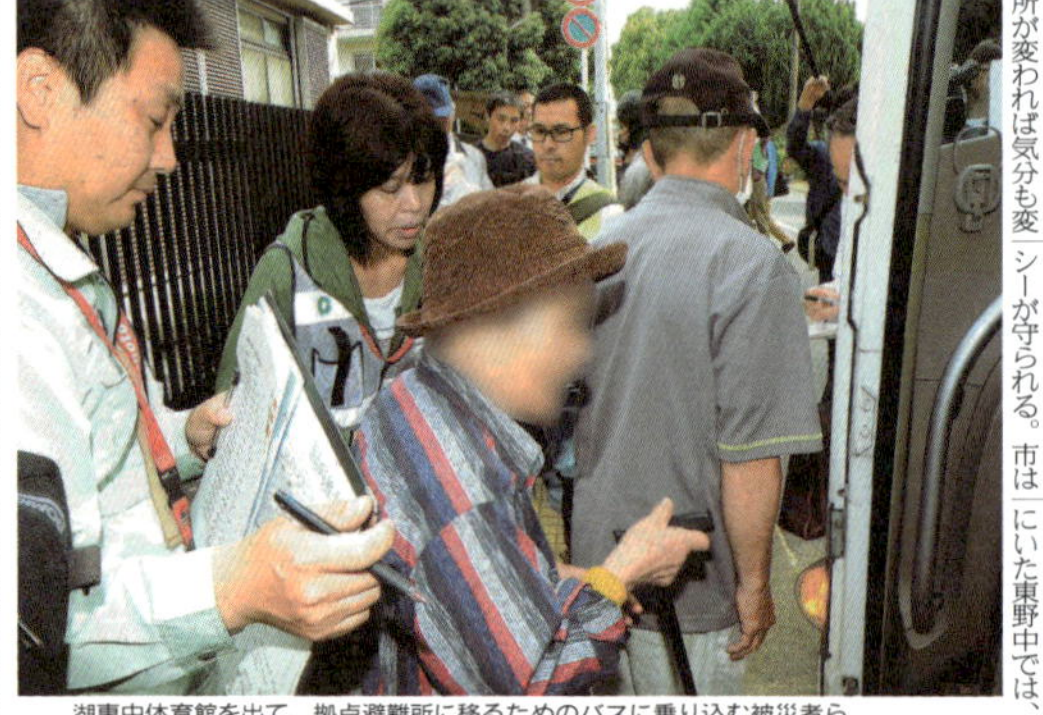

湖東中体育館を出て、拠点避難所に移るためのバスに乗り込む被災者ら＝8日午前9時半ごろ、熊本市東区

被害認定 なぜ低い？

敷地陥没も「一部損壊」

阿蘇市

熊本地震で自宅敷地が著しく陥没し建物の再建が難しいものの、建物の損傷具合から罹災証明での被害認定が低く判定されるケースが起きている。判定基準に従うと再建用の支援金が支給されず、所有者から不安の声が上がっている。

県などによると、罹災証明書を発行するための家屋被害の認定調査は、各自治体が目視と計測で実施。内閣府の運用指針に沿い、壁や柱の傾き具合、基礎の損傷程度などで「全壊」「大規模半壊」「半壊」「一部損壊」に区分する。

国と都道府県による被災者生活再建支援制度では、被災者が罹災証明書を添えて自治体を通じて支給申請すると、「全壊」「大規模半壊」は最大300万円の支援金が受けられるが、「半壊」「一部損壊」にはない。地盤が大きく変化した場合でも、建物の基礎が損傷を受けるなどしない限り、被害とは認められない。

阿蘇市は6日までに全壊92棟、大規模半壊29棟、半壊182棟などを判定。半壊や一部損壊の中には、敷地が陥没したものの大きな損傷が見られない建物も数件確認した。

内牧地区の村上道治さん（81）宅の約100坪の敷地は、全体的に周囲の土地より1・2㍍陥没した。自宅近くには1㍍を超す段差が現れ、水路も寸断。村上さんは「大雨が降ると水路の水があふれ、自宅が浸水する」と不安を募らせる。

しかし、木造平屋の自宅の壁や基礎はほとんど損傷していないため、判定は「一部損壊」だった。同市では同様のケースがほかにもあるとみられ、市は「幅広く救済したい」と制度の弾力的な運用を検討している。

村上さんの場合、支援金を受けるには自宅を解体する必要がある。その場合の支援金は最大300万円だが、村上さんは「建て替え資金としては全く足りない。基礎の下に空洞もできているようで怖い。住み続けるには不安で、できるなら移転したい」と話す。

県はこれまで、県内で同じようなケースは把握していないという。被害が甚大で広範囲にわたっていることから実態把握が追いついていないためだが、ほかの被災地でも起きている可能性が考えられる。

（岡本幸浩）

1㍍を超す陥没が起きた村上道治さんの自宅（右奥の平屋）の周辺。自宅の被害認定は「一部損壊」だった＝阿蘇市

患者増加

足動かして予防を

エコノミー症候群 注意!!

熊本地震による「エコノミークラス症候群」の入院患者数が49人に上った。県は8日、自治体や保健所を通じて、「避難者は足を動かすなどして血流をよくし、予防してほしい」と呼び掛けている。

入院患者数は2日から3日間は0人だったが、5日からの3日間で毎日1人ずつ増えた。県は「避難生活が長期化しており、今後も患者数が増える可能性が高い」と警戒している。

同症候群は、足にできた血栓が肺の静脈に詰まるなどし、胸の痛みや心停止を引き起こす。車中泊や避難所などでの生活で長時間足を動かさず、同じ姿勢でいると発症しやすい。

県健康づくり推進課は、予防として▽散歩や体操、ストレッチなど足を動かす運動をする▽小まめに水分を取る▽アルコールを控える▽ゆったりとした服装にする▽ふくらはぎを軽くもむなど足をマッサージする▽寝るときには足を上げる―などに取り組むよう求めている。

（中村美弥子）

冨田勲さん死去

シンセサイザー奏者

84歳

シンセサイザー音楽の先駆けとして世界的に活躍した作曲家で、シンセサイザー奏者の冨田勲（とみた・いさお）さんが5日午後2時51分、慢性心不全のため東京都渋谷区の病院で死去した。84歳。東京都出身。葬儀・告別式は親族で行い、後日、お別れの会を開く予定。喪主は長男で慶応大教授の勝（まさる）さん。

慶応大在学中から作曲を開始。ドビュッシーの作品をシンセサイザーで編曲、演奏した1974年の「月の光」が日本人として初めて米グラミー賞4部門で候補になるなど世界的に注目され、「展覧会の絵」「火の鳥」「惑星」など多くのヒット作を生んだ。レーザー光線を用いた壮大なイベントを開催するなど、革新的な音楽で幅広いファンを集めた。

NHKの大河ドラマ「花の生涯」「徳川家康」や「新日本紀行」「きょうの料理」のテーマ曲のほか、手塚治虫さんのテレビアニメ「ジャングル大帝」「リボンの騎士」などの音楽も担当。山田洋次監督の「学校」シリーズや「たそがれ清兵衛」「武士の一分」など映画音楽も手掛けた。

2012年には、宮沢賢治の世界をテーマに作った「イーハトーヴ交響曲」で、音声合成ソフト「初音ミク」を使って話題となった。

石原 新也さん（いしはら・しんや＝東光石油相談役）2日午後、老衰のため死去、100歳。前夜式、告別式は近親者で済ませた。同社と遺族主催のお別れの会を6月16日午前11時から、熊本市中央区城東町4の2、熊本ホテルキャッスルで開く。自宅は同区国府1の17の54。

島津 忠夫さん（しまづ・ただお＝大阪大名誉教授、中世文学）4月16日午後7時10分、転移性肝腫瘍のため埼玉県所沢市の自宅で死去、89歳。堺市出身。葬儀・告別式は近親者で行った。

連歌史研究の第一人者で、熊本出身の西山宗因にも造詣が深い。八代市で毎年開かれる「やつしろ連歌会」で2012、13年にまとめ役の宗匠を務めた。

夫 石原新也儀 五月二日午後三時五十五分百歳の天寿を全う致しました。ここに生前のご厚誼を深謝し、謹んでお知らせ申し上げます。

なお、前夜式ならびに告別式は近親者のみにて相済ませました。

平成二十八年 五月九日

熊本市中央区国府一丁目一七―五四

喪主 妻 石原順子

次男 石原靖也

弊社相談役 石原新也儀 五月二日午後三時五十五分永眠いたしました。ここに生前のご厚誼を深謝し、謹んでお知らせ申し上げます。

なお、お別れの会を左記の通り執り行います。

一、日時 六月十六日（木） 午前十一時より献花～午後一時まで ※ご都合のつくお時間にお越しください。

一、場所 熊本ホテルキャッスル キャッスルホール 熊本市中央区城東町四―二

なお、御供花ならびに御香典はご遠慮申し上げます。また当日は平服でお越しください。

平成二十八年 五月九日

東光石油株式会社 代表取締役社長 石原裕士

くまにちキャロット5月号 休刊のお知らせ

このたびの地震で被害を受けられた皆様に、謹んでお見舞い申し上げます。

甚大な被害の発生を踏まえ、子育て情報誌・キャロット5月号は休刊とさせていただきます。ご理解のほどよろしくお願い申し上げます。

熊本日日新聞社 業務推進局

写真は左から、ゴルフの笠りつ子選手、永野竜太郎選手、大山志保選手、プロ野球の阪神・岩貞祐太投手、巨人・立岡宗一郎外野手

熊本地震

郷土への誇り呼び覚ます

被災地ゆかりの選手が活躍

熊本地震の被災地にゆかりのあるスポーツ選手やチームの活躍が脚光を浴びている。過去には神戸を本拠地にしたプロ野球オリックスが阪神大震災のあった1995年にリーグ優勝を果たし、翌96年に19年ぶりの日本一となった例がある。何が選手を動かすのか。スポーツ心理学の専門家は震災が選手の競技力に影響する過程に注目する。

熊本地震後初めて開催された女子ゴルフのフジサンケイ・レディース（4月24日終了）は中央女子高（現熊本中央高）出身の大山志保選手が優勝し「一番良かったのはメンタル」と話した。2位は菊陽町出身の笠りつ子選手だった。男子は東建ホームメイト・カップ（同17日終了）で益城町出身の永野竜太郎選手が3位、熊本市出身の重永亜斗夢選手が4位に入った。

九州唯一のプロ野球チーム、ソフトバンクは最初の揺れがあった翌日の4月15日に大分県出身の内川聖一外野手の3ランで勝利。地震発生で試合が中止となった16日を挟み、17日には福岡県出身の吉村裕基外野手が同点3ランとサヨナラ本塁打を放った。内川外野手は24日にもサヨナラ本塁打を放ち「勇気を与えるとか言っていたけど、力をもらっている。不思議な感じがする」と振り返った。

他球団でも九州東海大出身のヤクルトの松岡健一、山中浩史両投手、阪神の岩貞祐太投手（必由館高出）、巨人の立岡宗一郎外野手（鎮西高出）ら熊本出身選手の活躍が続いた。

「頑張ること」に集中

メンタルトレーニングの専門家で、国立スポーツ科学センター研究員としてトップ選手を指導した経験のある大阪体育大の菅生貴之准教授は「日本人的な感覚」が震災後の現象を説明する鍵とみる。「個のアイデンティティーよりも他者との融合を重視する傾向が強い日本人は、個と他者の境界が明確でない分「他者の苦しみを自己に取り込む」ことがよくあるという。

被災地に関係のある選手は災害について考えることで「熊本人」や「九州人」の一員であることを改めて意識することになる。スポーツ心理学では、集団内にプライドを醸成し、個々のモチベーションを高める研究が盛んだ。震災により生まれた地域の選手の競技力向上は、この観点から説明できるという。

プロ選手には高額賞金やファンの注目など外発的な動機が常に与えられている。プロの中でさらに上を目指すには「競技に取り組む意味を選手自身が見いだす内発的動機が必要」と菅生准教授は説明する。内発的動機を得るきっかけは、けがでの離脱中に競技生活を振り返るなどさまざまで、今回は震災がその役割を果たしたとみられる。

ゴルフの大山選手は直前まで出場を迷ったがキャディーに「被災地に行ってもできることはない」と言われ「何もできないなら頑張ってゴルフをしよう」と決断したという。永野選手は「できるのはゴルフで頑張ることだけ。良いスコアを出すことに集中できている」と話した。ともにアスリートの本分について考えたことを明かした。

熊本地震から10日間 主な地元選手の活躍	
4月15日	ソフトバンクの**内川（大分）**が楽天戦で先制3ラン
16日	阪神の**岩貞（熊本）**が中日戦で7回無失点
	巨人の**立岡（熊本）**が広島戦で3安打
17日	男子ゴルフの東建ホームメイト・カップで**永野、重永（ともに熊本）**が3、4位
	ヤクルトの**松岡（熊本）**がDeNA戦で今季初勝利
	地震で16日の試合が中止となったソフトバンクが再開第1戦でサヨナラ勝ち。**吉村（福岡）**が九回に同点3ラン、延長十二回にサヨナラ2ラン
20日	ヤクルトの**山中（熊本）**が阪神戦で6回を1点に抑え今季初勝利
22日	巨人の**立岡**がＤｅＮＡ戦で3安打
24日	地震後初の女子ゴルフ大会、フジサンケイ・レディースで中央女子高出の**大山（宮崎）**が優勝し、**笠（熊本）**が2位
	ソフトバンクの**内川**が日本ハム戦でサヨナラ本塁打

（　）内は出身県

阪神・淡路から熊本へ 提言 ①

民間ノウハウ活用を

阪神高齢者・障がい者支援ネット代表　宇都幸子さん（71）

いまだに余震が相次ぎ、不安と疲労を募らせる熊本地震の被災地。関連死を防ぎ、人やまちの復興へ一歩を踏み出すにはどう対応すべきか。阪神・淡路大震災などの復興に携わった関係者に聞いた。

◇　◇

阪神・淡路大震災以来、あらゆる被災地で被災者支援に奔走し、2014年9月に亡くなった黒田裕子さんの志を継いで活動を続けている。黒田さんが存命なら、真っ先に被災地を目指しただろう。

だが、被害の大きさにもかかわらず、阪神・淡路以降の災害で機能していた行政と民間の連携ができていないと感じる。恐れていた関連死も起き、多くの非政府組織（NGO）やNPOが被災地での早期の活動開始を望みながら、現地行政の受け入れ態勢がなく、身動きが取れずにいた。

避難所では現在、全国から派遣された災害時派遣医療チーム（DMAT）や災害派遣精神医療チーム（DPAT）、自治体保健師などが活動している。公的支援の隙間を埋め、献身的に被災者に寄り添うのが、民間ボランティアが果たすべき役割だと思う。

車中避難、自宅避難の人も含め、中長期にわたるケアが必要になる。数多くの被災地でノウハウを積んできた民間ボランティアを活用してほしい。

黒田さんは「被災者はそれぞれの暮らしを背負って被災している。暮らしそのものを復元するまでが支援だ」と言っていた。今後を見据え、早期に行政と民間の連携態勢を整えてほしい。

（聞き手・森本尚樹）＜神戸新聞提供・随時掲載＞

※阪神・淡路大震災を経験した神戸新聞（本社・神戸市）が、熊本地震を機に始めた連載「阪神・淡路から熊本へ提言」を、随時転載します。

うと・さちこ　1996年、東京から兵庫県に転居。以来、NPO法人「阪神高齢者・障害者支援ネットワーク」に参加し、被災者支援を続ける。昨年、名称を一部変更し任意団体となり、代表に。神戸市東灘区在住。

コンビニ2位 ローソン

IT駆使の次世代店舗に

常時売れ筋陳列…今月にも実証実験

コンビニ2位のローソンが、膨大な購買データの解析やタブレット端末などのITを駆使した「次世代型コンビニ」への転換を11月から加速させる。売れ筋の商品が常に並び、従業員も働きやすい店舗づくりを目指し、5月中にも首都圏の1～2店舗で実証実験を始める。

業界では3位のファミリーマートが9月、サークルKサンクスを展開するユニーグループ・ホールディングスと経営統合し、1万8千店近くに拡大する。約1万2千店のローソンは店舗数では3位転落が確実。IT化によって収益力の指標である1店舗当たりの1日の売上高（平均日販）で2位を死守する考えだ。

基盤となるのは、昨年導入した「半自動発注システム」だ。ポイントカード会員の購買履歴や天候、似た店舗の売れ筋など約100項目を1日に約3万5千回分析。本部は加盟店ごとに最適な商品や数量を提案し、店主らは自らの経験などを加味して発注する仕組み。

加えて、今年11月から来年度にかけて全店舗にタブレットを2台ずつ配り、既存端末より商品を発注しやすくする。タブレットには各従業員が何時にどんな仕事をすればいいか案内する機能も盛り込む。働き始めや高齢の人も効率よく棚の整理や清掃ができるようにして、その分、接客や店内調理の時間を増やす。

外国人客の増加で従業員が精算時に戸惑う場面が多くなっており、来年11月以降は多言語に対応したレジのシステムも導入し、年齢確認などをしやすくする計画だ。

ローソンの次世代型店舗のイメージ

社会・経済

ご購読申し込みは ✆（0120）374625　広告の問い合わせ 096（361）3346

四季の森　土肥あき子

ほとゝぎすなべて木に咲く花白し　篠田悌二郎

コブシ、モクレン、ヤマボウシ。春から夏にかけての木々には美しい白い花が多い。自然界では白い花が3割以上というが、昆虫に受粉の媒介をゆだねる関係では、一にも二にも認識してもらわなければならない。白色は清楚の代表でもあるが、暗色に茂る葉のなかにあってもっとも目立つ色となる。空気を切り裂くようなホトトギスの鋭い鳴き声が、夜目にもくっきりと浮き上がる白い花に重なっていく。

2016・5・9

ハワイの高架鉄道 納入車両お披露目

日立グループ

日立製作所グループが納入した車両（日立製作所提供、共同）

【ホノルル、ニューヨーク共同】日立製作所グループは、2018年に一部区間が開業する米ハワイ・ホノルルの高架鉄道に納入した無人運転列車の第1編成（4両）を現地で公開した。21年の全線開業後はホノルルの中心街などを走行し、ハワイを訪れる日本人観光客の利便性も高まりそうだ。

公開したアルミ製の車両は、ハワイの虹をイメージしたカラフルな外観。海に近い行楽地を走行するため、サーフボードや自転車を収納できるスペースも設けた。日立がイタリアの複合企業フィンメカニカから昨年買収した鉄道車両事業（現日立レールイタリア）が設計、製造。20年までに全部で20編成、計80両を納入する。

高架鉄道は、ホノルル高速鉄道輸送機構が手掛ける。

◆東京市場（9日）			
円相場（正午）	対ドル	107.31－107.33円（0.37円安）	↘
	対ユーロ	122.29－122.31円（0.16円安）	↘
株式（前場終値）	日経平均	1万6193.47円（86.75円高）	↗
	TOPIX	1305.79（7.47ポイント高）	↗

1　3版　平成28年(2016年)5月10日　火曜日　熊本日日新聞　(昭和17年4月1日第3種郵便物認可)　第26643号　日刊

熊本日日新聞
発行所 熊本日日新聞社
〒860−8506
熊本市中央区世安町172
代表(096)361−3111
© 熊本日日新聞社 2016年

5月10日 火曜日

新しい友 縮まる「距離」

南阿蘇・立野の避難児童ら 大津小へ

緊張、不安…徐々に笑顔

緊張のち時々笑顔の一日だった。熊本地震で阿蘇大橋が崩落し、南阿蘇西小への通学が難しい南阿蘇村立野地区の児童は9日、村境を越えて隣町の大津小へ。不安を胸に学校生活を再開したが、新たな友達を見つけて教室を駆け回った。

昼休み中、クラスメートと椅子取りゲームで盛り上がる5年生の古閑大地君（右）＝9日午後1時40分ごろ、大津町の大津小（高見伸）

南阿蘇西小から、大津小に通学先を変更したのは1〜6年生の21人。同日午前8時20分ごろ、大津小の図書室に保護者とともに集まった。「ワクワクはほとんどない。友達ができるか、不安」。菊陽町や大津町で避難生活を送る5年生の古閑大地君(10)は、表情をこわばらせた。

新しいクラスは5年3組。南阿蘇西小で同級生だった神崎桐子さん(10)、下村龍之介君(10)と机を並べ、教室の1番後ろの列で授業に臨んだ。

「問題を解けた人は手を挙げて」。算数の授業で先生が問い掛ける。「はい」と勢いよく手を挙げた大津小の児童とは対照的に、古閑君ら3人は恐る恐る小さく手を伸ばした。緊張は解けぬまま、給食の時間も会話は弾まなかった。

大津小の児童と一気になじんだのは、昼休みの椅子取りゲーム。「習い事をしてる人」「生き物を飼ってる人」など、お題に当てはまる人が立ち上がって、椅子を取り合うルールだ。

1カ所に固まりがちな3人。ゲームが進むにつれ、心がほぐれたのかバラバラになっていく。古閑君も大声を上げ、椅子を目指して猛ダッシュ。自然な笑顔が弾けた。

6時間目を終え、下校の時間。南阿蘇西小の3人と大津小の児童の「距離」は確実に縮まって見えた。「まだ違和感はあるけど、少しはうまくやれそう」と古閑君。迎えに来た父親の英二さん(47)は「朝とは様子が大違い。驚きましたが、安心しました」とわが子を見つめた。

大津小の吉良智恵美校長(60)は「両校の児童はそれぞれ地震で怖い思いをしたから、同じ気持ちで学校生活を送れる。一緒に元気になれるように頑張ってほしい」と温かく見守る。（九重陽平）

益城、南阿蘇など学校再開

熊本地震で休校した小中学校のうち、甚大な被害を受けた益城町や南阿蘇村など8市町村の62校が9日、再開した。久しぶりに登校した子どもたちの歓声が学びやに響いた。県内小中高校の休校は11日までに解消する。

【23面に関連記事】

益城町では全ての小学校5校と中学校2校が再開。校舎の渡り廊下が倒壊するおそれがある木山中は、益城中央小に間借りした。

周辺で多くの家屋が倒壊した広安小は在籍する712人のうち、町外へ避難するなどしている児童を除く621人が登校。がれきが脇に残る危険な道路を避け、教員が集団登校の児童を誘導した。

子どもたちは教室で犠牲者に黙とう。田中元校長(54)が校内放送で「みんなが元気になり、笑顔が戻ることを全国の人たちが願っている。力を合わせ、一歩一歩進みましょう」と呼び掛けた。

地震発生時の避難訓練もあった。車中泊を続けている4年の東町美咲さんは「勉強をできる場所がなかったので、早く先生から教えてもらいたい」と学校生活にやる気を見せていた。

休校してきた小中学校のうち、熊本市は残る77校が10日に、西原村の全3校は11日に再開。県立と熊本市立の17高校の休校も10日に解消する。（池田祐介、福井一基）

友達と会って笑顔を見せる広安小の児童ら＝9日午後1時50分ごろ、益城町馬水（岩崎健示）

「非常災害」きょう閣議決定

首相表明 阿蘇大橋復旧は国代行

安倍晋三首相は9日、首相官邸で開かれた非常災害対策本部会議で、熊本地震を大規模災害復興法に基づく「非常災害」に指定する政令を10日に閣議決定すると表明した。13日に公布、施行する。地震で被害を受けた道路や河川など自治体の復旧事業を国が代行できる。政府は、崩落した阿蘇大橋（南阿蘇村）の復旧を、管理者の県に代わり国が実施することも公表した。【2面に関連記事】

東日本大震災を受け、2013年に制定された大規模災害復興法の適用は初めて。県は国に代行してもらう事業として、県道熊本高森線の俵山バイパス、阿蘇長陽大橋を含む南阿蘇村の村道栃木〜立野線、熊本市沿岸の県管理堤防などを要望。今後、国と調整を進める。

同法は、地方自治体が管理する道路や港湾などの復旧事業を国が肩代わりすることで、自治体が被災者支援などに集中できるようにする。費用は従来通り国と地方で負担するが、政府は熊本地震を激甚災害に指定し、復旧事業に対する国の補助率を引き上げることを決めている。

国道325号の阿蘇大橋の復旧は道路法に基づき、国が直轄事業として取り組む。費用の一部は県が負担する必要があるが、県は「負担が極めて大きい」として支払い免除を要望。国管理の国道57号と一体的な早期復旧を求めている。（山口尚久、並松昭光）

ズーム

大規模災害復興法　大地震や津波といった大規模災害からの復興の手順や、自治体支援の方策をあらかじめ定めた法律。東日本大震災での政府対応の遅れを教訓に、2013年に施行された。政令で「非常災害」に指定すると、国は、被災自治体の求めに応じて道路や河川堤防などのインフラ復旧事業を代行できる。さらに被害規模が大きい「特定大規模災害」になると、首相をトップとする復興対策本部が基本方針を策定。これを基に、被災自治体は復興計画を作ることができる。

支えあおう熊本　いま心ひとつに

復興補正予算 17日成立へ

自民党の佐藤勉、民進党の安住淳両国対委員長は9日午後、国会内で会談し、熊本、大分両県を中心とした地震の復旧・復興へ向けた2016年度補正予算案を16日の衆院本会議で採決する日程で合意した。16日中に参院へ送付され、17日の参院本会議で成立する。18日に党首討論を開くことでも一致した。

【3面に関連記事】

政府は補正予算案を13日に閣議決定し、国会に提出する。13日の衆参両院本会議で審議入りし、16日の衆院予算委員会、17日の参院予算委員会に安倍晋三首相がそれぞれ出席して質疑を行う。

民進党は早期成立に協力する一方、地震対応で延期された党首討論を開催するよう求めていた。

会談で佐藤氏は、6月1日に会期末を迎える今国会について「現時点で延長の予定はない」と説明した。今月26、27両日の主要国首脳会議（伊勢志摩サミット）を控え、両氏は各委員会での会期末処理を前倒しで進めていくと申し合わせた。

その後、自民党の吉田博美、民進党の加藤敏幸両参院国対委員長も電話で協議し、補正予算案を17日の参院本会議で採決する方針を確認した。衆院の小選挙区定数「0増6減」を柱とする公選法などの改正案については、与党は20日までの成立を目指している。

がんばろう熊本　地震被災者応援メッセージ

県民としての誇りを

復旧支援に全国各地から多くのみなさんに来熊していただき、感謝で胸の熱くなる日々です。その支援に応えるためにも、被災者のみなさん、ゴミ出しルールを守りましょう。熊本県民としての誇りを持ちましょう。（東区のおばば・53、熊本市）

2016.5.10

新生面

季節は淡々と移り変わる。当たり前だが、人間の事情など知らぬげだ。「母の日」にスーパーの花売り場でアジサイを買った▼人出は普段より多いほど。花の人も戻ったようだ。熊本市内はきょう全ての公立学校で授業が再開する。一方で、カップ麺や毛布を後部座席に積んだままの車を見ることも多い。今も多くの避難者が、不自由な暮らしを強いられていることを忘れまい▼季節の巡りに戻りつつある日常だが、以前のままの日々ではない。千人の被災者には千通り、1万人の避難者には1万通りの物語がある。日常で顔を合わせ、どんな言葉を交わせばいいか、気後れしてつい口が重くなることもある▼そんな時は花束を―と朝のテレビから宇多田ヒカルさんの歌声が聞こえる。♪どんな言葉でも　真実にはならないから　今日は贈ろう　涙色の花束を君に♪（「花束を君に」）。言葉が耳に遠くても、歌や詩なら心に届き、潤すこともあるのだと思う▼絵にも同じ働きがある。本紙は一昨日と昨日、漫画家やイラストレーターが描いた「くまモン頑張れ絵」を特集した。熊本地震の被災者を励まそうと、ちばてつやさんや熊本市出身の尾田栄一郎さんらがネット上に公開した▼九州はじめ東京から中国まで、連絡のついた全員が掲載を快諾してくれた。電話やメールのやりとりを通じて伝わってきたのは、一枚の絵に込められた被災地への強い思いだ。計17作品はネット全体の一部であるけれど、紙面でつくる花束になってくれたろう。

熊本地震発生以降の地震回数

（9日20時現在、気象庁速報値。4月16日2時以降は大分県含む）

午前1:25 震度7(M7.3)
午後9:26 震度7(M6.5)
震度 1 2 3 4 5 6 7
(回) 0〜220
14 15 16 17 18 19 20 21 22 23 24 25 26 27 28 29 30 1 2 3 4 5 6 7 8 9
4月　5月

熊本地震 特別紙面

◇お断り　「きょうの天気」は2面に移しました。

地元負担ゼロへ特別法を
蒲島知事 政府に要望

安倍首相に要望書を手渡す蒲島郁夫知事（左）＝9日午後、首相官邸

蒲島郁夫知事は9日、熊本地震からの復旧復興に向け、国庫補助事業の地方負担分や補助対象にならない地方独自事業を特別交付税で賄うなど、被災自治体の事業費負担を実質ゼロにする特別法を制定するよう政府に要望した。

この日、官邸であった政府の非常災害対策本部会議に蒲島知事も出席。「県や市町村の財政基盤は極めて脆弱だ。激甚災害に指定されても負担分が残り、自治体は財政破綻しかねない」と強調。復興には長期間がかかるため「特別な立法措置で、中長期的な財源確保をお願いしたい」と述べた。

これに対し、安倍晋三首相は「被災自治体が復旧復興するまで全面的にバックアップする」と表明。ただ、特別法制定の可否については言及しなかった。

蒲島知事は、同会議に先立って安倍首相と面会。農林水産省や国土交通省など、関係省庁の大臣や自民党幹部にも要望した。（山口尚久）

366項目の対策「国責任で早急に」

県は9日、政府に提出した熊本地震に関する緊急要望書の内容を発表した。復旧復興に取り組む被災自治体の財政負担を実質ゼロにする特別立法をはじめ、関係省庁別に計366項目の対策を求めた。

要望は、熊本地震を「県政始まって以来未曽有の大災害」と強調。被災者支援、県民生活と地域社会の回復、インフラの復旧、経済と産業の再生などについて、国の責任で早急に万全の対策を取るよう求めた。（蔵原博康）

主な緊急要望項目

【被災者支援】仮設住宅の早期確保、生活再建支援金（最大300万円）の増額と交付対象の拡大。

【国の直轄代行】崩落した阿蘇大橋を含む国道325号、県道俵山バイパス、農地海岸保全施設。

【災害廃棄物処理】東日本大震災に準じた国庫補助率かさ上げと補助対象の拡大。

【公共土木施設】梅雨前の早期対策、補助対象の拡大、事務簡素化と技術支援。

【医療・福祉】地域医療体制を再構築するための全額国庫による基金創設。

【地域産業】中小・零細企業の施設や設備の復旧に係る補助制度の創設、税の軽減。

【雇用・就業】雇用調整助成金制度の拡充、雇用保険の給付日数延長、県内へのUIJターン就職支援。

【農林水産業】損壊したハウスや畜舎への2014年大雪災害を上回る支援。

【文教環境】公立校と私立校で格差がない復旧・運営支援。

【観光業】九州全体の需要回復とイメージ改善に向けた情報発信、経営支援強化。

【公共交通網】熊本空港ビルの復旧支援、鉄道の不通に伴う児童生徒のバス通学支援。

【被災自治体】専門的知識を持った人材の継続的派遣、行政職員の受け入れ経費への補助制度創設。

【公共施設】激甚災害指定で財政措置がない被災行政庁舎への補助制度創設。

【文化財】熊本城、阿蘇神社などへの補助率かさ上げ、国指定以外の文化財への補助拡大、阿蘇くじゅう国立公園への対応。

【社会資本整備】九州中央自動車道、中九州横断道路など骨格幹線道路整備、八代港と熊本港の耐震強化。

【新たなまちづくり】区画整理や道路整備など「創造的復興」に向けた総合的支援。

見守り強化で孤立防ごう
避難者の健康支援
社説

熊本地震発生からやがて4週間を迎える。今も1万2千人近くが避難を続けており、1300回を超える余震は収まる気配がない。避難生活の長期化は避けられず、蓄積した疲労やストレスで「限界」と感じる人もいるだろう。震災関連死をこれ以上増やさないためにも、今後は健康や命を守る支援がより重要になる。

気温が上がるこの時期、とりわけ注意が必要なのが食中毒だ。熊本市中央区の城東小でも、避難者らがおう吐や下痢の症状を訴え救急搬送された。市保健所は9日、昼食で配られたおにぎりが原因の食中毒と断定。全員回復に向かっているものの、症状を訴えた人は34人に上るという。

避難所での食中毒予防については、厚生労働省が策定した運営者に向けたガイドラインがある。「食事の前やトイレの後は、流水で必ずよく手洗いする」「配った食品は早めに食べてもらう」「加熱が必要な食品は中心部までしっかり加熱する」など、支援に携わるボランティアも、注意を怠らないようにしたい。

地震発生直後から問題となっているエコノミークラス症候群の入院患者も増えている。現在の患者数は49人で、県は「避難生活が長期化しており、今後も患者数が増える可能性が高い」と警戒している。患者の年代別では65歳以上が31人と、高齢者の発症が目立つ。小まめな水分補給が大切である。今後増えそうな熱中症予防にも有効だ。

震災後はストレスや睡眠不足が加わり、血圧も上がりやすい。東日本大震災など過去の震災でも急性心筋梗塞や心不全、脳梗塞などの増加が報告されている。減塩に努めた食事や適度な運動などに注意を払わなければならないが、意外に見落としがちなのが睡眠の重要性だ。

日本循環器学会など3学会は、「6時間以上の良質な睡眠の確保」を勧め、避難所でも夜間は消灯し、アイマスクや耳栓、マットレスなどで睡眠環境を改善するよう求めている。余震で起こされることも多く、睡眠の質は低下しがちだ。自分でできる工夫を心掛けたい。

1995年の阪神大震災では、900人以上が震災関連死で亡くなり、持病の悪化で亡くなる高齢者が目立ったという。熊本地震で関連死の疑いがあるのは18人。これ以上増やさないためには、避難者一人一人の見守りを強化し、孤立を防ぐことが重要だ。

医師や保健師ら医療関係者による定期的な巡回相談や見守り体制の確立が急務となる。特に今回の地震では、指定の避難所ではなく車中泊を続けるケースが問題視されている。こうした人たちにも支援の情報を適切に届け、健康不安にも丁寧に耳を傾ける相談体制の構築が求められる。

学校の再開で避難所を移り、新しい環境に身を置く避難者も少なくない。一人一人が声を掛け合うことで、救える命はもっと増えるはずだ。

2016.5.10

射程　無理は禁物、ゆっくりと

大型連休が明け、県内は地震の影響で休校していた被災地の学校が続々と授業を再開し始めた。おおそ1カ月の空白期間を経ての、新学期の再スタートである。久しぶりに登校する子どもの後ろ姿を見届けながら「また一つ、日常が戻った」と安堵し、生活再建に向けての決意を新たにした住民も多かろう。

とはいえ、無理は禁物だ。ここまで子どもたちの心配もしながら慣れない避難生活を過ごし、自分でも気付かないうちに疲労をため込んでいる恐れがある。学校再開を機に緊張の糸が切れ、体調を崩してしまっては元も子もない。保護者もまずは心身をしっかり休ませて、ゆっくりと少しずつ日常を取り戻していくことが肝要だ。

大型連休中は、遠方から駆け付けた親族やボランティアの応援に励まされ、せかされるようにがれき撤去や家財道具の片付けに奮闘した人も多かったはずだ。しかし、今後は応援部隊の数も減っていく。被災者にとっては、つらく厳しい"踏ん張りどき"がしばらく続きそうだ。

長期戦を覚悟し、家族や気の置けない友人と声を掛け合い、自分なりのペースで問題を解決していきたい。何より大事なのは、問題を一人で抱え込まないことだ。行政にも積極的に相談し、解決策を探りたい。

登校を再開した児童生徒も、この1カ月間は緊張と不安の日々だったに違いない。地震によって大切な物や時間を奪われ、新学期前に描いていた目標を見失いかけている子どももいることだろう。

再開した学校での生活や友達との何げない会話が、心を落ち着かせ、笑顔と希望を取り戻すきっかけになればと思う。ただ、それぞれの学校も、元通りのリズムを取り戻すにはかなりの時間が必要だろう。しばらくは地域の大人たちもスクラムを組み、子どもたちの心の回復を見守りたい。（花立剛）

大型Q&A「大規模災害復興法」
国が復旧工事代行　自治体は被災者支援集中

安倍晋三首相は9日、熊本地震を大規模災害復興法に基づく「非常災害」に指定する政令を10日に閣議決定すると表明しました。これにより国が地方自治体の復旧工事を代行できるようになります。【1面参照】

Q　大規模災害復興法とは何ですか。

A　2011年の東日本大震災をきっかけに、13年に制定された法律です。大規模な災害を受けた地域の速やかな復興を目指し、国や自治体が復興に取り組む手順や特例を定めています。

Q　どんな工事を代行できるのですか。

A　自治体が管理する道路や港湾、空港などインフラの復旧工事を国ができます。同法の特例の一つです。非常災害に指定後、都道府県や市町村から要請があれば可能になります。

Q　自治体にとってのメリットは。

A　負担が軽減できます。被災した自治体では、インフラ復旧のほかにも避難所の運営や仮設住宅の建設、がれきの処理など、たくさんの仕事が発生します。道路や橋などの復旧を国に任せることで、自治体は被災者の支援に力を注ぐことができます。

また、壁面が崩落したトンネルなど技術的に難しい工事では、専門的な知識を持っている国が進めた方が、早期の復旧につながります。

Q　財政面でも支援措置があるのですか。

A　大規模災害復興法は被災自治体への財政支援を盛り込んでいませんが、別に激甚災害法があります。激甚災害に指定されると、自治体が実施するインフラや農業関連施設の復旧工事で、国の補助率が通常より1～2割引き上げられ、事業によっては9割程度を補助金で賄えます。国が工事を代行しても支援は適用されます。政府は4月25日に熊本地震を激甚災害に指定済みです。

Q　より大きな災害が起きた場合はどうなるのですか。

A　大規模災害復興法では、東日本大震災クラスの災害を「特定大規模災害」と呼んで区別しています。

Q　特定大規模災害に指定されるとどうなりますか。

A　東日本大震災では、国の対応の遅れが指摘されました。その教訓から政府が早急に態勢を整え、被災地の復興に取り組みます。首相を本部長とする復興対策本部を設置し、復興推進の基本方針を策定。基本方針に沿って都道府県や市町村が復興計画を作ります。

自衛隊統合部隊に防衛相が解散命令

中谷元・防衛相は9日、熊本地震を受け設置した陸海空各自衛隊による統合任務部隊を解散する命令を出した。今後は陸上自衛隊西部方面隊（熊本市）を中心とした活動に切り替え、1万3千人態勢とする。現地での輸送や給水など自衛隊による支援の必要性がピーク時から低下したことが理由だとしている。

統合任務部隊は4月16日に編成。最大2万6千人が捜索活動や被災者支援に従事。現行は2万1千人態勢だった。

きょうの天気

10日は低気圧や前線の影響で雨、雷を伴い激しく降る所も。土砂災害に引き続き警戒を。南西の風、波は熊本、芦北0.5のち1メートル、天草1のち2メートル。11日は北西の風、雨のち曇り。波は熊本、芦北1のち0.5メートル、天草2のち1メートル。

（凡例：のち／一時、時々／%　降水確率／①～⑤　紫外線）

10日9時予想図

	荒尾玉名	山鹿菊池	甲佐山都	阿蘇	熊本	八代	人吉	水俣	天草
紫外線	1	1	1	1	1	1	1	1	1
気温	18～23℃	18～24℃	19～25℃	17～21℃	19～23℃	19～24℃	18～24℃	19～25℃	17～24℃
朝	90	90	90	90	90	90	90	90	90
昼	90	90	90	90	90	90	90	90	90
夜	90	90	90	90	90	90	90	90	90

あすからの8日間　予想は熊本地方

11(水)	12(木)	13(金)	14(土)	15(日)	16(月)	17(火)	18(水)
16～23℃	14～27℃	16～27℃	17～28℃	18～28℃	18～26℃	19～29℃	17～21℃
60	20	10	20	20	40	40	50

映画案内

5月10日(火)

凡例　★…上映中　☆…もうすぐ上映開始　▶…お知らせ

新市街　Denkikan　☎096(352)2121　http://www.denkikan.com/
ロバートキナ 孤高の白鳥①10:00
スポットライト 世紀のスクープ ①11:50②14:10③16:30
▶アカデミー賞作品賞&脚本賞受賞作

熊本市大江　シネプレックス熊本　☎0570(783)087　http://www.unitedcinemas.jp
4月14日(木)に発生した大規模な地震の影響により、営業を見合わせております。営業再開は未定です。

天草市　本渡第一映劇　☎0969(23)1417　http://daiichigeki.iinaa.net/
★本日はレディースデイ(女性千円)★ベトナムの風に吹かれて①10:30②12:50③15:10④19:20☆最愛の子⑤・母と暮せば14日～☆パリ3区の遺産相続人⑤28日～

新市街　桃(もも)劇場　☎096(355)2231　http://www.momoten.org/
＜ポルノ/映画毎週3本立・18才未満不可＞今週の女優～伊東紅 他★休日(火)と(木)は女装の方￥500▶駐車の方と60才以上￥1000 ※ベスト電器～ワシントン通り入る30m

3D映画について
○ご購入料金・3Dメガネ代は各映画館によって異なります。ご確認のうえお出かけください。

料金	
一般	1,800円
大学生（一部例外有り）	1,500円
高校生以下（3歳以上、一部例外有り）	1,000円
60歳以上（一部例外有り）	1,100円

PG12　12歳未満の年少者には助言・指導などが必要
R15+　15歳以上がご覧になれます（15歳未満不可）
R18+　18歳以上がご覧になれます（18歳未満不可）

レイトショーについて
18歳未満の方は以下の点にご注意下さい。
Ⓐ終映が23時を過ぎる上映回には保護者同伴の場合でも入場できません。
Ⓑ終映が23時を過ぎない上映回には入場できます。
（熊本県の条例に基づく）

条件重なり倒壊多数

東西に横揺れ　軟弱地盤　付近に活断層

益城町調査　福岡大・古賀教授に同行

熊本地震で震度7が2度襲った益城町は、建物5400棟が損壊した。前震翌日の4月15日から被災建築物を調査している福岡大工学部の古賀一八教授（建築防災）に同行し、被災現場から見える熊本地震の特徴を追った。（上田良志）

九州自動車道に近い益城町福富地区。県道28号（熊本高森線）南側の住宅地を歩くと、家屋の多くに応急危険度判定の「赤（危険）」が張られていた。2階部分が落ち、1階を押しつぶした家も目立つ。大半はもう住めそうにない。

古賀教授は、墓石や灯籠の倒れた方角に着目した。「東西方向に近い横揺れが一番強かったようだ」。熊本地震を起こした断層は北東から南西に伸びており、両側に開く方向に動いたとみる。

一般住宅は南側に窓など開口部を多く設けるため、東西方向の横揺れに弱い。古賀教授は「南側の壁が大きく横に揺れ、多くの倒壊につながったのではないか」と指摘する。

新築から数年しかたっていないように見える住宅にも「赤紙」が張られた。建物自体に傷はなく、地震による地盤の変化で傾いたのが理由という。県道沿いに、1㍍ほど地中に沈み込んだ電柱があった。いずれも液状化現象の影響という。

古賀教授は「この一帯は川や扇状地を埋め立て、宅地化された。元の地盤が軟弱で、液状化しやすい。活断層も近く、被害が集中した」と分析する。

倒壊したブロック塀を調べる福岡大の古賀一八教授（手前）＝8日、益城町福富

ブロック塀　安全対策　不十分

住宅地の路地ではブロック塀の倒壊が目立つ。4月14日の前震で熊本市の男性(29)が下敷きになり、命を落とした。

古賀教授は、ブロック塀の裏側をのぞき込んだ。塀と直角に裏側から支える「控え壁」の有無を確認するためだ。ブロック塀の構造基準は1971年、改正建築基準法の施行令に明記され、控え壁のほか、基礎部分の鉄筋などを義務付けた。

古賀教授が調べた200カ所を超えるブロック塀のうち、建築基準法の要件を満たしていたのは3カ所にとどまる。ブロック塀の倒壊率でも、阪神・淡路大震災や東日本大震災などで20%ほどだったのが、益城町では50%を超す見通しという。

ブロック塀の倒れ方を踏まえ、古賀教授は「震度7が2回来たことが大きいとはいえ、行政、住民とも『大きな地震は来ない』と思い込んでいたのではないか」。8段積みで高さ1・6㍍のブロック塀は、幅1㍍で重さ300㌔に達する。「安全対策が不十分な塀は凶器に変わると認識すべきだ」と何度も繰り返した。

九州自動車道　235　益城町役場　28　福富　秋津川　益城町　益城中　熊本市　木山川

液状化現象で1㍍近く沈んだ電柱＝8日、益城町福富

河川の堤防　緊急工事終了

九州地方整備局　国管理水系172カ所

九州地方整備局は9日、熊本地震で被害を受けた国管理の緑川水系、白川水系、菊池川水系の計172カ所の緊急復旧工事を終えたと明らかにした。梅雨期に備えた応急処置で、本格的な復旧工事は梅雨明けに取り掛かる予定。

最も被害が大きかった緑川水系の緑川、加勢川、御船川、浜戸川の計127カ所は9日までに終了。白川水系の44カ所、菊池川水系の1カ所は、4月29日までに緊急工事を終えた。

堤防上の道路などに大きな亀裂や段差が生じたため、損壊部分を取り除いて堤防を造り直した。ほかの比較的小さな亀裂はセメントなどを流し込んで対応した。

同局は「あくまで応急処置。洪水予報の基準水位も引き下げて警戒し、梅雨期には見回りを強化し、警戒を強めていく」としている。今後、ボーリング調査や専門家の意見を踏まえて本格復旧を進める。

9日は熊本河川国道事務所の森田康夫所長が嘉島町役場を訪ね、荒木泰臣町長に緊急工事の終了を報告した。（益田大也）

救援物資の調達　国から県に移行

14日以降

蒲島郁夫知事は9日、食料や水など熊本地震被災者への救援物資について、地震発生から1カ月を迎える14日以降は県が中心となって調達する意向を示した。被災地の要望を待たずに国が全額負担して現地に送る「プッシュ型」支援は13日までとなる見通し。

蒲島知事は9日、政府の非常災害対策本部会議に出席し、「14日以降は県が避難者の要請に応じた支援をしていく」と述べた。

国は地震発生直後から災害対策基本法に基づく「プッシュ型」支援を実施。本震翌日の17日から25日までの9日間で約200万食を供給するなどした。ただ、県は時間の経過とともに物流が回復し、地元経済のためにも災害救助法に基づく県での調達を中心にすべきだと判断した。

災害救助法に基づく救援物資は原則、国と県が費用を折半する。（太路秀紀、岡恭子）

復興計画　9月策定めざす

熊本市　震災本部が初会合

熊本市は9日、地震被害の復旧・復興を進めるため、大西一史市長を本部長とする震災復興本部を立ち上げ、各局長や区長による初会合を開いた。復興計画の策定に向け、地域の代表などから意見を聞く「復興座談会（仮称）」を5月中にも開くことを決めた。

被災者支援や防災など七つの項目について、2019年度までの4年間で取り組む事業や財源などを復興計画に定める。9月の策定を目指す。

座談会は、計画に幅広い意見を盛り込むために開催。校区自治協議会長や避難所運営の協力者などが参加する「地域向け座談会」と、経済や農業などの団体でつくる「業界向け座談会」の2班に分けて意見を出してもらう。

このほか仮設住宅の入居者からの聞き取り調査を実施、有識者の会議も設置して意見を聞く。

大西市長は「台風対策などと比べると、大震災への対応は不十分だったと言わざるを得ない。災害ごみ処理など、課題に直面する今こそ庁内で議論して、改善点を出してほしい」と指示した。（高橋俊啓）

復興計画の策定に向け発足した熊本市震災復興本部＝熊本市役所

全国850病院　耐震不備

災害拠点の施設でも

厚労省調査

全国8477病院に対する昨年9月の厚生労働省の調査で、関連施設の全ての建物が震度6強以上を想定した耐震基準を満たしていると答えたのは7割弱で、1割に当たる全47都道府県の850病院は依然、耐震基準を満たさない建物があることが分かった。このうち災害発生時に24時間体制で傷病者を受け入れる「災害拠点病院」と、「救命救急センター」も、712施設のうち約1割で耐震基準を満たさない建物があると回答した。

熊本地震では、医療機関が損壊して診療に支障が出て、病院の耐震化の必要性があらためて浮き彫りになった。調査では耐震基準を満たさない病院が全国に点在している実情が判明。財源確保など課題は多いが、厚労省は国の補助金制度活用などによる耐震化促進を求めている。

同省の調査は2008年以降、東日本大震災があった11年を除き毎年実施。昨年は9月時点の状況について、対象の全8477病院から各都道府県を通じて回答を得た。

その結果、「全ての建物に耐震性がある」としたのは69・4%の5880病院。県内は62・6%の134病院で全国で7番目に低かった。これに対し「一部の建物に耐震性がある」が8・5%の719病院（県内9・8%、21病院）、「全ての建物に耐震性がない」が1・5%の131病院（同0・5%、1病院）だった。

建物に震度6強の地震でも倒壊しない強度を求めた現行の耐震基準は、建築基準法に基づいている。

ズーム

災害拠点病院　地震やテロなどの災害発生時に24時間体制で傷病者を受け入れる医療機関で、都道府県が指定する。災害派遣医療チーム（DMAT）を持つことや、病院敷地内や近くへのヘリポート確保などが指定要件になっている。東日本大震災では建物の損壊や通信手段の断絶、食料や医薬品の備蓄が尽きるなどの課題が露呈し、国は震災後、耐震性の強化を義務付けている。

耐震化の状況

%　90　80　70　60　50
災害拠点病院など
全病院
2008年　09　10　12　13　14　15

※全ての建物に耐震性のある病院の割合。東日本大震災の影響で11年の数字はなし

与野党　参院選モード

震災復旧 補正予算成立へ　国会事実上閉幕

自民、民進両党は9日、熊本地震の復旧・復興のための2016年度補正予算案を17日に成立させることで事実上合意した。安倍政権は6月1日が会期末の今国会を延長しない方針で、終盤国会では対決型の法案審議も行われない。今月18日の党首討論がヤマ場となりそうだが、与野党は夏の参院選に向けて場外戦へと徐々に態勢をシフトし、存在感の誇示に躍起だ。

【1面参照】

「被災者の不安な気持ちに寄り添いながら、できることは全てやる。一日も早い復旧・復興に全力を挙げたい」。安倍晋三首相は9日の自民党役員会で、視察した被災地の現状に触れ、対策に万全を期すよう指示した。今国会は「閉幕したようなもの」（閣僚経験者）で、首相は26、27日の主要国首脳会議（伊勢志摩サミット）と参院選に照準を定める。

想定される終盤国会の関連日程

2016年5月13日	16年度補正予算案を閣議決定、国会に提出
14日	熊本地震発生から1カ月
17日	補正予算成立
18日	党首討論
中旬	衆院選挙制度改革関連法成立
26、27日	三重県で主要国首脳会議（伊勢志摩サミット）
下旬	骨太方針、1億総活躍プランを閣議決定
6月1日	通常国会会期末
7月10日？	参院選投開票

最前線《

与党は環太平洋連携協定（TPP）関連法案など、野党から批判を浴びかねない案件の処理を回避。サミットの成果を世論にアピールし、夏の陣になだれ込む戦略を描く。

首相と民進党の岡田克也代表による今国会初の18日の党首討論では「補正予算成立など、有事への即応力を国民に示す」（官邸筋）算段だ。

民進党も参院選モード全開だ。枝野幸男幹事長は8日の支援者向け会合で「今国会はほぼ終わった。連休明けから選挙戦スタートだ」と力説した。岡田氏は4月29日から、東京や地元三重を含め7都県を駆け巡り、他の幹部も各地の候補者応援に回った。

一方、国会で政権に攻勢を掛ける機会は残っていないのが実情。枝野氏自身も「与野党で激しく戦うテーマはない」と認める。その中で重視するのが党首討論だ。

党首対決に先立ち、今年1～3月期の国内総生産（GDP）速報値が発表される。党関係者は数値が振るわないと予測した上で「岡田氏は『アベノミクスは失敗だ』と追及してほしい」と語る。憲法改正に関しても首相との違いを際立たせ、参院選に追い風となる論戦を党内は期待する。

内閣不信任決議案も懐に忍ばせる。具体的な検討にはまだ入っていないが、甘利明前経済再生担当相の金銭授受問題や、TPPの交渉過程の不透明さを疑問視し、提出できるか慎重に見極める。

小林節氏　参院選出馬へ

政治団体設立、比例で

安全保障関連法を「違憲」と指摘する憲法学者の小林節慶応大名誉教授(67)が9日、東京都内で記者会見し、近く政治団体「国民怒りの声」を設立し、夏の参院選に比例代表から立候補すると表明した。「反安倍政権」の政策を訴え、候補者を公募して計10人の擁立を目指すという。

基本政策は安保法廃止、言論の自由の回復、原発廃止、憲法改悪阻止など7項目。小林氏は「安倍政権は公然と憲法を破り、立憲主義の危機だ。（既存野党とは別の）第3の旗を立てる」と述べた。

公選法で選挙運動ができる「確認団体」となるために、小林氏も含め候補者10人の擁立を目標とする。供託金や選挙資金は、ネットで寄付を募ることを検討している。

小林氏は野党が比例代表に統一候補を擁立する「統一名簿」方式を呼び掛けていたが、一部議員の反対で頓挫したため団体を設立することにしたという。「民主党政権時代の失政を許せず、共産党に投票する気にもなれない多数の有権者の代弁者になる」と強調した。

「国民怒りの声」の設立を表明した小林節慶応大名誉教授＝9日午後、東京・内幸町の日本プレスセンター

参院選フラッシュ

▼渡辺喜美氏、おおさか維新からの出馬要望

おおさか維新の会の松井一郎代表（大阪府知事）は9日、大阪市の党本部で旧みんなの党の渡辺喜美元代表と会談した。渡辺氏は、おおさか維新の比例代表候補として夏の参院選に立候補したいと要望したが、松井氏は14日の役員会で協議する意向を示した。

会談後、渡辺氏は「みんなの党もおおさか維新も改革マインドは一緒。維新は大阪で実績も残している」と記者団に説明。その上で「第3勢力を伸ばしていこうということで一致した」と語った。

▼大分、民進足立氏に一本化へ

共産党大分県委員会は9日、参院選大分選挙区（改選数1）に擁立した新人の山下魁氏(39)を取り下げる方針を固めた。民進党で3選を目指す現職足立信也氏(58)の支援に回る予定で、野党候補は事実上、足立氏に一本化される。共産党県委幹部が明らかにした。

民進、共産、社民の県組織代表者は、10日に選挙協力を確認する書面に調印する。共産は山下氏を比例代表に移す。県委幹部は取材に「安倍政権の暴走を阻止するため、野党の団結が必要だと考えた」と説明した。

博士号未取得で「修了」

日銀・桜井審議委員の経歴

桜井真審議委員

日銀がホームページで桜井真審議委員の経歴を、大学院で博士号を取得していないにもかかわらず「博士課程修了」と記載していることが9日分かった。日銀は博士号の取得者を「経済学博士」などと明記し、桜井氏の経歴に関しては「一般的に博士課程修了と表記することがあると理解しており、これまでもそうしてきた」とし、学歴詐称ではないと説明している。

日銀によれば、岩田規久男副総裁に関しても同様の記載をしており、2人の学歴はいずれも「東京大学大学院経済学研究科博士課程修了」となっている。博士課程で必要な単位を取得したが、博士論文の審査を経て学位を取ることのないまま退学したという。

一方、文部科学省は大学院設置基準で、論文審査と試験の合格を博士課程修了の要件としている。今回のケースでは「単位取得退学」などとするのが適切だとしている。

桜井氏の経歴に関しては、一部週刊誌が詐称の疑いがあると報じた。菅義偉官房長官は9日の記者会見で「表現の正確性についての事柄だ。日銀において適切に対応していくと思う」と述べる一方、「国内外の経済金融政策について高い識見を有していることに変わりはない」と擁護した。

「辺野古反対」民意を伝達へ

翁長知事が訪米

沖縄県の翁長雄志知事は9日、米国、カナダ歴訪に向け成田空港を出発した。米国では、米軍普天間飛行場（同県宜野湾市）の名護市辺野古移設に反対する沖縄の民意を政府当局者らに直接伝える意向だ。翁長知事は那覇空港で開かれた出発式で、米国の上下両院議員やシンクタンク関係者との面談をワシントンで調整中だと明らかにし「会える場合はしっかりと伝えていきたい」と話した。翁長知事の米国本土訪問は昨年5～6月に続き2回目。安全保障政策の関係者らに辺野古反対を継続して訴え、理解を促す狙いがある。

きょうの歴史　5月10日

▽1985（昭和60）年　天皇陛下（昭和天皇）が阿蘇で開かれた全国植樹祭出席のためご来熊された。41年以来19年ぶり、通算6回目。

▽1948（昭和23）年　シベリア引き揚げ再開の第1陣で、県関係者43人が無事、帰還した。

小雨の降る中、熊本空港にお着きになった天皇陛下

熊本地震 ため息、落胆…

阿蘇市 漱石ゆかりの地 打撃

没後100年 宿泊の旅館被災

夏目漱石の小説「二百十日」の舞台となった阿蘇市のゆかりの地が、熊本地震で被害を受けた。記念碑などが倒れ、漱石をたたえる温泉宿も休業。今年は漱石没後100年の記念年でもあるだけに、関係者の落胆は深い。

漱石は1899（明治32）年の晩夏、阿蘇を巡り、その体験を基に「二百十日」を1906年に発表。内牧温泉や阿蘇神社、阿蘇五岳の麓の草原なども描いた。旅のさなかには多くの俳句もしたためた。

内牧の温泉宿「山王閣」は、漱石が泊まったとされる部屋を記念館として別棟に移し、保存してきた。しかし、今回の地震で展示物は落下し、壁が脱落するなどした。敷地内に立ち、高さと幅が約2㍍もある石の記念碑は上部が崩れ落ちた。

漱石が漬かったと伝わる山王閣の温泉は復旧せず、営業再開のめどが立たない。近く4代目の経営者になる工藤善雅料理長(31)は「漱石ファンから激励も届いている。公的な支援を受け、再建させたい」と気持ちを奮い立たせる。

「二百十日」の終盤に登場人物が道に迷った草原の舞台とされる坊中キャンプ場近くでは、文学記念碑（高さ約1・8㍍、77年建立）も倒壊。阿蘇神社も楼門や拝殿が全壊した。

内牧温泉街の明行寺は鐘突き堂が壊れたものの、小説のモデルとされる幹回り5㍍超の大イチョウが難を免れたのは幸いだった。

同温泉街は2012年の豪雨でも大被害が出た。同寺の大塚朋文住職(46)は4年前の被災も踏まえ、「漱石の記念年で、期待が地元で高まっていた。住民に虚脱感や喪失感が広がらないといいが…」とおもんぱかる。（岡本幸浩）

漱石が泊まったとされる山王閣の漱石記念館内は展示物が落下するなどした＝8日、阿蘇市

ルート寸断 客足激減 高森町

大型連休期間 予約ゼロも

連休中にもかかわらず、客の姿が見えなかった高森田楽村＝7日、高森町

熊本地震による土砂崩れや橋の倒壊で国道57号や俵山トンネルが通れず、南阿蘇村の東側にある高森町の観光に影響が出ている。8日までの大型連休中、例年は行列ができる名物の「高森田楽」の店には空席が目立ち、宿泊客も激減した。

国道265号近くの同町上色見の「高森田楽村」。27基のいろりの多くは火を消してある。店主で町観光協会長の後藤巌さん(48)は「いつもは忙しくて昼食がとれないほどなんですが…」と立ち尽くす。連休中の売り上げは、例年の1割ほどにとどまった。

県外客の多くは九州自動車道を降り、国道57号を通って南阿蘇村経由で同町に入っていたが、ルートは寸断した。「迂回路はあっても、観光客には『阿蘇地域には行けない』という印象が広がった」と後藤さん。

同町でペンションを営む早野慎哉さん(35)は「JR豊肥線、南阿蘇鉄道の寸断も痛い」と漏らす。連休中の予約はゼロだった。「余震が続き、お客さまに『安全です』とは言えない」

人気のリゾート宿泊施設「休暇村南阿蘇」も事情は同じだ。富永羊一朗支配人(49)は「現実は厳しいが、日常を取り戻したい」と話し、乗馬やトレッキング、酒蔵見学などを楽しむプランを検討中だ。（丸山宗一郎、藤山裕作）

山都町 通潤橋 損傷で放水休止

観光業者ら「死活問題」

山都町随一の名所の通潤橋は熊本地震の影響で、観光客が大幅に落ち込んでいる。橋の一部が傷み、人気の豪快な放水は休止が続く。大型連休中も人影はまばらで、観光関係者は「死活問題だ」と漏らしている。

通潤橋は国内最大級の石造橋だが、内部を貫く石管の継ぎ目の一部が地震で損傷。上部の通路には亀裂が走り、一帯が立ち入り禁止になった。

例年の大型連休は放水の見物客を集め、近くの道の駅通潤橋は満車になる。だが、今年は駐車場や周辺の商店街は閑散としていた。5日に訪れた宮崎市の平澤秀信さん(57)は「普段の連休は駐車すら一苦労するのに。放水を見られずに残念」と足早に立ち去った。

厳しい現状に商店主や観光業者は不安を募らせる。同道の駅の眞原誠駅長(47)は「売り上げは例年の2割。余震が続くので仕方ない」。減収を少しでも補おうと、福岡で出張販売もしたという。

道の駅前に出店を設けていた本田陽三さん(59)は「売り上げは真冬の平日にも届かない」。近くの飲食店主の田上博也さん(48)も「自粛ムードが響いたのか、予約の取り消しが続いた」と嘆く。

放水再開が見通せない中、町観光協会の山下泰雄会長(53)は「積極的に特産品を売り込むことで生き残るしかない。歯を食いしばらなくては」と気持ちを奮い立たせる。（臼杵大介）

「道の駅通潤橋」の駐車場。大型連休中は例年満車になるが、今年は閑散としていた＝5日、山都町

きょうの動き

■国内・国際■

▽四国電力伊方原発1号機が廃炉（愛媛県伊方町）

■県内■

▽「くまもと復旧・復興有識者会議」初会合（県庁）

■熊日主催・共催■

▽第69回示現会熊本展・第4回示現会熊本支部公募展（15日まで、県立美術館分館）

■首長の日程■

【蒲島知事】11時半　庁内打ち合わせ▽13時　来客応対▽13時半　庁内打ち合わせ▽15時半　くまもと復旧・復興有識者会議

【大西熊本市長】終日　地震災害に係る関係機関への緊急要望▽12時　自民党本部▽14時15分　文部科学省、文化庁▽15時半　農林水産省▽16時半　首相官邸

【山下荒尾市長】終日　災害警戒・対応▽8時半、9時　庁議▽12時　ランチミーティング▽13時半　荒尾商工会議所青年部義援金報告▽16時　庁議

【高嵜玉名市長】終日　沖縄出張（九州市長会）

【中嶋山鹿市長】終日　地震災害対応▽10時半　庁内協議

【江頭菊池市長】10時　市議会審議会▽14時　庁内協議▽15時半　来客応対

【荒木合志市長】終日　地震災害対応▽13時半　庁内協議

【佐藤阿蘇市長】地震災害対応

【元松宇土市長】地震災害対応

【守田宇城市長】終日　地震災害対応▽8時半　災害対策本部会議▽10時　市議会全員協議会▽13時半　地震対策各種団体合同説明会

【中村八代市長】上京中（国会議員への地震対策要望及び企業訪問）

【松岡人吉市長】終日　災害警戒・対応▽10時　災害見舞金贈呈▽15時半　社会福祉協議会協議会▽19時　東間校区公民館運営委員会総会

【西田水俣市長】災害警戒・対応

【中村天草市長】沖縄県南城市出張

熊本城復旧チーム設置

文科相表明 きょう初会合

馳浩文部科学相は9日、地震で被災した熊本城（熊本市）などの文化財の復旧に向け、省内に専門職員のプロジェクトチームを設置する方針を表明した。復興支援の要望で文科省を訪れた蒲島郁夫知事に明らかにした。

文化庁によると、チームは文化財部長をトップとし、文化財調査官らが被害状況の調査や応急措置の方法を協議する。10日に初会合を開く予定。

蒲島氏は馳氏との面会で「熊本城は県民の誇り。復旧復興のため全面支援を」と求めた。馳氏は「県民の心のよりどころなので、10年、20年かかっても元に戻す方針を掲げて対応したい」と応じた。

国指定文化財36%が被害 熊本市

熊本地震で全壊したジェーンズ邸＝4月16日、熊本市中央区

熊本市は9日、熊本地震による国・県・市指定文化財の被害状況をまとめた。熊本城を含め、国指定文化財は4割近くが被害を受けている。

被害件数は、▽国指定13件（被害率36.1%）▽県指定18件（同20.2%）▽市指定24件（同22.2%）。

甚大な被害があったのは▽東十八間櫓（国重要文化財）などが全壊、飯田丸五階櫓ほかの石垣が崩落した国特別史跡の熊本城▽全壊したジェーンズ邸（県重要文化財）▽一部倒壊した四時軒（市有形文化財、横井小楠記念館内）―だった。

このほか、熊本藩主細川家墓所・妙解寺跡（国史跡）では、妙解寺橋の欄干が崩落し、約100基の石灯籠が破損。同墓所・泰勝寺跡（同）も約70基の石灯籠が転倒した。またリデル、ライト両女史記念館など国登録文化財は、17件（被害率68.0%）に損傷が見られた。（飛松佐和子）

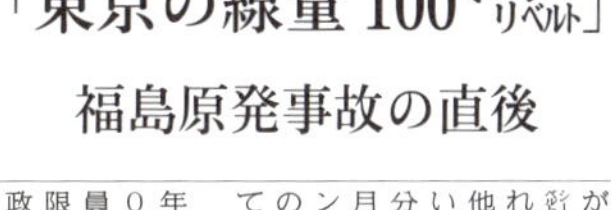

「東京の線量100ミリシーベルト」 米予測値

福島原発事故の直後

【ワシントン共同】オバマ米政権で科学技術政策を担当するホルドレン大統領補佐官が、東京電力福島第1原発事故の直後、放出された放射性物質の影響で、最悪の場合、東京での被ばく放射線量が「数週間で100ミリシーベルトを超える」恐れがあるとの予測値を示していたことが9日分かった。国務省が2月に公表したクリントン前国務長官の在任中の電子メールに含まれていた。

100ミリシーベルトは一般の年間被ばく限度の100倍。同事故収束作業員の5年間の被ばく上限に当たる。当時、米政府が最悪シナリオとして東京への放射性物質の飛散などを独自予測していたことは知られているが、具体的な線量や確率をはじめ米政権中枢部で議論していたことを裏付けた。

線量予測が示されたのは2011年3月11日の事故から約1週間経過した米東部時間17日付のメール。「3～12時間、放射性物質の放出が続き、福島からの風が吹き続ける」と仮定すれば、東京に向けた風が吹き続けるだろうと指摘。東京の線量が数週間で100ミリシーベルトになる危険性が1%、10～20ミリシーベルトの危険性が10%としていた。

当時、米政府は日本政府の指示を上回る第1原発80キロ圏からの退避を在日米国人に勧告していた。ホルドレン氏はメールで、事故が米国で起こり首都ワシントンで同じリスクが想定されれば避難勧告を出すかどうか助言する立場だろうと指摘。福島第1原発と東京は200キロ以上離れており、東京からの退避は当時の時点では必要ないとの判断だったとみられる。

ただ米当局は当時、米国人向け退避勧告の拡大を検討していたことが別の文書で分かっている。

伊方1号機 廃炉

四国電力 国内原発42基に減少

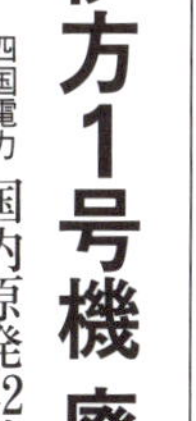

四国電力は10日付で、来年に運転開始から40年を迎える伊方原発1号機（愛媛県伊方町）を廃炉とした。国内の商業用原発は42基に減少。東京電力福島第1原発事故を踏まえ、原発の運転期間を原則40年と定めた規定に沿った措置だ。

関西電力美浜原発1、2号機（福井県）、九州電力玄海原発1号機（佐賀県）、日本原子力発電敦賀原発1号機（福井県）、中国電力島根原発1号機（松江市）に続き6例目となる。

四国電は10日に伊方1号機を発電設備から除外。今後、廃炉計画を作って原子力規制委員会に認可申請する。30年前後をかけて原子炉の解体作業などに当たる予定で、廃炉費用は約300億円と見積もっている。

伊方1号機は出力が56万6千キロワットの加圧水型軽水炉で、1977年に運転を始めた。四国電は運転期間を延長するためには1700億円を超える安全対策費がかかるなどとして3月に廃炉を決め、関係自治体に報告した。

一方、伊方原発を主要な電源の一つとする姿勢は変えておらず、7月下旬に3号機の再稼働を目指している。

伊方町は、1号機の廃炉によって、国から支給されている年間の電源立地地域対策交付金約13億円のうち、約3億～4億円が減少すると試算している。

NASAの太陽観測衛星がとらえた、太陽の前を横切る水星（中央左の黒い点）（NASA提供・共同）

◆水星、太陽を通過

【ワシントン共同】米国で9日、水星が太陽の前面を横切る「太陽面通過」という現象が観察された。水星は太陽の表面に黒い点となって現れた。

米航空宇宙局（NASA）によると、太陽の周りを回る地球の軌道に対し、水星の軌道は傾いているため、地球と太陽の間に水星が入って直線上に並ぶのは珍しい。100年に13回しかないという。

今回は米東部時間で午前7時すぎ（日本時間午後8時すぎ）から全米各地で望遠鏡による観察ができた。日本では夜の時間帯に当たるため見られなかった。

◆13年度、精神科で患者拘束1万人

精神科病院で手足をベッドにくくりつけるなどの身体拘束を受けた患者が2013年度、全国で1万229人に上り、10年前の2倍に増えたことが9日、厚生労働省の調査で分かった。内側から開けることができない「保護室」に隔離された患者も約3割増の9883人だった。

精神科病院での身体拘束などは精神保健福祉法上、本人や他人を傷つける恐れがあるなどと精神保健指定医が判断した場合に限定的に認められている。

◇法務省人事（10日）辞職　最高検検事　山下輝年

首相の動静 9日

【午前】11時24分、皇居。帰国の記帳。39分、官邸。41分、河野克俊防衛省統合幕僚長。

【午後】1時29分、熊本県の蒲島郁夫知事、松田三郎県議会議長らから要望書受け取り。47分、地震非常災害対策本部会議。2時9分、岸田文雄外相。50分、外務省の長嶺安政外務審議官、山田滝雄国際協力局長、相星孝一地球規模課題審議官。4時、知的財産戦略本部。28分、斎木昭隆外務事務次官。5時5分、国会。29分、同党の佐藤勉国会対策委員長、二階俊博総務会長、稲田朋美政調会長。6時48分、衆院第1議員会館の歯科診療室で治療。7時14分、東京・富ケ谷の私邸。

生き物こぼれ話 八代海編50

2016.5.10

トウネン

球磨川河口の干潟は2004年、シギ・チドリ類が飛来する国際的に重要な湿地として、国が協力して環境保全に取り組む東アジア・オーストラリア地域のネットワークに参加が認められた。日本の湿地で7番目だった。

渡り鳥のトウネンは、小型のシギの仲間。体重は20グラムぐらいしかない。この小さな体で、シベリアからオーストラリアまで1万キロ余りを往復するというから驚く。そして、長旅の途中で羽を休めて食事をする球磨川河口の干潟が、渡り鳥にとってかけがえのない"オアシス"だということを教えてくれる。（文・久間孝志、写真・白石久善）

くまにちプラネットにも掲載

車中泊 ６割「余震不安」

支援情報 届きにくく

民間グループ調査

「中長期の相談体制を」

熊本地震で車中泊を続ける避難者に理由を尋ねたところ、6割近くが「余震への不安」を抱えていることが9日、熊本市の民間グループ「こころをつなぐ『よか隊ネット』」（佐藤彩己子代表）の調査で分かった。行政から支援に関する情報を直接聞いていないと答えた人も8割を超え、情報が届きにくい環境にある実態も浮かび上がった。

グループは、東日本大震災で活動した社団法人など32団体でつくる。4月26日から5月4日まで熊本市や益城町、御船町の公園などの駐車場28カ所で131人から聞き取った。

車中泊を続ける理由は「再び大きな地震があるのではないかと不安」「余震が続き、自宅で寝るのが不安」を合わせた余震への不安が58・0％と最も多かった。次いで「自宅に大きな損傷があり、住める状態ではない」の26・7％が続いた。

車中泊をやめるためには「精神的な不安の解消」が42・7％で最多だった。

グループは同日、調査を踏まえ、県と熊本市に車中泊の実態把握などを求める要望書を提出。調査に携わった北九州市立大の稲月正教授は「個別訪問で実態把握や相談に応じる中長期的な支援体制が必要」と指摘した。

車中泊する避難者の車が100台以上集まる益城町のグランメッセ熊本で、幼子2人を連れて避難する同町のパート従業員の中村沙也加さん(25)は「子どもの夜泣きもあって迷惑を掛けると思い、避難所になっていた体育館を出た。年代や幼児連れかどうかなどでスペースを分けてもらえれば、避難所も気兼ねなく過ごせるのではないか」と話した。（中尾有希、中島忠道）

グランメッセ熊本の駐車場で家族と車中泊を続ける女性＝9日、益城町

被災者は思う

2016.5.10

就活 企業の配慮に感謝

永松裕平さん（22）＝大学生、熊本市中央区

4年生で就活中です。エントリーシート提出期限を延ばしてもらうなど、企業側の配慮に感謝しています。本震から約1週間は大学構内に避難していました。避難所ではエコノミークラス症候群を予防する体操の実演をボランティアでやっていました。9日に授業が再開した後も、時間を見つけ自分にできる支援をしていきたいです。

新しい友達つくりたい

島川結愛さん（6）＝小学1年、熊本市東区

小学校に入学してすぐ地震があったので、学校にはまだ2日しか行っていません。地震が起きた時は怖くて泣いてしまいました。今は毎日、自宅でお姉ちゃんと遊んでいます。10日に始まる学校が楽しみ。児童育成クラブではカードゲームやお絵かきがしたい。勉強も頑張りたいけど、新しい友達をたくさんつくりたいと思います。

熊本地震 現場から

随時掲載

本震の恐怖、今も

球磨支局　内海正樹

「また余震かな」。小刻みな揺れを感じた直後、体がひっくり返り、尻もちをついた。震度7の本震が起きた時、益城町役場の玄関先にいた。役場庁舎は揺さぶられて砂煙が上がり、足元の舗装には一気に亀裂が走った。建物が崩れる音が四方から聞こえた。

本震を体験した恐怖は、いまだに忘れられない。小さな余震でも心拍が速まる。1週間以上も目まいが続いたり、常に揺れているように感じたりした。

益城町には2回、取材に入った。特別養護老人ホームの避難所を助け合いながら自主的に運営する住民の姿勢に頭が下がった。熊本は物心両面で深い傷を負ったけれど、前に進む人々の決意や勇気を多く伝えていきたい。

ご近所のありがたさ

写真部　谷川剛

本震が襲った16日未明は、前震から続く夜通しの取材からようやく帰宅し、就寝した直後だった。屋外はガスの臭いが充満。近所の人たちと元栓を閉めて回り、みんなで安否確認し、近くの道路沿いに車で避難。妻と4歳の長男を車中に残し、仕事に向かった。

熊本市内の小学校の校庭や公園で、毛布をまいて身を寄せ合う多くの人たちが家族の姿と重なった。取材の合間、家族が移った避難所に向かい、子どもの寝顔を見て安心、再び現場に戻った。

その後は被害が大きかった益城町や南阿蘇村を回り、2日半、家を空けた。家族は近所の人たちにトイレの水くみや炊き出しなどで支えてもらったそうだ。ご近所のありがたさが身に染みた。

2016.5.10

県内大型連休中 交通事故死ゼロ

地震、道路状況悪化

県警は9日、大型連休中（4月29日～5月8日）の交通事故発生状況をまとめた。事故件数は前年同期より59件増の286件。事故による死者はいなかった（前年同期2人）。負傷者は28人増えて317人。観光や帰省などレジャー中の事故は16件減の12件で、飲酒運転による事故は1件増の2件だった。

県警交通企画課は「熊本地震による地割れなどで道路状況は悪く、災害支援の車両や県外ナンバーが増えている。大型連休以降も心にゆとりを持って安全運転を心掛けてほしい」と呼び掛けている。（園田琢磨）

熊本市 全半壊家屋 撤去へ

個人負担なしで代行

熊本地震で、半壊した家屋の解体まで国の補助で実施できることになったのを受け、熊本市は13日から環境局内に「震災廃棄物対策課」を新設。全半壊家屋のがれき撤去を進める。

全壊などした住宅のがれきを市町村が運搬・処理する費用は、国が9割を補助する制度がある。熊本地震では、自宅が損壊した個人の依頼に基づき、市町村が解体する場合にも、国が補助を適用することとした。

半壊以上の家屋を対象に、個人の申請に応じて、自治体が解体までを代行。費用の約9割を国、残りを市町村が負担する。個人は費用負担しなくてよい。

熊本市の大西一史市長は「倒壊の恐れがある空き家への対策も進めていく」としている。問い合わせは市廃棄物計画課☎096（328）2359。（高橋俊啓）

異議申し立て 国が1人棄却

水俣病認定申請

環境省は9日、水俣病の認定申請で、環境相の棄却処分を不服として異議申し立てしていた男性1人を棄却したと発表した。決定は4月28日付。

男性は2013年9月に熊本県に申請。14年6月に国の臨時水俣病認定審査会（臨水審）に申請を移行。同年11月に棄却され、異議申し立てしていた。

14年4月の臨水審再開以降、環境相は審査を終えた32人（熊本30人、鹿児島2人）をいずれも棄却。このうち14人（いずれも熊本）が異議を申し立て、異議申し立ての棄却は2月の男性に続き4人目。（山口尚久）

鶴屋本館 14日一部再開

来月1日 全館復旧めざす

鶴屋百貨店は9日、熊本地震で臨時休業中の熊本市中央区の本館1階と地下1、2階の営業を14日から再開すると発表した。6月1日の全館再開を目指し、順次営業フロアを増やしていく。本館での営業は1カ月ぶり。

本館は4月14日以降の一連の地震で、壁にひびが入り、天井の設備が一部落下するなどの被害があった。建物の安全性が確認され、補修にめどが立ったため、営業を一部再開することにした。2階以上については内装やエレベーター設備の復旧を急ぐ。

地震前と同じく、1階はアクセサリーなどの雑貨や化粧品、地下1、2階では食料品を扱う。品ぞろえも地震前とほぼ同じで、割引商品の販売もある。営業時間は午前10時～午後7時。

同店は地震の影響で全4館を休業していたが、被害が少なかった東館とNew－S館、WING館は4月下旬に再開していた。（高宗亮輔）

城東小避難者ら食中毒

「おにぎりが原因」

熊本市保健所

熊本市が熊本地震の避難所に指定している中央区の城東小で避難者らがおう吐や下痢などの症状を訴えた問題で、市保健所は9日、6日の昼食で配られたおかかおにぎりが原因の食中毒と断定した。

市保健所によると、おにぎりは避難者やボランティアら43人が食べ、34人が症状を訴えた。患者の便や残ったおにぎりから黄色ブドウ球菌が検出された。全員が快方に向かっているという。

おにぎりは6日朝、熊本市中央区の飲食店で男性従業員が約100個を作り、ラップに包んだ。うち約70個を同小に提供。残りは店の従業員らが食べたが、問題はなかった。おにぎりを作った従業員は手袋を着用していた。汚染経路は不明だが、保温効果のある発泡スチロールの容器に入れて同小に運んだため、菌が増殖した可能性があるという。

この飲食店は、ボランティアで同校に食事を提供していた。9日から営業を自粛している。市保健所は「営業行為による食中毒ではなく、再発の恐れもない。行政処分はしない」としている。（高橋俊啓）

家族 らい予防法廃止20年 ⑩

会えない㊦

便箋に染みた父の涙

感謝の気持ち伝えたい

両親は年1回、列車を乗り継ぎ、合志市の国立ハンセン病療養所・菊池恵楓園で離れて暮らす関敬さん(88)に会いに来た。戦中戦後の物資が乏しかった時期。まんじゅう屋をしていた母親は面会のたび、ありったけの小麦粉と小豆をかき集め、十数個のまんじゅうをこしらえてきた。そして、「息子をよろしく」と、大部屋で一緒に暮らす入所者たちに渡して帰っていった。

「罪悪感からか、母は私に会うのがつらかったらしく、父が来ることが多かった。父は帰り道、上熊本駅から数キロ歩いて本妙寺まで行き、清正公さんに私の病気が治るよう祈願していたそうです」

年老いて弱々しくなっていく父母に「無理して面会に来なくていい」と伝えたこともあるが、父は「お前に会わないと、1年が過ぎない」と優しい笑顔を見せ、亡くなるその年まで会いに来た。

関さんには死ぬまで癒えない古傷がある。園で知り合って結婚した妻が妊娠。当時は優生保護法に基づき、ハンセン病患者は堕胎を迫られた。親になる喜びと、我が子に自分と同じ不運を背負わせるかもしれないという強迫観念。悩み抜いた末、堕胎承諾書にサインした。幼い命を奪われ、妻にも生涯消えない傷を負わせてしまった。なぜ自分だけがこんなに不幸なのか。やり切れない思いを1度だけ父親に手紙でぶつけたことがある。

△何のためにこの世に生まれてきたのだろう。こんな病気になるのだったら、生まれてこなければよかった▽

父はすぐに速達で返事を返してきた。

△父はまた新しく、一人泣きしました。お前が可哀想でなりませんが、世間の手前、家のため、心を鬼にして入院させることにした次第です。どうか父を恨んでくれ。お前から恨みの言を聞けば、いくらか父も心が安まるような気がします▽

便箋には、父の涙の跡が点々とあり、インクがにじんでいた。関さんは手紙を読みながら声を出して泣いた。ほとんどの手紙を整理してしまったが、今も、この手紙だけは捨てられずにいる。「おやじの涙が染みた部分だけ[illegible]腹の中に入れて[illegible]かった。おやじと一心同体[illegible]」

家族と暮らしたのはわずか14年。半世紀以上が過ぎても、当時の記憶は鮮やかに残っている。

「血のつながりは切ろうとしても切れない。だから、うれしくもあり、つらくもある」

部屋のタンスの上には、父母の名前と命日を記した紙が入った写真立て。裏には若い頃の母の写真が大切に納められている。関さんは毎朝、お茶をあげ、何かを語りかけながら手を合わせる。

「やっぱり両親に会いたい…。もし今会えるなら、感謝の気持ちを伝えたい」

テレビの横では、産んであげられなかったわが子代わりの人形が静かに微笑んでいた。（浪床敬子）

2016・5・10

関さん夫妻が子ども代わりに大切にしている人形＝合志市

肥後狂句

安藤黒竜選

乳母車　話しかけたら泣き出した　八王寺　小宮　千代

狂句が空付けだというのがとてもわかりやすい出来。これは簡単な理屈であり、近視眼的にとらえがちな笠を、赤ちゃんに置き換えるだけ。

グッドタイミング　イルカの群れとご対面　宇城　山崎浩一郎

お騒がせ　噂話が好いとらす　氷川　河原　蛍

グッドタイミング　美女の隣りが空いとった　天草　城河原大学

グッドタイミング　ここで中締めいたします　渡鹿　神田　一笑

乳母車　もう赤ちゃんができたのか　上熊本　永松　勝和

グッドタイミング　洗濯したら晴れ出した　御船　増永　笑和

グッドタイミング　証拠写真が撮れました　天草　松田　馱賃

お騒がせ　非常ボタンに触らした　美里　砥用あきら

グッドタイミング　バスは待たんで良かったっ　和泉　西川　太助

第1069回ロト６宝くじ（9日）

本数字　12 17 26 30 33 40

ボーナス数字　08

1等	本数字６個一致	（3023万4500円）	6口
2等	本数字５個とボーナス数字一致	（1209万3700円）	9口
3等	本数字５個一致	（70万9800円）	184口
4等	本数字４個一致	（1万2100円）	9501口
5等	本数字３個一致	（1000円）	157175口
キャリーオーバー		（0円）	

※当せん番号を事前に教えると持ち掛ける詐欺に注意してください。番号発表は本紙掲載の前日です

第4399回数字選択式全国自治宝くじ（9日）

ナンバーズ３

◇抽せん数字　468

ストレート	（7万900円）	189口
ボックス	（1万1800円）	618口
セット・ストレート	（4万1300円）	328口
セット・ボックス	（5900円）	907口
ミニ（下2ケタ）	（7000円）	522口

ナンバーズ４

◇抽せん数字　1308

ストレート	（76万2400円）	38口
ボックス	（3万1700円）	534口
セット・ストレート	（39万7000円）	85口
セット・ボックス	（1万5800円）	2268口

平成28年熊本地震救援金

熊日・RKK・善意銀行

敬称略

[illegible]

◇匿名　4件　6万1537円　◇累計　7196万7795円

◇平成28年熊本地震救援金受け付け

【直接持参、現金書留の場合】〒860-8506、熊本市中央区世安町172、熊本日日新聞社事業局と熊日の支社、総・支局、または〒860-8611、熊本市中央区山崎町30、RKK熊本放送事業局事業部。現金書留は「平成28年熊本地震救援金係」と明記を。

【銀行振り込みの場合】窓口で「救援金」と申し出れば手数料は無料です。口座名はいずれも「平成28年熊本地震救援金」

▽肥後銀行　水道町支店　普通預金　2722191

▽熊本銀行　本店営業部　普通預金　3127424

▽熊本第一信用金庫　本店営業部　普通預金　1212793

※受け付けは5月31日まで（持参の場合は平日の午前9時から午後5時まで。土・日・祝日は受け付けない）千円以上の救援金は、芳名欄に金額、氏名を掲載します（掲載まで時間がかかることがあります）。匿名希望は、その旨記入を。

（第３種郵便物認可）　熊本日日新聞　平成28年（2016年）5月10日　火曜日

九州・山口へ転校 560人超

公立小中高 県内での転出入も

熊本地震で熊本県から九州・山口各県へ転校した公立小中高生が、少なくとも567人いることが9日、各県教育委員会などへの取材で分かった。本格的な移住だけでなく、親族らを頼った一時避難による短期的なものもある。損壊した家屋の片付けを終えてから避難するケースも相当数あるとみられ、転校者数は今後増える可能性がある。

9日時点で転校済みか転校手続きを終えている567人の内訳は山口22人、福岡261人、佐賀59人、長崎67人、大分18人、宮崎70人、鹿児島70人。一時避難で転校したがすぐに熊本へ戻った子もおり、鹿児島では大型連休前に県内で100人を超えていた。

小学生の転校が計488人と全体の86%を占めた。内訳は山口20人、福岡230人、佐賀50人、長崎57人、大分12人、宮崎57人、鹿児島62人。

児童生徒の転出入は県外だけでなく、県内の自治体間などでも相次いでいる。熊本市教委によると、市内の児童生徒は2日時点で375人が転出。このうち県内での転出入は小学生59人、中学生10人だった。また、375人のうち計286人は正式な転校でない「体験入学」で、大半は学校再開と同時に在籍校に戻るとみている。

熊本県教委も各市町村教委に転出の報告を求めており、近く集計する。義務教育課は「授業の進み具合や教科書の違いなど学習面でのフォローはもちろん、受け入れ先の学校は環境の変化に伴う子どもの心のケアも必要になる」としている。

「僕の学校じゃない…」

子ども２人 帰村の思い強く

愛知に避難 西原村の吉岡さん

熊本地震で自宅が全壊した西原村小森の主婦吉岡英子さんは、長女蒼惟さん（小2）と長男昊樹君（小1）と愛知県安城市の実家へ避難している。既に子どもたちは近くの小学校へ転校したが、「西原村へ戻りたい」との思いを募らせている。

3人は4月14日の前震で、子どもたちが通っていた山西小へ避難。村へ移り住んだ4年前に購入した自宅は、その後の本震で壁が崩れるなど著しく壊れ、「辛うじて立っている状態」になった。海外の赴任先から駆け付けた会社員の夫真一さん(45)と20日に実家へ。英子さんは「余震が怖く、とりあえず避難した」と言う。

「子どもも帰りたがっているけれど、村には住む場所がない。仮設住宅に入れるなら戻りたい」。見通しが立たないまま26日、学習環境を途絶えさせないため、2人を実家近くの小学校へ転校させた。ただ、住所は村に残している。

蒼惟さんは村で仲良しだった友達と「遊びたい」と繰り返し、昊樹君は転校先で「僕の学校じゃない」と授業を受けたがらないという。英子さんは毎日一緒に登校し、教室の隅で昊樹君を見守っている。（魚住有佳）

昼から雷雨の恐れ

きょう県内 土砂災害に警戒を

熊本地方気象台は9日、県内で同日降り始めた雨が10日も続き、所によって激しく降る恐れがあるとして、熊本地震で地盤が揺るんだ場所の土砂災害に警戒を呼び掛けた。

同気象台によると、九州の南から北上した前線の影響で低気圧が発生し、県内を通過。10日昼から夜の間に雷を伴う雨が降る恐れがある。10日夜までの雨量は多い所で1時間40㍉、24時間で120㍉に達すると予想。雨は11日まで続くとみられる。

県内は9日、午前5時と午後2時36分、8時55分の3回、いずれも最大震度3の余震を観測した。

熊本地震 県内の被災状況

（9日午後時点、熊日まとめ）

死亡	49人（熊本市4、南阿蘇村15、西原村5、御船町1、嘉島町3、益城町20、八代市1）
震災関連死	18人（熊本市10、宇土市2、阿蘇市2、南阿蘇村1、御船町1、益城町1、氷川町1）
行方不明	1人（南阿蘇村）
負傷者	1,648人
建物	住宅69,986棟
避難	避難所 265カ所
	避難者 11,990人
水道	断水 約5,300世帯

※県災害対策本部などの集約分

バイオリンの優しい音色を披露するNHK交響楽団の元ソロ・コンサートマスター、徳永二男さん＝9日、熊本市中央区

バイオリン 住民和ます

熊本市・大江小 プロ奏者がコンサート

熊本地震の被災者らを音楽で元気づけようと、NHK交響楽団の元ソロ・コンサートマスター、徳永二男さん(69)＝東京都＝が9日、熊本市中央区の大江小でミニコンサートを開催。バイオリンの心地よい音色で地域住民らを和ませた。

県立劇場が熊本地震の発生を受けて企画したプロジェクト「アートキャラバンくまもと」の第1弾。県内の避難所や学校などに、県内外のアーティストを派遣し、音楽や演劇、大道芸などの舞台を楽しんでもらう。

徳永さんは、音楽監督を務める宮崎国際音楽祭の合間を縫って来熊。「心の安らぎ、勇気…音楽が何かの力になれれば」と語り掛け、サラサーテの「ツィゴイネルワイゼン」や「五木の子守歌」など4曲を演奏した。

会場に集まった住民らはバイオリンの優しい響きに聴き入り、安らいだひとときを楽しんだ。友人と訪れた坂本康子さん(68)は「心が洗われ、涙が出た。演奏に感謝している」と喜んでいた。

徳永さんは「皆さんの顔がリラックスしたのを感じた。今後も時間があれば演奏に訪れたい」と話した。（吉田紳一）

カタルパ かれんな花

徳富記念園 きょう一部再開

熊本市

熊本地震で休館している熊本市中央区の徳富記念園が10日から一部開園する。園内では、県出身のジャーナリスト徳富蘇峰ゆかりのカタルパが、白い花を咲かせ始めており、今年も来園者の目を楽しませそうだ。

同園には、蘇峰と弟で文豪の蘆花が少年期を過ごした旧邸（木造2階建て）と、記念館（鉄筋コンクリート3階建て）がある。地震で、旧邸は内壁が崩れるなど立ち入りできない状態に。記念館も2、3階の展示ケースが割れ、一部の展示品が損傷した。

開園するのは被害が少ない庭と、記念館1階。5月恒例のコンサートは中止する。

カタルパは京都で同志社を創設した新島襄が、大江義塾を運営する蘇峰を励ますため、米国から種を取り寄せ贈った。現在、高さ十数㍍のカタルパが5本あり、数日前から白いかれんな花が一部で咲き始めた。

蘇峰が、益城町杉堂にある母久子の実家で生まれた縁から、同園は今年、同町教育委員会にカタルパの苗木を贈る予定だった。藤井博館長(65)は「蘇峰も被災地を見守っているのではないか。落ち着いたら苗木を贈り、復興を応援したい」と話している。（中原功一朗）

徳富記念園で咲き始めたカタルパ＝熊本市中央区

JR日豊線 倒木と衝突

大分、2人搬送

9日午前6時15分ごろ、大分県日出町のJR日豊線中山香―杵築間で、下り普通列車が倒木と衝突した。乗客43人のうち、男子高校生が耳付近に擦り傷を負い、病院に運ばれた。気分が悪いと訴えた女子高校生(15)も搬送されたが、外傷はない。

JR九州によると、倒木は直径が最大70㌢、長さ8㍍以上だった。列車は2両編成で、男子高校生は先頭車両に乗っていた。

事故で日豊線は中津―亀川間で運転を見合わせたが、同日午後までに上下線とも再開した。特急29本が運休するなどダイヤが大幅に乱れ、約8千人に影響した。

女子中学生2人が電車はねられ死亡

東急大井町線

9日午後7時20分ごろ、東京都品川区の東急大井町線荏原町駅で、いずれも同区内に住む13歳の女子中学生2人が、溝の口発大井町行きの上り電車（6両編成）にはねられ、間もなく死亡した。警視庁荏原署が、詳しい状況を調べている。東急は一部区間で一時、運転を見合わせた。

5月10日の飛来予測

	九州北部 大気汚染粒子	九州北部 黄砂	九州南部 大気汚染粒子	九州南部 黄砂
6—12	多い	少ない	やや多い	少ない
12—18	多い	少ない	やや多い	少ない
18—24	多い	少ない	やや多い	少ない
11日	多い	少ない	多い	少ない

非常に多い：注意喚起レベル　多い：環境基準値程度　やや多い：大気が少しかすむ　少ない：清浄

予測システム「スプリンターズ」開発チーム提供

9日間の天気 Weather Report

10(火)　11(水)　12(木)　13(金)　14(土)　15(日)　16(月)　17(火)　18(水)

札幌　東京　名古屋　大阪　広島　福岡　熊本　長崎　佐賀　大分　宮崎　鹿児島　那覇

／のち　｜時々

阿蘇山の風向予想

10日　午前9時 3m　午後3時 5m

（日本気象協会 tenki.jpより）

きのうの気温　9日

（天気・湿度は15時、県内の気温は0時―17時、△印は低め）

	最高	平年比	最低	平年比	湿度	天気
熊本	22.1	△2.9	17.6	3.1	98%	俄雨
牛深	21.6	△1.7	18.3	2.5	98%	―
人吉	21.8	△2.8	16.7	3.9	100%	―
阿蘇	19.1	△2.4	14.8	4.8	―	―

（阿蘇山上の最高気温は15.9度、最低気温は13.0度）

	最高	最低	天気
福岡	20.8	17.5	曇
佐賀	23.3	17.3	晴
長崎	23.4	18.2	晴
大分	17.6	15.5	俄雨
宮崎	24.9	17.2	俄雨
鹿児島	22.7	18.4	俄雨
那覇	30.4	26.0	晴
松江	21.9	15.0	曇
広島	18.5	14.0	俄雨
高松	18.7	14.7	俄雨
大阪	19.4	14.7	雨
京都	18.6	17.0	雨
名古屋	20.3	17.5	雨
長野	20.9	9.5	曇
東京	21.8	17.8	雨
新潟	20.9	10.4	曇
仙台	21.0	10.4	曇
秋田	23.3	6.4	晴
札幌	19.6	8.7	曇

潮ごよみ

旧暦4月4日（10日）　中潮・月齢 3.3

日出 5時22分　日入 19時06分　月出 8時32分　月入 22時39分

	満潮	干潮
三角	10.56 / 23.52	5.14 / 17.29
水俣	10.48 / 23.48	5.08 / 17.26
牛深	9.54 / 23.11	4.20 / 16.31
玉名	11.06 / ―.―	5.24 / 17.39

旧暦4月5日（11日）

	満潮	干潮
三角	11.31 / ―.―	5.52 / 18.07
水俣	11.24 / ―.―	5.47 / 18.06
牛深	10.36 / ―.―	5.06 / 17.16
玉名	0.02 / 11.41	6.02 / 18.17

新聞定価1カ月　朝刊のみ＝3,093円(税込み)、朝夕刊セット＝3,460円(税込み)　朝刊1部売り＝120円(税込み)

くまモン
作：サダタロー／監修：小山薫堂
荷物運び

「学校行ける」笑顔で乗車

阿蘇地域　代替・臨時バスが運行

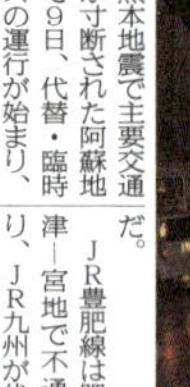

ＪＲ豊肥線肥後大津―宮地をつなぐ始発の代替バスに乗り込む高校生ら＝9日、阿蘇市

熊本地震で主要交通網が寸断された阿蘇地域で9日、代替・臨時バスの運行が始まり、通学で利用する高校生らが笑顔で乗り込んだ。

ＪＲ豊肥線は肥後大津―宮地で不通となり、ＪＲ九州が代替バスを運行。阿蘇市の宮地駅前では、大津町に向かう午前5時の始発便に十数人が乗車した。

4月25日に授業が再開している翔陽高3年の古木百恵さん＝阿蘇市一の宮町＝は「やっと学校に行ける。友達と会えるのがうれしい」。大津高1年で女子バスケットボール部マネジャーの熊谷ひなたさん＝同市内牧＝は「始発に乗ると朝練習に間に合う。両親の送迎に頼らずに済むので助かる」と喜んだ。

各便とも50人乗りの大型バスで運行。利用者が定員を超す場合に備え、10日まで予備の小型バスも用意する。

一方、高森町と南阿蘇村が5コースで運行する無料の臨時バスにも、大津町や熊本市などに向かう高校生らが乗車した。

南阿蘇鉄道の高森駅から熊本市方面に運行する午前5時半の始発便は、約30人が利用。大津高3年の栖木野紀子さん＝高森町上色見＝は「地震後は熊本市内に住む姉の所から学校に通っていたが、自宅から通えるようになってうれしい」と目を輝かせた。（上杉勇太、三室久徳）

学びや　避難者と共に

熊本地震による休校の解消に向けて県内市町村は避難所の移転・集約を進めてきたが、益城町や南阿蘇村の一部の学校は避難所を置いたまま、9日再開した。授業や部活動と避難生活との折り合いをどう付けるか、学校の模索が始まった。【1面参照】

益城町・南阿蘇村で再開

学校が再開し、ゲームを楽しむ広安小の1年生＝9日午後3時10分ごろ、益城町（岩崎健示）

「元気にあいさつして」

益城町の広安小。ピーク時は全教室とグラウンドに約700人が避難した。現在も一部の教室と校内の体育館に約150人が身を寄せる。被災した町総合体育館の改修が済んでおらず、避難所の集約が追いついていないからだ。

9日、田中元（はじめ）校長は校内放送で児童らに語り掛けた。「避難している人とは元気にあいさつし、言葉を交わしてください。でも（避難所になっている）教室と体育館に勝手に入ったり、騒いだりしてはいけません」

体育館は授業で使えない。グラウンドの3分の1は駐車場として開放し続けるが、体育の授業にも使う意向を学校は持っている。

「屋外は落ちてくる物がない安全な場所。体を動かしたくて、うずうずしている子どももいる。元気な声を聞くと、避難者も元気が出るのではないか」と田中校長。夫婦で体育館に避難している近くの江坂潔さん(81)は「子どもたちの声をうるさいと思わない」と話し、学校側の考えに理解を示した。

一方、南阿蘇村の南阿蘇中も9日、地震後の休校からおよそ3週間ぶりに再開した。村外に区域外就学した生徒もおり、在籍する全281人のうち登校したのは265人。体育館は村内最大の避難所で、生徒を上回る約300人が避難生活を送っている。

旧村ごとの中学校3校が統合し、4月に開校したばかり。施設全体にゆとりがあり、校舎での授業などに大きな影響はないとみられる。ただ、「体育館が授業や部活で使えないのは気の毒です」。家族5人で避難する中原英行さん(67)は、バスケットボールが好きな中1の孫を思いやった。（池田祐介、堀江利雅、前田晃志）

子どもの心　変化を把握

県教委が調査開始

怒りっぽくなった／1人になるのが不安

県教委は9日、熊本市を除く県内小中学校の児童生徒約8万4500人を対象に「心と体のチェックリスト」による調査を始めた。熊本地震でダメージを受けた子どもたちの心のケアにつなげる。

授業再開の1週間後、1カ月後など継続的に調べ、ら複数で協議し、専門家による対応が必要かどうか判断。教育事務所ごとに、スクールカウンセラーによる心のケアが必要な児童生徒数を割り出す。

リストは「イライラした り、怒りっぽくなった」「1人になるのが不安」など20項目。「とても当てはまる」から「まったく当てはまらない」まで4段階で答えさせる。回答結果は学校ごとに管理職や担任、養護教諭心の変化を把握する。義務教育課は「地震で大きなショックを受けた子どもは多く、適切に対応したい」としている。

熊本市教委も学校再開に合わせて同様の調査を実施する。（福井一基）

ビキニ被ばく　初の国賠提訴

元船員ら高知地裁

1954年の米国による太平洋・ビキニ環礁での水爆実験の際に周辺海域にいた元漁船員やその遺族ら45人が9日、被ばくに関する調査結果を日本政府が長年開示せず、米国への賠償請求の機会を奪われたなどとして、元船員1人当たり200万円の慰謝料を求める国家賠償請求訴訟を高知地裁に起こした。

原告側によると、ビキニ実験を巡る国賠訴訟は初めて。被ばくした第五福竜丸（静岡県焼津市）の元船員らには55年に米側から見舞金が支払われている。原告らは国の責任を追及するとともに、救済実現を目指す。

提訴後に高知県庁で開いた記者会見で、原告の元船員桑野浩さん(83)＝高知市＝は「念願がかなって訴訟まできた。これで国が少しでも動いてくれれば」と語った。

坪井清足さん死去

元熊本城復元課題検討委　94歳

奈良国立文化財研究所（現奈良文化財研究所）所長を務め、発掘体制の確立など文化財保護行政と研究の両面に尽力した坪井清足（つぼい・きよたり）さんが7日、急性心不全のため大阪市の病院で死去した。94歳。大阪市生まれ。自宅は奈良市五条2の7の11。後日、お別れの会を開く予定。

梵鐘（ぼんしょう）の研究者だった父・良平さんの影響で幼いころから歴史に親しむ。学徒出陣後、京都大に復学し、1948年、文学部卒。滋賀里遺跡（大津市）での縄文土器研究で知られた。55年に奈良国立文化財研究所に入り、飛鳥寺、川原寺、平城宮跡などを発掘。飛鳥寺は一塔三金堂という構造だったことを突き止めた。77年から86年まで同研究所所長。大阪府文化財調査研究センター（現大阪府文化財センター）理事長も務めた。89年から2000年まで熊本市の池辺寺跡調査指導委員会委員を、01年から07年まで熊本城建造物復元課題検討委員会委員を務めた。

60年代には文化財保護委員会（現文化庁）に出向。高度成長期で遺跡発掘件数が急激に増加したため、調査のマニュアルを作成し、大規模発掘に必要な調査システムや記録法を確立した。また、開発工事では事前の発掘調査費を開発側に負担させるルールも導入した。99年に文化功労者。「古代追跡」「埋蔵文化財と考古学」「東と西の考古学」など著書多数。

高桑　栄松さん（たかくわ・えいまつ＝元参院議員、北海道大名誉教授、予防医学）4日午後3時20分、心疾患のため札幌市中央区の病院で死去、97歳。新潟県出身。葬儀・告別式は近親者で行った。後日、お別れの会を開く予定。喪主は妻晴子（はるこ）さん。

83～95年に参院議員を2期務めた。「新しい環境衛生」などの著書がある。

久保　立明さん（くぼ・たつあき＝元県議会議員）8日午後、腎不全のため死去、88歳。通夜は10日午後7時、葬儀は11日午後1時から、氷川町鹿島1624の6、典礼秋山斎場竜北会館で。喪主は妻澄子（すみこ）さん。自宅は同町宮原726。

1987年から県議連続2期。

西岡　清明さん（にしおか・きよあき＝西教寺前住職）7日午前、肝不全のため死去、84歳。通夜は10日午後7時、葬儀は11日午前11時から、熊本市南区藤2の2の22、アルモニーホール南高江で。喪主は長男彰（あきら）さん。自宅は同区川尻1の3の37。

1　3版　平成28年(2016年)5月11日 水曜日　熊本日日新聞　(昭和17年4月1日第3種郵便物認可)　第26644号　日刊

発行所
熊本日日新聞社
〒860－8506
熊本市中央区世安町172
☎代表(096)361－3111
© 熊本日日新聞社 2016年

5月11日
水曜日

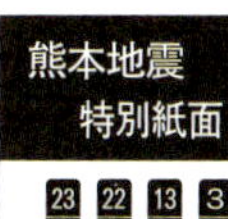

熊本地震
特別紙面

県内全小中高校 きょう休校解消

お帰り 新たなスタート

友達と再会「うれしい」

崩落の危険がある擁壁を避け、別ルートで通学する龍田西小の児童たち。つじごとに保護者や教師が立ち、子どもの安全を確保した＝10日、熊本市北区

熊本地震で休校していた公立高17校と熊本市の77小中学校が10日、再開した。残る西原村の全3小中学校が再開する11日には、県内全ての小中高校で休校が解消する。再始動した学校は地震で傷ついた子どもを気遣い、ゆっくりと日常を取り戻そうとしている。

【22、23面に関連記事】

「子どもの笑顔を見てほっとした」。雨がっぱに身を包んだ龍田西小(熊本市北区)の橋口典良校長は、集団登校する児童を感慨深げに見守った。

高台に今春開校したばかり。地震で通学路の擁壁に崩落の危険が生じ、約300人がう回ルートで登校した。一部は壁などの倒壊の恐れもあり、つじごとに保護者や教師が立って安全を確保した。

震災の影響で10人が転出し、全校児童572人のうち555人が登校。中には避難先の山鹿市から車で通学する児童もいた。

1年生の入学から間もなく被災したため、全学年がそろったのは開校以来初めて。全校集会で橋口校長は「学校に来てくれてありがとう。そして、お帰り。新たなスタートです。力を合わせて頑張りましょう」と激励した。

休校中は避難所になったが、グラウンド東側の地割れなどで斜面崩落の恐れが出た4月21日、急きょ閉鎖する事態に。建物に問題はなく、グラウンドの一部を使用禁止にすることで再開に至った。

再会した児童ら。6年の宇野光紀君は「大丈夫だった?」と友達を気遣った。「地震の怖さはまだ残っているけど、友達と会えて本当にうれしい」

2年1組では休校中に誕生日を迎えた児童3人を祝福しようと、安藤弘章教諭が得意のフルートで「ハッピーバースデートゥーユー」を演奏。児童が手作りの赤いくす玉を割ると拍手が湧き、教室に明るい笑顔があふれた。　(福井一基)

授業時間 どう確保

夏休み短縮 行事変更も

西原村を除く県内全ての公立学校が10日再開したものの、4月半ばからの異例の長期休校を余儀なくされた学校では、授業時間数の確保や学校行事への影響が懸念される。避難所を置いたままの学校もあり、教育活動との両立にも課題が残る。

県義務教育課によると、小中学校の休校で遅れた授業時間数は最大70時間程度。特に中学校は、もともとカリキュラムに余裕がないため、授業時間の確保が課題になる。

「夏休みの短縮や行事の精選、土曜授業の活用が必要になる」と同課。運動会の予行練習を減らしたり、家庭訪問を夏休みにしたりするなどの工夫も今後は求められるという。

熊本高や済々黌高は既に夏休みの短縮を決めた。熊本高は「生徒の進路に影響しないよう、2学期のスタート時には遅れを取り戻す」としている。

ただ、授業の遅れは否めず、休校した高校は5月予定の中間考査を実施しようにも「試験範囲の授業ができていない」のが現状だ。

一方、近年は初夏の開催が目立つ運動会。熊本市では、大半の小中学校が例年5月に開いているが、秋への延期を決めた学校もあるという。それでも「大変なときだからこそ、子どもたちに達成感を」と一部の学校は5月中に決行する。

学校施設がフルに使えない影響もある。10日時点で避難所を併設したままの学校は、熊本市に限っても40校に上る。このうち37校は体育館を使用しており、一部は体育の授業に使えない状態。市教委は「体育は原則運動場で実施するが、雨の日は授業を振り替えざるを得ない」と言い、部活動にも支障が出そうだ。

給食は通常通りに戻りつつあり、熊本市内では小学校82校、中学校17校で再開。しかし、調理場が被災した小学校10校、中学校20校はパンと牛乳のみの簡易給食となっている。市健康教育課は「16日の週には全校で給食を実施したい」と、調理場の復旧を急いでいる。　(福井一基)

学校再開の初日に開かれた学年集会で、熊本地震の犠牲者に黙とうする3年生＝10日午前9時15分ごろ、熊本市東区の第二高(横井誠)

土砂災害を警戒

県内に雨、避難指示も

関連死19人目

県内は10日、全域でまとまった雨が降り、熊本地震で土砂崩れが多発した南阿蘇村が約2千世帯4694人の避難勧告を避難指示に引き上げるなど、被災地は警戒に追われた。熊本地方気象台は地盤の緩んだ場所が多いとして、引き続き警戒を呼び掛けている。

【3面に関連記事】

気象台によると、8日午後1時の降り始めから10日午後8時までの総雨量は、最も多い人吉市で223ミリに上り、南阿蘇村98ミリ、熊本空港87・5ミリだった。

避難指示は西原村488世帯1449人、御船町108世帯308人など県内で計6千人を超えた。雨の影響で、JR肥薩線の鎌瀬―瀬戸石間の線路に土砂が流れ込むなどしたため、八代―吉松間の運転を見合わせた。

県災害対策本部は10日、4月14日の前震後に玉名市の病院に転院し、環境変化によるストレスから慢性心不全の病状を悪化させ、5月7日に死亡した高森町の男性(88)について震災関連死の疑いがあると発表した。県内19人目。男性は、前震当日まで入院していた南阿蘇村の立野病院が被災し、転院を余儀なくされたという。　(熊本地震取材班)

支えあおう熊本　いま心ひとつに

熊本地震 県内の被災状況
(10日午後時点、熊日まとめ)

死亡	49人(熊本市4、南阿蘇村15、西原村5、御船町1、嘉島町3、益城町20、八代市1)
震災関連死	19人(熊本市10、宇土市2、阿蘇市2、南阿蘇村1、御船町1、益城町1、氷川町1、高森町1)
行方不明	1人(南阿蘇村)
負傷者	1,649人
建物	住宅72,715棟
避難	避難所 257カ所
	避難者 12,099人
水道	断水 約4,700世帯

※県災害対策本部などの集約分

熊本地震発生以降の地震回数
(10日20時現在、気象庁速報値。4月16日2時以降は大分県含む)

(回) 0, 20, 40, 60, 80, 100, 120, 140, 160, 180, 200, 220
震度 1 2 3 4 5 6 7
午後9:26 震度7(M6.5)
午前1:25 震度7(M7.3)
14 15 16 17 18 19 20 21 22 23 24 25 26 27 28 29 30 (4月) 1 2 3 4 5 6 7 8 9 10 (5月)

新生面

2016.5.11

しばらく天草に赴任していたせいで、蒸し暑い季節になるとハマボウの開花を心待ちにするようになった。海沿いの湿地でマングローブのように根元から枝分かれする低木。花を見られるのは夏になってからだが、「日本のハイビスカス」と言われるかれんな黄色の花は、天草の地によく似合う▼最近見慣れた黄色と言えば、熊本地震の応急危険度判定で建物に貼られた「要注意」の表示だ。黄色は注意を促す特別な色で、暗くても見えやすいことから交通標識などにも多用されている▼きのうは熊本市内のすべての公立学校で授業が再開され、久しぶりに登校する黄色い帽子の列を見た。瓦が歩道に落ちたり、災害ごみが車道にはみ出したりしたままのところもある。通学路の安全を確保するためだろう。黄色い横断旗を持って辻々に立つ大人たちもいつもより多かったようだ▼白川静さんの『常用字解』によると、「安」という字の成り立ちは祖先の霊を祭る廟の宀(屋根)の下で、嫁いできた女性がお参りをする姿という。祖先に守られることで、安らかな生活ができるという意味である▼考えてみれば、日常の安心や安全は父母や祖父母、祖先らの営みによって、日々積み上げられてきた結果に違いない。熊本地震は、その安心に大きな裂け目をもたらした▼学校の再開によって一つの日常が戻りつつあるが、日常の中にまだ不安は残る。がれきの傍らで黄色い帽子を見守る大人たちのように、安全や安心を一つずつ、また積み上げていくしかない。

がんばろう 熊本
地震被災者応援メッセージ

海を越え復興願う

山口県防府市で、7日から始まった「大平山つつじまつり」会場に、熊本を応援するメッセージがお目見えしました。大平山は瀬戸内海が一望でき、天気が良ければ九州も見えます。海の向こうから、一日も早い復興を願っています。(吉野敦裕・37、防府市)

熊日の購読・配達のご用は
ミナヨムニッコリ
0120-374625
紙面のお尋ねは
096-361-3115
(日曜・祝日除く9:00～17:00)
パソコン版くまにちコム
kumanichi.com

◇お断り　「きょうの天気」は2面に移しました。

（第３種郵便物認可）　熊本日日新聞　平成28年（2016年）5月11日　水曜日　総合　2

基幹産業の再建へ全力を

社説

農林水産業の被災

熊本地震は県内の農林水産業に甚大な被害をもたらした。言うまでもなく、農林水産業は熊本を支える基幹産業だ。その再建は震災からの復旧・復興のポイントと言えよう。県は国、市町村、関係団体などと連携を強め、全力を傾けてもらいたい。

県が1日現在でまとめた農林水産関係の被害額は、推計分も含めて1022億円。内訳は農業が767億円で75％を占め、林業235億円、水産業19億円。地域的には上益城や阿蘇などの被害が目立つ。県内の災害被害は、1999年の台風18号が800億4300万円で過去最大だったが、それを上回る規模だ。

しかも全体像はまだ判明しておらず、被害額は膨らむ見通しだ。さらに、田畑・農作物への塩害・風害が目立った台風18号より、被害の内容が多岐にわたっている点も懸念される。

収穫期のナスなど丹精込めた作物や搾った生乳を廃棄せざるを得なかったり、肉牛や豚などの家畜を失ったりといった被害にとどまらない。ため池・用排水路、田畑、ハウスや選果場、畜舎などの損傷が多発した。

これら生産基盤の被害が、農林水産業の将来に影響を及ぼすのは必至だ。用水路が土砂崩れで埋まり、既に田植えを断念した地域もある。林道や山地の崩壊、防波堤など漁港施設の破損も、復旧は簡単ではなかろう。

こうした生産者の窮状を考えれば、何よりスピード感を持った対応が必要だ。県は復旧・復興に関する国への要望の中で、被災した農林水産業者の経営再建、施設関係の早期復旧などに向け、新たな支援の創設や既存制度の拡充を盛り込んだ。それらの着実な具体化を求めたい。

再建に向けた事業は、田植えができない地域での畑作転換の支援といった緊急的な内容と、基盤整備関係の中・長期的な事業に分かれるとみられる。どちらも、地域や生産者の実情に応じたきめ細かさが欠かせない。県をはじめとした事業主体は、現場の声を丁寧に吸い上げてもらいたい。

熊本は全国有数の農業県だ。2014年の農業産出額は全国6位の3283億円に上る。温暖な気候や多くの河川、豊富な地下水という自然の恵みを生かして、コメ、野菜、果樹、畜産など多様な農産物が生産され、熊本の地域経済を支えてきた。また、生産者は消防団やPTA役員などを務める地域の担い手でもある。地震からの復旧・復興の成否は、地域社会の将来像をも左右しかねない。

農林水産業関係者にとって、当面の関心事は環太平洋連携協定（TPP）の影響だったろうが、そこに地震が襲った。その痛手は計り知れない。蒲島郁夫知事は熊本地震からの復興について、「被災者の痛みの最小化」「創造的な復興」「熊本のさらなる発展につなげる」の3原則を掲げた。生産者の不安を払拭できるよう、農林水産業の具体的な将来像を早急に描くべきだ。

2016.5.11

射程　発達障害者の避難生活

「支援物資を受け取る行列に並べず、被災後2～3日も全く食べ物が手に入らなかった人がいる」「慣れない場所のトイレがどうしても使えなくて1週間も用を足せず、紙おむつを必要とする人がいた」「入浴中に地震に遭って以来、1人で風呂に入れなくなった人もいる」

先日あった発達障害者の支援に当たる県内機関や研究者らの緊急会合では、熊本地震で被災した障害のある人たちの厳しい避難生活の様子が次々に報告された。

いずれも、生活パターンや環境を乱されると混乱を来す障害の特性によるものだろう。行列に並べないのは、障害に起因していたり、保護者がサポートに追われて、列に並ぶ時間さえ取れなかったりするためだ。

支援機関が行列に関して避難所の運営側に配慮を求めると、「並ばない人を特別扱いすることは避難所の秩序を乱す」と、強烈に反発されたケースもあったという。ただ、何日も食べ物を口にできない人がいた事実は見過ごせない。画一的なルールだけでは、個々のニーズには応えられまい。

発達障害者支援法が施行されたのは11年前。発達障害という言葉は珍しくなくなったが、障害の特性や、具体的にどんな困ったことが生じやすいかについて、理解が深まったとは言い難い。誤解や無知が今も障害のある人を傷つけている。問題を後回しにしてきたつけが、震災を機に表面化している。

県自閉症協会によると、今回被災して避難が必要になった会員の「100％が避難所では寝起きせず、車中泊をした」という。避難所でのトラブルを避けることを、障害者自身に強いているのが実態だ。

いざという時の備えは、防災グッズの準備だけではない。さまざまな問題を広く、深く理解しようとする姿勢こそ、困難に立ち向かう備えだと痛感する。（小多崇）

オバマ氏27日広島訪問

安倍首相同行　現職米大統領で初

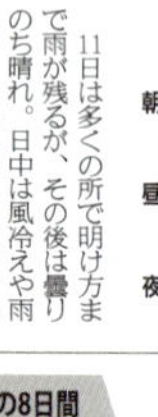
オバマ米大統領（UPI＝共同）

【ワシントン共同＝豊田祐基子】日米両政府は10日、オバマ大統領が27日、主要国首脳会議（伊勢志摩サミット）に合わせて安倍晋三首相と共に広島を訪問すると正式発表した。広島、長崎に原爆を投下した米国の現職大統領が被爆地を訪れるのは初めて。被爆から70年余りを経て実現する。オバマ氏は自らが提唱した「核兵器なき世界」実現に向けた取り組みを国際社会に訴える方針で、広島平和記念公園での献花や演説を検討している。

ローズ大統領副補佐官は声明で「米国には核兵器を使用した唯一の国として特別の責任がある」と指摘。オバマ氏が原爆投下の是非に立ち返ることはないとして、謝罪を意図するものではないとの認識を強調した。同時に、日米の共通の未来について「前向きなビジョンを提示する」とした。

アーネスト大統領報道官は声明で「歴史的訪問だ。平和と安全を追求する大統領のたゆまぬ決意を示すものだ」と述べた。

オバマ氏の任期は来年1月まで。自らの被爆地訪問が「謝罪外交」[illegible]大きな力になる」と述べた。[illegible]きた。今年4月にはケリー米国務長官が先進7カ国（G7）外相と平和記念公園で献花[illegible]

[illegible]

「歴史的な訪問」　岸田外相

広島選出の岸田文雄外相は10日夜、オバマ米大統領の広島訪問決定について「歴史的な訪問だ。犠牲者を慰霊し、核兵器のない世界を目指す明確なメッセージを発することになる」と期待感を示した。外務省で記者団に語った。

熊本地震　補正7780億円

インフラ復旧や企業支援

政府方針

2016年度補正予算案の歳出	
災害救助費などの負担金	573億円
被災者生活再建支援金補助金	201億円
災害弔慰金の負担金など	6億円
熊本地震復旧等予備費	7000億円
合　計	7780億円

政府は10日、熊本地震の復旧に向けた2016年度補正予算案の[illegible]追加歳出を7780億円とする方針を固めた。全体の約9割に当たる7千億円を熊本地震復旧等予備費とする。財源には日銀のマイナス金利導入による金利低下で国債の利払い費が減った分を活用し、国債の追加発行はしない。13日に閣議決定し、[illegible]見通し。

予備費は、がれき処理や道路や橋といったインフラ復旧、被災企業の事業再建支援などに充てることを想定。

補正予算案には、新たな予備費のほか、避難所の運営や仮設住宅の建設などに充てる災害救助費等負担金に573億円、住宅が壊れた人の再建を後押しするため、被害に応じて被災者に最大300万円を支給する「被災者生活再建支援金」に201億円、災害弔慰金に6億円を盛り込んだ。

[illegible]していると、通常国会への補正予算案提出が間に合わないため、閣議で使い道を決められる予備費とした。

熊本県は政府に復旧・復興事業で地元自治体の負担を実質的にゼロにすることなどを求めており、今後は被災地の要望に応じた支援策をまとめ、早期に執行することが課題となる。

政府は当初予算で、国債の利払いにかかる金利を1・6％と想定し、利払い費9兆9千億円を計上していた。ただ、2月に日銀がマイナス金利を導入したことで長期金利がマイナス0・1％前後まで低下していることから、利払い費を削減できる見通しとなった。

安倍晋三首相は10日の政府与党連絡会議で、16年度補正予算案について「一日も早く成立させる必要がある。安心した生活を取り戻せるように政府、与党が一致協力して最優先で取り組んでいく」と述べた。

「東日本水準の支援を」

県の有識者会議　きょう緊急提言

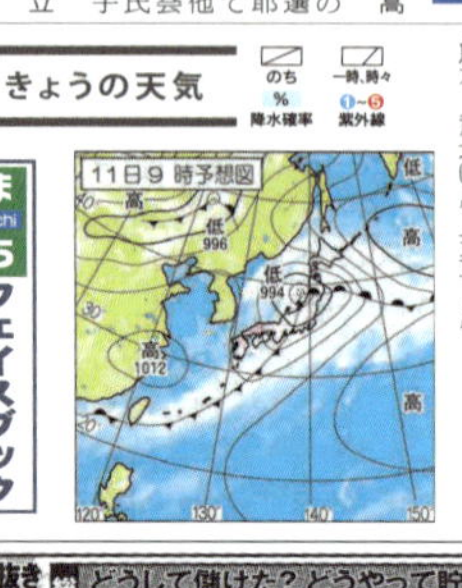
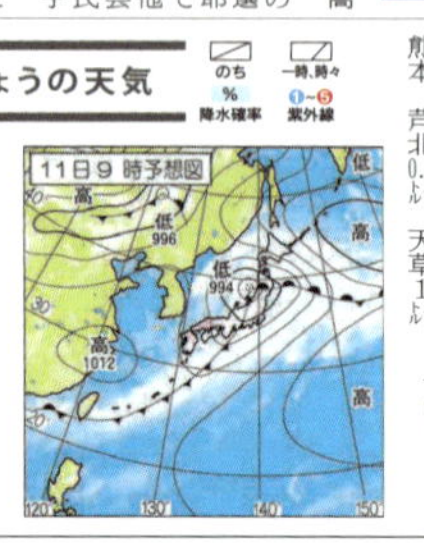
学識者や蒲島郁夫知事（中央）が出席して開かれた「くまもと復旧・復興有識者会議」の初会合＝10日、県庁

熊本地震の復旧復興に向けた課題を議論する県の有識者会議は10日、県庁で2日間の日程で始まった。座長を務める五百旗頭真県立大理事長は会合後、「東日本大震災で到達した復興水準を下げてはならない」と述べ、国に同震災と同等の復興対応を求める考えを示した。11日に緊急提言としてまとめる。

初会合は非公開で、約3時間あった。五百旗頭氏は「東日本大震災の復興は政府がすべて国費で賄い、地方負担をなくした。成熟社会が獲得した成果だ」と強調。出席した委員の共通意見として「熊本地震でも財政措置の水準を下げず、東日本の基準を普遍的な枠組みとして維持すべきだ」と述べた。

余震が終息せず、今後も大規模な地震が発生する恐れがあることから、住宅の耐震補強についても「公的な支援の強化が必要だ」と主張した。

同会議メンバーは、東日本大震災の復興構想会議議長を務めた五百旗頭氏のほか、御厨貴東京大名誉教授、河田恵昭関西大社会安全研究センター長、金本良嗣東京大名誉教授、谷口将紀東京大大学院教授の5氏。（蔵原博康）

参院選フラッシュ

▼新党改革、女優の高樹沙耶氏ら擁立

新党改革は10日、夏の参院選東京選挙区（改選数6）に女優の高樹沙耶氏（52）を公認候補として擁立すると発表した。他に比例代表候補として会社役員藤岡佳代子氏（50）、会社役員橘高薫子氏（46）を公認した。

▼民進、選挙区で擁立終了

民進党は10日の常任幹事会で、夏の参院選佐賀選挙区の公認候補者として中村哲治元参院議員を擁立し、富山、香川、鹿児島3選挙区の新人候補者の推薦を決めた。参院選の勝敗を左右する32の改選1人区を含め、選挙区の候補者擁立作業を事実上終了した。

参院選の公認内定、推薦決定者は次の通り。（敬称略、元は元職、新は新人、推は推薦）

【参院選選挙区】富山　道用悦子（新、推）▽香川　岡野朱里子（新、推）▽佐賀　中村哲治（元）▽鹿児島　下町和三（新、推）

きょうの天気

11日は多くの所で朝方まで雨が残るが、その後は曇りのち晴れ。日中は風が強く、紫外線に注意。北よりの風、波は熊本、芦北0.5㍍、天草2のち1㍍。12日は西の風、晴れ時々曇り。波は熊本、芦北0.5㍍、天草1㍍。

地域	気温	朝	昼	夜
荒尾玉名	17～22℃	20	0	0
山鹿菊池	16～22℃	20	0	0
甲佐山都	17～21℃	20	0	0
阿蘇	16～18℃	20	0	0
熊本	17～22℃	20	0	0
八代	17～21℃	20	0	0
人吉	17～22℃	20	0	0
水俣	17～22℃	20	0	0
天草	16～21℃	20	0	0

あすからの8日間　予想は熊本地方

日	気温	降水確率
12(木)	13～25℃	10
13(金)	16～27℃	10
14(土)	18～27℃	10
15(日)	18～28℃	20
16(月)	19～26℃	50
17(火)	16～22℃	50
18(水)	15～28℃	30
19(木)	14～27℃	30

11日9時予想図

くまにち　フェイスブック発信しています

熊本地震　被災地 梅雨入り不安

水害、土砂崩れの恐れ

熊本地震の被災地で洪水や土砂崩れの危険性が高まっている。地震で河川の堤防が壊れ、山間部の地盤が緩んでいるためだ。九州は梅雨期の集中豪雨や接近する台風も多い。2012年7月の九州北部豪雨では県内でも土砂崩れや河川の氾濫が相次いだ。地震後の応急対策工事は進んでいるものの、早期の避難が必要だ。【1面参照】

応急工事でコンクリートブロックが積まれた嘉島町にある緑川の堤防＝10日

嘉島町にある緑川の堤防。川側には応急工事でコンクリートブロックが積まれていた。住民によると、堤防沿いの道路には一時70～80チンの段差ができていたが、数百メートルにわたって新たに舗装を済ませた。

亀裂

ただ、生々しい亀裂が残ったままの箇所も。10日は低気圧の影響で強い雨が降り、近所に住む山田敏博さん（64）は「工事が終わったのは亀裂がひどかった一部だけ。今日ぐらいの雨なら大丈夫だが、これから梅雨や台風が来るので心配」と不安そうに空を見上げた。

南阿蘇村は10日「土砂災害の恐れがある」として、地震後に2千世帯に出していた避難勧告を避難指示に切り替えた。地震で村内の中学校に身を寄せている自営業開義民さん（67）は「自宅の建っている台地が少しずつ削られるように崩れてきている。いつ自宅が倒れるか不安だ」。

同村の長野民夫さん（86）は地震後も住み慣れた自宅で生活したいと、屋根にブルーシートをかけて雨をしのいでいた。しかし、10日の大雨で福祉センターに避難。「今までなんとか家で寝泊まりしてきたが、この雨で裏山の土砂が崩れそうなので」と漏らした。

国管理の河川 応急対策まで　12年豪雨の記憶も

表層深層

前例

住民の不安を増幅させているのは、九州北部豪雨の記憶だ。阿蘇市で大規模な土砂崩れが発生し、熊本市市街地で白川が決壊するなど、23人が死亡、2人が行方不明になった。国と自治体は堤防整備や川底の掘削、土石流を防ぐ砂防ダム事業などを実施。阿蘇市の担当者は「復旧が進む中で地震が起き、どの程度ダメージを受けているのか」と不安がった。

地震後の雨で被害が拡大した前例もある。1995年1月の阪神大震災だ。兵庫県の六甲山地では地震で山腹が崩れるなどの被害が700カ所以上で発生。この年の夏にかけて降った大雨や余震で崩壊は2千カ所以上に急増した。

避難

国土交通省によると、国管理の河川で被害が確認された172カ所は応急対策などが終わり、梅雨を乗り切るハード面の対応はできているという。ただ、本格的な復旧工事が完了するまで1年ほどかかる見通しで、自治体が避難指示・勧告を発令する目安となる「氾濫危険水位」を通常より最大で70チン引き下げた。

国交省防災課の担当者は「応急対策は、傷にばんそうこうを貼ったようなもの。本復旧までは、自治体も住民も普段以上の意識を持ってほしい」としている。

被災地を調査した九州大大学院の安福規之教授（地盤工学）は「見た目に亀裂が入っていなくても、堤防内部がダメージを受けている場合もある。山の斜面の亀裂は大雨が降らなくても不安定な状態」と指摘。修復を急ぐとともに、早期の避難などソフト面の対策を強化するよう訴えた。

個人での撤去も適用

全半壊家屋解体費補助　市町村が対象判断　環境省

環境省は10日までに、熊本地震で「半壊」以上となった家屋の解体撤去を被災者の負担なしでできる補助制度について、市町村が認めた場合は所有者が個人で解体撤去した家屋も対象とすることを決めた。同日、県庁で開いた市町村向けの説明会で明らかにした。市町村は近く受け付けを始める。

すでに解体撤去を終えた家屋は、所有者が市町村に申請し、請求書や領収書などで処理したことを証明する必要があり、認められれば対象となる。今後、個人で解体撤去する場合は、事前に市町村が認めれば対象となる。一般住宅だけでなく中小企業の事業所にも適用される。

国は、市町村が所有者の要請に基づき被災家屋の解体撤去や廃材の収集運搬・処理をした場合に費用の9割を負担する。残り1割は市町村が負担するため、被災者の負担はゼロとなる。

損壊した家屋の解体撤去を促して早期の復旧・復興につなげるため、国は阪神大震災や東日本大震災の時も同様の措置をとっている。（太路秀紀）

宇土市が業務再開

庁舎半壊　体育館などで代替

日常の業務を再開し、慌ただしく執務を始めた宇土市職員たち＝10日、同市

宇土市は10日、熊本地震で使用不能となった本庁舎（浦田町）に代わり、市民体育館（旭町）など計3カ所の公共施設に分かれ、日常業務を再開した。

ほかの分散先は宇土終末処理場（高柳町）と市民会館（新小路町）。主となる市民体育館には総務課、財政課、市民課など約半数の部署が集まる。損壊の軽かった教育委員会棟（新小路町）などは引き続き使用する。

同体育館では午前8時すぎ、職員約200人が集まり朝礼。元松茂樹市長が「帰る家をなくした人もいる中、市職員として高い使命感で、精いっぱい頑張ってくれた。一丸となって、次の一歩を踏みだそう」と激励した。

半壊した本庁舎は立ち入り禁止で、解体の方針。一方でプレハブの仮庁舎建設に向けた準備も進めている。（丸山宗一郎）

大津町　仮設庁舎建設へ

現役場南側駐車場に

熊本地震で役場庁舎の壁や天井の一部が崩落し、使用を中止した大津町は10日、役場南側のオークスプラザ駐車場にプレハブ仮設庁舎を建設する計画を明らかにした。7月末までに完成させ、業務を始める。現庁舎は補修せず、新庁舎建設を検討する。

同町の役場機能は現在、災害対策本部を隣接する電算室棟、住民課などの窓口業務をオークスプラザ、経済部を生涯学習センター、土木部を浄化センターなどにそれぞれ分散している。

仮設庁舎はプレハブ造り一部2階建てで、延べ床面積約1600平方メートル。2018年6月まで2年間のリース契約を結び、2億千万円の補正予算を専決処分する。オークス広場を駐車場にする。

同町の地震被害は重傷3人、軽傷9人、家屋の全壊29棟、半壊144棟などに上る。（横山千尋）

熊本地震で天井の一部が崩落し、使用を中止している大津町役場庁舎＝10日

きょうの歴史　5月11日

原告の前で「勝訴」の垂れ幕を掲げる関係者＝熊本地裁前

▽2001（平成13）年

ハンセン病国家賠償訴訟で熊本地裁が強制隔離規定は違憲として原告側全面勝訴の判決を下した。127人全員に総額約18億2400万円の賠償命令が出た。国のハンセン病政策をめぐる初めての司法判断。

▽1993（平成5）年　県がエイズテレホンサービスを始めた。

長陽運動公園に仮設56戸を着工

県、南阿蘇村の1期分

県は10日、熊本地震で家屋倒壊などの被害が出た南阿蘇村で、仮設住宅の建設に着手した。1期分として同村河陽の長陽運動公園（約8500平方メートル）に56戸を6月中旬に完成させる予定。

プレハブ造りで1DK（20平方メートル）14戸、2DK（30平方メートル）28戸、3K（40平方メートル）14戸。

同村の家屋被害は、千軒以上に上る見込み。600人以上が避難所生活を続けており、自宅が被災した507世帯を対象に村が実施した意向調査では、約半数が仮設住宅や民間の賃貸住宅を利用する「みなし仮設」への入居を希望した。

2期以降も、村有地を中心に建設候補地を探している。崩落した阿蘇大橋の西側で村内の他地区との行き来が困難な立野地区の仮設住宅は、隣の大津町に建設する方針。同町が町有地などの候補地選定を進める。

県はこの日、嘉島町の第2期分の仮設住宅の建設にも着工。町の公園3カ所に計52戸を建てる。（堀江利雅）

仮設住宅の建設が始まった長陽運動公園＝10日、南阿蘇村

◆熊本地震の断層保存を知事に要望　日本活断層学会

日本活断層学会（会長・岡田篤正京都大名誉教授）は10日、熊本県内で震度7を記録した4月16日の地震で地表に現れた活断層を保存するよう求めることを明らかにした。蒲島郁夫知事に要望書を送る。

岡田会長は「地表の断層は風雨などですぐ不明瞭になったり、消失したりする。断層の保存は地震防災やその普及教育、自然への理解にも役立つ。被災した方を思うと心苦しいが、断層が消失する前に要望した」としている。

国内では、1891年の濃尾地震で出現した根尾谷断層（岐阜県）や、1995年の阪神大震災で現れた野島断層（兵庫県）が、国の特別天然記念物などとして保存されている。

（第３種郵便物認可）　熊本日日新聞　平成28年（2016年）5月11日　水曜日　16

| Readers' square |　熊日情報プロジェクト班 TEL 096(361)3213 FAX 096(361)3380 dengon@kumanichi.co.jp　**読者ひろば**

応援します　河北新報「声の交差点」

阿蘇の風景が気掛かり

高橋正子90＝無職（宮城県仙台市）

このたびの熊本地震で、大勢の犠牲者や重軽傷者が出ました。それを知らせる記事を読み、テレビを見て、自然の脅威を思い知らされました。被災された皆さんに、心からのお悔やみとお見舞いを申し上げます。

私が熊本県玉名市の知人の案内で、阿蘇に登ったのは45年も前のことです。天気が良く、放牧地「草千里ケ浜」の馬が車道まで出てきて、道をふさぎました。懐かしい思い出です。阿蘇山頂の火口まで登って見渡した景色は、今でも心の中に残っています。

登山記念にと年月日を刻印してもらった２個のメダルは、私の部屋に今も飾ってあります。それがきっかけで旅先でメダルを買うようになり、数は100個を超えています。

あの阿蘇の風景、今はどうなっているでしょうか。「天災は忘れたころに来る」という言葉があります。自分はいざという時のための備えができているだろうかと、改めて考えさせられました。

笑顔を忘れず 励まし合って

湯川雅巳69＝無職（宮城県白石市）

４月14日以降、熊本、大分両県を中心にした地震のニュースが何度も流れています。「震度７」の文字を見て、５年前の東日本大震災の悪夢のような日々が頭をよぎりました。

今も余震が止まらない熊本などの被災地では、避難所あるいは自宅で、ライフラインが絶たれるなどの大変な思いをしながら、大勢の方が不安な日々を過ごされていると思います。同じような経験をした者として、胸が痛みます。

被災した地域の皆さん、こうした状況に負けないで、どうか笑顔を忘れずに頑張ってください。地域住民同士支え合って「きょう一日、精いっぱい頑張った」「あしたという日が必ず来る」と励まし合いながら、困難を乗り切ってください。

皆さんがお元気になれるようエールを送ります。頑張れ熊本！　頑張れ大分！　頑張れ九州！

心が痛む震災 なぜ原発稼働

高橋陽子53＝主婦（岩手県岩沼市）

私にとって信じられないことが、今起きている。一つは、熊本・大分の地震である。第一報を聞いた時、すぐに東日本大震災を思い出した。５年前東北で起きた事態が、九州で起きていると思うと、心が痛んだ。震災の仮設住宅を利用してもらえないだろうか、と思う。

もう一つは、こんなに大地震が続いているのに、現在も原発が稼働していることだ。５年前、東京電力福島第１原発事故によって「安全神話」が崩れたというのに、原発を止めないのはなぜだろう？　私の古里の福島を原子力規制委員会の方々は忘れてしまったのだろうか？

そもそも、地震大国日本で「原子力は安全」ということ自体無理があったと私は思う。震災後、原発が稼働しなくても生活ができたのに、なぜ稼働させるのだろう。自分が住んでいなければ関係ないのだろうか？

そして、震災を政治に利用するのはやめてもらいたい。政治も大事だが、国民が苦しんでいる今、政党や選挙とか関係なく、国民のために動くべきではないか。熊本地震が次の選挙の票稼ぎに利用されないことを願う。

最後に、被災された皆さん、朝の来ない夜はありません。どうか一日も早く、心からの笑顔になれますように。

こころ寄せて　神戸発 熊本地震　5

元プロ野球選手　野田 浩司さん

必ず復興すると信じて

多良木町の出身で、現役を引退後、神戸・三宮に熊本の郷土料理店「まる九」を開いた。「熊本が大変なことになっている」。今回の地震も、店を切り盛りする中、知人から一報が入った。急いで震源地に近い合志市にある妻の実家や、益城町に住む高校野球部時代の恩師に連絡し、水や食料を被災地に届けた。

恩師の自宅は一部損壊で済んだが、2～3キロ離れると、多くの全壊家屋がある。余震が続き、車中泊や避難所生活を強いられている古里の人々を思うと、胸が痛む。

阪神・淡路大震災の時もそうだった。阪神を経て当時はオリックスの所属。「野球をやっていていいのか」と戸惑いがあったが、超満員の応援があったからこそ、リーグ優勝ができた。

店の売り上げの一部を義援金として送るつもりだ。お客さんから寄付の申し出も相次いでいる。熊本は必ず復興する。そう信じ、今を乗り越えてほしい。

＝神戸市西区、48歳（聞き手・井上駿）

＜神戸新聞提供・随時掲載＞

がんばろう 熊本　地震被災者応援メッセージ

多くの方に感謝

湖東中の避難所生活で、地域自治会、ＰＴＡ、学校教職員、熊本市、横浜市、福岡市の職員さん、地域住民を温かく見守り助けていただき、ただ、ただ感謝です。また、何も届かない時に栃木ナンバーで駆け付けてくれた皆さま、宮崎からの学生さん、水俣からの２度の炊き出しなど多くの方々に感謝です。

（有村富広・52）

東京から皆さんを応援

熊本の被害の様子をテレビで拝見するたび、心が痛みました。熊本城や阿蘇神社の変わりように、涙があふれました。遠い空の下で地震が収まるように祈ることしかできませんが、皆さんのことをいつも応援しています。身体を壊されませんように。

（ららん・57、東京都）

前向いて 肥後魂で乗り越えよう

避難生活４日目、宇土小で馬肉屋さんが炊き出しをしてくださいました。おかみさんたちが「皆さん、お肉食べて元気出してくださいね～」「一緒に頑張りましょうね～」と一人一人に笑顔で声をかけてくださいました。私の自宅は住める状態ではなく、余震におびえ避難所で過ごしている最中でした。おかみさんの温かい言葉に、今までぐっと堪えていた涙があふれました。被災した熊本の皆さん、共に前を向いて肥後魂で乗り越えましょうね！　負けてたまるか熊本！（しゅうあママ、宇土市）

復興へ力を合わせて

体育館で今も避難されている被災者の心労を察します。これからが本当の復興なので、熊本県民力を合わせて頑張りましょう！

（かめまるひでと）

どぎゃんかしよう！
――みんなの声 届けます

★被災者のためにシェアハウス制度を

テレビで、公営住宅への入居がかなわなかった被災者の様子を見て、胸が痛みました。昔、母は「戦時中は住宅不足で、空き部屋がある家は下宿人を数人置いていた」と話していました。被災者が住む家が不足している今、当時のようなシェアハウス制度を設けてはいかがでしょうか。被災者は家主に必要な経費を払い、期間を決めて共同生活を送るという制度です。わが家は益城町にありますが、幸い家屋の被害はなく、一部屋なら提供できます。２階部分は提供できるという家もあるでしょう。行政や不動産業者にコーディネーターとして間に入ってくれるとスムーズにいくと思います。＝益城町、女、64

熊日でありがとう

☆ご飯ごちそうしたい

うちは母子家庭で、母は看護師をしながら私を育ててくれました。私は今、飲食店でアルバイトをしていますが、お金を稼ぐのは本当に大変だと実感しています。これまで２人でいろんな困難を乗り越えてきましたが、母の前向きな性格に助けられたこともありました。母には本当に感謝しています。いつかアルバイトで得たお金で、母においしいご飯をごちそうしたいと思っています。＝熊本市、大学１年、西口康寿

Thank you!

映画情報

週末ランキング（7、8日）

❶②ズートピア
❷①名探偵コナン　純黒の悪夢
❸―６４　ロクヨン　前編
❹③シビル・ウォー　キャプテン・アメリカ
❺④映画クレヨンしんちゃん　爆睡！　ユメミーワールド大突撃
❻―ROAD TO HiGH&LOW
❼⑤―ちはやふる　下の句
❽⑥アイアムアヒーロー
❾⑨劇場版　遊☆戯☆王 THE DARKSIDE OF DIMENSIONS
❿⑦テラフォーマーズ

（興行通信社調べの観客動員数、２番目の数字は前週の順位）

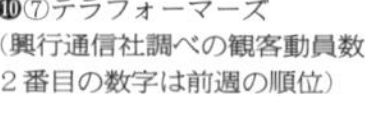

Denkikanと本渡第一映劇は営業

県内の映画館は、熊本地震の影響で営業を見合わせているところが多い。このコーナーで紹介している映画館のうち、現在営業しているのはDenkikan（熊本市中央区新市街）と本渡第一映劇（天草市栄町）の2館。Denkikan＝☎096（352）2121＝は現在、「スポットライト～世紀のスクープ」「ロパートキナ～孤高の白鳥」を上映。14日からは「MAIKOふたたびの白鳥」「写真家ソール・ライター急がない人生で見つけた13のこと」「ビューティー・インサイド」を予定している。本渡第一映劇＝☎0969（23）1417＝は現在、「ベトナムの風に吹かれて」を上映。14日から「最愛の子」「母と暮せば」を予定。

上映会

◆水俣市南部もやい直しセンター「おれんじ館」　14日14時、「祝福（いのり）の海」。山口県の瀬戸内海に浮かぶ小さな島「祝島」を舞台に命のつながりを考えるドキュメンタリー。参加費は前売り1000円（茶と菓子付き、当日200円増）。中学生以下は無料。16時10分、東条雅之監督と交流会もある。実行委・高倉さん☎080（5280）4415。

◆熊本市現代美術館　14、15日は子ども向け上映会。14日が「14ひきのあさごはん」、15日が「14ひきのぴくにっく」。いずれも10時半から。16日14時、月曜ロードショー「マダム・イン・ニューヨーク」（2012年・印、字幕）。各無料。同館☎096（278）7500。

◆熊本市子ども文化会館　15日11時、アニメ「三人の騎士」。13時、同「不思議の国のアリス」。各無料。18歳未満が対象。同館☎096（323）0505。

熊日童話会

◇12日午前10時から、熊本市中央区横手の横手保育園。園児が対象。話すのは渥美多嘉子さん、山元和代さん。

◇12日午前10時半から、多良木町のむつみ保育園。園児らが対象。話すのは村山悦子さん、松下房美さん。

献血　12日

◇日赤プラザ献血ルーム（午前9時―同11時50分・午後1時―同4時50分）

◇献血ありがとう10日▽日赤プラザ献血ルーム＝73人（成分46人）

がん検診　12日

◇胃がん　湯前町保健センター（午前7時～同10時半）

本社来訪

▽村田正敏氏　日本新聞協会副会長（北海道新聞社会長）▽國府一郎氏　日本新聞協会事務局長

◇お断り　地震の影響で熊本空港の発着便は一部が欠航し、九州新幹線は通常運行に戻っていません。このため「航空券案内」「JR指定席」は休みます。

開かれています EXHIBITION

◆県立美術館分館　示現会熊本展▽示現会熊本支部公募展　15日まで。☎096(351)8411。
◆県伝統工芸館　「工芸を透して感じるその時代」展　7月18日まで。☎096(324)4930。
◆くまもと工芸会館　とんぼ玉展　31日まで。☎096(358)5711。
◆熊本市食品交流会館　熊本写真研究会写真展　15日まで。☎096(245)5111。
◆肥後の里山ギャラリー　永青文庫展「横山大観勅題画と領内名勝図巻」　28日まで。☎096(326)7800。
◆山鹿市立博物館　新・山鹿の宝物展　6月12日まで。☎0968(43)1145。
◆坂本善三美術館　坂本寧展　17日まで▽坂本善三のあしあと～小国に生きる作品たち　29日まで。☎0967(46)5732。
◆湯前まんが美術館　水木しげるの妖怪道五十三次展　6月26日まで。☎0966(43)2050。
◆芦北町立星野富弘美術館　開館10周年記念企画「小さな私と、大きな愛」展　7月10日まで。☎0966(86)1600。
◆東陽石匠館　大江田久子が描く「２百名山踏破　田中陽希の顔」展　29日まで。☎0965(65)2700。

※県内施設から抜粋しています。

おくやみ

日付は受付日

※市町村役場に死亡届を出される際に、掲載を希望される方のみ掲載しています。葬儀の日程などは分かりません

荒尾市＝10日
池上昭雄さん(77)金山1293

玉名市＝10日
作本正人さん(76)滑石1430

菊陽町＝10日
狩野英雪さん(94)久保田1387-1
福田敬博さん(65)新山2-4-15

南小国町＝10日
高野勇喜さん(83)菊池郡菊陽町武蔵ケ丘北3-17-8

阿蘇市＝10日
嶋川フユ子さん(100)永草2629

高森町＝10日
後藤義照さん(85)高森1149
本田榮さん(88)高森2466

熊本市＝9日
林田藤一さん(82)
＝10日＝
出田新一さん(70)東区画図町下無田814
和田トシ子さん(98)東区戸島本町15-35
内村幸子さん(93)南区川口町1545
西岡清明さん(84)南区川尻1-3-37
山口誠司さん(60)南区城南町沈目1328
民永輝子さん(85)北区植木町正清949-2
松田政子さん(85)北区植木町亀甲787-2
大久保健さん(67)北区西梶尾町

宇土市＝10日
大橋正男さん(91)築籠町133-2

宇城市＝10日
舞鳴里美さん(48)小川町東海東

八代市＝10日
西田政光さん(86)豊原下町3695
満田邦夫さん(88)水島町2145

球磨村＝10日
黄檗チヨカさん(94)一勝地甲1581

錦町＝10日
福本三人さん(85)一武1783

あさぎり町＝10日
尾方シズノさん(93)免田東1974-6
犬童彌吉さん(79)上南3113-1

上天草市＝10日
遠山要三さん(61)福岡県遠賀郡岡垣町旭南15-11
川口等さん(86)大矢野町登立4545

天草市＝10日
中野キヌエさん(87)栖宇土町4296
吉野久美子さん(75)御所浦町横浦1503
前田利直さん(96)本町下河内534
横田誠志さん(65)河浦町河浦37-1
森下ミツエさん(93)五和町鬼池961

中③ 学習ルーム　親子でチャレンジ！　数学 No.07

1　次のおうぎ形の弧の長さと面積をそれぞれ求めなさい。

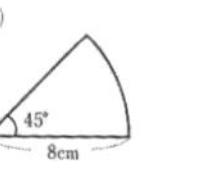

(2)　72°　10 cm

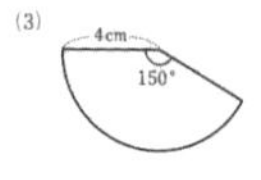

2　次のおうぎ形の中心角と面積をそれぞれ求めなさい。

(1)　弧の長さ 6π cm　(2)　弧の長さ 10π cm　(3)　弧の長さ 12π cm

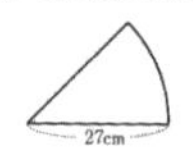

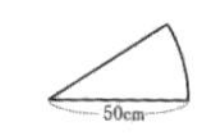

16cm

3　定規とコンパスを使って，次の各問いに答えなさい。ただし，作図に用いた線は消さずに残しておくこと。

(1)　右の図の円は中心がわかりません。中心Oを作図により求めなさい。

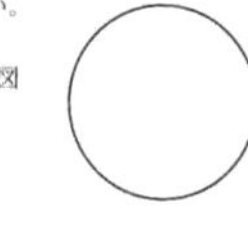

(2)　右の図の長方形ABCDで，点Pが頂点Aに重なるように折り返したときの折り目を作図しなさい。

A　D　B　P　C

(3)　右の図の正方形ABCDで，$\angle PBC=75^\circ$となるような点Pを辺AD上に作図しなさい。

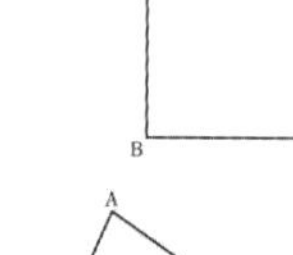

(4)　右の図のような△ABCで，辺BC上に$\angle CAP=\angle ACP$となるような点Pを作図しなさい。

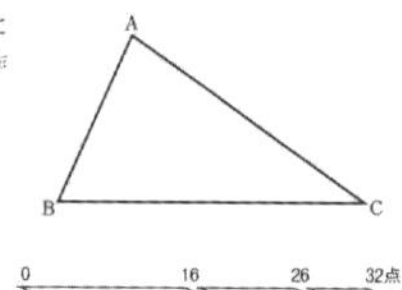

配点　各２点　32点満点

0　C　16　B　26　A　32点

5月10日社会No.7　標準解答　（熊本ゼミナール監修）

1　1　(1)　福岡市　(2)　カルデラ(カタカナ４字)　(3)　ウ
(4)〔例〕　a：温暖な　b：ビニールハウス　c：出荷時期を早める
2　a：山陰　b：季節風　c：黒潮〔日本海流〕　3　ウ

被災地のコメ作りを支援

熊本市の若者グループ計画

収穫や販路確保も

熊本地震で被災し、コメ作りに困っている農家を小中高生や大学生中心のボランティアが支援するプロジェクトを、熊本市の若者グループが計画中だ。支援を必要とする農家や水田を募るとともに、手伝ってくれる子どもや地域で指導役となる農家らを募集している。

グループはコメ生産者らでつくる社団法人「日本お米協会」代表の森賢太さん(28)＝熊本市＝や、ボランティアグループ代表で農家の園田光祥さん(37)＝同＝ら。県内農業の復興を願い「熊本ヒノデ米プロジェクト」と名付けた。

想定しているのは、地震で被災し、片付けに追われて田植えに手が回らなかったり、納屋の崩壊で農機具を失ったりした高齢農家らの支援。収穫までの全作業に関与することも可能で、農産物販売会社と連携した販路確保もできるという。森さんは「何より子どもたちが農作業をする姿で、地域に元気を取り戻したい」と話している。

既に熊本市東区の水田約1㌶で作業に向けて準備中。上益城や阿蘇地域など計20㌶の支援が目標という。問い合わせは日本お米協会☎096(221)7495。（太路秀紀）

熊本ヒノデ米プロジェクトをアピールする若者ら＝6日、県庁

ホテル日航熊本 14日に全館再開

ホテル日航熊本は10日、熊本地震の影響で休止していた全館での営業を14日に再開すると発表した。レストラン、宿泊に続き、宴会部門の営業を本格的に再開し、約1カ月ぶりに全面復旧する。

4月16日の本震後、全面的に営業を休止したが、同月下旬からレストランを段階的に再開し、5月7日からは宿泊客も受け入れていた。部分的に再開していた宴会も、全会場を使用できるようになった。14日は夏目漱石記念年オープニング式典が予定されている。（小林義人）

県美分館が再開

示現会熊本展始まる

重厚な作品が並ぶ「第69回示現会熊本展」の会場＝熊本市中央区

熊本地震の影響で休館していた県立美術館分館（熊本市中央区千葉城町）が10日、第69回示現会熊本展で再開した。15日まで。具象絵画の大作60点を展示している。示現会、同会熊本支部、熊日主催。

示現会は、東京に本部を置く日展系の洋画団体。熊本など15の支部があり、今年は東京・国立新美術館で開かれた本展を皮切りに、全国14会場で巡回展を開いている。

熊本展は、県立美術館分館4階がまだ使えないため、本展からの選抜作品を例年の半分、30点に絞り、地元作家の作品を加えた展観。小材啓治支部長（山鹿市）の油彩「古里の横穴古墳」をはじめ、街並みや自然、人物、静物などを描いた重厚な作品が並んでいる。

第4回熊本支部公募展の入賞・入選作品展も同時開催。51点を展示している。

小材支部長は「一時は開催自体が危ぶまれたが、こんな時だからこそ美術に触れてほしい」と話している。

同館本館（中央区二の丸）は28日、細川コレクション展「大名と遊び」で再開する。（山口純）

被災者は思う 2016.5.11

常連客の心遣い感謝

中松正文さん(45)＝自営業、熊本市中央区

地震後の10日間は、家族5人とペット6匹で車中泊。自宅マンションは貯水タンクが壊れ、水道復旧が遅れ大変でした。大型連休前に手作りパンを販売する「アゲパンヤ。」を再開しました。本格営業とはいきませんが、少しずつ頑張っています。心配して声を掛けてくれたり、多めに商品を買ってくれたりする常連のお客さんの心遣いが、とてもありがたいです。

大学や道路の再生を

垣一男さん(66)＝自営業、南阿蘇村

東海大阿蘇キャンパスの学生21人が入るアパートを経営していましたが、建物は地震で傾いてしまいました。村民が誇りにしてきた大学が、今後どうなるのか心配です。観光や流通など村の活力を取り戻すには、幹線道路の復旧が何より不可欠です。大学や交通網を一刻も早く再生させるなどして、復興へと村民一丸で頑張ります。

熊本地震 現場から 随時掲載

バウンドした車

南関支局 前田晃志

「安全な場所で仮眠でもとろうかな」。4月16日午前1時25分。益城町惣領の病院での取材が一段落し、先輩の写真部記者と一緒に車に乗り込んで一息ついた。その瞬間、「本震」が襲ってきた。

地震だと気付くのと同時に、突き上げるような揺れを感じ、先輩の普通車は左右に大きくバウンド。隣の消防車両と一緒に数秒間、ひっくり返るような勢いで地面を弾んだ。揺れが収まって車から飛び降りたが、恐怖で足が震えていた。

周辺は土ぼこりが舞い上がり、ガス臭が充満。町中の様子も一変した。本震の現場に遭遇した記者として、この現実を伝えなければ―。一心不乱に駆け回り、惨状をノートに書き殴った。いつの間にか夜が明けていた。

山間部の避難所

山都支局 臼杵大介

地震で被災した山間部の避難所を回った。高齢化が進む地域が多いこともあり、どの避難所にも厳しい現実が横たわっていた。

御船町中心部から約10キロ離れた集会所。4月下旬に訪れた時は、住民7人が迎えてくれた。ほとんどが70～80代。いずれも家屋が損壊し、避難を余儀なくされた人たちだ。

町指定の避難所ではないため、当初は支援物資が届かなかった。住民たちは米や漬物を持ち寄り、水は近くの水源まで交代でくみに行ったという。持病が悪化し、病院で診察を受けた人もいた。

山間部は地盤が緩み、土砂崩れなど二次災害の危険が増している。遅くとも梅雨入りまでには、住民が安心できる生活に戻れるよう願っている。

2016.5.11

ハンセン病 解決道半ば

「隔離違憲」熊本地裁判決15年

元患者ら 癒えぬ心の傷

2001年5月11日、熊本地裁前で「ハンセン病国家賠償訴訟」の勝訴判決に喜ぶ原告団や支援者ら

国のハンセン病隔離政策を違憲と認め、元患者らが全面勝訴した2001年5月の熊本地裁判決から11日で15年。「感染しやすい」といった偏見は解消されつつあるが、差別被害の償いは終わらず、問題の全面解決は道半ばだ。元患者の家族らは今年、国に謝罪と賠償を求めて集団提訴。一方、最高裁は療養所などで裁判を開く「特別法廷」を設けたことを、違憲と認めなかった。平均年齢が84歳を超えた元患者らの心の傷は癒えない。

01年の熊本地裁判決は、隔離を定めた「らい予防法」（1996年4月廃止）の違憲性を初めて認め、国に元患者への損害賠償を命じる画期的なものだった。

「裁判長。私の子どもを国から取り戻してください」。国立療養所「菊池恵楓園」（合志市）の入所者自治会長を務める志村康さん(83)は、1次提訴の原告として参加。妻が中絶を強制された怒りを法廷で訴えた。小泉純一郎首相（当時）は控訴を断念し「深く反省する」との談話を出した。

それでも03年11月、県内のホテルで菊池恵楓園の入所者が宿泊を断られる事件が起きた。説明が二転三転するホテル側の謝罪文を受け取らなかった入所者自治会に、ハンセン病を差別する抗議電話が集中。元患者らは二重に傷ついた。

県北の村職員が1952年に殺害された事件では、無実を訴えながら特別法廷で裁かれ、62年に死刑が執行された元患者の再審を求める運動が今も続く。

一方、元患者らと地域社会との交流も着実に進む。菊池恵楓園や「多磨全生園」（東京都東村山市）には保育所が設けられ、子どもらが敷地を走り回る。「邑久光明園」（岡山県瀬戸内市）では今年2月、特別養護老人ホームがオープンした。

ただ、菊池恵楓園の納骨堂には、1294柱の骨つぼが故郷に戻れないまま保管されている。国の隔離政策で、家族や地域との関係を断ち切られた歴史の象徴だ。

差別や偏見で、家族も離散させられた―。今年2～3月、各地に住む元患者の家族ら約570人は、国に謝罪と賠償を求めて熊本地裁に集団提訴した。4月には最高裁が特別法廷を裁判所法違反だったとする調査報告書をまとめ謝罪したが、違憲判断には踏み込まなかった。「謝罪になっていない」。元患者らは憤りと失望の声を上げた。

志村さんは今、こう感じている。「あらゆる差別を禁止する人権擁護法の制定が必要だ」

ハンセン病を巡る経過

1907年	法律「らい予防に関する件」成立
31年	「らい予防法」(旧法)成立。全患者が隔離対象に
53年	らい予防法の新法成立。隔離政策を維持
96年4月	新法廃止
98年7月	療養所入所者らが隔離政策の違憲性を訴え、国家賠償を求めて熊本地裁に初提訴
2001年5月	熊本地裁が隔離政策の違憲性を認め、国に約18億円の賠償命令。小泉純一郎首相(当時)は控訴を断念し謝罪
6月	ハンセン病補償金支給法施行
7月	入所者、退所者に関する和解合意書に国と原告団が調印
13年11月	全国ハンセン病療養所入所者協議会などが最高裁に特別法廷設置の正当性検証を要請
14年5月	最高裁が調査開始
15年7月	最高裁が有識者委員会を設置
9月	鳥取地裁が家族の被害について国の責任に言及
16年2～3月	元患者の家族が国に賠償を求めて熊本地裁に集団提訴
4月7日	最高裁の有識者委が特別法廷を違憲とする最終意見を最高裁に提出
25日	最高裁が特別法廷の設置手続きは違法だったと認める調査報告書を公表。元患者に謝罪

4月の刑法犯認知件数

区分	罪種	件数
街頭犯罪等重点罪種	殺人	1 (1)
	強盗	1 (1)
	女性暴行	1 (1)
	強制わいせつ	3 (1)
	空き巣	54 (35)
	忍び込み	9 (5)
	自動車盗	2 (-2)
	オートバイ盗	8 (-13)
	自転車盗	102 (-50)
	車上狙い	39 (-29)
	万引	80 (-37)
	ひったくり	0 (-2)
	自動販売機狙い	5 (-5)
増加罪種	詐欺	20 (-12)
	脅迫	6 (5)
	傷害	24 (-7)
	月計	605 (-209)
	累計	2,781 (-293)

4月の交通事故

ブロック	発生件数	死者数	負傷者数
熊本	180 (-86)	0 (-1)	217 (-106)
城北	65 (-17)	2 (1)	93 (-16)
菊池阿蘇	62 (-17)	0 (0)	89 (-27)
宇城	43 (0)	1 (1)	52 (-8)
城南	38 (-16)	0 (0)	43 (-29)
天草	9 (-9)	0 (0)	13 (-7)
高速	3 (-3)	0 (-1)	3 (-4)
月計	400 (-148)	3 (0)	510 (-197)
累計	1,757 (-392)	26 (3)	2,214 (-499)

※( )内は対前年同期比
※累計は本年中の合計

守ろう!! 安全安心 くまもと2016

「頑張りすぎないで」

将棋連盟谷川会長 被災者にメッセージ

救援金の目録を渡す日本将棋連盟の谷川浩司会長（右）＝10日、熊本日日新聞東京支社

日本将棋連盟の谷川浩司会長(54)が10日、熊本日日新聞東京支社を訪れ、阪神大震災での経験を踏まえ「頑張りすぎないでほしい」と熊本地震の被災者へメッセージを送った。

谷川氏は神戸市出身。1995年の阪神大震災では実家が全壊。自宅マンションは大きな被害がなかったため、目の前に建設された仮設住宅を見るたび「罪悪感」を抱いたという。

谷川氏は「すぐ隣に大きな被害を受けた人がいるつらさがあった。1カ月までは気持ちで乗り越えられるが、無理しないで」と被災者を思いやった。

さらに自らの体験を振り返り、「当たり前と思っていた日常や、将棋ができることのありがたさを感じた。大震災は不幸な出来事だったが、原点を取り戻せた」と話した。

将棋連盟は同日、熊本地震の救援金を熊日に託した。（岡恭子）

裁判員裁判の期日取り消し

熊本地裁

熊本地裁は10日までに、18日から予定していた女性暴行致傷事件の裁判員裁判の期日を取り消した。熊本地震の余震が続いており、「裁判員候補者の安全を確保するため」としている。候補者49人には9日、取り消し通知を発送した。期日はあらためて指定し、裁判員候補者も選び直す。

熊本地震による裁判員裁判の期日取り消しは、10日から予定していた放火事件に続き2件目。

◇お断り 連載「家族 らい予防法廃止20年」は休みました。

平成28年熊本地震救援金

熊日・RKK・善意銀行 敬称略

▼2000万円 日本たばこ産業九州支社▼1000万円 テーブルマークホールディングス▼300万円 サンワールドビジョン▼100万円 センソウシツ、ACS熊本、ナカムラ▼80万円 山本直俊▼50万円 若鈴コンサルタンツ、ムラヤマチガ▼21万9366円 大阪府守口市メロディーハイム大日住民一同▼21万6200円 太陽企業グループ▼20万円 日本新聞協会管理職一同▼17万4000円 芦北町ゴルフ協会▼11万1500円 ジージャジャパン▼10万円 トオルプランニング、齋藤望、ムラカミショウテン、ロバートソンレイコ、オカミヤイクヨ、岸井博、亀津正武、日常塾クラブ、野田船舶、鹿子木晴美、木村征男、永水直子▼6万2000円 天草ガス有志一同▼6万円 共栄建設社員会▼5万8180円 天草市立久玉小学校▼5万5555円 池部徹▼5万2150円 山鹿正円寺仏教婦人会▼5万円 イトシマミニマラソンジッコウイインカイ、熊日人吉販売センター、水産庁漁業取締船海星丸乗組員一同、水産庁漁業取締船龍星丸乗組員一同、淀川産業、田中商事、田中義郎・五十鈴、山都町米生区自治会▼4万円 中村晃子、直江勝行▼3万円 荒木ムツヨ、オオヤマサトミ、シノザキヒロシ、箕田芳恭、中村悦郎、坂田誠▼2万5000円 シマアスリートクラブ▼2万3300円 特別養護老人ホームりゅうきんか有志一同▼2万円 染岳屋、あい歯科クリニック、コルメナ沙羅、井戸側真帆、井戸側美玖、寺本哲二・邦子、山野さよ・染原俊子▼1万4840円 玉名市剣道連盟▼1万3000円 坂本千美子▼1万2555円 ジェフ天草工場▼1万724円 井手公太▼1万620円 松岡洋子▼1万円 栃原敏春、伊藤智、ツカダアツエ、ウエハラミツヒロ、ミヤハラヒロシ、ニシガタメグミ、オオシマオサム、タナカトシノブ、ヤマザキミチオ、コニシタカノリ、フクチシンヤ、ヤマモトカヨ、オオチアキラ、川崎高代、本田文男、小池憲一、白木昭雄、上村辰生、中村文男、内賀島和代、宮脇壽宏、桜井、宮本明雄、橿渕明彦、阿部真弓、浪江古賀淳次・典子、中原隆夫、敬子、星原憲之・貴美子▼7573円 ダイハツ工業滋賀竜王工場第二製造ボデー課準2▼7000円 芝田益衛▼6000円 ニシムラマリコ▼5913円 イノウエマサユキ▼5000円 隈部匡徳、隈部佐代子、ハセジユンイチロウ、芝田君子、大石純子、水田貴之、角禮子、角峻輔、角義秋▼3725円 内堀征雄▼3500円 井上誠▼3333円 タカハシカズオ▼3000円 タナカヒデハル、フジイユミコ、サカウチタカヤ、土肥純子、下川祐子、山﨑レイ子、磯田光幸▼2000円 米村芳雄、ヤマグチカツキ、タナカノブアキ、森和代、白崎楠男、長薗純一▼1000円 ウエフネジユンイチ▼匿名 4件

◇合計 4156万8034円
◇累計 1億1354万7630円

◇平成28年熊本地震救援金受け付け

【直接持参、現金書留の場合】窓口は〒860―8506、熊本市中央区世安町172、熊本日日新聞社事業局と熊日の支社、総・支局。および〒860―8611、熊本市中央区山崎町30、RKK熊本放送事業局販促事業部。現金書留は「平成28年熊本地震救援金」係と明記を。

【銀行振り込みの場合】窓口で「救援金」と申し出れば手数料は無料です。口座名は、いずれも「平成28年熊本地震救援金」。

▽肥後銀行 水道町支店 普通預金 2722191
▽熊本銀行 本店営業部 普通預金 3127424
▽熊本第一信用金庫 本店営業部 普通預金 1212793

※受け付けは5月31日まで（持参の場合は平日の午前9時から午後5時まで。土・日・祝日は受け付けない）。千円以上の救援金は、熊日紙上に金額、氏名を掲載し、領収書に代えます（掲載まで時間がかかることがあります）。匿名希望は、その旨記入を。

第871回ミニロト宝くじ（10日）

本数字 04 17 24 27 31
ボーナス数字 19

1等	本数字5個一致	(711万4400円) 21口
2等	本数字4個とボーナス数字一致	(13万7600円) 78口
3等	本数字4個一致	(7900円) 2331口
4等	本数字3個一致	(800円) 54399口

第4400回数字選択式全国自治宝くじ（10日）

ナンバーズ3
◇抽せん数字 933

ストレート	(10万7500円) 36口
ボックス	(3万5800円) 227口
セット・ストレート	(7万1600円) 115口
セット・ボックス	(1万7900円) 278口
ミニ（下2ケタ）	(1万700円) 888口

ナンバーズ4
◇抽せん数字 4418

ストレート	(73万7300円) 39口
ボックス	(6万1400円) 148口
セット・ストレート	(39万9300円) 95口
セット・ボックス	(3万700円) 688口

肥後狂句 安藤黒竜選

グッドタイミング 植え終わったら降り出した　天草 宮本一尺
グッドタイミング 祝辞が済んだころ着いた　天草 鶴田ほげん太
お騒がせ 山見くびって記事ィなり　菊池 岩木阿龍
乳母車 あくしゃうたした田舎道　上代 西 敏行
グッドタイミング 救急車呼ぶほどで無ァ　武蔵ヶ丘 津田わかん
グッドタイミング 値引きの時にでっかした　宇土 園田邦子
グッドタイミング 手当もらったばあっかり　黒髪 佐々木治
乳母車 パパも公園デビューさす　広木 川上玉水
グッドタイミング 晩のおかずになる土産　美里 砥用あきら

日々の献立は主婦の悩みの種だが、これは喜ばれる。土産にそれほど粗末なものは考えられないし、夫人の受けもさらによくなるだろう。

お騒がせ 自分は数えとらっさん　大津 川上正中

被災で教室"減少"／授業や部活「不安」

高校生活 制約大きく

熊本地震で休校していた県内の公立高は10日、全て再開したが、校舎など施設の被災が深刻な学校もあり、生徒は大幅に制約された環境での授業、部活動を強いられそうだ。

地震を想定した避難訓練で校舎の外へ出る生徒たち。破損した渡り廊下（左上）を避けた避難ルートを確認した＝10日午前9時45分ごろ、熊本市東区の第二高（横井誠）

県教委施設課によると、地震被害を調べた県立学校と特別支援学校の計35校562棟のうち、応急危険度判定で「危険」と判断されたのは17校49棟、「要注意」は16校46棟。17校43棟は周辺の地盤や構造に問題があるか、落下物の危険があるとして使用を禁止、制限した。

地震の揺れが大きかった熊本市東区の第二高。10日は3年生404人が登校した。学年集会で、那須高久校長（54）は「校内で使えないところが現時点でたくさんあり、我慢してもらわないといけない」と理解を求めた。

同校の施設のうち管理棟と普通教室棟、特別教室棟はそれぞれをつなぐ渡り廊下計8本が通れない状態。職員室などが入る管理棟は地盤が一部沈み、建て替えが必要という。

同校は1学年10クラスの計30クラス。13〜20日は20教室しか使わない変則的な運用を取る。「1学年は全日登校」「2学年は半日ずつ登校」を組み合わせて対応。その後、全学年が終日授業を受けられる態勢を目指す。

休校した13日間に不足する授業時間は80時間前後。夏休みを短縮して補う考えだが、那須校長は「私たちは大きな困難に直面している。全員で思いを一つに乗り越えよう」と涙をこらえ、危機感をにじませた。

受験勉強の出ばなをくじかれた3年生。女子生徒は「これから授業のスケジュールがきついと思う。体がついていけるだろうか」と不安を漏らし、調理部の女子生徒は「部活の予定がどうなるのか気になる」。体育会系の部活動は近くの学校の設備を借り、練習する準備を進めるという。

阿蘇市の阿蘇中央高も10日、全校集会後に授業を再開した。休校で不足した授業時間数は調査中だが、第二高と同じく夏休みを短縮する方向だ。

農業や畜産を専門的に学ぶ清峰校舎は地震後、停電の影響でビニールハウスに水を送れなくなった。教員が湧き水をくんで対応したが、収穫期を迎えていたイチゴのほぼ全てを処分。栽培中のコーヒー豆約3分の2を失った。

畜産関係では、牛舎などの建物や家畜に大きな被害はなかった。農業食品科3年の西本晴哉さん＝菊陽町＝は「学校再開もうれしいけれど、飼育していた牛が無事だったのが1番。同級生に助けられた」。普段は生徒がローテーションを組んで世話するが、休校中は近くの生徒に任せて乗り切ったという。

（福井一基、上杉勇太、中村悠）

東海大　農学部の再開準備　熊本キャンパスで講義へ

熊本地震で大きな被害を受け、休講中の東海大農学部阿蘇キャンパス（南阿蘇村）が、7月1日から熊本キャンパス（熊本市東区）で講義を再開する方向で準備を進めていることが10日、東海大への取材で分かった。

熊本キャンパスでは農業実習ができないため、九州沖縄農業研究センター（合志市）や県立農業大学校（同）などに協力を求めるほか、被害が少ない阿蘇キャンパスの牧場使用などを検討。県外に避難した学生向けに、講義のインターネット配信も計画している。

阿蘇キャンパスは校舎のほか牧場や農場などを備え、約千人の学生が在籍。一部の建物などが損傷して復旧の見通しは立たず、前震翌日の4月15日から休講している。

学生約750人が暮らすアパート、下宿も倒壊が相次ぎ、3人が犠牲に。近くの阿蘇大橋が崩落するなど通学も困難なため、熊本キャンパスでの代替検討を決めた。

東海大熊本教学課は「学生への影響が少ない形で、早く講義を始めたい。南阿蘇の広大な自然に魅力を感じる学生は多く、キャンパスを残したいが、地盤の状況など国や県の指導を受けて判断する」としている。

熊本キャンパスの経営、基盤工学部は16日に再開する。

（内田裕之）

工場停止　お菓子の香梅

「陣太鼓」復活へ懸命

お菓子の香梅（熊本市）は、熊本地震で西原村の工場が被災し、全商品の製造を停止している。人気和菓子「誉の陣太鼓」は5月初めに在庫を売り尽くし、品切れとなった。再開の見通しは立っていないが、熊本を代表する名菓を復活させようと、懸命の復旧作業を続けている。

西原村の工場は、同社唯一の製造施設。4月14日の前震後、製造を停止し、16日の本震でさらに激しい被害を受けた。あんの製造設備や貯水タンクが破損し、重さ10㌧のオーブンが移動するなど「壊滅状態」（同社）となった。

復旧には、従業員が手作業で取り組み、移動したり、倒れたりした機械を元の位置に戻した。今後、重機を使った本格的な作業に入るが、さらに機械の点検や修理も必要で、手作りの一部商品を除き製造再開までの期間は見通せない状況だ。

県内の約30店舗は、品切れで休業を余儀なくされ、熊本市中央区の白山本店のみ営業している。商品はほとんどなく、炊き出しでぜんざいを振る舞っている。土産用や贈答用に陣太鼓を求める客も多く、問い合わせが相次いでいるという。

復旧作業は、陣太鼓の製造ラインを優先して進める方針だ。副島健史社長（50）は「陣太鼓が多くの方に愛されている商品だと改めて実感している。一日も早く復活させたい」と力を込めた。

陣太鼓は、餅をあんで包み、寒天で陣太鼓の形に固めた独特の和菓子。創業者の故副島梅太郎さんが1958年に創作した。同社の売上高の約半分を占め、4月末までの累計生産数は5億2870万個に上る。

（小林義人）

被災した工場内を見て回る副島健史社長（左）＝西原村のお菓子の香梅阿蘇西原工場

発電所水流出　13日から調査

九電、南阿蘇村で

南阿蘇村の黒川第1発電所の貯水槽が熊本地震で損壊し、大量の水が流出した問題で、九州電力は10日、直下の集落が被害を受けた土砂崩れとの因果関係などを解明する現地調査を13日に始めると発表した。

現地調査は、約20人態勢で数日かけて実施する計画。損壊した貯水槽や水路、土砂崩れが起きた斜面や集落のほか、山の上部にも範囲を広げ、地形や地質を調べる。土砂崩れや施設損壊の状況も確認する。

調査結果を踏まえ、5月下旬にボーリングなどの2次調査を実施する。外部の専門家の参加も検討している。

貯水槽の約200㍍下にある南阿蘇村立野の新所区では、4月16日未明の本震後、土砂崩れで2人が死亡した。九電によると、貯水槽は本震で損壊し、集落方面へ50㍍プール4杯分に相当する約1万立方㍍の水が流出したとみられる。

（小林義人）

11日　午前9時 3m　午後3時 4m

阿蘇山の風向予想（日本気象協会 tenki.jpより）

カンちゃん　フジヤマジョージ

パッ

あれは手旗信号といって遠くの相手に情報を伝えることができるんだ!!

ぼくも教えてもらお!!

サッ

だめ!

5月11日の飛来予測

		6-12	12-18	18-24	12日
九州北部	大気汚染粒子	多い	多い	やや多い	やや多い
	黄砂	少ない	少ない	少ない	少ない
九州南部	大気汚染粒子	多い	多い	多い	やや多い
	黄砂	少ない	少ない	少ない	少ない

非常に多い　注意喚起レベル　多い　環境基準値程度　やや多い　大気が少しかすむ　少ない　清浄

予測システム「スプリンターズ」開発チーム提供

9日間の天気　Weather Report

11(水)　12(木)　13(金)　14(土)　15(日)　16(月)　17(火)　18(水)　19(木)

札幌　東京　名古屋　大阪　広島　福岡　熊本　長崎　佐賀　大分　宮崎　鹿児島　那覇

のち　時々

きのうの気温　10日

（天気・湿度は15時、県内の気温は0時〜17時、△印は低め）

	最高	平年比	最低	平年比	湿度	天気
熊本	21.6	△3.5	19.0	4.4	99%	俄雨
牛深	21.5	△1.8	19.4	3.5	99%	曇
人吉	21.5	△3.1	19.4	6.5	100%	—
阿蘇	20.1	△1.5	17.3	7.2	—	—

（阿蘇山上の最高気温は16.8度、最低気温は14.8度）

	最高	最低	天気
福岡	24.0	18.5	俄雨
佐賀	21.7	18.5	俄雨
長崎	22.5	18.3	俄雨
大分	20.8	15.4	曇
宮崎	23.9	21.0	俄雨
鹿児島	25.1	21.1	俄雨
那覇	30.2	25.0	曇
松江	18.0	16.8	俄雨
広島	17.9	16.4	俄雨
高松	19.2	16.0	俄雨
大阪	21.2	15.6	俄雨
京都	20.4	15.8	俄雨
名古屋	20.7	15.3	俄雨
長野	22.6	15.3	曇
東京	22.6	16.1	雨
新潟	23.3	15.7	雨
仙台	16.1	13.7	雨
秋田	22.0	13.9	雨
札幌	20.8	11.8	曇

潮ごよみ

旧暦4月5日（11日）　中潮・月齢 4.3

日出 5時21分　日入 19時06分　月出 9時31分　月入 23時30分

	満潮		干潮	
三角	11.31	—	5.52	18.07
水俣	11.24	—	5.47	18.06
牛深	10.36	—	5.06	17.16
玉名	0.02	11.41	6.02	18.17

旧暦4月6日（12日）

	満潮		干潮	
三角	0.33	12.10	6.33	18.50
水俣	0.31	12.03	6.30	18.49
牛深	0.02	11.23	5.57	18.05
玉名	0.43	12.20	6.43	19.00

新聞定価1カ月　朝刊のみ＝3,093円(税込み)、朝夕刊セット＝3,460円(税込み)　朝刊1部売り＝120円(税込み)

壊れた校舎、仮教室で授業…

「ただいま」広がる笑顔

熊本市東野中　「ここで頑張る」

「こんちは〜」「元気しよったね」。熊本市の全ての小中学校が再開した10日、熊本地震で校舎の約半分が使えなくなった東野中（東区東野）にも、生徒の笑顔が戻ってきた。【1面参照】

校舎が損壊したため、武道場や木工室で授業をすることになった東野中の2年生＝10日午後0時15分すぎ、熊本市東区（大倉尚逸）

アルミ製の窓枠がひしゃげた北校舎は立ち入り禁止。渡り廊下の接続部分にも裂けるように亀裂が入る。教室が足りないため、学年ごとに2〜3時間の時間差をつけての登校。午前9時、8日まで避難所だった体育館には、青い体操服姿の3年生約180人が集まってきた。

「ほんとに怖かったね。大丈夫だった？」。霜出芽似さんは親友の上田生希さんを見つけると、真っすぐ駆け寄った。「何もなかった。京都のおばあちゃんちに避難しとったよ」と上田さん。再会を喜び合った後は「受験どうする」「心配だね」と顔を見合わせた。

学年主任の中野一雄教諭（60）が、3年生に呼び掛けた。「22日の体育大会は予定通りやる。応援団が一つになって震災応援の演舞をやってほしい」。「よしっ」と応援団員から声が上がった。「一致団結して震災を乗り越える、最初のイベントにしたいんです」と、中野教諭の声も明るかった。

集会では、松永洋校長（55）が「君たちが授業を受けていた北校舎が使えなくなった。不便になるが、ここで底力を見せよう」。仮教室となる美術室や武道場、木工室には、北校舎から運び出された机が並ぶ。教師らは環境を整えて、授業再開の日を待っていた。

髙濱千秋教諭（42）は「不安や悩みがあったら、先生や友だちにすぐに相談してください。一人で抱え込まないで」と呼び掛けた。自分でも気付かぬうちに、ストレスをため込んでいるのではないか。それが何より、気掛かりだという。

窓からはブルーシートに覆われた住宅が見え、校舎のあちこちに「頭上注意」「立ち入り禁止」の張り紙。運動場に17教室分のプレハブ校舎が完成する予定の8月半ばまで、それぞれ体育館や武道場、特別教室を使っての授業が続く。

「閉鎖された校舎には、友だちと話したり、遊んだりした思い出がある。壊れた校舎を見た時は言葉が出なかった」と3年の森優大さん。学びやに日常が戻るまでには、まだ時間がかかる。「でもここでやれることを、頑張っていこうと思います」と前を向いた。（植木泰士、中島忠道）

天草市へ転入25人　被災地の小中学生

熊本地震の影響で、熊本市などから天草市の小中学校に転入した児童・生徒が25人（小学生19人、中学生6人）に上ることが10日、市の調査で分かった。

天草市学校教育課によると、熊本市や益城町、嘉島町、宇城市など、いずれも被害が大きかった地域からの転入だった。

このうち、住民票を移したのは3人（同2人、同1人）。住民票は残したまま学籍だけを天草市に移した「区域外就学」が8人（同5人、同3人）、住民票も学籍も移さず一時的に通学する「体験入学」が14人（同12人、同2人）。体験入学は延べ55人（同49人、同6人）に上ったという。

益城町の益城中3年の杉村快理さんは4月25日から母親の実家がある河浦町の河浦中に体験入学を続けている。「温かく迎えてもらったけど、家族みんなでいつも通りの生活に早く戻りたい」と話した。（上野和伝）

カードだまし取り100万円盗んだ疑い　熊本北署など38歳の男逮捕

熊本北署などは10日、だまして作らせた消費者金融のカードを詐取し、現金100万円を引き出したとして、詐欺などの疑いで本籍荒尾市、住所不定、無職白水大輔容疑者（38）を逮捕した。

逮捕容疑は2015年10月29日、熊本市中央区安政町で八代市の男子大学生（20）に作らせた消費者金融会社のカードをだまし取り、近くのコンビニエンスストア店舗内の現金自動預払機から計100万円を引き出し、盗んだ疑い。

署によると、大学生は同級生や先輩から「いいバイトがある」と持ち掛けられ、白水容疑者とこの日に知り合ったという。白水容疑者は容疑を認めており、「同じような手口で大勢だました」と供述している。県警には同様の手口による被害の相談が約160件、計約2億円分寄せられており、関連を調べる。

事件事故

■警察官名乗る詐欺疑いで男3人逮捕　熊本、宮崎の両県警は10日、詐欺の疑いで本籍宮崎市、住所不定、無職岡本昴（28）と、本籍宮崎県西都市、住所不定、風俗店スカウト西森俊文（28）の両容疑者＝別の詐欺罪などで起訴＝を再逮捕、東京都杉並区、無職溝邊光樹容疑者（21）を逮捕。3人の逮捕容疑は2015年6月26日、熊本県警の警察官になりすまし、大津町の無職女性（70）に「金融庁から預金保護の依頼があった」などとうその電話をかけ、女性宅を訪れて現金約300万円をだまし取った疑い。

■小屋を全焼　10日午後4時20分ごろ、水俣市汐見町2丁目の小屋から出火。木造平屋約12平方メートルを全焼した。水俣署と水俣芦北広域消防本部によると、小屋は同市丸島町1丁目、農業坂本良徳さん（68）所有で、耕運機などが置いてあった。出火当時は無人だった。

益城町・広安小出身の難波さん　母校で医療チーム

避難者支援　復興信じて

広安小の保健室に設けた救護所で、スタッフに指示を出す「アムダ」の難波妙さん（左）＝益城町

益城町の広安小出身で岡山県の認定NPO法人「アムダ」の理事難波妙さん（52）＝同県総社市＝が、熊本地震の避難所になった母校で、医療支援チームを指揮している。生まれ育った故郷の被災に心を痛めながらも、復興を信じて避難者の健康を支える。

アムダは国内外の医師や看護師、薬剤師、介護士らでつくる。2004年のスマトラ島沖地震など世界の被災地で医療支援に取り組み、東日本大震災でも活躍。

難波さんは前震発生直後の4月15日朝、夫と益城町へ。母は広安小に避難し、老人ホームにいた父も無事だった。熊本市のホテルで本震に襲われながら、アムダの受け入れを実現した。

広安小はピーク時に約700人が避難。アムダは救護所を設け、診療や針きゅう、高齢者の介助などにあたった。難波さんは事務方のリーダー役。医療スタッフから避難者の健康状態を聞き、薬や物資調達に奔走する。

避難者の中には、同級生や近所の顔なじみも多い。70人以上が救護所に来た日もあり、「大好きな地元の人が疲れ切っているのを見るのはつらかった」と振り返る。

2度の震度7で実家は傾き、「危険」の赤い紙を貼られた。幼い頃歩いた通学路も、道沿いの家が崩れて道をふさいだ。「なぜ、ふるさとが…」。惨状に胸が詰まった。

それでも、避難者がひしめく母校にいると懐かしさも込み上げる。眠れないお年寄りに付き添い、真夜中の廊下で2人で校歌を歌った。「美しい郷 広安の／学童われら」。故郷の誇りが込み上げてきた。

街並みは壊れたけれど、「この町は必ず復興する」と信じる。その主役になるのは、健やかな被災者だ。「全力で支えたい」。難波さんは、自らの役割をあらためて見つめている。（益田大也）

「死にたい」現場にメモ　中2女子2人電車死亡事故

東京都品川区の東急大井町線荏原町駅で、いずれも13歳の中学2年の女子生徒2人が電車にはねられ死亡した事故で、現場に残っていた2人のメモに、それぞれ「死にたい」などと書かれていたことが10日、捜査関係者への取材で分かった。

警視庁荏原署は2人が一緒に自殺を図ったとみて、メモの内容を精査したり、学校関係者から話を聴いたりして詳しい動機を調べている。捜査関係者によると、メモはホームや線路上にあった2人の通学用かばんから、数通ずつ見つかった。手書きで人間関係の悩みなどが書かれていた。いじめや虐待を受けていたことを示す内容ではないという。

前田　司さん（まえだ・つかさ＝元熊日江津販売センター店主）8日午前、老衰のため死去、89歳。通夜、葬儀は10日に近親者で済ませた。喪主は妻能子（よしこ）さん。自宅は熊本市中央区大江1の11。

園田　耕一さん（そのだ・こういち＝園田屋店主）7日午後、敗血症性ショックのため死去、86歳。通夜、葬儀は近親者で済ませた。喪主は長男健一（けんいち）さん。自宅は熊本市中央区南坪井町6の1。

くまモン

絵：サダタロー／監修：小山薫堂

背面跳び

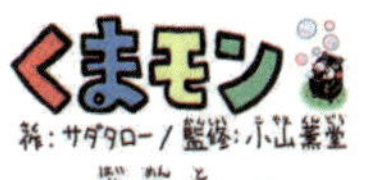

1　3版　平成28年（2016年）5月12日　木曜日　熊本日日新聞　（昭和17年4月1日第3種郵便物認可）　第26645号　日刊

熊本日日新聞
発行所 熊本日日新聞社
〒860-8506 熊本市中央区世安町172
☎代表(096)361-3111

5月12日
木曜日

まさかの烈震 地盤直撃

断層、川沿いに犠牲集中

益城町 悪条件重なる

本震
4月16日午前1時25分ごろ
M7.3（震度7）

前震
4月14日午後9時26分ごろ
M6.5（震度7）

●前震による犠牲者
●本震による犠牲者

布田川・日奈久断層帯

（産業技術総合研究所などのデータを基に作成）

熊本地震で大きな被害を受けた益城町で、犠牲となった20人は布田川・日奈久断層帯付近と、町内を流れる秋津・木山川沿いに集中していることが11日、熊本日日新聞の取材で明らかになった。専門家は、地盤がもろい河川域と断層帯がほぼ重なることで被害が拡大した可能性が高いとみている。

また、4月16日未明の本震で死亡した12人のうち、少なくとも6人は前震後に避難しながら自宅に戻り、被災したケースだった。避難の在り方を含め、今後の防災対策の課題となりそうだ。

熊本地震では、日奈久断層帯に起因するマグニチュード（M）6・5の前震と、布田川断層帯に起因するM7・3という阪神大震災クラスの本震が連続して発生。二つの断層が複雑に絡み合う益城町は県内で唯一、震度7に2度見舞われた。

熊本大大学院自然科学研究科の渋谷秀敏教授（地球磁場）によると、活断層上に被害が集中した理由として▽地中で断層がずれる時に生じる地表の変動が大きかった▽揺れの激しい震央に近かった—ことなどが影響していると考えられる。

加えて、被害が大きかったのは、地盤が軟らかいとされる平地。同教授は「山地から続く軟らかい平地部分は、海の波が渚に向かって大きくなるように、地震のエネルギーが集まりやすい」という。

もう一つの理由として挙げられるのが地盤の弱さ。同町では二つの断層とほぼ並行して秋津川と木山川が流れる。現地入りして調査を続ける福岡大工学部の古賀一八教授（建築防災）によると、家屋倒壊は九州自動車道より東側、県道熊本高森線の南側で激しい。一帯は旧河川や扇状地の砂地を埋め立てた、地盤の弱い地域を宅地化しており、液状化現象も発生している。

16日未明の本震では、木造家屋がダメージを受けやすい周期を持った地震波が観測されている。古賀教授は「2度の大きな揺れ、地盤の弱さ、地震波の周期、揺れの方向など悪条件が重なり、被害を大きくしたのではないか」と話す。

熊本地震では、県全体の犠牲者49人のうち、8割近い37人が家屋倒壊で死亡した。熊本大減災型社会システム実践教育研究センター長の松田泰治教授は「現地をみると、古い家だけでなく、新しい耐震基準で建てられた家も被害に遭っている。活断層に基づく地震対策や意識啓発が今後の課題になる」と指摘する。（浪床敬子）

支えあおう熊本　いま心ひとつに

母の島崎京子さんが亡くなった自宅前で手を合わせる長男の浩さん＝9日、益城町福原（岩崎健示）

熊本地震 連鎖の衝撃 生命編 ①

2016.5.12

帰宅した一家 ㊤

迫る天井…死を覚悟

毎朝、目が覚めると、地震前のありふれた光景を思い出す。

「パン食べんかい」。朝食を勧める母の声。仕事でどんなに遅くなっても帰りを待ってくれていた。しかし、その日常はもう二度と戻ってこない。

「あの地震が来るまではあんなに元気だったのに。冷たくなって…。まだ信じられんです」。益城町福原の会社員島崎浩さん（56）は、1カ月がたとうとする今も受け止めれないでいる。

◇　◇

近くに木山川が流れる静かな農村地帯。浩さんは、その集落の一角にあった築45年の木造2階建ての家で、農業を営んでいた京子さん（81）と敏幸さん（81）の3人で暮らしていた。

4月14日午後9時26分。「ドーン」という地鳴り音と同時に経験したことのない激しい揺れに襲われ、電気が消えた。何が起きたのかを理解するまでにしばらく時間を要した。

幸い、家族にけがはなく、家屋の被害もほとんどなかった。心配して連絡してきた親戚に外にいるよう促され、その夜は庭に止めていた乗用車の中で3人一緒に眠った。

一夜が明け、膝の悪い敏幸さんは、痛みに耐えきれず、自宅に戻った。浩さんは日中、近所の手を借りて瓦が落ちた屋根にブルーシートをかけるなど、片付けに追われた。余震は落ち着きつつあるように感じた。実際、日本気象協会によると、15日午前に24回を数えた震度3以上の余震は、午後には7回に減っていた。

暗くなり始めたころ、水道と電気が復旧。疲れ切った両親は家で休みたそうに見えた。「風呂に入って疲れをとろうと、家で過ごすことを決めた」。まさか前日の激震が「本震」の前触れだとは思いもしなかった。

敏幸さんは1階奥の寝室で、京子さんは玄関に近い部屋に向かった。「地震があったら怖かけん」。それが、浩さんが聞いた母の最後の言葉になった。

日付が変わるころ、風呂に入った浩さんも、1階の部屋で床に就いた。母が寝ようとする部屋を隔てるふすまを開けていた。いつもより北側に1㍍ほど布団を移動させていた。この行為が結果的に自身の命をつなぐことになる。

◇　◇

午前1時25分。前夜よりさらに激しい揺れで、浩さんはハッと目を覚ました。周りは真っ暗闇。「バキッ」。大きな何かが目前に迫る気配がして、思わず目をつぶった。

「出られん。何も見えん」。その時、父敏幸さんの叫び声が聞こえた。しかし、身動きが取れない。「おれも出られん。待っとって」。返事するだけで精いっぱいだった。

「おふくろ、おふくろ。大丈夫ね」。返事はない。「ミシッ、ミシッ」。柱のきしむ音が響いた。「気を失っているだけ。きっと大丈夫」。恐怖で速まる鼓動を感じつつ、自分に言い聞かせた。

とにかく明かりがほしい。しかし、携帯電話に手が届かない。普段は外して寝る時計をしていることに気付き、時計のライトを照らすと、1㍍先に落ちている天井が見えた。布団をずらした場所だった。

午前1時45分。再び震度6の激しい揺れ。「バキ、バキ、バキッ」。天井が迫る。「もう駄目だ…」。浩さんは死を覚悟した。（後藤幸樹）

◇　◇

県内に甚大な被害を与えた「熊本地震」から14日で1カ月。家屋倒壊や土砂崩れなどで49人の貴い命が失われ、依然として1人が行方不明のままだ。最大震度7の揺れが連続し、千回を超える余震が続く"連鎖"は、犠牲者の拡大につながった。失われた命、救われた命。連載「熊本地震 連鎖の衝撃 生命編」は、引き裂かれた生死の瞬間をたどる。

がんばろう熊本
地震被災者応援メッセージ

無理せず健康第一で

私は御船町出身です。先日家族や友人に会いに行ったところ元気そうで安心した半面、被災跡を目の当たりにし、復興に大変な労力が必要だと感じました。ふるさと熊本の皆さま、健康第一で無理をせず頑張ってください。（高山愛・36、大分県豊後大野市）

新生面

2016.5.12

「倒壊した家屋を見て、祖国の紛争を思い出した」。先日、被災者支援のため熊本入りしたサッカー日本代表のハリルホジッチ監督は、目の前の惨状と自らの過去を重ね合わせた▼旧ユーゴスラビア出身。ボスニア・ヘルツェゴビナ紛争で肉親や友人を亡くし、現役時代に築いた財産を失った。銃撃戦に巻き込まれて重傷を負ったこともある。平穏な日常を奪われた被災地で、悲しい記憶がよみがえったのだろう▼今回の地震で、日本がかつて経験した戦争を想起した人も多かったのではないか。「日中戦争で戦地に2度渡り、命の危険を感じたこともあった。その時に匹敵するぐらい怖かった」。100歳になる被災者の声が本紙にあった▼言葉にならない恐怖や、一瞬にして変わり果てた街並み。夜が恐ろしく、食べる物にさえ事欠いた。あの戦争の時も、きっとそうだったのだろう。いつ襲うかもしれない余震への不安も、昼夜を問わず空襲警報に振り回された人たちの心情と似てはいまいか▼ただ、国際的に孤立していたあの時代とは違う。被災地では、国境を超えた支援の輪が広がっている。地震の後、被災者にいち早くカレーライスを振る舞った日本在住のネパール人たちがいた。集めた支援物資を被災地に届ける外国人の存在にも勇気づけられた▼支援を受ける側に立ってみて、世界との絆が実感を伴って胸に響いてくる。熊本が復興を遂げたそのとき、芽生えた一つ一つの絆は、もっと大きな幹になっていることだろう。

熊本地震発生以降の地震回数

（11日20時現在、気象庁速報値。4月16日2時以降は大分県含む）

(回)
220, 200, 180, 160, 140, 120, 100, 80, 60, 40, 20, 0

午前1:25
震度7（M7.3）

午後9:26
震度7（M6.5）

震度 1 2 3 4 5 6 7

14 15 16 17 18 19 20 21 22 23 24 25 26 27 28 29 30 1 2 3 4 5 6 7 8 9 10 11
4月　5月

熊本地震
特別紙面

熊日の購読・配達のご用は
ミナヨムニッコリ
0120-374625
紙面のお尋ねは
096-361-3115
（日曜・祝日除く9:00～17:00）
パソコン版くまにちコム
kumanichi.com

◇お断り　「きょうの天気」は2面に移しました。

県有識者会議
復旧復興「国と一体で」
東日本水準の支援要請

「くまもと復旧・復興有識者会議」（座長・五百旗頭真県立大理事長）は11日、熊本地震の復旧復興の進め方に関する緊急提言をまとめ、蒲島郁夫知事に提出した。東日本大震災後に取り組んだ復興や国の支援のレベルを引き下げず、「国と地方、国民が一体となった復旧復興」に取り組むよう求めた。

記者会見した五百旗頭座長は「大規模災害は全国どこでも起こり得る。熊本地震の復旧復興は、東日本大震災での手厚い支援が一般化されたという意味を持つべきだ」と指摘。国による十分な手当ての必要性を強調した。

緊急提言では、災害前より、良い状態をつくる「創造的復興」の考え方を重視。「住民に寄り添う」「将来を見据える」「次への備えと次世代への継承」などを柱に据えた。

被災者の支援と生活再建については、ゆとりや優しさのある仮設住宅環境の提供、住民の意見を踏まえた街づくりなどを要望。今後策定する県の復興計画も被災市町村の計画と連携するよう求めた。

被害が大きかった益城町、西原村、熊本市東部では、長期・広域的な発展を目指すグランドデザインを要求。国道57号と同325号が損壊した南阿蘇村の立野地区では、トンネルなど大胆な整備手法の検討も促した。

住宅の耐震診断・補強に関しては「大規模地震が近い将来発生する恐れが大きい」として、早急に進めるため公的支援の強化を要望。熊本と他県を結ぶ幹線道路の整備促進や、国民参加型の熊本城復元運動なども提案した。

（蔵原博康）

「くまもと復旧・復興有識者会議」を終え、記者の質問に答える五百旗頭真座長（右）と蒲島郁夫知事
＝11日午後、熊本県庁

「手厚いレベル維持」政府にメッセージ

解説　県の有識者会議が11日まとめた熊本地震からの復旧復興の緊急提言は、政府が東日本大震災で取り組んだ手厚い復興レベルを例外とせず、地震大国の普遍的なセーフティーネットとして維持すべきとの考え方を示したのが特徴だ。県への提言と同時に、政府に向けたメッセージともいえる。

空前の被害が出た東日本大震災では、政府が特別立法などで被災自治体の財政負担を事実上ゼロにした。災害弱者のケアや、公共部門だけでなく被災者一人一人の生活再建を重視する考え方も広く定着したという。

この方向に導いた政府の東日本大震災復興構想会議のメンバーが有識者会議に顔をそろえた。特に五百旗頭真県立大理事長は、阪神大震災の被災者でもあり、大規模災害とその後の復興の道筋を熟知。「復興のあり方も進歩してきた。熊本には東北ほど手当てしないというのでは、成熟社会として良くない」と強調した。

熊本県は「自治体で対応できるレベルを超えている」と政府に特別な財政措置を求めており、この緊急提言をよりどころの一つにしたい考えだ。提言に対する政府の対応が注目される。

（蔵原博康）

熊本地震 県内の被災状況

（11日午後時点、熊日まとめ）

死亡	49人（熊本市4、南阿蘇村15、西原村5、御船町1、嘉島町3、益城町20、八代市1）
震災関連死	19人（熊本市10、宇土市2、阿蘇市2、南阿蘇村1、御船町1、益城町1、氷川町1、高森町1）
行方不明	1人（南阿蘇村）
負傷者	1,652人
建物	住宅75,390棟
避難	避難所 252カ所
	避難者 11,676人
水道	断水 約4,200世帯

※県災害対策本部などの集約分

長陽大橋 早期復旧を
南阿蘇村「阿蘇大橋の代替に」

阿蘇大橋が崩落した南阿蘇村で、下流にある阿蘇長陽大橋の早期復旧を望む声が高まっている。完全に崩落した阿蘇大橋の架け替えに時間がかかることが予想される一方、同じように対岸と結ぶ主要道路だった阿蘇長陽大橋は橋本体が残っているからだ。村は、国による復旧を求めている。

黒川に架かる阿蘇長陽大橋は、河陽地区（左岸）の国道325号と立野地区（右岸）の同57号を結ぶ村道の一部で、1997年に開通した。橋長276㍍、高さ約80㍍。阿蘇大橋と同規模の片側1車線と歩道があり、幅は8・5㍍。

村建設課の目視による調査によると、橋脚と橋桁は残っているが被害の程度は不明。右岸の付け根部分は橋桁と道路に1㍍以上の段差が生じ、左岸は道路上に落石や土砂崩れなどがあり、通行できない状態となっている。

同村中松から大津町の職場に通勤する会社員村上由美さん(38)は、二つの橋が通れないため、県道北外輪山大津線（通称・ミルクロード）を使って迂回せざるを得ない状態。地震前より片道で30分以上長い約1時間10分かかるという。「阿蘇大橋より阿蘇長陽大橋が早く復旧できるのであれば、多くの住民が助かる」と村上さん。

村も「俵山トンネルも内壁の崩落で通行できず、熊本都市圏との行き来が困難になっている。それだけに、観光業者からも阿蘇長陽大橋の復旧を望む声が上がっている」と話す。

政府は10日、熊本地震を大規模災害復興法に基づく「非常災害」に指定する政令を閣議決定した。指定を受けると、被災した自治体管理の橋梁などの復旧を国が代行できる。

政府は阿蘇大橋の復旧を、管理者の県に代わって国が実施することを公表している。

村は、阿蘇長陽大橋の復旧も国の代行を求めており「まずは橋脚や両岸の地盤が使用可能かを早急に調査してほしい」と訴えている。

（堀江利雅）

橋脚や橋桁は残っている阿蘇長陽大橋＝4月29日午後、南阿蘇村

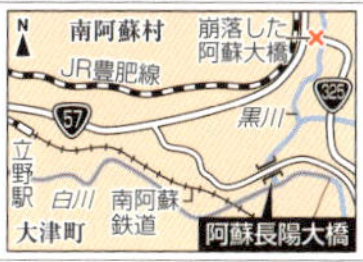

インフラ復旧支援を
阿蘇郡市 県に要望

熊本地震で大きな被害が出た阿蘇郡市7市町村の首長と議長は11日、県庁を訪れ、上下水道や道路、鉄道といった生活・交通基盤の早期復旧に向けて早急な支援を求める緊急要望書を蒲島郁夫知事に手渡した。

阿蘇地域では、死者・行方不明者の人的被害のほか、家屋や神社の倒壊、農業被害などが相次いだ。国道57号やJR豊肥線、南阿蘇鉄道、阿蘇大橋、俵山トンネルといった基幹交通網も寸断された。

要望書では、避難者の生活に必要な物資の提供や、観光面での支援、国や県による市町村道の復旧事業の代行など16項目を求めた。

西原村の日置和彦村長は「被災者を救援しようにも村は財政規模が小さい。農業施設の被害も大きく、離農する人が増える恐れもある」と懸念を表明。南阿蘇村の長野敏也村長は「震災がれきの処理を市町村に代わり県が代行してほしい」などと訴えた。

（大路秀紀）

阿蘇市、観光被害15億円
本震からGW試算 年間消費額の1割

阿蘇市は11日、熊本地震による市内観光業の被害額が15億円近くに達していることを明らかにした。市内での観光客による年間消費額の約1割に上り、市は「さらに増える可能性がある」と懸念している。

市観光課が、4月16日の本震後から大型連休終了までの約3週間について、市内の飲食店や土産物店、宿泊施設などでの聞き取り調査を基に消費損失額を試算した。

それによると、登山道路の損壊で立ち入りができなくなった草千里や阿蘇山上での消費額はゼロ、大観峰や阿蘇神社周辺は前年度比8割減、宿泊は同9割減。損失は宿泊で8億9780万円、日帰りは5億7890万円で、総額14億7670万円と見込まれる。

観光客が2015年度に市内で消費したのは158億2730万円で、損失額はその9・3％。寸断している国道57号やJR豊肥線の復旧は見通しが立たず、市は「夏場に向けても状況の好転は難しく、心配している。阿蘇山上への登山道路だけでも早期に復旧してほしい」と話す。

ミヤマキリシマが自生する仙酔峡への市道で、約20カ所で斜面崩落などが起きていることも分かり、市は当面通行止めとし、恒例のつつじ祭りの中止を決めた。

一方、阿蘇市商工会は加盟約730事業所にアンケート調査。7日までに回収した約50事業所で、建物の損壊や設備の破損で計4億5970万円の被害があっているとした。

（岡本幸浩）

楼門や拝殿の倒壊もあり、参拝客の姿が減っている阿蘇神社。周辺の飲食店も売り上げが激減しているという
＝阿蘇市一の宮町

被災者の救援など県と熊本市に提言
共産党県委員会

共産党県委員会は11日、熊本地震の被災者の救援や生活再建、地域復興についてまとめた提言書を県と熊本市へ提出した。

同党の山本伸裕県議らが県庁と熊本市役所を訪問。同市が進める拠点避難所への移動について、自宅から離れた避難所を敬遠し、損壊した家屋へ戻る被災者が増える恐れがあるとして、「関連死や余震による二次被害につながりかねない」と指摘。小学校区や高齢者が歩ける範囲での避難所の継続や、避難所の環境改善を求めた。

建設途中の立野ダムについては、建設費用を復興予算に充てるべきだと訴えた。

（中尾有希）

災害時の窃盗「刑罰加重を」
国家公安委員長

河野太郎国家公安委員長は11日、自民党が検討する災害時の窃盗犯罪の厳罰化について「やるべきだと思う。刑罰を加重すべきだ」と述べた。熊本地震の被災地で多数の空き巣被害が報告されており「東日本大震災などの際もあった。火事場泥棒以外の何物でもない」と強調した。政府の非常災害対策本部会議後、記者団に語った。

災害時の窃盗厳罰化は、自民党の稲田朋美政調会長が言及した。

きょうの歴史　5月12日

▽2002（平成14）年

熊本県でキャンプを行うサッカーW杯ベルギー代表の「来熊10日前記念パレード」が熊本市であった。＝写真

▽1960（昭和35）年　三池争議で三川鉱ホッパー（貯炭庫）運転をめぐり、労組ピケ隊と警官隊が衝突、双方で169人が負傷した。

(第3種郵便物認可) 熊本日日新聞 平成28年(2016年)5月12日 木曜日 総合 4

熊本地震 県外へ避難 千人超

公営住宅など 九州6県に8割

熊本地震で、県外の自治体が提供する公営住宅や連携する民間住宅に避難している人が千人を超えたことが11日、各自治体への取材で分かった。うち九州6県への避難が8割を占めた。ホテルや旅館に一時的に避難したり、親類宅に身を寄せたりしている人もおり、実際の県外避難者はさらに多いとみられる。避難先の把握や、受け入れ自治体との連携強化の必要性を指摘する声も出ている。

県外の公営住宅や民間住宅に避難しているのは、少なくとも22都府県の計431世帯1030人。最も多いのは、福岡県の264世帯626人で、長崎県24世帯62人、宮崎県24世帯59人、佐賀県24世帯55人と続いた。鹿児島県は17世帯51人、大分県は6世帯16人。

九州以外で目立ったのは、愛知県15世帯37人、山口県11世帯29人だった。

福岡市の担当者は「壊れた自宅の建て直しが終わるまで、1年未満の短期間で避難するケースが多い」と話す。佐賀県や長崎県などでは行政と連携してホテルや旅館でも受け入れている。厚生労働省によると、熊本県内の施設に避難している人も含め千人を超えているという。

熊本県は住民票を移さず一時的に避難している人が多いとしており、避難先の全容を把握していない。

九州の他県の担当者は「地震発生から間もないこともあり仕方がないが、今後は熊本県とも情報を共有し、避難者の支援を充実させたい」と話している。

九州各県への避難者数(公営住宅など)

	世帯	人数
福岡	264	626
佐賀	24	55
長崎	24	62
大分	6	16
宮崎	24	59
鹿児島	17	51

災害廃棄物 最大130万トン

環境省推計 県、広域態勢で処理急ぐ

環境省は11日、熊本地震で発生する災害廃棄物の総量が最大で130万トンに上るとの推計を明らかにした。2004年の新潟県中越地震(約60万トン)の2倍を超す規模で、県は市町村の枠を超えた広域処理態勢を整え、早期処理を急ぐ。

同日、県庁を訪れた井上信治副大臣が蒲島郁夫知事に報告した。市町村が把握する全壊や半壊、一部損壊の家屋数を基に、人工衛星画像や航空写真による建物の形状変化の情報を加え、100～130万トンと見積もった。

被害は熊本市や益城町、南阿蘇村、西原村を中心に断層に沿って8市町村に広がり、県内で処理される年間の一般廃棄物量(約56万トン)の2年分に達する見込み。阪神大震災では約1500万トン、東日本大震災では約2千万トンの災害廃棄物が発生したという。

県は廃棄物総量の推計値を踏まえ、6月中に処理の目標期間や具体的な処理方法などを定めた「災害廃棄物処理実行計画」を策定。家屋の解体がれきなどを搬入・分別する広域型の仮置き場を新たに設け、再生利用も進める。被災した市町村の処理を代行する事務委託も検討する。(並松昭光)

災害廃棄物の主な例

阪神大震災	約1500万トン
新潟県中越地震	約60万トン
東日本大震災	約2000万トン
熊本地震(熊本県分の環境省推計)	約100万～約130万トン

首相の米議会演説、ケリー氏訪問… 実現へ布石 「謝罪」求めず

オバマ米大統領による被爆地・広島訪問が27日に実現する。日本政府は、昨年の安倍晋三首相の米議会演説や戦後70年談話で、太平洋戦争で戦火を交えた過去を乗り越え「未来志向」の関係を目指す決意を発信。今年4月の広島での先進7カ国(G7)外相会合にケリー国務長官を招く際、米側が警戒する「謝罪」を求めないと水面下で伝えた。表向きは「オバマ氏の広島訪問は米の判断次第」と静観しつつも、ひそかにケネディ駐日米大使の協力を求めるなど、歴史的訪問実現へ布石を打っていた。舞台裏に迫った。

「首相の米議会演説や70年談話がなければ今回の決定はなかった」。日米両政府による正式発表から一夜明けた11日、官邸筋はこう強調した。首相の米議会演説は先の大戦への痛切な反省を表明。両国の真の和解を訴えた。70年談話は「歴史の教訓を深く胸に刻み、より良い未来を切り開く」と語りかけた。こうした「渾身のメッセージ」(関係者)が、広島で原爆投下の歴史を直視し「核なき世界」を呼び掛けるオバマ氏の決断を引き寄せたというわけだ。

ローズ米大統領副補佐官は訪問発表後に「大統領は、開かれた歴史理解が未来を構築すると考えている」と表明。首相も周囲に「日米双方が未来志向の関係を築けていた」と話した。

ハードル

道は平たんではなかった。米国内では、原爆投下は戦争終結に必要だったとの意見が多い。このため米政権では、大統領が広島を訪れ謝罪に追い込まれれば、世論の批判を受けかねないとの懸念が根強い。

日本政府は二つの戦略で臨んだ。米世論を刺激しないため「米側の判断に委ねる」と、日本の希望を公にしないと徹底。加えて、G7外相会合に出席したケリー氏に、原爆資料館や原爆ドームのある平和記念公園を訪れてもらうことがオバマ氏広島訪問への関門となるとみて、米側への働き掛けを強めた。

最大の切り札は、ケネディ氏だった。岸田文雄外相らが側面支援を要請した。外務省幹部は「ケネディ氏は、ケリー氏らオバマ政権中枢と直接電話で話せる。日本の意向がすぐ伝わった」と明かす。

最後の詰めは「米側の謝罪は求めない」との日本の意向を伝えることだった。ケリー氏が「謝罪」している印象を与えないため、原爆資料館の見学は非公開と決まった。安倍政権幹部は「ケリー氏の訪問で、米側は日本が求めるのは、犠牲者追悼と核兵器廃絶を目指す姿勢の発信だと理解した」と語った。オバマ氏広島訪問へ視界が開けた瞬間だった。

サプライズ

残された問題は、ケリー氏の平和記念公園訪問と献花を受けた米世論の反応のみ。有力紙はオバマ氏に被爆地訪問を求める記事を掲載しており、後は日米双方の発表のタイミングだけとなった。

オバマ氏は米ワシントンで3月末に開催した安倍首相との会談で、主要国首脳会議(伊勢志摩サミット)に関し「現職大統領として最後の訪日になるかもしれない。平和に貢献できることをしたい」と伝えていたことも、日本側に訪問実現への自信を与えていた。

オバマ氏広島訪問の意義を巡り、日本政府筋は「核なき世界」へのメッセージに加え、政権運営への追い風になると見込む。「右寄りと見られた安倍政権が実現にこぎ着け、サプライズ効果がある」と分析した。

オバマ米大統領の広島訪問に至る主な経緯

2009年1月	オバマ氏が大統領就任
4月	オバマ氏が「核兵器のない世界」目指すプラハ演説
12月	オバマ氏がノーベル平和賞受賞
13年2月	オバマ氏と安倍晋三首相が初会談
15年4月	安倍首相が日本の首相として初めて米連邦議会の上下両院合同会議で演説
8月	首相が戦後70年談話を発表
16年4月	先進7カ国(G7)外相会合。ケリー米国務長官が広島訪問
5月10日	オバマ氏の広島訪問発表
27日	オバマ氏が広島訪問へ

「核なき世界 強固に」 広島市長

オバマ米大統領の広島訪問が決まったことを受け、広島市の松井一実市長は11日、市役所で報道陣の取材に応じ「ようやく思いが通じたと感じている。『こんな思いを他の誰にもさせてはならない』という被爆者の願いを受け止め、核なき世界を訴えたプラハ演説をより強固なものにしてほしい」と話した。

松井市長は昨夜、政府発表前に岸田文雄外相から電話で決定の連絡を受けたことを明らかにし「非常にありがたいこと。私自身うれしい気持ちでいっぱいになった」と振り返った。その上で恒久平和に向け「具体的な一歩を踏み出せるよう、広島で(道筋を)決めてもらうことが大事」だと強調した。

広島市は、オバマ氏の受け入れ態勢を整えるため、市長を本部長とする検討会議を設置。11日午前に初めての会合を開き、今後の取り組みを話し合った。

オバマ米大統領の広島訪問決定を受け、報道陣の取材に応じる松井一実広島市長＝11日午前、広島市役所

「ともに前へ進みたい」

在ベルギー県人会 県に義援金

在ベルギー県人会を代表して義援金を手渡す鶴川敏聡さん(右)＝11日、県庁

在ベルギー熊本県人会(葦田順子会長)は11日、熊本地震の義援金を県に贈った。ベルギーでは3月、同時テロが発生。同会は「ともに非常事態が続いているが、前を向いて進みたい」としている。

県人会の会員は十数人。4月21日から連絡を取り合って義援金を集めた。事務局を務める熊本市出身の鶴川敏聡さん(59)が帰郷に合わせて県庁を訪問。中川誠・観光経済交流局長に13万5千円を手渡した。

鶴川さんによると、ベルギーは今も厳重警戒が続き、首都ブリュッセルは閑散とした状態。一方、熊本地震は同国でも盛んに報道され、「熊本城の悲惨な光景に会員一同、何とかしなければと思った」と話した。(石貫謹也)

県内の活断層 重点観測

政府 今後の発生可能性評価

政府の地震調査研究推進本部は11日、2016年度から3年間の活断層重点的調査観測の対象を、日奈久断層帯と布田川断層帯とすることを決めた。同本部は2月に富士川河口断層帯(静岡県)を対象に選んでいたが、熊本地震を受け、今後の地震発生の可能性を評価するため変更した。

同本部はこれまで、地震の規模や被害が大きいと想定される糸魚川―静岡構造線断層帯(長野～山梨県)や警固断層帯(福岡県)などを順次、重点観測している。4月16日に大分で起きたマグニチュード(M)5・3の地震との関連が指摘される「別府―万年山断層帯」(大分県)は、16年度までの観測対象だった。

日奈久断層帯の日奈久区間(宇城市～芦北町)は15年、重点観測の対象候補に追加されていた。11日の会合では専門家から、4月16日にM7・3の地震を起こした布田川断層帯(南阿蘇村～宇土市)も調査するべきだという意見が出され、了承した。経費は年間約1億円。16年度は、別に数千万円をかけた緊急調査も両断層帯で実施する。両観測・調査とも、具体的な調査区間や手法などは今後検討する。

同本部は13年2月、全国の活断層の長期評価を公表。今後30年間の地震発生確率について、日奈久区間で0～6％、八代海区間(八代海南部)で0～16％などと幅広く評価していた。今回の重点観測で妥当性を検証する。(山口尚久)

子育て支援など柱

「骨太方針」案 政府が提示

政府は11日、経済財政諮問会議を開き、子育てや女性・高齢者の就業支援を柱とした経済財政運営の指針「骨太方針」の骨子案を示した。歳出の効率化で浮く財源と景気回復による税収増を「アベノミクスの成果」と位置付けて活用する方針だ。

子育て支援といった新たな施策は、政府が近く策定する「1億総活躍プラン」の内容を反映させる。保育士と介護職員の賃上げや、非正規労働者の賃金水準を引き上げて正社員との格差を縮小することなどを盛り込む。

出席した安倍晋三首相は「聖域なき歳出改革を行わなければならない」と述べ、社会保障や社会資本整備、地方行財政といった重点分野での具体化を関係閣僚に指示した。

骨太方針の骨子案は、低迷する個人消費の喚起を柱の一つに据えた。取得額を上回る金額の買い物ができる「プレミアム商品券」の発行や、国内外の観光客に狙いを定めた全国規模の一斉セール開催で消費をてこ入れする。

このほか東日本大震災からの復興と合わせ、熊本地震への対応を日本経済の課題に挙げた。

骨太方針の骨子案ポイント

- 子育てや女性・高齢者の就業を支援
- 歳出効率化で浮く財源と景気回復による税収増を「アベノミクスの成果」として活用
- プレミアム商品券の発行、全国規模の一斉セールで消費を喚起
- サービス産業の生産性向上、研究開発投資の促進、外国人の活用に取り組む
- 東京五輪・パラリンピックや観光、農林水産業を通じて成長市場を開拓
- 東日本大震災からの復興、熊本地震への対応が課題

学童保育 定員120万人

総活躍プラン 達成1年前倒し

政府が来週まとめる1億総活躍プランの全容が11日、分かった。共働きやひとり親家庭の小学生を預かる放課後児童クラブ(学童保育)の定員を2018年度末までに約120万人に拡大し、14年度比で約30万人増やす従来計画の達成時期を1年前倒しする。

学生向けで返済が不要な給付型奨学金は「公平性や財源などの課題を踏まえ検討」として創設についての判断を実質的に先送りする一方、無利子型の奨学金は大幅に拡充する。

学童保育の指導員や保育士の処遇改善、就学前の子どもを対象にした保育の受け皿拡充も打ち出し、子育て支援策全体の充実を目指す。

小学生の子どもの放課後の預け先が見つからず、親が仕事を辞めざるを得ない「小1の壁」を解消するため、安倍政権は14年、学童保育の定員を19年度末までに約30万人分拡大する目標を掲げた。だが、定員超過などで利用できなかった「待機児童」は昨年5月時点で1万6941人に上り、保護者の不満は大きい。

多良木高存続「協議会」が解散

近く民間の新組織 施設活用検討へ

解散を決めた「上球磨に高校を残そう協議会」の総会＝10日、多良木町

多良木町の多良木高の存続を目指した「上球磨に高校を残そう協議会」が10日、解散を決めた。県教委の県立高再編に伴う廃校が決定済みで、協議会は多良木高に替わる教育機関誘致などを模索していた。近く新設する民間主導の新組織に活動をバトンタッチし、高校施設の利活用策などを検討していく。

協議会は2006年、球磨郡の高校3校を2校に再編する案の公表を機に、町や高校同窓会などが設立。多良木高の生徒確保に奔走し、一時は入学者増も達成。しかし19年春に廃校する案が、15年3月に決定。町側と県教委、知事部局は高校の施設や設備を利活用する協議を続けている。

町多目的研修センターであった総会には約30人が出席。新組織は▽多良木高を物心両面で支える「活性化委員会」▽廃校後も何らかの学校として存続させることを前提にした「未来プロジェクト委員会」―を両輪とする方針を確認した。同窓会やPTA、住民らで構成。町は事務局として参加する。

協議会で会長を務めてきた松本照彦町長は「町としても多良木高校の振興策などで応援を続ける」と話した。(内海正樹)

沖縄進出をUSJ撤回

大阪に投資集中

菅義偉官房長官は11日の記者会見で、大阪市の映画テーマパーク、ユニバーサル・スタジオ・ジャパン(USJ)の運営会社が沖縄県に計画していた新パーク建設を最終的に撤回したことを明らかにした。

菅氏によると、USJ運営会社のジャン・ルイ・ボニエ最高経営責任者(CEO)が官邸を訪問し、計画撤回を伝えた。これまで沖縄県本部町に新パーク建設を検討していたが、ボニエ氏は大阪のUSJに投資を集中させるため進出を見送ると説明した。

菅氏は、政府の振興策として沖縄進出を後押ししてきており「見送りは極めて残念だ」と語った。政府はUSJ進出をてこに米軍普天間飛行場(沖縄県宜野湾市)の名護市辺野古移設に理解を求める考えだった。菅氏は「移設と振興は別だ」と述べ、「沖縄の振興にできることは全てやる」と強調した。

石木ダム用地 強制収用申請

長崎県

長崎県は11日、石木ダム(川棚町)の建設に向け、住民らの反対で買収できていない用地を強制収用できるよう、県収用委員会に裁決を申請した。対象は、地権者35人が関係する計約9万平方㍍の土地。住宅9棟や田畑などが含まれる。

首相の動静 11日

【午前】8時32分、官邸。38分、臨時閣議。43分、高市早苗総務相。10時30分、長嶺安政外務審議官。11時6分、藤井聡内閣官房参与。47分、宗像紀夫内閣官房参与。

【午後】1時42分、公明党青年委員会から提言書受け取り。山口那津男同党代表ら同席。2時、外務省の斎木昭隆事務次官、長嶺外務審議官。3時7分、谷内正太郎国家安全保障局長、北村滋内閣情報官、秋葉剛男外務省総合外交政策局長、防衛省の前田哲防衛政策局長。4時2分、二階俊博自民党総務会長。23分、外務省の斎木事務次官、森健良北米局長。55分、アルゼンチンのミケティ副大統領と会談。6時18分、林幹雄経済産業相、日下部聡資源エネルギー庁長官。7時11分、東京・碑文谷のカトリック[illegible]。故佐藤信二元運輸相の通夜に参列。31分、東京・富ケ谷の私邸。

◇お断り 連載「生き物こぼれ話」は休みました。

きょうの動き

■ 国内・国際 ■

▽日クウェート首脳会談(東京都)

■ 県内 ■

▽熊本城復旧に向けた文化庁、国土交通省、地元自治体の関係者連絡調整会議初会合(14時、熊本市民会館シアーズホーム夢ホール会議室)

■ 首長の日程 ■

【蒲島知事】10時 定例記者会見▽10時50分 地震災害に伴う経済団体からの緊急要望▽11時20分 来客応対▽11時45分 庁内打ち合わせ▽14時 水前寺清子氏来訪(地震災害のお見舞い)▽14時半 ビジネスプレイン太田昭和の社長ら来訪(義援金贈呈)▽15時10分 庁内打ち合わせ▽15時20分 来客応対▽15時半 村井嘉浩宮城県知事来訪▽16時 来客応対(義援金贈呈)

【大西熊本市長】終日 地震災害対応▽11時15分 記者会見

【山下荒尾市長】沖縄県南城市出張(九州市長会)

【高嵜玉名市長】沖縄県南城市出張(九州市長会)

【中嶋山鹿市長】沖縄県南城市出張(九州市長会)▽19時半 山鹿灯籠踊り指導者育成講習会激励

【江頭菊池市長】地震災害対応

【荒木合志市長】地震災害対応

【佐藤阿蘇市長】地震災害対応

【元松宇土市長】終日 地震災害対応▽9時 災害対策本部会議▽13時半、14時半、16時 来客応対

【守田宇城市長】終日 地震災害対応▽8時半 災害対策本部会議▽9時半 宇城広域連合協議▽13時半 来客応対

【中村八代市長】終日 地震災害対応▽11時、13時半 熊本地震に伴う災害寄付受け取り▽14時半、15時 来客応対▽18時 八代建設業協会通常総会

【松岡人吉市長】終日 災害警戒・対応▽5時50分 早起きソフトボール大会始球式▽15時 市民生委員・児童委員協議会総会▽18時半 市PTA連絡協議会総会

【西田水俣市長】沖縄県南城市出張(九州市長会)

【堀江上天草市長】沖縄県南城市出張(九州市長会)

【中村天草市長】沖縄県南城市出張(九州市長会)▽その後 帰熊

子どものケア「長い目で」

熊本地震による休校明けの学校で、子どもの心のケアが求められている。「大きな音に驚く」「夜眠れない」。既にストレスの影響が表れ、地震の恐怖を抱えたままの子どもは多い。県教委は専門知識を持ったスクールカウンセラーを緊急派遣し、継続的な支援を目指している。

児童の学校活動を見守るスクールカウンセラーの福島航さん（右）。震災のストレスには継続的なケアが必要と訴える＝11日、益城町の益城中央小

県教委 学校にカウンセラー派遣
地震後 心の健康を重視

学校再開3日目の11日、益城町の益城中央小では担任が児童の面談を始めていた。「おなかが痛くなるのはどんなとき？」。担任の問い掛けに、6年の男児は「余震があったとき、とか」と小声で答えた。祖父の家が崩れた光景が忘れられないという。前震と本震の際の恐怖を、とつとつと語った。

初日に実施した「心のチェックリスト」では、拍手などの音に敏感になったり、怖い夢を見たりする児童がクラスの半数に上った。元気そうに見えても、面談になると涙ぐむ子どももいる。担任は「こうした災害は、私たちも初めて。どう言葉を掛ければいいのか、正直戸惑いもある」と打ち明け、スクールカウンセラーの派遣を歓迎した。

災害後のスクールカウンセラーの活用は阪神大震災で注目され、新潟県中越地震、東日本大震災へと受け継がれた。阪神大震災に関する兵庫県教委の調査では、「心の健康」に配慮を必要とする児童生徒は震災3年後に4100人、8年後でも1900人に及び、ケアの必要性が長期にわたることが分かっている。

熊本県教委は震災直後から被害が大きかった上益城や阿蘇など5地域の小中学校18校にスクールカウンセラーを緊急派遣。益城中央小では11日、福島航臨床心理士（36）が児童を見守った。

睡眠不足による目のくまや、ちょっとしたことへの反発など、子どもの過敏さが気になったという福島さん。「緊張状態が解けない今は表れなくても、数カ月後に不調が出ることもある。現状で安心せず、長い目で見る姿勢が周囲には必要だ」と訴える。

県は1学期分のスクールカウンセラーの派遣費用を確保したが、県内だけでは人員が足りず、他県からの応援も求める。義務教育課は「長い取り組みになる。予算面で国へ支援を求めていく」としている。（福井一基）

前震後に自宅に戻り犠牲 — その心理は
一難去り 緊張状態緩む？
東京女子大・広瀬弘忠名誉教授

熊本地震で被害の大きかった益城町では、前震後に避難しながら自宅に戻り、16日の本震で命を落とした人が半数以上に上った。阪神大震災で被災地を調査した東京女子大の広瀬弘忠名誉教授（災害リスク学）に、被災者の心理状況について聞いた。（浪床敬子）【1面参照】

震度7や6の激しい揺れを経験した人は、自分の行動をコントロールできないほど強烈なショックを受ける。東日本大震災でも津波常襲地帯と言われながら、地震が去って極度の緊張から解放され、津波から逃げ遅れた人も少なくなかった。

長い間、大きな地震が無かった熊本では、一難去ったと緊張状態から解放される。そうなると、再び一難が来るという想像ができず、次に備えられない。多くの人が余震は収まっていくと予想したのだろう。

15日は余震が減っており、停電が解消されたことも安心感につながり、被害の少なかった人が自宅に戻るという行動につながったと思われる。

特に高齢者は、環境の変化に抵抗があり、慣れ親しんだ場所や家につながっていたいという思いが強い。仲間を見捨てた、という後ろめたさを感じるなど心理的な関係性も避難の選択肢を狭めてしまいがちだ。

しかし、避難は危険な場所からできるだけ遠ざかることが鉄則。被害を減らすには、自分と家族が安全な場所に身を置くことが最も大事だ。

熊本地震本震前後の地震回数

（回）0　5　10　15　20

震度：7／6強／6弱／5強／5弱／4／3／2／1

4/14 21-22時（前震）、22-23時、23-24時、4/15 00-01時、01-02時、02-03時、03-04時、04-05時、05-06時、06-07時、07-08時、08-09時、09-10時、10-11時、11-12時、12-13時、13-14時、14-15時、15-16時、16-17時、17-18時、18-19時、19-20時、20-21時、21-22時、22-23時、23-24時、4/16 00-01時、01-02時（本震）、02-03時、03-04時、04-05時、05-06時、06-07時

熊本地震　現場から　随時掲載

伝え続けること
社会部　浪床敬子

2度襲った震度7。あの日、何が起きたのか。甚大な被害が出た益城町を中心に被災者の取材を続けている。

被災者の中には肉親を失った人もいる。遺族に向き合うたび、報道の意味を考えさせられる。「そっとしておいてほしい」「遺族はさらに苦しい」。取材が遺族を苦しめてはいないかと、眠れない夜もあった。

地震から3週間。再び益城町の遺族を訪ねた。「地震後に初めて新聞が届いた時、涙が出た。亡くなった父のこと、欲しかった情報も載っていて、日常が戻ってきた気がした。あなたたちも大変なのに、ありがとう」

被災地の新聞として伝え続けなければいけないことがある。遺族が掛けてくれた言葉が気付かせてくれた。

2016・5・12

被災者は思う

日本の良さ感じた
叶晴夏さん（17）＝高校生、菊陽町

2016.5.12

16日夜は自宅で被災し、家族と車で一夜を過ごしました。10日間ほど水道が使えず、水のありがたみを再確認しました。休校中は、うまかな・よかなスタジアムや東部浄化センターで物資を運ぶボランティアに参加しました。日本中から集まってくるボランティアや物資、添えられた手紙の温かさに、改めて日本の良さを感じました。

被災した道も スイスイ
ミニバイク30台使って
ホンダ熊本製作所、益城町に寄贈

益城町の西村博則町長（左）にミニバイク30台を贈るホンダ熊本製作所の島原俊幸所長＝11日、同町役場

ホンダ熊本製作所（大津町）は11日、熊本地震で大きな被害が出た益城町に、業務用としてミニバイク30台を贈った。がれきがはみ出したり土砂が崩れたりして、車の通行が規制される道路がある中、12日から職員が住民の要請で現場に向かうときなどに使う。

寄贈したのはミニバイク3車種で、計480万円相当。同製作所の島原俊幸所長が町役場を訪れ、「一日も早い復旧復興に役立ててほしい」と励ました。

これを受け、西村博則町長は「職員も多くが被災して車も不足している中、フットワークの軽い原付はありがたい。住民のもとへより早く駆け付けるのに役立てたい」と感謝した。

同製作所も建屋や設備が被災。操業は一部再開したが、完全復旧は8月中旬を見込むという。（中尾有希）

故障車が続発 ノロノロ
国道57号代替迂回路 点検不足が原因か

国道57号の代替迂回路となっている阿蘇市赤水のミルクロード入り口交差点。朝夕は混雑が激しくなっており、迂回路区間での車両故障による渋滞も発生している（大津町方面へ向けて撮影）＝4月25日

ミルクロード　二重峠　23　赤水　阿蘇市　立野　57　道の駅大津　寸断箇所

熊本地震のため南阿蘇村立野で寸断された国道57号の代替迂回（うかい）路で、車両故障による渋滞が続発している。いずれも点検不足が原因とみられるが、道幅が狭く、止めた車が道をふさいだ。交通事故の懸念もあり、警察が注意を呼び掛けている。

迂回路は、大津町引水の県道339号（ミルクロード）－県道23号（二重峠）－阿蘇市赤水間の約13・5キロ。県によると、通行車両の制限はない。地震後、通勤・通学や物資輸送の主要ルートになっている。片側1車線で路肩が狭く、カーブが続く区間もある。

阿蘇署によると、地震後、10日までに車両故障による渋滞が3回発生。4日午前には、ミルクロードで阿蘇市方面へ向かっていた大型トラックが故障して立ち往生し、最大9キロの車列ができた。解消までに約6時間かかったという。

署は県トラック協会に車両点検の強化を要請。重大事故につながる懸念もあり、阿蘇市とともに「迂回路は国道に代わる大動脈。通勤・通学だけでなく、復興活動に支障が出かねない」と注意と協力を呼び掛けている。（岡本幸浩）

平成音大

「逆境の時こそ音楽」
16日一部再開、コンサート計画も

御船町の平成音楽大は、熊本地震で校舎の損壊など深刻な被害を受け、休講が続いている。ただ16日にはレッスンを再開する予定。ドイツでチャリティーコンサートが開かれるなど、九州唯一の音楽大学の復興を支える動きも出てきている。

校舎7棟のうち、外壁や天井などが崩れた2棟が使えない状況。他の校舎も含め、建物に大きな被害が出た。ハープやピアノなど大型楽器も一部壊れたが、ほとんどの楽器は無事で教職員が校舎から運び出したという。

完全再開のめどは立っていない。しかし、16日には体育館や音楽棟を使い、実技のレッスンを一部再開する予定。仮設教室建設や修復工事を進め、授業を順次拡大していく方針だ。

平成音大の苦境を知り、ベルリン・コンツェルトハウス管弦楽団第1コンサートマスターのバイオリニスト日下紗矢子さん（37）らドイツで活躍する音楽家7人は10日、ベルリンの教会でチャリティーコンサートを開催。モーツァルトやバッハの曲を演奏し、聴衆に支援を求めた。

オリエンテーションで学園歌を歌う平成音楽大の学生たち＝11日、御船町

大学としても教員による復興コンサートを6月7、8日、熊本市中央区花畑町に置くサテライトステージで開く。OBや企業などに義援金の寄付を呼び掛けている。

11日に学内であったオリエンテーションでは、大学側が再開方針などを説明。学生約400人が金管アンサンブルの伴奏で学園歌を歌い、「頑張るバイ」とコールした。出田敬三学長は「逆境の時こそ『音楽ここにあり』の気持ちを一つにして頑張ろう」と訴えた。（横山千尋）

10日、ベルリンで開かれた熊本地震の復興支援コンサートで演奏したバイオリニストの日下紗矢子さん（共同）

ハンセン病 課題考える
市民学会 あすから鹿児島で

ハンセン病市民学会（事務局・熊本市）は13～15日、第12回総会・交流集会を国立ハンセン病療養所・星塚敬愛園のある鹿児島県鹿屋市などで開く。全体テーマは「らい予防法廃止20年・ハンセン病国賠訴訟勝訴15年を迎えて」。

同学会は2005年、交流、検証、提言を活動の柱として発足。学識者や市民、入所者らが集い、全国の療養所所在地などで会合を開いている。鹿児島開催は2回目。

初日の13日は奄美市の奄美和光園で、高齢化が進む療養所の将来について考えるシンポジウム。14日は鹿屋市の市文化会館で総会。交流集会では、全国ハンセン病療養所入所者協議会（全療協）の当事者運動に学ぼうと、14年に死去した神美知宏（こうみちひろ）会長らとともに長年、運動を支えてきた多磨全生園（東京）の大竹章さんを囲んでシンポジウムを開く。

15日は星塚敬愛園で4分科会。元患者家族の被害について考える分科会では、集団提訴した家族訴訟の原告団長や弁護士らが意見を交わす。ほかに全職員を対象にハンセン病問題の研修を行う自治体、療養所の現状と課題、差別解消について討議する。（宮崎あずさ）

肥後狂句
安藤黒竜選

グッドタイミング　嫗は実家に行って留守　玉名　高木　一天

ヘソクリを数えたりビデオを鑑賞するのに、タイミングは関係ない。「お暇なら来てよネ～」という歌詞がありました。想像しましょう。

グッドタイミング　焚き火の芋のさらした　天草　城河原大學

お騒がせ　悲鳴のもとはゴキブリか　八代　川崎　英嗣

グッドタイミング　割り引きシール貼りよらす　玉名　右田　満作

お騒がせ　財布は家に置いとった　黒髪　佐々木　治

乳母車　孫の子守と散歩さす　荒尾　下田　良雄

グッドタイミング　キャンセルさした席のある　八代　田畑れんげ

グッドタイミング　大安売りが始まった　玉名　本田　峰樂

お騒がせ　爆買いだけが客でなか　幸田　正木　克己

乳母車　次の信号まで待たす　八代　遠山　桜

法科大学院受験 初の8千人割れ
今春

今春、学生を募集した法科大学院45校の受験者は延べ7528人で、初めて8千人を切って過去最低を更新したことが11日、文部科学省の集計で分かった。定員も減ったため、受験者数を合格者数の延べ4042人で割った競争倍率は、前年度比0・01ポイント減の1・86倍とほぼ横ばいだったが、入学者は計1857人にとどまり、45校中43校で定員割れとなった。

2015年度入試の受験者は54校の募集に対し、初めて1万人を切る延べ9351人だったが、今春はさらに19・5％減っており、司法試験合格者数の伸び悩みによる法科大学院離れが止まっていない。文科省は民間就職状況の好転もあり、法曹志願者自体も大きく減ったとみている。

外来スズメバチ 宮崎県内で捕獲

宮崎県日南市の油津港で見つかった特定外来生物のツマアカスズメバチ（環境省提供）

環境省九州地方環境事務所は11日、宮崎県日南市の油津港で特定外来生物のツマアカスズメバチ1匹を捕獲したと発表した。16日から付近に捕獲トラップ約100個を設置し緊急調査する。

環境省によると、ツマアカスズメバチは中国や東南アジアが原産で、全体的に黒っぽいのが特徴。在来のスズメバチに比べて繁殖力が高く、巣が大型化しやすい。長崎県・対馬で定着が確認されているほか、昨年9月には北九州市で巣が見つかった。

長野2人殺害 逆転無罪判決
東京高裁

2014年4月、長野県松本市で弟と祖母を殺害したとして殺人罪に問われ、一審長野地裁松本支部の裁判員裁判で懲役8年の実刑判決を受けた男性被告（33）の控訴審判決で、東京高裁は11日、心神喪失状態だったとして無罪を言い渡した。

被告は起訴前の精神鑑定で刑が減軽される心神耗弱とされた。弁護側は一審で鑑定結果を争わず、執行猶予を求めていたが、控訴審では刑事責任を問えない心神喪失だったと主張。新たに提出した医師の意見書が証拠として採用された。

◇お断り　連載「家族　らい予防法廃止20年」は休みました。

第4401回数字選択式全国自治宝くじ（11日）

ナンバーズ3
◇抽せん数字　511
ストレート（3万7200円）324口
ボックス（1万2400円）449口
セット・ストレート（2万4800円）532口
セット・ボックス（6200円）431口
ミニ（下2ケタ）（3700円）698口

ナンバーズ4
◇抽せん数字　8132
ストレート（86万3900円）22口
ボックス（3万5900円）421口
セット・ストレート（44万9900円）78口
セット・ボックス（1万7900円）1749口

（第3種郵便物認可）　熊本日日新聞　平成28年（2016年）5月12日　木曜日　社会　28

両陛下 19日にも来熊

宮内庁 被災者をお見舞い

天皇、皇后両陛下が、相次ぐ地震で多数の被害が出た熊本県を来週後半にも訪れ、被災者をお見舞いされることが11日、分かった。春の叙勲関連の行事が18日まで入っているため、宮内庁と県では、いまだに起き続けている地震の状況を慎重に考慮しつつ、19日を軸に日程の調整を進めている。

宮内庁幹部によると、両陛下は地震発生以来、「一日も早く赴きたい」との気持ちを示されていた。同庁は訪問時期について、現地の関係者が対応に追われていることを考え、県側の判断を優先するとしていた。

関係者によると、訪問は日帰り。羽田発のチャーター機で熊本入りし、蒲島郁夫知事から被災状況の説明を受けるほか、益城町や南阿蘇村といった被害の大きかった地域を訪ね、避難所などで被災者を直接慰められる。

移動には陸路のほか、ヘリコプターも活用。上空から被災状況を視察し、犠牲者を追悼することも検討されている。

両陛下は、最初の震度7を観測した翌日の4月15日、予定していた静岡県訪問を取りやめ、知事に犠牲者への哀悼と被災者へのお見舞いの気持ちを伝えられたほか、その後も多くの行事への出席を中止。22日には県に見舞金を贈られている。

特別展「生誕150年　黒田清輝—日本近代絵画の巨匠」を鑑賞される天皇、皇后両陛下＝11日午後、東京・上野の東京国立博物館（代表撮影）

黒田清輝展を鑑賞

天皇、皇后両陛下は11日、東京都台東区にある東京国立博物館の平成館を訪れ、特別展「生誕150年　黒田清輝—日本近代絵画の巨匠」を鑑賞された。

特別展は、1891年の黒田の画壇デビュー作「読書」に始まり、代表作で重要文化財の「舞妓」や「智・感・情」「湖畔」など、約200点の作品を紹介している。

城内から見た「一本足」で耐える飯田丸五階櫓

無残に崩れ落ちた続櫓。宇土櫓も屋根や外壁が破損したが、支える石垣は持ちこたえている

上部の櫓が倒壊し、ゆがんだ不開門（あかずのもん）

崩れた西櫓門周辺の石垣。侵入を阻むように巨大な石が転がっている

地震復興にも一役

ドリームジャンボ発売

熊本地震被災地支援ドリームジャンボ宝くじの販売が始まった売り場＝11日午前、熊本市中央区のみずほ銀行熊本支店（大倉尚隆）

熊本地震の復興支援に収益の一部を充てる「熊本地震被災地支援ドリームジャンボ宝くじ」の発売が11日、全国一斉に始まった。県内213カ所の売り場には被災して開店できない所もあるが、「復興につなげたい」と願う人々が早速、くじを買い求めた。

1等と前後賞を合わせて7億円が当たる全国自治宝くじ。発売予定額750億円は、当せん金などを差し引いて全国自治体へ分配する。今回は熊本地震の復興支援分を手厚くし、約40億円を県内の被災自治体に配る。復興支援宝くじは阪神大震災、新潟県中越地震、東日本大震災に続いて4例目。

熊本市中央区のみずほ銀行熊本支店の売り場は午前9時に開店。北九州市から宝くじ購入のために来たという飲食業上田圭介さん(47)は「この売り場が当たると聞いた。当せんしたら貯金と被災地支援の募金に充てたい」と語った。

当せん本数は1等（5億円）17本、1等の前後賞（1億円）34本、2等（1千万円）51本など。同時発売の「熊本地震被災地支援ドリームジャンボミニ7000万」の1等（7千万円）は80本。いずれも1枚300円で、6月3日まで発売。抽せんは6月9日。

（中村悠）

5月12日の飛来予測

	九州北部 大気汚染粒子	九州北部 黄砂	九州南部 大気汚染粒子	九州南部 黄砂
6－12	やや多い	少ない	やや多い	少ない
12－18	やや多い	少ない	やや多い	少ない
18－24	やや多い	少ない	やや多い	少ない
13日	多い	少ない	やや多い	少ない

非常に多い　注意喚起レベル
多い　環境基準値程度
やや多い　大気が少しかすむ
少ない　清浄

予測システム「スプリンターズ」開発チーム提供

阿蘇山の風向予想（日本気象協会 tenki.jpより）

城下の景観 存続危機

新町・古町の建物損壊　住民に再建の動き

写真右は、新町・古町最大の町屋で知られる「吉田松花堂」。瓦屋根の崩れた部分をビニールシートが覆う。同左は、大正時代の洋館の柱や壁、門柱などが損壊した鈴木邸（旧中村小児科医院）＝4月29日、熊本市中央区

熊本地震は熊本城の膝元、熊本市中央区新町・古町地区の歴史的景観にも爪痕を残した。古い町屋の倒壊など被害が相次ぎ、修復に多額の費用が見込まれることから解体を口にする人もいる。景観の存続に危機感を募らせ、住民有志が復興支援活動に乗り出した。

4月末、新町の建設業宮本茂史さん(40)は連絡を受け、古町地区にある「鈴木邸（旧中村小児科医院）」に向かった。玄関のひさしが崩れかかっていたため、ジャッキで応急処置を施した。地震後、こうした依頼が急増しているという。

鈴木邸は1914（大正3）年に建てられた木造2階建ての洋館で、市条例に基づく景観形成建造物の一つ。地震で柱や屋内外のしっくい壁が崩れた。所有者の鈴木婦美子さん(65)は「伝統ある建物だけに残したいが、修復にいくらかかるのか」と先が見通せない様子だ。

同じく市景観形成建造物に指定された新町の「吉田松花堂」も壁が一部崩れ落ち、瓦屋根も落ちた。屋根は明治期の土ぶきで、修復できる職人も少ないという。当主の女性(69)は「修復規模が大きすぎて、すべてを元に戻すのは難しいかもしれない」と表情を曇らせる。

古町地区の日用雑貨店「清永本店」も大きな被害を受けた。「自力での再建は資金的に厳しい。土地を有効活用するためには解体も選択肢の一つ」と8代目清永幸男さん(75)。

新町・古町町屋研究会代表も務める宮本さんは「地域に約400軒ある町屋の大半が傾くなど何らかの被害を受けた。なかには解体に踏み切る人も出てくるだろう」と厳しい現実を受け止める。

熊本市が、城下町の風情を感じられる町並みづくり事業に着手したのは2012年。指定の建造物以外でも一定の条件を満たしていれば町屋の外観改修費を助成し、まちづくりを後押ししてきた。

市開発景観課は「景観上必要という理由で、損害を補償する公的支援制度はない。ただ、城下町の景観は重要な資源であり、何らかの方策を模索したい」と話す。

このままでは〝地域の財産〟が失われかねないと、宮本さんら住民有志が復興プロジェクトを始動させた。がれき撤去を進め、今後は残せる町屋と残せない町屋を調査。町屋の再建に向け支援金も募る。代表の飲食業上村元三さん(58)は「住民同士が支え合い、知恵を出し合って風情ある町並みを残していきたい」と言う。

（川崎浩平）

◇メモ　同プロジェクトはフェイスブックなどで支援金を募っている。振込先は「肥後銀行新町支店　普通口座　1490724　クマモトシンマチフルマチフッコウプロジェクト」

9日間の天気 Weather Report

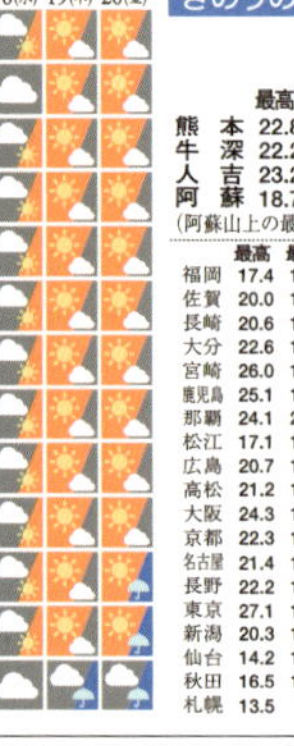

きのうの気温　11日

（天気・湿度は15時、県内の気温は0時—17時、Δ印は低め）

	最高	平年比	最低	平年比	湿度	天気
熊本	22.8	Δ2.4	15.9	1.3	59%	晴
牛深	22.2	Δ1.2	16.8	0.9	67%	—
人吉	23.2	Δ1.5	16.0	3.1	60%	—
阿蘇	18.7	Δ3.0	13.0	2.8	—	—

（阿蘇山上の最高気温は13.1度、最低気温は9.8 度）

	最高	最低	天気
福岡	17.4	14.7	曇
佐賀	20.0	16.4	曇
長崎	20.6	16.1	晴
大分	22.6	16.6	晴
宮崎	26.0	18.5	晴
鹿児島	25.1	17.8	晴
那覇	24.1	22.0	曇
松江	17.1	13.4	曇
広島	20.7	16.8	曇
高松	21.2	17.8	曇
大阪	24.3	19.4	俄雨
京都	22.3	19.5	曇
名古屋	21.4	18.0	曇
長野	22.2	18.5	曇
東京	27.1	16.0	曇
新潟	20.3	17.1	曇
仙台	14.2	13.1	曇
秋田	16.5	13.8	曇
札幌	13.5	9.9	曇

潮ごよみ

旧暦4月6日（12日）　中潮・月齢 5.3

日出 5時20分　日入 19時07分　月出 10時30分　月入 ×時×分

	満潮	干潮
三角	0.33 / 12.10	6.33 / 18.50
水俣	0.31 / 12.03	6.30 / 18.49
牛深	0.02 / 11.23	5.57 / 18.05
玉名	0.43 / 12.20	6.43 / 19.00

旧暦4月7日（13日）

	満潮	干潮
三角	1.20 / 13.01	7.24 / 19.45
水俣	1.20 / 12.56	7.23 / 19.42
牛深	1.01 / 12.26	7.00 / 19.04
玉名	1.30 / 13.11	7.34 / 19.55

ひどすぎる…

熊本城総合事務所（熊本市中央区）は11日、熊本地震の発生以来立ち入りを禁止していた城内を、熊日など報道機関に初めて公開した。あちこちで崩落した石垣、足元を走る大きな地割れ、倒壊した櫓などの建造物…。崩壊の音が今でも鳴り響きそうな現場に、全国から集まった18社の取材陣は息をのんだ。【1面参照】

崩落した頬当御門通路の石垣。いつもは多くの観光客でにぎわう場所だ

天守前広場に入った地割れ。くっきりと何本も続いている

石垣崩落、櫓倒壊、地割れ　熊本城ルポ

規制線を超えて行幸坂を上っていくと、右手に「一本足」で踏ん張る飯田丸五階櫓の姿が見える。手前の竹之丸西側石垣は、備前堀へ崩れ落ちていた。「もともとはどんな形だったのか」。県外の記者が職員に詰め寄った。「こんなにひどいと思わなかった」

西櫓門周辺の石垣は左右から崩れ、行く手を阻む。飯田丸に進み、城内から見る五階櫓は、まるで内臓を取られた生き物のようだ。南の竹の丸へ降りる通路は、積み重なった石で封じられた。

東側へ進むと、田子櫓から源之進櫓まで並ぶ国重要文化財5棟の外壁が大きく落下。その北側にあるはずの東十八間櫓と北十八間櫓の姿は、もうそこにはない。

「そっちは危ない」。天守前広場で職員が声を荒らげた。足元を見ると、雷のように何本も走る地割れ。地面がゆがみ、平衡感覚が失われる。その先には瓦を失って、地肌を見せる大天守と小天守。粉々に砕けた無数の瓦が広範囲に広がった。

いつも多くの観光客であふれる頬当御門通路は、両面の石垣が崩落。「本震が昼間だったら、取り返しがつかなかった」と、だれもが口にした。

沈下やはらみ（膨らみ）を含め、被災した石垣は52カ所に上る（11日現在）。10日には馬具櫓の石垣が一部崩れた。最も高い21メートルの石垣を持つ宇土櫓（国重文）は、続櫓を失い、屋根や建具は破損したが、石垣の威容はそのままだ。

城内を歩いて感じたのは「ゆがんだ曲線」の多さ。元来熊本城が持つ曲線は、石垣の壮麗な「反り」だったはずだが、視界に入る曲線には違和感があり、たわんでいた。

人の気配が消えた熊本城で職員がつぶやいた。「静か過ぎるんです。熊本城じゃないみたいだ」（飛松佐和子）

くまモン　話：サタケロー／監修：小山薫堂

長ぐつ

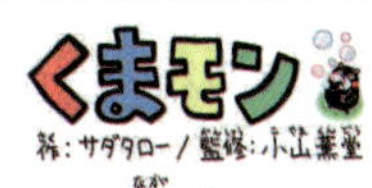

http://kumanichi.com/

※熊本城の被災状況の動画を「くまにちコム」で公開中。

秀岳館惜敗　九州高校野球

全力プレー〝届けた〟

11日に長崎県営野球場などで始まった九州地区高校野球大会で初戦の2回戦に臨んだ秀岳館は延長十三回、4－5で大分にサヨナラ負け。昨秋に続く優勝には届かなかったが、九鬼隆平主将（3年）は「全力プレーはできた」と胸を張った。【10面参照】

ピンチを切り抜け、ベンチに戻る九鬼隆平主将（中央）ら秀岳館の選手たち＝11日午後、長崎市の長崎県営野球場（岩崎健示）

益城町で震度7を記録した4月14日と16日は学校近くの八代市松江城町でも震度5弱と5強を観測。「経験したことのない強い揺れで驚いた」と九鬼主将。グラウンドなどの被害は小さかったが、1995年の阪神大震災を知る大阪の両親が心配して電話をくれた。余震が続く中、19日には同市付近が震源とみられる震度5強に襲われた。

以後は鍛治舎巧監督の指示で寮生活の選手たちは実家へ避難。素振りなど個人での調整が続いていたが「野球をやりたい」という思いが強まり、4月末から少しずつ選手たちが寮に戻ってきた。

帰ってきたメンバーだけで自主練習を再開。その傍ら「被災した人たちのため、何かできることをやりたい」と、避難所の八代市総合体育館で清掃活動に取り組んだ。九鬼主将は「こんなに身近に大変な苦労をされている人たちがいる。自分たちは野球ができる分、本当に幸せだ」と感じたという。

98人いた部員は半分ほどしか戻っていない。練習不足も否めない。それでも精いっぱいのプレーで被災者を元気づけよう－。

試合は廣部就平選手（2年）の3点本塁打で先制するなど、選抜大会4強の原動力となった強打の片りんを見せた。延長で力尽きたものの三回途中から登板の有村大誠投手（3年）は粘り強い投球だった。

「最後の夏」まで、あと2カ月。グラウンドなどに被害を受けた学校もある中で、有村投手は「熊本の全てのチーム（がそろった形）で正々堂々と戦いたいんです」。野球仲間との球場での再会を願う。（嶋田昇平）

新耐震基準の4棟全壊　益城町で学会調査

熊本地震で約540棟の住宅が損壊した益城町で、阪神大震災を踏まえて耐震基準が厳しくなった2000年以降に建てられた木造家屋が少なくとも4棟全壊していたことが、日本建築学会九州支部の調査で分かった。

学会は調査結果を詳しく分析中で、00年以降建築の全壊家屋数は今後さらに増える可能性もある。耐震基準の見直しや耐震設計の強化などの議論につながりそうだ。

調査は3～8日に約200人の研究者や専門家らが実施。被害が甚大だった益城町役場を中心とする計2570棟を対象に、家屋の損傷程度や構造、築年代などを調べた。

建築基準法は、1981年の改正で震度7程度の揺れでも建物が倒れないよう新耐震基準に見直された。00年にはさらに強化され、壁の配置、柱と土台を接合する金具などの強度が厳しくなった。だが、調査では、これに適合する4棟が全壊していたことが確認された。

京都大の五十田博教授らが00年以降の建物の調査を担当。現行基準値の想定を超えた2回の震度7など強い揺れにより、盛り土が崩れて崩壊した家屋もあったという。

五十田教授は「現行基準はあくまで倒壊を防ぐための最低基準を定めたもの。より耐震性の高い住宅設計を導入するなど、耐震への意識を高めることが地震から人命を守る第一歩になる」と話している。（馬場正広）

中尾　琢也さん（なかお・たくや＝元玉名大神宮宮司）10日午前、老衰のため死去、85歳。葬儀は12日午前11時から、福岡県宗像市東郷4の5の12、JAむなかた野ぎく会館で。喪主は妻信子（のぶこ）さん。自宅は福岡県福津市花見が丘3の20の23。

小山　紀久代さん（おやま・きくよ＝肥後石油社長・小山浩一郎氏の妻）4月16日午後、横行結腸がんのため死去、56歳。葬儀は14日午後3時半から、熊本市中央区本荘6の2の23、合掌殿島田斎場で。喪主は夫浩一郎（こういちろう）さん。自宅は同区国府本町8の38。

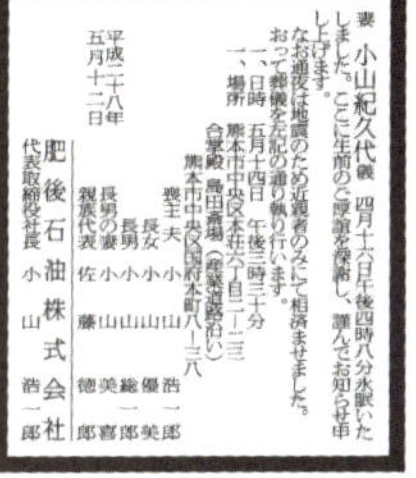

平成二十八年五月十二日

肥後石油株式会社　代表取締役社長　小山浩一郎

1 3版 平成28年(2016年)5月13日 金曜日 熊本日日新聞 (昭和17年4月1日第3種郵便物認可) 第26646号 日刊

熊本日日新聞
発行所 熊本日日新聞社
〒860-8506 熊本市中央区世安町172
☎代表(096)361-3111
©熊本日日新聞社 2016年
5月13日 金曜日

阿蘇大橋上部斜面

発電所水路も損壊

九電「20万立方メートル流出」

熊本地震による土砂崩れで崩落した南阿蘇村の阿蘇大橋上部の斜面で、九州電力の黒川第1発電所に川の水を送るコンクリート製の水路が損壊し、推定で20万立方㍍の水が流れ落ちていたことが12日、分かった。水路は崩れた斜面の中腹を横切っており、九電は「因果関係は不明だが、大量の土砂で水路が寸断され、水が流れ出たとみられる」と説明している。

熊本地震の影響で土砂崩れが発生し、阿蘇大橋が崩落した現場。斜面中腹を通る水路が損壊し、大量の水が流出した ＝4月16日、南阿蘇村

同発電所では、水路からの水をためる貯水槽も損壊し、約1万立方㍍が流出したとみられている。水路からの推定流出量は貯水槽の約20倍で、25㍍プール約400杯分に相当する。

九電によると、阿蘇市の黒川から南阿蘇村立野の貯水槽に水を送る水路2本のうち全長約3㌔の1本が、4月16日未明の本震後に損壊。同日朝に取水口と途中のため池で止水するまで、7時間余りにわたって水が流出していたとみられる。地表を通る水路が土砂で埋まっているのが、航空写真で確認されたという。

地下を通るもう1本の水路は被害を免れ、貯水槽に水を送り続けていた。

貯水槽からの流出について、九電は200㍍下の集落で住民2人が死亡した土砂崩れとの因果関係を解明するため、13日から現地調査に入る。ただ、水路については「被害の状況を把握したいと考えているが、調査の計画は未定」と話している。(小林義人)

支えあおう熊本 いま心ひとつに

雇用不安 相談1万件

県内 中小・零細 長期化懸念も

熊本地震で被災し、休業を余儀なくされた労働者や事業主から県内のハローワークなどに寄せられた労働相談は、1カ月足らずで1万件を突破したことが12日、熊本労働局への取材で分かった。県内に多い中小企業、零細企業を中心とした深刻な雇用不安を裏付けており、長期化を懸念する声も出ている。

【26面に関連記事】

同局によると、前震翌日の4月15日から5月11日までに、1万66件の相談を受けた。相談者の実人数は9644人。このうち、労働者が半数以上の4984人、事業主は3328人だった。

雇用保険適用に絡む相談が5726件と最も多く、全体の6割近くを占めた。勤め先が休業状態になっている労働者が、失業手当を受給できるかを確認するケースが多い。震災に伴う一時休業、離職の場合は手当を受け取れるが、生活費を手当に頼らざるを得ない状況があるとみられる。

事業主から多い相談は、雇用を維持する場合に受けられる雇用調整助成金に関する内容で1988件。制度の仕組みなどに関する事業主からの問い合わせが多く、全体の約2割を占めた。

熊本学園大の荒井勝彦特任教授(労働経済学)は「県内に多い中小、零細の事情は顕在化しにくく、体力回復にも時間がかかる。行政は出向いて実態把握を急ぐべきだ」と指摘。雇用不安の長期化を懸念し、「事業主と労働者が継続的につなぎ資金を受けられるように、制度の拡充や条件緩和をさらに進める必要がある」と強調する。(九重陽平、石貫謹也)

混雑が続くハローワーク熊本 ＝11日午後、熊本市中央区(大倉尚隆)

熊本地震 連鎖の衝撃 生命編 ②

2016.5.13

帰宅した一家 ㊦

「出られん。何も見えん」。16日未明の本震発生直後。益城町福原の島崎敏幸さん(81)は、倒壊した家屋の中に閉じ込められていた。すぐ目の前には崩落した天井。「おれも出られん。待っとって」。長男浩さん(56)の声が聞こえ、少しだけ安堵した。

敏幸さんは散乱するがれきの中に、人がぎりぎり通れるぐらいの空間を見つけた。膝の痛みも忘れ、隣の台所に必死にはい出た。外に続くガラス戸を開けようとしたが、変形して開かない。もう一度、力を込めると今度は開いた。

ガラスが割れる音、瓦が落ちる音。恐怖を押し殺し、ほふく前進で外に出ると、闇の中で懐中電灯の明かりが近づいてきた。「助けてくれ。2人が下敷きになっとる」。必死に叫んだ。駆け付けたのは、光永秀幸さん(35)をはじめとする消防団員や地元住民だった。

「大丈夫ですか」。その声を聞いた浩さんは、覆い被さろうとしていた天井をたたき続けた。柱を切るチェーンソーの音が少しずつ近くなる。午前2時半、視界が開け、ようやく体を引き起こされた。救出された息子の顔を見た敏幸さんは思わず涙が出そうになった。それから先のことはあまり覚えていない。

◇ ◇

救出された浩さんはすぐに母京子さん(79)が寝ていた場所付近を探した。着の身着のままで助け出され、寒さが身に染みた。

がれきに目を向けると、ビニール袋に入った毛布とタオルケットが見つかった。母が収納したものだった。浩さんと敏幸さんは近くの避難所に運ばれ、この毛布にくるまって寒さをしのぎ、朝を待った。「母が生きなさいと言っているように思えた」と浩さんは振り返る。

倒壊現場では、大量のがれきと余震が救出活動を妨げていた。「自分たちだけじゃ無理バイ」。消防団らがそう思い始めたころ、近づいてくる明かりが見えた。他県警から応援で来た機動隊員だった。「後は我々に任せてください」。光永さんらは、安心感からか一気に力が抜けた。

避難所に保護された浩さんらは、母の安否が気になり眠れなかった。携帯電話もがれきに埋まり、誰とも連絡が取れない。その歯がゆさと、家に戻って寝たことへの後悔がぐるぐると頭を巡った。

東の空がうっすらと明るくなり始めたころ、浩さんは自宅に戻った。午前9時すぎ、京子さんはようやく救出されたが、既に息はなかった。

「たぶん即死。苦しまんでよかったです。救助してくれたみなさんには感謝の言葉しかない。まだ先の生活は見えんけど、母のためにも少しずつ前に進みたい」。浩さんは絞り出すように話した。

◇ ◇

結婚して半世紀。敏幸さんは京子さんと共に酪農を営み、たまの休みは2人でのんびり過ごした。それだけで幸せだった。

地震から数日後。自宅のがれきの中から金婚式の写真が見つかった。懐かしさの半面、悔しさがぐっと込み上げてきた。「助けてやれんで、すまん」。敏幸さんは、写真の中でほほ笑む妻に謝った。(後藤幸樹)

妻・京子さんと金婚式で撮影した写真を手に無念さをにじませる島崎敏幸さん＝9日午前、益城町福原(岩崎健示)

「助けてやれんで、すまん」

がんばろう 熊本 地震被災者応援メッセージ

頑張る皆さんが誇り

熊本市出身です。本震時、3歳の娘と帰省中でした。あれほど大きな揺れと、今も続く余震に耐え、前に進もうと頑張る皆さんを誇りに思います。これから気温も上がります。どうかご自愛ください。(Chikako Suzuki Wakai・40、横浜市)

2016.5.13

新生面

△泥棒という自由業は(中略)何だか悲壮で、しかもユーモラスなところがあって、私には好感が持てる▽―。作家の山田風太郎さんは、石川五右衛門についてのエッセーにこう書いている▼もちろん、盗みを肯定しているわけではない。五右衛門も鼠小僧も△ともかくも強者に挑戦した、という外貌を具えているからだろう▽と。あくまで、富める者から奪った金品を貧しい人に分け与える義賊として見た場合、である▼ところが震災後の熊本には、義賊どころか人の災難に付け込む卑劣極まりない輩が跳梁跋扈している。被災した家屋を狙った空き巣だ。五右衛門の辞世ではないが、「世に盗人の種は尽きまじ」とあきれ果ててしまう▼逮捕された容疑者の一人は「地震後は無施錠の家が多いので盗みやすいと思った」と供述したという。空き巣が心配で避難できなかったり、壊れた自宅に入って貴重品を運び出したりする人もいる。被災者の[illegible]りかねない▼政府与党からは災害時の窃盗犯罪を厳罰化する声も出始めた。河野太郎国家公安委員長も「火事場泥棒以外の何物でもない」と前向きだ。ちなみに石川五右衛門の最期は京の河原で釜ゆでに処せられたそうな▼それにしても、と思う。先日の本紙「こちら編集局」には、本震で避難した先の駐車場で具合が悪くなった高齢の女性に周りの人たちが手を差し伸べ、心臓マッサージをしたという記事があった。互いに助け合う被災者の姿と、胸が悪くなるような空き巣の存在との落差に、ため息が出る。

熊日の購読・配達のご用は ミナヨムニッコリ 0120-374625
紙面のお尋ねは 096-361-3115 (日曜・祝日除く9:00～17:00)
パソコン版くまにちコム kumanichi.com

◇お断り 「きょうの天気」は2面に移しました。

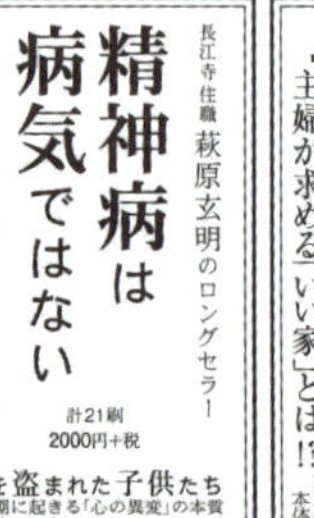

蒲島知事 一刻も早く経済再生を

復興「地方負担 最小限に」

定例記者会見で、特別立法による財政支援の必要性を訴える蒲島郁夫知事＝12日、県庁

蒲島郁夫知事は12日の定例記者会見で、熊本地震発生から約1カ月を振り返り、「地元経済を支える中小企業や農業の被害も甚大で深刻。一刻も早く経済活動を再生する必要がある」との認識を示した。その上で、特別立法による復旧復興への財政支援の必要性をあらためて訴えた。

蒲島知事は政府に求めた財政支援について「財源を気にすれば復旧復興の取り組みが萎縮する。最小限の地方負担で安心して創造的復興を進められる環境をお願いしたい」と説明した。

11日の「くまもと復旧・復興有識者会議」の緊急提言については「早期かつ大胆な熊本の再生について英知を結集してもらった」と評価。「正式な最終提言は6月5日に出されるが、これを待たずに緊急提言に沿って、県の復興計画の策定に取り掛かる」とした。

対応に苦慮した点として二つの激震が28時間以内に起きたことを挙げ、「事態を適切に判断し、指揮を執る『対応力』が必要と感じた。対応が適切だったかは検証したい」と述べた。（並松昭光）

災害時指揮権 政令市に

熊本市長 期待示す

熊本市の大西一史市長は12日の記者会見で、大規模災害時に政令指定都市が主体的に支援の指揮を執れるようにする必要があると、面会した菅義偉官房長官から伝えられたことを明らかにし、「よりスピード感を持って被災者支援ができる」と期待感を示した。

災害救助法では、災害時の指揮権限を持つのは都道府県知事。10日、首相官邸で菅氏と面会した大西氏は「基礎自治体の中で政令市は行政規模が違う。仮設住宅の建設も県と協議せずに進めることができる」と話した。

大西氏は会見で、家屋被害の4段階判定に応じた被災者支援制度にも言及。「一部損壊の判定でも自宅に住めない場合もある。裁量権を現場に与えてほしい」と弾力的な運用を求めた。（高橋俊啓）

県議会6月定例会 地震対応優先 10日間に短縮

県議会の議会運営委員会（池田和貴委員長）は12日、6月1日開会する6月定例会の会期について、熊本地震の対応を優先するため、当初予定した21日間から短縮し、10日までの10日間とすることを申し合わせた。

自民党県議団、民進・県民クラブ、公明党県議団の3会派が代表質問する。一般質問は共産党議員1人の予定。特別委員会は開かず、常任委員会のみ。主な日程は次の通り。

6月1日　開会、議案上程、提案理由説明▽3、6日　代表質問▽6日　一般質問▽7、8日　常任委員会▽10日　議決、閉会

宮城・村井知事が県庁訪問 5年間の支援に「今度は恩返し」

東日本大震災で被災した宮城県の村井嘉浩知事は12日、熊本県庁に蒲島郁夫知事を訪ね、熊本地震の復旧復興に必要なノウハウを提供して協力する考えを伝えた。

村井知事は「震災後の5年間、熊本県には物心両面の支援をいただいた。今度は宮城県が恩返しをする番だ」と述べ、同県と県職員の災害見舞金600万円と、震災後の対応を記録した各種資料を蒲島知事に手渡した。

東日本大震災後、熊本県はこれまでに延べ373人の職員を宮城県の被災自治体に派遣した。熊本地震では、宮城県職員延べ約100人が熊本の被災地業務に従事している。（蔵原博康）

熊本地震の復旧復興に向けた協力を表明する宮城県の村井嘉浩知事＝12日、県庁

政府の財政支援実現に協力

村井知事一問一答

村井嘉浩宮城県知事は12日、蒲島郁夫知事との会談後、県庁で記者団のインタビューに応じた。一問一答は次の通り。

―蒲島知事とはどんな話をしましたか。

「地方財政支援の特措法を政府にお願いしているので、実現に協力してほしいとの話があった。復興を早める大きな方法なので、宮城県からも政府に要請を伝えたい」

―熊本の被災地は復旧復興の財政負担に不安を抱えています。

「東日本大震災では特別の規制緩和と財源確保が決まるまで8カ月かかった。その間は非常に不安で、政府に度々お願いした。今回は政府も経験に基づき対応できるので、速やかにスキームをつくって熊本の被災者に安心感を与えてほしい」

―復興に向けた県の当面の課題は何でしょう。

「被害の状況や対応力は市町村ごとに異なり、県には市町村を調整する役割が求められる。災害がれき処理などは、県が前面に出ないと態勢が取れない」

―宮城県は水産業復興特区など「創造的復興」を掲げています。

「ピンチだが、国に特別に対応してもらえるチャンスでもある。熊本県も政府に積極的に働き掛けて実現することで、復興後の発展につなげてほしい」

「皆さんが笑顔になれるよう」

歌手・水前寺清子さん

熊本地震の発生後初めて帰熊し、県庁を訪れた水前寺清子さん（左）＝12日、県庁

熊本市出身の歌手水前寺清子さんが12日、熊本地震の発生後初めて帰熊。県庁に蒲島郁夫知事を訪ね、「多くの人が前に進もうとしている様子を見て力をもらった。皆さんが笑顔になれるよう役に立ちたい」と意欲を示した。

水前寺さんは同日、子ども時代を過ごした同市の子飼商店街や熊本城などを訪問。結婚式を挙げた水前寺成趣園について触れ、「地震で水が枯れたことは本当に悲しい」と語った。

蒲島知事は「旅行で熊本に来ることもボランティアだと東京の皆さんに伝えてほしい」と応じた。（中尾有希）

大阪大助教ら

益城町 県道と秋津川の間 「軟弱地盤で揺れ増幅」

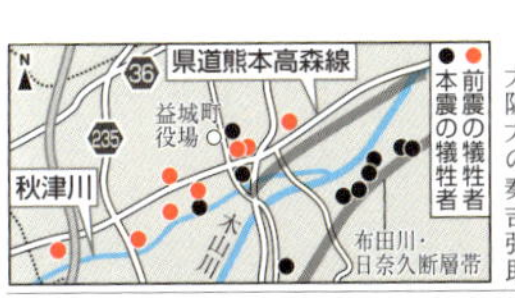

熊本地震で大きな被害が出た益城町の県道と秋津川に挟まれた地域は、地盤が軟弱なため地震動が増幅していたとみられることが分かった。

大阪大の秦吉弥助教（地盤工学）らが12日、東京であった土木学会地震工学委員会の研究会で報告した。

秦助教は前震後の4月15日から5月9日までに、県道より北の益城町役場を含む20カ所に臨時の地震計を設置し、本震や余震の揺れを観測。南側の秋津川に近い地点ほど揺れが強かった。

県道と秋津川の間では特に多くの住宅が倒壊し、住民が死亡。秦助教は「北側とは揺れ方が異なるのは明らかだ。揺れが強く、周期も長くなったため、建物への影響が大きかった」と述べた。

秦助教によると、一帯はもともと砂利や泥が堆積し、川に向かって傾斜。その後、盛り土をして平らな住宅地に造成されたとみられる。

同じく現地を調査した神戸大の長尾毅教授（地盤減災工学）も「盛り土は地盤が弱く、地震動が増幅されたことで住宅損壊が激しくなった可能性を示した。（山口尚久）

文化財保存 基金創設を

イコモス 国内委、緊急アピール

文化財保護に取り組む国際的なNGO「イコモス」（国際記念物遺跡会議）の国内委員会は12日、熊本地震で被災した歴史的建造物の保存に向けた緊急アピールを発表。迅速な被災調査や財政支援を強く求めるとともに、復興基金の創設、官民連携などを強調している。

同日、馳浩文部科学相、蒲島郁夫知事、大西一史熊本市長に提出した。

同委員会は3～6日、日本建築学会などと被害が甚大な熊本城や阿蘇神社などを調べた。

緊急アピールでは、熊本城や阿蘇神社について、保存修理を的確に進めながら、観光活用を図るよう求めた。西原村で大破した未指定文化財の八王社神社については、地域で守られてきた文化遺産を保存継承できるかどうかの試金石になる、として復興基金などからの援助が必要と訴えた。

このほか、歴史的重要建造物などの被災も指摘。公的補助の乏しさから、解体処分へと流れてしまうことへの危惧を示した。古い町並みを残す熊本市の新町・古町地区については「城は残っても、城下町は消える」という極めて深刻な瀬戸際にあるとした。まちづくりの防災対策、技術者集団の養成なども提言している。（中原功一朗）

阿蘇の断層構造 「布田川」と違い

国土地理院が分析

県内で4月16日にマグニチュード（M）7・3の地震が起きた後で、阿蘇のカルデラ内の地表で新たに見つかった断層は、地下の構造が「布田川断層帯」とは異なっていることが国土地理院の分析で12日分かった。

衛星が観測した地殻変動データから、カルデラ内の断層の長さは約5・1キロと推定。布田川断層帯のほぼ延長線上に位置するものの、深さ約6・6キロの断層面の傾きが布田川断層帯とは異なっていた。この断層がどのようなメカニズムで生じたかは不明という。

政府の地震調査研究推進本部は、布田川断層帯が従来の分析より数キロ長く、カルデラ内に延びている可能性を指摘。その後、専門家が地表に現れた断層を確認していた。

職員派遣など継続して支援

関東地方知事会議

10都県でつくる関東地方知事会議（会長・福田富一栃木県知事）が12日、宇都宮市で開かれ、熊本地震の被災地を継続して支援していくとの決議を採択した。

決議は「震災発生から約1カ月が経過する中、多くの人が避難所での生活を強いられている」と指摘。今後も10都県が連携して、職員派遣や物資供給といった支援に取り組むと強調した。

◆記憶遺産会合に専門家派遣

菅義偉官房長官は12日の記者会見で、国連教育科学文化機関（ユネスコ）の世界記憶遺産登録を巡り、18～20日にベトナムで開かれる世界記憶遺産のアジア太平洋地域委員会の総会に、日本の専門家らを正式参加させることを明らかにした。中国が推薦した「南京大虐殺」資料が昨年、記憶遺産に登録されたことを受け、政府は関係国を含めた議論など制度の透明化を求める。

菅氏は「ユネスコの責任あるメンバー国として、積極的に審議に参加する。記憶遺産の政治利用を未然に防ぐため、公平性や透明性が確保されるよう全力を尽くす」と述べた。

◆EU、23区などの調達開放要求

【ブリュッセル、東京共同＝永田潤、伊藤慎司】欧州連合（EU）が日本との経済連携協定（EPA）交渉で、東京23区や人口10万人以上の市が発注する物品やサービスの市場を開放し、EUの企業を差別しない仕組みをつくるよう求めていることが12日、分かった。

全国790市のうち10万人以上の市は約3分の1を占めており、日本政府筋は市側の調達手続きの負担が大きく「到底受け入れられない」と反発している。

安倍晋三首相は今月上旬の訪欧でEU首脳と会談し、交渉の年内合意の目標を再確認した。

きょうの歴史　5月13日

通潤大橋の開通を祝う漁船の大漁旗

▽1975（昭和50）年

五和町二江（現天草市）の通詞島に同島と天草下島を結ぶ通詞大橋が完成、開通式が行われた。

▽2001（平成13）年　国指定重文の芝居小屋「八千代座」（山鹿市）の保存修理が終了、市民向けのお披露目公演が始まった。

（第3種郵便物認可）　熊本日日新聞　平成28年（2016年）5月13日　金曜日　総合　4

罹災証明 発行進まず

県内30市町村 申請の29％

来月にずれこみも

熊本地震による建物の損壊を証明し、被災者が公的支援を受けるのに必要な罹災証明書の発行は約2万7520件と、申請（約9万5020件）の29％にとどまっていることが12日、県内で建物損壊が確認された30市町村への取材で分かった。自治体間で発行ペースの差は大きく、人手不足で調査が進まないケースもある。国は5月中に発行を終えたいとしているが、6月にずれこむ可能性も出ている。

最初の震度7となった「前震」から14日で1カ月。被災者は生活再建への一歩をなかなか踏み出せない。

罹災証明書は、自治体職員が建物の被害状況を調査し、損壊の割合に応じて「全壊」「半壊」「一部損壊」などと判定して発行する。生活再建支援金の他、税の減免や義援金の受け取り、仮設住宅への入居などの際に必要となる。

宇城市や益城町などの9市町村は、11日までに計約2万5千件の申請を受け付けたが、発行数はゼロ。自治体職員が避難所運営で忙殺され、証明書発行業務まで手が回らなかったり、余震が続くため職員の安全を考えて調査を控えたりしたためだ。

熊本市は11日時点で最も多い5万5461件の申請を受け付けたが、発行できたのは一部損壊の1万8438件などにとどまる。市民から「罹災証明はいつもらえるのか」と問い合わせが殺到しており、市の担当者は「できる限り急ぎたい」と話している。

罹災証明書を受け取った被災者の中には、結果に不満を漏らすケースもある。宇土市によると、申請者が半壊と主張した建物を市側が一部損壊としたケースで苦情を受けた。各自治体は、不満があれば建物の内部も調べる2次調査を受けてもらうように伝えている。

自宅が被害を受け罹災証明書の発行手続きをする男性＝12日午後、益城町

熊本市

被災者情報を一元化

新システム「支援漏れ」防止へ

熊本市は12日、熊本地震の被災者の情報を一元管理する新システムを導入したと発表した。被災者に公的支援の受けそびれがないようにできるという。

17日からは罹災証明書もこのシステムを使って発行するが、市によると、発行までの時間が短縮されるわけではない。市は11日現在で5万5461件の申請を受け付け、うち現地調査の要らない一部損壊1万8438件の証明を発行。このほか調査の必要な半壊や全壊の証明は210件しか発行できていない。

システムは住民基本台帳、家屋台帳、熊本地震による家屋被害調査の結果などのデータを一元化し、被災者台帳として管理する。各担当課が被災情報を共有できるようになり、国民健康保険料の減免など、支援漏れをなくすことができるという。被災者側では罹災証明書を何度も示す必要がなくなる。

新潟大などが開発し、阪神大震災や新潟中越地震でも被災自治体で利用された。県によると、熊本市を含む15市町村で導入する見込みという。

熊本市は、罹災証明の発行準備のできた申請者に対し封書などで連絡。新システム活用を始める17日には、4月の申請者のうちの一部4021件を発行できるという。土・日曜を含む毎日午前9時から午後4時まで、5区役所、託麻総合出張所、城南総合出張所で発行する。

（高橋俊啓）

参院委可決

ヘイトスピーチ法案成立へ

国に教育、啓発求める

特定の人種や民族への差別をあおるヘイトスピーチ（憎悪表現）を根絶するため、国や自治体に教育や啓発活動の充実を求める与党提出法案が12日、参院法務委員会で全会一致で可決した。本会議での採決を経て衆院に送られ、今国会で成立する見通し。憲法が保障する表現の自由を侵害する恐れがあるとして、禁止規定や罰則はない。

法案は、保護対象を適法に日本に居住する日本以外の出身者や子孫とし「差別意識を助長する目的で、公然と生命や身体、名誉、財産に危害を加える旨を告知する」ことや「著しく侮蔑する」ことを不当な差別的言動と定義。「許されないことを宣言する」と明記した。

国や自治体には相談体制の整備や、教育、啓発活動の充実を求めた。

野党は「ヘイトスピーチは違法だと明記しなければ法律の実効性がない」と主張。与党は「表現行為を違法と判断することには慎重であるべきだ」と反論し、見送られた。

さらに野党は「適法に居住」「日本以外の出身者」という要件を「不法滞在の外国人やアイヌ民族への差別的言動が野放しになる」と批判。法的拘束力はないが、国会の意見を表明する付帯決議に「国際条約の精神に鑑み適切に対処する」と盛り込むことで与党と合意した。

衆院に共同提出

選択的別姓 4野党法案

民進、共産、社民、生活の4野党は12日、結婚後も夫婦が別々の姓を名乗れる選択的夫婦別姓制度を導入するための民法改正案を衆院に共同提出した。法施行から2年間は、既に結婚している夫婦でも両者が合意すれば結婚前の姓に戻せる。

子どもの姓は出生時に夫婦間で決める。家庭裁判所に判断を求めることもできる。他に、女性の結婚年齢を男性と同じ「18歳以上」に引き上げ、女性の再婚禁止期間を現行の6カ月から100日に短縮することも盛り込んだ。離婚時に妊娠していなければ100日以内でも認める。

政府も再婚禁止期間を100日とする民法改正案を提出しており、今国会での成立を目指している。最高裁が昨年12月、100日を超える禁止期間は「過剰な制約」で違憲と判断していた。

75歳以上

逆走などに臨時検査

警察庁改正案　認知機能 18項目で

臨時認知機能検査の対象となる18項目の違反	
信号無視	交差点で直進の対向車を妨害
通行禁止違反	環状交差点で通行車の進行妨害
通行区分違反	横断歩道で一時停止せず歩行者を妨害
横断等禁止違反	横断歩道のない交差点に進入、歩行者を妨害
進路変更禁止違反	徐行場所違反
一時停止せず踏切に進入	一時停止せず交差点に進入
交差点で徐行せず右左折	合図不履行
指定通行区分違反	安全運転義務違反
環状交差点で徐行せず右左折	
優先道路で通行車の進行妨害	

高齢運転者への認知機能検査を強化した改正道交法の成立を受け、警察庁は12日、75歳以上が違反すれば原則、臨時検査の対象となる18項目を盛り込んだ道交法施行令などの改正案をまとめた。13日から6月11日まで一般から意見を募集する。改正道交法は2017年3月12日の施行予定。

18項目は、逆走などの「通行区分違反」や「信号無視」「通行禁止違反」といった、認知機能が低下すると犯しやすいとされる違反。改正案はさらに、臨時検査の結果が前回より悪化すれば原則、実車指導など計2時間の臨時高齢者講習を義務付け、手数料は5650円と定めた。

現行制度では3年ごとの免許更新時の検査で、認知機能低下の恐れがある「2分類」、問題がない「3分類」と判定されれば、違反をしても次の更新まで検査を受ける必要はない。

免許更新時の高齢者講習も、検査結果によって新たに分類した。認知症の恐れがある「1分類」と2分類は3時間で手数料7550円だが、3分類は2時間で手数料4650円と差をつけた。

警察庁によると、75歳以上の免許保有者は14年末時点で約447万人。道交法違反は年間約30万件に上る。15年の10万人当たりの死亡事故件数は9・58件で、75歳未満の2・37倍だった。

高齢ドライバーの増加を踏まえ、15年6月に改正道交法が成立。認知症の有無や進行の程度を適切に把握し、事故を抑止するため、認知機能検査で1分類と判定された全ての人に医師の診断書の提出を義務付けるなどした。

障害者の負担減

改正案衆院通過

障害者が介護保険サービスを受ける際の負担軽減や、生活支援を盛り込んだ障害者総合支援法改正案が12日、衆院本会議で与党などの賛成多数で可決された。参院審議を経て、今月内に成立する見通し。

65歳になると原則、障害福祉サービスから介護保険サービスに移行するため、新たに1割の自己負担が生じる問題があったが、改正案では低所得者に限り負担をゼロにする救済策を盛り込んだ。

1人暮らしを希望する障害者の自宅を定期的に訪問し、食事や健康状態を見守るサービスも新設。難病患者や事故で脊髄に損傷を負うなどした重度障害者のコミュニケーション支援も強化する。

虐待を受けて児童養護施設などにいる障害のある子どもには、保育士や支援員を派遣し、生活訓練などを行う。人工呼吸器などの医療的ケアが欠かせない子どもの支援も充実させる。

改正案を巡っては、衆院厚生労働委員会の参考人質疑で、難病の男性が出席を拒否される問題があった。

九州 大規模災害時の廃棄物

広域処理計画 間に合わず

対応遅れ 悔やむ声も

大規模災害で発生する大量の廃棄物を巡り、九州各県や産業廃棄物協会などでつくる協議会が、広域処理に備えた事前計画の策定作業を近く本格化させる予定だったことが12日、分かった。これまで準備会合を重ねてきたが、熊本地震に間に合わなかった。関係者から「計画があれば、より迅速に対応できた」と悔やむ声も上がる。

熊本地震では熊本、大分両県で7万6千棟以上の住宅が被災。環境省の推計で災害廃棄物は熊本県だけでも100万～130万トンに上る。県の委託を受けた民間業者は、九州全体での広域処理に向け調整を進めている。

東日本大震災など過去の震災の教訓を踏まえ、環境省は全国を8ブロックに分け、自治体や産廃協会が参加する協議会で大規模災害に備えた計画を作るよう求めている。

九州ブロックは昨年に協議会を設置。これまで2回、会合を開き、想定される水害や大地震について情報交換した。今回の震源地を含む布田川・日奈久断層帯で地震が起きた場合、最大約550万トンの廃棄物が発生するとの推計も示された。

本年度は九州全体の処理施設数や受け入れ容量などを協議し、広域処理の方法や目標期間などの計画を策定する予定だったが、作業に入る前に地震が発生した。

熊本県独自の処理計画は今年3月に改定されたが、熊本地震には対応できず、改めて他県との連携を急いでいる。ある自治体の担当者は「計画があればスムーズに動けたのではないか。事前準備の重要性を痛感した」と打ち明ける。

九州ブロックの座長、九州大大学院の島岡隆行教授（廃棄物工学）は「九州に多い水害は強く意識していたが、地震には油断があったかもしれない。認識を深め、各県が一丸となって対策を進めたい」と話している。

益城町の仮置き場に山積みにされた災害廃棄物＝4月30日

熊本市

「震災廃棄物対策課」新設

熊本市は13日、環境局内に「震災廃棄物対策課」を新設し、17人の異動を発令する。課長（環境局資源循環部首席審議員と兼務）には、山岡憲史氏・土木部首席用地審議員を充てる。14人体制で、熊本地震で半壊以上の被害に遭った家屋の解体や撤去、廃棄物の処理、リサイクルなどの業務にあたる。

（高橋俊啓）

◇部長級◇

新	旧	氏名
環境局資源循環部首席審議員兼震災廃棄物対策課長	（都市建設局土木部首席用地審議員）	山岡　憲史

◇課長級◇

新	旧	氏名
都市建設局土木部用地調整課長	（土木部西部土木センター用地課長）	小畑　茂生

◇主幹級◇

新	旧	氏名
環境局資源循環部震災廃棄物対策課主幹兼主査	（経済観光局観光交流部観光政策課主幹）	住谷　憲昭
都市建設局土木部西部土木センター用地課長	（土木部西部土木センター用地課用地主幹）	竹原　公也

◇主査級◇

新	旧	氏名
環境局資源循環部震災廃棄物対策課主査	（環境推進部水保全課技術参事）	大津山幸祐
同主査	（都市政策研究所技術参事）	荒木　新吾
同主査	（監査事務局参事）	島田　朋幸
同技術参事	（資源循環部廃棄物計画課技術参事）	江﨑　哲郎
同技術参事	（資源循環部ごみ減量推進課技術参事）	渡辺孝太郎
同技術参事	（都市建設局都市政策部建築指導課技術参事）	福松　明彦
経済観光局観光交流部観光政策課主査	（観光交流部イベント推進課主査）	工藤　忠義

熊本市

教員133人採用

来年度　1次試験　7月17日

熊本市教委は12日、2017年度教員採用試験の実施要項を発表した。採用予定人数は133人で、政令市移行後最多だった前年度と比べ39人少ない。

内訳は幼稚園3人、小学校80人、中学校36人、高校5人、養護教諭7人、栄養教諭2人。市教委教職員課は「定年退職予定者は前年度より増えるが、本年度の採用増と定年後の再任用で人員を確保できる」と説明している。

1957年4月2日以降に生まれた人が対象で、年齢制限はない。一定の条件を満たした臨時採用講師や社会人経験者は、1次試験の教職科目を免除する。2016年度採用試験で委託業者が問題を無断転用した件を考慮し、幼稚園教諭などを除き、県教委作成のものを使用する。

市役所や区役所などで志願書を配布。志願書は23日から6月3日まで受け付ける。1次試験は7月17日、2次試験は8月12～21日。合格発表は10月上旬を予定している。教職員課☎096（328）2720。

（高橋俊啓）

共同通信社長 福山氏を再任

一般社団法人共同通信社は12日の理事会で、福山正喜社長の再任を含む次期役員人事を内定した。理事会長の村田正敏北海道新聞社会長、理事会副会長の山本治朗中国新聞社会長と小笠原直樹秋田魁新報社社長は再任される。6月16日の社員総会、理事会で正式決定する。

専任の役員は、細田正和デジタル推進局長を新たに常務理事とする。福山社長ら他の役員は全員再任され、13年6月に就任した福山社長は3期目となる。

細田氏は株式会社共同通信デジタル社長、株式会社全国新聞ネット社長にも就任する。

共同通信デジタルの近藤順夫社長、全国新聞ネットの安斉敏明社長はそれぞれ退任する。近藤氏は共同通信社常務理事を引き続き務める。

細田　正和氏（ほそだ・まさかず）京大卒。82年共同通信社。文化部長、編集局次長などを経て12年6月からデジタル推進局長。59歳。大阪府出身。

◇一般社団法人共同通信社人事（6月16日、新任のみ）常務理事・デジタル、スポーツデータ担当　デジタル推進局長細田正和▽オリンピック・パラリンピック室長・局長同等（オリンピック・パラリンピック室長・局次長同等）名取裕樹▽論説委員長（編集委員室長）杉田弘毅▽編集委員室長（編集委員室次長）橋詰邦弘▽特別編集委員（論説委員長）堤秀司

◇株式会社共同通信社（6月16日）代表取締役常務（取締役）岩永陽一▽常務（取締役）福井順一

◇株式会社共同通信デジタル（6月16日）社長　一般社団法人共同通信社デジタル推進局長細田正和

◇株式会社全国新聞ネット（6月16日）社長　一般社団法人共同通信社デジタル推進局長細田正和

「県台湾の会」

来月、30回記念総会

戦時中に日本統治下の台湾で暮らし、戦後引き揚げた人たちでつくる「県台湾の会」が6月12日、熊本市で本年度の総会を開く。1987年の設立から毎年集まっており、第30回の記念大会となる。

中央区のアークホテルで、午前10時開会。総会後の懇親会で、台湾時代の思い出などを語り合う。一龍斎貞花さんの講談も催される。新規の会員も募集し、参加を呼びかけている。当日の参加費5千円で、5月31日までに申し込む。問い合わせは西川章さん☎0968（73）2654。

首相の動静　12日

【午前】8時21分、官邸。32分、政府与党政策懇談会。39分、麻生太郎副総理兼財務相。9時40分、防衛省の黒江哲郎事務次官、岩田清文陸上幕僚長。55分、北村滋内閣情報官。10時30分、小野寺五典元防衛相。11時50分、京都大こころの未来研究センターの吉川左紀子センター長、仲野徹大阪大教授らと昼食。

【午後】2時、外務省の斎木昭隆事務次官、秋葉剛男総合外交政策局長。3時27分、自民党の高村正彦外交再生戦略会議議長、衛藤征士郎外交・経済連携本部長ら。53分、外務省の斎木事務次官、上村司中東アフリカ局長。4時24分、高島宗一郎福岡市長。47分、国家安全保障会議。石井啓一国土交通相同席。6時9分、クウェートのジャビル首相を出迎え。記念撮影。10分、儀仗隊による栄誉礼、儀仗。18分、ジャビル首相と首脳会談。7時25分、署名式。29分、公邸。安倍晋三首相主催の夕食会。8時41分、ジャビル首相を見送り。宿泊。

◇お断り　連載「生き物こぼれ話」は休みました。

きょうの動き

■ 国内・国際 ■

▽2016年度補正予算案を閣議決定▽熊本地震を非常災害に指定する政令の公布、施行

■ 首長の日程 ■

【蒲島知事】8時45分　庁議▽10時　臨時県議会本会議▽15時　来客応対▽15時半　庁内打ち合わせ▽16時　来客応対▽16時半　災害対策本部会議▽17時、20時半　地震災害に係る取材対応

【大西熊本市長】終日　地震災害対応▽8時半　辞令交付式▽11時　記者会見▽16時半　災害対策本部会議▽18時　記者会見

【山下荒尾市長】終日　災害警戒・対応▽8時半　庁議▽9時　市行政経営会議▽12時　ランチミーティング▽13時　来客応対▽14時　マジャク釣り大会実行委員会▽16時　来客応対▽19時　地域医療連携の会

【高嵜玉名市長】終日　地震災害警戒▽11時半　100歳表彰▽13時　自治振興公社理事会▽15時半　区長会協議会総会▽18時　市認定農業者連絡協議会総代会

【中嶋山鹿市長】終日　地震災害対応▽8時半　連絡会議▽13時半　市農業再生協議会幹事会▽14時15分　同総会▽その後　県土地改良事業団体連合会臨時理事会▽18時　市建築協会総会

【江頭菊池市長】終日　地震災害対応▽10時　市祭実行委員会

【荒木合志市長】終日　地震災害対応▽9時　庁内協議▽13時半　事務協議

【佐藤阿蘇市長】地震災害対応

【元松宇土市長】終日　地震災害対応▽9時　災害対策本部会議▽10時20分、11時　来客応対▽14時　庁内協議

【守田宇城市長】終日　地震災害対応▽8時半　災害対策本部会議▽13時半　地震対策各種団体合同説明会

【中村八代市長】地震災害対応▽その後　やつしろ・まち・ひと・しごと対策本部会議▽13時半、15時　来客応対▽16時　八代くま川祭り振興会総会▽19時　NPO法人市体育協会通常総会懇談会

【松岡人吉市長】終日　災害警戒・対応▽13時　一般会計補正予算市長査定▽16時　人吉地区交通安全協会定期総会▽18時半　ひとよし薬草部会総会▽19時　市認定農業者連絡協議会総会

【西田水俣市長】終日　災害警戒・対応▽10時　市私立幼稚園PTA連合会総会▽13時　来客応対▽16時　みなまたエコタウン協議会総会

【堀江上天草市長】9時　6月補正予算査定▽10時　庁内協議▽15時　来客応対▽17時　天草地区商工会青年部連絡協議会通常総会

【中村天草市長】終日　地震災害警戒・対応▽7時半　第9次災害ボランティアセンター支援員出発式▽8時半、9時半、13時　庁内協議▽14時　来客応対▽15時　庁内協議▽16時　来客応対▽17時　被災地支援に伴う派遣職員出発式

社会部 Twitter @gakupe
syakaibu@kumanichi.co.jp
TEL:096-361-3151 FAX:096-366-4012

学生のページ　|Friday| KUMA TOMO

「地元のために」大学生ら奮闘

避難所でボランティア

熊本地震で大きな被害を受けた益城町の避難所となっている広安小で、地元出身の大学生と専門学校生３人が、ボランティア活動に励んでいる。生まれ育った町の変わりように戸惑う一方、復興に貢献できる仕事に就きたいという目標も芽生え始めている。　（中村悠）

中高生のまとめ役務める

「まさか地元が震源地になるとは思いもしなかった」。同町福富出身の桑原孝太さん(20)は、大阪学院大（大阪府吹田市）の３年生。４月14日の前震発生後、すぐに帰省した。ところが、車中泊中だった同16日未明に本震を体験。家族は無事だったが、「自分にも何かできないか」という気持ちで被災地にとどまり、同小でボランティアとして働くことにした。

同小では、避難している中高生たちが食事の配ぜんや支援物資の運搬などに活躍。桑原さんは、避難していた九州ルーテル学院大１年の竹林明日香さん(18)と、熊本市立総合ビジネス専門学校１年の岡田優希さん(18)とともに、自然に中高生のまとめ役を務めるようになったという。

３人は、夜のうちに無料通信アプリのＬＩＮＥ（ライン）などを使って、翌日に配ぜんを手伝ってくれる中高生を募集。スムーズにこなせるように仕事の細かい担当を決め、中高生と一緒に作業する。ペットボトルなどごみの分別も大切な仕事。中学校が再開された後は、余震を怖がる生徒たちの登下校に付き添うこともある。

炊き出しに訪れた近くの太田黒美鈴さん(42)は「大きな声で整列を呼び掛けるなど、テキパキと動いていて好感が持てる」。避難所を引き揚げた後も３人と一緒にボランティアを続ける慶誠高１年の吉田龍成さんも「きちんと指導してくれるので、頼りにしている」と話す。

来年就職活動を始める桑原さんは、被災地でのボランティアを通して将来の目標に変化があったという。「地元に就職したいという思いが以前より強くなった。益城町に戻ってきて、復興に携わりたい」

一方、岡田さんは避難者たちと交流を続けていることで「人と接する仕事に就きたいと思うようになった」という。竹林さんは「ボランティアについて、大学でもっと学んでみたくなった」と目を輝かせる。被災地でのボランティア活動は、学生たちにとって貴重な経験になっているようだ。

避難所となっている広安小でペットボトルの仕分けに取り組む桑原孝太さん（右）ら３人＝益城町

九州大・学生ボランティア活動 10の心得

	活動前
1	ボランティア保険に入ろう
2	防災準備を整えよう
3	ボランティアであることを知らせるものを身に着けよう
	活動中
4	単独での行動は避ける。まずはボランティア活動の登録をしよう
5	できないことは「できません」とはっきり断ろう
6	マナーある行動をしよう
7	自分の体調は自分でしっかり管理しよう
8	感情が揺さぶられてしまうことを自覚しよう
	活動後
9	まずはゆっくりと休養をとろう
10	一緒に活動してきた仲間と体験を共有しよう

マナー、事前準備…　九州大が10の「心得」

熊本地震の被災地でボランティアに参加する学生の参考にしてもらおうと、九州大（福岡市）が活動の心得をまとめた。同大のホームページで公開している。

被災地の隣県で熊本県出身の学生も多いことから、教職員有志が作成した。心得は「本人の自発的な意思と責任で参加することが基本」と強調。ボランティア保険の加入やマナーある行動、体調管理など、心構えや事前の準備、活動中や活動後の注意点を10項目挙げている。４月下旬には、阪神大震災や東日本大震災で活動経験がある教授らによる説明会も開いた。

被災者を助けるボランティア活動だが、思わぬ落とし穴もあるという。作成に参加した学務企画課の高橋浩太朗課長(40)は「無力感にさいなまれて精神的にダメージを負う学生もいる」と指摘する。

心得は「被災者の話を聞くことで感情が揺さぶられ、自分の心も傷を受けることがある」と解説。心をコントロールできなくなった場合は活動をやめて帰ることを促しているほか、「役に立たなかったのではないか」と悩まずに、自分の行動をポジティブに捉えることを勧めている。

高橋さんは「注意するのは体だけではない。精神的にも自分を守ってほしい」と呼び掛けている。

京都大の山極寿一学長と東映の岡田裕介会長は、新たな映像表現の開発や映像産業の育成を目指す包括連携協定を結んだ。

映画撮影所がある京都・太秦をメディア産業の拠点にしたいと考える京都府が協定を仲介した。これからの１年で共同研究の具体的なテーマを決める。

山極学長は、映像が持つ力の大きさを強調し「京大には映像製作をする学部がないが、斬新なアイデアや多様な分野の知識で貢献できる。共同プロジェクトに大きな野心を持って臨みたい」と抱負を語った。

メディア産業 京都を拠点に

京大と東映 連携協定

岡田会長は、共同研究でコンピューターグラフィックス（ＣＧ）の表現力向上を目指すとした上で「デジタルや映像だけでなく、他分野でもお知恵を拝借したい」と話した。

京都府庁で包括連携協定を結んだ京都大の山極寿一学長（左）と東映の岡田裕介会長。中央は山田啓二知事＝京都府庁

book

「触楽入門」（仲谷正史ほか著）　物に触れて楽しむ風土を醸成しようと、神経科学の研究者やアーティストらが触感を意識化する方法などを提示しながら、外界を感じる大切さを考えていく。

街歩きで日差しや風を受け、身体の輪郭を感じる。心地よいものに触れて落ち着くのは「他者が自分を受け入れてくれている」と安心できるから。人間の根幹を支えるのが触感なのだ。

もしテレビで触感信号を放送できたら、バドミントンの鋭いショットを体感できるかも―。触覚の可能性に期待したい。　（朝日出版社・1706円）

「日本建築入門」（五十嵐太郎著）　新国立競技場の建設計画でも強調された「日本らしさ」。建築デザインにおける日本らしさとは、一体何を指すのか。著者は日本の近代建築史をさかのぼりながら、その答えを探る。

五輪競技場や万博、皇居など、海外からも注目される国家プロジェクトのたびに「日本的なデザイン」は議論されてきた。それは、西洋の模倣に伝統を融合させながら発展してきた日本建築の宿命ともいえる。国会議事堂建設の際の「国民的建築様式」をめぐる討論は、現代への示唆に富む。　（ちくま新書・950円）

編集後記

４月に入社して最初に与えられた仕事が熊本地震の取材で、益城町を中心にいくつかの避難所を訪ねました。そこでは、自分と年齢が近い大学生や高校生が「若い自分に何ができるか」を考え、行動し、仲間と一緒に汗を流していました。そういう姿を見かけると、応援したい気持ちに駆られます。新人記者の私が「何ができるか」を考えた結果が「彼らを記事にすること」。少しでも彼らの頑張りを助けることにつながればと思います。（中村悠）

…ずつ…

熊本地震は14日で発生から1カ月。2度の最大震度7に、ふるさとは容赦なく傷つけられた。熊日の記者たちが「あの日」から撮り続けた写真には、助け合い、励まし合い、知恵を出し合い、少しずつ前へ進もうとする人々の姿が浮かぶ。この間の主な動きと共に振り返る。

益城町の自宅から救出された木村ユキエさん(中央)はすっかり元気に。長女由美子さん(右)宅に身を寄せている＝7日、菊池市(横井誠)

倒壊自宅から救出

木村 ユキエさん(91)＝益城町

ふるさとに再び「幸」を

1階部分が倒壊した自宅から県警機動隊に助け出される木村ユキエさん＝4月14日午後11時半ごろ、益城町惣領(大倉尚隆)

「ばあちゃん、ばあちゃん」。県警機動隊員の呼び掛けが、がれきの向こうから聞こえた。

震度7の前震から2時間後の4月14日午後11時半ごろ。倒壊した自宅の下敷きになっていた益城町惣領の木村ユキエさん(91)は、あきらめかけていた気持ちを奮い立たせて叫んだ。「ここにいます」。143㌢の小柄な体が、隊員に抱きかかえられた。家族6人中4人が下敷きになったが、全員救助された。

木造2階建ての自宅は1階部分が倒壊。1階の自室でテレビを見ていた時、ごう音とともに落ちてきた天井や柱の下敷きになった。ベッドの柵があったため、あおむけの胸上に空間ができたことは幸いだった。一晩入院後、菊池市内の長女由美子さん(60)宅へ。16日未明、再び震度7が無人となった自宅を襲い、残っていた2階部分も倒壊した。

「思い出が詰まった家。戻りたいけど、戻れないんでしょうね。別れがたいです」

同町に生まれ育ち、幼なじみだった豊さん(1995年、73歳で死去)と23歳で結婚。農業で懸命に働き、28歳の時、念願だった自宅を建てた。

「子どもたちの小遣いも辛抱させて、現金で建てた。新築祝いの時は妊娠中で、もち投げをしようとした途端、近所で火事が起きて大騒ぎして…」。思い出話を始めると止まらなくなり、涙と笑いが交錯する。

4人の子どもを育て上げ、60歳を前にして「若い頃できなかった勉強がしたい」と書道を始めると、5段の腕前にまでなった。新聞に隅から隅まで目を通すのも、同じ頃からの「趣味」で、熊日の読者投稿にも何度も応募している。

直近の掲載は昨年8月、「私の一字」のコーナーに投稿した「幸」の毛筆だ。説明には「戦前戦後、激動の人生も末期になりました。戦のない幸せな世界がつづきますように」と書いていた。

そんな日常にあふれていた自宅の変わり果てた姿に落胆していると、がれきの中から、亡夫・豊さんの写真だけが、ひょっこり見つかった。「のさった(与えられた)命だけん、頑張れと言いに出てこらしたとでしょうな」。1世紀近く暮らすふるさとに、再び「幸」が戻ってくる日を願っている。(岩下勉)

…ランティア1万6000人 熊本市

本震直後に避難者であふれていた熊本市中心部には市災害ボランティアセンターが開所。大型連休中は1日1000人を超えた日もあり、12日までに約1万6000人が活動した。県社会福祉協議会は「避難所から仮設住宅へとステージが移行しても、高齢者の見守りなどのボランティアの必要性は変わらず、元の生活を取り戻すまで続く」と強調する。＝10日午前(高見伸)

再び最大震度7の本震が襲い、熊本市中心部の公園などは、屋外に避難して、不安げな表情を浮かべた人たちがあふれた＝4月16日午前3時35分ごろ(谷川剛)

…震発生後初の国内女子プロゴルフツアー…大山選手が優勝、笠選手が2位
…山家の野口健さんが益城町にテント村開…

4月25日(月)

…本市の田底小が11日ぶり再開
…阿蘇村で1遺体発見で死者49人
…災証明書発行支援で県が特別チーム
…本地震を激甚災害指定
…崎市場で11日ぶり鮮魚競り
…ヨタが愛知など4工場で生産再開
…コノミークラス症候群35人に。県内避難…5万人切る

4月26日(火)

…本市学校134棟「危険」判定。県教委は100…設調査で「危険」8棟
…本市9保育園で無料保育
…災後の市外転校252人と熊本市教委まと…。「実際はもっと多い」
…り上げ住宅の無料提供を決定。28日から…け付け
…本大が実験マウス提供施設の損壊を発…
…震災関連死14人、エコノミークラス症候…37人」と発表
…州道の嘉島－八代開通

4月27日(水)

…州新幹線が全線復旧
…補正予算地震関連366億円追加
…酪連が牛乳生産を再開
…蘇市の波野小中や八代市の市立全39小中校が授業再開
…コモ通信障害回復で大手3社の携帯電話…県内全域で使用可能に
…陛下、園遊会で熊本を激励
…コノミークラス症候群が3人増え40人
…災家屋2万7千棟と県発表

4月28日(木)
前震から2週間

- 震度1以上1000回超える。最多ペース
- 熊本市が避難所を段階的に集約方針
- 「特定非常災害」を閣議決定
- 気象庁「地震発生頻度が低下。活動はいまだに活発」
- 災害ごみを自衛隊も回収開始

4月29日(金)

- 九州道全区間復旧
- 仮設住宅計100戸着工(西原村と甲佐町)
- 安倍首相が2度目の視察
- アイシンがエンジン部門生産再開
- グランメッセでエコノミークラス症候群の集中検査
- 大型連休で全国からボランティア続々

災害ボランティアセンターで受け付けを待つ参加希望者＝4月29日、熊本市中央区

4月30日(土)

- 南阿蘇村立野の仮設住宅を大津町に建設方針
- 西部ガスが都市ガスの復旧完了を発表

- 国交省が応急危険度判定で「危険」と判定した建物1万2000棟。東日本大震災上回る
- 益城町が全棟調査開始

5月1日(日)

- 阿蘇大橋付近での土砂崩れに巻き込まれたとみられる男子学生の捜索を打ち切り
- 益城町と西原村で罹災証明書の申請受け付け始まる
- アイドルグループ「嵐」の応援CMを放映

5月2日(月)

- 熊本市が「拠点避難所」18カ所を提示
- 県高文祭の中止決定
- 九州6県のキャンセル約53万泊に
- 県高校総体の総合開会式中止決定
- ロアッソ全体練習を再開。5月22日のホームは柏(千葉県)で開催に
- 宇土市の全小中校が再開

5月3日(火)

- サントリー工場再開に「数カ月」
- 細川元首相が熊本城など視察
- 熊本市の被災者向け市営住宅入居250戸決定
- 環境省が半壊家屋解体も補助へ
- 全国清掃事業連がごみ回収に200人

5月4日(水)

- 国際記念物遺跡会議(イコモス)が歴史的建造物の被害確認
- 熊本市動植物園の復旧「1年以上」と大西市長
- 熊本市子ども6万人のストレス調査へ
- 南阿蘇村立野で新たな崩落を確認

5月5日(木)
前震から3週間

- サッカー日本代表のハリルホジッチ監督が被災者激励
- くまモンが活動再開
- 競輪日本選手権で中川選手が初制覇

大勢の子どもたちと触れ合うくまモン＝5月5日、西原村のにしはら保育園

5月6日(金)

- 熊本市城東小の避難所で集団食中毒
- 熊本市市営住宅引き渡し開始
- 熊本市復興部が発足
- 益城町が仮設160戸建設に着手
- トヨタ全工場を再開
- 県民体育祭の中止を発表

5月7日(土)

- エコノミークラス症候群で入院48人に
- 熊本城の櫓や長塀5カ所など被害全容判明
- 「グリーンロード南阿蘇を県道へ」県方針
- 県立美術館が収蔵品95点損傷と発表
- 県管理河川堤防など185カ所損傷と判明
- プロ野球ソフトバンクのサファテ投手が益城町の子どもを招待
- 全国有名料理人による益城町での炊き出し終了。4月26日から昼夕に400食ずつ
- 嘉島町で仮設住宅着工、1期分73戸
- 南阿蘇村断水なお1350戸
- 九電黒川第1発電所(南阿蘇村)の水流出1万立方㍍と発表
- 益城町の生花店が2日間限定営業

5月8日(日)

- 熊本市が拠点避難所21カ所を設置し、避難者が移動開始

5月9日(月)

- 熊本市「家庭ごみ」収集再開
- 益城町が窓口業務を一部再開
- 益城町、南阿蘇村など62小中学校再開
- 特別法制定を蒲島知事が安倍首相に要望
- 九州地方整備局が河川堤防計172カ所の緊急工事終了
- 農林漁業被害額県内は1072億円と農水省
- 鶴屋本館14日から一部再開と発表
- JR九州が阿蘇地域で代替・臨時バス運行開始

5月10日(火)

- 熊本市の77小中学校と公立高校17校が再開
- 大規模災害復興法を初適用、「非常災害に指定」
- 震災関連死疑い19人に
- 復旧に向けた補正7780億円と政府方針
- 宇土市が業務再開、大津町が仮庁舎建設へ
- 南阿蘇村に仮設56戸着工
- 県高校総体の分散開催決定。一部は県外で
- 県立美術館分館が再開
- 文化庁の文化財復旧チームが初会合

5月11日(水)

- 熊本市現代美術館一部再開
- サッカー23歳以下男子代表が佐賀県鳥栖市で慈善試合
- 西原村の小中3校が再開し、県内の全小中学校の休校が解消
- 復旧復興は「国と一体で」—県の有識者会議が緊急提言

(構成・山下友吾)

「あの日」から少

土砂崩れ現場 変わらず　南阿蘇村

黒川にかかる阿蘇大橋を崩落させた土砂崩れ現場は、空撮すると、地震発生当時からほとんど変わっていない。右下が学生アパート地区。＝４日午前、南阿蘇村（大倉尚隆）

本震による倒壊で３人の死者が出た南阿蘇村の東海大阿蘇キャンパス周辺の学生アパート地区。余震が続く中、多くの学生が、寝具などを持って大学施設に避難した＝４月16日午前10時35分ごろ（大倉尚隆）

大きな地割れ 休院続く　益城町

玄関前に大きな地割れができた益城町惣領の東熊本病院。休院が続き、時折、片付けに訪れた職員らが行き来する。通院していた男性(78)は「またこの場所で再開してくれればいいのだが」と被害の大きさを心配していた。＝９日午前（岩崎健示）

４月16日午前１時25分、前震で被害を受けていた益城町の東熊本病院は、入院患者の転院作業中に本震が直撃した。２度目の震度７に恐怖の表情で駆けだす人もいた（岩崎健示）

江南中生徒 避難所奔走「感謝の言葉うれしかった」　熊本市

学校が再開した江南中を再訪。避難者が誰もいなくなった体育館に、ボランティアをしていた生徒たちが制服姿で勢ぞろいしてくれた。２年生の山口栞里さん（前列左）と青谷舞菜さん（同左から２人目）は「年齢を超えた信頼関係ができ、充実した経験だった」「多くの人からの感謝の言葉がうれしかった」と笑顔で振り返った。＝９日午後（横井誠）

▲熊本市中央区の江南中体育館には数百人が避難。避難していた小中高生たちが自主的にボランティアを始め、トイレの水くみや食事の配布などに奔走した。この日は朝食を配り終えて、手をつないでポーズ＝４月21日午前（横井誠）

▶子どもたちの発案で、江南中のグラウンドに白線で書かれた「のみ水ありがとう　がんばるけん」のメッセージ。多くの取材へリで紹介され、反響を呼んだ＝４月19日午後

体育館で市役所業務再開　宇土市

本庁舎が大破したため、市民体育館で本格的に業務を再開させた宇土市。館内には14部署の職員155人が勤務し、カウンターには段ボールで急ごしらえして課名を表示している。子育て支援課の村上三智子さん（右）は「地震直後に出産された方もこられた大切な窓口。笑顔で応対したい」。＝10日午前（谷川剛）

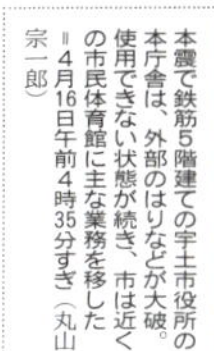

本震で鉄筋５階建ての宇土市役所の本庁舎は、外部のはりなどが大破。使用できない状態が続き、市は近くの市民体育館に主な業務を移した＝４月16日午前４時35分すぎ（丸山宗一郎）

１カ月の経過

４月14日（木）

- **21時26分ごろ　益城町で震度７、M6.5の「前震」が発生**
- 気象庁「今後１週間、震度６弱程度の余震が発生する恐れ。断層との関係は不明」
- 県が災害対策本部設置、自衛隊に災害派遣要請
- 政府が地震非常災害対策本部の第１回会議
- ガスや電気などライフライン寸断
- 九州新幹線運転見合わせ、下り回送列車が脱線（熊本駅～熊本総合車両所）。九州自動車道も区間通行止め
- 熊本城二の丸の石垣崩壊

地震で崩れた熊本城の石垣＝４月14日夜、熊本市中央区

４月15日（金）

- ０時３分ごろ　宇城市豊野町で震度６強を観測
- 益城町安永の民家で８カ月の女児救出
- 気象庁が「平成28年熊本地震」と命名
- 蒲島知事が８時すぎから安倍首相らとテレビ会議。被害状況報告
- 九州道の南関ＩＣ以南を通行止め
- 熊本赤十字病院に、けが人300人超
- 両陛下がお見舞い
- 県庁に現地対策本部設置
- 政府の地震調査委員会は「日奈久断層帯」の北部区間がずれて発生した可能性高いと評価
- 気象庁「３日間に震度６弱以上の余震が発生する確率は20%」
- 県警が死者９人を確認
- 鶴屋百貨店など休業相次ぐ。田崎市場は水産の競り中止
- ソニーやホンダなど県内立地工場が稼働停止
- 藤崎台県営野球場など体育施設損傷
- 熊本城の天守閣石垣や瓦崩落、長塀100㍍倒れる

４月16日（土）

- **１時25分ごろ　益城町と西原村で震度７、M7.3の「本震」が発生。熊本市や南阿蘇村なども震度６強。その後、震度６弱以上が３回発生する**
- 有明・八代海に津波注意報。沿岸部で緊張走る
- 国道57号寸断、阿蘇大橋崩落。ＪＲ豊肥線、南阿蘇鉄道も
- 九州道の上に架かる陸橋崩落
- 南阿蘇村でアパート損壊し、下敷きで東海大学生ら死亡。新たに32人死亡で計41人に
- ＪＲ始発から運転見合わせ、熊本空港ターミナルビル閉鎖で全便欠航
- 自衛隊派遣規模２万5000人態勢に拡充決める
- 安倍首相の熊本入り中止
- 19日開催予定のプロ野球巨人―中日（藤崎台）を中止
- 断水37万戸、停電８万戸
- 熊本城東十八間櫓など壊れ、飯田丸の石垣も崩れる。ジェーンズ邸、阿蘇神社楼門など全壊。水前寺成趣園の池が干上がる
- 宇土市役所本庁舎が使用不能

地震で崩落した道路＝４月16日午前、南阿蘇村

４月17日（日）

- 21時までのM3.5以上の発生回数は過去最多に。2004年の新潟県中越地震上回る
- 安倍首相が米軍の支援受け入れ表明
- 八代市庁舎崩落の恐れで使用中止
- 東京の銀座熊本館が買い物客で大混雑
- ごみが急増、ステーションはごみの山に
- 大西熊本市長「２度の地震は想定外」
- 南阿蘇村立野の土砂崩れ現場で女性１人の死亡確認。死者計42人に

４月18日（月）

- 避難所の女性死亡を確認。車中泊の女性がエコノミークラス症候群で死亡
- 新たに男女２人死亡で死者計44人に
- トヨタが全国の車両組立工場で生産を段階的に停止
- 米軍のオスプレイが物資輸送始める
- 気象庁「レアケースで先が見通せない」
- 熊本市の２避難所からノロウイルス感染計３人
- 大津町の庁舎使用不能。八代市本庁舎機能を千丁、鏡支所に移す
- 経団連が被災学生の採用試験延期呼び掛け
- 九州新幹線の脱線車両の撤去開始
- ＪＲ鹿児島線の荒尾―熊本で運行再開
- 俳優の高良健吾さんらが熊本市の小学校で給水活動

土砂に押し流された家屋を捜索する自衛隊員＝４月18日午前、南阿蘇村

４月19日（火）

- 熊本空港一部運航再開
- 南阿蘇村で男女３人死亡で死者は計47人
- 八代市で震度５強
- 日本財団93億円支援発表
- 益城町で地震後、スイカを初出荷
- 県大阪事務所で県産品の販売会
- 「くまモン頑張れ絵」運動広がる

４月20日（水）

- 九州新幹線「新水俣―鹿児島中央」で再開
- 熊本競輪場が使用不能でレース開催中止
- プロ野球ヤクルトの山中投手が今季初勝利
- 水俣病犠牲者慰霊式の延期決まる
- 南阿蘇村で１遺体発見。死者計48人
- 南阿蘇村立野の崩落現場に無人重機を投入
- 西部ガスが熊本市の一部で供給再開
- 九電が県内全域の停電解消を発表

４月21日（木）
前震から１週間

- 地震後初の大雨が捜索阻む。避難指示・
も11万7287世帯・29万4446人に。避難
ら「再避難」も
- 益城町ボランティアセンター開設
- 国の文化財45件が被害と判明
- 気象庁「過去に例のない状況で（終息
見通しはない」
- ロアッソ５月15日からのリーグ復帰決
- 熊本市「通水」99.7%。届かない家庭
- 九電が南阿蘇村の黒川第１発電所貯水
の崩壊を発表。発生は16日未明から朝
砂崩れが原因という住民指摘も
- ＪＲ鹿児島線全線復旧、高速バス熊本
岡運行再開

４月22日（金）

- 熊本市社協が災害ボランティアセンタ
花畑広場に開設
- 熊本城など国重文を文化庁初調査。1
損を確認
- 白川や緑川など主要河川の堤防138カ
損傷確認
- 人吉市本庁舎を使用中止
- グリーンロード南阿蘇全線開通
- 米自動車大手ＧＭが北米の組立４工場
週間生産停止を発表

４月23日（土）

- 九州新幹線の熊本―博多が再開
- 安倍首相が熊本入り
- 鶴屋百貨店が一部営業再開
- 南阿蘇村の避難所でノロウイルス感染
- 益城町の避難者宅に空き巣疑いで男を

４月24日（日）

- 新幹線脱線車両の撤去完了

県境を越え 南阿蘇村支援

熊本地震で大きな被害が出た南阿蘇村に、大分県竹田市のベースキャンプから毎日約40人のボランティアが駆け付けている。交通網が寸断され、西側からのアクセスが難しい村にとって欠かせない存在となっている。

大分・竹田市ベースキャンプ
毎日40人駆け付ける

ベースキャンプは竹田市社会福祉協議会が1日、市荻支所の旧庁舎に開設。体育館や公民館を県内外のボランティアの宿泊先として無料開放。マイクロバスを準備し、片道約1時間の南阿蘇村まで送迎している。

ベースキャンプからのボランティア派遣は、7月末までの継続が決まっている。

11日、南阿蘇村で避難所運営を手伝った大阪府岸和田市の山本岳人さん(57)は「ボランティアが集まりやすい熊本都市圏ではなく南阿蘇村を選んだ」。札幌市の市村敏文さん(54)は「ベースキャンプは無料で泊まることができ、ありがたい」と避難所の清掃に汗を流した。

南阿蘇村が受け入れるボランティアは1日40〜260人程度。ベースキャンプから安定して派遣されるボランティアは頼みの綱で、村災害ボランティアセンターの里浩士センター長(55)は「大変助かっている」と笑顔を見せた。(三室久徳)

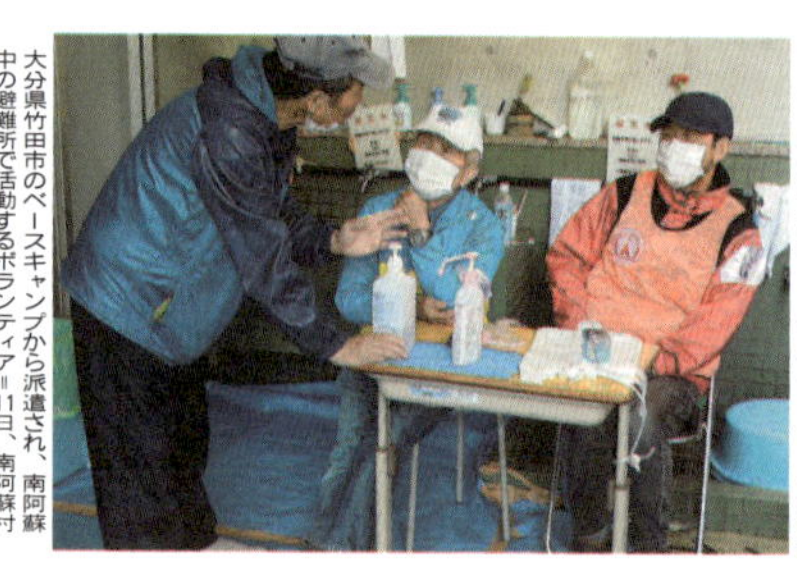

大分県竹田市のベースキャンプから派遣され、南阿蘇村の避難所で活動するボランティア=11日、南阿蘇村

避難生活を快適に
お尻の簡易洗浄器500個配布
兵庫の市民団体

地震による避難生活を少しでも快適に過ごしてもらおうと、兵庫県尼崎市の市民団体「この町・花の街・作戦」実行委員会(田村治郎代表)が、お尻を洗う手作り簡易洗浄器500個を県内の避難所に配った。

同実行委員会は、1995年の阪神大震災でボランティア活動をスタート。97年から災害に襲われた全国の被災地で、「希望りんご」と名付けたリンゴを植樹している。

田村さん(71)=同県川西市=は、東日本大震災の際、避難所の仮設トイレが紙でつまって使えなくなったことを知り、手作り洗浄器を考案した。100円ショップにある調味料容器のキャップに穴をあけ、水を入れて押すと、勢いよく水が出てお尻を洗える仕組みだ。

東日本大震災の避難所で配ると好評で、介護の現場でも使われているという。田村さんは「洗浄器を使えばトイレットペーパーの使用量が減り、トイレもつまらずに快適に過ごせる。手軽に作れるので、避難者も作ってみてほしい」と話す。

田村さんはほかに、耐熱性ペットボトルを利用した簡易湯たんぽや、机や段ボールを使った大人数こたつなどを考案。ネットなどを通じ、避難所で過ごすための知恵を発信している。

14、15日に再び熊本入りし、希望があれば簡易洗浄器の制作を実演する。田村さん☎090(3716)5378。(森本修代)

調味料容器のキャップに穴をあけた、トイレ用の「簡易洗浄器」を実演する田村さん=熊本市中央区

熊本労働基準監督署
「高所作業 安全徹底を」
被災現場をパトロール

熊本労働基準監督署が、熊本地震で被災した家屋の復旧現場のパトロールを実施している。復旧を急ぐあまりに安全対策が十分でないケースがないかを見て回り、事故防止を呼び掛けている。

労働安全衛生法や厚生労働省が定める作業マニュアルは、高さ2㍍以上の高所で作業する場合、周囲に足場を作ったり、安全帯を着用したりするなどの対策を事業者に義務付けている。

同署は4月14日の前震発生直後から5人ほどで管内を巡回し、業者による屋根瓦の修繕などで安全対策が実施されているかをチェック。住民やボランティアにも、ヘルメットや防じんマスク着用の徹底などを呼び掛けている。

東日本大震災では、復旧作業に関連する労災事故が岩手、宮城、福島の東北3県で1331件発生。転落による事故が445件と最も多く、全体の約33%を占めた。熊本地震でも11日現在、22件の労災事故が起きている。

同署安全衛生課は「人手不足から慣れない作業をする従業員が増え、事故につながりやすい。一般の人も安全対策をせずに屋根に上るのは控えてほしい」と話している。(園田琢磨)

家屋の修繕をする人に注意を呼び掛ける熊本労働基準監督署員=益城町

あす開幕式典
熊本市 ホテル日航

夏目漱石記念年の幕開けを飾る全国オープニング式典が14日、熊本市中央区のホテル日航熊本で開かれる。同記念年100人委員会、熊日などの主催。

式典では、東京大名誉教授で県立劇場館長の姜尚中さんが「漱石の死生観―熊本大地震を生きる」と題して基調講演。直木賞作家の出久根達郎さんと作家で女優の中江有里さんが「漱石先生ってどんな人?」をテーマにトークショーを繰り広げる。

当初予定していた会場が熊本地震で使用できないため、同ホテルで開くことになった。式典への参加募集は締め切っている。

漱石は120年前の1896(明治29)年、旧制第五高等学校に赴任するため来熊し、4年3カ月を熊本で過ごした。今年はまた、漱石の没後100年、来年が生誕150年に当たるため、この2年間を漱石記念年として、全国各地で漱石の顕彰イベントが開かれる。(福田寿生)

肥後狂句

お騒がせ 自分で仕舞い込んどった　合志 中原 君久

晩年の母がそっくりなことを繰り返すようになった。誰かが盗んだなどと言い出したときは慌てたが、慣れたら周りもみんな笑って済ませた。

グッドタイミング 膨らみかけた蕗のトウ　御船 増永 笑和

お騒がせ 火事にならんでよかったぞ　城南 藤田 兼盛

グッドタイミング 足らんところへ提げてきた　益城 津田 義明

お騒がせ 竿売りが孫きゃァ起こす　菊池 水谷 ミネ

グッドタイミング 竿に干したら晴れだした　宇土 園田 邦子

となり村 一夜揺れたら橋の無ァ　合志 中川 流石

屋根の上 やっと終わった雪下ろし　錦 塘 白石恵美子

となり村 あそこも爺と婆ばかり　天草 松田 駄賃

となり村 彼女ができて近うなり　宇城 橋本 洋一

安藤 黒竜選

地震対応 守田宇城市長に聞く
住まい確保 最大限努力

一連の熊本地震で宇城市でも家屋や店舗、道路、農業施設などに大きな被害が出た。守田憲史市長に被災状況や今後の対応などを聞いた。(田中祥三)

―今回の地震をどう受け止めていますか。

「想像を絶する大地震だった。市の人口は約6万人だが、避難所の最大時の避難者は約1万1000人。避難し、車中泊や屋外で過ごした人も最低で2〜3万人いたと思う。初期段階では人命を第一に考え、避難所の開設や水、食料の確保に全力で対応した」

―現在も6カ所の避難所を開設しています。

「避難所に泊まる人は約700人いる。感染症防止のため衛生環境に注意し、仕切りを設けるなど快適さの確保にも努めている。避難生活が長期化し、相当疲れておられる。保健師らによる心のケア、健康支援にも力を入れている」

―住宅被害は、全壊・半壊が現時点で約400戸とされています。

「家屋の被害調査は進行中で、確定した数字ではない。宇城市には日奈久断層もある。被害はかなり深刻だ」

「罹災証明書の受け付けは4月25日から5月13日までを集中的に対応する期間と位置付けており、申請は10日時点で5322件。家屋の被害認定調査も並行して進めている」

「仮設住宅は第1期分として60戸の建設に着手した。市営住宅の入居申し込みなども進めている。まずは、住まいの確保に最大限努力する」

―市民に向けては。

「回覧板や無線、防災メール、ホームページ、新聞折り込みチラシなどを活用し、支援情報を発信している。今後も国の動きなど情報を収集しながら、万全の態勢で周知に努める」

―市内の主な農業用ため池や海岸の堤防も被害を受けました。

「地割れや亀裂が見つかり、人命にも直結するため応急措置を急いだ。本格的な復旧を国・県に要望した」

―地震による産業への影響は。

「農業用排水路などの被害は判明してきたが、作物の被害などは数字で把握できていない。ため池の水が使えなければ、稲作や施設園芸などに大きな影響が出る。機械や工具が使えなくなった工場もある。今後の産業への影響を危ぐしている」

―今も余震が続いています。

「土砂災害への警戒など予断を許さない状況が続く。復興に向けては国や県の力も借り、ありとあらゆる財源を見つけて取り組む」

「まずは住まいの確保に最大限努力する」と語る守田憲史市長=宇城市役所

熊本城の復興寄付へ
ミニしゃちほこ製作
静岡の模型メーカー

静岡市駿河区のツインメッセ静岡で12日開幕した静岡ホビーショーで、同市の木製模型メーカーが出展した熊本城の模型が注目を集めている。甚大な地震被害を受けた城の復興への寄付のため、急きょミニしゃちほこを製作。支援の輪の広がりに期待している。

出展したのは、城や帆船などの製品を手掛ける「ウッディジョー」(同市駿河区)。2008年発売の150分の1スケールの熊本城をブースに並べた。17世紀初頭の築城とされる熊本城は、今回の地震で石垣や櫓(やぐら)などが崩れ、天守閣のしゃちほこも落下。修復には膨大な金額がかかるとの試算もある。

被災した様子が報道されるたびに「やりきれない思いだった」と常木則男社長(75)。城の模型制作のため現地を訪ねて数百枚の写真撮影も行い、「富士山を見るのと同じように、雄大ですがすがしかった」と振り返る。今回の地震でシンボルが被災した熊本県民の心情を思いやり、「何かできることを」と土台含め高さ3㌢ほどのミニしゃちほこの制作を思い立った。500個(1個500円)を作り、売り上げを寄付する考えだ。(静岡新聞)

熊本城の模型の前でミニしゃちほこを手にする常木則男社長=12日、静岡市

感染症情報
手洗いやうがい徹底を呼び掛け

県健康危機管理課がまとめた2〜8日の県感染症情報によると、定点医療機関から報告された感染性胃腸炎やインフルエンザは減少傾向にある。ただ避難所などでは感染症が発生する可能性が高いため、同課は引き続き注意を呼び掛けている。

感染性胃腸炎は前週から約3割減り197人、インフルエンザは半減し65人だった。同課によると、これらに限らず感染症予防には▽外出後のうがい、手洗い▽マスクの着用▽消毒液の利用―が効果的という。

特に被災地では片付けのボランティアや復旧のための工事業者など、人の出入りも多い。ウイルスや菌を持ち込まないよう、被災者と同様の予防意識が必要だ。

保健所管轄別では、りんご病(伝染性紅斑)とおたふくかぜ(流行性耳下腺炎)が山鹿で警報レベルにある。腸管出血性大腸菌感染症(O26)と梅毒がそれぞれ1人報告された。(林田賢一郎)

◇県内の患者報告数◇

病名	患者報告数	定点当たり
インフルエンザ	65 (128)	0.81
RSウイルス感染症	1 (5)	0.02
咽頭結膜熱	17 (20)	0.34
A群溶連菌咽頭炎	40 (38)	0.80
感染性胃腸炎(ロタウイルス)	3 (3)	0.20
感染性胃腸炎	197 (268)	3.94
水痘	13 (16)	0.26
手足口病	2 (3)	0.04
りんご病	26 (23)	0.52
突発性発疹	33 (30)	0.66
百日ぜき	0 (2)	0.00
ヘルパンギーナ	8 (14)	0.16
おたふくかぜ	51 (70)	1.02
はやり目	14 (17)	1.56
無菌性髄膜炎	0 (0)	0.00
マイコプラズマ肺炎	3 (3)	0.20
はしか(麻疹)	0 (0)	—
風疹	0 (0)	—

※( )内は前週。定点当たりは観測医の平均。ロタウイルスは15定点での迅速診断

被災者は思う
2016.5.13

人とのつながりに笑顔
緒方節子さん(83)=無職、熊本市中央区

1人暮らしをしており、地震発生後はずっと避難所に身を寄せています。1人での避難は不安でしたが、避難所の方々と仲良くなったり、親族が訪ねてくれたりと、人とのつながりに笑顔をもらっています。自宅は自分だけでは片付けられず、今も家具や崩れた内壁が散乱しています。いつ家に戻れるのか、見当もつきません。

美容師として復興の力に
嘉悦琴美さん(20)=美容師、熊本市西区

美容師として4月から働き始めましたが、配属された店が地震で休業となってしまいました。今は新人美容師たちと一緒に避難所でシャンプーや眉毛カットなどのボランティアをしています。笑顔で「ありがとう」と言ってくれるとうれしくて、泣きそうになることも。できることは限られていますが、復興の力になりたいと思います。

熊本地震 現場から
随時掲載

自分にできること
熊本総局 西國祥太

東日本大震災の時は大学生で、埼玉にいた。直接の被害はなかったが、道路はひび割れ、計画停電も経験した。被災地の報道を目にするたびに「何かできることがあるのではないか」と自問した。結局、行動に移せなかった。

今は記者として、熊本地震の取材に追われる。熊本市の災害ボランティアセンターでは、大学生らが運営の大部分を担っている。何もできなかった自分を思い出し、まぶしく見えた。

「阪神大震災の年に生まれ、10代で東日本大震災、熊本地震を経験した。ボランティアがしたいとかじゃなく、使命感で動いている」とある学生。今の自分にできることは―。被災者の話を聞き、その声を伝え続けることだと胸に刻んでいる。

2016・5・13

第1070回ロト6宝くじ (12日)
本数字
11 21 25 34 35 36
ボーナス数字
15
1等 本数字6個一致 該当なし
2等 本数字5個とボーナス数字一致 (2192万9900円)5口
3等 本数字5個一致 (76万500円)173口
4等 本数字4個一致 (1万4500円)7986口
5等 本数字3個一致 (1000円)144986口
キャリーオーバー (1億2183万4155円)

※当せん番号を事前に教えると持ち掛ける詐欺に注意してください。番号発表は本紙掲載の前日です

第4402回数字選択式全国自治宝くじ(12日)
ナンバーズ3
◇抽せん数字 497
ストレート (10万300円)88口
ボックス (1万6700円)379口
セット・ストレート (5万8500円)157口
セット・ボックス (8300円)874口
ミニ(下2ケタ) (1万円)326口
ナンバーズ4
◇抽せん数字 7482
ストレート (93万3100円)26口
ボックス (3万8800円)367口
セット・ストレート (48万5900円)58口
セット・ボックス (1万9400円)1748口

第2188回 西日本宝くじ (12日)
1等(1000万円) 20組 119131
1等の前後賞 (250万円)
1等の組違い賞 (10万円)
2等(100万円) 10組 153046 / 10組 114761 / 08組 167548
3等(10万円) 各組共通 103935 / 119292
4等(5万円) 下4ケタ 6577 / 7215
5等(3000円) 下3ケタ 274 / 290 / 137 / 852
6等(100円) 下1ケタ 9

第693回 全国自治宝くじ
ラグビーワールドカップ2019協賛くじ(12日)
1等(3億円) 137組 132127 / 36組 184992
1等の前後賞(1億円)
1等の組違い賞 (10万円)
2等(1000万円) 76組 184728 / 98組 197382 / 217組 158508 / 171組 145831
3等(10万円) 各組共通 178166
4等(1000円) 下2ケタ 88
5等(200円) 下1ケタ 8
ナイストライ賞(1万円) 下3ケタ 355 / 702

◆米軍身柄拘束は違法と提訴

米軍普天間飛行場(沖縄県宜野湾市)の名護市辺野古移設に抗議中、米軍に一時拘束された沖縄県在住の芥川賞作家目取真俊さん(55)は12日、拘束は適正な法手続きを取っておらず違法として、国に慰謝料など約60万円を求め、那覇地裁に提訴した。

◆里見女流王位が先勝

将棋の第27期女流王位戦5番勝負の第1局は12日、兵庫県姫路市で指され、後手の里見香奈女流王位(24)が96手で挑戦者の岩根忍女流三段(35)を破り、先勝した。里見女流王位は通算3期目の獲得を狙い、岩根女流三段は初のタイトル奪取を目指す。第2局は26日、札幌市で行われる。

◆山本美香記念賞に桜木氏

シリアで銃撃され死亡したジャーナリスト、山本美香さんの遺志を継ごうと設立された「山本美香記念国際ジャーナリスト賞」の第3回受賞者が12日までに、シリア内戦を取材し「シリア 戦場からの声」を著したフリーランス・ジャーナリストの桜木武史氏(37)に決まった。山本美香記念財団が主催。

◆カンヌ国際映画祭が開幕

【カンヌ共同】第69回カンヌ国際映画祭が11日(日本時間12日)、フランス南部で開幕した。オープニング上映はウディ・アレン監督の「カフェ・ソサエティー」。コンペティション部門では、ジム・ジャームッシュ監督の新作など21作品が最高賞「パルムドール」を競う。日本関係は「ある視点」部門に是枝裕和監督「海よりもまだ深く」、深田晃司監督「淵に立つ」、スタジオジブリがフランスの映画会社と共同製作したアニメ「レッドタートル ある島の物語」(マイケル・デュドク・ドゥ・ビット監督)が出品される。

◇お断り 連載「家族 らい予防法廃止20年」は休みました。

(第3種郵便物認可) 熊本日日新聞 平成28年(2016年)5月13日 金曜日 社会 26

熊本地震 雇用相談相次ぐ

「再び働ける日 いつ」

出口見えず 募る不安

熊本地震で職場が被災するなどしたため、求職者で混み合うハローワーク熊本＝11日午後、熊本市中央区（大倉尚隆）

「いつになったら、再び働ける日が来るだろうか」。4月14日に熊本地震が始まって以降、雇用を巡る労働相談がハローワークに殺到する中、県内の労働者は出口の見えない不安感を募らせている。【1面参照】

熊本労働局や県内の労組は「震災解雇」の実態をつかんでいないが、既に非正規雇用の従業員の解雇が始まっている。

パート従業員として勤務していた部品工場を解雇された宇城市の女性(48)は「親会社の経営悪化」「正社員を守るため」を理由として告げられた。「せめて休業扱いなら、歯を食いしばって耐えられるのに」。再就職先を探す日々だが、「希望の製造業はどこも被災し、なかなか見つからない」と悔しげだ。

熊本市東区のパート従業員女性(70)は10年以上働いていた商業施設が被災。再び雇用されるかどうか分からないという。「年齢を考えると次の働き口は簡単に見つかりそうにない」と沈んだ声で語った。

熊本市中央区大江のハローワーク熊本は、一部カウンターの待ち時間が2時間以上になるほど混雑。ただ、地震の影響を受けた人はまだ少ないという。富田浩二管理次長は「仮設住宅などに入居が決まった後に手続きをする人もいるのではないか」とみている。

県内の中小企業は下請けの仕事も多く、人材派遣などを含む雇用形態も複雑だ。連合熊本の上田淳会長は「地震を機に下請けへの圧力が強まっていると聞いている。県内の中小、零細が置かれた現状を大手に訴えたい」と語った。

(中村悠、石貫謹也)

被災による失業や休業

特例措置 活用を

熊本地震で被災した労働者や事業主の支援には特例措置がある。失業した場合に給付される雇用保険の失業手当は、地震による休業や一時的な離職も対象になる。前震前の4月13日までに離職した人で、失業手当の給付までの期間が3カ月の人は、1カ月に短縮した。

休業した事業所が雇用を続ける場合に受けられる雇用調整助成金の要件も緩和。直近3カ月の売上高などの経営指標が前年同期から10％以上の減少を要件にしているが、同1カ月に短縮した。

失業手当の問い合わせは、熊本労働局職業安定課☎096(211)1703。雇用調整助成金は同局職業対策課分室☎096(312)0086。

(九重陽平)

熊本地震発生以降の地震回数

宇城市で震度4 M4.1

12日午後5時4分ごろ、宇城市で震度4の地震があった。熊本地方気象台によると、震源は熊本地方で、震源の深さは約10㌔。地震の規模はマグニチュード(M)4・1と推定される。県内で、震度4以上の地震があったのは5日以来。宇土市、益城町、熊本市東、西、北区では震度3だったほか、ほぼ全域で揺れを観測した。

地震は減少傾向

気象庁 警戒継続呼び掛け

熊本地震で気象庁は12日、発生から約1カ月間の状況をまとめた。1日当たりの地震回数は緩やかに減少しているが、依然として活発な状態が続いているとし警戒を呼び掛けている。

気象庁によると、4月14日からの地震は1400回を超えた。マグニチュード(M)3・5以上は、1995年以降に内陸や沿岸部で起きた主な地震と比べると過去最多ペースで推移している。

5月10、11日には、震源域から南西に離れた天草・芦北地方で震度2と3の地震が複数回発生した。担当者は「熊本地震との関連の有無、今後の活動状況などを注視している」としている。

4月16日未明の「本震」では、高層ビルなどを大きく揺らすことがある長周期地震動が広範囲で起きていた。

地震の影響認められず

阿蘇中岳

福岡管区気象台は12日、熊本地震による阿蘇中岳の火山活動の影響が4月時点では認められなかったと発表した。阿蘇地方を震源とする地震について「震源は中岳から離れており、火山活動に伴う地震ではない」と分析している。

気象台によると、熊本地震の[illegible]火山性地震や孤立型微動を発生前の精度で計測できていないが、火山活動による振動に変化はなかった。火山の膨張などを観測する傾斜計にも目立った動きはない。

気象台は熊本地震の発生以降、中岳第1火口で気象台職員が現地調査に続いて湯だまりを確認。表面温度は70度で前回の40〜60度より高く、依然活発な火山活動がうかがえるという。同気象台は「熊本地震の影響の有無は、中長期的に観測する必要があり、注意深く観測する」としている。

(上杉勇太)

熊本地震 県内の被災状況

(12日午後時点、熊日まとめ)

死亡	49人(熊本市4、南阿蘇村15、西原村5、御船町1、嘉島町3、益城町20、八代市1)
震災関連死	19人(熊本市10、宇土市2、阿蘇市2、南阿蘇村1、御船町1、益城町1、氷川町1、高森町1)
行方不明	1人(南阿蘇村)
負傷者	1,652人
建物	住宅77,913棟
避難	避難所 251カ所
	避難者 10,703人
水道	断水 約4,000世帯

※県災害対策本部などの集約分

九学ナイン「勝ちたかった」

「感謝」心に刻む

九州高校野球

1回表、佐賀商1死三塁。遊ゴロで本塁を狙った三塁走者を九州学院の村上捕手がタッチアウトにする＝12日午前、長崎県営野球場(岩崎健示)

地震の恐怖と闘い、車中で夜を明かした。1カ月たってもやまない余震に身をすくめる。しかし、周囲からの支援のありがたさも知った1カ月だった。九州地区高校野球大会(長崎)に出場した九州学院(熊本市中央区)。12日の初戦で姿を消したものの、ナインにとっては「感謝」の2文字を心に刻み付ける大会となった。【10面参照】

3番の村上宗隆捕手(2年)は4月14日午後9時26分、練習を終えて同市東区の自宅へ自転車を走らせていたところを前震に襲われ「自転車ごと倒れそうになった」。同16日未明の本震は就寝中。家の外に飛び出し、そのまま一晩、父母らと車の中に泊まったが「一睡もできなかった」。

松野謙信主将(3年)は本震発生時、玉名市の実家に帰っていた。津波の恐れがあったため近くの桃田運動公園に避難。「本当に不安だった」。収まらない余震。「ずっと揺れている気がした」が、大会で長崎入りしてからは「余震がないのが不思議な感じ」。少しほっとした。

部員数78人。松野主将によると、避難所に身を寄せたり、倒壊を免れた家に残っても水や食料が足りなかったりした選手は少なくない。

そんな中、ナインは近所の人たちの親切や、避難所での炊き出し、自衛隊やボランティアの支援活動と出合った。練習再開後、5月の大型連休には城北、千原台、熊本西の各校の協力で合同練習を積むこともできた。

坂井宏安監督が練習の合間、選手たちに提出させた「熊本地震で感じたこと」のリポートには「感謝」の2文字が並んでいた。「次は自分たちが恩を返す番。はつらつと挑戦する姿を見せよう」(松野主将)。意気込んで臨んだ本番は、序盤に8点を奪われる展開から一時3点差まで詰め寄ったが5−10で敗戦。

松野主将は「勝つことが一番だった」と悔しがり「(支援に)甘えてばかりじゃいられない。今度こそ、僕らが頑張る姿を見せて、熊本の人たちを元気づけたい」。夏の全国選手権熊本大会、その先にある甲子園を見据えた。

(嶋田昇平)

◆天草エア2便欠航

天草エアラインは12日、天草発福岡行きの便が離陸後に車輪を格納することができず、天草空港に引き返した。整備のため折り返し便も欠航した。

阿蘇山の風向予想

(日本気象協会 tenki.jpより)

5月13日の飛来予測

予測システム「スプリンターズ」開発チーム提供

9日間の天気 Weather Report

きのうの気温 12日

(天気・湿度は15時、県内の気温は0時〜17時、△印は低め)

	最高	平年比	最低	平年比	湿度	天気
熊本	26.8	1.5	10.8	△3.9	45%	快晴
牛深	25.4	1.9	14.5	△1.5	62%	ー
人吉	28.4	3.6	11.6	△1.4	43%	ー
阿蘇	25.0	3.3	4.5	△5.7	ー	ー

(阿蘇山上の最高気温は20.5度、最低気温は7.3度)

	最高	最低	天気
福岡	24.2	10.8	快晴
佐賀	26.3	10.5	快晴
長崎	25.3	12.1	快晴
大分	22.1	10.1	快晴
宮崎	22.9	14.3	快晴
鹿児島	25.8	14.8	晴
那覇	27.3	21.6	晴
松江	24.0	8.1	晴
広島	25.0	10.6	快晴
高松	25.1	11.8	快晴
大阪	25.7	12.9	快晴
京都	27.1	13.2	快晴
名古屋	27.7	13.6	快晴
長野	23.4	10.0	快晴
東京	28.0	17.6	快晴
新潟	18.2	12.5	快晴
仙台	22.7	14.4	快晴
秋田	14.7	10.9	曇
札幌	13.0	9.0	晴

潮ごよみ

旧暦4月7日(13日) 小潮・月齢6.3

日出 5時26分 日入 19時08分 月出 11時27分 月入 0時16分

13日	満潮		干潮	
三角	1.20	13.01	7.24	19.45
水俣	1.20	12.56	7.23	19.42
牛深	1.01	12.26	7.00	19.04
玉名	1.30	13.11	7.34	19.55

旧暦4月8日(14日)

14日	満潮		干潮	
三角	2.24	14.25	8.40	21.00
水俣	2.23	14.21	8.40	20.56
牛深	2.10	13.58	8.24	20.20
玉名	2.32	14.35	8.50	21.10

新聞定価1カ月 朝刊のみ＝3,093円（税込み）、朝夕刊セット＝3,460円（税込み） 朝刊1部売り＝120円（税込み）

運動会 対応分かれる

開催「児童に目標」
延期「負担を考慮」

熊本市

5月は運動会や体育祭のシーズン。10日までに全校で授業を再開した熊本市内の小中高校では、熊本地震の余波で「規模を縮小して開催」「延期」「中止」と対応が分かれている。「日常を取り戻すきっかけに」と開催を決めた学校では、子どもたちが練習に汗を流していた。

「ロックソーラン」の練習をする日吉東小の3、4年生＝熊本市南区

12日の午後、南区の日吉東小体育館には、元気な掛け声が響いていた。3、4年生が合同で披露する、ロック調にアレンジしたソーラン節「ロックソーラン」を練習していた。

同校では4年生が3年生に教える"伝統"があり、4年の伊藤悠君も「3年生と一緒に踊るのは楽しかった」とうれしそう。

当初の日程通り29日に運動会を開くが、震災によるストレスや運動不足も考慮し、一部競技を取りやめ、規模を縮小する。佐藤俊幸校長は「子どもたちが目標を持ち、ともに活動することで気持ちも高まるのではないか」と期待を掛ける。

校舎の約半分が使えなくなるなど、被害が大きかった東野中（東区）も、6月になるとプレハブ校舎の建設が始まるため、22日に開催する。14日に開く熊本農高（南区）では、「震災復興」を大会テーマに、各応援団長がメッセージを掲げようと意気込む。

延期して実施のケースも。西区の城山小は、5月末から2学期に持ち越した。「学校に慣れる間もなく3週間の休校になった新1年生など、児童の心身への負担を考慮した結果」と話す。千原台高（西区）は4月28日に実施できなかった体育祭を、2学期に開くという。

「楽しみにしていた子どもたちのために、体育祭を開きたい」という思いは、どの学校も同じだ。しかし、苦渋の決断の末、中止を決めた学校もある。4月27日に開くはずだった必由館高（中央区）は会場の都合がつかない上、「就職や進学に向けての活動を優先したい」と説明する。

東稜高（東区）も、中止を決定した。体育館が損壊して立ち入り禁止になり、名物のマスゲームの練習もできなくなった。3年生の男子生徒らは「盛り上がる学校行事。最後だったので残念」と肩を落としていた。（西國祥太、中島忠道）

益城町の小中学生 転校、町外通学131人

益城町の全ての小中学生約3100人のうち、熊本地震で町外の学校に転校や一時的な通学をしている児童生徒が131人に上ると町教委が12日、発表した。

在籍校を町外に移す転校は33人で、このうち14人は県外へ移った。ただ転校に必要な住民票などの発行は滞っており、転出先が特別に受け入れている。98人は転校ではなく、避難先の学校に一時的に通う「体験入学」。このうち42人は県外の学校に通っている。

一方、町内全ての小学校5校、中学校2校は16日から給食を再開する。それぞれ休校は9日に解消し、各2時間ずつの短縮授業を続けているが、16日から1日5時間の終日授業に戻す。

昼食は調理場が被災しているため、簡易給食で対応。町はパンと牛乳のみで予定していたが、国際NGOのワールド・ビジョン・ジャパンとセーブ・ザ・チルドレン・ジャパンがチーズやゼリー、ソーセージなども提供する。（益田大也）

蜷川幸雄さん死去
「マクベス」世界的な演出家 80歳

「NINAGAWAマクベス」など大胆な発想の舞台で知られた世界的演出家で文化勲章受章者の蜷川幸雄（にながわ・ゆきお）さんが12日午後1時25分、肺炎による多臓器不全のため死去した。80歳。埼玉県出身。葬儀・告別式は16日正午から東京都港区南青山2の33の20、青山葬儀所で。喪主は妻宏子（ひろこ）さん。

2013年1月に狭心症で手術を受けた後、14年秋に体調を崩し、車いすで稽古場に通った。今月25日が初日の「尺には尺を」は病床から演出していた。妻宏子さんは俳優の真山知子さんとして活躍した。長女は写真家の蜷川実花さん。

俳優として演劇活動を始め、「現代人劇場」を創設。1969年、「真情あふるる軽薄さ」で演出家デビューした。72年に演劇集団「桜社」を結成し、74年に解散。同年「ロミオとジュリエット」を大劇場で上演して成功を収めた。

国内外の現代劇や「近松心中物語」などの古典のほか、シェークスピア作品やギリシャ悲劇を斬新な解釈と大胆な手法で演出した。83年にイタリアやギリシャで「王女メディア」、99年に英国のロイヤル・シェークスピア・シアターで「リア王」を上演。歌舞伎など東洋の文化を取り入れた演出も注目を集め「世界のニナガワ」と呼ばれた。

厳しい指導で知られたが、演劇的な深みと完成度の高さから、慕う俳優は多かった。2006年に彩の国さいたま芸術劇場芸術監督に就任。中高年で構成する「さいたまゴールド・シアター」や、若者による「さいたまネクスト・シアター」を旗揚げし、俳優の育成に尽力した。

大作「グリークス」で紀伊国屋演劇賞や読売演劇大賞を受けるなど受賞多数。01年紫綬褒章、04年文化功労者、10年文化勲章。02年名誉大英勲章第3位（CBE）。

映画監督作に「嗤う伊右衛門」「蛇にピアス」など。著書に「演出術」などがある。

池の水位上昇「希望見えた」

写真上は以前の半分程度まで水が戻っている水前寺成趣園の池（12日午後）。本震後一時は水がなくなり、写真下のように底が露出した（4月16日午前）

熊本市中央区の水前寺成趣園で、熊本地震後に干上がっていた池の水位が以前の半分程度まで上昇し、名園の趣を取り戻している。専門家は雨の影響による可能性も考慮し、"復活宣言"には慎重だが、同園関係者は「希望が見えた」と胸をなで下ろしている。

管理する出水神社によると、4月16日未明の本震後、池の水が消え、大部分で底が露出した。ただその後、徐々に水位が上昇し、5月12日現在は以前の半分程度まで戻り、底の露出部分は大幅に減少した。

現地を訪ねた熊本大大学院の嶋田純特任教授は「地震前後のデータに乏しく推測にすぎないが、最近は雨が多かったため、地下水の水位が上がって水がたまった可能性もある」と指摘。「池が復活したと判断するのはまだ早い」と話す。

雨の影響との見方も

同園は本震後に閉園が続いていたが、16日から再開、31日まで無料開放する。同神社の上村秋生事務局長は「地震後は大きな喪失感に包まれていたが、池の水が戻ってきて希望が見えた。熊本城が甚大な被害を受けた分、成趣園が熊本観光を盛り上げなければ」と力を込めた。（高見伸）

■マンションから男性が転落死

12日午後2時半ごろ、熊本市中央区九品寺2丁目の15階建てマンション前で「若い男性が倒れている」と通行人の女性が119番通報。熊本市消防局と熊本北署によると、倒れていたのは熊本市の男性（30）で、搬送先で死亡が確認された。最上階付近の階段踊り場から転落したとみられ、マンションの住人ではないという。自殺と事故の両面から調べている。

ハンガー

交際中女性の乳児殺害疑い
福岡、男を再逮捕

福岡県警は12日、2004年ごろに交際していた志賀勝美さん＝当時（28）＝の息子の乳児を殺害したとして、殺人の疑いで佐賀県伊万里市、無職吉富和彦容疑者（47）を再逮捕した。

母子とみられる遺体が今年1月、伊万里市のあぜ道で見つかり、DNA型鑑定で1人を志賀さんと確認。吉富容疑者は[illegible]よると「志賀さんに結婚や子どもの認知を求められた」と2人の殺害を認める供述をし、今月に別の遺体が志賀さんの息子和音ちゃんと確認された。再逮捕容疑は04年12月ごろ、生後約7カ月の和音ちゃんの首をひものようなもので絞めるなどして殺害した疑い。

熊本日日新聞
発行所 熊本日日新聞社
〒860-8506
熊本市中央区世安町172
電代表(096)361-3111

5月14日
土曜日

熊本地震　きょう１カ月

１万人超 今も避難所

県史上最悪の災害に

熊本地震発生から1カ月を迎える益城町。倒壊家屋のがれきは、あちこちに今も残ったままだ＝13日午後、同町宮園（大倉尚隆）

熊本地震は発生から14日で1カ月。地震による死者は49人で、行方不明者は1人。避難生活で体調を崩すなどした震災関連死の疑いのある人も19人に上った。公共土木施設や農林水産関係の被害は、現時点で3千億円を超え、県の災害史上最悪となっている。4月14日の前震以降、震度1以上の地震は1400回を超え、県民は過去に例のない余震に耐えながら生活再建を進めている。

【3面に関連記事】

避難者は4月17日に最大18万人を超えた。13日現在で、1万4477人が県内244カ所の避難所で不自由な生活を強いられている。今回の震災の特徴である「車中泊」の避難者数などは、つかみきれていないのが実情だ。

住宅被害は13日の集計で約8万棟に上る。民間賃貸住宅を借り上げる「みなし仮設住宅」などの申請に必要な罹災証明書の発行は12日現在、30市町村で約9万8千件を受け付けたが、交付済みは21市町村の約2万8千件にとどまっている。

道路や橋など公共土木施設の被害額は、県や市町村が管理する分だけで少なくとも1710億円。このうち橋が498億円、公園が362億円、道路が355億円などとなっている。水道などの環境生活関係の被害も170億円に上る。

農林水産関係は、5月1日時点の1022億円からさらに増え、1345億円（13日現在）で過去最多。阪神大震災の1181億円、新潟県中越地震の1305億円を既に上回った。

国関係の施設や民間施設、経済分野などの被害額は算出できておらず、被害総額の確定はまだ見通せない。

（熊本地震取材班）

震度3以上 過去93年分

気象庁の速報値によると、熊本地震の発生以降、震度1以上の地震は13日午後8時までに1420回に達した。マグニチュード（M）3・5以上の地震は238回で、新潟県中越地震（227回）、阪神大震災（101回）を超え、1995年以降、過去最多ペースで推移している。

震度7は4月14日夜と16日未明の2回。震度6は5回、震度5は11回、震度4は88回に上る。

4月末までに、全体の77％に当たる1093回の地震があった。1日当たりの最多は、4月16日の202回。次第に減少しており、5月10日は15回、11日と12日は16回になった。

ただ熊本地方気象台によると、12日夕には宇城市で震度4を1週間ぶりに記録。13日未明にも同市と熊本市西区で震度4を観測した。

気象庁の震度データベースなどによると、4月14日以降、県内で震度3以上の地震は334回あった（5月11日現在）。震源と震度両方を観測するようになった1923年1月からことし4月13日まで、震度3以上の地震は合計で312回。一月足らずで過去93年分の記録を超えたことになる。

同庁は「かなり活発な地震。現在はピーク時より減っているが、引き続き注意が必要」としている。

（林田賢一郎）

熊本地震発生以降の地震回数

午前1:25 震度7(M7.3)
午後9:26 震度7(M6.5)

震度	回数
震度7	2回
6	5回
5	11回
4	88回
3	248回
2	529回
1	537回
計	1420回

（13日20時現在、気象庁速報値。4月16日2時以降は大分県含む）

(回) 220 200 180 160 140 120 100 80 60 40 20 0
14 15 16 17 18 19 20 21 22 23 24 25 26 27 28 29 30 1 2 3 4 5 6 7 8 9 10 11 12 13
4月　5月

支えあおう熊本　いま心ひとつに

熊本地震　連鎖の衝撃　生命編③

2016.5.14

益城町役場　443　235　秋津川　木山中　九州自動車道　惣領　益城中　益城町　木山川　57

4月14日午後9時半。御船署内の110番通報モニターは、生命に関わる出動要請を示す「緊急指令」の赤色で埋め尽くされていた。

「とんでもないことになっている」。木下仁昭交通課長は宿舎から駆け付けると、目を疑った。

その直後。「3人が下敷きになっている」。木下課長は通報があった益城町惣領の荒牧不二人さん(84)宅に急行した。

現場では、すでに住民が2階部分から室内に入り、がれきの撤去を始めていた。相次ぐ余震に恐怖を感じながらも住民らと救助作業に当たり、女性1人と上村光之さん(74)＝同町小池＝を救出。荒牧さんは、梁と家財道具に挟まった状態で見つかった。首元に手を添えると、脈はなかったが、まだぬくもりが残っていた。

カラオケ教室の２人

40センの隙間 下敷き逃れる

◇　◇

この夜、荒牧さん宅では、恒例のカラオケ教室が開かれていた。受講生の上村さんは、7月の発表会で披露する三山ひろしの「四万十川」の練習中。「声ばしっかり出しなっせ」。荒牧さんの指導にも熱が入り、通常、午後9時に終わるレッスンは、いつもより長引いていた。

もう1人の受講生の女性がマイクを手に立った時だった。「ゴーッ」。ごう音とともに猛烈な揺れが襲った。背後の壁が崩れ、上村さんは背中を強打。壁ごと座卓の方に押し出された。純和風の家屋は2階部分を残したまま、1階は押しつぶされた。

下敷きになった荒牧不二人さん方で当時の様子を語る上村光之さん＝7日、益城町惣領（岩崎健示）

停電で真っ暗闇の中、「先生、上村さん、大丈夫？」。がれきの向こうから女性の声が聞こえた。「大丈夫タイ」。

そう返したが、余震のたびに「カラカラ」と瓦が落ちる音が聞こえ、右腕にのしかかった梁が食い込む。呼吸すると土壁のほこりがのどを刺激した。全身から汗が噴き出し、思わず「もうだめタイ」と叫んだ。

それでも、女性は大声で助けを求め、がれきをたたき続けた。「あきらめたらいかん。必ず助けは来るけん、死んじゃならんよ」「私は家に孫がおる。助けに行かんといかん」。上村さんを励ましつつ、女性は必死で自らを鼓舞していた。

約1時間半後、上村さんと女性は、人1人がぎりぎり入るスペースの中から助け出された。梁の直撃から守ってくれたのは、座卓と野菜集荷用のコンテナケースがつくり出した、わずか約40センの「隙間」だった。

◇　◇

「彼女の励ましがなければ、あきらめてあの世に逝っとった」

病院から退院した上村さんは女性に心から感謝する一方、十数年来、親身に歌を指導してくれた荒牧さんの死が悔やまれてならない。

「いつもの時間にレッスンが終わっとれば、先生は犠牲にならんかったかもしれん」

生き残った安ど感と、後ろめたさ。今も二つの感情が揺れ動いている。（新崎哲史）

新生面

2016.5.14

「つい、頑張ってくださいと声を掛けてしまう。でも私は『頑張らないでください』と言いたい」。そう熊本地震の被災者へメッセージを送ったのは日本将棋連盟会長の谷川浩司さんだ。21年前、地元の神戸で阪神・淡路大震災を経験した▼谷川さんは「1カ月までは、何とか気持ちで乗り越えられる。それから先はそうはいかない。何しろ長丁場ですから」と被災者を思いやった。後に「前震」とされた震度7の激しい揺れが突然襲ってからきょうで1カ月となる。もう1カ月か、まだ1カ月か。被災者によって受け止め方もさまざまだろう▼今も自宅に戻れず、約1万人が避難所暮らしを続けている。このほか、親戚や知人宅に身を寄せたり、車中泊をしたりしている人も少なくない▼気象庁が「前例がない」とした地震の回数は1400回を超えている。余震におびえる日々はいつまで続くのだろうか。誰も答えを持ち合わせてはいない。まだ前を向く気持ちになれないとしても、責められるはずもない▼それでも、全国でたくさんの人が熊本のことを気に掛けてくれている。東京にある県のアンテナショップ「銀座熊本館」では連日、物産を買うことで被災地を支援しようという人が詰め掛けている。あまりの混雑に入場を規制したり、商品が売り切れて早めに閉店したりしたこともあったという▼店頭にはきのう、地元から直送された旬のスイカやメロン、トマトが並んでいた。地震を乗り越えて実を結んだのだと思うと、一層まぶしく見える。

がんばろう熊本　地震被災者応援メッセージ

熊本城 元の姿必ず

2月に熊本城を訪れ、威厳ある姿に感動しました。熊本の方々の心のシンボルだと思います。時間がかかっても必ず元の姿を取り戻す日が来ます。熊本城を支えるのは皆さんです。私も少し、お手伝いできればと思います。（須田雅太郎、静岡県伊豆の国市）

熊本地震 特別紙面
2 総合 熊本市民病院を移転新築
3 総合 異例の連鎖地震 生活激変
11 スポーツ ロアッソ 熊本パワーを
31 社会 長引く避難 いつまで
※くまにちコム、プラネットに動画・写真も
5 総合 水俣病 新たに2人認定
10 国際・総合 JOC 送金認める
31 社会 私的支出 都知事が謝罪
2 社説 復旧、被災者支援の加速を
テレビ・ラジオは26、32面
ローカル18、19面
くまTOMO20、21面
読者ひろば24、25面
囲碁・将棋10、14面
おくやみ 24面
小説 25面
吾輩ハ猫デアル26面

熊日の購読・配達のご用は
ミナヨムニッコリ
0120-374625
紙面のお尋ねは
096-361-3115
(日曜・祝日除く9:00～17:00)
パソコン版くまにちコム
kumanichi.com

◇お断り　「きょうの天気」は2面に移しました。

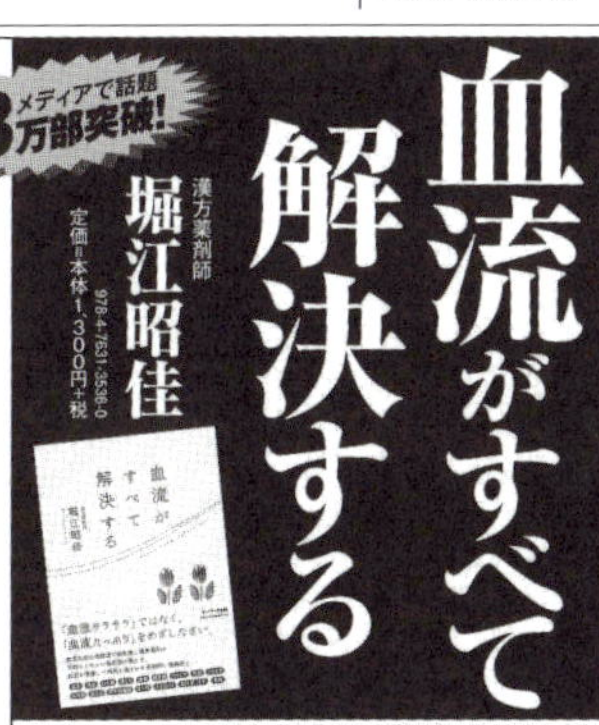

（第３種郵便物認可）　熊本日日新聞　平成28年（2016年）5月14日　土曜日　総合　2

復旧、被災者支援の加速を

熊本地震1カ月

社説

熊本地震は4月14日夜の震度7の揺れからきょうで1カ月。震度7は16日未明にも起き、これが一連の地震の本震となった。気象庁によると、同じ場所で震度7が2回起きたのは観測史上初めてだ。

被災地には生々しい傷が残る。

ライフラインはかなり復旧し、復興へ一歩踏み出しつつあるように見えるが、避難所暮らしはなお約1万人に上る。車や体育館で寝泊まりする人たちの疲れは肉体的にも精神的にも限界だ。公営住宅の提供なども始まっているが、必要な数には到底及ばない。抽選に漏れ、涙を流す人の姿もある。

まずは仮設住宅の建設や民間賃貸住宅の家賃を自治体が負担する「みなし仮設」の提供に力を注ぎたい。安心して休める場所は生活再建の足掛かりとなるはずだ。

復旧、復興の在り方を議論する県の有識者会議（座長・五百旗頭真県立大理事長）は、災害前より良い状態をつくる「創造的復興」を提言。国と地方、国民が一体となった取り組みを掲げた。

政府は熊本地震を大規模災害復興法に基づく「非常災害」に指定した。被災自治体が管理する道路などの復旧工事を国が代行できる。復興法は被災自治体が被災者支援に集中できるよう、東日本大震災後の2013年にできた。実際の適用は初めてだ。

ただ復興法には自治体に対する財政支援の規定がない。政府は熊本地震を激甚災害に指定し、復旧事業での国庫補助率をかさ上げするなどしているが、被害は自治体で対応できるレベルをはるかに超えている。東日本大震災で政府は特別法をつくり、復旧事業の地元負担分には特別交付税が充てられた。今回もこれと同様の枠組みが必要だろう。

行政の課題は、当初の「安全の確保」から被災者の生活再建や地域の再興などへとシフトする。復興、復旧へ7780億円を追加する国の補正予算案は国会審議が始まった。国は被災者や自治体の意向を尊重し、連携を深めながら、復旧と被災者への支援を加速させていくべきだ。県は創造的復興に向け中・長期的なビジョン策定を急ぎたい。

震災直後から医療や消防などの支援チームが全国で組織され、被災地に入った。その絆に多くの人が助けられ、勇気づけられた。過去の大災害の教訓が生きた。

一方で課題も浮かび上がった。災害対応の拠点となるべき庁舎や医療機関が耐震強度不足で大きく損壊し、機能不全に陥るケースが相次いだ。支援物資が避難所に届かず、障害者など災害弱者への対応が遅れる事態も起きた。行政の災害対応、隣県も含めた自治体間の連携は十分だったか。

2回の激震は1回しか想定していない現行耐震基準にも難題を突きつけた。しっかりと検証し、災害列島の未来につなげたい。

余震がなお続く。復興への道のりは遠い。しかし絆は、その大きな糧となるはずだ。前を向き、支え合い、熊本の自信と魅力を一歩一歩取り戻していきたい。

2016.5.14

射程　震災うつを防ぐために

余震がやまない。きのうも未明の大きな揺れ。避難所から戻ってだましだまし暮らし始めた自宅を飛び出した。近くの公園に集まった人たちは憔悴しきり、互いに言葉も交わさない。だれもが心の不安と懸命に闘っている。皆、限界なのだ。

熊本地震による「震災うつ」が心配されている。「眠れない」「笑えない」「イライラする」「涙もろくなる」。初めはわずかな心の変化でも、知らぬ間に重症化してしまうケースが少なくないという。

阪神大震災も経験した知人の専門医によると、震災から1カ月を経たころから、こうした心の不調を訴える人が激増するそうだ。「生きることに必死だった状況がいくぶん落ち着いたところで、家の修理や改築、仕事、子どもたちの教育といった問題にあらためて直面する。加えて余震や梅雨を前に気ばかり焦る。思い当たる人も多いのではないか。

一方で、被災状況の調査が進むに伴い、地域や個人によってその濃淡も明らかになってくる。すると、他人をうらやむ気持ちや自分を責める考えが症状を悪化させたり、ひどい場合は地域コミュニティーそのものを壊してしまうことさえあるという。嫌な話だが、現実の問題として対応を考える必要があろう。

東日本大震災で母子らの心理援助に当たった東京都立小児総合医療センターの菊地祐子医師は「被災の感じ方は人それぞれ。つらいことを吐き出すのはいいが、他者と自分を比べないことが大切だ」と説く。示唆に富んだ指摘といえよう。

行政や医療団体、企業などには、被災者の思いをくみとり、心のケアに努めてもらいたい。阪神大震災や東日本大震災では、一般家庭用の建築資材の高騰や、重機不足が生活再建に取り組む被災者を悩ませた。こうした事態の対応策をいち早く練ることも、被災者の心に安定をもたらす一助になるはずだ。（稲田稔丈）

被災者支援「独自策も」

熊本市　大西市長に聞く

熊本市の大西一史市長が13日、熊日のインタビューに応じ、今後の被災者支援について「市独自の支援策も柔軟に考える」と話した。一問一答は次の通り。

（高橋俊啓）

—地震から1カ月になります。

「今も夜は不安だ。多くの市民がそうだ。余震も続いており、まだ震災の渦中にある。万全の準備をする」

—被災者の住宅支援が今後の課題の一つです。ただ罹災証明書の発行が進みません。

「早くから指示を出したが、避難者への対応に追われ、マンパワーが足りなかった。家屋調査による罹災証明の結果に応じて、支援が決まる今の制度には課題がある。結果が出ていなくても、自宅に住めるか住めないかで、もっとスピーディーに支援できる制度にすべきだ」

—被災者をどう支援していきますか。

「被災者の利益をまず考え、市独自の支援策も柔軟に考えたい。避難所で暮らす方には長期化をにらみ、少しでも充実した環境を整えていく」

—これまでの対応で反省している点は。

「一つは避難所運営だ。被災直後、全職員に招集をかけたが、翌日まで職員の安否確認もできず、初動が遅れた。被災直後に全職員で対応する体制をつくるのは難しい。各セクションで担当する避難所を決めていなかったことも一因だ」

—市民に伝えたいことは。

「（日本では）過去何度も大きな災害があったが、必ず克服してきた。熊本も必ず復興すると信じてほしい。自粛ムードにならず、可能な限り元気を出して復興にあたっていきたい。花火大会も今年は江津湖での実施は難しいかもしれないが、場所を変えてでも検討していきたい」

熊本地震発生から1カ月を迎え、避難者支援などについて話す大西一史市長＝13日、熊本市役所

市営住宅8割に被害

阿蘇市　大規模破損19戸閉鎖

阿蘇市の市営住宅の約8割に当たる679戸が熊本地震で被害を受け、そのうち19戸が大規模に破損して閉鎖していることが13日、分かった。入居者にけがはなかったという。

市住環境課によると、市営住宅は31団地の計876戸。大規模に破損したのは4団地で、そのうち赤水西団地の簡易平屋ブロック造り5棟のうち3棟13戸が、本震で敷地に亀裂や段差ができて建物が傾いた。

内牧の竹林団地は木造平屋の一戸建て12戸のうち3戸、坊中南団地の一戸建て2戸、乙姫団地の1棟1戸が傾いたり、基礎が激しく損傷を受けたりした。市はいずれも危険と判断。入居中の計13世帯に退去を求め、親戚宅などに避難してもらっているという。

市は、現地での建て替えが妥当かどうかを調査し、入居者の意向を聞きながら移転を含めて検討する。

そのほか660戸に、窓ガラスの破損や屋内のドアの開閉不具合などが起きた。損傷を受けた大半は1981年の建築基準法改正前の建築。大規模な被害で閉鎖した住宅も54年～77年に建てられた。

入居者から早期補修を求める連絡が殺到している市は「対応が追いつかない。申し訳ないが、工事には時間がかかりそう」と説明している。（岡本幸浩）

熊本地震で敷地に亀裂ができ、建物が傾くなどの被害で閉鎖している阿蘇市営赤水西団地＝同市赤水

熊本市　市民病院を移転新築

健軍駐屯地南側国有地　18年度完成目指す

熊本市の大西一史市長は13日、熊本地震で被害を受けた市民病院（東区湖東）について、東区東町4丁目の国有地に移転新築する方針を明らかにした。2018年度中の完成を目指す。

市民病院は地震後、重症の妊婦や新生児に対応する総合周産期母子医療センターの機能を停止。一部の診療しか再開できていない。市は短期間での再建に向け移転に踏み切る。

大西市長は「全国の母子を受け入れる市民病院の存在意義を再認識した。子供たちと市民の命を守るため1日も早い再建が必要。復興のシンボルの一つにしたい」と話した。

移転先に検討しているのは、陸上自衛隊健軍駐屯地南側の国家公務員宿舎「東町北住宅」の敷地（3万5千平方㍍）。団地12棟のうち東側の9棟は利用されておらず、財務省が処分を検討している。

市は災害時に強い病院を目指し、敷地約2万平方㍍を確保したい考え。移転先選定の理由として①災害時に協力できる自衛隊に近く、現在地（約1万4千平方㍍）より広い②空港やインターチェンジにも近い—を挙げた。今後、財務省と具体的に協議を始める。

市は診療科目や病床数などを検討。今月下旬に有識者懇談会を発足させ、意見を聞いて移転計画をまとめる。

大西市長は「市だけでの再建は困難。国に財政支援を求める」としている。現在の市民病院は3棟で、34診療科目、556床。建物の耐震強度などが課題となり、現在地に建て替える計画だったが、事業費が膨らみ、昨年12月に計画見直しを始めていた。熊本地震では入院患者310人が転院や退院を余儀なくされた。（高橋俊啓）

半壊以上は30戸　16日に罹災証明

産山村

産山村は13日、熊本地震による半壊以上の被災家屋が30戸に上ることを明らかにした。

内訳は全壊10、大規模半壊5、半壊15。

16日に村役場横の基幹集落センターで罹災（りさい）証明書の発行手続きと、仮設住宅への入居希望調査を実施する。

村によると、4月16日の本震で170戸が被災した。2人が額や腰を打つけがを負ったが、いずれも軽傷という。4月29日～5月7日に大分県の建築士の協力を得て全被災家屋について外観に加え、内部の柱や基礎の破損の有無を調べた。

村は同村山鹿の旧山鹿小跡地を仮設住宅の候補地としており、必要戸数は10戸前後を見込んでいる。入居希望調査の結果を受けて県に要望する。（上杉勇太）

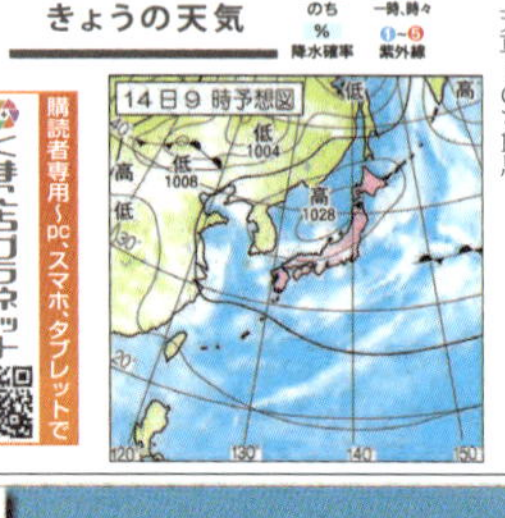

14日は高気圧に覆われ、各地ともおおむね晴れる。日中は多くの所で暑さを感じ、紫外線も非常に強い。北のち西の風、波は熊本、芦北0.5㍍、天草1㍍。15日は南西の風、曇り時々晴れ。波は熊本、芦北0.5㍍、天草1のち1.5㍍。

	荒尾玉名 ④	山鹿菊池 ④	甲佐山都 ④	阿蘇 ④	熊本 ④	八代 ④	人吉 ④	水俣 ④	天草 ④
気温	16~28℃	15~28℃	14~28℃	12~25℃	15~28℃	15~27℃	13~28℃	15~27℃	15~26℃
朝	0	0	0	0	0	0	0	0	0
昼	0	0	0	10	0	0	10	0	0
夜	10	10	10	10	10	10	10	10	10

あすからの8日間

予想は熊本地方

15(日)	16(月)	17(火)	18(水)	19(木)	20(金)	21(土)	22(日)
18~28℃	15~20℃	13~25℃	15~26℃	16~24℃	15~26℃	15~29℃	15~29℃
30	80	30	30	40	30	30	30

3 総合 平成28年(2016年)5月14日 土曜日 熊本日日新聞 (第3種郵便物認可)

異例の連鎖地震 生活激変

発生1カ月

県内の広い範囲に甚大な被害をもたらした熊本地震は、14日で発生から1カ月。日本の地震災害史上、異例の連鎖地震は県民の日常生活を一変させ、多くの傷を残した。13日までに確認された被害などをまとめた。

【1面参照】

死者49人、関連死19人、不明1人

【地震回数】

4月14日夜の前震、同16日未明の本震とも布田川・日奈久断層帯を震源とする活断層地震で、いずれも最大震度7を記録。一連の地震で震度7を2回観測するのは国内で初めて。

これを含め震度6弱以上7回は観測史上最多。震度6弱以上を経験した市町村の住民数は県人口の83%(約148万人)に及び、人口比で阪神大震災の42%(約232万人)、新潟県中越地震の16%(約38万人)を上回った。

震度1以上の余震は1420回(13日午後8時現在)。「終わらない地震」が続き、気象庁は「活発な状態が続いている」と警戒を呼び掛けている。

【人的被害】

死者49人、関連死19人、行方不明1人。市町村別の内訳は▽益城町 死者20人、関連死1人▽南阿蘇村 死者15人、関連死1人、不明1人▽熊本市 死者4人、関連死10人▽西原村 死者5人▽嘉島町 死者3人▽御船町 死者1人、関連死1人▽阿蘇市 関連死2人▽宇土市 関連死2人▽八代市 死者1人▽高森町 関連死1人▽氷川町 関連死1人。

重軽傷者は未確定を含め1652人。自衛隊や消防、警察などの活動で1712人が救出された。

避難者は最大時18万3882人(855カ所)で、県人口の10・3%。現在も1万447人(244カ所)が避難を続けており、車中泊や指定外避難所は実態把握が困難で、実際はさらに多いとみられる。

【住宅被害】

住宅は全半壊と一部損壊を合わせ8万657棟の被害が出たとみられる。ただ、被害の大きかった熊本市や益城町で実態把握はまだ十分進んでいない。

【ライフライン】

最大時で電気45万5200戸、ガス10万884戸、水道39万6600戸の供給が止まった。停電は4月20日、ガス供給停止は4月30日に解消したが、断水は益城、御船、南阿蘇、西原4町村の約300戸で続いている。

熊本地震と他の大地震の被害状況比較

		阪神大震災	新潟県中越地震	東日本大震災	熊本地震(～5月13日午後8時)
発生日時		1995年1月17日	2004年10月23日	2011年3月11日	2016年4月14日(前震) 2016年4月16日(本震)
マグニチュード		7.3	6.8	9.0	6.5(前震)/7.3(本震)
最大震度		震度7	震度7	震度7	震度7(2回)
本震時に震度6弱以上を記録した市町村人口		約232万人(兵庫県人口の42%)	約38万人(新潟県人口の16%)	約786万人	約148万人(熊本県人口の83%)
震度6弱以上の回数		1回	5回	―	7回
人的被害	死者	6434人	68人	1万9418人	68人
	行方不明者	3人	―	2592人	1人
	負傷者	4万3792人	4805人	6220人	1652人
建物被害	全壊	10万4906棟	3175棟	12万1809棟	8万0657棟(未確定分含む)
	半壊	14万4274棟	1万3810棟	27万8496棟	
	一部損壊	39万0506棟	10万5682棟	74万4190棟	
(危険度判定)	危険	6476棟	5243棟	1万1699棟	1万4975棟
ライフライン	電気	260万戸	30万戸	―	45万5200戸
	ガス	85万戸	5万6千戸	―	10万0884戸
	水道	127万戸	13万戸	―	39万6600戸
避難者数(最大)		31万6678人(兵庫県人口の5.7%)	10万3178人(新潟県人口の4.2%)	約47万人	18万3882人(熊本県人口の10.3%)
余震回数(震度1以上)		285回	877回	―	1420回

※県まとめ。(熊本地震は余震継続中)

損壊8万657棟／断水39万6600戸／阿蘇大橋崩落

【交通基盤】

道路網は、九州自動車道が全線通行止めになり、4月29日に全線通行可能になった。熊本市と阿蘇地域を結ぶ国道57号と同325号は、大規模な土砂崩れで結節点の阿蘇大橋(南阿蘇村)が崩落。南阿蘇地域への県道俵山バイパス(西原村―南阿蘇村)もトンネルや橋に大きな被害が出た。復旧の見通しは立っていない。

鉄道は、九州新幹線が熊本駅近くで脱線したが、4月27日に全線再開。JR豊肥線と南阿蘇鉄道は復旧のめどが立っていない。

熊本空港も建物や施設に被害が出たが、滑走路に問題はなく4月19日に国内線の運航を再開した。国際線は3路線とも依然運休が続いている。

【文化財】

指定・登録文化財の被害は237件確認されている。熊本城(熊本市)では国重要文化財の櫓(やぐら)や石垣が崩れ、阿蘇神社(阿蘇市)も国重文の楼門が全壊した。

【自治体支援】

国や他県からの主な人員派遣は、人命救助や被災者救援に当たる自衛隊員が延べ48万6200人、国交省の技術支援チームが同7521人。被災自治体の業務をサポートする他都道府県からの行政職員や保健師らも累計2万人を超えた。

(蔵原博康)

避難者5割「眠れない」

県内100人アンケート 住宅確保 最大の課題

県内で避難生活を送る100人を対象に共同通信が実施したアンケートで、8割近くが「自宅が壊れて帰れない」と回答した。「避難所ではゆっくり眠れない」と答えた人は5割近くに上った。長引く避難生活にストレスを抱える人も多く、自宅の再建や新たな住まいの確保が最大の課題となっている。

アンケートは5月10～12日、熊本市や益城町、南阿蘇村など6市町村の避難所にいる人や、避難所の駐車場に止めた自家用車やテントで寝泊まりしている人に聞き取って実施した。

避難理由を複数回答で聞いたところ、自宅損壊の77人に次いで多かったのは「余震が怖い」で33人だった。自宅が被災せずライフラインも復旧したのに、余震が怖くて避難所にとどまっているという人も9人いた。

建物被害の調査が終わらないのを理由に挙げた人は16人おり、自治体職員の不足などが原因で調査が遅れている現状が浮かび上がった。

避難所生活でつらいこと(複数回答)は「ゆっくり眠れない」(48人)のほか、「プライバシーがない」(32人)、「洗濯ができない」(29人)も目立った。

自宅を再建する際の場所については、54人が「職場や学校に近い」「住み慣れた土地だから」との理由で同じ場所に住みたいと答えた。一方で、30人が違う場所を希望した。「震災を思い出したくない」「また揺れるかもしれない」などが理由で、地震が被災者に与えた影響の大きさを示した。自宅再建の妨げになっているものは「資金がない」の22人が最多だった。

避難者アンケートの主な回答結果

(いずれも複数回答、人数)

避難を続けている理由	
❶自宅が壊れた	77
❷余震が怖い	33
❸ライフラインが止まっている	21

自宅再建の妨げになっているもの	
❶資金がない	22
❷余震が収まらない	18
❸被害認定調査が終わらない	15

避難所生活の中で「つらい」と感じたこと	
❶ゆっくり眠れない	48
❷プライバシーがない	32
❸洗濯ができない	29
❹自由に入浴できない	21
❺体、心の調子が悪い	17

俵山バイパス 国代行

復旧事業 長陽大橋、県堤防も

政府は13日、熊本地震を大規模災害復興法に基づく「非常災害」に指定したのに伴い、県道熊本高森線の俵山バイパス、阿蘇長陽大橋を含む南阿蘇村の村道栃の木―立野線の復旧事業を国が代行すると発表した。県が管理する熊本市沿岸などの堤防修復も国が受け持つ。

国土交通省によると、県道熊本高森線は俵山バイパスの前後区間を含む西原村小森―南阿蘇村河陰間の約10キロ。内部のコンクリートが崩落した俵山トンネル(全長約2キロ)や段差などが生じた6カ所の橋を補修。村道栃の木―立野線は南阿蘇村河陽―立野間の約3キロを対象に、橋台が損傷した阿蘇長陽大橋(約280メートル)などを復旧する。

農林水産省によると、堤防は熊本市の飽託海岸など有明海沿岸3カ所と、八代市の文政海岸など八代海沿岸4カ所の計約3・5キロ。ひび割れや沈下などを修繕する。

いずれも県が9日、政府に提出した熊本地震に関する緊急要望書に盛り込んでいた。

東日本大震災後の2013年に施行された大規模災害復興法の適用は熊本地震が初。政府は国道325号の阿蘇大橋も国直轄で復旧することを決めている。

(内田裕之)

民 社 福島氏 合流案に反対

民進代表「選挙前は困難」

社民党の福島瑞穂副党首は13日、吉田忠智党首が言及した参院選前の民進党との合流案に関し「あまりに唐突だし、参院選直前だ。(選挙は)社民党として頑張ることになるだろう」と述べ、反対する意向を強調した。民進党の岡田克也代表は記者会見で、一般論と前置きした上で「党対党の合流というのは、ちょっと参院選前は考えにくい」との見方を示した。

福島氏は国会内で記者団に、支持者から合流反対の声が寄せられていると紹介し「政党は個人のものではない」と指摘。憲法や原発政策、沖縄県の在日米軍基地問題を挙げ「政策の擦り合わせなど丁寧な議論がない限り合流できない」とした。

岡田氏は、民進党の前身の民主党と維新の党が数カ月にわたり議論して基本政策や綱領をまとめた経緯に触れ「参院選は目前だ。同じことができるとは私は思わない」と語った。一方で議員が個人の立場で合流する可能性は否定しなかった。

政府 早期復旧へ7780億円

補正予算 国会審議入り

政府は13日、熊本地震からの早期復旧に向けた事業を盛り込んだ2016年度補正予算案を閣議決定し、国会に提出した。予算規模は7780億円で、インフラ再建などに使える7千億円の「熊本地震復旧等予備費」の創設が柱だ。4月14日の地震発生から約1カ月という早さで、政権には危機対応をアピールする狙いもありそうだ。

【5面に関連記事】

補正予算案は13日の衆院本会議で審議入りし、17日に成立する見通しだ。安倍晋三首相は代表質問で、復旧・復興をきめ細かく後押しする姿勢を強調。「自治体の財政状況に目配りし、どのような対応が必要か検討する」と述べ、補正予算成立後も追加の財政措置を検討する意向を示した。

補正予算案は、あらかじめ使い道を定めない予備費が全体の約9割を占めるが、首相は「復旧に要する経費以外に使用することはない」とした。

予備費は、がれき処理や道路、橋の復旧のほか、被災企業の再建支援などに充てる。予備費以外では、避難所の運営や仮設住宅の建設に充てる「災害救助費等負担金」に573億円を計上。6300戸の仮設住宅を建設し、8700戸の民間賃貸住宅を借りることを想定している。

住宅の被害に応じて被災者に最大300万円を支給する「被災者生活再建支援金」には201億円、災害弔慰金には6億円をそれぞれ計上した。

財源には、日銀のマイナス金利導入による金利低下で国債の利払い費が減った分を充て、国債の追加発行はしない。

財務省によると、道路などの公共土木施設と農林漁業分野の被害額は4千億円強。補正予算で被害額を上回る予算を確保するが、追加で必要になれば16年度当初予算で3500億円計上した予備費も振り向ける。

◆天草市などに交付税前倒し配分

総務省は13日、熊本地震で被災した天草市など6市町に対し、6月に配る予定だった普通交付税のうち計77億8800万円を16日に前倒しして配分することを決めた。被災者の支援や復旧に必要な現金を確保できるようにする。

総務省はこの6市町とは別に、県と、益城町など県内16市町村に対し、6月分の普通交付税のうち計421億2900万円を4月22日に前倒しして交付している。6市町は天草市のほか、菊池市と合志市、大津町、甲佐町、山都町。配分額は天草市40億3700万円、菊池市13億8600万円、山都町10億5900万円など。

◆被災地の雇用維持、厚労相が要請

塩崎恭久厚生労働相は13日、東京都内の経団連会館を訪れ、企業の業績悪化や労働者の失業が懸念されている熊本地震の被災地で雇用維持に努めるよう要請した。

突貫編成 地元と温度差

「東日本並み支援」は慎重

表層深層

熊本地震の発生から約1カ月で、復旧財源の7780億円を盛り込んだ2016年度補正予算案がまとまった。安倍政権は17日の成立を期し、早期復旧を求める被災地の声に応える構えだ。ただ計上額の約9割は具体的な使い道が決まっておらず、参院選をにらんだアピール先行との指摘も。被災自治体は東日本大震災並みの財政支援を求めるが政府は慎重姿勢を崩さず、温度差も垣間見える。

益城町の被災現場を訪れ、西村博則町長(手前)と言葉を交わす安倍首相=4月

「復旧、復興の前に、たぶん財政破綻する」。蒲島郁夫知事は今月9日、安倍晋三首相を官邸に訪ね、被災地の窮状を訴えた上で国が復旧事業の費用を全額負担する特別法制定を求めた。首相は特別法への言及は避けつつ「最大限のことはする」と約束した。

号令

政府内には当初、本格的な復興は今秋の補正予算で対応するシナリオもあった。しかし余震が続き、避難生活の困難が報じられるにつれ、対応を求める声が官邸や与党内で噴出。首相から「できることは全てやる」との号令が飛んだ。

選挙戦への効果を狙った側面も。首相は現地視察した翌日の4月24日に補正予算の編成と今国会中の成立を目指すと表明した。この日は、接戦が伝えられていた衆院北海道5区補欠選挙の投開票日。政府関係者は「誰も偶然とは思っていない」と漏らした。

官邸の意向をくみ、政府はわずか1カ月間で、地方交付税の前倒し配分や復旧工事の国庫補助率をかさ上げする激甚災害指定、工事を国が代行できる大規模災害復興法の初適用など、矢継ぎ早に被災地への支援策を繰り出した。

先送り

「東北への対応が遅過ぎたことへの反省がある。指示が首相からえらく早く来た」。麻生太郎財務相は13日、東日本大震災の初動で組んだ補正予算の国会提出が発生49日目だった民主党政権を引き合いに、現政権の素早い対応ぶりを強調した。

突貫で組んだ補正の規模に、明確な根拠はない。発生当初は新潟県中越地震後の補正で用意した約3千億円をやや上回る程度との見立てもあったが、政権内では「見栄え」(与党幹部)のする額を求める声が高まった。

日銀のマイナス金利政策の効果で、国債の利払い費が大幅に余ると見込んだ財務省が官邸に伝えた条件は「大震災当時の予備費8千億円より少なくすることだけ」(政府関係者)。熊本地震が来春の消費税増税の延期条件とされる「大震災級」と見なされるのは周到に避けつつ、増額を求める政権の意向に最大限応じたのが、7780億円という決着点だった。

ただ、使い道を定めない予備費が約9割を占め、中小企業や農家の再建支援といった具体策は先送り。内閣府幹部は「被災地に安心してもらうためのメッセージ」と語り、予算編成ありきだったことを示唆した。

悲痛

被災地では、国が復旧費用を全額負担した東日本大震災にならい、より踏み込んだ財政支援への期待が高まっている。自治体庁舎や一部の福祉施設の復旧は、激甚災害指定や今回の補正予算案でカバーできないためだ。

財政力の弱い自治体が多く「自前の財源での再建はかなり難しい。国に支援を訴えるしかない」(益城町)と悲痛な声が上がる。

ただ、復興財源捻出のため増税まで実施した東日本大震災とは異なり、国の反応は厳しい。ある省庁幹部は「大震災のような甚大で広域な被害が出ているわけではない。国の全額負担までの動きにはならない」と政府内の空気を明かした。

熊本地震への政府の主な支援策

支援策	時期	主な内容
交付税の前倒し配分	4月22日実施	熊本県と県内16市町村に普通交付税計421億円を前倒し配分
激甚災害に指定	25日閣議決定	自治体の災害復旧事業で国の補助率をかさ上げ
特定非常災害に指定	28日閣議決定	運転免許証の有効期限を特例的に延長
大規模災害復興法の非常災害に指定	5月10日閣議決定	自治体の災害復旧事業を国が代行
補正予算案	13日閣議決定	がれき処理やインフラ復旧、被災者支援に充てる7780億円を盛り込む

きょうの歴史 5月14日

▽1964(昭和39)年

熊本市民早起き野球大会に大会初の女性選手(16)が登場、2番、二塁で健闘した。=写真

▽2003(平成15)年 サントリー九州熊本工場(嘉島町)で清涼飲料の初出荷式とビール初仕込み式があった。進出協定から15年後の初出荷。

県議会　熊本地震171億円可決
議長に吉永氏　副知事田嶋氏

県議会は13日、臨時会を開き、熊本地震に対応して171億6000万円を追加する2016年度一般会計補正予算や、副知事に田嶋徹知事公室長（60）を充てる選任同意など7議案を原案通り可決・承認・同意して閉会した。松田三郎議長の辞任に伴う選挙もあり、新議長に吉永和世氏（49）＝水俣市区、当選5回＝を選出した。

一般会計の補正は、農林漁業や畜産業の再建に向けた施設の改修費補助など。蒲島郁夫知事は提案理由で「地震の影響は県内のみならず、九州全体の観光や全国の経済活動への波及も懸念される。一日も早い復旧復興に全力で取り組む」と述べた。

4月27日の専決処分と合わせ、地震関係の予算合計は537億4500万円。一般会計予算の総額は7415億1900万円となった。

副知事人事では、村田信一氏（65）が同日付で退任。村田氏は地震発生以前に退任の意向を示しており、「復旧・復興に向け、早い新態勢で臨む必要があると考えた」と理由を語った。村田氏は14日から1カ月間、地震対応などに助言する特別顧問に就く。田嶋氏の任期は14日から4年間。（並松昭光）

知事公室長に坂本氏が昇任

坂本浩 知事公室長

県は13日、副知事に就任する田嶋徹・知事公室長（60）の後任に、坂本浩・知事公室政策審議監（57）を昇任させる人事を発表した。14日付。坂本氏は4月から現職。

第85代県議会議長になった　吉永和世さん
「復興事業で活性化を」

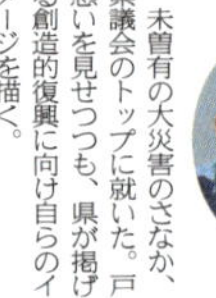

「今年は地方創生元年でもある。熊本地震からの復旧復興事業をできるだけ県内で担い、農業や地域経済の活性化につなげる視野の広い取り組みが必要だ」

未曽有の大災害のさなか、県議会のトップに就いた。戸惑いを見せつつも、県が掲げる創造的復興に向け自らのイメージを描く。

異例の防災服姿で臨んだ記者会見。「今後の復旧復興の道筋をつくっていくために肝心なのは財源。議会としては特別立法による予算確保に最優先で取り組む」と国の支援取り付けに注力する考えを示した。

政治家を志したのは、水俣病への偏見や差別をなくし、水俣を誇れる古里にしたいとの思いから。

「現場、現物、現実を重視する『三現主義』を政治信条に」28歳で水俣市議。35歳で県議に転じて5期目。自民党県連や党県議団の総務会長を務めるなど、まとめ役として周囲の信頼は厚い。

21歳から3歳まで1男3女の父。近年は趣味の釣りも控え気味で、休日は水俣市の自宅周辺で子どもたちと触れ合うのが息抜きという。49歳。（並松昭光）

熊本市議会　会期1日のみ
「災害対応 急務と判断」
澤田議長

「議会として市民の声を伝える」と語る熊本市の澤田昌作議長＝13日、熊本市議会議長室

県内自治体が熊本地震の対応に追われる中、各議会は6月例会の時期を迎える。県議会が会期を短縮し10日間とする一方、熊本市議会は6月10日1日だけとすることを決めた。熊本市議会の澤田昌作議長に13日、議会の役割を聞いた。（植木泰士）

―地震発生から1カ月。これまで議会はどう動きましたか。

「各議員がそれぞれの地元で被災状況の確認や市民の要望を集めていた。議会事務局も市の災害対策本部に加わっており、議会の活動や要望は適宜、報告してきた」

―9日の議会運営委員会で定例会の会期を1日のみとしました。

「現段階での災害対策について議論すべきだ」と、会期延長を求めた会派もあります。

「議会は予算や議案をチェックすることが役割だ。市民の要望を執行部に伝えることも重要だ。ただ、現在の熊本市は避難所運営など災害対応に追われている。人手不足も深刻で、災害対応が急務だと判断した。一般質問や委員会審議などはしないが、伝えるべき市民の声は逐一伝えて、議会の役割は果たしていく」

―市の災害対応をどう評価しますか。

「最大震度7の揺れが2回あった。市の防災計画でも想定されていなかった。戸惑いの中の初動は十分ではなかった。市民のお叱りの声もある。ただ、職員も少なからず被災している。落ち着いたら議会として対応を検証する」

―議会の今後の動きを教えて下さい。

「6月中に災害対応の特別委員会を設置する。全議員が参加することになるだろう。月に数回招集し、市執行部と復旧について議論したい」

県教委271人採用へ
17年度

県教委は13日、2017年度教員採用試験の募集要項の配布を始めた。採用予定者は271人で前年度から17人増。教職員の大量退職に対応し、受験資格年齢を、これまでの39歳以下から49歳以下に引き上げ、幅広く選考する。

内訳は▽小学校130人（前年度比20人増）▽小・中学校＝英語14人（2人減）▽中学校47人（12人増）▽高校30人（14人減）▽特別支援学校・学級24人（15人減）▽養護教諭15人（増減なし）▽栄養教諭（同）。これとは別に、身体障害者の特別枠として小中学校と高校・特別支援学校で各4人の採用を予定している。

受験できるのは1967年4月2日以降に生まれた人。一定の条件を満たした臨時採用講師や社会人経験者などは、1次試験の教職科目を免除する。願書は23日から受け付け、電子申請は6月2日、持参は6日に締め切る。郵送は3日の消印有効。1次試験は7月17日。

県学校人事課☎096（333）2694。

災害時の石綿飛散対策
熊本市　規定なし
防災計画

東京都と熊本など6市が、建築物に含まれるアスベスト（石綿）が地震など災害時に飛散しないための防止策を地域防災計画で規定していないことが13日、総務省の調査で分かった。国は、施設の点検や解体業者への指導などの対策を地域防災計画に盛り込むよう求めており、総務省は環境省に対し、自治体への周知徹底を勧告した。

1995年の阪神大震災や2011年の東日本大震災では、建物の倒壊や、その後の解体作業でアスベストが飛散した。

総務省は、16都道府県、20政令指定都市と3特別区の計39自治体で災害時のアスベスト対策を調査。6市はほかに横浜、相模原、浜松、福岡、北九州。規定していない理由を「これまで大規模災害が起きたことがなく、必要性を認識していなかった」などと説明しているという。

また、災害に備えて平常時からアスベスト使用の建物を把握するなどの対策を取っていたのは、39自治体のうち愛知、兵庫両県と札幌、仙台、新潟、名古屋の4市のみだった。

人　ひと
熊本地震対応のさなか副知事に就任する　田嶋（たじま）徹（とおる）さん

熊本地震の被害対応のさなかに副知事に就任する。「任期の4年間は熊本の再生に向けた重要な時期になる」と表情を引き締めた。

「震災で地域の土台が大きく傷ついた。復旧復興の道のりの中で、地方創生も並行して進めながら、新たな熊本づくりにつなげたい」と決意を語った。

1979年に入庁。福祉のまちづくり課長や川辺川ダム総合対策課長なども務めたが、熊本市に出向した時期も含め財政課長など行財政改革を担当した期間が長い。県の財政改革に向け、職員数や給与の削減などに大なたも振るった。

周囲の評は「豪腕」「決断が速い」。自身では「極めて単純な人間。人が好きで、人生で人に裏切られたことは一度もないと感じている」という。

蒲島郁夫知事の信頼は厚い。6年前に知事の特命事項を扱う直轄組織の知事公室ができて以来、一貫して身を置き、蒲島氏を支えてきた。「知事はとにかく明るく前向き。大きな方向性を示した後は部下に任せてくれるので仕事がしやすい」

常に決断を求められる日々だが、「決断の際には、より前向きな方を選ぶ。そして、たとえ1人でも行政の支援が届くなら、そちらを選ぶように決めている」と話す。

氷川町（旧宮原町）出身の60歳。現在、熊本市東区のマンションに妻の淳子さん（55）と次男の3人暮らし。趣味は走ることで、熊本城マラソンでは5回連続の完走。「フルマラソンの抽選も当たり続けている。運は良いほう」（太路秀紀）

熊本地震で特別法
自民県連も後押し

自民党県連（山本秀久会長）は13日、熊本市の県連会館で役員会を開き、県が求めている熊本地震に伴う特別法の制定に向けて、政府に働き掛けを強めることを確認した。

自民党は10日、党大会などに次ぐ議決機関の党総務会で、熊本地震について東日本大震災と同様、被災自治体の負担が最小限となるよう「特別法の制定も含めた検討」を政府に求める決議をしている。県連役員会では前川收幹事長が「われわれも地域ごとの具体的な課題を党本部に届けていかないといけない」と述べた。

役員会では山本会長が、県議会議長に就任した吉永和世総務会長の後任に、松田三郎県議を選んだ。（太路秀紀）

伊方原発再稼働差し止め申請へ
大分の住民ら

四国電力伊方原発（愛媛県伊方町）の再稼働差し止めを求め、対岸の大分県の住民が大分地裁に仮処分を申し立てる方針であることが13日、分かった。再稼働差し止めを求める訴訟も起こす方針だ。

住民有志が、申立人を募るなどの準備を進めており、既に脱原発弁護団全国連絡会や県内の一部弁護士らが支援する意向を示しているという。ただ、仮処分申し立ての時期は未定としている。

伊方原発は、豊後水道を挟んで大分県の対岸にある。過酷事故が起きた時には、大分県に伊方町民が逃げる計画になっている。

伊方3号機は7月下旬にも再稼働が予定されており「脱原発大分ネットワーク」（大分市）の小坂正則事務局長（62）は取材に「再稼働を止めたいという県民の思いを代表して伝えたい」と話した。

東宮大夫に　小田野氏

皇太子ご一家の日常のお世話を担当する宮内庁東宮職のトップの東宮大夫に、13日付で元宮内庁式部官長の小田野展丈氏（68）が就任することが同日の閣議で決まった。現東宮大夫の小町恭士氏（70）は退任となる。

小田野氏は岩手県出身。1970年に外務省入りし、駐ミャンマー大使や欧州連合（EU）日本政府代表部大使などを歴任。2012年9月から2年間、宮内庁で皇室の儀式や外国との交際を担当する部署のトップに当たる式部官長を務めた。

小町氏も外務省OBで、11年7月から東宮大夫を務めた。

◇毎日新聞社人事（6月24日）会長（社長）朝比奈豊▽社長（常務・編集編成・五輪・パラリンピック担当）丸山昌宏

丸山　昌宏氏（まるやま・まさひろ）早稲田大卒。79年入社。政治部長、大阪本社編集局次長、取締役社長室長などを経て15年6月から常務。愛知県出身。

◇下野新聞社人事（6月17日）会長（社長）観堂義憲▽社長（毎日新聞社取締役・西部本社代表）岸本卓也

◇叙位叙勲（13日、県関係分）正六位瑞宝双光章　元南関町立南関第四小校長森弁次氏（83）＝南関町上坂下1731（4月15日死去）

水俣病認定　新たに2人
県外女性と死亡男性　11年以来の複数

県は13日、蒲島郁夫知事が公害健康被害補償法（公健法）に基づき、いずれも県外の60代女性と80代で亡くなった男性を、新たに水俣病患者に認定したと発表した。12日付。同時に複数の患者を認定したのは、2011年7月の水俣病関西訴訟原告団長・川上敏行さん（91）夫妻以来。

県水俣病認定審査会が3月の審査結果を踏まえ、知事に「認定相当」と答申していた。同時期に審査された30人の認定申請は棄却、3人は再検査が必要として答申保留とした。県が認定した水俣病患者は1789人となった。認定申請後、認定か棄却の処分が出ていない人は1238人。

国の認定基準が複数の症状の組み合わせを基本要件としてきたのに対し、13年の最高裁判決は感覚障害だけでも認定しうると判断。国は14年3月、「判決を踏まえた」として基準の運用をめぐる新通知を示した。

新通知に基づく認定審査は15年7月から今年3月まで4回。今回の2人を含めて4人を患者認定する一方、95人の認定申請を棄却した。県は「新通知に沿って、より丁寧に審査した」としているが、個人情報保護を理由に認定申請者の症状や汚染された魚介類の摂取状況などを一切明らかにしていない。

蒲島知事は2人の認定について「被害拡大に責任がある県として大変な心労をかけたことを心よりおわびします」とのコメントを出した。（石貫謹也）

水俣病行政訴訟　原告1人を棄却

水俣病被害者互助会は13日、公害健康被害補償法に基づく患者認定を求める行政訴訟を起こしている60代の原告女性が、12日付の県の処分によって水俣病患者認定の申請を棄却されたことを明らかにした。

この行政訴訟では同会の7人が熊本、鹿児島両県と熊本地裁で係争中。原告女性を除く6人は既に棄却されていた。7人は当初、認定申請を長年放置した不作為の違法確認と認定義務付けを求めて提訴した。

同会は近く、行政不服審査を請求。一方、行政訴訟では不作為の違法確認を棄却処分取り消しに切り替える訴えの変更を進める。（隅川俊彦）

首相の動静　13日

【午前】8時8分、公邸から官邸。26分、閣議。42分、総合科学技術・イノベーション会議。10時33分、ハンガリーのクペール国会議長の表敬。11時、加藤勝信1億総活躍担当相。41分、横井裕、木寺昌人新旧駐中国大使。外務省の斎木昭隆事務次官、石兼公博アジア大洋州局長同席。57分、自民党の吉田博美参院国対委員長、西田昌司参院議員。

【午後】0時55分、国会。57分、高市早苗総務相。1時2分、衆院本会議。3時6分、参院本会議。5時10分、衆院予算委員会。20分、参院予算委員会。28分、官邸。36分、小室淑恵ワーク・ライフバランス社長。57分、北村滋内閣情報官。6時28分、東京・紀尾井町のホテルニューオータニ。宴会場「鳳凰の間」で米コロンビア大ビジネススクール日本経済経営研究所創立30周年記念会議に出席し、あいさつ。51分、東京・赤坂のANAインターコンチネンタルホテル東京。宴会場「プロミネンス」で衆院自民党秘書会総会。7時5分、公邸。56分、東京・紀尾井町のホテルニューオータニ。宴会場「edo ROOM」で黒田東彦日銀総裁、ジェラルド・カーティス米コロンビア大名誉教授らと会食。9時47分、東京・富ケ谷の私邸。

きょうの動き

■ 国内・国際 ■

▽先進7カ国（G7）教育相会合（～15日、岡山県倉敷市・倉敷アイビースクエア）

■ 県　内 ■

▽鶴屋百貨店本館一部再開（熊本市）

■ 熊日主催・共催 ■

▽夏目漱石記念年全国オープニング式典（16時、ホテル日航熊本）

■ 首長の日程 ■

【蒲島知事】13時　来客応対▽16時　夏目漱石記念年全国オープニング式典

【大西熊本市長】終日　地震災害対応▽10時　災害対策本部会議▽11時半　記者会見

【山下荒尾市長】終日　災害警戒・対応▽9時　市長杯中学生サッカー大会▽10時　市ボランティア連絡協議会総会

【高嵜玉名市長】16時　夏目漱石記念年全国オープニング式典

【中嶋山鹿市長】終日　地震災害対応▽9時　鹿本商工高体育大会▽10時　市老人クラブ連合会山鹿支部総会▽18時　市スポーツ推進委員協議会総会▽その後　市商工会青年部通常総会

【江頭菊池市長】地震災害対応

【荒木合志市長】終日　地震災害対応▽17時半　市認可保育園連盟保護者会連絡協議会総会

【佐藤阿蘇市長】地震災害対応

【元松宇土市長】終日　地震災害対応▽9時　災害対策本部会議▽10時半　庁内協議▽11時半、13時　来客応対▽15時　取材対応

【守田宇城市長】終日　地震災害対応▽8時半　災害対策本部会議

【中村八代市長】終日　地震災害対応▽10時　熊本地震に伴う災害寄付受け取り▽18時　NPO法人県海難救助隊定期総会及び懇談会

【松岡人吉市長】終日　災害警戒・対応▽8時25分　人吉高体育大会▽12時　市自衛隊父兄会総会▽13時　中原校区公民館総会

【西田水俣市長】終日　災害警戒・対応▽9時半　市久木野分収林造林組合通常総会

【堀江上天草市長】9時　上天草高体育大会▽10時　市ボランティア連絡協議会定期総会

【中村天草市長】終日　地震災害警戒・対応▽5時半　県清掃事業協議会天草支部「熊本地震災害支援出発式」▽8時半　市社会福祉協議会五和支所杯グラウンドゴルフ大会▽13時　市地域婦人会連絡協議会総会

生き物こぼれ話　八代海編52
アカアシシギ

2016.5.14

八代（やつしろ）海の干潟（ひがた）にやって来るシギの中（なか）には、脚（あし）の色（いろ）にまつわる和名（わめい）を持つものがいる。アカアシシギ、アオアシシギ、キアシシギなどだ。

アカアシシギは、球磨川河口（くまがわかこう）（八代市（やつしろし））や砂川河口（すながわかこう）（宇城市（うきし））などで見かけることがある比較的（ひかくてき）珍しいシギ。大きさは30センチ弱（じゃく）で、くちばしは先（さき）が黒くて基部（きぶ）は赤い。

アオアシシギの脚は青（あお）というより黄緑（きみどり）色に近く、アカアシシギより数（かず）が多い。くちばしは長く、わずかに上向（うわむ）きに反（そ）っている。キアシシギは、くちばしがまっすぐで黒っぽい。

（文（ぶん）・久間孝志（ひさまたかし）、写真（しゃしん）・白石久善（しらいしひさよし））

くまにちプラネットにも掲載

衆参両院代表質問・政府答弁の詳報
【3面参照】

衆院代表質問

福島伸享氏（民進）予備費を7千億円も計上した。震災に関係がないものに執行しても、チェックができない。

木原稔氏（自民）農林水産業者や中小企業の復旧支援にどう取り組むか。熊本城などの復旧にも支援する必要がある。

石田祝稔氏（公明）2016年度の補正予算案や当初予算の予備費で十分な支援が確保できない場合は、追加措置の検討が必要だ。オバマ米大統領の広島訪問は極めて重要な歴史的意義を持つ。

真島省三氏（共産）義援金を収入と認定し、生活保護費が減額されたり停止されたりするのは問題だ。

河野正美氏（お維）来年4月の消費税増税は延期すべきだ。

参院代表質問

津田弥太郎氏（民進）被災地の高速道路無料化を実施すべきだ。

馬場成志氏（自民）大規模災害が全国で頻発している。防災対策が極めて重要だ。

山本香苗氏（公明）執行の透明性をどう確保するか。

仁比聡平氏（共産）被災者生活再建支援金の上限額を500万円に引き上げるべきだ。

政府答弁

安倍晋三首相

【熊本地震】（2016年度補正予算成立後も）自治体の財政状況に目配りし、財政面での手当てを含め、どのような対応が必要か検討する。（農林水産業者や中小企業の支援に関し）被災者の不安に寄り添いながらできることは全てやるとの考えの下、きめ細やかな支援を行っていく。インフラ復旧やがれき処理など、必要な経費に迅速に対応する。執行の透明性を確保すべく適切に説明する。

予備費を復旧に要する経費以外に使用することはない。予備費を支出する際には金額や理由を明らかにして閣議決定する。（被災者生活再建支援金の上限引き上げについて）過去の災害の被災者との公平性、国や都道府県の財政負担などを勘案し慎重に検討すべきだ。

熊本城や阿蘇神社を早期に復旧できるよう、国としてしっかりと支援に取り組む。義援金の円滑かつ迅速な交付に努める。住居の補修や家具などの購入、生活再建に充てる場合は収入に認定しない。

高速道路の無料措置を講じるか否かは、過去の大規模災害とのバランスも踏まえる必要がある。

【防災対策】災害から得られた教訓を踏まえ、総合的な防災対策を不断に見直していく。

【消費税再増税】リーマン・ショックや大震災のような重大な事態が発生しない限り、予定通り引き上げていく従来方針に変わりはない。適時適切に判断していく。

【米大統領広島訪問】原爆投下による全ての犠牲者を日米で共に追悼する機会としたい。

（第３種郵便物認可）　熊本日日新聞　平成28年（2016年）5月14日　土曜日　22

文化生活部
kurashi@kumanichi.co.jp
TEL:096-361-3020 FAX:096-361-3290

くらし | Life |

月、水、金、土曜日 掲載

おんなの目　熊本地震特集

温かい励まし 支え合って明日へ

甚大な被害を招いた熊本地震の発生から、14日で１カ月。今も多くの人たちが避難生活を強いられ、復興への動きは緒に就いたばかりだ。２度も襲った激震、助け合った避難生活、心を温めてくれた励まし…。「あの日」から今まで懸命に生きた日々と、生活再建への思いについて、「おんなの目」の投稿で特集する。

100歳まで生きる

樋口万里子（81）主婦、熊本市

あの大地震を身に受けてから、新聞を熟読している。本震後の被害状況では、こんなに大きな活字があるのかと思うほどの見出し。驚きながらも、強い味方がいるような安心感を覚えた。

読み進めていき、「おんなの目」ではっとする。地震について書いたKさんの投稿文が載っていた。これまでにも何度か紙面で目にした名前。友に出会ったような心地がする。

Kさんの文章には、熊本城の惨状を悲しむ思いがいっぱいにあふれていた。私も同じ気持ちだ。そして、あの天守閣に再び登る日まで生きると決めた。それは100歳になるかもしれないが、夢ではない。母は105歳と10カ月も生きた人である。

母は関東大震災や太平洋戦争を乗り越えた、明治生まれの女性だった。100歳まで、リュック一つで旅をしていた。

東京から熊本へ遊びに来てくれた時、私の誇りの熊本城に案内した。天守閣に登り、熊本市内から阿蘇の山までを見渡して、母はその雄大さに歓喜の声を上げた。その日の空は、抜けるように青かった。

今の熊本城の惨状は本当に悲しいが、きっと復興してくれる。そう信じて、100歳まで生きる。

よみがえりを信じて

森 知子（77）主婦、玉名市

県北のわが家は、大きな揺れの恐怖は味わったものの、家屋の被害は免れた。しかし、今でも続く余震におびえて暮らしている。

益城町や阿蘇、熊本市などで多くの方が住む場所を奪われ、なお厳しい避難生活をしておられることを思うと胸が痛み、自然の恐ろしさをつくづく感じる。

この春、わが家の庭に異変が生じていた。昨年、この欄の投稿で紹介した樹齢100年の梅の木である。両脇には、約50年前に植えた娘たちの誕生記念の梅も2本ある。見事な花を毎年咲かせ、花見を楽しんでいたが、今年は3本とも一輪も咲かなかったのだ。

嫁いできて50年余り、初めてのことだった。「剪定時期を間違えたのではないか」と夫に聞いたが、例年通りとのこと。何か不吉な予感がしていた。そして、この大地震。あれが予兆だったのかと思えてきて、自然の不思議と恐ろしさをあらためて感じている。

その梅の木は今、地震に耐え、枝は伸び葉もいっぱい茂っている。来年はきっと花を咲かせるだろう。この梅の木のように、熊本に豊かな自然がよみがえり、被災された方々の明るい日常が営まれる日々が必ずやってくると信じている。心からそう願っている。

星が教えてくれたこと

羽山佐和子（68）主婦、熊本市

あの夜。４月14日の夜のことだ。バスタブから出ようとしたら、私を、バスルームを、いきなりとんでもない勢いで揺するやつがいる。強盗？怪獣？　水道の蛇口とバスタブの縁につかまり、幼子のように「ワァーッ」「ギャーッ」と叫んだ。

まさかの大地震。住まいの全壊や半壊には至らないけれど、家の内外に被害が出た。余震の恐怖と生活の不自由に、心がとがっている。取るに足りない事で夫と言い合ってしまう。「地震さえなければ」と心の中でつぶやく日々だ。

ある夜、庭に出て空を見上げた。月が輝き、いくつかの星がキラキラ光って、「落ち着いたら」「穏やかに」とささやいている気がした。

買い物に出かけようと家の路地を出たら、れんげの花が田んぼ一面に今を盛りと咲き誇っている。ヘリコプターの音で気がつかなかった鳥のさえずりも聞こえる。

さあ！私も、あれこれ文句を言うより、自然界をもっと眺めよう。しかめっ面より、笑顔を多くして。

避難所でこいのぼりを見上げる＝４月19日、益城町のグランメッセ熊本（横井誠）

音読のすすめ

温かい言葉に救われた

杉本惠子（74）主婦、熊本市

４月14日、16日の２度の大地震。特に２度目は揺れが長く続き、家ごと地中に沈むのかという恐怖に襲われた。14日の地震で息子の家に娘の家族とともに避難していたが、さすがに家にいるのが恐ろしくなった。公園で、近所の方80人ほどと眠れぬ夜を過ごした。

明るくなり、道に散乱した瓦、軒並み倒壊したブロック塀が確認できた。地震の破壊力の大きさに、あらためて恐ろしくなった。

家に戻ると、足の踏み場もない。それでも電気と電話は通じ、親戚や友人から安否を気遣う電話やメールが次々と入った。何度も襲ってくる余震におびえながら、この温かい気遣いにどれほど励まされただろう。

その後、３家族11人分の飲料水や食料を求めて奔走したが、思うように手に入らない中で、親戚や知人から飲料水やレトルト食品、栄養剤などが届いた。近所の方からは、給水や炊き出し、無料風呂の情報などを教わり、孫たちに不自由な思いをさせずにすんだ。

大きな試練にさらされたが、みなさんの温かい言葉や優しさに救われた気がする。「まさか、こんなことが」と今でも夢のようだ。そして全く準備のなかった自分を大いに反省した。

まだまだ余震も続き、いつでも逃げられるようにして寝ている。避難所のみなさんのことを思うと胸が痛いが、何とか日常に近い状態で暮らせるようになったことを感謝している。

避難所での日々

中西恵子（60）介護福祉士、熊本市

熊本地震が起きて、熊本市の慶徳小に避難した。タレントの山内要さんが陣頭指揮を執り、人助けに奔走されていた。

後で聞いたラジオ番組で、山内さんは「地元の消防団に入って15年。自宅が揺れて、これは普通じゃないと消防車に飛び乗り、住民に避難を呼び掛けた。前震では慶徳小に800人、本震では千人以上が集まった」と話されていた。

避難者を温かい心で迎え入れ、困っていることの一つ一つに三日三晩、対応。そうしたら、体重が5㌔も減っていたとか。

立てば半畳、寝れば一畳ほどのスペースで、知らない人とのプライバシーのない生活。トラブルも起きたが、その都度、山内さんが校内放送で対処。防犯や衛生面への注意、体調管理や倫理観についても、穏やかな口調で語り掛け、気持ちを引き上げてくれた。消灯前の放送で「安心してゆっくりお休みください」「最後の1人まで必ずサポートします」と言われたのが、一番うれしかった。

消防団やPTA、市職員、医療や飲食関係者、避難所の中から募ったボランティアなど、日を追うごとに協力体制が整っていく。私もできることをしようと、血圧を計ったり、エコノミークラス症候群の予防を呼び掛けたりした。

人生最大の危機を体験した者同士の、身の寄せ合い。声を掛け合ったり、助け合ったりがあちこちで見られるようになった。山内さんをはじめ多くの人の温かさを感じることができた、避難所での10日あまりだった。

「大丈夫！」

髙森美和（64）自営業、熊本市

自宅から車で20分ほどの所に、30代の長女が1人で住んでいる。４月14日の夜、大きな地震があった。

私は茶の間にいて、目の前に夫もいたので、割と落ち着いていたが、娘が心配ですぐに電話した。「大丈夫？」「大丈夫だよ！　布団をかぶってる」と状況を伝え合い、お互いに励まし合った。翌日、午前中に娘が帰ってきたのでほっと安心した。

ところがその夜中に、また震度7の大地震があった。そのときは私と娘と夫、３人で枕を並べて寝ていたので、私は娘の背中をさすりながら「帰って来ていて、良かった！」「良かった！」「本当に良かった！」と何度も連呼した。娘も「良かった！」を繰り返し、私の頭をかばってくれた。夫はそんな２人を覆ってくれた。

その後、気付いたことがある。会う人ごとに「怖かったですね」と言うのがあいさつになったが、実は私は、それほど怖かったと思っていないようなのだ。地震の最中、心の底から「良かった」を連呼していたのが原因ではないか。

「ストレスになるかならないかは、何があったかではなく、何を感じたかで決まる」と学んだことがある。まさにその通りだと思った。怖いはずの地震体験が、無事で良かったという体験に変化したのだ。余震の怖さも、きっと半減しているのだろう。

揺れが来たら、今は「大丈夫！」を使うようにしている。

◇お断り　「生きる」「ハマって数独」は休みました。

※6面から続く

（第3種郵便物認可）　熊本日日新聞　平成28年（2016年）5月14日 土曜日　社会 28

「災害考慮した復興を」

熊本地震で専門家

活断層 県内に複数

最大震度7が続けて襲った熊本地震は、布田川断層帯と日奈久断層帯の一部が活動したとされるが、政府の地震調査委員会は2013年に、県内にはほかにも地震を起こす恐れのある活断層があることを指摘していた。防災の専門家は「地震を含めた災害を考慮しながら復興を進めるべきだ」と訴える。

同委員会が同年2月に公表した地震の予測「九州地域の活断層の長期評価」は、九州を北部、中部、南部に分けている。このうち大分県の別府湾から長崎県の島原半島までの中部は、北部や南部に比べて活断層の活動度が高いと分析。4月16日の本震を起こした布田川断層帯布田川区間は九州中部に含まれる。同区間について同評価は、今後30年間でマグニチュード（M）7・0の地震が起きる確率を「ほぼ0〜0・9%」としていた。一方、14日の前震を起こした日奈久断層帯の高野−白旗区間の確率は「ほぼ0」。県内としては比較的確率が低い区間でも起きた形だ。

同委員会は同評価でも、地震が起きる確率や規模の予測に必要な過去の活動歴、正確な位置、形状などが分かっていない断層があると指摘。複数の断層が連動して活動する恐れもあるとして、多様な形態の地震を考慮した評価手法も検討する必要があるとしている。

熊本地震の発生で、断層の状態には変化が生じたとみられる。同委員会事務局は、今後、研究・分析が進んで新たな学術的知見が得られた場合、布田川断層帯と日奈久断層帯の評価を見直す可能性があるとしている。

同評価は、同断層帯のほか、緑川断層帯や人吉盆地南縁断層などでも確率を示している。

県地域防災計画の策定に携わった熊本大減災型社会システム実践研究教育センター長の松田泰治教授は「地震評価の対象にならない比較的短い活断層も県内には複数あり、地震はどこでも起きる可能性がある」とした上で、「復興では、地震や水害などの災害も考慮し、安全な場所への人口の集約を促すような施策が必要ではないか」と話している。（鹿本成人）

熊本県周辺の活断層（2013年公表）

	断層帯名称	区間名称	地震の予想規模（M）	30年以内の地震発生確率（%）
A1	布田川断層帯	布田川区間	7.0	ほぼ0〜0.9
A2		宇土区間	7.0	0.7
A3		宇土半島北岸区間	7.2以上	0.5
B1	日奈久断層帯	高野−白旗区間	6.8	ほぼ0
B2		日奈久区間	7.5	ほぼ0〜6
B3		八代海区間	7.3	ほぼ0〜16
C	別府−万年山断層帯	崩平山−亀石山断層帯	7.4	ほぼ0
D1	雲仙断層群	南東部	7.1	3
D2		北部	7.3以上	11以下
D3		南西部北部	7.3	ほぼ0〜4
D4		南西部南部	7.1	0.5〜1
E	緑川断層帯		7.4	0.04〜0.09
F	阿蘇外輪南麓断層群		6.8	−
G	鶴木場断層帯		6.8	−
H	国見岳断層帯		6.8	−
I	人吉盆地南縁断層		7.1	1以下
J	水俣断層帯		6.8	−
K	出水断層帯		7.0	ほぼ0〜1

※2013年の地震調査委員会の資料を基に作成。−は簡便な評価をした断層のため推定値なし。

今後も強い揺れ注意

地震調査委

政府の地震調査委員会は13日の定例会で、マグニチュード（M）6・5の地震後に、M7・3の本震が発生した熊本地震を受け、余震発生確率を出す手法を見直すことを決めた。8月をめどに結論を出す方針。

今回の地震で、気象庁は前震翌日の4月15日に、3日間に震度6弱以上の余震が発生する確率を20%と発表。宇城市では16日の本震で亡くなった12人のうち、少なくとも6人がいったん避難しながら家に戻った人だった。

委員長の平田直・東京大教授は、終了後の記者会見で「これまで通りの本震・余震型の予測では不十分。最新の知見を反映させたい」と説明。気象庁の発表については「専門家にとってはかなり高い数字だが、メッセージが伝わっていなかった」として情報の伝え方も改善する考えを示した。

今後の地震活動の見通しについては、1975年に阿蘇でM6・1の地震が発生した1カ月後に大分県西部でM6・4の地震が発生した事例などから、「最低2カ月は震度6弱以上の地震が発生することも否定できない」との意見をまとめた。

平田氏は情報発信を強化する狙いで「委員長見解」を初めて発表。今後も強い揺れに注意するよう重ねて呼び掛けた。調査委は有識者19人で構成。4月の前震と本震後に1回ずつ臨時会を開いた。（内田裕之）

被災生徒らの心をケア

熊本市全42中学校 カウンセラー配置

熊本市教育委員会は、熊本地震による児童生徒の心のケアにあたるため、市内の全42中学校にカウンセラーを配置した。校区内の小学校も巡回し、子どもたちが抱える不安や悩みの相談に応じる。

市は震災前から西山中など21校にスクールカウンセラーを置いていたが、学校再開後、子どもの震災ストレスを考慮し、カウンセリング対象を全中学校に広げた。日本臨床心理士会の協力を得て、スクールカウンセラーや学校心理士約50人を各校区に常駐させる。

活動は来年3月までを予定。学校再開時に全児童・生徒を対象に実施した体調などを尋ねるアンケート結果などを基に、対応事案の多い学校へは重点的に人員を配置する。（石本智）

陛下、熊本地震見舞いに感謝

クウェート首相と会見

クウェートのジャビル首相と会見される天皇陛下＝13日、皇居・御所

天皇陛下は13日、住まいの皇居・御所でクウェートのジャビル首相と会見された。熊本県を中心に相次いだ地震の災害に対し、ジャビル氏や国家元首のサバハ首長からお見舞いの電報が届いていたといい、陛下は「感謝します」と述べられた。宮内庁によると、ジャビル氏は「クウェートにとって日本は真の友人であって、当然のことです」と応じたという。

陛下は会見で「日本は世界でも自然災害が多い国の一つですが、クウェートはいかがですか」と質問。ジャビル氏が「災害はほとんどありませんが暑さの問題があります」と答えると、陛下は「気候変動の影響はありますか」と尋ねられていた。

被災者は思う

2016.5.14

地震はね返す活動を

浦本晴美さん（51）＝地域おこし団体スタッフ、宇土市長浜町

JR網田駅の駅カフェスタッフです。店内は壁がはがれ休業中。地元を元気にしたいと先日、駅近くの御輿来海岸干潟景勝地で即席カフェをしました。多くのカメラマンから「応援しています」とエールをもらいました。売り上げは市に寄付します。ささやかな活動ですが、地震をはね返すつもりで、ほかの場所でもしたいと考えています。

避難所から家探しに

森川竹雄さん（68）＝無職、西区田崎

震災後から避難所生活を続けていましたが、自宅に応急危険度判定の赤紙が貼られたことを知り、家探しを始めました。この年になって住み慣れた家や街を離れるのはとても辛いです。一日も早く普段の生活を取り戻したいのですが、罹災証明書の発行などに時間がかかっているのが現状。この生活がいつまで続くのか不安です。

私たちの経験、熊本に

宮城・南三陸町　避難生活の工夫など〝発信〟

「自分たちの経験をいち早く熊本に伝えたい」。2011年の東日本大震災で津波被害に遭った宮城県南三陸町の住民が、避難生活での工夫や体験をまとめたサイトをフェイスブックに開設した。熊本の避難者からの質問にも答える。

南三陸町は15メートルを超える津波が押し寄せ、避難を呼び掛け続けた女性職員が犠牲となった。町防災対策庁舎は骨組みだけが残った。

同町志津川地区では約600人が、2カ月ほど小学校で避難生活を続けた。避難所に自治会をつくり自主運営したという。住民らは大阪大の協力を得て、当時のノートなどを元に記録集を作った。

サイトはこれを基に開設。「公正さ重視の物資配給」「ごみ対策と衛生」など16項目を掲載。「避難所の早期解散など具体的な目標を掲げて団結したことが、次へのステップへつながった」などと助言している。

「熊本地震が発生したため、素早く情報発信する手段としてサイト開設を考えた」と同地区の阿部忠彦さん（54）。「志小避難所自治会記録保存プロジェクト」で検索。熊本の避難者がコメント欄などで質問すれば、アドバイスを返信する。（西山美香）

南三陸町の住民らが開設したフェイスブックのサイト。避難所での経験や工夫などを発信している

1億円超着服の元支店長を解雇

県信組

県信用組合（熊本市）は13日、個人ローンなどの融資金1億1419万円を着服したとして、宮崎県延岡市の北方支店長だった元男性職員（41）を懲戒解雇したと発表した。元支店長は同日、電子計算機使用詐欺の疑いで延岡署に逮捕された。

同信組によると、元支店長は2014年9月から今年2月まで、親族や知人などの名義を使って個人ローンなど計44件の融資を実行。競艇や借金返済に使ったという。

昨年12月、北方支店の融資額が高額だったため不審に思った同信組が調査を開始。2月下旬に元支店長の着服が判明し、聞き取りなどを続けていた。処分は同26日付で、延岡署には4月に被害届を出していた。

同信組は06年に宮崎県北部信用組合と合併し、同県内に北方支店と高千穂支店がある。島田万里理事長は「誠に遺憾。強い意志を持って再発防止に努める」とのコメントを出した。（宮崎達也）

「二百十日」の地 たどる

阿蘇市でバスツアー

漱石記念年 2016・2017

夏目漱石の小説「二百十日」の舞台となった阿蘇市を巡るバスツアーが13日あり、関東から来た参加者は文豪が描いた当時に思いをはせた。

今年から来年へ続く「漱石記念年」の関連行事。同市は熊本地震で被害を受けたが、1カ月になることを考慮し、くまもと漱石倶楽部（和田正隆会長）が予定通り主催した。

同倶楽部の会員を含む27人が、内牧の明行寺に到着。小説に登場するイチョウの巨木にもたれたり、石碑に見入ったりした。近くの温泉宿「山王閣」では、漱石が泊まったとされる部屋を残した記念館を見学。阿蘇神社にも足を延ばし、地震で倒壊した楼門などを目に焼き付けた。

東京の国松薫さん（44）は「初めての阿蘇で漱石先生が過ごした空気に浸れた」。「鎌倉漱石の會」の菅佐原智治代表（64）は「ツアーが少しでも被災地への応援になれば幸いです」と語った。

夏目漱石記念年10人委員会や熊日などは14日、熊本市のホテル日航熊本で記念年全国オープニング式典を開く。（清田秀孝）

夏目漱石の小説「二百十日」に登場する明行寺のイチョウの巨木を見上げる参加者たち＝阿蘇市

三菱自 本社社員が改ざん指示

走行試験 燃費目標達成できず

三菱自動車の燃費データ改ざん問題で、三菱自本社の社員が、軽自動車4車種の開発を委託した子会社の管理職に対し、走行試験のデータを改ざんするよう指示していたことが13日、国土交通省などへの取材で分かった。燃費目標をクリアできる数値が出なかったのが改ざんの理由。

国交省は同日、道路運送車両法に基づき東京都港区の三菱自本社を立ち入り検査し、担当者から聞き取りをした。

問題発覚直後にも同社関連施設を立ち入り検査しており、短期間での異例の再検査となった。必要に応じて益子修会長ら経営陣を聴取する方針。

B型肝炎訴訟 11人新たに和解

熊本地裁

集団予防接種の注射器使い回しによるB型肝炎被害者が救済を求めている全国訴訟で、熊本地裁に提訴していた原告のうち11人が13日、国と和解した。

和解したのは肝がんや慢性肝炎、無症候性キャリアを患った40〜60代の男女。国は症状に応じ、各3600万〜50万円を支払う。

同地裁で和解した原告は遺族を含めて177人（被害者157人）、係争中の原告は67人（同61人）となった。（中村勝洋）

抑留死亡者 67人を追加

厚労省

厚生労働省は13日、終戦後に旧ソ連に抑留され、シベリア地域と樺太地域で死亡した計67人の身元を新たに特定し、漢字氏名や出身都道府県を同省ホームページで公表した。昨年4月以降に公表した約1万5千人の名簿と日本側資料を照合して確認した。

内訳は、シベリア地域が49人、樺太地域が18人で、出身地は熊本を含む32都道府県。自治体を通じて遺族に連絡し、名簿の該当部分や収容時の身上申告書など関係資料を渡す。県出身者は、シベリア地域で亡くなった山本武作さん。

◇お断り　連載「家族 らい予防法廃止20年」は休みました。

◆ベッキーさん、テレビで謝罪

不倫騒動を受けて2月から休業していたタレントのベッキーさん（32）＝写真＝が13日、TBSのバラエティー番組「中居正広の金曜日のスマイルたちへ」に出演し、番組の冒頭で週刊誌などで交際が報じられたロックバンド「ゲスの極み乙女。」のメンバー川谷絵音さん（27）の元妻の女性に謝罪したと明かした。

◆再雇用で賃金引き下げ「違法」

横浜市の運送会社を定年退職後、有期契約で再雇用された運転手3人が「仕事内容は全く変わらないのに、賃金が引き下げられたのは理不尽だ」として起こした訴訟の判決で、東京地裁は13日、引き下げを違法と判断し、運送会社に定年前と同水準の賃金を支払うよう命じた。労働契約法20条は有期契約の労働者と正社員の待遇に不合理な格差を設けることを禁じている。

◆佐藤天八段勝ち2勝1敗

将棋の第74期名人戦7番勝負の第3局は12、13の両日、鹿児島市で指され、挑戦者で後手の佐藤天彦八段（28）が76手で羽生善治名人（45）を破り、対戦成績を2勝1敗とした。

◆天草エア、終日欠航

天草エアラインは13日、車輪を格納する装置の不具合を解消できず、始発から全10便を欠航した。14〜15日も全便欠航する。フランスからの部品到着が15日の予定で、16日以降の運航は未定という。

肥後狂句　安藤黒竜選

となり村　タケノコ掘りィ行くところ　宇城 岩本 弘子

初心者に是非とも見習って欲しいと思う作品。笠に忠実に付いていて、しかも表現が素直。並みのベテランでは気づかない思いつきである。

となり村　橋の崩れて遠まわり　菊池 水谷 ミネ

屋根の上　シートで急場しのがした　花立 上田 輝男

となり村　かずら橋から渡ります　合志 中原 君久

止せばよいのに　利用されとるばあっかり　武蔵ヶ丘 津田わかん

となり村　最年少が五十げな　山鹿 片山森林木

屋根の上　ついでに爪も取ってやり　山鹿 吉里 結香

止せばよいのに　口挟むけん怒鳴らるる　八代 藤崎 洋介

次題▽少しずつ▽花植えて▽まあ坐れ。はがきに5句以内、5月21日まで。〒861−2236、益城町広崎686、安藤黒竜氏あて。

第4403回数字選択式全国自治宝くじ（13日）

ナンバーズ3

◇抽せん数字　339
ストレート（9万8400円）72口
ボックス（3万2800円）227口
セット・ストレート（6万5600円）169口
セット・ボックス（1万6400円）271口
ミニ（下2ケタ）（9800円）656口

ナンバーズ4

◇抽せん数字　0483
ストレート（143万1800円）12口
ボックス（5万9600円）289口
セット・ストレート（74万5700円）37口
セット・ボックス（2万9800円）1400口

第160回ロト7宝くじ（13日）

本数字　01 02 08 24 32 36 37
ボーナス数字　23 33

1等　本数字7個一致（2億5579万5700円）2口
2等　本数字6個とボーナス数字1個一致（1865万7900円）5口
3等　本数字6個一致（138万9400円）94口
4等　本数字5個一致（1万1200円）6795口
5等　本数字4個一致（2100円）87158口
6等　本数字3個とボーナス数字1個または2個一致（1100円）151192口
キャリーオーバー（0円）

（第３種郵便物認可）　熊本日日新聞　平成28年（2016年）5月14日　土曜日　社会　30

テントで涙 でも前へ

仮設住宅入居 513世帯が希望

益城町 避難者に意向調査

益城町は13日までに、熊本地震で避難を続けている町民の意向調査の結果をまとめた。回答した1244世帯のうち、約6割に当たる692世帯が、避難理由に「家屋が大きく壊れて住めない」を挙げ、家屋の倒壊が相次いだ町内の被害を裏付ける結果となった。残り4割、余震への不安や断水を理由としている。

家屋破損を避難理由に挙げた住民のうち、約7割の513世帯は「仮設住宅に入居したい」と回答。このうち421世帯は「町内」で建設される仮設住宅を希望した。「民間賃貸住宅や県営住宅など」への入居を望んでいるのは59世帯だった。

仮設住宅については県が町内で160戸を着工済み。町は当初、2000戸が必要と試算していたが「町民意向調査や建物の被害認定調査を踏まえ、あらためて必要戸数を決め、県とも協議する」としている。

調査は4月30日～5月3日、町指定避難所12カ所で実施。車中泊の世帯も対象にした。

一方、町は総合運動公園のテント村に避難生活者の約760人を、新設する屋内避難所へ移す計画を示した。5月末をめどに移動するよう13日から呼び掛けを始めた。暑さや梅雨時の雨で健康への影響が危ぶまれるためで、移転先は町総合体育館メインアリーナなど町内外の6カ所を想定。車中泊などの避難住民も受け入れる。（益田大也）

今はどん底 進むしかない

一家5人避難生活　益城町の福嶋さん

4月14日の震度7から1カ月、一家5人のテント暮らしが続く。益城町宮園の福嶋加良子さん(31)は、日常を求めて「ぼちぼち進むしかない」とつぶやく。8年間住み慣れた借家は「赤紙」が張られた。職場は休業。住まい、仕事、子育てはどうなるのか。大きな不安はときに涙に変わる。「焦りはあるけど頑張りすぎない」。少しだけ前を向く。

益城町総合運動公園のテント村で避難生活を送っている福嶋加良子さんと子どもたち＝13日午後、同町（大倉尚隆）

夫と小学生の子ども3人。4月14日夜、着の身着のまま車で避難した。「屋内で寝るのは怖かった」。町総合体育館、グランメッセ熊本、益城中央小の駐車場を転々とし、8人乗りワンボックスカーで寝泊まりした。

後部座席を倒して平らにし、夫婦で子どもを挟むように寝た。地震で車体が倒れたら、子どもを守れると思った。車内から窓を割るスパナも常備した。

余震、エコノミークラス症候群も心配で、2週間が限界だった。4月下旬、空きの出た町総合運動公園のテント村へ。「子どもの笑顔が支え。でも避難がいつまで続くのか」。友達と遊ぶわが子を見つめ、福嶋さんは1カ月を振り返った。

テント村で約760人が暮らす。「体を伸ばせる。寝心地はいい」。雨風は気になるが、プライバシーもほぼ守られ、大きな不便は感じない。配られる食事も足りている。13日昼はカレーライスとソーセージパンだった。「おいしかった」。子どもたちも喜んでいた。

しかし、将来の生活を考えると表情は晴れない。夫の大樹さん(38)は住宅外構工事の業者に勤めていたが、地震で資材を仕入れられず休止。5月下旬から再開の見通しが立ったが、それまで建築現場のアルバイトでしのいだ。

福嶋さんが勤めていた嘉島町のショッピングセンター内の飲食店も、被災して休業が続く。失業手当を申請したが、復職のめどは立たない。

「私たち夫婦はいいんです」。最も気になるのは、子どもたちの「内面」だ。話が及ぶと、せきを切って涙があふれ出た。

「ゲームをしている時に地震が来て、家が壊れる。そんな夢をしょっちゅう見る」と小6の長男壱弥君。ともに小1の次男大弥君と長女亜衣佳さんからは「だっこ」をせがまれる回数が増えた。「3人とも元気に見えて、内面は不安定かもしれない」

福嶋さんも不安定な精神状態が続いた。「避難当初は夜になるのが怖かった」。現実を受け止められず、暗い車の中で、ひたすら泣いた。

でも、少しずつ前を向こうと思う。「地震前の日常と同じことをした方がいい」と勧められ、久しぶりに化粧した。少しだけ張りが出てきた気がした。何げない会話で気がほぐれる。「徐々に笑うことが増えたかも」

「子どものため、学校は変えたくない」と夫婦で話し合い、益城中央小校区で住まいを探す。地震を恐れ、2階建てやアパートは避けたいが、平屋はなかなか見つからない。

「今はどん底」。落ち着いた暮らしはまだ見えないけれど、その日に向かって一歩ずつ5人で歩いていく。（中村勝洋）

リモコン…？

在熊ミュージシャン、タレントら

勇気与える 55人の歌声

被災者応援歌 ネットで配信

熊本地震の被災者を音楽で応援しようと、ロックバンド「C—C—B」の元ボーカル兼ドラムの笠浩二さんら在熊のミュージシャンやタレントら55人で歌い継ぐ楽曲「明日へのエール」が、インターネットで無料配信されている。被災者を優しく励ます歌声は、明日への一歩を踏み出す勇気を与えてくれる。

同曲は、2012年の九州北部豪雨の被災者を勇気づけようと、タレントの英太郎さんが作詞作曲した。今回の地震で、南阿蘇村の自宅で被災した笠さんが発起人となり、レコーディングへの協力を仲間に呼び掛けた。笠さんは「前向きになれる歌詞がいいんです。この曲でやりたかった」と話す。

「明日へのエール」のレコーディング風景。2段目左から、英太郎さん、黒木よしひろさん、イベントで歌う笠浩二さん

＜止まない雨はない　今日は必ず終わる　下を向いてちゃ何も見えない＞—。55人で数小節ずつ歌い継がれる「明日へのエール」。英太郎さんは「歌っている僕たちも被災者。みんな地元にいて、みなさんに寄り添い、一緒に頑張りたい。遠い先より、まずは今日と明日をという思いがある。その積み重ねが日々を取り戻すことにつながる」と話す。

レコーディングのリーダーを務めたタレント黒木よしひろさん。仲間の思いについて、「僕らが一つになって何かやったら、それを耳にしたら、少しは日常を取り戻してもらえるかもしれないと思った」と代弁する。

「明日へのエール—once again—プロジェクト」のホームページで、曲を無料配信中。プロモーションビデオも動画サイト「ユーチューブ」で見ることができる。

プロジェクト立ち上げに関わったフリーディレクター竹原克彦さんは「『アンパンマンのマーチ』のように、被災者に力を与えられるような曲になれば、うれしい」と話している。（吉田紳一）

5月14日の飛来予測

	九州北部 大気汚染粒子	九州北部 黄砂	九州南部 大気汚染粒子	九州南部 黄砂
6-12	非常に多い	少ない	やや多い	少ない
12-18	多い	少ない	やや多い	少ない
18-24	多い	少ない	多い	少ない
15日	多い	少ない	多い	少ない

非常に多い：注意喚起レベル　多い：環境基準値程度　やや多い：大気が少しかすむ　少ない：清浄

予測システム「スプリンターズ」開発チーム提供

9日間の天気　Weather Report

14(土)　15(日)　16(月)　17(火)　18(水)　19(木)　20(金)　21(土)　22(日)

札幌　東京　名古屋　大阪　広島　福岡　熊本　長崎　佐賀　大分　宮崎　鹿児島　那覇

のち　時々

◆480地点で夏日　日本列島は13日、高気圧に覆われて青空が広がり北日本や東日本を中心に気温が上昇、最高気温が25度以上の夏日は480地点を超えた。週末も全国的に好天となる見通しで、気象庁は熱中症に注意を呼び掛けている。

県内も気温が上がり、熊本市27・4度、益城町26・1度、南阿蘇村25・7度だった。

14日　午前9時 1m　午後3時 2m

阿蘇山の風向予想（日本気象協会tenki.jpより）

きのうの気温　13日

（天気・湿度は15時、県内の気温は0時―17時、△印は低め）

	最高	平年比	最低	平年比	湿度	天気
熊本	27.4	2.1	18.0	3.2	41%	曇
牛深	26.1	2.5	17.8	1.7	40%	―
人吉	27.7	2.9	13.9	0.8	48%	―
阿蘇	24.9	3.1	13.0	2.7	―	―

（阿蘇山上の最高気温は20.0度、最低気温は11.0度）

	最高	最低	天気
福岡	24.4	16.9	曇
佐賀	27.2	18.1	曇
長崎	25.5	18.1	曇
大分	24.5	13.7	曇
宮崎	25.2	14.3	晴
鹿児島	27.3	17.3	晴
那覇	29.0	23.8	晴
松江	24.2	12.2	曇
広島	24.9	15.9	曇
高松	26.6	12.9	曇
大阪	26.1	16.6	曇
京都	28.9	14.6	曇
名古屋	27.0	15.1	晴
長野	26.8	14.4	晴
東京	26.5	16.5	快晴
新潟	25.2	13.0	晴
仙台	23.1	11.5	曇
秋田	24.4	9.6	晴
札幌	24.0	8.0	晴

潮ごよみ

旧暦4月8日（14日）　小潮・月齢 7.3

日出 5時19分　日入 19時08分　月出 12時24分　月入 0時56分

	満潮	干潮
三角	2.22 / 14.25	8.40 / 21.00
水俣	2.23 / 14.21	8.40 / 20.56
牛深	2.10 / 13.58	8.24 / 20.20
玉名	2.32 / 14.35	8.50 / 21.10

旧暦4月9日（15日）

	満潮	干潮
三角	3.39 / 16.09	10.11 / 22.23
水俣	3.41 / 16.08	10.14 / 22.21
牛深	3.23 / 15.39	9.50 / 21.41
玉名	3.49 / 16.19	10.21 / 22.33

新聞定価1カ月　朝刊のみ＝3,093円(税込み)、朝夕刊セット＝3,460円(税込み)　朝刊1部売り＝120円(税込み)

くまモン　絵：サダタロー／監修：小山薫堂

くまモン驚かし!!

長引く避難　いつまで

熊本地震1カ月

県内1万人超　不安と苦悩

「余震怖い」「住む所なか」

西原村民体育館で避難生活を続けている田村優子さん家族＝13日午後、西原村（岩崎健示）

県内では13日現在、1万人以上が避難所での生活を強いられている。自宅が壊れた、余震も怖い—。いつまで心身を擦り減らす日々が続くのか。被災者は不安と苦悩を抱えながら、熊本地震の前震から1カ月を迎える。【1面参照】

3474人が避難を続ける益城町で、最多の約1350人が身を寄せる町総合体育館。13日午後4時半、あと30分で始まる夕食の配給を前に約30人が列をつくった。

妻と2人で避難中の丸内英一さん(67)は「避難生活には体力がいる。ちゃんと食べんと」。自宅は全壊。大きい余震が減ったこともあり、13日は自宅に戻り、スーツをクリーニングに出した。「1カ月はあっという間だった。これから暑くなるし、梅雨も来る。仮設住宅に入るまで長く感じるかもしれない」と不安をのぞかせた。

9日再開した同町の広安小は、体育館と一部の教室が避難所。2人の息子と避難する中島たつ子さん(65)は午後5時ごろ、飲み物などを差し入れた友人を見送った。「人のつながりが支えです」

4月14日から避難し、16日の本震では住んでいた自宅アパート1階がつぶれた。「もしかしたら死んでいたかもしれない」と振り返り、「1カ月間生き永らえました」と表情が明るくなった。

阿蘇熊本空港ホテルエミナースでは、近くの会社員渡辺美樹さん(41)が午後6時ごろ、中2の長女と小5の長男と一緒に炊き出しのうどんをすすった。「娘の食欲がまだ戻っていない。心配です」。食べ終えたら、風呂や洗濯機を使わせてくれる菊陽町の知人方に向かうのが日課だ。

避難者数はピーク時の4月17日から17万人ほど減った。地震の回数が減り、断水なども解消されたためだ。避難所に残された人は、自宅に住めないなど被害が大きいか、1人暮らしの高齢者など不安を抱えた人が多い。

南阿蘇村の南阿蘇中体育館に避難している近くの無職渡辺知俊さん(80)は、地震前まで一切なかった右手首の痛みに悩む。「物を運ぶのも難しい。昼間の片付けは、一緒に避難している妻に任せきり」という。

余震とともに雨を恐れる避難者も。同村の久木野総合福祉センターに避難中の農業渡邊みよ子さん(81)は「自宅の片付けは終わり、いつでも戻れるが土砂災害が怖くて帰れない」と漏らす。

西原村民体育館に避難している田屋アツコさん(86)は膝が悪い。「ボランティアの人にマッサージしてもらうと、気持ちよか」。だが、1人暮らしの自宅が倒壊し、「住む所がなか。仮設住宅に入れるといいが駄目だったら…」と不安そうだ。

「この1カ月、時が止まったようだった」と振り返るのは、熊本市北区の主婦田村優子さん(32)。西原村の実家で被災し、同体育館で長男健真君(4)と次男幸大君(2)と暮らした。

週明けから長男を幼稚園に通わせるため、早ければ14日にも帰宅する。子どもたちは避難所スタッフや高齢者になつき、「たくさん遊んでもらい、夜はぐっすり寝てくれた」と感謝した。

（熊本地震取材班）

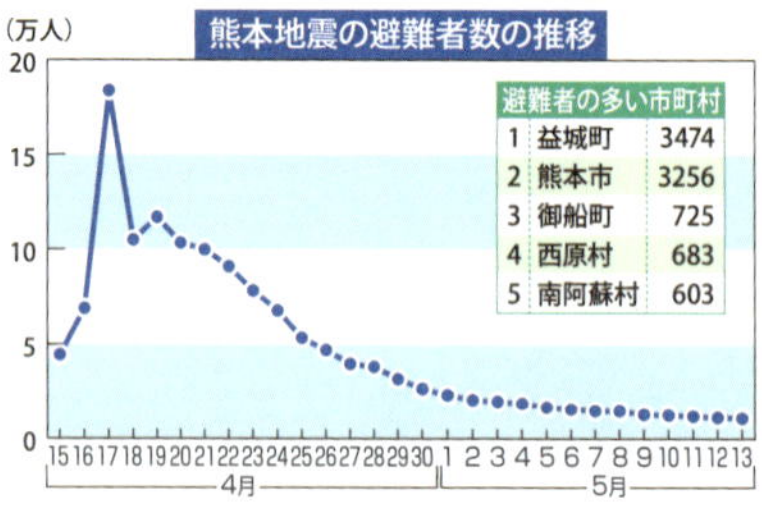

熊本地震の避難者数の推移

（万人）　0〜20　4月15日〜5月13日

避難者の多い市町村		
1	益城町	3474
2	熊本市	3256
3	御船町	725
4	西原村	683
5	南阿蘇村	603

黒川第1発電所付近を調べる九州電力の担当者ら＝13日午後、南阿蘇村

黒川発電所周辺を調査

九電　立野地区の土砂災害で

九州電力は13日、熊本地震による黒川第1発電所（南阿蘇村立野）の貯水槽の損壊と、周辺で起こった土砂崩れに関する現地調査を始めた。初日は土砂のたまり具合などを調べた。

九電によると貯水槽はコンクリート壁が壊れ、4月16日未明の本震直後から推定約1万トンの水が流出。一方、土砂崩れによって20㌶以下の立野・新所区で夫婦2人が亡くなっている。地形や地質の専門家らを加えた計25人が調査入りした。

13日は避難路を確保し、二次災害防止の警報装置を設置。17日までに①地形と地質、土砂のたまり方と流れ方②土砂の到達具合③建造物の損壊状況—を調べ、結果を基にさらに必要な調査内容を検討。その後、第三者を交えて評価・検証する。結論を示す時期は「未定」としている。

ただ地震直後から地元住民らは、流出した大量の水が土砂崩れを引き起こしたのではないかと指摘、早急な調査を求めている。13日、家族やボランティアと一緒に自宅を片付けていた中尾光昭さん(78)は「九電の調査結果を待ち、新所区として対応を考えたい」と話した。

黒川第1発電所をめぐっては、崩落した阿蘇大橋の上部斜面を横断する水路も寸断され、推定約20万トンの水が流出。九電は被害状況の把握は必要としながらも、具体的な調査計画は立っていないという。（中村悠）

舛添都知事

私的支出認め謝罪

政治資金で宿泊、飲食

東京都の舛添要一知事は13日記者会見し、自身が代表を務めていた政治団体の政治資金収支報告書に、家族との宿泊費や私的な飲食費計45万5505円を計上していたとして「深く反省し、二度とこのようなことがないようにしたい」と謝罪した。近く報告書を訂正し、返金する。「全力を挙げて信頼を回復し、都民のために今まで以上に働く」とし、知事の職務を続ける考えを強調した。

知事に就任する前に代表を務めていた「グローバルネットワーク研究会」（解散）の収支報告書によると、2013年1月と14年1月に千葉県木更津市内のホテルに「会議費用」として計37万1100円を支出。知事は「事務所関係者らと都知事選挙への対応などの会議をした」とした上で、「家族と宿泊していた部屋を利用した。政治活動だが、懸念を招いた」とし、報告書を訂正するとした。

さらに、同研究会や別の政治団体の収支報告書に記載されている、都内の自宅や、神奈川県湯河原町の別荘近くの飲食店3店での計5件8万4405円分の支出に「私的な飲食費が含まれていた」と説明した。

知事は「（収支報告書の作成を）会計責任者に任せ、詳細を十分に把握していなかった」と釈明した。

福岡空港滑走路も工事データ改ざん

東亜建設工業

東亜建設工業（東京）が羽田空港の滑走路工事でデータを改ざんしていた問題で、同社は13日、同じ工法で実施した福岡空港の滑走路と、羽田、松山両空港の誘導路の工事でも改ざんをしていたと明らかにした。今後の通常運用に問題はないが、国土交通省は対応策を示すよう指示した。建設業法に基づき、同社を営業停止処分にする方向で検討している。

東京・霞が関の国交省で記者会見した同社の松尾正臣社長は「極めて重大な事態。未然に防げず申し訳ない」と謝罪した。

国交省によると、改ざんがあったのは、大地震時の液状化を防ぐため、地中に通した管から薬液を流し込み、地盤を改良する工事。計画通りに薬剤を注入できなかったのに、予定通り施工したようにデータを改ざんし同省に報告していた。

福岡空港では、2014年度と15年度に別々の場所の工事を受注しており、薬液の注入量はそれぞれ予定量の約43％と約38％だった。

有川　清次さん（ありかわ・せいじ＝元社会党衆院議員）13日午前1時38分、老衰のため鹿児島県鹿屋市の老人ホームで死去、86歳。鹿屋市出身。自宅は鹿屋市寿5の18の16。お別れの会は14日午前10時半から鹿屋市王子町3967の3、池田葬祭斎場やすらぎ苑で。喪主は妻ヒロ子（ひろこ）さん。

鹿児島県議などを経て90年に衆院旧鹿児島3区で初当選。1期務めた。

1　(昭和17年4月1日第3種郵便物認可)　第26647号　(日刊)

熊本日日新聞　夕刊
発行所　熊本日日新聞社　〒860-8506　熊本市中央区世安町172　☎代表(096)361-3111　©熊本日日新聞社2016年
2016年(平成28年)　5月14日　土曜日

熊本地震1カ月　自宅大丈夫　でも…

県内100人アンケート

余震恐怖　避難所に1割

熊本地震から1カ月。県内の避難者100人を対象に実施したアンケートで、自宅で生活できるにもかかわらず、不自由な避難所に今も身を寄せている人が1割近くいることが判明した。大地震への恐怖が植え付けられ、苦しむ姿が浮き彫りになった。被害が大きかった地域では、自宅再建のめどが立たない理由として、余震が収まらないことを挙げる人もいた。

熊本市東区の松本達子さん(77)が1人で住むマンションは壁にひびが入った程度で済み、多くの住民が戻った。しかし、松本さんは今も避難所暮らしだ。

揺れの直後に玄関ドアが開かず閉じ込められそうになった。かろうじてベランダから逃げたが、この経験から「部屋に入ると息が苦しくなる」と話す。引っ越しを考えているが「ちょうど良い物件がないし、体調が悪いので引っ越し作業もできそうにない」と途方に暮れている。

益城町の自営業谷口泰志さん(46)は傾いた自宅の再建を目指している。ただ、余震が収まらない状況に「修理している途中に大きな揺れが来たら、と思うと不安になる」と踏み切れずにいる。公的な支援を受けるのに不可欠な罹災証明書も発行されず、町内の避難所近くに張ったテントで妻と愛犬2匹とともに暮らしている。

アンケートでは避難所生活の不自由さも改めて浮かび上がった。半数近くがゆっくり眠れないと回答。「他人のいびきが気になる」(東区の62歳男性)、「子どもがうるさい」(南阿蘇村の62歳男性)。車中泊を続ける益城町の女性(55)は「他の車のライトが気になる」と漏らした。

断水が解消されていない地域などでは屋外に仮設トイレが設置されているが、益城町の川越洋三さん(62)のように「雨の日に外に行くのが大変」とこぼす人も。東区の中村直美さん(67)は「遠いから我慢してしまう」と打ち明けた。

自由に洗濯や入浴ができない環境への不満も多い。東区の女性(32)が身を寄せる公民館は洗濯機が1台だけで「知人宅で洗濯している」という。営業を再開した民間の入浴施設は混雑している。「1カ月間一度も風呂に入っていない」(東区の60代の女性)という人もいた。

アンケートは、共同通信が10～12日、熊本市や益城町など6市町村の避難所にいる人などに聞き取って実施した。

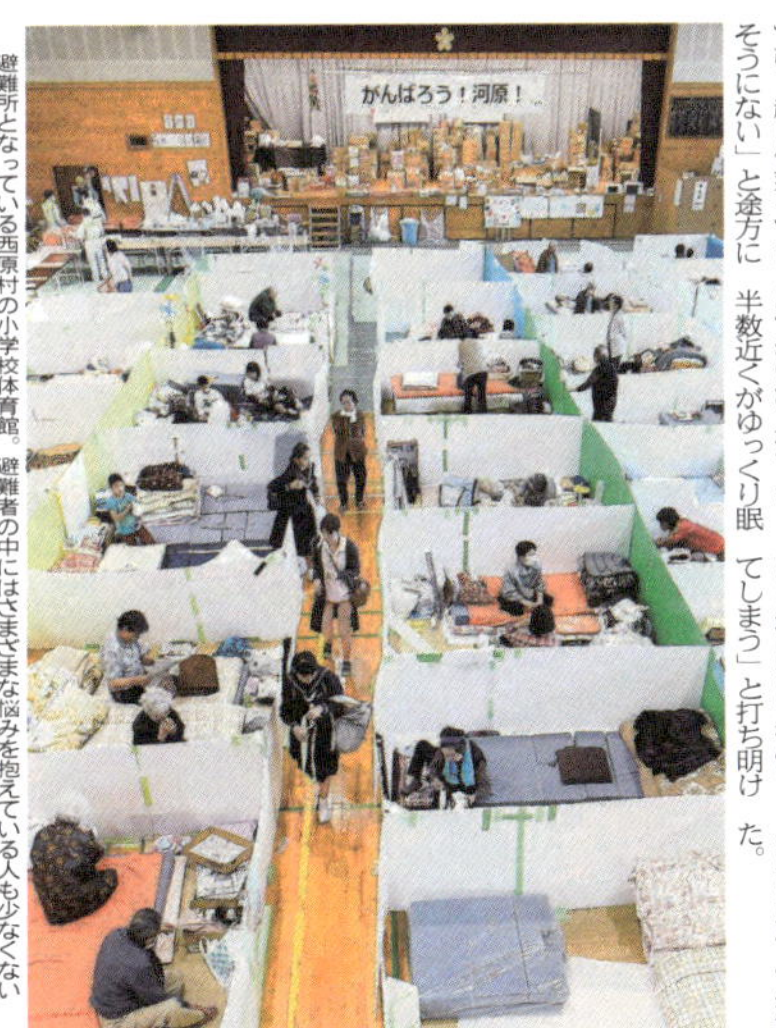

避難所となっている西原村の小学校体育館。避難者の中にはさまざまな悩みを抱えている人も少なくない＝13日(写真と本文は関係ありません)

鶴屋本館が営業再開

熊本地震の影響で休業していた鶴屋百貨店は14日、熊本市中央区の本館で一部フロアの営業を再開した。県内唯一の百貨店だけに、開店前から買い物客が並んだ。再開したのは化粧品や雑貨などを扱う1階のほか、地下1、2階の食品売り場。同店は6月1日までの全館再開を目指し、順次営業フロアを増やしていく。

鶴屋本館に入店する買い物客ら＝14日午前10時ごろ、熊本市

ニュース速報

気象庁「引き続き注意を」

熊本地震で14日、気象庁の青木元・地震津波監視課長が記者会見し「発生から1カ月たち、減衰傾向にあるが、今なお活発な状況で、引き続き強い揺れに十分注意してほしい」と述べた。一連の地震で熊本地方と阿蘇地方では最大6弱程度、大分県中部では最大5強程度にそれぞれ最低1カ月の注意が必要と説明した。

川内原発周辺「地震ない」

鹿児島県の伊藤祐一郎知事は13日の定例記者会見で、再稼働した九州電力川内原発(同県薩摩川内市)周辺で熊本地震と同様の地震が発生する可能性について「ないと思う。文献上もあの地域ではない」と述べ、安全性を強調した。

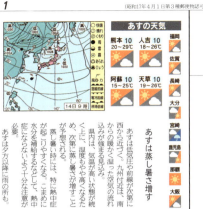

詳しくはあすの朝刊で

支えあおう 熊本
いま心ひとつに

あすの天気

地点	降水確率	気温
熊本	10	20～29℃
人吉	10	18～26℃
阿蘇	10	15～25℃
天草	10	19～26℃

福岡　佐賀　長崎　大分　宮崎　鹿児島　那覇　大阪　東京　札幌

14日9時

あすは蒸し暑さ増す

あすは低気圧や前線が次第に西から近づく。九州付近は、南からの暖かく湿った空気の流れ込みが強まる見込み。

県内は、気温が高い状態が続く上に、湿度もやや高くなるため、次第に蒸し暑さが増すことが予想される。

蒸し暑い時には、特に熱中症が起こりやすくなる。こまめに水分を補給するなどして、熱中症にならないよう十分な注意が必要。

あすは夕方以降に雨の所も。

【正午の気温】(　)内はけさの最低
熊本 28.0(16.0)
人吉 27.9(13.8)
阿蘇 24.8(11.6)
牛深 25.6(16.8)

【15日】〈小潮〉
旧暦　4月 9日
日出　5時18分
日入　19時09分

(三角港)
満潮　3時39分　16時09分
干潮　10時11分　22時23分

のち　一時、時々　% 6時～12時降水確率

一筆　「いま心ひとつに」

熊本放送アナウンサー　木村 和也　2016.5.14

熊本の民放各局などは、合同で熊本地震復興応援メッセージ「支えあおう熊本　いま心ひとつに」を発信しています。CM撮影には私も加わりました。民放各局のアナウンサーが顔をそろえるのは、まれなケースです。

熊本地震発生から1カ月。恐ろしかった記憶は、簡単には拭えません。ただつらい現実の一方で熊本の郷土愛の強さ、人の優しさや弱さ、日常のありがたさなどにあらためて気付かされ、負けてたまるかという気にもなります。

復興と一口に言っても、今の熊本はお金や物がなければ成し得ない厳しい現実にも直面しています。そこにもう一つ大切なアクセントとなってくるのが、人の心。「支えあおう熊本　いま心ひとつに」は、そんな無形の力にも思いを込めた言葉です。

熊本には「どぎゃんかなっど」という方言があります。これは「多少のことには動じない気質」に加えて、「人に頼らない性分」という意味も垣間見えます。「もっこす」も同様で「頑固者」というイメージだけではなく「芯の強さ」も含まれています。「でけたしこ」は「多くを望まない」という熊本らしい言葉のように感じます。ただ、復興に向けて、良い面にも厄介な面にもなりそうな気も…。

時には人に頼ることで、皆が救われることもあります。震災という経験を共有する人々の思いを信じ、心ひとつに皆で動き支えあう気持ちも、新たな復興の力につながるに違いありません。民放が合同で、という試みも、そんな「いま心ひとつに」の表れなのだと思っています。

獣鼓子

自宅大丈夫、でも避難所へ。余震への恐怖に苦しむ熊本地震の被災者。住宅確保を急げ。

◇

どこまでも続く倒壊家屋、亀裂走る大地。被害集中する断層帯上。復興への道の険しさ。

◇

鶴屋本館が一部で営業再開。開店前から買い物客。熊本市中心部のにぎわい復活に弾み。

◇

家族との宿泊代も政治資金。舛添都知事、あきれた公私混同。謝罪も苦しい弁明ばかり。

新聞定価1カ月 朝夕刊セット=本体価格3,204円、消費税256円(税込み3,460円) 夕刊1部売り=50円(税込み)

熊本地震1カ月

「前向きにやらんと」

断層沿い 30㌔を歩く

県内を東西に走り、マグニチュード(M)7.3の地震を引き起こしたとされる「布田川断層帯」。熊本地震1カ月を前に、被害が集中した熊本市から南阿蘇村まで約30㌔、断層帯に沿って歩いた。

取り壊しを待つ自宅の壁に「ありがとう がんばるぞ熊本西原村」と書いた緒方志登一さん=7日、西原村

日常へ…再建誓う住民

熊本市中心部から南東へ約8㌔。市と南阿蘇村を結ぶ県道28号を南に曲がると、屋根を残して崩れ落ちた木造家屋が目に飛び込んできた。東区沼山津の住宅街。路面が波打っている。

2階が落ち、玄関だけが残った自宅のそばで農業中川有朋さん(69)、順子さん(64)夫妻がカーネーションの出荷作業を黙々とこなしていた。用水管が壊れ、田植えはできない。「地震で皆、暗くなってるけん、花で少しでも癒やしを与えられたら」と順子さん。有朋さんは「前向きにやらんと」とつぶやいた。

県道に沿って東に歩き、隣の益城町に入った。町を縦断する九州自動車道の高架をくぐると、まるで怪物にわしづかみにされたように家という家がつぶれている。被害のすさまじさに言葉を失った。

大きく傾いた2階建て住宅の前に、座り込んでいる男性がいた。「寝泊まりしている避難所から毎日帰ってくるけど、もう何をすればいいかわからんくて」。住川博美さん(81)の目がうるむ。「現実として受け入れるしかなかですよね」

町役場近くの同町木山周辺は「前震」の震度7を引き起こしたとされる「日奈久断層帯」と布田川断層帯が接する場所。崩れた民家の石垣が道をふさぐ。応急危険度判定で「危険」を示す赤紙を張られた家ばかりだ。

解体した家屋のがれきを重機がせわしなく運んでいた。酪農家松野敦子さん(61)宅は母屋や小屋など3棟が倒壊。「日がたつにつれて、帰る家がないんだと実感が湧いて…。元に戻るのにどれくらいかかるんだろう」と目頭を押さえた。

小雨が降る中、宮崎県串間市から来た作業員らが地面を掘り起こしていた。地下の水道管の継ぎ目がずれ、いたるところで水漏れしている。

通行止めの県道を迂回し、西原村へ。田園風景が広がる山道はあちこちに亀裂が走り、岩が転がる。近所の軒先を借りて生活している岡村准之助さん(66)に会った。自宅の鉄骨はあめ細工のように曲がり、天井が落ちて1階部分がなくなった。「この一帯は断層帯の真上で、どの家もひどかつよ」。近くの山肌は大きく削られ、雨のたびに避難勧告が出る。

取り壊しを待つ民家の壁に「ありがとう がんばるぞ熊本西原村」の文字。和食屋を営む緒方志登一さん(60)が警察や自衛隊、ボランティアに感謝を伝えるために書いた。「最初の1週間は何も手に付かなかったが、村に明かりをつけんと。絶対に再建する」

山道をぐるっと回り、南阿蘇村に到着。道は通行止めばかりだ。犠牲者が出た山荘「火の鳥」の土砂崩れ現場には廃材が積まれていた。

東海大阿蘇キャンパス近くの、アパートが並ぶ通称「学生村」。学生約800人の多くは実家に戻り、静まりかえっている。亀裂が走る田んぼの先に、崩壊した阿蘇大橋のあった場所が見えた。

橋本艶子さん(63)が経営していた下宿3棟は全て損壊。「先祖から継いだ土地だけど、断層があると知って住むのは怖い。どれだけの人が戻ってくるんだろう」とつぶやいた。

「日常」を奪われた多くの人々。復興への道の険しさに立ちすくみながら、それでも前を向こうとしている。(富田ともみ)

大きく傾いた自宅の前で、立ち尽くす男性=6日、益城町

▲東海大阿蘇キャンパス近くにある地震で倒壊したままのアパート=13日午後、南阿蘇村

▲通行止めになった県道28号に入った亀裂=7日、西原村

震源域100㌔「想定外」

気象庁 突きつけられた課題

県内で連続して震度7を記録した地震は、気象庁にとって「想定外」だった。活動は断層帯に沿って連鎖し、九州を斜めに横切るように長さ100㌔まで震源域が広がった。専門家はさらに南北方向に広がる動きを警戒している。

4月14日夜に「日奈久断層帯」の一部が活動し、マグニチュード(M)6・5の地震が発生。16日未明に北側を走る「布田川断層帯」でさらに大規模なM7・3の地震が起きた。これをきっかけに、両断層帯の延長線上に位置する大分県から阿蘇地方、熊本県南西部までの広い範囲で地震が活発化した。二つの断層帯が実質的にひとつながりの断層帯として活動したようにも見える。

今回のような内陸型地震が起きた後、さらに大きな地震が短期間のうちにすぐ近くで起きるケースはまれだ。気象庁は当初、14日の地震が本震と考えて余震への注意を呼び掛けたが、結果的に16日の地震に対する警戒が不十分だった可能性がある。気象庁はその後、16日が本震だったと見解を改め、防災上の課題も突きつけた。

熊本・大分の地震の広がり(イメージ)

4月14日以降に発生した地震の範囲

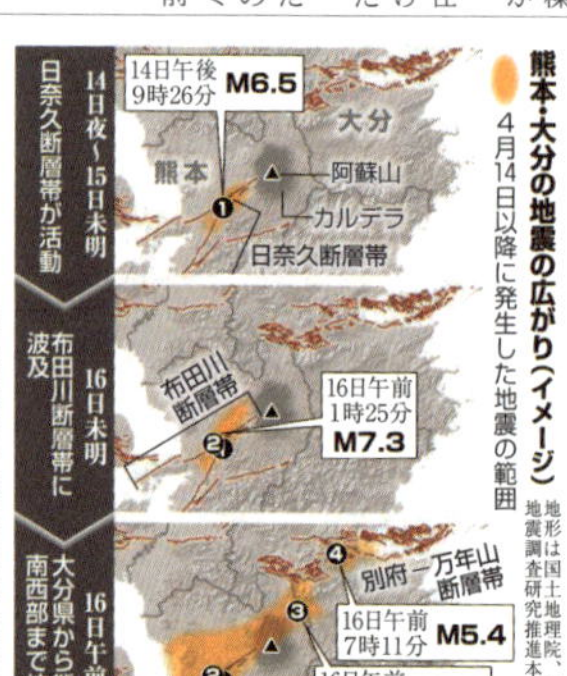
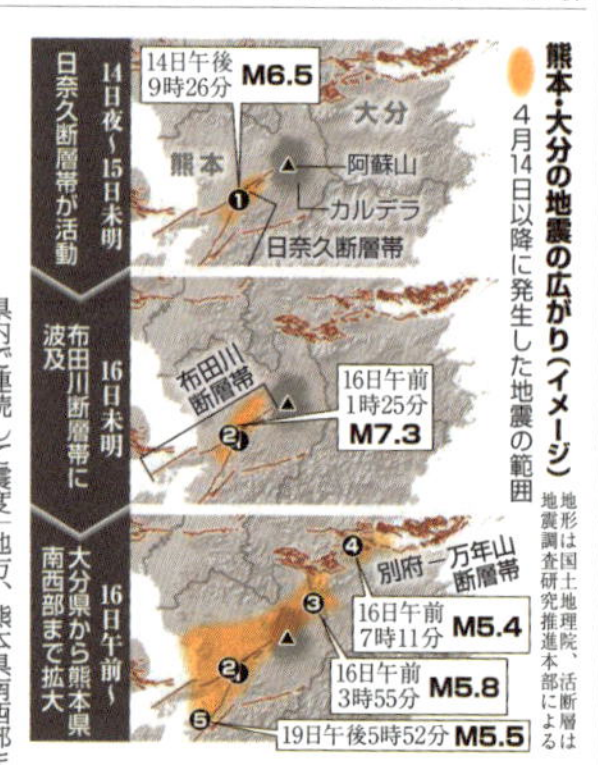

女性警官10人派遣

神奈川県警 県出身米村さんも

熊本地震の発生1カ月に合わせ神奈川県警は13日、熊本県警に派遣する女性警察官10人の出発式を開いた。熊本市中央区出身で帰省中に被災した米村秋穂巡査(24)も参加。「被災者の不安が少しでも和らぐように頑張りたい」と意気込む。

県警によると、15日から24日までの10日間、避難所などを巡回する活動に従事する。

米村巡査は、最初に震度7を記録した地震の直後に帰省し、16日の本震で被災。地域の力になりたいと支援物資も持参した。「家族の手助けだけで手いっぱいで、警察官として役に立てなかった」として、参加を希望。「余震も続き、避難生活は終わっていない。少しでも力になれれば」と話した。

熊本県警に派遣されることが決まり、意気込みを語る神奈川県警の米村秋穂巡査=13日午後、神奈川県警本部

社会・経済

四季の森 土肥あき子

はたと止む団扇の波や五月場所 武原はん女

東京両国の国技館で興行される五月場所。熱気に包まれた会場では観客の持つ扇や団扇がさんざめき、ひときわ華やかになる。取組に一喜一憂はつきものだが、ざわついていた場内が一瞬にして静まり返ることがある。人々の張り詰めた様子を「団扇の波が止む」と見たところに、寸前のにぎわいと、一転した静寂を活写する。舞いの名手であった武原はんは静と動があやなす美を力勝負の場でも発見する。

2016・5・14

県外フラッシュ

◆三菱自管理職「燃費目標達成は困難」

三菱自動車の燃費データ改ざん問題で、軽自動車の開発を担当した同社性能実験部の複数の管理職が、5回にわたり引き上げられた燃費目標について「達成は困難と事前に認識していた」と内部調査に証言していることが14日、同社などへの取材で分かった。三菱自の会議では、上層部の幹部が燃費を「業界で一番にしたい」などと発言していたことも判明した。

しかし実際の走行試験で思うようなデータが取れなかったため、国土交通省は、開発を委託されていた子会社の開発担当者らが上層部の発言を「必達目標」と感じてプレッシャーとなり、データを改ざんしたとみている。

国交省は13日に三菱自本社を立ち入り検査し、担当者から聞き取りをした。18日に3度目の報告をするよう求めており、内容を精査し、実態解明を進める。

◆立命館大、爆破予告で立ち入り禁止

立命館大は14日、インターネット上に爆破予告とみられる書き込みがあったことを受け、京都市や大阪府茨木市、滋賀県草津市など6キャンパスで講義や行事を中止し、施設への立ち入りを禁止した。「学生らの安全に配慮して決めた」としている。

立命館大によると、ネット掲示板に「14日午後3時34分に爆弾をしかける」という書き込みがあった。

6キャンパスには学部生や大学院生計約3万5千人が通っている。14日は土曜日だが、授業や市民向けの無料公開講座などが予定されていた。

立命館大の広報担当者は「威力業務妨害の疑いがあり、京都府警と連携しながら対応していきたい」と話した。

1　3版　平成28年（2016年）5月15日　日曜日　熊本日日新聞　（昭和17年4月1日第3種郵便物認可）　第26648号　日刊

熊本日日新聞
発行所
熊本日日新聞社
〒860−8506
熊本市中央区世安町172
☎代表（096）361−3111
© 熊本日日新聞社 2016年

5月15日
日曜日

「必ず復興」灯に誓い

熊本地震1カ月

犠牲者に黙とう　御船町

犠牲者を悼むキャンドル型ランタンが並べられた「復興へのつどい」＝14日午後8時40分ごろ、御船町スポーツセンター（谷川剛）

死者49人と行方不明者1人を出し、今なお1万人以上が避難所で暮らす熊本地震。発生から1カ月の14日夜、避難所となっている御船町の町スポーツセンターで「復興へのつどい」が開かれた。被災者らが100個のキャンドル型ランタンを囲みながら犠牲者に黙とうをささげ、復興を誓った。

センターを管理する熊本YMCAなどが、玄関前エントランスで実施。避難者ら約150人が参加し、「負けるな熊本」など全国から届いた応援の寄せ書きが会場を埋めた。

藤木正幸町長が「手を取り合って町を盛り上げていこう」と呼び掛け、避難者代表の森永和則さん(61)が「苦しい時こそ全員で支え合って復興していきましょう」と決意表明。前震が発生した午後9時26分に全員で黙とうし、犠牲者の冥福を祈った。最後に全員で「ふるさと」を合唱すると、すすり泣く声が漏れた。（横山千尋）

熊本地震 県内の被災状況

（14日午後時点、熊日まとめ）

死亡	49人（熊本市4、南阿蘇村15、西原村5、御船町1、嘉島町3、益城町20、八代市1）
震災関連死	19人（熊本市10、宇土市2、阿蘇市2、南阿蘇村1、御船町1、益城町1、氷川町1、高森町1）
行方不明	1人（南阿蘇村）
負傷者	1,655人
建物	住宅84,160棟
避難	避難所 238カ所 避難者 10,312人
水道	断水 約2,700世帯

※県災害対策本部などの集約分

新耐震基準の全壊 17棟　益城町

熊本地震で震度7を2度観測した益城町で、耐震基準が厳しくなった2000年以降に新築されたとみられる木造住宅17棟が全壊していたことが14日、日本建築学会の調査で分かった。東京都であった学会の地震被害調査速報会で、京都大の五十田博教授（木質構造学）が報告した。

五十田教授によると、00年以降に建てられた木造家屋10棟の全壊を町役場周辺などで確認。うち4棟は完全に倒れていた。そのうち1棟は、基準より数段耐震性を高めた「等級2」か「3」とみられる家屋だった。五十田教授は「これまで倒れたという話を聞いたことがない」と話している。

ほか全壊していた7棟も00年以降のものとみられ、正確な建築年の確認を進めている。外観だけでは分からないケースもあるため、さらに増える可能性もあるという。

五十田教授は全壊家屋について、設計上の弱点を指摘しながらも、「かなり大きな地震動だったので、ぎりぎり耐えた建物も多いはず。壁の材料など小さな差が被害を大きく分けたのかもしれない」と分析した。手抜き工事などの違法性は「確認できていない」とした。

益城町では約5400棟の住宅が損壊。学会のチームは益城町役場を中心に約2600棟の損傷程度や構造、築年代などを調べた。00年以降の木造家屋は400〜500棟とみられる。

建築基準法は、1981年の改正で震度7でも建物が倒れないよう新耐震基準に見直された。さらに阪神大震災を踏まえ、00年に壁の配置、柱と土台を接合する金具などの強度が厳しくなった。（内田裕之）

支えあおう熊本　いま心ひとつに

熊本地震
連鎖の衝撃
生命編 ④

2016.5.15

母を亡くした元警察官

「たった1分で世界が…」

寺迫
益城中央小
木山中
益城町役場
九州自動車道
秋津川
益城町
益城中
木山川
235
28
443
57

「たった1分で、すっかり世界が変わりました…」

益城町中心部にある町交流情報センター。自らも避難者である同町寺迫の富田賢一さん(65)は、ため息とともに言葉を継いだ。機動隊にも勤務した元警察官。土砂崩れの現場は何度も踏んだが、「こんな惨状は想像できなかった」。

今回、2度にわたる震度7の揺れで、益城町では県内で最多の20人が亡くなった。寺迫地区は家屋倒壊が激しく、2人が犠牲に。賢一さんの母知子さん(89)は、前震で犠牲となった。

◇　　◇

4月14日午後9時半すぎ。富田さん宅近くで農機具店を営む園川浩さん(57)は、揺れが収まると、自宅裏の坂道を駆け上がった。

「おじちゃん、おばちゃんは大丈夫だろか」。裏手には、普段から気にかけていた山中公夫さん(75)、見栄さん(74)の老夫婦が住んでいた。たどり着くなり、額を切った見栄さんが飛び出してきた。「お父さんがまだ中で寝とる」

園川さんは、ゆがんだ玄関から中へ。寝室に急ぐと、熟睡していた公夫さんがぼんやりとベッドに腰掛けていた。左手甲の皮がめくれ、布団は血で真っ赤に。人形ケースが転がり、たんすも倒れかかっていた。

園川さんは下着姿の公夫さんを近くの空き地に避難させた。しかし、ほっとしたのもつかの間。すぐに青ざめた。数十㍍先の富田知子さん宅が全壊していたのだ。

◇　　◇

多くの建物が倒壊した寺迫地区。右奥の傾いた家屋は富田賢一さん方。左隣は富田知子さんが亡くなった家屋＝8日、益城町（岩崎健示）

「かあちゃん、かあちゃん」。隣に住む長男賢一さんが、暗がりに向かって何度も叫んでいた。

知子さん宅は、1階の寝室部分がつぶれていた。小さな懐中電灯で母の姿を探す賢一さん。園川さんは店から発電機と業務用の電灯を持ち込み、辺りを照らした。「何とか命だけでも…」。できるのは、祈ることしかなかった。

午後10時すぎに県警の機動隊が到着。しばらくして他県の応援部隊も加わった。ただ、築150年の旧家は梁（はり）が大きく、チェーンソーでは歯が立たない。重機が入り、深夜になってようやく作業は進み始めた。

そして約7時間後の午前5時半。ようやく知子さんは発見されたが、すでに冷たくなっていた。

「知子さんは本当によか人でね。漬物を持ってお茶を飲みに行くと、いつも喜んでくれて…」。夫とともに救われた山中見栄さんは、旧知の友人の死を悲しみつつ、「私たちは救ってもらった命。頑張らんと」と涙をぬぐった。

◇　　◇

5月上旬。山中さん夫婦をはじめ多くの町民が避難する町総合体育館に、富田賢一さんの姿があった。この春から寺迫地区の区長を務める。住民の様子をできる範囲で確認して回る日々だ。

「先は見えんバッテン、責任があるけんな」。かつて経験した"駐在さん"の顔がそこにはあった。（内田裕之）

熊日の購読・配達のご用は
ミナヨムニッコリ
0120-374625
紙面のお尋ねは
096-361-3115
（日曜・祝日除く9:00〜17:00）
パソコン版くまにちコム
kumanichi.com

◇お断り　「きょうの天気」は2面、「くまにち論壇」は3面に移しました。

新生面

2016.5.15

江戸時代の儒学者、貝原益軒の言葉を思い起こした。「身に奉ずること薄きを倹約とし、人に奉ずること薄きを吝嗇（りんしょく）とす」。ぜいたくを慎む生活は倹約だが、他者への支出を惜しむのはけち、との教えだ▼ウナギ屋の隣に住み、ウナギを焼く香りだけで飯を食う男がいた。怒ったウナギ屋が「香りのかぎ代」を請求したところ、男は銭をチャリンとばらまき、「香りのかぎ代だから音だけで十分だろう」▼両者とも落語の登場人物。どちらがけちだろうか。落語では、けちを「六日知らず」とも呼ぶ。開いた手で一日、二日…と数えると、六日で握った手を開かねばならない。それが嫌で六日を数えない人がいるという▼舛添要一東京都知事は、家族旅行費に会議費名目で政治資金を充て、海外出張に巨額の費用を使って「大名旅行」をしたなどの疑惑が持たれている▼公金を流用して私的なぜいたくをしたという印象は免れない。このほど会見した舛添知事は「誤解を招いたことは謝罪する」と述べたものの、会計担当者のミスなども重なっており、返金も行い、説明責任も果たしたので法的問題はないと語った▼いずれも客観的な裏付けのない説明で、強弁を重ねる会見を聞いて悲しくなった。これで納得する人は少ないだろう。都民、都職員の信頼を失った知事の身の処し方は限られるはずだが、「東京を世界一の街にするために頑張る」そうだ。権力者の「六日知らず」では、「六日」の代わりに「恥」という文字も適当なのでは…と思ったりする。

たから箱

「昼休み」
熊本市立桜木東小5年
東（ひがし）　雅晃（まさき）

大好きな昼休み
給食食べたら
笑って玄関をとび出す
みんなで元気におにごっこ

熊本地震発生以降の地震回数

（回）
220 200 180 160 140 120 100 80 60 40 20 0
震度 1 2 3 4 5 6 7
午前1:25　震度7（M7.3）
午後9:26　震度7（M6.5）
計 1441回
（14日20時現在、気象庁速報値。4月16日2時以降は大分県含む）
14 15 16 17 18 19 20 21 22 23 24 25 26 27 28 29 30 1 2 3 4 5 6 7 8 9 10 11 12 13 14
4月　5月

熊本市市街地に活断層か

広島大調査 地表の亀裂確認

活断層が地表に現れたとみられる道路の亀裂＝14日、熊本市東区

活断層とみられる地形

熊本地震に伴い、熊本市東区から中央区にかけての市街地で、未知の活断層が地表に現れたとみられる亀裂を確認したと、広島大の研究グループが14日、明らかにした。4月16日の本震を起こした布田川断層帯からやや離れており、関連について研究を進めるとしている。

同大大学院文学研究科の後藤秀昭准教授（地理学）らの研究グループは、地震前後の地表の高さを人工衛星のデータから解析。その結果、東区から中央区にかけて約5キロにわたり、地表面が上下に5センチほど食い違う2本の線を見つけた。

さらに2本の線に沿った各地で調査し、道路のアスファルトが幅2～3センチほど割れていたり、盛り土を押さえるコンクリート製の壁にひびが入っていたりする状況などを約20カ所で確認した。場所によっては、南西側の地盤が数センチ下がっていたという。

後藤准教授は、2本の線に沿って低い崖のような地形も見られることなどから、過去にもずれ動いたことのある活断層と推定した。これまでに活断層と指摘されたことはない地域という。

2本の線のうち南西側の線に沿って、水前寺成趣園があることから、後藤准教授は「同園の池の水位が低下したことと、この活断層に関連があるかもしれない」と話している。（鹿本成人）

なお活発な状況 引き続き注意を 気象庁

熊本地震で14日、気象庁の青木元・地震津波監視課長が記者会見し「発生から1カ月たち、減衰傾向にあるが、今なお活発な状況で、引き続き強い揺れに十分注意してほしい」と述べた。一連の地震で熊本地方と阿蘇地方では最大6弱程度、大分県中部では最大5強程度にそれぞれ最低1カ月の注意が必要と説明。さらに、九州では過去に間を置いて大きな地震が発生した例があり、2カ月程度は震度6弱以上に見舞われる可能性もあるとしている。

熊本同様の地震 川内周辺「ない」 鹿児島知事

鹿児島県の伊藤祐一郎知事は13日の定例記者会見で、再稼働した九州電力川内原発（同県薩摩川内市）周辺で熊本地震と同様の地震が発生する可能性について「ないと思う。文献上もあの地域ではない」と述べ、安全性を強調した。

熊本地震を受けた避難計画の見直しには「心配する人には丁寧に説明する必要はあるが、具体的に何か対応せざるを得ないという状況が発生したとは思っていない」と話した。

熊本市 被災のマンション 補修は？ 負担は？

管理組合対象 相談会に殺到

県マンション管理組合連合会は14日、熊本地震で被災したマンションの管理組合を対象にした相談会を熊本市中央区で開いた。「玄関ドアの補修は自己負担?」「修繕積立金が足りるか不安」―。主催者の見込みを大きく上回る200人以上が殺到し、想定外の被災に頭を痛めていた。

「理事会や総会をどう進めればよいのか。余震が続く中、修繕できるのか。何も分からない」。東区の女性理事長(50)は「被災マンションに対応した情報が少なすぎる」と不満を募らせ、相談会を訪れた。

弁護士や全国マンション管理組合連合会などが個別の相談に対応。阪神大震災や東日本大震災の経験を踏まえ、解決策を示した。

200人以上が詰め掛けた被災マンションの管理組合対象の相談会＝14日、熊本市中央区

今回の地震では熊本市を中心に多数のマンションが被災。ほとんどは修復可能だが、補修費用と住民間の合意が課題となっている。

東区のマンションは昨年末、エレベーターのワイヤー交換に500万円費やし、積立金は残り1200万円。住民の男性(64)は「補修に数千万円かかるのでは。毎月の積立額を増やすにも高齢者への負担は心苦しい」と悩ましげだ。

中央区のマンションも地震直前の4月12日に大規模修繕を終えたばかり。男性理事長は「今回の被害修復は保険金では足りず、費用が心配」と話した。

説明側は、世帯ごとの玄関ドアは共用部分のため修繕積立金を充てることや、修繕費用が不当に高くないか見積書をチェックするよう助言。参加者からは管理組合への罹災証明書の発行を行政に求める声が相次いだ。

講演したマンション学会の元会長、折田泰宏弁護士によると、過去には棟ごとに被害の程度が違い、修繕費用をめぐって最高裁まで争ったケースが数件あるといい、受益度合いに応じて負担したケースを紹介した。

折田弁護士は「いろいろな情報に惑わされ、住民が対立することもある。本格的な修繕は急がず、組合で時間をかけて丁寧に合意形成してほしい」とアドバイスした。（福井一基、中村悠）

※相談会は15日も午前10時～午後6時、熊本市中央区桜町の一番館ホールで開催。☎096（351）2646。被災マンションの修繕などに関するQ&Aを後日掲載します。

くまにち論壇

NPO法人ほっとプラス代表理事
藤田 孝典
ふじた・たかのり　社会福祉士。聖学院大学客員准教授。著書に「下流老人」など。さいたま市在住。33歳。

被災地は「受援力」高めよう

熊本地震。あの日から1カ月。余震は続き、落ち着かない日常を送っている多くの人たちがいる。避難所や車内で寝起きを余儀なくされている方たちもおられる。どれだけ元気な方であっても、そろそろ疲れも出てくるころだ。

そのような現状を思い、何かできないかと、このひと月、多くのボランティアが熊本入りをしてきた。

大型連休中も、全国各地から多くのボランティアが駆けつけた。家の片付けから避難所での食事の提供など、被災された方たちと一緒に汗を流す姿の報道に、心配していた全国の人も勇気づけられたと思う。

そうした作業に限らず、ボランティアの人たちと話をしたり、交流したりしたことで、不安感やつらさを和らげることに役立ったという感想も聞かれる。独り暮らしや家族が遠方にいることで孤独感をもっている人にとって、話すことは心を落ち着ける契機にもなるはずだ。

英国の哲学者フランシス・ベーコンは「友人に本心を伝えることは、二つの相反する結果をもたらす。それは喜びを2倍にし、悲しみを半分に切りつめる」と述べている。

貧困問題に取り組むわたしのNPO法人に来られた多くの相談者も、「まずは誰かに話をするだけでも気持ちが整理される」と感想を述べられる。引き続き、誰かと日常の出来事やこれからのことを話していただきたい。

熊本県社会福祉協議会によれば、5月9日現在、市町村の窓口を通じ延べ4万681人のボランティアが何らかの作業に参加したという。作業や交流に、これからもボランティアの力を活用していただきたい。

その際、熊本の皆さんに心に留めていただきたいのは「受援力」という言葉だ。援助を受ける力のことである。災害が起きるとこの言葉がよく打ち出される。各地からのボランティアの力をうまく引き出せば、被災地の復興を早めたり、被災地だけではできないことを一緒に行うことが期待できたりするからだ。

ボランティアや寄付をうまく統制したり、利用したりすることが必要だ。「ボランティアをしたいけれど、何をしたらいいか分からない」、あるいは「どこに寄付したらいいか分からない」などという状態をなるべく生まないことが望まれる。

何を欲しているのか、どんな支援を求めているのか、遠慮なく自治体や社会福祉協議会に伝えたり、ブログやSNS（ソーシャルネットワークサービス）を活用したりしながら発信していただきたい。被災地から直接「必要」を発信することによって「善意のミスマッチ」も減ることだろう。

例えば、全国から古着や食品など、物品が送られてくることも珍しくない。善意が全国からさまざまなかたちで送られてくる。しかし中には不要な物や使用に適さない物もある。

被災地の外から集まるボランティア、寄付者は、被災地の土地勘や状況、求められているものが何か分からない場合も多い。でも何かをしたいのである。

被災地側から、どのような状況なのか積極的に伝えることが「受援力」を高め、その力を活用する方法が見えてくるはずだ。

復興や復旧の道のりは非常に長い。日常を取り戻すことや生活再建も、困難を極めていくことも予想される。熊本同様に、甚大な被害をもたらした東日本大震災は、5年を経過した今も、十分な姿を取り戻しているとはいいがたい。1995年の阪神淡路大震災も同様であった。

年月を重ねていくことによって、ボランティア数は減少し、寄付も減って、震災自体が風化していくことだろう。そんなときにも、ぜひ「受援力」という言葉を忘れず、情報発信や声を上げ続けていただきたいと思う。メッセージを受け取ることができれば、多くの人々ができることはないか、一緒に考えていくことが可能となる。

希望は、ボランティアや寄付金によって何かしたいと思う人々の気持ちだ。この気持ちを活用して人々の交流があふれる地域にしていただきたい。きっと熊本の皆さんならできるはずだ。

きょうの歴史 5月15日

▽1996（平成8）年

世界的建築家の黒川紀章氏が設計した苓北町新庁舎＝写真＝が竣工した。「南蛮風」のデザインで議場窓にはステンドグラスも設けられている。

▽1942（昭和17）年　「城下の人」の著者・石光真清が死去した。熊本市出身、76歳。日清・日露戦争の諜報活動で活躍した軍人。

きょうの動き

国内・国際

▽先進7カ国（G7）環境相会合（～16日、富山市・富山国際会議場ほか）▽同科学技術相会合（～17日、茨城県・つくば国際会議場）

熊日主催・共催

▽第63期肥後本因坊戦挑戦者決定戦（9時半、熊日本社）

首長の日程

【大西熊本市長】終日　地震災害対応

【山下荒尾市長】10時半　東海熊本県人会総会（名古屋市）

【高嵜玉名市長】8時50分　玉名工業高体育大会▽その後　玉名高・玉名高付属中体育大会

【中嶋山鹿市長】終日　地震災害対応▽8時50分　鹿本高体育祭▽19時　市自衛隊父兄会懇親会

【江頭菊池市長】終日　地震災害対応▽8時半　市内中学校運動会

【荒木合志市長】地震災害対応

【佐藤阿蘇市長】地震災害対応

【元松宇土市長】終日　地震災害対応▽8時50分　住吉中体育祭▽13時　災害対策本部会議▽14時　来客応対

【守田宇城市長】終日　地震災害対応▽9時半　不知火中体育大会▽13時半　市地域婦人会連絡協議会大会

【中村八代市長】地震災害対応

【松岡人吉市長】終日　災害警戒・対応▽8時20分　第一中体育祭▽8時50分　第二中体育大会▽14時　西瀬校区公民館総会

【西田水俣市長】終日　災害警戒・対応▽10時　家庭倫理講演会

【堀江上天草市長】8時50分　龍ケ岳中体育大会

【中村天草市長】終日　地震災害警戒・対応▽12時半　大正琴の集い～豊かなる島～

「罹災証明書」なぜ発行遅れ

被災者Q&A

開始時の人員不足影響

20日までに4月分準備

建物に被害を受けた人が、被災者支援を受けるために必要な「罹災証明書」の発行が遅れています。なぜ進まないのかを、熊本市に聞きました。（高橋俊啓）

Ｑ　罹災証明書とは。

Ａ　市町村が行うさまざまな被災者支援＝表参照＝の基準となるものです。被害を受けた床面積や経済的損失を全壊、大規模半壊、半壊、一部損壊の4段階で判断します。

Ｑ　すぐに発行できないのでしょうか。

Ａ　申請時に一部損壊と判断され、申請者が納得した場合は、その場で発行されます。それ以外は、調査後になります。

Ｑ　調査の内容は。

Ａ　課税管理課の職員ら2～3人が一つの班になり、屋根・外壁・基礎の3部分を外観から目視して、それぞれ点数を付けます。

Ｑ　調査にはすぐ来てもらえますか。

Ａ　今は4月申請分を調査中で、すぐにとはいきません。市は申請を一定期間分でまとめ、担当地域を決めて、調査前日夜に班に振り分けます。申請件数によって状況が変わるため、調査着手までの時間をお知らせできないのが実情です。

Ｑ　調査終了から、発行までの時間は。

Ａ　データを入力し、発行担当の福祉課にバトンタッチ。発行準備が済めば、封書で知らせます。調査終了から発送まで1週間から10日が目安。配達不能で封書が戻ってきたら電話で連絡します。

Ｑ　発行はどのくらい進んでいますか。

Ａ　13日現在、申請が約5万9千件。このうち調査が必要なのは3万9千件。調査が済み、発行したのは222件しかありません。

Ｑ　なぜそんなに遅れているのですか。

Ａ　理由は二つ。一つは、被災直後に避難所運営や物資配送に人手を取られたこと。4月22日の調査開始時は各区2～3人が避難所担当も持ちながら回り、1日10件程度が限界でした。28日からは、全国の自治体職員も加えて50班態勢で回っており、1日平均1500件を調査しています。

もう一つは調査方法の変更です。4月は、倒壊の危険が高い家屋を中心に、周辺の全家屋を調べる「面的調査」をしていました。その方が効率は良いのですが、5月からは発行のスピードを優先し、申請順に変更しました。

Ｑ　防災担当大臣は「5月中に発行する」と言っていました。

Ａ　4月申請分は、20日までには発行準備ができる見込みです。今後も班を増やして調査しますが、今も1日千件を超える申請があり、5月申請は6月にずれ込みそうです。

Ｑ　結果に納得いかない場合は。

Ａ　再調査を求めることができます。本人立ち会いの下、新たに柱や内壁などを加えた7部分を調べます。1次調査と違う結果が出る可能性もあります。

罹災証明書で受けられる主な被災者支援

支援メニュー	全壊	大規模半壊	半壊	一部損壊
災害見舞金	○	○	○	
生活再建支援金	○	○	※	
住宅の応急修理	○	○	○	
家屋の解体・撤去	○	○	○	
民間賃貸住宅借り上げ制度	○	○	○	
仮設住宅	○	○	○	
証明書発行の手数料免除	○	○	○	○
国民健康保険料の減免	○	○	○	
医療費の窓口負担	○	○	○	
水道料金の減免	○	○	○	
介護保険料の減免	○	○	○	
保育料の減免	○	○	○	

※は受けられない場合あり

みなし仮設 国費で補修

民間賃貸住宅対象に

国は、熊本地震で住まいを失った被災者に「みなし仮設」として提供した場合に限り、民間賃貸住宅の補修費を国費で負担することを決めた。14日、熊本市が明らかにした。過去の大規模災害では例のない支援で、被災者への住宅供給を増やす狙いがある。

みなし仮設は、震災で住居を失った被災者が入居する民間賃貸住宅を自治体が借り上げる制度。原則として家賃月6万円（乳幼児を除く5人以上の世帯は9万円）以下の住居が対象で、家屋が全壊か大規模半壊した人が無償で入居できる。

1カ月以内に提供できる物件が対象で、1戸あたり57万6千円を上限に補修費を補助する。被災者が入居してみなし仮設と認められない場合は対象外。国からの通知は9日付で、それ以降に補修した分に限られる。

熊本市は、みなし仮設の対象物件は同市近郊を含めて約1500戸と見込んでいたが、家を探す人が多く、供給不足状態となっている。

大西一史市長は「補修すれば提供できる物件もあると聞いている。被災者に供給できる物件の掘り起こしにつながる」と期待する。（高橋俊啓）

仮設住宅の区画を定めるため、測量する作業員＝14日、熊本市南区の塚原グラウンド

熊本市 初の仮設着工

南区城南町に96戸

来月中旬完成予定

熊本市は14日、南区城南町の塚原グラウンド（敷地面積1万5千平方㍍）で仮設住宅96戸の建設を始めた。同市での着工は初めて。6月中旬の完成を予定している。

市は当面、同グラウ[illegible]園に約50戸の仮設住宅を設置する予定。月内をめどに順次着工する。ほかに南区富合町など城南町に計400戸、東区の秋津中央公園にも50戸程度を建設予定で、県と協議を進めている。

仮設住宅への入居は、自宅が全壊または大規模半壊した世帯が対象。市の家屋被害調査によると、全壊・大規模半壊の住宅は11日現在で1879棟。このうち南区は681棟で36％を占める。

同グラウンドの仮設は1DKタイプ（床面積19平方㍍）10戸、2DK（約32平方㍍）79戸、3K（約39平方㍍）7戸。木造の集会所（60平方㍍）、駐車場も整備する。10人ほどの作業員が区画を定めるために測量などにあたっている。さらに建て増す可能性もある。（石本智）

地震離職者 50人を採用

熊本市 臨時職員

熊本市は、熊本地震によって職を失った被災者を、短期の臨時職員として採用する。23日から募集を始める。

被災者の当面の生活を支援しようと、50人程度を採用する。期間は6月1日から3カ月間で、避難所運営の業務を担当する。

熊本市は、4月14、16日の地震発生時に熊本市の事業所に勤務し、その後、離職した被用者。年齢、住所は問わない。日給7980円。履歴書と事業所の離職証明書を提出。23～26日、市経済政策課で受け付ける。郵送の場合は26日必着。同課☎096（328）2377。（高橋俊啓）

被災者は思う　2016.5.15

励まし合いながら前へ

今村巨樹さん（36）＝美容室経営、熊本市東区

30歳の時に独立して美容室を開きました。店が入居していたビルは倒壊の恐れがあります。新しい入居先はまだ決まっていませんが、立ち止まってはいられません。益城町の幼稚園の園庭を借りて週に1回、同じように店舗を失った個人事業者たちと祭りを開いています。みんなで励まし合いながら、前へ進んでいきます。

梅雨になれば水害心配

渡邉幸さん（78）＝農業、南阿蘇村

白水地区のコメ農家です。被害が少なかったのが幸いでしたが、自宅の片付けを優先したので、田植えができていません。毎年手伝ってくれていた村職員の長男は、被災家屋の調査などで毎日夜遅くまで働いており、約150㌃を今年は1人で田植えしなければなりません。これから梅雨に入るので、水害も心配です。

熊本地震 現場から（随時掲載）

責任ともどかしさ

写真部　岩崎健示

14日の前震直後、益城町に入った。相次ぐ余震に傾いた家屋が「ミシミシ」と不気味な音を立てる。ガスの臭い、土ぼこり、暗闇…恐怖に足がすくむ。「落ち着け」「なんで熊本や」。経験のない大災害に、独り言をつぶやいていた。

懸命に現場を駆け回っていると、民家の敷地で寄り添った中年の夫婦から、「あんたの家族は大丈夫だったな」と声を掛けられた。自宅が今にも倒れそうなのに、見知らぬ記者を思いやる優しさに涙が込み上げた。

本震も同町で取材中の車内で経験した。下から「ドンッ」と突き上げられた次の瞬間、車が左右に飛び跳ねた。けたたましい警報音がなる中、逃げ惑う人たちに夢中でレンズを向けた。だが記者の責任と、家族のそばにいてやれないもどかしさが交錯していた。

2016・5・15

入所者の闘いに学ぶ

ハンセン病市民学会 開幕

鹿児島

ハンセン病市民学会（事務局・熊本市）の第12回総会・交流集会が14日、鹿児島県鹿屋市の市文化会館で開かれた。今年で廃止20年となるらい予防法、勝訴15年となるハンセン病国賠訴訟をメインテーマに、15日まで議論する。

菊池恵楓園社会交流会館（合志市）の原田寿真学芸員（30）は、入所者自治会に残る記録から県内の差別事件を調査。法廷外の「特別法廷」で裁かれた元患者の男性が無実を訴えながら死刑になった事件について、「社会の理解が必要だった入所者らは、男性の無実を確信するまで支援に向けて動くことが難しかったのではないか」と考察した。

この日は約300人が参加。交流集会の前に開かれた総会では、事務局を熊本市から大阪市に移すことを了承した。

シンポジウムには入所者や研究者ら5人が登壇。国立療養所・多磨全生園（東京）の大竹章さん（90）は、強制隔離を定めたらい予防法廃止に反対した入所者の運動を紹介し、「予防法は成立したが、付帯決議で患者処遇の改善などを勝ち取った。運動を通じ、自分の運命に希望や可能性を感じるようになった」と振り返った。

15日は鹿屋市の国立療養所・星塚敬愛園で、4分科会などがある。（宮崎あずさ）

らい予防法やハンセン病国賠訴訟を主なテーマに議論した第12回ハンセン病市民学会総会・交流集会＝14日、鹿児島県鹿屋市

神社本殿287社被災

県内 全壊49 半壊は38

鳥居が倒れ、建物も倒壊した木山神宮＝4月15日、益城町木山（谷川剛）

熊本地震で本殿が被災した神社が少なくとも287社に上ることが14日、県神社庁（熊本市中央区）の調べで分かった。全壊した神社も49社とし、被害の大きさをあらためて裏付けた。

同庁所管の県内1346の神社のうち、13日時点で把握できた793社（神社に付属するお宮を含む）の被害状況をまとめた。いずれも神主が目視で確認。本殿は全壊49、半壊38、傾き63、かわらが落ちる、ガラスが割れるなどの軽度は137。拝殿が被災したのは234、鳥居は340だった。

熊本市や益城町、嘉島町、甲佐町、宇城市などに被害が集中。南阿蘇村などの一部地域は、二次被害の危険があり、調査ができていないという。

木山神宮（益城町）や白山姫神社（西原村）、上仲間高田八幡宮（嘉島町）といった一部の神社では、全国の神主や氏子が協力し、部材の撤去作業が進められている。

宮崎國忠・県神社庁長は「氏子も被災しており、速やかに再建するのは難しい。だが、境内で手を合わせたり、仮設の拝殿を作ったりと工夫できる。神社は心のよりどころ。地域と連帯し、着実に復興したい」としている。（中原功一朗）

女性も〝防災力〟を

堂本元千葉県知事ら避難所調査

元千葉県知事で「男女共同参画と災害・復興ネットワーク」の堂本暁子代表と、日本女性学習財団の村松泰子理事長が14日、熊本市中央区の市男女共同参画センターはあもにいを訪れ、地震による避難所生活などでの女性に対する配慮の状況を聞いた。

同センターは、避難所の女性用更衣室や授乳室の設置状況を調査。職員の富岡若菜さん（32）は「更衣室などを設置している避難所は多かったが、『要望がない』という避難所もあった。女性が声を上げにくい状況ではないか」と話した。堂本代表は「東日本大震災の被災地と比べると、配慮は進んだ印象がある。ただ、行政の防災担当者はほとんど男性。女性も自主防災組織に入り発言力を持つなど、〝防災力〟をつける必要がある」と述べた。

これに先立ち2人は益城町の避難所や熊本刑務所（同市中央区）の避難所を訪問し、避難者から被災状況を聞いた。（森本修代）

避難所の女性への配慮について話す堂本暁子さん（左）。右が村松泰子さん＝14日、熊本市中央区

◇お断り　連載「家族　らい予防法廃止20年」は休みました。

沖縄復帰 きょう44年

平和への願い 松に託し

つながりの証 県庁に植樹

戦火逃れ疎開「熊本に感謝」

父が植えた松の木のそばに立つ岡純子さん。「ずいぶん立派に育って」と幹をなでた＝熊本市中央区

44年前に植えられた松は、仰ぎ見るほどの高さに育っていた。「こんなに大きくなって」。久しぶりに〝再会〟した松の木にそっと手を触れた岡純子さん（77）＝八代市＝の目に、涙があふれた。

熊本市中央区の県庁敷地内。琉球王家の紋章「左三つ巴」を表した配置で、3本の松がある。沖縄が本土復帰した1972年5月15日、岡さんの父・中村清和さん（故人）ら熊本沖縄県人会が植樹した。標柱には「熊本県へ感恩の樹」と記されている。

「お世話になった熊本の人たちに感謝を伝えたい」。父はいつもそう話していたと、岡さんは懐かしむ。岡さんにとってここは、父を身近に感じながら、平和への思いを新たにする場所だという。

太平洋戦争末期、戦火を逃れ、沖縄から1万人以上が熊本へ疎開した。岡さん一家もそうだった。

沖縄戦が始まる半年前、44年10月10日の「10・10空襲」。焼夷弾が降り注ぐ那覇の街を、6歳の岡さんは母や妹らと逃げ惑った。家を失い、学童疎開の引率教員として熊本に向かった父を追って疎開船に乗り込んだ。

日奈久町（現八代市）の温泉旅館にたどり着き、八代や水俣市内を転々とした。貧しい生活だったが、地元の農家や漁師が野菜や魚を分けるなどして助けてくれたという。

岡さんは熊本で育ち、家庭を持ち、3人の子どもにも恵まれた。折々に松を訪ね、子どもたちに戦争の悲惨さと熊本への感謝を語り継いできた。

92年、沖縄復帰20年を前に、父清和さんは熊日の取材にこう答えていた。「この松が過去のつながりの証だけでなく、その成長とともに若い世代が、熊本と沖縄の新たな交流を築いていってほしい」

それから四半世紀。復帰後も、多くの米軍基地が残る故郷の現状に「なぜ沖縄だけ」と複雑な思いを抱くこともあるが、「戦時中もその後も、熊本の人たちは温かく沖縄人を受け入れてくれた。気持ちはきっとつながっている」と岡さん。

「父の遺言は『熊本の土になりたい』。分骨は熊本市に眠っています」。松に託した平和への願い。松の木は熊本地震にも揺らぐことなく、今もしっかりと、熊本の地に根を張っている。（富田ともみ）

こもれびの詩

大型SC 長引く休業 スーパー 一部は開店めど立たず

開放性重視 構造の問題指摘も

熊本地震の影響で休業しているゆめタウンはません＝14日午後、熊本市南区

熊本地震の発生から1カ月。県内の小売店の多くが営業を再開する中、一部の大型ショッピングセンター（SC）やスーパーでは休業が長引き、再開のめどが立たないところもある。専門家からは大型店の開放性を重視した構造上の問題点を指摘する声も出ている。

県内で「ゆめタウン」7店舗を展開するイズミ（広島市）は、熊本市南区のはません店と東区のサンピアン店の2店を休業中。天井崩落などの被害が大きく、担当者は「余震が続いて復旧が思うように進まない」と話す。営業再開の時期についても「見通しが立たない」状況だ。

イオングループが展開する大型SC「イオンモール」は、嘉島町の熊本店と宇城市の宇城店が一部休業中。直営スーパーは営業を再開したものの、専門店街の休業は続いており、全館再開のめどは立っていない。熊本店は天井などに大きな被害が見られるという。

県内で20店舗を展開するスーパーのサンリブ・マルショクグループは、熊本市の「サンリブ」子飼、清水、くまなん、健軍の4店を休業中で、再開時期も未定だ。特に健軍店は半壊状態となり、マルショク（大分市）は「再開に向け、建て替えも視野に入れ、検討を進めている」と話す。

イズミが26店舗を展開する「ゆめマート」は懸命の復旧作業の結果、ようやく長嶺、帯山、九品寺（いずれも熊本市）の各店を6月までに再開する見通しが立った。

他のスーパーは既に営業を再開しており、21店舗を営む地場スーパーのロッキー（益城町）、19店舗を展開するマックスバリュ九州（福岡市）も、それぞれ3日までに全店営業を再開した。

大型SCを中心に休業が長引く理由について、熊本大工学部建築学科の山成實教授(61)は開放感やデザイン性を重視した構造上の問題点を挙げる。「柱が少なくなりがちで、一般的な建物よりも強い揺れの影響を受けやすい。倒壊は免れても、天井や壁面に大きな被害が出やすい」と指摘する。

4月14日の前震から3日後に約7割の店舗が営業をしたというコンビニとは対照的で、山成教授は「コンビニは平屋が多く、スーパーなどに比べ床面積が小さく地震の被害を受けにくい構造。今回の地震を教訓に、小売業も各店舗の建物強度をより強めていく努力が必要だ」と話している。

（宮崎達也）

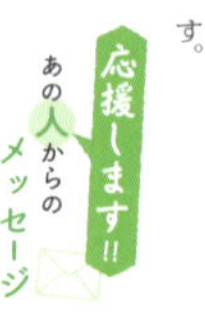

応援します!! あの人からのメッセージ

熊本の人は強かバイ

小国町出身の俳優・勝野洋さん 1～3日まで南阿蘇に行き、いろんな方に会って話すことができました。そして被害の大きかった地区などを見て唖然としましたが、余震が続く中でも、阿蘇で会った人たちは前向きでした。私が感じたのは、遠くから元気づけようとするよりも、熊本・阿蘇に帰り地元の人や友と会って「元気!!」と声を掛けることが大事ではないか！ そして、もう一つ…。やっぱり熊本の人は強かバイ!! 熊本ファイト!!

◇ ◇

熊本地震の発生から1カ月。熊本出身や熊本を愛する著名人らの励ましのメッセージを随時紹介します。

漱石記念年 幕開け

熊本市 業績たたえ式典

夏目漱石の人物像などについて話す（手前から）中江有里さん、出久根達郎さん、小野友道さん ＝14日夕、熊本市中央区のホテル（高見伸）

夏目漱石記念年の幕開けを飾る全国オープニング式典が14日、熊本市中央区のホテル日航熊本で開かれた。県内外から420人が集まり、漱石の業績をたたえた。同記念年1000人委員会（小野友道委員長）、熊日などの主催。

式典では、熊本地震の犠牲者に黙とうし、蒲島郁夫知事があいさつ。東京大名誉教授で県立劇場館長の姜尚中さんが「漱石の死生観―熊本大震災を生きる」と題して基調講演をした。

姜さんは「人間の生も死もなぞ、煩悶するため生まれてきたというのが漱石の死生観。漱石が大事にした〝憐れ〟の感情を、県民は震災の中で共有した。『死なずに生きていらっしゃい』という漱石の言葉は大きな救いになる」などと述べた。

女優の中江有里さんが漱石の小説「草枕」を朗読。直木賞作家の出久根達郎さんと中江さんらが「漱石先生ってどんな人」をテーマにトークショーを繰り広げ、熊本時代の漱石を記した日記の地元での発見に期待を示した。式典後には交流会もあった。

漱石は120年前の1896（明治29）年4月に旧制第五高等学校に赴任し、熊本で4年3カ月暮らした。今年は没後100年、来年は生誕150年に当たり、漱石記念年として全国各地で顕彰イベントが開かれる。

（山口純）

漱石記念年 2016・2017

真夏日 熊本・山鹿・菊池 今年初

熊本地震の被災地は14日、高気圧に覆われて日射が強まり、6月中旬から7月下旬並みの暑さとなった。5月に入り、避難者が熱中症になって救急搬送されるケースも起きている。

熊本地方気象台によると、熊本市と山鹿市鹿北町、菊池市は最高気温が30度を超え、県内で今年初めての真夏日となった。被害が大きい益城町は29・3度、南阿蘇村も28・8度まで上がった。

各消防本部のまとめでは同日、熊本市と八代市で熱中症による救急搬送が1件ずつあった。地震関連では2日に熊本市の避難所にいた80代女性、13日に宇城市で車中泊していた70代男性が、それぞれ搬送されている。15日は日射が雲に遮られるが、各地で最高気温が25度を超す夏日になるとみられる。

（熊本地震取材班）

熱中症 注意!!

県「小まめに水分を」

気温の上昇で熱中症や食中毒が発生する可能性が高まるとして、県健康づくり推進課は「避難所で過ごす人や片付け作業中のボランティアの人などは気を付けてほしい」と注意を呼び掛けている。

熱中症は、めまいや手足のしびれ、頭痛や吐き気などの症状があり、重症になると意識がなくなったり、死亡したりするケースもある。

同課によると、予防のポイントは「屋外でも室内でも小まめな水分補給」。屋外では帽子を着用し、小まめに日陰で休憩をする。屋内では風通しのよい場所で過ごす。「体に熱がこもらないように、通気性のよい衣類を着て、うちわであおいだり、保冷剤や冷たいタオルで体を冷やしたりしてほしい」と同課。

食中毒予防では「手洗いを徹底し、流水がない場合はウエットティッシュなどで代用してほしい。生ものは避け、調理したものを早めに食べるように」としている。

（中村美弥子）

25年の節目 42人を追悼

信楽鉄道事故

滋賀県甲賀市（旧信楽町）で1991年、信楽高原鉄道（SKR）とJR西日本の列車が衝突し42人が死亡した事故から25年の節目となる14日、現場近くに立つ慰霊碑前で追悼法要が営まれ、妻を亡くした吉崎俊三さん(82)が遺族代表として「奈落の底に突き落とされた悲惨な思いは生涯消えることはない」と苦しみを語った。

参列した約170人が犠牲者に黙とうをささげて献花する中、事故発生時刻に近い午前10時38分ごろにはSKRの列車が警笛を鳴らしながら現場を通過。

SKRの正木仙治郎社長は「事故を教訓に安全対策を図ってきた。さらに努力をしていく覚悟です」とあいさつし、JR西の真鍋精志社長は「このような事故を二度と起こさないという決意で、安全な鉄道を築くことを誓います」と述べた。

9日間の天気 Weather Report

15(日) 16(月) 17(火) 18(水) 19(木) 20(金) 21(土) 22(日) 23(月)

札幌 東京 名古屋 大阪 広島 福岡 熊本 長崎 佐賀 大分 宮崎 鹿児島 那覇

のち 時々

阿蘇山の風向予想

15日 午前9時 3m 午後3時 3m

(日本気象協会 tenki.jpより)

5月15日の飛来予測

	6-12	12-18	18-24	16日
九州北部 黄砂	少ない	少ない	少ない	少ない
九州北部 大気汚染粒子	多い	多い	多い	多い
九州南部 黄砂	少ない	少ない	少ない	少ない
九州南部 大気汚染粒子	やや多い	やや多い	やや多い	やや多い

非常に多い 注意喚起レベル
多い 環境基準値程度
やや多い 大気が少しかすむ
少ない 清浄

予測システム「スプリンターズ」開発チーム提供

きのうの気温 14日

(天気・湿度は15時、県内の気温は0時～17時、△印は低め)

	最高	平年比	最低	平年比	湿度	天気
熊本	30.5	5.1	16.0	1.2	37%	晴
牛深	26.8	3.2	16.8	0.6	55%	一
人吉	29.0	4.1	13.8	0.7	52%	晴
阿蘇	27.3	5.5	11.6	1.3	一	一

(阿蘇山上の最高気温は23.7度、最低気温は10.1度)

	最高	最低	天気
福岡	24.2	16.2	曇
佐賀	29.8	15.7	晴
長崎	27.0	15.7	晴
大分	24.3	16.5	快晴
宮崎	25.4	16.1	晴
鹿児島	26.1	17.2	曇
那覇	29.7	23.6	曇
松江	21.6	15.0	晴
広島	26.7	15.7	晴
高松	25.7	15.8	曇
大阪	27.7	16.9	曇
京都	28.0	15.9	曇
名古屋	28.1	16.7	曇
長野	25.8	14.2	晴
東京	24.8	17.2	晴
新潟	17.5	14.3	晴
仙台	19.0	16.2	曇
秋田	21.4	12.9	快晴
札幌	20.6	9.2	曇

潮ごよみ

旧暦 4月9日(15日) 小潮・月齢 8.3

日の出 5時18分 日の入 19時09分 月の出 11時19分 月の入 1時33分

旧暦4月9日(15日)	満潮		干潮	
三角	3.39	16.09	10.11	22.23
水俣	3.41	16.08	10.14	22.21
牛深	3.23	15.39	9.50	21.41
玉名	3.49	16.19	10.21	22.33

旧暦4月10日(16日)	満潮		干潮	
三角	4.31	17.27	11.22	23.31
水俣	4.31	17.27	11.24	23.31
牛深	4.21	16.52	10.50	22.47
玉名	5.01	17.37	11.32	23.41

新聞定価1カ月 朝刊のみ=3,093円(税込み)、朝夕刊セット=3,460円(税込み) 朝刊1部売り=120円(税込み)

「日常」いつか取り戻す

熊本地震1カ月 益城町ルポ

倒壊家屋 いまだ無残

今では「前震」と呼ばれる4月14日夜の熊本地震から1カ月。崩れ落ちた家々は今も無残な姿を見せ、時計が止まったかのよう。それでも子どもたちは笑顔で前を向く。2度の震度7に揺れた益城町を14日、歩いた。【1面参照】

村上ハナエさん、正孝さん親子が亡くなった場所で手を合わせる近隣の住民たち=14日午後3時55分ごろ、益城町木山(岩崎健示)

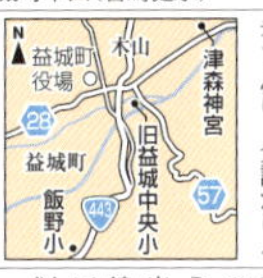

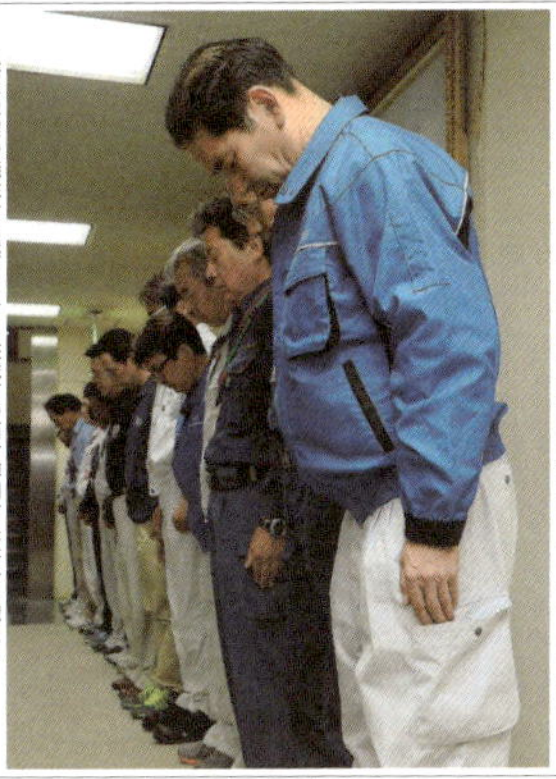

町中心部の木山地区。県道の両隅に積み上がったがれきの中に、幼児用の椅子や掃除機が見えた。路地に入ると倒壊した家や傾いた塀が広がり、波打つ道が平衡感覚を狂わせる。「危険」の文字が目に留まった。建物の応急危険度判定の赤い張り紙だ。

花を手向ける人たちがいた。村上ハナエさん(94)、正孝さん(61)親子が亡くなった県道沿いの自宅。通り掛かりの車から手を合わせる人もいる。

(地図:益城町役場、木山、津森神宮、旧益城中央小、益城町、飯野小、28、57、443)

「2人とは前震の1週間前、一緒に食事をしたばかりだった。正孝さんは、介護がいるハナエさんを第一に考えていた」と隣家の富田正壽さん(67)。変わり果てた街並みを眺め、「半年、1年後にどう復興するのか。1週先さえ見えないのに」とつぶやいた。

臨時営業中の店があった。近くの「ヘアサロン守嶋」は4月末に再開し、当初は給水車の水を使っていたという。「昨日から水道が出始めた」と店長の守嶋常朝さん(46)。町内では、今も1100戸以上で断水が続く。

熊本地震の犠牲者に黙とうする益城町の西村博則町長(右)と職員ら=14日午後9時26分、益城町役場(横井誠)

木山川上流の津森地区も倒壊した家が目立つ。店舗兼住宅の1階がつぶれた濱武嘉子さん(76)は、息子2人とボランティアの助けを借り、生活用品を運び出していた。「まだ頭が混乱して、何も考えられない」。それでも夫婦で自宅再建を目指すのは「生まれ育った土地で暮らしたいから」。大きな被害を免れた津森神宮の境内には、昼食の炊き出しに行列ができていた。

この日は真夏のような炎天下。災害ごみの仮置き場、旧益城中央小へ行くと粉じんが舞っていた。町内で全半壊や一部損壊の被害を受けたのは5千戸以上。建材や家具、家電などを載せたトラックが押し寄せる。大型マスクをつけたボランティアが荷台からごみを下ろし、大量のガラスを金属の棒でたたいて細かく砕く。

「よろしくお願いします!」。被災の現実を忘れさせるような声が、飯野小グラウンドに響いた。熊本市のプロフェッショナル・ベースボール・アカデミーによる野球教室。町内3チームの小学生約50人が、県出身の元プロ野球選手らの指導を受けた。

益城中央野球クラブは地震でグラウンドが使えず、「久しぶりにみんなと思いっきり体を動かした」と長野舜太君(11)。とびきりの笑顔を見せた。

夕方、西村博則町長は町災害FMラジオで町民にメッセージを送った。「最愛の家族や友人を亡くした人を思うと哀惜の念に堪えない。被災者の生活支援などに積極的に取り組んでいく」

難題を抱えながら町役場は、昼夜を問わず動き続けている。前震発生と同時刻の午後9時26分、西村町長ら約20人が黙とうし、犠牲者を悼んだ。空気は重苦しい。それでも、町の復旧復興を誓う思いが伝わってきた。

(横山千尋、岩崎健示、益田大也)

笑顔 少しずつ――

鶴屋本館 一部再開

熊本市 1階と食品売り場

買い物客でにぎわう鶴屋本館の食品売り場=14日、熊本市

鶴屋百貨店は14日、熊本地震で休業していた熊本市中央区の本館の営業を一部再開した。同店は県内唯一の百貨店。市中心部の商店街からは、地域経済の復興加速に向け、期待の声が上がった。

本館の営業は1カ月ぶりで、開店前に並んだ買い物客の中には涙ぐむ人もいた。60年来の常連という同市西区の主婦前田信江さん(81)は「顔なじみの店員さんと久しぶりに会える」と喜んだ。

再開したのは化粧品などを扱う1階と、地下1、2階の食品売り場。近くの自営業八木紀彦さん(70)は植木産のスイカを買い、東京の友人らに送った。「地震後に飲料水などを届けてくれたので、そのお礼に。『良い品を』と思い、鶴屋の再開を待っていました」

再開初日は、地震前の週末と変わらない来店客だったという。

地元にも笑顔が広がった。市中心商店街等連合協議会の松永和典会長(60)は「鶴屋本館は私たちの〝核〟となる店。これでアーケードの通行量も増える」と歓迎した。

鶴屋百貨店は6月1日までの全館再開を目指し、順次営業フロアを増やしていく。東館とNew-S館、WING館の営業は4月下旬に再開している。

(宮崎達也)

ホテル日航は全館

地震後初の披露宴

熊本地震で被災したホテル日航熊本(熊本市中央区)が14日、1カ月ぶりに全館で営業を再開。地震発生後初の結婚披露宴があった。京都産業大准教授の吉村正義さん(41)=京都市=と、専門学校校長の赤山聖子さん(33)=熊本市=は「熊本の復興と歩を合わせて、温かい家庭をつくりたい」と抱負を語った。

結婚披露宴に臨む新郎の吉村正義さん(左)と新婦の赤山聖子さん=14日、熊本市のホテル日航熊本

聖子さんの自宅は、地震で家具が倒れるなどの被害に見舞われ、一時は披露宴の延期も考えたという。そんな時、「『熊本を活気づけるためにもやろう』と周囲からの後押しがあった」と聖子さん。

共通の知人を通して知り合い、初めてのデートが熊本城だったという。京都市であった挙式は本震の前日だった。「私たちは熊本地震とともにある。予想外の困難にも耐えられる家庭にしたい」と2人。熊本城についても、「残念な姿になってしまったが、在りし日の姿を取り戻してほしい」と願っている。

同ホテルは地震の影響で一時全館の営業を休止。4月下旬からレストランや宿泊、宴会など徐々に営業を再開していた。

(髙宗亮輔)

医療費還付詐欺 容疑の男を逮捕

兵庫、熊本など合同捜査本部

医療費の還付を装った詐欺事件で、兵庫や熊本など12都県警の合同捜査本部は14日、電子計算機使用詐欺の疑いで国際手配し、タイで拘束された会社役員吉沢脩平容疑者(34)を逮捕した。

合同捜査本部は昨年2月以降、グループの25人を逮捕。被害は少なくとも全国で約600人、約6億円に上るという。吉沢容疑者が犯行を主導し、メンバーへの指示や詐取した金の分配を担ったとみて調べる。

逮捕容疑は2014年7月30日、神奈川県内の高齢女性3人に市役所職員などを名乗って電話し「医療費の払い戻しがある。近くの現金自動預払機(ATM)に行ってください」とうそを言い、指定した口座に計約105万円を送金させ、詐取した疑い。合同捜査本部は認否を明らかにしていない。

吉沢容疑者は昨年3月に出国し、タイ警察が今月1日にバンコクで身柄を拘束。合同捜査本部は強制退去後の飛行機内で日本の領空内に入ったところを逮捕した。

奥穂高岳で遭難 登山の男性死亡

長野・北アルプス

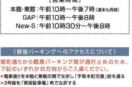

14日午前5時ごろ、長野県の北アルプス奥穂高岳(3190メートル)で、4月30日に遭難した奈良市右京、会社員吉岡賢司さん(48)が倒れているのが見つかった。その後県警ヘリが救助したが、死亡が確認された。

松本署によると、吉岡さんが倒れていたのは標高約2400メートル付近で、通り掛かった登山者が発見、110番した。吉岡さんは、仲間2人と岩場から山頂へ向かう途中に滑落。県警ヘリが2日、本人とみられる登山者が倒れているのを発見したが、付近で雪崩が発生。再び行方が分からなくなった。

結核の集団感染 患者1人が死亡

佐賀・医療機関

佐賀県は14日、県西部の医療機関で結核の集団感染が発生し、80代の女性入院患者が死亡したと発表した。60～80代の入院患者3人と、この医療機関の40代女性職員1人の計4人も発症し、治療を受けている。重症者はいないという。別の5人も感染が確認されたが、発症していない。

県によると、死亡した女性は今年1月に結核と診断された。集団感染が発生した医療機関では、結核のまん延を防止する措置が既に取られている。

事件事故

■落石でJR運休

14日午後0時10分ごろ、JR肥薩線の落石検知装置が作動し、安全確認のため同2時半まで八代―人吉駅間の上下線で運転を見合わせた。2本を運休、3本に最大2時間の遅れが出た。JR九州によると、落石現場は芦北町と球磨村の境界付近。直径約10センチの石1個が線路脇に落ちていた。地震との関連は分からないという。

あとがき

「まさか」の連続でした。2度にわたって熊本を襲った震度7の地震。その時から無我夢中で走り続けた1カ月でした。

4月14日午後9時26分。益城町でマグニチュード（M）6・5の地震が起きました。多くの家屋が倒壊し、九州新幹線が脱線。朝刊締め切りまで限られた時間、被災地を駆け回り、懸命の救出劇を追いました。

翌朝は号外、夕刊、そして深夜までかかって被害の詳細を伝える朝刊を作り上げた直後でした。16日午前1時25分。M7・3の本震が再び益城町、南阿蘇村を襲いました。

夜明けとともに、一変した「日常」を目にして息をのみました。熊本のシンボル熊本城。築城400年、難攻不落の石垣や天守閣は無残な姿に変わり果てました。水前寺成趣園は地下水が枯れ、痛々しく池の底をさらしました。世界有数のカルデラ、阿蘇では山肌を無数の亀裂が走り、多くの命を奪いました。

時代を記録する—。新聞の役割を重くかみしめた日々でした。いったい何が起きているのか。道路は、建物は、人々は。すべてを根こそぎにした自然の猛威に圧倒されながらも、ありのままを記録することに懸命でした。

避難所や車中泊を続ける被災者に役立てばと、同時進行でライフライン情報をかき集めました。復旧・復興の足どり、たくさんの支援や励ましに、明日への希望を感じた読者も多かったのではないでしょうか。

4月16日付朝刊には裏話があります。印刷中に本震に見舞われて輪転機が急停止。余震が続く中、何とか再稼働できましたが、輸送路は寸断され、配達も困難を極めました。

大半の社員が被災する中、背中を押してくれたのは避難所で新聞を熱心に読む被災者の姿でした。「まさか地震があった朝、新聞が届くなんて」という言葉に励まされました。

人から人へ、手から手へ。紙の温もり、新聞の力が少しばかり見直された気がします。縮刷版を通して、新聞人たちの熱い思いを読み取っていただければ幸いです。

熊本日日新聞社編集局長
丸野真司

熊本日日新聞 特別縮刷版
平成28年熊本地震

1カ月の記録

2016年4月15日～5月15日

■編集　熊本日日新聞社編集局
■レイアウト　熊日プリンテクス

発行日　2016(平成28)年6月25日　第1刷
　　　　2017(平成29)年10月14日　第6刷

発行　熊本日日新聞社

制作・発売　熊日出版(熊日サービス開発株式会社出版部)
熊本市中央区世安町172
電話 096-361-3274
ホームページ http://www.kumanichi-sv.co.jp

印刷　城野印刷所
熊本県上益城郡益城町広崎1630-1

ISBN978-4-87755-548-1　C0030
定価は表紙に表示しています。
乱丁・落丁本は交換いたします。

※プライバシーに配慮して、記事・写真の一部を削除、ぼかしています。